MANUAL DE GESTÃO TRIBUTÁRIA

TEORIA E PRÁTICA

O GEN | Grupo Editorial Nacional – maior plataforma editorial brasileira no segmento científico, técnico e profissional – publica conteúdos nas áreas de ciências sociais aplicadas, exatas, humanas, jurídicas e da saúde, além de prover serviços direcionados à educação continuada e à preparação para concursos.

As editoras que integram o GEN, das mais respeitadas no mercado editorial, construíram catálogos inigualáveis, com obras decisivas para a formação acadêmica e o aperfeiçoamento de várias gerações de profissionais e estudantes, tendo se tornado sinônimo de qualidade e seriedade.

A missão do GEN e dos núcleos de conteúdo que o compõem é prover a melhor informação científica e distribuí-la de maneira flexível e conveniente, a preços justos, gerando benefícios e servindo a autores, docentes, livreiros, funcionários, colaboradores e acionistas.

Nosso comportamento ético incondicional e nossa responsabilidade social e ambiental são reforçados pela natureza educacional de nossa atividade e dão sustentabilidade ao crescimento contínuo e à rentabilidade do grupo.

FABIO PEREIRA DA SILVA
ALEXANDRE EVARISTO PINTO
ARTHUR PITMAN
(ORGANIZADORES)

MANUAL DE GESTÃO TRIBUTÁRIA

TEORIA E PRÁTICA

- **Atendimento ao cliente: (11) 5080-0751 | faleconosco@grupogen.com.br**

- Direitos exclusivos para a língua portuguesa
Copyright © 2023 *by*
Editora Atlas Ltda.
Uma editora integrante do GEN | Grupo Editorial Nacional
Travessa do Ouvidor, 11
Rio de Janeiro – RJ – 20040-040
www.grupogen.com.br

- Capa: Manu | OFÁ Design

- Editoração eletrônica: LBA Design

- Ficha catalográfica

CIP-BRASIL. CATALOGAÇÃO NA PUBLICAÇÃO
SINDICATO NACIONAL DOS EDITORES DE LIVROS, RJ

M251

Manual de gestão tributária: teoria e prática / organização: Fabio Pereira da Silva, Alexandre Evaristo Pinto, Arthur Pitman; autores Alberto Macedo ... [et al.]. – 1. ed. – Barueri [SP]: Atlas, 2023.

Inclui índice
ISBN 978-65-5977-389-3

1. Direito tributário – Brasil. 2. Administração e processo tributário – Brasil. I. Silva, Fabio Pereira. II. Pinto, Alexandre Evaristo. III. Pitman, Arthur. IV. Macedo, Alberto.

22-80935   CDD: 34:351.713(81)

Meri Gleice Rodrigues de Souza – Bibliotecária CRB-7/6439

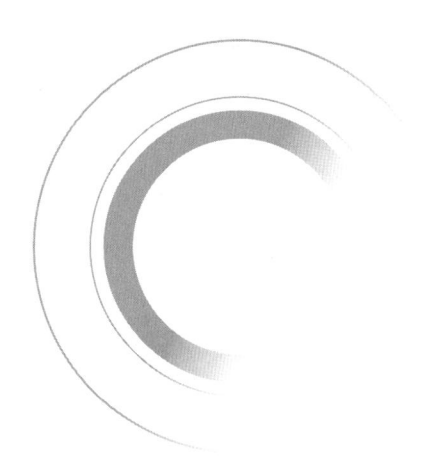

SOBRE OS AUTORES

ALBERTO MACEDO
Mestre e Doutor em Direito Econômico, Financeiro e Tributário pela Universidade de São Paulo (USP). MBA em Gestão Pública Tributária pela Fundação Dom Cabral. Professor do Instituto de Ensino e Pesquisa (Insper), Fundação Instituto de Pesquisas Contábeis, Atuariais e Financeiras (FIPECAFI), Instituto Brasileiro de Estudos Tributários (IBET). Membro do Conselho de Altos Estudos de Finanças e Tributação da Associação Comercial de São Paulo (ACSP). Ex-subsecretário da Receita Municipal de São Paulo. Ex-presidente do Conselho Municipal de Tributos de São Paulo (CMT-SP).
http://lattes.cnpq.br/1922576196717010

ALEXANDRE EVARISTO PINTO (Org.)
Doutor em Direito Econômico, Financeiro e Tributário pela Faculdade de Direito da USP. Doutorando em Controladoria e Contabilidade pela Faculdade de Economia, Administração, Contabilidade e Atuária da Universidade de São Paulo (FEAUSP). Mestre em Direito Comercial pela USP. Especialista em Direito Tributário pela USP. Bacharel em Direito pela Universidade Mackenzie e em Contabilidade pela FEAUSP. Conselheiro Titular da 1ª Turma da Câmara Superior de Recursos Fiscais (CSRF) do Conselho Administrativo de Recursos Fiscais (CARF). Presidente da Associação dos Conselheiros Representantes dos Contribuintes no CARF (ACONCARF). Ex-julgador do Tribunal de Impostos e Taxas do Estado de São Paulo (TIT-SP) e do CMT-SP.
http://lattes.cnpq.br/2001802098700243

ALEXANDRE GONZALES
Doutor em Controladoria e Contabilidade pela USP. Mestre em Ciências Contábeis e Atuariais pela Pontifícia Universidade Católica de São Paulo (PUC-SP). Especialista em Direito Tributário pelo IBET. Contador pela Universidade Mackenzie. Professor do Insper.
http://lattes.cnpq.br/3660189968094003

ARTHUR LEITE DA CRUZ PITMAN (Org.)
Mestrando em Direito Econômico, Financeiro e Tributário pela USP. Pós-Graduado em MBA em Gestão Tributária na FIPECAFI. Especialista em Direito Tributário pelo Instituto Brasileiro de Direito Tributário (IBDT). Professor Assistente na Especialização em Direito Tributário Brasileiro do IBDT. Professor no MBA em Gestão Tributária da FIPECAFI. Advogado em São Paulo.
http://lattes.cnpq.br/7275399151295450

BENJAMIM CRISTOBAL MARDINE ACUÑA
Doutor em Controladoria e Contabilidade pela FEAUSP e certificado em IFRS (normas internacionais de contabilidade) pelo Institute of Chartered Accountants in England and Wales (ICAEW). É professor na Universidade Federal de Rondonópolis (UFR). Elaborou Exame de Suficiência da Fundação Brasileira de

Contabilidade/Conselho Federal de Contabilidade (FBC/CFC). Atuou como empreendedor, gestor e consultor em gestão no agronegócio, transporte de carga, confecções, comércio e serviços. Vivência em gestão, orçamento, controles internos, contabilidade e tributos.
http://lattes.cnpq.br/6889294965422019

CAIO AUGUSTO TAKANO
Professor da Universidade Presbiteriana Mackenzie (UPM). Doutor e Mestre em Direito Tributário pela USP. Advogado em São Paulo.
http://lattes.cnpq.br/4954922775237101

CARLOS AUGUSTO DANIEL NETO
Pós-doutorado em Direito Tributário em curso na Universidade do Estado do Rio de Janeiro (UERJ). Doutor pela USP e Mestre pela PUC-SP em Direito Tributário. Ex-conselheiro titular do CARF. Professor do Mestrado Profissional do CEDES. Pesquisador do Núcleo de Estudos Fiscais da Escola de Direito de São Paulo da Fundação Getulio Vargas (NEF/FGV Direito SP) e do Núcleo de Pesquisas do Mestrado do Instituto Brasileiro de Direito Tributário (NUPEM/IBDT).
http://lattes.cnpq.br/2595208037602410

CARLOS EDUARDO DE A. NAVARRO
Mestre e especialista em Direito Tributário pela FGV Direito SP. Graduado em Direito pela Faculdade de Direito de São Bernardo do Campo (FDSBC). Ex-juiz do TIT/SP. Professor do IBDT e FGV Direito SP. Advogado em São Paulo.
http://lattes.cnpq.br/3542379071475379

CARLOS HENRIQUE DE OLIVEIRA
Engenheiro Civil. Bacharel e Doutor em Direito do Trabalho e Seguridade Social pela USP. Especialista em Direito do Trabalho e Previdenciário pela Università di Modena e Reggio Emilia, na Itália. Professor da FIPECAFI e da FEA-USP. Professor Convidado da pós-graduação da Faculdade de Direito de Ribeirão Preto da Universidade de São Paulo (FDRP-USP). Pesquisador do Grupo de Estudos de Direito Contemporâneo do Trabalho e da Seguridade Social da Universidade de São Paulo (GETRAB-USP). Consultor Tributário do Fundo Monetário Internacional (FMI). Auditor Fiscal, atualmente ocupando o cargo de Presidente do CARF.
http://lattes.cnpq.br/8816594812660839

DENISE BITTAR-GODINHO
Mulher lésbica, cis, branca para os padrões brasileiros, mas latina para o resto do mundo. Mestra em Contabilidade e Controladoria, Bacharel em Administração de Empresas pela Escola Superior de Propaganda e Marketing (ESPM) e bacharel em Ciências Contábeis pela Faculdade Trevisan. Atua como professora, agregando sua vivência profissional em auditoria externa e controladoria aos conceitos consolidados na academia, em diversas instituições de ensino superior e pós-graduação. Apaixonada por matemática, tem a matemofobia e seus efeitos como seu tema de pesquisa principal, além de metodologias de ensino *queer*, decolonial e humanista. Atua como gerente financeira, atualmente na Hand Talk.
http://lattes.cnpq.br/4325431087005284

DIEGO DINIZ RIBEIRO
Doutorando em Processo Civil pela USP. Mestre em Direto Tributário pela PUC-SP. Advogado. Sócio do Daniel & Diniz Sociedade de Advogados. Ex-conselheiro titular na 3ª Seção do CARF. Professor em cursos de graduação e pós-graduação na FGV/SP, IBET, IBDT, Faculdade de Direito do Sul de Minas (FDSM), Escola Superior de Advocacia da Ordem dos Advogados do Brasil (ESA OAB/SP), Escola Superior da Procuradoria Geral do Estado de São Paulo (ESPGE) e Instituto Municipal de Ensino Superior de Bebedouro (IMESB). Pesquisador em Direito Aduaneiro no Século XXI no NEF/FGV Direito SP.
http://lattes.cnpq.br/3248111504484605

ÉRICO RODRIGUES PILATTI
Graduado em Direito e Mestre em Direito Econômico, Financeiro e Tributário pela USP. Pós-graduado no Master of Laws (LL.M.) Direito dos Mercados Financeiro e de Capitais e no LL.M. Direito Tributário pelo Insper. Sócio do escritório Cepeda Advogados, com atuação em direito tributário e em mercado financeiro e de capitais. Professor e coordenador do LL.M. de Direito dos Mercados Financeiro e de Capitais do Insper. Professor da Especialização em Direito Tributário Brasileiro do IBDT.
http://lattes.cnpq.br/1718227453231402

FABIANA CARSONI FERNANDES
Mestre em Direito Tributário pela USP. Especialista em Direito Tributário pela Direito FGV. LL.M. em Direito Societário pelo Insper. Conselheira do IBDT. Advogada.
http://lattes.cnpq.br/7318797973216921

FABIO PEREIRA DA SILVA (Org.)
Mestre e Doutorando em Controladoria e Contabilidade pela FEAUSP. Especialista em Direito Tributário pela FGV Direito SP e em Direito Empresarial pela UPM. Pós-graduado em *Business Management* com ênfase em finanças na University of California San Diego (UC San Diego). Graduado em Direito e Contabilidade. Professor de disciplinas que envolvem direito tributário, imposto de renda, contabilidade societária e contabilidade tributária na FGV Direito SP, na FIPECAFI e no Insper, entre outras instituições. Advogado tributarista em São Paulo.
http://lattes.cnpq.br/0183949864836924

FERNANDO DAL-RI MURCIA
Formado em Administração, Contabilidade e Direito. Mestre e Doutor em Contabilidade. Professor do Departamento de Contabilidade e Atuária da FEAUSP e Professor Convidado da Faculdade de Direito do Largo São Francisco (FDUSP). Diretor de Pesquisas da FIPECAFI. Membro de Conselhos Fiscais e Comitês de Auditoria de companhias abertas e fundos de pensão.
http://lattes.cnpq.br/4381069393306113

LEONARDO AGUIRRA DE ANDRADE
Pós-doutorado em Direito Tributário em curso na USP. Doutor e Mestre pela USP em Direito Tributário. LL.M. em Direito Tributário Internacional na Georgetown University Law Center. Professor do Programa de Mestrado Profissional em Direito Tributário Internacional e Desenvolvimento do IBDT. Professor de Direito Tributário na FIPECAFI. Sócio no Andrade Maia Advogados. Autor dos livros *Planejamento Tributário* (2016) e *Acordo de Planejamento Tributário* (2020).
http://lattes.cnpq.br/3564374937233881

LUCIANA IBIAPINA LIRA AGUIAR
Mestre em Direito Tributário pela FGV. Bacharel em Ciências Econômicas, Direito e em Ciências Contábeis. Professora e palestrante em cursos de Direito e de Contabilidade para Advogados. Advogada em São Paulo.
http://lattes.cnpq.br/2190600604772387

LUÍS FLÁVIO NETO
Doutor e Mestre em Direito Tributário pela USP. Diretor do IBDT. Professor e Coordenador do Mestrado em Tributação Internacional do IBDT. Postdoctoral Research Fellow do IBFD, na Holanda. Ex-conselheiro titular da Câmara Superior de Recursos Fiscais do CARF. Sócio do KLA Advogados.
http://lattes.cnpq.br/6985512956382511

MARINA PETTINELLI
Advogada. Especialista em Direito Tributário pela FGV.

MARTHA LEÃO
Professora de Direito Tributário da UPM e do Mestrado Profissional do IBDT. Doutora e Mestre em Direito Tributário pela USP. Mestre em Teoria do Direito pelo Istituto Tarello per la Filosofia del Diritto e Università Degli Studi di Genova, na Itália.
http://lattes.cnpq.br/5079020283798345

PAULO ARTHUR CAVALCANTE KOURY
Doutor e Mestre em Direito Tributário pela USP. LL.M. pela University of Cambridge. MBA em IFRS pela FIPECAFI. Advogado e professor em cursos de pós-graduação.
http://lattes.cnpq.br/4268272158314289

PAULO COVIELLO FILHO
Graduado em Direito e Ciências Contábeis pela UPM. Especialista em Direito Tributário pelo IBTD. Advogado e contador.
http://lattes.cnpq.br/5630630400250899

PAULO HENRIQUE PÊGAS
Contador e Mestre em Ciências Contábeis pela UERJ. Foi superintendente de Risco do BNDES até o final de 2020. Atua como professor de graduação no IBMEC, no Rio de Janeiro, e de MBA na FIPECAFI e no IPEC-RJ. Autor de livros na área contábil-tributária, sendo o principal o *Manual de Contabilidade Tributária* (10ª ed.), pelo GEN | Atlas. Vice-presidente de Desenvolvimento Profissional do Conselho Regional de Contabilidade do Estado do Rio de Janeiro (CRCRJ) para o biênio 2022-2023.
http://lattes.cnpq.br/8296307708669579

RAMON TOMAZELA SANTOS
Doutor e Mestre em Direito Tributário pela USP. LL.M. em Tributação Internacional na Universidade de Viena (Wirtschaftsuniversität Wien – WU), na Áustria. Professor do mestrado profissional do IBDT e de outros cursos de pós-graduação. Advogado em São Paulo.
http://lattes.cnpq.br/1971362561349704

RAPHAEL ASSEF LAVEZ
Doutorando e Mestre em Direito Econômico, Financeiro e Tributário e Bacharel em Direito pela USP. Especialista em Direito Tributário Internacional pelo IBDT. Professor de cursos de pós-graduação. Advogado em São Paulo.
http://buscatextual.cnpq.br/buscatextual/visualizacv.do

RINALDO LEON GOMES PEREIRA BRAGA
Mestrando em Direito Econômico, Financeiro e Tributário pela USP. Especialista em Direito Tributário pelo IBDT. MBA em Gestão Tributária pela FIPECAFI. Professor Assistente no Curso de Especialização em Direito Tributário do IBDT. Advogado em São Paulo.
http://lattes.cnpq.br/0853009452035275

ROBERTO BIAVA JÚNIOR
Professor do Curso de Ciências Contábeis da UPM (CCSA-UPM) na área de Contabilidade Tributária e Financeira. Doutor e Mestre em Direito Tributário pela USP, Mestre em Controladoria empresarial pela UPM. Graduação em Administração de Empresas pela FGV-SP, em Direito pela FDUSP e em Ciências Contábeis pela FEAUSP, Especialista em Direito Tributário pelo IBET e pela USP.
http://lattes.cnpq.br/6194858604028124

RODRIGO PAIVA SOUZA
Doutor em Controladoria e Contabilidade pela USP. Pesquisador e consultor nas áreas de contabilidade e gestão estratégica de custos. Professor universitário em nível de graduação e pós-graduação. Sócio da empresa Confidencial Assessoria Empresarial. Diretor da área de controladoria na Associação Nacional de Executivos (ANEFAC). Possui experiência profissional em organizações nacionais e multinacionais.
http://lattes.cnpq.br/5974633806005033

RÔMULO CRISTIANO COUTINHO DA SILVA
Doutorando e mestre em Direito Tributário pela FDUSP. MBA em Gestão de Tributos na FIPECAFI. Especialista em Direito Tributário pelo IBET. Professor nos cursos de pós-graduação do Insper, da FIPECAFI e do IBDT. Advogado em São Paulo.
http://lattes.cnpq.br/1062760290401310

ROSALDO TREVISAN
Doutor em Direito pela Universidade Federal do Paraná (UFPR), Professor de Direito Aduaneiro, Tributário e Internacional em diversas instituições de ensino, no Brasil e no exterior. Instrutor do Banco Interamericano de Desenvolvimento (BID), consultor do FMI e especialista acreditado pela Organização Mundial das Aduanas (OMA) em temas tributários e aduaneiros. Presidente da 4ª Câmara e da 3ª Seção do CARF. Conselheiro da 3ª Seção do CARF. Membro das comissões redatoras dos regulamentos aduaneiros brasileiros de 2002 e 2009, e do Grupo redator do Código Aduaneiro do MERCOSUL. Auditor-Fiscal da Receita Federal do Brasil (AFRFB). Membro da Junta Diretiva da Academia Internacional de Direito Aduaneiro.
http://lattes.cnpq.br/0427775844550051

THAIS DE BARROS MEIRA
Advogada. Doutora em Direito Tributário pela USP. LL.M. na Harvard Law School e Mestre em Direito do Estado pela PUC-SP.
http://lattes.cnpq.br/8424405579566797

VICTOR BORGES POLIZELLI
Doutor e Mestre em Direito Tributário pela USP. Professor do Mestrado em Tributação Internacional do IBDT. Coordenador da Pós-graduação em Direito Internacional do IBDT. Sócio do KLA Advogados.
http://lattes.cnpq.br/0241995923244172

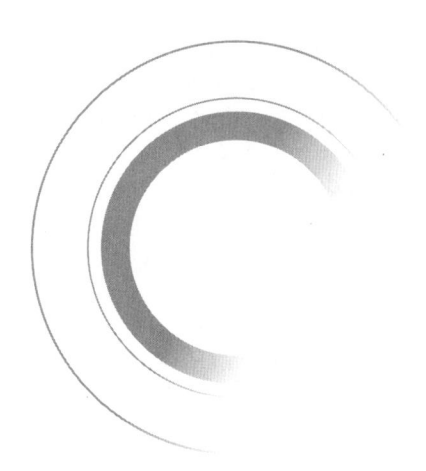

APRESENTAÇÃO

A Constituição Federal de 1988 foi aprovada trazendo um longo e complexo modelo de cobrança de tributos, com volume de detalhes acima do esperado, avançando além dos aspectos principiológicos e da estrutura básica de cobrança dos impostos, taxas e contribuições, conforme o padrão mundial dos textos constitucionais. A carga tributária que girava em torno de 24% do PIB revelou-se insuficiente para atender ao modelo de "Estado Protetor" definido a partir do art. 6º da Carta Magna. Para corrigir e ajustar esse percentual, foram aprovadas dezenas de emendas constitucionais durante esses 34 anos, piorando nosso frágil e confuso modelo, denominado por especialistas como "manicômio tributário". A cobrança de tributos extraiu da sociedade, em 2021, em torno de 1/3 de tudo que ela produziu, com expressivo volume cobrado de forma indireta, injusta, cruel, escondida no preço dos produtos e serviços adquiridos no dia a dia. A sensação de mau uso dos recursos arrecadados, em função da baixa qualidade dos serviços públicos oferecidos, é o reflexo da armadilha tributária existente no Brasil, que combina graves problemas integrados, cinco deles destacados a seguir:

1. Gasto público elevado com orçamento engessado, permitindo pouco espaço para investimento público e redução (ainda que lenta, mas segura) da carga tributária atual.

2. Multiplicidade de impostos e contribuições incidentes sobre o preço dos bens e serviços, encarecendo-os e aumentando demasiadamente o já pesado litígio tributário por conta da complexa e instável legislação que rege a cobrança de impostos e contribuições por dentro do preço de bens e serviços.

3. Pesados encargos sociais cobrados das empresas e pessoas físicas, trazendo dificuldades para a contratação e melhor remuneração de serviços de pessoa física, seja com vínculo empregatício ou não, deteriorando e distorcendo as relações de trabalho e a forma de prestação de serviços de caráter estritamente pessoal.

4. Tributação regressiva sobre a renda das pessoas físicas, por conta de instrumentos, como a isenção de dividendos e a possibilidade de substituição desta pelos juros sobre capital próprio, que permitem aos empresários organizarem suas atividades de forma a reduzirem a carga tributária pessoal, alternativa não disponível, por exemplo, para prestadores de serviço com vínculo empregatício. Neste século, estima-se que foram distribuídos para pessoas físicas mais de R$ 5 trilhões de dividendos sobre o lucro das empresas aqui localizadas com benefício fiscal (IR zero), sendo em torno de 2/3 deste recebimento nas rendas mais elevadas.

5. Tributação efetiva reduzida sobre o lucro de grandes grupos empresariais com alíquota efetiva muito inferior à alíquota nominal aplicada no Brasil (34%). Entre os principais motivos que justificam esse percentual reduzido, destaco: (i) juros sobre capital próprio; (ii) subvenções e incentivos fiscais diversos; (iii) lucro presumido em controladas em grupos empresariais com faturamento total bem acima do limite atual de R$ 78 milhões/ano.

Há propostas de reforma tributária em análise no Congresso Nacional, como a PEC nº 110/19, que busca simplificar a tributação sobre o consumo, integrando ICMS, ISS, PIS, COFINS e parte do IPI num único imposto cobrado sobre o valor agregado (IBS), que seria cobrado nacionalmente, com recursos divididos entre os entes estatais.

Porém, as propostas mexem demais na Constituição Federal, com um confuso processo de entrada em vigor, carecem de melhor embasamento técnico, leis complementares e ordinárias e sinalizam com a manutenção da carga tributária atual, com a difícil premissa de que nenhum estado ou município perderá arrecadação. Só uma inédita e difícil união nacional com um (improvável) governo federal forte e liderando o processo de reforma tributária conseguiria tal intento. Infelizmente, há ceticismo na maior parte da população brasileira em relação à aprovação de um projeto de reforma que realmente modernize, simplifique e torne funcional o nosso sistema tributário.

Mas, para pensar em uma reforma tributária efetiva, o primeiro passo é entender como é feita atualmente a apuração dos tributos, tanto das empresas como das pessoas físicas, direta e indiretamente. E assim começamos a tratar desta obra única e que apresenta uma visão ampla, técnica e diferenciada da estrutura atual do sistema tributário nacional.

O livro traz uma abordagem moderna, diferente e prática sobre esse tema tão árido, que é a compreensão e aplicação da legislação tributária no dia a dia das empresas brasileiras. É possível dizer que a obra sinaliza, na essência, um CURSO COMPLETO de GESTÃO TRIBUTÁRIA, com 24 capítulos organizados de forma a permitir a você, leitor, construir (passo a passo) o aprendizado e o domínio dos temas, dos mais simples até aqueles com elevado grau de complexidade. O competente e qualificado trio de organizadores (professores Alexandre Evaristo, Arthur Pitman e Fabio Silva) pensou em todos os detalhes, tanto na estrutura de cada capítulo, com um formato diferente e ousado, quanto na sequência da leitura.

Os três capítulos iniciais trazem a base legal da cobrança de tributos, abrindo com a estrutura básica do sistema tributário (Constituição e Código Tributário Nacional) e o *Compliance Fiscal* – este último tema desenvolvido pelo professor Caio Takano –, e fundamental para controle empresarial do volume de tributos e os seus desdobramentos.

Em seguida, há quatro capítulos apresentando a contabilidade societária brasileira, com seu processo de modernização, passando pelos cuidados na controladoria e na gestão dos tributos e chegando aos dois polos principais do seu controle contábil: os impostos e contribuições cobrados sobre a receita das empresas e a tributação sobre o lucro. A ideia desses dois capítulos não é aprofundar a aplicação prática da legislação (que será abordada adiante), mas sim compreender como as empresas devem registrar, controlar e informar sete dos dez tributos de maior arrecadação no país (ICMS, ISS, IPI, PIS, COFINS, IRPJ e CSLL). O Capítulo 5 parte desse entendimento e da lógica de cobrança, controle e registro contábil dos tributos sobre a receita, seja por dentro ou por fora, cumulativo ou não cumulativo, no processo tradicional ou por meio de cobrança antecipada (monofasia e substituição tributária). Com isso, o leitor poderá compreender a lógica do resultado da chamada "tese do século" e seus desdobramentos (teses filhotes), sob um olhar contábil. O Capítulo 6 traz explicação técnica, com exemplos numéricos e casos reais, que permitirão a você diferenciar os ajustes permanentes dos temporários no lucro real e na base da CSLL, compreendendo o reflexo desses ajustes nas despesas de IRPJ e CSLL apresentadas na DRE das empresas e do consolidado dos grupos empresariais.

Em resumo, os sete primeiros capítulos buscam "uniformizar", dentro das limitações naturais de cada leitor, o conhecimento estrutural da cobrança de tributos, seja no aspecto contábil, administrativo, econômico e jurídico. A partir daí, o livro avança na aplicação prática dos impostos e contribuições. Alegria!

No Capítulo 8, o professor Alberto Macedo apresenta o ISS, que tem seus detalhes debatidos com profundidade, principalmente os pontos de conflito entre a cobrança de ICMS ou ISS e o local da cobrança desse importante imposto municipal. O IPI tem sua aplicação prática explicada no capítulo seguinte. Logo depois vem a aplicação prática do ICMS, imposto com maior arrecadação do país e objeto de bons debates acadêmicos, técnicos e legais. A aplicação das alíquotas internas e interestaduais, as diferentes bases de cálculo e o modelo de substituição tributária são apresentados com detalhes pelo professor Roberto Biava. A aplicação prática da complexa legislação que rege a cobrança das contribuições para PIS/Pasep e Cofins é apresentada no Capítulo 11, com destaque para o cálculo pelo método não cumulativo, incluindo o posicionamento do Carf e do STJ sobre a permissão para uso de créditos conforme a essencialidade do gasto. Nos dois capítulos seguintes são apresentados dois temas relevantes, mas pouco tratados pela literatura especializada: (1) a gestão das contribuições sobre encargos sociais sobre folha de salários, que explicará o cálculo dos encargos sociais das empresas e como é feita a cobrança de Contribuição Previdenciária Patronal sobre a Receita Bruta (CPRB) em alguns segmentos empresariais; e (2) a gestão de impostos sobre a propriedade, como IPVA, IPTU, ITR, ITCMD e ITBI. Em dois outros capítulos são analisados os tributos sobre operações financeiras e investimentos (Capítulo 14) e a gestão dos tributos sobre comércio exterior (Capítulo 15). Fechando a aplicação prática dos tributos, temos três capítulos tratando da tributação sobre o lucro de todos os tipos de empresas, sejam elas médias (lucro presumido) no Capítulo 16, sejam as empresas de grande porte e que são tributadas pelo lucro real (Capítulo 17) ou as microempresas e empresas de pequeno porte (Capítulo 19), que são tributadas pelo "Simples Nacional", modelo utilizado por três em cada quatro empresas no Brasil e que integra a cobrança de tributos sobre a receita e encargos sociais, além de IR e CSLL. No meio, o Capítulo 18, imprescindível e integrado com a gestão de todos os tributos e formas de tributação, que fala sobre pronunciamentos contábeis na tributação sobre o lucro, muito bem desenvolvido pela professora Luciana Aguiar.

Na reta final da obra, consolidando o aprendizado absorvido nos 19 capítulos anteriores, temos cinco capítulos com aspectos avançados da legislação tributária: tributos na formação de preços e custos empresariais, contencioso tributário estratégico, tributação nas reorganizações societárias, fundamentos de planejamento tributário e aspectos fundamentais da tributação internacional. Os títulos desses capítulos por si só já sinalizam o conteúdo refinado que iremos encontrar no texto.

Para que a leitura do livro seja efetuada de forma suave, há muitos casos práticos, exemplos numéricos, notícias e notas curtas em todos os capítulos. No final de cada um dos 24 capítulos há um resumo para consolidar o que foi lido e permitir retornar a algum ponto que precise de releitura. E, para fechar, questões de múltipla escolha, além de questões objetivas, para que seja possível consolidar/revisar o que foi estudado. A orientação é fazer as questões pelo menos um dia depois da leitura, de modo a contribuir na fixação do tema. O gabarito é apresentado no final de cada capítulo.

Considero que um dos pontos de maior destaque do livro é justamente o formato, que permite ao leitor aprender a teoria e a prática com verdadeiros especialistas em cada um dos temas versados nos seus respectivos capítulos. São contadores e advogados que atuam academicamente e profissionalmente lidando diariamente com os assuntos que abordam. Ademais, devo destacar a ousadia da Editora Atlas em trazer ao mercado uma obra completa ao mesmo tempo em que oferece aos consumidores total flexibilidade para adquirirem os capítulos de forma individual, fazendo desse livro um produto inédito no mercado editorial brasileiro.

Espero que a leitura deste livro possa ser feita de forma prazerosa e se transforme em fonte de enorme aprendizado, seja de base, refino técnico ou consolidação de cada tema. Faço um desafio que costumo levar para minhas aulas: analise o seu conhecimento sobre os temas desenvolvidos em cada um dos 24 capítulos antes e depois da leitura e faça a comparação. Não tenho dúvida em apresentar essa refinada obra como um trabalho único na área contábil-tributária e parabenizo todas as autoras e os autores de cada um dos 24 capítulos. Parabenizo especialmente os professores Alexandre Evaristo, Arthur Pitman e Fabio Silva, que, além do brilhante trabalho de coordenação técnica, acadêmica e da organização do livro, emprestam sua técnica e profundo conhecimento em alguns importantes capítulos. Tenho convicção de que você, leitor, indicará esta obra às pessoas próximas, pois ela atende a um número significativo de alunos, professores e profissionais, em qualquer estágio profissional no qual se encontre. Grande abraço. E alegria!

Paulo Henrique Pêgas
Professor, contador e mestre em Ciências Contábeis
pela Universidade do Estado do Rio de Janeiro

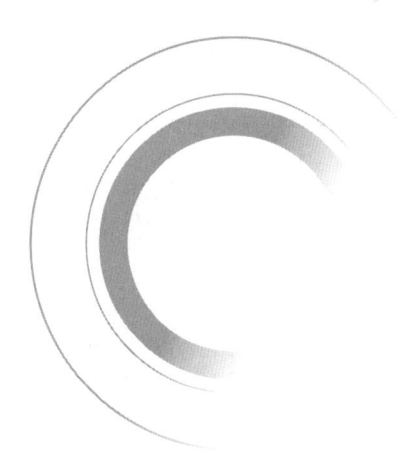

PREFÁCIO

O estudo e a prática de qualquer matéria dependem do conhecimento que se queira adquirir, quando se trata de estudo, ou que se queira colocar em uso, no caso da sua prática para qualquer fim, inclusive profissional.

Na verdade, o conhecimento envolve pressupostos, princípios e regras que, em sua completude, traduzem (refletem, explicam) o objeto do conhecimento.[1] Para traduzir o objeto do conhecimento é necessário organizar aqueles pressupostos, princípios e regras que, no seu conjunto orgânico, formam e explicitam tal objeto.

Nas escolas, essa atividade é desenvolvida pelo que se convenciona denominar "disciplinas", as quais são partes de um todo da experiência humana adquirida ao longo dos tempos, cada geração partindo dos pontos (limites) a que chegaram as gerações anteriores e adicionando novos achados ou experimentos que possam ser usufruídos no presente e transmitidos para as gerações posteriores.

Qualquer que seja a disciplina e o respectivo objeto, o seu estudo e a sua prática demandam abordagem científica, isto é, não afirmações gratuitas e desorganizadas, mas uma estrutura lógica e concatenada daqueles pressupostos, princípios e regras.

Nas academias, esta é a preocupação, ou este é o enfoque dado à sua função, desejando-se que delas saiam resultados fundamentados que possam explicar e justificar, com a maior precisão possível, toda e qualquer afirmação ou conclusão.

Em outras palavras, não se deseja que afirmações e conclusões sejam desconsideradas ou afastadas apenas em decorrência da falta de base científica para elas, ou que afirmações e conclusões infundadas sejam contraditadas por outras afirmações e conclusões igualmente infundadas, transformando o estudo e a prática do objeto dessas afirmações e conclusões num debate caótico que não pode conduzir a algum fim (conclusão) minimamente aceitável.

Nesse sentido, é comum assistirmos a discussões em que duas ou mais pessoas, ou dois ou mais grupos, debatem ideias opostas sem se aterem aos pressupostos, princípios e regras que informam o respectivo tema, e acabam por se perder após infindáveis argumentos e contra-argumentos desarrazoados, jamais chegando a uma conclusão aceita pelos dois ou mais lados, ou, quando terminam por admitir uma conclusão, esta é derivada do "achismo", da exaustão ou da maior capacidade de argumentação de um dos lados, talvez mesmo através da prática da arte da erística.

Nessas situações, um observador externo aos debatedores, mas instruído pelos devidos pressupostos, princípios e regras, não tem qualquer dificuldade mental em perceber a falta de base sólida na insólita troca de palavras que teve que ouvir, e para demonstrar o equívoco de alguma conclusão a que tenham chegado.

---

[1] "Pressupostos, princípios e regras" neste texto é expressão que engloba, para os juristas, normas legais, sejam princípios ou regras em qualquer nível, bem como todos os preceitos de hermenêutica jurídica, e, para os contabilistas, abrange princípios de contabilidade geralmente aceitos, depois conhecidos como princípios fundamentais de contabilidade ou simplesmente princípios, as atuais características qualificativas das informações contábeis, as convenções recomendadas, os pronunciamentos e outros atos do Comitê de Pronunciamentos Contábeis, além das diretrizes para sua correta aplicação.

Por isso, vamos às escolas para aprender as disciplinas, com as quais depois desenvolvemos nossas práticas com correção e eficiência. O aprendizado de uma disciplina, por sua vez, exige de educadores que tenham completo e adequado conhecimento dos respectivos pressupostos, princípios e regras, e a *expertise* necessária para transmiti-los aos seus alunos com sinceridade, despidos de ideologias e idiossincrasias pessoais.

Evidentemente, trata-se de uma contínua rede de ações de aprendizado, aperfeiçoamento e transmissão de conhecimentos, que se manifesta não apenas num determinado recinto ou numa determinada ocasião, mas em todos os lugares e em todas as oportunidades ao alcance de cada um.

Por exemplo, um aluno de uma faculdade de direito chega a ela com um conjunto de conhecimentos hauridos desde seus primeiros anos de vida, primeiramente em casa com seus pais e outros parentes, depois nos vários níveis de educação fundamental e assim por diante, mas, após terminar o curso de direito, vai empregar na sua atividade profissional o que até então tiver aprendido e mais o que continuar aprendendo em cursos de pós-graduação ou em seus estudos individuais, além da experiência e do aprimoramento que ganha ao empregar o que aprendeu no desenvolvimento das suas atividades de advogado, magistrado, mestre ou quaisquer outras.

Certamente este exemplo pode se desdobrar para qualquer outra profissão, cabendo notar, portanto, que a profissão nada mais é do que (nada mais deve ser do que) a realização prática, correta e profícua, do conjunto de pressupostos, princípios e regras que orientam e performam o conhecimento necessário para o seu exercício.

É neste passo que surge a denominada "interdisciplinaridade", a qual nada mais é do que a conjugação de conhecimentos pertinentes a mais de uma disciplina ou profissão.

É curioso que na vida humana a interdisciplinaridade manifesta-se sempre, estando continuamente presente na existência de cada ser humano. Realmente, perceba-se que, quando a pessoa chega à escola, já carrega uma razoável dose de conhecimentos de regras de conduta, nos níveis familiar, social, religioso e outros que podem ser classificados como pertencentes a disciplinas diferentes, mas que, no conjunto, dão ao ser humano as suas características pessoais de personalidade que lhe são próprias e também constituem o cabedal dos seus conhecimentos relativos a várias esferas de comportamento. E quando a mesma pessoa entra na universidade, já adquiriu informações de outras disciplinas curriculares específicas de cada grau escolar, aos quais depois vai somar outros mais.

Esses "outros mais" também não deixam de ser interdisciplinares porque, embora unidos por um gênero maior (por exemplo, o direito, a contabilidade, a administração pública ou privada), constituem-se em partes específicas, com objetos próprios e com seus respectivos princípios, pressupostos e regras. É por isso que falamos nas disciplinas de direito civil, direito penal, direito tributário etc., assim como a contabilidade e a administração têm as suas disciplinas particulares.

Estas observações iniciais podem ser finalizadas com a afirmação sumária de que a elaboração e o conhecimento correto dos pressupostos, princípios e regras de um objeto constitui-se numa ciência, e, com isto, chegamos ao objeto do *Manual de Gestão Tributária*.

Esta coletânea de exposições científicas está voltada para a inevitável interdisciplinaridade de mais de uma ciência (e respectiva profissão), no caso, principalmente da ciência jurídico-tributária e da ciência contábil. A interdisciplinaridade é inevitável porque conduz ao melhor conhecimento e à mais adequada prática de cada uma delas.

Do mesmo modo que um jurista não pode praticar direito tributário sem conhecer direito civil, é útil que ele, principalmente se for dedicado ao direito tributário, conheça a base da ciência contábil. Mas não só o tributarista deve ter conhecimento da base da ciência contábil, pois que essa necessidade também se apresenta para o jurista que se dedica ao direito das empresas, inclusive tendo em vista as normas legais que existem na Lei das Sociedades por Ações sobre as demonstrações financeiras.[2]

E, por evidente, um contabilista deve ter noções básicas do direito tributário e societário, dado o envolvimento da contabilidade com os mesmos objetos tratados por aqueles chamados "ramos do direito".[3]

---

[2] Em verdade, outros ramos do direito também têm o mesmo requerimento, como, por exemplo, no direito penal, um advogado atuando em processo envolvendo crime contra a ordem tributária precisa estar informado sobre a lei aplicável e entender como os fatos estão registrados contabilmente.

[3] É importante anotar que entendemos a existência de "ramos do direito" como uma necessidade ou decorrência de separação didática das várias disciplinas do curso de direito, embora reconheçamos que o direito seja uno, apenas com objetos distintos, tais como as obrigações civis, as obrigações societárias, as obrigações tributárias etc.

Não se trata de ser necessário para o jurista graduar-se em contabilidade para poder exercer qualquer atividade ligada ao direito, ou vice-versa para o contabilista, mas de saber o que se passa na seara alheia em virtude da conjunta injunção dos seus pressupostos, princípios e regras sobre determinada situação, e das múltiplas exigências a serem satisfeitas no seio da sociedade.

Quer dizer, ao se conhecer como a contabilidade opera pode-se melhor conhecer o direito aplicável ao mesmo objeto, e, por sua vez, a contabilidade é operada mais adequadamente tendo o conhecimento básico da disciplina jurídica atribuída a esse objeto.

Portanto, não é preciso ser contabilista para ser jurista, ou ser jurista para ser contabilista, mas é preciso, sim, ter as noções mínimas sobre a área de conhecimento distinta daquela em que cada um atua.

Em determinadas situações, o conhecimento precisa ser aprofundado, sob risco de haver um tremendo distanciamento do que é correto e a causação de uma irreparável disfunção.

Por exemplo, em virtude de que a Lei nº 12.973 visou adaptar a legislação tributária às novas práticas contábeis derivadas da harmonização da contabilidade brasileira com os padrões internacionais de contabilidade, é importante ao intérprete e aplicador dessa lei conhecer as disposições da ciência contábil que foram introduzidas com a harmonização, porque boa parte das regras dessa lei está ligada ao que a contabilidade passou a fazer, e para cujo objeto foi necessária uma nova normatização jurídica relativa aos tributos incidentes.

Sendo assim, muitas vezes o conhecimento do que se passa na contabilidade contribui fortemente para a compreensão do objetivo e do sentido de uma norma da Lei nº 12.973.

Para esse mister, é relevante para o jurista ter em mente que o contabilista não se prende ao que o ordenamento jurídico estatui para determinado ato ou negócio jurídico, pois a contabilidade se orienta pela noção da "primazia da essência econômica sobre a forma jurídica". Deve também saber que a contabilidade tem objetivo distinto do direito, pois ela visa informar a situação econômica de uma empresa em determinado momento, para que os seus usuários tomem suas decisões e providências que julguem necessárias ou convenientes, e, para tanto, a contabilidade prevê e registra inclusive ocorrências futuras de provável realização, ao passo que o direito se ocupa de fatos já ocorridos e de dizer qual deve ser o comportamento dos sujeitos envolvidos nesses fatos.

É verdade que há regras legais destinadas ao futuro, tal como as determinações relativas à sucessão testamentária, mas, no âmbito abrangido por este manual, as disposições legais são relativas a obrigações tributárias, e estas existem apenas quando tenham ocorrido fatos efetivos nas atividades patrimoniais e econômicas. Mesmo normas jurídicas que devam ter aplicação no futuro, como, por exemplo, as relativas à compensação de prejuízos fiscais, somente são ativadas e expelem comandos legais quando da ocorrência dos fatos futuros por elas previstos. Assim, no caso da norma pertinente a prejuízos fiscais, ela regula o fato existente do prejuízo formado no presente, disciplinando a respectiva quantificação, mas somente regerá a respectiva compensação se, e após, no futuro houver a ocorrência de lucro, e ainda sob dependência de essa norma não ter sido revogada ou alterada.[4]

Outra não é a situação dos contabilistas, que devem seguir os pressupostos, princípios e regras da sua profissão, inclusive guiar-se pela prevalência da essência sobre a forma, mas não esquecendo que as obrigações jurídicas relacionadas às situações de que se ocupam são derivadas tão somente das normas de direito que lhes forem pertinentes.

É claro que este prefácio não se destina a emitir interpretação jurídica, nem a dizer aos leitores quais sejam os tratamentos legais ou contábeis devidos a esta ou àquela situação, mas apenas apontar aspectos que explicam a utilidade deste *Manual de Gestão Tributária*.

Perante esse objetivo, é interessante que observemos que o título da obra se refere à gestão tributária, isso porque as incidências tributárias são pertinentes (interessam) às ciências jurídica e contábil, mas também à administração empresarial e à própria administração pública.

A título de exemplo, quando se trata de planejamento tributário, estão necessariamente envolvidas as três áreas (embora em diferentes níveis de responsabilidade e com diferentes participações), ou ao menos em geral assim deve ser.

---

[4] O mesmo ocorre com a norma de sucessão testamentária, a qual rege o aperfeiçoamento do ato jurídico da outorga do testamento, mas somente irradia direitos com a morte do testador.

De fato, se o planejamento vai conduzir a um resultado lícito é resposta que precisa ser encontrada primeira e exclusivamente no âmbito jurídico, através da correta exegese do ordenamento jurídico integral, com seus pressupostos, princípios e regras, em cujo âmbito também se deve detectar o nível de riscos acaso envolvidos e as consequências tributárias e talvez penais de um eventual julgamento discordante da licitude da prática. Isso é impositivo mesmo quando alguma sugestão de procedimento se origine do setor contábil ou de outro, como sói acontecer.

Não obstante, na execução da planificação tributária os lançamentos contábeis devem acompanhar o devido trato jurídico, para que não sejam dissonantes e eventualmente prejudiciais ao resultado legal almejado. E a tomada de decisão, pelos órgãos de deliberação e gestão da empresa, precisa estar ciente de todas as implicações legais envolvidas, bem como do espelho contábil previsto para a ocorrência, pois cabe a tais órgãos a verificação das consequências positivas que o plano possa trazer e sopesá-los com os eventuais danos para a saúde financeira da empresa na hipótese, sempre possível em maior ou menor graus, de um julgamento contrário.

Não é à toa, pois, que o *Manual de Gestão Tributária* dispõe de um capítulo dedicado ao planejamento tributário.

Por sua vez, os membros da administração pública encarregados da fiscalização dos atos do contribuinte, da produção de normas ou mesmo da gestão de órgãos públicos não têm como agir corretamente sem terem o necessário conhecimento das normas legais aplicáveis a cada situação e de como esta deva ser ou estar devidamente contabilizada.

No âmbito da administração pública surge um fato interessante, consistente em que para algumas carreiras não é exigido que seus ocupantes tenham graduação em direito ou contabilidade. Por essa razão, encontramos engenheiros, psicólogos e graduados em outras profissões atuando como auditores-fiscais e até julgando processos administrativos, o que, embora não seja ideal, exige que passem a deter conhecimentos mínimos dos pressupostos, princípios e regras que norteiam o direito e a contabilidade.

É com vistas à perspectiva da interdisciplinaridade que o Manual foi concebido como uma coletânea de trabalhos de autores especializados e apresentados através de um modelo moderno de transmissão do conhecimento, que facilita a sua compreensão e recepção. Esse método é instrutivo e ilustrativo, além de instigante, por conter a exposição de aspectos tributários e contábeis nas mais variadas situações, exposição esta que procura fundar-se nos pressupostos, princípios e regras das duas ciências, e que é acompanhada de exemplos e de exercícios para sua mais completa compreensão.

Sendo assim, o *Manual de Gestão Tributária* serve principalmente para o aprendizado de estudantes, mas também é útil para que profissionais com mais experiência em qualquer das áreas acima referidas possam rever conceitos e aprimorar o que já sabem.

Enfim, os destinatários do Manual são os que estão aprendendo direito tributário ou contabilidade, e também os que, nas suas atividades profissionais, tenham que empregar essas ciências em sua generalidade e em suas especificidades.

São Paulo, julho de 2022.

Ricardo Mariz de Oliveira
Advogado e presidente do Instituto Brasileiro de Direito Tributário (IBDT)

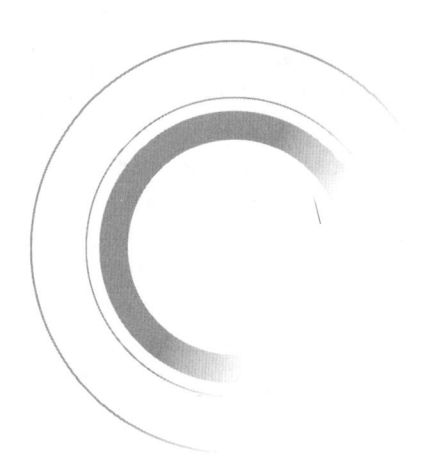

AGRADECIMENTOS

Em 2018, assumíamos a nobre missão de coordenar os tradicionais MBAs de Gestão Tributária (eu, Fabio Silva) e IFRS (Alexandre Evaristo) da FIPECAFI. O encontro foi uma grata surpresa, pois, embora nos conhecêssemos de disciplinas cursadas durante o mestrado, não sabíamos que estávamos participando do processo seletivo e, ao final, seríamos os escolhidos para as respectivas coordenações.

Ali se iniciava uma parceria de muitas realizações acadêmicas bem-sucedidas e que extrapolou as funções para as quais fomos originalmente contratados. Lançamento de novos cursos, artigos escritos em coautoria, relançamento da série "Controvérsias Jurídico-Contábeis" e seu respectivo seminário, parceria IBDT/FIPECAFI, palestras, mesas de debate, estão entre outras boas iniciativas que tivemos, com especial foco na relação entre o direito tributário e a contabilidade.

Posteriormente, a dupla foi reforçada pela chegada do Arthur Pitman para auxiliar na criação do MBA EAD de Gestão Tributária e nas demais atividades envolvendo a coordenação na FIPECAFI. Nascia ali a "semente" que geraria este *Manual de Gestão Tributária*.

Há uma carência de obras abrangentes que abordem aspectos teóricos e práticos da tributação das pessoas jurídicas. Normalmente, os livros focam em algum tributo específico, não havendo opções que permitam aos profissionais e estudantes do direito e da contabilidade encontrarem, em um só lugar, praticamente todos os impactos tributários inerentes às relações empresariais.

Foi essa percepção que fez surgir a ideia da elaboração deste *Manual de Gestão Tributária*. A ausência de uma obra com esse escopo nos incutiu o desejo de fornecer para a comunidade profissional e acadêmica um livro completo, moderno, recheado de recursos didáticos e que abordasse a prática da tributação empresarial, sem deixar de discutir os pontos teóricos essenciais da tributação das pessoas jurídicas.

Acontece, entretanto, que o mundo é cheio de ideias incríveis. Há uma diferença substancial entre ambicionar algo e realizá-lo concretamente. Para isso, é necessário muito foco, dedicação e, mais do que isso, a ajuda de pessoas competentes, sem as quais, esse livro teria ficado apenas no campo das ideias, como ocorre com muitas outras iniciativas.

Em primeiro lugar, agradecemos aos autores e autoras dos capítulos. Não há um só autor ou autora que não tenha sido escolhido com muito critério. Para além da amizade que nutrimos por todos e todas que participaram da obra, há uma admiração acadêmica e profissional que não seria possível reproduzir em poucas linhas. Compõem a obra porque dificilmente encontraríamos substitutos com tamanha competência para tratar dos temas abordados.

Não podemos deixar de agradecer à Paola Londero. Não há qualquer dúvida de que ela é uma das principais responsáveis pela finalização desta obra. Competente, firme e organizada, sua colaboração foi primordial para o resultado que agora chega ao mercado. Igualmente, não há palavras que possam descrever a gratidão que sentimos por seu trabalho.

Também é indispensável mencionar o excepcional trabalho da Editora Atlas. Nosso agradecimento especial fazemos em nome de Mayara Blaya, que, desde o início, acreditou nesse projeto e concordou com a proposta ousada e original que pretendíamos impor à obra, incluindo o seu formato inédito de comercialização.

Somos gratos ainda a todos nossos professores e professoras que, para além de nossa formação acadêmica e profissional, ajudaram a moldar nosso caráter e, em especial, nosso desejo de contribuir para a comunidade acadêmica. Este livro é uma forma de retribuir, ainda que singelamente, o muito que nos proporcionaram. Nominalmente, agradecemos aos professores Paulo Henrique Pêgas e Ricardo Mariz de Oliveira que, respectivamente, nos honraram com a apresentação e o prefácio desta obra, demonstrando a generosidade que é peculiar em ambos.

Por fim, mas não menos importante, gostaríamos de agradecer às nossas famílias. Esse é o pilar que sustenta toda a estrutura na qual nos apoiamos e que nos possibilita assumir projetos tão grandiosos. Não é um caminho fácil e a compreensão da família acerca de nossa ausência – consequência natural de todo o esforço para finalizar essa obra – é o maior ato de amor que poderíamos receber.

Este livro é resultado de muita dedicação, esforço e renúncias. Também é fruto da amizade. Esperamos que os leitores sintam o mesmo que experimentamos durante todo o projeto. Às vezes a "estrada" é árdua e são vários os obstáculos. Mas, ao final, nos sentimos gratos pelo caminho trilhado. Portanto, aproveitem a viagem pelos 24 capítulos preparados especialmente para vocês. Temos confiança de que, ao final, terão um conhecimento muito mais abrangente e sólido da tributação incidente sobre as pessoas jurídicas no Brasil.

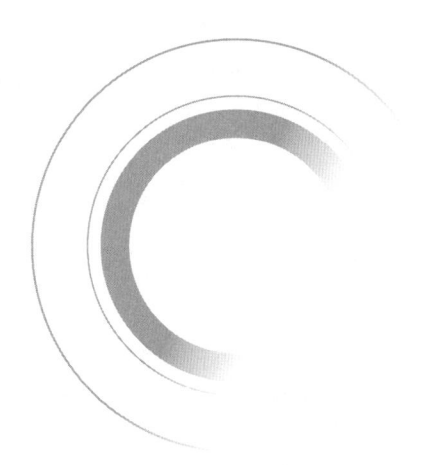

RECURSOS DIDÁTICOS

No final de cada capítulo, os autores indicam vídeos como complemento, em que abordam aspectos centrais do tema discutido.

No decorrer de alguns capítulos, os autores disponibilizam notícias e informações extras sobre o assunto que discorrem no texto.

O acesso aos vídeos é feito via QR Code. Para reproduzi-los, basta ter um aplicativo leitor de QR Code baixado no *smartphone* e posicionar a câmera sobre o código. É possível acessar os vídeos também por meio da URL que aparece logo abaixo do código.

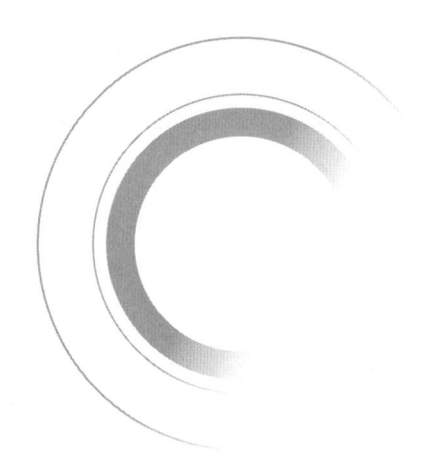

Sumário

CAPÍTULO 1

FUNDAMENTOS CONSTITUCIONAIS DA TRIBUTAÇÃO

Martha Leão

OBJETIVOS DE APRENDIZAGEM DO CAPÍTULO

1. Conhecer as características gerais do sistema tributário constitucional.
2. Reconhecer as diferentes espécies tributárias.
3. Compreender a divisão de competências tributárias prevista na Constituição.
4. Entender as limitações constitucionais ao exercício do poder tributário.
5. Determinar as imunidades previstas pela Constituição.

OLHA A NOTÍCIA!

uqr.to/1ay9a

Julgamento da "tese do século" pode afetar ações de empresas na bolsa de valores

Autora: Joice Bacelo

Jornal *Valor Econômico* – 27.4.2021

O estudo do papel exercido pela Constituição no âmbito do Direito Tributário é fundamental para a compreensão da função exercida pelo Supremo Tribunal Federal, como Tribunal detentor da última palavra na interpretação da Constituição, no que tange à solução dos problemas tributários (e dos impactos disso para a economia e a sociedade). Um exemplo marcante disso foi o julgamento da "tese do século" (a discussão sobre a exclusão do ICMS da base de cálculo do PIS e da COFINS), finalizado apenas em 2021 pelo Supremo Tribunal Federal, com efeitos econômicos diretos nas grandes empresas do país.

SISTEMA TRIBUTÁRIO CONSTITUCIONAL

O Sistema Tributário Nacional é, diferentemente da maioria dos sistemas tributários de outros países, marcado pela sua **constitucionalidade**. Isso significa dizer que as características essenciais para o exercício do poder de tributar pelos Entes da Federação foram definidas pela própria Constituição, tornando-o, em função disso, um sistema mais rígido e exaustivo. Essa rigidez e exaustividade decorrem de dois fundamentos: de um lado, as regras de competência e a repartição das receitas são intensamente reguladas pela própria Constituição; de outro lado, a instituição dessas regras de competência em nível constitucional conduz a uma rigidez modificativa do Sistema Tributário Nacional. O tratamento do tema por meios de normas de hierarquia constitucional gera um aumento de estabilidade desse sistema em virtude dos limites impostos à sua modificação, considerando que a modificação do texto constitucional impõe maiores dificuldades do que a simples alteração legislativa.

Desse modo, aquilo que pode ser feito em termos de tributação está previsto (às vezes, pormenorizadamente) pela própria Constituição. O Direito Tributário Brasileiro é, sobretudo, um Direito Constitucional Tributário.[1] Trata-se de um sistema minucioso, marcado pela predominância de regras, cujas balizas são a distribuição de competências por meio de estruturas fechadas e as limitações específicas ao exercício do poder de tributar. A Constituição criou um sistema de segurança ao optar por uma estrutura de previsibilidade por meio da regulação pormenorizada das competências tributárias (a determinação das materialidades econômicas sob as quais cada Ente da Federação poderá criar tributos), dos procedimentos para o exercício dessa competência (a determinação das limitações aplicáveis ao exercício do poder de tributar) e das fontes a serem utilizadas (a definição das matérias reservadas a cada espécie de fonte normativa). Assim, o Sistema Tributário criado procura tornar predeterminável, em nível constitucional, quais são os poderes do Estado e quais são as garantias dos contribuintes na relação jurídico-tributária.

ATENÇÃO!

A presença de um "Sistema Tributário Constitucional" com o nível de detalhamento verificado na Constituição brasileira não encontra paralelo em outras Constituições ocidentais.

Essa escolha por um sistema constitucionalizado de Direito Tributário relaciona-se com a perspectiva do texto constitucional de regular o exercício do Poder Público. O Direito Tributário, assim como o Direito Penal e o Direito Administrativo sancionador, pressupõe uma relação verticalizada entre o Estado (detentor de poder para tributar com a finalidade de arrecadar os recursos necessários à manutenção da máquina pública) e os contribuintes (detentores de direitos fundamentais). O Direito Tributário possui vínculo direto com os direitos fundamentais, na medida em que a sua atuação age diretamente sobre a liberdade e o direito de propriedade dos contribuintes. Embora o Direito Tributário seja erigido pelo dever de contribuir para a sustentabilidade financeira do Estado, ele não deixa de consubstanciar uma restrição legítima e constitucionalmente embasada em direitos e liberdades fundamentais como a propriedade e a livre iniciativa. A ampla gama de garantias constitucionais concedidas aos contribuintes fundamenta-se exatamente neste vínculo indissociável entre a tributação como restrição desses direitos fundamentais e a necessidade de que isso seja feito de forma a não comprometer o núcleo desses mesmos direitos.

Ainda nesse ponto, é preciso destacar que a Constituição não se limitou a estabelecer os objetivos que deveriam ser perseguidos pelo sistema tributário nacional. Em vez disso, ela mesmo propôs regras diretivas desse sistema, tomando decisões fundamentais com relação ao seu funcionamento. Em outras palavras, a Constituição não se limitou em estabelecer apenas os fins a serem perseguidos (na forma de princípios), permitindo ao legis-

---

[1] ÁVILA, Humberto. *Sistema constitucional tributário*. 5. ed. São Paulo: Saraiva, 2012. p. 110.

lador estabelecer os meios para tanto. Pelo contrário: ela própria predetermina a forma de perseguir esses fins, estabelecendo o comportamento permitido, proibido e obrigatório de forma direta (na forma de regras).[2] Dois tipos de regras merecem destaque e estudo pormenorizado: de um lado, as regras de competência (que outorgam aos entes federados a prerrogativa de criar os tributos autorizados constitucionalmente, predefinindo as características essenciais desses tributos); e, de outro lado, as regras relativas às limitações constitucionais ao poder de tributar (que determinam verdadeiras proibições com relação ao modo do exercício do poder tributário). Cada uma delas será analisada de maneira pormenorizada nos itens subsequentes.

Antes de examinarmos as espécies tributárias, ainda é fundamental identificar o conceito de tributo. Sendo nosso sistema constitucionalizado, é preciso buscar esse conceito primeiramente na Constituição, para depois se analisar o disposto nas normas jurídicas infraconstitucionais. Ainda que não exista um conceito explícito do termo **tributo** na Constituição Federal (CF), há uma noção implícita decorrente das diversas citações sobre o tema no texto. Assim, para Carrazza,[3] por exemplo, tributo seria a relação jurídica que se estabelece entre o Fisco e o contribuinte (pessoa colhida pelo Direito positivo), tendo por base a lei, igualitária, decorrente de um fato lícito qualquer, avaliável em pecúnia e de ocorrência possível, cujo adimplemento é exigido compulsoriamente e em moeda. Essa definição implícita da Constituição foi explicitada pelo Código Tributário Nacional (a ser estudado nos próximos capítulos). Em seu art. 3º, o Código define tributo como "toda prestação pecuniária compulsória, em moeda ou cujo valor nela se possa exprimir, que não se constitua sanção de ato ilícito, instituída em lei e cobrada mediante atividade administrativa plenamente vinculada".

VOCÊ SABIA?

A maior parte das Constituições ocidentais trata da matéria tributária de forma mais vaga e principiológica, permitindo que a legislação infraconstitucional defina o Sistema Tributário. Não é o que acontece no Brasil: a própria Constituição Federal estabelece, diretamente, as características essenciais do sistema tributário definindo o **QUE** pode ser tributado (as materialidades econômicas sujeitas à tributação), **QUEM** pode tributar (o ente federado competente para a criação do tributo) e **COMO** pode tributar (de que forma esse tributo poderá ser cobrado para serem atendidas as limitações prescritas pela própria Constituição para proteção dos direitos fundamentais dos contribuintes).

 **OBJETIVO 2**

ESPÉCIES TRIBUTÁRIAS

Conceituado o termo **tributo**, enquanto gênero, podemos partir para a análise das espécies tributárias, classificação esta que extrapola as meras finalidades didáticas, uma vez que a caracterização de uma figura como tributo leva a sujeição desta aos princípios tributários, cuja aplicação pode modificar ou mesmo, em algumas situações, inviabilizar a sua cobrança. A Constituição brasileira previu cinco espécies tributárias distintas: impostos, taxas, contribuições de melhoria, contribuições e empréstimos compulsórios. Tal qual já mencionado, a Constituição não se limitou a estabelecer e nominar essas espécies, tendo ela própria definido o regime jurídico atinente a cada uma delas. É o que se passa a analisar.

Imposto é o tributo cuja obrigação tem por fato gerador uma situação independente de qualquer atividade estatal específica, relativa ao contribuinte. Dito de outro modo, impostos são tributos que nascem da atividade

---

2   Sobre a diferença entre regras e princípios, *vide*: ÁVILA, Humberto. *Teoria dos princípios*. 20. ed. São Paulo: Malheiros/Juspodium, 2021. p. 102 e ss; BARBERIS, Mauro. *Filosofia del diritto*: un'introduzione teorica. 3. ed. Torino: G. Giappichelli, 2008. p. 144 e ss.

3   CARRAZZA, Roque Antônio. *Curso constitucional tributário*. 33. ed. São Paulo: Malheiros/JusPodivm, 2021. p. 328.

do contribuinte de forma exclusiva, independentemente de qualquer atividade do Estado e desvinculados de qualquer finalidade (não há contraprestação por parte do Estado). Segundo Ataliba,[4] trata-se de tributo não vinculado, ou seja, tributo cuja hipótese de incidência consiste na conceituação legal de um fato qualquer que não se constitua em uma atuação estatal; um fato da esfera jurídica do contribuinte.[5] Os impostos estão discriminados nos arts. 153 (competência da União), 155 (competência dos Estados e do Distrito Federal) e 156 (competência dos Municípios) da Constituição, que autorizam o legislador ordinário a adotar como hipótese de incidência de impostos as manifestações de riqueza ali discriminadas.

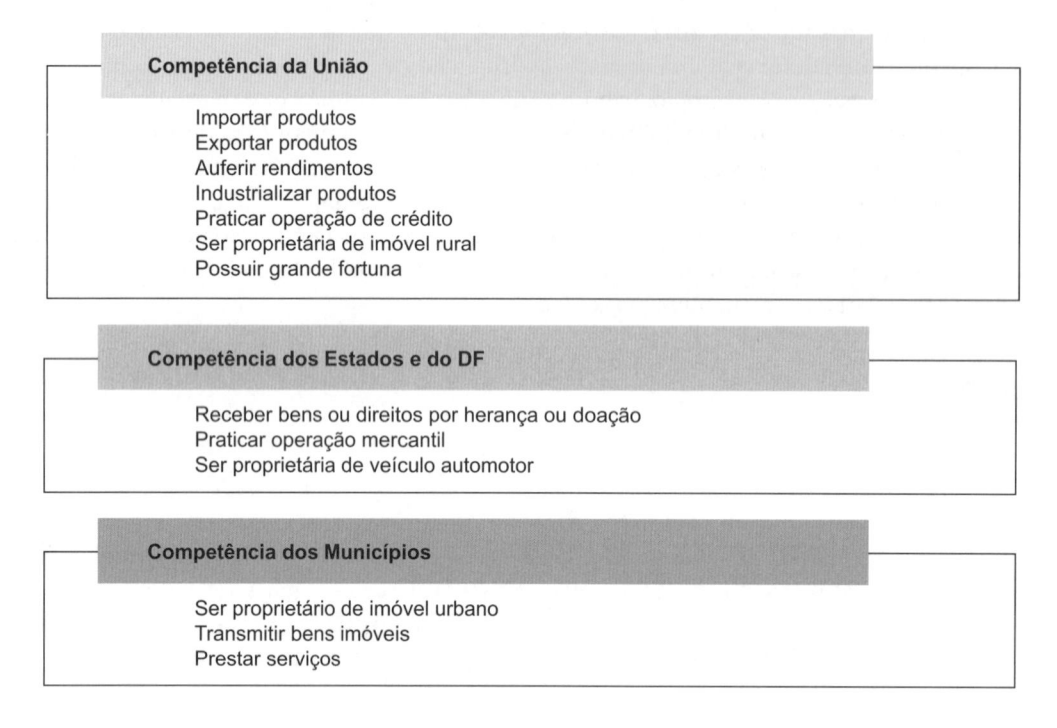

Figura 1.1 Signos presuntivos de riqueza.

A característica mais marcante dos impostos, portanto, relaciona-se com a existência de uma manifestação de capacidade contributiva por parte do contribuinte, que realiza uma dessas hipóteses de incidência de acordo com a sua definição e instituição pela lei ordinária. Todos esses fatos têm a propriedade de, em si mesmos, revelar ou, pelo menos, fazer presumir a capacidade econômica das pessoas que o realizam (capacidade contributiva): eles são fatos-signos presuntivos de riqueza, o que reforça a determinação de que os impostos sempre que possível tenham caráter pessoal e sejam graduados segundo a capacidade econômica do contribuinte (art. 145, § 1º, da Constituição Federal, que será analisado em maior profundidade adiante).[6]

Taxa, ao contrário do imposto, é um tributo que nasce da atividade do Estado. A sua hipótese de incidência é uma atuação estatal diretamente (imediatamente) referida ao obrigado (pessoa que vai ser posta como sujeito passivo da relação obrigacional que tem a taxa por objeto).[7] Esse tributo nasce da referibilidade entre determinada atuação estatal e aquele que aproveita essa atuação. Nesse ponto, portanto, diferencia-se do imposto e a análise da sua base de cálculo deve refletir, forçosamente, a medida dessa atuação estatal. Isto é, a taxa, ao contrário do imposto, não pode ser graduada de acordo com a capacidade contributiva do contribuinte, pois o que interessa é o custo da atuação do Estado.

4   ATALIBA, Geraldo. *Hipótese de incidência tributária*. 5. ed. São Paulo: Malheiros, 1995. p. 121.

5   *Idem, ibidem.*

6   CARRAZZA, Roque Antônio. *Curso constitucional tributário*. 33. ed. São Paulo: Malheiros/JusPodivm, 2021. p. 466.

7   ATALIBA, Geraldo. *Hipótese de incidência tributária*. 5. ed. São Paulo: Malheiros, 1995. p. 130.

A Constituição prevê dois tipos taxas (art. 145, inciso II): taxas cobradas pela prestação de serviços públicos e taxas cobradas em razão do poder de polícia. Em qualquer dessas hipóteses, porém, fica evidenciado o caráter sinalagmático desse tributo. Quanto às taxas de serviço público, a Constituição Federal estabelece três requisitos essenciais sem os quais não se configura esta taxa: a utilização efetiva ou potencial do serviço; a especificidade e a divisibilidade da prestação; a efetividade ou disponibilidade do serviço. O serviço público remunerado pela taxa tem que ser, concomitantemente, específico e divisível – unidades autônomas entregues a usuários diferenciados. Nesse contexto, é preciso diferenciar entre os serviços públicos gerais e os específicos. Serviços públicos gerais, ou universais, são aqueles prestados indistintamente a todos os cidadãos, alcançando toda a comunidade e beneficiando um número indeterminado de pessoas (exemplo disso seria a iluminação pública). Estes não podem ser custeados através de taxas, mas sim das receitas gerais do Estado, representadas basicamente pelos impostos (e, especificamente no caso da iluminação pública, custeado por meio de uma contribuição para o custeio da iluminação pública, nos termos do art. 149-A, da Constituição Federal). Já os serviços públicos específicos, ou singulares, são aqueles prestados a uma pessoa ou a um número determinável de pessoas. São de utilização individual e mensurável, sendo, portanto, divisíveis (é possível avaliar a utilização efetiva ou potencial, individualmente considerada). É o caso dos serviços de água e energia, por exemplo. Vale dizer que essas taxas podem ser cobradas pela mera disponibilização do serviço ao cidadão, desde que a sua utilização seja obrigatória em virtude do interesse público da coletividade, tal qual se verifica nos serviços públicos de esgoto e de coleta domiciliar de lixo, por exemplo.

QUESTÃO PARA REFLEXÃO

Considerando os requisitos essenciais das taxas que acabamos de aprender, seria possível a cobrança de taxa de iluminação pública?

Nesse sentido, é preciso diferenciar a cobrança de taxas da cobrança de preços públicos (tarifas). Existem serviços prestados pelo Estado que não são compulsórios aos cidadãos, tais quais os serviços públicos de telefonia, de gás, de conservação de estradas e assim por diante. O cidadão tem a opção (faculdade) de contratá-los, ou não. A taxa é um tributo, sendo, portanto, objeto de uma obrigação tributária instituída por lei. Já o preço público (ou tarifa) é obrigação contratual, isto é, uma obrigação assumida voluntariamente, ao contrário da taxa, que é imposta pela lei a todas as pessoas que se encontrem na situação de usuários (efetivos ou potenciais) de determinado serviço. A cobrança do preço público dependerá do contrato com os indivíduos que solicitarem a prestação daquele serviço. Os preços são regidos pelo Direito Privado, enquanto as taxas obedecem ao regime de Direito Público típico dos tributos.

As taxas de polícia, por sua vez, têm por hipótese de incidência o exercício do chamado poder de polícia, vinculado ao conjunto de normas que impõem limites ao exercício dos direitos de liberdade e de propriedade das pessoas. Há certos direitos cujo exercício deve ser conciliado com o interesse público, cabendo ao Estado policiar a atuação do indivíduo. Esses direitos podem afetar o interesse da coletividade e, por isso, sofrem limites e restrições de ordem pública, sendo a taxa de polícia cobrada em razão dessa atividade do Estado, que verifica o cumprimento das exigências legais pertinentes e permite o exercício dos direitos. A taxa de polícia só pode ser cobrada da pessoa que especificamente é alcançada por um ato de polícia, como, por exemplo, no caso da taxa para emissão de passaporte e das taxas de fiscalização.

ATENÇÃO!

A natureza jurídica do pedágio foi controversa durante muito tempo na jurisprudência do Supremo Tribunal Federal. Em 2014, contudo, o Tribunal definiu que "o pedágio cobrado pela efetiva utilização de rodovias conservadas pelo Poder Público, cuja cobrança está autorizada pelo inciso V, parte final, do art. 150 da Constituição de 1988, não tem natureza jurídica de taxa, mas sim de preço público, não estando a sua instituição, consequentemente, sujeita ao princípio da legalidade estrita" (STF, ADI nº 800, Tribunal Pleno, julgado em 11.6.2014).

Ainda nesse ponto, é preciso destacar que a Constituição determina que "as taxas não poderão ter base de cálculo própria de impostos" (art. 145, § 2º). Ou seja, a própria Constituição reconheceu que a cobrança das taxas não deveria estar vinculada à capacidade contributiva dos contribuintes, e sim ao custo da atuação do Estado. A Constituição atribuiu às taxas um caráter retributivo, não deixando qualquer margem para a análise da capacidade contributiva daquele que as paga. Como destaca Ávila,[8] os limites para a imposição de taxas na verdade são outros: (i) primeiro, deve haver uma relação de congruência externa entre a atuação estatal e o elemento utilizado como presunção dessa atuação; (ii) segundo, deve haver equivalência entre a atuação estatal e o valor que é pago como taxa (o valor deve equivaler ao serviço ou à atividade de polícia prestada); e, (iii) terceiro, deve ser preservado o núcleo dos direitos fundamentais afetados, o que significa dizer que a taxa não pode ser tão alta a ponto de comprometer a eficácia mínima desses direitos. Nesse sentido, o próprio Supremo Tribunal Federal: "A taxa, enquanto contraprestação a uma atividade do Poder Público, não pode superar a relação de razoável equivalência que deve existir entre o custo real da atuação estatal referida ao contribuinte e o valor que o Estado pode exigir de cada contribuinte, considerados, para esse efeito, os elementos pertinentes às alíquotas e à base de cálculo fixadas em lei" (STF, MC-QO na ADI nº 2.551, Tribunal Pleno, julgado em 2.4.2003).

A **contribuição de melhoria**, por sua vez, depende da existência de uma obra pública que gere melhoria ou valorização para o proprietário de um imóvel adjacente (art. 145, III, da Constituição Federal). Sua hipótese de incidência é, portanto, a existência de uma obra (atuação estatal) capaz de gerar a valorização dos imóveis a ela adjacentes. A contribuição de melhoria não se confunde com um imposto, não sendo repartida a partir da capacidade contributiva dos contribuintes; da mesma forma, não é uma taxa, porque não é uma forma de repartir os custos da obra. Trata-se de uma contribuição tida por Ataliba[9] como "especial", porquanto só são obrigados ao pagamento os proprietários que receberam o benefício especial consistente na valorização do seu imóvel em decorrência da obra pública. Sua hipótese de incidência, nesse sentido, é a valorização imobiliária causada por obra pública.

Além da contribuição de melhoria, a Constituição previu outras **contribuições**, como, por exemplo, as contribuições sociais, as contribuições de intervenção no domínio econômico e de interesse das categorias profissionais ou econômicas. Essas contribuições se caracterizam como uma espécie tributária autônoma, cujo regime jurídico não se confunde com aquele dos demais tributos (impostos, taxas, contribuições de melhoria e empréstimos compulsórios). O caráter distintivo do regime jurídico atinente às contribuições é "a circunstância de serem instrumentos para a promoção de finalidades constitucionalmente postas em caráter permanente".[10] Nesse sentido, são tributos devidos para a promoção de ideais constitucionais buscados, como saúde, assistência social e previdência. A sua vinculação, portanto, é finalística, ao contrário das outras espécies, cuja vinculação é causal. Há uma vinculação aqui entre a atuação estatal e o contribuinte, ainda que essa referibilidade seja indireta (ao contrário das taxas, em que essa referibilidade é direta).

As contribuições sociais, por exemplo, são um instrumento de atuação da União na área social. Isso significa dizer que os recursos arrecadados com as contribuições sociais são voltados à atuação social da União. A identificação dessa atuação pode ser encontrada a partir do art. 193 da Constituição Federal, que versa sobre a "ordem

---

[8] ÁVILA, Humberto. *Sistema constitucional tributário*. 5. ed. São Paulo: Saraiva, 2012. p. 400.

[9] ATALIBA, Geraldo. *Hipótese de incidência tributária*. 5. ed. São Paulo: Malheiros, 1995. p. 150.

[10] ÁVILA, Humberto. *Sistema constitucional tributário*. 5. ed. São Paulo: Saraiva, 2012. p. 160.

social", ali incluindo os seguintes itens: (i) seguridade social (saúde, previdência social e assistência social), (ii) educação, cultura e desporto, (iii) ciência e tecnologia, (iv) comunicação social, (v) meio ambiente, (vi) família, criança, adolescente e idoso e (vii) índios. Dentre todos os campos inseridos na Ordem Social, a Constituição Federal escolheu alguns para os quais previu especificamente a instituição de contribuições sociais: a seguridade social (art. 195), o seguro-desemprego (art. 239) e a educação (art. 212, § 5º).

O art. 149 também trata das contribuições especiais, que são aquelas de intervenção no domínio econômico (CIDE) e as de interesse de categorias profissionais ou econômicas. Essas contribuições diferem das contribuições sociais não apenas em virtude do objeto e destinação da sua cobrança, mas também relativamente às suas características. Essas contribuições são marcadas pela referibilidade (ao contrário das contribuições sociais que podem ser universais) – trata-se de contribuições de interesse de uma determinada categoria e, exatamente por isso, a hipótese tributária precisa estar vinculada àquela categoria específica, assim como os contribuintes que vão pagá-la. A justificativa dessas contribuições está vinculada à obtenção de recursos para a intervenção da União: há necessária destinação dos recursos auferidos para essa intervenção. O raciocínio é simples: se é possível, no todo da sociedade, identificar um grupo para o qual é voltada uma atuação estatal, é aceitável que tal atuação seja suportada por aquele grupo, no lugar de toda a sociedade. Isso significa também que o limite da sua imposição está na atividade de intervenção que a justifica.

É também por essa razão que há necessária vinculação dos recursos das contribuições. Admitir desvios dos recursos significa conceber que um grupo, eleito por sua referibilidade a uma atuação estatal, financie isoladamente atuação que não se refira ao grupo. Assim, para que as contribuições especiais sejam legítimas, é preciso (i) um grupo social claramente destacável, em virtude de uma situação de interesse comum ou por características comuns; (ii) a conexão material entre o círculo de contribuintes e a finalidade buscada pelo tributo; (iii) a receita gerada deve ser aplicada em algo útil para o grupo, o que não significa vantagem individual, mas fruição de benefício pelo grupo como um todo. Por essa razão, a desvinculação dessas receitas da finalidade que justifica a sua instituição é considerada doutrinariamente como inconstitucional.[11] Em que pese esse entendimento, o art. 76 do Ato das Disposições Constitucionais Transitórias prevê expressamente a Desvinculação de Recursos da União (DRU), cuja redação atualmente vigente permite a desvinculação de até 30% dessas receitas até 31.12.2023.

VOCÊ SABIA?

O STF já foi instado a se manifestar sobre as emendas constitucionais que prorrogam a desvinculação das receitas da União no Ato das Disposições Constitucionais Transitórias, entendendo pela sua constitucionalidade: "Não é inconstitucional a desvinculação de parte da arrecadação de contribuição social, levada a efeito por emenda constitucional" (STF, Recurso Extraordinário nº 537610, Segunda Turma, julgado em 1.12.2009).

Empréstimo compulsório, por fim, é tributo previsto pela Constituição no art. 148 para duas hipóteses bastante singulares: de um lado, para cobrir despesas extraordinárias (como calamidades públicas) e, de outro lado, para a realização de investimento público urgente de relevante interesse nacional. Trata-se de um tributo de natureza singular pela previsão de sua restituição ao contribuinte. Não obstante se discuta doutrinariamente a sua caracterização e inclusive a sua autonomia enquanto espécie tributária, é preciso reconhecer que, embora suas hipóteses de incidência se confundam com aquelas verificadas em impostos, taxas ou contribuições, sua destinação aponta finalidade constitucionalmente prestigiada, cuja ausência impossibilita sua cobrança e cuja presença lhe confere um regime jurídico formal próprio.[12] Um dos poucos exemplos de sua instituição no Brasil diz respeito ao empréstimo compulsório sobre energia elétrica, instituído pela Lei nº 4.156/62, tendo como objetivo a expansão e melhoria do setor elétrico brasileiro, para alcançar maior número de pessoas e melhorar o serviço naquelas localidades onde já havia cobertura.

---

[11] BARRETO, Paulo Ayres. *Contribuições*: regime jurídico, destinação e controle. 2. ed. São Paulo: Noeses, 2011. p. 166.

[12] SCHOUERI, Luís Eduardo. *Direito tributário*. 7. ed. São Paulo: Saraiva, 2017. p. 228.

COMPETÊNCIAS TRIBUTÁRIAS

No modelo federal brasileiro desenhado pela Constituição, cada pessoa jurídica de Direito Público (União, Estados, Distrito Federal e Municípios) tem uma esfera de atuação própria, denominada de competência. Essa esfera de competência própria passa pela previsão de recursos também próprios para a execução dessas tarefas determinadas constitucionalmente. Em outras palavras, as pessoas jurídicas de Direito Público não têm mera autonomia orçamentária (recursos próprios) garantida pela Constituição, mas também possuem competência para, atuando dentro do campo reservado pela própria Constituição, instituírem, por leis próprias, seus tributos.

ATENÇÃO!

O federalismo brasileiro não comporta apenas autonomia orçamentária, mas também autonomia política para a criação de tributos próprios.

A Constituição brasileira adotou um sistema misto de partilha de competências e de partilha do produto da arrecadação. Nesse contexto, a Constituição distribui campos de competência próprios para cada ente tributante. O poder de criar tributos é repartido entre os vários entes políticos, de modo que cada um tem competência para impor prestações tributárias, dentro da esfera que lhe é assinalada pela Constituição. Isso significa que a União, os Estados, o Distrito Federal e os Municípios têm aptidão para criar determinados tributos e definir o seu alcance, obedecidos os critérios de partilha de competência estabelecidos pela Constituição.[13]

Essa atribuição de competências tributárias a cada um dos Entes da Federação implica dois efeitos: por um lado, um efeito positivo (de reconhecimento de que aquela unidade federativa possui autorização para a criação daquele tributo determinado) e um efeito negativo (de implicação de que outras unidades federativas não possuem a autorização para a criação daquele mesmo tributo). A não competência ou incompetência tributária, portanto, se refere às matérias que não integram o campo de competência daquele determinado ente federado. Qualquer lei que preveja tributação sobre matérias não reguladas em seu campo de competência delimitado constitucionalmente será inconstitucional.

É importante analisarmos que foi uma escolha do constituinte repartir competências tributárias: não é requisito de um sistema federal a discriminação rígida de competências. O federalismo implica a conjugação de dois fatores: autonomia e uniformidade, ainda que a medida de cada um deles varie em cada estado federado. Por um lado, autonomia federativa relaciona-se com o poder de cada ente federado regular a si mesmo do ponto de vista político e financeiro. Por outro lado, a uniformidade vincula-se à necessidade de submissão dos entes federados às regras gerais comuns, permitindo estabilidade na aplicação uniforme da legislação comum. Desse modo, o federalismo exige autonomia financeira às pessoas jurídicas de direito público, mas autonomia financeira depende de receitas discriminadas para cada um e não necessariamente da distribuição de competências tributárias (as duas coisas são diferentes). Nos Estados Unidos, por exemplo, temos cobrança de tributos tanto federais como estaduais, sem que haja discriminação rígida entre o que um e outro pode cobrar. A Constituição brasileira, contudo, adotou como parte de seu pacto federativo também a divisão de competências tributárias. Isso significa dizer que a autonomia federativa, no Brasil, está diretamente vinculada também com a repartição de competências tributárias – e não apenas com a repartição dessas receitas do ponto de vista financeiro. O direito aos recursos não se confunde com o poder político de definir a sua instituição e as suas características locais (ainda que sujeito a normas gerais de uniformidade).

---

[13] AMARO, Luciano. *Direito tributário brasileiro*. 15. ed. São Paulo: Saraiva, 2009. p. 93.

Veja-se que, quando se trata de tributos cuja justificação está em uma atividade estatal (como as taxas, por exemplo), a competência para instituí-lo acompanha a competência para a prestação da atividade. Se o tributo se justifica e é devido em virtude de uma atuação estatal que pode ser imputada a um contribuinte, ou a um grupo de contribuintes, a competência tributária não pode ser desvinculada da atribuição constitucional para a atuação que justificou a tributação. No caso dos impostos, ao contrário, que são tributos não vinculados a uma atividade estatal, foram escolhidos critérios reveladores de capacidade contributiva, e esses critérios foram divididos entre os entes federados. Destaca-se, ainda, que a própria Constituição reconhece a possibilidade de surgimento de novas materialidades econômicas aptas a gerar a criação de novos tributos, reservando essa competência residual para a União ("A União poderá instituir mediante lei

complementar, impostos não previstos no artigo anterior, desde que sejam não cumulativos e não tenham fato gerador ou base de cálculo próprios dos discriminados nesta Constituição" – art. 154, inciso I, Constituição Federal). A previsão expressa de uma competência residual para novas materialidades reforça a rigidez das competências já definidas pela própria Constituição.

Ainda nesse tópico, é fundamental apontar que a Constituição não cria tributos, ela outorga competência/aptidão para a criação de tributos. A própria Constituição é firme em exigir lei para a efetiva criação de um tributo pelo ente político (art. 150, inciso I, Constituição Federal). Desse modo, embora as características gerais desses tributos possam ser implicadas do texto constitucional a partir das materialidades econômicas predefinidas, a sua efetiva criação sobre tais materialidades depende do exercício da competência tributária pelo ente federado por meio de lei. A facultatividade, portanto, é uma característica das competências tributárias outorgadas constitucionalmente. Além disso, ainda se podem destacar as características de irrenunciabilidade, indelegabilidade e incaducabilidade desse poder. A repartição definida constitucionalmente não está dentro da esfera de disponibilidade política de cada ente federado, o que impede a renúncia e a delegação desse poder (art. 7º, Código Tributário Nacional – CTN). Por fim, ainda que a competência não seja exercida, ela não é suprimida, podendo, a qualquer momento, ser exercida (art. 8º, CTN).

VOCÊ SABIA?

O imposto sobre grandes fortunas é o grande exemplo de competência tributária não exercida pela União: embora a Constituição outorgue competência para a União criá-lo, essa competência não foi até hoje exercida (art. 153, inciso VII, Constituição Federal).

A partir do art. 145, desenha-se um sistema em que cada espécie tributária é alocada para uma pessoa jurídica de direito público. Vamos analisar essas regras. O art. 145 assegura a competência de todos os entes para a cobrança de taxas. Nesse caso, o que importa é verificar qual ente tem a competência para exercer o poder de polícia ou o serviço público, e será este ente que terá competência para instituir a taxa que vai custear essa atividade. Da mesma forma, a instituição de contribuição de melhoria é uma competência múltipla de todos os entes federados: quem vai cobrar é aquele que realizou a referida obra pública objeto de melhoria.

A matéria ganha relevância, contudo, no que toca aos impostos. As bases do sistema determinado pela Constituição de 1988 existem deste a Emenda Constitucional nº 18/65, que alterava a Constituição de 1946. Ela já dividia os impostos, conforme sua natureza, nas categorias sobre o comércio exterior, sobre o patrimônio e a renda, e sobre a circulação de mercadorias: o constituinte de 1988 inovou pouco, mas redistribuiu as competências já existentes entre os entes federados, conforme apresentado no Quadro 1.1.

Quadro 1.1 Discriminação das competências tributárias

Ente federado	Impostos de competência
União (art. 153)	Imposto de importação
	Imposto de exportação
	Imposto de renda
	Imposto sobre produtos industrializados
	Imposto sobre operações de crédito, câmbio e seguros
	Imposto sobre a propriedade territorial rural
	Imposto sobre grandes fortunas
Estados e DF (art. 155)	Imposto sobre a transmissão *causa mortis* e doação
	Imposto sobre a circulação de mercadorias e prestação de alguns serviços
	Imposto sobre a propriedade de veículos automotores
Municípios (art. 156)	Imposto sobre a propriedade territorial urbana
	Imposto sobre a transmissão de bens imóveis
	Imposto sobre a prestação de serviços

Com relação aos empréstimos compulsórios, estes foram reservados à competência da União ("A União, mediante lei complementar, poderá instituir empréstimos compulsórios: I – para atender a despesas extraordinárias, decorrentes de calamidade pública, de guerra externa ou sua iminência; II – no caso de investimento público de caráter urgente e de relevante interesse nacional, observado o disposto no art. 150, III, alínea *b*" – art. 148 da Constituição Federal). Vale dizer que a Constituição não indicou os possíveis fatos geradores desse tributo, limitando-se a vinculá-lo com a situação extraordinária que o justifica, além de vincular suas receitas a esse fim.

Por fim, no que tange às contribuições sociais, contribuições de intervenção no domínio econômico e de interesse das categorias profissionais ou econômicas, a regra geral é a competência da União para a sua instituição (art. 149, *caput*, Constituição Federal), embora o próprio dispositivo destaque que os Estados, o Distrito Federal e os Municípios têm competência para instituir contribuições para o regime próprio de previdência social dos seus próprios servidores (art. 149, § 1º, Constituição Federal). Além disso, a competência para a instituição da contribuição de iluminação pública foi outorgada para os Municípios e o Distrito Federal (art. 149-A, Constituição Federal).

 **OBJETIVO 4**

LIMITAÇÕES CONSTITUCIONAIS AO PODER DE TRIBUTAR

Limitações constitucionais ao poder de tributar é o nome que Baleeiro[14] deu à sua obra clássica, na qual examina os princípios tributários, as imunidades e outros balizamentos constitucionais ao poder de tributar. Naquela obra, o autor destaca, ainda sob a égide da Constituição brasileira de 1946, que "nenhuma Constituição excede a brasileira de 1946 pelo zelo com que reduziu a disposições jurídicas aqueles princípios tributários. Nenhuma outra contém tantas limitações expressas em matéria financeira. [...] O sistema tributário movimenta-se sob complexa aparelhagem de freios, que limitam os excessos acaso detrimentosos à economia e à preservação do regime e dos direitos individuais". A Constituição brasileira de 1988 segue exatamente a mesma linha, sendo exaustiva em regular não apenas o que poderia ser feito em matéria de criação de tributos (por meio das regras atributivas de competência), como também estabelecendo, ela própria, **como** isso deveria ser feito (por meio das regras relativas às limitações constitucionais ao poder de tributar).

---

[14] BALEEIRO, Aliomar. *Limitações constitucionais ao poder de tributar*. 2. ed. Rio de Janeiro: Forense, 1960. p. 12.

A Constituição, portanto, não se limitou a outorgar competências e delimitar materialidades de cada tributo. Ela foi além e estabeleceu também limitações expressas ao exercício deste poder mesmo dentro do campo de competência outorgado. Em outras palavras, simplesmente ter competência para a instituição de um determinado tributo não é suficiente para garantir a sua constitucionalidade; é preciso ainda que o modo como ele seja instituído respeite o rol de garantias determinadas pela Constituição. Esse é o papel cumprido pelas limitações constitucionais ao poder de tributar, um conjunto de disposições que ratifica a especificidade do Direito Tributário ao definir como o exercício do poder tributário deve ocorrer, conforme anteriormente tratado. Foi uma escolha do texto constitucional definir limites intransponíveis ao exercício do poder de tributar vinculados à proteção dos direitos fundamentais dos contribuintes. Assim, essas limitações são verdadeiros direitos públicos subjetivos dos contribuintes, oponíveis ao Estado enquanto poder tributante. É importante frisar que essas limitações ao poder de tributar devem ser vistas como instrumentos definidores da competência, na medida em que demarcam o seu campo de abrangência e o modo como ela pode ser exercida, e não propriamente como obstáculos desta, já que, além dos limites fixados, a competência não é vedada: ela simplesmente não existe.[15]

É preciso ainda mencionar que essas limitações são garantias do contribuinte em face do exercício do poder de tributar, não garantias do Estado.

O próprio teor do *caput* do art. 150 da Constituição demonstra que esse dispositivo elenca garantias do contribuinte, e não o contrário, ao determinar que, "sem prejuízo de outras **garantias** asseguradas **ao contribuinte**", é vedado aos entes federados desrespeitar as garantias ali já asseguradas. O termo **garantia** tem, necessariamente, uma conotação protetiva, contra o exercício abusivo do poder. Mas, ainda que isso não bastasse, o próprio constituinte nomeou essas garantias como "limitações constitucionais ao poder de tributar", esclarecendo que essas tinham como destinatário o cidadão submetido ao exercício do poder estatal, nunca o contrário. Com a ressalva de dizer o óbvio, as limitações ao poder de tributar diminuem a esfera de poder do Estado e não a aumentam.[16] Por isso, a afirmação de Martins[17] de que o sistema é plasmado de modo a formar uma carta do contribuinte e não um Estatuto do Poder Tributante. As limitações constitucionais ao poder de tributar, portanto, "não têm mão dupla", para usar a expressão de Machado Derzi,[18] atinente à segurança jurídica, mas também plenamente aplicável às demais limitações. O Estado não tem direitos fundamentais, antes possui o dever de concretizá-los, na medida em que os direitos fundamentais pressupõem um substrato pessoal, vinculado à dignidade humana, inexistente no caso do Estado.[19]

A face mais visível das limitações do poder de tributar desdobra-se nos princípios constitucionais tributários e nas imunidades tributárias (a serem analisadas no próximo tópico), mas os limites do poder de tributar não se esgotam dos dispositivos contidos nessa seção específica da Constituição (arts. 150 a 152), podendo outros limites ser encontrados ao longo do texto constitucional, bem como em outros tipos normativos que, em certas situações, também podem balizar o poder do legislador tributário na criação ou modificação de tributos. Passamos a analisar separadamente essas principais limitações.

LEGALIDADE

A legalidade é a norma instrumental que assegura aos cidadãos que a sua liberdade só poderá ser restringida através de uma forma predeterminada em um instrumento normativo produzido através de representação política e de aplicação geral (a lei), que garantirá o tratamento igualitário de todos que se encontrarem em situação equivalente. Em síntese, a legalidade está vinculada à proteção contra o arbítrio. A exigência de lei para a criação e para a restrição de direitos é uma das formas – senão a mais importante – pela qual os particulares conseguem limitar o poder do Estado. Assim, a mera exigência de lei é, por si só, um instrumento de segurança jurídica.

[15] AMARO, Luciano. *Direito tributário brasileiro*. 15. ed. São Paulo: Saraiva, 2009. p. 107.

[16] LEÃO, Martha. *O direito fundamental de economizar tributos*. São Paulo: Malheiros, 2018. p. 148-149.

[17] MARTINS, Ives Gandra da Silva. *Uma teoria do tributo*. São Paulo: Quartier Latin, 2005. p. 331.

[18] MACHADO DERZI, Misabel Abreu. *Modificações da jurisprudência no direito tributário*. São Paulo: Noeses, 2009, p. 160. No mesmo sentido: ALEXY, Robert. *Theorie der Grundrechte*. 3 Aufl. Frankfurt am Main: Suhrkamp, 1996, p. 480.

[19] ÁVILA, Humberto. *Teoria da segurança jurídica*. 6. ed. São Paulo: Malheiros/JusPodivm, 2021. p. 173-174.

Em primeiro lugar porque, ao demandar normas gerais e abstratas, dirigidas a um número indeterminado de pessoas e de situações, tal exigência contribui para afastar a surpresa decorrente tanto da inexistência de normas escritas e públicas, quanto das decisões circunstanciais *ad hoc*. Em segundo lugar, porque favorece a estabilidade do Direito, uma vez que somente diante de determinados procedimentos é que a legislação vigente pode ser alterada, favorecendo ainda o ideal de participação democrática.[20]

De maneira geral, a legalidade foi prevista diretamente em dois dispositivos da Constituição. Primeiro, no art. 5º, inciso II, ao estabelecer que "ninguém será obrigado a fazer ou deixar de fazer alguma coisa senão em virtude de lei" e, segundo, no art. 150, inciso I, ao estabelecer que "sem prejuízo de outras garantias asseguradas ao contribuinte, é vedado à União, aos Estados, ao Distrito Federal e aos Municípios exigir ou aumentar tributo sem lei que o estabeleça". Esses dispositivos, no entanto, não esgotam o regime jurídico da legalidade na Constituição. Há numerosas menções indiretas à legalidade, que permeiam todo o texto constitucional. Desde o preâmbulo, no qual se estabelece a instituição de um Estado Democrático (ou seja, um Estado que garanta a participação de seus cidadãos através de um regime de representação eleitoral), cujos valores supremos são a liberdade, a segurança, o bem-estar, o desenvolvimento, a igualdade e a justiça, passando pelos arts. 1º, *caput* (no qual se estabelece um Estado Democrático de Direito), e 3º, inciso I (que constitui como objetivo fundamental construir uma sociedade livre, justa e solidária) e pelos numerosos direitos e garantias individuais do art. 5º, o que se verifica é a menção sempre indireta e interligada da legalidade com os sobreprincípios da dignidade humana, da segurança jurídica e do Estado de Direito.

A legalidade, pelo próprio teor dos dispositivos constitucionais, pode ser reconstruída como uma norma instrumental: é por meio de lei que os direitos podem ser restringidos e as obrigações criadas, não por qualquer outro instrumento. Isso significa dizer que a Constituição estabeleceu o **como**, ou seja, o instrumento por meio do qual poderiam ser criadas restrições aos direitos e garantias asseguradas pelo próprio texto constitucional. A preocupação em estabelecer um Estado Democrático de Direito serve como indicativo do papel que a legalidade vai assumir no ordenamento jurídico: o que se objetiva é o estabelecimento de um Estado regido por normas e não por arbitrariedades. Mas não qualquer norma, e sim aquela criada a partir da participação democrática de todos, assegurando o ideal de autogoverno vinculado à legalidade. Apenas a afirmação da criação desse tipo de Estado já seria suficiente para garantir o papel primordial da legalidade no sistema constitucional brasileiro. A Lei Fundamental alemã, por exemplo, limita-se a afirmar em seu art. 2º, § 2º, que "todos têm o direito à vida e à integridade física. A liberdade da pessoa é inviolável. Estes direitos só podem ser restringidos em virtude de lei".[21] Mas a Constituição brasileira, ao tratar da legalidade, opta por garantir maior especificidade, sendo altamente repetitiva com relação à necessidade de preservação do direito dos cidadãos de que a lei seja sempre o (único) instrumento de restrição da liberdade.

Enquanto princípio, a legalidade pode ser graduada conforme a necessidade de cada âmbito do Direito. E isso explica por que para o Direito Tributário há uma legalidade própria, mais restrita e com um forte teor de regra: aqui, porque se lida com a restrição de liberdades asseguradas pela própria Constituição, exige-se um grau maior de certeza e de estabilidade que permita aos cidadãos calcularem as consequências de suas ações, preverem as suas obrigações e possíveis sanções e confiarem que a lei é o limite de sua atuação.[22] Exige-se, nesse sentido, as hipóteses comportamentais que assegurem a "segurança de orientação" para a condução dos contribuintes, através de regras que definam agora as consequências futuras das condutas adotadas.[23]

A legalidade tributária não se confunde com a legalidade prevista no art. 5º, inciso II, da Constituição, segundo a qual ninguém será obrigado a fazer ou deixar de fazer alguma coisa senão em virtude de lei. Tal garantia é ampla o suficiente, como destaca Xavier,[24] para abranger não somente os casos em que a lei formal regula, por si própria, os casos nos quais as pessoas são obrigadas a fazer ou deixar de fazer alguma coisa, como ainda as hipóteses em

---

[20] ÁVILA, Humberto. *Teoria da segurança jurídica*. 6. ed. São Paulo: Malheiros/JusPodivm, 2021. p. 252.

[21] No original: "*(2)Jeder hat das Recht auf Leben und körperliche Unversehrtheit. Die Freiheit der Person ist unverletzlich. In diese Rechte darf nur auf Grund eines Gesetzes eingegriffen werden.*"

[22] Sobre o tema: LEÃO, Martha. *O direito fundamental de economizar tributos*. São Paulo: Malheiros, 2018. p. 51 e ss.

[23] SCHAUER, Frederick. *Thinking like a lawyer*: a new introduction to legal reasoning. Cambridge: Harvard University Press, 2009. p. 193.

[24] XAVIER, Alberto. *Os princípios da legalidade e da tipicidade da tributação*. São Paulo: Revista dos Tribunais, 1978. p. 31.

que a lei autoriza o Poder Executivo – por via de regulamento – a introduzir estas limitações, desde que nos limites da execução da lei. Não é exatamente este o conteúdo da legalidade tributária. O art. 150, inciso I, da Constituição veda à União, Estados, Distrito Federal e Municípios "exigir ou aumentar tributo sem lei que o estabeleça". Não há espaço aqui para a delegação existente na legalidade geral. Uma das normas implicadas por esse dispositivo é exatamente a exigência de lei formal: tributos não podem ser cobrados **em virtude de lei**, mas apenas com fundamento **na lei**, o que são coisas diferentes. Se a legalidade é a norma instrumental que assegura aos cidadãos que a sua liberdade só poderá ser restringida através de uma forma predeterminada em um instrumento normativo produzido por meio de representação política e de aplicação geral (a lei), que garantirá o tratamento igualitário de todos que se encontrarem em situação equivalente, conforme já sustentado de forma geral, é preciso investigar se o conceito de legalidade tributária é o mesmo. Não parece que seja. E é a própria Constituição que apresenta esta diferença.

É o argumento linguístico que ratifica esta conclusão, ou seja, o argumento vinculado aos termos utilizados pelos próprios dispositivos. A Constituição usou termos diferentes para a legalidade geral (ninguém será obrigado a fazer ou deixar de fazer alguma coisa senão **em virtude de lei**) e para a legalidade tributária (é vedado exigir ou aumentar tributo **sem lei que o estabeleça**). Embora as expressões se aproximem, não são as mesmas: **em virtude de lei** é diferente de **com lei que a estabeleça**. Conforme referido, a primeira abre margens para delegações de instrumentos infralegais, desde que com previsão legal; enquanto a segunda fecha qualquer tipo de margem para delegações, exigindo lei em sentido formal para qualquer tipo de instituição ou majoração de tributos.

Assim, a legalidade tributária é uma legalidade mais restrita e mais garantista que a legalidade geral. Tal conclusão é reforçada pelo fato de que, se fossem exatamente iguais, o art. 150, inciso I, se tornaria um dispositivo inócuo, sem qualquer sentido. O próprio Supremo Tribunal Federal reforça esta conclusão ao afirmar que a legalidade do art. 5º é "genérica", enquanto a legalidade tributária seria específica.[25] Isso significa dizer que não se trata da mera reafirmação da garantia geral de legalidade, mas da criação de um instrumento ainda mais reforçado de segurança jurídica. É preciso, desse modo, estabelecer um conceito diferente de legalidade no âmbito do Direito Tributário. A legalidade tributária é a norma instrumental que reforça, de forma ainda mais restritiva, a garantia de legalidade geral, assegurando aos contribuintes que seus direitos fundamentais de liberdade e de propriedade só serão restringidos através de uma forma predeterminada em um instrumento normativo produzido por representação política e de aplicação geral (a lei, em sentido formal), que garantirá o tratamento igualitário de todos que se encontrarem em situação equivalente.

Em suma, a função atribuída pela Constituição à legalidade é a de servir de instrumento ou modo por meio do qual a tributação pode ser efetivada. A Constituição não autorizou a cobrança de tributo **por meio** da solidariedade, da capacidade contributiva ou da igualdade. É **por meio de lei** que os tributos podem ser instituídos – sem espaço para delegações ou analogias. Desse modo, a Constituição atribuiu duas funções eficaciais principais à legalidade: (i) **função garantista,** de assegurar e proteger o contribuinte contra o arbítrio do Estado na cobrança de tributos; e (ii) **função instrumental**, de assegurar a realização de outros princípios que sejam a ela vinculados (Estado de Direito, segurança jurídica, princípio democrático, liberdade e igualdade).[26]

VOCÊ SABIA?

A própria Constituição prevê exceções à exigência de lei para alteração da base de cálculo em determinados tributos que servem mais diretamente à introdução de normas tributárias extrafiscais. É o caso, por exemplo, dos impostos aduaneiros, do Imposto sobre Produtos Industrializados (IPI), do Imposto sobre Operações Financeiras (IOF) e da CIDE-Combustível. Nesses casos, muito embora seja necessária lei instituindo o tributo, a Constituição autoriza que o próprio Poder Executivo fixe suas alíquotas, por meio de decreto, para facilitar a sua rápida alteração como mecanismo de indução econômica.

---

[25]   BRASIL. STF. Agravo Regimental no Agravo de Instrumento nº 499.888, Relator Ministro Carlos Velloso, Segunda Turma, julgado em 22.6.2004.

[26]   LEÃO, Martha. *O direito fundamental de economizar tributos*. São Paulo: Malheiros, 2018. p. 71.

IGUALDADE

A igualdade significa sempre uma relação comparativa entre dois ou mais sujeitos ou situações, baseada em um critério que mantenha relação de pertinência com determinada finalidade que deve ser promovida. Isso significa que as coisas podem ser iguais em um aspecto e desiguais em outros, dependendo sempre do critério de comparação. Definir coisas ou pessoas como iguais, portanto, se refere a uma relação descritiva que revela que duas coisas ou pessoas comparadas por determinado critério relevante de comparação são iguais apenas nesse sentido.[27] A igualdade não se confunde com identidade, porque, ao contrário desta última, ela é sempre relativa: se a comparação revelasse que sob todos os critérios relevantes as coisas são iguais, elas na verdade seriam idênticas. O princípio de que o igual deve ser tratado igualmente não quer dizer idêntico, mas relativamente igual. Por isso, a aplicação da igualdade depende sempre da existência de um critério de comparação (**igual em relação a quê?**).[28]

O art. 5º, *caput*, da Constituição assegura que todos são iguais e garante a todos o direito à igualdade.[29] Além dessa menção direta no *caput* do art. 5º, há uma série de outras menções, diretas e indiretas, à igualdade. O próprio preâmbulo da Constituição já defende que a sua finalidade é preservar a igualdade, havendo ainda outras menções atinentes a ela, por exemplo, ao estabelecer a igualdade entre os Estados (art. 4º, inciso V), a igualdade entre os trabalhadores com vínculo empregatício e os avulsos (art. 5º, inciso XXXIV), a igualdade entre o valor dos votos (art. 14º, *caput*), a igualdade nos tratamentos de saúde (art. 196, *caput*), dentre vários outros dispositivos que estabelecem igualdade de condições ou, ao menos, excluem critérios vedados pela Constituição para a diferenciação dos cidadãos. Essa reiteração do princípio e a sua vinculação direta com outros princípios levam Borges[30] a afirmar que a "isonomia não está no texto constitucional apenas; a isonomia, em certo sentido, é a Constituição Federal de 1988. Tudo é um. Todos os princípios e normas se reconduzem ao princípio mais originário".

No âmbito do Direito Tributário, da mesma forma e com a mesma intensidade, a igualdade se faz presente. O art. 150, inciso II, veda o tratamento desigual entre contribuintes que se encontram em situação equivalente, proibindo qualquer distinção em razão de ocupação profissional ou função por eles exercida, independentemente da denominação jurídica dos rendimentos, títulos ou direitos. Esse é o mandamento dirigido ao aplicador da lei (todos são iguais **perante a lei**), mas o princípio ainda traz um segundo aspecto, desta vez dirigido ao próprio legislador: veda-se o tratamento diverso para situações equivalentes (todos são iguais **perante o legislador**).[31] Trata-se, portanto, de garantia do indivíduo, que visa evitar perseguições e favoritismos,[32] e que tem como finalidade pré-excluir determinados critérios a fim de garantir e promover outros princípios, especialmente o livre exercício de atividade econômica e de exercício profissional. Embora seja evidente haver certo grau de redundância nessa previsão, ela serve ao propósito de reiterar ao Poder Legislativo a vedação não só de resultados não isonômicos, como a pré-exclusão de utilização de determinados critérios.[33]

A função exercida pelo princípio da igualdade, portanto, é assegurar, a todos, tratamento digno razoável, de acordo com as finalidades e os critérios aceitos pela Constituição e pela lei, quando for o caso. Mas a Constituição não se limitou a definir e estabelecer o princípio da igualdade (geral e tributário), ela também optou por definir o critério geral a ser utilizado para a graduação dos tributos (a capacidade contributiva) e as normas específicas para a sua incidência (as materialidades das normas de competências). Isso significa que a igualdade não se limita

---

[27] WESTEN, Peter. *Speaking of equality:* an analysis of the rhetorical force of 'equality' in moral and in legal discourse. Princeton: Princeton University, 1990. p. 39.

[28] TIPKE, Klaus. Princípio de igualdade e ideia de sistema no Direito Tributário. *In*: MACHADO, Brandão (coord.). *Direito tributário:* estudos em homenagem ao professor Ruy Barbosa Nogueira. São Paulo: Saraiva, 1984. p. 519-520.

[29] "Art. 5º Todos são iguais perante a lei, sem distinção de qualquer natureza, garantindo-se aos brasileiros e aos estrangeiros residentes no País a inviolabilidade do direito à vida, à liberdade, à igualdade, à segurança e à propriedade, nos termos seguintes [...]."

[30] BORGES, José Souto Maior. A isonomia tributária na Constituição de 1988. *Revista de Direito Tributário*, v. 64, n. 14, p. 8-19, 1994.

[31] AMARO, Luciano. *Direito tributário brasileiro*. 15. ed. São Paulo: Saraiva, 2009. p. 135.

[32] BANDEIRA DE MELLO, Celso Antônio. *O conteúdo jurídico do princípio da igualdade*. 3. ed. São Paulo: Malheiros, 2010. p. 23.

[33] OLIVEIRA, Ricardo Mariz de. Breves considerações sobre a capacidade contributiva e a isonomia. *In*: SCHOUERI, Luís Eduardo (coord.). *Direito tributário*: homenagem a Alcides Jorge Costa. São Paulo: Quartier Latin, 2003. p. 457-523. v. 1.

a um princípio geral, sem a definição dos meios pelos quais ele deveria ser concretizado. Pelo contrário, quando se trata da tributação, a Constituição optou por tomar essas decisões acerca dos meios pelos quais a igualdade seria promovida: por meio das materialidades ali autorizadas como conteúdo das competências tributárias e, também, por meio da capacidade contributiva, como critério geral de graduação dos tributos – instituídos e cobrados de acordo com as regras de competência.

CAPACIDADE CONTRIBUTIVA

A capacidade contributiva exprime a regra segundo a qual a lei tributária deve tratar de modo igual os fatos econômicos que exprimem a mesma capacidade contributiva, e deve tratar de modo diferente os fatos econômicos que exprimem capacidade contributiva diversa. Ela integra, portanto, o princípio da igualdade, ao estabelecer o critério que deveria ser utilizado nas normas tributárias para fins de promoção desse princípio.[34] Nesse sentido, a solidariedade está vinculada diretamente à distribuição equitativa dos gastos públicos.[35]

A capacidade contributiva pode ser definida como a soma de riqueza disponível depois de satisfeitas as necessidades básicas de existência, autorizando que esse excesso possa ser absorvido pelo Estado sem reduzir o padrão de vida do contribuinte e sem prejudicar as suas atividades econômicas. A noção de que cada um deve contribuir conforme sua capacidade econômica relaciona-se, necessariamente, com um elemento de juízo, uma estimação sobre a idoneidade para concorrer à despesa pública.[36] Nesse sentido, o princípio exerceria um papel duplamente garantista: de um lado (e do ponto de vista individual), nada será gravado atendendo a outro critério que não seja a capacidade econômica; e, de outro lado (do ponto de vista coletivo), todos serão chamados ao cumprimento deste dever em atenção a esta aptidão a contribuir.[37]

Seguindo sua estrutura de detalhar o Sistema Tributário Nacional e as regras e princípios (e suas funções) nele atuantes, a Constituição inicia o Capítulo I (Do Sistema Tributário Nacional) do Título VI (Da Tributação e do Orçamento), com a Seção I (Dos Princípios Gerais), a partir do art. 145. Esse artigo inicialmente identifica quais são os tributos que podem ser instituídos pelos Entes Federados, para, em seguida, estabelecer em seu § 1º a função atribuída à capacidade contributiva no sistema. Com efeito, o dispositivo menciona que, "sempre que possível, os impostos terão caráter pessoal e serão graduados segundo a capacidade econômica do contribuinte", sendo "facultado à administração tributária, especialmente para conferir efetividade a esses objetivos, identificar, respeitados os direitos individuais e nos termos da lei, o patrimônio, os rendimentos e as atividades econômicas do contribuinte".

Essa é a única menção direta à ideia de capacidade contributiva na Constituição, mas é bastante incisiva com relação a sua disposição: sempre que possível, os impostos deverão ser graduados de acordo com a capacidade econômica do contribuinte. Salienta-se que essa é a única menção direta, porque a ideia de capacidade contributiva pode ser extraída (e de fato o é, em outros sistemas) de princípios mais gerais, como a liberdade, o direito de propriedade, o princípio do não confisco e, no caso da Constituição brasileira, das próprias regras de competência e suas materialidades, que estabelecem manifestações econômicas de riqueza como fatos geradores de tributação. No caso do Sistema Tributário Nacional, no entanto, não é necessário fazer esse raciocínio dedutivo para se chegar à capacidade contributiva e à sua função, na medida em que o próprio constituinte, seguindo a sua racionalidade detalhista e regrada, estabeleceu a função desse princípio de forma bastante incisiva. A partir desse dispositivo, resta assentada a escolha da capacidade econômica como critério geral de diferenciação dos contribuintes, devendo este ser promovido na medida das suas possibilidades diante da natureza de cada tributo.[38]

Embora o dispositivo determine a sua promoção "sempre que possível", é preciso enfatizar que isso deve ser feito na graduação, tal qual define o texto constitucional, e não na incidência. Isso significa dizer que a função

---

[34]   TESAURO, Francesco. *Istituzioni di diritto tributario*: parte generale. 4. ed. Torino: Unione Tipografico Editrice Torinese, 1994. v. 1, p. 65.

[35]   LEÃO, Martha. *Controle da extrafiscalidade*. São Paulo: Quartier Latin/IBDT, 2015. p. 100.

[36]   COSTA, Regina Helena. *Princípio da capacidade contributiva*. 4. ed. São Paulo: Malheiros, 2012. p. 27.

[37]   ESCRIBANO, Francisco. *La configuración jurídica del deber de contribuir*: perfiles constitucionales. Madrid: Civitas, 1988. p. 259.

[38]   LEÃO, Martha. *O direito fundamental de economizar tributos*. São Paulo: Malheiros, 2018. p. 135 e ss.

eficacial atribuída à capacidade contributiva enquanto princípio é exatamente a de graduar os tributos, mas não a de fundamentar a sua incidência, uma vez que esta, por força também do disposto na Constituição, está atrelada às materialidades das regras de competência e à existência de lei específica para a incidência tributária. Compare-se, nesse sentido, o disposto no inciso II do art. 145 e o seu § 1º:

> Art. 145. A União, os Estados, o Distrito Federal e os Municípios poderão instituir os seguintes tributos:
>
> I – impostos;
>
> II – taxas, em razão do exercício do poder de polícia ou pela utilização, efetiva ou potencial, de serviços públicos específicos e divisíveis, prestados ao contribuinte ou postos a sua disposição;
>
> III – contribuição de melhoria, decorrente de obras públicas.
>
> **§ 1º Sempre que possível, os impostos terão caráter pessoal e serão graduados segundo a capacidade econômica do contribuinte, facultado à administração tributária, especialmente para conferir efetividade a esses objetivos, identificar, respeitados os direitos individuais e nos termos da lei, o patrimônio, os rendimentos e as atividades econômicas do contribuinte.**
>
> [...] (grifos nossos)

A menção ao texto demonstra a diferença existente: de um lado, as taxas serão cobradas **em razão do** exercício do poder de polícia (art. 145, inciso II); de outro lado, os impostos **serão graduados segundo** a capacidade contributiva (art. 145, § 1º). Os impostos não serão cobrados **em razão da** capacidade contributiva, mas graduados por ela. O texto é distinto porque as funções são distintas. A função da capacidade contributiva está dirigida, portanto, ao legislador, para que, ao criar as leis tributárias de acordo com as regras de competência da Constituição, promova no maior espectro possível a capacidade econômica dos contribuintes para contribuir.

A capacidade contributiva, em outras palavras, não substitui ou corrige a norma de competência quando esta é subinclusiva, nem a própria lei, quando esta, da mesma forma, abrange um escopo menor do que aquele no qual se manifesta a capacidade econômica.[39] A capacidade contributiva é **condição necessária**, mas não **condição suficiente** para a incidência tributária.[40] Mais que isso: a capacidade econômica não é parâmetro exclusivo – e suficiente – para a justiça do sistema tributário.[41] A norma de competência e a lei dependem da existência de capacidade contributiva para serem aplicadas, sendo as discussões acerca do mínimo existencial e dos direitos de compensação de prejuízos exemplos disso. Mas o contrário também é verdadeiro: sem norma de competência e sem lei não há tributação, pelo menos constitucionalmente autorizada, ainda que exista capacidade contributiva manifesta.

PROIBIÇÃO DE CONFISCO

Como uma decorrência da própria ideia de capacidade contributiva, a Constituição ainda é expressa em impedir que, a pretexto de cobrar tributo, o Estado se aposse dos bens do indivíduo, vedando no art. 150, inciso IV, a utilização de tributo com efeito de confisco. O constituinte, portanto, impôs um limite máximo para a pretensão tributária estatal. A ideia é de proteção contra o exagero, impondo que se indague não apenas se um contribuinte está sendo mais gravado do que outro, mas também, ao mesmo tempo, se o tributo não ultrapassou o necessário para atingir a sua finalidade. Há uma clara vinculação ao direito de propriedade, assegurando-se que o Estado não poderá anular a riqueza privada.

Embora o termo padeça de ambiguidade e da imprecisão características da linguagem, a vedação ao confisco poderia ser definida como a situação que revela, *prima facie*, que o contribuinte está sendo gravado além da conta, ou seja, que o tributo "esgota" a sua riqueza, passando ao largo de suas capacidades contributivas para lhe impor ônus irrazoável.[42] Assim, haveria uma indicação de confiscatoriedade quando o tributo, por exemplo, afeta a livre

[39] MITA, Enrico. *Principi di diritto tributario*. Milano: Giuffrè, 1999. p. 77.

[40] SCHOUERI, Luís Eduardo. Planejamento tributário e garantias dos contribuintes: entre a norma geral antielisão portuguesa e seus paralelos brasileiros. *In:* ALMEIDA, Daniel Freire *et al.* (org.). *Garantias dos contribuintes no sistema tributário*: homenagem a Diogo Leite de Campos. São Paulo: Saraiva, 2012. p. 421.

[41] ESCRIBANO, Francisco. *La configuración jurídica del deber de contribuir*: perfiles constitucionales. Madrid: Civitas, 1988. p. 261.

[42] CARRAZZA, Roque Antônio. *Curso constitucional tributário*. 33. ed. São Paulo: Malheiros/JusPodivm, 2021. p. 93.

iniciativa, inviabilizando a liberdade de empreender do contribuinte. Veda-se, nesse sentido, qualquer medida adotada pelo Estado que possa conduzir no campo da fiscalidade à injusta apropriação estatal do patrimônio ou dos rendimentos dos contribuintes, "comprometendo-lhes, em função da insuportabilidade da carga tributária, o exercício a uma existência digna, ou a prática de atividade profissional lícita, ou, ainda, a regular satisfação de suas necessidades vitais" (STF, RE nº 455.011, Tribunal Pleno, Relator Ministro Joaquim Barbosa, *DJ* 9.3.2010). A inibição ao exercício desses direitos assegurados pela Constituição leva, nesse sentido, ao caráter confiscatório do encargo tributário.

SEGURANÇA JURÍDICA

A segurança jurídica lida e desenvolve-se diretamente com a liberdade, a autonomia, o planejamento e a previsibilidade. Enquanto princípio fundamental da Constituição, a segurança jurídica se espalha por todos os âmbitos do Direito, através de uma série de subprincípios e de regras específicas atinentes a cada um dos ramos do Direito, com todas as suas especificidades. Assim, aplicando o princípio da segurança jurídica ao Direito Tributário de forma mais específica, constata-se que não existem dois princípios da segurança jurídica, um geral e outro tributário, mas sim a aplicação setorial do princípio da segurança jurídica com as especificidades decorrentes tanto do modo como a segurança jurídica foi positivada no Sistema Tributário Nacional, como também da própria natureza da relação jurídico-obrigacional. Essas especificidades atribuem ao princípio da segurança jurídico-tributária um caráter **especial**. Embora a Constituição **superproteja** a segurança jurídica ao longo de todo o texto constitucional, os estados de cognoscibilidade, de confiabilidade e de calculabilidade não só possuem um relevo especial no subsistema tributário como, além disso, possuem um **sentido mais protetivo**. Para Ávila,[43] a segurança jurídica é concretizada **setorialmente**, no âmbito do Direito Tributário, com caráter ainda mais flagrante de proteção de direitos individuais, de um lado, e de limitação da atividade estatal, de outro. A reiteração da segurança jurídica no âmbito tributário, por meio de normas específicas, portanto, "adensa o sentido" da segurança jurídica.[44]

A importância da segurança jurídica no Direito Tributário revela-se pelo fato de que as normas tributárias atuam como "leis interventivas" (*Eingriffsgesetze*), na medida em que, direta ou indiretamente, atuam sobre a liberdade dos contribuintes, reduzindo a sua esfera privada e atingindo seus direitos de liberdade, propriedade, dignidade e outros bens conforme seu âmbito de atuação.[45] Assim, quanto maior a interferência de determinado ramo do Direito e de determinada norma à liberdade e aos direitos fundamentais em geral, maior a exigência de segurança jurídica com relação a essas normas, isto é, maior a exigência de que estas normas sejam conhecidas e claras, as suas consequências sejam calculáveis e previsíveis e que o cidadão possa confiar em sua preservação (e principalmente nas suas consequências).

Por essa razão, no caso do Direito Tributário, esse relevo se mostra reconhecido pela própria Constituição, que estabelece regras tributárias específicas tendo como finalidade assegurar a previsibilidade e o ideal de não surpresa em geral para os cidadãos. As regras de anterioridade e de irretroatividade, específicas às normas tributárias, expressam esse reconhecimento e a função atribuída pela Constituição à segurança jurídica no âmbito no Direito Tributário: a de instrumentalizar e assegurar o respeito à dignidade do contribuinte, garantindo-lhe que não será surpreendido em sua liberdade de atuação por normas não previsíveis e calculáveis e de que tem o direito assegurado a se planejar, o que explica, por exemplo, a exigência de anterioridade de exercício e a anterioridade nonagesimal.

Embora isso seja relevante para a pessoa física, enquanto entidade capaz de autonomamente realizar negócios e recolher tributos, se mostra ainda mais pertinente com relação às pessoas jurídicas, enquanto entidades que atuam no mercado econômico e cuja existência tem como finalidade a realização de negócios jurídicos. Assim é que Xavier[46] destaca que o relevo da segurança jurídica no Direito Tributário não decorre apenas da importância atribuída à segurança jurídica em geral, que é suscetível de várias graduações, consoante a natureza dos interesses

---

[43] Sobre o tema, *vide*: ÁVILA, Humberto. *Teoria da segurança jurídica*. 6. ed. São Paulo: Malheiros/JusPodivm, 2021. p. 261; 298; 560.

[44] BORGES, José Souto Maior. O princípio da segurança jurídica na criação e aplicação do tributo. *Revista Dialética de Direito Tributário*, São Paulo, v. 22, n. 25, p. 14-29, 1997.

[45] LEÃO, Martha. *Controle da extrafiscalidade*. São Paulo: Quartier Latin/IBDT, 2015. p. 136.

[46] XAVIER, Alberto. *Os princípios da legalidade e da tipicidade da tributação*. São Paulo: Revista dos Tribunais, 1978. p. 50.

a que respeita, mas reside principalmente na sua necessária conexão com o tipo de sistema econômico em que vigora. Em um sistema econômico que tenha como princípios ordenadores a livre iniciativa, a concorrência e a propriedade privada, torna-se indispensável afastar fatores que possam ser traduzidos em incertezas econômicas suscetíveis de prejudicar a expansão livre da empresa, designadamente a insegurança jurídica.

A Constituição prevê três regras distintas: (i) irretroatividade (art. 150, inciso III, alínea *a*); (ii) anterioridade de exercício (art. 150, inciso III, alínea *b*); e (iii) anterioridade nonagesimal (art. 150, inciso III, alínea *c*):

> Art. 150. Sem prejuízo de outras garantias asseguradas ao contribuinte, é vedado à União, aos Estados, ao Distrito Federal e aos Municípios: [...]
>
> III – cobrar tributos:
>
> a) em relação a fatos geradores ocorridos antes do início da vigência da lei que os houver instituído ou aumentado;
>
> b) no mesmo exercício financeiro em que haja sido publicada a lei que os instituiu ou aumentou;
>
> c) antes de decorridos noventa dias da data em que haja sido publicada a lei que os instituiu ou aumentou, observado o disposto na alínea *b*;

Essas três regras estão vinculadas ao princípio da segurança jurídica e devem ser analisadas mais detalhadamente.

IRRETROATIVIDADE

O princípio da irretroatividade está ligado à necessidade de que o direito seja prospectivo, já que, nas palavras de Raz,[47] "uma pessoa não pode ser guiada por uma lei retroativa; que não existe, no momento da ação". Para guiar comportamentos, o direito precisa, necessariamente, atuar para o futuro. Analisando a questão do ponto de vista da segurança jurídica, Ávila[48] destaca que o fenômeno da retroatividade de normas causa tanto uma frustração da confiança normativa com relação ao passado (confiava-se em uma norma cuja eficácia foi anulada), quanto o nascimento de uma desconfiança jurídica com relação ao futuro (passa-se a desconfiar de que também a eficácia da norma presente pode ser alterada futuramente). Por isso, a retroatividade atinge dois elementos da segurança jurídica: a confiabilidade e a calculabilidade.

A Constituição prevê a irretroatividade relativa da lei no art. 5º, inciso XXXVI, ao estabelecer a proteção com relação ao direito adquirido, ao ato jurídico perfeito e à coisa julgada.[49] Em matéria tributária, no entanto, há uma norma geral de irretroatividade, vedando a cobrança de tributos "em relação a fatos geradores ocorridos antes do início da vigência da lei que os houver instituído ou aumentado" (art. 150, inciso III, alínea *a*). O problema da irretroatividade é fácil de resolver quando se trata de fatos pontuais, ou seja, aqueles fatos acontecem em um determinado momento exato/pontual (como, por exemplo, a data da morte no caso do Imposto de Transmissão *Causa Mortis* e Doação, e a data da venda de um imóvel no caso do Imposto sobre a Transmissão de Bens Imóveis). A redação do art. 150, inciso III, alínea *a*, dirige-se exatamente a esses casos fáceis.

As divergências, no entanto, ocorrem relativamente aos fatos que não acontecem de forma pontual. Existem situações nas quais o fato gerador se prolonga no tempo, por exemplo, quando o recebimento do preço pela venda de um bem ocorre de forma parcelada, embora a venda tenha ocorrido pontualmente no passado. A alteração da lei durante o prazo de pagamento sujeita o contribuinte à possibilidade de mudança na tributação ao qual será submetido, caso seu regime de tributação seja o de caixa. Fala-se, no caso, em **retroatividade imprópria**, já que, embora a operação que deu origem à renda tenha sido concretizada em momento anterior à majoração do tributo, o fato jurídico próprio (o recebimento do valor) ocorre em momento posterior.

Outra situação difícil é gerada pelos casos em que, embora o fato gerador ainda não tenha ocorrido, o negócio jurídico que lhe deu causa não pode mais ser objeto de alteração. Essa situação foi analisada pelo Supremo

---

[47] No original: *"One cannot be guided by a retroactive law. It does not exist at the time of action"* (RAZ, Joseph. *The authority of law*: essays on law and morality. 2. ed. Oxford: Oxford University Press, 2009, p. 214).

[48] ÁVILA, Humberto. *Teoria da segurança jurídica*. 6. ed. São Paulo: Malheiros/JusPodium, 2021, p. 454 e ss.

[49] "Art. 5º [...] XXXVI – a lei não prejudicará o direito adquirido, o ato jurídico perfeito e a coisa julgada;"

Tribunal Federal: em 1994, o Governo Federal fez uma promessa de que as alíquotas do imposto de importação seriam alteradas, diminuindo a carga tributária incidente sobre os bens importados. Essa promessa incentivou a importação de bens pelos contribuintes, cujos negócios jurídicos foram concretizados, especialmente para compra de veículos importados. O fato gerador do Imposto de Importação, contudo, é o desembaraço aduaneiro do bem. Nesse ínterim, porém, foi editado o Decreto nº 1.343/94, por meio do qual não apenas as alíquotas não foram diminuídas, como foram aumentadas. Os contribuintes foram ao Poder Judiciário alegando retroatividade da norma tributária, sob a alegação de que a mudança legislativa ocorreu quando os contratos já estavam assinados. A decisão proferida pelo Supremo Tribunal Federal, no entanto, foi formal e afastou a violação à irretroatividade: "O que a Constituição exige, no art. 150, III, *a*, é que a lei que institua ou que majore tributos seja anterior ao fato gerador. No caso, o decreto que alterou as alíquotas é anterior ao fato gerador do imposto de importação" (STF, RE nº 225602, Rel. Min. Carlos Velloso, Tribunal Pleno, julgado em 25.11.1998).

A jurisprudência do Supremo Tribunal Federal, portanto, encampou a interpretação de que a única retroatividade vedada pela Constituição seria **a própria**. Essa decisão é muito criticável porque desconsidera a proteção vinculada à irretroatividade, afastando-se do próprio ideal de segurança jurídica como garantia de que o contribuinte não pode ser surpreendido, de maneira geral, pelas alterações legislativas.[50] A posição do Tribunal, contudo, foi bastante restritiva, entendendo que só haveria que se falar em retroatividade (própria) quando a lei atingisse fato gerador consumado sob a vigência da norma anterior, sendo que no caso, ainda que houvesse contratos celebrados para a importação antes da lei, a consumação do fato gerador só teria ocorrido com o desembaraço aduaneiro.

Nesse ponto, é preciso ainda destacar que as críticas à referida decisão também passam pela desconsideração da natureza extrafiscal daquela norma tributária. Norma indutora posterior ao comportamento que visa a induzir é uma contradição em termos, porque é impossível influir em um comportamento já adotado. A própria expressão, portanto, reúne palavras contraditórias, caracterizando-se como um *oximoro*.[51] Ao se editar um ato normativo, são estabelecidas diretrizes a serem seguidas e critérios a serem observados pelos contribuintes, situação que cria a legítima expectativa no destinatário, contribuinte, de que, agindo conforme essas determinações, não será surpreendido. Em face da proteção da sua confiança, não poderia haver mudança que exigisse retroativamente conduta outra que não aquela anteriormente imposta. Isso se agrava na medida em que se tem tributos extrafiscais, ou seja, tributos que estimulam ao contribuinte a adoção de um determinado comportamento.[52]

ANTERIORIDADE

O princípio da anterioridade é, na verdade, uma regra, que tem como finalidade garantir o conhecimento antecipado da norma. A anterioridade visa a implementação do sobreprincípio da segurança jurídica, de modo que o contribuinte não seja surpreendido com exigência tributária inesperada. É, novamente, a segurança jurídica que exige a realização de um estado de calculabilidade, que significa a capacidade de o cidadão antecipar as consequências atribuíveis pelo Direito a fatos ou atos, de modo que a consequência efetivamente aplicada no futuro se situe dentro daquelas alternativas antecipadas no presente. Por isso, a calculabilidade é definida como capacidade de antecipar o espectro de consequências alternativamente aplicáveis a atos ou fatos e o espectro de tempo dentro do qual a consequência será efetivamente aplicada. Para haver calculabilidade, portanto, é necessário anterioridade: ela é a salvaguarda contra a surpresa, exigindo periodicidade, de modo a permitir certa consistência ao presente.[53] A anterioridade periodiza o tempo, dando-lhe uma unidade, protegendo os eventos que ocorram dentro desta unidade contra as alterações legais que venham a ser editadas neste período.[54]

---

[50] ÁVILA, Humberto. *Teoria da segurança jurídica*. 6. ed. São Paulo: Malheiros/JusPodivm, 2021. p. 459 e ss.

[51] *Idem*, p. 416.

[52] Sobre o tema, *vide*: *Controle da extrafiscalidade*. São Paulo: Quartier Latin/IBDT, 2015. p. 155 e ss.

[53] ÁVILA, Humberto. *Teoria da segurança jurídica*. 6. ed. São Paulo: Malheiros/JusPodivm, 2021. p. 635.

[54] FERRAZ JR., Tércio Sampaio. Anterioridade e irretroatividade no campo tributário, *Revista Dialética de Direito Tributário*, São Paulo, v. 65, n. 125, p. 123-131, fev. 2001.

Para dar efetividade a esse princípio, o texto constitucional prevê a anterioridade de exercício financeiro, ao estabelecer que os impostos não podem ser exigidos no mesmo exercício financeiro em que tenha sido editada a lei que os instituiu ou aumentou (art. 150, inciso III, alínea *b*). Como, no entanto, essa regra pode significar uma antecipação de apenas um dia (como é o caso, por exemplo, de uma lei editada em 31 de dezembro de determinado ano), incluiu-se na Constituição, a partir da Emenda Constitucional nº 42/03, também a anterioridade nonagesimal, que exige antecedência mínima de 90 dias para a instituição ou majoração de tributos (art. 150, inciso III, alínea *c*). Essa medida foi adotada exatamente porque se percebeu que a regra da anterioridade de exercício vinha perdendo seu conteúdo valorativo – de proteção contra aumentos inesperados da carga tributária –, passando os vários poderes legislativos a apenas assegurar a aprovação das leis tributárias no final do ano, muitas vezes de modo apressado e sem qualquer consideração com o contribuinte.[55]

Tanto a anterioridade de exercício como a anterioridade nonagesimal, no entanto, possuem mitigações para fins de aplicação das normas tributárias indutoras.

Assim, no que diz respeito à **anterioridade anual**, o art. 150, § 1º, é expresso em afirmar que a proibição do inciso I não se aplica aos tributos previstos nos arts. 148, inciso I (**empréstimo compulsório**); 153, inciso I (**imposto sobre a importação de produtos estrangeiros**); inciso II (**imposto sobre a exportação**); inciso IV (**imposto sobre produtos industrializados**); inciso V (**imposto sobre operações de crédito, câmbio e seguro, ou relativas a títulos ou valores mobiliários**); e 154, inciso II (**impostos extraordinários**).

Quanto à **anterioridade nonagesimal**, o § 1º afasta a sua aplicação aos tributos previstos nos arts. 148, inciso I (**empréstimo compulsório**); 153, inciso I (**imposto sobre a importação de produtos estrangeiros**); inciso II (**imposto sobre a exportação**); inciso III (**imposto sobre a renda e proventos de qualquer natureza**); inciso V (**imposto sobre operações de crédito, câmbio e seguro, ou relativas a títulos ou valores mobiliários**); e 154, inciso II (**impostos extraordinários**). Além disso, a **anterioridade nonagesimal** é afastada com relação à fixação da **base de cálculo** dos impostos previstos nos arts. 155, inciso III (**imposto sobre a propriedade de veículos automotores**); e 156, inciso I (**imposto sobre a propriedade territorial urbana**).

Esses tributos excepcionados ou são relacionados com situações realmente extraordinárias (como é o caso dos empréstimos compulsórios ou dos impostos extraordinários) ou são relacionados com a própria condução do comércio exterior e da economia. Em outras palavras, esses tributos merecem a exceção em virtude de a sua delimitação estar atrelada à liberdade de configuração do Poder Executivo de dirigir a economia e de atingir finalidades extrafiscais, havendo, nesse sentido, justificativa para a sua eficácia imediata.

 OBJETIVO 5

IMUNIDADES

As imunidades são regras previstas na Constituição como limitações à competência tributária (ou seja, são "regras de incompetência"). A competência tributária é resultado da análise conjunta de duas espécies de normas jurídicas: de um lado, das normas que atribuem poder ao Estado para instituir tributos por meio da especificação dos fatos e situações que se tornam suscetíveis de tributação (normas de competência, já analisadas); e, de outro lado, das normas que subtraem poder do Estado sobre determinados fatos e situações que se tornam insuscetíveis de tributação (normas limitativas da competência, como as imunidades).[56]

São normas, portanto, que fixam a **incompetência** das entidades tributantes para onerar, com exações, certas pessoas, seja em função de sua natureza jurídica, seja porque coligadas a determinados fatos, bens ou situações: elas encerram limitações, postas na própria Constituição, à ação estatal de criar tributos e, assim, contribuem deci-

55 SCHOUERI, Luís Eduardo. *Direito tributário*. 7. ed. São Paulo: Saraiva, 2017. p. 334.

56 ÁVILA, Humberto. *Sistema constitucional tributário*. 5. ed. São Paulo: Saraiva, 2012. p. 217.

sivamente para dar a conformação final das competências tributárias das pessoas políticas.[57] As imunidades foram estabelecidas pelo art. 150, inciso VI, da Constituição:

> Art. 150. Sem prejuízo de outras garantias asseguradas ao contribuinte, é vedado à União, aos Estados, ao Distrito Federal e aos Municípios:
>
> VI – instituir impostos sobre:
>
> a) patrimônio, renda ou serviços, uns dos outros;
>
> b) templos de qualquer culto;
>
> c) patrimônio, renda ou serviços dos partidos políticos, inclusive suas fundações, das entidades sindicais dos trabalhadores, das instituições de educação e de assistência social, sem fins lucrativos, atendidos os requisitos da lei;
>
> d) livros, jornais, periódicos e o papel destinado a sua impressão.
>
> e) fonogramas e videofonogramas musicais produzidos no Brasil contendo obras musicais ou literomusicais de autores brasileiros e/ou obras em geral interpretadas por artistas brasileiros bem como os suportes materiais ou arquivos digitais que os contenham, salvo na etapa de replicação industrial de mídias ópticas de leitura a laser. [...]
>
> § 2º A vedação do inciso VI, a, é extensiva às autarquias e às fundações instituídas e mantidas pelo poder público, no que se refere ao patrimônio, à renda e aos serviços vinculados a suas finalidades essenciais ou às delas decorrentes.
>
> § 3º As vedações do inciso VI, a, e do parágrafo anterior não se aplicam ao patrimônio, à renda e aos serviços relacionados com exploração de atividades econômicas regidas pelas normas aplicáveis a empreendimentos privados, ou em que haja contraprestação ou pagamento de preços ou tarifas pelo usuário, nem exoneram o promitente comprador da obrigação de pagar imposto relativamente ao bem imóvel.
>
> § 4º As vedações expressas no inciso VI, alíneas b e c, compreendem somente o patrimônio, a renda e os serviços relacionados com as finalidades essenciais das entidades nelas mencionadas.

É intuitivo que as imunidades estejam identificadas com direitos fundamentais, e, por essa razão, se impeça que o Estado crie obstáculos a esses direitos por meio da tributação. Trata-se da própria materialização de direitos fundamentais, já que são regras dotadas de forte carga axiológica.[58] Como as imunidades estão diretamente vinculadas à promoção de direitos, a sua interpretação deve ocorrer de acordo com a finalidade protegida por esses dispositivos. Há, nesse caso, uma abertura ao argumento teleológico, tendo em vista a natureza dessas normas de promotoras de direitos fundamentais. Vale dizer ainda que muitas delas se justificam não apenas pela vinculação a um direito fundamental, mas também pela ausência de capacidade contributiva. Se o imposto é um instrumento para a captação de capacidade contributiva, sua falta implica impossibilidade de imposição tributária. Passamos a analisá-las individualmente.

IMUNIDADE RECÍPROCA

O art. 150, inciso VI, alínea a, veda à União, aos Estados, ao Distrito Federal e aos Municípios a instituição de impostos sobre o patrimônio, a renda e o serviço um dos outros. O fundamento constitucional da imunidade recíproca é o princípio federativo, que funciona, por sua vez, como um fundamento jurídico-político do ordenamento constitucional. Isso implica dizer que a proibição de as pessoas políticas instituírem impostos sobre o patrimônio, a renda e os serviços umas das outras decorre implicitamente do princípio federativo. Em outras palavras, a continuidade da autonomia política das pessoas políticas é causa da imunidade recíproca. A finalidade da imunidade recíproca é evitar que instituições que prestam serviço público tenham suas atividades restringidas pela tributação, pois isso representaria uma violação indireta da própria estrutura federativa. Essa é a razão pela qual o § 2º do art. 150, em caráter meramente expletivo, esclarece que a imunidade alcança autarquias e fundações. O relevante, para a existência da imunidade recíproca, é a existência de serviço público, independentemente da forma jurídica utilizada pela entidade que o presta.

---

[57] CARRAZZA, Roque Antônio. *Curso constitucional tributário*. 33. ed. São Paulo: Malheiros/JusPodivm, 2021. p. 621.

[58] COSTA, Regina Helena. *Imunidades tributárias*: teoria e análise da jurisprudência do STF. São Paulo: Malheiros, 2015. p. 51.

A imunidade recíproca, nesse sentido, serve como garantia de que os serviços públicos prestados pelos entes federados no interesse da coletividade não serão obstaculizados pela interferência dos outros entes federados. Um dos requisitos essenciais para a aplicação da imunidade recíproca é, por conseguinte, que o patrimônio, a renda ou o serviço esteja diretamente vinculado à prestação de um serviço público. Desse modo, o § 3º do art. 150 apenas explicita que a imunidade recíproca não se aplica ao patrimônio, à renda ou aos serviços que se relacionem com a exploração de atividades regidas pelas normas aplicáveis a empreendimentos privados ou em que haja contraprestação ou pagamento de preços ou tarifas pelo usuário. Esse parágrafo precisa ser interpretado de acordo com a regra de imunidade prevista pelo inciso VI, alínea *a*, como decorrência do princípio federativo. Nesse sentido, quando o montante a ser pago pelo usuário é livremente fixado pela empresa, há atuação econômica em regime de livre mercado e, nesse sentido, sujeita à livre concorrência. Nesse caso, não há serviço público, mas serviço privado. Quando, ao contrário, o montante a ser pago não é livremente fixado, mas regulado por lei ou pelo Poder Executivo, não se está em um regime de livre mercado e livre concorrência.[59] Assim, quando a pessoa política desempenha atividades tipicamente privadas, o princípio da imunidade recíproca não a alcança. Ele só a alcança quando ela desempenha suas funções típicas (atividades públicas, isto é, estatais propriamente ditas).[60]

VOCÊ SABIA?

O STF entendeu que os Correios teriam direito à imunidade recíproca mesmo relativamente às receitas auferidas com outros serviços não postais, como, por exemplo, serviços bancários, por entender que as receitas decorrentes dessas atividades (privadas) são revertidas para o atingimento de suas finalidades públicas (STF, RE nº 601.392, Tribunal Pleno, Relator para acórdão Min. Gilmar Mendes, *DJ* 28.2.2013).

A regra constitucional de imunidade recíproca é, portanto, uma decorrência implícita do princípio federativo, que impõe a autonomia dos entes federados na realização dos seus serviços de interesse público. A sua aplicação ou não a determinadas situações depende, nesse sentido, da existência de serviço público, independentemente da entidade que o presta. Isso significa dizer que o seu afastamento dependerá de prova de que o patrimônio, a renda ou o serviço prestado pelo ente federado é de interesse privado, em regime de livre mercado e livre concorrência. Fora dessa hipótese, é vedada a instituição de tributos sobre o patrimônio, a renda e os serviços de um ente federado sobre os outros. Essa é a regra constitucional. Logo, são três os requisitos para a aplicação da imunidade recíproca determinada pelo art. 150, inciso VI, alínea *a*, da Constituição: (i) a existência de patrimônio, renda ou serviço de um ente federado; (ii) a vinculação do patrimônio, renda ou serviço à prestação de um serviço público essencial; e (iii) a utilização do patrimônio, renda ou serviço fora do livre mercado, sem afetação da livre concorrência.

VOCÊ SABIA?

Recentemente, o STF limitou a aplicação da imunidade recíproca tendo em vista o reconhecimento de restrição ao princípio da livre concorrência. Entendeu o Tribunal que a imunidade recíproca não se aplica sobre imóvel público destinado à exploração de atividade econômica em regime de livre concorrência. Foi firmada a seguinte tese: "Incide o imposto Predial e Territorial Urbano considerado bem público cedido a pessoa jurídica de direito privado, sendo esta a devedora" (STF, RE nº 601.720, Tribunal Pleno, Relator para acórdão Ministro Marco Aurélio, *DJ* 17.4.2017).

IMUNIDADE DOS TEMPLOS DE QUALQUER CULTO

O art. 150, inciso VI, alínea *b*, estabelece a vedação de instituir impostos sobre templos de qualquer culto, e o § 4º afirma que essa imunidade compreende o patrimônio, a renda e o serviço relacionado com a finalidade essencial

---

59 ÁVILA, Humberto. *Sistema constitucional tributário*. 5. ed. São Paulo: Saraiva, 2012. p. 220.

60 CARRAZZA, Roque Antônio. *Curso constitucional tributário*. 33. ed. São Paulo: Malheiros/JusPodivm, 2021. p. 639.

da entidade. A imunidade religiosa encontra fundamento no princípio da liberdade religiosa: é inviolável a liberdade de consciência e de crença, sendo assegurado o livre exercício dos cultos religiosos e garantida, na forma da lei, a proteção aos locais de culto e suas liturgias (art. 5º, inciso VI, Constituição Federal). Dessa liberdade já se asseguraria a imunidade dos templos de qualquer culto. O texto protege especificamente os locais de culto. Além disso, o art. 19, inciso I, da Constituição assegura que o Estado não adotará medidas que possam embaraçar o funcionamento dos templos. Desse modo, se assegura por meio da imunidade que o Estado não vai interferir na criação de templos e no seu funcionamento.

Além disso, o patrimônio, a renda e os serviços afetados ao templo têm a imunidade assegurada, isso porque estão voltados à finalidade da liberdade do exercício de religião. Essa extensão da imunidade decorre da vinculação dessa renda à atividade religiosa, que se encontra fora do Domínio Econômico (fora do mercado), sendo antes parte do domínio público (da sociedade, não domínio estatal) e, por isso, incapaz de revelar capacidade contributiva.[61]

Parte da doutrina classifica as imunidades em subjetivas (vinculadas à pessoa do contribuinte que será imunizado) e em objetivas (vinculadas ao objeto imunizado). A imunidade dos templos de qualquer culto, contudo, apresenta dificuldades nessa classificação, porque, embora esteja vinculada ao templo (objeto), imuniza-se a renda e os serviços vinculados a ele, tornando-a uma imunidade mista. Templos são os locais de acesso público, em que se celebra o culto, isto é, em que o homem expressa sua religiosidade e sua ligação com o sobrenatural – e eles podem assumir diversas formas.[62] Exemplo disso é a decisão do Supremo Tribunal Federal no sentido de que a imunidade alcança os cemitérios, que consubstanciam extensões de entidades de cunho religioso (STF, RE nº 578.662-9, Tribunal Pleno, Relator Ministro Eros Grau, *DJ* 12.9.2008).

Veja-se que mesmo que a entidade religiosa não seja proprietária do imóvel (apenas locatária), se há um templo, há imunidade. Nesse sentido, a imunidade dos templos de qualquer culto seria objetiva, porque concedida independentemente das características pessoais ou da natureza jurídica dos contribuintes dos impostos, dependendo apenas da existência de uma realidade fática caracterizável como templo. No entanto, essa imunidade também é subjetiva no sentido de que a renda vinculada ao templo também é imune. Assim, a entidade religiosa que exerce atividade no templo tem direito à imunidade, desde que sua renda seja vinculada à consecução das finalidades do templo (como a prática do culto, a formação de seus funcionários e assim por diante).

VOCÊ SABIA?

A jurisprudência já discutiu se haveria um limite de valor para a fruição da imunidade dos templos de qualquer culto. O tema foi objeto de debate na tentativa da União de tributar pedras preciosas que seriam usadas para a construção de um templo em São Paulo. Prevaleceu o entendimento relativo à aplicação da imunidade, considerando o efetivo uso das pedras importadas na construção do templo (TRF3, Processo nº 0005626-16.2011.4.03.6104, julgado em 5.6.2014).

IMUNIDADE DOS PARTIDOS POLÍTICOS, ENTIDADES SINDICAIS, ENTIDADES ASSISTENCIAIS E DE EDUCAÇÃO

O art. 150, inciso VI, alínea *c*, estabelece a vedação de instituir impostos sobre partidos políticos, entidades sindicais de trabalhadores e entidades assistenciais e de educação, sem fins lucrativos. Nesse caso, a imunidade se justifica por valores prestigiados pelo constituinte e também pela ausência de capacidade contributiva. No caso dos partidos políticos e das entidades sindicais de trabalhadores, assegura-se que o Estado não irá por meio de tributos obstar a sua criação e desenvolvimento. Assim, essa imunidade é vinculada ao princípio democrático e à

---

[61] SCHOUERI, Luís Eduardo. *Direito tributário*. 7. ed. São Paulo: Saraiva, 2017. p. 467.

[62] *Idem*, p. 468.

liberdade de exercício político e sindical. As mesmas situações podem ter fundamento também na função pública desempenhada pelos partidos políticos e sindicatos: não há atividade privada aqui e por isso não há capacidade contributiva, já que se trata do exercício de função pública.

Para as entidades de assistência social e educação, o fundamento da imunidade está exatamente no cumprimento de atividades públicas tidas como essenciais para a sociedade. Quando uma entidade privada assume funções do Estado, ela desincumbe o próprio Estado de fazê-lo e por isso atua no âmbito público, sem capacidade contributiva. Trata-se de um reconhecimento de que a solidariedade e o bem público podem ser realizados diretamente pela sociedade privada, e o Estado não deve criar obstáculos a essa atividade, tornando-a menos eficiente. Por isso, a Súmula Vinculante 52 do Supremo Tribunal Federal menciona que "ainda quando alugado a terceiros, permanece imune de IPTU o imóvel pertencente às entidades previstas no art. 150, VI, alínea *c*, desde que o valor do aluguel seja aplicado nas atividades para as quais tais entidades foram constituídas". O essencial é que as instituições de educação e de assistência social devem deixar de ser tributadas, porque educação e assistência social constituem finalidades estatais, o que significa dizer que essas instituições auxiliam na promoção de fins estatais e, por essa razão, devem ser desoneradas.

O limite da aplicação dessa imunidade encontra-se, portanto, na vinculação do patrimônio, da renda e dos serviços às finalidades essenciais e, claro, a existência de limitação à livre concorrência. As instituições de ensino e de assistência, portanto, podem receber contraprestação pelo exercício de suas atividades, o que elas não podem é ter finalidade lucrativa, embora possam ter lucros. Proibição de finalidade lucrativa não equivale à proibição de obtenção de lucros.[63] Isso significa que essas entidades não podem distribuir lucros aos seus sócios ou dirigentes, devendo este ser reinvestido na própria atividade. A Constituição menciona ainda que essa imunidade deve atender às condições estabelecidas em lei, sem mencionar a qualificação dessa lei. Considerando, porém, que o art. 146, inciso II, da Constituição expressamente afirma que cabe à lei complementar dispor sobre as limitações constitucionais ao poder de tributar, é uníssona a compreensão de que referida lei deve ser complementar.

Por fim, vale ainda comentar que as entidades assistenciais possuem outra previsão expressa relativamente à extensão da sua imunidade também para as contribuições previstas no art. 195. Com efeito, o § 7º desse dispositivo constitucional menciona que são "isentas de contribuição para a seguridade social as entidades beneficentes de assistência social que atendam às exigências estabelecidas em lei". Trata-se de atecnia do texto constitucional: a desoneração constitucional constitui **imunidade**, não **isenção**. A razão para isso é que as contribuições sociais servem para custear a seguridade social, e se as entidades sociais já cumprem esta missão não haveria sentido prático no desvio dos seus recursos que servem a essa mesma finalidade.

IMUNIDADE DOS LIVROS, JORNAIS E PERIÓDICOS

O art. 150, inciso VI, alínea *d*, estabelece a vedação de instituir impostos sobre livros, jornais, periódicos e o papel destinado à sua impressão. Trata-se de imunidade vinculada ao dever de o Estado promover a liberdade de expressão e, com isso, de não obstaculizar a produção desses objetos, independentemente de seu conteúdo. Nesse sentido, a imunidade foi reconhecida, por exemplo, a álbuns de figurinha e catálogos telefônicos. Assim, trata-se de imunidade objetiva, porque está vinculada ao bem e não ao sujeito passivo. É importante mencionar que a circulação mercantil de livros e jornais revela capacidade contributiva, na medida em que se trata de atividade privada, ainda que esses bens sejam vinculados ao interesse público de acesso à informação. Desse modo, reconhece-se nesse caso uma norma tributária extrafiscal, que serve de estímulo à produção cultural, além de garantia da liberdade de manifestação do pensamento, do direito de crítica e de posicionamento político, religioso ou ideológico.[64] Vale referir ainda que, além de tornar imune as operações com livros, jornais e periódicos, a Constituição ainda estabeleceu a imunidade do papel destinado à sua impressão.

[63] ÁVILA, Humberto. *Sistema constitucional tributário*. 5. ed. São Paulo: Saraiva, 2012. p. 236.

[64] SCHOUERI, Luís Eduardo. *Direito tributário*. 7. ed. São Paulo: Saraiva, 2017. p. 487.

IMUNIDADE DOS FONOGRAMAS E VIDEOFONOGRAMAS

O art. 150, inciso VI, alínea *e*, estabelece a vedação de instituir impostos sobre fonogramas e videofonogramas musicais. Trata-se de alínea acrescentada pela Emenda Constitucional nº 75/13. O dispositivo fala em fonogramas e videofonogramas musicais produzidos no Brasil contendo obras musicais ou literomusicais de autores brasileiros e/ou obras em geral interpretadas por artistas brasileiros, bem como os suportes materiais ou arquivos digitais que os contenham, salvo na etapa de replicação industrial de mídias ópticas de leitura a *laser*. Novamente, trata-se de uma imunidade objetiva, vinculada ao objeto, em que há capacidade contributiva, mas optou-se pelo fomento, por meio de uma norma tributária extrafiscal, à cultura. A finalidade é incentivar a produção de obras nacionais.

IMUNIDADE DAS EXPORTAÇÕES

Por fim, há uma série de dispositivos na Constituição que asseguram a imunidade das exportações: art. 149, § 2º, inciso I (veda a incidência de contribuição social sobre receitas de exportação); art. 153, § 3º, inciso III (veda a incidência de IPI sobre produtos industrializados destinados à exportação); art. 155, § 2º, inciso X, alínea *a* (veda a incidência de ICMS sobre operações que destinem mercadorias ao exterior); e art. 156, § 3º, inciso II (veda a incidência de ISS sobre exportações de serviço para o exterior). Essa imunidade está vinculada à adoção do critério de destino para a tributação do consumo. Existem duas alternativas para a tributação do consumo nas relações com o exterior: ou se tributa a origem (tributam-se as exportações e desoneram-se as importações, na crença de que a tributação deve dar-se onde o bem é produzido), ou se tributa o destino (tributam-se as importações e desoneram-se as exportações, na crença de que o tributo deve ser recolhido onde o bem é consumido e não onde o bem é produzido). A maior parte dos países adota o critério do destino (tributar onde ocorre o consumo) e por isso, se o Brasil tributasse a exportação de seus bens, terminaria dificultando a própria exportação pela dupla oneração desses produtos.

RESUMO

OBJETIVO 1 O Sistema Tributário brasileiro tem como característica principal a sua constitucionalização: a vinculação desse âmbito do Direito com os direitos fundamentais fundamenta a escolha constitucional por um Direito Tributário altamente regulado pelo próprio texto constitucional. A Constituição não se limitou a estabelecer os objetivos que deveriam ser perseguidos pelo sistema tributário nacional. Ao invés disso, ela mesmo propôs regras diretivas desse sistema, tomando decisões fundamentais com relação ao seu funcionamento: ela própria predetermina a forma de perseguir esses fins, estabelecendo o comportamento permitido, proibido e obrigatório de forma direta (na forma de regras). Dois tipos de regras merecem destaque: de um lado, as regras de competência (que outorgam aos entes federados a prerrogativa de criar os tributos autorizados constitucionalmente, predefinindo as características essenciais desses tributos); e, de outro lado, as regras relativas às limitações constitucionais ao poder de tributar (que determinam verdadeiras proibições com relação ao modo do exercício do poder tributário).

OBJETIVO 2 São cinco as espécies tributárias. **Imposto** é o tributo cuja obrigação tem por fato gerador uma situação independente de qualquer atividade estatal específica, relativa ao contribuinte. Dito de outro modo, impostos são tributos que nascem da atividade do contribuinte de forma exclusiva, independentemente de qualquer atividade do Estado e desvinculados de qualquer finalidade (não há contraprestação por parte do Estado). A característica mais marcante dos impostos relaciona-se com a existência de uma manifestação de capacidade contributiva por parte do contribuinte, que realiza uma dessas hipóteses de incidência de acordo com a sua definição e instituição pela lei ordinária. Todos esses fatos têm a propriedade de, em si mesmos, revelar ou, pelo menos, fazer presumir a capacidade econômica das pessoas que os realizam. **Taxa**, ao contrário do imposto, é um tributo que nasce da atividade do Estado. A sua hipótese de incidência é uma atuação estatal diretamente (imediatamente) referida ao obrigado (pessoa que vai ser posta como sujeito passivo da relação obrigacional que tem a taxa por objeto). Esse tributo nasce da referibilidade entre determinada atuação estatal e aquele que aproveita essa atuação. Nesse ponto, portanto, diferencia-se do imposto, e a análise da sua base de cálculo deve refletir, forçosamente, a medida desta atuação estatal. A Constituição prevê dois tipos taxas: taxas cobradas pela prestação de serviços públicos e taxas cobradas em razão do poder de polícia. Em qualquer dessas hipóteses, porém, fica evidenciado o caráter sinalagmático desse tributo. **Contribuição de melhoria**, por sua vez, depende da existência de uma obra pública que gera melhoria ou valorização para o proprietário de um imóvel adjacente: sua hipótese de incidência é, portanto, a existência de uma obra (atuação estatal) capaz de gerar a valorização dos imóveis a ela adjacentes. A contribuição de melhoria não se confunde com um imposto, não sendo repartida a partir da capacidade contributiva dos contribuintes; da mesma forma, não é uma taxa, porque não é uma forma de repartir os custos da obra. Além da contribuição de melhoria, a Constituição previu outras **contribuições,** como, por exemplo, as contribuições sociais, as contribuições de intervenção no domínio econômico e de interesse das categorias profissionais ou econômicas. Essas contribuições se caracterizam como uma espécie tributária autônoma, cujo regime jurídico não se confunde com aquele dos demais tributos (impostos, taxas, contribuições de melhoria e empréstimos compulsórios). São tributos devidos para a promoção de ideais constitucionalmente buscados, como saúde, assistência social e previdência. A sua vinculação, portanto, é finalística, ao contrário das outras espécies, cuja vinculação é causal. Há uma vinculação aqui entre a atuação estatal e o contribuinte, ainda que essa referibilidade seja indireta (ao contrário das taxas, em que essa referibilidade é direta). Por fim, **empréstimo compulsório** é tributo previsto pela Constituição no art. 148 para duas hipóteses bastante singulares: de um lado, para cobrir despesas extraordinárias (como calamidades públicas) e, de outro lado, para a realização de investimento público urgente de relevante interesse nacional. Trata-se de um tributo de natureza singular pela previsão de sua restituição ao contribuinte.

OBJETIVO 3 No modelo federal brasileiro desenhado pela Constituição, cada pessoa jurídica de Direito Público (União, Estados, Distrito Federal e Municípios) tem uma esfera de atuação própria, denominada de competência. Essa esfera de competência própria passa pela previsão de recursos também próprios para a execução dessas tarefas determinadas constitucionalmente. Nesse contexto, a Constituição distribui campos de competência próprios para cada ente tributante: o poder de criar tributos é repartido entre os vários entes políticos, de modo que cada um tem competência para impor prestações tributárias, dentro da esfera que lhe é assinalada pela Constituição. Isso significa que a União, os Estados, o Distrito Federal e os Municípios têm aptidão para criar determinados tributos e definir o seu alcance, obedecidos os critérios de partilha de competência estabelecidos pela Constituição. A Constituição, porém, não cria tributos, ela outorga competência/aptidão para a criação de tributos. Desse modo, embora as características gerais desses tributos possam ser implicadas do texto constitucional a partir das materialidades econômicas predefinidas, a sua efetiva criação sobre tais materialidades depende do exercício da competência tributária pelo ente federado por meio de lei. A facultatividade, portanto, é uma característica das competências tributárias outorgadas constitucionalmente. Além disso, ainda se podem destacar as características de irrenunciabilidade, indelegabilidade e incaducabilidade desse poder. A repartição definida constitucionalmente não está dentro da esfera de disponibilidade política de cada ente federado, o que impede a renúncia e a delegação desse poder (art. 7º, CTN). Por fim, ainda que a competência não seja exercida, ela não é suprimida, podendo, a qualquer momento, ser exercida (art. 8º, CTN).

OBJETIVO 4 A Constituição brasileira de 1988 foi exaustiva em regular o que poderia ser feito em matéria de criação de tributos (por meio das regras atributivas de competência), como também em estabelecer, ela própria, **como** isso deveria ser feito (por meio das regras relativas às limitações constitucionais ao poder de tributar). As limitações constitucionais ao poder de tributar são um conjunto de disposições que ratifica a especificidade do Direito Tributário ao definir como o exercício do poder tributário deve ocorrer. Foi uma escolha do texto constitucional definir limites intransponíveis ao exercício do poder de tributar vinculados à proteção dos direitos fundamentais dos contribuintes. Assim, essas limitações são verdadeiros direitos públicos subjetivos dos contribuintes, oponíveis ao Estado enquanto poder tributante. Podem ser resumidas nas seguintes garantias: legalidade (garantia instrumental no sentido de que a lei é o único instrumento ou modo por meio do qual a tributação pode ser efetivada – sem espaço para delegações ou analogias); igualdade (garantia de tratamento digno razoável, de acordo com as finalidades e os critérios aceitos pela Constituição e pela lei, quando for o caso); capacidade contributiva (estabelece o critério que deve ser utilizado nas normas tributárias para a promoção da igualdade); vedação ao confisco (garantia de que o Direito Tributário não vai asfixiar o direito fundamental à propriedade); segurança jurídica (sobreprincípio vinculado à garantia de previsibilidade, calculabilidade e confiabilidade que se desdobra em três garantias no Direito Tributário: irretroatividade, anterioridade anual e anterioridade nonagesimal).

OBJETIVO 5 As imunidades são regras previstas na Constituição como limitações à competência tributária (ou seja, são "regras de incompetência"). A competência tributária é resultado da análise conjunta de duas espécies de normas jurídicas: de um lado, das normas que atribuem poder ao Estado para instituir tributos por meio da especificação dos fatos e situações que se tornam suscetíveis de tributação (normas de competência, já analisadas); e, de outro lado, das normas que subtraem poder do Estado sobre determinados fatos e situações que se tornam insuscetíveis de tributação (normas limitativas da competência, como as imunidades). As imunidades previstas constitucionalmente são: imunidade recíproca (vedação de os entes federados instituírem impostos sobre o patrimônio, a renda e o serviço um dos outros); imunidade dos templos de qualquer culto (vedação de instituição de impostos sobre templos de qualquer culto, além da imunidade do patrimônio, da renda e do serviço relacionado com a finalidade essencial da entidade); imunidade dos partidos políticos, entidades sindicais de trabalhadores e entidades assistenciais e de educação, sem fins lucrativos; imunidade dos livros, jornais e periódicos; imunidade dos fonogramas e videofonogramas; e imunidade das exportações.

▶ VÍDEOS ADICIONAIS SOBRE O CAPÍTULO

Acesse os QR Codes para assistir ao material adicional do capítulo:

Vídeo 1
uqr.to/1ay9a

Vídeo 2
uqr.to/1ay9b

Vídeo 3
uqr.to/1ay9c

TESTES DE MÚLTIPLA ESCOLHA

1. Quais dessas características definem melhor o sistema constitucional tributário brasileiro?

   a) Legalizado e principiológico.

   b) Infraconstitucionalizado e regrado.

   c) Constitucionalizado e regrado.

   d) Constitucionalizado e principiológico.

   e) Infraconstitucionalizado e principiológico.

2. Escolha a alternativa que contenha exemplos de regras tributárias na Constituição:

   a) Regras de competência e isenções.

   b) Regras de legalidade e isenções.

   c) Regras de incidência e imunidades.

   d) Regras de irretroatividade e de incidência.

   e) Regras de competência e imunidades.

3. Sobre competência tributária, assinale a alternativa **correta**:

   a) A distribuição de competências está vinculada ao princípio democrático, e a competência tributária tem, dentre as suas características, as de facultatividade e irrenunciabilidade.

   b) A distribuição de competências está vinculada ao princípio federativo, e a competência tributária tem, dentre as suas características, as de facultatividade e irrenunciabilidade.

   c) A distribuição de competências está vinculada ao princípio federativo, e a competência tributária tem, dentre as suas características, as de facultatividade e renunciabilidade.

   d) A distribuição de competências está vinculada ao princípio democrático, e a competência tributária tem, dentre as suas características, as de obrigatoriedade e irrenunciabilidade.

   e) A distribuição de competências está vinculada ao princípio federativo, e a competência tributária tem, dentre as suas características, as de facultatividade e delegabilidade.

4. Sobre taxas, assinale a alternativa **correta**:

   a) Apenas a prestação de serviços públicos, ainda que meramente postos à disposição dos contribuintes, pode ensejar a cobrança de taxas.

   b) Taxas devem ter seu valor determinado de acordo com a capacidade contributiva dos contribuintes.

   c) A atividade de polícia, posta à disposição dos contribuintes, pode ensejar a cobrança de taxa.

   d) As taxas devem ser cobradas de acordo com o custo da atividade estatal, sem variação em função da capacidade contributiva.

   e) Nenhuma das anteriores.

5. Sobre as espécies tributárias, assinale a alternativa **correta**:

   a) Imposto é tributo não vinculado, ou seja, tributo cuja hipótese de incidência consiste na conceituação legal de um fato qualquer que não se constitua em uma atuação estatal.

   b) Taxa é tributo não vinculado, ou seja, tributo cuja hipótese de incidência consiste na conceituação legal de um fato qualquer que não se constitua em uma atuação estatal.

   c) Contribuição de melhoria é tributo não vinculado, ou seja, tributo cuja hipótese de incidência consiste na conceituação legal de um fato qualquer que não se constitua em uma atuação estatal.

   d) Empréstimo compulsório é tributo não vinculado, ou seja, tributo cuja hipótese de incidência consiste na conceituação legal de um fato qualquer que não se constitua em uma atuação estatal.

   e) Nenhuma das anteriores.

6. Com relação às limitações constitucionais ao poder de tributar, assinale a alternativa **correta**:

   a) São dispositivos que repetem outros princípios já previstos ao longo da Constituição, sem estabelecer um sentido próprio para a sua aplicação no Direito Tributário.

   b) Algumas dessas limitações especificam outros princípios já previstos na Constituição, conferindo-lhe maior rigidez no que tange à sua aplicação no Direito Tributário.

   c) São vias de mão dupla: servem tanto como proteção dos contribuintes, como também como garantias do Estado para o exercício do poder de tributar.

   d) São princípios bastante abstratos, que não impõem limites diretos à atuação do Estado.

   e) Nenhuma das anteriores.

7. Sobre a legalidade tributária, assinale a alternativa **incorreta**:

   a) A legalidade tributária se confunde com a legalidade prevista no art. 5º, inciso II, da Constituição, segundo a qual ninguém será obrigado a fazer ou deixar de fazer alguma coisa senão em virtude de lei;

   b) A legalidade tributária não permite espaço para a delegação.

   c) A legalidade é norma instrumental que assegura aos cidadãos que a sua liberdade só poderá ser restringida através de uma forma predeterminada em um instrumento normativo produzido por meio de representação política e de aplicação geral (a lei), que garantirá o tratamento igualitário de todos que se encontrarem em situação equivalente.

   d) A legalidade tributária pode ser definida como específica, enquanto a legalidade do art. 5º, inciso II, é tratada pelo Supremo Tribunal Federal como genérica.

e) A legalidade tributária está vinculada à proteção dos direitos fundamentais de liberdade e de propriedade, além do princípio democrático.

8. Sobre a capacidade contributiva, assinale a alternativa **incorreta:**

   a) A capacidade contributiva exprime a regra segundo o qual a lei tributária deve tratar de modo igual os fatos econômicos que exprimem a mesma capacidade de contribuir para o custeio do Estado.

   b) A capacidade contributiva atua como critério de aplicação do princípio da igualdade no Direito Tributário.

   c) A capacidade contributiva, junto com a solidariedade, está vinculada diretamente à distribuição equitativa dos gastos públicos.

   d) A noção de que cada um deve contribuir conforme sua capacidade econômica relaciona-se, necessariamente, com um elemento de juízo, uma estimação sobre a idoneidade para concorrer à despesa pública.

   e) Ela possui várias menções diretas ao longo do texto constitucional.

9. Sobre as imunidades e sua interpretação pelo Supremo Tribunal Federal, assinale a alternativa **correta:**

a) A interpretação do Tribunal é restritiva, tendo em vista a impossibilidade de alargamento da desoneração tributária.

b) A interpretação do Tribunal é literal, levando em consideração apenas aquilo que foi expressamente desonerado pela Constituição.

c) A interpretação do Tribunal é teleológica, levando em consideração a finalidade que justifica a existência de cada imunidade.

d) O Tribunal entende que não tem competência para a interpretação desses dispositivos.

e) Nenhuma das anteriores.

10. Sobre as imunidades, assinale a alternativa **correta:**

   a) Todas as imunidades estão vinculadas a situações que não revelam capacidade contributiva.

   b) Nunca houve previsão de novas imunidades por emenda constitucional.

   c) Imunidades e isenções são expressões sinônimas.

   d) Algumas imunidades se justificam pela opção do constituinte de promover determinadas situações ou objetos por meio de normas tributárias extrafiscais.

   e) As imunidades são todas objetivas.

RESPOSTAS

1-C; 2-E; 3-B; 4-D; 5-A; 6-B; 7-A; 8-E; 9-C; 10-D.

FUNDAMENTOS DA TRIBUTAÇÃO NO CÓDIGO TRIBUTÁRIO NACIONAL

Paulo Arthur Cavalcante Koury

OBJETIVOS DE APRENDIZAGEM DO CAPÍTULO

1. Conhecer os elementos do conceito de "tributo" e a sua relevância para a aplicação do regime jurídico tributário.

2. Compreender a disciplina do Código Tributário Nacional acerca do fato gerador da obrigação tributária.

3. Entender a disciplina dos sujeitos passivos da obrigação tributária, incluindo as noções de contribuinte e responsável.

4. Compreender a constituição do crédito tributário mediante o lançamento, bem como a decadência do direito de lançar e a prescrição da ação de cobrança.

5. Conhecer a disciplina do Código Tributário Nacional sobre as causas da suspensão da exigibilidade do crédito tributário e seus efeitos no processo de constituição e cobrança do tributo.

6. Compreender a disciplina do Código Tributário Nacional sobre as causas da exclusão e extinção do crédito tributário.

OLHA A NOTÍCIA!

uqr.to/1ay65

Supremo forma maioria para isentar contador de infrações tributárias

"É inconstitucional lei estadual que disciplina a responsabilidade de terceiros por infrações de forma diversa das regras gerais estabelecidas pelo Código Tributário Nacional."

Essa é a proposta de tese acompanhada pela maioria dos ministros do Supremo Tribunal Federal no julgamento de ação direta de inconstitucionalidade, em Plenário Virtual. A sessão terminará nesta segunda-feira (13/9).

No caso, o Partido Progressista ajuizou a ADI para que seja declarada a inconstitucionalidade dos artigos 45, XII-A, XIII e § 2º, da Lei nº 11.651/91 e 36, XII-A e XIII, do Decreto nº 4.852/97, ambas do estado de Goiás. Tais dispositivos atribuem ao contador responsabilidade solidária com o contribuinte pelo pagamento de impostos e penalidade pecuniárias, no caso de suas ações ou omissões concorrerem para a prática de infração à legislação tributária.

O relator da ação, ministro Luís Roberto Barroso, pontuou que o art. 146, III, alínea *b*, da Constituição determina ser reservado à Lei Complementar (LC) fixar "normas gerais em matéria de legislação tributária especialmente sobre obrigação [tributária]". Essa LC deve ser editada pela União e assume caráter nacional, no sentido de se aplicar, simultaneamente, a todas as três esferas da Federação.

Assim, quanto à responsabilidade tributária, a LC editada pela União deve lançar diretrizes gerais para a sua configuração, de forma que o legislador estadual não pode constituir hipóteses de responsabilidade tributária que conflitem com tais normas gerais, ressaltou o ministro.

CONSIDERAÇÕES INICIAIS

Este capítulo é dedicado ao exame das normas gerais de Direito Tributário reconstruídas a partir do texto do Código Tributário Nacional (CTN), que exerce a função de LC de caráter nacional no Sistema Constitucional Tributário brasileiro.

A Constituição Federal de 1988, na linha do que fizera a Constituição Federal de 1967, estabeleceu a competência de LC nacional para estabelecer normas gerais de Direito Tributário, aplicáveis a todos os entes políticos (União, Estados, Distrito Federal e Municípios). De um lado, a Constituição conferiu a cada um desses entes políticos competências privativas para a instituição e arrecadação de determinados impostos. Com isso, visou a conferir-lhes autonomia para reger as suas próprias receitas. De outro lado, contudo, a Constituição estabeleceu que lei geral de cunho nacional conferirá uniformidade ao Sistema Tributário Nacional, de modo que os contribuintes não sejam submetidos a normas totalmente dissonantes nos diversos entes da federação.

Nesse passo, estabeleceu o art. 146, III, alíneas *a* e *b*, da Constituição Federal, a competência de LC nacional para "estabelecer normas gerais em matéria de legislação tributária", especialmente sobre "definição de tributos e de suas espécies, bem como, em relação aos impostos discriminados nesta Constituição, a dos respectivos fatos geradores, bases de cálculo e contribuintes" e sobre "obrigação, lançamento, crédito, prescrição e decadência tributários". Diferentemente das leis ordinárias, cuja aprovação demanda maioria dos presentes na Câmara e no Senado (art. 47, Constituição Federal), a aprovação das leis complementares demanda os votos da maioria absoluta dos membros de cada casa do Congresso (art. 69, Constituição Federal).

Não obstante, essas funções são atualmente exercidas pelo CTN, que corresponde à Lei Ordinária nº 5.172/66. Apesar de ter sido aprovado como uma lei ordinária, sob a égide da Constituição de 1946, com as mudanças então recentemente empreendidas pela Emenda Constitucional nº 18/65, o CTN foi recepcionado pela Constituição Federal de 1967 e pela Constituição em vigor com *status* de LC. Conforme o art. 34, § 5º, do Ato das Disposições Constitucionais Transitórias, "Vigente o novo sistema tributário nacional, fica assegurada a aplicação da legislação anterior, no que não seja incompatível com ele e com a legislação referida nos § 3º e § 4º". Essa denominada "cláusula de recepção" significa que leis materialmente compatíveis com a Constituição Federal de 1988 – como é o caso do CTN – são recepcionadas pelo sistema em vigor, em que pese não tenham sido aprovadas na forma (maioria absoluta) prevista na atual Constituição.

Desse modo, as regras do CTN exercem importante papel uniformizador da tributação brasileira, conferindo aos sujeitos passivos a confiança de que, embora existam leis tributárias federais, estaduais, distritais e municipais, determinados aspectos serão uniformes em todo o território nacional.

As leis dos demais entes políticos não podem contrariar a disciplina do CTN acerca das normas gerais de Direito Tributário, sob pena de ilegalidade e inconstitucionalidade. Naturalmente, contudo, as normas do CTN devem guardar sintonia com a Constituição Federal em vigor para que sejam válidas. Muito embora, até hoje, nenhum dispositivo do CTN tenha sido julgado inconstitucional pelo Supremo Tribunal Federal, alguns deles devem ser interpretados conforme a Constituição Federal, para a sua correta aplicação.

OBJETIVO 1

CONCEITO DE TRIBUTO

Dentre as primeiras matérias tratadas pelo CTN está o conceito de tributo previsto no seu art. 3º, conforme o qual "tributo é toda prestação pecuniária compulsória, em moeda ou cujo valor nela se possa exprimir, que não constitua sanção de ato ilícito, instituída em lei e cobrada mediante atividade administrativa plenamente vinculada".

A importância prática do conceito de tributo deriva do fato de que, sempre que forem satisfeitas as suas condicionantes, será mandatória a aplicação do regime-jurídico tributário a determinada cobrança. A Constituição Federal de 1988 institui diversas limitações constitucionais ao poder de tributar (por exemplo, legalidade tributária, anterioridade tributária, imunidades, regras de competência etc.), que somente são aplicáveis quando se está diante de um tributo. Também o CTN possui diversas normas, analisadas ao longo deste capítulo, que se aplicam apenas aos tributos, não a prestações de outra natureza.

Ainda que uma prestação seja cobrada pelo Estado (considerado em sentido amplo, para abranger a União, os Estados, os Municípios e o Distrito Federal), ela não necessariamente será um tributo e, por isso, não necessariamente será submetida ao regime jurídico tributário. A título de exemplo, o Estado pode administrar um museu e cobrar ingressos para visitar as exposições. Nesse caso, será necessário que o valor dos ingressos seja fixado por meio de lei publicada antes do início do exercício em que aplicada, respeitadas as imunidades tributárias e demais limitações constitucionais ao poder de tributar? A resposta é negativa, uma vez que não se trata de tributo, mas de um preço público, decorrente da exploração, por parte do Estado, do seu próprio patrimônio (no caso, o museu). O mesmo acontece quando o Estado cobra uma multa de trânsito ou firma um contrato de aluguel de um prédio pertencente a particular.

Mas como distinguir entre os tributos e as demais prestações que podem ser exigidas pelo Estado e mesmo por particulares? O art. 3º do CTN visa responder a essa questão, ao enunciar seis critérios para que se possa concluir estar-se diante de um "tributo", quais sejam: (i) prestação; (ii) pecuniária, em moeda ou em cujo valor nela se possa exprimir; (iii) compulsória; (iv) que não constitua sanção de ilícito; (v) instituída em lei; (vi) cobrada mediante atividade administrativa plenamente vinculada.

O primeiro critério (prestação) significa que o tributo envolve uma obrigação por parte de uma pessoa (sujeito passivo) em favor de outra pessoa (sujeito ativo). O segundo critério adiciona a essa prestação o qualificativo de pecuniária, a significar que o objeto da obrigação deverá ser um "pagar". Conforme a dicção do art. 3º do CTN, esse "pagar" pode ser diretamente exprimido em moeda, ou não. Com isso, a simples circunstância de determinada obrigação ser adimplida mediante a entrega de bens, por exemplo, não será suficiente para descaracterizar a sua natureza tributária.

O terceiro elemento consiste na compulsoriedade. Diferentemente das obrigações contratuais, as obrigações tributárias não decorrem de um ajuste fundado na liberdade das partes, que, de comum acordo, resolvem obrigar-se em conformidade com a sua autonomia privada. A compulsoriedade da obrigação tributária decorre da sua origem. Enquanto a obrigação tributária decorre da prática do fato gerador previsto na lei aprovada pelo Poder Legislativo, a obrigação contratual decorre do ajuste de vontade das partes, no exercício de sua autonomia contratual. Esse critério não significa que exista compulsoriedade de se incorrer no fato gerador da obrigação tributária, nem que seja necessário avaliar se o particular pode ou não se furtar de incorrer no fato imponível para alcançar os fins que deseja. Pelo contrário. A compulsoriedade da obrigação tributária coaduna-se com a liberdade do particular de praticar, ou não, o fato gerador. A obrigação tributária é compulsória apenas após a prática do fato gerador.

Considere-se, a título de exemplo, o Imposto estadual sobre a Propriedade de Veículos Automotores (IPVA). O cidadão tem a liberdade de tornar-se, ou não, proprietário de um veículo. Para alcançar o seu objetivo de viajar do ponto A ao ponto B, o particular pode adquirir um veículo automotor, mas também pode tomar um transporte coletivo, um táxi, utilizar um aplicativo de carona ou mesmo caminhar. Apenas na hipótese de o particular optar, livremente, por adquirir um automóvel, haverá o surgimento da obrigação tributária (compulsória) de pagar o IPVA, imposto esse cujo fato gerador é a propriedade de veículo automotor.

ATENÇÃO!

Frequentemente, os tributos são cobrados de forma concomitante com penalidades de cunho sancionatório. A título de exemplo, se uma sociedade não declarar e pagar o seu Imposto sobre a Renda (IRPJ), as autoridades fiscais federais procederão ao lançamento do tributo, cobrando, também, multa de 75% sobre o tributo devido, os termos do art. 44, I, da Lei nº 9.430/96. Enquanto o fato gerador do tributo é o ato lícito de "auferir renda", o fato gerador da penalidade é o ato ilícito de "não declarar a renda auferida e, consequentemente, não pagar o imposto sobre ela incidente".

O quarto elemento da definição de tributo é negativo, excluindo do conceito todas as sanções decorrentes de atos ilícitos. Nesse caso, o Estado exerce a sua competência administrativa, impondo sanções aos jurisdicionados, e não a sua competência tributária. Assim como ocorre com os tributos, a prestação sancionatória torna-se devida quando o particular pratica o fato gerador da penalidade (trafegar em velocidade maior do que a permitida ou danificar bem de outrem, por exemplo). Contudo, diferentemente do que ocorre em relação aos tributos, o fato gerador das penalidades (sanções) é, necessariamente, um ato ilícito, em virtude da existência de uma norma jurídica que proíbe tal conduta. É o que ocorre, por exemplo, com as normas de trânsito que, de um lado, proíbem que se trafegue em velocidade superior a 50 km/h em determinada via e, de outro, estipulam uma sanção caso haja descumprimento da norma proibitiva. Diferentemente, o fato gerador do tributo é sempre, em linhas abstratas, uma conduta lícita, como auferir renda, ser proprietário de imóvel rural, prestar serviços ou praticar operações de circulação de mercadorias, por exemplo.

Isso não significa que o tributo não possa incidir sobre um ato da vida que também se configure como ilícito, para fins da aplicação de outras normas. Imagine-se a situação de um traficante de drogas ilícitas. O ato de vender drogas ilícitas configura crime, nos termos do art. 33 da Lei nº 11.343/06. Trata-se, portanto, de ato ilícito, proibido pelo Direito. Contudo, isso não significa que não possa haver um tributo (o imposto sobre a renda) que incidirá sobre o ato de auferir renda (abstraindo-se a natureza do ilícito que deu causa a este fato).

SAIBA MAIS!

1931: Al Capone condenado por sonegação de impostos

Jens Teschke.

Em 24 de outubro de 1931, Al Capone foi condenado a 11 anos de prisão e multa de 50 mil dólares por sonegar impostos. O filho de imigrantes italianos ascendeu a líder entre as gangues do submundo americano.

[...]

Quando o pai faleceu, em 1920, Al Capone mudou-se para Chicago, onde queria tentar a sorte ao lado do poderoso chefe de gangue italiano Johnny Torrio, que explorava o comércio ilegal de bebidas alcoólicas, a prostituição e salões de jogos.

Capone cresceu rapidamente e, em pouco tempo, tornou-se um mito entre os criminosos americanos. Seus grandes inimigos eram os bandos irlandeses do norte da cidade, com os quais os italianos travaram uma verdadeira guerra em meados dos anos 1920.

O ferimento de Torrio numa destas brigas, com um bando de Bugs Moran, trouxe-lhe a aposentadoria prematura. Al Capone, entrementes o homem mais poderoso do submundo do crime, jurou vingança. No dia 14 de fevereiro de 1929, assassinos profissionais executaram sete membros importantes do bando de Moran.

Profissão: vendedor de antiguidades

A polícia logo desconfiou de quem poderia estar por trás dos crimes, mas não tinha provas. Al Capone tinha um álibi para o momento do crime. Durante vários dias, o assunto ocupou a imprensa americana. A Casa Branca resolveu, então, encarregar o chefe do FBI pessoalmente de investigar todos os detalhes dos negócios de Al Capone. Oficialmente, ele era vendedor de antiguidades. Sabia-se que faturava mais de três milhões de dólares por ano, mas não pagava impostos.

[...]

QUESTÃO PARA REFLEXÃO

Em que medida é possível a criação de um "imposto verde", que atinja apenas atividades poluidoras, se essas atividades também dão ensejo à obrigação de reparar o meio ambiente, conforme a regra de responsabilidade objetiva do art. 225, § 2º, da Constituição Federal? Haveria, nesse caso, um verdadeiro tributo ou uma penalidade por ato ilícito?

Além dos quatro elementos já examinados, o CTN também cita a necessidade de o tributo ser uma prestação "instituída em lei" e "cobrada mediante atividade administrativa plenamente vinculada". Contudo, estes não são, propriamente, elementos para se verificar se determinada prestação é ou não um tributo, mas sim consequências do fato de determinada prestação ser um tributo. Por exemplo, se um Estado instituiu, por meio de decreto, uma prestação que satisfaça todos os elementos do conceito de tributo, então a violação à legalidade (que é uma das normas componentes do regime jurídico tributário) importará a inconstitucionalidade da cobrança. O mesmo é verdade em relação à cobrança "mediante atividade administrativa plenamente vinculada". É o fato de determinada obrigação ser tributo que demanda a cobrança por atividade vinculada, não o contrário.

Além dos requisitos do art. 3º do CTN, o art. 9º da Lei nº 4.320/64 também enuncia critérios para o enquadramento de determinada prestação no conceito de tributo. Trata-se de lei geral de Direito Financeiro, também recepcionada com *status* de LC pela Constituição de 1988, na forma o art. 34, § 5º, do ADCT. Conforme o dispositivo, "tributo é a receita derivada instituída pelas entidades de direito público, compreendendo os impostos, as taxas e as contribuições nos termos da constituição e das leis vigentes em matéria financeira, destinando-se o seu produto ao custeio de atividades gerais ou específicas exercidas por essas entidades".

A parte final desse dispositivo não foi recepcionada pela Constituição em vigor, pois o Sistema Tributário Nacional admite a parafiscalidade, por meio da qual se delega a capacidade tributária ativa, ou a aptidão para ocupar o polo ativo da relação jurídica tributária. Nesse caso, não só a cobrança, como também o produto da arrecadação, é acometido a terceiro. É o que ocorre, por exemplo, com as contribuições destinadas às entidades privadas de serviço social e de formação profissional vinculadas ao sistema sindical, expressamente admitidas pelo art. 240 da Constituição Federal. Logo, a destinação ao custeio das atividades do ente público instituidor do tributo não é um requisito necessário para que determinada obrigação se enquadre como tributo.

Contudo, a parte inicial, que demanda que as prestações sejam configuradas como receitas derivadas do Estado, é, sim, relevante para determinar se uma prestação configura, ou não, tributo. Conforme a sistemática legal, existe diferenciação entre: (i) receitas originárias (decorrentes do uso do patrimônio público); (ii) receitas derivadas (decorrentes do poder de império); e (iii) movimentos de caixa (que não aderem definitivamente ao patrimônio público). Desse modo, as receitas que derivarem da exploração do patrimônio do Estado ou configurarem mero ingresso transitório não serão consideradas tributo. É o caso, por exemplo, da cobrança de valores por parte de Municípios para que particulares estacionem em determinados locais públicos. Nesse caso, o Estado está explorando o patrimônio público, configurando-se receita financeira originária e não tributo.

Em suma, em razão do art. 3º do CTN e do art. 9º da Lei nº 4.320/64, os critérios para determinar se certa cobrança se enquadra no conceito de tributo são os seguintes: (i) prestação pecuniária; (ii) compulsória; (iii) que não constitua sanção de ato ilícito; e (iv) que não constitua receita originária ou movimento de caixa.

Conceito de Tributo		Regime Jurídico Tributário
CTN	**Lei nº 4.320/64**	
1 Prestação		Instituída por lei
2 Pecuniária, em moeda ou valor que nela se possa exprimir		Cobrada mediante atividade vinculada
3 Compulsória		Respeitando a anterioridade
4 Que não constitua sanção de ato ilícito		Respeitando as normas de competência
	Que não configure receita originária nem movimento de caixa	Respeitando as imunidades
		Etc.

Figura 2.1 Organograma da definição do conceito de tributo.

VOCÊ SABIA?

Após estabelecer que os "os potenciais de energia hidráulica" e "os recursos minerais, inclusive os do subsolo" são bens da União, o art. 20 da Constituição Federal, em seu parágrafo único, determina que "é assegurada, nos termos da lei, à União, aos Estados, ao Distrito Federal e aos Municípios a participação no resultado da exploração de petróleo ou gás natural, de recursos hídricos para fins de geração de energia elétrica e de outros recursos minerais no respectivo território, plataforma continental, mar territorial ou zona econômica exclusiva, ou compensação financeira por essa exploração". Com fundamento nesse dispositivo, foi estabelecida a chamada CFEM (Compensação Financeira pela Exploração Mineral), devida pelo agente particular que explorar recursos minerais ou hidrelétricos da União. Conforme o STF, esses *royalties* possuem natureza jurídica de receita transferida não tributária de cunho originário emanada da exploração econômica do patrimônio público, afastada sua caracterização seja como tributo, seja como indenização" (ADI 4.846, Rel. Min. Edson Fachin, Tribunal Pleno, *DJ* 18.2.2020).

Considerando-se esses critérios necessários e suficientes para a satisfação do conceito de tributo, no Sistema Constitucional Tributário Brasileiro, tem-se cinco espécies de tributos, quais sejam: (i) impostos (tributo cuja causa é a manifestação de capacidade contributiva do sujeito passivo); (ii) taxas (tributo cuja causa é a prestação de serviço público específico e divisível ou o exercício do poder de polícia estatal); (iii) contribuições (tributo cuja causa é uma atuação estatal referível a determinado grupo de contribuintes, sendo o produto da arrecadação destinado a tal mister); (iv) empréstimos compulsórios (tributo cuja causa são despesas extraordinárias e investimentos públicos urgentes e relevantes, sendo o montante arrecadado posteriormente restituído aos particulares); e (v) contribuições de melhoria (tributo cuja causa é a valorização de imóvel particular decorrente de atuações do Poder Público).

OBRIGAÇÃO TRIBUTÁRIA E FATO GERADOR

O conceito de obrigação tributária está diretamente ligado ao conceito de tributo, examinado acima. De forma geral, pode-se afirmar que a obrigação tributária é um vínculo abstrato que adstringe o devedor a uma prestação em favor do credor, em virtude do acontecimento do "fato gerador" na realidade social.

Ao conferir competências à LC nacional em matéria tributária, o art. 146, III, alínea *b*, foi expresso em incluir a obrigação tributária dentre as matérias a serem disciplinadas pelas normas gerais de Direito Tributário. Nesse passo, o art. 113 do CTN, em seu *caput*, estabelece que "obrigação tributária é principal ou acessória". Conquanto esse dispositivo não defina o conceito de obrigação tributária, ele deixa claro que a vinculação da obrigação tributária ao conceito de tributo pode ser direta (obrigação tributária principal) ou indireta (obrigação tributária acessória).

De um lado, a obrigação tributária principal é disciplinada pelo § 1º deste dispositivo, que estabelece que ela "surge com a ocorrência do fato gerador, tem por objeto o pagamento de tributo ou penalidade pecuniária e extingue-se juntamente com o crédito dela decorrente". Esse dispositivo deixa claro que a obrigação tributária principal terá sempre por objeto, uma prestação de pagar (tributo ou penalidade pecuniária), originando-se com a ocorrência do fato gerador.

Conforme o art. 114 do CTN, o "fato gerador da obrigação principal é a situação definida em lei como necessária e suficiente à sua ocorrência". Trata-se, basicamente, do evento da realidade que o legislador elege como hipótese de incidência da norma tributária, traçando seus aspectos materiais, temporais, espaciais e, por vezes, pessoais. No caso do Imposto sobre a Propriedade Territorial Urbana, por exemplo, o fato gerador abstrato (ou hipótese de incidência) corresponde à propriedade de imóvel no perímetro urbano do Município, usualmente no dia 1º de janeiro de cada ano.

A definição do fato gerador ressalta o elemento de compulsoriedade da obrigação tributária, no sentido de que a vontade dos sujeitos dirigida para o surgimento da obrigação tributária é irrelevante para que esta surja. Somente a prática do fato gerador (auferir renda, ser proprietário de imóvel rural, realizar operações de circulação de mercadorias, prestar serviços) é suficiente para o nascimento da obrigação tributária.

ATENÇÃO!

O art. 114 do CTN utiliza a expressão "fato gerador" no sentido de hipótese de incidência ou fato gerador *in abstrato*, a significar os critérios normativos cuja satisfação dará ensejo à obrigação tributária. Em outros dispositivos, contudo, o CTN usa a mesma expressão como fato gerador *in concreto*, de modo a significar o fato efetivamente ocorrido que se enquadra na hipótese de incidência.

Fato gerador *in abstrato* (hipótese de incidência) →	Ser proprietário de imóvel no perímetro urbano do Município, no dia 1º de janeiro de cada ano.
Fato gerador *in concreto* →	Fulano é proprietário de imóvel no perímetro urbano do município de São Paulo, no dia 1º de janeiro de cada ano.

De outro lado, o conceito de obrigação tributária acessória é definido pelo § 2º do art. 113 do CTN como aquela que "decorre da legislação tributária e tem por objeto as prestações, positivas ou negativas, nela previstas no interesse da arrecadação ou da fiscalização dos tributos". Ao afirmar que a obrigação tributária acessória "decorre da legislação tributária", esse dispositivo não quer dizer que inexista um fato gerador da obrigação acessória, como ocorre com a obrigação tributária principal. Por exemplo, assim como a hipótese de incidência do Imposto sobre a Renda da Pessoa Física é auferir renda superior a R$ 28.559,70 no curso do ano-base, uma das hipóteses de incidência da obrigação acessória de entrega da Declaração Anual de Ajuste (DAA) é a de ser proprietário de bens móveis e imóveis com valor superior a R$ 300.000,00 no ano-base.

Além de demonstrar a existência do fato gerador da obrigação tributária, esse exemplo também deixa claro que a obrigação tributária não necessariamente coexiste com a obrigação principal. Alguém pode ser obrigado a entregar a DAA (obrigação acessória) unicamente por ser proprietário de um imóvel de valor relevante, mesmo que não tenha auferido rendimentos no ano-base e, portanto, inexista obrigação principal. Nesse sentido, o art. 115 do CTN define o fato gerador da obrigação acessória como "qualquer situação que, na forma da legislação aplicável, impõe a prática ou a abstenção de ato que não configure obrigação principal".

O que o CTN exige é que as obrigações acessórias sejam instituídas no "interesse da arrecadação ou da fiscalização dos tributos". A prestação de fazer ou não fazer que consubstancia o objeto da obrigação tributária acessória deve necessariamente, portanto, ter uma relação direta com a fiscalização e a arrecadação tributárias. Nesse contexto, verifica-se haver obrigações tributárias acessórias que estão diretamente ligadas à apuração do tributo devido, como ocorre com a Declaração Anual de Ajuste, para fins do IRPF, como existem obrigações acessórias apenas indiretamente relacionadas com a apuração de tributo. É o caso, por exemplo, das obrigações acessórias das entidades imunes, que não visam, diretamente, a calcular o tributo a ser pago, mas apenas a comprovar que as condicionantes para a fruição da imunidade estejam sendo cumpridas.

---

[1] Disponível em: https://subnational.doingbusiness.org/content/dam/doingBusiness/media/Subnational/DB2021_SNDB_Brazil_Full-report_Portuguese.pdf. Acesso em: 27 jul. 2022.

O § 3º do art. 113 do CTN determina que "a obrigação acessória, pelo simples fato da sua inobservância, converte-se em obrigação principal relativamente à penalidade pecuniária". Rigorosamente, mais correto seria dizer que o descumprimento da obrigação tributária acessória, quando praticado seu fato gerador, dá ensejo ao nascimento de uma obrigação tributária principal cujo objeto é a penalidade pelo descumprimento da obrigação acessória. Não obstante, por meio desse dispositivo, o CTN quis destacar que todo o regime jurídico da obrigação tributária principal (regras de prescrição e decadência, suspensão e extinção, dentre outras) também se aplica às penalidades pecuniárias.

Após as definições de obrigação tributária principal e acessória, o CTN estabelece algumas regras gerais sobre o fato gerador da obrigação principal. Os incisos do art. 116 do CTN tratam do momento em que se pode considerar como ocorrido o fato gerador da obrigação tributária. Para tanto, estabelecem uma distinção entre fato gerador que constitua "situação de fato" ou "situação jurídica". Conforme esse dispositivo, no caso da situação de fato, considera-se ocorrido o fato gerador "desde o momento em que o se verifiquem as circunstâncias materiais necessárias a que produza os efeitos que normalmente lhe são próprios". Já no caso da situação de direito, o fato gerador se considera ocorrido "desde o momento em que esteja definitivamente constituída, nos termos de direito aplicável".

A diferença entre as chamadas situações de fato e as situações de direito está nos elementos considerados relevantes pela hipótese de incidência legal para a configuração do fato gerador abstrato. O Imposto municipal Sobre Serviços (ISS), por exemplo, tem como hipótese de incidência a prestação dos serviços elencados na lista anexa à LC nº 116/03. Trata-se de situações de fato. O imposto não incide sobre o negócio jurídico de obrigar-se a prestar um serviço, mas sim sobre o fato de alguém exercer um *facere* em prol de outra pessoa, mediante pagamento. Logo, desde o momento em que o serviço é efetivamente prestado (quando o construtor termina a construção, quando o mecânico termina o reparo do veículo), já se verifica o fato gerador do ISS.

Diferente é a situação do Imposto municipal sobre a Transmissão de Bens Imóveis (ITBI), cuja hipótese de incidência contempla a transmissão da propriedade de bens imóveis. Nesse caso, trata-se de situação essa regulada pelo Direito, de modo que o fato gerador somente se considerará ocorrido quando satisfeitos todos os requisitos jurídicos para a transmissão da propriedade, incluindo o registro no Cartório de Registro de Imóveis, exigido pelo art. 1.227 do Código Civil. A regra do inciso II do art. 116 do CTN é completada pelo art. 117 do mesmo Código, que trata da relevância das condições jurídicas de natureza suspensiva ou resolutiva para fins da ocorrência do fato gerador, nos seguintes termos:

> Art. 117. Para os efeitos do inciso II do artigo anterior e salvo disposição de lei em contrário, os atos ou negócios jurídicos condicionais reputam-se perfeitos e acabados:
>
> I – sendo suspensiva a condição, desde o momento de seu implemento;
>
> II – sendo resolutória a condição, desde o momento da prática do ato ou da celebração do negócio.

De modo geral, as condições são eventos futuros e incertos que subordinam o efeito dos negócios jurídicos (art. 121 do Código Civil). A condição suspensiva é a aquela que subordina a eficácia do negócio jurídico, de modo que, enquanto ela não se verificar, este não produzirá efeitos (art. 125 do Código Civil). É o caso, por exemplo, do contrato de compra e venda de participações em uma sociedade que seja subordinado à aprovação do Conselho Administrativo de Defesa Econômica (CADE), nos termos do art. 88, §§ 3º e 4º, da Lei nº 12.529/11. Enquanto não aprovado pelo CADE, esse negócio jurídico não pode produzir nenhum efeito. Logo, conforme a regra do art. 117, I, do CTN, fato gerador do Imposto sobre a Renda sobre o ganho de capital com a venda das ações, por exemplo, somente ocorrerá após a aprovação da venda pelo CADE.

Já as condições resolutórias ou resolutivas não limitam imediatamente a produção de efeitos do negócio jurídico, que seguirá produzindo efeitos até que a condição (que é incerta) venha a se verificar. É o caso, por exemplo, de uma compra e venda de uma usina hidrelétrica de cujo contrato conste que o negócio será desfeito caso o adquirente não logre realizar as transferências de direitos de exploração dos potenciais hidrelétricos perante as autoridades regulatórias no prazo de um ano após a conclusão da venda. Nessa hipótese, o fato gerador do Imposto sobre a Renda sobre o ganho de capital com a venda da usina terá ocorrido com a mera realização do contrato, nos termos do art. 117, II, do CTN.

Finalizando a normatização do CTN sobre o "fato gerador", o art. 118 do Código estabelece que a definição legal do fato gerador abstrato dos tributos deverá ser interpretada abstraindo-se "da validade jurídica dos atos efetivamente praticados pelos contribuintes, responsáveis, ou terceiros, bem como da natureza do seu objeto ou dos seus efeitos" e "dos efeitos dos fatos efetivamente ocorridos". Denomina-se o princípio geral dessas normas *pecunia non olet*, brocardo latino que significa, literalmente, que o dinheiro não tem cheiro. Logo, para fins do Imposto sobre a Renda, por exemplo, não importará a validade jurídica dos atos que conduziram o contribuinte ao aumento patrimonial, uma vez que estes são irrelevantes para a definição do fato gerador. Logo, incidirá o tributo sobre rendas do tráfico de drogas ilícitas, por exemplo.

Adicionalmente, em 2001, a LC nº 104 inseriu o parágrafo único no art. 116 do CTN, prevendo que "a autoridade administrativa poderá desconsiderar atos ou negócios jurídicos praticados com a finalidade de **dissimular a ocorrência do fato gerador** do tributo ou a natureza dos elementos constitutivos da obrigação tributária, observados os procedimentos a serem estabelecidos em lei ordinária". Esse dispositivo está intimamente relacionado com o art. 149, VII, do CTN, que determina a possibilidade de revisão do ato de lançamento tributário, pela autoridade fiscal, na hipótese de se comprovar que "o sujeito passivo, ou terceiro em benefício daquele, agiu com dolo, fraude ou simulação".

A simulação consiste em ilusão externa (fantasma), e a dissimulação corresponde a uma ocultação interna (máscara).[2] Simula-se um negócio jurídico inexistente mediante uso de alguma falsidade, nos termos do art. 167, § 1º, do CC/02. Trata-se, por exemplo, do médico que confere a uma pessoa um recibo de procedimento médico inexistente para fins exclusivos de dedução do Imposto sobre a Renda. Já na dissimulação ou simulação relativa, há um negócio jurídico aparente e um negócio jurídico real dissimulado. É a situação das partes que simulam um contrato de compra e venda, mas não há pagamento de preço algum, pois o negócio jurídico realmente realizado é de doação, por exemplo.

Também no dolo e na fraude, o elemento principal é a falsidade em um dos elementos fundamentais do negócio jurídico. No dolo, um contratante tem a intenção de prejudicar o outro, sendo a falsidade conhecida de apenas uma das partes. É o que ocorre, por exemplo, quando se firma uma promessa de compra e venda de um terreno com apresentação de registro de propriedade falso. Já na fraude, emprega-se a falsidade para contornar a finalidade de uma norma. É o que acontece, por exemplo, quando se emite um recibo sem a prestação de serviço nem o pagamento do preço.

> ### ATENÇÃO!
>
> No âmbito federal, não há regulamentação do procedimento de que trata o art. 116, parágrafo único, do CTN. Houve tentativa de regulamentá-lo por meio da Medida Provisória nº 66/02, mas ela não foi convertida em lei pelo Congresso Nacional. Contudo, alguns entes federados aprovaram leis próprias para regulamentar o dispositivo, como é o caso do art. 19 da Lei do município de São Paulo nº 14.133/06. A matéria foi debatida pelo STF na Ação Direta de Inconstitucionalidade nº 2.446, em que se decidiu pela constitucionalidade do parágrafo único do art. 116 do CTN, sem, contudo, imprimir-lhe a extensão conferida por leis como a do município de São Paulo.

Além desses critérios para a desconsideração de atos e negócios praticados pelo contribuinte por parte das autoridades fiscais, que defluem expressamente da normatização do CTN, o Conselho Administrativo de Recursos Fiscais (CARF), órgão encarregado do controle de legalidade das cobranças de tributos por parte da União Federal, tem estabelecido requisitos adicionais em seus julgados. Dentre estes, destacam-se, especialmente, o chamado "propósito negocial" e a doutrina da "substância sobre a forma".

Sob o manto do propósito negocial, costuma-se afirmar que as autoridades fiscais poderiam desconsiderar negócios jurídicos praticados pelos contribuintes sempre que o seu principal propósito fosse a diminuição da carga tributária. Por exemplo, afirma-se que a incorporação de uma sociedade por outra ocorreu somente para aproveitar-se o benefício fiscal de dedução do ágio (sobrepreço pago pela participação societária) em relação ao IRPJ e à CSLL.

Já a doutrina da substância sobre a forma costuma ser invocada para justificar que os atos e negócios jurídicos praticados pelos contribuintes sejam qualificados em conformidade com critérios econômicos, políticos ou sociais, não jurídicos. Por exemplo, afirma-se que uma pessoa jurídica estrangeira não seria o "real proprietário"

---

[2] FERRARA, Francesco. *A simulação dos negócios jurídicos*. São Paulo: Saraiva, 1939. p. 65.

de um investimento no Brasil, mas sim os seus sócios pessoas físicas, com o intento de negar a aplicabilidade da isenção de que trata o art. 81, § 1º, da Lei nº 8.981/95 c/c o art. 16 da MP nº 2.189-49/01.

Em que pese recorrentes nos julgados do CARF, esses requisitos adicionais são veementemente questionados pelos contribuintes, haja vista a inexistência de LC que os incorpore. A questão ora se encontra sob o exame do Poder Judiciário.

Quadro 2.1   Requisitos da dissimulação do fato gerador

Requisitos do CTN	Simulação	Absoluta	Emprego de falsidade para simular negócio jurídico inexistente
		Relativa (dissimulação)	Emprego de falsidade para esconder negócio jurídico existente e fingir negócio jurídico aparente
	Dolo		Falsidade conhecida de apenas uma das partes do negócio jurídico
	Fraude		Falsidade para contornar a finalidade de uma norma
Requisitos do CARF	Propósito negocial		O único objetivo da operação foi conseguir a economia tributária?
	Substância sobre a forma		Prevalência de critérios externos ao direito para a qualificação do negócio jurídico

OBJETIVO 3

SUJEIÇÃO PASSIVA E RESPONSABILIDADE

O sujeito passivo da obrigação tributária é a pessoa obrigada ao pagamento do tributo ou da penalidade pecuniária, tratando-se de obrigação principal (art. 121 do CTN), ou a pessoa obrigada às prestações que constituem o objeto da obrigação tributária acessória (art. 122 do CTN). Trata-se do particular que deve uma prestação de pagar (tributo ou multa) ou de fazer ou não fazer ao ente tributante, que se denomina sujeito ativo da obrigação tributária (art. 119 do CTN).

Como exposto no item anterior, a obrigação tributária sempre decorrerá da prática do fato gerador. Por isso, o art. 123 do Código Tributário Nacional estipula que "salvo disposições de lei em contrário, as convenções particulares, relativas à responsabilidade pelo pagamento de tributos, não podem ser opostas à Fazenda Pública, para modificar a definição legal do sujeito passivo das obrigações tributárias correspondentes". Por esse dispositivo, se o locador e o locatário de um imóvel residencial, por exemplo, firmam um acordo conforme o qual o último deverá pagar o Imposto sobre a Propriedade Territorial Urbana (IPTU) do imóvel, esse acordo não modifica a obrigação tributária, que segue sendo do proprietário, nos termos do art. 34 do CTN.

O CTN estabelece minucioso regramento sobre os limites da legislação ordinária na definição do sujeito passivo da obrigação tributária, que pode ser classificado conforme apresentado na Figura 2.2.

ATENÇÃO!

O art. 123 do CTN determina que não são oponíveis ao Fisco as convenções particulares "relativas à responsabilidade pelo pagamento de tributos". Isso não significa, porém, que não sejam relevantes as convenções particulares que constituem elementos do fato gerador da obrigação tributária. Por exemplo, ao mesmo tempo em que o negócio jurídico pelo qual o comprador de uma mercadoria assume a responsabilidade pelo pagamento do ICMS não é oponível ao Fisco, se as partes, em vez de firmarem um negócio de compra e venda, fizeram uma locação do bem móvel, não ocorrerá o fato gerador do imposto estadual em questão, pois não haverá transferência de titularidade da mercadoria. No último caso, não se tem uma convenção que diga respeito à responsabilidade pelo pagamento de um tributo, mas um negócio jurídico que influi diretamente em um dos elementos da hipótese de incidência do ICMS (a transmissão da propriedade).

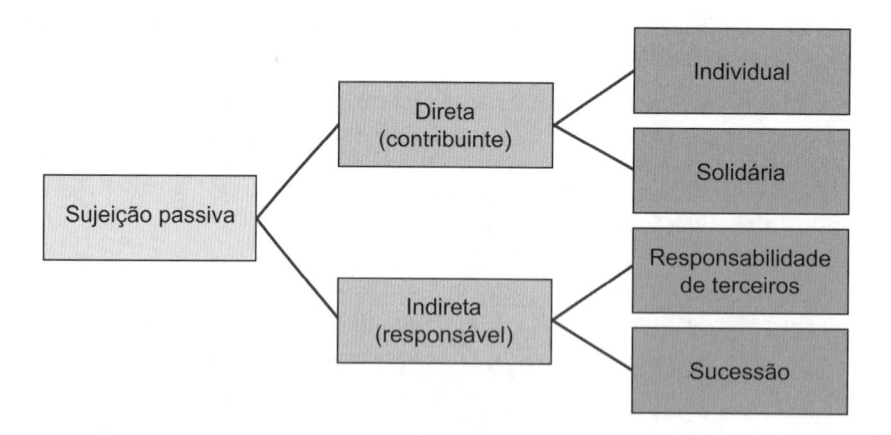

Figura 2.2 Organograma da sujeição tributária passiva.

O parágrafo único do art. 121 do Código Tributário estabelece a distinção entre o contribuinte e o responsável tributário. Nos seus termos, contribuinte é aquele que "tenha relação pessoal e direta com a situação que constitua o respectivo fato gerador", enquanto o responsável seria aquele que "sem revestir a condição de contribuinte" tem obrigação decorrente de "disposição expressa de lei".

O contribuinte é o sujeito passivo por excelência, aquele que pratica o fato gerador da obrigação tributária principal. Daí falar-se em sujeição passiva direta. Em relação ao Imposto sobre Serviços, o contribuinte é o prestador do serviço (art. 5º da LC nº 116/03); em relação ao Imposto sobre a Renda, trata-se daquele que aufere aumento patrimonial no curso do período-base (art. 45 do CTN); em relação ao Imposto de Importação, trata-se do importador (art. 22, I, do CTN), e assim por diante.

ATENÇÃO!

Por vezes, as autoridades fiscais interpretam o conceito de "interesse comum na situação que constitua o fato gerador" de modo a abarcar, também, o chamado "interesse contraposto", de modo que se poderiam considerar solidariamente contribuintes o vendedor e o comprador em uma operação de venda de mercadorias, por exemplo. Em situação dessa natureza, decidiu o STJ que "o 'interesse comum' de que trata o preceito em destaque refere-se às pessoas que se encontram no mesmo polo do contribuinte em relação à situação jurídica ensejadora da exação, no caso, a venda da mercadoria, sendo certo que esse interesse não se confunde com a vontade oposta manifestada pelo adquirente, que não é a de vender, mas sim de comprar a coisa" (AREsp 1198146/SP, Rel. Ministro Gurgel de Faria, 1ª Turma, *DJe* 18.12.2018).

A chamada solidariedade tributária corresponde a um caso especial em que mais de um sujeito se torna contribuinte, relativamente à mesma obrigação tributária principal. Conforme o inciso I do art. 124 do CTN, são solidariamente obrigadas "as pessoas que tenham interesse comum na situação que constitua o fato gerador da obrigação principal". Rigorosamente, só têm interesse comum os sujeitos que, conjuntamente, praticam o fato gerador. É o que ocorre, por exemplo, quando há condomínio em relação a um imóvel urbano. Nesse caso, os condôminos praticam, conjuntamente, o fato gerador do ITPU, que é o de ser proprietário de imóvel no perímetro urbano. Na solidariedade tributária, todos os sujeitos passivos podem ser cobrados pela integralidade do valor da obrigação, não havendo entre eles o chamado benefício de ordem, que consiste no direito de somente ser chamado a adimplir a obrigação caso a outra parte deixe de cumprir seu compromisso (art. 124, parágrafo único, do CTN).

DE OLHO NA JURISPRUDÊNCIA

Apesar de o inciso II do art. 124 do CTN afirmar, literalmente, serem solidariamente obrigadas "as pessoas expressamente designadas por lei", esse dispositivo deve ser interpretado de forma sistemática, de modo que a lei somente poderá estabelecer hipótese de sujeição passiva que se enquadre em uma das categorias do CTN. Em outras palavras, não se trata de preceito que crie nova hipótese de sujeição passiva, delegando ampla liberdade à lei ordinária para delinear seus requisitos. Nesse sentido, o Supremo Tribunal Federal julgou inválido preceito legal que atribuía responsabilidade solidária aos sócios de sociedade limitada pelos tributos devidos à Previdência Social (Tese de repercussão geral 13, RE 526.276/PR, *DJe* 10.2.2011).

Há casos, porém, em que se faz necessário atribuir a sujeição passiva a pessoas distintas do contribuinte. Trata-se da chamada sujeição passiva indireta, denominada "responsabilidade" pelo CTN. O art. 128 do CTN estabelece diretiva geral para a responsabilidade tributária, nos seguintes termos: "a lei pode atribuir de modo expresso a responsabilidade pelo crédito tributário a terceira pessoa, vinculada ao fato gerador da respectiva obrigação, excluindo a responsabilidade do contribuinte ou atribuindo-a a este em caráter supletivo do cumprimento total ou parcial da referida obrigação".

O dispositivo exige que o responsável tributário seja indicado em lei e que ele tenha vínculo com o fato gerador da obrigação tributária principal. Esse requisito deve ser interpretado de modo a demandar que o terceiro a quem seja atribuída a responsabilidade tributária efetivamente tenha a capacidade de ressarcir-se do valor do tributo, seja por meio de retenção do seu montante ou de repasse do tributo no preço de mercadorias, por exemplo.

De maneira geral, a responsabilidade de que trata o art. 128 do CTN também é denominada "substituição", que pode ser: (i) convencional, ou concomitante; (ii) substituição para trás (diferimento); (iii) e substituição para frente. Ambas se dão em cadeias produtivas formadas por diversas etapas.

Na primeira situação, o substituído e o substituto participam do mesmo negócio jurídico, apenas se trocando o contribuinte pelo substituto. É o caso, por exemplo, da responsabilidade atribuída àqueles que realizam pagamentos a receptores estrangeiros, a quem a lei atribui o dever de reter o Imposto sobre a Renda na fonte (art. 97 do Decreto-Lei nº 5.844/43).

A substituição para frente e a substituição para trás aplicam-se quando existe uma cadeia de produção, de modo que o tributo pode ser destacado do valor da operação e repassado no preço do produto. Trata-se de institutos de aplicação comum em tributos como o ICMS e o IPI.

No caso do diferimento ou substituição para trás, considera-se isenta a operação anterior, tributando-se operação posterior de forma a albergar o valor que seria devido em ambas. Trata-se de caso recorrente em cadeias produtivas rurais, quando se

ATENÇÃO!

Além do responsável tributário, existe a figura do "agente de retenção", que não se enquadra no art. 128 do CTN, pois a obrigação de pagar remanesce exclusivamente com o contribuinte. Caso deixe de efetuar a retenção, o agente de retenção poderá, apenas, ser multado, em razão da não observância do seu dever de reter. É o que ocorre no caso da retenção de Imposto sobre a Renda efetuada por órgãos públicos federais sobre os rendimentos pagos a seus servidores (art. 64 da Lei nº 9.430/96). Nessa hipótese, não há falar em responsabilidade tributária do órgão público, que funciona apenas como agente de retenção.

difere o imposto a ser pago por pequenos produtores, quando da venda de seus produtos (por exemplo, laticínios) a grandes indústrias, conferindo-se a essa o dever de recolher toda a imposição, na próxima operação.

Na substituição tributária para frente, atribui-se ao vendedor a responsabilidade pelo recolhimento do tributo que incidirá (presumidamente) nas fases subsequentes da cadeia. Essa hipótese de responsabilidade tributária foi objeto de reconhecimento constitucional pela Emenda Constitucional no 3/93, que inseriu o § 7º no art. 150 da Constituição Federal, conforme o qual "a lei poderá atribuir a sujeito passivo de obrigação tributária a condição de responsável pelo pagamento de imposto ou contribuição, cujo fato gerador deva ocorrer posteriormente, assegurada a imediata e preferencial restituição da quantia paga, caso não se realize o fato gerador presumido". Na substituição para frente, presume-se que operações subsequentes ocorrerão por determinado valor, exigindo-se, de antemão, o tributo que sobre elas incidirá. Por exemplo, se a indústria vende uma garrafa de refrigerante por R$ 3,00 para um restaurante, a lei poderia presumir que o restaurante venderá esse mesmo refrigerante por R$ 6,00, exigindo desde já, da indústria, o recolhimento do ICMS sobre os R$ 6,00 (base de cálculo presumida). Nesse caso, a indústria recolherá o tributo e o repassará ao restaurante, por meio do preço. Se a venda ao consumidor final não se consumar ou se ela for feita em valor inferior à base presumida (R$ 5,00, por exemplo), o restaurante terá direito a parcial restituição do tributo.

DE OLHO NA JURISPRUDÊNCIA

- **Tema 201 de repercussão geral (RE 593.849)**: "É devida a restituição da diferença do Imposto sobre Circulação de Mercadorias e Serviços – ICMS pago a mais no regime de substituição tributária para frente se a base de cálculo efetiva da operação for inferior à presumida" (*DJ* 5.4.2017).

Além dos requisitos gerais para a lei atribuir responsabilidade tributária a terceiros, alocando-os no polo passivo da obrigação tributária (art. 128), o CTN também disciplina hipóteses em que a responsabilidade é transferida a um terceiro, em virtude de seus próprios atos ou omissões. O art. 134 do Código Tributário estabelece a responsabilidade de determinados agentes que intervenham em atos praticados por terceiros. Trata-se de hipótese de responsabilidade denominada subsidiária, que somente se opera quando não se pode exigir a obrigação tributária do contribuinte, em razão de sua insolvência. O critério material da norma de responsabilidade do art. 134 do CTN consiste em se "atuar (ação ou omissão) culposamente levando o contribuinte à insolvência em relação a um específico crédito tributário".[3]

Conforme o parágrafo único do dispositivo, a responsabilidade em questão somente se aplica ao tributo em si e às penalidades moratórias (que decorrem exclusivamente do atraso no pagamento), não se aplicando às multas punitivas. Os incisos do art. 134 listam os seguintes sujeitos a quem se aplica a hipótese de responsabilidade: (i) "os pais, pelos tributos devidos por seus filhos menores"; (ii) "os tutores e curadores, pelos tributos devidos por seus tutelados ou curatelados"; (iii) "os administradores de bens de terceiros, pelos tributos devidos por estes"; (iv) "o inventariante, pelos tributos devidos pelo espólio"; (v) "o síndico e o comissário, pelos tributos devidos pela massa falida ou pelo concordatário"; (vi) "os tabeliães, escrivães e demais serventuários de ofício, pelos tributos devidos sobre os atos praticados por eles, ou perante eles, em razão do seu ofício"; (vii) "os sócios, no caso de liquidação de sociedade de pessoas".

Já o art. 135 do CTN estabelece hipóteses de responsabilidade decorrentes de atos praticados dolosamente pelas pessoas listadas no art. 134, bem como por "mandatários, prepostos e empregados" e "diretores, gerentes ou representantes de pessoas jurídicas de direito privado". Rigorosamente, a responsabilidade prevista nesse dispositivo somente se aplica quando o administrador ou empregado violar disposição legal ou de estatuto social ou agir com excesso de poderes, ocorrendo o fato gerador da obrigação tributária em razão dessa infração. Seria o caso, por exemplo, do administrador que vende um bem da sociedade em violação ao estatuto social. Nessa situação, aplicar-se-ia o art. 135 do CTN, e ele seria responsável pelo Imposto sobre a Renda decorrente do ganho de capital.

---

[3] BECHO, Renato Lopes. Desdobramentos das decisões sobre responsabilidade tributária de terceiros no STF: regras-matrizes de responsabilização, devido processo legal e prazos de decadência e prescrição. *Revista Dialética de Direito Tributário*, São Paulo, v. 204, p. 50, 2012.

Embora o art. 135 do CTN se refira às obrigações tributárias resultantes dos atos praticados com infração à lei, o Superior Tribunal de Justiça firmou jurisprudência no sentido de que o encerramento de atividades da empresa sem a correta baixa perante a Junta Comercial ("dissolução irregular"), apesar de ser posterior ao fato gerador, justificaria a atribuição de responsabilidade ao administrador. Esse entendimento está refletido na Súmula 435, do STJ, conforme a qual se presuma "dissolvida irregularmente a empresa que deixar de funcionar no seu domicílio fiscal, sem comunicação aos órgãos competentes, legitimando o redirecionamento da execução fiscal para o sócio-gerente" (*DJe* 13.5.2010).

Mais recentemente, foi firmada a tese de repetitivo 962 (REsp 1.377.019), sobre o tema:

"O redirecionamento da execução fiscal, quando fundado na dissolução irregular da pessoa jurídica executada ou na presunção de sua ocorrência, não pode ser autorizado contra o sócio ou o terceiro não sócio que, embora exercesse poderes de gerência ao tempo do fato gerador, sem incorrer em prática de atos com excesso de poderes ou infração à lei, ao contrato social ou aos estatutos, dela regularmente se retirou e não deu causa à sua posterior dissolução irregular, conforme art. 135, III, do CTN" (*DJe* 29.11.2021).

As infrações a que se refere o dispositivo, portanto, são infrações a leis outras que não as próprias leis de instituição de tributos. É dizer, não é suficiente para responsabilizar pessoalmente o administrador de uma sociedade que ele dolosamente deixe de recolher o ICMS sobre operações de venda de mercadorias (em infração à lei tributária).

A segunda espécie de responsabilidade tributária denomina-se sucessão, hipótese em que a sujeição passiva da obrigação tributária surge com uma pessoa (contribuinte) e é posteriormente transferida a terceiro, que assume a qualidade de sucessor do contribuinte original. O sucessor passa a responder pela dívida em nome próprio.

Os arts. 130 e 131, I, do CTN tratam da sucessão nos tributos sobre a propriedade, como o IPTU, o ITR, o IPVA e contribuições de melhoria. A regra, nesse caso, é que o tributo acompanha o bem (o que se denomina obrigação *propter rem*). Desse modo, as obrigações tributárias de IPTU relativas a um imóvel passam a ter o seu novo proprietário no polo passivo, ainda que ele não fosse o proprietário quando da ocorrência do fato gerador. Apenas no caso de arrematação de bem imóvel em leilão público é que o adquirente não será responsável pelos tributos referentes aos períodos anteriores, os quais deverão ser quitados com o valor pago pela arrematação.

Os incisos II e III do art. 131 do CTN tratam da sucessão de pessoas físicas, quando do seu falecimento.

Em regra, o patrimônio do falecido (denominado "espólio") responde pelos tributos devidos até a data do falecimento, enquanto os herdeiros e o cônjuge meeiro respondem pelos tributos devidos após a partilha de bens, sendo a sua responsabilidade limitada ao valor por eles recebido em razão da herança.

O art. 132 do Código Tributário trata da sucessão de pessoas jurídicas, nas hipóteses de fusão (combinação de duas pessoas jurídicas para a criação de uma nova), incorporação (uma sociedade é absorvida por outra) ou transformação (mudança de tipo societário). Nesses casos, a pessoa jurídica resultante responderá pelos tributos devidos pelas pessoas fusionadas, transformadas ou incorporadas. O parágrafo único do dispositivo traz uma cláusula antifraude, conforme a qual a responsabilidade também se opera no caso de uma pessoa jurídica ser extinta e o mesmo sócio continuar na exploração da mesma atividade, "sob a mesma ou outra razão social, ou sob firma individual". Trata-se de previsão que visa a combater o fechamento de pessoas jurídicas com débitos tributários com a continuação da mesma atividade em outra pessoa jurídica.

Finalizando as disposições sobre sucessão, o art. 133 do CTN trata da aquisição de estabelecimento comercial ou "fundo de comércio" (ativo intangível consistente em base de clientes). Nesse caso, a regra geral é a de que o adquirente responderá por todos os tributos relativos ao estabelecimento "se o alienante cessar a exploração do comércio, indústria ou atividade". Contudo, se o alienante "prosseguir na exploração ou iniciar dentro de seis meses a contar da data da alienação, nova atividade no mesmo ou em outro ramo de comércio, indústria ou profissão", a responsabilidade do adquirente será apenas subsidiária, aplicável quando não for possível obter o cumprimento da obrigação pelo alienante. De maneira geral, essas regras não se aplicam nos casos de falência e recuperação judicial.

DE OLHO NA JURISPRUDÊNCIA

Há fundamentos constitucionais relevantes para a conclusão de que as multas punitivas não poderiam ser objeto de sucessão, pois, nos termos do art. 5º, LXV, da Constituição Federal, "nenhuma pena passará da pessoa do condenado". Contudo, a jurisprudência vinculante do STJ firmou-se em sentido contrário, conforme a tese de repetitivo 382 (REsp 923.012/MG), que determina: "a responsabilidade tributária do sucessor abrange, além dos tributos devidos pelo sucedido, as multas moratórias ou punitivas, que, por representarem dívida de valor, acompanham o passivo do patrimônio adquirido pelo sucessor, desde que seu fato gerador tenha ocorrido até a data da sucessão" (*DJe* 24.6.2010).

Ainda no Capítulo do CTN sobre responsabilidade tributária, há uma seção intitulada "responsabilidade por infrações". Rigorosamente, contudo, essa seção estabelece algumas normas gerais sobre as penalidades em matéria tributária, não tratando, realmente, de responsabilidade (atribuição de sujeição passiva a terceiro). O art. 136 do CTN estabelece que, a menos que exista disposição específica em contrário, a hipótese de incidência das sanções tributárias não contempla a intenção do agente (dolo ou culpa) como elemento necessário. Logo, a menos que a norma instituidora de uma sanção expressamente determine que esta somente se aplicará caso o agente tenha agido com dolo ou culpa, a aplicação da penalidade será objetiva, independendo da intenção daquele que a cometeu.

O art. 137, por sua vez, estabelece que a responsabilidade é pessoal ao agente que tenha cometido infrações classificadas como crime ou cujo dolo (vontade conscientemente dirigida à produção do resultado) seja elemento essencial. Nisso se incluem as infrações dolosas cometidas por administradores contra a pessoa jurídica que representam, como casos envolvendo desvios de recursos.

Por fim, o art. 138 trata da chamada denúncia espontânea, instituto por meio do qual é facultado ao contribuinte retificar erros em que ele porventura tenha incorrido ao declarar os seus tributos, recolhendo o montante devido sem a incidência de quaisquer penalidades (sejam elas moratórias ou punitivas), mas apenas dos juros de mora. O parágrafo único desse dispositivo exclui a espontaneidade quando o contribuinte está em processo de fiscalização pela autoridade tributária.

DE OLHO NA JURISPRUDÊNCIA

- **Tema de repetitivo 61 (REsp 886.462)**: "Não resta caracterizada a denúncia espontânea, com a consequente exclusão da multa moratória, nos casos de tributos declarados, porém pagos a destempo pelo contribuinte, ainda que o pagamento seja integral" (*DJe* 28.10.2008).

- **Tema de repetitivo 385 (REsp 1.149.022)**: "A denúncia espontânea resta configurada na hipótese em que o contribuinte, após efetuar a declaração parcial do débito tributário (sujeito a lançamento por homologação) acompanhado do respectivo pagamento integral, retifica-a (antes de qualquer procedimento da Administração Tributária), noticiando a existência de diferença a maior, cuja quitação se dá concomitantemente" (*DJ* 24.6.2010).

 **OBJETIVO 4**

LANÇAMENTO, CRÉDITO, PRESCRIÇÃO E DECADÊNCIA

O CTN estabelece uma distinção fundamental entre a obrigação tributária e o crédito tributário. A obrigação tributária, conforme visto supra, é o liame que une o sujeito ativo ao sujeito passivo, decorrendo da prática do fato gerador (art. 114 do CTN). O crédito tributário, definido como o direito do sujeito ativo de exigir o adimplemento da obrigação tributária, possui a mesma natureza da obrigação principal e dela decorre (art. 139 do CTN). Contudo, ele somente é constituído pelo ato de lançamento, o qual é conceituado pelo art. 142 do Código como "o procedimento administrativo tendente a verificar a ocorrência do fato gerador da obrigação correspondente, determinar a matéria tributável, calcular o montante do tributo devido, identificar o sujeito passivo e, sendo caso, propor a aplicação da penalidade cabível".

Por meio do **ato de lançamento** (comumente denominado "auto de infração"), a autoridade administrativa ou o próprio sujeito passivo declaram a ocorrência do fato gerador e constituem a respectiva obrigação tributária decorrente. Por tratar-se de um ato de aplicação do direito, o lançamento "reporta-se à data da ocorrência do fato gerador da obrigação e rege-se pela lei então vigente, ainda que posteriormente modificada ou revogada". De fato, se a obrigação tributária decorre da prática do fato gerador previsto em lei, é somente a lei do momento da prática do fato gerador que pode ser aplicada para a constituição do crédito tributário.

A relevância do lançamento tributário, ao constituir o crédito tributário, está em dotar a obrigação tributária do que Alberto Xavier denominou **atendibilidade**.[4] Antes da constituição do crédito tributário, o tributo ou a penalidade tributária (objetos da obrigação tributária) não podem ser satisfeitos. Em que pese a obrigação tributária exista desde a prática do fato gerador (art. 114 do CTN), ela somente se torna atendível ou cumprível com o ato de lançamento. Posteriormente, com o decurso do prazo de pagamento sem a satisfação da obrigação, o crédito se torna exigível pelas autoridades públicas.

O CTN classifica os atos de lançamento conforme o nível de participação do sujeito passivo, do seguinte modo: (i) lançamento direto (aquele em que a própria Administração Tributária efetua o ato de lançamento, como costuma ocorrer com o IPTU); (ii) lançamento misto ou indireto (aquele em que a autoridade tributária efetua o lançamento a partir de informações prestadas pelo sujeito passivo, como ocorre com o ITBI em alguns municípios); e (iii) lançamento por homologação, em que o próprio particular deve calcular o tributo e efetuar o chamado pagamento antecipado, restando à Administração homologar tal ato (expressamente ou tacitamente, pelo decurso do prazo de cinco anos do pagamento).

---

[4] XAVIER, Alberto. *Do lançamento:* teoria geral do ato, do procedimento e do processo tributário. Rio de Janeiro: Forense, 1997. p. 588.

Ao tratar do lançamento por homologação, o CTN não afirma expressamente que o sujeito passivo estaria a realizar um lançamento tributário ("autolançamento"). Uma vez que o art. 142 do Código afirma que o lançamento é privativo da autoridade administrativa, o art. 150, ao tratar do lançamento por homologação, afirma que o particular deve "antecipar o pagamento sem prévio exame da autoridade administrativa", devendo a autoridade posteriormente homologar tal ato.

DE OLHO NA JURISPRUDÊNCIA

Apesar das disposições do CTN, o Superior Tribunal de Justiça firmou jurisprudência no sentido de que o autolançamento, pelo contribuinte, é suficiente para constituir o crédito tributário e justificar a sua cobrança judicial, independentemente do ato de homologação pela autoridade administrativa.

- **Súmula 436 do STJ**: A entrega de declaração pelo contribuinte reconhecendo débito fiscal constitui o crédito tributário, dispensada qualquer outra providência por parte do Fisco.

A divisão entre o lançamento propriamente dito (realizado pelas autoridades fiscais) e o autolançamento (realizado pelo sujeito passivo) tem algumas consequências relevantes. A primeira delas diz respeito à possibilidade de modificação do lançamento. No caso do autolançamento, essa possibilidade é plena, conferindo-se à Administração tributária a prerrogativa de efetuar o chamado lançamento de ofício substitutivo do autolançamento, enquanto não se opere a homologação tácita, que se opera cinco anos após a ocorrência do fato gerador.

Já no caso de lançamento de ofício, a questão é mais delicada. De um lado, os denominados erros de fato podem ser objeto de retificação pela autoridade administrativa, enquanto não se operar a decadência. Trata-se de decorrência da prescrição do art. 149 do CTN, que lista uma série de hipóteses de retificação do lançamento de ofício, dentre as quais: (i) a comprovação de "falsidade, erro ou omissão quanto a qualquer elemento definido na legislação tributária como sendo de declaração obrigatória"; (ii) a comprovação de "omissão ou inexatidão, por parte da pessoa legalmente obrigada" ao autolançamento; (iii) a verificação de "o sujeito passivo, ou terceiro em benefício daquele, agiu com dolo, fraude ou simulação"; e (iv) a hipótese de ser constatado "fato não conhecido ou não provado por ocasião do lançamento anterior".

Já os denominados "erros de direito", via de regra, não podem ser objeto de retificação pela autoridade administrativa. É dizer, uma vez efetuado o lançamento de ofício (seja ele original ou substitutivo do autolançamento) seguindo determinado critério jurídico, ele não poderá ser posteriormente alterado para que a autoridade administrativa aplique outra interpretação da legislação. Por exemplo, se um lançamento de Imposto sobre a Renda foi realizado com a adoção do critério jurídico de que as despesas com festas de confraternização dos funcionários são dedutíveis, ele não poderá ser alterado para modificar o critério, conduzindo à indedutibilidade dessas despesas. Contudo, se a autoridade administrativa tomar conhecimento de que, além das despesas com a confraternização, a pessoa jurídica fez doações aos funcionários, ela poderá retificar o lançamento para cobrar o tributo decorrente da indedutibilidade dessas parcelas, que consubstanciam fato novo.

---

[5] LAPATZA, José Juan Ferreiro. La privatización de la gestión tributaria y las nuevas competencias de los Tribunales Económico-Administrativos. *Civitas – Revista Española de Derecho Financiero*, n. 37, 1983. p. 86.

Além de resguardar o contribuinte contra a retificação do chamado "erro de direito" pela autoridade administrativa, o art. 146 do CTN resguarda o contribuinte contra modificações de interpretação jurídica da autoridade administrativa relativamente a fatos que sejam anteriores à informação do contribuinte quanto à modificação. A teor do dispositivo, se a autoridade administrativa sempre considerou despesas com confraternizações de funcionários como dedutíveis do IRPJ, tendo comunicado o contribuinte da alteração desse entendimento em 2020, somente poderão ser efetuados lançamentos tomando em conta o novo critério a partir do ano-base de 2021. Trata-se de uma forma de efetivação do princípio da segurança jurídica, pelo CTN, evitando-se que o contribuinte seja surpreendido por modificação de entendimento jurídico da autoridade fiscal, relativamente ao passado.

A segunda diferenciação entre o lançamento de ofício e o lançamento por homologação está na aplicabilidade de diferentes prazos de decadência e prescrição, para cada um deles.

Na sistemática do CTN, a decadência diz respeito ao exercício de direitos ou deveres pela própria Administração Pública ou pelo sujeito passivo em face da Administração Pública, enquanto a prescrição diz sempre respeito ao exercício de pretensões perante o Poder Judiciário. Desse modo, a decadência diz respeito ao dever da autoridade administrativa de efetuar o lançamento do tributo ou a homologação ou lançamento substitutivo do autolançamento. A prescrição diz respeito ao direito da Administração Pública de cobrar o tributo inadimplido judicialmente, caso necessário. Desse modo, pode-se afirmar que o lançamento deve ser efetuando antes do transcurso do prazo de decadência, enquanto a execução fiscal (ação judicial de cobrança do crédito tributário) deve ser ajuizada antes do decurso do prazo de prescrição, como mostrado na Figura 2.3.

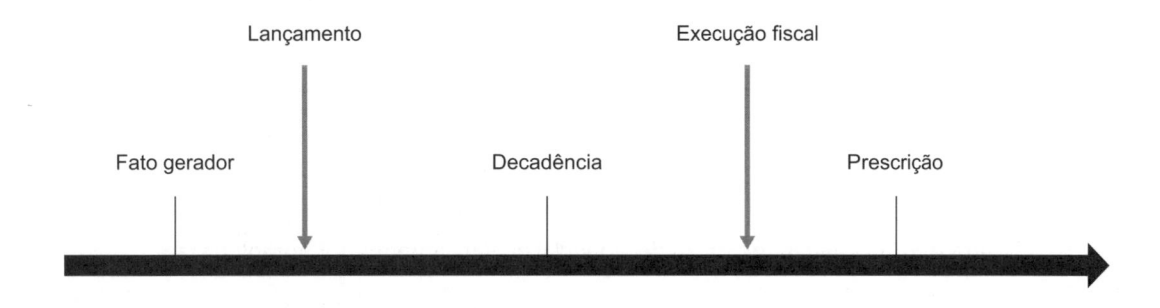

Figura 2.3 Fluxo de constituição e cobrança do crédito tributário.

No caso do lançamento de ofício, o prazo decadencial de cinco anos se conta a partir do 1º dia do exercício seguinte "àquele em que o lançamento poderia ter sido efetuado" (CTN, art. 173, I). Em outras palavras, trata-se de cinco anos após o primeiro dia do ano subsequente à prática do fato gerador, conforme demonstra a Figura 2.4.

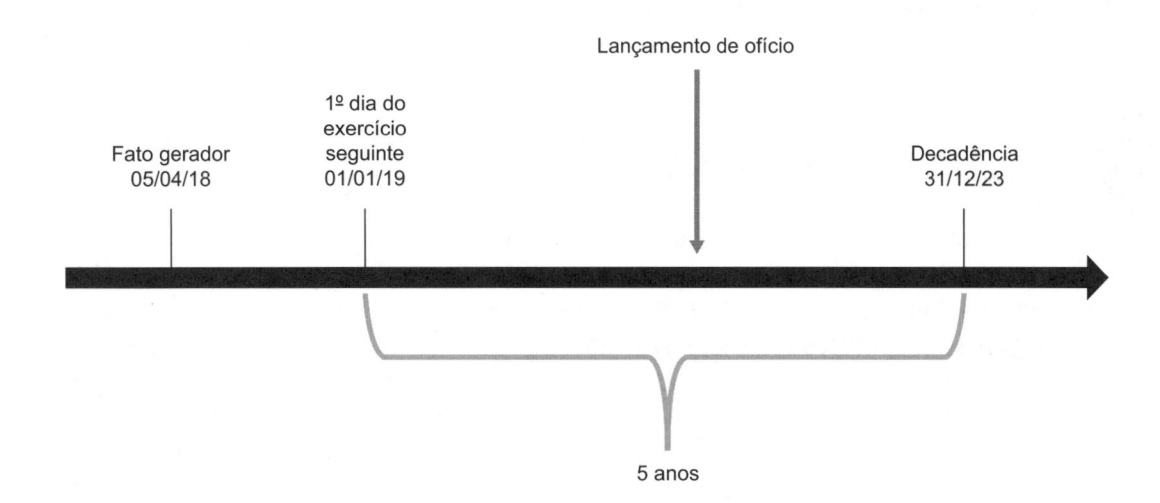

Figura 2.4 Contagem do prazo decadencial em lançamento de ofício.

Adicionalmente, o inciso II do art. 173 do CTN prevê a hipótese de o prazo de decadência reiniciar "na data em que se tornar definitiva a decisão que houver anulado, por vício formal, o lançamento anteriormente efetuado". Trata-se da hipótese de a própria administração, no bojo de processo administrativo tributário instaurado pelo sujeito passivo ou não, anular o ato de lançamento em razão de vício formal (por exemplo, não constava do lançamento a correta descrição dos fatos que ensejaram a cobrança).

Já no tocante ao lançamento por homologação, o art. 150, § 4º, do CTN prevê que o prazo de cinco anos se contará desde a "ocorrência do fato gerador". Se a autoridade fiscal não realizar o lançamento de ofício substitutivo do lançamento por homologação nesse prazo, opera-se a chamada homologação tácita, de modo que o crédito não mais poderá ser constituído. Veja na Figura 2.5 o diagrama representativo dessa hipótese.

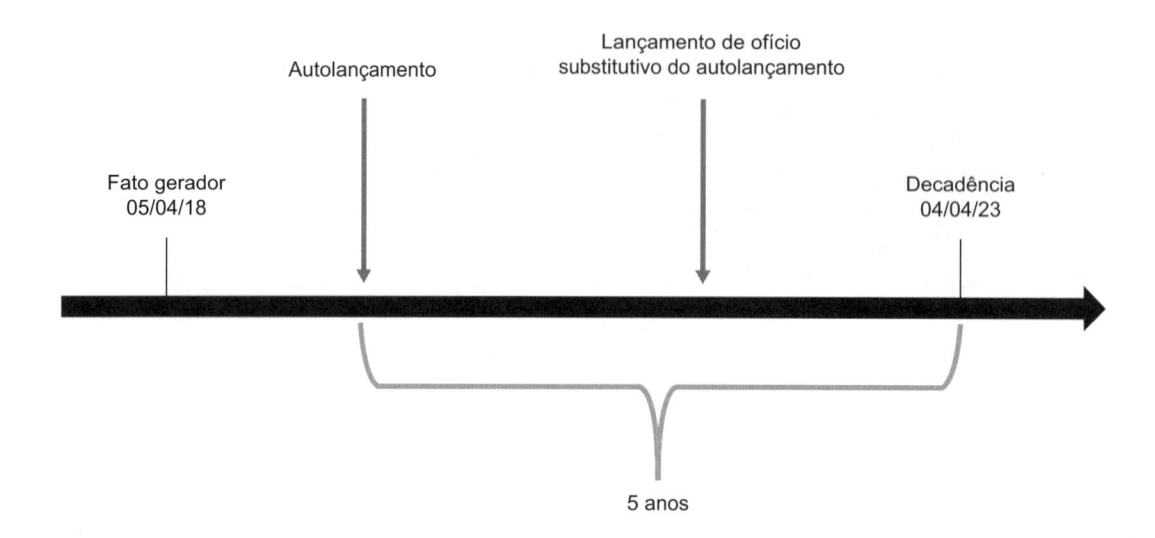

Figura 2.5   Contagem do prazo decadencial em lançamento por homologação.

O art. 150, § 4º, do CTN apenas exclui da aplicabilidade da regra de decadência por ele enunciada os casos em que se verifique que o sujeito passivo agiu com "dolo, fraude ou simulação". Verificada uma dessas hipóteses, aplica-se a norma do art. 173, I, do CTN, computando-se o prazo de cinco anos desde o primeiro dia do exercício seguinte àquele em que o lançamento poderia ser efetuado.

Em todo caso, o termo final (*ad quem*) do prazo decadencial consiste na notificação do sujeito passivo acerca do ato de lançamento. É dizer, para que não se opere a decadência, o sujeito passivo deve ser notificado da lavratura do auto de lançamento antes do término do prazo decadencial.

 **DE OLHO NA JURISPRUDÊNCIA**

O STJ firmou jurisprudência no sentido de que a regra decadencial do art. 150, § 4º (decadência cotada desde o fato gerador), aplica-se somente aos tributos sujeitos a lançamento por homologação relativamente aos quais tenha havido, pelo menos, pagamento parcial.

- **Tema de repetitivo 163 (REsp 973.733)**: "O prazo decadencial quinquenal para o Fisco constituir o crédito tributário (lançamento de ofício) conta-se do primeiro dia do exercício seguinte àquele em que o lançamento poderia ter sido efetuado, nos casos em que a lei não prevê o pagamento antecipado da exação ou quando, a despeito da previsão legal, o mesmo inocorre, sem a constatação de dolo, fraude ou simulação do contribuinte, inexistindo declaração prévia do débito" (*DJ* 18.9.2009).

- **Tema de repetitivo 1.048 (REsp 1.841.798)**: "O Imposto de Transmissão *Causa Mortis* e Doação – ITCDM, referente a doação não oportunamente declarada pelo contribuinte ao Fisco estadual, a contagem do prazo decadencial tem início no primeiro dia do exercício seguinte àquele em que o lançamento poderia ter sido efetuado, observado o fato gerador, em conformidade com os arts. 144 e 173, I, ambos do CTN" (*DJ* 7.5.2021).

DE OLHO NA JURISPRUDÊNCIA

Conforme o STJ, uma vez extinto o crédito tributário por conta da decadência, ele não mais pode ser reavivado por nenhum tipo de confissão de dívida ou conduta do sujeito passivo.

- **Tema de repetitivo 604 (REsp 1.355.947)**: "A decadência, consoante a letra do art. 156, V, do CTN, é forma de extinção do crédito tributário. Sendo assim, uma vez extinto o direito, não pode ser reavivado por qualquer sistemática de lançamento ou autolançamento, seja ela via documento de confissão de dívida, declaração de débitos, parcelamento ou de outra espécie qualquer (DCTF, GIA, DCOMP, GFIP etc.)" (*DJe* 21.6.2013).

A prescrição, por sua vez, é regida por regra única para os diferentes tipos de lançamento. Trata-se da perda do direito de ajuizamento de ação de execução fiscal, por parte do Fisco, medida essa por meio da qual se possibilita ao ente tributante constringir o patrimônio do devedor para a satisfação do crédito tributário, mediante bloqueios de contas em bancos, penhora e alienação de bens móveis e imóveis, dentre outras medidas.

A prescrição é regida pelo art. 174 do CTN, conforme o qual a ação para a cobrança do crédito tributário "prescreve em cinco anos, contados da data da sua constituição definitiva". No lançamento de ofício, entende-se que a constituição definitiva do crédito tributário se opera quando do vencimento do prazo para pagamento sem o correspondente adimplemento (momento em que o crédito se torna exigível). Do mesmo modo, nos casos de lançamento por homologação em que o sujeito passivo cumpre o dever de constituir o crédito tributário, mas não realiza o pagamento, a prescrição começa a correr desde o vencimento do prazo de recolhimento. Veja a Figura 2.6.

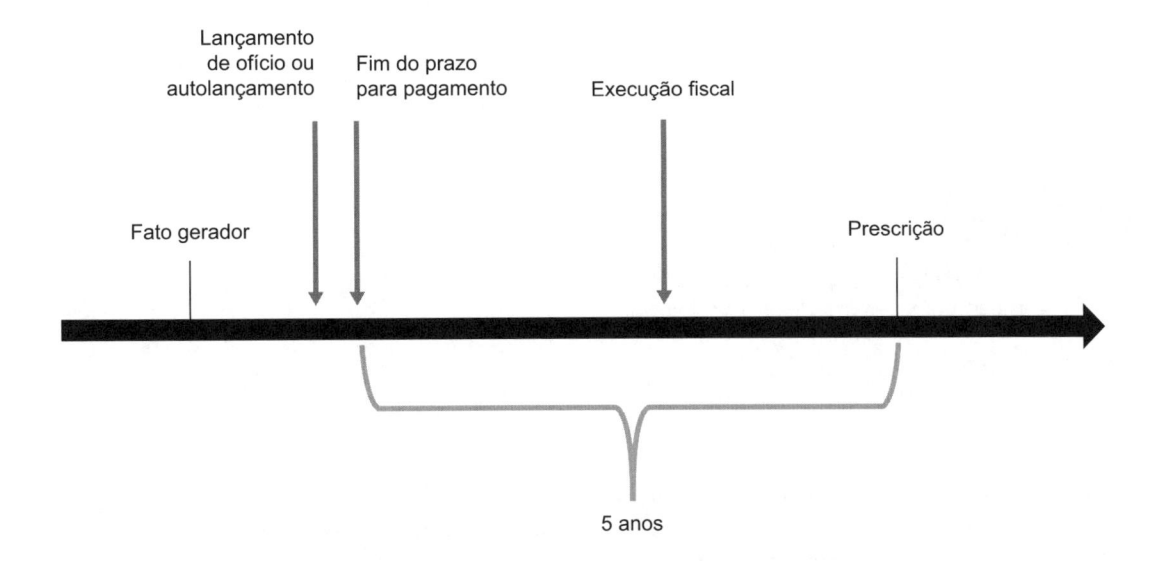

Figura 2.6　Contagem do prazo prescricional em lançamento por homologação sem pagamento.

DE OLHO NA JURISPRUDÊNCIA

- **Tema de repetitivo 383 (REsp 1.120.295)**: "O prazo prescricional quinquenal para o Fisco exercer a pretensão de cobrança judicial do crédito tributário conta-se da data estipulada como vencimento para o pagamento da obrigação tributária declarada (mediante DCTF, GIA, entre outros), nos casos de tributos sujeitos a lançamento por homologação, em que, não obstante cumprido o dever instrumental de declaração da exação devida, não restou adimplida a obrigação principal (pagamento antecipado), nem sobreveio quaisquer das causas suspensivas da exigibilidade do crédito ou interruptivas do prazo prescricional" (*DJ* 21.5.2010).

O parágrafo único do art. 174 do CTN estabelece hipóteses em que a prescrição se interrompe, voltando o prazo de cinco anos a correr desde o seu princípio. Trata-se de: (i) despacho do juiz que ordenar a citação em execução fiscal; (ii) protesto judicial; (iii) qualquer ato judicial que constitua o devedor em mora; ou (iv) qualquer ato extrajudicial que importe reconhecimento do débito. Esse dispositivo conduz ao entendimento de que o termo final do prazo prescricional não seria o ajuizamento da execução fiscal (ação de cobrança) pelo Fisco, mas sim o despacho do juízo determinando a citação. Contudo, como a norma processual (art. 240, § 1º, do Código de Processo Civil) determina que "a interrupção da prescrição, operada pelo despacho que ordena a citação, ainda que proferido por juízo incompetente, retroagirá à data de propositura da ação", o entendimento prevalecente é o de que basta ao Fisco a propositura da execução fiscal antes do fim do prazo prescricional.

DE OLHO NA JURISPRUDÊNCIA

Antes do advento da LC nº 118/05, o art. 174, § 1º, I, do CTN, previa como causa interruptiva da prescrição a "citação pessoal feita ao devedor". Sob esse regramento, o STJ afastava a prescrição nos casos em que a demora da citação (termo final da prescrição) não decorria de culpa do ente tributante:

- **Tema de repetitivo 179 (Resp 1.102.431)**: "A perda da pretensão executiva tributária pelo decurso de tempo é consequência da inércia do credor, que não se verifica quando a demora na citação do executado decorre unicamente do aparelho judiciário" (*DJ* 1.2.2010).

VOCÊ SABIA?

A Lei ordinária federal nº 8.212/91 previa prazos decadencial e prescricional de 10 anos cada para a constituição e cobrança das contribuições previdenciárias. Entretanto, o STF considerou inconstitucionais os respectivos dispositivos, por violação à competência da LC (CTN) para a fixação de prazos prescricionais e decadenciais (art. 145, III, alínea *b*, da Constituição Federal). Esse entendimento foi plasmado na Súmula Vinculante 8 (*DJe* 20.6.2008).

Além dos prazos de decadência para a efetivação do lançamento tributário e de prescrição para a cobrança judicial dos tributos inadimplidos, o CTN disciplina a decadência do direito do sujeito passivo de requerer a restituição de tributos pagos indevidamente, bem como a prescrição do direito de ajuizar ação para a cobrança dos mesmos valores.

O art. 165 do CTN ratifica o direito dos contribuintes em geral de reaver os tributos pagos de forma indevida. Trata-se de direito que adviria, por si só, da norma da legalidade, uma vez que a obrigação tributária somente surge com a prática do fato gerador previsto em lei, tendo os contornos ditados pela lei. Conforme o art. 168, I, do CTN, o direito de pleitear a restituição, seja em via administrativa ou em juízo, prescreve em cinco anos desde a extinção definitiva do crédito tributário. Conforme o art. 3º da LC nº 118/05, "no caso de tributo sujeito a lançamento por homologação", considera-se que a extinção definitiva ocorre "no momento do pagamento antecipado". Logo, após a vigência dessa lei, pode-se afirmar que a decadência do direito à repetição administrativa ou a prescrição do direito de ação judicial contam-se desde o pagamento indevido.

DE OLHO NA JURISPRUDÊNCIA

O STJ confirmou o entendimento de que o prazo prescricional para a ação de restituição do indébito tributário conta-se a partir da data do pagamento indevido do tributo sujeito a lançamento por homologação

- **Tema de repetitivo 142 (REsp 1.110.578)**: "O prazo de prescrição quinquenal para pleitear a repetição tributária, nos tributos sujeitos ao lançamento de ofício, é contado da data em que se considera extinto o crédito tributário, qual seja, a data do efetivo pagamento do tributo. A declaração de inconstitucionalidade da lei instituidora do tributo em controle concentrado, pelo STF, ou a Resolução do Senado (declaração de inconstitucionalidade em controle difuso), é despicienda para fins de contagem do prazo prescricional tanto em relação aos tributos sujeitos ao lançamento por homologação, quanto em relação aos tributos sujeitos ao lançamento de ofício" (*DJ* 21.5.2010).

- **Tema de repetitivo 229 (Resp 974.206)**: "A ação de repetição de indébito [...] visa à restituição de crédito tributário pago indevidamente ou a maior, por isso que o termo a quo é a data da extinção do crédito tributário, momento em que exsurge o direito de ação contra a Fazenda Pública, sendo certo que, por tratar-se de tributo sujeito ao lançamento de ofício, o prazo prescricional é quinquenal, nos termos do art. 168, I, do CTN" (*DJ* 26.10.2010).

No caso de o contribuinte pleitear a restituição administrativamente, ele terá direito de postular ao Poder Judiciário caso a decisão administrativa lhe seja desfavorável. Nessa hipótese, o direito de ação prescreverá em dois anos contados desde a notificação da decisão administrativa final que denegar a decisão (art. 169 do CTN).

VOCÊ SABIA?

Embora parte da doutrina entenda que o responsável tributário deva constar do ato de lançamento (e, por conseguinte, do polo passivo original da ação de execução fiscal), o STJ admite o chamado "redirecionamento" da execução fiscal contra responsável não originalmente incluído como executado. Nesse contexto, em sede do tema de repetitivo 444 (Resp 1.201.993, *DJe* 17.2.2020), o STJ firmou a regra geral de que o prazo para redirecionamento da Execução Fiscal é "fixado em cinco anos, contado da diligência de citação da pessoa jurídica". Contudo, no caso da dissolução irregular (encerramento de atividades da empresa sem a devida baixa e comunicação das autoridades fiscais), o prazo para redirecionamento contaria desde a "prática de ato inequívoco indicador do intuito de inviabilizar a satisfação do crédito tributário". Conforme o STJ, em todo caso, "a decretação da prescrição para o redirecionamento impõe seja demonstrada a inércia da Fazenda Pública".

Veja-se no Quadro 2.2 o resumo sintetizando nossas discussões acerca da decadência e da prescrição.

Quadro 2.2   Resumo decadência/prescrição

Natureza da causa extintiva	Dispositivo do CTN	Hipótese	Consequência
Decadência do lançamento	Art. 173, I	Tributo sujeito a lançamento de ofício ou tributo sujeito a lançamento por homologação em que não tenha havido recolhimento parcial (STJ) ou tenha ocorrido dolo, fraude ou simulação	Prazo de cinco anos contado desde o primeiro dia do ano seguinte ao qual o lançamento poderia ter ocorrido
	Art. 150, § 4º	Tributo sujeito a lançamento por homologação, relativamente ao qual tenha ocorrido pagamento parcial e não tenha havido dolo, fraude nem simulação	Prazo de cinco anos contado desde o fato gerador
Prescrição da ação de cobrança (execução fiscal)	Art. 174	Tributo sujeito a lançamento de ofício	Prazo de cinco anos desde o vencimento do prazo de recolhimento
		Tributo sujeito a lançamento por homologação	
Decadência para pleitear restituição administrativa do indébito tributário	Art. 168	Tributo sujeito a lançamento de ofício	Prazo de cinco anos desde o pagamento indevido
		Tributo sujeito a lançamento por homologação	
Prescrição da ação de repetição do indébito tributário	Art. 168 ou 169	Restituição não requerida administrativamente	Prazo de cinco anos desde o pagamento indevido
		Restituição requerida e negada administrativamente	Prazo de dois anos desde a notificação da decisão administrativa

 OBJETIVO 5

SUSPENSÃO DA EXIGIBILIDADE

O art. 151 do CTN trata das hipóteses de suspensão da exigibilidade do crédito tributário. Conforme se viu, a obrigação tributária torna-se passível de atendimento com o lançamento tributário, tornando-se exigível, por parte das autoridades fiscais desde o fim do prazo concedido para pagamento, caso este não seja realizado.

A exigibilidade do crédito tributário acarreta a possibilidade de a Administração Tributária realizar uma série de atos de constrição dos direitos do particular ocupante do polo passivo da obrigação tributária, dentre os quais se destacam:

(i)   a negativa de expedição da certidão negativa de débitos tributários (CND) na forma do art. 205 do CTN, a qual constitui pressuposto para o exercício de diversos direitos, dentre os quais o direito de participar de licitações públicas;

(ii) a inscrição do débito em dívida ativa como protesto da dívida mediante Tabelião de Protesto, o que confere ao mercado dúvidas quanto à solvência do sujeito passivo, restringindo seu crédito com particulares;

(iii) a inscrição do sujeito passivo em lista de devedores do ente tributante, com efeitos similares ao item anterior;

(iv) a concessão de medida cautelar fiscal, provendo restrições aos bens do sujeito passivo, quando satisfeitos os requisitos do art. 2º da Lei nº 8.397/92; e

(v) o ajuizamento de ação de execução fiscal, no bojo da qual o juízo poderá determinar a penhora (constrição) de bens do sujeito passivo e sua posterior alienação pública para a satisfação do crédito tributário.

Para evitar essas consequências indesejáveis, especialmente enquanto o sujeito passivo exerce o seu direito de defesa em face do auto de lançamento lavrado pelas autoridades fiscais, o CTN institui hipóteses em que a exigibilidade do crédito tributário resta suspensa, obstando-se todas as medidas acima referidas. Relativamente às certidões de regularidade fiscal, o art. 206 do CTN determina que a suspensão da exigibilidade dará ensejo à concessão de Certidão Positiva com Efeitos de Negativa de Débitos (CPEND), a qual terá, exatamente, os mesmos efeitos da CND.

ATENÇÃO!

É possível ao sujeito passivo obter a suspensão da exigibilidade do crédito tributário (mediante depósito ou medida liminar judicial, por exemplo) antes mesmo que a autoridade administrativa tenha procedido ao ato de lançamento. Nesse caso, parte da doutrina entende que é cabível, ainda assim, o chamado lançamento com exigibilidade suspensa, para evitar a decadência. Nessa hipótese, lançado o crédito e comunicado o sujeito passivo, a suspensão de sua exigibilidade se daria de maneira imediata, em face da existência de norma suspensiva anterior.

Contudo, na tese de repetitivo 271 (REsp 1140956), o STJ firmou posicionamento de que a suspensão da exigibilidade decorrente de depósito integral do crédito tem "o condão de impedir a lavratura do auto de infração, assim como de coibir o ato de inscrição em dívida ativa e o ajuizamento da execução fiscal, a qual, acaso proposta, deverá ser extinta" (*DJe* 3.12.2010).

As causas de suspensão da exigibilidade do crédito tributário, em conformidade com o art. 151 do CTN, são as seguintes: (i) a moratória; (ii) o parcelamento do débito; (iii) a interposição de impugnações e recursos administrativos, nos termos das leis do processo administrativo tributário; (iv) o depósito do montante integral do crédito tributário; e (v) a concessão de medidas liminares em mandado de segurança ou outras espécies de ações judiciais.

A moratória é a causa de suspensão de exigibilidade do crédito tributário a que são destinados mais dispositivos do CTN. Trata-se, em largas linhas, da postergação do prazo de vencimento dos tributos, a qual somente pode ser concedida por lei do ente tributante. De um lado, o CTN admite que o prazo para o pagamento dos tributos seja fixado por diplomas normativos infralegais, como decretos e instruções normativas (art. 160). Por outro lado, o código demanda lei do ente tributante competente para estabelecer a moratória (art. 152). A questão que se coloca consiste em determinar a partir de que momento se deixa de simplesmente fixar prazo para o recolhimento de tributo e se passa a instituir moratória. Diferentemente do prazo de recolhimento do tributo, a moratória demanda situações específicas (não se aplicará a todos os casos) e importa efetivo ganho para o sujeito passivo, a quem é concedido prazo de recolhimento significativamente superior à regra geral de 30 dias (art. 152 do CTN).

VOCÊ SABIA?

Durante a pandemia de Covid-19, muitos contribuintes recorreram ao Poder Judiciário requerendo medidas judiciais que os autorizassem a postergar o pagamento de tributos, em razão da situação de excepcionalidade vivida. Embora muitos juízes de primeira instância tenham concedido medidas liminares nesse sentido, o Supremo Tribunal Federal acabou por firmar posicionamento de que "a moratória é hipótese de suspensão da exigibilidade do crédito tributário, e sua concessão está sujeita à discricionariedade dos Poderes Executivo ou Legislativo, poderes com representatividade popular e com legitimidade para realizar as escolhas adequadas diante da conjuntura excepcional causada pela pandemia do novo coronavírus" e que "não obstante as dificuldades econômicas por que passam diversos segmentos empresariais, a concessão de eventual moratória que amplie o prazo de pagamento do tributo é uma opção política, a qual deve ajustar-se às balizas fixadas pelos poderes eleitos, não cabendo tal iniciativa ao órgão judicante" (ARE 1307729 AgR, Rel. Min. Roberto Barroso, 1ª Turma, *DJe* 7.5.2021).

A lei que instituir a moratória poderá fazê-lo de forma geral, enunciando os casos em que os contribuintes terão direito à postergação do pagamento do tributo, mas também poderá condicionar a moratória a um despacho da autoridade administrativa, em que pese precise, também nessa hipótese, delimitar os requisitos para a sua concessão. Imagine-se que o Congresso Nacional aprove uma lei deferindo moratória relativamente ao pagamento do Imposto sobre a Renda da Pessoa Física, cujo prazo normal de recolhimento é 30 de abril do ano subsequente. Conforme essa lei, os contribuintes em determinadas condições somente teriam que recolher o tributo no dia 30 de novembro, por exemplo. Durante o período compreendido entre 30 de abril (vencimento original) e 30 de novembro (vencimento postergado), a exigibilidade do crédito tributário estaria suspensa. Nesse período, portanto, a Receita Federal do Brasil não poderia proceder a nenhum dos atos de cobrança elencados ao início deste item.

A moratória é frequentemente acompanhada da possibilidade de parcelamento do tributo em prestações mensais. A redação original do art. 153 do CTN já previa a possibilidade de que a lei que concedesse a moratória determinasse "o número de prestações e seus vencimentos". Não obstante, a LC nº 104/01 houve por bem inserir dispositivo específico no CTN acerca dos parcelamentos (art. 155-A) e incluí-los expressamente no rol do art. 151 do CTN. Conforme o art. 155-A do Código, o parcelamento "será concedido na forma e condição estabelecidas em lei específica", aplicando-se, na falta de regramento próprio, o regramento da moratória. Usualmente, além de conferir o direito ao recolhimento dos tributos em prestações, as leis que concedem parcelamentos costumam também prever anistias parciais, isto é, descontos em relação às penalidades cobradas e também sobre os juros de mora.

 ## OLHA A NOTÍCIA!

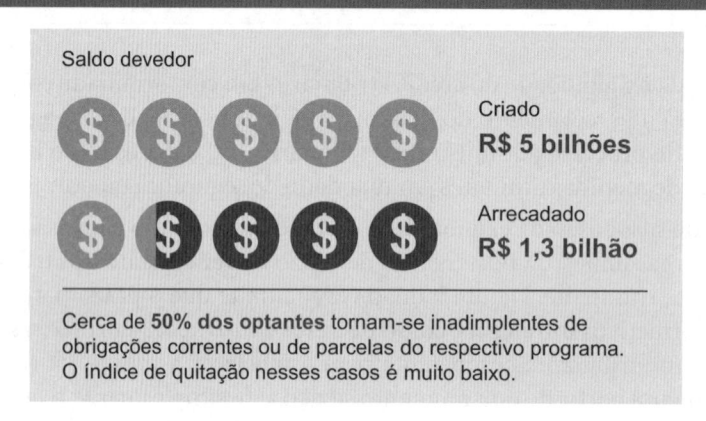

Saldo devedor

Criado
R$ 5 bilhões

Arrecadado
R$ 1,3 bilhão

Cerca de **50% dos optantes** tornam-se inadimplentes de obrigações correntes ou de parcelas do respectivo programa. O índice de quitação nesses casos é muito baixo.

Segundo estudos da Receita Federal do Brasil, cerca de 50% dos contribuintes que aderem a programas de parcelamento tornam-se inadimplentes, seja em relação às despesas correntes ou às dívidas renegociadas. Por isso, pelo menos 2.023 empresas que faturaram mais de R$ 150 milhões participaram de 3 ou mais programas de parcelamento de dívidas até 2016.

Acesse o QR Code para saber mais.

uqr.to/1ay67

 ## DE OLHO NA JURISPRUDÊNCIA

- **Tema de repetitivo 365 (REsp 957.509)**: "A produção do efeito suspensivo da exigibilidade do crédito tributário, advindo do parcelamento, condiciona-se à homologação expressa ou tácita do pedido formulado pelo contribuinte junto ao Fisco" (*DJe* 25.8.2010).

Outra causa suspensiva da exigibilidade do crédito tributário consiste na interposição de impugnações e recursos administrativos, nos termos das leis do processo administrativo tributário. A Constituição Federal garante aos litigantes, inclusive em processo administrativo (não judicial), "o contraditório e ampla defesa, com os meios e recursos a ela inerentes" (art. 5º, LIV, da Constituição Federal). Em matéria tributária, essa garantia constitucional assegura aos contribuintes o direito de questionar a validade dos atos de lançamento tributário lavrados pelas autoridades fiscais em um processo interno à Administração Pública, denominado processo administrativo fiscal (PAF).

No âmbito federal, o PAF é regulado pelo Decreto nº 70.235/72, recepcionado pela Constituição de 1988 com *status* de lei ordinária. Estados e Municípios possuem regramento próprio a respeito. Não obstante, de maneira geral, o processo administrativo fiscal contempla a possibilidade de o sujeito passivo (seja ele contribuinte ou responsável) apresentar uma impugnação em face do lançamento lavrado, a qual é usualmente julgada por uma autoridade fazendária (ou um conjunto delas). Em caso de decisão desfavorável ao particular, a garantia constitucional lhe assegura o direito à interposição de um recurso administrativo, que é usualmente julgado por conselhos ou tribunais administrativos, frequentemente compostos por representantes do Fisco e dos contribuintes. Ainda no âmbito federal, esse tribunal administrativo é denominado Conselho Administrativo de Recursos Fiscais (CARF).

Enquanto o sujeito passivo exerce o seu direito de defesa, percorrendo o caminho da revisão da validade do lançamento tributário na própria Administração Pública, o CTN lhe garante a suspensão da exigibilidade do crédito tributário. Isso significa que, durante o processo administrativo, não poderão ser efetuados atos de cobrança por parte do Fisco, muito embora siga correndo o cálculo de acréscimos moratórios (juros e correção monetária).

Posteriormente à discussão administrativa, caso mantida a autuação (o auto de lançamento), o contribuinte poderá ingressar com ação perante o Poder Judiciário para buscar a invalidação do ato. Nesse caso, contudo, o CTN não lhe confere o direito automático à suspensão da exigibilidade do crédito tributário. Sendo assim, após o final da fase administrativa, quando deseje ajuizar ação perante o Poder Judiciário, o contribuinte terá à sua disposição duas opções para a suspensão da exigibilidade do crédito tributário, quais sejam, o depósito do seu montante integral como garantia ou a concessão de medidas liminares em mandado de segurança ou outras espécies de ações judiciais.

O depósito do montante integral da dívida, incluindo as penalidades, os juros e a correção monetária, é faculdade do contribuinte, de modo que a suspensão da exigibilidade do crédito tributário se opera automaticamente, sem a necessidade de pronunciamento judicial.

ATENÇÃO!

Apenas o depósito judicial suspende a exigibilidade do crédito tributário, nos termos do art. 151, II, do CTN, com todos os efeitos que são próprios a este instituto, como a impossibilidade de ajuizamento de ação de execução fiscal. Contudo, a apresentação de outras garantias em sede judicial (como o seguro-garantia ou a carta de fiança) ou mesmo a penhora (constrição judicial) de bens do sujeito passivo autoriza a emissão de Certidão Positiva de Débitos com Efeitos de Negativa (CPEND), nos termos do art. 206 do CTN.

DE OLHO NA JURISPRUDÊNCIA

O Superior Tribunal de Justiça, por meio de julgado de observância obrigatória para todo o Poder Judiciário, reconhece o direito dos sujeitos passivos de oferecer garantia do crédito tributário antes mesmo do início da discussão judicial quanto à validade do auto de lançamento, mediante Ação Anulatória de Débito Fiscal ou Embargos à Execução Fiscal.

- **Tema de repetitivo 237 (REsp 1.123.669)**: "É possível ao contribuinte, após o vencimento da sua obrigação e antes da execução, garantir o juízo de forma antecipada, para o fim de obter certidão positiva com efeito de negativa" (*DJe* 1.2.2010).

Diferente é a hipótese de concessão de medida liminar em mandado de segurança ou de tutelas antecipadas em outros tipos de ações, como Ações Anulatórias de Débitos Fiscais e Embargos à Execução Fiscal. Em todos esses casos, o sujeito passivo, na qualidade de autor da ação, poderá requerer ao juiz que lhe conceda uma decisão antecipatória do seu pedido final, devendo, para tanto, convencer o juízo de que o fundamento legal pelo qual o lançamento seria inválido é verossímil (fundamento relevante, probabilidade do direito ou *fumus boni juris*) e que o julgamento da questão apenas no futuro acarretará prejuízos ao autor (perigo de dano, risco ao resultado útil do processo ou *periculum in mora*). O Código de Processo Civil ora em vigor, promulgado em 2015, prevê, ainda, a possibilidade de concessão de medida liminar independentemente de demonstração do risco ao resultado útil do processo (denominada "tutela da evidência"), nos casos em que "ficar caracterizado o abuso do direito de defesa ou o manifesto propósito protelatório da parte", houver jurisprudência vinculante dos tribunais superiores, ou o réu não apresentar prova capaz de gerar dúvida razoável em face dos documentos apresentados pelo autor.

Imagine-se, por exemplo, que um contribuinte tenha restado vencido em processo administrativo no qual discutira a validade de autos de lançamento de ISS por parte de um Município que não considera ser o competente para realizar a cobrança. Neste caso, convencendo-se o juízo, em sede preliminar, de que aquela cobrança provavelmente é indevida e que a falta da sua suspensão acarretará danos patrimoniais graves ao contribuinte, o juízo concederá a tutela de urgência para fins da suspensão da exigibilidade do crédito tributário, obstando-se atos de cobrança por parte das autoridades municipais.

OBJETIVO 6

EXCLUSÃO E EXTINÇÃO DO CRÉDITO TRIBUTÁRIO

O CTN lista como causas de "exclusão" do crédito tributário a isenção e a anistia (art. 175). A norma de isenção, uma vez satisfeitos os seus pressupostos, impede a incidência da norma de instituição do tributo. Daí falar-se em uma hipótese de não incidência legalmente qualificada.[6] Por exemplo, a norma de incidência do Imposto sobre a Renda da Pessoa Física (IRPF) contempla, de maneira geral, os rendimentos, inclusive os proventos de aposentadoria, sujeitando-os ao recolhimento do tributo. Contudo, se os proventos forem percebidos por portadores de determinadas doenças graves, a norma de isenção do art. 6º, XIV, da Lei nº 7.713/88, com redação determinada pela Lei nº 11.052/04, impede a incidência da regra do IRPF.

A exemplo do que ocorre com a moratória, a isenção sempre deverá ser prevista em lei do ente federativo competente para a instituição do tributo correspondente. Essa lei poderá cingir-se a explicitar os requisitos materiais para a sua aplicação ("ser portador de moléstia grave", no exemplo acima), ou também submeter a fruição da isenção ao reconhecimento formal ao seu direito por parte de uma autoridade administrativa.

Conforme o art. 178 do CTN, as isenções concedidas por prazo certo e sob determinadas condições não podem ser livremente revogadas por lei subsequente. Imagine-se que uma lei municipal confira isenção do Imposto municipal Predial e Territorial Urbano (IPTU), pelo prazo de dez anos, para aqueles que restaurarem um prédio histórico no centro da cidade. O particular, ao tomar conhecimento dessa lei, decide incorrer em despesas para

---

6   BORGES, José Souto Maior. *Teoria geral da isenção tributária*. 3. ed. São Paulo: Malheiros, p. 183-185, 2007.

satisfazer seus requisitos, reformando o prédio histórico de sua propriedade, com a legítima expectativa de que, nos dez anos subsequentes, não será sujeito ao pagamento do IPTU. Por isso é que se resguarda o seu direito a esta isenção, conferida sob condições e por prazo certo, a qual não poderá ser revogada por lei municipal, no terceiro ano de sua fruição, por exemplo. Nesse caso, haveria uma frustração da expectativa de confiança legítima que o particular depositou na isenção, que é protegida pelo dispositivo em exame.

Diferentemente da isenção, que impede a incidência da norma tributária e, consequentemente, o surgimento da obrigação tributária, há causas que eliminam a obrigação tributária já existente, juntamente com o crédito tributário que a compõe (art. 113, § 1º, do CTN). São elas: (i) a anistia e a remissão; (ii) o pagamento, em suas diversas modalidades; (iii) a compensação; (iv) a transação; (v) a decisão administrativa irreformável; e (vi) a decisão judicial transitada em julgado. Vejamos cada uma delas.

Embora o CTN trate a anistia como uma causa de exclusão do crédito tributário (art. 175, II), trata-se, verdadeiramente, de uma hipótese de sua eliminação, que guarda grande similaridade com a remissão, que é referida pelo mesmo Código como causa extintiva do crédito tributário (art. 156, IV). Na anistia, lei posterior ao surgimento da obrigação tributária perdoa o sujeito passivo relativamente às penalidades por si devidas (multas). Na remissão, lei posterior ao surgimento da obrigação tributária perdoa o sujeito passivo quanto ao próprio tributo devido. Em ambos os casos, o perdão poderá ser integral ou parcial, bem como poderá ser condicionado, ou não, a um despacho individual da autoridade administrativa.

Frequentemente, as leis que preveem parcelamentos extraordinários de créditos tributários também contêm anistias e, por vezes, remissões. Ao mesmo tempo em que suspende a exigibilidade do crédito tributário no curso do pagamento parcelado, essas leis conferem reduções de penalidades (anistia) e, às vezes, reduções do próprio tributo devido (remissão).

QUESTÃO PARA REFLEXÃO

A União Federal, bem como diversos Estados e Municípios brasileiros, tem adotado a conduta de, a cada três ou quatro anos, editar leis de parcelamento de tributos, com generosas anistias relativamente às multas aplicadas e reduções de acréscimos moratórios. Imagine-se uma lei estadual que permite o pagamento parcelado de tributos, anos após a ocorrência do fato gerador, com exclusão de todas as penalidades aplicáveis. Que tipo de incentivo a reiteração dessas leis, ao longo do tempo, criará nos contribuintes? Como ficará a igualdade entre aquele que paga os seus tributos em dia e o contribuinte que é reiteradamente inadimplente, sempre aguardando o próximo parcelamento extraordinário?

Em segundo lugar, a forma por excelência de extinção do crédito tributário corresponde ao pagamento, que poderá ser efetivado de diversas maneiras. No caso do lançamento de ofício, o pagamento extingue imediatamente o crédito tributário previamente constituído pela autoridade fiscal (art. 156, I, do CTN). No lançamento por homologação, em que o particular deve calcular o tributo previamente e antecipar o seu pagamento, a extinção do crédito tributário fica condicionada à homologação da atividade do particular pela autoridade pública, que pode se dar de forma expressa ou tácita, pelo decurso do prazo de cinco anos (art. 156, VII c/c art. 150, § 4º, do CTN).

Ao regular o pagamento, como causa extintiva do crédito tributário, o CTN determina que: (i) o prazo para pagamento será de 30 dias, salvo disposição em contrário (art. 160 do CTN); (ii) pode haver desconto pelo pagamento antecipado (art. 160, parágrafo único); e (iii) salvo disposição em contrário na legislação específica, incidem juros de mora de 1% ao mês, no caso de pagamento fora do prazo (art. 161).

Uma forma diversa de pagamento, com a mesma eficácia extintiva da obrigação e do crédito tributário, consiste na conversão do depósito realizado pelo contribuinte em juízo em renda do ente tributante (art. 156, VI). Trata-se, basicamente, da transferência definitiva dos recursos depositados em conta vinculada ao juízo ao ente tributante.

DE OLHO NA JURISPRUDÊNCIA

O STJ, reconhecendo que apenas a efetiva conversão do depósito em renda extingue o crédito tributário, firmou sua jurisprudência no sentido de que a remissão ou a anistia alcançam os tributos depositados, mas cujo valor ainda não tenha sido convertido em renda do ente tributante.

- **Tese de repetitivo 485 (REsp 1.251.513)**: "De acordo com o art. 156, I, do CTN, o pagamento extingue o crédito tributário. Se o pagamento por parte do contribuinte ou a transformação do depósito em pagamento definitivo por ordem judicial (art. 1º, § 3º, II, da Lei nº 9.703/98) somente ocorre depois de encerrada a lide, o crédito tributário tem vida após o trânsito em julgado que o confirma. Se tem vida, pode ser objeto de remissão e/ou anistia neste ínterim (entre o trânsito em julgado e a ordem para transformação em pagamento definitivo, antiga conversão em renda) quando a lei não exclui expressamente tal situação do seu âmbito de incidência" (*DJe* 17.8.2011).

Outra modalidade de pagamento consiste na dação de bens imóveis em pagamento (art. 156, XI, do CTN). Trata-se da possibilidade de o sujeito passivo transferir um imóvel de sua propriedade para o ente tributante, em quitação da sua dívida tributária. No âmbito federal, essa possibilidade foi regulada pelo art. 4º da Lei nº 13.259/16, que institui procedimento que inclui a prévia avaliação do valor do bem, bem como exige que a dação em pagamento abranja todo o valor do crédito tributário, incluindo penalidades e acréscimos moratórios.

A última modalidade de pagamento referida pelo CTN consiste na ação de consignação em pagamento (art. 156, VIII). Trata-se de um tipo especial de ação judicial, por meio da qual se busca obrigar o credor a aceitar o pagamento de determinada obrigação. No Direito Tributário, a consignação em pagamento é regulada pelo art. 164 do CTN, que a admite nos seguintes casos: (i) recursa de recebimento do tributo; (ii) subordinação do recebimento do pagamento do tributo ao adimplemento de outro tributo ou penalidade ou ao cumprimento de obrigação acessória ou exigências administrativas sem respaldo legal; e (iii) exigência, de mais de uma pessoa jurídica de direito público, do mesmo tributo sobre o mesmo fato gerador. A última hipótese é a mais recorrente na prática, especialmente em casos em que mais de um Município exige o Imposto sobre Serviços (ISS) sobre a mesma atividade, em face do entendimento de que o estabelecimento prestador estaria localizado em seu território. Nesses casos, a função da ação consignatória, mais do que obrigar o ente público a receber o pagamento, consiste em determinar qual o Município competente para a exigência do tributo.

Outra causa extintiva do crédito tributário consiste na compensação (art. 156, II, do CTN). Trata-se da hipótese em que o sujeito passivo tem um crédito contra o ente tributante, de modo que se extingue a obrigação tributária mediante o encontro de contas entre o direito contra o Fisco e a obrigação tributária. Conforme o art. 170 do CTN, a lei de cada ente federativo poderá estipular condições para a compensação, sujeitando-a, ou não, a um prévio despacho por parte da autoridade administrativa. A LC nº 104/01 adicionou o art. 170-A ao CTN para determinar ser vedada a compensação de tributo com direito do contribuinte que seja "objeto de contestação judicial pelo sujeito passivo, antes do trânsito em julgado da respectiva decisão judicial".

DE OLHO NA JURISPRUDÊNCIA

A jurisprudência vinculante do STJ reconhece a proibição de compensação no curso de ação judicial para ações ajuizadas após a inclusão do art. 170-A do CTN, inclusive nos casos de reconhecida inconstitucionalidade da exigência que se discute judicialmente.

- **Tese de repetitivo 345 (REsp 1.164.452)**: "Em se tratando de compensação de crédito objeto de controvérsia judicial, é vedada a sua realização 'antes do trânsito em julgado da respectiva decisão judicial', conforme prevê o art. 170-A do CTN, vedação que, todavia, não se aplica a ações judiciais propostas em data anterior à vigência desse dispositivo, introduzido pela LC 104/2001" (*DJe* 2.9.2010)
- **Tese de repetitivo 346 (Resp 1.167.039)**: "Nos termos do art. 170-A do CTN, 'é vedada a compensação mediante o aproveitamento de tributo, objeto de contestação judicial pelo sujeito passivo, antes do trânsito em julgado da respectiva decisão judicial', vedação que se aplica inclusive às hipóteses de reconhecida inconstitucionalidade do tributo indevidamente recolhido" (*DJe* 2.9.2010).

No âmbito federal, a compensação é regulada pelo art. 74 da Lei nº 9.430/96, com diversas alterações posteriores. Em linhas gerais, permite-se a compensação de créditos do contribuinte decorrentes de pagamentos indevidos, inclusive os reconhecidos judicialmente mediante decisão definitiva, e alguns outros direitos de crédito contra a Fazenda, com quaisquer tributos administrados pela Receita Federal do Brasil. A compensação federal, atualmente, é realizada por iniciativa do próprio sujeito passivo, podendo a fiscalização deixar de a homologar no prazo de cinco anos, em sistemática análoga ao lançamento por homologação.

DE OLHO NA JURISPRUDÊNCIA

A par da compensação requerida ou efetivada pelo sujeito passivo, determinadas leis preveem a chamada "compensação de ofício". Por meio desse instituto, quando o contribuinte requer o pagamento de determinado direito que ele detenha perante a Administração Fiscal, a autoridade poderá proceder à compensação de tal direito com eventual débito que ele possua com a administração. A jurisprudência vinculante do STJ admite a compensação de ofício, salvo quando o tributo devido pelo sujeito passivo esteja com a exigibilidade suspensa.

- **Tese de repetitivo 484 (REsp 1.213.082)**: "Fora dos casos previstos no art. 151, do CTN, a compensação de ofício é ato vinculado da Fazenda Pública Federal a que deve se submeter o sujeito passivo, inclusive sendo lícitos os procedimentos de concordância tácita e retenção previstos nos §§ 1º e 3º, do art. 6º, do Decreto nº 2.138/97" (*DJe* 18.8.2011).

Outra forma de extinção do crédito tributário é a transação (art. 156, III, do CTN). Conforme o art. 171 do CTN, a transação consiste em concessões mútuas, por parte do contribuinte e da Administração Tributária, para encerrar litígio e viabilizar a extinção do crédito tributário pelo pagamento. Em todo caso, a lei deve determinar as condições sob as quais será permitida a transação, resguardando, também, a igualdade com os contribuintes que não tenham optado por essa modalidade de negociação com a Fazenda Pública. No âmbito federal, a transação foi recentemente regulada pela Lei nº 13.988/20. Conforme esse diploma legal, a transação relativa a tributos federais pode incluir concessões quanto às multas, juros de mora e encargos legais, bem como o oferecimento de prazos e formas especiais para pagamento ou a substituição de garantias judiciais. Contudo, a transação não poderá implicar redução do montante principal da dívida, nem redução superior a 50% do seu valor total.

O art. 156 do CTN também lista como causas extintivas da obrigação tributária a prescrição e a decadência. Como visto em tópico anterior, a decadência consiste na extinção do dever da autoridade administrativa de efetuar o lançamento do tributo ou a homologação ou lançamento substitutivo do autolançamento, pelo decurso de cinco anos contados: (i) desde o fato gerador, nos tributos sujeitos a lançamento por homologação, relativamente aos quais tenha ocorrido pagamento parcial e não tenha havido dolo, fraude nem simulação; e (ii) desde o primeiro dia do exercício subsequente ao fato gerador, nas demais hipóteses. Já a prescrição consiste na perda do direito de as autoridades administrativas ajuizarem ação de cobrança do crédito tributário (execução fiscal), pelo decurso de cinco anos desde o vencimento do prazo de recolhimento do tributo.

As duas últimas causas extintivas do crédito tributário consistem na decisão administrativa irreformável e na decisão judicial passada em julgado (art. 156, IX e X, do CTN). No primeiro caso, trata-se de decisão administrativa mediante a qual a própria administração reconheça que a obrigação tributária é inexistente. É o que ocorre, por exemplo, quando um tribunal administrativo de última instância mantém decisão que cancelara o auto de lançamento lavrado contra o sujeito passivo.

Já a decisão judicial transitada em julgado significa a decisão judicial da qual não mais caiba recurso. Nos termos do Código de Processo Civil, "denomina-se coisa julgada material a autoridade que torna imutável e indiscutível a decisão de mérito não mais sujeita a recurso" (art. 502). Logo, quando uma decisão judicial que reconheça a invalidade do auto de lançamento transitar em julgado (não mais couber recursos), estará extinto o crédito tributário.

RESUMO

OBJETIVO 1 A importância prática do conceito de tributo deriva do fato de que, sempre que forem satisfeitas as suas condicionantes, será mandatória a aplicação do regime-jurídico tributário (da Constituição e do CTN) a determinada cobrança. Conforme dispõem o art. 3º do CTN e o art. 9º da Lei nº 4.320/64, os critérios para determinar se certa cobrança se enquadra no conceito de tributo, são os seguintes: (i) prestação pecuniária; (ii) compulsória, que não deriva da vontade das partes, mas sim da prática do fato gerador previsto em lei; (iii) que não constitua sanção de ato ilícito; e (iv) que não constitua receita originária (decorrente da exploração do patrimônio do Estado) ou movimento de caixa (entrada meramente transitória no caixa do Estado).

OBJETIVO 2 A obrigação tributária corresponde ao vínculo abstrato que adstringe o devedor a uma prestação em favor do credor, decorrendo do acontecimento do fato gerador, conceituado como o evento da realidade que o legislador elege como hipótese de incidência da norma tributária, traçando seus aspectos materiais, temporais, espaciais e, por vezes, pessoais.

A distinção entre a obrigação tributária principal e a obrigação tributária acessória está em seu objeto: enquanto a primeira tem por objeto prestação de pagar (tributo ou penalidade), a segunda tem por objeto prestação de fazer ou não fazer, instituída no interesse da fiscalização e da arrecadação de tributos.

O CTN estabelece como requisitos para que a autoridade administrativa desconsidere atos e negócios jurídicos realizados pelo contribuinte, para fins tributários a: (i) simulação; (i.a) absoluta (emprego de falsidade para simular negócio jurídico inexistente); (i.b) relativa (emprego de falsidade para esconder negócio jurídico existente e fingir negócio jurídico aparente); (ii) o dolo (falsidade conhecida de apenas uma das partes do negócio jurídico); e (iii) a fraude (falsidade para contornar a finalidade de uma norma).

OBJETIVO 3 O sujeito passivo da obrigação tributária é a pessoa obrigada ao pagamento do tributo ou da penalidade pecuniária. O contribuinte é o sujeito passivo por excelência, aquele que pratica o fato gerador da obrigação tributária principal. A chamada solidariedade tributária corresponde a um caso especial em que mais de um sujeito se torna contribuinte, relativamente à mesma obrigação tributária principal, por praticar o fato gerador de maneira conjunta.

Na sujeição passiva indireta, denominada "responsabilidade" pelo CTN, faz-se necessário atribuir a sujeição passiva a pessoas distintas do contribuinte, que devem ser indicadas por lei e ter vínculo com o fato gerador da obrigação tributária principal.

O CTN também disciplina hipóteses em que a responsabilidade é transferida a um terceiro, em virtude de seus próprios atos ou omissões (arts. 134 e 135), bem como em razão de sucessão de um terceiro nos direitos e obrigações do contribuinte original (arts. 130 a 133).

A seção do CTN intitulada "responsabilidade por infrações" estabelece algumas normas gerais sobre as penalidades em matéria tributária, destacando-se a regra da denúncia espontânea, que permite ao contribuinte recolher tributos passados apenas com a incidência de juros de mora, desde que não tenha sido iniciado procedimento fiscalizatório contra ele.

OBJETIVO 4 Por meio do ato de lançamento, a autoridade administrativa ou o próprio sujeito passivo declaram a ocorrência do fato gerador e constituem o crédito tributário (direito do sujeito ativo de exigir o adimplemento da obrigação tributária).

O lançamento de ofício é realizado pela autoridade administrativa, enquanto o autolançamento, na sistemática do lançamento por homologação, é realizado pelo sujeito passivo, que deve calcular o tributo e efetuar o chamado pagamento antecipado, restando à Administração homologar tal ato (expressamente ou tacitamente, pelo decurso do prazo de cinco anos do pagamento).

A decadência consiste na extinção do dever da autoridade administrativa de efetuar o lançamento do tributo ou a homologação ou lançamento substitutivo do autolançamento, pelo decurso de cinco anos contados: (i) desde o fato gerador, nos tributos sujeitos a lançamento por homologação, relativamente aos quais tenha ocorrido pagamento parcial e não tenha havido dolo, fraude nem simulação; e (ii) desde o primeiro dia do exercício subsequente ao fato gerador, nas demais hipóteses.

A prescrição consiste na perda do direito de as autoridades administrativas ajuizarem ação de cobrança do crédito tributário (execução fiscal), pelo decurso de cinco anos desde o vencimento do prazo de recolhimento do tributo.

OBJETIVO 5 A suspensão da exigibilidade do crédito tributário acarreta a impossibilidade de a Administração Tributária realizar uma série de atos de constrição dos direitos do particular ocupante do polo passivo da obrigação tributária, dentre os quais se destacam expedição da certidão positiva de débitos tributários, a inscrição do débito em dívida ativa como protesto da dívida mediante Tabelião de Protesto, a concessão de medida cautelar fiscal, a inscrição do sujeito passivo em lista de devedores do ente tributante e o ajuizamento de ação de execução fiscal.

As causas de suspensão da exigibilidade do crédito tributário, em conformidade com o art. 151 do CTN, são as seguintes: (i) a moratória; (ii) o parcelamento do débito; (iii) a interposição de impugnações e recursos administrativos, nos termos das leis do processo administrativo tributário; (iv) o depósito do montante integral do crédito tributário; e (v) a concessão de medidas liminares em mandado de segurança ou outras espécies de ações judiciais.

OBJETIVO 6 A norma de isenção, uma vez satisfeitos os seus pressupostos, impede a incidência da norma de instituição do tributo. O CTN se refere a essa circunstância como "exclusão do crédito tributário".

Diferentemente da isenção, que impede a incidência da norma tributária e, consequentemente, o surgimento da obrigação tributária, há causas que eliminam a obrigação tributária já existente, juntamente com o crédito tributário que a compõe (art. 113, § 1º, do CTN). São elas: (i) a anistia (perdão da penalidade – impropriamente tratado como "exclusão" pelo CTN) e a remissão (perdão do tributo); (ii) o pagamento, em suas diversas modalidades (pagamento puro e simples, conversão do depósito em renda, dação de bens imóveis e consignação em pagamento); (iii) a compensação (encontro de contas entre o direito contra o Fisco e a obrigação tributária); (iv) a transação (concessões mútuas nos limites permitidos pela lei); (v) a decisão administrativa irreformável; e (vi) a decisão judicial transitada em julgado.

▶ VÍDEOS ADICIONAIS SOBRE O CAPÍTULO

Acesse os QR Codes para assistir ao material adicional do capítulo:

Vídeo 1

uqr.to/1ay9e

Vídeo 2

uqr.to/1ay9f

Vídeo 3

uqr.to/1ay9g

APLICANDO CONHECIMENTOS – TESTES

TESTES DE MÚLTIPLA ESCOLHA

1. Em face das proposições:

    I. Os tributos são prestações pecuniárias, que necessaria-mente devem ser pagas em dinheiro;

    II. Os tributos correspondem a prestações compulsórias, de modo que eles derivam da prática do fato gerador e não do livre acerto entre as partes;

    III. O conceito de tributo exclui as sanções por atos ilícitos, o que significa que os ganhos de um traficante de drogas ilícitas não podem ser tributados pelo Imposto sobre a Renda;

    IV. As receitas patrimoniais, que o Estado aufere em razão da exploração do seu próprio patrimônio, não são tributos.

    Assinale a alternativa **correta**:

    a) Somente as proposições I e II estão corretas.

    b) Somente as proposições II e IIII estão corretas.

    c) Todas as proposições estão corretas.

    d) Somente as proposições II e IV estão corretas.

    e) Nenhuma proposição está correta.

2. Assinale a alternativa **correta**, acerca do fato gerador da obrigação tributária:

    a) O propósito negocial e o dolo são requisitos previstos pelo CTN para que a autoridade fiscal desconsidere atos e negócios realizados pelo contribuinte, para fins fiscais.

    b) O fato gerador de obrigação tributária principal que decorra de situação jurídica será considerado ocorrido apenas após o implemento da condição suspensiva.

    c) A validade ou invalidade da causa do acréscimo patrimonial é relevante para determinar a ocorrência do fato gerador do Imposto sobre a Renda.

    d) As obrigações tributárias acessórias não subsistem sem a obrigação tributária principal.

    e) A obrigação tributária acessória não possui fato gerador.

3. Sobre responsabilidade tributária, assinale a alternativa **correta**:

    a) Os sócios de uma sociedade por ações são responsá-veis pelo Imposto sobre a Renda da Pessoa Jurídica da sociedade, sempre que esta não puder adimplir com a obrigação.

    b) Aquele que adquire um estabelecimento industrial é so-lidariamente responsável ao alienante que segue com a exploração da mesma atividade.

    c) O administrador de uma sociedade de responsabilida-de limitada pode ser responsabilizado pelos tributos da pessoa jurídica, caso a obrigação tributária decorra de atos praticados com excesso de poderes.

    d) A solidariedade tributária é uma espécie de responsabi-lidade tributária por sucessão.

    e) O sujeito passivo da obrigação tributária é sempre o mesmo, desde a prática do fato gerador.

4. Sobre o crédito e o lançamento tributário, assinale a alter-nativa **incorreta**:

    a) O lançamento tributário é o ato de aplicação do direito que reconhece a ocorrência do fato gerador da obriga-ção tributária e constitui o crédito tributário.

    b) O lançamento tributário confere atendibilidade à obri-gação tributária.

    c) No lançamento por homologação, confere-se à autori-dade administrativa a possibilidade de homologar-se o autolançamento efetuado pelo contribuinte ou fazer lan-çamento de ofício substitutivo.

    d) O lançamento direto é efetuado pela autoridade admi-nistrativa, sem a participação do sujeito passivo.

    e) O lançamento de ofício não pode ser retificado quan-do se verifique, posteriormente, a ocorrência de erro de fato.

5. Sobre a decadência e a prescrição no Direito Tributário, assinale a alternativa **correta**:

   a) A prescrição do direito de ação de cobrança por parte do Fisco ocorre em cinco anos desde o fim do prazo para recolhimento firmado no ato de lançamento ou autolançamento.

   b) O direito do contribuinte de ajuizar ação de repetição do indébito prescreve em 10 anos.

   c) O contribuinte não tem direito de pleitear a restituição administrativa de tributos recolhidos indevidamente.

   d) O lançamento de ofício deve ser realizado pela fiscalização em, no máximo, cinco anos desde a ocorrência do fato gerador, sob pena de decadência.

   e) Como os tributos são receitas públicas fundadas no interesse social, eles não se submetem a prazos de prescrição e decadência.

6. Acerca da suspensão da exigibilidade do crédito tributário, assinale a alternativa **correta**:

   a) O mero pedido de parcelamento, sem despacho administrativo, suspende a exigibilidade do crédito tributário.

   b) A moratória pode ser concedida por decreto.

   c) Durante o período da suspensão da exigibilidade do crédito, as autoridades administrativas estão proibidas de ajuizar execução fiscal em face do contribuinte.

   d) O depósito do montante do tributo cobrado é um favor, cuja concessão depende da apreciação da idoneidade do sujeito passivo, pelo juízo.

   e) Não é possível obter causa suspensiva da exigibilidade do crédito tributário antes do seu lançamento.

7. Assinale a alternativa **correta**, sobre a extinção do crédito tributário:

   a) A obrigação tributária pode seguir existente, mesmo com o crédito tributário extinto.

   b) Não se admite a dação de imóveis em pagamento de obrigação tributária.

   c) A compensação de ofício pode ser realizada mesmo em relação ao crédito tributário suspenso.

   d) Quando o depósito judicial efetuado pelo contribuinte é convertido em renda do ente tributante, extingue-se a obrigação tributária.

   e) A decisão judicial transitada em julgado somente extingue o crédito tributário com o assentimento da autoridade administrativa.

8. Vejam-se as proposições acerca da isenção tributária:

   I. A isenção pode ser concedida por instrução normativa.

   II. A isenção concedida por prazo certo e mediante condições onerosas não pode ser revogada.

   III. A isenção deve ser concedida por lei.

   IV. A isenção sem prazo certo, mas que demande condições onerosas, pode ser revogada.

   Assinale a alternativa **correta**:

   a) Somente as proposições II, III e IV estão corretas.

   b) Somente as proposições I, II e IV estão corretas.

   c) Somente proposições I e II estão corretas.

   d) Somente as proposições I e IV estão corretas.

   e) Todas as proposições estão corretas.

9. Assinale a alternativa **correta**:

   a) As autoridades fiscais não podem desconsiderar negócios jurídicos simulados realizados por particulares.

   b) Os tributos são prestações pecuniárias que decorrem da vontade das partes.

   c) O crédito tributário é constituído pelo lançamento, que confere atendibilidade à obrigação tributária.

   d) A prescrição não extingue a obrigação tributária.

   e) A isenção é uma causa de suspensão da exigibilidade do crédito tributário.

10. Assinale a alternativa **correta**:

   a) Independentemente de lei, as autoridades administrativas podem atribuir a responsabilidade pelo recolhimento do tributo a um terceiro vinculado ao fato gerador.

   b) A anistia corresponde ao perdão de penalidades tributárias, devendo ser concedida por lei.

   c) A remissão corresponde ao perdão legal pelas penalidades devidas.

   d) Durante o período em que o crédito tributário se encontra parcelado, as autoridades fiscais podem negar a expedição de Certidão Positiva de Débitos com Efeitos de Negativa ao contribuinte.

   e) A compensação é causa de suspensão da exigibilidade do crédito tributário.

RESPOSTAS

1-D; 2-B; 3-C; 4-E; 5-A; 6-C; 7-D; 8-A; 9-C; 10-B.

3

INTRODUÇÃO AO *COMPLIANCE* FISCAL EMPRESARIAL

Caio Augusto Takano

OBJETIVOS DE APRENDIZAGEM DO CAPÍTULO

1. Compreender o que significa e qual é a relevância do *compliance* fiscal para as corporações no cenário atual.

2. Apresentar a gestão de risco fiscal como ferramenta fundamental para a adoção de boas práticas de *compliance* fiscal.

3. Conhecer a gestão de tributos e de obrigações acessórias, bem como seus impactos no adequado nível de *compliance* da legislação tributária.

4. Informar qual é o papel do profissional da área tributária na implementação de um programa de *compliance* fiscal da empresa.

OLHA A NOTÍCIA!

uqr.to/1ay68

Plano Anual de Fiscalização 2019

Site da RFB

Promover a conformidade tributária (ou elevar o grau de *compliance*) é um dos processos de trabalho da cadeia de valor da RFB que têm como objetivo incentivar e facilitar o cumprimento da obrigação tributária, seja ela principal ou acessória. A Fiscalização, como destinatária das informações prestadas pelos contribuintes e por terceiros vinculados ao fato gerador da obrigação tributária, tem cada vez mais buscado, dentro de uma gestão de risco que priorize as ações com foco nos contribuintes que atuam de forma intencional para sonegar, "alertar" acerca de indícios de erros no cumprimento da obrigação tributária. Duas ações são complementares para aumentar o grau de *compliance*: autorregularização e simplificação das obrigações acessórias.

O QUE É *COMPLIANCE* FISCAL?

Etimologicamente, o termo **compliance** tem origem na língua inglesa, derivando do verbo *to comply*, que, em sua tradução literal, significa "cumprir" algo ou "estar em conformidade" com algo. Assim, em uma primeira aproximação, o conceito de **compliance tributário** estaria associado à ideia de **cumprimento da legislação tributária**.

A singeleza de seu significado não reflete, contudo, os inerentes desafios para a sua operacionalização. O sistema tributário brasileiro é sobremodo complexo, apresentando inúmeros desafios, tais como:

(i) Número elevado de atos normativos que versam sobre tributos, implicando elevados custos de conformidade.

(ii) Sistemática de recolhimento de tributo, em regra, baseado no lançamento por homologação, exigindo que a apuração e o recolhimento de tributos fiquem a cargo do contribuinte.

(iii) Obrigações acessórias complexas e exigidas em multiplicidade, sob pena de sanções tributárias elevadíssimas e não havendo a possibilidade de aplicar a denúncia espontânea pelo descumprimento de obrigações acessórias, segundo entendimento firmado pelas Administrações Tributárias e pelo Superior Tribunal de Justiça.

(iv) Tribunais administrativos com limitado escopo de análise, dificuldade de acesso ao Poder Judiciário e desconhecimento técnico dos magistrados em matérias tributárias, especialmente obrigações acessórias, para citar algumas.

Assim, dadas as incertezas decorrentes de sua complexidade ou das diversas interpretações possíveis a partir de seus dispositivos legais, a singela tarefa de "cumprir a lei" exige, antes, a tomada de uma série de decisões buscando avaliar oportunidades de ganhos e gestão de riscos tributários, visando sempre a uma gestão tributária íntegra e eficiente, que permita um adequado grau de relacionamento com todos os *stakeholders*, inclusive a própria Administração Tributária.

A noção de *compliance* fiscal visa não apenas a uma **gestão de tributos eficientes**, mas igualmente à criação de uma **rotina fiscal** que tenha como foco implementar medidas que otimizem o cumprimento de obrigações tributárias, principais e acessórias, em atuação preventiva que garanta um crescimento estável e sustentável para a empresa, amoldado nos princípios e nas melhores práticas de governança corporativa e de gestão de risco.

VOCÊ SABIA?

A expressão **compliance tributário** significa a adoção de medidas para estar em conformidade com a legislação tributária, cumprindo adequadamente suas obrigações tributárias principais e acessórias, bem como medidas visando à criação de procedimentos, internos e externos, para detectar e remediar qualquer desvio de conformidade que possa ocorrer.

Assim, propor a adoção de um programa de *compliance* fiscal nada mais significa do que sugerir a implementação de medidas que visem aprimorar e conformar a rotina fiscal da corporação à legislação tributária, especialmente quanto aos **tributos a serem pagos** e à **documentação fiscal a ser entregue** do desempenho da atividade empresarial.

POR QUE IMPLEMENTAR UM PROGRAMA DE *COMPLIANCE* FISCAL?

A **preservação da imagem pública** das corporações revela-se de inequívoca importância, tornando fundamental a adoção de medidas que evitem quaisquer situações que possam prejudicá-la perante seus parceiros comerciais e consumidores. De fato, é fundamental que a corporação atue de acordo com as diretrizes de Responsabilidade Social Corporativa (RSC), de modo a garantir não apenas retornos aos investidores, como igualmente devem responder às preocupações sociais, ambientais e de governança.

Nesse cenário, assumem especial importância as práticas de governança corporativa, compostas de recomendações objetivas que têm por finalidade preservar e otimizar o valor da organização, facilitando seu acesso a recursos e contribuindo para a sua longevidade.

O *compliance* constitui **ferramenta estratégica** fundamental nesse processo, não apenas permitindo um nível desejado de adequação à legislação, como igualmente evitando riscos e perdas sobretudo reputacionais, que impactam negativamente a imagem da empresa e a solidez de sua marca perante o mercado.

VOCÊ SABIA?

A governança corporativa consiste no conjunto de boas práticas que convertem princípios em recomendações objetivas, alinhando interesses com a finalidade de preservar e otimizar o valor da organização, facilitando seu acesso a recursos e contribuindo para a sua longevidade.

Com efeito, não é mais possível cogitar boas práticas de governança corporativa à míngua da adoção de um *compliance* tributário: uma corporação que deixe de implementar um programa de *compliance* adequado coloca-se em posição de vulnerabilidade a inúmeros riscos, sejam internos ou externos, que não apenas poderão comprometer o caixa e o patrimônio da empresa, como igualmente poderão colocar em xeque o próprio valor da corporação e minar a sua capacidade de produzir resultados, caso não consiga prevenir eventuais danos à sua imagem corporativa.

Assim, o *compliance* fiscal configura instrumento pelo qual se exercem as **boas práticas de governança corporativa** em matéria tributária, objetivando guardar estrita observância aos comandos prescritivos positivados no ordenamento jurídico e prevenir riscos patrimoniais, financeiros e reputacionais para as corporações, pelo adequado atendimento à função social da empresa, exigência que decorre seja do texto constitucional (arts. 5º, XXIII, e 170, III) quanto do Código Civil (arts. 421 e 2.035, parágrafo único).

Além disso, da perspectiva do Direito Empresarial, a adoção de práticas de governança corporativa e a implementação de um programa de *compliance* configuram um dever dos administradores, que, consoante os enunciados prescritivos da Lei nº 6.404/76, na busca pela prosperidade e longevidade da empresa, devem "empregar, no exercício de suas funções, o cuidado e a diligência que todo homem ativo e probo costuma empregar na administração dos seus próprios negócios" (art. 153), visando, sempre, "lograr os fins e no interesse da companhia, satisfeitas as exigências do bem público e da função social da empresa" (art. 154).

O QUE É PRECISO PARA IMPLEMENTAR UM PROGRAMA DE *COMPLIANCE* FISCAL?

A implementação de um programa de *compliance* fiscal impõe sejam adotados **procedimentos** que permitam o cumprimento das obrigações tributárias pelas empresas, valendo-se de práticas que permitam a **gestão dos riscos fiscais envolvidos**, visando evitar a lavratura de autos de infração e a geração de relevante passivo fiscal para as empresas.

Assim, são **pilares fundamentais** de um programa de *compliance* fiscal a gestão de tributos e a gestão de obrigações acessórias, que permitirão que a empresa desenvolva ferramentas, procedimentos e rotinas que, a um só tempo, têm o condão de permitir maior conformidade à legislação e mitigar riscos que poderiam advir de seu descumprimento. Ambas deverão, ainda, se pautar dentro de procedimentos que sejam adequados à gestão do risco tributário.

GESTÃO DO RISCO TRIBUTÁRIO

Como parte integrante da governança corporativa, cogita-se o *compliance* tributário não apenas como um instrumento para se alcançar a regularidade fiscal dos contribuintes, como também – e fundamentalmente – para a implementação de procedimentos que permitam a **gestão e a mitigação de riscos tributários**, de acordo com **valores, estrutura e visão da corporação**.

Com efeito, o processo de tomada de decisão, inerente à atividade empresarial, bem como à própria atividade de interpretação e aplicação do direito, envolve a necessária **avaliação de riscos ou incertezas**, inclusive decorrentes da legislação tributária, bem como suas consequências e impactos reputacionais para o valor da corporação e de sua marca.

Define-se risco tributário como os eventos no exercício das atividades empresárias, que podem conduzir a adversidades fiscais durante a vida da empresa, afetando a saúde financeira da organização e comprometendo o atingimento dos resultados estabelecidos como metas pela corporação, bem como poderão implicar responsabilização tributária (art. 135, Código Tributário Nacional – CTN) – e inclusive penal (arts. 1º, 2º e 11 da Lei nº 8.137/90) – aos sócios e colaboradores que estejam engajados na tomada de decisão quanto ao cumprimento dos tributos.

ATENÇÃO!

Também o profissional da área tributária, seja advogado, contador ou consultor, pode vir a ser responsabilizado nos âmbitos tributário e penal, caso se comprove sua participação efetiva – direta ou indiretamente – em algum dos crimes contra a Ordem Tributária ou esquema de fraude.

O **risco tributário** muitas vezes exsurge como efeito da incerteza no cumprimento da legislação tributária, agravado pela **ausência** de um processo de decisão nas organizações ou pela falta de ações específicas sobre um evento que sejam necessárias para diminuir espaços de incertezas e de potenciais infrações tributárias, culminando em lavratura de autos de infração e relevante passivo fiscal para as empresas.

Apenas a título exemplificativo, em relatório apresentado pela Receita Federal do Brasil (RFB), constatou-se que "o crédito tributário constituído pela Fiscalização da Receita Federal atingiu o montante de R$ 201,66 bilhões, representando valor 7,9% superior ao valor do crédito constituído no ano de 2018", sendo que, analisando o período entre 2016 e 2019, o valor total exigido dos contribuintes foi de aproximadamente R$ 695 bilhões.[1]

---

[1] Cf. Receita Federal do Brasil. *Plano Anual de Fiscalização 2020 e Resultados 2019*, p. 7. Disponível em: https://receita.economia.gov. br/dados/resultados/fiscalizacao/arquivos-e-imagens/plano-anual-de-fiscalizacao-resultados-de-2019-e-plano-para-2020.pdf. Acesso em: 19 abr. 2021.

Diversas podem ser as origens do risco tributário. Alguns fatores internos das corporações que propiciam seu surgimento são:

(i) **Infraestrutura** (porte, localização, atividades, infraestrutura da empresa etc.).

(ii) **Pessoal** (quantidade e qualidade do pessoal envolvido em questões fiscais, inclusive conhecimento técnico e treinamentos).

(iii) **Processos** (procedimentos e protocolos adotados nas áreas fiscal e de controles internos, visando prevenir riscos fiscais e conferir resultados mais satisfatórios).

(iv) **Tecnologia** (sistemas para gestão de tributos, entrega de obrigações acessórias, atualização legal etc.).

Também o risco tributário poderá exsurgir de fatores externos, como:

(i) **Econômicos** (impactos da tributação no preço, conjuntura econômica, demandas sociais etc.).

(ii) **Meio ambiente** (impactos tributários nas políticas socioambientais).

(iii) **Sociopolíticos** (riscos dos cenários políticos para carga tributária, greves etc.).

(iv) **Tecnológicos** (impactos da informatização fiscal das Administrações Tributárias na fiscalização e cobrança de tributos).

Daí a necessidade de proceder com práticas que visem à adequada gestão do risco tributário, isto é, que combinem estratégias e procedimentos com intuito de desenvolver infraestrutura, sistemas, processos para **criação de uma "consciência de risco"**, assegurando que o risco tributário assumido esteja aceitável dento dos padrões de governança tributária da empresa.

Assim, busca-se estabelecer **conjunto de processos** por meio dos quais seja possível identificar, analisar, avaliar e responder aos riscos que possam afetar os objetivos da organização.

Nesse contexto, é de inequívoca relevância a implementação de medidas que garantam um adequado nível de conformidade com a legislação tributária: sobre o procedimento para apuração e recolhimento de tributos ser complexo, há inúmeros outros cuidados que devem ser tomados pela empresa para garantir um adequado nível de *compliance* tributário, como, por exemplo, a elaboração de laudos para justificar a adoção ou mudança de regimes tributários; adoção de rotina de revisão dos critérios de apuração dos tributos; implementação de sistemas tecnológicos que diminuam a margem de erro nos *inputs* de informações fiscais relevantes; contratação de pareceres jurídicos para fundamentar tomadas de posições relevantes em matérias complexas etc.

CASO REAL

Imagine que você atua junto a uma empresa que tem por objeto a comercialização de lubrificantes derivados de petróleo, classificados no NCM/SH 2710.19.32 – Óleos lubrificantes com aditivo. Para conferir o adequado tratamento tributário do produto no que tange ao ICMS, é necessário responder se o produto compreende um solvente, situação na qual se aplica uma alíquota de 25%, ou é um óleo lubrificante, situação na qual se aplica uma alíquota de 18%, de acordo com a legislação estadual. Quais medidas você adotaria para tomar a decisão sobre qual alíquota do ICMS aplicar e, se for o caso, demonstrar que o produto comercializado é um "hidrocarboneto líquido derivado do processamento do petróleo", de acordo com a classificação da Agência Nacional do Petróleo (ANP), o que permitiria a aplicação da alíquota menor?

A gestão de risco tributário não significa adotar uma postura avessa a qualquer risco, mas permitir a **tomada de decisão racional** da empresa baseada em: (i) plena ciência e consciência dos riscos; (ii) proatividade; (iii) implementação de sistemas; e (iv) avaliação dos riscos por intermédio de um procedimento objetivo e racional.

Seu objetivo é permitir que a empresa adote a postura mais indicada ao seu nível de governança corporativa almejada, sem evitar todos os riscos nem se apegar cegamente a todas as oportunidades tributárias, conferindo instrumentos que possam auxiliar a tomada de decisão da organização sobre qual será o caminho a trilhar para cumprir a legislação, de modo racional e objetivo, a partir da análise de dados, dentro da matriz de riscos escolhida, que demonstre as vantagens e os riscos associados a cada alternativa indicada, permitindo-se adequado gerenciamento, previsão e mitigação de riscos, bem como a proteção da regularidade fiscal da empresa e de seus resultados empresariais.

É pressuposto fundamental para a gestão do risco tributário que haja **a plena ciência dos riscos relacionados às decisões tomadas em matéria tributária**, como, por exemplo, penalidades pecuniárias (multas de ofício, multas de mora, multa isolada etc.), casos que impliquem responsabilidade tributária dos sócios e colaboradores da empresa, punição criminal etc., para que se possam avaliar corretamente as consequências positivas e negativas associadas a cada cenário possível decorrente da tomada de decisão.

Importante salientar que não basta, entretanto, apenas ciência dos riscos associados a cada cenário tributário, mas deve haver igualmente a consciência da exata dimensão desses riscos por parte das corporações. Ou seja, conhecer não apenas aqueles imediatamente previstos na legislação tributária, como responsabilidades e infrações, mas também as demais consequências que uma postura em desconformidade com a legislação tributária poderá implicar na visão que o mercado tem em relação a marca e reputação da corporação ou de seus sócios, diretores e colaboradores.

Cogita-se, pois, em uma **atuação proativa**, pela qual a organização se estruture e se empenhe para a prevenção de eventuais riscos não toleráveis, e não apenas busque remediar riscos já concretizados. Não é raro que haja atos normativos incoerentes, bem como julgados inconsistentes, que geram dúvidas sobre qual o melhor a caminho a ser adotado em cada situação. Assim, **rotinas de treinamentos** de equipe e de **discussão interna** antes da tomada de decisões relevantes sobre a apuração de tributos e entrega de obrigações acessórias – incluindo todos os setores da empresa envolvidos na operação – são de decisiva importância para a escolha consciente do caminho a ser trilhado no cumprimento da legislação tributária.

É igualmente relevante que as corporações invistam na **adoção de sistemas** e na **criação de processos** de coleta e análise de dados, de modo a permiti a detecção, mensuração, prevenção e tratamento do risco tributário em níveis aceitáveis dentro dos padrões de governança corporativa tributária adotada pela empresa, calibrando conscientemente os riscos e oportunidades identificados para definir uma estratégia alinhada ao perfil da empresa e sua tolerância ao risco.

Por fim, cumpre à organização avaliar o risco tributário e eventual tolerância a ele a partir da conjugação de dois fatores: (i) possível impacto do risco às atividades empresariais; e (ii) probabilidade de concretização do risco.

Contanto que não exista um único ou mais correto modelo de matriz de risco, podemos afirmar que, em linhas gerais, um risco baixo seria aquele cuja chance de ocorrência é rara ou muito baixa (por exemplo: matéria com jurisprudência pacífica ou sumulada pelo tribunal), bem como o seu possível impacto seja leve (por exemplo: impacto financeiro inferior a 1% do faturamento mensal). De outro lado, um risco será médio se a chance de sua ocorrência (por exemplo: matéria com número bom de precedentes favoráveis, mas ainda não definida) ou seu possível impacto sejam médios (por exemplo: impacto financeiro de 10% da receita bruta anual). Por fim, um risco será elevado se a chance de sua ocorrência for alta (por exemplo: matéria não pacificada, mas com maioria de casos desfavoráveis) ou, ainda, em qualquer cenário em que o seu possível impacto às atividades empresariais seja grave ou gravíssimo (por exemplo: impacto financeiro em montante insustentável pela empresa).

A análise do risco tributário passa, pois, pela **definição de processos e procedimentos de atendimento à legislação e à fiscalização**; pelo constante e aprimorado monitoramento da jurisprudência visando à mensuração dos riscos conhecidos; pela implementação de um contencioso estratégico, que assessore e indique qual medida adotar em cada situação, tendo em vista os riscos envolvidos (isto é, parcelamentos, garantias dos débitos, impugnação, ações judiciais etc.).

Vale ressaltar que a análise do risco tributário é fundamental, inclusive, sob o ponto de vista **contábil**, na medida em que, por vezes, os riscos identificados e reconhecidos deverão ser divulgados nas demonstrações contábeis da sociedade.

GESTÃO DE TRIBUTOS E PLANEJAMENTO TRIBUTÁRIO

Um programa de *compliance* tributário visa conferir instrumentos jurídicos que propiciem melhores condições de **avaliar** e **definir** o caminho mais adequado para o cumprimento da legislação tributária, em linha com as diretrizes de uma **adequada governança corporativa**.[2] Assim, é fundamental que as empresas conheçam os caminhos oferecidos pela própria legislação para o cumprimento das obrigações tributárias.

VOCÊ SABIA?

A gestão tributária nada mais é que o processo de gerenciamento dos aspectos tributários de uma determinada empresa, visando à otimização da carga tributária suportada pelo contribuinte

Algumas das boas práticas de gestão tributária geralmente estão associadas a estudos da legislação para identificar, dentre outros fatores:

(i) Benefícios fiscais aplicáveis que permitam a redução da base de cálculo dos tributos incidentes sobre as atividades empresariais.

(ii) Conhecimento das regras existentes na legislação para aquisição e compensação de créditos fiscais, nos chamados tributos sobre o consumo (IPI, ICMS e PIS e COFINS), especialmente em razão da complexidade e das inúmeras disputas existentes em torno deste tema.

(iii) Busca de regimes especiais junto à Administração Tributária, para conferir uma adequada solução em situações em que a aplicação da legislação conduzir para uma situação de incerteza, insegurança ou excessivo custo para o contribuinte, ou, ainda, para situações em que a legislação simplesmente não dá qualquer solução (isto é, no caso de lacunas) ou ainda que exista uma solução, ela não é adequada para a situação (isto é, no caso de lacunas axiológicas).

(iv) A análise periódica das opções e dos regimes tributários do contribuinte, buscando verificar se, mesmo com a passagem do tempo, eles permanecem como a melhor solução para o contribuinte.

Além disso, as boas práticas de gestão tributária recomendam o ativo **acompanhamento da legislação** federal, estadual e municipal, buscando uma atualização constante que possa permitir identificar oportunidades que não foram anteriormente vislumbradas, bem como permitir que surjam adequações para atender a todos os requisitos impostos por essas regulamentações. Isso sem deixar de lado o **acompanhamento da jurisprudência**, administrativa e judicial, aplicável aos impostos incidentes sobre a atividade econômica da empresa.

Um aspecto fundamental da gestão tributária é que ela não depende apenas de um conhecimento técnico da legislação, não obstante o pressuponha: demanda, antes, a plena **ciência e visão da atividade empresarial do contribuinte** e da evolução jurisprudencial de cada tema relevante, seja administrativa ou judicial, que permitem conhecer critérios específicos (nem sempre expressamente previstos em lei) para resguardar o contribuinte e mitigar seu risco.

Cite-se, por exemplo, a tomada de decisão da organização em relação ao creditamento de PIS e COFINS em razão da aquisição de insumos. Após mais de duas décadas de discussão, o Superior Tribunal de Justiça determinou, por ocasião do julgamento do REsp 1.221.170/PR, sob o rito dos recursos repetitivos, que "o conceito de insumo deve ser aferido à luz dos critérios de essencialidade ou relevância, ou seja, considerando-se a imprescindibilidade

---

[2] AGUIAR, Luciana Ibiapina Lira. *Governança corporativa tributária*: aspectos essenciais. São Paulo: Quartier Latin, 2016. p. 155.

ou a importância de terminado item – bem ou serviço – para o desenvolvimento da atividade econômica desempenhada pelo Contribuinte".[3]

Tais critérios de essencialidade ou relevância, sobre serem indeterminados e subjetivos, demandam que o contribuinte analise cada insumo à luz da atividade desempenhada pela empresa. Assim, não há mercadoria, material ou substância que possa ser considerado insumo por si, sendo sempre necessária a análise da relação entre o produto que é considerado como insumo e o seu modo de utilização no processo produtivo ou atividade empresária que determinará a possibilidade ou não de creditamento. Portanto, trata-se de hipótese em que se demandará não apenas um conhecimento amplo da realidade da corporação e do seu processo produtivo, mas igualmente a adoção de medidas que possam garantir a consistência das decisões tomadas, como a produção de laudos técnicos, contratação de pareceres, realização de estudos etc.

Ademais, é imposição do *compliance* tributário que se criem procedimentos internos para não apenas tomar uma decisão, mas garantir a integridade do processo de tomada de decisão, pela formalização de todas as informações necessárias e relevantes que justifiquem e demonstrem a consistência do caminho escolhido pelo contribuinte, por intermédio de relatórios, dossiês e pastas, relatórios internos, documentos relevantes, laudos especializados etc.

Tais documentos não apenas permitirão a construção de arcabouço probatório fundamental para eventual questionamento por ocasião de fiscalização ou de discussão judicial, como igualmente demonstrarão a racionalidade que conduziu à tomada de decisão – por vezes sendo considerados como indícios relevantes de boa-fé na conduta do contribuinte, perante qualquer interessado (*stakeholder*).

Se a gestão tributária busca oportunidades de economia fiscal lícitas que estejam expressamente previstas na legislação tributária, a expressão **planejamento tributário** possui um sentido um pouco diferente: buscam-se, aqui, reestruturações societárias e adequação do modelo negocial para se valer de lacunas, de textos de lei mal redigidos ou de prática inusitadas, como forma de reduzir sua tributação, sem desrespeitar regras proibitivas da lei. Ou seja, no planejamento tributário busca-se realizar uma conduta que não seja proibida (ilícita) – porém que também não é expressamente permitida – para buscar **oportunidades de otimização na carga tributária**. Não se trata, pois, de práticas ilícitas, mas lícitas, ainda que não decorram de expressa tomada de posição por parte do legislador ordinário.

Sob a perspectiva do *compliance*, o risco tributário assumido nos planejamentos tributários é muito maior, exigindo-se, portanto, estudo aprofundado para auxiliar a tomada de decisão.

De outro lado, proporcionais aos riscos assumidos são os potenciais ganhos em termos de competitividade, na medida em que nem todas as empresas – mesmo que de um mesmo setor econômico – adotarão o mesmo planejamento, seja porque não estão dispostas a correr o mesmo risco ou, simplesmente, pelo desconhecimento da oportunidade existente na legislação.

O planejamento tributário é de extrema importância para as empresas, pois permite a identificação de um cumprimento de obrigações tributárias que seja lícito e, ao mesmo tempo, diferenciado em relação aos demais *players* do mercado, com a redução eficiente dos custos empresariais. No entanto, os riscos tributários envolvidos são muito mais significativos do que na gestão de tributos, exigindo um estudo aprofundado dos riscos tributários envolvidos antes de se decidir implementar qualquer planejamento. Daí a necessidade de sistematização do processo de tomada de decisão pela implementação de um programa de *compliance* e gestão do risco tributário.

GESTÃO DAS OBRIGAÇÕES ACESSÓRIAS

Além da inerente complexidade para a apuração e recolhimento de tributos, há inúmeros outros procedimentos que devem ser adotados pela empresa para garantir um adequado nível de conformidade à legislação tributária, em especial no que tange às obrigações acessórias, atualmente no âmbito do Sistema Público de Escrituração Digital (SPED).

---

[3]   Superior Tribunal de Justiça, REsp 1221170/PR, Rel. Min. Napoleão Nunes Maia Filho, Primeira Seção, julgado em 22.2.2018, *DJe* 24.4.2018.

Com a implementação do **Projeto SPED**, instituído pelo Decreto nº 6.022/07, intensificou-se sobremodo o volume de dados transmitidos e, ainda, o nível de exigência em termos qualitativos dos dados entregues ao Fisco. A prestação de informações fiscais passou a ser realizada em um nível extremamente **analítico**, permitindo "a formação de banco de dados sem precedentes, o que se faz a partir do conjunto de informações que devem ser consignadas em arquivos disponibilizados pela Receita Federal do Brasil", contando, ainda, com a "inclusão, sem precedentes, de informações de terceiros nas declarações transmitidas às administrações tributárias".[4]

Sua estrutura é composta de diversos módulos: (i) Nota Fiscal eletrônica (NF-e); (ii) Nota Fiscal de Serviços eletrônica (NFS-e); (iii) Nota Fiscal de Consumidor eletrônica (NFC-e); (iv) Conhecimento de Transporte eletrônico (CT-e); (v) Escrituração Contábil Digital (ECD); (vi) Escrituração Contábil Fiscal (ECF ou "SPED Contábil"); (vii) Escrituração Fiscal Digital das Contribuições (EFD Contribuições ou "SPED Contribuições"); (viii) Escrituração Fiscal Digital do ICMS e do IPI (EFD ICMS IPI ou "SPED Fiscal"); (ix) Escrituração Fiscal Digital de Retenções e Outras Informações Fiscais (EFD-Reinf); (x) eSocial; (xi) e-Financeira; e (xii) Manifesto Eletrônico de Documentos Fiscais (MDF-e).

A **Nota Fiscal eletrônica (NF-e)** é um documento emitido e armazenado eletronicamente, de existência apenas digital, no formato .XML, que tem como finalidade formalizar uma operação mercantil que constitua fato gerador do ICMS ou do IPI, permitindo, assim, que as Administrações Tributárias tenham ciência de que ocorreu um fato jurídico tributário. Assim, a nota fiscal deve revelar com fidedignidade e transparência a operação mercantil ocorrida.

Portanto, é muito relevante que o profissional da área fiscal tenha extremo cuidado ao preencher a nota fiscal das operações de sua empresa ou ao receber documentos fiscais que acompanham a entrada de mercadoria em seu estabelecimento. No primeiro cenário, porque emitir uma nota fiscal que venha a ser declarada inidônea não apenas afeta o direito de crédito de seu adquirente, como também pode resultar em imposição de multa por remessa de mercadorias desacompanhadas de documento fiscal hábil. No último, porque afetaria o crédito tomado, resultando em sua glosa integral pelo Estado e a imposição de multa elevada, por vezes no valor do próprio crédito tomado.

A **Nota Fiscal de Serviços eletrônica (NFS-e)** é o documento no qual se formaliza uma prestação de serviços, contendo informações que permitam às Administrações Tributárias, em especial as municipais, identificar dados relevantes referentes aos fatos geradores do ISS. Diferentemente da Nota Fiscal Eletrônica (NF-e), não houve ainda a sua implementação efetiva no SPED. Com efeito, o Projeto Nota Fiscal de Serviços Eletrônica (NFS-e) está sendo desenvolvido de forma integrada, pela RFB e pela Associação Brasileira das Secretarias de Finanças das Capitais (Abrasf), atendendo ao Protocolo de Cooperação ENAT nº 2, de 7.12.2007.[5]

A **Nota Fiscal de Consumidor eletrônica (NFC-e)** constitui o documento que visa registrar as operações mercantis a consumidor final (pessoa física ou jurídica), referentes a vendas presenciais ou para entrega em domicílio, em operação interna e sem geração de crédito de ICMS ao adquirente. Sua utilização é limitada a operações que não ultrapassem o limite do valor total máximo igual a R$ 200.000,00. Além disso, é necessária a identificação do CPF ou do CNPJ do consumidor em operações com valor igual ou superior a R$ 10.000,00 (dez mil reais) ou, se valor inferior, quando solicitado pelo adquirente, entrega em domicílio e nas vendas a prazo.

O **Conhecimento de Transporte eletrônico (CT-e)** é o documento fiscal, instituído pelo Ajuste Sinief 09/07, que registra dados relevantes para fins fiscais sobre uma prestação de serviços de transportes tributáveis pelo ICMS

---

[4] AGUIAR, Luciana Ibiapina Lira. *Compliance* e a implementação de deveres instrumentais. *In*: CARVALHO, Paulo de Barros (coord.). *Compliance no direito tributário*. São Paulo: Revista dos Tribunais, 2018. p. 104.

[5] Disponível em: http://sped.rfb.gov.br/pagina/show/488. Acesso em: 31 maio 2021.

(os serviços de transporte intramunicipais tributáveis pelo ISS devem ser documentados em NFS-e) e que substitui os seguintes documentos fiscais: Conhecimento de Transporte Rodoviário de Cargas, modelo 8; Conhecimento de Transporte Aquaviário de Cargas, modelo 9; Conhecimento Aéreo, modelo 10; Conhecimento de Transporte Ferroviário de Cargas, modelo 11; Nota Fiscal de Serviço de Transporte Ferroviário de Cargas, modelo 27; Nota Fiscal de Serviço de Transporte, modelo 7, quando utilizada em transporte de cargas. O CT-e também poderá ser utilizado como documento fiscal eletrônico no transporte dutoviário e, atualmente, nos transportes multimodais.

A **Escrituração Contábil Digital (ECD)** representa a contabilidade comercial e societária, compreendendo a versão digital, no formato .TXT, dos seguintes livros contábeis: (i) livro Diário e seus auxiliares; (ii) livro Razão e seus auxiliares; e (iii) livro Balancetes Diários, Balanços e fichas de lançamento comprobatórias dos assentamentos neles transcritos. Portanto, é neste módulo do SPED que se encontram todos os livros e informações contábeis da empresa, revelando dados sobre a sua condição econômica, como demonstrativos de resultado do exercício (DRE), Balanço Patrimonial, Livro Caixa, Livro Razão, Plano de Contas etc.

A **Escrituração Contábil Fiscal (ECF)** compreende a versão digital, no formato .TXT, da Declaração de Informações Econômico-Fiscais da Pessoa Jurídica (DIPJ), que foi substituída a partir do ano-calendário 2014. Nela não apenas há informações contábeis da empresa, que foram recuperadas a partir da ECD entregue, mas igualmente todas as informações necessárias para apuração do Imposto de Renda da Pessoa Jurídica (IRPJ) e da Contribuição Social sobre o Lucro Líquido (CSLL), em qualquer uma de suas modalidades (lucro real, presumido ou arbitrado), contendo informações sobre plano de contas, adições e exclusões permitidas em lei, prejuízo fiscal acumulado, apuração do imposto, dados econômicos, informações sobre rendimentos dos sócios etc.

A **Escrituração Fiscal Digital das Contribuições (EFD Contribuições)** é o conjunto de escriturações de documentos fiscais e de outras operações e informações relevantes para apuração do PIS e da COFINS, bem como da Contribuição Previdenciária Sobre Receita Bruta, no formato .TXT, assim como no registro de apuração das referidas contribuições, referentes às operações e prestações praticadas pelo contribuinte, como informações dos fornecedores e clientes do contribuinte, registro de documentos fiscais que possam representar ingresso de receita (ainda que não seja tributável) ou que sejam relevantes para comprovar créditos do período, informações sobre o saldo de créditos que o contribuinte possui, informações sobre a forma de apuração das contribuições, exclusões específicas da base de cálculo, retenções sofridas etc.

A **Escrituração Fiscal Digital do ICMS e do IPI (EFD ICMS IPI)** constitui um conjunto de registros de apuração do Imposto sobre Circulação de Mercadorias e Serviços (ICMS) e do Imposto sobre Produtos Industrializados (IPI), no formato .TXT, referentes às operações e prestações praticadas pelo contribuinte que sejam relevantes para a apuração dos referidos tributos, em operações internas e interestaduais. No que tange à disciplina do preenchimento das informações para fins de apuração e fiscalização do ICMS, caberá a cada Unidade Federativa determinar quais serão os registros e campos do leiaute nacional que serão internalizados na legislação estadual. Alguns registros relativos ao ICMS não são utilizados por todos os Estados (por exemplo: C176, C179, C197, C597, D197, 1200 etc.). Se determinada tabela[6] não for disponibilizada pela Administração Tributária da UF e não houver tabela genérica correspondente, significa que o registro a ela vinculado não será informado. Seja como for, há inúmeras informações relevantes para apuração do ICMS e do IPI, pois neste módulo encontram-se versões eletrônicas do Livro Registro de Entrada e Livro Registro de Saída, Livro de Apuração do ICMS, Livro Controle de Crédito de ICMS do Ativo Permanente (CIAP), Livro Registro de Inventário, Livro Registro de Controle da Produção e do Estoque, além de outras informações relevantes que permitam maior controle para apuração dos referidos impostos.

A **Escrituração Fiscal Digital de Retenções e Outras Informações Fiscais (EFD-Reinf)** constitui um dos módulos do Sistema Público de Escrituração Digital (SPED) e um complemento ao Sistema de Escrituração Digital das Obrigações Fiscais, Previdenciárias e Trabalhistas (eSocial), composto de arquivos no formato .XML. As informações constantes nessa escrituração substituirão as contidas em outras obrigações acessórias, como a DIRF, parte da GFIP e o módulo da EFD-Contribuições que apura a Contribuição Previdenciária sobre a Receita Bruta (CPRB). Nela, há importantes informações sobre prestação de serviços e pagamentos sujeitos à retenção da contribuição ao INSS, demandando, para seu adequado preenchimento, interação efetiva entre os setores fiscal, de RH e jurídico da empresa.

---

[6]   Disponível em: http://sped.rfb.gov.br/pagina/show/1578. Acesso em: 17 fev. 2022.

O **Sistema de Escrituração Digital das Obrigações Fiscais, Previdenciárias e Trabalhistas (eSocial)** foi instituído pelo Decreto nº 8.373/14 e consubstancia-se no sistema pelo qual os empregadores comunicam ao Governo, de forma unificada, as informações relativas aos trabalhadores, como vínculos, contribuições previdenciárias, folha de pagamento, comunicações de acidente de trabalho, aviso-prévio, escriturações fiscais e informações sobre o FGTS, substituindo o preenchimento e a entrega de formulários e declarações separados a cada ente. Assim, a implantação do eSocial tem como objetivo efetivar garantia aos diretos previdenciários e trabalhistas, racionalizar e simplificar o cumprimento de obrigações, eliminar a redundância nas informações prestadas pelas pessoas físicas e jurídicas, e aprimorará a qualidade das informações das relações de trabalho, previdenciárias e tributárias.

A **e-Financeira**, regulamentada pela Instrução Normativa (IN)RFB nº 1.571/15, é um conjunto de arquivos digitais referentes a cadastro, abertura, fechamento e auxiliares, e pelo módulo de operações financeiras, de entrega obrigatória pelas instituições financeiras, com o intuito de colaborar com a fiscalização. A entrega das informações pelas instituições financeiras ao Fisco será obrigatória quando o montante global movimentado ou o saldo, em cada mês, por tipo de operação financeira, for superior a R$ 2.000,00 (dois mil reais), no caso de pessoas físicas; e R$ 6.000,00 (seis mil reais), no caso de pessoas jurídicas.

Por derradeiro, o **Manifesto Eletrônico de Documentos Fiscais (MDF-e)** representa o documento emitido e armazenado eletronicamente, de existência apenas digital, para vincular os documentos fiscais transportados na unidade de carga utilizada.

Quadro 3.1 Síntese dos módulos do SPED

Sigla	Descrição	Base normativa
NF-e	Documento eletrônico no formato .XML que tem como finalidade formalizar uma operação mercantil	Ajuste Sinief 07/05, Convênio s/nº de 1975 e legislações estaduais
NFS-e	Documento eletrônico que tem como finalidade formalizar uma prestação de serviço	Protocolo de Cooperação ENAT nº 02, de 7.12.2007
NFC-e	Documento eletrônico no formato .XML que tem como finalidade formalizar uma operação mercantil destinada a consumidor final	Ajuste Sinief 07/05, Convênio s/nº de 1975 e legislações estaduais
CT-e	Documento eletrônico no formato .XML que registra dados relevantes para fins fiscais sobre uma prestação de serviços de transportes tributáveis pelo ICMS	Ajuste Sinief 09/07
ECD	Versão digital da contabilidade comercial e societária, no formato .TXT	IN RFB nº 2.003/21
ECF	Versão digital, no formato .TXT, da Declaração de Informações Econômico-Fiscais da Pessoa Jurídica (DIPJ)	IN RFB nº 2.004/21
EFD ICMS IPI	Livros eletrônicos para apuração do ICMS e do IPI, no formato .TXT	Ajuste Sinief 02/09
EFD Contribuições	Livros eletrônicos para apuração do PIS e da COFINS, no formato .TXT	IN RFB nº 1.252/12
EFD Reinf	Arquivos eletrônicos, no formato .XML, sobre retenções de tributos federais	IN RFB nº 2.043/21
eSocial	Sistema eletrônico pelo qual os empregadores comunicam ao Governo, de forma unificada, as informações relativas aos trabalhadores	n/a
e-Financeira	Conjunto de arquivos digitais referentes a cadastro, abertura, fechamento e auxiliares, e pelo módulo de operações financeiras	IN RFB no 1.571/15
MDF-e	Documento que vincula os documentos fiscais transportados na unidade de carga utilizada	Ajuste Sinief 21/10

Eis por que o *compliance* na gestão das obrigações acessórias, longe de ser mero tópico secundário, tem exigido atenção crescente por parte dos contribuintes. Diante da inigualável complexidade normativa da legislação tributária brasileira, o contribuinte encontra-se propenso ao erro no que se refere ao cumprimento de suas obrigações formais.

Exemplificativamente, por mais simples que pareça, em uma primeira aproximação, a emissão de uma simples nota fiscal na venda de uma mercadoria qualquer a uma pessoa física, há uma série de imbricadas questões de elevada complexidade jurídica, por exemplo:

(i)   Deve o contribuinte saber se o destinatário é contribuinte ou não do imposto (mesmo sendo pessoa física), para definir se é cabível a emissão de Nota Fiscal eletrônica (NF-e, mod. 55) ou Nota Fiscal do Consumidor (NFC-e, mod. 65).

(ii)   Deve identificar a alíquota e a base de cálculo aplicáveis, o que exige saber se há benefícios fiscais para o seu produto bem como se há o cumprimento dos pressupostos legais para sua fruição.

(iii) Deve saber a finalidade a que será destinada a mercadoria para poder identificar o Código Fiscal de Operações e Prestação (CFOP) correto e, inclusive, saber qual regime tributário aplicará à operação (como a substituição tributária, o diferencial de alíquota, diferimento etc.).

(iv)   Deve, ainda, saber a classificação fiscal (código Nomenclatura Comum do Mercosul – NCM) de sua mercadoria, o que exige a escolha de uma entre várias alternativas possíveis pela leitura da descrição do código, que por vezes não acompanha o rápido aprimoramento e a evolução tecnológica do mercado.

(v)   Precisa buscar informações minuciosas do transportador, ainda que a contratação do transporte não seja de sua responsabilidade.

(vi)   Necessário conhecer se há, em portarias ou atos normativos infralegais, exigências sobre o leiaute do documento fiscal e/ou informações específicas que devem constar no campo informações/dados complementares.

(vii) Exige-se ainda que o emissor da nota fiscal tenha conhecimento sobre a idoneidade (não apenas formal, mas de fato) do destinatário etc.

Logo se vê que, para a escrituração desse simples documento, que deve ser emitido para acompanhar qualquer operação mercantil, há inúmeros cuidados que o contribuinte deverá tomar, bem como tantos outros dispositivos que deve conhecer para cumprir a norma legal.

Portanto, diante do volume de informações exigidas para o preenchimento de deveres instrumentais tributários, em especial documentos, declarações e livros eletrônicos que constam no SPED, exige-se que o contribuinte adote medidas que garantam **a precisão em seu cumprimento**, inclusive com **rotinas de detecção do risco tributário**, bem como a confiabilidade das informações transmitidas às autoridades fiscais.

As multas por inexatidões ou omissões na entrega de tais declarações são bastante elevadas, a exemplo do que está previsto no art. 12 da Lei nº 8.218/91, de até 5% do valor das operações a que se referirem erros e omissões, evidenciando a magnitude do risco tributário envolvido na gestão de obrigações acessórias.

O entendimento da RFB é de que, a partir da vigência da Lei nº 13.670, de 30.5.2018, as multas aplicáveis pelo descumprimento dos deveres instrumentais no âmbito do SPED são aquelas previstas no art. 12 da Lei nº 8.218/91: (i) no inciso I (entrega de arquivo digital sem observância dos requisitos e especificações estabelecidos), em relação ao qual se aplica multa equivalente a 0,5% (meio por cento) do valor da receita bruta da pessoa jurídica no período a que se refere a escrituração, aos que não atenderem aos requisitos para a apresentação dos registros e respectivos arquivos; (ii) no inciso II (prestação de informações com omissões ou incorreções), em relação ao qual aplica-se multa equivalente a 5% (cinco por cento) sobre o valor da operação correspondente, limitada a 1% (um por cento) do valor da receita bruta da pessoa jurídica no período a que se refere a escrituração, aos que omitirem ou prestarem incorretamente as informações referentes aos registros e respectivos arquivos; e (iii) no inciso III (apresentação de arquivo fora do prazo estabelecido), em relação ao qual aplica-se multa equivalente a 0,02% (dois centésimos por cento) por dia de atraso, calculada sobre a receita bruta da pessoa jurídica no período a que se refere a escrituração, limitada a 1% (um por cento) desta, aos que não cumprirem o prazo estabelecido para apresentação dos registros e respectivos arquivos.

Esse entendimento tem como fundamento o item 6, alínea *b*, do Parecer Normativo Cosit nº 3, de 28.8.2015, segundo o qual "o aspecto material dos arts. 11 e 12 da Lei nº 8.218/91, é deixar de escriturar livros ou elaborar documentos de natureza contábil ou fiscal quando exigido o sistema de processamento eletrônico, e não mais se encontra limitado pelo art. 57 da Medida Provisória nº 2.158-35/01, de modo a abarcar, novamente (tal qual antes da Lei nº 12.766/12), a não apresentação de declaração, demonstrativo ou escrituração digital". Assim, a multa prevista no art. 57 da Medida Provisória nº 2.158-35/01, por sua generalidade, não mais se aplica em relação às infrações em que se tenha lei específica tratando de infrações. Portanto, em relação aos arquivos digitais, devem ser aplicadas as multas previstas no art. 12 da Lei nº 8.218/91, e não as multas do art. 57 da Medida Provisória nº 2.158-35/01.

Exceção se aplica apenas à ECF, no que tange aos contribuintes optantes pela sistemática de apuração do Lucro Real, cuja penalidade específica está prevista no art. 8º-A do Decreto-lei (DL) nº 1.598/77, pelo qual se aplica multa equivalente a 0,25%, por mês-calendário ou fração, do lucro líquido antes do IRPJ e da CSLL, no período a que se refere a apuração, limitada a 10% (dez por cento) relativamente às pessoas jurídicas que deixarem de apresentar ou apresentarem em atraso o livro; e multa equivalente a 3% (três por cento), não inferior a R$ 100,00 (cem reais), do valor omitido, inexato ou incorreto.

Também sofrem penalidades específicas as infrações referentes à Escrituração Fiscal Digital de Retenções e Outras Informações Fiscais (EFD-Reinf), que estão previstas no art. 7º da Lei nº 10.426/02, no valor de 2% ao mês-calendário ou fração, incidente sobre o montante do imposto declarado em caso de entrega após o prazo, ou no valor de R$ 20,00 para cada grupo de 10 informações incorretas ou omitidas.

Quadro 3.2   Síntese das principais multas federais pela entrega de obrigação acessória com informações inexatas, incompletas ou omitidas no âmbito do SPED no entendimento da RFB

Módulo do SPED	Multa	Fundamentação legal
ECF (Lucro real, apenas)	3% do valor da operação	Art. 8º-A do DL nº 1.598/77
EFD-Reinf	Multa de R$ 20,00 a cada conjunto de 10 erros	Art. 7º da Lei nº 10.426/02
Demais módulos do SPED	5% do valor da operação, limitado a 1% do faturamento do contribuinte no período	Art. 12 da Lei nº 8.218/91

Quadro 3.3   Síntese das principais multas federais pela entrega em atraso das informações no âmbito do SPED no entendimento da RFB

Módulo do SPED	Multa	Fundamentação legal
ECF (Lucro real, apenas)	Multa de 0,25% por mês, sobre o Lucro Antes do Imposto de Renda. Limite: 10% do lucro líquido do período	Art. 8º-A do DL nº 1.598/77
EFD-Reinf	2% sobre o valor dos tributos informados /mês	Art. 7º da Lei nº 10.426/02
Demais módulos do SPED	0,02% do valor da receita por dia de atraso, limitado a 1% do faturamento do contribuinte no período	Art. 12 da Lei nº 8.218/91

Diante desse cenário, uma primeira função da gestão de obrigações acessórias é de reduzir ou evitar dispêndios com multas pecuniárias decorrentes do cumprimento irregular das obrigações acessórias. Ademais, o nível de "aderência à conformidade tributária" – o que notoriamente abrange o cumprimento de deveres instrumentais – tem sido critério para diferenciações entre contribuintes para fins fiscalizatórios pelas administrações tributárias, como se verifica, por exemplo, no "Plano Anual de Fiscalização" da RFB para o ano-calendário de 2015[7] e no art. 5º, II, da Lei de incentivo à conformidade do Estado de São Paulo (Lei Complementar nº 1.320/18).[8]

Por fim, além dos desafios para o preenchimento e a entrega das informações solicitadas pelas **Administrações Tributárias** no âmbito do SPED, há desafios significativos para o contribuinte proceder com a retificação de declarações e escriturações fiscais eletrônicas, que, por vezes, acaba por tolher, na prática, o exercício do direito à correção de dados pessoais. A ilustrar as dificuldades impostas para retificação de declarações no âmbito do SPED, recorde-se o procedimento que a RFB aponta como correto, conforme consta na seção "Perguntas e Respostas" da EFD-Contribuições,[9] pergunta nº 84, que, ao disciplinar o procedimento de escrituração de crédito extemporâneo (por exemplo, para escriturar um crédito de importação de serviço prestado por pessoa física residente no exterior), determinou a observância dos seguintes procedimentos:

(i) Retificação da EFD-Contribuições do correspondente período de apuração, para constituir os créditos decorrentes de documentos não considerados na apuração inicial, realizando o devido controle desse crédito nos registros 1100 (PIS/PASEP) e 1500 (COFINS).

(ii) Retificação da DIPJ ou da ECF, para ajustar o custo/despesa considerado na apuração do lucro líquido, para fins de apuração do IRPJ e da CSLL.

(iii) Retificação da DCTF, caso seja apurado valor suplementar de PIS, COFINS, IRPJ e de CSLL a recolher, decorrente do ajuste realizado.

(iv) Realizar o mesmo procedimento para todas as declarações posteriores até o período de apuração presente.

OBJETIVO 4

O QUE SE ESPERA DO PROFISSIONAL DE *COMPLIANCE* FISCAL?

A implementação de uma **cultura voltada ao *compliance*** exigirá uma transformação substancial não apenas nas empresas, mas nos próprios profissionais de tributos como um todo.

Os profissionais do departamento de tributos (setor fiscal) de uma empresa não apenas deverão ter maior capacitação para lidar com o cumprimento da legislação tributária de forma integrada e digital, como cada vez mais precisarão investir em seu relacionamento com todas as áreas da empresa (RH, Financeiro, Contábil, Jurídico etc.). Devem, ainda, em conjunto com os sistemas informatizados, garantir a consistência e a qualidade da informação entregue em livros e declarações digitais.

---

[7] Cf. Receita Federal do Brasil. Plano Anual da Fiscalização 2015, p. 18. Disponível em: https://receita.economia.gov.br/dados/resultados/fiscalizacao/arquivos-e-imagens/2015_03_05-plano-anual-da-fiscalizacao-2015-e-resultados-2014.pdf. Acesso em: 11 maio 2020.

[8] Art. 5º Para implementação do Programa 'Nos Conformes', com base nos princípios, diretrizes e ações previstos nesta lei complementar, os contribuintes do Imposto sobre Operações Relativas à Circulação de Mercadorias e sobre Prestações de Serviços de Transporte Interestadual e Intermunicipal e de Comunicação – ICMS serão classificados de ofício, pela Secretaria da Fazenda, nas categorias 'A+', 'A', 'B', 'C', 'D', 'E' e 'NC' (Não Classificado), sendo esta classificação competência privativa e indelegável dos Agentes Fiscais de Rendas, com base nos seguintes critérios:
I – obrigações pecuniárias tributárias vencidas e não pagas relativas ao ICMS;
II – aderência entre escrituração ou declaração e os documentos fiscais emitidos ou recebidos pelo contribuinte; [...].

[9] Cf. Receita Federal do Brasil. Perguntas e Respostas da EFD-Contribuições. Pergunta nº 84. Disponível em: http://sped.rfb.gov.br/estatico/08/9A74C350BDFA9C627C5C88FB41E163B696D5E1/Perguntas%20e%20Respostas%20EFD%20Contribui%C3%A7%C3%B5es.pdf. Acesso em: 31 jul. 2021.

Trata-se de uma realidade já conhecida por muitos contribuintes, geralmente adotando-se como foco:

(i) **Confiabilidade do documento**, pela busca da utilização de documentos hábeis e fidedignos ao registro das transações que serão informadas.

(ii) **Conciliação**, pela implementação de processos de conferência e exame das informações recebidas (inclusive suas fontes), permitindo-se a detecção e a eliminação tempestiva de possíveis divergências e erros.

(iii) **Cronograma** adequado na entrega das declarações e cumprimento dos deveres instrumentais, bem como o seu monitoramento contínuo para detectar possíveis riscos tributários.

(iv) **Direcionamento de recursos** adequados para responder às demandas fiscais, como sistemas integrados de gestão (ERP), *softwares* de conciliação de documentos fiscais.

(v) **Adequado planejamento e rotatividade dos colaboradores** da empresa encarregados do cumprimento das práticas de *compliance* tributário, tanto no que se refere à gestão de tributos como de deveres instrumentais, permitindo uma visão holística e maior compreensão dos processos de conformidade da empresa.

(vi) **Manutenção de contas de controles**, contábeis e fiscais, para permitir o confronto dos dados informados e garantir a qualidade da informação.

Para garantir a eficiência dessas rotinas fiscais, diversos setores da empresa devem trabalhar em conjunto para garantir a integridade e a confiabilidade da informação fiscal. Ilustrativo é exemplo da rotina fiscal exigida pela ECF, um dos módulos mais complexos do SPED. Além da inerente complexidade para se apurar o IRPJ e da CSLL, é necessário que a área fiscal da empresa atue em conjunto:

(i) Com o **setor contábil**, na medida em que diversas informações contábeis, constantes da ECD entregue no mesmo exercício, são recuperadas na ECF no "Bloco C" e atuam como ponto de partida (sem que haja a possibilidade de retificar as informações recuperadas) para o cálculo do IRPJ e da CSLL.

(ii) Com o **setor jurídico**, pois há uma série de benefícios fiscais que deverão ser informados no Registro 0020 ("Parâmetros Complementares") e impactarão o cálculo dos tributos, sendo imprescindível que o setor jurídico mantenha atualizado o setor fiscal sobre concessão, duração ou revogação do benefício (como, por exemplo, os incentivos para a inovação tecnológica da Lei do Bem).

(iii) Com o **setor comercial**, pois todos os rendimentos e pagamentos realizados com não residentes deverão contar no registro Y520 ("Pagamentos/Recebimentos do Exterior ou de Não Residentes"), inserindo-se informações sobre país de origem, valor, forma de pagamento e, ainda, a natureza da informação.

(iv) Com o **setor de RH**, pois a informação sobre remuneração dos sócios, administradores e diretores será fornecida no Registro Y600 ("Identificação e Remuneração de Sócios, Titulares, Dirigentes e Conselheiros"), no Registro Y611 ("Rendimentos de Dirigentes, Conselheiros, Sócios ou Titular"), e/ou no Registro Y612 ("Identificação e Rendimentos de Dirigentes, Conselheiros, Sócios ou Titular"), nos casos de entidades isentas ou imunes.

Esse agigantamento das funções do departamento de tributos resultará numa rotina fiscal muito diferente daquela que existia no passado, de apenas preencher declarações e apurar o tributo a recolher. Entre outras coisas, deverá o departamento de tributos desempenhar as seguintes funções: (i) monitoramento das obrigações a serem entregues com respectivas datas; (ii) controles de entregas de obrigações acessórias; (iii) guarda de arquivamentos digitais (TXTs, XMLs etc.); (iv) garantir o fácil acesso de todas as obrigações exigidas pelo Fisco já entregues; (v) monitoramento de CNDs; e (vi) auditoria e cruzamentos das escriturações diária e mensal.

Diante dessa transformação que o próprio conceito de departamento de tributos de uma empresa tem sofrido, cabe que o profissional indague: quais serão as qualidades fundamentais nesse novo cenário?

Inicialmente, **conhecimento técnico** da legislação tributária sempre será fundamental, não apenas para permitir a correta apuração de tributos, mas igualmente permitir identificação e mapeamento de oportunidades de opções fiscais e de planejamentos tributários na legislação. Para isso, será inequivocamente necessário que o profissional busque **contínua capacitação**, aprimorando sua capacidade de mensurar os riscos fiscais envolvidos em cada cenário.

Além disso, é fundamental que o profissional de tributos desenvolva capacidade de **comunicação e de relacionamento social**, na medida em que seu trabalho cada vez mais depende de informações que vêm de outros departamentos da empresa, como o jurídico ou o comercial.

Imprescindível atualmente é que o profissional esteja disposto a investir em **conhecimento em tecnologia**. Não apenas pelo fato de as declarações e livros fiscais serem, praticamente, todos digitais, mas igualmente porque no cenário atual o acesso e armazenamento de dados ocorre por intermédio de novas tecnologias, *softwares* e produtos de informática em constante transformação, exigindo igualmente um aperfeiçoamento continuado do profissional.

Por fim, o atendimento e o fornecimento de soluções aos seus clientes têm contado com intenso processo tecnológico, para melhorar procedimentos internos da atividade empresarial e oferecer um resultado diferenciado para o negócio. O uso da tecnologia como nova ferramenta de trabalho é, portanto, inevitável, em qualquer área de atuação – e na área fiscal não é diferente, sendo necessários profissionais diferenciados para a implementação de políticas de *compliance* fiscal consistentes, coerentes e efetivas.

PROGRAMAS DE CONFORMIDADE E A RELAÇÃO ENTRE FISCO E CONTRIBUINTE

A adoção de uma postura voltada à promoção de maior nível de *compliance* tributário não é de iniciativa exclusiva das corporações, sendo objeto de política fiscal de diversos países, que têm buscado incentivar uma relação de confiança entre Administração Tributária e o contribuinte, com vistas a **estimular o cumprimento voluntário** da legislação tributária e a sua cooperação perante o exercício de atividades fiscalizatórias.[10]

Nesse sentido, o relatório da OCDE *Forum on Tax Administration Information Note General Administrative Principles: Corporate governance and tax risk management* sugere que boas práticas de governança tributária e o aprimoramento da relação entre Fisco e contribuintes trazem diversos benefícios para o cumprimento de obrigações tributárias, inclusive por intermédio do cumprimento voluntário (*voluntary compliance*). Esse objetivo só será alcançado, entretanto, pela definição de um novo paradigma da relação entre Fisco e contribuintes, em que se tenham como compromisso segurança jurídica, transparência, equidade e simplificação.

Busca-se aqui a "conformidade cooperativa fiscal", que promove um relacionamento entre Fisco e contribuinte focado no diálogo e em ganhos mútuos com o cumprimento voluntário da legislação tributária, prezando por um tratamento mais igualitário entre contribuintes.[11]

No Brasil, tem prevalecido um paradigma da relação entre Fisco e contribuintes estruturada em torno de fiscalizações diferenciadas, mais efetivas e rigorosas de determinados contribuintes, sem que haja uma contrapartida positiva, de incentivos, para o contribuinte "conforme". Exemplo dessa política é a postura adotada pela RFB, que instituiu na Portaria SRF nº 557/04 o "programa de acompanhamento econômico-tributário diferenciado das pessoas jurídicas". Entretanto, esse programa não tem como foco diferençar entre contribuintes "conformes" e sonegadores, mas apenas atribuir um acompanhamento diferenciado aos grandes contribuintes.

Exemplo de medida com efeito negativo no amadurecimento de uma relação de confiança é aquela adotada pela Portaria PGFN nº 721/12, que criou Lista de Devedores, de acesso público, contendo a relação dos contribuintes (pessoas físicas e jurídicas) que possuem débitos com a Fazenda Nacional, previdenciários e não previdenciários, inscritos em Dívida Ativa da União, na condição de devedor principal, corresponsável ou solidário. Além de não haver evidências de que tais medidas são eficientes para incentivar o contribuinte a cumprir suas obrigações tributárias em dia, é questionável, ainda, se elas aprimoram a relação de confiança entre Fisco e contribuintes ou se, ao revés, apenas promovem a desconfiança.

---

[10] Sobre o conceito de *enhanced relationship* e os desafios para sua implementação, cf. OWENS, Jeffrey. The "enhanced relationship": a challenge for revenue bodies and taxpayers. *Bulletin for International Taxation: European Taxation*, Amsterdam: International Bureau of Fiscal Documentation, p. 351-353, July 2008.

[11] Sobre o tema, cf. SILVA, Fábio Pereira; GUERREIRO, Reinaldo; FLORES, Eduardo. Voluntary versus enforced tax compliance: the slippery slope framework in the Brazilian context. *International Review of Economics*, v. 1, p. 1-34, 2019.

Não à toa que, diante desse cenário, mesmo medidas legislativas já consolidadas que visam à redução de litígios, como a transação e as consultas fiscais, são vistas com desconfiança e ceticismo pelas empresas, na medida em que, sob o subterfúgio de promover a legalidade, a abertura para um diálogo é bastante reduzida e, por vezes, praticamente inexistente.

No entanto, há um esforço recente por parte dos Estados e pela RFB para modificar esse paradigma, com a instituição em suas legislações de programas de conformidade tributária, com foco no incentivo ao cumprimento das normas tributárias pelos contribuintes, dentre os quais podemos citar o **Programa "Nos Conformes" do estado de São Paulo**, instituído pela Lei complementar estadual nº 1.320/18, que foi o programa pioneiro no tema.

No programa de conformidade estadual, a busca pelo aprimoramento na relação entre Fisco e Contribuinte é possível de se identificar já pelas diretrizes escolhidas: (i) facilitar e incentivar a autorregularização e a conformidade fiscal; (ii) reduzir os custos de conformidade para os contribuintes; (iii) aperfeiçoar a comunicação entre os contribuintes e a Administração Tributária; (iv) simplificar a legislação tributária e melhorar a qualidade da tributação promovendo, entre outras ações, transparência na aplicação dos critérios de classificação de contribuintes, uniformidade e coerência na aplicação da legislação tributária e a divulgação do entendimento da Administração Tributária sobre a aplicação concreta da legislação; e (v) aperfeiçoar continuamente a Administração Tributária para atendimento dos princípios estabelecidos, inclusive, pelo desenvolvimento e aperfeiçoamento de sistemas de informação e melhoria da tecnologia aplicada nos processos e o treinamento e a capacitação dos servidores da Administração Tributária para atendimento ao disposto nessa lei complementar.

Os contribuintes serão classificados de ofício, pela Secretaria da Fazenda, nas categorias "A+", "A", "B", "C", "D", "E" e "NC" (Não Classificado), com base nos seguintes critérios: (i) obrigações pecuniárias tributárias vencidas e não pagas relativas ao ICMS; (ii) aderência entre escrituração ou declaração e os documentos fiscais emitidos ou recebidos pelo contribuinte; e (iii) perfil dos fornecedores do contribuinte, conforme enquadramento nas mesmas categorias e pelos mesmos critérios de classificação (este último requisito não foi adotado por ocasião da regulamentação do programa pelo Decreto estadual nº 64.453/19).

No que tange aos incentivos à conformidade, o programa conta com sanções premiais, que dão acesso a um tratamento diferenciado e mais benéfico ao contribuinte que esteja em uma categoria superior de conformidade tributária, como o acesso ao procedimento de Análise Fiscal Prévia (AFP) (em que se confere a possibilidade de o contribuinte se regularizar diante de um erro na apuração dos tributos ou entrega de obrigações acessórias), procedimentos simplificados e mais céleres para restituição ou ressarcimento do imposto, renovação de regimes especiais etc.

Quadro 3.4 Benefícios aplicados às categorias do programa de conformidade estadual

Benefício concedido	Categoria aplicável
Acesso ao procedimento de AFP, consistente na realização de trabalhos analíticos ou de campo por Agente Fiscal de Rendas, sem objetivo de lavratura de auto de infração e imposição de multa	"A+" e "A"
Autorização para apropriação de crédito acumulado, observando-se procedimentos simplificados	"A+" e "A"
Efetivação da restituição do imposto pago antecipadamente em razão de substituição tributária, observando-se os procedimentos simplificados	"A+" e "A"
Autorização para pagamento do ICMS relativo à substituição tributária, oriunda de outra unidade federativa, cujo valor do imposto não tenha sido anteriormente retido, mediante compensação em conta gráfica, ou recolhimento por guia especial até o dia 15 do mês subsequente	"A+" e "A"
Autorização para pagamento do ICMS relativo à importação de mercadoria oriunda do exterior, mediante compensação em conta gráfica	"A+", "A" e "B"
Renovação de regimes especiais concedidos na Lei estadual/SP nº 6.374/89, observando-se procedimentos simplificados	"A+" e "A"
Inscrição de novos estabelecimentos do mesmo titular no cadastro de contribuintes, observando-se procedimentos simplificados	"A+", "A", "B" e "C"
Transferência de crédito acumulado para empresa não interdependente, observando-se procedimentos simplificados, na forma e condições estabelecidas em regulamento, desde que gerado em período de competência posterior à publicação dessa lei complementar, respeitando o limite anula previsto no regulamento	"A+"
Autorização para apropriação de até 50% do crédito acumulado, observando-se procedimentos simplificados	"B"

Ainda é cedo para avaliar de forma peremptória a eficiência do programa. Contudo, ao que tudo indica, as empresas têm se esforçado para compreender os critérios de classificação e estabelecer procedimentos internos de conformidade, visando classificações positivas no programa, o que mostra o potencial para dar um relevante passo para aprimorar a relação entre Fisco e contribuinte e estimular o *compliance* fiscal voluntário.

No âmbito federal, ainda não houve a implementação de um programa de conformidade tributária específico, com vistas ao aprimoramento da relação entre Fisco e contribuintes. Isso não significa que a conformidade tributária esteja fora da agenda da RFB. Consoante consta em seu "Plano Anual de Fiscalização – Ano 2019", o Fisco federal tem investido em uma "gestão de risco que priorize as ações com foco nos contribuintes que atuam de forma intencional para sonegar", com vistas a aumentar o grau de *compliance*: autorregularização e simplificação das obrigações acessórias, por intermédio de dois pilares de atuação: (i) autorregularização e cumprimento espontâneo das obrigações tributárias e (ii) alertas de inconformidade dos maiores contribuintes.

Dentro das ações voltadas para o incentivo à autorregularização e ao cumprimento espontâneo das obrigações tributárias, destacam-se as chamadas "malhas finas" para pessoas físicas e jurídicas, na Receita Federal, que oferecem aos contribuintes informações atualizadas sobre o processamento das declarações do IRPF, dentre elas, inclusive, eventual retenção da declaração em malha, com orientações de como proceder para a solução do problema encontrado. Essas medidas têm como objetivo, ainda, promover a "conscientização fiscal", atingindo um maior número de contribuintes e, dessa forma, "criando uma percepção de risco subjetivo mais ampla, que não seria possível pelos métodos tradicionais de fiscalização, aumentando a presença fiscal e a arrecadação regular do crédito tributário".

Além disso, a RFB tem realizado "alertas de inconformidade" dos maiores contribuintes, com o objetivo de promover a autorregularização, de incentivar a conformidade tributária, de buscar o cumprimento espontâneo e de promover a mudança de comportamento, por intermédio do "aumento da percepção de risco e da atuação próxima ao fato gerador". Como esclarece o relatório da RFB, o trabalho "consiste basicamente na identificação de contribuintes omissos, de contribuintes com preenchimento incompleto (basicamente as informações de receita bruta 'zerada') e de contribuintes com divergências entre os valores apurados (escrituração) e os valores declarados (DCTF)", tendo sido enviados, apenas em 2018, 2.987 alertas de inconformidade, com um total de 1.616 regularizações, retificações de declarações em montante de R$ 1,83 bilhão e pagamentos e parcelamentos de débitos tributários na casa de R$ 133 milhões.

Dentro dessa ideia, também merece encômio o Programa Regional de Conformidade Tributária e Aduaneira (PRC), nos estados do Rio de Janeiro e do Espírito Santo, normatizado pela Portaria SRRF07 nº 5, de 18.1.2021.

Alinhado com as práticas mais modernas da administração tributária internacional, o programa PRC é composto por ações de conscientização fiscal aos contribuintes e oportunidades de autorregularização ao contribuinte, antes da instauração de procedimento fiscal.

Por fim, é importante mencionar que a RFB tem envidado esforços para desenvolver, junto à sociedade, **o "CONFIA", que constitui o programa federal de Conformidade Cooperativa Fiscal**, o qual abrangerá empresas com bons antecedentes fiscais que possuam estruturas consolidadas de governança corporativa tributária e será fundado na aplicação do conceito de Gerenciamento de Riscos (analisando o comportamento, o histórico de conformidade e a estrutura de cumprimento fiscal dos contribuintes) no desenvolvimento do relacionamento entre Administração Tributária e contribuintes. Assim como o programa "Nos Conformes", trata-se de programa pioneiro dentro de seu modelo e que, certamente, será paradigma para outros programas de conformidade tributária que vierem a ser instituídos.

SAIBA MAIS!

uqr.to/1ay6j

O CONFIA é um programa de conformidade tributária que representa um importante passo para a mudança de paradigma da relação entre a RFB e os contribuintes. Conheça mais sobre os conceitos, os objetivos e as etapas do programa acessando o QR Code.

RESUMO

OBJETIVO 1   O *compliance* tributário é a adoção de medidas para estar em conformidade com a legislação tributária, cumprindo adequadamente suas obrigações tributária principais e acessórias, bem como medidas visando à criação de procedimentos, internos e externos, para detectar e remediar qualquer desvio de conformidade que possa ocorrer. Assume papel de relevo como instrumento de governança corporativa, que tem por finalidade, pela adequada conformidade com a legislação tributária, preservar e otimizar o valor da organização, facilitando seu acesso e recursos e contribuindo para a sua longevidade, além de proporcionar um adequado grau de relacionamento com todos os *stakeholders*, inclusive a própria Administração Tributária.

OBJETIVO 2   Risco tributário são os eventos no exercício das atividades empresárias, que podem conduzir a adversidades fiscais durante a vida da empresa, afetando a saúde financeira da organização e comprometendo o atingimento dos resultados estabelecidos como metas pela corporação, bem como poderão implicar responsabilização tributária (art. 135, CTN) – e inclusive penal (arts. 1º, 2º e 11 da Lei nº 8.137/90) – aos sócios e colaboradores que estejam engajados na tomada de decisão quanto ao cumprimento dos tributos. A gestão de risco tributário não significa adotar uma postura avessa a qualquer risco, mas permitir a tomada de decisão racional da empresa com a plena ciência dos riscos relacionados às decisões tomadas em matéria tributária.

OBJETIVO 3   A gestão de tributos e o planejamento tributário atuam como ferramentas à disposição dos contribuintes para otimizar a adequação de suas condutas à legislação tributária, permitindo o cumprimento de obrigações tributárias que seja lícito e, ao mesmo tempo, diferenciado em relação aos demais *players* do mercado, com a redução mais eficiente da carga tributária incidente sobre as atividades empresariais pelo uso de oportunidades conferidas no próprio texto legal. Por sua vez, a gestão das obrigações acessórias refere-se aos procedimentos que devem ser adotados pela empresa para garantir um adequado nível de conformidade à legislação tributária, no que tange aos deveres formais, como emissão de documentos e escrituração de livros fiscais no interesse da arrecadação ou da fiscalização dos tributos. O ambiente SPED modificou substancialmente a forma pela qual o Direito Tributário se operacionaliza, integrando informações que, antes, encontravam-se em uma miríade de papéis distintos. Conhecer e manejar adequadamente o novo ambiente de informações fiscais é imprescindível com possibilidade de cruzamentos de informações fiscais pela RFB, somado ao fato de que há elevadas multas pelo descumprimento das obrigações acessórias.

OBJETIVO 4   O papel do profissional da área tributária na implementação de um programa de *compliance* fiscal da empresa será de garantir, em conjunto com os sistemas informatizados, a consistência e a qualidade da informação entregue em livros e declarações digitais, o que necessitará não apenas de uma mudança de postura institucional que crie condições para o adequado cumprimento dessa função (como treinamentos, investimentos em infraestrutura, contratação de pessoal em número adequado etc.) como também maior integração entre todos os setores da corporação. A adoção de uma postura voltada à promoção de um nível maior de *compliance* tributário não é de iniciativa exclusiva das corporações, sendo objeto de política fiscal de diversos países, que têm buscado incentivar uma relação de confiança entre Administração Tributária e o contribuinte, com vistas a estimular cumprimento voluntário da legislação tributária e a sua cooperação perante o exercício de atividades fiscalizatórias. Busca-se aqui a "conformidade cooperativa fiscal", que promova um relacionamento entre Fisco e contribuinte focado no diálogo e em ganhos mútuos com a o cumprimento voluntário da legislação tributária, prezando por um tratamento mais igualitário entre contribuintes. No Brasil, o tema tem ganhado importância com os programas de conformidade estaduais e as discussões acerca do programa federal (CONFIA).

▶ VÍDEOS ADICIONAIS SOBRE O CAPÍTULO

Acesse os QR Codes para assistir ao material adicional do capítulo:

Vídeo 1
uqr.to/1ay9h

Vídeo 2
uqr.to/1ay9i

Vídeo 3
uqr.to/1ay9j

TESTES DE MÚLTIPLA ESCOLHA

1. Sobre o *compliance* fiscal, podemos asseverar:

   a) Seu principal objetivo é a economia de tributos.

   b) Visa somente à adoção de medidas para aumentar o nível de cumprimento de obrigações acessórias e apuração de tributos de uma empresa.

   c) Tem como objetivo adotar medidas que possam garantir o nível de governança almejado pelas corporações, inclusive de forma preventiva, detectando e tratando possíveis desvios ou inconformidades.

   d) O setor contábil é o mais adequado para garantir melhores padrões de conformidade das empresas, pela proximidade com os livros fiscais e a apuração do tributo a ser pago.

   e) O setor jurídico é o mais adequado para garantir melhores padrões de conformidade das empresas, pela proximidade com as teses jurídicas que permitem a redução de tributos.

2. Define-se risco tributário como os eventos no exercício das atividades empresárias, que podem conduzir a adversidades fiscais durante a vida da empresa. Sua origem está associada a:

   a) Fatores internos (como infraestrutura, pessoal etc.) ou externos (como informatização das Administrações Tributárias, conjuntura econômica etc.).

   b) Apenas a fatores internos, na medida em que o risco fiscal surge como resultado da ausência de cuidado na condução da atividade da empresa.

   c) Apenas a fatores externos, associados à capacidade da Administração Tributária em conseguir fiscalizar o contribuinte.

   d) Alteração legislativa que torna mais onerosa a operação.

   e) Alto grau de judicialização das empresas na busca por otimização da carga tributária.

3. Para o gestor da empresa, a adoção de um programa de *compliance* fiscal adequado revela-se como:

   a) Aumento de custos de oportunidade desnecessários para a geração de lucros.

   b) Oportunidade de contratação de profissionais mais qualificados para ocupação dos cargos da área fiscal e tributária.

   c) Parte integrante do dever de reduzir a carga tributária, por meios lícitos ou não.

   d) Imposição legal, sob pena de consequências cíveis e penais em face do descumprimento da legislação tributária pela corporação.

   e) Parte integrante do dever de empregar, no exercício de suas funções, o cuidado e a diligência que todo homem ativo e probo costuma empregar na administração dos seus próprios negócios.

4. O *compliance* tributário não se limita apenas ao cumprimento das obrigações tributárias principais e acessórias, mas também impõe a implementação de medidas que garantam um adequado nível de conformidade com todo o direito posto, exceto:

   a) Elaboração de laudos para justificar a adoção ou mudança de regimes tributários.

   b) Adoção de rotina de revisão dos critérios de apuração dos tributos.

   c) Implementação de sistemas tecnológicos que diminuam a margem de erro nos *inputs* de informações fiscais relevantes.

   d) Contratação de funcionários novos para atuar na área fiscal da empresa.

   e) Contratação de pareceres jurídicos para fundamentar tomadas de posições relevantes em matérias complexas.

5. A gestão do risco fiscal impõe, necessariamente, a análise dos seguintes fatores:

   a) Valor da multa tributária e a probabilidade de a infração vir a ser exposta a público.

   b) Possível impacto do risco às atividades empresariais e probabilidade de concretização do risco.

   c) Possibilidade de responsabilização dos sócios e diretores, bem como de colaboradores da empresa.

   d) Riscos ambientais e sociais associados à sonegação de tributos.

   e) Possível impacto do risco às atividades empresariais e possibilidade de responsabilização dos sócios e diretores.

6. Sobre a gestão do risco fiscal, podemos asseverar:

   a) Pressupõe uma postura conservadora e consciente, avessa a qualquer risco que possa impactar a atividade empresarial e seus resultados.

   b) Estabelece conjunto de processos por meio dos quais seja possível identificar, analisar, avaliar e responder aos riscos que possam afetar os objetivos da organização.

   c) Tem como principal objetivo evitar riscos que possam afetar a imagem e o patrimônio dos sócios, diretores e colaboradores.

   d) Não é avessa a riscos, desde que financeiramente os ganhos sejam em montante superior ao das possíveis perdas.

   e) Impõe a contratação de consultoria especializada para auxiliar cada tomada de decisão.

7. Sobre o planejamento tributário, podemos afirmar:

   a) Configura elisão fiscal e, portanto, não apresenta qualquer risco fiscal relevante a ser considerado.

b) Configura evasão fiscal e, portanto, deve ser evitado em razão dos riscos tributários e penais envolvidos.

c) É proibido pela legislação tributária brasileira.

d) É sempre admitido em razão de o contribuinte ter ampla liberdade de planejar suas atividades, ainda que o faça por meio de simulação.

e) O risco tributário assumido nos planejamentos tributários é maior, assim como eventuais ganhos igualmente são mais relevantes, pois são diferenciados e únicos em relação a cada contribuinte.

8. A informatização fiscal no Brasil é uma realidade reconhecida internacionalmente. O principal sistema informatizado no qual são entregues os documentos e escriturações fiscais atualmente vigente é:

a) Sistema de Escrituração Fiscal (SEF).

b) Malha Fina PJ.

c) e-Financeira.

d) Sistema Público de Escrituração Digital (SPED).

e) Escrituração Contábil Digital (ECD).

9. Com a implementação de um programa de *compliance* fiscal, espera-se transformação substancial das áreas fiscal e tributária da empresa, que deverão, para além das suas funções atuais:

a) Guardar cópias físicas de livros e documentos fiscais para garantir adequado armazenamento da informação.

b) Atuar exclusivamente na reparação de potenciais danos decorrentes da concretização de riscos fiscais.

c) Prezar por uma visão holística e maior compreensão dos processos de conformidade da empresa, independentemente da área em que seus funcionários atuem ou da função que exerçam.

d) Expedir guias e realizar o pagamento dos tributos, não delegando qualquer atuação da área fiscal a outros setores da empresa.

e) Tomar a decisão sobre o recolhimento de tributos e estratégias jurídicas que deverão ser adotadas a curto e médio prazo.

10. A principal vantagem de um programa de *compliance* fiscal consiste no fato de que:

a) Além de evitar passivos fiscais, é extremamente relevante para a manutenção do próprio valor da corporação de sua capacidade de produzir resultados.

b) Constitui "selos" que as corporações buscam para agregar valor aos seus produtos e serviços.

c) Diminui custos decorrentes de litigância judicial e assessoria jurídica externa.

d) Permite relevante economia tributária, pois o cumprimento em dia da legislação permite maiores descontos no pagamento de tributos.

e) Diminui custos de funcionários com a implementação de sistema automatizados eficientes.

RESPOSTAS

1-C; 2-A; 3-E; 4-D; 5-B; 6-B; 7-E; 8-D; 9-C; 10-A.

CAPÍTULO 4

CONTABILIDADE SOCIETÁRIA

Fernando Dal-Ri Murcia

OBJETIVOS DE APRENDIZAGEM DO CAPÍTULO

1. Reconhecer a normatização presente no ordenamento contábil brasileiro a partir da Lei das Sociedades Anônimas e das Normas Internacionais de Relatórios Financeiro (IFRS).
2. Entender o objetivo das demonstrações contábeis.
3. Compreender os elementos fundamentais das demonstrações contábeis: ativo, passivo, patrimônio líquido, receitas e despesas.
4. Entender as principais demonstrações contábeis e suas respectivas aplicações práticas.

 OBJETIVO 1

O ORDENAMENTO CONTÁBIL BRASILEIRO

CONSIDERAÇÕES INICIAIS

O ordenamento contábil alterou-se drasticamente com a aprovação da Lei nº 11.638/07, resultando em uma profunda alteração da legislação societária brasileira, com o objetivo principal de viabilizar a adoção das normas internacionais de contabilidade (IFRSs) no Brasil para um conjunto bem mais amplo de sociedades – todas as sociedades por ações e também as empresas limitadas consideradas de grande porte. A citada lei representou o fundamento jurídico antes inexistente para viabilizar a convergência rumo às IFRS. De fato, a Lei nº 11.638/07 não só determinou a convergência, como também produziu alterações na Lei de dispositivos que antes impediam a adoção de várias dessas normas internacionais. Adicionalmente, ocorreu a expressa segregação entre a contabilidade fiscal e a contabilidade societária.

Costuma-se denominar "contabilidade societária", "contabilidade empresarial" ou ainda "contabilidade comercial" a contabilidade que é elaborada para fins de atendimento das necessidades informacionais de acionistas, credores e do mercado em geral – que não se confunde com a contabilidade "tributária", que é realizada para fins de atendimento das exigências do Fisco.

A partir da Lei nº 11.638/07, iniciou-se um processo de convergência das normas de contabilidade societária brasileira às normas internacionais de contabilidade com a adoção completa de fato ocorrendo apenas em 2010, e com a participação fundamental do Comitê de Pronunciamentos Contábeis (CPC) que, a partir da nova Lei, passou a emitir os Pronunciamentos Contábeis baseados fundamentalmente nas IFRS.

O COMITÊ DE PRONUNCIAMENTOS CONTÁBEIS

Um dos passos fundamentais para viabilizar o processo de convergência, primeiro, a um único padrão contábil no Brasil e, concomitantemente, aos padrões internacionais de Contabilidade IFRS, foi a criação do CPC.

Este importante *standard setter* foi criado pela Resolução CFC nº 1.055/05, e tem como objetivo:

> o estudo, o preparo e a emissão de Pronunciamentos Técnicos sobre procedimentos de Contabilidade e a divulgação de informações dessa natureza, para permitir a emissão de normas pela entidade reguladora brasileira, visando à centralização e uniformização do seu processo de produção, levando sempre em conta a convergência da Contabilidade Brasileira aos padrões internacionais.

Importante destacar que o CPC foi concebido de forma a incluir diversos e múltiplos interesses, porém todos voltados ao foco das demonstrações financeiras. Foi formatado para incluir todos os principais *players* que preparam, analisam e auditam as demonstrações financeiras. O CPC, desde a origem, é formado por seis órgãos que congregam preparadores de demonstrações contábeis, auditores, analistas, acadêmicos e, ainda, os reguladores da profissão contábil e a bolsa de valores – são os membros votantes; têm assento, voz e voto dois representantes de cada um dos seguintes fundadores do CPC, nas deliberações sobre os Pronunciamentos, Orientações e Interpretações:

- ABRASCA – Associação Brasileira das Companhias Abertas, representando as empresas listadas em bolsa de valores.
- APIMEC – Associação dos Profissionais de Investimentos e de Mercado de Capitais, representando os analistas.
- B3 S.A., representando a si própria como bolsa de valores.

- CFC – Conselho Federal de Contabilidade, representando a classe contábil.
- FIPECAFI – Fundação Instituto de Pesquisas Contábeis, Atuariais e Financeiras, representando a comunidade acadêmica.
- IBRACON – Instituto dos Auditores Independentes do Brasil, representando os auditores independentes.

Além dessas seis entidades que designam 12 membros votantes, o CPC conta ainda com a participação, como ouvintes com direito a voz, mas não a voto, de dois representantes de cada uma das seguintes entidades:

- BACEN – Banco Central do Brasil, a Autoridade Monetária Brasileira.
- CVM – Comissão de Valores Mobiliários; órgão regulador do mercado de capitais no Brasil.
- CNI – Confederação Nacional da Indústria, representando as empresas do setor manufatureiro.
- FEBRABAN – Federação Brasileira de Bancos, representando a indústria bancária.
- RFB – Secretaria da Receita Federal do Brasil, representando a Autoridade Tributária.
- SUSEP – Superintendência de Seguros Privados, regulador de seguros no Brasil.

Ressalta-se que, no Brasil, o CPC não detém poder de *enforcement*, ou seja, trata-se de um conjunto de profissionais envolvidos com a informação contábil e que emitem Pronunciamentos Contábeis, na máxima extensão possível baseados nas IFRS.

Posteriormente à emissão desses documentos, os órgãos reguladores precisam emitir seus instrumentos próprios para tornar obrigatória a aplicação dos Pronunciamentos do CPC. Nesse sentido, a CVM emite Deliberações a partir dos Pronunciamentos aprovados, o CFC emite Resoluções e assim sucessivamente.

Note-se que os Pronunciamentos, as Interpretações e as Orientações emanadas do CPC são, basicamente, traduções das normas internacionais (IFRSs) – que são emitidas pelo *International Accounting Standards Board* (IASB), com raras adaptações de linguagem e de algumas situações específicas em razão das disposições contábeis previstas na Lei nº 6.404/76.

LEGISLAÇÃO SOCIETÁRIA BRASILEIRA – LEI Nº 6.404/76

A parte contábil da Lei nº 6.404/76 foi inspirada no que se tinha de mais moderno à época: a contabilidade norte-americana. Sendo assim, essa lei atualizou a prática contábil brasileira às melhores práticas internacionais, já que o modelo contábil norte-americano (US GAAP) era considerado, naquela época, uma referência em termos de contabilidade internacional – já previa, por exemplo, a reavaliação para ativos imobilizados, o método de equivalência patrimonial.

Nesse sentido, já em 1976 trouxemos para o Brasil, por meio da Lei nº 6.404, conceitos e exigências contábeis consideradas, até os dias de hoje, bastante complexas e inovadoras visando a demonstrações contábeis que retratassem a essência econômica de transações e eventos.

Porém, a mesma legislação que trouxe modernidade às práticas contábeis adotadas no Brasil acabou sendo um entrave à necessária evolução do modelo contábil, pois, ao inserir determinações mandatórias, no âmago da lei, de algumas práticas contábeis e de divulgação, acabou provocando um indesejado "engessamento". Isso porque melhorias posteriores dependeriam de alterações da Lei, e mudanças de leis federais são usualmente processos muito lentos na maioria das jurisdições, e com certeza também o são no Brasil. Assim, com o passar dos anos, a legislação societária foi se tornando antiga, defasada e ineficaz em relação às práticas adotadas internacionalmente.

Em razão da necessidade de "reforma" da Lei nº 6.404/76 é que foi promulgada a Lei nº 11.638/07. Merecem especial destaque os §§ 5º, 6º 7º inseridos no art. 117 da Lei nº 6.404/76:

> § 5º As normas expedidas pela Comissão de Valores Mobiliários a que se refere o § 3º deste artigo **deverão ser elaboradas em consonância com os padrões internacionais de contabilidade** adotados nos principais mercados de valores mobiliários.
>
> § 6º As companhias fechadas poderão optar por observar as normas sobre demonstrações financeiras expedidas pela Comissão de Valores Mobiliários para as companhias abertas.

> § 7º Os **lançamentos de ajuste** efetuados exclusivamente para **harmonização de normas contábeis**, nos termos do § 2º deste artigo, e as demonstrações e apurações com eles elaboradas **não poderão ser base de incidência de impostos e contribuições nem ter quaisquer outros efeitos tributários.** (grifos nossos)

Assim, a Lei nº 11.638/07 foi considerada um verdadeiro divisor de águas da contabilidade brasileira. O processo de convergência para as IFRSs foi, sem dúvida, a maior mudança ocorrida na contabilidade nacional desde a publicação da Lei nº 6.404 no ano de 1976.

Do ponto de vista prático, apesar da convergência das normas brasileiras às normas internacionais, as empresas brasileiras – em especial as sociedades por ações e as limitadas de grade porte – precisam igualmente acompanhar as disposições previstas na Legislação Societária.

Neste capítulo, portanto, buscaremos trazer os dois normativos principais que compõem o ordenamento brasileiro: Pronunciamentos Técnicos emitidos pelo CPC, que possuem correlação com as normas internacionais de contabilidade, e Lei nº 6.404/76 com as suas alterações posteriores.

 **OLHA A DICA!**

O conjunto completo de Pronunciamentos, Orientações e Interpretações emitidos pelo CPC podem ser encontrados acessando o QR Code.

uqr.to/1ay6l

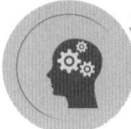 **QUESTÃO PARA REFLEXÃO**

Existindo um eventual conflito entre os Pronunciamentos Contábeis emitidos pelo CPC e a Lei nº 6.404/76, qual norma deverá ser seguida pelas companhias?

OBJETIVO 2

OBJETIVO DAS DEMONSTRAÇÕES CONTÁBEIS

FUNÇÃO INFORMACIONAL DAS DEMONSTRAÇÕES CONTÁBEIS

As demonstrações contábeis, também chamadas de demonstrações financeiras, são a principal forma de divulgação de informações corporativas, conquanto que não a única. Isso porque:

 ATENÇÃO!

O objetivo das demonstrações contábeis é prover informações úteis para auxiliar o processo decisório dos usuários.

(i) **Desempenham a importante função de pautar as relações entre as partes**, uma vez que servem de base para vasta gama de contratos entre as partes, como, por exemplo: pagamento de dividendos, remuneração de executivos, *covenants* de dívida, tributos etc.

(ii) **Transmitem credibilidade**, pois são auditadas por uma terceira parte independente – os auditores externos.

(iii) **Apresentam informações organizadas**, de acordo com normas contábeis previamente definidas (GAAP).

De fato, essa chamada "função informacional" da contabilidade decorre de seu próprio objetivo, de sua própria existência, e encontra-se igualmente prevista no Pronunciamento Conceitual Básico: CPC 00 (R2) – Estrutura Conceitual para Relatório Financeiro, do CPC, correlacionado ao *Conceptual Framework* do IASB. Conforme o item 1.2 do referido Pronunciamento:

1.2 O objetivo do relatório financeiro para fins gerais é **fornecer informações financeiras sobre a entidade** que reporta que sejam úteis para investidores, credores por empréstimos e outros credores, existentes e potenciais, na **tomada de decisões referente à oferta de recursos à entidade**. Essas decisões envolvem decisões sobre: (a) comprar, vender ou manter instrumento de patrimônio e de dívida; (b) conceder ou liquidar empréstimos ou outras formas de crédito; ou (c) exercer direitos de votar ou de outro modo influenciar os atos da administração que afetam o uso dos recursos econômicos da entidade. (grifos nossos)

Os bancos, por exemplo, precisam analisar a situação econômico-financeira da empresa para fins de determinação: (i) da taxa de juros a ser cobrada; (ii) dos prazos para devolução do principal; (iii) do montante de recursos a ser emprestado; e (iv) das garantias a serem exigidas. Como as instituições financeiras não têm acesso privilegiado às informações, então demandam Demonstrações Contábeis das empresas para fins da tomada de decisão econômica de emprestar ou não.

O mesmo acontece com acionistas preferencialistas, minoritários e investidores potenciais. Antes de decidir investir sua poupança nas empresas, estes precisam analisar o retorno esperado e os riscos potenciais do negócio. Novamente, como esses acionistas não têm o mesmo acesso às informações da empresa que os controladores, suas análises são baseadas nas informações que são divulgadas pela empresa por meio dos relatórios contábeis.

Nesse contexto – para que a contabilidade atinja seu objetivo principal, qual seja, o de auxiliar seus usuários na tomada de decisão econômica, contribuindo assim para a alocação eficiente de recursos e para o bom funcionamento do mercado de capitais –, as informações constantes nas Demonstrações Contábeis devem ser relevantes.

Note-se que a informação relevante faz com que a decisão do usuário das Demonstrações Contábeis seja alterada pela sua utilização. Os itens 2.7-2.9 do Pronunciamento Conceitual Básico provêm maiores explicações sobre o conceito de relevância da informação contábil – definida, para fins contábeis, como a capacidade de influenciar o processo decisório do usuário:

2.7 Informações financeiras são capazes de fazer diferença em decisões se tiverem **valor preditivo ou valor confirmatório**, ou ambos.

2.8 Informações financeiras têm **valor preditivo** se podem ser utilizadas como informações em processos empregados pelos usuários para prever resultados futuros. Informações financeiras não precisam ser previsões ou prognósticos para ter valor preditivo.

2.9 Informações financeiras têm **valor confirmatório** se fornecem feedback sobre (confirmam ou alteram) avaliações anteriores. (grifos nossos)

☞ ATENÇÃO!

- Conforme a Estrutura Conceitual Básica (*Conceptual Framework*), o objetivo das demonstrações contábeis é justamente **fornecer informações que sejam úteis aos seus usuários (acionistas, credores etc.) auxiliando-os nas suas decisões econômicas**.

- Para que as demonstrações contábeis atinjam seu objetivo principal, elas **devem conter informações relevantes**.

- Informações relevantes **são aquelas capazes de fazer diferença na decisão dos usuários**, seja auxiliando-os a prever os resultados futuros da empresa (valor preditivo), seja servindo de *feedback* de avaliações prévias (valor confirmatório).

Em razão da séria crise econômica e política que o país enfrenta, as receitas da empresa caíram sensivelmente. Os custos, por outro lado, não se reduziram na mesma proporção, uma vez que grande parte deles é de natureza fixa. Nesse contexto, a empresa apresentou prejuízo nos últimos dois trimestres. A ação da empresa, inclusive, vem caindo na bolsa desde o ano anterior.

Por conta do encerramento das demonstrações, você como advogado e patrono de um processo tributário da empresa deve atribuir uma chance de perda. Após avaliar o andamento do processo e da jurisprudência recente, você entende que a chance de perda é provável.

Ao reportar os resultados de sua avaliação ao CFO da empresa, ele respondeu da seguinte forma:

– Não podemos reconhecer essa provisão neste momento. Nosso Balanço está muito ruim, o patrimônio líquido já está negativo. Além do mais, estamos passando por um momento muito ruim na economia que não irá durar por muito tempo; toda crise acaba. Veja se você consegue ajustar sua avaliação para possível, afinal é algo bastante subjetivo.

O que você deve fazer?

OBJETIVO 3

ELEMENTOS FUNDAMENTAIS DAS DEMONSTRAÇÕES CONTÁBEIS

Os elementos das demonstrações contábeis são cinco, a saber: (i) ativo; (ii) passivo; (iii) patrimônio líquido; (iv) receita; e (v) despesa. A seguir, apresentamos uma breve descrição de cada um desses elementos.

ATIVO

O CPC 00 (R2) – Estrutura Conceitual para Relatório Financeiro apresenta as definições dos elementos das demonstrações contábeis. No tocante aos ativos, tem-se que:

> 4.3 Ativo é um **recurso econômico** presente **controlado** pela entidade como resultado de eventos passados.
>
> 4.4 Recurso econômico é um **direito que tem o potencial de produzir benefícios econômicos.** (grifos nossos)

Portanto: **ativo é um direito controlado pela empresa que tem o potencial de produzir benefícios econômicos futuros.**

Não é nosso foco neste capítulo adentrar nos aspectos teóricos dessa definição. Contudo, é necessário enfatizar dois componentes principais da definição de ativo: (i) o elemento de controle; e (ii) a produção de benefícios econômicos futuros.

Inicialmente, é necessário que determinado direito seja controlado pela entidade, a fim de que possa ser primariamente cogitada a hipótese de existência de um ativo. Exemplo clássico da aplicação do conceito de controle nas normas contábeis é o registro do bem pelos arrendatários nos contratos de arrendamento mercantil, apesar de a propriedade legal permanecer com o arrendador.

Adicionalmente, para que atenda à definição de ativo, o direito deve possuir uma característica fundamental: a capacidade de geração de benefícios econômicos futuros.

Sem essa capacidade de geração de benefícios futuros, mesmo que o direito exista, ele não é um efetivo ativo do ponto de vista contábil; é esse conceito que nega uma visão arcaica de que "ativo é o conjunto de bens e direitos": se tais "bens e direitos" não apresentarem a condição de geração de benefícios econômicos, eles continuam em propriedade da entidade, mas não são ativos contabilizáveis como tais.

ATENÇÃO!

Um ativo precisa contribuir para aumentar o fluxo de caixa futuro da entidade ou para reduzir as saídas futuras de caixa.

São exemplos de ativos: caixa, contas a receber de clientes, créditos tributários, estoques, ativos imobilizados, ativos intangíveis etc.

Conforme veremos mais à frente neste capítulo, os ativos, passivos e o patrimônio líquido compõem o Balanço Patrimonial da entidade – demonstração contábil que apresenta a situação patrimonial e financeira. Observe na Tabela 4.1 o Balanço Patrimonial da Magazine Luiza do ano de 2020.

Tabela 4.1 Magazine Luiza S.A. – Balanços patrimoniais em 31 de dezembro de 2020 e 2019

(Valores expressos em milhares de reais – R$)

	Nota	Controladora		Consolidado	
		2020	**2019**	**2020**	**2019**
Ativo Circulante					
Caixa e equivalentes de caixa	5	**1.281.569**	180.799	**1.681.376**	305.746
Títulos e valores mobiliários	6	**1.220.095**	4.446.143	**1.221.779**	4.448.158
Contas a receber	7	**3.460.711**	2.769.649	**4.761.899**	2.915.034
Estoques	8	**5.459.037**	3.509.334	**5.927.236**	3.801.763
Contas a receber de partes relacionadas	9	**2.661.364**	373.995	**2.329.648**	370.036
Tributos a recuperar	10	**594.782**	777.929	**716.118**	864.144
Outros ativos		**121.925**	99.166	**160.754**	136.280
Total do ativo circulante		**14.799.483**	12.157.015	**16.798.810**	12.841.161
Não circulante					
Títulos e valores mobiliários	6	–	–	–	214
Contas a receber	7	**16.140**	14.314	**16.140**	16.842
Tributos a recuperar	10	**740.927**	1.039.684	**787.934**	1.137.790
Imposto de renda e contribuição social diferidos	11	**164.047**	–	**196.736**	12.712
Depósitos judiciais	22	**660.734**	428.042	**843.852**	570.142
Outros ativos		**3.703**	9.030	**6.333**	11.033
Investimentos em controladas	12	**1.318.347**	935.573	–	–
Investimentos em controladas em conjunto	13	**386.725**	305.091	**386.725**	305.091
Direito de uso de arrendamento	14	**2.441.539**	2.203.827	**2.465.514**	2.273.786
Imobilizado	15	**1.171.758**	992.372	**1.258.162**	1.076.704
Intangível	16	**593.427**	526.869	**1.886.997**	1.545.628
Total do ativo não circulante		**7.497.347**	6.454.802	**7.848.393**	6.949.912
Total do ativo		**22.296.830**	18.611.817	**24.647.203**	19.791.073

Fonte: https://ri.magazineluiza.com.br/listresultados.aspx?idCanal=0WX0bwP76pYcZvx+vXUnvg==. Acesso em: 28 jun. 2022.

A partir das informações evidenciadas no Balanço Patrimonial da Magazine Luiza de 31 de dezembro de 2020:

Quais são os principais ativos da companhia?

Como os saldos destes ativos variaram entre os anos de 2019 e 2020?

PASSIVO

De forma intuitiva, um passivo pode ser compreendido como um ativo negativo; são nossas dívidas perante terceiros. São exemplos de passivos: obrigações tributárias, empréstimos e financiamentos, fornecedores a pagar, dividendos a pagar etc.

O CPC 00 (R2) define passivo no seu item 4.26 como:

> uma **obrigação presente** da entidade de **transferir um recurso econômico** como resultado de eventos passados. (grifos nossos)

Note-se que a obrigação presente é justamente o dever ou responsabilidade perante um terceiro que a entidade não tem a capacidade de evitar. Tal obrigação deve ter o potencial de exigir que a entidade transfira um recurso econômico (ativo) para outra parte.

VOCÊ SABIA?

Passivo não é algo necessariamente ruim. Faz parte da atividade negocial e do ambiente empresarial, por exemplo, comprar mercadorias a prazo, tomar empréstimos perante instituições financeiras, parcelar dívidas tributárias etc. De fato, a grande parte das empresas possui passivos, sejam relacionados às obrigações com fornecedores, bancos etc. Para fins de análise, o que se costuma avaliar é justamente o custo das dívidas. Um empréstimo para o qual uma empresa capta a 120% do CDI ao ano é bastante diferente da pessoa física que toma dinheiro no cheque especial.

PATRIMÔNIO LÍQUIDO

O CPC 00 (R2), no seu item 63, define patrimônio líquido como:

> a **participação residual** nos ativos da entidade após a dedução de todos os seus passivos. (grifos nossos)

ATENÇÃO!

Patrimônio líquido é o que sobra dos ativos depois de deduzidos todos os passivos – é a participação residual.

Note-se que o patrimônio líquido é o residual, aquilo que sobra dos ativos da empresa, uma vez deduzidos todos os passivos. Entre os grupos mais comuns que compõem o patrimônio líquido da entidade, tem-se: o capital social e as reservas de lucro.

Observe, na Tabela 4.2, o Balanço Patrimonial da Magazine Luiza do ano de 2020.

Tabela 4.2 Magazine Luiza S.A. – Balanços patrimoniais em 31 de dezembro de 2020 e 2019

(Valores expressos em milhares de reais – R$)

	Nota	Controladora		Consolidado	
		2020	2019	2020	2019
Passivo Circulante					
Fornecedores	17	**7.679.861**	5.413.546	**8.501.398**	5.934.877
Parceiros e outros depósitos	18	–	–	**718.482**	–
Empréstimos e financiamentos	19	**1.666.243**	8.192	**1.667.181**	9.967
Salários, férias e encargos sociais		**294.314**	309.007	**359.721**	354.717
Tributos a recolher		**331.113**	307.695	**401.308**	352.008
Contas a pagar a partes relacionadas	9	**189.135**	152.094	**130.286**	152.126
Arrendamento mercantil	14	**340.801**	311.960	**351.152**	330.571
Receita diferida	20	**39.157**	39.157	**43.009**	43.036
Dividendos a pagar	23	**39.953**	123.566	**39.953**	123.566
Outras contas a pagar	21	**931.602**	537.825	**1.203.655**	701.719
Total do passivo circulante		**11.512.179**	7.203.042	**13.416.145**	8.002.587
Não circulante					
Empréstimos e financiamentos	19	**17.725**	838.862	**19.581**	838.862
Arrendamento mercantil	14	**2.156.522**	1.893.790	**2.175.152**	1.949.751
Imposto de renda e contribuição social diferidos	11	–	3.725	**24.843**	39.043
Provisão para riscos tributários, cíveis e trabalhistas	22	**998.250**	767.938	**1.379.935**	1.037.119
Receita diferida	20	**283.869**	339.523	**301.270**	356.801
Outras contas a pagar	21	–	–	**4.990**	1.973
Total do passivo não circulante		**3.459.364**	3.843.838	**3.905.771**	4.223.549
Total do passivo		**14.971.543**	11.046.880	**17.321.916**	12.226.136
Patrimônio líquido	23				
Capital social		**5.952.282**	5.952.282	**5.952.282**	5.952.282
Reserva de capital		**390.644**	323.263	**390.644**	323.263
Ações em tesouraria		**(603.681)**	(124.533)	**(603.681)**	(124.533)
Reserva legal		**122.968**	109.001	**122.968**	109.001
Reserva de lucros		**1.451.923**	1.301.756	**1.451.953**	1.301.756
Ajuste de avaliação patrimonial		**11.151**	3.168	**11.151**	3.168
Total do patrimônio líquido		**7.325.287**	7.564.937	**7.325.287**	7.564.937
Total do Passivo e Patrimônio líquido		**22.296.830**	18.611.817	**24.647.203**	19.791.073

Fonte: https://ri.magazineluiza.com.br/listresultados.aspx?idCanal=0WX0bwP76pYcZvx+vXUnvg==. Acesso em: 28 jun. 2022.

RECEITAS E DESPESAS

De forma simplificada, as receitas são os nossos "ganhos" e as despesas são nossas "perdas" em dado período. Uma pessoa natural, por exemplo, geralmente possui receita de salários e despesas relacionadas com alimentação, transporte, luz, telefone etc. No final do mês, apura-se o resultado do período – que poderá ser um lucro (receitas maiores que despesas) ou um prejuízo.

Do ponto de vista técnico-normativo, as definições de receita e despesa são apresentadas nos itens 4.68 e 4.69 do CPC 00 (R2):

> 4.68 **Receitas** são aumentos nos ativos, ou reduções nos passivos, que resultam em aumentos no **patrimônio líquido**, exceto aqueles referentes a contribuições de detentores de direitos sobre o patrimônio.
>
> 4.69 **Despesas** são reduções nos ativos, ou aumentos nos passivos, que resultam em reduções no **patrimônio líquido**, exceto aqueles referentes a distribuições aos detentores de direitos sobre o patrimônio. (grifos nossos)

Note-se que as receitas são aumentos de patrimônio líquido – seja na forma de aumentos de ativos ou diminuição de passivos.

Já as despesas são justamente o contrário: diminuição de patrimônio líquido que decorre do aumento dos passivos ou redução de ativos.

Importante salientar que receitas e despesas não se referem à transação com sócios. Aumentos de capital, por exemplo, aumentam o patrimônio líquido da empresa, mas não são uma receita; da mesma forma que quando a empresa paga dividendos aos seus sócios ela não tem uma despesa.

Exemplos comuns de receita: venda de mercadorias, prestação de serviços, receita de juros, de aluguel etc. Como despesas mais comuns das empresas, tem-se: salários, tributos, juros etc.

As receitas e as despesas são apresentadas na DRE, que evidencia o desempenho da empresa em dado período. Observe, na Tabela 4.3, o DRE da Magazine Luiza no ano de 2020.

Tabela 4.3 Magazine Luiza S.A. – Demonstrações dos resultados – Exercícios findos em 31 de dezembro de 2020 e 2019

(Valores expressos em milhares de reais – R$)

	Nota	Controladora		Consolidado	
		2020	**2019**	**2020**	**2019**
Receita líquida de vendas	24	**26.130.544**	18.491.861	**26.177.113**	19.886.310
Custo das mercadorias revendidas e das prestações de serviços	25	**(19.672.090)**	(13.464.405)	**(21.657.151)**	(14.332.349)
Lucro bruto		**6.458.454**	5.027.456	**7.519.962**	5.553.961
Receitas (despesas) operacionais					
Com vendas	26	**(4.476.887)**	(3.134.586)	**(5.162.618)**	(3.444.112)
Gerais e administrativas	26	**(725.716)**	(534.573)	**(906.799)**	(701.587)
Perdas por redução ao valor recuperável de créditos		**(100.388)**	(69.676)	**(118.119)**	(75.993)
Depreciação e amortização	14/15/16	**(569.325)**	(438.009)	**(702.523)**	(489.975)
Resultado de equivalência patrimonial	12/13	**36.553**	79.730	**116.929**	26.607
Outras receitas operacionais, líquidas	26/27	**81.834**	352.031	**74.744**	416.662
		(5.753.929)	(3.745.083)	**(6.695.386)**	(4.265.398)

(continua)

(continuação)

	Nota	Controladora		Consolidado	
		2020	**2019**	**2020**	**2019**
Lucro operacional antes do resultado financeiro		**704.525**	1.282.373	**824.576**	
Receitas financeiras		**201.463**	347.421	**183.368**	674.363
Despesas financeiras		**(526.543)**	(714.410)	**(593.863)**	(744.776)
Resultado financeiro	28	**(325.080)**	(66.989)	**(410.495)**	(70.413)
Lucro operacional antes do imposto de renda e da contribuição social		**379.709**	1.215.384	**414.081**	1.218.150
Imposto de renda e contribuição social correntes e diferidos	11	**12.264**	(293.556)	**(22.372)**	(296.322)
Lucro líquido do exercício		**391.709**	921.828	**391.709**	921.628
Lucro por ação					
Básico (reais por ação)	23	**0,061**	0,142	**0,061**	0,142
Diluído (reais por ação)	23	**0,060**	0,141	**0,060**	0,141

Fonte: https://ri.magazineluiza.com.br/listresultados.aspx?idCanal=0WX0bwP76pYcZvx+vXUnvg==. Acesso em: 28 jun. 2022.

EXEMPLO PRÁTICO

Vamos conferir a classificação das contas em: Ativo (A), Passivo (P), Patrimônio Líquido (PL), Receita (R) e Despesa (D):

Caixa (A); Capital Social (PL); Custos dos Serviços Prestados (D); Fornecedores (P); Depósitos Judiciais (A); Venda de Mercadorias (R); Provisões Trabalhistas (P); Encargos Tributários (D); Clientes (A); Investimentos em Outras Sociedades (A); Adiantamento de Fornecedores (A); Contas a Pagar (P); Prejuízos Acumulados (PL); Imposto de Renda a Pagar (P); Reservas de Lucros (PL); Empréstimos e Financiamentos (P); Estoques (A); Custo das Mercadorias Vendidas (D); Maquinário (A); Adiantamento de Clientes (P)

OBJETIVO 4

AS DEMONSTRAÇÕES CONTÁBEIS

O CONJUNTO COMPLETO DE DEMONSTRAÇÕES CONTÁBEIS

As demonstrações contábeis podem ser definidas como o "produto final" do processo contábil que envolve as fases de reconhecimento, mensuração e evidenciação.

Conforme o art. 176 da Lei nº 6.404/76, alterado pela Lei nº 11.638/07, as demonstrações contábeis obrigatórias, acompanhadas das notas explicativas, são:

- Balanço Patrimonial (BP).
- Demonstração de Lucros ou Prejuízos Acumulados (DLPA).

- Demonstração do Resultado do Exercício (DRE).
- Demonstração dos Fluxos de Caixa (DFC).
- Demonstração do Valor Adicionado (DVA), obrigatória apenas para companhias abertas.

O art. 186, § 2º, da Lei Societária ressalta que a demonstração de lucros ou prejuízos acumulados poderá ser incluída na Demonstração das Mutações do Patrimônio Líquido (DMPL), se elaborada e publicada pela companhia. Portanto, caso a empresa publique a DMPL, estará dispensada de apresentar a DLPA.

Conforme ressaltado na seção inicial deste capítulo, adicionalmente à Legislação Societária, as companhias precisam atender igualmente às exigências do CPC – órgão responsável pela emissão de normas contábeis no Brasil correlacionadas às normas internacionais de contabilidade (IFRSs).

No que tange ao conjunto completo de demonstrações contábeis a ser elaborado pelas empresas, o Pronunciamento Técnico CPC 26 (R1) – Apresentação das Demonstrações Contábeis, no seu item 10, prevê as seguintes:

- Balanço patrimonial no final do período.
- Demonstração do resultado do período.
- Demonstração do resultado abrangente do período.
- Demonstração das mutações do patrimônio líquido do período.
- Demonstração dos fluxos de caixa do período.
- Notas explicativas, compreendendo um resumo das políticas contábeis significativas e outras informações explanatórias.
- Demonstração do valor adicionado do período, se exigido legalmente ou por algum órgão regulador ou mesmo se apresentada voluntariamente.

De maneira geral, portanto, prevalece no cenário nacional, como conjunto obrigatório das demonstrações contábeis, as citadas pelo Pronunciamento Técnico CPC 26 (R1), que adiciona como novidade no nosso país a Demonstração do Resultado Abrangente. Importante salientar ainda que a DVA, apesar de não ser uma demonstração contábil obrigatória para fins de normas internacionais (IFRS), é obrigatória para as companhias abertas no cenário nacional em razão da Lei das Sociedades Anônimas (Lei das S.A.) e do CPC 26 (R1).

A seguir, apresentaremos uma breve explanação dessas demonstrações com exemplos ilustrativos.

BALANÇO PATRIMONIAL

O Balanço Patrimonial objetiva apresentar a posição financeira e patrimonial da entidade em determinada data. Uma analogia frequentemente utilizada por profissionais da área financeira é a de que o Balanço apresenta uma "foto" da entidade, pois se trata de uma posição estática.

Conforme já dito, o Balanço Patrimonial é composto por três elementos das demonstrações contábeis: ativo, passivo e patrimônio líquido.

Os arts. 178 a 182 da Lei das S.A. determinam a forma de apresentação do Balanço, a forma de disposição das contas que devem observar o seguinte racional:

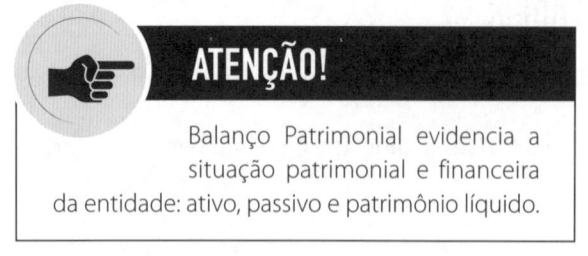

ATENÇÃO!

Balanço Patrimonial evidencia a situação patrimonial e financeira da entidade: ativo, passivo e patrimônio líquido.

(i) **Contas de Ativo**: em ordem decrescente de liquidez – conversibilidade em caixa – iniciando-se com a conta mais líquida, o caixa e assim sucessivamente.

(ii) **Contas de Passivo**: em ordem decrescente de exigibilidade – sendo as obrigações vencíveis mais rapidamente apresentadas por primeiro.

A Lei das S.A., no seu art. 178, também apresenta os grupos que compõem o ativo, o passivo e o patrimônio líquido:

§ 1º **No ativo**, as contas serão dispostas em **ordem decrescente** de grau de **liquidez** dos elementos nelas registrados, nos seguintes grupos:

I – ativo **circulante**; e

II – ativo **não circulante**, composto por ativo realizável a longo prazo, investimentos, imobilizado e intangível.

§ 2º No **passivo**, as contas serão classificadas nos seguintes grupos:

I – passivo **circulante**;

II – passivo **não circulante**; e

III – **patrimônio líquido**, dividido em capital social, reservas de capital, ajustes de avaliação patrimonial, reservas de lucros, ações em tesouraria e prejuízos acumulados. (grifos nossos)

Saliente-se que o CPC 26 (R1) não estabelece um formato ou ordem expressa de apresentação do Balanço Patrimonial, mas determina que seja observada justamente a Lei nº 6.404/76. A partir dessas disposições previstas na Lei, o Balanço Patrimonial ficará disposto conforme apresentado no Quadro 4.1.

Quadro 4.1   Balanço Patrimonial

ATIVO	PASSIVO + PATRIMÔNIO LÍQUIDO
ATIVO CIRCULANTE	**PASSIVO CIRCULANTE**
ATIVO NÃO CIRCULANTE	**PASSIVO NÃO CIRCULANTE**
Ativo Realizável a Longo	**PATRIMÔNIO LÍQUIDO**
Investimentos	Capital Social
Imobilizado	Reservas de Capital
Intangível	Ações em Tesouraria
	Reservas de Lucros/Prejuízos Acumulados
	Ajustes de Avaliação Patrimonial

EXEMPLO PRÁTICO

A título exemplificativo, veja-se a seguir o Balanço Patrimonial da Vale do exercício encerrado em 31.12.2020.

Balanço Patrimonial Em milhões de reais	Notas	31 de dezembro de 2020	Consolidado 31 de dezembro de 2019
Ativo			
Ativo circulante			
Caixa e equivalentes de caixa	22	70.086	29.627
Aplicações financeiras de curto prazo	22	4.006	3.329
Contas a receber	10	25.944	10.195
Outros ativos financeiros	13	1.707	2.449
Estoques	11	21.103	17.228
Tributos a recuperar	12	2.646	3.719
Outros		1.313	2.151
		126.805	**68.698**

(continua)

Balanço Patrimonial

Em milhões de reais

	Notas	31 de dezembro de 2020	Consolidado 31 de dezembro de 2019
Ativo não circulante			
Depósitos judiciais	26(c)	6.591	12.629
Outros ativos financeiros	13	9.271	10.724
Tributos a recuperar	12	5.670	4.853
Tributos diferidos sobre o lucro	8(a)	53.711	37.151
Outros		3.380	2.348
		78.623	**67.705**
Investimentos	14	10.557	11.278
Intangíveis	16	48.309	34.257
Imobilizado	17	213.836	187.733
		351.325	**300.973**
Total do ativo		**478.130**	**369.671**

Fonte: http://www.vale.com/brasil/PT/investors/information-market/quarterly-results/Paginas/default.aspx. Acesso em: 28 jun. 2022.

	Notas	31 de dezembro de 2020	Consolidado 31 de dezembro de 2019
Passivo			
Passivo circulante			
Fornecedores e empreiteiros		17.496	16.556
Empréstimos, financiamentos e arrendamentos	22	5.901	5.805
Outros passivos financeiros	13	9.606	5.658
Tributos a recolher		4.950	2.065
Programa de refinanciamento (Refis)	8(d)	1.769	1.737
Passivos relacionados a participação em coligadas e *joint ventures*	24	4.554	2.079
Provisões	25	4.498	4.956
Passivos relacionados a Brumadinho	23	9.925	6.319
Descaracterização das barragens	23	1.981	1.247
Dividendos a pagar	28	6.342	6.287
Outros		3.516	3.097
		75.838	**55.806**
Passivo não circulante			
Empréstimos, financiamentos e arrendamentos	22	72.187	54.038
Debêntures participativas	21	17.737	10.416
Outros passivos financeiros	13	23.967	7.206
Programa de refinanciamento (Refis)	8(d)	12.493	14.012

(continua)

Tributos diferidos sobre o lucro	8(a)	9.198	7.585
Provisões	25	43.829	34.233
Passivos relacionados a Brumadinho	23	13.849	5.703
Descaracterização das barragens	23	9.916	8.787
Passivos relacionados a participação em coligadas e *joint ventures*	24	6.228	4.774
Transações de *streaming*	7	10.419	8.313
Outros		1.483	1.649
		221.306	**156.716**
		297.144	**212.522**
Total do passivo			
Patrimônio líquido	28		
Patrimônio líquido dos acionistas da Vale		185.785	161.480
Patrimônio líquido dos acionistas não controladores		(4.799)	(4.331)
Total do patrimônio líquido		**180.986**	**157.149**
Total do passivo e patrimônio líquido		**487.130**	**369.671**

Fonte: http://www.vale.com/brasil/PT/investors/information-market/quarterly-results/Paginas/default.aspx. Acesso em: 28 jun. 2022.

Vale destacar ainda a distinção entre "circulante" e "não circulante", que deve ser seguida tanto para os ativos quanto para os passivos. A regra geral é que sejam classificados no grupo do circulante os ativos realizáveis no curto prazo – considerado como 12 meses do encerramento do Balanço. O mesmo para passivos, sendo classificadas no circulante as obrigações que serão liquidadas nos próximos 12 meses da data do Balanço Patrimonial.

Acerca da análise do Balanço Patrimonial, conforme já mencionado, trata-se de demonstração contábil que evidencia a situação patrimonial e financeira da empresa. Nesse sentido, a partir da sua análise, é possível identificar:

a) **A liquidez da empresa**, obtida, por exemplo, pela (i) análise do montante que a entidade possui em caixa e aplicações financeiras; (ii) relação entre o ativo circulante e o passivo circulante – que evidencia quanto a empresa espera receber e pagar nos próximos 12 meses etc.

b) **O endividamento e a solvência da companhia**, identificada, por exemplo, pelo(a) (i) montante de dívidas financeiras que a companhia possui com bancos e credores; (ii) relação entre o passivo de curto e o de longo prazo; (iii) comparação entre o passivo (capital de terceiros) e o patrimônio líquido (capital próprio).

c) **Os investimentos e o grau de imobilização da entidade**, que pode ser obtido pela(o) (i) análise da composição dos ativos de longo prazo; (ii) montante investido em ativos imobilizado ("ativo fixo"), ativos intangíveis, investimentos em outras empresas etc.

QUESTÃO PARA REFLEXÃO

Considerando os assuntos discutidos nesta seção e os Balanços da Magazine Luiza e da Vale apresentados no presente capítulo, pergunta-se: Na sua opinião, como se encontra a situação patrimonial e financeira dessas empresas ao final de 2020? Justifique sua resposta e considere na sua avaliação igualmente o cenário da pandemia de Covid-19 que assombrou o Brasil e o Mundo.

DEMONSTRAÇÃO DO RESULTADO DO EXERCÍCIO E DEMONSTRAÇÃO DO RESULTADO

A DRE, como o próprio nome já indica, evidencia o resultado obtido pela entidade em determinado período – sendo composto justamente pelas receitas auferidas e pelas despesas incorridas.

Importante salientar que a DRE é apurada segundo o **regime de competência**, sendo as receitas e despesas registradas quando da ocorrência do seu fato gerador – independentemente das entradas e saídas de caixa.

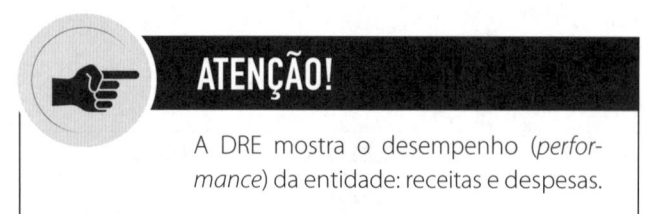

ATENÇÃO!

A DRE mostra o desempenho (*performance*) da entidade: receitas e despesas.

A DRE é apresentada de forma dedutiva sendo demonstrada a receita da empresa (venda de produtos ou prestação de serviços) que é deduzida dos custos e despesas para se obter o lucro líquido do exercício. A forma de apresentação desta demonstração encontra-se prevista no art. 187 da Lei nº 6.404/76.

Art. 187. A demonstração do resultado do exercício discriminará:

I – a **receita bruta** das vendas e serviços, as deduções das vendas, os abatimentos e os impostos;

II – a **receita líquida** das vendas e serviços, o custo das mercadorias e serviços vendidos e o lucro bruto;

III – as **despesas** com as **vendas**, as despesas **financeiras**, deduzidas das receitas, as despesas **gerais e administrativas**, e **outra**s despesas operacionais;

IV – o **lucro ou prejuízo operacional**, as outras receitas e as outras despesas;

V – o resultado do exercício antes do **Imposto sobre a Renda** e a **provisão para o imposto**;

VI – as **participações** de debêntures, empregados, administradores e partes beneficiárias, mesmo na forma de instrumentos financeiros, e de instituições ou fundos de assistência ou previdência de empregados, que não se caracterizem como despesa;

VII – o **lucro ou prejuízo líquido do exercício** e o seu montante por ação do capital social. (grifos nossos)

O CPC 26 (R1) apresenta uma forma de apresentação da DRE distinta da Lei nº 6.404/76, apesar de as diferenças serem mínimas. Em linhas gerais, o referido Pronunciamento Técnico prevê que: (i) a DRE comece com a Receita Líquida (e não com a Receita Bruta); (ii) o resultado operacional seja apresentado de forma distinta no resultado financeiro, incluindo um subtotal "Lucro antes do Resultado Financeiro e dos Tributos sobre o Lucro"; e (iii) o resultado das operações descontinuadas seja apresentado separadamente das operações continuadas. Na Tabela 4.4 apresentamos, a título ilustrativo, a DRE da Petrobras do ano de 2020.

Tabela 4.4   Demonstração de Resultado Petrobras – Exercícios findos em 31 de dezembro

(em milhões de reais, exceto se indicado de outra forma)

	Notas	2020	Consolidado 2019
Operações continuadas			
Receita de vendas	9	272.069	302.245
Custo dos produtos e serviços vendidos	10.1	(148.107)	(180.140)
Lucro bruto		123.962	122.105

(continua)

	Notas	2020	Consolidado 2019
Despesas			
Vendas	10.2	(25.020)	(17.746)
Gerais e administrativas	10.3	(5.525)	(8.368)
Custos exploratórios para extração de petróleo e gás	28	(4.170)	(3.197)
Custos com pesquisa e desenvolvimento tecnológico		(1.819)	(2.268)
Tributárias		(4.971)	(2.484)
Perda no valor de recuperação de ativos – *impairment*	27	(34.259)	(11.630)
Outras receitas (despesas) operacionais líquidas	11	4.695	4.742
		(71.069)	(40.951)
Lucro (prejuízo) antes do resultado financeiro, participações e impostos		52.893	81.154
Resultado financeiro líquido	12	(49.584)	(34.459)
Receitas financeiras		2.821	5.271
Despesas financeiras		(31.108)	(27.878)
Variações monetárias e cambiais, líquidas		(21.297)	(11.852)
Resultado de participações em investidas	31.3	(3.272)	547
Lucro (prejuízo) antes dos impostos		37	47.242
Imposto de renda e contribuição social	17.3	6.209	(16.400)
Lucro (prejuízo) do exercício das operações continuadas		**6.246**	**30.842**
Lucro (prejuízo) do exercício das operações descontinuadas		**–**	**10.128**
Lucro (prejuízo) do exercício		**6.246**	**40.970**
Atribuível aos:			
Acionistas da Petrobras		7.108	40.137
Resultado proveniente de operações continuadas		7.108	30.272
Resultado proveniente de operações descontinuadas		–	9.865
Acionistas não controladores		(862)	833
Resultado proveniente de operações continuadas		(862)	570
Resultado proveniente de operações descontinuadas		–	263
Lucro (prejuízo) do exercício		**6.246**	**40.970**
Lucro (prejuízo) básico e diluído por ação ON e PN (em R$)	36.6	0,54	3,08

Fonte: www.cvm.gov.br. Acesso em: 28 jun. 2022.

Além da DRE, o CPC 26 (R1) também determina que a entidade apresente a Demonstração do Resultado Abrangente. Essa demonstração é composta pelo Lucro Líquido (Prejuízo) do Exercício que é somado/diminuído dos Outros Resultados Abrangentes de forma a se obter o Resultado Abrangente do Período.

Os Outros Resultados Abrangentes são ganhos/perdas (receitas/despesas) que não transitam pela DRE, sendo reconhecidos diretamente no Patrimônio Líquido.

Veja-se, no Quadro 4.2, uma ilustração da DRA e, na Tabela 4.5, um exemplo da Magazine Luiza no ano de 2020.

Quadro 4.2   Demonstração do Resultado Abrangente

(=) Lucro/Prejuízo do Período
(+/−) Outros Resultados Abrangentes (ORA) Ativos Mensurados a Valor Justo em ORA Ajustes Acumulados de Conversão *Hedge* de Fluxo de Caixa Etc.
(−) Tributos sobre Outros Resultados Abrangentes
RESULTADO ABRANGENTE DO PERÍODO

Tabela 4.5   Magazine Luiza S.A. – Demonstrações do resultado abrangente – Exercícios findos em 31 de dezembro de 2020 e 2019

(Valores expressos em milhares de reais – R$)

	Controladora e Consolidado	
	2020	**2019**
Lucro líquido do exercício	**391.709**	921.828
Itens que podem ser subsequentemente reclassificados para o resultado:		
Investimentos avaliados pelo método de equivalência patrimonial – participação nos Outros Resultados Abrangentes – ORA	**6.853**	6.001
Efeito dos impostos	**(2.307)**	(2.318)
Total	**4.546**	3.683
Ativos financeiros mensurados ao valor justo – VJORA	**5.208**	(8.858)
Efeito dos impostos	**(1.771)**	3.012
Total	**3.437**	(5.846)
Total de itens que podem ser subsequentemente reclassificados para o resultado	**7.983**	(2.163)
Total dos resultados abrangentes do período, líquidos de impostos	**399.692**	919.665
Atribuível a:		
Acionistas controladores	**399.692**	919.665

Fonte: https://ri.magazineluiza.com.br/listresultados.aspx?idCanal=0WX0bwP76pYcZvx+vXUnvg==. Acesso em: 28 jun. 2022.

Por fim, no tocante à análise da DRE, as informações que podem ser obtidas referem-se ao desempenho da empresa em dado período, como, por exemplo:

- A Receita de Vendas ou Prestação de Serviços cresceu em relação ao ano interior?
- A empresa está gerando lucro?
- Quanto a empresa gasta, como proporção da Receita, com Despesas de Vendas e Despesas Administrativas?
- As despesas financeiras estão consumindo o lucro operacional da companhia?
- Quais são as margens da empresa? De cada 1 real faturado, quanto virá de lucro líquido para o acionista? Etc.

DEMONSTRAÇÃO DOS FLUXOS DE CAIXA

A DFC objetiva apresentar a variação ocorrida com o caixa da empresa em determinado período. De forma intuitiva, a DFC seria o "extrato bancário" da empresa em determinado período que evidencia a movimentação do caixa – entradas e saídas, de forma a facilitar a compreensão.

Importante destacar que o conceito de caixa, para fins contábeis, conforme previsto no Pronunciamento Técnico CPC 03 (R2) – Demonstração dos Fluxos de Caixa, é abrangente e engloba o caixa propriamente dito e os chamados equivalentes de caixa:

- **Caixa**: compreende numerário em espécie e depósitos bancários disponíveis.
- **Equivalentes de caixa**: são aplicações financeiras de curto prazo, de alta liquidez, que são prontamente conversíveis em montante conhecido de caixa e que estão sujeitas a um insignificante risco de mudança de valor.

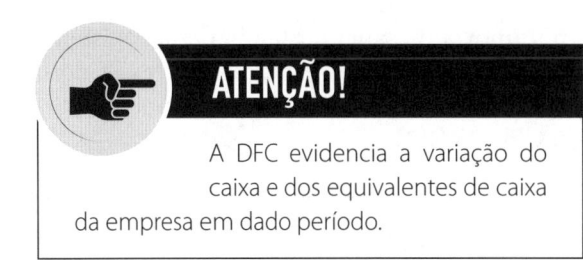

ATENÇÃO!

A DFC evidencia a variação do caixa e dos equivalentes de caixa da empresa em dado período.

Ressalte-se que, diferentemente da DRE – que apresenta os resultados pelo regime de competência –, a DFC evidencia apenas os eventos e transações que impactaram o caixa da empresa em determinado período; em outras palavras, a DFC adota o regime de caixa.

Acerca da forma de apresentação, a DFC é dividida em três grandes grupos de atividades, quais sejam:

- **Atividades operacionais**: são as principais atividades geradoras de receita da entidade e outras atividades que não são de investimento e tampouco de financiamento.

  Exemplos: recebimento das vendas, recebimento da prestação de serviços, pagamento de despesas administrativas, pagamento das despesas comerciais etc.

- **Atividades de investimento**: são as referentes à aquisição e à venda de ativos de longo prazo e de outros investimentos não incluídos nos equivalentes de caixa.

  Exemplos: recebimento pela venda de ativo imobilizado, pagamento pela aquisição de ativos intangíveis etc.

- **Atividades de financiamento**: são aquelas que resultam em mudanças no tamanho e na composição do capital próprio e no capital de terceiros da entidade.

  Exemplos: pagamento de empréstimos e financiamentos, pagamento de dividendos, recebimentos decorrentes de aumento de capital etc.

Veja-se, no Quadro 4.3, uma ilustração da DFC.

Quadro 4.3   Demonstração dos Fluxos de Caixa (DFC)

FLUXO DE CAIXA DAS ATIVIDADES OPERACIONAIS Recebimento de Venda de Mercadorias/Serviços Pagamento de Despesas Administrativas Pagamento de Tributos etc.
FLUXO DE CAIXA DAS ATIVIDADES DE INVESTIMENTO Recebimento pela Venda de Ativo Imobilizado Pagamento pela Aquisição de Ativo Intangível etc.
FLUXO DE CAIXA DAS ATIVIDADES DE FINANCIAMENTO Captação de Recursos decorrentes de Aumento de Capital Pagamento de Empréstimos Pagamento de Dividendos aos Acionistas etc.
VARIAÇÃO DO CAIXA NO PERÍODO Caixa no início do período Caixa no final do período

Importante salientar também que existem dois métodos de elaboração da DFC: método direto e o método indireto. A única diferença entre esses dois métodos diz respeito à apresentação das atividades operacionais, sendo que a entidade possui uma escolha sob a forma de apresentação. Veja-se o que dispõe o item 18 do CPC 03 (R2):

> 18. A entidade deve apresentar os fluxos de caixa das atividades operacionais, usando alternativamente:
>
> a) **o método direto**, segundo o qual as principais classes de recebimentos brutos e pagamentos brutos são divulgadas; ou
>
> b) **o método indireto**, segundo o qual o lucro líquido ou o prejuízo é ajustado pelos efeitos de transações que não envolvem caixa, pelos efeitos de quaisquer diferimentos ou apropriações por competência sobre recebimentos de caixa ou pagamentos em caixa operacionais passados ou futuros, e pelos efeitos de itens de receita ou despesa associados com fluxos de caixa das atividades de investimento ou de financiamento. (grifos nossos)

Note-se que, enquanto no método direito os fluxos de caixa operacionais (recebimentos e pagamentos) são apresentados de forma bruta, no método indireto parte-se do lucro líquido do exercício que é ajustado pelos itens que não afetam o caixa. Ressalte-se que a grande maioria das empresas no Brasil divulga a DFC pelo método indireto, como é o caso da Magazine Luiza, cuja demonstração de 2020 é apresentada na Tabela 4.6.

Tabela 4.6 Magazine Luiza S.A. – Demonstrações dos fluxos de caixa – Exercícios findos em 31 de dezembro de 2020 e 2019

(valores expressos em milhares de reais – R$)

	Nota	Controladora 2020	Controladora 2019	Consolidado 2020	Consolidado 2019
Fluxo de caixa das atividades operacionais					
Lucro líquido do exercício		**391.709**	921.828	**391.709**	921.828
Ajustes para conciliar o lucro líquido do período ao caixa gerado pelas atividades operacionais:					
Imposto de renda e contribuição social reconhecidos no resultado	11	**(12.264)**	293.556	**22.372**	296.322
Depreciação e amortização	14/15/16	**569.325**	438.009	**702.523**	486.975
Juros sobre empréstimos, financiamentos e arrendamentos provisionados	14/19	**222.482**	198.545	**228.488**	203.736
Rendimento de títulos e valores mobiliários		**(50.481)**	(30.083)	**(50.481)**	(30.098)
Equivalência patrimonial	12/13	**(36.553)**	(79.730)	**(119.929)**	(26.607)
Movimentação da provisão para perdas em contas a receber e estoques	7/8	**65.071**	348.246	**67.045**	331.898
Provisão para riscos tributários, cíveis e trabalhistas	22	**242.202**	431.730	**282.481**	452.133
Resultado na venda de ativo imobilizado	27	**3.720**	(4.986)	**1.897**	(4.986
Apropriação da receita diferida	27	**(53.691)**	(51.457)	**(56.593)**	(53.255)
Despesas com planos de ações		**98.832**	75.151	**110.615**	84.358
Lucro líquido do exercício ajustado		**1.440.352**	2.540.809	**1.580.127**	2.662.30
(Aumento) redução nos ativos operacionais:					
Contas a receber		**(795.096)**	(855.983)	**(1.936.797)**	(885.488)
Títulos e valores mobiliários		**3.276.529**	(4.006.949)	**3.277.074**	(4.008.899)
Estoques		**(1.897.822)**	(967.469)	**(2.065.500)**	(1.026.647)
Contas a receber de partes relacionadas		**(2.276.667)**	(168.839)	**(1.946.792)**	(168.325)
Tributos a recuperar		**458.826**	(1.367.243)	**475.165**	(1.467.118)
Depósitos judiciais		**(232.692)**	(78.814)	**(273.691)**	(220.903)
Outros ativos		**(978)**	(20.817)	**2.419**	93.732
Variação nos ativos operacionais		**(1.467.900)**	(7.466.114)	**(2.468.122)**	(7.683.648)
Aumento (redução) nos passivos operacionais:					
Fornecedores		**2.266.315**	1.345.087	**2.563.648**	1.409.920
Parceiros e outros depósitos		–	–	**718.482**	–
Salários, férias e encargos sociais		**(14.693)**	58.215	**833**	63.428
Tributos a recolher		**(90.164)**	98.960	**(78.933)**	119.687
Contas a pagar a partes relacionadas		**37.041**	26.741	**(21.840)**	26.743
Outras contas a pagar		**372.262**	130.489	**400.649**	102.902
Caixa gerado pelas atividades operacionais		**2.570.761**	1.659.492	**3.582.839**	1.772.680

(continua)

	Nota	Controladora		Consolidado	
		2020	2019	2020	2019
Imposto de renda e contribuição social pagos		**(71.176)**	(52.129)	**(118.324)**	(52.129)
Recebimento de dividendos		**27.362**	23.848	**27.362**	21.238
Fluxo de caixa proveniente das (utilizado nas) atividades operacionais		**2.499.399**	(3.294.094)	**2.603.882**	(3.329.555)
Fluxo de caixa das atividades de investimento					
Aquisição de imobilizado	15	**(348.004)**	(396.221)	**(371.991)**	(399.429)
Aquisição de ativo intangível	16	**(139.582)**	(107.150)	**(171.850)**	(122.085)
Aumento de capital em controlada	12	**(364.719)**	(275.000)	–	–
Pagamento por aquisição de controlada, líquido do caixa adquirido		–	(475.856)	**(107.604)**	(407.072)
Fluxo de caixa aplicado nas atividades de investimento		**(852.305)**	(1.254.227)	**(651.445)**	(928.586)
Fluxo de caixa das atividades de financiamento					
Captação de empréstimos e financiamentos	19	**800.000**	798.944	**801.126**	798.944
Pagamento de empréstimos e financiamentos	19	**(11.342)**	(407.247)	**(22.637)**	(607.002)
Pagamento de juros sobre empréstimos e financiamentos	19	**(796)**	(49.560)	**(797)**	(52.320)
Pagamento de arrendamento mercantil	14	**(275.850)**	(205.695)	**(290.160)**	(214.309)
Pagamento de juros sobre arrendamento mercantil	14	**(191.579)**	(147.715)	**(197.582)**	(152.353)
Pagamento de dividendos		**(299.405)**	(182.000)	**(299.405)**	(182.000)
Alienação (aquisição) de ações em tesouraria		**(567.352)**	141.445	**(567.352)**	141.445
Recursos provenientes da emissão de ações		–	4.300.000		4.300.000
Pagamento de gastos com emissão de ações, líquido de tributos		–	(67.605)		(67.605)
Fluxo de caixa aplicado nas (gerado pelas) atividades de financiamento		**(546.324)**	4.180.567	**(576.807)**	3.964.800
Aumento (redução) do saldo de caixa e equivalentes de caixa		**1.100.770**	(367.754)	**1.375.630**	(293.341)
Caixa e equivalentes de caixa no início do exercício		**180.799**	548.553	**305.746**	599.087
Caixa e equivalentes de caixa no fim do exercício		**1.281.569**	180.799	**1.681.376**	305.746
Aumento (redução) do saldo de caixa e equivalentes de caixa		**1.100.770**	(367.754)	**1.375.630**	(293.341)

Fonte: https://ri.magazineluiza.com.br/listresultados.aspx?idCanal=0WX0bwP76pYcZvx+vXUnvg==. Acesso em: 28 jun. 2022.

Para fins de análise, a DFC é extremamente relevante, pois evidencia como a empresa gera e utiliza seu caixa. Pode acontecer, por exemplo – pelo fato de a DRE ser apresentada pelo regime de competência –, de a entidade obter lucro em determinado período, mas não gerar caixa; e vice-versa.

Adicionalmente, por meio da análise da DFC, é possível verificar os investimentos realizados pela empresa em determinado período (atividades de investimento ou "*capex*") e como a empresa está se financiando (atividades de financiamento ou "*funding*").

DEMONSTRAÇÃO DAS MUTAÇÕES DO PATRIMÔNIO LÍQUIDO E DEMONSTRAÇÃO DOS LUCROS E PREJUÍZOS ACUMULADOS

Conforme mencionado anteriormente, a Lei nº 6.404/76 aceita tanto a DPLA quanto a DMPL. O CPC 26 (R1), contudo, determina que as entidades elaborem e publiquem a DMPL justamente por esta demonstração ser mais completa.

De fato, a DLPA está contida na DMPL. Isso porque:

(i) A DLPA objetiva evidenciar as mutações ocorridas na conta de Lucros e Prejuízos Acumulados em dado período.

(ii) A DMPL, por sua vez, objetiva apresentar as mutações ocorridas no Patrimônio Líquido como um todo – que inclui a conta de Lucros e Prejuízos Acumulados; além do Capital Social, Reservas de Capital, Ajustes de Avaliação Patrimonial etc.

(iii) Portanto, a DLPA representa uma parte – uma coluna, como veremos a seguir – da DMPL.

Assim, a DMPL apresentará os saldos iniciais, movimentações e saldos finais das contas de patrimônio líquido em determinado período e igualmente as transações que afetaram essas contas.

ATENÇÃO!

A DMPL evidencia as variações ocorridas nas contas do patrimônio líquido da entidade.

Veja-se, no Quadro 4.4, uma ilustração da DMPL e, na Tabela 4.7, o exemplo da Magazine Luiza.

Quadro 4.4   Demonstração das Mutações do Patrimônio Líquido (DMPL)

	Capital Social	Reservas de Capital	Ações em Tesouraria	Reservas de Lucros	Ajustes de Avaliação Patrimonial	Lucros e Prejuízos Acumulados*	Total
Saldos Iniciais							
Aumentos de Capital							
Reversões de Reservas							
Lucro Líquido do Exercício							
Transferência para reservas							
Dividendos a distribuir							
Saldos finais							

* Veja-se que a DPLA seria composta por esta única coluna.

Tabela 4.7 Magazine Luiza S.A. – Demonstrações das mutações do patrimônio líquido – Exercícios findos em 31 de dezembro de 2020 e 2019

(valores expressos em milhares de reais – R$)

	Nota	Capital social	Reserva de capital	Ações em Tesouraria	Reserva Legal	Reserva de reforço de capital de giro	Dividendos adicionais propostos	Reserva de incentivos fiscais	Lucro líquido	Ajuste de avaliação patrimonial	Total
						Reserva de lucros					
Saldos em 1º de janeiro de 2019		1.719.886	52.175	(87.015)	65.644	395.561	–	151.290	–	5.331	2.302.872
Emissão de ações ordinárias		4.300.000	–	–	–	–	–	–	–	–	4.300.000
Gastos com Emissões de ações, líquidas de impostos		(67.604)	–	–	–	–	–	–	–	–	(67.604)
Plano de ações		–	92.126	–	–	–	–	–	–	–	92.126
Ações em tesouraria adquiridas		–	–	(142.773)	–	–	–	–	–	–	(142.773)
Lucro líquido do exercício		–	–	–	–	–	–	–	921.828	–	921.828
Destinações:											
Reserva legal		–	–	–	43.357	–	–	–	(43.357)	–	–
Juros sobre capital próprio declarados		–	–	–	–	–	170.000	–	(170.000)	–	–
Dividendos adicionais propostos		–	–	–	–	362.860	–	54.697	(417.557)	–	–
Reserva de lucros											
		4.232.396	271.088	(37.518)	43.357	362.860	337.348	54.697	–	–	5.264.228
Outros resultados abrangentes											
Ajuste de avaliação patrimonial		–	–	–	–	–	–	–	–	(2.163)	(2.163)
Saldos em 31 de dezembro de 2019		5.952.282	323.263	(124.533)	109.001	758.421	337.348	205.987	–	3.168	7.564.937

Fonte: https://ri.magazineluiza.com.br/listresultados.aspx?idCanal=0WX0bwP76pYcZvx+vXUnvg==. Acesso em: 28 jun. 2022.

No tocante às análises e interpretações, a DMPL ajuda na avaliação da identificação de aumentos de capital, dividendos distribuídos, retenção de dividendos na forma de reservas de lucros etc. Apesar de os saldos das contas do patrimônio líquido já constarem no Balanço Patrimonial, a DMPL permite uma análise mais aprofundada das variações que ocorreram em determinado período.

DEMONSTRAÇÃO DO VALOR ADICIONADO

Conforme já ressaltado, a DVA não era obrigatória no Brasil até a promulgação da Lei nº 11.638/07 – que tornou tal demonstração mandatória para as companhias abertas.

A DVA não se encontra prevista no âmbito das normas internacionais (IFRSs) e no cenário nacional está disciplinada pelo Pronunciamento Técnico CPC 09 – Demonstração do Valor Adicionado.

A DVA tem por objetivo demonstrar o valor da riqueza econômica gerada pelas atividades da empresa em determinado período, bem como sua distribuição entre os *stakeholders*. De maneira mais intuitiva, costuma-se dizer que a DVA evidencia o "PIB" por empresa e a distribuição deste valor agregado entre os diversos elementos que contribuirão para sua formação. Ressalte-se apenas que a DVA é elaborada pelo regime de competência contábil, enquanto o PIB adota o conceito de "produção" e não necessariamente receita realizada.

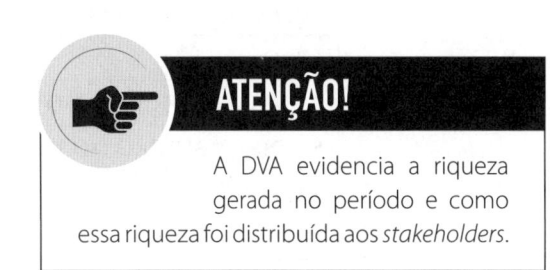

ATENÇÃO!

A DVA evidencia a riqueza gerada no período e como essa riqueza foi distribuída aos *stakeholders*.

No tocante à forma de apresentação da riqueza gerada, o CPC 09, no seu item 6, assim dispõe:

> 6. A distribuição da riqueza criada deve ser detalhada, minimamente, da seguinte forma:
> (a) **pessoal** e encargos;
> (b) **impostos**, taxas e contribuições;
> (c) **juros** e aluguéis;
> (d) juros sobre o capital próprio (JCP) e **dividendos**;
> (e) **lucros** retidos/**prejuízos** do exercício. (grifos nossos)

Note-se que a DVA proporciona o conhecimento de informações de natureza econômica e social, que vão além das informações "puramente financeiras" e oferece a possibilidade de melhor avaliação das atividades da entidade dentro da sociedade na qual está inserida.

Enquanto a DRE foca no lucro, a DVA foca no valor gerado para o acionista; além disso, evidencia o valor distribuído para o Estado na forma de tributos, para os funcionários na forma de salários etc.

Veja-se, no Quadro 4.5, uma ilustração da DVA e, na Tabela 4.8, o exemplo da Vale do ano de 2020.

Quadro 4.5   Demonstração do Valor Adicionado (DVA)

1 – RECEITAS
1.1) Vendas de mercadorias, produtos e serviços
1.2) Outras receitas
1.3) Provisão para créditos de liquidação duvidosa – Reversão / (Constituição)
2 – INSUMOS ADQUIRIDOS DE TERCEIROS
2.1) Custos dos produtos, das mercadorias e dos serviços vendidos

(continua)

2.2) Materiais, energia, serviços de terceiros e outros	
2.3) Perda / Recuperação de valores ativos	
2.4) Outras (especificar)	
3 – VALOR ADICIONADO BRUTO (1 – 2)	
4 – DEPRECIAÇÃO, AMORTIZAÇÃO E EXAUSTÃO	
5 – VALOR ADICIONADO LÍQUIDO PRODUZIDO PELA ENTIDADE (3 – 4)	
6 – VALOR ADICIONADO RECEBIDO EM TRANSFERÊNCIA	
6.1) Resultado de equivalência patrimonial	
6.2) Receitas financeiras	
6.3) Outras	
7 – VALOR ADICIONADO TOTAL A DISTRIBUIR (5 + 6)	
8 – DISTRIBUIÇÃO DO VALOR ADICIONADO	
8.1) Pessoal	
8.2) Impostos, taxas e contribuições	
8.3) Remuneração de Capitais de Terceiros	
8.4) Remuneração de Capitais Próprios	
Juros sobre capital próprio e dividendos	
Lucros retidos / prejuízo do exercício	

Tabela 4.8 Demonstração do Valor Adicionado da Vale

(Em milhões de reais)

	Consolidado	
	2020	**2019**
Geração do valor adicionado		
Receita bruta		
Receita de produtos e serviços	210.108	149.982
Receitas relativas à construção de ativos próprios	6.064	6.584
Outras receitas	2.101	725
Menos:		
Custo dos produtos, das mercadorias e dos serviços vendidos	(28.250)	(22.780)
Materiais, energia, serviços de terceiros e outros	(40.000)	(36.475)
Redução ao valor recuperável de ativos não circulantes e outros resultados	(11.819)	(20.762)
Evento Brumadinho	(27.016)	(28.818)
Outros custos e despesas	(18.398)	(11.460)
Valor adicionado bruto	**92.790**	**36.996**
Depreciação, amortização e exaustão	(16.679)	(14.751)
Valor adicionado líquido	**76.111**	**22.245**

(continua)

(continuação)

	Consolidado	
	2020	**2020**
Recebido de terceiros:		
Resultado de participações societárias em entidades	(5.436)	(2.684)
Receita financeira	6.201	3.505
Total do valor adicionado a distribuir	**76.876**	**23.066**
Pessoal e encargos	9.336	8.183
Impostos, taxas e contribuições	12.042	4.540
Juros (derivativos líquidos e variação monetária e cambial passiva)	29.979	16.702
Outras remunerações de capitais de terceiros	616	2.338
Lucro líquido reinvestido (prejuízo absorvido)	26.713	(6.672)
Prejuízo atribuído aos acionistas não controladores	(1.810)	(2.025)
Distribuição do valor adicionado	**76.876**	**23.066**

Fonte: www.cvm.gov.br. Acesso em: 28 jun. 2022.

QUESTÃO PARA REFLEXÃO

Em sua opinião, para onde vai a maior parte do valor gerado pelas empresas brasileiras?

a) Funcionários (pessoal).

b) Juros e aluguéis (terceiros).

c) Tributos (governo).

d) Dividendos e lucros reinvestidos (acionistas).

RESUMO

OBJETIVO 1   Dois normativos principais compõem o ordenamento contábil brasileiro: (i) a Lei nº 6.404/76 com as suas alterações posteriores; e (ii) os Pronunciamentos Técnicos emitidos pelo CPC, que possuem correlação com as normas internacionais de contabilidade (IFRSs). O órgão responsável por emitir normas contábeis no Brasil é o CPC. Os Pronunciamentos, as Interpretações e as Orientações emanadas do CPC são, basicamente, traduções das normas internacionais (IFRSs) – que são emitidas pelo IASB, com raras adaptações de linguagem e de algumas situações específicas em razão das disposições contábeis previstas na Lei nº 6.404/76.

OBJETIVO 2   O objetivo das demonstrações contábeis é fornecer informações que sejam úteis aos seus usuários (acionistas, credores etc.), auxiliando-os nas suas decisões econômicas como compra e venda de ações, concessão de empréstimos etc. Para que as demonstrações contábeis atinjam seu objetivo principal, elas devem conter informações relevantes. Informações relevantes são aquelas capazes de fazer diferença na decisão dos usuários, seja auxiliando-os a prever os resultados futuros da empresa (valor preditivo), seja servindo de *feedback* de avaliações prévias (valor confirmatório).

OBJETIVO 3 Os elementos das demonstrações contábeis são cinco, a saber: (i) ativo; (ii) passivo; (iii) patrimônio líquido; (iv) receita; e (v) despesa. Ativo é um direito controlado pela empresa que tem o potencial de produzir benefícios econômicos futuros. Passivo é uma obrigação presente da entidade de transferir um recurso econômico como resultado de eventos passados. Patrimônio Líquido é a participação residual nos ativos da entidade após a dedução de todos os seus passivos. Receitas são aumentos nos ativos, ou reduções nos passivos, que resultam em aumentos no patrimônio líquido, exceto aqueles referentes a contribuições de detentores de direitos sobre o patrimônio. Despesas são reduções nos ativos, ou aumentos nos passivos, que resultam em reduções no patrimônio líquido, exceto aqueles referentes a distribuições aos detentores de direitos sobre o patrimônio.

OBJETIVO 4 As demonstrações contábeis principais são: (i) Balanço Patrimonial (BP); (ii) Demonstração do Resultado do Exercício (DRE); (iii) Demonstração do Resultado Abrangente (DRA); (iv) Demonstração das Mutações do Patrimônio Líquido (DMPL); (v) Demonstração dos Fluxos de Caixa (DFC); e (vi) Demonstração do Valor Adicionado (DVA). O BP evidencia a situação patrimonial e financeira da entidade, sendo composto por ativos, passivos e patrimônio líquido. A DRE demonstra o desempenho da empresa em dado período e confronta as receitas e despesas pelo regime de competência. A DRA é composta pelo lucro do período, extraído da DRE, acrescido das variações nas contas de outros resultados abrangentes. A DFC evidencia as variações na conta caixa e equivalentes de caixa a partir do agrupamento das atividades operacionais, de investimento e financiamento. A DMPL demonstra as mutações ocorridas no patrimônio líquido da entidade em determinado período. A DVA evidencia a riqueza gerada pela empresa e como tal riqueza foi distribuída entre os *stakeholders*.

QUESTÃO PARA REFLEXÃO

Uma empresa apresentou prejuízo no exercício de 2020. Além disso, seu patrimônio líquido encontra-se negativo em razão de sucessivos prejuízos em exercícios anteriores.

O passivo circulante encontra-se superior ao ativo circulante. Do mesmo modo, algumas cláusulas contratuais de dívida (*covenants*) não foram atendidas no final do encerramento do exercício de 2020, o que acarretará o vencimento antecipado de algumas dívidas.

Pergunta-se: como consultor da empresa você foi chamado a opinar sobre algumas alternativas para auxiliar a continuidade operacional da empresa.

Cenário 1: Aumento de Capital, sendo os atuais acionistas chamados a integralizar mais recursos nas empresas.

Cenário 2: Pedido de Recuperação Judicial, em que a empresa buscaria renegociar suas dívidas com credores e equacionar sua situação econômico-financeira.

▶ VÍDEOS ADICIONAIS SOBRE O CAPÍTULO

Acesse os QR Codes para assistir ao material adicional do capítulo:

Vídeo 1
uqr.to/1ay9k

Vídeo 2
uqr.to/1ay9l

Vídeo 3
uqr.to/1ay9m

TESTES DE MÚLTIPLA ESCOLHA

1. Materiais que tenham sido comprados no mês de abril, pagos no mês de maio e utilizados na prestação de serviços no mês de junho são considerados como despesa:

   a) Do mês de junho.

   b) Do mês de maio.

   c) Do mês de abril.

   d) Nenhum dos meses, pois é um ativo da empresa e não um item de resultado.

   e) Distribuídos proporcionalmente a cada um dos três meses para atender ao Princípio do Regime de Competência.

2. Um adiantamento recebido de clientes para a entrega futura de bens deve ser registrado no momento do recebimento como:

   a) Uma conta de Patrimônio Líquido, pois houve uma entrada de ativo sem qualquer encargo para a empresa.

   b) Uma outra conta de ativo que seja retificadora do valor recebido, pois o dinheiro não pertence ainda à empresa.

   c) Uma conta de Receita, pois o valor já pertence à empresa.

   d) Não deve ser contabilizado, pois o valor recebido não pertence ainda à empresa.

   e) Uma conta de Passivo.

3. A Cia XYZ. fez, em 1.5.2007, assinatura de jornais e revistas pelo período de um ano, tendo pago no ato o valor de $ 3.000. No fechamento do período em 31.12.2007, a empresa apresentará:

   a) Uma despesa de $ 2.000 na Demonstração do Resultado de 2007.

   b) Uma despesa antecipada de $ 3.000 no Balanço Patrimonial de 31.12.2007.

   c) Uma despesa de $ 3.000 na Demonstração do Resultado de 2007.

   d) Uma despesa antecipada (ativo) de $ 2.000 no Balanço Patrimonial de 31.12.2007.

   e) Uma exigibilidade (passivo) de $ 1.000 no Balanço Patrimonial de 31.12.2007.

4. De acordo com a Lei das Sociedades por Ações, o grupo do ativo não circulante é composto por:

   a) Imobilizado, diferido, intangível e investimentos.

   b) Ativo realizável a longo prazo, intangível, diferido, imobilizado e investimentos.

   c) Ativo realizável a longo prazo, investimentos, imobilizado e intangível.

   d) Ativo realizável a longo prazo, intangível, diferido e imobilizado.

   e) Ativo realizável a longo prazo, ativo circulante, investimentos e imobilizado.

5. Materiais que tenham sido comprados no mês de abril, pagos no mês de maio e utilizados na prestação de serviços no mês de junho são considerados como despesa:

   a) Do mês de junho.

   b) Do mês de maio.

   c) Do mês de abril.

   d) Nenhum dos meses, pois são um ativo da empresa e não um item de resultado.

   e) Distribuídos proporcionalmente a cada um dos três meses para atender ao Princípio do Regime de Competência.

6. Provisões são:

   a) Passivos decorrentes de apropriação por competência.

   b) Passivos relativos a eventos previstos a ocorrer no futuro, com valores incertos.

   c) Passivos relativos a eventos passados, com valores ou prazos incertos.

   d) Passivos relativos a eventos futuros, apropriados por competência.

   e) Passivos relativos a eventos passados, com valores e prazos certos.

7. São exemplos de contas que devem ser classificadas no passivo, exceto:

   a) Adiantamento a fornecedores.

   b) IR e CS a pagar.

   c) Salários a pagar.

   d) Dividendos a pagar.

   e) Adiantamento de clientes.

8. Os equivalentes de caixa podem ser identificados como:

   a) Aplicações financeiras realizadas no mercado primário de ações, por um prazo de até 90 dias, contados a partir da data de desembolso dos títulos.

   b) Desembolsos de caixa subjacentes, realizados com a intenção de revenda dos títulos adquiridos no mercado secundário.

   c) Classificação de pagamentos e recebimentos, realizados na Bolsa de Valores ou através de corretoras de valores, por mecanismos de compra e venda no pregão de títulos públicos e privados.

   d) Investimentos de liquidez instantânea, conversíveis em quantia de dinheiro facilmente estimável e que apresentam risco insignificante de resgate.

   e) Investimentos de altíssima liquidez, prontamente conversíveis em uma quantia conhecida de dinheiro, que apresentam risco insignificante de alteração de valor.

9. Na Demonstração dos Fluxos de Caixa (DFC), elaborada pelo Método Direto, serão evidenciados como Atividades Operacionais, Atividades de Investimento e Atividades de Financiamento, respectivamente:

a) Pagamento de empréstimos, aquisição de imobilizado e aumento de capital com reservas de lucros.

b) Pagamento de fornecedores, venda de imobilizado e aumento de capital em dinheiro.

c) Recebimentos de clientes, transferência do saldo em conta corrente para aplicações de liquidez imediata e integralização de capital com terrenos.

d) Recebimentos por vendas de mercadorias à vista, compra de veículo financiado a longo prazo e venda de imóveis de uso.

e) Nenhuma das anteriores.

10. A classificação de aplicação financeira de liquidez imediata será feita:

a) No grupo de disponível do ativo circulante.

b) No grupo de valores e bens do ativo circulante.

c) No grupo de valores e bens do ativo realizável a longo prazo.

d) No grupo de investimentos.

e) No grupo de direitos no ativo circulante.

RESPOSTAS

1-A, 2-E, 3-A, 4-C, 5-A, 6-C, 7-C, 8-E, 9-B, 10-A

CONTABILIDADE TRIBUTÁRIA – TRIBUTAÇÃO SOBRE RECEITA

Paulo Henrique Pêgas

OBJETIVOS DE APRENDIZAGEM DO CAPÍTULO

1. Integrar a contabilidade e seu regime de competência com a cobrança múltipla de impostos e contribuições existentes no Brasil.

2. Conhecer a estrutura básica do ICMS definida na Constituição Federal e em leis complementares, e seus modelos de cobrança, tanto o tradicional como a substituição tributária, para que seja possível compreender como deve ser registrado o ICMS nas operações realizadas pelas empresas comerciais e industriais.

3. Compreender a aplicação do fenômeno jurídico da repercussão para entender como impostos como IPI (cobrado por fora) e ICMS (cobrado por dentro) influenciam direta e indiretamente o preço final dos bens/produtos/mercadorias.

4. Entender como é feita a cobrança das contribuições para PIS/PASEP e COFINS e seu registro contábil, para que seja possível resolver alguns conflitos entre o registro contábil das despesas e a permissão do crédito fiscal pela legislação tributária, e compreender o impacto das decisões judiciais que excluem ISS e ICMS das bases das contribuições para PIS/PASEP e COFINS.

 OBJETIVO 1

INTEGRAÇÃO DO REGIME DE COMPETÊNCIA COM OS IMPOSTOS

CONSIDERAÇÕES INICIAIS

Toda empresa é criada para ganhar dinheiro. Para isso, consome recursos naturais, materiais, humanos e tecnológicos que serão suas DESPESAS, necessárias para realizar sua atividade empresarial, seja comercial, industrial, prestação de serviços, locação, gerando RECEITAS. O objetivo de qualquer empresa é obter mais receitas que despesas e, com isso, gerar LUCRO.

Há duas formas de apuração do resultado no dia a dia empresarial: regime de caixa e regime de competência, sintetizados na Figura 5.1.

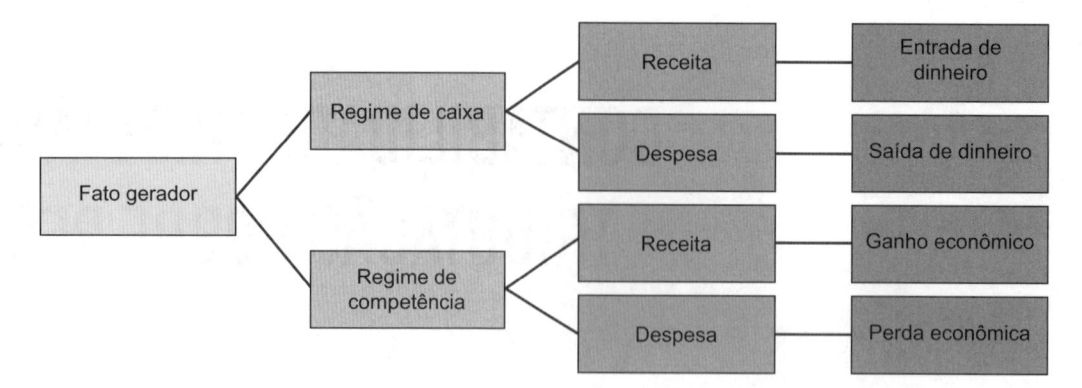

Figura 5.1 Apuração do resultado do regime de caixa e regime de competência.

É possível afirmar que o regime de competência é o pilar da boa e qualificada informação contábil. A contabilidade tem como BASE a partida dobrada. Todo fato administrativo avaliado em R$ deve ser tratado e enquadrado em Bens, Direitos, Obrigações, Receita ou Despesa. Mas, na essência, no final, toda operação empresarial representa registro pela dupla DESPESA/CAIXA ou CAIXA/RECEITA. Todavia, o regime de competência faz com que CAIXA e RESULTADO sejam reconhecidos em meses diferentes, fazendo surgir ativos (bens e direitos) e passivos (obrigações), conforme sintetizado no Quadro 5.1.

Quadro 5.1 Comparação entre regime de caixa e regime de competência

MÊS 1	PONTE	MÊS 2	EVENTO
REC.	ATIVO	+ CX.	Venda a prazo de mercadorias ou serviços no mês 1, com recebimento no mês 2
+ CX.	PASSIVO	REC.	Venda de passagem no mês 1, com voo realizado no mês 2
DESP.	PASSIVO	– CX.	Uso/Consumo de gás/energia/telecom no mês 1, com pagamento realizado no mês 2
– CX.	ATIVO	DESP.	Pagamento de IPTU/IPVA/seguro/material de uso e consumo no mês 1, com uso durante o ano

Todas as operações realizadas pela empresa devem ser pensadas em dois polos:

1. o momento em que a receita ou a despesa deve ser reconhecida. Assim, enquanto não há o reconhecimento do resultado pelo seu evento econômico, importante identificar se há ativos e passivos que devem ser registrados até o adequado reconhecimento da respectiva despesa/receita; e

2. o período em que os recursos serão desembolsados/recebidos pela empresa. Até lá, deve ser reconhecido um ativo (a receber) ou um passivo (a pagar).

Temos aí a essência da contabilidade fazendo uma lírica, diria poética, integração entre o regime de caixa e o regime de competência, que é o pilar da boa informação contábil. Receitas entraram, entram ou entrarão no caixa e as despesas saíram, saem ou sairão do caixa. Entender essa lógica e compreender a função e o objetivo principal da contabilidade passam por pensar em todas as operações realizadas pela empresa, identificando se são receita ou despesa e qual o momento adequado de seu reconhecimento no resultado. Dessa interpretação surgem os diversos bens, direitos e obrigações registrados no balanço patrimonial e que formam a posição patrimonial estática da empresa. E os tributos estão presentes no dia a dia de todos nós e de qualquer entidade empresarial, sendo essa integração da contabilidade com o direito tributário que será estudada aqui no capítulo.

O governo brasileiro extrai da sociedade, de forma compulsória, quase um terço da riqueza por ela produzida por meio da cobrança de impostos, taxas e diversos tipos de contribuição, tudo isso para promover o chamado bem comum. Qualquer país do mundo, e o Brasil não é diferente, tributa a renda, a propriedade e o consumo das pessoas físicas e jurídicas. Os encargos sociais, pela sua relevância, complementam a lista, representando o quarto tipo de cobrança tributária.

Mas a terminologia CONSUMO causa certa confusão, pois, se você procurar nos diplomas legais que regem o direito tributário brasileiro, não encontrará o termo **tributação sobre o consumo**. A Constituição Federal de 1988 nada cita em relação ao termo CONSUMO, a não ser a menção a CIRCULAÇÃO DA MERCADORIA no caso do ICMS. No próprio Código Tributário Nacional, que completou 55 anos em 2021, não há citação do termo CONSUMO, no máximo um capítulo para apresentar os tributos sobre PRODUÇÃO e CIRCULAÇÃO.

Alguns autores na área da economia defendem que a tributação em geral é sempre sobre o consumo. Faz algum sentido tal afirmativa. Quando há cobrança de imposto sobre o salário, por exemplo, o governo retira do contribuinte uma parcela que seria destinada ao consumo, por esse ângulo de análise. Mesmo a tributação sobre o patrimônio (pela propriedade ou transferência) representa um bem (imóvel, automóvel) adquirido no passado (consumo qualificado) e que sofre cobrança tributária anual, por meio do IPVA, IPTU e/ou do ITR.

Outra interessante corrente diz que toda a tributação acontece sobre a RENDA, sendo dividida em três partes:

- RENDA GANHA, sobre a qual se cobra Imposto de Renda e CSLL.
- RENDA CONSUMIDA, com cobrança de ICMS, ISS, IPI, PIS e COFINS.
- RENDA POUPADA, que sofre cobrança de IPTU, IPVA, ITBI, ITD e ITR.

Todavia, no geral, tributação sobre o consumo refere-se à cobrança de impostos e contribuições sobre o preço dos produtos e serviços, normalmente devidos pelas empresas, que vão repassando esses tributos aos contribuintes das etapas seguintes, mediante o fenômeno jurídico da repercussão, seja de forma cumulativa ou não cumulativa. Alguns desses tributos são cobrados normalmente apenas nas fases iniciais ou intermediárias, como IPI, CIDE e II, mas são integrados aos valores que serão cobrados nos preços de vendas dos bens e serviços ao consumidor final. Aí o repasse termina e quem usa/consome o bem/serviço assume (finalmente) o imposto/contribuição, não tendo para quem repassar, ficando com o custo do tributo, que foi incluído (direta ou indiretamente) no preço.

O desafio da contabilidade tributária é compreender como impostos e contribuições são cobrados nas operações comerciais, industriais e de serviços. Entendendo isso, é preciso ver a forma como eles devem ser apresentados no balanço patrimonial e, principalmente, na DRE.

VOCÊ SABIA?

A multiplicidade de tributos sobre a Receita

Em 1988, ano da publicação da Constituição Federal, o Brasil tinha carga tributária na faixa de 24% do Produto Interno Bruto (PIB), com os impostos representando 70% do total arrecadado, ou 17% do PIB. Decorridos 32 anos, nossa carga tributária ficou na faixa de 33% em 2020, com os impostos mantendo a fatia do PIB dos anos 1990 (17%), o que representa pouco mais da metade da carga tributária atual. Mas se a arrecadação dos impostos permaneceu praticamente no mesmo patamar de 1988, como a carga tributária aumentou mais de um terço de lá para cá? Foram criadas e ampliadas diversas contribuições, que possuem recursos direcionados a áreas específicas definidas a partir da Carta Magna e pertencem, na sua essência, à União. O somatório da arrecadação de contribuições federais que não existiam em 1988, como COFINS, CSLL e CIDE, respondeu, em 2019, por R$ 326 bilhões, ou 5% do PIB, e isso foi deteriorando o nosso modelo, sendo o principal motivo para transformá-lo no manicômio tributário atual. O que representam, na essência, a COFINS (e o PIS) se não o ICMS ou o ISS com outra embalagem? Um hotel tributado pelo lucro presumido, em vez de cobrar diretamente 8,65% de ISS, separa esse imposto em três partes e apura 5% de ISS, 3% de COFINS e 0,65% de PIS, cumprindo a complexa legislação tributária em vigor e seus desdobramentos, representados pelas obrigações acessórias. Um comércio tributado pelo lucro real, quando vende uma mercadoria, cobra 18% de ICMS e 9,25% de PIS + COFINS. Para simplificar o processo, poderia cobrar 27,25% em um tributo só. Por que o contribuinte tem que participar da confusão e da falta de unidade entre os entes federativos? Não faz sentido querer justificar essa necessidade com o frágil argumento de que imposto é imposto e contribuição é contribuição. Imposto não tem destinação, mas a contribuição tem destinação específica, para ações sociais, seja na seguridade social ou na parte de geração de emprego. Ora, destinação de recursos é tarefa do orçamento federal;

> isso pode e deve ser organizado no processo legislativo da forma que for mais adequada. Engessar a destinação de recursos e criar essa armadilha tributária para o contribuinte que compra mercadorias e serviços é, para dizer o mínimo, um enorme equívoco.

Utilizando dados consolidados da Secretaria do Tesouro Nacional (STN), observe na Tabela 5.1 os dez tributos que compõem a tributação sobre o consumo no Brasil. Por falta de dados, não foi incluída a contribuição previdenciária patronal sobre a receita bruta, que também entraria na conta.

Tabela 5.1   Arrecadação dos tributos sobre o consumo em 2019 – valores em R$ bi

Nº	TRIBUTO	R$ BI	DESTINAÇÃO
1	ICMS	509	Estados, que repassam 25% aos municípios
2	COFINS	237	União, para seguridade social
3	ISS	70	Municípios
4	PIS/PASEP	64	União, para Fundo de Amparo ao Trabalhador (FAT)
5	IPI	52	União, que repassa 59% a fundos estaduais e municipais
6	TAXAS	51	Destinadas aos serviços públicos de cada ente estatal
7	II	43	União, destinado ao orçamento federal
8	IOF	41	União, destinado ao orçamento federal
9	CIDE	8	União, que repassa parte para estados e municípios
10	FUST/FUNTTEL	2	União, destinado a incentivo ao setor de telecom
TOTAL		**1.077**	44,7% da Carga Tributária Total, quase 15% do PIB

Fonte: Dados consolidados da Secretaria do Tesouro Nacional (STN).

Os muitos impostos e contribuições que temos aqui podem ser cobrados por dentro (incluídos na receita) ou por fora (acrescidos a ela), sendo relevante compreender a diferença entre esses dois processos.

TRIBUTOS COBRADOS POR DENTRO E POR FORA

No Brasil, a cobrança da maioria dos tributos sobre a receita (consumo) ocorre por dentro, a exemplo do ISS, do ICMS, do PIS e da COFINS. No caso, suas bases de cálculo incluem o próprio tributo. A cobrança dos quatro tributos acontece ao longo do processo produtivo, inclusive na fase final do consumo. Já IPI, II e CIDE-Combustíveis têm cobrança por fora, com suas bases de cálculo não contemplando o próprio imposto ou contribuição. Pelas suas características, a cobrança, na maioria das vezes, não acontece na fase final do consumo, mas sim na fase inicial ou intermediária. Apesar disso, o IPI e o II estão incluídos no preço de venda final dos produtos ou serviços porque fizeram parte da composição direta ou indireta do custo, assim como a CIDE-Combustíveis influencia, de forma direta, no preço da gasolina e do diesel e indireta em diversos outros itens.

EXEMPLO PRÁTICO

Suponha que uma indústria venda certo produto a um comércio por R$ 100, sem cobrança de ICMS, mas com um IPI de 10% (R$ 10) cobrado por fora, acrescido ao preço. Assim, o produto teria a seguinte composição:

- Preço de Venda = R$ 100,00
- (+) IPI – 10%   = R$ 10,00
- Preço Total   = R$ 110,00

Quando o comércio comprar o produto por R$ 110 e posteriormente revendê-lo, o valor de R$ 10 do IPI integrará o custo de venda, pois representará, na verdade, o imposto cobrado (repassado) no preço final do produto vendido pelo comércio ao consumidor.

Suponha que o comércio faça a seguinte composição do preço necessário/desejado na sua unidade de formação do preço de venda:

- R$ 110 foi o preço de compra.
- R$ 42 para remunerar suas despesas comerciais e administrativas.
- R$ 8 referente ao lucro necessário/desejado em cada unidade vendida.
- PREÇO DE VENDA NECESSÁRIO/DESEJADO = R$ 160.
- Há ICMS cobrado na sua venda, com alíquota de 20% e que não está incluído no preço necessário/desejado de R$ 160.

Nesse caso, para chegar ao valor de R$ 160, tendo alíquota de ICMS de 20%, a empresa deveria calcular o preço de venda utilizando uma simples regra de três. Veja:

R$ 160,00	= 0,80 (100% – 20% do ICMS)
Preço de venda (X)	= 1,00
R$ 160,00 / 0,80	= R$ 200,00

Aplicando a regra de três, encontramos o preço de venda de R$ 200. Com a dedução de 20% do ICMS (R$ 40), chegamos enfim ao valor que seria aplicado sem o imposto: R$ 160.

Nesse simples exemplo, identifica-se uma tributação total de R$ 50: R$ 10 de IPI pagos pela indústria + R$ 40 de ICMS pagos pelo comércio (normalmente seria distribuído ao longo da cadeia produtiva). Nesse caso, foram desconsiderados os demais tributos sobre o consumo, como as contribuições para PIS/PASEP e COFINS.

Dessa forma, quando um imposto (ou contribuição) é cobrado por dentro, ele integra o preço final do produto ou serviço. Por exemplo, o ICMS de 20% (alíquota nominal) possui, na verdade, uma alíquota efetiva de 25% (40 / 160).

Observe, na Tabela 5.2, as informações oficiais de quatro empresas (companhias abertas) para melhor compreensão dessa informação.

Tabela 5.2 Informações oficiais de companhias abertas – exemplo

DRE de DEZ/19 – em R$ milhões	RENNER	NATURA	CEMIG	VIVO
RECEITA BRUTA	12.258	18.343	36.356	58.163
(–) TRIBUTOS sobre RECEITA BRUTA	–2.670	–3.898	–12.336	–13.894
RECEITA LÍQUIDA	9.588	14.445	24.020	44.269
% de TRIBUTOS s/ RB – ALÍQUOTA NOMINAL	21,8%	21,3%	33,9%	23,9%
% de TRIBUTOS sobre RECEITA LÍQUIDA – ALÍQUOTA EFETIVA (por fora)	27,8%	27,0%	51,4%	31,4%

Fonte: Páginas eletrônicas das empresas.

Observe que, quanto maior a alíquota nominal, mais elevada será a diferença entre o percentual cobrado pela legislação e a alíquota efetiva suportada pelo consumidor. Analisando a Tabela 5.2, é possível identificar que os produtos ficaram mais caros (em alguns casos, bem mais caros), por conta dos tributos sobre o consumo. Por exemplo, a conta de energia elétrica de R$ 100 passaria a custar R$ 151,40 por causa do acréscimo de R$ 51,40 (51,4%) referentes aos tributos cobrados na conta: ICMS, PIS, COFINS e a contribuição sobre a iluminação pública (CIP ou COSIP, municipal).

Na prática, ocorre o seguinte: no preço (final) de cada produto ou serviço vendido ao consumidor, há impostos e contribuições cobrados de forma direta ou indireta. Esses tributos são calculados mediante aplicação de alíquotas sobre a venda do produto ou serviço. Por exemplo, no estado do Rio de Janeiro, quando um posto vende 40 litros de gasolina a um cliente por R$ 5/litro, esse cliente pagará R$ 200. Nesse valor total, ocorre a cobrança dos seguintes tributos:

- PIS + COFINS de R$ 25,05 (R$ 0,6261[1] por litro de combustível).
- CIDE de R$ 4,00 (R$ 0,10 por litro de combustível).
- ICMS de R$ 68,00 (alíquota de 34%).

Esses tributos totalizam R$ 97,05, o que nos leva a uma alíquota nominal (por dentro) de 48,5%. Se for calculada por fora, a alíquota será 94,3% (97,05 / 102,95).

Os tributos cobrados sobre o consumo do brasileiro respondem por quase metade da sua carga tributária, o que vai na contramão do que ocorre no mundo desenvolvido, onde o percentual fica na faixa de 33% do total arrecadado pelos países da Organização para a Cooperação e o Desenvolvimento Econômico (OCDE). Aliás, a Tabela 5.3 traz exatamente a distribuição dos percentuais dos tributos cobrados no Brasil, comparados com a média dos países da OCDE.

Tabela 5.3 Carga tributária sobre o PIB (2017) no Brasil comparada com a média dos países da OCDE

CARGA TRIBUTÁRIA SOBRE O PIB – 2017	BRASIL	OCDE
Consumo	15,0%	11,1%
Encargos sociais	9,2%	9,9%
Renda	7,4%	11,4%
Patrimônio	1,6%	1,9%
Total	33,2%	34,3%

Fonte: www.receita.economia.gov.br. Dados organizados pelo autor.

Essa cobrança (sobre o consumo) por aqui é realizada por quase dez impostos e contribuições que oneram, de forma imediata, o preço dos bens e serviços vendidos ao consumidor e geram às empresas brasileiras um transtorno diário de apuração e controle.

Por conta disso, é fundamental que o profissional que atua na área contábil-tributária compreenda bem o impacto de tributos como IPI, ICMS, ISS, PIS e COFINS no dia a dia das empresas comerciais, industriais e de serviços em geral.

EXEMPLO PRÁTICO

Suponha que uma indústria tributada pelo lucro presumido venda um produto a uma empresa comercial pelo preço combinado de R$ 2.000,00. Nesse caso, ela deverá pagar os seguintes tributos, considerando uma alíquota de IPI de 15% e de ICMS de 18%:

- IPI de R$ 300,00 (15% cobrados por fora) – acrescido ao preço de venda de R$ 2.000,00, com o produto passando a custar R$ 2.300,00.
- ICMS de R$ 360,00 (18% cobrados por dentro).
- COFINS de R$ 49,20 (3% cobrados por dentro, sobre R$ 1.640).
- PIS de R$ 10,66 (0,65% cobrados por dentro, sobre R$ 1.640).

---

[1] Alíquota vigente é 0,7952 por litro de gasolina C, que tem adição de 27% em cada litro. Assim, o valor foi encontrado considerando a seguinte conta: 0,7952 × (100 / 127) = R$ 0,6261.

Dessa forma, o preço final do produto será de R$ 2.300,00 e, nesse valor, estão inclusos os R$ 719,86 (300 + 360 + 49,20 + 10,66) dos quatro tributos listados. O somatório de PIS + COFINS + ICMS (R$ 419,86) está incluso no preço de venda, enquanto o IPI de R$ 300 foi acrescido ao preço. Veja como fica a informação contábil do resultado (DRE) da empresa industrial:

- FATURAMENTO BRUTO   2.300,00
- (–) IPI – 15%   – 300,00 – POR FORA
- RECEITA BRUTA   2.000,00
- (–) ICMS – 18%   – 360,00 – POR DENTRO
- RECEITA BRUTA AJUSTADA   1.640,00
- (–) PIS e COFINS – 3,65%   – 59,86 – POR DENTRO
- **RECEITA LÍQUIDA**   **1.580,14**

Na prática, o cliente pagou R$ 2.300 sabendo que há cobrança de tributos no total de R$ 719,86, com o produto representando R$ 1.580,14. Portanto, fazendo conta simples, encontramos:

- 31,3% por dentro   (719,86/2.300,00); ou
- 45,6% por fora   (719,86/1.580,14).

Se adotado um único imposto por fora sobre o consumo, a alíquota teria de ser de 45,6% para que fossem cobrados os mesmos R$ 719,86 da empresa industrial vendedora.

No Brasil, no entanto, o modelo adotado não é esse, e cada imposto tem as suas peculiaridades e sua destinação específica. Veja:

- IPI é federal, mas tem 59% destinados aos estados (FPE, 21,5%), aos municípios (FPM, 24,5%), aos estados exportadores (FPEx, 10%) e aos fundos de desenvolvimento regionais (3% para os bancos de fomento do norte (BASA), Nordeste (BNB) e Centro-Oeste (FCO, vinculado ao Banco do Brasil)).
- O ICMS é estadual, mas tem 25% dos seus recursos distribuídos aos municípios.
- O PIS/PASEP, tem recursos destinados ao Fundo de Amparo ao Trabalhador (FAT), que remunera recursos como o abono anual e o seguro-desemprego.
- A COFINS é destinada para a seguridade social, que inclui saúde, previdência social e os diversos programas de assistência social.

Portanto, há elevada cobrança de impostos e contribuições sobre a produção e o consumo no Brasil. Existem diversos tributos cobrados ao longo da cadeia produtiva, como IPI, ICMS, ISS, PIS e COFINS, além do imposto sobre a importação (II) e dos tributos específicos, cobrados sobre a receita bruta de determinados setores, como a CIDE (cobrada na venda de combustíveis) e o FUST/FUNTTEL (cobrado nos serviços de telecomunicações).

Há duas formas de cobrança dos tributos sobre produção e consumo: o método cumulativo e o método não cumulativo. Importante caracterizá-los e entender suas diferenças.

MÉTODOS CUMULATIVO E NÃO CUMULATIVO

O método cumulativo sinaliza a cobrança de impostos e contribuições sobre o consumo de bens e serviços em cascata, sem possibilidade de deduzir valores pagos anteriormente. No Brasil, têm cobrança cumulativa o ISS, para as empresas prestadoras de serviços, e as contribuições para PIS/PASEP e COFINS, para pessoas jurídicas de médio porte tributadas pelo lucro presumido, que representavam em torno de 884 mil empresas em 2018 (dados da RFB). Nesse modelo, a alíquota final cobrada sobre a cadeia produtiva acaba sendo superior à alíquota nominal, sinalizando incentivo à redução das etapas envolvidas no processo de produção. Para melhor contextualizar o problema, será apresentado um exemplo numérico.

EXEMPLO PRÁTICO

Suponha que cinco empresas integrem a cadeia produtiva do produto Z, obtida a partir de dois outros produtos: W e R. Essas empresas são as seguintes:

- Cia. Sol, indústria que vendeu W por R$ 500 à Cia. Estrela.
- Cia. Lua, indústria que vendeu R por R$ 400 à Cia. Estrela.
- Cia. Estrela, indústria que comprou W e R e produziu Z por meio da integração de W + R. Posteriormente, vendeu Z à Cia. Mar por R$ 1.200.
- Cia. Mar, distribuidora, que revendeu o produto Z à Cia. Rua por R$ 1.300.
- Cia. Rua, varejista que revendeu o produto Z aos seus clientes, pessoas físicas, por R$ 1.500.

Admitindo que houve apenas a cobrança de COFINS em todas as operações, com alíquota de 3%, e que as cinco empresas da cadeia produtiva foram tributadas pelo lucro presumido, é possível calcular a contribuição de cada uma delas, utilizando o método cumulativo, da seguinte forma:

Tabela 5.4 Cálculo de COFINS da cadeia produtiva – método cumulativo

EMPRESA	RECEITA BRUTA	VALOR AGREGADO	COFINS (3% da RB)
Cia. Sol	500	500	15
Cia. Lua	400	400	12
Cia. Estrela	1.200	300	36
Cia. Mar	1.300	100	39
Cia. Rua	1.500	200	45
TOTAL	4.900	**1.500**	**147**
ALÍQUOTA EFETIVA: 147 / 1.500 = **9,8%**			

Perceba que a cadeia produtiva completa agregou R$ 1.500 ao processo produtivo distribuído pelas cinco empresas. No entanto, como todas elas pagaram a COFINS com alíquota de 3% sobre a receita bruta, a alíquota efetiva (final) foi bem maior, aproximando-se de 10%. No mundo real, todo esforço seria direcionado a eliminar, pelo menos, a Cia. Mar da cadeia produtiva, ou seja, a Cia. Estrela realizaria a venda diretamente à Cia. Rua, o que reduziria o encargo tributário final.

Já o método não cumulativo no Brasil, infelizmente, não possui um modelo único. Veja a seguir que modelos são aplicados no Brasil:

A. CRÉDITO FINANCEIRO

O crédito financeiro corresponde à não cumulatividade completa e não tem aplicação plena no Brasil. O imposto que mais se aproxima é o Imposto sobre Produtos Industrializados (IPI).

É importante ressaltar que esse seria o modelo ideal de tributação sobre o consumo de bens e serviços no Brasil. A empresa deveria pagar o imposto apenas sobre o que agregou ao processo produtivo, podendo descontar todo o imposto pago nas aquisições realizadas, seja para produção, revenda, uso ou consumo. E, claro, com cobrança POR FORA, acrescido ao preço. As propostas de reforma tributária que tramitam no Congresso Nacional (1º semestre de 2021) direcionam para a criação do Imposto sobre Bens e Serviços (IBS), que a princípio seria cobrado nesse modelo, com crédito financeiro. O IBS substituiria, no mínimo, cinco tributos: IPI, ICMS, ISS, PIS e COFINS. Algumas propostas sugerem a extinção da CIDE, do IOF e do salário-educação e inclusão no IBS.

B. CRÉDITO PARCIAL

No crédito parcial, há possibilidade de deduzir o imposto pago apenas das compras para revenda ou produção, não de todos os gastos realizados. Assim, não há crédito permitido nos bens de uso e consumo, como os gastos no comércio com sacolas, energia elétrica e internet. O imobilizado tem crédito permitido em 48 meses. Esse modelo é aplicado ao principal imposto brasileiro: o ICMS.

C. CRÉDITO PRESUMIDO

No crédito presumido, a dedução permitida não representa, necessariamente, o valor desembolsado pela empresa anterior. Trata-se de um modelo confuso, aplicado principalmente a contribuições para PIS/PASEP e COFINS realizadas pelas pouco mais de 150 mil empresas brasileiras de grande porte (receita bruta anual acima de R$ 78 milhões) que são tributadas pelo lucro real.

EXEMPLO PRÁTICO

Repetindo o exemplo anterior, admitindo a alíquota de COFINS de 7,6% e aplicação integral do método não cumulativo, veja como seria a tributação na cadeia produtiva:

Tabela 5.5 Cálculo de COFINS da cadeia produtiva – método não cumulativo

Empresa	Receita bruta	Valor agregado	COFINS (7,6% do VA)
Cia. Sol	500	500	38,00
Cia. Lua	400	400	30,40
Cia. Estrela	1.200	300	22,80
Cia. Mar	1.300	100	7,60
Cia. Rua	1.500	200	15,20
TOTAL	4.900	**1.500**	**114,00**
ALÍQUOTA EFETIVA: 114 / 1.500 = **7,6%**			

Observe que o mérito do método não cumulativo é fazer a cobrança do tributo apenas sobre o valor agregado, que no exemplo didático considerou somente venda menos compra.

A DRE DIVULGADA NO BRASIL E OS TRIBUTOS ESCONDIDOS OU OMITIDOS

O registro contábil dos impostos e contribuições sobre as receitas devem atender ao regime de competência. Assim, simultaneamente ao reconhecimento da receita, deve ser registrada a despesa com o tributo correspondente a ela. Antes de passar à explicação básica dos principais tributos cobrados sobre a receita bruta, é importante mostrar um quadro ilustrativo com a forma de apresentar a DRE no Brasil atualmente.

CASO PRÁTICO

Para fins didáticos, suponha a venda de uma indústria para empresa comercial, com a seguinte sequência negocial:

1. Indústria deseja vender cinco unidades de um produto por R$ 1.000 cada a um cliente, totalizando R$ 5 mil.
2. Comércio (cliente) conseguiu um desconto de R$ 40 (4%) em cada unidade, totalizando R$ 200. Como não há condição futura atrelada ao desconto, este foi considerado incondicional.
3. O IPI tem alíquota de 20% sobre o preço de venda (líquido do desconto), sendo cobrado por fora e acrescido ao preço (base de cálculo de R$ 4.800). Assim, o valor de R$ 960 será cobrado pela indústria ao comércio.

4. A indústria cobrou do comércio o valor (hipotético) de R$ 440 de ICMS no modelo de substituição tributária.
5. O ICMS (próprio da indústria) tem alíquota de 18% sobre o preço de venda (líquido do desconto), sendo incluído no preço e cobrado por dentro.
6. PIS e COFINS têm alíquota combinada de 9,25% sobre o preço de venda (líquido do desconto e do ICMS), sendo incluído no preço e cobrado por dentro.
7. Portanto, o valor total da venda foi R$ 6.200, sendo composto pelo preço líquido de venda negociado (4.800) + IPI e ICMS ST, cobrados do comércio e simplesmente repassados a união e estado, respectivamente.

Portanto, a DRE será apresentada conforme Tabela 5.6.

Tabela 5.6   Resultado de empresa industrial e sua divulgação

FATURAMENTO BRUTO	6.400,00	Valor total antes do desconto	INFORMAÇÃO OCULTA
(–) IPI – 20%	–960,00	20% sobre 4.800	
(–) ICMS ST	– 440,00	ICMS que pertence ao cliente, mas a lei exigiu da indústria a obrigação de cobrar e recolher	
RECEITA BRUTA	5.000,00	Preço de venda sem incluir os impostos cobrados por fora	INFORMADO EM NOTAS EXPLICATIVAS
(–) DEVOLUÇÕES DE VENDAS e DESCONTOS	–200,00	Apenas aqueles concedidos de forma incondicional	
RECEITA BRUTA (LÍQUIDA)	4.800,00	Receita Bruta menos as deduções	
(–) ICMS – 18%	–864,00	Base de cálculo é 4.800, incluindo PIS + COFINS	
(–) PIS e COFINS – 9,25%	–364,08	Base de cálculo é 3.936 (4.800 – 864), incluindo o ICMS	
RECEITA LÍQUIDA	3.571,92	Valor final que pertence efetivamente à empresa	APRESENTADO NA DRE

Observe que a indústria recebeu do comércio o valor de R$ 6.200,00. Se fosse apresentado todo o evento pela contabilidade, ele seria assim informado, partindo de R$ 6.400, preço cheio, com todos os tributos e sem desconto. Contudo, na DRE brasileira você veria apenas o valor líquido de R$ 3.571,92 sem saber que a venda final ocorreu por um valor bem maior. As notas explicativas não são padronizadas. Temos desde aberturas detalhadas de cada tributo, dos descontos e das devoluções até aquelas empresas que informam apenas a receita bruta e o valor fechado das deduções, sem sequer separar tributos e devoluções/descontos, por exemplo.

Teoricamente, a empresa, na sua unidade de formação do preço de venda, fez a seguinte montagem (de trás para frente), para chegar ao preço final de R$ 4.800:

1. **CALCULAR AS CONTRIBUIÇÕES COBRADAS POR DENTRO (PIS e COFINS) PARA INSERI-LAS NO PREÇO DE VENDA**
   - PREÇO DESEJADO (sem tributos) → 3.571,92 = 90,75% (100% – 9,25%)
   - PREÇO PRATICADO (com tributos) →   X   = 100%

Com a regra de três, encontramos o preço provisório de R$ 3.936,00 (3.571,92 / 0,9075). Porém, no caso, é necessário calcular o ICMS, o que será feito a seguir.

2. **CALCULAR O ICMS (POR DENTRO) PARA INSERI-LO NO PREÇO DE VENDA**
   - PREÇO PROVISÓRIO (sem ICMS) → 3.936,00 = 82% (100% – 18%)
   - PREÇO PRATICADO (com ICMS) →   X   = 100%

Com a regra de três, encontramos o preço de R$ 4.800,00 (3.936,00 / 0,82)

3. **INCLUIR (ACRESCENTAR) NO PREÇO OS TRIBUTOS COBRADOS POR FORA (IPI E ICMS ST)**
   - PREÇO OBTIDO COM A INSERÇÃO DOS TRIBUTOS por DENTRO → 4.800
   - COBRANÇA DE IPI (960) E ICMS ST (440) → 1.400

Portanto, o preço final cobrado ao cliente (comércio) foi R$ 6.200.

QUESTÃO PARA REFLEXÃO

O Brasil está preparado para ter um único imposto cobrado sobre o preço de bens e serviços, por fora, de forma totalmente transparente, com informação imediata ao consumidor?

 OBJETIVO 2

O ICMS E A CONTABILIDADE

ASPECTOS BÁSICOS DA COBRANÇA DO ICMS NO BRASIL

A Constituição Federal de 1988 autorizou os Estados e o Distrito Federal a instituírem o Imposto sobre Operações relativas à Circulação de Mercadorias e sobre Prestações de Serviços de Transporte Interestadual e Intermunicipal e de Comunicação (ICMS), mais conhecido antes como ICM, que ganhou o S na última Carta Magna.

O ICMS está presente em quase todos os momentos da nossa vida. Quando acordamos, tomamos o café da manhã, almoçamos, compramos um caderno ou uma água mineral, ouvimos rádio, ligamos a TV ou navegamos na internet, há participação do ICMS.

O fato de ter competência estadual traz um enorme grau de dificuldade para o entendimento do ICMS. Essa dificuldade poderia ser minimizada se esse imposto fosse federal ou se, pelo menos, sua legislação fosse totalmente unificada. Há alguns projetos de reforma tributária no Congresso Nacional buscando integrar o ICMS ao IPI, ao ISS, ao PIS e à COFINS, em um imposto sobre valor agregado: o imposto sobre bens e serviços (IBS). O IBS seria, então, o único imposto cobrado sobre a cadeia produtiva, o IVA nacional.

A estrutura básica do ICMS é apresentada na Constituição Federal de 1988, onde se define, dentre outros pontos, que sua cobrança será não cumulativa. Essa não cumulatividade prevista é parcial, pois o ICMS não é um imposto clássico sobre o valor agregado. Os créditos dos produtos utilizados para uso e consumo não são permitidos. Aliás, a proibição, que seria temporária, veio sendo prorrogada sistematicamente desde o final do século passado, sendo a última prorrogação por meio da Lei Complementar (LC) nº 171/19 até o ano de 2032.

> **ATENÇÃO!**
>
> O imposto sobre o valor agregado (IVA), ou *value added tax* (VAT), em língua inglesa, é um imposto geral sobre o consumo de base ampla utilizado na União Europeia e na maior parte dos países desenvolvidos. Ele é cobrado sobre o valor acrescentado a bens e serviços no processo produtivo.

Outro ponto definido na Carta Magna é a não cobrança de ICMS nas vendas realizadas ao exterior. Nesse caso, não cobrar o imposto representa não somente ter alíquota zero na saída, mas também a possibilidade de manter os créditos de entrada de matérias-primas e insumos, no caso das empresas industriais, ou das mercadorias para revenda, no caso das atividades comerciais.

EXEMPLO PRÁTICO

Suponha que a Cia. Alfa, empresa industrial, produza determinado produto denominado X, feito a partir das matérias-primas K e W. Suponha também que a Cia. Alfa esteja submetida à alíquota hipotética de 12% para ICMS tanto nas entradas quanto nas saídas no mercado interno, e proceda às seguintes aquisições:

- Produto K por R$ 1.000, com ICMS de R$ 120 incluído no preço.
- Produto W por R$ 500, com ICMS de R$ 60 incluído no preço.
- Embalagens por R$ 250, com ICMS de R$ 30 incluído no preço.

A Cia. Alfa utiliza então todos os produtos K e W, assim como as embalagens adquiridas para produzir 10 unidades do produto X. O crédito total de ICMS, nesse caso, seria de R$ 210 (120 + 60 + 30), devendo ser registrado na contabilidade da empresa como ativo, especificamente na conta "ICMS a Recuperar".

Na sequência, admita que a Cia. Alfa tenha realizado as suas vendas a dois clientes:

- Um cliente no Brasil, que comprou seis unidades de X por R$ 2.100 – nessa venda, haverá ICMS a pagar de R$ 252 (12%).
- Outro cliente no exterior, que adquiriu três unidades por R$ 1.000 – nessa venda, o ICMS não será cobrado.

Nesse caso, a Cia. Alfa teria de desembolsar o ICMS de R$ 42, apurado da seguinte forma:

ICMS a pagar – ICMS a recuperar = ICMS devido
R$ 252 – R$ 210 = R$ 42

Assim, o aspecto relevante a ser considerado é a manutenção do crédito referente às três unidades vendidas ao exterior que não sofreram cobrança de ICMS. Além disso, percebe-se que, apesar de uma unidade do produto X ainda não ter sido vendida, o modelo permite a utilização do crédito independentemente da realização da venda no mesmo mês de apuração. Essa é a lógica da não tributação de vendas ao exterior.

O problema acontece quando a empresa vende a maior parte da sua produção ao exterior, não conseguindo utilizar todo o crédito apenas com as vendas realizadas no Brasil. Nesse caso, depende da permissão da legislação estadual para a "venda" do crédito na compra de matéria-prima e de insumos ou então para eventual restituição, o que não é comum.

EXEMPLO PRÁTICO

No exemplo didático apresentado, a DRE da Cia. Alfa seria apresentada da seguinte forma, desconsiderando outros gastos industriais e outros tributos:

DRE da Cia. Alfa	
RECEITA BRUTA	3.100
(–) ICMS	252
RECEITA LÍQUIDA	2.848
(–) CPV (matéria-prima)	1.386
LUCRO BRUTO	**1.462**

Diferentemente do que acontece na exportação, quando a legislação estadual conceder isenção ou não houver incidência de ICMS na venda, o crédito apurado nas compras deverá ser anulado, extinto. A empresa compradora não poderá, portanto, utilizar o crédito quando o ICMS for isento ou não cobrado na venda.

CASO PRÁTICO

Quando a isenção é no meio do processo produtivo, o imposto acaba distorcendo a cadeia produtiva. Por exemplo, suponha a existência de três empresas: A, B e C, que se relacionam em uma cadeia produtiva do mesmo produto Z. Considere, agora, três vendas realizadas por essas empresas, com as seguintes alíquotas aplicadas de ICMS:

- Venda 1 – **A** vende Z a **B** por R$ 100, com ICMS devido de 12% = R$ 12.
- Venda 2 – **B** vende Z a **C** por R$ 200, com isenção de ICMS. Nesse caso, a Cia. B nada pagaria de ICMS diretamente, mas perderia o crédito do ICMS de R$ 12 que teria sido pago na entrada. Este valor de R$ 12 seria transferido para em estoque, gerando custo das vendas.
- Venda 3 – **C** revende o produto Z ao **consumidor final** por R$ 250, com ICMS devido de R$ 30 (12% de alíquota), sem possibilidade de deduzir créditos.

No total da cadeia produtiva, o ICMS desembolsado montou a R$ 42, somando os R$ 12 recolhidos pela Cia. A e os R$ 30 que foram pagos pela Cia. C. A alíquota efetiva, nesse caso, seria de 16,8% (42/250), por conta da isenção concedida no meio da cadeia produtiva.

O ICMS também é cobrado nas operações de transportes interestaduais e intermunicipais e de comunicações, conforme determinado na LC nº 87/96.

Na legislação tributária, há permissão para uso de crédito na compra de bens para o ativo imobilizado, basicamente na atividade industrial. Esse crédito não pode, contudo, ser utilizado integralmente no período, podendo ser aproveitado apenas em 48 meses, sendo 1/48 por mês. Por exemplo, considere a aquisição de uma máquina por R$ 100 mil em janeiro de 2019, com ICMS de 12%, montando a R$ 12 mil.[2] Nesse caso, o crédito mensal será de R$ 250, a partir do mês de aquisição do bem.

Suponha que a empresa utilize a máquina adquirida para produzir mercadorias que serão comercializadas com isenção e outras com tributação de ICMS. No caso, deverá fazer o cálculo e estornar o crédito correspondente ao percentual das vendas isentas sobre a receita bruta total. Observe a Tabela 5.7.

Tabela 5.7 Parcelas de crédito estornada e aproveitada

RECEITA BRUTA OBTIDA (em R$)	JAN.	FEV.	MAR.	SOMA
MERCADO INTERNO – NORMAL	1.600	1.000	1.400	4.000
MERCADO INTERNO – COM ISENÇÃO	**3.400**	**4.000**	**1.600**	**9.000**
MERCADO EXTERNO	5.000	5.000	7.000	17.000
TOTAL	10.000	10.000	10.000	30.000
% DE VENDAS COM ISENÇÃO	**34%**	**40%**	**16%**	**30%**
CRÉDITO TOTAL MENSAL	250	250	250	750
CRÉDITO ESTORNADO	85	100	40	225
CRÉDITO PERMITIDO	165	150	210	525

Observe que o crédito permitido será aplicado sobre as vendas realizadas no mercado interno e no exterior. Apenas as saídas isentas exigem o estorno. O registro contábil da transferência do crédito em janeiro será assim apresentado:

DÉBITO   ICMS a Recuperar   165
DÉBITO   Máquinas   85
CRÉDITO ICMS a Recuperar-Imobilizado   250

O valor de R$ 85 será reintegrado ao imobilizado, sendo objeto de depreciação. Nos meses seguintes, essa transferência será proporcional à parcela ainda não depreciada sobre o prazo total estimado de vida útil do bem.

---

[2]   O valor deverá ser registrado em conta específica de ICMS a RECUPERAR-IMOBILIZADO, reconhecido parte no ativo circulante (12 parcelas a compensar) e o restante no ativo realizável a longo prazo. Mensalmente, deve-se transferir 1/48 para a conta de ICMS a RECUPERAR.

BASE DE CÁLCULO DO ICMS: MODELO TRADICIONAL E ST

Outro ponto de relevância na estrutura básica do ICMS diz respeito à sua base de cálculo, que contemplará sempre o preço de venda e o frete, menos os descontos incondicionais concedidos. Entendem-se por incondicionais aqueles descontos comerciais dados sem qualquer condição futura atrelada, principalmente financeira. O desconto incondicional é algo similar à venda por um preço menor. Tanto faz, para a empresa, vender o produto por R$ 100 e dar um desconto de R$ 5, ou efetuar a venda por R$ 95.

Para decidir pela inclusão ou não do IPI na base do ICMS, é necessário saber a natureza da operação realizada pela empresa industrial, pois há diferenças:

- Nas operações iniciais ou intermediárias, o IPI NÃO INTEGRARÁ a base de cálculo. Entende-se por operação inicial ou intermediária aquela realizada para comercialização ou industrialização na etapa seguinte.
- Nas operações finais, o IPI INTEGRARÁ a base de cálculo do ICMS. Essa situação será aplicada às vendas diretamente da indústria para uso e consumo, independentemente de a empresa compradora ser comercial, industrial, de serviços ou pessoa física.

Além do modelo tradicional, para tornar mais segura e eficiente a cobrança e a arrecadação do ICMS, o modelo de substituição tributária foi criado nos anos 1980. Seu principal formato é a chamada substituição tributária para frente, que é aplicada na atividade industrial, quando o produto é vendido para empresas comerciais distribuidoras, atacadistas e varejistas.

Na prática, a indústria se coloca no lugar da empresa comercial e calcula quanto seria o ICMS devido por esta na venda realizada ao consumidor final. O valor é então incluído na venda ao comércio e recolhido pela empresa industrial, ou seja, o imposto é cobrado antes da existência efetiva do fato gerador, que seria, no caso, a venda ao consumidor final.

Por exemplo, quando a Ambev realiza uma venda a uma empresa comercial, ela calcula e recolhe o próprio ICMS e o ICMS futuro, aquele que será devido pelo varejista quando este realizar a venda ao consumidor final.

EXEMPLO PRÁTICO

Suponha que a Ambev realize uma venda ao Bar do Zé por R$ 100 e que a alíquota de ICMS seja de 20%. Sabendo que a lei define a margem de valor agregado (MVA) – que seria o valor agregado pela empresa comercial – e admitindo que essa MVA seja de 75% (percentual hipotético), a Ambev irá então vender o seu produto ao Bar do Zé por R$ 115, conforme é possível extrair das informações na Tabela 5.8.

Tabela 5.8 Venda da Ambev ao Bar do Zé

VALOR DO PRODUTO	ALÍQUOTA DO ICMS	ICMS PRÓPRIO	ICMS ST
R$ 100	20%	R$ 20	ICMS ST
BASE MVA	BASE ICMS ST	ICMS TOTAL	R$ 15
75%	R$ 175	R$ 35	R$ 15
A Ambev venderá a cerveja ao Bar do Zé por R$ 115.			

Teoricamente, a MVA indica que o Bar do Zé irá revender a cerveja por R$ 175. Na contabilidade, a Ambev simplesmente acrescentaria o valor de R$ 15 ao preço, colocando-o no passivo, em conta de ICMS ST a Recolher, com tratamento similar ao aplicado ao IPI na indústria. Na empresa comercial (Bar do Zé), o estoque será reconhecido pelo valor total de compra, sem destaque do ICMS. Na venda, este será baixado integralmente para o custo das vendas. Assim, o substituído não registra ICMS a recuperar ou a pagar.

Para as empresas comerciais substituídas, o ICMS ST cobrado se tornava definitivo. Assim, se vendesse mais barato ou mais caro nada acontecia, pois o fato gerador "presumido" na venda realizada pela Ambev foi previsto na Emenda Constitucional (EC) nº 3/93. No entanto, de acordo com a decisão do Supremo Tribunal Federal proferida em OUT/16, se o Bar do Zé decidir vender a cerveja por um preço mais barato, poderá pedir restituição. Por outro lado, se vender por um preço maior que o sugerido, o Estado (teoricamente) poderá cobrar a diferença, embora exista discussão jurídica se a decisão do STF abarcou também tal situação.

Na prática, a decisão do STF põe fim ao modelo de substituição tributária, transformando o ICMS ST em mera retenção na fonte (antecipação de recolhimento).

EXEMPLO PRÁTICO

Para consolidar o entendimento, será apresentado a seguir o tratamento contábil na empresa substituída (Bar do Zé) com a decisão da suprema corte, admitindo que a venda seja realizada pelo preço sugerido.

COMPRA:

DÉB: Estoque	R$ 80
DÉB: ICMS a Recuperar	R$ 20
DÉB: ICMS Retido na Fonte	R$ 15
CRÉD: Fornecedores	R$ 115

VENDA:

DÉB: Contas a Receber	
CRÉD: Receita Bruta	R$ 175
DÉB: Custo das Vendas	
CRÉD: Estoque	R$ 80

DÉB: Despesa de ICMS	
CRÉD: ICMS a Pagar	R$ 35 (175 × 20%)

APURAÇÃO:

DÉB: ICMS a Pagar	R$ 35
CRÉD: ICMS a Recuperar	R$ 20
CRÉD: ICMS Retido na Fonte	R$ 15

Caso o varejista revendesse o produto por R$ 190, por exemplo, teria ICMS a pagar de R$ 38, o que deixaria um saldo líquido de R$ 3 (38 – 20 – 15) a ser desembolsado no mês seguinte. Por outro lado, eventual venda por valor menor que o sugerido deixaria um saldo de ICMS a Recuperar para meses subsequentes.

Para resolver tal conflito, o CONFAZ criou o Regime Optativo de Tributação do ICMS ST (ROT) por meio do Convênio ICMS nº 67/19, que autorizou os estados de AM, PA, PB, PR, PE, RN, RS e SC a dispensarem o segmento varejista do pagamento de ICMS a título de complementação do imposto devido por substituição tributária, nos casos em que o preço praticado na operação a consumidor final for superior à base de cálculo estimada utilizada no cálculo do débito devido pelo substituto tributário. O estado de São Paulo aderiu à nova sistemática com a edição do Convênio ICMS nº 62/20.

A ideia aqui é a seguinte: admita que um varejista vende 10 produtos que tiveram cobrança de ICMS ST, sendo 5 pelo preço sugerido, 3 por um preço inferior e 2 por um valor acima da base de cálculo com que lhe foi cobrado o imposto estadual. Nesse caso, ele poderia pedir restituição do ICMS nos três produtos vendidos por preço menor, mas teria a cobrança de ICMS complementar em relação aos dois produtos vendidos por preço acima do sugerido.

Nesse caso, a opção pelo ROT amorteceria tal situação, retornando para a apuração definitiva do ICMS ST, como funcionava até a decisão do STF em 2016. Contudo, o tema promete um bom debate jurídico, conforme nos mostra o ótimo artigo escrito pelos professores Caio Takano e Arthur Pitman.[3]

ALÍQUOTAS DO ICMS EM OPERAÇÕES INTERNAS E INTERESTADUAIS

O modelo do ICMS brasileiro foi estruturado para distribuir os recursos entre os estados onde ocorreu a produção e aquele onde foi (ou será) realizado o consumo, sempre privilegiando este último.

> **ATENÇÃO!**
>
> O Conselho Nacional de Política Fazendária (CONFAZ) é composto por membros do Ministério da Fazenda/Economia e os secretários estaduais de fazenda.

Atualmente, as alíquotas do ICMS são bastante diversificadas, sendo divididas em alíquotas internas e alíquotas interestaduais.

As alíquotas internas são livremente definidas por cada estado, sendo aplicadas, exclusivamente, às suas operações internas. Há apenas a limitação da alíquota mínima, que a Constituição impede de ser menor que a alíquota interestadual cobrada na entrada de mercadorias no estado.

Na Tabela 5.9, é possível observar a alíquota (modal) de ICMS cobrada nos estados brasileiros para a maioria dos produtos.

Tabela 5.9   Alíquotas de ICMS cobradas nos Estados brasileiros

20% – RJ
18% – AM, AP, BA, CE, DF, MA, MG, PB, PE, PR, PI, RN, RS, SP, SE e TO (16 estados)
17,5% – RO
17% – AC, AL, ES, GO, MT, MS, PA, RR e SC (9 unidades federativas)

Fonte: Pêgas (2017, ajustado).

Já as alíquotas interestaduais são definidas pelo Senado Federal. São três as alíquotas aplicadas às transações envolvendo mais de um estado: 4%, 7% e 12%. Assim, para fins de ICMS, o Brasil passa a ser dividido em duas partes: norte e sul.

NORTE	Estados das Regiões Norte (7), Nordeste (9) e Centro-Oeste (3), além do Espírito Santo e do Distrito Federal, totalizando 21 unidades federativas.
SUL	RJ, SP e MG (Sudeste) + RS, SC e PR (Sul), contando seis estados.

A regra diz que, sempre que um dos seis estados da parte sul transferir mercadorias para um dos 21 estados da parte norte, será aplicada a alíquota de 7%. Essa alíquota será aplicada, portanto, em 126 transações interestaduais. Por outro lado, todas as vendas realizadas pelos estados da parte norte e as operações entre os estados da parte sul serão tributadas pela alíquota de 12%. Essa alíquota é aplicada então em 576 operações interestaduais. Isso quer dizer que, em 82% das possíveis transferências interestaduais, a alíquota aplicada será 12%, enquanto em apenas 18% das transferências entre os estados a alíquota será 7%. Essas alíquotas serão aplicadas mesmo nas vendas interestaduais para não contribuintes de ICMS, que fizeram a aquisição para uso/consumo.

Portanto, a Tabela 5.10 resume a aplicação de alíquotas:

---

3   TAKANO, Caio Augusto; PITMAN, Arthur Leite da Cruz. A falsa gentileza do Regime Optativo de Tributação. Disponível em: https://www.conjur.com.br/2021-abr-30/opiniao-falsa-gentileza-regime-optativo-tributacao. Acesso em: 02 set. 2022.

Tabela 5.10   Alíquotas de ICMS cobradas nos Estados brasileiros

DE	PARA	ALÍQUOTA
NORTE	SUL	12%
NORTE	NORTE	
SUL	SUL	
SUL	NORTE	7%
Na venda interestadual para industrialização/comercialização, quando o produto tiver 40% ou mais de componentes importados, deve-se aplicar a alíquota de 4% em todas as 702 transferências interestaduais.		

A LÓGICA DA APLICAÇÃO DAS ALÍQUOTAS

Atualmente, o ICMS é cobrado ao longo do processo produtivo e não apenas na origem ou no destino, como alguns têm sugerido.

CASO PRÁTICO

Um suco de caju, que custe R$ 5,00 no supermercado, com alíquota de 18%, terá R$ 0,90 de ICMS. Esse valor, entretanto, deverá ser desembolsado ao longo do processo produtivo, desde a venda da semente para o agricultor, passando pela compra do caju pela indústria, a venda da indústria ao comércio, até chegar ao consumidor, sendo este quem efetivamente assume o ônus, pois ao adquirir o produto para consumo pagará o imposto embutido no seu preço de venda. Veja um quadro hipotético, para facilitar o entendimento:

- **Cia. B**, domiciliada em SP, vende semente para a **Cia. F**, domiciliada em MG, por R$ 5.000.
- **Cia. F** transforma a semente em caju e o vende para a **Cia. G**, domiciliada em GO, por R$ 8.800.
- **Cia. G** transforma o caju em suco e vende todo o estoque para a **Cia. R**, domiciliada em MS, por R$ 10.500.
- **Cia. R** revende suco de caju para a **Cia. X**, localizada no PR, por R$ 12.000.
- **Cia. X** revende o suco de caju ao consumidor (pessoa física) por R$ 15.000.

O ICMS total recolhido na hipotética cadeia produtiva de suco de caju monta a R$ 2.700, utilizando alíquota interna de 18% no Estado do Paraná. No entanto, o imposto seria recolhido, no caso, em cada um dos estados envolvidos no processo produtivo.

Tabela 5.11   Cadeia produtiva da produção de suco de caju

CADEIA SUCO CAJU	COMPRA	ALIQ.	ICMS s/ COMPRA	VENDA	ALIQ.	ICMS s/ VENDA	ICMS Pg. (LÍQUIDO)
Cia. B – SP	–	–	–	5.000	12%	600	600
Cia. F – MG	5.000	12%	600	8.800	7%	616	16
Cia. G – GO	8.800	7%	616	10.500	12%	1.260	644
Cia. R – MS	10.500	12%	1260	12.000	12%	1.440	180
Cia. X – PR	11.000	12%	1.440	15.000	18%	2.700	1.260
TOTAL DO ICMS RECOLHIDO NO PROCESSO PRODUTIVO							**2.700**

Analisando a Tabela 5.11, percebe-se que o legislador entendeu que o estado que consome o produto necessita de mais recursos para atender exatamente a esse mercado consumidor.

EMENDA CONSTITUCIONAL Nº 87, DE ABRIL DE 2015

Quando o ICM foi transformado no ICMS na Constituição de 1988, não era comum um produto ser vendido diretamente para consumo de um estado para o outro, principalmente de forma direta para pessoa física. Então, a legislação definiu a aplicação de alíquotas conforme consta no Quadro 5.2.

Quadro 5.2 Aplicação de Alíquotas Internas × Interestaduais

VENDA	ALÍQUOTA APLICADA
Dentro do próprio Estado, para qualquer contribuinte	Alíquota interna
Destinada a outro Estado, para contribuinte do ICMS	Alíquota interestadual
Destinada a outro Estado, para não contribuinte do ICMS (empresa ou pessoa física)	Alíquota interna do Estado da empresa vendedora

A partir do século XXI, com o avanço das operações eletrônicas, os estados com menor poderio econômico e que não têm (ou têm poucos) centros de distribuição em seu território começaram a reclamar que o modelo original tinha perdido o sentido. Se o privilégio era para o estado onde ocorria o consumo, o modelo vigente prejudicava sensivelmente esses estados. O cliente domiciliado em Sergipe, no Piauí, em Tocantins, ao adquirir um eletrodoméstico pela internet, estava comprando o bem para consumo. E o imposto estadual sobre tal aquisição ficava todo no estado onde se localiza o centro de distribuição. No caso, o estado de Sergipe nada receberia de ICMS sobre um produto que foi adquirido e consumido no seu estado. O modelo original tinha perdido sua lógica da versão original.

Em 2011, um grupo de 20 estados foi responsável pelo Protocolo nº 21, assinado e aprovado no CONFAZ e que garantia uma parcela do ICMS ao estado de domicílio do comprador. Embora tivesse lógica o protocolo, não fazia sentido legal com a Constituição em vigor.

A EC nº 87/15 definiu que em qualquer operação realizada para outro estado deveria haver aplicação da alíquota interestadual. Já era assim para contribuintes do ICMS. Com a EC, a mesma alíquota interestadual passou a ser aplicada nas vendas a prestadores de serviços, outras empresas não contribuintes do ICMS e pessoas físicas. Assim, as empresas vendedoras tiveram que mudar o processo de pagamento do ICMS nas vendas interestaduais a não contribuintes do imposto estadual. Foi criada regra de transição entre 2016 e 2018, com aplicação plena a partir de 2019, quando o ICMS passou a ser pago pelo vendedor, mas separado em dois documentos, um para o estado de origem (seu) e outro para o estado de destino (do seu cliente). Mudou para todas as vendas, embora o foco principal da emenda tenha sido as operações "ponto com" (vendas pela internet).

O Convênio ICMS nº 93, de 17.9.2015, regulamentou o tema, mantendo a estrutura básica definida na Emenda nº 87/15, mas estendendo o modelo para as microempresas e empresas de pequeno porte tributadas pelo Simples Nacional.

ATENÇÃO!

O valor do Diferencial de Alíquotas (DIFAL) nessas operações foi distribuído da seguinte forma no período: em 2016, 40% para o estado de destino e o restante na origem. O percentual do estado de destino aumentou para 60% em 2017 e para 80% em 2018.

Contudo, por meio da Ação Direta de Inconstitucionalidade (ADI) nº 5.464/16, o STF concedeu liminar, liberando as empresas inscritas no Simples Nacional de aplicar os dispositivos tanto da EC nº 87/15 quando do Convênio nº 93/15.

Por fim, em 24.2.2021, o plenário do STF julgou inconstitucional a cobrança do Diferencial de Alíquota do Imposto sobre Circulação de Mercadorias e Serviços (DIFAL/ICMS), introduzida pela EC nº 87/15, sem a edição de LC para disciplinar esse mecanismo de compensação. A matéria foi discutida no julgamento conjunto do Recurso Extraordinário (RE) 1287019, com repercussão geral (Tema 1093), e da ADI 5.469.

Ao final do julgamento, os ministros decidiram que a decisão produziria efeitos apenas a partir de 2022, dando oportunidade ao Congresso Nacional para que editasse LC sobre a questão.

REGISTROS CONTÁBEIS NAS OPERAÇÕES TRADICIONAIS

Os registros contábeis relativos ao ICMS são simples, em razão de sua característica básica que é de ser um imposto incluído no preço de venda, portanto cobrado por dentro. O tema foi regulamentado na Instrução Normativa SRF nº 51/78.

Assim, na entrada da mercadoria, seja na indústria ou no comércio, a empresa deverá sempre separar a compra em dois grupos de contas:

- TRIBUTOS A RECUPERAR.
- ESTOQUES.

Nas compras realizadas para industrialização ou revenda, a princípio, os tributos passíveis de recuperação são os seguintes:

- INDÚSTRIA TRIBUTADA PELO LUCRO REAL ➔ ICMS, IPI, PIS e COFINS.
- COMÉRCIO TRIBUTADO PELO LUCRO REAL ➔ ICMS, PIS e COFINS.
- INDÚSTRIA TRIBUTADA PELO LUCRO PRESUMIDO ➔ ICMS e IPI.
- COMÉRCIO TRIBUTADO PELO LUCRO PRESUMIDO ➔ ICMS.

Posteriormente, no momento da venda, a empresa comercial ou industrial deverá realizar sempre três registros contábeis:

1. A RECEITA, que deverá ser reconhecida pelo valor total da venda no comércio em contrapartida com o caixa ou contas a receber. Na empresa industrial, como há um imposto por fora (IPI), ele deve ser acrescido ao preço, sendo registrado a crédito em conta de passivo, normalmente IPI a Recolher.
2. O CUSTO, que será reconhecido na proporção das mercadorias (CMV) ou produtos (CPV) vendidos, baixando da conta ESTOQUE.
3. O TRIBUTO, que representa a aplicação da alíquota vigente sobre a receita bruta (líquida de descontos incondicionais, eventuais devoluções e outras deduções específicas), demonstrando o total devido pela empresa.

E, no final de cada mês, a empresa procede à apuração dos tributos devidos, fazendo a contraposição das duas contas. Por exemplo, no caso do ICMS, admitindo que a empresa tenha unidades apenas em um estado da federação, todo final de mês deve fazer um débito contábil na conta ICMS A PAGAR e um crédito contábil na conta ICMS A RECUPERAR pelo menor dos dois saldos. Assim, a empresa zera uma conta, deixando a outra com o saldo líquido. Se A PAGAR, será desembolsado no vencimento, no mês seguinte. Se A RECUPERAR, o valor poderá ser compensado com as operações nos meses subsequentes.

Esse é o modelo tradicional de registro. Depois, será apresentada uma alternativa, com base nos pronunciamentos do CPC 30 e CPC 47, de reconhecimento dos tributos sobre a receita bruta.

REGISTRO DAS OPERAÇÕES INDUSTRIAIS

CASO PRÁTICO

Suponha uma empresa industrial (tributada pelo lucro presumido), que adquira matéria-prima por R$ 1.000 + IPI de R$ 100 (alíquota de 10%), com ICMS incluso no preço de venda de 12% (lembre-se de que a base do ICMS não contempla o IPI). O registro contábil da compra seria o seguinte:

DÉBITO	Matéria-Prima (Estoque)	880
DÉBITO	ICMS a Recuperar	120
DÉBITO	IPI a Recuperar	100
CRÉDITO	Bancos ou Fornecedores	1.100

A empresa registrou a matéria-prima pelo preço efetivamente pago por ela, ou seja, R$ 880. O ICMS de R$ 120 representa despesa para a empresa, mas que somente será reconhecida no momento da venda. Esse valor será deduzido do ICMS a pagar, apurado quando ocorrer a venda da mercadoria transformada pela matéria-prima.

Desconsiderando os demais insumos necessários para desenvolver o produto, admita que a empresa realize a venda do produto transformado por R$ 1.500 + IPI de R$ 150 (alíquota de 10% por fora). O ICMS na venda tem alíquota de 12% (por dentro). O registro da venda será realizado em três tempos.

TEMPO 1: VENDA DA MERCADORIA

DÉBITO	Bancos ou Contas a Receber	1.650
CRÉDITO	Receita de Vendas	1.500
CRÉDITO	IPI a Recolher	150

Refere-se à venda da mercadoria com o IPI de 10% acrescido no preço. O que a empresa está fazendo, na prática, é cobrar o IPI do adquirente e pôr este dinheiro no caixa para repassar aos cofres da RFB no prazo determinado.

Existe a possibilidade de o registro da receita ser por R$ 1.650. No caso, teria que ser reconhecida uma Despesa de IPI no valor de R$ 150. Seria, na verdade, um desdobramento da receita registrada no quadro, no valor de R$ 1.500.

TEMPO 2: CUSTO DA MERCADORIA

DÉBITO	Custo dos Produtos Vendidos	
CRÉDITO	Produtos Acabados (Estoque)	880

(valor transferido de matéria-prima).

Trata-se do valor de custo da mercadoria que foi vendida, cujos reconhecimento em resultado e, por extensão, baixa no estoque somente podem ser efetivados por ocasião da venda.

TEMPO 3: IMPOSTO INCIDENTE SOBRE A VENDA

DÉBITO	Despesa de ICMS (ou ICMS sobre vendas)	
CRÉDITO	ICMS a pagar	180

Esse registro refere-se à despesa efetiva de ICMS da empresa, que seria 12% sobre o valor da venda (R$ 1.500, sem o IPI). A empresa paga, na prática, R$ 180 de ICMS, sendo uma parte (R$ 120) quando compra a matéria-prima e outra parte (R$ 60) quando vende com lucro o produto originado da matéria-prima adquirida.

Observe, a seguir, os registros das respectivas apurações, no final do mês, do ICMS e do IPI.

DÉBITO	ICMS a Pagar	
CRÉDITO	ICMS a Recuperar	120

DÉBITO	IPI a Recolher	
CRÉDITO	IPI a Recuperar	100

Finalmente, no mês seguinte, no dia do vencimento, irá desembolsar o IPI e o ICMS pelo líquido entre a parcela a pagar/recolher e o montante a recuperar:

DÉBITO	IPI a Recolher	50
DÉBITO	ICMS a Pagar	60
CRÉDITO	Caixa	110

Seguindo o mesmo exemplo, será apresentado no tópico seguinte o registro dessa compra por parte de uma empresa comercial, que revenderá depois a mercadoria.

REGISTRO DE OPERAÇÕES COMERCIAIS

CASO PRÁTICO

Registro da aquisição da mercadoria, por R$ 1.650, com ICMS de R$ 180 incluso no preço.

DÉBITO	Estoque	1.470
DÉBITO	ICMS a Recuperar	180
CRÉDITO	Bancos ou Fornecedores	1.650

O registro da mercadoria foi feito pelo valor pago, acrescido do IPI e deduzido do ICMS, que está registrado em conta de ativo, pois será recuperado no momento da venda dessa mercadoria. O ICMS destacado na nota foi calculado sobre R$ 1.500 (12%), sem considerar, portanto, o IPI cobrado, que será integrado ao custo da aquisição (estoque).

Admita que, posteriormente, a empresa comercial revendeu todo o estoque adquirido por R$ 1.800, com alíquota na venda também de 12%. A venda será registrada em três tempos.

TEMPO 1: VENDA DA MERCADORIA

DÉBITO	Bancos ou Contas a Receber	
CRÉDITO	Receita de Vendas	1.800

TEMPO 2: CUSTO DA MERCADORIA

DÉBITO	Custo dos Produtos Vendidos	
CRÉDITO	Estoque	1.470

Trata-se da venda da mercadoria e de seu respectivo custo, cujos reconhecimento em resultado e baixa no estoque somente podem ser efetivados por ocasião da venda.

TEMPO 3: IMPOSTO INCIDENTE SOBRE A VENDA

DÉBITO	Despesa de ICMS (ou ICMS s/ vendas)	
CRÉDITO	ICMS a pagar	216

Esse registro refere-se à despesa efetiva de ICMS da empresa, que seria 12% sobre o valor da venda (R$ 1.800). A empresa paga, na prática, R$ 216 de ICMS, sendo uma parte (R$ 180) quando compra e outra parte (R$ 36) quando vende com lucro a mercadoria.

A seguir, veja o registro da apuração do ICMS no final do mês.

DÉBITO	ICMS a Pagar	
CRÉDITO	ICMS a Recuperar	180

Assim, realiza-se a baixa do saldo de ICMS a Recuperar (saldo menor), deixando o ICMS a Pagar pelo valor líquido de R$ 36 (216 – 180), cujo desembolso ocorrerá no mês seguinte.

DÉBITO   ICMS a Pagar
CRÉDITO   Caixa   36

UMA OPÇÃO DE REGISTRO DA CONTABILIDADE

O Pronunciamento 47 do CPC sugere que o ICMS e os demais tributos sobre a receita sejam apresentados na DRE somente pelo valor economicamente atrelado ao período, ou seja, qual o encargo efetivo da empresa com o imposto, e não o montante total cobrado sobre a receita bruta. Com isso, se uma empresa comprar um produto por R$ 100 e revender por R$ 150, com ICMS de 10%, a despesa com o imposto será apresentada por R$ 5, que seria o valor efetivamente cobrado da companhia, apurado sobre seu lucro de R$ 50 e não sobre a receita total de R$ 150.

Contudo, há um caminho espinhoso a percorrer para chegar a tal situação. Para facilitar o entendimento, será desenvolvido um exemplo numérico dos mais simples, mostrando a contabilização tradicional, apresentada no tópico anterior, e a contabilização moderna. As duas, lado a lado.

CASO PRÁTICO

Suponha que a Cia. Delta seja uma varejista de picolé e realize em JAN/21 apenas as seguintes operações:

- Compra de três unidades do produto X, por R$ 30 cada.
- Venda de duas unidades do produto X, por R$ 50 cada.
- Alíquota de ICMS de 10% nas operações de compra e venda.

Veja na Tabela 5.12 os registros de compra, venda e apuração do ICMS comparadas, lado a lado, entre o modelo tradicional que aplicamos há décadas no Brasil e o modelo moderno, sugerido pelos pronunciamentos do CPC.

Tabela 5.12   Comparação entre os modelos tradicional e moderno de registros de compra, venda e apuração de ICMS

EVENTO	TRADICIONAL – Lei nº 6.404/76			MODERNO – CPC 30/47		
	DÉB:	Estoques	81	DÉB:	Estoques	
	DÉB:	ICMS a Recuperar	9	CRÉD:	Caixa	90
COMPRA	CRÉD:	Caixa	90			
				DÉB:	ICMS a Recuperar	
				CRÉD:	ICMS Diferido (Passivo)	9
	DÉB:	Caixa		DÉB:	Caixa	
	CRÉD:	Receita de Vendas	100	CRÉD:	Receita de Vendas	100
	DÉB:	Custo das Vendas (CMV)		DÉB:	Custo das Vendas (CMV)	
VENDA	CRÉD:	Estoque	54	CRÉD:	Estoque	60
	DÉB:	Despesa de ICMS		DÉB:	Despesa de ICMS	4
	CRÉD:	ICMS a Pagar	10	DÉB:	ICMS Diferido (Passivo)	6
				CRÉD:	ICMS a Pagar	10

(continua)

APURAÇÃO	DÉB:	ICMS a Pagar		DÉB:	ICMS a Pagar	
	CRÉD:	ICMS a Recuperar	9	CRÉD:	ICMS a Recuperar	9
PAGTO	DÉB:	ICMS a Pagar		DÉB:	ICMS a Pagar	
	CRÉD:	Caixa	1	CRÉD:	Caixa	1

Assim, a DRE de JAN/21 da Cia. Delta seria apresentada da seguinte forma:

DRE da Cia. Delta	TRADICIONAL	MODERNO
RECEITA BRUTA	100	100
(–) ICMS	(10)	(4)
RECEITA LÍQUIDA	90	96
(–) CMV	(54)	(60)
LUCRO BRUTO	**36**	**36**

Observe que o lucro bruto fica igual nos dois modelos, mas cada um traz uma informação interessante sobre o que representa o ICMS sobre as vendas:

- No modelo tradicional, o valor de R$ 10 representa o ICMS que foi devido por toda a cadeia produtiva do picolé, desde as empresas que venderam matéria-prima (frutas, leite), insumos e embalagens para a indústria de picolé, passando pelo ICMS pago por ela, indústria e, finalmente, chegando na varejista. Aqui, este valor tem um pedaço de cada empresa, não sendo possível descobrir apenas analisando a DRE do varejista qual parcela pertence a cada uma.
- No modelo moderno, R$ 4 representa o ICMS devido apenas pelo varejista, sendo a sua parcela referente ao lucro nas duas unidades vendidas de R$ 40 × 10% de alíquota. Cada unidade teve lucro de R$ 20 (50 – 30).

Por fim, a unidade não vendida seria informada em ESTOQUE na Cia. Delta pelo valor de R$ 27 no modelo tradicional. Já no modelo moderno, o ESTOQUE da unidade não vendida seria apresentado por R$ 30, com o ICMS correspondente a ele (10% = R$ 3) sendo reconhecido no passivo, pois o crédito fiscal foi concedido antes da venda do ativo que o originou. O valor de R$ 3 poderia ser apresentado como conta retificadora do ESTOQUE, deixando este pelo líquido de R$ 27.

OBJETIVO 3

CONTABILIDADE E REPERCUSSÃO DOS IMPOSTOS NOS PREÇOS

INTEGRANDO O ICMS EM OPERAÇÕES INDUSTRIAIS E COMERCIAIS

Os impostos representam parte relevante e fundamental do processo de gestão de qualquer atividade empresarial. No tópico anterior, foram apresentados alguns detalhes que cercam a cobrança do ICMS no Brasil, com foco no registro contábil nas operações de compra e venda. Mas, para entender a aplicação das alíquotas e a lógica da cobrança do ICMS, por meio do fenômeno jurídico de repercussão, serão desenvolvidos exemplos numéricos, a seguir.

A empresa industrial utilizada no exemplo numérico será a Piraquê, conhecida indústria de massas e biscoitos localizada no estado do Rio de Janeiro, que realizará suas vendas para três empresas diferentes, todas localizadas no estado do Paraná:

1. Super Muffato, supermercado, que irá revender o biscoito a seus clientes.
2. Lojas Gazin, varejista de móveis e eletrodomésticos, que é contribuinte do ICMS, mas comprou o biscoito para uso e consumo em suas lojas.
3. Clínica Médica, que não é contribuinte do ICMS e comprou os deliciosos biscoitos da Piraquê para uso e consumo de seus clientes.

A Piraquê negocia a mesma quantidade do seu produto às três empresas e necessita realizar cada venda por R$ 88 (valor hipotético) para pagar seus custos e despesas e obter algum lucro. Admita que os custos de produção somam R$ 70, as despesas operacionais (comerciais, administrativas e financeiras) respondem por R$ 16 e a empresa deseja/necessita obter um lucro de R$ 2 pela quantidade vendida. Assim, chegamos ao preço de R$ 88 (70 + 16 + 2), que seria o valor de venda se não tivesse a cobrança de impostos sobre tais vendas. E aí que entram os detalhes, pois temos alíquota interna de ICMS de 18% no estado do Paraná. E depois, na sequência, será incluído o IPI, com alíquota de 25%, para consolidar seu entendimento. Alegria!

Piraquê-RJ Vende ao Muffato-PR sem IPI

Primeiro veja como seria a venda da Piraquê ao Super Muffato, com a repercussão do ICMS no preço de venda:

$$R\$\ 88,00 = 0,88\ (100\% - 12\%)$$
$$x\ (\text{preço de venda}) = 1$$
$$x = R\$\ 100,00\ (88,00\ /\ 0,88)$$

Assim, o Muffato pagará R$ 100 pelo biscoito, enquanto a DRE da Piraquê-RJ será assim apresentada:

RECEITA BRUTA	100,00
(–) ICMS 12%	(12,00)
RECEITA LÍQUIDA	88,00

Na essência, o Muffato adquiriu dois itens na compra da Piraquê:

- Mercadorias para Revenda por R$ 88.
- Imposto (ICMS) a ser recuperado por R$ 12.

Agora vamos formar o preço de venda do Super Muffato para seus clientes, no estado do Paraná. Admita que o supermercado paranaense precisa/necessita obter um LUCRO BRUTO de R$ 35 (valor hipotético) na revenda do biscoito adquirido da Piraquê. Tal LB é necessário para remunerar suas despesas operacionais de R$ 33 e produzir um lucro antes de IR de R$ 2.

No caso, o Muffato deverá fazer conta similar à que foi realizada pela Piraquê. Se pudesse vender seu biscoito sem cobrança de impostos na venda, poderia fazê-lo por R$ 123 (88 da compra + 35 do lucro bruto necessário).

Porém, há ICMS de 18% na venda e o seu preço de venda será obtido da seguinte forma:

$$R\$\ 123,00 = 0,82\ (100\% - 18\%)$$
$$x\ (\text{preço de venda}) = 1$$
$$x = R\$\ 150,00\ (123,00\ /\ 0,82)$$

Assim, o Muffato terá sua DRE apresentada da seguinte forma:

RECEITA BRUTA	150,00
(–) ICMS 12%	(27,00)
RECEITA LÍQUIDA	123,00
(–) CMV	(88,00)
LUCRO BRUTO	35,00

O supermercado irá desembolsar ao estado do Paraná o valor de R$ 15 (27 – 12) de ICMS. Na prática, o Muffato pagou 100 na compra, 15 de imposto e revendeu a mercadoria por 150, auferindo resultado financeiro de 35 (150 – 100 – 15), igual ao lucro bruto contábil.

Como o IPI Será Repassado ao Preço Pelo Muffato

Será incluída na mesma venda do exemplo anterior o IPI no preço, com alíquota (hipotética) de 25%. Não há mudança na formação do preço da Piraquê, exceto a inclusão do IPI, cobrado por fora e que será acrescido ao preço. Veja a DRE:

FATURAMENTO BRUTO	125,00
(–) IPI 25%	(25,00)
RECEITA BRUTA	100,00
(–) ICMS 12%	(12,00)
RECEITA LÍQUIDA	88,00

O IPI não interfere na base do ICMS da Piraquê, já que o comprador irá revendê-lo posteriormente. Na essência, o Muffato adquiriu dois itens na compra:

- Mercadorias para Revenda por R$ 113 (R$ 88 do custo + R$ 25 do IPI).
- Imposto (ICMS) a ser recuperado por R$ 12.

Perceba que o IPI virou estoque do Super Muffato, que, lembre, precisa ficar com R$ 35 de LUCRO BRUTO. Antes, sem IPI, o Muffato comprou por R$ 100 e revendeu por R$ 150, pagando ICMS de R$ 15 e ficando com lucro bruto de R$ 35 (150 – 100 – 15). Como a Piraquê incluiu o IPI no preço, pensamos assim: basta repassar o imposto pago na compra para o preço do produto e pronto. Então o preço de venda do Muffato ao seu cliente seria de R$ 175 (150 + 25 do repasse do IPI). Será? Observe como ficaria a DRE do Supermercado paranaense com o simples repasse:

RECEITA BRUTA	175,00
(–) ICMS 18%	(31,50)
RECEITA LÍQUIDA	143,50
(–) CMV	(113,00)
LUCRO BRUTO	30,50

Perceba que "deu zebra", pois o Muffato teria um lucro bruto menor que o valor desejado/necessário (R$ 35). O problema aqui é que o IPI virou estoque e precisará entrar na formação do preço do supermercado, que deverá fazer a repercussão no preço de venda, incluindo o imposto federal. A princípio, sem ICMS, o Super Muffato revenderia o biscoito a seu cliente por R$ 148 (113 da compra + 35 do lucro bruto). Veja a conta:

$$R\$ 148,00 = 0,82\ (100\% - 18\%)$$
$$x\ (\text{preço de venda}) = 1$$
$$x = R\$ 180,49\ (148,00 / 0,82)$$

Assim, o Muffato terá sua DRE (RE) apresentada da seguinte forma:

RECEITA BRUTA	180,49
(–) ICMS 12%	(32,49)
RECEITA LÍQUIDA	148,00
(–) CMV	(113,00)
LUCRO BRUTO	35,00

O supermercado irá desembolsar ao estado do Paraná o valor de R$ 20,49 (32,49 – 12,00) de ICMS, sendo R$ 5,49 a mais do que pagou na revenda do primeiro exemplo, sem a cobrança de IPI pela empresa industrial. Esse valor de R$ 5,49 representa:

- 18% sobre o acréscimo no preço praticado de R$ 30,49 (180,49 – 150,00).
- 21,95% sobre o acréscimo no preço de compra da Piraquê de R$ 25.

O percentual de 21,95% representa exatamente a alíquota POR FORA correspondente à alíquota POR DENTRO de 18% (18 / 82).

Piraquê-RJ Vende para Consumo do Gazin-PR

A Piraquê recebe dos Móveis Gazin, localizado no estado do Paraná, pedido para compra da mesma quantidade vendida para o Super Muffato. Num primeiro momento, a indústria no Rio de Janeiro venderia o biscoito pelo mesmo preço praticado na venda ao supermercado, R$ 100. O ICMS continuaria sendo 12% e nada mudaria na venda. Porém, admitindo a inclusão do IPI, com alíquota de 25%, a operação não seria mais simples como foi no exemplo anterior, quando a Piraquê incluiu o imposto federal no preço, aumentando-o de R$ 100 para R$ 125. Aqui, a base do ICMS seria o preço de venda, incluindo o IPI, assim, caso praticasse o mesmo preço (R$ 125), a DRE da Piraquê na venda para os Móveis Gazin-PR ficaria da seguinte forma:

FATURAMENTO BRUTO	125,00
(–) IPI 25%	(25,00)
RECEITA BRUTA	100,00
(–) ICMS 12%	(15,00)
RECEITA LÍQUIDA	85,00

Observe que o ICMS ficou maior (R$ 15), restando apenas R$ 85 de Receita Líquida, que não seria suficiente para remunerar seus custos, suas despesas e o lucro.

Então, é necessário refazer o processo de repercussão no preço, incluindo o IPI na base do ICMS.

ALÍQUOTA DE ICMS AJUSTADA (COM IPI)

12% + (25% sobre 12% = 3%) = 15%

R$ 88,00 = 0,85 (100% – 15%)

x (preço de venda) = 1

x = R$ 103,53 (88,00 / 0,85)

Portanto, veja a seguir como ficou a DRE fazendo corretamente a repercussão do ICMS no preço, já incluindo o IPI em sua base de cálculo.

FATURAMENTO BRUTO	129,41
(–) IPI 25%	(25,88)
RECEITA BRUTA	103,53
➔ (–) ICMS 12%	(15,53)
RECEITA LÍQUIDA	88,00

BC de 129,41 × alíquota de 12% (à direita de ICMS 12%)

DIFAL Pago pela Empresa Móveis Gazin ao Paraná

Pelo fato de ter adquirido o biscoito para uso e consumo, caberá à empresa Móveis Gazin a obrigação de calcular e recolher o complemento de ICMS ao seu estado. Assim, precisaria refazer a composição da nota fiscal, extraindo o valor tanto do IPI como do ICMS para analisar, hipoteticamente, qual seria o preço praticado caso a aquisição tivesse sido realizada no próprio estado do Paraná.

$$\text{ALÍQUOTA DE ICMS AJUSTADA (COM IPI)}$$
$$18\% + (25\% \text{ sobre } 18\% = 4,5\%) = 22,5\%$$
$$R\$ 88,00 = 0,775 (100\% - 22,5\%)$$
$$x \text{ (preço de venda)} = 1$$
$$x = R\$ 113,55 (88,00 / 0,775)$$

Assim, seria, hipoteticamente, remontada a DRE da empresa vendedora (no caso, a Piraquê), admitindo que ela estivesse no Paraná. Veja a Tabela 5.13.

Tabela 5.13 DRE remontada da Piraquê

DRE	Compra feita no RJ	Se compra fosse feita no PR	
FATUR. BRUTO	129,41	141,94	
(–) IPI 25%	(25,88)	(28,39)	Diferença de IPI (R$ 2,51) não será recolhida
RECEITA BRUTA	103,53	113,55	
(–) ICMS 12%	(15,53)	(25,55)	R$ 10,02 pago pelo Gazin ao PR
RECEITA LÍQUIDA	88,00	88,00	

Como o ICMS é cobrado por dentro, integrando o preço da mercadoria, será necessário remontar o seu valor original e a base de cálculo do ICMS nos dois estados. Para tanto, o valor do ICMS total deveria ser (re)calculado da seguinte forma:

1. Primeiro, realizamos a recomposição da base de cálculo ➔ R$ 88,00 (103,53 – 15,53) / 0,775 (100% – 22,5%) = 113,55.
2. Em seguida, recalculamos o IPI que seria devido numa eventual compra no próprio estado ➔ R$ 113,55 × 25% = R$ 28,39. O faturamento bruto monta a R$ 141,94 (113,55 + 28,39). Lembramos que a indústria (RJ) pagou IPI de R$ 25,88. No entanto, não há cobrança da diferença, pois o IPI é um imposto federal.
3. O ICMS será recalculado pela aplicação de 18% sobre R$ 141,94, montando a R$ 25,55.
4. Por fim, a empresa comercial deveria pagar o ICMS DIFAL de R$ 10,02 (25,55 – 15,53) ao estado do Paraná.

Há informação de que esse procedimento é aplicado no RS, no PR, em MG e no PA. Contudo, como é um tema dinâmico e que vem sofrendo importantes modificações, recomenda-se a pesquisa na legislação estadual para verificar qual é a regra do seu estado. No Capítulo 10, *Gestão de Imposto sobre Operações Relativas à Circulação de Mercadorias e Prestações de Serviços - ICMS*, o tema será tratado com mais detalhes.

Em muitos estados (São Paulo, por exemplo), simplesmente consideramos a base de cálculo de R$ 129,41 e aplicamos o diferencial de alíquota de 6% (18% – 12%), montando a R$ 7,76 a parcela a ser desembolsada de ICMS DIFAL pela empresa adquirente.

Venda da Piraquê-RJ para a Clínica Médica-PR

Na venda para não contribuinte, a Piraquê deverá aplicar a alíquota utilizada no estado do comprador, no caso 18%. Assim, o preço será maior do que o praticado na venda tanto para o Super Muffato quanto para os Móveis Gazin. E caberá à própria Piraquê a obrigação de recolher o ICMS ao estado do Rio de Janeiro e a diferença de alíquota ao estado do Paraná. Veja os detalhes.

$$\text{ALÍQUOTA DE ICMS AJUSTADA (COM IPI)}$$
$$18\% + (25\% \text{ sobre } 18\% = 4,5\%) = 22,5\%$$
$$R\$ 88,00 = 0,775 (100\% - 22,5\%)$$
$$x \text{ (preço de venda)} = 1$$
$$x = R\$ 113,55 (88,00 / 0,775)$$

Assim, a DRE da Piraquê nessa venda seria apresentada da seguinte forma:

FATURAMENTO BRUTO	141,94
(–) IPI 25%	(28,39)
RECEITA BRUTA	113,55
→ BC (–) ICMS 12%	(25,55) BC de 141,94 × Alíquota de 18%
RECEITA LÍQUIDA	88,00

Em relação ao recolhimento do ICMS de R$ 25,55, ele será distribuído entre o Rio de Janeiro e o Paraná. Para o Rio de Janeiro, a Piraquê recolherá R$ 17,03 (12% sobre BC de 141,94), enquanto no Paraná seu recolhimento será de R$ 8,52[4] (141,94 × 6%).

Consolidação na Piraquê das Três Vendas

Veja, na Tabela 5.14, como ficou a DRE da Piraquê nas três vendas realizadas.

Tabela 5.14 DRE consolidada da Piraquê nas três vendas realizadas

DRE PIRAQUÊ	Muffato	Gazin	Clínica Médica	SOMA
FATURAMENTO BRUTO	125,00	129,41	141,94	396,35
(–) IPI 25%	(25,00)	(25,88)	(28,39)	(79,27)
RECEITA BRUTA	100,00	103,53	113,55	317,08
(–) ICMS 12%	(12,00)	(15,53)	(25,55)	(53,08)
RECEITA LÍQUIDA	88,00	88,00	88,00	264,00

Analisando os números da DRE da Piraquê-RJ e sabendo que foram três vendas da mesma quantidade de biscoito, entende-se por que o legislador assim decidiu. Veja explicação final.

1. A venda para o Muffato foi por um valor menor do que a venda para o Gazin pelo fato de a segunda ser para consumo e, com isso, incluir o ICMS na base de cálculo do IPI, aumentando os dois impostos no processo de repercussão do imposto estadual e posterior reflexo no imposto federal.

---

[4] Se a Piraquê tiver inscrição estadual no Paraná, recolherá em uma guia local. Se não tiver, utilizará uma Guia Nacional de Recolhimento de Tributos Estaduais (GNRE).

2. Como foi trabalhado no tópico, o IPI cobrado do Muffato será objeto de repercussão na sua venda ao consumidor. Esse IPI de R$ 25 gerará necessidade de aumento no preço de R$ 30,49 pela repercussão do ICMS no valor do imposto federal que virou estoque (custo) do supermercado paranaense.
3. A venda para a Clínica Médica foi mais cara do que a venda para o Gazin em R$ 12,53. Contudo, o Gazin deverá desembolsar ICMS (DIFAL) de R$ 10,02 ao estado do Paraná, deixando o valor maior em R$ 2,51. Esse valor se refere ao IPI pago a mais na venda para a Clínica e que o Gazin não precisará pagar.

Em venda com itens importados, qual alíquota aplicar?

Continuamos com a mesma lógica do exemplo original do tópico. Admita que a Piraquê-RJ compre sua farinha do Moinho Fluminense-RJ, que adquiriu o trigo da Argentina, tornando a farinha vendida um produto integralmente oriundo de importação.

Pois bem, suponha agora que nos biscoitos produzidos, com preço sugerido (sem impostos) de R$ 88 para o Muffato-PR haja exatamente R$ 38 da farinha importada adquirida do Moinho Fluminense.

Neste caso, a Piraquê poderá seguir dois caminhos, que estarão corretos legalmente falando, e cobrar dois preços diferentes ao supermercado localizado no estado do Paraná. Observe os detalhes na Tabela 5.15.

Tabela 5.15 Comparação entre a aplicação das diferentes alíquotas

1ª Opção: considerar alíquota de 12%				2ª Opção: considerar alíquota de 4%			
88,00	88%	RB	100,00	88,00	96%	RB	91,67
X	100%	ICMS – 12%	12,00	X	100%	ICMS – 4%	3,67
88,00 / 0,88		Receita Líquida	88,00	88,00 / 0,96		Receita Líquida	88,00
PV	100,00			**PV**	**91,67**		
Importado no preço (38,00 / 100,00) =			38,0%	Importado no preço (38,00 / 91,67) =			41,5%

Entendeu a confusão? Você poderia vender o biscoito por R$ 91,67 ou por R$ 100, que ficaria com receita líquida de R$ 88 por conta da forma como foi definida a aplicação da alíquota pela Resolução nº 13 do Senado Federal. Os dois preços estão corretos, pois a legislação diz que deve ser aplicada alíquota de 4% se os componentes importados representam acima de 40% do preço de venda. No caso, admitindo os números apresentados, o último valor em que ainda seria aplicada alíquota de 12% seria R$ 95, apurado fazendo a conta ao contrário em relação aos R$ 38 de farinha importada no preço do biscoito a ser vendido ao Muffato.

$$R\$\ 38,00 = 40\%$$
$$x\ (\text{preço de venda}) = 100\%$$
$$x = R\$\ 95,00\ (38,00\ /\ 0,4)$$

Nesse caso, a utilização de qualquer valor abaixo de R$ 95 implicará aplicação de alíquota de 4%, pois o valor de R$ 38 da farinha importada representará mais de 40% do preço de venda.

Portanto, quando o conjunto de componentes importados do produto estiver próximo do percentual de 40%, a empresa deverá ter um bom sistema de formação de preço de venda para calibrar a alíquota correta de ICMS a ser aplicada.

PIS/PASEP E COFINS

A ESTRUTURA BÁSICA DA COBRANÇA DE PIS E COFINS

As contribuições para PIS/PASEP e COFINS são cobradas de todas as empresas, conforme sua forma de tributação: lucro presumido pelo método cumulativo e lucro real, regra geral, pelo método não cumulativo. A interessante e complexa legislação que rege as contribuições será apresentada e debatida com detalhes em capítulo específico. Por ora, neste capítulo, o objetivo será apresentar a estrutura básica da cobrança mensal das contribuições e como elas devem ser informadas nas demonstrações financeiras.

ATENÇÃO!

No método cumulativo, aplicar alíquotas de 0,65% para o PIS e 3% na COFINS. Já no método não cumulativo, as alíquotas são de 1,65% (PIS) e 7,6% (COFINS).

A base de cálculo das contribuições é diferente entre as empresas tributadas pelo lucro presumido e pelo lucro real, conforme apresentado a seguir:

LUCRO PRESUMIDO – CUMULATIVO (BASE DE CÁLCULO)

(+) Receita Bruta, conforme previsto no estatuto/contrato social da empresa.

(–) Devoluções de vendas e descontos incondicionais concedidos.

(–) ICMS/ISS cobrado na venda, destacado na nota fiscal, calculado sobre a receita bruta de vendas de bens ou serviços.

LUCRO PRESUMIDO – CUMULATIVO (BASE DE CÁLCULO)

(+) Receita Bruta, conforme previsto no estatuto/contrato social da empresa.

(+) Outras Receitas Operacionais.

(+) Receitas Financeiras (alíquota menor, sendo PIS 0,65% e COFINS 4%).

(–) Devoluções de vendas e descontos incondicionais concedidos.

(–) ICMS/ISS cobrado na venda, destacado na nota fiscal, calculado sobre a receita bruta de vendas de bens ou serviços.

(–) Crédito de compras para revenda, matéria-prima e insumos, líquido do ICMS.

(–) Crédito de despesas de energia elétrica, aluguel, arrendamento, armazenagem, frete na venda e outros itens, com detalhes específicos.

(–) Crédito sobre aquisição de bens do imobilizado utilizados no processo de produção de bens e na prestação de serviços ou pela depreciação/amortização destes bens e de edificações e benfeitorias em imóveis próprios e de terceiros.

ATENÇÃO!

Há diversas receitas que podem ser excluídas, como resultado positivo de participação em controladas e coligadas avaliadas pelo método de equivalência patrimonial, dividendos recebidos de investimentos avaliados pelo custo de aquisição ou pelo valor justo e ganho de capital.

Portanto, as empresas tributadas pelo lucro presumido são cobradas pelo método cumulativo, com alíquota combinada de 3,65%, aplicada apenas sobre a receita bruta (sem ICMS). Já as empresas tributadas pelo lucro real têm cobrança pelo método não cumulativo, com alíquota total de 9,25% + a cobrança sobre as receitas financeiras com alíquota de 4,65% (0,65% de PIS e 4% de COFINS).

TRATAMENTO CONTÁBIL DE PIS E COFINS

As pessoas jurídicas têm liberdade para realizar sua escrituração contábil, dentro da boa técnica contábil. A livre escolha foi permitida pelo Parecer Normativo da Coordenação de Tributação da Secretaria da Receita Federal nº 347/70, que esclarece o seguinte:

> A forma de escriturar suas operações é de livre escolha do contribuinte, dentro dos princípios técnicos ditados pela contabilidade e a repartição fiscal só a impugnará se a mesma omitir detalhes indispensáveis à determinação do verdadeiro lucro tributável.

Ou seja, a contabilização é de livre escolha para o contribuinte, desde que o resultado apurado seja oferecido à tributação e não omita informação relevante para fins de apuração da efetiva base de cálculo do contribuinte.

Em relação às compras para revenda, de matéria-prima e insumos em geral, o modelo contábil será similar ao utilizado na apuração do ICMS, que já foi aqui apresentado. Nas compras, devem ser calculadas as parcelas de PIS a Recuperar e de COFINS a Recuperar pela aplicação das alíquotas de 1,65% e 7,6%, respectivamente sobre o custo de aquisição, reduzindo o montante reconhecido na conta de estoque. Nas vendas, PIS e COFINS devem ser registrados como despesa em contrapartida com os passivos correspondentes às contribuições a pagar.

Já no caso de algumas despesas, há diferença em relação ao ICMS, pois no imposto estadual não há crédito delas, o que é permitido no cálculo das contribuições para PIS/PASEP e COFINS. O tratamento contábil recomendado seria seguir o mesmo caminho aplicado aos estoques. No caso, o ideal seria a criação de duas contas analíticas, uma para registrar o pagamento em si, com saldo devedor; e a outra, para reconhecer os créditos, de natureza retificadora, com saldo credor. Por exemplo, suponha despesa de energia elétrica de R$ 4.000,00. Os registros seriam os seguintes:

DÉBITO   Despesa de Energia Elétrica (1)
CRÉDITO Caixa ou Contas a Pagar   4.000,00

DÉBITO   PIS a Recuperar   66,00 (1,65% s/ 4.000)
DÉBITO   COFINS a Recuperar   304,00 (7,6% s/ 4.000)
CRÉDITO Despesa de Energia Elétrica (2) 370,00 (9,25% s/ 4.000)

Os itens 1 e 2 apresentados entre parênteses seriam as contas analíticas, integrando uma conta sintética de DESPESA DE ENERGIA ELÉTRICA, que teria saldo final de R$ 3.630,00, representando 90,75% da despesa, separando 9,25% para contas de ativo, referente a recuperação das contribuições, que será feita ao final do mês, contrapondo o cálculo de PIS e COFINS sobre as receitas.

EXEMPLO DE REGISTRO NA DRE

As bases do PIS e da COFINS consideram a totalidade das receitas auferidas por uma empresa, com permissão expressa da legislação para desconsideração de alguns valores e exclusão de outros. A base das contribuições é diferente do ICMS, que não é cobrado sobre as demais receitas. Com isso, somente devem figurar na linha Deduções da Receita Bruta os encargos de PIS e COFINS provenientes da receita bruta (com as deduções das devoluções e os descontos incondicionais) da empresa, já sem a cobrança de ICMS/ISS. Se uma empresa comercial tiver receita com aluguel, esta será tratada na DRE como Outras Receitas Operacionais, e a COFINS e o PIS sobre a receita de aluguel devem ser apresentadas como despesa, reduzindo na DRE a receita com o aluguel.

Por exemplo, vamos analisar a Cia. Rio, empresa comercial que revende o produto X, tributada pelo lucro real e que segue o método não cumulativo para fins de PIS e COFINS. No ano de 2019, apresentou as seguintes operações:

- Compra de 5 unidades de X por R$ 1.000 cada.
- Pagamento de despesas de energia elétrica por R$ 750.
- Revenda de 4 unidades de X por R$ 1.250 cada.
- Receita de aluguel de R$ 250.
- Receita de juros sobre atraso de R$ 100.

Para fins de simplificação, o único tributo considerado será a COFINS (alíquota de 7,6%, exceto para a receita financeira, que é de 4%):

RECEITA BRUTA	5.000	➜ 4 unidades × 1.250
(–) Deduções – COFINS	(380)	➜ 7,6% s/ 5.000
RECEITA LÍQUIDA	4.620	
(–) Custo das Vendas	(3.696)	➜ 924 (custo unitário) × 4 unid. vendidas
LUCRO BRUTO	924	
(–) Despesas Operacionais	(693)	➜ 750 pg. – crédito de COFINS (7,6%) de 57
(+) Receita de Aluguel	231	➜ 250 menos 7,6% s/ este valor (19)
(+) Receitas Financeiras	96	➜ 100 menos 4% s/ este valor (19)
LUCRO ANTES DO IR	558	

Há sempre a possibilidade de apresentar destacada a despesa de COFINS (e PIS) sobre as demais receitas. É uma opção da empresa. Contudo, assim como acontece com as despesas operacionais que permitem crédito e são apresentadas pelo valor líquido, o mesmo deve ocorrer com as outras receitas que integram a base das contribuições para PIS e COFINS.

DESPESAS DIFERENTES NO TIPO E NO TEMPO ENTRE CONTABILIDADE E FISCO

No cálculo do método não cumulativo das contribuições para PIS e COFINS, há possibilidade de dedução de créditos, reduzindo o montante a pagar apurado sobre as receitas. Um dos créditos permitidos é o de arrendamento mercantil, seja operacional ou financeiro. A Lei nº 10.865/04 incluiu o inciso V no art. 3º da Lei nº 10.833/03, definindo que o valor pago referente às contraprestações de operações de arrendamento mercantil de pessoa jurídica gera crédito de PIS e COFINS, pelas alíquotas de 1,65% e 7,6%, respectivamente. Mas, na contabilidade, as despesas do arrendamento mercantil financeiro seguirão outro caminho, tanto quanto ao tipo como no tempo, o que exigirá um bom controle para não distorcer as bases de IR e CSLL.

CASO PRÁTICO

A Cia. Onça adquiriu em JAN/X1, via arrendamento mercantil financeiro, um bem para seu imobilizado, por R$ 5.000 em duas parcelas de R$ 2.500, pagas ao final de DEZ/X1 e DEZ/X2. O mesmo bem, trazido a valor presente, monta a R$ 4.500 em JAN/X1. A empresa presta serviços por três anos (prazo de vida útil), com receita anual de R$ 3.000 e, ao final do terceiro ano (X3), o bem é doado para uma instituição de caridade. No exercício, será considerada somente a COFINS, com alíquota de 7,6%.

PELA AQUISIÇÃO DO IMOBILIZADO EM JAN/X1

DÉBITO	Imobilizado	4.500,00
DÉBITO	Juros a Apropriar (retificadora de passivo)	500,00
CRÉDITO	Financiamento a Pagar	5.000,00

PELO REGISTRO ANUAL DO PAGAMENTO E DA DEPRECIAÇÃO E DOS JUROS NOS DOIS PRIMEIROS ANOS (X1 e X2)

DÉBITO	Financiamento a Pagar	
CRÉDITO:	Caixa	2.500 (5.000 / 2 anos)
DÉBITO	Despesa de Depreciação (1)	
CRÉDITO	Depreciação Acumulada	1.500,00 (4.500 / 3 anos)
DÉBITO	Despesa de Juros (1)	
CRÉDITO	Juros a Apropriar	250,00 (apropriação linear)
DÉBITO	COFINS a Recuperar	190,00 (7,6% s/ 2.500)
CRÉDITO	Despesa de Depreciação (2)	114,00 (7,6% s/ 1.500)
CRÉDITO	Despesa de Juros (2)	19,00 (7,6% s/ 250)
CRÉDITO	Provisão p/ COFINS Diferida (Passivo)	57,00 (7,6% s/ 750)

Nos dois primeiros anos (X1 e X2), o registro atendeu, ao mesmo tempo, à contabilidade e ao Fisco. O crédito fiscal foi registrado pela aplicação das Leis nº 10.833/03 e nº 12.973/14, montando a R$ 190, que é 7,6% sobre R$ 2.500, valor pago no ano de X1 e repetido em X2.

Todavia, na contabilidade temos despesa anual de R$ 1.750, sendo R$ 1.500 de depreciação e R$ 250 de juros. E a redução total da despesa, em função do registro do crédito, deve ser de R$ 133 (7,6% sobre R$ 1.750).

Com isso, geramos um PASSIVO de R$ 57 (190 menos 133), que vem a ser 7,6% sobre R$ 750 (2.500 – 1.750), parcela creditada pelo governo sem registro em despesa na contabilidade.

Admitindo a receita anual de R$ 3.000, a COFINS a pagar montaria a R$ 228 (7,6% sobre 3.000), sinalizando desembolso anual de R$ 38 (228 – 190) nos anos de X1 e X2.

Quando chegar o terceiro ano (X3), o registro contábil será diferente.

PELO REGISTRO DE DEPRECIAÇÃO NO TERCEIRO ANO (X3)

DÉBITO	Despesa de Depreciação (1)	
CRÉDITO	Depreciação Acumulada	1.500,00
DÉBITO	Provisão p/ COFINS Diferida (Passivo)	
CRÉDITO	Despesa de Depreciação (2)	114,00 (7,6% s/ 1.500)

Observe que não temos mais o registro do crédito em X3, pois não há pagamento do arrendamento mercantil. Contudo, teríamos que registrar a despesa pelo seu valor líquido. O débito seria a baixa da conta Provisão para COFINS Diferida. Apenas para registro, esta conta pode se chamar COFINS a Apropriar ou outro nome a seu critério, desde que fique no passivo.

Mas, parece que há um erro: não há crédito sobre despesa de juros e nem depreciação, se esta não for de bens utilizados na produção. A explicação é verdadeira. Porém, não há registro de créditos dos dois itens, mas crédito de arrendamento mercantil, com base na legislação tributária vigente, inclusive referendada nos arts. 44 a 47 na Lei nº 12.973/14. Na contabilidade, a despesa fiscal de arrendamento mercantil (financeiro) foi distribuída agora em duas outras despesas, registradas em periodicidade diferente do arrendamento: a despesa de depreciação e a despesa de juros.

E os registros do crédito e da COFINS a apropriar parecem fundamentais para não distorcer a informação contábil. Para facilitar a compreensão, veja na Tabela 5.16 a DRE dos três anos de atividade da empresa.

Tabela 5.16 DRE da Cia. Onça com registro correto de PIS e COFINS

DRE CIA. ONÇA	X1	X2	X3
RECEITA BRUTA	3.000	3.000	3.000
(–) COFINS	(228)	(228)	(228)
(–) DEPRECIAÇÃO	(1.386)	(1.386)	(1.386)
(–) DESPESA DE JUROS	(231)	(231)	–
LUCRO ANTES DO IR	1.155	1.155	1.386

Fundamentando o lucro economicamente: o serviço prestado anual monta a R$ 3.000, com custo de R$ 1.500. Nos dois primeiros anos, há a despesa financeira de R$ 500, distribuída por dois anos. Portanto, o lucro econômico, antes da COFINS, monta a R$ 1.250 em X1 e X2 e R$ 1.500 em X3.

Portanto, no último ano, como não há mais juros, pois o bem já havia sido integralmente pago, o lucro antes do IR ficou em R$ 1.386, representando R$ 1.500 menos 7,6% (R$ 114).

Nos dois anos anteriores (X1 e X2), o lucro sem COFINS seria R$ 1.250, pois o bem alugado por R$ 3.000 teve despesas de R$ 1.500 (uso, por depreciação) + R$ 250 (juros). Considerando R$ 1.250 menos 7,6% (95), teríamos o LAIR apresentado de R$ 1.155.

Em geral, as empresas optam por considerar o crédito integral no momento do registro inicial do imobilizado e do reconhecimento inicial da conta juros a apropriar. Contudo, embora relativamente simples, esse procedimento não está correto, pois o crédito, no caso, não será obtido na aquisição. Mas, sem dúvida, é uma opção para fins de simplificação.

A TESE DO SÉCULO EXPLICADA POR MEIO DE UM EXEMPLO NUMÉRICO

Conforme largamente divulgado pela mídia oficial e especializada, o STF finalmente decidiu dia 13 de maio de 2021 sobre o julgamento dos embargos por parte da Fazenda Nacional na chamada tese do século, que retira o ICMS das bases de cálculo das contribuições para PIS/PASEP e COFINS. Em resumo, a decisão final da suprema corte foi a seguinte:

1. O ICMS não compõe a BC de PIS e COFINS para todas as empresas, valendo desde março de 2017. Mesmo quem não tem ação judicial terá direito a refazer suas bases e solicitar restituição/compensação dos valores eventualmente desembolsados a maior.

2. O ICMS a ser retirado da base das contribuições será aquele destacado na nota fiscal de venda, seja de bens, produtos, mercadorias ou serviços.

3. As empresas que tinham ação judicial protocolada até a decisão do STF de 15 de março de 2017 têm direito a restituição, inclusive da parcela retroativa (não prescrita). Já as empresas que entraram com ação judicial após 15/MAR/17 não terão direito a restituição retroativa.

No Capítulo 11, *Gestão das Contribuições sobre o Faturamento – PIS e COFINS*, o tema será mais bem explorado, com outros aspectos e detalhes relevantes. Aqui, para contribuir com o conhecimento e a integração contábil-tributária, será apresentado um exemplo numérico para você entender o quanto foi pago na operação original e quanto as empresas de uma cadeia produtiva deveriam pagar de PIS + COFINS seguindo a decisão da suprema corte.

Considere três empresas, todas tributadas pelo lucro real: RAIZ, IND e COM, sendo as duas primeiras empresas industriais e a última uma empresa comercial varejista, que irá revender o Produto X ao consumidor final. Algumas premissas precisam ser estabelecidas para que a explicação cumpra seu ousado objetivo:

- O exemplo citado se deu no mês de janeiro de 2019, simbolizando todas as operações realizadas sob a vigência da IN RFB nº 404/02.
- RAIZ é indústria que produz e vende a matéria-prima Z e tem custo das vendas de R$ 500, além da necessidade de produzir um lucro bruto de R$ 200, que servirá para remunerar suas despesas operacionais e o lucro esperado. Se não tivesse cobrança de tributos sobre a receita, poderia vender seu produto (matéria-prima Z) a IND por R$ 700.
- IND é indústria que produz e vende X, obtido a partir da matéria-prima Z, que será seu único custo de produção, depois de separados os impostos e as contribuições passíveis de recuperação. A IND produzirá X a partir da matéria-prima Z e deseja/necessita gerar um lucro bruto de R$ 200, para cobrir suas despesas operacionais e o lucro esperado. Para gerar esse lucro bruto esperado, venderá todo o estoque do produto X para a empresa COM, fazendo a repercussão de ICMS, PIS e COFINS no preço e, depois, acrescentando o IPI neste preço.
- COM é o varejista que adquiriu o produto X para revenda e deseja/precisa obter um lucro bruto de R$ 200 para remunerar despesas operacionais e o lucro esperado. Venderá o produto adquirido a seus clientes, pessoas físicas, fazendo a repercussão no preço de ICMS, PIS e COFINS. Na prática, se não tivesse cobrança de IPI, ICMS, PIS e COFINS nas operações, a empresa COM venderia o produto X a seus clientes por R$ 1.100.
- A alíquota do IPI aplicada nas duas primeiras vendas da RAIZ e da IND será de 10%, enquanto a alíquota de ICMS utilizada foi 12%. Na empresa COM não há cobrança de IPI e o ICMS terá alíquota de 18%. Nas três empresas, as contribuições para PIS/PASEP e COFINS serão calculadas pelo método não cumulativo, com alíquota combinada de 9,25%.

Aqui serão apresentadas as três demonstrações de resultado das três empresas em janeiro de 2019 e o cálculo de PIS e COFINS, em duas situações:

A. Fazendo o processo de repercussão dos tributos nos preços, aplicando a legislação tributária em vigor, considerando o ICMS nas bases de PIS e COFINS.
B. Fazendo o processo de repercussão dos tributos nos preços, mas utilizando a decisão do STF, retirando o ICMS destacado na nota fiscal de venda nas bases de PIS e COFINS, porém considerando o crédito das compras com o valor do ICMS incluído no preço.
C. Utilizando o que foi feito originalmente no item A, mas simplesmente retirando o ICMS das bases de cálculo de PIS e COFINS.

Primeiro, apresentamos, na Tabela 5.17, a DRE das três empresas conforme previsto no item A, ou seja, considerando ICMS dentro das bases de PIS e COFINS.

Tabela 5.17 DRE das empresas RAIZ, IND e COM

Como Foi Feito (ICMS DENTRO)	RAIZ	IND	COM
FATURAMENTO BRUTO	977,78	1.257,14	–
IPI – 10%	– 88,89	– 114,29	–
RECEITA BRUTA	888,89	1.142,86	1.654,59
(–) ICMS 12% e 18%	– 106,67	– 137,14	– 297,83
(–) PIS + COFINS – 9,25%	– 82,22	– 105,71	– 153,05
RECEITA LÍQUIDA	700,00	900,00	1.203,71
(–) CUSTO DAS VENDAS	– 500,00	– 700,00	– 1.003,71
LUCRO BRUTO	**200,00**	**200,00**	**200,00**
PIS + COFINS pago diretamente	82,22	23,49	36,76
ICMS pago diretamente	106,67	30,48	160,68
IPI pago diretamente	88,89	25,40	–
Venda – Compra (Caixa Líquido)	477,78	279,37	397,45
Sobra de Cx. (Operações – Tributos)	**200,00**	**200,00**	**200,00**

Observe que cada empresa necessita de R$ 200 para remunerar suas despesas operacionais e seu lucro. E esse foi o lucro bruto apurado na sua contabilidade e será, também, o valor da efetiva entrada de caixa considerando apenas a cadeia produtiva do exemplo.

O Estoque que virou custo das vendas na IND foi exatamente o valor da receita líquida, ou seja, essa empresa colocou os tributos pagos na compra em ativos denominados TRIBUTOS A RECUPERAR. Na RAIZ, o valor (aleatório) do custo das vendas foi fornecido no enunciado.

Os tributos desembolsados pela IND foram sua despesa menos os valores registrados em TRIBUTOS A RECUPERAR, batendo exatamente com os valores pagos pela RAIZ. O mesmo aconteceu com o ICMS da empresa COM.

Já a compra do produto X pela COM foi registrado da seguinte forma:

- ICMS a Recuperar de R$ 137,14 cf. nota fiscal de compra.
- PIS + COFINS a Recuperar de R$ 116,29 (BC de 1.257,14 × 9,25%).
- ESTOQUE de R$ 1.003,71 (1.257,14 – 137,14 – 116,29).

Este valor de R$ 1.003,71 virou o custo das vendas da COM. Perceba que a despesa de PIS + COFINS da COM de R$ 153,05 ficou maior que o somatório de PIS + COFINS pago nas três empresas (R$ 142,47) em R$ 10,58. A explicação para essa diferença foi o IPI da IND de R$ 114,29, que não entrou na base de PIS + COFINS da IND mas gerou crédito das contribuições na empresa COM. Assim, aplicando 9,25% sobre esse IPI de R$ 114,29, dá a diferença de R$ 10,58.

Na sequência, serão remontados os preços na cadeia produtiva, assumindo que o ICMS da nota fiscal de venda deveria ser retirado da base de cálculo de PIS + COFINS na construção do preço com a repercussão dos tributos. Veja, na Tabela 5.18, como ficaria a DRE das três empresas que integram a cadeia produtiva e o pagamento dos tributos.

Tabela 5.18 DRE das três empresas que integram a cadeia produtiva e os tributos incidentes

Como seria... (ICMS FORA)	RAIZ	IND	COM
FATURAMENTO BRUTO	964,19	1.226,27	–
IPI – 10%	– 87,65	– 111,48	–
RECEITA BRUTA	876,53	1.114,79	1.584,44
(–) ICMS 12% e 18%	– 105,18	– 133,77	– 285,20
RECEITA LÍQUIDA (PROV.)	771,35	981,01	1.299,24
(–) PIS + COFINS – 9,25%	– 71,35	– 90,74	– 120,18
RECEITA LÍQUIDA	700,00	890,27	1.179,06
(–) CUSTO DAS VENDAS	– 500,00	– 690,27	– 979,06
LUCRO BRUTO	**200,00**	**200,00**	**200,00**
PIS + COFINS pg. diretamente	71,35	9,66	6,75
ICMS pago diretamente	105,18	28,59	151,43
IPI pago diretamente	87,65	23,83	–
Venda – Compra (Caixa Líquido)	464,19	262,08	358,18
Sobra de Cx. (Operações – Tributos)	**200,00**	**200,00**	**200,00**

Observe que, na comparação, cada empresa continua trabalhando para deixar um lucro bruto de R$ 200 com objetivo de cobrir suas despesas operacionais e seu lucro. E esse valor representaria a efetiva entrada de caixa de cada uma das três empresas da cadeia produtiva.

A IND compra a matéria-prima da RAIZ por R$ 964,19 e assim registraria:

- IPI a Recuperar de R$ 87,65 cf. nota fiscal de compra.
- ICMS a Recuperar de R$ 105,18 cf. nota fiscal de compra.
- PIS + COFINS a Recuperar de R$ 81,08 (BC de 876,53 × 9,25%).
- ESTOQUE de R$ 690,27 (964,19 – (87,65 + 105,18 + 81,08)).

Já a compra do produto X pela COM seria registrada da seguinte forma:

- ICMS a Recuperar de R$ 133,77 cf. nota fiscal de compra.
- PIS + COFINS a Recuperar de R$ 113,43 (BC de 1.226,27 × 9,25%).
- ESTOQUE de R$ 979,06 (1.226,27 – (133,77 + 113,43)).

Este valor de R$ 979,06 virou o custo das vendas da COM. Perceba que a despesa de PIS + COFINS da COM, de R$ 120,18, ficou maior que o somatório de PIS + COFINS pago nas três empresas (R$ 87,76) em R$ 32,42. A explicação para essa diferença é a combinação dos seguintes valores:

- IPI e ICMS da IND de R$ 245,25 (111,48 + 133,77) que não integraram a base de PIS + COFINS nesta empresa mas fizeram parte dos créditos registrados no ativo da COM.
- ICMS da RAIZ de R$ 105,18 que não integrou a base de cálculo de PIS + COFINS desta empresa, mas fez parte dos créditos registrados no ativo da IND.
- Somando os dois valores, temos R$ 350,43 (245,25 + 105,18). Depois, aplicando a alíquota combinada de 9,25%, encontramos a diferença de R$ 32,42.

Observe a Tabela 5.19, integrando a diferença das três empresas entre o que aconteceu no processo original da empresa (A), depois aplicando a decisão do STF e retirando o ICMS das bases de PIS e COFINS (B) e, por fim, fazendo simplesmente o ajuste na versão original, com a retirada no ICMS da nota fiscal de vendas (C).

Tabela 5.19 Comparação entre preços considerando PIS e COFINS com ICMS incluído ou não na BC

COMPARAÇÃO PREÇO E TRIBUTOS	RAIZ	IND	COM	SOMA
Preço de Venda (**com** ICMS na BC)	977,78	1.257,14	1.654,59	
Preço de Venda (**sem** ICMS na BC)	964,19	1.226,27	1.584,44	
Quanto foi Cobrado a + no Preço	**13,59**	**30,87**	**70,15**	**SOMA**
IPI pg. a +	1,24	2,80	–	4,04
ICMS pg. a +	1,48	3,37	12,63	17,48
PIS + COFINS pg. (**com** ICMS na BC)	82,23	23,49	36,76	142,48
PIS + COFINS pg. (**sem** ICMS na BC)	71,35	9,66	6,75	87,76
DIF. PIS + COFINS que seria devida	**10,88**	**13,83**	**30,01**	**54,72**
DIF. PIS + COFINS (ICMS NF Venda)	**9,87**	**12,69**	**27,55**	**50,10**
% de Redução de PIS + COFINS	**12%**	**54%**	**75%**	**35%**

Pela aplicação da repercussão econômica, R\$ 70,15 foi a diferença no preço de venda do produto X para o consumidor final, que no caso foi quem assumiu efetivamente o ônus da inclusão do ICMS nas bases de PIS e COFINS. Porém, esse preço mais elevado (R\$ 70,15) teria a seguinte composição:

- PIS + COFINS pg. a + das três empresas (RAIZ, IND e COM)   = R\$ 54,72
- ICMS pg. a + pela Cia. COM (repassado ao consumidor final)   = R\$ 12,63
- IPI pg. a + pela Cia. IND e repassado ao consumidor pela COM = R\$ 2,80

Na essência, quem assumiu economicamente o ônus da cobrança de um tributo sobre o outro foi o consumidor final. Mas, infelizmente, a decisão do STF determinou a devolução para as empresas, não alcançando seus clientes que efetivamente pagaram por isso. E como a decisão apontou para retirar da base de cálculo o ICMS da nota fiscal de vendas, a devolução total de PIS + COFINS será de R\$ 50,10, representando 35% do total pago pelas contribuições na cadeia produtiva. Analisando isoladamente as três empresas, percebe-se que a empresa intermediária (IND, 54%) e a última (COM, 75%) da cadeia produtiva terão devolução de expressivo percentual sobre os valores pagos.

QUESTÃO PARA REFLEXÃO

O Projeto de Lei nº 3.887/20, que está em análise no Congresso, cria a Contribuição sobre Bens e Serviços (CBS), que pretende substituir as contribuições para PIS/PASEP e COFINS. Na essência, a nova contribuição seguiria um modelo de crédito financeiro e passaria a ser cobrada por fora, acrescida ao preço. Você acredita que este seja o modelo ideal de cobrança para um imposto sobre bens e serviços e que poderia, aos poucos, ser integrado ao ICMS e ISS para finalmente o Brasil ter um Imposto Nacional sobre o Valor Agregado?

RESUMO

OBJETIVO 1   A contabilidade é a base da informação empresarial e o regime de competência representa a essência da informação contábil. Assim, o registro mensal de receitas e despesas deve ter substância econômica, sendo seu reconhecimento vinculado ao recebimento/pagamento de caixa, mas normalmente reconhecido em períodos diferentes, gerando ativos e passivos que integram a boa e qualificada informação extraída do balanço patrimonial.

Na demonstração do resultado, dentre as despesas temos os tributos cobrados sobre as receitas, principalmente a receita bruta das empresas. Esses tributos podem ser cobrados por dentro ou por fora e pelos métodos cumulativo ou não cumulativo. No Brasil, a multiplicidade de impostos e contribuições traz um modelo com elevado grau de complexidade na sua apuração e que se estende na apresentação das informações na contabilidade das empresas.

OBJETIVO 2   O imposto brasileiro de maior arrecadação é o não cumulativo ICMS, de competência estadual, mas com estrutura básica definida na Constituição Federal e em leis complementares. O registro contábil do imposto deve ser feito ao longo do processo produtivo, com reconhecimento da parcela a recuperar nas compras e do montante a pagar nas vendas tributadas, o que aparentemente é de simples compreensão. Os impostos não recuperáveis nas compras (II e IPI, por exemplo) devem integrar os estoques. A complexidade entra quando se integram às transações empresariais processos como a substituição tributária do ICMS e as vendas realizadas com isenção ou alíquota zero do imposto estadual, sendo importante extrair da contabilidade o correto registro do imposto estadual ora como ativo, ora como resultado.

OBJETIVO 3   O ICMS é cobrado por dentro, o que influencia o preço de venda das mercadorias por meio da repercussão. Por meio de um exemplo numérico, integrado ao mundo real, foi apresentada a venda realizada por indústria a três clientes em outro estado, com características (dois contribuintes do ICMS e um não contribuinte) e objetivos (dois para consumo e um para revenda) diferentes para compreensão do cálculo e do impacto do IPI e do ICMS no preço final do bem comercializado às três empresas e o repasse dos tributos para o cliente final.

Além disso, há importante reflexão sobre as vendas interestaduais para comercialização e industrialização quando no produto vendido houver mais de 40% de componentes importados no preço.

OBJETIVO 4   As contribuições para PIS/PASEP e COFINS têm cobrança sobre a receita das empresas de grande porte, com direito a crédito de diversos itens que causam toda uma discussão legislativa, que avança no conselho de contribuintes (CARF) e nas esferas judiciais. Nas empresas médias, tributadas pelo lucro presumido, a cobrança alcança apenas a receita bruta. A confusão fica ainda maior em cadeias produtivas que têm empresas tributadas pelo lucro presumido ou até pelo SIMPLES NACIONAL no meio do processo. O registro contábil das empresas de grande porte segue modelo similar ao aplicado no ICMS em relação às operações de compra e venda. Contudo, como nas contribuições há crédito sobre algumas despesas, o registro contábil desse crédito deve ser integrado ao reconhecimento da correspondente despesa. Em alguns casos, a despesa registrada na contabilidade não guarda relação com a despesa, que poderá ser utilizada como crédito pela legislação tributária. É o caso do arrendamento mercantil financeiro, quando a contabilidade reconhece, ao longo do tempo, despesas de juros e depreciação. Por outro lado, a legislação tributária permite crédito nos pagamentos do arrendamento, quando não há registro de despesa na contabilidade das empresas.

▸ VÍDEOS ADICIONAIS SOBRE O CAPÍTULO

Acesse os QR Codes para assistir ao material adicional do capítulo:

Vídeo 1
uqr.to/1ay9o

Vídeo 2
uqr.to/1ay9p

Vídeo 3
uqr.to/1ay9q

TESTES DE MÚLTIPLA ESCOLHA

1. O ICMS tem cobrança não cumulativa, realizada ao longo da cadeia produtiva. O modelo de substituição tributária para frente representa a cobrança do imposto na empresa industrial, substituindo as etapas seguintes da cadeia produtiva, seja distribuidor/atacadista-varejista e/ou varejista-consumidor final. Então, uma indústria, por exemplo, ao vender uma mercadoria a um varejista por R$ 100 acrescentará R$ 7 (valor hipotético) de ICMS ST + R$ 10 de IPI (admitindo alíquota de 10% do imposto federal, cobrando R$ 117 no preço final ao varejista). A empresa industrial receberá R$ 117 em seu caixa e registrará essa venda da seguinte forma:

   a) Receita Bruta de R$ 117.

   b) Receita Bruta de R$ 107, com o IPI (R$ 10) sendo reconhecido no Passivo.

   c) Receita Bruta de R$ 110, com o ICMS ST (R$ 7) sendo reconhecido no Passivo.

   d) Receita Bruta de R$ 100 e outras receitas operacionais de R$ 17.

   e) Receita Bruta de R$ 100, com o IPI (R$ 10) e o ICMS ST (R$ 7) sendo reconhecidos no Passivo.

2. Empresa industrial, tributada pelo LUCRO PRESUMIDO, ao adquirir matéria-prima do exterior, terá direito a registrar no ativo crédito (tributos a Recuperar) referente aos seguintes tributos:

   a) IPI, ICMS, PIS e COFINS.

   b) IPI, ICMS e II.

   c) IPI e ICMS.

   d) II, PIS e COFINS.

   e) II, PIS e COFINS.

3. Empresa comercial adquire três unidades de determinado produto por R$ 250 + IPI de 50 (20%) cada = R$ 300, pagando R$ 900 no total (3 unidades) para a empresa industrial. Posteriormente, a empresa comercial revende a seus clientes, pessoas físicas, duas das três unidades adquiridas por R$ 550 cada, totalizando R$ 1.100. Sabe-se que a alíquota de ICMS aplicada nas operações de compra e de venda foi 12%. Com base nos dados disponíveis, o LUCRO BRUTO obtido pela empresa comercial será:

   a) R$ 378.

   b) R$ 428.

   c) R$ 458.

   d) R$ 518.

   e) R$ 528.

4. A Cia. Verde é uma Indústria, que vendeu mercadorias à Cia. Azul, empresa comercial, pelo PREÇO TOTAL de R$ 500. Estão incluídos no preço o IPI (cobrado por fora), com alíquota de 25%, e o ICMS (cobrado por dentro), com alíquota de 20%. Com base apenas nos dados apresentados, é possível afirmar que a Indústria terá RECEITA LÍQUIDA de...

   a) R$ 320 e o Comércio registrará R$ 400 em seu Estoque.

   b) R$ 320 e o Comércio registrará R$ 420 em seu Estoque.

   c) R$ 375 e o Comércio registrará R$ 420 em seu Estoque.

   d) R$ 400 e o Comércio registrará R$ 375 em seu Estoque.

   e) R$ 400 e o Comércio registrará R$ 420 em seu Estoque.

5. Uma indústria localizada no estado de Santa Catarina vendeu seus produtos a empresa comercial varejista localizada no Paraná por R$ 400, já fazendo a repercussão do ICMS (12% = R$ 48) no preço do produto. O comércio registrou seu estoque por R$ 352 (400 – 48). O varejista, em ambiente de muita concorrência, revendia os produtos adquiridos por R$ 500, apurando despesa de ICMS de R$ 80 (alíquota de 16%), restando um lucro bruto de R$ 68 (500 – 80 = 420 – 352), necessário para remunerar suas despesas operacionais e produzir um mínimo lucro antes do IR. Tal fato acontecia mensalmente até o final de 2019. Pois bem, a partir de JAN/20, o IPI, que tinha alíquota zero na venda do produto, passou a ter uma alíquota de 15%. Nas operações realizadas a partir daí, a indústria no PR venderá os produtos ao comércio em SP por R$ 460 (PV de 400 + IPI de 15% = 60). Para que seja possível ao comércio em SP manter seu LUCRO BRUTO DE R$ 68, qual preço de venda (receita bruta) será aplicado pela empresa comercial a partir do mês de janeiro de 2020?

   a) R$ 545,45.

   b) R$ 560,00.

   c) R$ 567,20.

   d) R$ 569,60.

   e) R$ 571,43.

6. A Cia. Troia-SP é varejista e adquire da Cia. Savassi, indústria localizada em MG (aplicar alíquota interestadual, no caso, 12%), quatro unidades do produto W por R$ 551 a unidade (total de R$ 2.204), com a seguinte composição:

   - (+) Preço — R$ 500 (total de R$ 2.000)
   - (–) Desconto Incondicional — R$ 25 (total de R$ 100)
   - (+) IPI – 16% — R$ 76 (total de R$ 304)

   Posteriormente, a Cia. Delta revende três unidades, sendo:

   - Duas unidades no próprio estado de SP por R$ 750 cada (1.500 total). Alíquota interna de ICMS no estado de São Paulo de 19%.
   - Uma unidade para uma empresa localizada no exterior (Argentina) por R$ 700.

   Considerando apenas as operações informadas, o LUCRO BRUTO apresentado pela Cia. Troia-SP montou a:

   a) R$ 357.

   b) R$ 433.

   c) R$ 442.

   d) R$ 443.

   e) R$ 661.

7. A Cia Brasil é empresa distribuidora do Produto Z, tributada pelo lucro real, e realiza as seguintes operações no mês de junho de 2020:

- Compra de 5 unidades por R$ 2 mil cada, totalizando R$ 10 mil.
- Receitas de aluguel de espaço na loja de R$ 250.
- Despesa de Energia Elétrica de R$ 500.
- Venda de 4 unidades por R$ 2.750, totalizando R$ 11 mil.

A Cia. Brasil tem no seu contrato social a atividade principal de revenda de mercadorias e está sujeita apenas ao pagamento da COFINS (desconsidere aqui PIS e ICMS), com alíquota de 7,6%, pelo método não cumulativo. Aplicando a boa técnica contábil, o Lucro antes do IR e CSLL (LAIR) da Cia. Brasil será:

a) R$ 2.503.

b) R$ 2.522.

c) R$ 2.541.

d) R$ 2.693.

e) R$ 2.772.

8. Uma empresa industrial do setor de alimentos vendeu um produto pelo PREÇO TOTAL de R$ 118, composto da seguinte forma:

- 5 unidades por R$ 20 cada, total de R$ 100.
- IPI de R$ 2 (alíquota de 10%) por unidade. Total de IPI de R$ 10.
- ICMS ST cobrado do cliente varejista de R$ 8 (valor hipotético).

A indústria está submetida a alíquota de 20% de ICMS (parcela própria). Assim, na sua DRE, deverá apresentar uma RECEITA LÍQUIDA de:

a) R$ 98.

b) R$ 88.

c) R$ 82.

d) R$ 80.

e) R$ 78.

9. Uma empresa comercial apresenta os seguintes dados referentes a sua DRE:

RECEITA BRUTA	R$ 1.000
(–) Devolução de Vendas	R$ 50
(–) Tributos s/ RB	R$ 190
RECEITA LÍQUIDA	R$ 760

Em relação à tributação sobre a receita, é possível afirmar que as alíquotas NOMINAL (por dentro) e EFETIVA (por fora) correspondem, respectivamente, a:

a) 19% e 23,5%.

b) 19% e 25%.

c) 20% e 25%.

d) 20% e 23,5%.

e) 19% e 20%.

10. Os tributos sobre consumo respondem por quase 45% da carga tributária nacional. No Brasil, temos uma multiplicidade de impostos e contribuições cobrados sobre a receita bruta das empresas, a maior parte deles com cobrança por dentro. Analisando a DRE de uma empresa industrial, entre a receita bruta e a receita líquida, o único tributo que não é apresentado ali, por ter cobrança por fora, é o:

a) IPI.

b) ISS.

c) ICMS.

d) PIS/PASEP.

e) COFINS.

RESPOSTAS

1-E; 2-C; 3-B; 4-B; 5-E; 6-B; 7-C; 8-D; 9-C; 10-A.

QUESTÃO

A Alfa, indústria de alimentos tributada pelo lucro presumido e localizada em Minas Gerais, produz achocolatado e vai fechar contrato para venda a Beta, varejista tributado pelo lucro presumido e localizado em São Paulo, que posteriormente revenderá o achocolatado a seus clientes, pessoas físicas. Desconsiderando a cobrança de PIS e COFINS, teremos os seguintes tributos cobrados nas operações:

- IPI cobrado (por fora) apenas na indústria, com alíquota de 5%.

- ICMS cobrado na indústria com alíquota interestadual de 12%. O comércio varejista terá alíquota interna de 19%.

A Cia. Alfa precisa vender seu produto (achocolatado) por R$ 300 ao varejista para remunerar seu custo de produção e suas despesas administrativas, comerciais e financeiras, além de pequena parcela de lucro.

Já a Cia. Beta precisa de lucro bruto de R$ 100 para pagar suas despesas operacionais + obter um pequeno lucro. Na essência, se não tivesse cobrança de qualquer tributo nas operações, o cliente do varejista compraria o achocolatado por R$ 400.

PEDE-SE:

a) Calcular e informar o preço de venda que será praticado pela Cia. Alfa na venda do achocolatado para a Cia. Beta, incluindo a cobrança somente de ICMS e IPI, e monte a DRE do Faturamento Bruto até a Receita Líquida.

b) Calcular e informar o preço de venda que será praticado pela Cia. Beta na revenda do achocolatado para seus clientes, pessoas físicas, fazendo a repercussão do ICMS no preço e montando a DRE da Receita Bruta até o Lucro Bruto.

Caso tivesse cobrança de PIS e COFINS, com a decisão do STF de MAR/17 referendada no julgamento dos embargos em MAI/21, quais seriam os preços de venda praticados.

RESPOSTAS

(A)	**ALFA** vende para **BETA**	DRE
105%	FATURAMENTO BRUTO	357,95
5%	IPI – 5%	– 17,05
100%	RECEITA BRUTA	340,91
12%	ICMS – 12%	– 40,91
88%	RECEITA LÍQUIDA	300,00
	PV Desejado/Necessário (sem tributo)	300,00

(B)	**BETA** vende para **PF (Clientes)**	DRE
100%	RECEITA BRUTA	514,87
19%	ICMS – 19%	– 97,83
81%	RECEITA LÍQUIDA	417,05
	Custo das Vendas	– 317,05
	LUCRO BRUTO	100,00
	Lucro Bruto necessário/desejado	100,00
	Valor da Aquisição da ALFA	357,95
	ICMS a Recuperar	40,91
	Estoque	317,05
	PV Desejado/Necessário (sem tributo)	417,05

(A)	**ALFA** vende para **BETA**	DRE
105%	FATURAMENTO BRUTO	371,51
5%	IPI – 5%	– 17,69
100%	RECEITA BRUTA	353,82
12%	ICMS – 12%	– 42,46
3,65%	PIS + COFINS – 3,65%	– 11,36
84,35%	RECEITA LÍQUIDA	300,00
	PV Desejado/Necessário (sem tributo)	300,00

(B)	**BETA** vende para **PF (Clientes)**	DRE
100%	RECEITA BRUTA	549,77
19%	ICMS – 19%	– 104,46
3,65%	PIS + COFINS – 3,65%	– 16,25
77,35%	RECEITA LÍQUIDA	429,06
	Custo das Vendas	– 329,06
	LUCRO BRUTO	100,00
	Lucro Bruto necessário/desejado	100,00
	Valor da Aquisição da ALFA	371,51
	ICMS a Recuperar	42,46
	Estoque	329,06
	PV Desejado/Necessário (sem tributo)	429,06

CONTABILIDADE TRIBUTÁRIA – TRIBUTAÇÃO SOBRE O LUCRO

Alexandre Gonzales

OBJETIVOS DE APRENDIZAGEM DO CAPÍTULO

1. Compreender os conceitos de tributação sobre o lucro, permitindo o completo entendimento da contabilização dos Tributos sobre o Lucro.
2. Entender como se dá a contabilização dos Tributos sobre o Lucro.

OBJETIVO 1

TRIBUTAÇÃO SOBRE O LUCRO E MODALIDADES DE APURAÇÃO

CONSIDERAÇÕES INICIAIS

A tributação da renda das pessoas jurídicas se dá por meio de dois tributos: Imposto de Renda da Pessoa Jurídica (IRPJ) e Contribuição Social sobre o Lucro Líquido (CSLL). As alíquotas aplicáveis costumam ser as mesmas, e o que acaba mudando é a forma de se chegar à base de cálculo. Exceção fica por conta do Simples Nacional, que é um regime específico de tributação, com alíquota única abrangendo vários tributos, entre eles o IRPJ e a CSLL. Neste capítulo não será abordado o regime de tributação denominado Simples Nacional, uma vez que não se trata especificamente de tributo sobre o lucro, apesar de conter na sua composição também os dois tributos sobre o lucro.

São encontradas três modalidades de apuração dos tributos diretos no Regulamento do Imposto de Renda, conforme veremos a seguir.

LUCRO REAL

É a regra geral da tributação sobre o lucro. Não há restrições para que empresas optem por essa modalidade. Inclusive, ocorre o inverso: algumas empresas necessariamente devem ter lucro real, conforme estabelece o art. 257 do Regulamento do Imposto de Renda.

A base de cálculo dos tributos sobre o lucro nessa modalidade é identificada a partir do lucro contábil. Ao estruturarmos a Demonstração de Resultado do Exercício (DRE), quase no seu final, chegamos à linha denominada "lucro antes do IRPJ e da CSLL". Nesse ponto interrompemos temporariamente o preenchimento da DRE, para então podermos apurar os tributos diretos, o que exige ajustes no lucro líquido conforme determinado na legislação tributária.

Os ajustes realizados para se chegar à base de cálculo do IRPJ e da CSLL são denominados adições e exclusões, e são realizados extracontabilmente, em registros fiscais específicos denominados Livro de Apuração do Lucro Real e Livro de Apuração da Contribuição Social sobre o Lucro Líquido. As informações são reportadas à Receita Federal do Brasil por meio da entrega da Escrituração Contábil Fiscal (ECF), que substituiu a antiga Declaração de Imposto de Renda da Pessoa Jurídica (DIPJ). Na ECF, tais apurações recebem os nomes de e-Lalur e e-Lacs.

Tais ajustes têm por objetivo identificar o lucro fiscal a partir do lucro contábil. Para isso, são feitas adições e exclusões conforme a normatização fiscal. E por que então temos dois livros de apuração, um para identificar o lucro para fins de cálculo do imposto de renda e um para fins de cálculo da contribuição social? Porque as regras para as duas apurações não são idênticas. Há itens que são ajustados para uma apuração e que não são ajustados para outra apuração. Podemos ver, nos Anexos I e II da Instrução Normativa RFB nº 1.700/17, alguns exemplos, apresentados no Quadro 6.1.

Quadro 6.1 Exemplos de adições ao lucro e exclusões ao LAIR/CSLL

Adições ao lucro

Ajuste	Aplica-se ao IRPJ?	Aplica-se à CSLL?
O valor da CSLL subtraído do lucro líquido antes da provisão para a CSLL para se obter o lucro líquido antes da provisão para o IRPJ	Sim	Não
O valor das despesas de propaganda que não atendam às condições previstas no art. 54 da Lei nº 4.506, de 1964	Sim	Não
As perdas incorridas em operações iniciadas e encerradas no mesmo dia (*day-trade*), realizadas em mercados de renda fixa ou de renda variável, conforme previsto no § 3º do art. 76 da Lei nº 8.981, de 1995	Sim	Não
Os pagamentos efetuados a sociedade simples quando esta for controlada, direta ou indiretamente, por pessoas físicas que sejam diretores, gerentes ou controladores da pessoa jurídica que pagar ou creditar os rendimentos, bem como pelo cônjuge ou parente de primeiro grau das referidas pessoas	Sim	Não

Exclusões do lucro

Ajuste	Aplica-se ao IRPJ?	Aplica-se à CSLL?
A quota de depreciação acelerada de veículos automóveis para transporte de mercadorias e de vagões, locomotivas, locotratores e tênderes, nos termos do art. 1º da Lei nº 12.788, de 2013	Sim	Não
Os rendimentos tributados exclusivamente na fonte nas operações com os ativos a que se refere o art. 2º da Lei nº 12.431, de 2011, conforme previsto no § 3º do mesmo dispositivo legal	Sim	Não
O capital das apólices de seguros ou pecúlio em favor da pessoa jurídica, pago por morte do sócio segurado, de que trata a alínea *f* do § 2º do art. 43 do Decreto-lei nº 5.844, de 1943, a ser excluído no período de apuração em que for contabilizado como receita	Sim	Não

No Quadro 6.1, foram trazidos alguns exemplos, e a relação completa pode ser verificada nos dois anexos da Instrução Normativa citada. Ainda que ocorram essas diferenças pontuais de tratamento, a maior parte dos ajustes se aplica a ambas as apurações: IRPJ e CSLL.

Os ajustes mais comuns que encontramos são os decorrentes de despesas contábeis consideradas indedutíveis e de receitas consideradas não tributáveis. Esses ajustes podem gerar diferenças temporárias ou definitivas, conforme será abordado em tópico específico sobre tributos diferidos sobre o lucro.

CASO PRÁTICO

Vejamos um exemplo ilustrativo de apuração de base de cálculo de IRPJ e CSLL:

Uma empresa, optante pelo lucro real, em um determinado exercício, apura em sua DRE lucro antes do IRPJ e da CSLL no montante de R$ 500.000,00. Dentro desse resultado há R$ 20.000,00 de multas indedutíveis, R$ 10.000,00 de provisões indedutíveis e R$ 50.000,00 de receita de equivalência patrimonial não tributável. Esses componentes incorporam o resultado contábil, mas, por força da legislação tributária, não podem incorporar o resultado fiscal.

Lucro antes do IRPJ e CSLL (DRE)	500.000,00
(+) Adições	
Multas indedutíveis	20.000,00
Provisões indedutíveis	10.000,00
	30.000,00
(−) Exclusões	
Receita de equivalência patrimonial	−50.000,00
	−50.000,00
Lucro tributável	**480.000,00**
Adições e exclusões com efeitos para ambos os tributos.	

Percebe-se que o resultado tributável, no lucro real, não é necessariamente o resultado contábil, em razão dos ajustes exigidos pela legislação.

PERIODICIDADE

Na modalidade lucro real, a apuração pode ser trimestral ou anual. Iniciaremos nossa análise pela apuração trimestral.

No regime trimestral não há apuração intermediária dentro do trimestre, apenas apuração quando o período é encerrado. Os valores apurados são pagos em até três quotas mensais, conforme legislação aplicável, a partir do primeiro mês subsequente ao encerramento do trimestre, conforme determina o art. 55 da Instrução Normativa RFB nº 1.700/17.

DO PAGAMENTO RELATIVO AO PERÍODO TRIMESTRAL

Art. 55. O IRPJ e a CSLL apurados ao final de cada trimestre serão pagos em quota única até o último dia útil do mês subsequente ao do encerramento do período de apuração.

§ 1º À opção da pessoa jurídica, o IRPJ e a CSLL poderão ser pagos em até 3 (três) quotas mensais, iguais e sucessivas, vencíveis no último dia útil dos 3 (três) meses subsequentes ao do encerramento do período de apuração a que corresponderem.

§ 2º Nenhuma quota poderá ter valor inferior a R$ 1.000,00 (mil reais) e o imposto ou a contribuição de valor inferior a R$ 2.000,00 (dois mil reais) será pago em quota única, até o último dia útil do mês subsequente ao do encerramento do período de apuração.

§ 3º As quotas do imposto e da contribuição serão acrescidas de juros equivalentes à taxa referencial do Selic, para títulos federais, acumulada mensalmente, calculados a partir do 1o (primeiro) dia do 2º (segundo) mês subsequente ao do encerramento do período de apuração até o último dia do mês anterior ao do pagamento e de 1% (um por cento) no mês do pagamento.

§ 4º A 1º (primeira) quota ou quota única, quando paga até o vencimento, não sofrerá acréscimos. (grifos nossos)

CASO PRÁTICO

Para exemplificar, consideremos as quatro empresas a seguir e seus respectivos resultados contábeis em um trimestre:

Resultado contábil antes dos tributos sobre o lucro			
	Empresa A	Empresa B	Empresa C	Empresa D
Janeiro	100.000,00	– 80.000,00	– 90.000,00	50.000,00
Fevereiro	100.000,00	120.000,00	260.000,00	50.000,00
Março	– 50.000,00	110.000,00	– 20.000,00	50.000,00
	150.000,00	**150.000,00**	**150.000,00**	**150.000,00**

Note que, embora dentro do trimestre haja períodos de lucro e de prejuízo contábil, o que importa é o montante ao final dos três meses. Nesse caso, as quatro empresas partirão do mesmo resultado contábil, para então realizarem ajustes e poder apurarem a base tributável do trimestre.

Caso seja apurado prejuízo fiscal no lucro real trimestral, esse prejuízo poderá ser compensado a partir do trimestre seguinte, sempre obedecendo o limite de 30% do lucro tributável do respectivo período, conforme regramento a ser detalhado adiante.

Já no caso da apuração anual, o cálculo é realizado quando o exercício fiscal se encerra, ao final do período de 12 meses. Porém, diferentemente do que ocorre com o lucro real trimestral, devem existir apurações intermediárias antes do encerramento do exercício, e normalmente tais apurações resultam em recolhimentos a título de antecipação. Os valores recolhidos a título de antecipação durante o exercício são abatidos dos valores de IRPJ e CSLL a recolher apurados quando do encerramento do exercício.

A legislação tributária permite que o contribuinte escolha a forma de apuração do tributo devido a título de antecipação: a primeira opção é o cálculo por meio de balancete, onde há apuração do efetivo lucro real acumulado no período; a segunda opção envolve um cálculo estimado, com base em um percentual sobre o faturamento, em formato semelhante ao que ocorre com o lucro presumido. Note que o contribuinte pode alternar a modalidade de apuração, balancete ou estimativa, no decorrer do ano. Mas cuidado: essa alternância é permitida apenas para a empresa que apura o IRPJ e a CSLL dentro da modalidade lucro real anual, podendo escolher apenas como se dará a antecipação do recolhimento do montante efetivamente devido ao final do ano. Em outras palavras, não é permitido alterar entre lucro real anual e trimestral no decorrer do exercício.

Os pagamentos efetuados a título de antecipação no decorrer do exercício, com base no faturamento da empresa, portanto, são chamados de pagamentos por estimativa. Para apurar esses valores, a empresa aplica percentuais sobre o faturamento conforme a atividade, e estima-se um lucro fiscal. Esses percentuais são os mesmos aplicados no lucro presumido, que veremos adiante, mas existem algumas pequenas diferenças nos cálculos com relação às "demais receitas".

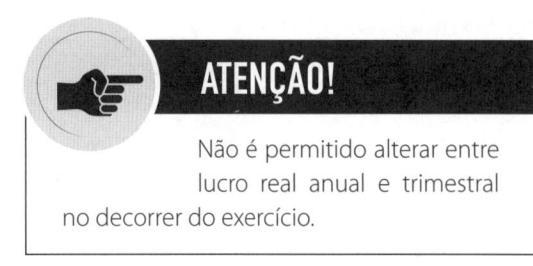

ATENÇÃO!

Não é permitido alterar entre lucro real anual e trimestral no decorrer do exercício.

Na hipótese em que a empresa venha a exercer mais de uma atividade, será aplicado o percentual correspondente a cada atividade. Assim, por exemplo, uma empresa que obtenha receita de venda de mercadoria e receita de prestação de serviços deverá segregar ambas, aplicando o percentual de 8% sobre primeira e de 32% sobre a segunda.

SAIBA MAIS!

Acesse o QR Code para conhecer os percentuais para determinação do lucro estimado ou presumido.

uqr.to/1ay6o

Os pagamentos a título de antecipação podem ser feitos, alternativamente, partindo-se do resultado contábil, apurado em balancetes intermediários que recebem o nome de balancetes de suspensão ou redução, podendo ocorrer até mesmo prejuízo fiscal em determinado período intermediário, o que desobriga a empresa a efetuar recolhimento de tributos diretos naquele período.

CASO PRÁTICO

Uma empresa comercial, em janeiro de X1, apresenta R$ 500.000,00 de faturamento, não apresentando outro tipo de receita. Considerando-se pagamento por estimativa, o lucro tributável deste mês seria:

Faturamento	**500.000,00**
Percentual aplicável	8%
IRPJ 8% – art. 33 IN RFB 1.700/17	
Lucro tributável para IRPJ	**40.000,00**
Percentual aplicável	12%
CSLL 12% – art. 34 IN RFB 1.700/17	
Lucro tributável para CSLL	**60.000,00**

Ocorre, contudo, que a empresa também levanta periodicamente balancetes, seguindo todas as formalidades necessárias da legislação contábil, e no mesmo período apura um lucro contábil antes dos tributos diretos no valor de R$ 25.000,00. Considere, para fins didáticos, que não há adições e exclusões ao lucro nesse período.

Nesse caso específico, o lucro tributável pelo balancete é de R$ 25.000,00, menor do que o lucro tributável apurado pela estimativa, que totalizou R$ 40.000,00 para IRPJ e R$ 60.000,00 de CSLL. Assim, ao optar pelo recolhimento com base no balancete, o valor do IRPJ e CSLL a pagar a título de antecipação do valor apurado anualmente é reduzido (por isso o nome balancete de redução). Os valores de IRPJ e CSLL devidos deverão ser recolhidos até o último dia útil do mês subsequente ao mês base da apuração, nos moldes do art. 56 da IN RFB nº 1.700/17.

ATENÇÃO!

Na apuração por meio de balancete, você deve considerar o valor devido de IRPJ e CSLL no período de cálculo, descontando eventuais antecipações. Por exemplo: se está calculando o montante devido no período compreendido entre janeiro e maio e encontra o valor de IRPJ de R$ 22.000,00, deve verificar se nos meses anteriores fez alguma antecipação, descontando esse valor. Assim, se nos meses anteriores houve a antecipação de R$ 8.000,00, o montante a recolher será de R$ 14.000,00.

Os valores recolhidos ao longo do ano, a título de antecipação, são provisórios. Por ser uma modalidade anual de apuração, prevalece o valor apurado no encerramento anual. O valor apurado no encerramento pode ser maior do que o já antecipado, e nesse caso será recolhida a diferença, ou então menor do que o já antecipado, e nesse caso pode ser objeto de restituição ou compensação, conforme prevê o art. 57 da IN RFB nº 1.700/17. A Instrução Normativa RFB nº 1.765/17 determinou que o pedido de restituição ou compensação do saldo negativo de IRPJ e CSLL somente será recepcionado pela Receita Federal do Brasil depois da confirmação da transmissão da ECF que demonstra a apuração.

VOCÊ SABIA?

A escolha da forma de pagamento de IRPJ e CSLL (real trimestral, estimativa, presumido) se dá pelo pagamento da primeira quota de IRPJ do ano (IN RFB 1.700/17, arts. 54 e 214).

DISTRIBUIÇÃO DE LUCROS

A distribuição de lucros apurados por meio da escrituração contábil regular da empresa não é tributada. É considerada rendimento isento para quem recebe, seja pessoa física ou jurídica, domiciliada no país, conforme consta do art. 10 da Lei nº 9.249, de 1995. Destaca-se que há um intenso debate no Brasil sobre a conveniência da isenção dos dividendos, havendo propostas legislativas visando revogar essa previsão, hipótese em que os dividendos passariam a ser tributados.

No lucro real há também a possibilidade de se distribuírem rendimentos aos sócios ou acionistas utilizando-se da figura dos juros sobre o capital próprio, instituída pela Lei nº 9.249/95, com alteração pela Lei nº 9.430/96. A diferença nessa modalidade de pagamento está no fato de o valor apurado a título de Juros sobre o Capital Próprio (JCP) ser dedutível para fins de cálculo de tributos sobre o lucro. Para isso, deve obedecer a critérios, como utilização de uma taxa específica Taxa de Juros a Longo Prazo – TJLP, utilizar apenas as contas do patrimônio líquido determinadas pela legislação tributária e observar os limites impostos para dedutibilidade. Ao se efetuar o pagamento ou crédito dos JCP, há tributação na fonte, em geral 15%. Costumeiramente, as alíquotas dos tributos sobre o lucro são maiores do que essa, fazendo com que no final das contas haja economia fiscal. De uma forma simplificada, podemos dizer que, se a empresa paga JCP, reduz sua base de cálculo, economizando 34% (IRPJ + CSLL) sobre esse montante. Considerando que a tributação da pessoa física que recebe o JCP é de 15%, podemos concluir que o pagamento acarreta um benefício global de 19%.

Sugere-se atenção quanto ao tratamento fiscal dos JCP para quem recebe. Para pessoas físicas com domicílio fiscal no Brasil, o valor líquido recebido é considerado como tributado exclusivamente na fonte. Se quem recebe é pessoa jurídica optante pelo lucro presumido ou pelo lucro real, há tributação de IRPJ e CSLL, e a retenção efetuada pela fonte pagadora é considerada antecipação do IRPJ devido. E no caso de pessoas jurídicas optantes pelo lucro real, também há tributação pelo PIS e pela COFINS.

COMPENSAÇÃO DE PREJUÍZO FISCAL

Quando uma empresa apura lucro fiscal, deve recolher os tributos diretos correspondentes. Quando apura prejuízo fiscal, não há tributos diretos a serem recolhidos, mas, além disso, pode aproveitar no futuro esse prejuízo fiscal para abater lucros fiscais.

Acontece que essa compensação possui limitações. Ao utilizar prejuízo fiscal para abater lucro fiscal de determinado período de apuração, essa utilização é limitada a 30% do lucro fiscal. Pode acontecer de a empresa conseguir compensar todo seu prejuízo fiscal acumulado em um único exercício de apuração subsequente, no caso de esse montante ser inferior à limitação dos 30%, ou então demorar alguns períodos de apuração para conseguir compensar totalmente o prejuízo fiscal que possui.

ATENÇÃO!

Prejuízo fiscal não é igual a prejuízo contábil. Em função das adições e exclusões, é possível que uma empresa apresente lucro contábil e prejuízo fiscal, ou o contrário.

É possível até mesmo que em um mesmo período existam três valores distintos de prejuízo: o contábil, o fiscal para fins de IRPJ e o fiscal para fins de CSLL.

CASO PRÁTICO

Para ilustrar a limitação da compensação do prejuízo, vamos ao seguinte exemplo:

Uma empresa possui prejuízo fiscal relacionado a exercícios anteriores no valor de R$ 200.000,00, para IRPJ e CSLL. Apresenta no exercício X1 lucro antes dos tributos sobre o lucro no valor de R$ 300.000,00. Em sua demonstração de resultado há as seguintes despesas indedutíveis: R$ 10.000,00 de multas, R$ 10.000,00 de doações e R$ 15.000,00 de brindes. Há também R$ 20.000,00 de receita de equivalência patrimonial, não tributável. Vejamos quanto do prejuízo fiscal acumulado pode ser compensado nesse período, e quanto resta para ser compensado no futuro.

Lucro antes do IRPJ e CSLL (DRE)	**300.000,00**
(+) Adições	
Multas indedutíveis	10.000,00
Doações	10.000,00
Brindes	15.000,00
	35.000,00
(–) Exclusões	
Receita de equivalência patrimonial	– 20.000,00
	– 20.000,00
Lucro tributável antes da comp. de prejuízo	**315.000,00**

Saldo anterior de prejuízo fiscal	200.000,00
Limite de compensação (30% do lucro tributável)	94.500,00

Compensação de prejuízo fiscal	– 94.500,00
Lucro tributável após compensação de prejuízo	**220.500,00**

Saldo de prejuízo fiscal a ser compensado no futuro	**105.500,00**

VOCÊ SABIA?

O limite de redução do lucro tributável, em no máximo 30%, por conta de compensação de prejuízo surgiu por força da Lei nº 8.981/95 (art. 42). Antes disso, não havia a limitação dos 30%, mas havia uma limitação temporal, que se ultrapassada resultava na perda do direito da compensação.

LUCRO PRESUMIDO

Opcionalmente à tributação do lucro real, o contribuinte pode optar pela apuração de IRPJ e CSLL pelo lucro presumido, desde que não esteja enquadrada em nenhum dos casos em que a apuração pelo lucro real seja obrigatória. Note que o lucro presumido sempre consiste em uma opção: nenhuma empresa é obrigada a essa modalidade, sempre podendo optar pelo lucro real.

Ao optar por essa modalidade, desde que permitido legalmente, a empresa passa a apurar o lucro com base no faturamento e outras receitas, e não mais partindo do lucro apurado contabilmente. Presume-se o lucro da empresa partindo-se da sua receita, por isso o nome da modalidade.

Regra geral, podem optar pelo lucro presumido empresas que não estejam obrigadas à tributação pelo lucro real, e que tenham auferido no ano-calendário anterior receita bruta total inferior a R$ 78.000.000,00, ou então R$ 6.500.000,00, multiplicado pelo número de meses de atividade no ano-calendário anterior, quando inferior a 12 meses. A tributação será definitiva para todo o ano-calendário, e será manifestada pelo pagamento da primeira ou única quota do IRPJ devido, correspondente ao primeiro trimestre de apuração do ano-calendário.

Para apurarmos o lucro da empresa nessa modalidade, temos que considerar as receitas da atividade da empresa, sobre as quais são aplicados percentuais de presunção, e adicionalmente as receitas denominadas "demais receitas", sobre as quais não são aplicados percentuais de presunção.

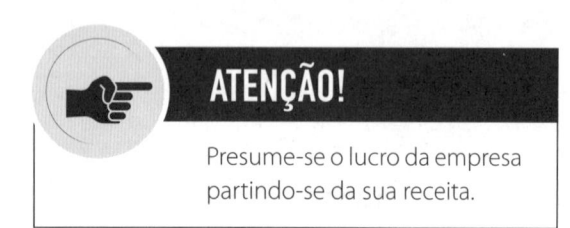

ATENÇÃO!

Presume-se o lucro da empresa partindo-se da sua receita.

Sobre as receitas decorrentes do objeto social da empresa são aplicados percentuais de presunção, de acordo com a natureza da atividade, depois de deduzidas as devoluções e os cancelamentos de vendas, além dos descontos incondicionais. Os percentuais de presunção podem ser diferentes para cálculo do lucro presumido para fins de IRPJ e de CSLL.

Os percentuais utilizados são os mesmos que apresentamos inicialmente para determinação do lucro estimado. Cabe, contudo, uma ressalva: no quadro há atividades impedidas de apuração pelo lucro presumido, como é o caso de bancos comerciais. Nesse caso, o percentual indicado se aplica unicamente na eventualidade de apuração de IRPJ e CSLL no lucro real anual, calculado pela estimativa.

CASO PRÁTICO

Uma empresa apresenta faturamento, em determinado trimestre, de R$ 500.000,00, decorrente de revenda de mercadorias, e R$ 300.000,00 referente à prestação de serviços de assistência técnica. Vamos identificar o lucro presumido deste trimestre:

IRPJ	Revenda de mercadorias	Assistência técnica	Total
Faturamento trimestral	500.000,00	300.000,00	800.000,00
Percentual aplicável	8%	32%	
Lucro presumido	**40.000,00**	**96.000,00**	**136.000,00**

CSLL	Revenda de mercadorias	Assistência técnica	Total
Faturamento trimestral	500.000,00	300.000,00	800.000,00
Percentual aplicável	12%	32%	
Lucro presumido	**60.000,00**	**96.000,00**	**156.000,00**

É possível perceber, em decorrência da diferença nos percentuais aplicáveis, que, apesar de o faturamento relacionado à prestação de serviços ser inferior ao faturamento relacionado à revenda de mercadorias, o seu lucro presumido é maior, para cálculo de IRPJ e de CSLL.

Além das receitas relacionadas ao objeto social do contribuinte, há outras receitas que devem ser incluídas na apuração do lucro presumido, conforme previsão legal, mas sem aplicação do percentual para se chegar à base dos tributos diretos. Vale dizer que essas receitas são tributadas integralmente, sem qualquer presunção de lucro.

SAIBA MAIS!

Acesse o QR Code para conhecer as receitas são tributadas integralmente, descritas no art. 215 da Instrução Normativa RFB nº 1.700/17.

uqr.to/1ay6p

CASO PRÁTICO

Dessa maneira, vejamos como ficaria o exemplo anterior, mas agora com a inclusão de receitas tributadas integralmente, sem utilização do percentual aplicável às receitas decorrentes do objeto social da empresa.

Uma empresa apresenta faturamento, em determinado trimestre, de R$ 500.000,00 decorrente de revenda de mercadorias e R$ 300.000,00 decorrente da prestação de serviços de assistência técnica. Apura no mesmo período o valor de R$ 30.000,00 de ganho de capital e R$ 20.000,00 de receitas financeiras.

Vamos identificar o lucro presumido deste trimestre:

IRPJ	Revenda de mercadorias	Assistência técnica	
Faturamento trimestral	500.000,00	300.000,00	
Percentual aplicável	8%	32%	
Subtotal	40.000,00	96.000,00	136.000,00
Ganho de capital			30.000,00
Receita financeira			20.000,00
Lucro presumido			**186.000,00**

CSLL	Revenda de mercadorias	Assistência técnica	
Faturamento trimestral	500.000,00	300.000,00	
Percentual aplicável	12%	32%	
Subtotal	60.000,00	96.000,00	156.000,00
Ganho de capital			30.000,00
Receita financeira			20.000,00
Lucro presumido			**206.000,00**

Importante ressaltar, mais uma vez, que a legislação tributária é repleta de detalhes, de forma que se faz indispensável a leitura da legislação para correta classificação de casos concretos. Podemos citar como exemplo desse detalhamento o fato de o rendimento de aplicações financeiras de renda fixa, assim como ganhos líquidos em aplicações de renda variável, ser acrescido à base de cálculo do lucro presumido no período de apuração da alienação, resgate ou cessão do título, não sendo aplicável o regime de competência.

uqr.to/1ay6q

VOCÊ SABIA?

No lucro presumido, é possível adotar o regime de competência ou regime de caixa para se calcular o resultado tributável. Arts. 215, § 9º, 223 e 224 da Instrução Normativa RFB nº 1.700/17.

PERIODICIDADE

Na apuração pelo lucro presumido há apenas a periodicidade trimestral, não havendo opção de apuração anual, como ocorre no lucro real. A cada trimestre são calculados os tributos sobre o lucro, que devem ser recolhidos em até três quotas com vencimentos mensais a partir do último dia útil do primeiro mês subsequente ao encerramento do trimestre utilizado como base, da mesma forma que ocorre com os pagamentos no lucro real trimestral. Lembrando que, no caso de dividir o valor devido em parcelas, sobre a segunda e a terceira haverá incidência de juros. Nenhuma parcela poderá ter valor inferior a R$ 1.000,00, e valores de IRPJ ou CSLL inferiores a R$ 2.000,00 deverão ser recolhidos em quota única.

DISTRIBUIÇÃO DE LUCROS

O valor distribuído a título de dividendos não estará sujeito ao imposto sobre a renda desde que seja apurado por uma das duas formas:

a) o valor da base de cálculo do imposto, diminuído do IRPJ, da CSLL, da Contribuição para o PIS/PASEP e da COFINS a que estiver sujeita a pessoa jurídica;

b) a parcela de lucros ou dividendos excedentes ao valor determinado no inciso I, desde que a empresa demonstre, com base em escrituração contábil feita com observância da lei comercial, que o lucro efetivo é maior que o determinado segundo as normas para apuração da base de cálculo do imposto pela qual houver optado.

Por que existem essas duas formas? Pela legislação fiscal, empresas optantes pelo lucro presumido podem deixar de elaborar as demonstrações contábeis completas, desde que mantenham escrituração do livro caixa, incluindo nessa escrituração toda sua movimentação bancária. Em sendo o caso, adota-se o cálculo indicado acima, no item (a), como parâmetro para distribuição de lucros isentos.

ATENÇÃO!

Importantíssimo alertar que essa possibilidade de se manter escrituração de livro caixa no lugar da escrituração contábil completa aplica-se unicamente ao atendimento da legislação tributária federal, nos termos determinados pela normatização. Não há dispensa de escrituração contábil completa para outras finalidades, que são diversas, sem mencionar inclusive que a falta de escrituração contábil completa resulta em ausência de informações para tomada de decisões no cotidiano das empresas.

LUCRO ARBITRADO

A tributação pelo lucro arbitrado ocorre quando o contribuinte deixa de cumprir determinadas obrigações impostas pela legislação, conforme consta do art. 226 da Instrução Normativa nº 1700/17.

Quando a receita bruta é conhecida, a diferença no cálculo do lucro tributável fica por conta dos percentuais aplicáveis na apuração do IRPJ pelo lucro presumido, que são acrescidos de 20%, exceto atividades de bancos comerciais, bancos de investimento, bancos de desenvolvimento, agências de fomento, caixas econômicas, sociedades de crédito, financiamento e investimento, sociedades de crédito imobiliário, sociedades corretoras de títulos, valores mobiliários e câmbio, distribuidoras de títulos e valores mobiliários, empresas de arrendamento mercantil, cooperativas de crédito, empresas de seguros privados e de capitalização e entidades de previdência privada aberta, que aplicarão o percentual de 45%. Assim, quando o percentual para determinada atividade do objeto social for de 8% no lucro presumido, será de 9,6% no lucro arbitrado. Quando for de 1,6% no lucro presumido, será de 1,92% no lucro arbitrado. Quando for de 16% no lucro presumido, será de 19,2% no lucro arbitrado. Quando for de 32% no lucro presumido, será de 38,4% no lucro arbitrado.

Não há diferença na apuração do lucro tributável para CSLL, assim como no tratamento das demais receitas.

CASO PRÁTICO

Para ilustrar, vejamos como ficaria o exemplo já apresentado neste material sobre lucro presumido, se a empresa estivesse sujeita ao arbitramento de seu lucro.

Uma empresa apresenta faturamento, em determinado trimestre, de R$ 500.000,00 decorrente de revenda de mercadorias, e R$ 300.000,00 decorrente da prestação de serviços de assistência técnica. Apura no mesmo período o valor de R$ 30.000,00 de ganho de capital e R$ 20.000,00 de receitas financeiras.

IRPJ	Revenda de mercadorias	Assistência técnica	
Faturamento trimestral	500.000,00	300.000,00	
Percentual aplicável	9,6%	38,4%	
Subtotal	48.000,00	115.200,00	163.200,00
Ganho de capital			30.000,00
Receita financeira			20.000,00
Lucro arbitrado			**213.200,00**

CSLL	Revenda de mercadorias	Assistência técnica	
Faturamento trimestral	500.000,00	300.000,00	
Percentual aplicável	12%	32%	
Subtotal	60.000,00	96.000,00	156.000,00
Ganho de capital			0.000,00
Receita financeira			20.000,00
Lucro arbitrado			**206.000,00**

A título de ilustração, no exemplo do lucro presumido, o resultado tributável para IRPJ foi de R$ 186.000,00, e não houve diferença quanto ao resultado tributável para CSLL.

Há, contudo, casos nos quais a receita bruta não é conhecida. Nessas hipóteses, conforme o art. 232 da Instrução Normativa RFB nº 1.700/17, o lucro arbitrado será determinado de ofício mediante uma das alternativas de cálculo:

I – 1,5 (um inteiro e cinco décimos) do lucro real, no caso do IRPJ, e do resultado ajustado, no caso da CSLL, referentes ao último período em que a pessoa jurídica manteve escrituração de acordo com as leis comerciais e fiscais;

II – 0,12 (doze centésimos) da soma dos valores do ativo circulante e do ativo não circulante, existentes no último balanço patrimonial conhecido;

III – 0,21 (vinte e um centésimos) do valor do capital, inclusive sua correção monetária contabilizada como reserva de capital, constante do último balanço patrimonial conhecido ou registrado nos atos de constituição ou alteração da sociedade;

IV – 0,15 (quinze centésimos) do valor do patrimônio líquido constante do último balanço patrimonial conhecido;

V – 0,4 (quatro décimos) do valor das compras de mercadorias efetuadas no trimestre;

VI – 0,4 (quatro décimos) da soma, em cada trimestre, dos valores da folha de pagamento dos empregados e das compras de matérias-primas, produtos intermediários e materiais de embalagem;

VII – 0,8 (oito décimos) da soma dos valores devidos no trimestre a empregados; ou

VIII – 0,9 (nove décimos) do valor do aluguel devido no trimestre.

ATENÇÃO!

Comparando o lucro arbitrado com o lucro presumido: não é possível adotar o regime de caixa, apenas regime de competência. São aplicáveis os mesmos critérios relativos à distribuição de lucros isentos, embora na prática possa ser difícil o enquadramento na hipótese de distribuição de lucros isentos apurados pela escrituração contábil completa, uma vez que há hipóteses de enquadramento no lucro arbitrado relacionadas à ausência de escrituração contábil, ou então vícios relacionados à sua elaboração.

OBJETIVO 2

CONTABILIZAÇÃO DA TRIBUTAÇÃO SOBRE O LUCRO

ALÍQUOTAS APLICÁVEIS

As modalidades de tributação – lucro real, presumido e arbitrado – diferem entre si na forma com que chegam ao resultado tributável. Mas as alíquotas aplicáveis sobre o resultado tributável são as mesmas nas três modalidades (Tabela 6.1).

Tabela 6.1 Alíquotas aplicáveis na tributação sobre o lucro

Tributo	Alíquota	Base de cálculo
IRPJ	15%	Lucro tributável para fins de IRPJ
Adicional de IRPJ	10%	Parcela do lucro tributável para fins de IRPJ que exceda R$ 240.000,00 ao ano, ou então proporcional ao número de meses contidos no período considerado. Por exemplo: para o período de quatro meses, a alíquota adicional se aplica ao montante excedente a R$ 80.000,00
CSLL	9%	Lucro tributável para fins de CSLL

Há duas alíquotas de IRPJ, sendo uma delas específica de adicional de imposto de renda. Mas o IRPJ a ser recolhido é a soma dos dois valores. Não há recolhimentos separados para a parte básica do IRPJ (15%) e do adicional (10%).

CASO PRÁTICO

Continuando o exemplo apresentado no trecho dedicado ao lucro presumido, para apurar o IRPJ e a CSLL devidos. Uma empresa apresenta faturamento, em determinado trimestre, de R$ 500.000,00 decorrente de revenda de mercadorias e R$ 300.000,00 decorrente da prestação de serviços de assistência técnica. Apura no mesmo período o valor de R$ 30.000,00 de ganho de capital e R$ 20.000,00 de receitas financeiras.

IRPJ	Revenda de mercadorias	Assistência técnica	
Faturamento trimestral	500.000,00	300.000,00	
Percentual aplicável	8%	32%	
Subtotal	40.000,00	96.000,00	136.000,00
Ganho de capital			30.000,00
Receita financeira			20.000,00
Lucro presumido			**186.000,00**
	Base de cálculo	**Alíquota**	**Valor**
IRPJ	186.000,00	15%	27.900,00
Adicional de IRPJ	126.000,00	10%	12.600,00
			40.500,00

CSLL	Revenda de mercadorias	Assistência técnica	
Faturamento trimestral	500.000,00	300.000,00	
Percentual aplicável	12%	32%	
Subtotal	60.000,00	96.000,00	156.000,00
Ganho de capital			30.000,00
Receita financeira			20.000,00
Lucro presumido			**206.000,00**
	Base de cálculo	**Alíquota**	**Valor**
CSLL	206.000,00	9%	18.540,00
			18.540,00

Devemos ficar atentos à base de cálculo do adicional de IRPJ. No lucro presumido, a periodicidade obrigatoriamente é trimestral. Dessa forma, incide o adicional de IRPJ sobre a parcela do lucro tributável que exceda R$ 60.000,00 (R$ 240.000,00 / 12 meses × 3 meses). No exemplo apresentado, como o lucro presumido foi de R$ 186.000,00, então aplicamos o adicional sobre o montante excedente a R$ 60.000,00 (3 meses). Consequentemente, 10% × R$ 126.000.00 = R$ 12.600,00.

BÔNUS DE ADIMPLÊNCIA FISCAL

O Bônus de Adimplência Fiscal tem origem na Lei nº 10.637, de 2002, e é aplicável às pessoas jurídicas, tributadas pelo lucro real ou presumido, que sejam consideradas adimplentes nos termos da normatização tributária. É calculado mediante aplicação de 1% sobre a base de cálculo da CSLL calculada nos moldes estabelecidos para as pessoas jurídicas optantes pelo lucro presumido.

Quando a empresa apurar tributos diretos com periodicidade trimestral, o cálculo será feito a cada trimestre, e poderá ser efetivamente compensado pela dedução da CSLL devida no último trimestre do exercício. No caso de lucro real anual, o valor será compensado no ajuste anual.

Não podem usufruir do Bônus de Adimplência Fiscal as empresas que, em relação aos últimos cinco anos, tenham incorrido com relação a tributos administrados pela Receita Federal do Brasil: lançamento de ofício; débitos com exigibilidade suspensa; inscrição em dívida ativa; recolhimentos ou pagamentos em atraso; e falta ou atraso no cumprimento de obrigação acessória.

TRATAMENTO DE RETENÇÕES NA FONTE

As empresas podem, por diversos motivos, sofrer retenções de tributos na fonte, como INSS, ISS, IRPJ, CSLL, PIS, COFINS. Assim, por exemplo, uma empresa tomadora de serviços, no momento do pagamento ao prestador, poderá ser obrigada a reter e recolher IRPJ, CSLL, PIS e COFINS. As retenções, em geral, não são novos tributos, ou então aumentos de carga, mas sim antecipação daquilo que será devido pela empresa após apuração.

O presente capítulo trata de tributos sobre o lucro, então vamos nos concentrar nas retenções de IRPJ e CSLL.

São diversas as hipóteses de obrigatoriedade de retenção de tributos pela fonte pagadora. No âmbito do IRPJ, temos como exemplos:

- Serviços prestados relacionados nos arts. 714 a 719 e 723 do Decreto nº 9.580/18.
- Pagamentos efetuados por órgãos e entidades da administração pública federal, art. 720 do Decreto nº 9.580/18.
- Juros sobre o capital próprio, art. 726 do Decreto nº 9.580/18.
- Rendimentos de partes beneficiárias ou de fundador pagos ou creditados a pessoa jurídica, art. 728 do Decreto nº 9.580/18.
- Rendimentos decorrentes de aplicações de renda fixa, art. 790 do Decreto nº 9.580/18.

Com relação à CSLL, temos os seguintes exemplos:

- Serviços prestados relacionados no art. 30 da Lei nº 10.833/03 e Instrução Normativa SRF nº 459/04.
- Fornecimento de bens e prestação de serviços a órgãos públicos, nos moldes da Instrução Normativa RFB nº 1.234/12.

Esses exemplos não são exaustivos, e é sempre recomendável consultar a legislação aplicável, para informações sobre casos concretos, como enquadramento, tratamento, hipóteses que permitem a dispensa da retenção, momento a partir do qual a retenção é compensável, dentre outros.

Reitere-se que que as retenções, em geral, não aumentam a carga das empresas.

CASO PRÁTICO

Vejamos um exemplo de contabilização das retenções sofridas, para melhor compreensão do tratamento aplicável. Uma empresa é optante pelo lucro presumido e apresenta faturamento de R$ 230.000,00 de serviços prestados em determinado trimestre. Apura, ainda, outras receitas, tributadas sem a aplicação do percentual do lucro presumido, no valor de R$ 10.000,00. Em razão de serviços prestados, sofreu retenção de IRPJ no valor de R$ 1.500,00 no período e de CSLL no valor de R$ 1.000,00. Alerte-se que é comum a retenção de CSLL vir acompanhada também de retenção de PIS e COFINS, mas neste exemplo não trataremos desses dois tributos por estarem fora do escopo do capítulo. Por fim, importante notar que a totalidade do valor dos serviços prestados no trimestre foi recebida no próprio trimestre.

Devemos perceber que as retenções podem não incidir sobre todos os serviços, motivo pelo qual o valor das retenções foi informado. Pergunta-se: qual o valor a ser recolhido de IRPJ e CSLL no trimestre?

IRPJ	Assistência técnica	
Faturamento trimestral	230.000,00	
Percentual aplicável	32%	
Subtotal	73.600,00	73.600,00
Demais receitas		10.000,00
Lucro presumido		**83.600,00**

	Base de cálculo	Alíquota	Valor
IRPJ	83.600,00	15%	12.540,00
Adicional de IRPJ	23.600,00	10%	2.360,00
IRPJ devido			14.900,00
(–) IRPJ retido			– 1.500,00
(=) IRPJ a recolher			13.400,00

O valor de IRPJ que impacta no resultado é de R$ 14.900,00, mas será recolhida a diferença entre o valor devido e o valor que a empresa já deixou de receber, pois seus clientes fizeram a retenção. Assim, a empresa deverá recolher o montante de R$ 13.400,00. Vamos, agora, ao cálculo da CSLL:

CSLL	Assistência técnica	
Faturamento trimestral	230.000,00	
Percentual aplicável	32%	
Subtotal	73.600,00	73.600,00
Demais receitas		10.000,00
Lucro presumido		**83.600,00**

	Base de cálculo	Alíquota	Valor
CSLL	83.600,00	9%	7.524,00
CSLL devida			7.524,00
(–) CSLL retida			–1.000,00
(=) CSLL a recolher			6.524,00

O valor de CSLL que impacta no resultado é de R$ 7.524,00, mas será recolhida a diferença entre o valor devido e o valor que a empresa já deixou de receber, pois seus clientes fizeram a retenção. Assim, a empresa deverá recolher o montante de R$ 6.524,00 a título de CSLL.

Para melhor compreensão, vejamos a contabilização dessas operações:

1. Receita de R$ 230.000,00, com retenção na fonte.
2. Demais Receitas no valor de R$ 10.000,00.
3. IRPJ devido em razão da receita total.
4. CSLL devido em razão da receita total.
5. Abatimento do IRPJ retido na Fonte.
6. Abatimento da CSLL Retida na Fonte.

ATIVO

Bancos c/c

	XXXXX	
1)	227.500,00	
2)	10.000,00	
	237.500,00	

IRPJ a recuperar

1)	1.500,00	1.500,00	5)

CSLL a recuperar

1)	1.000,00	1.000,00	6)

PASSIVO / PL

IRPJ a recolher

5)	1.500,00	14.900,00	3)
		13.400,00	

CSLL a recolher

6)	1.000,00	7.524,00	4)
		6.524,00	

RESULTADO

Receita

		230.000,00	1)

Demais receitas

		10.000,00	2)

IRPJ

3)	14.900,00	

CSLL

4)	7.524,00	

Há no banco:	237.500,00
Ainda deve pagar:	
IRPJ	– 13.400,00
CSLL	– 6.524,00
	– 19.924,00
Sobrará no banco	**217.576,00**

Equivalente a:	
Total do serviço prestado	230.000,00
Outras Receitas	10.000,00
(–) IRPJ total	– 14.900,00
(–) CSLL total	– 7.524,00
(=) Líquido	**217.576,00**

Percebemos, assim, que a retenção sofrida não impactou, no final das contas, nem no resultado nem no caixa da empresa, equivalendo a mera antecipação dos tributos devidos ao final do período de apuração.

TRIBUTOS DIFERIDOS SOBRE O LUCRO

Os tributos diretos, aqueles que incidem sobre o lucro, são classificados em correntes e diferidos.

Os tributos correntes são aqueles apurados de acordo com as normas tributárias vigentes, e que são efetivamente devidos no período. Na definição do Comitê de Pronunciamentos Contábeis, por meio do Pronunciamento Técnico CPC 32 – Tributos sobre o Lucro, "Tributo corrente é o valor do tributo devido (recuperável) sobre o lucro tributável (prejuízo fiscal) do período". Os tributos correntes são apurados, e devem ser pagos ou compensados. Pode inclusive acontecer de valores já pagos superarem o valor devido, como é comum no regime de estimativa, conforme vimos anteriormente. Nesse caso, não haverá passivo, mas, um ativo a ser recuperado nos termos da legislação tributária.

Os tributos diferidos sobre o lucro são os tributos incidentes sobre diferenças temporárias. Para esclarecermos essa questão, precisamos voltar um pouco ao processo de apuração dos tributos sobre o lucro, na modalidade lucro real.

No lucro real, partimos do lucro contábil, realizamos adições e exclusões a esse lucro e chegamos ao lucro tributável. Essas adições e exclusões são as diferenças, que podem ser permanentes ou temporárias.

Uma diferença é permanente quando ela não apresenta efeito fiscal no exercício da apuração, nem em períodos futuros. Dizemos, nesse caso, que o ajuste do lucro líquido tem natureza definitiva, ou seja, não difere efeitos tributários para períodos subsequentes. A multa indedutível é um bom exemplo nesse sentido. Quando uma multa é considerada indedutível em determinado período de apuração, seu valor é adicionado ao lucro contábil para se chegar ao lucro fiscal. Esse valor nunca será revertido, ou seja, essa multa nunca se tornará dedutível, o que equivale a dizer que não gera efeitos tributários futuros.

Uma diferença é considerada temporária quando não apresenta efeito fiscal no exercício de apuração, mas poderá ter seu efeito fiscal reconhecido no futuro. Dizemos, nesse caso, que o efeito tributário foi diferido para períodos subsequentes. Um exemplo é a despesa de perdas estimadas com crédito de liquidação duvidosa. A despesa com a perda é reconhecida contabilmente no período de apuração em que a respectiva venda foi reconhecida, atendendo assim ao regime de competência. Mas, nesse momento, ainda não é dedutível para fins de cálculo de IRPJ e CSLL. Somente será dedutível quando a perda preencher os requisitos previstos na normatização tributária, mais especificamente conforme o art. 9º da Lei nº 9.430/96.

Sendo assim, essa diferença temporária será base para o cálculo dos tributos diferidos sobre o lucro. No exemplo citado, esse tributo diferido será um ativo fiscal diferido, pois reflete a expectativa da empresa em pagar menos tributos sobre o lucro no futuro. Afinal, se a dedutibilidade foi diferida, significa dizer que, em período posterior, o contribuinte poderá reduzir a base de cálculo mediante a dedução dessa despesa, o que significa dizer que pagará menos tributo no futuro, motivo pelo qual estamos diante de um direito que é registrado no ativo da empresa.

De forma contrária, se essa diferença temporária resultasse em uma expectativa de se pagar mais tributo no futuro, teríamos uma obrigação para o contribuinte, de modo que seria registrado um passivo fiscal diferido. É o que ocorre, por exemplo, quando a taxa fiscal de depreciação é superior à taxa contábil de depreciação. Consideremos um veículo adquirido por R$ 50.000,00, com vida útil de quatro anos e valor residual de R$ 20.000,00. Pelo método de depreciação linear, teremos R$ 7.500,00 de depreciação contábil ao ano. Porém, a legislação tributária permite dedutibilidade de 20% ao ano, que resulta em R$ 10.000,00 ao ano de despesa fiscal. No primeiro ano, como contabilmente já é registrado o valor de despesa contábil de depreciação de R$ 7.500,00, os R$ 2.500,00 faltantes são ajustados na apuração do lucro tributável, excluindo-se do lucro contábil. Assim, o valor dos tributos correntes foi reduzido nesse exercício, comparativamente ao que seria apurado levando-se em consideração apenas valores contábeis. Mas no futuro essa diferença se compensa, pois o contribuinte terá que fazer uma adição dessa despesa. Constitui-se assim uma diferença temporária.

Na Tabela 6.2, demonstramos o procedimento que será realizado pela empresa durante os cinco anos.

Tabela 6.2 Comparativo entre a depreciação contábil e fiscal

	Depreciação Contábil	Ajuste Fiscal	Depreciação Fiscal
Ano 01	R$ 7.500,00	Exclusão de R$ 2.500,00	R$ 10.000,00
Ano 02	R$ 7.500,00	Exclusão de R$ 2.500,00	R$ 10.000,00
Ano 03	R$ 7.500,00	Exclusão de R$ 2.500,00	R$ 10.000,00
Ano 04	R$ 7.500,00	Exclusão de R$ 2.500,00	R$ 10.000,00
TOTAL	**R$ 30.000,00**	**R$ 10.000,00**	**R$ 40.000,00**

Note que, nesse exemplo, a dedutibilidade fiscal foi de R$ 40.000,00, ao passo que a depreciação contábil atingiu o montante de apenas R$ 30.000,00. Isso significa dizer que fiscalmente o veículo tem saldo de R$ 10.000,00 e contabilmente saldo de R$ 20.000,00. A questão que se coloca: supondo que a empresa aliene o veículo pelo montante correspondente ao saldo contábil de R$ 20.000,00, qual é o ganho de capital sujeito ao pagamento de IRPJ e CSLL?

Nesse caso, teremos um resultado contábil e um resultado fiscal, base de cálculo dos tributos.

Resultado Contábil:
Receita da Venda do Veículo: R$ 20.000,00
Custo Contábil do Veículo: (R$ 20.000,00)
Ganho de Capital: ----------------

Portanto, o ganho de capital sujeito ao pagamento de IRPJ e CSLL será de R$ 10.000,00. Isso ocorre porque a empresa adquiriu o veículo por R$ 50.000,00, deduziu R$ 40.000,00 desse custo via depreciação fiscal e, posteriormente, vendeu o ativo por R$ 20.000,00. Como restava R$ 10.000,00 do custo a ser deduzido, o resultado fiscal (ganho de capital) foi de R$ 10.000,00.

Veja, portanto, que nos quatro primeiros anos a empresa fez uma exclusão de R$ 2.500,00, ao passo que no momento da alienação do veículo fez uma adição de R$ 10.000,00. Com isso, comprova-se que estamos diante de um ajuste temporário, que inicialmente gerou um passivo fiscal diferido para a empresa, haja vista que ficou obrigada a adicionar, no futuro, o montante de R$ 10.000,00, aumentando o imposto a recolher no momento da alienação.

Voltando ao Pronunciamento Técnico CPC 32 – Tributos sobre o Lucro, temos, portanto, que diferença temporária é a diferença entre o valor contábil de ativo ou passivo no balanço e sua base fiscal, sendo que base fiscal de ativo ou passivo é o valor atribuído àquele ativo ou passivo para fins fiscais. No exemplo apresentado, a após o quarto ano, a base contábil do ativo era de R$ 20.000,00, ao passo que a base fiscal era de R$ 10.000,00.

Ressalte-se que a apuração dos tributos diferidos sobre o lucro pode vir a acontecer em empresas que apuram tributos diretos pelo lucro real, uma vez que essa é a modalidade que permite adições e exclusões ao resultado contábil para se chegar ao resultado fiscal.

Para apurarmos o que se chama de "despesa tributária", devemos somar os dois componentes: tributos correntes e tributos diferidos sobre o lucro. Essa definição consta no Pronunciamento Técnico CPC 32.

CASO REAL

Vejamos um exemplo prático de despesa tributária em demonstrações contábeis publicadas:

DEMONSTRAÇÕES DOS RESULTADOS			
para os exercícios findos em 31 de dezembro de 2020 e 2019			
Em milhares de reais, exceto quando indicado de outra forma			
	Nota	**2020**	**2019**
Receita operacional líquida	28(b)	17.797.541	17.983.654
Custo operacional	29	(11.179.667)	(10.137.637)
Lucro bruto		6.617.874	7.846.017
Despesas de vendas	29	(751.286)	(803.404)
Perdas estimadas com créditos de liquidação duvidosa	29	(444.826)	(128.099)
Despesas administrativas	29	(1.051.181)	(1.187.844)
Outras receitas (despesas) operacionais, líquidas	31	107.656	(18.748)
Equivalência patrimonial	12	14.136	3.701
Lucro operacional antes do resultado financeiro		4.492.373	5.711.623
Despesas financeiras	30	(1.324.759)	(1.173.425)
Receitas financeiras	30	336.731	372.842
Variações cambiais, líquidas	30	(2.178.343)	(233.098)
Resultado financeiro, líquido		(3.166.371)	(1.033.681)
Lucro antes do imposto de renda e da contribuição social		1.326.002	4.677.942
Imposto de renda e contribuição social			
Corrente	19 (d)	(460.721)	(1.155.463)
Diferido	19 (d)	108.037	(154.962)
		(352.684)	(1.310.425)
Lucro líquido do exercício		973.318	3.367.517
Lucro por ação – básico e diluído (em reais)	25	1,42	4,93
As notas explicativas são parte integrante das demonstrações financeiras.			

Fonte: Demonstrações disponíveis em: https://s3.glbimg.com/v1/AUTH_63b422c2caee4269b8b34177e8876b93/valorri-uploads/bs/2021/a/6/tXq6ZRT92fp8JF7mAX0A/4484-sabesp-1-.pdf. Acesso em: 14 jun. 2022.

Na Demonstração de Resultados da empresa Sabesp S.A., de 2020 com dados comparativos de 2019, é possível verificar que o lucro do exercício é impactado negativamente pelos tributos correntes sobre o lucro, mas positivamente pelos tributos diferidos sobre o lucro. A soma dos dois valores é o que chamamos de despesa tributária, em conformidade com a definição do Pronunciamento Técnico CPC 32.

Nas notas explicativas, é feita a evidenciação de componentes que levaram à apuração dos tributos diretos. É comum encontrarmos a discriminação dos tributos diferidos, ativos e passivos; previsão de realização dos tributos diferidos; a movimentação das contas patrimoniais relacionadas a tributos diferidos; e a conciliação da alíquota efetiva de tributos sobre o lucro (27% em 2020, 28% em 2019, contra 34% de alíquota nominal).

Vejamos os itens que mais impactaram o valor apurado de tributos diferidos sobre o lucro da empresa:

Movimentação

Impostos diferidos ativo	31 de dezembro de 2019	Variação líquida	31 de dezembro de 2020
Provisões	366.673	69.772	436.445
Obrigações previdenciárias – G1	157.998	(3.500)	154.498
Doações de ativos relacionados aos contratos de concessão	51.818	(1.676)	50.142
Perdas estimadas com crédito de liquidação duvidosa	145.622	10.097	155.719
Outros	183.147	(48.215)	134.932
Total	905.258	26.478	931.736
Impostos diferidos passivo			
Diferença temporária sobre concessão de ativo intangível	(408.732)	20.057	(388.675)
Capitalização de custos de empréstimos	(409.236)	19.025	(390.211)
Lucro sobre o fornecimento a órgãos públicos	(372.289)	15.776	(356.513)
Ganho atuarial – G1	(54.222)	5.243	(48.979)
Margem de construção	(83.399)	34.556	(48.843)
Custas de captação	(11.376)	(7.855)	(19.231)
Total	(1.339.254)	86.802	(1.252.452)
Passivo fiscal diferido líquido	(433.996)	113.280	(320.716)

Verificamos que há R$ 113.280 de movimentação de tributos diferidos no exercício de 2020, sendo R$ 26.478 aumentando ativo fiscal diferido e R$ 86.802 diminuindo passivo fiscal diferido. E pode surgir a dúvida: por que na Demonstração de Resultado aparece o valor de R$ 108.037 em tributos diferidos, se no quadro acima está R$ 113.280?

A resposta está nas próprias notas explicativas:

	31 de dezembro de 2020	31 de dezembro de 2019
Saldo inicial	(433.996)	(261.242)
Variação líquida do ano:		
– contrapartida na demonstração de resultado	108.037	(154.962)
– contrapartida em ajuste de avaliação patrimonial (Nota 21(b))	5.243	(17.792)
Total da variação líquida	113.280	(172.754)
Saldo final	(320.716)	(433.996)

> Uma parte da variação dos tributos diferidos (R$ 5.243) não impactou o resultado do exercício, pois estava relacionada a ajuste de avaliação patrimonial. Deve, portanto, impactar os "outros resultados abrangentes", o que explica a diferença apontada.

PREJUÍZOS FISCAIS E OS TRIBUTOS DIFERIDOS

Os prejuízos fiscais também podem ser uma origem de tributos diferidos sobre o lucro, mais especificamente ativos fiscais diferidos. Isso se justifica pela possiblidade de um prejuízo fiscal permitir que, no futuro, os valores devidos de tributos diretos sejam reduzidos pela compensação desses prejuízos.

Assim, quando há um prejuízo fiscal, ao aplicarmos as alíquotas vigentes de tributos diretos sobre ele, identificamos o valor que será reduzido de pagamentos futuros. Acontece que, embora esse direito exista, e pela legislação fiscal não exista prazo para compensação, contabilmente o critério para reconhecimento de ativo deve obedecer à normatização contábil. Pode acontecer de existir um direito de compensação de prejuízos fiscais, mas ao mesmo tempo não existir o reconhecimento dos ativos fiscais correspondentes no Balanço Patrimonial.

Isso acontece em decorrência da definição de ativo, segundo a Estrutura Conceitual Básica da Contabilidade: "Ativo é um recurso econômico presente controlado pela entidade como resultado de eventos passados", e "Recurso econômico é um direito que tem o potencial de produzir benefícios econômicos". Assim, nem sempre conseguimos identificar essa possibilidade de geração de benefícios econômicos, pois podem existir situações nas quais o cenário não é claro o suficiente para se afirmar que o direito à compensação futura de fato se transformará em uma redução de saída de caixa.

Isso acontece, por exemplo, quando a empresa não tem perspectiva de gerar lucros suficientes para permitir a compensação de prejuízos fiscais. Nessa hipótese, em razão da impossibilidade do aproveitamento da compensação dos prejuízos fiscais, o ativo não deve ser reconhecido contabilmente, pois não há, naquele momento, expectativa de produzir benefícios econômicos favoráveis à empresa.

ATENÇÃO!

Não confunda o reconhecimento do ativo contábil com o direito de compensação do prejuízo fiscal. Suponha, por exemplo, que o ativo não será reconhecido contabilmente, em razão de não haver expectativa de aproveitamento do prejuízo. Contudo, surpreendentemente, a empresa apresenta lucro fiscal no período subsequente. Nesse caso, desde que esteja escriturando o prejuízo fiscal em sua Escrituração Contábil Fiscal (ECF), poderá compensá-lo, ainda que não tenha reconhecido o ativo fiscal diferido.

EXEMPLO DE ATIVO DIFERIDO SOBRE PREJUÍZO A COMPENSAR

Vamos analisar um exemplo para melhor fixação dos conceitos discutidos sobre o prejuízo fiscal.

Uma empresa apurou no exercício x1 prejuízo fiscal no valor de R$ 200.000,00. O montante será compensado em exercícios futuros, de acordo com as regras fiscais, sem prazo, e limitado a 30% do resultado tributável de cada exercício.

No ano de x1, a empresa considera que existem os requisitos necessários para registro do ativo fiscal diferido. Vamos considerar, para fins didáticos, que o lucro da empresa seja tributado a 24%, e que não existam adições e exclusões na apuração dos tributos diretos.

Contabilização no ano x1, considerando unicamente os elementos do presente exemplo:

1. Ativo Fiscal Diferido referente ao prejuízo fiscal: R$ 200.000,00 × 24%.
2. Registro do Ativo Fiscal Diferido em resultado, com natureza contábil de receita.
3. Prejuízo Contábil, correspondente ao valor de R$ 200.000,00, subtraído do ativo fiscal diferido de R$ 48.000,00.

ATIVO

Ativo fiscal diferido

1)	48.000	

PL

Prejuízos acumulados

3)	152.000	

RESULTADO

ARE

	XXXX	XXXX	
	200.000	48.000	2)
	152.000	152.000	3)

Tributos diferidos

2)	48.000	48.000	1)

No ano de x2, a empresa apurou lucro fiscal de R$ 150.000,00. Haverá tributos correntes e baixa de parte dos tributos diferidos. Teremos, portanto:

1. IRPJ a recolher em razão da apuração do lucro fiscal. Cálculo: R$ 150.000,00 – 45.000,00 (30% de compensação do prejuízo fiscal) = R$ 105.000,00 × 24% = R$ 25.200,00.
2. Baixa de parte do Ativo Fiscal Diferido. Cálculo: R$ 45.000,00 × 24% = R$ 10.800,00.
3. Registro da despesa de IR, correspondente a soma do IR corrente e a baixa do IR diferido.
4. Lucro do Exercício, correspondente ao lucro subtraído da despesa de IR.

ATIVO

Ativo fiscal diferido

SI	48.000	10.800	2)
	37.200		

PL

IRPJ a recolher

		25.200	1)

RESULTADO

ARE

		XXXX	XXXX	
3)		36.000	150.000	
4)		114.000	114.000	

Prejuízos acumulados

SI	150.000	114.000	4)
	36.000		

Tributos correntes

1)	25.200	25.200	3)

Tributos diferidos

2)	10.800	10.800	3)

Conforme podemos observar, nesse segundo ano, houve tributos correntes sobre o lucro, mas sobre uma base menor do que haveria se não existisse prejuízo fiscal a compensar. Se não existisse prejuízo fiscal a compensar, haveria R$ 36.000,00 de tributos correntes (R$ 150.000,00 × 24%). Compensando-se o prejuízo fiscal, o valor de despesa tributária também é de R$ 36.000,00, sendo R$ 25.200,00 de tributos correntes e R$ 10.800,00 de tributos diferidos. É isso que a mecânica dos tributos diferidos sobre o lucro faz: eliminar do resultado contábil os efeitos temporários da legislação tributária.

Apuração de tributos s/ lucro	
Lucro fiscal antes comp. prejuízo	150.000
(–) Compensação de prejuízo	– 45.000
(=) Lucro fiscal	105.000
Tributos correntes sobre o lucro	25.200
Saldo de prejuízos fiscais a compensar	
Inicial	200.000
(–) Compensação	– 45.000
(=) Final	155.000

No final do segundo ano, ainda há R$ 155.000,00 de prejuízo fiscal a compensar. Importante notarmos que prejuízo fiscal acumulado é uma coisa, e prejuízo contábil acumulado é outra. Vamos conferir o saldo que há na conta de ativo fiscal diferido? Saldo de prejuízo fiscal a compensar × alíquota dos tributos sobre o lucro = R$ 155.000,00 × 24% = R$ 37.200,00. Conferido!

Seguindo adiante, no ano de x3, a empresa apurou lucro fiscal de R$ 700.000,00. Haverá tributos correntes e baixa dos tributos diferidos. Voltamos à contabilização:

1. IRPJ a recolher em razão da apuração do lucro fiscal. Cálculo: R$ 700.000,00 – 155.000,00 (saldo do prejuízo fiscal) = R$ 545.000,00 × 24% = R$ 130.800,00.
2. Baixa de parte do Ativo Fiscal Diferido. Cálculo: R$ 155.000,00 × 24% = R$ 37.500,00.
3. Registro da despesa de IR, correspondente a soma do IR corrente e a baixa do IR diferido.
4. Lucro do Exercício, correspondente ao lucro subtraído da despesa de IR.

ATIVO				PL				RESULTADO		
Ativo fiscal diferido				IRPJ a recolher				ARE		
SI	37.200	37.200	2)		130.800	1)		XXXX	XXXX	
	–					3)		168.000	700.000	
						4)		532.000	532.000	
				Prejuízos acumulados				Tributos correntes		
		SI	25.200	25.200	4)	1)	130.800	130.800	3)
			–							
				Lucros acumulados*				Tributos diferidos		
					506.800	2)		37.200	37.200	3)

Nesse terceiro ano, todo o restante do saldo de prejuízo fiscal foi compensado. Se não existisse prejuízo fiscal a compensar, haveria R$ 168.000,00 de tributos correntes (R$ 700.000,00 × 24%). Compensando-se o prejuízo fiscal, o valor de despesa tributária também é de R$ 168.000,00, sendo R$ 130.800,00 de tributos correntes e R$ 37.200,00 de tributos diferidos. Novamente, a mecânica dos tributos diferidos sobre o lucro retirando do resultado contábil efeitos temporários da legislação tributária.

Apuração de tributos s/ lucro	
Lucro fiscal antes comp. prejuízo	700.000
(–) Compensação de prejuízo	– 155.000
(=) Lucro fiscal	545.000
Tributos correntes sobre o lucro	130.800
Saldo de prejuízos fiscais a compensar	
Inicial	155.000
(–) Compensação	– 155.000
(=) Final	0

UTILIZAÇÃO DE ALÍQUOTAS VIGENTES

Os ativos e passivos relacionados a tributos diferidos sobre o lucro devem ser apresentados considerando-se a alíquota vigente desses tributos. Quando uma alíquota é alterada, deve ser reconhecido o ajuste correspondente nos ativos e passivos fiscais diferidos. Afinal, o Balanço Patrimonial deve refletir ativos e passivos com valores que representem de maneira fidedigna os recursos que a empresa controla e as obrigações que possui, conforme determina a norma contábil. Vejamos o Pronunciamento Técnico CPC 32 – Tributos sobre o Lucro:

> 48. Ativos e passivos correntes e diferidos são geralmente mensurados utilizando as alíquotas de tributos (e legislação fiscal) que estejam em vigor. Entretanto, em alguns países os anúncios de alíquotas de tributos (e legislação fiscal) pelo governo têm o efeito substantivo de promulgação real, a qual pode ocorrer muitos meses após o anúncio. Nesses países, os ativos e passivos fiscais devem ser mensurados usando a alíquota de tributo anunciada (e as leis fiscais).

CASO PRÁTICO

Uma empresa comercial apresenta, ao final de x1, passivo fiscal diferido no valor de R$ 30.000,00, tendo sido calculado a uma alíquota de tributos sobre o lucro de R$ 20%. Podemos concluir, então, que a base de cálculo de tal passivo foi de R$ 150.000,00.

No ano de x2 apresentou lucro contábil antes dos tributos sobre o lucro no valor de R$ 400.000,00. Para se obter o lucro fiscal do período, há R$ 20.000,00 de exclusões do lucro, e esse valor decorre de diferença temporária. A alíquota de tributos sobre o lucro vigente a partir deste exercício é de 25%.

Qual seria então o valor do passivo fiscal diferido ao término de x2?

O saldo final de x1, de passivos fiscais diferidos, é:

Saldo – passivo fiscal diferido	x1
Base – diferenças temporárias	150.000,00
Alíquota vigente	20%
Tributo diferido s/ lucro	30.000,00

Ao final de x2, teremos que considerar:
a) a alteração da alíquota de 20% para 25%;

Saldo – passivo fiscal diferido	Havia em x1	Mudança de alíquota	Saldo em x2
Base – diferenças temporárias	150.000,00	150.000,00	150.000,00
Alíquota vigente	20%	5%	25%
Tributo diferido s/ lucro	30.000,00	7.500,00	37.500,00

AJUSTE

b) constituição de novo valor de passivo fiscal diferido decorrente de exclusão temporária de R$ 20.000,00.

Diferença temporária de x2	x2
Base – diferenças temporárias	20.000,00
Alíquota vigente	25%
Tributo diferido s/ lucro	5.000,00

Assim, havia na conta de passivo fiscal diferido, ao final de x1, o valor de R$ 30.000,00. No decorrer de x2, foram realizados um ajuste decorrente de alteração de alíquota (R$ 7.500,00) e um acréscimo decorrente de novas exclusões temporárias do lucro (R$ 5.000,00). O saldo final, então, será de R$ 42.500,00.

Para conferência, podemos verificar que havia R$ 150.000,00 de diferenças temporárias. Ao final de x2, há R$ 170.000,00 de diferenças temporárias, e, ao aplicarmos a alíquota vigente de 25%, chegamos ao mesmo valor de R$ 42.500,00.

CASO PRÁTICO

Diversos eventos podem provocar diferenças temporárias entre valores contábeis e respectiva base fiscal. Vejamos o exemplo – tributos diferidos dobre o lucro – depreciação:

Uma empresa adquiriu um veículo por R$ 120.000,00. Sua vida útil estimada é de três anos, e seu valor residual estimado é de R$ 75.000,00. Portanto, a depreciação contábil é de R$ 15.000,00 ao ano (R$ 45.000,00 / 3 anos, depreciação linear). Por sua vez, a taxa fiscal de depreciação é de 20% ao ano. Como podemos observar, as taxas de depreciação, contábil e fiscal, são distintas. O veículo foi adquirido e entrou em funcionamento no início de x1, tendo sido vendido logo no início de x4, não chegando a ser reconhecida depreciação nesse exercício. Valor de venda foi de R$ 80.000,00. Para fins didáticos, os tributos sobre o lucro totalizam 24%, e a empresa apurou lucro contábil, antes dos tributos diretos, de R$ 250.000,00 nos quatro anos – x1 a x4. E, no último ano, eventual resultado contábil pela venda do imobilizado já se encontra integrado ao lucro informado. Não há outras adições e exclusões ao lucro contábil além das que forem decorrentes das informações aqui presentes.

O detalhamento dos valores na contabilidade e no controle fiscal é o seguinte:

	x1	x2	x3
Valor contábil			
Veículo	120.000	120.000	120.000
(–) Depreciação acumulada	– 15.000	– 30.000	– 45.000
(=) Valor contábil	105.000	90.000	75.000
Despesa com depreciação	15.000	15.000	15.000
Valor fiscal			
Veículo	120.000	120.000	120.000
(–) Depreciação acumulada	– 24.000	– 48.000	– 72.000
(=) Valor fiscal	96.000	72.000	48.000
Depreciação fiscal dedutível	24.000	24.000	24.000
Diferença – base tributos diferidos	9.000	18.000	27.000

No quarto ano, x4, houve a venda do veículo. Como os valores do bem são diferentes para fins contábeis e fiscais, o resultado apurado também será.

	x4	
Contábil		
Valor de venda	80.000	
(–) Custo contábil	– 75.000	–
(=) Ganho de capital	5.000	Incluído na DRE
Fiscal		
Valor de venda	80.000	
(–) Custo fiscal	– 48.000	
(=) Valor fiscal	32.000	Adicionar 27.000 na apuração, pois 5.000 já estão na contabilidade.

A diferença entre os resultados contábil e fiscal é exatamente o valor considerado a maior na depreciação fiscal, durante os três anos (R$ 9.000,00 a cada ano).

Apuração dos tributos sobre o lucro:

	x1	x2	x3	x4	Total
Lucro contábil	250.000	250.000	250.000	250.000	1.000.000
Adições					
Ganho de capital – fiscal	–	–	–	27.000	27.000
Exclusões					
Depreciação – fiscal	– 9.000	–9.000	– 9.000	0	– 27.000
Lucro fiscal	241.000	241.000	241.000	277.000	1.000.000
Tributos correntes – 24%	– 57.840	– 57.840	– 57.840	– 66.480	– 240.000
Tributos diferidos – 24%	– 2.160	– 2.160	– 2.160	6.480	0
Despesas tributárias	– 60.000	– 60.000	– 60.000	– 60.000	– 240.000
Lucro líquido	190.000	190.000	190.000	190.000	760.000

Pela apuração dos tributos sobre o lucro, podemos perceber claramente o efeito dos tributos diferidos no resultado contábil. Se não tivéssemos apurado os tributos diferidos, o resultado contábil acabaria oscilando em razão de diferenças temporárias fiscais, o que acabou não acontecendo, como podemos ver. Dessa forma, respeitamos o regime de competência.

CASO PRÁTICO

Vejamos o exemplo – tributos diferidos sobre o lucro – PECLD:

Uma empresa registra no exercício de x1 uma despesa com Perda Estimada com Créditos de Liquidação Duvidosa (PECLD) – no valor de R$ 50.000,00. Não havia saldo inicial na conta de ativo relacionada a tais estimativas.

Esse valor de fato foi perdido, ou seja, foi confirmada a inadimplência do cliente. Assim, restaram preenchidos os requisitos para dedutibilidade fiscal em x2.

A alíquota de tributos sobre o lucro para fins didáticos é de 24%; e a empresa apresentou, em x1 e em x2, R$ 300.000,00 de lucro antes dos tributos sobre o lucro em cada ano.

Considerando que não exista despesa contábil de PECLD no exercício de x2, vejamos como ficam a apuração dos tributos sobre o lucro e o impacto no resultado líquido de cada exercício:

Perdas com clientes	
Despesa contábil	
Valor	50.000
Exercício	x1
Despesa fiscal	
Valor	50.000
Exercício	x2

Apuração de tributos s/lucro	x1	x2
Lucro contábil	300.000,00	300.000,00
(+) Adições (PCLD)	50.000,00	0,00
(–) Exclusões (Perda Confirmada)	0,00	– 50.000,00
(=) Lucro fiscal	350.000,00	250.000,00
Tributos correntes s/ lucro	– 84.000,00	– 60.000,00
Tributos diferidos s/ lucro	12.000,00	– 12.000,00
Despesa tributária	**– 72.000,00**	**– 72.000,00**
Lucro líquido	**228.000,00**	**228.000,00**
Lucro **CASO** não houvesse tributos diferidos	216.000,00	240.000,00

Mais uma vez, percebemos o efeito da contabilização dos tributos diferidos sobre o lucro, no sentido de retirar do lucro líquido do exercício o aspecto temporal da aplicação da legislação tributária e fazendo com que o resultado contábil seja decorrente da apuração por meio do regime de competência.

Caso não fosse obrigatório o registro de ativos e passivos fiscais diferidos, o usuário da informação contábil seria induzido a erro acerca da realidade econômica da empresa. Note que, nos exemplos apresentados, caso o CPC 32 não fosse observado, haveria uma distorção no lucro em razão de efeitos tributários temporários, levando o usuário da informação contábil a crer que a eficiência lucrativa da empresa oscilou de um ano para o outro, quando na verdade o efeito no lucro não está relacionado com a eficiência da administração, mas sim com exigência da legislação tributária. Portanto, o CPC 32 tem o papel fundamental de dar transparência acerca da real situação econômica da empresa para os usuários da informação contábil.

NEUTRALIDADE FISCAL

A partir de 2008, a contabilidade iniciou um processo de convergência às normas internacionais de contabilidade. As Leis nºˢ 11.638/07 e 11.941/09 deram o impulso inicial ao processo. Diversos tratamentos, registros e classificações contábeis foram alterados. A contabilidade sempre esteve muito associada à questão tributária, então seria natural o questionamento: qual o impacto na tributação promovido pelo processo de convergência contábil?

A Lei nº 11.638/07, por meio das alterações introduzidas na legislação existente, prescreveu que os novos tratamentos contábeis não poderiam "ser base de incidência de impostos e contribuições nem ter quaisquer outros efeitos tributários".

Em um primeiro momento, essa neutralidade fiscal foi viabilizada por meio do Regime Tributário de Transição (RTT), instituído pela Instrução Normativa RFB nº 949/2009. Os ajustes seriam feitos no então denominado Controle Fiscal de Transição (FCONT). Nos exercícios de 2008 e 2009, o RTT foi opcional, mas as empresas que optassem pelo RTT em 2008 também deveriam fazê-lo em 2009. E as que não optassem em 2008 também não poderiam fazê-lo em 2009. A partir de 2010, o RTT passou a ser obrigatório a todas as empresas.

A Lei nº 12.973/14 pôs fim ao RTT, e deu tratamento definitivo aos impactos promovidos pelo processo de convergência contábil. Estabeleceu formas de saída do RTT (empresas poderiam antecipar a saída), e tratamentos específicos para que a neutralidade fiscal pudesse ser aplicada. Um ponto muito importante desta lei está no art. 58, que dispõe a necessidade de normatização tributária para regular alterações contábeis ocorridas a partir de então:

Art. 58. A modificação ou a adoção de métodos e critérios contábeis, por meio de atos administrativos emitidos com base em competência atribuída em lei comercial, que sejam posteriores à publicação desta Lei, não terá implicação na apuração dos tributos federais até que lei tributária regule a matéria. (Vigência)

Parágrafo único. Para fins do disposto no *caput*, compete à Secretaria da Receita Federal do Brasil, no âmbito de suas atribuições, identificar os atos administrativos e dispor sobre os procedimentos para anular os efeitos desses atos sobre a apuração dos tributos federais.

Pode-se observar claramente esse mecanismo em ação quando da entrada em vigor do Pronunciamento CPC 47 – Receita de Contrato com Cliente. Passou a produzir efeitos na contabilidade das empresas a partir do exercício de 2018, e antes que entrasse em vigor, a Receita Federal do Brasil havia disciplinado o tratamento fiscal das alterações contábeis por meio da Instrução Normativa RFB nº 1.771, de 20 de dezembro de 2017.

A Lei nº 12.973/13 apresenta tratamentos contábeis que não exercem impacto fiscal por ocasião do reconhecimento contábil, mas quando ocorrem as condições previstas na legislação. Para que essa neutralidade fiscal seja alcançada, é imprescindível observar o tratamento específico a cada caso, como, por exemplo, a necessidade de controle de determinados componentes em subcontas específicas.

RESUMO

OBJETIVO 1   A tributação sobre o lucro pode ser a partir de resultados contábeis, com ajustes decorrentes da legislação fiscal, para se chegar ao resultado tributável. Essa é a regra geral de tributação, e se chama lucro real. Pode ser também com base no faturamento e outras receitas, utilizando-se percentuais que presumem o lucro do período. Essa modalidade se chama lucro presumido, e há restrições para que as empresas possam optar por ela. Há ainda a modalidade denominada lucro arbitrado, na qual são utilizados critérios definidos pela legislação para se chegar ao resultado tributável, normalmente sendo aplicável a casos em que o contribuinte incorre em algum descumprimento.

OBJETIVO 2 As modalidades de tributação – lucros real, presumido e arbitrado – diferem entre si na forma com que chegam ao resultado tributável. Mas as alíquotas aplicáveis sobre o resultado tributável são as mesmas nas três modalidades, assim como a forma de contabilização: os valores apurados a título de IRPJ e CSLL são lançados na demonstração de Resultado Antes do Lucro ou Prejuízo do Exercício. Esses valores são classificados em correntes ou diferidos, e deve haver abertura dessas duas categorias, se não na própria demonstração de resultado, nas notas explicativas. Na modalidade lucro real anual, valores podem ser pagos ao longo do exercício, dependendo das apurações intermediárias, a título de antecipação. Esses valores são abatidos dos valores de IRPJ e CSLL a recolher apurados quando do encerramento do exercício. Valores relativos a retenções sofridas de tributos diretos são registrados no Ativo, para serem confrontados com os valores apurados, sendo oportunamente utilizados para reduzir os valores que devem ser recolhidos.

▶ VÍDEOS ADICIONAIS SOBRE O CAPÍTULO

Acesse os QR Codes para assistir ao material adicional do capítulo:

Vídeo 1  uqr.to/1ay9r

Vídeo 2  uqr.to/1ay9s

Vídeo 3  uqr.to/1ay9t

APLICANDO CONHECIMENTOS – TESTES E QUESTÕES

TESTES DE MÚLTIPLA ESCOLHA

1. Regime de apuração do lucro que todas as empresas podem escolher:
   a) Lucro Presumido.
   b) Lucro Real.
   c) Lucro Arbitrado.
   d) Simples.
   e) Lucro cumulativo.

2. No lucro real o prejuízo fiscal pode ser compensado em exercícios futuros. Para isso, a empresa deve observar o prazo de:
   a) 1 anos/exercício.
   b) 2 anos/exercícios.
   c) 5 anos/exercícios.
   d) 10 anos/exercícios.
   e) Sem limite de prazo.

3. Uma empresa pode mudar da tributação pelo lucro presumido para a tributação pelo lucro real:
   a) Após o término de qualquer trimestre do ano fiscal.
   b) Após o encerramento do ano fiscal.
   c) Após um período de 5 anos de opção pelo lucro presumido.
   d) No exercício seguinte ao aceite por parte da Receita Federal, por meio de processo administrativo.
   e) A qualquer tempo durante o ano fiscal.

4. A periodicidade de apuração dos tributos sobre o lucro na modalidade lucro real:
   a) Pode ser apenas trimestral, com recolhimentos mensais a título de antecipação.
   b) Pode ser mensal, trimestral, semestral ou anual, e a escolha deve compreender todo o ano fiscal.
   c) Pode ser apenas anual, com recolhimentos mensais ou trimestrais.
   d) Pode ser anual ou trimestral, e a escolha deve compreender todo o ano fiscal.
   e) Pode ser anual ou trimestral, e a escolha pode ser alterada durante o ano fiscal.

5. Quanto à apuração dos tributos considerando-se o regime de caixa, assinale a alternativa **correta**:

a) O regime de caixa nunca é permitido.

b) Lucro real e lucro presumido podem considerar o regime de caixa.

c) Lucro presumido pode considerar o regime de caixa.

d) Lucro real pode considerar o regime de caixa.

e) É o regime padrão de apuração de tributos sobre o lucro.

6. Quanto à escrituração contábil completa, assinale a alternativa **correta**:

a) Para fins fiscais, somente é exigida quando a empresa apura lucro, sendo dispensada caso a empresa apure prejuízo.

b) Para fins fiscais, é sempre obrigatória no lucro real, e obrigatória em algumas situações no lucro presumido.

c) Para fins fiscais, não é obrigatória para o lucro presumido em nenhuma hipótese.

d) Para fins fiscais, é opcional para o lucro real.

e) Para fins fiscais, é sempre opcional independentemente da modalidade de tributação.

RESPOSTAS

1-B; 2-E; 3-B; 4-D; 5-C; 6-B.

QUESTÕES

1. Uma empresa comercial tem faturamento de R$ 1.500.000,00 no trimestre, revendendo móveis para escritório. No mesmo período, há R$ 20.000,00 de ganho de capital, decorrente da venda de um imobilizado por R$ 80.000,00, cujo custo era de R$ 60.000,00. Qual o valor do IRPJ e da CSLL apurados, sendo que a empresa é optante pelo lucro presumido? Considerar os valores vigentes de IRPJ e CSLL.

2. Uma empresa industrial é optante pelo lucro real trimestral. Seu lucro contábil antes dos tributos (IRPJ e CSLL), em determinado trimestre, é de R$ 1.000.000,00. Na apuração de resultado desse período há R$ 50.000,00 de despesas indedutíveis, sendo R$ 30.000,00 de multas e R$ 20.000,00 de brindes. Há também R$ 70.000,00 de receitas não tributáveis, decorrentes de equivalência patrimonial. Quais os valores de IRPJ e CSLL apurados no trimestre? Considerar alíquotas vigentes de IRPJ e CSLL.

3. Uma empresa prestadora de serviços é optante pelo lucro real trimestral. Apresenta lucro contábil antes dos tributos (IRPJ e CSLL) em determinado trimestre no valor de R$ 500.000,00. Há adições no valor de R$ 20.000,00 referentes a doações efetuadas que são indedutíveis. Há prejuízo fiscal a ser compensado, relacionado a exercícios anteriores, no valor de R$ 300.000,00, tanto para IRPJ como para CSLL. Considerando-se que a empresa se utilize da possibilidade de compensar prejuízos passados, no limite previsto pela legislação, qual o saldo de prejuízo fiscal que restará para compensação futura?

4. Uma empresa comercial, lucro real trimestral, apresenta lucro contábil antes dos tributos (IRPJ e CSLL) em determinado trimestre no valor de R$ 50.000,00. Há R$ 5.000,00 de adições temporárias resultantes do registro de provisões no período. Qual o valor da despesa tributária no período? Considerar alíquotas vigentes de IRPJ e CSLL.

RESPOSTAS

1.

IRPJ	Revenda de mercadorias	
Faturamento trimestral	1.500.000,00	
Percentual aplicável	8%	
Subtotal	120.000,00	120.000,00
Demais receitas		20.000,00
Lucro presumido		**140.000,00**

	Base de cálculo	Alíquota	Valor
IRPJ	140.000,00	15%	21.000,00
Adicional de IRPJ	80.000,00	10%	8.000,00
(=) IRPJ a recolher			**29.000,00**

CSLL	Revenda de mercadorias	
Faturamento trimestral	1.500.000,00	
Percentual aplicável	12%	
Subtotal	180.000,00	180.000,00
Demais receitas		20.000,00
Lucro presumido		**200.000,00**

	Base de cálculo	Alíquota	Valor
CSLL	200.000,00	9%	18.000,00
(=) CSLL a recolher			18.000,00

2.

Lucro antes do IRPJ e CSLL (DRE)	1.000.000,00
(+) Adições	
Multas indedutíveis	30.000,00
Brindes	20.000,00
	50.000,00
(−) Exclusões	
Receita de equivalência patrimonial	− 70.000,00
	− 70.000,00
Lucro tributável	**980.000,00**

	Base de cálculo	Alíquota	Valor
IRPJ	980.000,00	15%	147.000,00
Adicional de IRPJ	920.000,00	10%	92.000,00
(=) IRPJ a recolher			239.000,00

	Base de cálculo	Alíquota	Valor
CSLL	980.000,00	9%	88.200,00
(=) CSLL a recolher			88.200,00

3.

Lucro antes do IRPJ e CSLL (DRE)	**500.000,00**
(+) Adições	
Doações	20.000,00
	20.000,00
(–) Exclusões	0,00
Lucro tributável antes da compensação de prejuízo	**520.000,00**

Saldo anterior de prejuízo fiscal	300.000,00
Limite de compensação (30% do lucro tributável)	156.000,00

Compensação de prejuízo fiscal	– 156.000,00
Lucro tributável após compensação de prejuízo	**364.000,00**

Saldo de prejuízo fiscal a ser compensado no futuro	**144.000,00**

4.

Apuração de tributos s/lucro	x1
Lucro contábil	50.000,00
(+) Adições	5.000,00
(–) Exclusões	0,00
(=) Lucro fiscal	55.000,00
Tributos correntes s/lucro	– 13.200,00
Tributos diferidos s/lucro	1.200,00
Despesa tributária	**– 12.000,00**
Lucro líquido	**38.000,00**

CAPÍTULO 7

CONTROLADORIA E GESTÃO TRIBUTÁRIA EMPRESARIAL

DENISE BITTAR-GODINHO

OBJETIVOS DE APRENDIZAGEM DO CAPÍTULO

1. Compreender a inter-relação das principais demonstrações financeiras e as informações por elas proporcionadas para fins de tomadas de decisão.

2. Compreender a evolução, as atribuições, as responsabilidades e as funções da controladoria e do *controller*.

3. Entender e interpretar as informações proporcionadas pelos diferentes métodos de análise das demonstrações financeiras, entre elas análise vertical, horizontal e ciclo operacional, financeiro e econômico, além da análise de índices financeiro-econômicos.

4. Compreender o conceito de geração de valor ao acionista e a ferramenta EVA, bem como sua aplicabilidade.

5. Compreender qual é a influência da gestão tributária na controladoria e na gestão da empresa.

 ## OBJETIVO 1

ESTRUTURA DAS DEMONSTRAÇÕES CONTÁBEIS E INTEGRAÇÃO ENTRE OS RELATÓRIOS

ORIGEM DA CONTABILIDADE

Sabe-se que a contabilidade se desenvolveu em razão da necessidade de mensuração, acompanhamento da variação patrimonial e controle de riquezas das empresas, especialmente na época das grandes navegações. Nesse contexto, a contabilidade tinha como principais usuários os proprietários das empresas, ou seja, aqueles que empregavam seu capital na produção e criação de riquezas e, nessa medida, possuíam interesse direto no resultado dos negócios. Com o desenvolvimento da economia, as empresas começam a agregar novos *stakeholders* (partes interessadas) e passam a serem vistas como um conjunto de relações contratuais que intermedeiam os interesses desses agentes econômicos. Surge, então, a teoria contratual da firma, em que a contabilidade exerce o importante papel de mensurar a contribuição e os direitos de cada uma das partes interessadas, além de servir de instrumento de redução de assimetria de informações existentes entre gestores e usuários externos.

OBJETIVOS DA CONTABILIDADE

Nesse contexto, o objetivo principal da contabilidade é prover seus **usuários internos e externos** de informações de natureza patrimonial, econômica, financeira e social da empresa e que sejam úteis para a **tomada de decisão**. São muitos esses usuários, como, por exemplo, gestores, acionistas, credores, funcionários, sindicatos, fornecedores, governo, entre outros. Cada usuário tem um determinado objetivo concernente aos seus interesses e acaba por ter especial interesse em um tipo específico de informação.

Quadro 7.1 Informações relevantes por tipo de usuário

Tipo de Usuário	Informações Relevantes
Acionistas ou proprietários	Rentabilidade e fluxo de dividendos
Fornecedores e instituições financeiras	Capacidade de pagamento
Governo	Resultado para tributação, análises setoriais etc.
Empregados e sindicatos	Resultados para discussão de dissídios, informações para determinação da participação nos resultados
Comunidade	Informações sobre a contribuição para a sociedade (geração de empregos, divisão do lucro, impactos ambientais, impactos sociais etc.)
Alta Administração	Rentabilidade e lucratividade de unidades de negócios
Gestor comercial	Análise de lucratividade de produtos
Gestor administrativo-financeiro	Avaliação de desempenho, elaboração do orçamento

DEMONSTRAÇÕES CONTÁBEIS

Para atingir seu objetivo de reduzir a assimetria informacional e permitir que os usuários das informações contábeis tomem decisões, a contabilidade faz uso de um sistema estruturado de informações econômicas com o objetivo de divulgar os eventos realizados por uma entidade para auxiliar os usuários nesse processo decisório.

Esse sistema é composto pelas Demonstrações Contábeis ou Relatórios Contábeis, onde há a exposição resumida e ordenada de dados colhidos e mensurados pela contabilidade. O objetivo das demonstrações contábeis é a evidenciação dos seguintes fatores:

- A posição patrimonial e financeira atual.
- O desempenho (resultado econômico).
- As mutações ocorridas nas diversas contas que compõem o patrimônio.
- Os resultados da atuação da administração.

As demonstrações contábeis se inter-relacionam, não devendo ser analisadas separadamente.

Demonstrações obrigatórias (Lei nº 6.404/76):

- O **Balanço Patrimonial (BP)** é a principal demonstração, pois mostra a posição financeira e patrimonial da empresa.

- A **Demonstração de Resultado do Exercício (DRE)** mostra a movimentação do saldo de Lucro do Período, que é apresentado no BP, e mostra a posição econômica da empresa.

- A **Demonstração de Fluxos de Caixa (DFC)** mostra a movimentação do saldo de Caixa e Equivalentes de Caixa que é apresentado no BP. É obrigatória apenas para empresas de capital aberto e de capital fechado cujo patrimônio seja de R$ 2 milhões ou mais.

- A **Demonstração de Valor Adicionado (DVA)** é uma reapresentação da DRE, mas focando na geração de valor (valor adicionado) da empresa para quatro grupos distintos: Pessoal (força de trabalho), Impostos, taxas e contribuições (Governo/Sociedade), Capital de Terceiros (juros e aluguéis) e Capital Próprio (Acionistas). É obrigatória para companhias abertas.

- A **Demonstração de Mutações do Patrimônio Líquido (DMPL)** mostra a movimentação do saldo de todas as contas que compõem o Patrimônio Líquido (PL) e tem uma estrutura matricial, na qual colunas representam as diferentes contas e linhas representam as movimentações.

- As **Notas Explicativas (NE)** são um relatório que detalha cada um dos saldos apresentados, critérios e premissas utilizados na preparação das demonstrações e qualquer informação adicional que ajude a compreender os saldos apresentados. Geralmente é um documento extenso, com muitas páginas de conteúdo.

É importante notar que essas demonstrações financeiras se inter-relacionam, sendo fundamental compreendermos a relevância dessa inter-relação para as análises propostas na sequência deste capítulo. Vejamos esquematicamente, na Figura 7.1, como se dá essa integração.

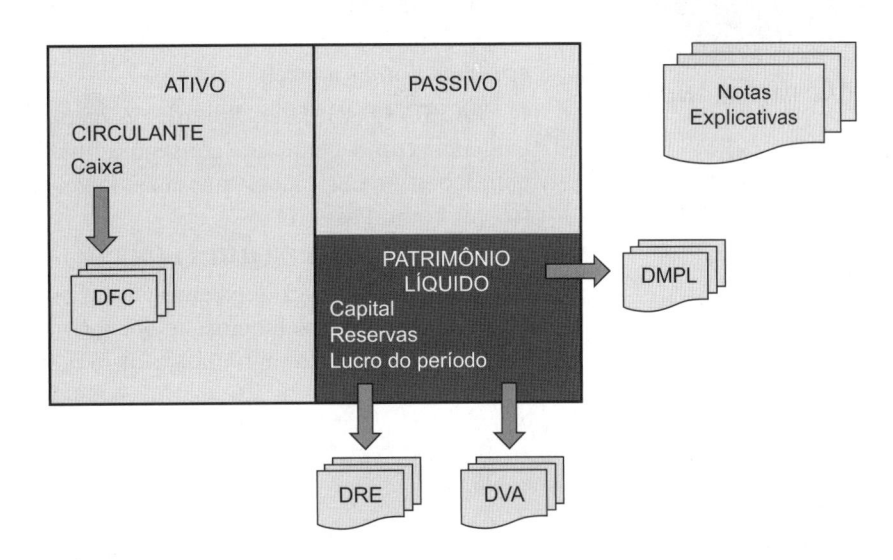

Figura 7.1 Exemplo de integração das demonstrações financeiras.

Nesse passo, é indispensável rememorar, ainda que resumidamente, os conceitos envolvidos nas duas principais demonstrações contábeis, quais sejam, BP e DRE.

BALANÇO PATRIMONIAL

É comum caracterizar o BP como uma "fotografia" da empresa em determinado momento, na medida em que demonstra uma posição patrimonial estática da empresa. Tomemos como exemplo o saldo existente no Banco. O BP mostra qual é o saldo em um momento específico, mas não revela de que maneira esse saldo foi composto, tampouco como se deu sua evolução durante o período de reporte. Não por outro motivo, para melhor informação do usuário da demonstração contábil, as entidades divulgam os saldos do ano corrente e do ano imediatamente anterior, permitindo a comparabilidade e a avaliação da evolução do saldo.

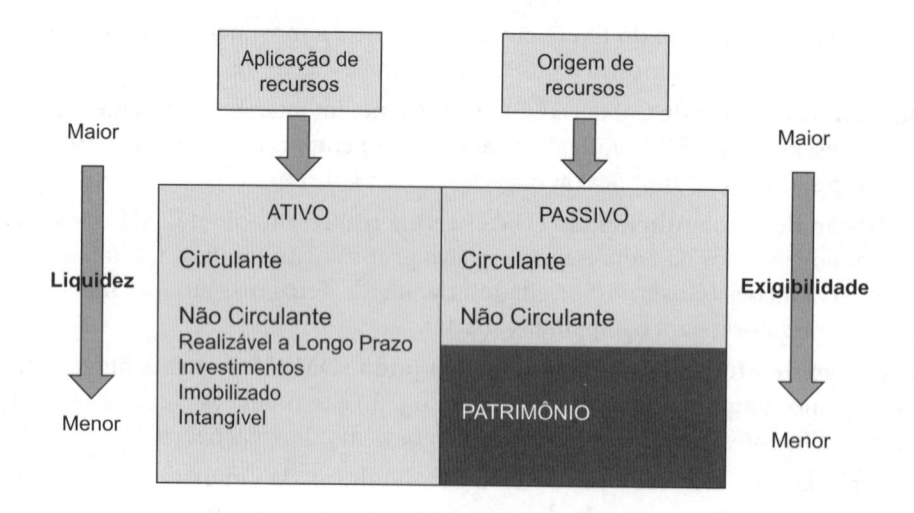

Figura 7.2 Estrutura do Balanço Patrimonial.

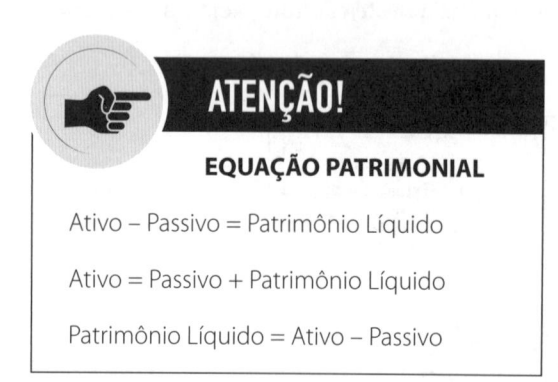

ATENÇÃO!

EQUAÇÃO PATRIMONIAL

Ativo – Passivo = Patrimônio Líquido

Ativo = Passivo + Patrimônio Líquido

Patrimônio Líquido = Ativo – Passivo

Como se nota, o BP é composto pelos seguintes elementos:

ATIVO (A) (lado esquerdo): aplicações dos recursos, ou seja, no que a entidade está investindo (carros, equipamentos, estoques, contas a receber etc.).

PASSIVO (P) (lado direito): a origem de recursos, ou seja, evidencia como a entidade conseguiu financiamentos para suas aplicações. As obrigações que são exigíveis (dívidas) são classificadas como Passivo.

PATRIMÔNIO LÍQUIDO (PL) (lado direito): obrigações não exigíveis, uma vez que demonstram os recursos provenientes dos proprietários (sócios: acionistas/quotistas). Esse grupo consiste na diferença matemática entre o Ativo e o Passivo.

VOCÊ SABIA?

O Ativo possui o tamanho do Passivo somado ao PL. Trata-se da equação patrimonial que revela que o Ativo equivale à soma do Passivo mais o PL. Tomemos como exemplo uma empresa que possui R$ 2 milhões de Ativo. Sabendo que o Passivo é de R$ 1,8 milhões, então podemos concluir que o PL é de R$ 200 mil. Pode acontecer, entretanto, que o Passivo da empresa seja superior ao Ativo, o que é chamado de patrimônio a descoberto, ou seja, o PL da empresa é negativo.

DEMONSTRAÇÃO DO RESULTADO DO EXERCÍCIO (DRE)

O objetivo da DRE é demonstrar o resultado do confronto entre as receitas e as despesas ocorridas em um determinado período. Ao contrário do Balanço, a DRE tem característica dinâmica. Pensemos no extrato de uma conta bancária. A análise do documento revela não uma posição estática em determinado ponto do tempo, mas, sim, informações de eventos que ocorreram ao longo do tempo, sendo, nesse sentido, uma demonstração dinâmica, tal qual a DRE.

Vejamos os conceitos de receitas e despesas, elementos que compõem a DRE:

RECEITAS: aumentos dos benefícios econômicos, oriundos do aumento de Ativos ou diminuição de Passivos, que resultem em aumento de PL, não relacionados com contribuições dos sócios. Ex.: vendas, prestações de serviços, juros.

DESPESAS: diminuições dos benefícios econômicos futuros na forma de utilização ou redução de Ativos ou da contratação de Passivos, que resultem em diminuição de PL, não relacionados com distribuições aos acionistas. Ex.: gastos com pessoal, depreciação.

É fundamental compreender a ligação entre o BP e a DRE. Isso porque a DRE demonstra o confronto entre receitas e despesas (o que inclui custos) da empresa, revelando o lucro do período. Por sua vez, o lucro irá compor o PL do BP da empresa, muito embora possa ser objeto de distribuição aos sócios. Vejamos graficamente, na Figura 7.3, como se dá esse processo.

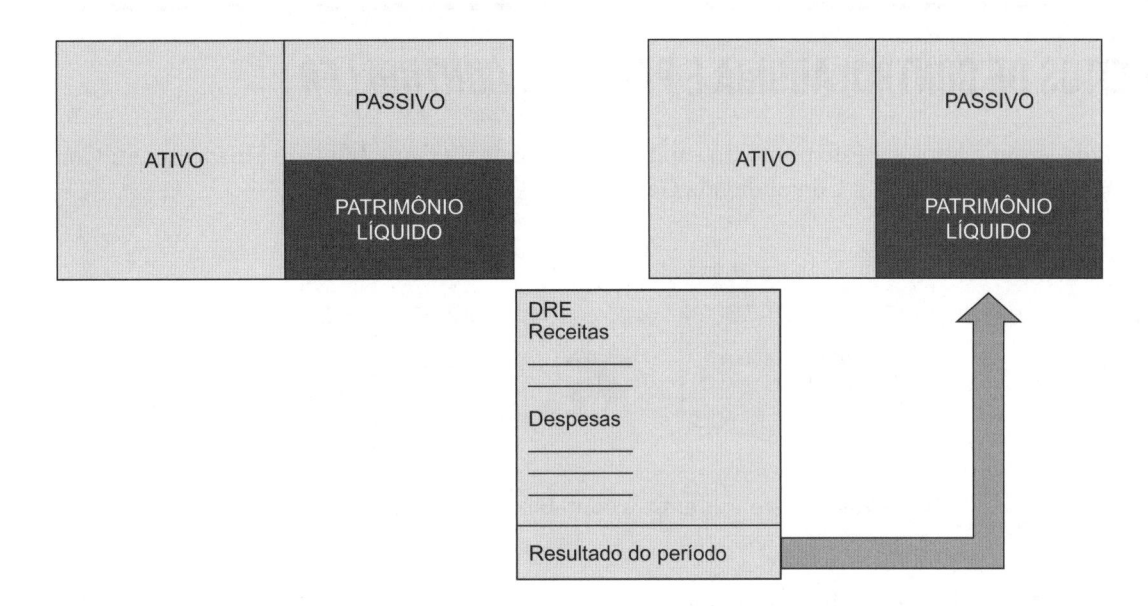

Figura 7.3   Processo de ligação entre o Balanço Patrimonial e a Demonstração de Resultado do Exercício.

QUESTÃO PARA REFLEXÃO

Conforme tivemos oportunidade de verificar, as demonstrações contábeis não devem ser avaliadas ou interpretadas de forma isolada, mas, sim, de forma integrada. Imagine que você queira saber quão relevante é o grupo de Imobilizado para as operações da Petrobras e qual a situação atual da gestão desse grupo. Para tanto, você pode acessar as demonstrações financeiras completas da Petrobras no *site* da CMV ou na área de Relações de Investidores no *site* da Petrobras. Uma análise atenta das NE da

Petrobras irá revelar informações sobre o grupo do imobilizado em diversas demonstrações financeiras. Propomos esse desafio, no qual irá verificar que há informações sobre o assunto no BP; DRE; DFC; nota explicativa sobre Despesas Gerais e Administrativas; nota explicativa sobre o Imposto de renda e contribuição social diferidos – não circulante; nota explicativa sobre o Imobilizado; nota explicativa sobre a Redução ao valor recuperável dos Ativos (*impairment*). **Você é capaz de identificar todas as informações indicadas nas NE da Petrobras?**

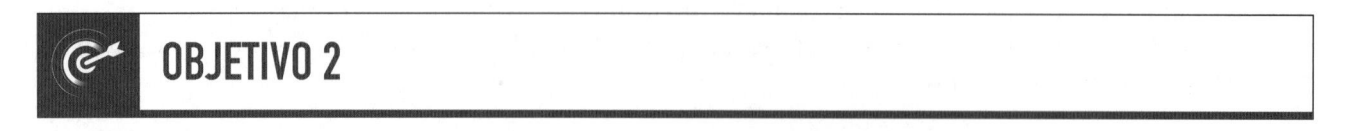

OBJETIVO 2

CONCEITOS DE CONTROLADORIA E PAPEL DO *CONTROLLER*

A contabilidade que vimos até este ponto do capítulo é chamada de Contabilidade Financeira ou Contabilidade Societária. Mas temos também a Contabilidade Gerencial.

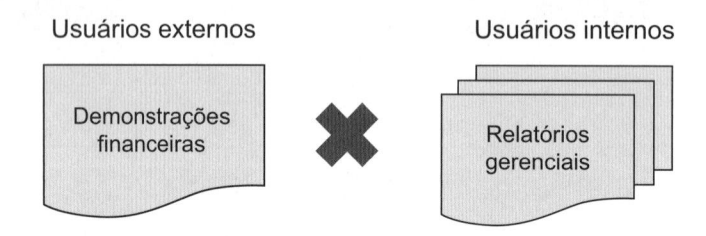

Figura 7.4   Diferenças entre a contabilidade financeira e a gerencial.

Enquanto o foco da Contabilidade Financeira são os usuários externos e seu objetivo é dar informações sobre a posição financeira, os resultados e as mudanças na posição financeira de uma empresa que sejam úteis a um grande número de usuários em suas tomadas de decisão, a Contabilidade Gerencial busca medir e reportar as informações financeiras e não financeiras que ajudam os gestores a tomar decisões, para atingir os objetivos da organização.

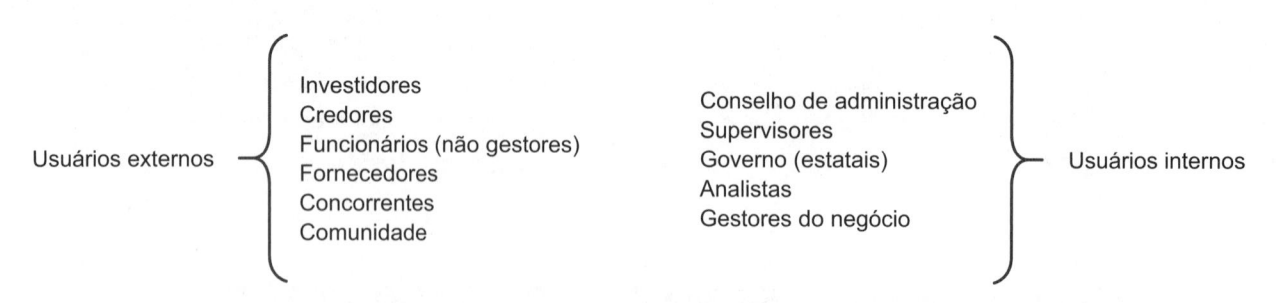

Figura 7.5   Diferentes usuários entre contabilidade financeira e gerencial.

Ou seja, a Contabilidade Financeira precisa seguir uma série de regras e estruturas predefinidas, enquanto a Contabilidade Gerencial é mais flexível.

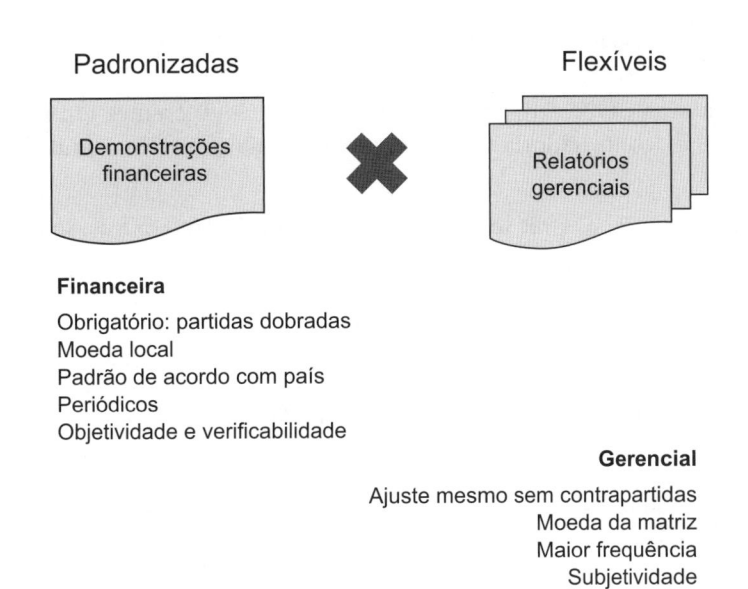

Padronizadas

Demonstrações financeiras

Flexíveis

Relatórios gerenciais

Financeira

Obrigatório: partidas dobradas
Moeda local
Padrão de acordo com país
Periódicos
Objetividade e verificabilidade

Gerencial

Ajuste mesmo sem contrapartidas
Moeda da matriz
Maior frequência
Subjetividade

Figura 7.6 Diferença nas regras entre contabilidade financeira e gerencial.

EVOLUÇÃO HISTÓRICA DA CONTROLADORIA

A evolução da controladoria está diretamente ligada à evolução da necessidade de informações para gestão. Na medida em que os negócios se tornaram mais complexos, ocorreu maior demanda por informações. São exemplos desse aumento de complexidade:

- A necessidade de melhor gestão de custos para atingir ganho de escala de produção.
- A necessidade de ampliar os investimentos, que gera necessidade de buscar novas formas de captação de fundos e exigência de mais informações para os investidores.
- O aumento de custos indiretos, ligados às atividades de apoio e qualidade, o que demonstra a necessidade de melhores controles.

O conceito de *controller* como cargo surgiu em meados do século XX. Mas o título de *controller* era utilizado no século XV, na Inglaterra, e era atribuído ao tesoureiro em atividade governamental.

A Controladoria como área dentro das empresas também surgiu em meados do século XX, e foi reflexo do fortalecimento do mercado de capitais, da segregação entre donos do capital e gestores do negócio e da separação entre Contabilidade Societária e Gerencial. Essa nova área tinha como foco monitorar o desempenho dos gestores, e não apenas dos negócios.

No Brasil, a controladoria chegou juntamente com a entrada das empresas multinacionais, nos anos 1960. Entre as décadas de 1980 e 1990, a controladoria se consolidou como função, mas ainda havia uma predominância da visão societária e tributária.

ATRIBUIÇÕES DA CONTROLADORIA

As atribuições da área de controladoria podem variar de uma empresa para outra, e podem seguir um dos possíveis modelos:

- Controladoria responsável apenas pela Contabilidade Gerencial.
- Controladoria responsável apenas pela Contabilidade Societária.
- Controladoria responsável pela Contabilidade Societária e por planejamento e controle (Gerencial).

RESPONSABILIDADE DA CONTROLADORIA

Ao analisarmos a raiz da palavra CONTAR, podemos identificar três diferentes sentidos: mensurar, informar e confiar. As responsabilidades da controladoria podem ser agrupadas nesses três sentidos, conforme Quadro 7.2.

Quadro 7.2   Os três sentidos da palavra CONTAR na controladoria

Mensurar	• Fluxo Operacional • Fluxo Econômico • Fluxo Financeiro
Informar	• Desempenho • Rentabilidade • Liquidez
Confiar	• Delegar autoridade • Quitar responsabilidade

FUNÇÕES DA CONTROLADORIA

As funções da controladoria nem sempre são executadas por um departamento denominado controladoria, e compreendem:

- Coordenação do processo de controle gerencial.
- Padronização e harmonização de relatórios.
- Avaliação econômica periódica da empresa.
- Suporte ao processo de mensuração e gestão de riscos.
- Análise de viabilidade econômica de projetos de investimentos.
- Assessoria e consultoria às outras áreas, em assuntos econômico-financeiros.
- Estabelecimento de normas e procedimentos para as várias áreas da entidade.
- Atendimento, acompanhamento e implementação de recomendações da auditoria externa.
- Apoio ao processo de governança corporativa, subsidiando o trabalho do conselho de administração, conselho fiscal e comitês de apoio.
- Elaboração de relatórios contábeis pelas normas internacionais (IFRS) ou americanas (U.S. GAAP) para o atendimento de mercado de capitais localizados em outros países.
- Elaboração da contabilidade ambiental e social.
- Estruturação e acompanhamento de procedimentos.

FUNÇÕES DO *CONTROLLER*

Na fase de planejamento orçamentário, cabe ao *controller*:

a. Preparar cronograma de atividades.
b. Assegurar a realização das atividades no prazo.
c. Oferecer suporte para elaboração dos planos.
d. Certificar consonâncias com diretrizes.
e. Certificar consistência entre planos das diversas áreas.
f. Consolidar os planos das áreas no plano global

Quando o plano é aprovado e entra em fase de execução, cabe ao *controller*:

a. Preparar relatórios de acompanhamento.
b. Comparar desempenhos previsto e real.
c. Identificar desvios.
d. Consolidar ações de recuperação e justificativas.

Quando a controladoria é também responsável pela Contabilidade Societária, ela é a guardiã do Sistema Contábil a ser utilizado pela empresa e cabe ao *controller*:

a. Conceber o sistema contábil.
b. Projetar o sistema contábil.
c. Desenvolver o sistema contábil.
d. Manter (atualizar) o sistema contábil.
e. Participar da elaboração de políticas contábeis.
f. Estabelecer normas.
g. Estabelecer rotinas e procedimentos de contabilização.

Por ser o guardião do Sistema Contábil, o *controller* também deve atender às demandas externas de informações contábeis que podem surgir de diferentes fontes:

a. Comissão de Valores Mobiliários.
b. Bolsas de Valores.
c. Instituições financeiras.
d. Fornecedores.
e. Sindicatos.
f. Outros.

> **ATENÇÃO!**
>
> O planejamento e o controle, focos principais da controladoria, se materializam por meio das demonstrações projetadas. Ou seja, os planos operacionais são transformados em valores de saldos de Ativos, Passivos e PL esperados, que depois são comparados com os valores efetivamente apurados.
>
> E para avaliar se essas demonstrações projetadas representam os números aceitáveis para os objetivos da empresa, são realizadas as análises, que estão apresentadas neste capítulo.

OBJETIVO 3

MÉTODOS DE ANÁLISE DAS DEMONSTRAÇÕES CONTÁBEIS: ANÁLISE VERTICAL E HORIZONTAL

Nesta seção, pretendemos apresentar a análise das demonstrações contábeis por meio da abordagem interna ou externa, utilizando análises horizontal e vertical.

No propósito de informar os usuários das informações contábeis, uma das técnicas mais conhecidas é chamada de análise das demonstrações contábeis, cujo objetivo é permitir a avaliação da situação econômica, financeira, operacional e patrimonial da organização, além de identificar as causas que a levaram à situação atual e obter elementos para o processo de avaliação da continuidade da organização, por meio da percepção de tendências futuras. Portanto, a análise das demonstrações contábeis é um processo que condensa as informações financeiras e patrimoniais, muitas vezes por meio de índices, que permitem a comparabilidade de forma sintética entre períodos ou entre empresas. Para tanto, o processo de análise pode ser dividido em dois grandes grupos: análises internas e análises externas.

As análises internas têm foco na visão evolutiva dos números, pois as comparações são feitas dentro da empresa, considerando eventos atuais com os números ocorridos no passado ou com os números planejados pela gestão da empresa. Ao comparar com momentos passados, a análise pode ser realizada em relação a um ano específico, a uma série histórica ou a uma média histórica.

O cotejo dos números com aqueles planejados pela gestão permite o controle do planejamento e dá subsídios para identificação de desvios e posterior correção dos números a realizar, facilitando as atividades da controladoria.

Por sua vez, as análises externas têm foco na visão comparativa, pois a referência utilizada é externa, ou seja, a comparação é realizada com outras empresas, como concorrentes, padrões setoriais e padrões internacionais.

Tal qual ocorre com o processo contábil, iniciado com um evento econômico, que precisa ser processado pela contabilidade, ou seja, classificado, mensurado e registrado de acordo com sua natureza e os impactos esperados na organização, o processo de análise das demonstrações contábeis é similar. O primeiro passo é a escolha do indicador mais adequado para o entendimento de determinado aspecto econômico, financeiro ou patrimonial da entidade. Somente após essa escolha é que são realizados os cálculos, seguindo as premissas aplicáveis ao caso em análise. Com o resultado dos cálculos, é possível fazer as interpretações dos seus significados em termos absolutos, como também compará-los com padrões, tanto internos quanto externos.

A comparação com os padrões subsidia o diagnóstico da situação analisada e embasa as conclusões sobre a situação analisada, servindo de parâmetro para a tomada de decisão. Dessa forma, podemos fazer uma comparação entre o processo contábil e a metodologia de análise, conforme esquematizamos na Figura 7.7.

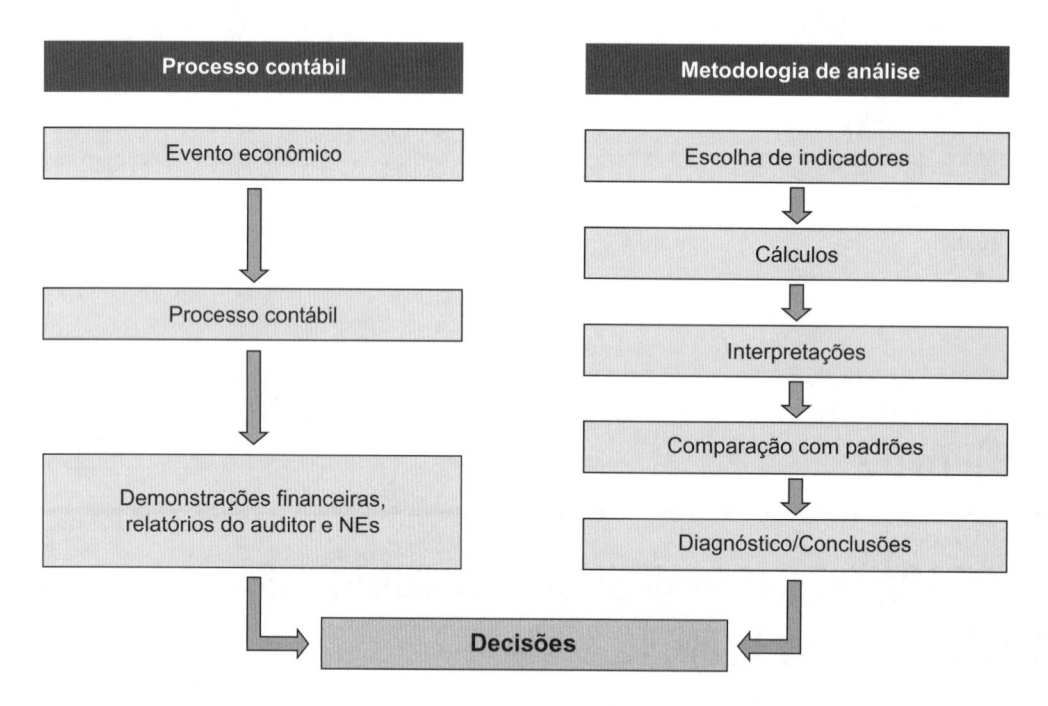

Figura 7.7 Comparação entre o processo contábil e a metodologia de análise.

Cientes de como se dá o processo de análise das demonstrações contábeis, passamos a avaliar cada um dos tipos de análise, começando pela análise vertical.

ANÁLISE VERTICAL

A Análise Vertical (AV) é utilizada para verificar a estrutura de composição dos itens nas demonstrações contábeis/financeiras. Ela aponta a representatividade de cada item em relação a um referencial e a evolução ao longo do tempo.

Quando a análise é aplicada na DRE, a referência geralmente será a Receita Líquida, pois ela é o primeiro valor que pertence à empresa e contribui para a formação do lucro líquido. Todos os demais valores compõem as partes da Receita Líquida.

Quando a análise é realizada no BP, a referência costuma ser o valor total do Ativo, que também é o valor total do Passivo somado ao PL. Outra opção é analisar cada subgrupo do BP. Então, se o foco da análise é o grupo de Ativo Circulante (AC), cada conta representará uma parte desse valor total, somando 100%.

As fórmulas aplicadas para o cálculo da AV são apresentadas a seguir:

$$\frac{\text{Elemento do Ativo (ou Passivo)}}{\text{Ativo Total (ou Passivo + PL)}} \times 100$$

$$\frac{\text{Elemento do Resultado}}{\text{Receita Líquida}} \times 100$$

CASO PRÁTICO

Exemplo de AV – DRE

A tabela a seguir exemplifica a AV da DRE da empresa Gordinho sem R Ltda. Notem que, no Ano 1, o Lucro Bruto representa 40% da Receita Líquida, ou seja, a Margem Bruta é de 40%. Assim como o Lucro Operacional representa 15% da Receita Líquida, ou seja, a Margem Operacional é de 15% e o Lucro Líquido representa 3% da Receita Líquida, então a Margem Líquida é de 3%.

Gordinho sem R Ltda.

(em milhões)	Ano 0	AV	Ano 1	AV
Receita Líquida	58	100%	60	100%
(–) CPV	– 36	– 62%	– 36	– 60%
Lucro Bruto	**22**	**38%**	**24**	**40%**
Desp. Gerais	– 12	– 21%	– 12	– 20%
Depreciação	– 4	– 7%	– 3	– 5%
Lucro Operacional	**6**	**10%**	**9**	**15%**
(–) Juros (10% a.a.)	–6	– 10%	–6	– 10%
LAIR	**0**	**0%**	**3**	**5%**
(–) IR (1/3)	0	0%	– 1	– 2%
Lucro Líquido	**0**	**0%**	**2**	**3%**

A AV também permite fazer comparações evolutivas, ao comparar a representatividade dos mesmos itens em momentos diferentes. Vejam que os Custos do Produto Vendido (CPV) se mantiveram estáveis em termos absolutos, 36 milhões em cada ano, mas no Ano 1 representam 60% da Receita Líquida e não mais 62% como no Ano 0. Essa informação nos ajuda a perceber que o aumento da receita não foi acompanhado por aumento de custos, melhorando a qualidade da margem bruta, que aumentou dois pontos percentuais e contribui para a melhora dos demais indicadores de lucratividade.

Exemplo de AV – BP Ativo

Notem que, no Ano 0, o AC representa 78% do total de Ativos da empresa, e apenas 22% são Ativos Não Circulantes. Pelo volume e pelas características dos estoques, é possível perceber que a empresa é fabril/industrial e era esperado que a maior parte de seus Ativos estivesse concentrada em máquinas e equipamentos, o que não vemos aqui. Essa é uma informação que pode indicar eventual problema na operação.

Outro ponto de atenção na estrutura de Ativos da tabela a seguir é a concentração de valores no grupo de estoques. Do total de Ativos dessa empresa, 50 milhões, ou seja 50%, estão aplicados em estoques nas diferentes etapas de produção: matéria-prima, produto em processo e produto acabado.

Gordinho sem R Ltda.

(em milhões)	Ano 0	AV	Ano 1	AV
Caixa e equiv. de caixa	8	8%	13	13%
Contas a receber	20	20%	20	20%
Estoques – prod. acabado	18	18%	18	18%
Estoques – prod. processo	24	24%	24	24%
Estoques – matéria-prima	8	8%	8	8%
Total AC	**78**	**78%**	**83**	**81%**
Planta e equipamento	26	16%	26	25%
(–) Depreciação acumulada	– 4	– 4%	– 7	– 7%
Total Ativo Não Circulante	**22**	**22%**	**19**	**19%**
TOTAL DE ATIVOS	**100**	**100%**	**102**	**100%**

Exemplo de AV – BP Passivo e PL

Pode-se observar que, no Ano 0, 60% dos recursos investidos na empresa vêm de um empréstimo de longo prazo e apenas 40% de recursos próprios, no capital social. Essa empresa não possui fontes de recursos operacionais como contas a pagar ou adiantamento de clientes.

Gordinho sem R Ltda.

(em milhões)	Ano 0	AV	Ano 1	AV
Imposto a pagar	0	0%	0	0%
Contas a pagar	0	0%	0	0%
Adiantamento de clientes	0	0%	0	0%
Total Passivo Circulante (PC)	**0**	**0%**	**0**	**0%**
Empréstimos	60	60%	60	60%
Total Passivo Não Circulante	**60**	**60%**	**60**	**60%**
Capital social	40	40%	40	39%
Lucro	0	0%	2	2%
Total PL	**40**	**40%**	**42**	**41%**
TOTAL DE PASSIVO + PL	**100**	**100%**	**102**	**100%**

ANÁLISE HORIZONTAL

Enquanto a AV permite uma verificação relativa, a Análise Horizontal (AH) é utilizada para avaliar a evolução dos itens ao longo do tempo. Ela tem a finalidade de detectar tendências, por meio da análise do comportamento histórico. Dessa forma, comparam-se os valores dos itens em determinados exercícios sociais com os valores dos mesmos itens em outros exercícios.

Um ponto de atenção nesse tipo de análise envolve a questão inflacionária. Ao não considerar o efeito de inflação entre os anos, podemos concluir que ocorreu aumento de receita ou da operação como um todo, quando os números são mero reflexo do aumento geral de preços. Portanto, o analista deve ficar cuidadoso e, idealmente, considerar a inflação em suas análises.

A AH permite utilizar referências mais variáveis, podendo ser o ano anterior, um ano base específico ou mesmo uma média de anos anteriores agrupada, além da comparação com o valor de orçamento previsto para o período em análise.

$$\frac{\text{Valor Atual}}{\text{Base selecionada}} \times 100$$

CASO PRÁTICO

A tabela a seguir exemplifica a AH da DRE da empresa Gordinho sem R Ltda., neste caso usando como base os valores do Ano 0. Notem que são apresentadas duas colunas de AH.

Na primeira coluna A.H. apresenta-se o resultado direto da fórmula indicada. Por sua vez, na segunda coluna A.H. é indicada a interpretação de aumento ou redução, que é obtida ao subtrair 1 ao final da fórmula. Por exemplo, a Receita Líquida do Ano 1 representa 103% do valor do Ano 0, ou um aumento de 3% (+3%). Já a Depreciação do Ano 1 representa 75% do valor do Ano 0, ou uma redução de 25% (–25%).

Uma limitação desse tipo de análise ocorre quando o valor base é 0, porque matematicamente não é possível dividir um valor por 0, a não ser ele mesmo. Outra forma de entender essa limitação é imaginar que, partindo de 0, um aumento de 1, 10 ou 1.000 é infinitamente maior que 0.

Gordinho sem R Ltda.

(em milhões)	Ano 0	Ano 1	AH	AH
Receita Líquida	58	60	103%	3%
(–) CPV	– 36	– 36	100%	0%
Lucro Bruto	**22**	**24**	**109%**	**9%**
Desp. Gerais	– 12	– 12	100%	0%
Depreciação	– 4	– 3	75%	– 25%
Lucro Operacional	**6**	**9**	**150%**	**50%**
(–) Juros (10% a.a.)	– 6	– 6	100%	0%
LAIR	**0**	**3**	**infinito**	**infinito**
(–) IR (1/3)	0	– 1	infinito	infinito
Lucro Líquido	**0**	**2**	**infinito**	**infinito**

Exemplo de AH – BP Ativo

A tabela a seguir exemplifica a AH dos Ativos Totais da empresa Gordinho sem R Ltda., neste caso também usando como base os valores do Ano 0. Aqui, podemos ver como se comporta a análise quando não há variação de valores entre o ano analisado e o ano base. Vejam, por exemplo, o saldo de contas a receber. O valor de 20 milhões permaneceu o mesmo no Ano 1.

Gordinho sem R Ltda.

(em milhões)	Ano 0	Ano 1	AH	AH
Caixa e equiv. de caixa	8	13	163%	63%
Contas a receber	20	20	100%	0%
Estoques – prod. acabado	18	18	100%	0%
Estoques – prod. processo	24	24	100%	0%
Estoques – matéria-prima	8	8	100%	0%
Total AC	**78**	**83**	**106%**	**6%**
Planta e equipamento	26	26	100%	0%
(–) Depreciação acumulada	– 4	– 7	175%	75%
Total Ativo Não Circulante	**22**	**19**	**86%**	**– 14%**
TOTAL DE ATIVOS	**100**	**102**	**102%**	**2%**

Exemplo de AH – BP Passivo e Patrimônio Líquido

A tabela a seguir exemplifica a AH dos Passivos e PL totais da empresa Gordinho sem R Ltda., neste caso novamente usando como base os valores do Ano 0. Aqui podemos ver que temos mudança apenas no lucro do período, mas como a base anterior era 0, não é possível calcular o percentual desse aumento. Percebe-se, ainda, que o aumento do lucro representou um aumento de 5% em relação ao PL Total e 2% em relação ao total de Passivos e PL, que é igual ao Total de Ativos da empresa.

Gordinho sem R Ltda.

(em milhões)	Ano 0	Ano 1	AH	AH
Imposto a pagar	0	0	100%	100%
Contas a pagar	0	0	100%	100%
Adiantamento de clientes	0	0	100%	100%
Total PC	**0**	**0**	**100%**	**100%**
Empréstimos	60	60	100%	0%
Total Passivo Não Circulante	**60**	**60**	**100%**	**0%**
Capital social	40	40	100%	0%
Lucro	0	2	infinito	infinito
Total PL	**40**	**42**	**105%**	**5%**
TOTAL DE PASSIVO + PL	**100**	**102**	**102%**	**2%**

Vejam que só com esses cálculos simples já conseguimos descobrir algumas coisas sobre essa empresa. Por exemplo, a empresa foi mais eficiente no ano 1, haja vista que conseguiu aumentar suas receitas, sem que os custos fossem aumentados proporcionalmente. Isso propiciou que a empresa apresentasse lucro no ano 1, ao contrário do que ocorreu no ano 0. Da mesma forma, a empresa obteve um aumento de 63% no caixa quando comparados os anos 1 e 0. Trata-se de uma tendência positiva, demonstrando que a empresa vem melhorando sua situação financeira e patrimonial.

Mas notem um detalhe importante: ainda que os números pareçam positivos na AH comparando um ano com o outro, não podemos concluir que o desempenho da empresa tenha superado as expectativas da gestão. Isso porque não possuímos os números planejados pela empresa para comparar com os números reais e concluir se o desempenho superou o esperado. Assim, a avaliação seria mais completa se os números reais fossem cotejados com o planejamento da empresa, de modo que a gestão pudesse corrigir os rumos caso necessário.

CASO REAL

As análises externas são comparativas e podem ter como base informações do setor no qual a empresa atua. É comum associações que representam determinado ramo de atuação coletarem informações de seus membros para fornecerem essa base de comparação. Por exemplo, veja no QR Code o relatório sobre o mercado da Associação Brasileira da Indústria de Produtos para Animais de Estimação (Abinpet).

uqr.to/1ay6t

Com base nos dados de crescimento e tamanho do mercado, uma empresa pode compreender o seu desempenho em relação a seus concorrentes. Que tal agora buscar dados de mercado do ramo na qual a sua empresa atua e compará-los com os resultados que ela está obtendo? O que você consegue extrair dessa análise?

MÉTODOS DE ANÁLISE DAS DEMONSTRAÇÕES CONTÁBEIS: ÍNDICES DE ATIVIDADE

Além das AV e das AH, a análise das demonstrações contábeis envolve ainda a abordagem do ciclo das atividades, que inclui indicadores operacionais, financeiros e econômicos.

O ciclo operacional representa as etapas necessárias para que a empresa realize um ciclo completo de negócios, desde a aquisição de matéria-prima para produção, passando pela fase de estocagem inicial, a produção em si, a estocagem final e a venda, além dos pagamentos a fornecedores e recebimento de clientes. Em outras palavras, trata-se do período, expresso em dias, que compreende cada ciclo de aquisição, produção e venda da empresa, conforme Figura 7.8.

Figura 7.8   Etapas do ciclo operacional.

A partir das etapas ilustradas, podemos identificar os prazos médios que compõem o ciclo operacional, que são: Prazo Médio de Estocagem de matérias-primas (PME), Prazo Médio de Fabricação (PMF), Prazo Médio de Vendas (PMV) e Prazo Médio de Recebimento (PMR), que também pode ser Prazo Médio de Cobrança (PMC). Vejamos:

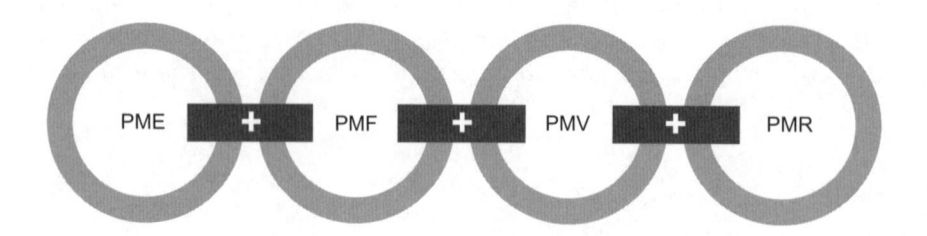

Figura 7.9 Prazos médios do ciclo operacional.

Esse ciclo representa também o volume de financiamento necessário para realizar essa operação, e parte dele pode ser obtido junto aos próprios fornecedores da empresa e outros Passivos que sejam cíclicos como a própria operação. Esse recurso operacional, de terceiros e não onerosos é representado pelo Prazo Médio de Pagamento ao Fornecedor (PMPF).

A parte do ciclo bancada pela empresa é representada pelo Ciclo de Caixa, que é igual ao Ciclo Operacional menos (–) PMPF, o que verificamos na Figura 7.10.

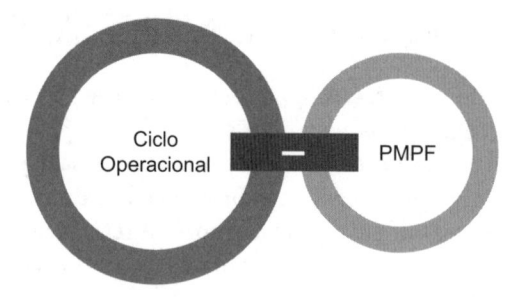

Figura 7.10 Ciclo de caixa.

Quanto mais rápido a empresa transforma seu estoque em caixa, menor é seu ciclo operacional e menor a necessidade de caixa para arcar com esse ciclo. Da mesma forma, quanto maiores os prazos de pagamento para os seus fornecedores, menor será o ciclo de caixa e menor será a necessidade de capital de giro da empresa.

O ciclo operacional completo apresentado até aqui é aplicado para empresas industriais, por terem um processo de produção. Para empresas comerciais, o ciclo operacional é mais simples, sendo composto apenas de PME + PMV + PMR.

O Prazo Médio é calculado dividindo o saldo do médio valor foco (Estoque, Vendas, Valores a Receber etc.) pelo valor total do ano e multiplicando pelo total de dias do ano.

O saldo médio geralmente é obtido pela média entre o saldo inicial e final do período em análise. Para cálculos mais precisos, quando há sazonalidade relevante, ele pode ser apurado dentro do trimestre, ou mesmo em base mensal.

As fórmulas apresentadas aqui usam 365 dias no ano porque trazem uma visão mais precisa dos prazos, mas é comum encontrar na literatura o uso de 360 dias, o que facilita os cálculos. O importante é sempre manter a coerência nos cálculos, adotando o mesmo período para todos os Prazos Médios.

Para empresas industriais, PME representa o tempo médio (em dias) entre a compra da matéria-prima e a sua requisição para uso na produção. Para empresas comerciais, o mesmo prazo médio representa o tempo médio (em dias) entre a compra de mercadoria e a sua revenda.

O PME é calculado utilizando a seguinte fórmula:

$$PME = \frac{\text{Estoque médio de matéria-prima}}{\text{Consumo anual}} \times 365$$

O consumo anual, constante da fórmula, é resultado da seguinte equação:

$$\text{Consumo anual} = Ei + C - Ef$$

Onde:

Ei = Estoque inicial de matéria-prima

C = Compras de matéria-prima no período

Ef = Estoque final de matéria-prima

O PMF, por sua vez, representa o tempo médio (em dias) gasto na fabricação dos produtos. Trata-se de um índice relevante para negócios em que o processo produtivo é mais demorado. Vejamos, a seguir, a fórmula em questão:

$$PMF = \frac{\text{Estoque médio de produtos em elaboração}}{\text{Consumo de produção}} \times 365$$

Já o PMV, que também pode ser tratado como PME de produtos acabados, representa o tempo médio (em dias) entre o término da fabricação e a venda efetiva. Sua fórmula é representada a seguir:

$$PMV = \frac{\text{Estoque médio de produtos em acabados}}{\text{Consumo do produto vendido}} \times 365$$

O PMR representa o tempo médio (em dias) entre a venda e o recebimento da venda, conforme a seguir:

$$PMR = \frac{\text{Saldo médio de contas a receber}}{\text{Receita líquida de vendas}} \times 365$$

Outro índice fundamental refere-se ao PMC, que considera apenas as vendas realizadas a prazo, já que o saldo a receber só se refere a esse tipo de vendas. Porém, esse valor muitas vezes não está disponível para usuários externos à organização. O PMC representa o tempo médio (em dias) do recebimento das vendas a prazo, e é dado pela fórmula a seguir:

$$PMC = \frac{\text{Saldo médio de contas a receber}}{\text{Vendas a prazo}} \times 365$$

Por fim, o PMPF representa o tempo médio (em dias) entre a compra de mercadorias e o pagamento aos fornecedores.

$$PMPFR = \frac{\text{Saldo médio fornecedores a pagar}}{\text{Compras no período}} \times 365$$

Na fórmula, o valor das compras no período é resultado da seguinte equação:

$$CMV = Ei + C - Ef$$

Onde:

CMV = Custo da Mercadoria Vendida

Ei = Estoque inicial de mercadorias

C = Compras de mercadorias no período

Ef = Estoque final de mercadorias

CASO PRÁTICO

Para exemplificar os cálculos dos Prazos Médios do ciclo operacional e do ciclo de caixa, vamos avaliar os valores da empresa Gordinho sem R Ltda.

(em milhões)	Ano 0	Ano 1	(em milhões)	Ano 0	Ano 1
Caixa e equiv. de caixa	8	13	Imposto a pagar	0	0
Contas a receber	20	20	Contas a pagar	0	0
Estoques – prod. acabado	18	18	Adiantamento de clientes	0	0
Estoques – prod. processo	24	24	**Total PC**	**0**	**0**
Estoques – matéria-prima	8	8	Empréstimos	60	60
Total AC	**78**	**83**	**Total Passivo Não Circulante**	**60**	**60**
Planta e equipamento	26	26	Capital social	40	40
(–) Depreciação acumulada	–4	–7	Lucro	0	2
Total Ativo Não Circulante	**22**	**19**	**Total PL**	**40**	**42**
TOTAL DE ATIVOS	**100**	**102**	**TOTAL DE PASSIVO + PL**	**100**	**102**

(em milhões)	Ano 0	Ano 1
Receita Líquida	58	60
(–) CPV	– 36	– 36
Lucro Bruto	**22**	**24**
Desp. Gerais	– 12	– 12
Depreciação	– 4	– 3
Lucro Operacional	**6**	**9**
(–) Juros (10% a.a.)	– 6	– 6
LAIR	**0**	**3**
(–) IR (1/3)	0	– 1
Lucro Líquido	**0**	**2**

Vejamos a seguir os cálculos:

- PME = 8/24 × 365 = 122 dias (abertura do CMV entre MP e outros custos)
- PMF = 24/36 × 365 = 243 dias (abertura do CMV entre MP e outros custos)
- PMV = 18/60 × 365 = 109 dias
- PMR = 20/60 × 365 = 122 dias
- Ciclo Operacional = 596 dias
- PMPF = 0/24 × 365 = 0 dia
- Ciclo de Caixa = 596 dias

A Gordinho sem R Ltda. paga suas aquisições de matéria-prima e custos de salários à vista, não fazendo uso do recurso de terceiros não onerosos para financiar sua operação. Além disso, os saldos muito elevados de estoques e contas a receber são responsáveis pelo ciclo operacional de mais de 1,5 ano.

Esses cálculos são menos simples que aqueles que vimos na seção anterior e para alguns casos precisamos de informações internas da empresa. Mas eles também ajudam a perceber que algo não vai muito bem na gestão da Gordinho sem R Ltda. Com efeito, os prazos operacionais são muito extensos, o que resulta em um ciclo de caixa maior de um ano, o que compromete a eficiência operacional da empresa. Isso porque, quanto mais cedo converte-se a produção em caixa, mais eficiente é a empresa, que passa a depender menos de fontes de financiamento que geram custos financeiros e comprometem a sua lucratividade.

MÉTODOS DE ANÁLISE DAS DEMONSTRAÇÕES CONTÁBEIS: ANÁLISE DE ÍNDICES FINANCEIRO-ECONÔMICOS

Nesta seção, pretendemos expor a análise das demonstrações contábeis por meio da abordagem do cálculo de índices, que inclui liquidez, estrutura patrimonial e rentabilidade.

Tais índices expressam uma relação entre contas (ou grupo de contas). Eles são importantes para fins de comparação, porque reduzem o problema de escala entre empresas e o problema dos valores ao longo do tempo. Em outras palavras, eles permitem comparações entre empresas de tamanhos diferentes, bem como reduzem os problemas presentes em análises horizontais, como é o caso envolvendo questões de natureza inflacionária.

Basicamente, a análise é realizada por meio de quatro grupos de índices financeiro-econômicos, a seguir listados:

- Situação financeira: liquidez.
- Situação patrimonial: estrutura de capital.
- Situação econômica: lucratividade e rentabilidade.
- Situação operacional: gestão de Ativos e Passivos operacionais.

Vejamos como se dá o processo de análise considerando cada um desses grupos:

ANÁLISE DE LIQUIDEZ

Os índices de liquidez são uma forma de verificar a capacidade de pagamento da entidade, ou seja, capacidade de cumprir seus compromissos financeiros. Eles envolvem o estudo dos AC e dos PC, embora não exclusivamente. Por exemplo: o índice de liquidez geral também considera o Ativo realizável a longo prazo e Passivo exigível a longo prazo.

Nesse contexto, os AC são aqueles que serão transformados em dinheiro no curto prazo. Já os PC representam aquelas obrigações que precisarão ser satisfeitas no curto prazo. Notem que, em contabilidade, curto prazo, em geral, representa o período de 1 ano.

Ressalte-se que o valor disponível da empresa para cumprimento de suas obrigações, em última instância, está representado pelos AC. Considerem-se, por exemplo, as obrigações tributárias a vencer no prazo de 30 dias.

No geral, a empresa irá utilizar o caixa para saldar essa dívida, muito embora nada impeça que ela liquide um Ativo imobilizado (registrado no Ativo Não Circulante) a fim de transformá-lo em caixa disponível para liquidar a obrigação. Contudo, esse não é um procedimento comum, ou ao menos não é desejável.

O primeiro índice a ser apresentado na análise de liquidez é o índice de liquidez geral. O ideal é que o resultado da fórmula a seguir seja maior do que 1:

$$\text{Liquidez Geral} = \frac{AC + RLP}{PC + PNC}$$

Notem que um resultado maior que 1 significa que o AC e o realizável a longo prazo, que se encontram no numerador, é maior do que o PC e o Passivo Não Circulante, o que equivale a dizer que a empresa possui recursos suficientes para saldar todos seus compromissos.

Entretanto, é importante alertar que o índice de liquidez geral pode ser altamente enganoso, por indicar uma situação financeira que, na verdade, não é tão confortável quanto parece numa análise apressada. Por exemplo, imagine uma empresa que possui 1 milhão de AC e 5 milhões de realizável a longo prazo. De outro lado, seu PC é de 4 milhões e o Passivo Não Circulante é de 1 milhão.

Nesse caso, o índice de liquidez geral é de 1,2, ou seja, superior a 1, denotando, supostamente, uma confortável situação financeira da empresa. Contudo, como é possível notar, a empresa possui 4 milhões de dívidas de curto prazo e apenas 1 milhão de AC para saldar essas obrigações. Na medida em que o realizável a longo prazo, como o nome denota, não tem conversão em caixa imediato, a empresa tem sérios problemas financeiros, o que exige estratégias para alongamento da dívida ou liquidação antecipada dos Ativos de longo prazo, o que geralmente não é eficiente.

É por isso que muitos analistas desconsideram o índice de liquidez geral, preferindo proceder às análises com o índice de liquidez corrente, a seguir apresentado:

$$\text{Liquidez Corrente} = \frac{AC}{PC}$$

Repare que, novamente, o ideal é que o resultado seja superior a 1, o que demonstraria que a empresa tem uma situação financeira confortável, haja vista possuir Ativos de curto prazo suficientes para liquidar suas obrigações de curto prazo.

Ocorre que mesmo o índice de liquidez corrente pode levar a conclusões equivocadas, haja vista que o estoque compõe o AC, tal qual títulos a receber e, embora se espere a liquidação no curto prazo, trata-se de Ativos que podem não ser convertidos em caixa na velocidade esperada pela empresa.

Em razão disso, os analistas costumam avaliar esse índice em conjunto com o de liquidez seca. Esse índice é mais restrito e por isso mesmo é normal que ele não seja igual ou maior que 1, já que é natural que a empresa dependa da venda de seus estoques para honrar seus compromissos financeiros. Por isso, para esse índice não há um resultado mínimo ideal, devendo idealmente ser analisado em conjunto com os índices anteriores.

No índice de liquidez seca, o estoque é excluído por representar um fator de incerteza quanto a venda e posterior realização em caixa. Já as despesas antecipadas são excluídas porque não se convertem em caixa. Por exemplo: não se pode usar o valor já pago de uma apólice de seguro do ano todo (despesa antecipada) para pagar um fornecedor. Vejamos a fórmula desse índice:

$$\text{Liquidez Seca} = \frac{AC - (\text{Estoques} - \text{Desp. Antecipadas})}{PC}$$

Finalmente, o último índice de liquidez refere-se ao índice de liquidez imediata, sendo ele o mais conservador dentre os que compõem esse grupo de análise. O objetivo desse índice é avaliar quanto o caixa atual da empresa é capaz de cobrir os PC. Nesse caso, também é natural que o índice seja menor do que 1, já que não é eficiente manter um saldo de caixa suficiente para cobrir todos os compromissos já assumidos para o período de um ano. Vejamos sua fórmula:

$$\text{Liquidez Imediata} = \frac{\text{Caixa e equivalentes de caixa}}{\text{PC}}$$

Observe que se trata de um índice bastante conservador, haja vista que demonstra quanto a empresa possui de caixa disponível para pagar todas as dívidas vencíveis nos próximos 12 meses.

ESTRUTURA DE CAPITAL E ENDIVIDAMENTO

O segundo grupo de índices que compõem a análise de índices financeiro-econômicos refere-se à estrutura de capital e endividamento. Basicamente, trata-se de índices que nos permitem avaliar como a empresa financia sua atividade, ou seja, por meio de capital próprio ou de terceiros.

Nessa linha, o primeiro desses índices é justamente aquele que revela a participação de capitais de terceiros no financiamento dos Ativos da empresa. Esse índice também é conhecido como índice de alavancagem, por indicar quanto a entidade deve a terceiros para cada $ 1 de capital próprio que possui.

$$\text{Participação de Capital de Terceiros} = \frac{\text{Capital de Terceiros}}{\text{PL}}$$

Como matematicamente podemos concluir, caso o índice seja maior que 1, isso significa que a empresa financia suas atividades primordialmente com capital de terceiros. Por exemplo, se o resultado desse cálculo é 3, então para cada 1 real que a empresa disponha de capital próprio, há 3 relacionados a empréstimos de terceiros, o que revela o índice de alavancagem da empresa.

Outro indicador que é muito importante para a análise da estrutura de capital da empresa refere-se ao índice de imobilização do PL, que mostra o percentual dos recursos próprios que está investido em Ativos de longo prazo.

$$\text{Imobilização do PL} = \frac{\text{ANC}}{\text{PL}}$$

No geral, as empresas industriais possuem um índice de imobilização do PL bastante relevante, haja vista, normalmente, necessitarem de muito maquinário para produção. Isso não ocorre, por exemplo, nas empresas comerciais e de serviço, que não necessitam como as empresas industriais de muitos Ativos imobilizados para suas atividades.

Esse índice ainda permite análises comparativas extremamente relevantes. Imagine, por exemplo, que sua empresa, comparada com as demais do setor, possua um índice de imobilização do PL muito maior, não obstante os resultados operacionais sejam semelhantes. Isso pode indicar que sua empresa não é tão eficiente na produção, haja vista que seus concorrentes conseguem obter resultados semelhantes, ainda que disponham de menos Ativos.

Nessa linha, caso sua empresa consiga identificar o motivo dessa diferença, poderá obter maior eficiência produtiva, dispensando o investimento em tantos Ativos imobilizados e, assim, liberando capital de giro.

Outra indicação fundamental e que nos permite avaliar o endividamento da empresa refere-se ao índice de endividamento de curto prazo. Ele indica o percentual dos recursos de terceiros que deverão ser pagos no curto prazo, conforme fórmula a seguir:

$$\text{Endividamento de curto prazo} = \frac{PC}{\text{Capital de terceiros}}$$

Esse índice se contrapõe ao índice de endividamento de LP, que indica o percentual dos recursos de terceiros que deverão ser pagos no longo prazo.

$$\text{Endividamento de longo prazo} = \frac{PNC}{\text{Capital de terceiros}}$$

A soma dos índices de endividamento de curto e longo prazo será sempre igual a 1, haja vista que capital de terceiros é igual à soma de PC + PNC.

Ambos os índices devem ser analisados em conjunto e com os devidos cuidados. No geral, para alívio do caixa no curto prazo, é melhor possuir um endividamento de longo prazo maior do que endividamento de curto prazo. Por outro lado, endividamento de longo prazo costuma gerar despesas financeiras relevantes, comprometendo a lucratividade da empresa.

Por sua vez, o índice de endividamento geral pode ser interpretado como o percentual dos recursos totais que são providos por terceiros, de acordo com a fórmula a seguir:

$$\text{Endividamento geral} = \frac{\text{Capital de terceiros}}{\text{Ativo total}}$$

Em outras palavras, esse índice mostra quanto do Ativo total é financiado pelo capital de terceiros, o que também denota a alavancagem da empresa e permite a comparabilidade com outras empresas do setor envolvendo a composição de capital.

Por fim, um dado que é indispensável para as análises de eficiência da empresa envolve o custo da dívida com terceiros.

Quando não temos a informação detalhada do percentual de custo de cada dívida para apurar o custo médio ponderado da dívida com terceiros, uma forma de obter essa informação é usar a fórmula de custo da dívida, a seguir indicada:

$$\text{Custo da dívida} = \frac{\text{Despesas financeiras}}{\text{Passivos onerosos}}$$

Trata-se de uma informação relevantíssima para a empresa ter ciência sobre o custo da dívida com terceiros e compreender sua estrutura de endividamento e como ela afeta a lucratividade da empresa. Evidentemente, quanto maior o custo da dívida, menor tende a ser a lucratividade da empresa.

LUCRATIVIDADE E RENTABILIDADE

O grupo seguinte refere-se aos índices de lucratividade e rentabilidade. É comum ver o uso desses dois termos como sinônimos, mas eles na verdade expressam ideias diferentes. Enquanto a análise da lucratividade tem o intuito de relacionar o lucro da entidade com o seu montante de vendas, a análise da rentabilidade tem o intuito de relacionar o lucro da entidade com o montante do investimento feito nela.

Vale dizer que, quando falamos de rentabilidade, o objetivo é avaliar se a entidade foi eficiente em um período e verificar se conseguiu remunerar adequadamente o investimento total e seus acionistas.

Nas análises de rentabilidade, utiliza-se o saldo médio de referência, ou seja, Ativo total médio e o PL médio, porque não é possível definir se o resultado foi atingido com o saldo inicial ou final. Por isso, para maior precisão dos resultados, normalmente se usa a média entre essas duas posições.

O primeiro desses índices refere-se à análise do giro do Ativo, que representa uma forma de avaliar o uso que está sendo feito dos recursos investidos para geração de receita, conforme a seguinte fórmula:

$$\text{Giro do Ativo} = \frac{\text{Receita líquida de vendas}}{\text{Ativo total médio}}$$

Quanto maior for o resultado do giro do ativo, maior é a eficiência da empresa, que consegue obter receitas líquidas adequadas ao seu Ativo total. Tal análise é fundamental em termos de comparabilidade entre dois momentos distintos ou entre empresas do setor, haja vista denotar a eficiência na geração de receitas em relação ao Ativo total da empresa.

Por sua vez, o giro do PL é similar ao giro do Ativo, sendo uma forma de avaliar o uso que está sendo feito dos recursos investidos exclusivamente pelos acionistas para geração de receita. Repare:

$$\text{Giro do PL} = \frac{\text{Receita líquida de vendas}}{\text{PL médio}}$$

Novamente, quanto maior o resultado do giro do PL, maior é a eficiência da empresa no uso dos recursos dos acionistas. Obviamente, é possível melhorar esse índice aumentando as receitas ou reduzindo o PL da empresa. Suponha, por exemplo, duas empresas que possuam Receita Líquida de vendas de 10 milhões de reais. Contudo, a empresa "A" possui PL de 20 milhões de reais, ao passo que a empresa "B" possui PL de 30 milhões de reais. Os resultados demonstram que a empresa "A" é mais eficiente que a empresa "B", tendo em vista que gerou o mesmo montante de Receita Líquida, contudo com um PL menor.

MARGEM LÍQUIDA (OPERACIONAL E BRUTA)

Outro índice de eficiência relevante é a margem líquida, seja ela operacional ou bruta. A análise de margem pode ser obtida através da AV, que comentamos em tópico anterior. Para seu cálculo, o ponto de referência é sempre a Receita Líquida de vendas, conforme comprovamos a seguir:

$$\text{Margem líquida} = \frac{\text{Resultado líquido}}{\text{Receita líquida de vendas}}$$

O resultado desse índice é bastante intuitivo, ou seja, quanto maior a margem, melhor é o resultado da empresa.

Seguindo adiante, o Retorno sobre o Patrimônio Líquido (*Equity*) – ROE apura a taxa de retorno médio obtido pelos investidores. Ele pode ser obtido de duas maneiras, conforme essas fórmulas:

$$ROE = \frac{\text{Resultado líquido}}{\text{PL médio}}$$

$$ROE = \text{Margem líquida} \times \text{Giro do PL}$$

Como se nota, trata-se de outro índice cujo resultado é intuitivo. Quanto maior o resultado do cálculo, melhor para os acionistas, denotando que a empresa é eficiente do ponto de vista operacional. Afinal, um resultado superior ao comparado com concorrentes significa que a empresa é eficiente no uso dos recursos de capital próprio, gerando ótimos resultados para seus acionistas. O mesmo vale quando comparamos o resultado com outros ocorridos em outro ponto do tempo: uma melhora desse índice demonstra aumento da eficiência da empresa na geração de resultados.

Por sua vez, o Retorno sobre o Ativo (ROA) apura a taxa de retorno médio obtido para todos os recursos aplicados na entidade, seja de investidores ou capital de terceiros.

$$ROA = \frac{\text{Resultado líquido}}{\text{Ativo total médio}}$$

Aqui, valem os comentários mencionados sobre o ROE: quanto maior o resultado, mais eficiente é a empresa no uso dos seus Ativos.

É relevante, nesse momento, comentarmos sobre o EBITDA (*Earnings Before Interest, Taxes, Depreciation and Amortization*), conhecido em português como LAJIDA (Lucros Antes de Juros, Impostos, Depreciação e Amortização).

Esse indicador busca apurar a capacidade de geração de caixa operacional da empresa, já que parte do lucro operacional (EBIT: *Earning Before Interest and Taxes* ou, em português, lucros antes de juros e impostos), porém, adiciona os valores de depreciação e amortização, que reduzem o resultado operacional, mas não têm efeito de caixa.

Ele é utilizado para estimar a rentabilidade futura da empresa e múltiplos desse indicador são utilizados para avaliar o valor de uma entidade em acordos de aquisição ou fusão. Trata-se de um índice que revela a eficiência operacional da empresa, ou seja, a capacidade de gerar lucro operacional, sem considerar as despesas de depreciação e amortização que, embora afetem o lucro, não têm efeito no caixa.

CASO REAL

Todo ano, a revista *IstoÉ Dinheiro* avalia as maiores empresas do Brasil e as classifica, premiando as vendedoras por categoria. São utilizados cinco critérios para medir e premiar a boa administração: a sustentabilidade financeira, a gestão de recursos humanos, a gestão em inovação e qualidade, a responsabilidade social e ambiental e a governança corporativa. A pontuação máxima é de 500 pontos, sendo 200 pontos de sustentabilidade financeira e 75 pontos para cada uma das demais áreas avaliadas (recursos humanos, inovação e qualidade, responsabilidade social e ambiental e governança corporativa). A data base da avaliação é o último dia do ano anterior. Eventos supervenientes que vierem a conhecimento público entre o período dos relatórios gerenciais e a data da premiação podem, a critério exclusivo do Comitê Avaliador, ser levados em consideração na análise. Algumas questões, principalmente as relacionadas com responsabilidade social e ambiental e governança corporativa, constam ou foram customizadas do Índice de

Sustentabilidade Empresarial (ISE) da BM&FBOVESPA. Notem que 40% (200 de 500) da pontuação usada para eleger as campeãs em 22 setores da economia é obtida através da Análise das Demonstrações Financeiras, seguindo a pontuação:

Pontuação
SUSTENTABILIDADE FINANCEIRA
EMPRESAS
A. Variação da receita – 10 pontos
B. Posição da receita no setor – 30 pontos
C. Margem EBITDA (EBITDA/Receita) – 40 pontos
D. Rentabilidade do PL (lucro líquido/PL) – 40 pontos
E. Relação Disponibilidades/Empréstimos e financiamentos de curto prazo – 40 pontos
F. Relação Dívida total líquida / PL – 40 pontos
Critério de desempate: item B

Portanto, os índices apresentados neste capítulo servem de base para avaliação da situação financeira, econômica, patrimonial da empresa, bem como de sua eficiência no uso de recursos e na geração de receitas e lucros. Trata-se de uma ótima ferramenta de análise ao condensar em índices de fácil comparação realidades econômicas complexas das empresas.

Como todo modelo que simplifica a realidade, contudo, a análise de demonstrações contábeis deve ser vista com ressalva. De nada adianta o analista se fiar unicamente em tais índices se não conhece o modelo de negócio da empresa; o setor a que pertence; em que fase do seu ciclo de vida se encontra; e outras informações relevantes. Em resumo, embora os índices apresentados possam ser uma ferramenta de análise poderosa, nada substitui a experiência do analista e seu conhecimento acerca da empresa e do mercado.

ATENÇÃO!

É possível ver a explicação completa acerca da pontuação acessando o QR Code.

uqr.to/1ay6u

OBJETIVO 4

GERAÇÃO DE VALOR AO ACIONISTA E *EARNING VALUE ADDED*

Earning Value Added (EVA) é um conceito de avaliação da rentabilidade da empresa pelo excedente de resultado obtido após o pagamento dos custos de capital, incluindo de terceiros e próprio.

ÁRVORE DO *EARNING VALUE ADDED*

O EVA é calculado por meio da subtração entre o resultado obtido pela operação e o resultado que era esperado de acordo com o volume de capital investido e seus respectivos custos.

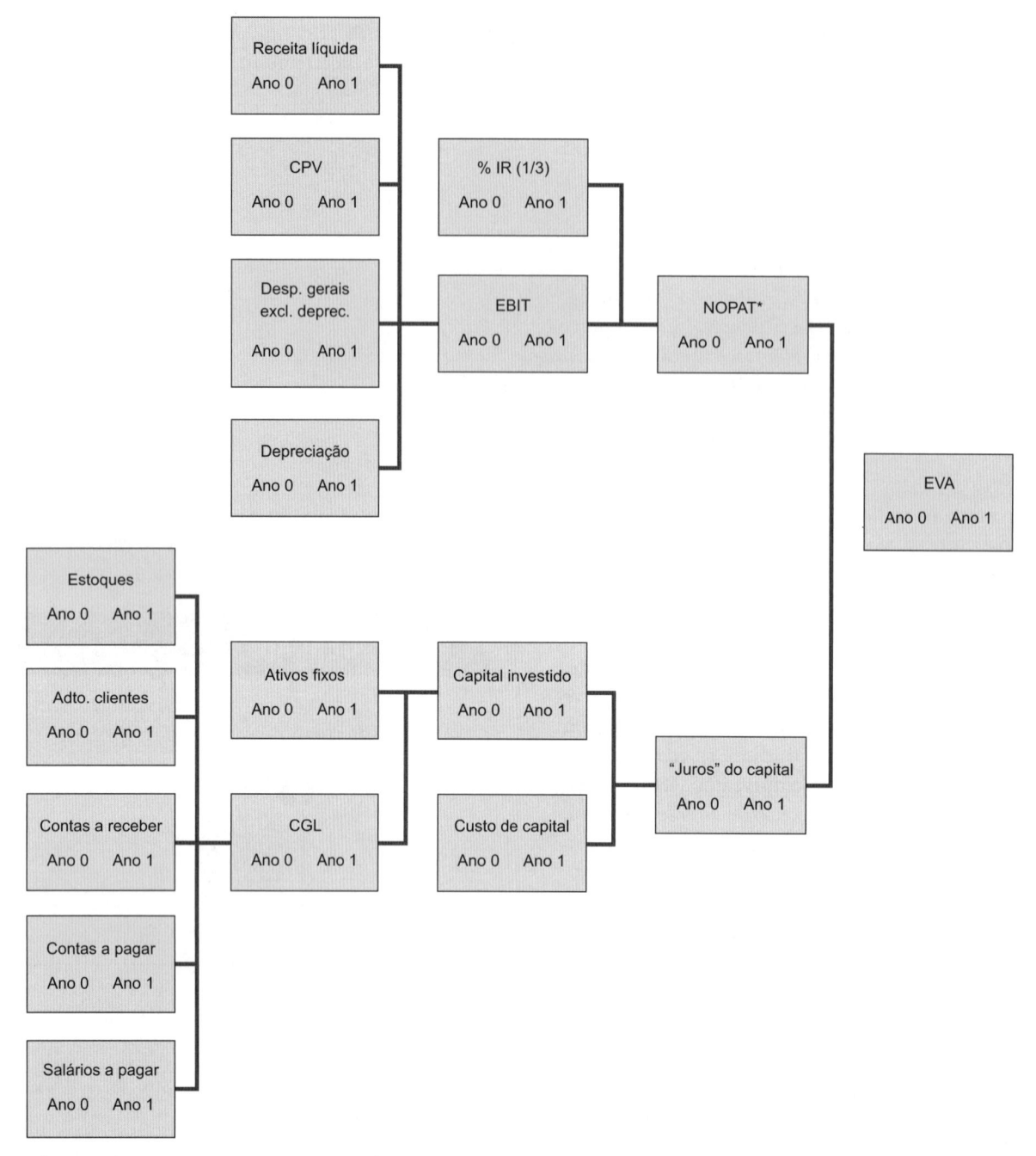

* *Net Operational Profit After Taxes*

Figura 7.11   Árvore do EVA (R).

Olhando de forma mais detalhada a parte superior, vemos que o cálculo do EVA parte do Resultado Operacional (EBIT – *Earnings Before Interest and Taxes*) e subtrai o custo dos impostos sobre o lucro desconsiderando qualquer benefício fiscal relacionado com os juros pagos a capital de terceiros (despesas financeiras), chegando assim ao Resultado Operacional Após Impostos (NOPAT – *Net Operational Profit After Taxes*).

Esse valor representa o ganho gerado pela empresa no período em análise, independentemente da fonte de financiamento utilizada, ou seja, se capital próprio ou de terceiros.

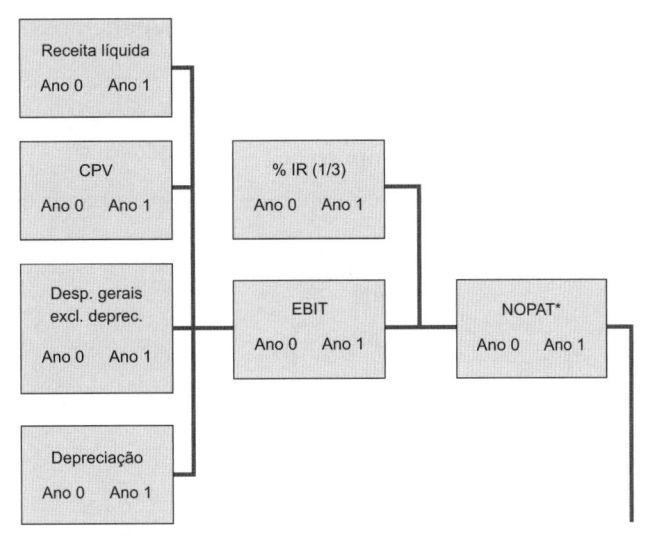

Figura 7.12 Recorte da árvore do EVA (R) - parte superior.

A parte inferior da árvore avalia o esforço financeiro que foi necessário para obtenção do resultado da parte superior. Neste cálculo, apuramos o volume de Capital de Giro Líquido (CGL) empregado na operação e somamos a ele o volume de Ativos fixos. Com isso, obtemos o volume total de Capital Investido na Operação, sendo que os Ativos têm efeito positivo nesse cálculo, enquanto os passivos reduzem o valor, uma vez que representam o capital de terceiros que é utilizado para alavancar a operação.

Notem que o valor em caixa e equivalentes de caixa não é considerado nesse momento, por não representar Ativos investidos na operação, mas, sim, excedente de recursos.

Sobre o valor de Capital Investido é aplicada a taxa de custo médio ponderado de capital (*Weighted Average Cost of Capital – WACC*), que considera o custo de capital próprio e capital de terceiros ponderados pelos seus respectivos volumes totais. No caso do custo de capital de terceiros, ele é ajustado de forma a refletir o benefício fiscal obtido pela redução dos juros pagos sobre o valor base para cálculo do imposto de renda.

Ao aplicarmos a taxa do WACC sobre o Capital Investido, obtemos a remuneração mínima que era necessária para cobrir esse custo, que na árvore é chamado de "juros sobre o capital investido".

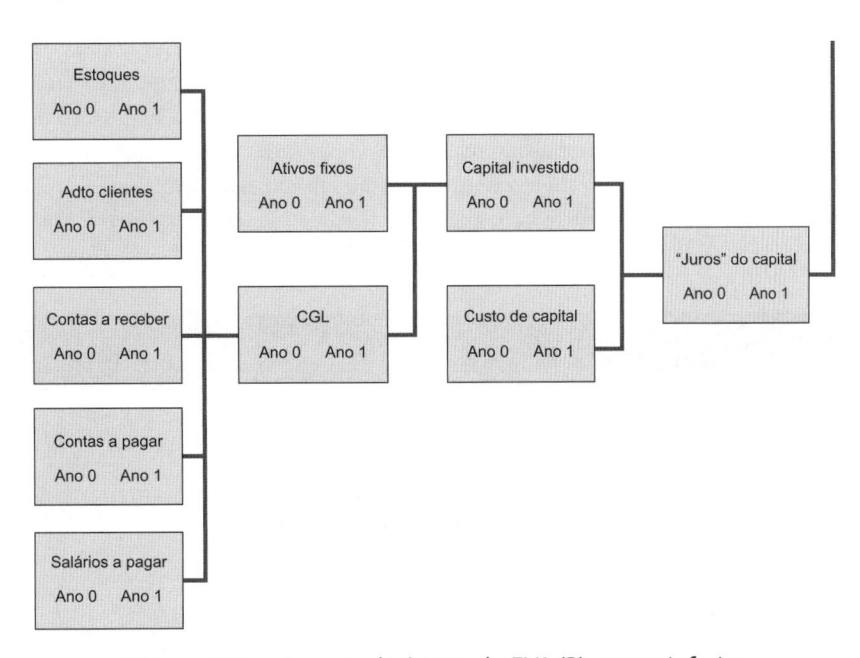

Figura 7.13 Recorte da árvore do EVA (R) - parte inferior.

Ao subtrairmos esse valor de "juros" do capital do valor de NOPAT, podemos obter os três tipos de resultado apresentados na Figura 7.14.

- Positivo: a empresa gerou valor com sua operação.
- Negativo: a empresa destruiu valor com sua operação.
- Neutro ou nulo: a empresa gerou o valor exatamente necessário para cobrir os custos do capital empregado na operação.

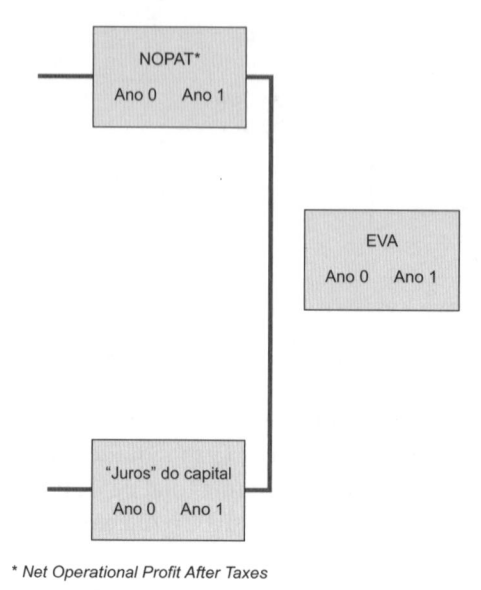

Figura 7.14 Recorte da árvore do EVA (R) - resultado final.

A análise dos referidos resultados é fundamental para avaliação da eficiência da empresa na aplicação do capital dos sócios, afinal o objetivo sempre está voltado para a geração de valor. Portanto, eventual constatação no sentido de que a empresa destruiu valor com sua operação merece um olhar atento por parte da controladoria e da gestão da empresa.

CASO REAL

O uso do conceito de geração de valor nas empresas é bastante amplo, e o EVA é uma das ferramentas utilizadas nesse processo. Por meio da leitura do artigo "Uma Análise Bibliométrica Multifontes sobre a Geração de Valor ao Acionista e a Gestão de Projetos, Programas e Portfólios" publicado na *Revista de Gestão de Projetos/Journal of Business and Projects*, os autores Jonas Lucio Maia e Luiz Carlos Di Serio fazem uma revisão bibliométrica para explorar o campo de pesquisa da Geração de Valor ao Acionista (GVA) e de sua relação com a Gestão de Projetos, Programas e Portfólios (GPPP).

ATENÇÃO!

Você pode acessar o conteúdo completo do artigo citado no QR Code.

uqr.to/1ay6v

INFLUÊNCIA DOS TRIBUTOS

Agora que tratamos dos principais conceitos necessários para avaliar a *performance* de uma operação ou empresa e as análises que são realizadas para elaboração e aprovação de orçamentos, vamos tratar da influência especificamente dos tributos nessas análises.

Os tributos influenciam, de forma geral, dois grandes grupos de informações: lucratividade e Ativos. Ou seja, as diferentes decisões de gestão tributária podem levar a uma variação na despesa com tributos (carga tributária) que pode aumentar ou reduzir o lucro do período e ao aumento ou redução de valores recuperáveis de tributos (créditos tributários).

GESTÃO TRIBUTÁRIA – LUCRATIVIDADE

O impacto na lucratividade é geralmente o mais abordado quando tratamos das possibilidades de gestão tributária. Diferentes cenários de alíquotas e bases de cálculo levam a diferentes volumes de despesas com impostos. Por isso, a avaliação do gestor tributário na preparação do orçamento, por meio da DRE projetada de acordo com o volume da operação, é fundamental na fase de aprovação do orçamento a ser realizado.

Na árvore do EVA, a influência estará diretamente ligada ao volume de NOPAT em três partes:

- Na Receita Líquida: a receita líquida é obtida a partir da receita bruta, reduzindo-se o valor dos impostos indiretos.
- No Custo do Produto Vendido: o valor de custo é obtido considerando-se o valor total para aquisição e produção dos bens e serviços, excluindo o valor dos impostos recuperáveis.
- Na alíquota do IR/CS: a alíquota aplicada sobre o EBIT para obtenção do NOPAT.

GESTÃO TRIBUTÁRIA – ATIVOS

O impacto no volume de Ativos da empresa é um ponto menos abordado quando tratamos das possibilidades de gestão tributária. Há um entendimento incompleto de que a recuperação de impostos (crédito tributário) gera redução dos custos para a empresa e isso seria sempre benéfico.

Indispensável lembrar que o imposto a recuperar (crédito tributário) é um Ativo, assim como estoques, uma espécie de estoque de impostos. Para obter esse estoque, um recurso foi investido, por isso reconhecemos um ativo. Quanto maior o volume de recurso investido (Capital Investido), maior o custo de remuneração desse capital ("Juros" do Capital).

Em outras palavras, o aumento de Ativo tem que ser acompanhado de aumento de retorno (rentabilidade) para que seja realmente benéfico para a empresa. Caso contrário, apenas consome um recurso que poderia estar alocado em outro Ativo gerador de resultado, ou mesmo poderia ser "devolvido" reduzindo o custo de capital como um todo.

Na árvore do EVA, a influência estará diretamente ligada ao volume de CAPITAL INVESTIDO, aumentando o volume de retorno necessário para cobrir os custos de remuneração desse capital e reduzindo o valor do EVA.

 **OLHA A DICA!**

A gestão tributária está envolvida com a controladoria? Em que sentido? Acesse o Google Acadêmico no QR Code, pesquise os termos "gestão tributária e controladoria" e encontre pesquisas que irão ajudá-lo a refletir sobre o tema.

uqr.to/1ay6w

OBJETIVO 1 Dois normativos principais compõem o ordenamento contábil brasileiro: (i) a Lei nº 6.404/76 com as suas alterações posteriores e (ii) os Pronunciamentos Técnicos emitidos pelo Comitê de Pronunciamentos Contábeis, que possuem correlação com as normas internacionais de contabilidade (IFRSs). O órgão responsável por emitir normas contábeis no Brasil é o Comitê de Pronunciamentos Contábeis (CPC). Os Pronunciamentos, as Interpretações e as Orientações emanadas do CPC são, basicamente, traduções das normas internacionais (IFRSs) – que são emitidas pelo *International Accounting Standards Board* (IASB), com raras adaptações de linguagem e de algumas situações específicas em razão das disposições contábeis previstas na Lei nº 6.404/76.

OBJETIVO 2 O objetivo das demonstrações contábeis é fornecer informações que sejam úteis aos seus usuários (acionistas, credores etc.) auxiliando-os nas suas decisões econômicas como compra e venda de ações, concessão de empréstimos etc. Para que as demonstrações contábeis atinjam seu objetivo principal, elas devem conter informações relevantes. Informações relevantes são aquelas capazes de fazer diferença na decisão dos usuários, seja auxiliando-os a prever os resultados futuros da empresa (valor preditivo), seja servindo de *feedback* de avaliações prévias (valor confirmatório).

OBJETIVO 3 Os elementos das demonstrações contábeis são cinco, a saber: (i) Ativo; (ii) Passivo; (iii) Patrimônio Líquido; (iv) Receita; e (v) Despesa. Ativo é um direito controlado pela empresa que tem o potencial de produzir benefícios econômicos futuros. Passivo é uma obrigação presente da entidade de transferir um recurso econômico como resultado de eventos passados. PL é a participação residual nos Ativos da entidade após a dedução de todos os seus Passivos. Receitas são aumentos nos Ativos, ou reduções nos Passivos, que resultam em aumentos no PL, exceto aqueles referentes a contribuições de detentores de direitos sobre o patrimônio. Despesas são reduções nos Ativos, ou aumentos nos Passivos, que resultam em reduções no PL, exceto aqueles referentes a distribuições aos detentores de direitos sobre o patrimônio.

OBJETIVO 4 As demonstrações contábeis principais são: (i) Balanço Patrimonial (BP), (ii) Demonstração do Resultado do Exercício (DRE), (iii) Demonstração do Resultado Abrangente (DRA), (iv) Demonstração das Mutações do Patrimônio Líquido (DMPL), (v) Demonstração dos Fluxos de Caixa (DFC) e (vi) Demonstração do Valor Adicionado (DVA). O BP evidencia a situação patrimonial e financeira da entidade, sendo composto por Ativos (A), Passivos (P) e Patrimônio Líquido (PL). A DRE demonstra o desempenho da empresa em dado período e confronta as receitas e despesas pelo regime de competência. A DRA é composta pelo lucro do período, extraído da DRE, acrescido das variações nas contas de outros resultados abrangentes. A DFC evidencia as variações na conta caixa e equivalentes de caixa a partir do agrupamento das atividades operacionais, de investimento e financiamento. A DMPL demonstra as mutações ocorridas no PL da entidade em determinado período. A DVA evidencia a riqueza gerada pela empresa e como tal riqueza foi distribuída entre os *stakeholders*.

▶ VÍDEOS ADICIONAIS SOBRE O CAPÍTULO

Acesse os QR Codes para assistir ao material adicional do capítulo:

Vídeo 1
uqr.to/1ay9v

Vídeo 2
uqr.to/1ay9w

Vídeo 3
uqr.to/1ay9x

CASO REAL

Uma empresa apresentou prejuízo no exercício de 2020. Além disso, seu PL encontra-se negativo em razão de sucessivos prejuízos em exercícios anteriores. O PC encontra-se superior ao AC. Do mesmo modo, algumas cláusulas contratuais de dívida ("*covenants*") não foram atendidas no final do encerramento do exercício de 2020, o que acarretará o vencimento antecipado de algumas dívidas.

Pergunta-se: como consultor da empresa, você foi chamado a opinar sobre algumas alternativas para auxiliar a continuidade operacional da empresa.

Cenário 1: Aumento de Capital, em que os atuais acionistas seriam chamados a integralizar mais recursos na empresa.

Cenário 2: Pedido de Recuperação Judicial, no qual a empresa buscaria renegociar suas dívidas com credores e equacionar sua situação econômico-financeira.

APLICANDO CONHECIMENTOS – TESTES E CASO PARA RESOLVER

TESTES DE MÚLTIPLA ESCOLHA

1. Qual alternativa apresenta corretamente a equação patrimonial?

   a) Ativo = Patrimônio Líquido – Passivo.

   b) Ativo – Passivo = Patrimônio Líquido.

   c) Patrimônio Líquido = Ativo + Passivo.

   d) Passivo = Patrimônio Líquido – Ativo.

2. Qual valor é usado como base de referência na Análise Vertical da Demonstração do Resultado do Exercício?

   a) Lucro Líquido.

   b) Receita Bruta de Vendas.

   c) Receita Líquida de Vendas.

   d) Lucro Bruto.

3. Considerando os dados extraídos das Demonstrações Contábeis da empresa Beta, qual o prazo médio de renovação dos estoques (considerando 365 dias) e qual a margem bruta de vendas, respectivamente, da empresa Beta?

Receita Líquida de Vendas	625.000,00
Custo das Mercadorias Vendidas	300.000,00
Lucro Líquido do Exercício	120.000,00
Patrimônio Líquido	800.000,00
Estoque Médio do Exercício	125.000,00

   a) 152 dias e 52%.

   b) 175 dias e 19%.

   c) 73 dias e 52%.

   d) 146 dias e 20%.

4. A companhia Beta apresenta Índice de Liquidez Corrente 2,0 ao final do ano 2019. A transação que poderá trazer efeito positivo para esse índice é:

   a) Venda de Ativo imobilizado à vista, com prejuízo.

   b) Declaração e pagamento de dividendos.

   c) Recebimento do saldo de clientes.

   d) Captação de um empréstimo bancário com vencimento em 10 meses.

5. A empresa Gama vem girando 12 vezes, em média, seu saldo de contas a receber e 24 vezes seu saldo de fornecedores a pagar, considerando um ano de 360 dias. As matérias-primas permanecem em média 40 dias estocadas, antes de serem consumidas no processo produtivo. Os produtos acabados demandam 60 dias para serem vendidos e são gastos ainda 45 dias na fabricação. Supondo que a empresa conseguisse reduzir a estocagem de matéria-prima em 10 dias, o período de fabricação em 5 dias e a estocagem de produto acabado em 15 dias, e mantendo o ciclo financeiro anterior, qual o prazo adicional poderia ser concedido aos clientes?

   a) 45 dias.

   b) 15 dias.

   c) 5 dias.

   d) 30 dias.

RESPOSTAS

1-B; 2-C; 3-A; 4-A; 5-D.

CASO PARA RESOLVER

A empresa Gordinho sem R não vem apresentando bons indicadores financeiros, principalmente em relação a geração de valor e rentabilidade. Após atingir o ponto de equilíbrio (*break-even point*) no ano 0, ela preparou as demonstrações projetadas a seguir como proposta de orçamento para o ano 1, seu primeiro ano com lucratividade efetiva e possível distribuição de dividendos:

(em milhões)	Ano 0	Ano 1
Receita Líquida	58	60
(–) CPV	–36	–36
Lucro Bruto	**22**	**24**
Desp. Gerais	–12	–12
Depreciação	–4	–3
Lucro Operacional	**6**	**9**
(–) Juros (10% a.a.)	–6	–6
LAIR	**0**	**3**
(–) IR (1/3)	0	–1
Lucro Líquido	**0**	**2**

(em milhões)	Ano 0	Ano 1	(em milhões)	Ano 0	Ano 1
Caixa e equiv. de caixa	8	13	Imposto a pagar	0	0
Contas a receber	20	20	Contas a pagar	0	0
Estoques – prod. acabado	18	18	Adiantamento de clientes	0	0
Estoques – prod. processo	24	24	**Total PC**	**0**	**0**
Estoques – matéria-prima	8	8	Empréstimos	60	60
Total AC	**78**	**83**	**Total Passivo Não Circulante**	**60**	**60**
Planta e equipamento	26	26	Capital social	40	40
(–) Depreciação acumulada	–4	–7	Lucro	0	2
Total Ativo Não Circulante	**22**	**19**	**Total PL**	**40**	**42**
TOTAL DE ATIVOS	**100**	**102**	**TOTAL DE PASSIVO + PL**	**100**	**102**

Considerando a análise de EVA®, apesar da melhora apresentada, os números foram considerados insuficientes pela diretoria:

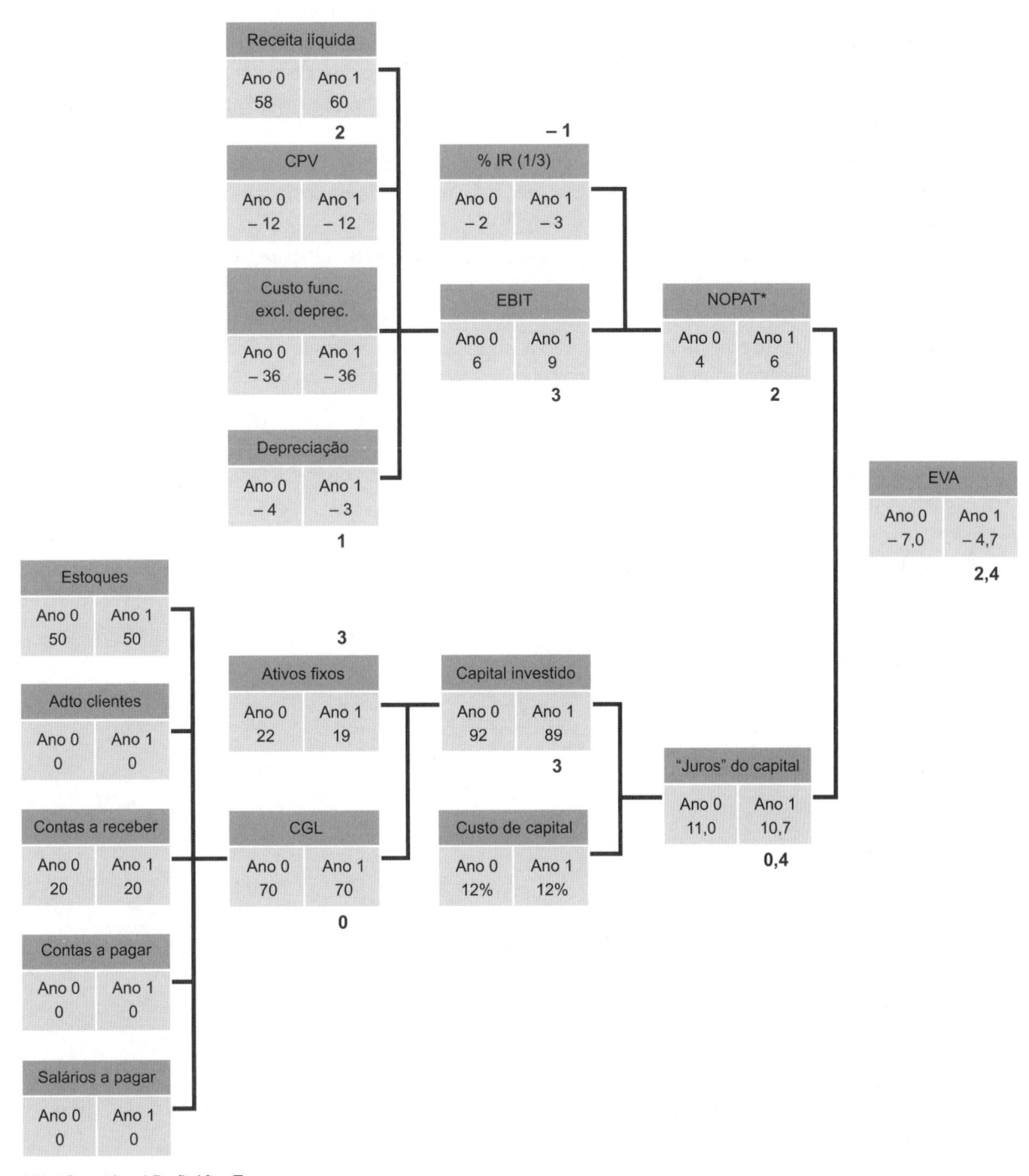

* Net Operational Profit After Taxes

Diante da reprovação do orçamento, a equipe operacional buscou uma consultoria, com valor de investimento de $ 1.000.000,00 para encontrar pontos de melhoria no orçamento do ano 1. Esse investimento impacta as Despesas Gerais e é paga à vista (sai do caixa). As mudanças e seus impactos esperados estão listados a seguir:

1. Foi identificada redundância de estoques em processo. A empresa decidiu reduzir pela metade esse tipo de estoque ao alterar o processo de embalagem diretamente ao final da linha de produção, e não em processo separado. Essa redução afeta o saldo de Estoques – Prod. Processo e "volta para o caixa" como se a compra nunca tivesse ocorrido.

2. Como reflexo dessa alteração, a empresa pode adquirir e manter menor volume de matérias-primas, reduzindo também pela metade esse tipo de estoque. Essa redução afeta o saldo de Estoques – matéria-prima e "volta para o caixa" como se a compra nunca tivesse ocorrido.

3. O reflexo no estoque de produto acabado é um pouco menor, reduzindo em 1/3 o volume de estoques mantidos para venda em comparação à situação anterior. Essa redução afeta o saldo de Estoques – produto acabado e "volta para o caixa" como se a compra nunca tivesse ocorrido.

4. A empresa decide mudar sua política de Prazo de Recebimento, reduzindo de 120 para 60 dias o PMR, com isso reduzindo o saldo de contas a receber também pela metade. Essa redução afeta o saldo de Contas a receber e "vai para o caixa" como se o prazo nunca tivesse concedido e um maior volume tivesse sido recebido à vista.

5. Por conta do treinamento e de melhorias na operação, a empresa reduz suas Despesas Gerais em $ 3.000.000,00. Essa economia "vai para o caixa" como se a despesa original nunca tivesse ocorrido.

6. Considerando o novo volume de caixa disponível, reduza (amortize) o volume de empréstimos em $ 40.000.000,00, como se esse volume nunca tivesse sido obtido junto ao banco.

7. Partindo da premissa de que apenas os itens citados aqui alteraram saldos de DRE e BP, refaça a DRE considerando os efeitos das mudanças acima.

Ajuste o valor pago de juros e impostos com base na nova DRE e refaça o BP considerando os efeitos dessas mudanças, bem como os pagamentos ajustados de juros e impostos.

A partir das análises realizadas, responda às seguintes questões sobre o novo orçamento proposto para o ano 1:

1. Qual a nova margem líquida?
   a) 10%.
   b) 3%.
   c) 5%.
   d) 15%.

2. Qual o novo ROA?
   a) 13,6%.
   b) 4,9%.
   c) 2,0%.
   d) 7,1%.

3. Qual o valor do novo NOPAT (*Net Operational Profit After Taxes*)?
   a) 4.000.000,00.
   b) 7.300.000,00.
   c) 6.000.000,00.
   d) 9.000.000,00.

4. Considerando um Custo Médio Ponderado de Capital (WACC do inglês) de 12% a.a., qual o valor de "juros" do capital investido no novo ano 1?

   a) 11.000.000,00.

   b) 6.000.000,00.

   c) 6.800.000,00.

   d) 2.000.000,00.

5. Qual o valor do EVA do novo ano 1?

   a) $ – 500.000,00.

   b) $ – 7.000.000,00.

   c) $ 9.000.000,00.

   d) $ 500.000,00.

RESPOSTAS

1-A; 2-D; 3-B; 4-C; 5-D.

GESTÃO DE IMPOSTO SOBRE SERVIÇOS – ISS

Alberto Macedo

OBJETIVOS DE APRENDIZAGEM DO CAPÍTULO

1. Compreender as funções da lei complementar para o ISS, de forma a conseguir avaliar seus aspectos teóricos e práticos, e aplicar o conhecimento adquirido na resolução de casos concretos.

2. Compreender as características constitucionais e legais do critério espacial (onde é devido) do ISS, de forma a conseguir avaliar seus aspectos teóricos e práticos, e aplicar o conhecimento adquirido na resolução de casos concretos.

3. Compreender as características constitucionais e legais do conceito constitucional de serviço e de prestação de serviço, e consequentemente os limites da base tributável (critério material) do ISS em relação às bases tributáveis do ICMS, do IPI, do IOF, de forma a conseguir avaliar seus aspectos teóricos e práticos, e aplicar o conhecimento adquirido na resolução de casos concretos.

4. Compreender as características constitucionais e legais da base de cálculo do ISS, de forma a conseguir avaliar seus aspectos teóricos e práticos, e aplicar o conhecimento adquirido na resolução de casos concretos.

5. Compreender as características constitucionais e legais dos contribuintes e responsáveis possíveis do ISS, de forma a conseguir avaliar seus aspectos teóricos e práticos, e aplicar o conhecimento adquirido na resolução de casos concretos.

6. Compreender as características constitucionais e legais das alíquotas possíveis do ISS, de forma a conseguir avaliar seus aspectos teóricos e práticos, e aplicar o conhecimento adquirido na resolução de casos concretos.

7. Compreender as características constitucionais e legais da tributação do ISS no comércio exterior de serviços, de forma a conseguir avaliar seus aspectos teóricos e práticos, e aplicar o conhecimento adquirido na resolução de casos concretos.

 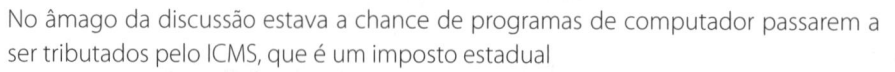

OBJETIVO 1

FATO GERADOR DO ISS

Quando falamos em tributo, há o fato gerador em abstrato (hipótese de incidência tributária), que é o fato hipotético previsto em lei, e o fato gerador em concreto (fato jurídico tributário), que, ocorrido no mundo dos fatos, dá origem à obrigação tributária. A hipótese de incidência tributária é composta dos critérios material (fato em si), espacial (onde a lei considera ocorrido o fato gerador) e temporal (quando a lei considera ocorrido o fato gerador).

Na Constituição de 1988, os impostos sobre o consumo são: (i) IPI (art. 153, IV); (ii) IOF (art. 153, V); (iii) ICMS-Mercadoria, ICMS-Comunicação e ICMS-Transporte Intermunicipal (art. 155, II), e ICMS-Energia Elétrica (art. 155, § 3º); e (iv) ISS (art.156, III).

O critério material do ISS está previsto de forma mais genérica, no art. 156, III, sendo mais detalhado na Lei Complementar nº 116, de 31.7.2003.

No texto constitucional, há, implicitamente, mais de uma possibilidade de critério espacial, sendo fundamental o papel da lei complementar para sua regulação, para prevenir conflito de competência tributária entre Municípios (art. 146, III, "a" c/c art. 146, I).

O critério temporal, seguindo alguns pressupostos constitucionais e legais, é definido por lei ordinária municipal. Prevê o art. 156, III, Constituição Federal:

> Art. 156. Compete aos Municípios instituir impostos sobre: [...]
> III – serviços de qualquer natureza, não compreendidos no art. 155, II, definidos em lei complementar.

Assim, ficam excluídos da incidência do ISS os serviços de transporte interestadual e intermunicipal e de comunicação, sujeitos à incidência do ICMS (art. 155, II); e ainda os serviços financeiros e securitários, sujeitos ao IOF (art. 153, V).

No seu art. 1º, a Lei Complementar nº 116/03 traz o critério material do fato gerador do ISS:

> Art. 1º O Imposto Sobre Serviços de Qualquer Natureza, de competência dos Municípios e do Distrito Federal, tem como fato gerador a prestação de serviços constantes da lista anexa, ainda que esses não se constituam como atividade preponderante do prestador.
>
> § 1º O imposto incide também sobre o serviço proveniente do exterior do País ou cuja prestação se tenha iniciado no exterior do País.
>
> § 2º Ressalvadas as exceções expressas na lista anexa, os serviços nela mencionados não ficam sujeitos ao Imposto Sobre Operações Relativas à Circulação de Mercadorias e Prestações de Serviços de Transporte Interestadual e Intermunicipal e de Comunicação – ICMS, ainda que sua prestação envolva fornecimento de mercadorias.
>
> § 3º O imposto de que trata esta Lei Complementar incide ainda sobre os serviços prestados mediante a utilização de bens e serviços públicos explorados economicamente mediante autorização, permissão ou concessão, com o pagamento de tarifa, preço ou pedágio pelo usuário final do serviço.
>
> § 4º A incidência do imposto não depende da denominação dada ao serviço prestado.

Os conceitos de "prestação de serviço de qualquer natureza" e de "serviço de qualquer natureza" serão detalhados a seguir, quando tratarmos do critério material.

O serviço de qualquer natureza tem que estar previsto na lei complementar para poder ser tributado pelo ISS. O art. 1º remete a uma lista anexa, onde estão definidos os serviços tributáveis. É uma definição legal, que deve estar sob os conceitos constitucionais de "prestação de serviço" e de "serviço de qualquer natureza".

O entendimento jurisprudencial é pacífico no sentido de que a lista de serviços é taxativa e não exemplificativa (RE 361.829 RJ; REsp 975.105 RS; REsp 1.176.356 RJ). Ou seja, se um serviço específico não estiver previsto na lista, por mais que haja a prestação desse serviço, não poderá ser exigido o ISS correspondente.

Mas essa lista comporta interpretação extensiva ou analógica, o que não se confunde com a proibição do art. 108, § 1º, do Código Tributário Nacional (CTN) (aplicação de analogia para se exigir tributo não previsto em lei), porque a analogia pressupõe lacuna da lei, enquanto a interpretação extensiva ou analógica da lista de serviços permite a incidência do ISS sobre serviços correlatos, similares, àqueles expressamente previstos na aludida lista de serviços, ainda que com denominação diversa:

> PROCESSUAL CIVIL. TRIBUTÁRIO. ISS. LISTA DE SERVIÇOS (DL 406/68). TAXATIVIDADE. INTERPRETAÇÃO EXTENSIVA. POSSIBILIDADE. SERVIÇOS DE REBOCAGEM. LC 116/03. LEI INTERPRETATIVA. ART. 106, I, DO CTN. VIOLAÇÃO DO ART. 535, I e II, DO CPC. NÃO CONFIGURADA. 1. A lista de serviços do DL 406/89, conforme cediço no E. S.T.J e no S.T.F é taxativa; o que não impede que, à luz de cada serviço enumerado, proceda-se à interpretação do dispositivo. 2. O item 87 da Lista de Serviços anexa ao Decreto-Lei 406/68, com a redação dada pela Lei Complementar nº 56, de 15.12.87, dispõe: "87. Serviços portuários e aeroportuários; utilização de porto ou aeroporto; atracação; capatazia; armazenagem interna, externa e especial; suprimento de água, serviços acessórios; movimentação de mercadorias fora do cais;" 3. É que determinado serviço tem as suas derivações, as quais, se praticadas por entidades autônomas, de forma a repercutir economicamente, tornam incidentes a exação. 4. A resolução SUNAMAM 8574/85, inciso IX, item II conceitua como serviço de rebocagem "aquele executado por rebocadores, cadastrados para a Navegação de Porto, estando especificamente autorizados para cumprir as seguintes manobras: de atracação, de desatracação, de assistência de reboque, de mudança de atracação e a de escoteio". 5. A doutrina sobre o tema esclarece que: "O reboque funcionando como manobra náutica remove o navio ou material flutuante de ponto a outro, facilitando o transporte. Reboque constitui, também, uma operação ou ato industrial ou mercantil quando um navio se ocupa principalmente em conduzir embarcações mercantes na entrada e saída dos portos para colocá-los ao lado do cais com a finalidade de atracar facilmente [...]. O emprego do reboque na navegação oferece melhor aceitação perto das costas e sobretudo para entrada e saída dos portos (dos navios). Os navios de grandes toneladas carregados de mercadorias, de dimensões enormes, necessitam entrar nos portos, de reboque" (MENDONÇA, Yolanda. *O reboque em direito marítimo*. Livraria São José, 1972, p. 12). 6. Sob esse enfoque, sobressai inequívoco que os serviços de rebocagem funcionam como auxílio no desempenho da atracação e desatracação. 7. Consectariamente, é serviço-meio para a consecução da atividade-fim, encartado por força de interpretação nos serviços tributários, máxime porque exercido por empresa diversa daquela que empreende o serviço final. 8. A capilar distinção entre interpretação extensiva ou analógica e a analogia em si, indicam que, *in casu*, não se está criando

exação contra a letra do art. 108, § 1º do CTN, notadamente porque a analogia, consoante cediço, pressupõe lacuna da lei e a interpretação a existência de que *legix dixit minus quam voluit*. 9. A lista de serviços tributáveis pelo ISS, a despeito de taxativa, admite a interpretação extensiva intra muros, qual seja, no interior de cada um de seus itens, permitindo a incidência da mencionada exação sobre serviços correlatos àqueles expressamente previstos na aludida lista de serviços. Precedentes do STJ: RESP 121428/RJ, Relator Ministro Castro Meira, *DJ* de 16.08.2004; RESP 567.592/PR, Relatora Ministra Eliana Calmon, *DJ* de 15.12.2003 e RESP 256.267/PR, Relator Ministro José Delgado, *DJ* de 18.09.2000. 10. Sob esse ângulo sobreleva notar entendimento sufragado pelo Supremo Tribunal Federal, no julgamento do RE nº 75.952/SP, no sentido de que: "A lista a que se referem o art. 24, II da Constituição, e 8º do Decreto-lei nº 83/69 é taxativa, embora cada item da relação comporte interpretação ampla e analógica." 11. *In casu*, tratando-se de serviços de atracação e desatracação de embarcações a esse gênero pertence a espécie de rebocagem, que é o quanto basta para fazer incidir o imposto sobre serviços. ... 16. Recurso especial desprovido (REsp 965583/SP – Ministro LUIZ FUX – 1ª Turma – 19.3.2009 – *DJe* 22.4.2009).

VOCÊ SABIA?

O STF ratificou esse entendimento em 2020 ao julgar o RE 784.439 DF, confirmando a seguinte tese (Tese 296): É taxativa a lista de serviços sujeitos ao ISS a que se refere o art. 156, III, da Constituição Federal, admitindo-se, contudo, a incidência do tributo sobre as atividades inerentes aos serviços elencados em lei em razão da interpretação extensiva.

FUNÇÃO DA LEI COMPLEMENTAR PARA O ISS

Os conceitos constitucionais de mercadorias e de serviços de qualquer natureza, obviamente, existem. Mas a segregação conceitual entre ambos não se apresenta plenamente precisa no plano constitucional. Há um universo de produção e circulação de bens e serviços num gradiente que, conforme a relevância entre ambos, varia entre serviços puros, num extremo, e mercadorias puras, noutro extremo. No meio, e quanto mais ao centro se dirige, é cada vez mais difícil definir, por mera interpretação constitucional, se a relevância maior é de bens ou de serviços, e, por conseguinte, mais difícil o desenho da fronteira precisa entre ICMS-Mercadoria e ISS. Exemplo clássico é a atividade de restaurante.

O Constituinte, percebendo que o precisamento dessa fronteira não se resolveria com interpretação puramente constitucional, foi sábio ao concluir que tal realidade jurídica certamente demandaria a previsão constitucional de mecanismos legais (infraconstitucionais) para a prevenção dos conflitos de competência que naturalmente poderiam surgir na tributação do consumo. Assim, o comando expresso no art. 146, I, c/c art. 146, III, alínea *a*, da Constituição (definir fato gerador, base de cálculo e contribuinte dos impostos previstos na Constituição, a fim de prevenir conflitos de competência, em matéria tributária, entre a União, os Estados, o Distrito Federal e os Municípios), remeteu à lei complementar tributária o dever de instituir esses mecanismos de prevenção de conflitos de competência em matéria tributária, melhor definindo esses conceitos, e consequentemente a fronteira entre eles, de forma mais precisa.

Esses mecanismos estão presentes tanto na Lei Complementar nº 116/03 quanto na Lei Complementar nº 87, de 13.9.1996, e são fundamentais para conferir segurança jurídica ao sistema, não podendo ser ignorados. Se a lei complementar trabalha dentro da região de penumbra, para definir a fronteira entre os conceitos de circulação de mercadoria e de prestação de serviço, essa definição é estipuladora, presunção absoluta, e deve ser inteiramente respeitada. Um esforço interpretativo que focasse somente nos arts. 155, II, e 156, III, sem considerar o papel fundamental que a Constituição confere à lei complementar (art. 146, I, c/c art. 146, III, alínea *a*), seria hercúleo e ao mesmo tempo inócuo, apresentando soluções que seriam não mais que produtos de retórica com alto grau de subjetividade.

Esse aspecto é de definição do critério material do fato gerador (hipótese de incidência tributária, composta pelos critérios material, espacial e temporal), particularmente do ISS, pela lei complementar, para fins de evitar os conflitos de competência verticais (União *versus* Municípios; Estados *versus* Municípios). A definição do critério espacial também é uma atribuição da lei complementar, para fins de evitar os conflitos de competência horizontais (Municípios *versus* Municípios).

Necessária também a definição, pela lei complementar, da base de cálculo do ISS (art. 146, III, alínea *a*). É que sendo ambos dois lados da mesma moeda, base de cálculo como referência de valor, de riqueza, do fato gerador, se a base de cálculo não for também definida por lei complementar, poderia haver burla, por lei ordinária dos entes, à definição de fato gerador feita pela lei complementar.

Na Lei Complementar nº 116/03, além das atribuições listadas, há a de definir sobre a incidência ou não de ISS nos serviços prestados no meio da cadeia produtiva. Vejamos a seguir.

SERVIÇO PRESTADO A USUÁRIO FINAL

O ISS incide sobre qualquer prestação de serviço, desde que prevista em lei complementar. Mas sobre a incidência de ISS nos serviços prestados no meio da cadeia produtiva, cabe à lei complementar definir se haverá incidência do imposto somente nos serviços prestados para usuário final, ou se também sobre bens objeto de posterior industrialização ou comercialização.

A dual possibilidade exposta está muito presente no caso de serviços prestados sobre bens de terceiros, que, em regra, encontram-se no item 14 da lista de serviços atual. Assim, há que se verificar como se encontra a redação do subitem na lista.

O Quadro 8.1 compara, na lista antiga de serviços e na lista atual, os serviços tributáveis pelo ISS, se incidente o ISS no meio da cadeia produtiva ou não.

Quadro 8.1   Comparação das listas de serviços tributáveis

Lista anteriormente vigente (Decreto-Lei nº 406/68 com alterações)	Lista atual (Lei Complementar nº 116/03 com alterações)
73. Lustração de bens móveis quando o serviço for prestado para usuário final do objeto lustrado.	14.01 – Lubrificação, limpeza, lustração, revisão, carga e recarga, conserto, restauração, blindagem, manutenção e conservação de máquinas, veículos, aparelhos, equipamentos, motores, elevadores ou de qualquer objeto (exceto peças e partes empregadas, que ficam sujeitas ao ICMS).
71. Recauchutagem ou regeneração de pneus para o usuário final.	14.04 – Recauchutagem ou regeneração de pneus.
72. Recondicionamento, acondicionamento, pintura, beneficiamento, lavagem, secagem, tingimento, galvanoplastia, anodização, corte, recorte, polimento, plastificação e congêneres, de objetos não destinados à industrialização ou comercialização.	14.05 - Restauração, recondicionamento, acondicionamento, pintura, beneficiamento, lavagem, secagem, tingimento, galvanoplastia, anodização, corte, recorte, plastificação, costura, acabamento, polimento e congêneres de objetos quaisquer. (Redação dada pela Lei Complementar nº 157, de 29.12.2016)
74. Instalação e montagem de aparelhos, máquinas e equipamentos, prestados ao usuário final do serviço, exclusivamente com material por ele fornecido.	14.06 – Instalação e montagem de aparelhos, máquinas e equipamentos, inclusive montagem industrial, prestados ao usuário final, exclusivamente com material por ele fornecido.
75. Montagem industrial, prestado ao usuário final do serviço, exclusivamente com material por ele fornecido.	
81. Alfaiataria e costura, quando o material for fornecido pelo usuário final, exceto aviamento.	14.09 – Alfaiataria e costura, quando o material for fornecido pelo usuário final, exceto aviamento.
67. Colocação de tapetes e cortinas, com material fornecido pelo usuário final do serviço.	14.11 – Tapeçaria e reforma de estofamentos em geral.

Percebemos que passou a haver a incidência do ISS para alguns serviços no meio da cadeia produtiva, que antes não havia. Vejamos como fica a aplicação da lei, considerando a lista de serviços anterior e a lista vigente, para algumas situações.

Serviço de recauchutagem ou regeneração de pneus:

(i) Empresa A recauchuta pneus e os vende. A recauchutagem de pneus é mera atividade que faz parte do custo que comporá o preço na venda dos pneus:

    a. na vigência da lista anterior – incidem ICMS e IPI;

    a. na vigência da lista atual – idem.

(ii) Empresa A recebe pneus de cliente, recauchuta-os para o cliente – seja cliente empresa B que vai usar esses pneus na sua frota de caminhões; seja cliente pessoa física que vai utilizar os pneus em seu veículo de passeio. Ambos os clientes são usuários finais:

    a. na vigência da lista anterior – incide ISS;

    b. na vigência da lista atual – idem.

(iii) Empresa A recebe pneus de cliente empresa B para recauchutá-los e devolvê-los à empresa B, que vai vender esses pneus recauchutados para terceiros (a empresa B não é usuário final desses pneus):

    a. na vigência da lista anterior – não incide ISS, incidindo ICMS e IPI;

    b. na vigência atual – incide só ISS.

Serviço de instalação e montagem de aparelhos, máquinas e equipamentos, prestados ao usuário final do serviço, exclusivamente com material por ele fornecido. Aqui, só houve uma fusão dos itens 74 e 75 da lista anterior no subitem 14.06 da atual lista, sem alteração de incidência. O subitem traz dois aspectos relevantes no tocante à lista de serviços: (i) prestado ao usuário final; e (ii) não há incidência de ISS sobre o valor do material a ser instalado ou montado.

Algumas situações a respeito do aspecto "prestado ao usuário final":

(i) empresa A presta o serviço de instalação e montagem de maquinário de linha industrial para uma fábrica – incide ISS;

(ii) empresa A é contratada para prestar o serviço de instalação e montagem de equipamento de cliente, seja cliente empresa que vai usar esse equipamento na sua atividade operacional; seja cliente pessoa física que vai utilizá-lo em seus afazeres particulares – como ambos os clientes são usuários finais, incide ISS;

(iii) empresa A vende equipamento para cliente, equipamento este que demanda instalação especializada, oferece essa instalação e cobra por ela – incidem ICMS na venda do equipamento e ISS no serviço de instalação desse equipamento, porque a expressão "exclusivamente com material por ele fornecido" não afasta a hipótese de esse material ter sido adquirido da própria empresa que irá fazer a instalação *a posteriori*.

Aprofundaremos mais sobre a expressão "exclusivamente com material por ele fornecido" na lei complementar mais adiante.

Sobre a eventual cumulatividade gerada em algumas dessas situações, é uma decisão política do legislador complementar, na atribuição que a Constituição lhe deu. O binômio não cumulatividade – cumulatividade dialoga, respectivamente, com outro binômio, neutralidade – simplicidade. Dito de outra forma, há um *trade off* (relação custo-benefício) entre a neutralidade de um tributo não cumulativo, de apuração mais complexa, ou seja, com maior custo de conformidade, e alíquota máxima mais elevada (como o ICMS, de alíquota modal 18%); e a simplicidade de um tributo cumulativo, de mais simples apuração, portanto com menor custo de conformidade, e alíquota máxima mais baixa (como o ISS, de alíquota máxima 5%).

CRITÉRIO ESPACIAL DO ISS

Pelo princípio da territorialidade, um ente somente pode tributar fatos que guardem alguma conexão com o seu território. Essa conexão é necessária para que, dependendo do ordenamento a que o ente esteja sujeito, surja a legitimação para que esse ente possa exercer os chamados *jurisdiction to prescribe* (poder de normatizar), e, de alguma forma, o *jurisdiction to enforce* (poder de exigir).

Elemento de conexão é um instituto previsto na legislação que determina o "local" de certo evento da vida para um ordenamento tributário, gerando-se efeitos jurídicos para esse evento pela aplicação de tal ordenamento. Nada mais é que o critério espacial previsto em lei. Elemento de conexão e critério espacial são, portanto, sinônimos.

Podemos denominar o elemento de conexão previsto na legislação como elemento de conexão legal. A legislação pode escolher um ou mais elementos de conexão legais. Essa escolha se dá entre vários elementos de conexão possíveis para um evento. Então, quando falamos em elementos de conexão (ou critérios espaciais) possíveis, estamos numa abordagem pré-legislativa, antes de o legislador escolher, entre estes, e inserir na lei, os elementos de conexão legais.

Interpretando-se o art. 156, III, da Constituição, o evento "prestação de serviço", entendida esta como relação jurídica, podemos elencar alguns critérios espaciais (ou elementos de conexão) possíveis do ISS. Os mais relevantes são: (i) o local do prestador do serviço; (ii) o local do tomador do serviço; (iii) o local da efetiva prestação do serviço; e (iv) o local do beneficiário do serviço, podendo este se confundir ou não com o tomador do serviço (este, o contratante).

Essa mais de uma possibilidade de critério espacial do ISS no texto constitucional veio acompanhada, também no texto constitucional, de comando dando poder à lei complementar para, ao definir o fato gerador do ISS – aqui, no caso, definir o critério espacial desse fato gerador –, prevenir conflito de competência tributária entre Municípios, conforme prevê o art. 146, III, alínea *a*, combinado com o art. 146, I:

> Art. 146. Cabe à lei complementar:
>
> I – dispor sobre conflitos de competência, em matéria tributária, entre a União, os Estados, o Distrito Federal e os Municípios;
>
> III – estabelecer normas gerais em matéria de legislação tributária, especialmente sobre:
>
> a) definição de tributos e de suas espécies, bem como, em relação aos impostos discriminados nesta Constituição, a dos respectivos fatos geradores, bases de cálculo e contribuintes;
>
> [...]

A definição de fato gerador do art. 146, III, alínea *a*, que cuida de dispor sobre conflito de competência horizontal, tentando aclarar as dúvidas sobre competência tributária entre Municípios entre si, nas prestações de serviço intermunicipais, é a definição de critério espacial do fato gerador.

A Lei Complementar nº 116/03 regulou três critérios espaciais legais do ISS: (i) o mais geral, local do estabelecimento prestador, previsto no *caput* e no § 3º do art. 3º; (ii) local da efetiva prestação do serviço (incisos II a IX; XII a XIX; XXI, XXII, §§ 1º e 2º, do art. 3º); e (iii) local do estabelecimento ou domicílio do tomador do serviço (incisos I, XX, e § 4º do art. 3º).[1] Segue o *caput* do art. 3º:

> Art. 3º O serviço considera-se prestado e o imposto devido no local do estabelecimento prestador ou, na falta do estabelecimento, no local do domicílio do prestador, exceto nas hipóteses previstas nos incisos I a XXII, quando o imposto será devido no local:
>
> [...]

---

[1]   Os incisos XXIII, XXIV e XXV do art. 3º estão com aplicação suspensa por conta de decisão liminar na ADI nº 5.835, 2018.

Exemplos:

(i) de local da efetiva prestação: local da execução da obra, no caso dos serviços descritos no subitem 7.02 (construção civil) e 7.19 (acompanhamento e fiscalização da execução de obras) da lista anexa; local da execução dos serviços de diversão, lazer, entretenimento e congêneres, no caso dos serviços descritos nos subitens do item 12 (serviços de diversões, lazer, entretenimento e congêneres), exceto o 12.13 (produção de eventos, entrevistas, *shows*, danças, concertos e congêneres), da lista anexa;

(ii) de local do estabelecimento do tomador: local do estabelecimento do tomador ou intermediário do serviço ou, na falta de estabelecimento, onde ele estiver domiciliado, na hipótese de importação de serviço (art. 1º, § 1º); local do estabelecimento do tomador da mão de obra ou, na falta de estabelecimento, onde ele estiver domiciliado, no caso dos serviços descritos pelo subitem 17.05 (fornecimento de mão de obra) da lista anexa.

O art. 3º, *caput*, traz o conceito de estabelecimento prestador, mas não a definição do conceito de estabelecimento prestador. Essa definição, legal, adveio com o art. 4º:

> Art. 4º Considera-se estabelecimento prestador o local onde o contribuinte desenvolva a atividade de prestar serviços, de modo permanente ou temporário, e que configure unidade econômica ou profissional, sendo irrelevantes para caracterizá-lo as denominações de sede, filial, agência, posto de atendimento, sucursal, escritório de representação ou contato ou quaisquer outras que venham a ser utilizadas.

A redação do art. 4º parece desdizer o que trouxe o *caput* do art. 3º. Afinal, este diz que o serviço considera-se prestado e o imposto devido no local do estabelecimento prestador; enquanto a primeira parte do art. 4º prescreve que considera-se estabelecimento prestador o local onde o contribuinte desenvolva a atividade de prestar serviços, de modo permanente ou temporário, causando uma aparente tautologia, levando alguns doutrinadores a efetuar teoria de que o ISS deveria ser devido sempre no local da efetiva prestação.

Tal entendimento não merece guarida por quatro motivos. Primeiro, pelo já exposto, de que o texto constitucional não traz somente um critério espacial possível, e sim vários, desde que guardem conexão com a prestação de serviço como relação jurídica.

Segundo, não faria sentido uma interpretação que entendesse que a conjugação do art. 3º, *caput*, com o art. 4º ensejasse sempre, como critério espacial, o local da efetiva prestação, pois, afinal, se o legislador se dirige aos incisos e parágrafos do art. 3º como exceções, de maneira expressa, não há como entender que a regra geral do seu *caput* não seja a do local do estabelecimento prestador.

Terceiro, é importante que se interprete o art. 4º em sua plenitude, particularmente quando traz o conceito de unidade econômica ou profissional. Essa expressão, no tocante especificamente ao ISS, foi inaugurada com a Lei Complementar nº 116/03, mas já existia de longa data no direito tributário, no próprio CTN, no seu art. 126:

> Art. 126. A capacidade tributária passiva independe: [...]
>
> III – de estar a pessoa jurídica regularmente constituída, bastando que configure uma unidade econômica ou profissional.

O referido dispositivo ressalta a irrelevância de uma pessoa jurídica estar regularmente constituída para poder figurar como contribuinte de um tributo, bastando a situação fática caracterizá-la como uma unidade econômica ou profissional.

A aplicação correta da expressão "unidade econômica ou profissional" não tem a ver com uma indiscriminada busca de onde a prestação de serviço efetivamente se conclui, que pode ocorrer em local distinto do local do estabelecimento prestador da empresa e do local do estabelecimento do tomador. Não. A expressão "unidade econômica ou profissional" é característica que adjetiva o estabelecimento da empresa, como, no caso do ISS, um estabelecimento prestador.

Unidade econômica ou profissional e estabelecimento prestador, portanto, são sinônimos, e caracterizam um estabelecimento a partir do qual se dá a prestação do serviço e não necessariamente no qual se presta serviço.

"A partir do qual", e não "no qual", porque, e aqui entramos no quarto motivo: a interpretação dos arts. 3º e 4º deve ser conjugada também com a do art. 1.142 do Código Civil:

> Art. 1.142. Considera-se estabelecimento todo complexo de bens organizado, para exercício da empresa, por empresário, ou por sociedade empresária.

Assim, o conceito de estabelecimento há muito demanda a ideia de um complexo de bens organizado para o exercício da empresa, e, no caso do ISS, o estabelecimento prestador deve consubstanciar um complexo de bens organizado a partir do qual se possibilita prestar serviço, não necessariamente no qual se presta o serviço.

Complexo de bens organizado para o exercício da empresa, sinônimo de unidade econômica ou profissional e sinônimo de estabelecimento prestador.

Podemos concluir, portanto, que o art. 4º da Lei Complementar nº 116/03 apresenta-se como acessório ao art. 3º, apenas trazendo a definição de estabelecimento prestador, não tendo o poder de desdizer o dito no art. 3º, sendo que o critério espacial do ISS continua sendo, em regra, o local do estabelecimento prestador.

Por fim, o método de análise para caracterização do estabelecimento prestador a partir do qual se prestou o serviço deve se dar em dois níveis: (1º) a empresa tem mais de um estabelecimento prestador? Se não, verificar onde se configura o complexo de bens organizado a partir do qual se presta o serviço; se sim, ir para o segundo nível de análise: (2º) Verificar qual dos estabelecimentos da empresa se configura como a unidade econômica ou profissional, ou seja, tendo o complexo de bens organizado a partir do qual se presta o serviço.

ALTERAÇÃO DE CRITÉRIO ESPACIAL POR DESRESPEITO A ALÍQUOTA MÍNIMA EFETIVA

A Lei Complementar nº 157/16 previu a nulidade, para prestações de serviço intermunicipais, de lei, do Município onde situado o estabelecimento prestador, que não respeitar a alíquota mínima efetiva (*vide* Objetivo 7: ALÍQUOTAS DO ISS) prevista no art. 8º-A:

> § 2º É nula a lei ou o ato do Município ou do Distrito Federal que não respeite as disposições relativas à alíquota mínima previstas neste artigo [8º-A] no caso de serviço prestado a tomador ou intermediário localizado em Município diverso daquele onde está localizado o prestador do serviço.

Ocorrendo essa situação, o ISS dessas prestações de serviço intermunicipais passa a ser devido ao Município onde localizado o tomador do serviço, conforme prevê o § 4º do art. 3º, também acrescentado pela Lei Complementar nº 157/16:

> § 4º Na hipótese de descumprimento do disposto no *caput* ou no § 1º, ambos do art. 8º-A desta Lei Complementar, o imposto será devido no local do estabelecimento do tomador ou intermediário do serviço ou, na falta de estabelecimento, onde ele estiver domiciliado.

Assim, no caso de serviço cujo ISS é devido no local do estabelecimento prestador, se o Município onde este estiver localizado não respeitar a alíquota mínima efetiva, a competência tributária sobre o ISS nas operações entre esse estabelecimento prestador e tomadores localizados em outros Municípios (operações intermunicipais) passa para os Municípios de destino.

Para que não haja a dupla incidência tributária, o § 3º do art. 8º-A institui o direito ao prestador do serviço de solicitar a restituição do ISS pago, perante o Município de origem, sobre as referidas prestações intermunicipais:

> § 3º A nulidade a que se refere o § 2º deste artigo [8º-A] gera, para o prestador do serviço, perante o Município ou o Distrito Federal que não respeitar as disposições deste artigo, o direito à restituição do valor efetivamente pago do Imposto sobre Serviços de Qualquer Natureza calculado sob a égide da lei nula.

Repare que a nulidade não alcança as prestações de serviço internas, ou seja, em que estabelecimentos prestador e tomador se encontram no mesmo Município cuja lei desrespeita a alíquota mínima efetiva.

Em ocorrendo a hipótese do § 4º do art. 3º, o Município só poderá cobrar o ISS por retenção do tomador do serviço se houver lei prevendo a referida responsabilidade tributária.

Por fim, na prática, o prestador do serviço cujo estabelecimento prestador esteja localizado em Município que está desrespeitando a alíquota mínima efetiva, e que preste serviço para tomador em outro Município, deve ficar atento se no Município do tomador há previsão legal de este ter de verificar o cumprimento da alíquota mínima efetiva.

QUESTÃO PARA REFLEXÃO

É possível essa alteração de competência tributária por lei complementar?

OBJETIVO 3

CRITÉRIO MATERIAL DO ISS

Como exposto, o critério material do fato gerador do tributo trata do fato em si, abstraído de suas instâncias espaço-temporais, ou seja, de onde se considera ocorrido e de quando se considera ocorrido. E, no caso do ISS, falar do fato em si é necessariamente falar dos conceitos de "prestação de serviço", como relação jurídica, e de "serviço".

CONCEITO DE PRESTAÇÃO DE SERVIÇO

Prestação de serviço é relação jurídica que envolve pelo menos o prestador de serviço e o tomador do serviço, considerado este como contratante. Pode acontecer de o tomador contratar um serviço perante o prestador, mas que não será prestado para si, e sim para um terceiro. Esse terceiro é denominado beneficiário do serviço.

Prestação de serviço, para fins de ISS, não se refere a ato de prestar. Termos como "prestação" e "transmissão", que são substantivos que denotam ação, possuem equivocidade semântica, remetendo a "ato, processo ou efeito de". Ora, não faz sentido considerar, para fins do direito tributário, prestação como ato de prestar, dado que o direito tributário se importa, não com o ato de prestar, que sequer tem relevância econômica ou jurídica quando, por exemplo, efetuado para si mesmo, mas sim com a relação jurídica que surge quando duas partes – prestador e tomador – celebram um contrato de prestação de serviço, e a partir dessa relação jurídica surge revelação de riqueza em ambos os polos da relação. De um lado, com o prestador auferindo receita decorrente da prestação de serviço; e, de outro lado, com o tomador recebendo o serviço, como vantagem econômica pela qual pagou. É uma relação jurídica sinalagmática.

Essas definições serão utilizadas mais adiante, quando tratarmos de contribuinte e responsável tributário, bem como de exportação e importação de serviço.

CONCEITO DE SERVIÇO

Existe um conceito constitucional de serviço. O conceito de "serviço" como bem imaterial foi revelado na expressão "bens e serviços" (bens como bens materiais, e serviços como bens imateriais), adveio da Economia e foi incorporado tanto pelo Direito Constitucional quanto pelo Direito Empresarial, assim como os conceitos de "empresa" e de "atividade econômica", como demonstraremos a seguir.

A CONSTRUÇÃO DO CONCEITO DE SERVIÇO COMO BEM IMATERIAL NA ECONOMIA

Na Ciência Econômica, Thomas Malthus conferiu ao termo "riqueza" uma ideia mais ampla que a conferida por Adam Smith (objeto material suscetível de acumulação), sendo a riqueza composta não só de objetos materiais, mas também de imateriais, como os serviços.

John Stuart Mill (1806-1873) caracterizou os serviços como utilidades, definindo os serviços produtivos como aqueles cuja utilidade se incorpora em um objeto ou material ou no ser humano, como o serviço educacional.[2]

A ideia de serviço como utilidade, como bem imaterial, ficou bem consolidada em meados do século XIX com a dicotomia produtos materiais *vs.* produtos imateriais presente em obras como *Political economy*, de Nassau Senior (1790-1864), na qual se dividem os produtos em mercadorias e serviços,[3] revelando-se o caráter "residual" dos serviços na dicotomia bens (materiais) e serviços (imateriais).

A expressão dicotômica "bens e serviços" faz parte da definição da Classificação Nacional de Atividades Econômicas (CNAE)[4] – derivada da Clasificación Industrial Internacional Uniforme (CIIU), mais conhecida pelo seu nome em inglês International Standard Industrial Classification (ISIC) –, elaborada pelo IBGE, e do conceito de produção econômica do Sistema de Contas Nacionais (SNA, 2008), definida como "atividade levada sob o controle e a responsabilidade de uma unidade institucional que utiliza insumos de trabalho, capital, e **bens e serviços** para produzir outros **bens e serviços**" (grifos nossos).

A Economia confirma, por intermédio do Sistema de Contas Nacionais (derivado do SNA) e da CNAE (derivada da CIIU/ISIC), que o universo do resultado da produção econômica é composto ou por bens (bens materiais) ou por serviços (bens imateriais), não havendo um *tertium genus*. Portanto, constata-se que há muito tempo consolidou-se na Ciência Econômica a dicotomia bens (bens materiais) *versus* serviços (bens imateriais), possuindo os serviços conteúdo semântico residual em relação aos bens materiais, no âmbito do universo dos bens objeto de produção e circulação.

Essa consolidação conceitual denota a relevância econômica que os serviços foram conquistando ao longo das décadas e, obviamente, todas as relações sociais que ganham relevância econômica acabam demandando regulamentação jurídica, para que os direitos a respeito sejam preservados e as obrigações correspondentes sejam previstas legalmente. Assim fez o Direito Constitucional desde a Constituição de 1946, seja diretamente, seja por intermédio do Direito Empresarial (Direito Privado), há décadas, incorporando a expressão dicotômica "bens e serviços" como universo exaustivo dos produtos decorrentes da atividade econômica de produção e circulação e, consequentemente, o conceito econômico de serviço como bem imaterial.

A INCORPORAÇÃO DO CONCEITO DE SERVIÇO COMO BEM IMATERIAL PELO CONSTITUINTE VIA DIREITO PRIVADO

Não é novidade, na doutrina, a ideia de serviço como bem imaterial em contraposição a bem material, incorporado da economia pelo direito. Autores como Rubens Gomes de Souza, que "também qualifica 'serviços' no sentido de 'uso, utilidade ou préstimo que se tira de certas coisas'"; Amílcar de Araújo Falcão,[5] que afirma: "Na delimitação do campo de incidência de cada imposto, que é de ordem constitucional, o legislador pode se utilizar, e frequentemente se utiliza de conceitos econômicos, para definir competências tributárias, conceitos estes que, considerados pelo Direito para que se lhes confiram efeitos ou qualificações juridicamente relevantes, passam a conceituar-se como fatos jurídicos"; e Bernardo Ribeiro de Moraes, ensinando que "[...], com a reforma tributária de 1965, o Brasil reestruturou o seu regime impositivo, para agasalhar um imposto sobre o valor acrescido, onerando, no

[2] DELAUNAY, Jean-Claude; GADREY, Jean. *Services in economic thought*: three centuries of debate. Translation by Aart Heesterman. Norwell: Kluwer Academic Publishers, 1992. p. 23-24.

[3] WILLIAM SENIOR, Nassau. *Political economy*. 5. ed. London: Charles Griffin and Co., 1863.

[4] Disponível em: https://concla.ibge.gov.br/images/concla/documentacao/CNAE20_Introducao.pdf. Acesso em: 6 jun. 2020.

[5] Cf. FALCÃO, Amilcar de Araújo. *Fato gerador da obrigação tributária*. São Paulo: Revista dos Tribunais, 1971. p. 65.

objetivo final, as vendas em geral: as vendas de bens materiais, limitadas em nosso direito às operações relativas à circulação de mercadorias (mercadorias ou produtos), que ficou com os Estados (ICM); e as vendas de bens imateriais (serviços), de competência tributária dos Municípios (ISS)", a corroboram.

A contribuição original que demos, em obra citada no RE-RG 651.703 PR, de 2016,[6] a essa tese foi a de comprovar que esse conceito de serviço como bem imaterial já havia sido incorporado, não só pela Constituição, mas também pelo próprio Direito Privado, em seu ramo Direito Empresarial.

A ideia de serviço como bem imaterial é de contraponto, de residualidade, em relação ao conceito de mercadoria como bem material, com os dois requisitos da circulação de mercadorias necessariamente presentes: "tangibilidade" e "transferência de titularidade". E tanto a Fase Subjetivista (primeira fase), quanto a Objetivista (segunda fase) do Direito Comercial, esta regida pela Teoria dos Atos de Comércio, confirmam esses requisitos. São eles, portanto, elementos essenciais para definição do conceito de mercadoria, que por sua vez traça o desenho da fronteira entre os conceitos "mercadorias" e "serviços".

Com o advento do Direito Empresarial (Fase Moderna do Direito Comercial), incorporando, da Ciência Econômica, a expressão dicotômica "bens e serviços", esses requisitos foram não só mantidos, mas inclusive reforçados, caracterizando-se os bens pela sua tangibilidade (bens materiais) e os serviços pela sua intangibilidade (bens imateriais). O conceito da expressão dicotômica "bens e serviços" abrange o universo de todo o resultado da atividade econômica de produção e circulação (não havendo um *tertium genus*); e os conceitos constitucionais de "mercadorias" e de "serviços de qualquer natureza", para fins da incidência, respectivamente, do ICMS-Mercadoria e do ISS, acompanham essa dicotomia, na qual bens são "bens materiais" e serviços são "bens imateriais".

Assim, não é possível, no vigente desenho constitucional de distribuição de competência tributária, presente desde a Reforma Tributária de 1965, com a EC nº 18/65, aceitar mercadorias como bens intangíveis, imateriais.

O Direito Privado, pelo ramo Direito Empresarial, foi incorporando da Ciência Econômica, desde o final do século XIX e início do século XX, os conceitos econômicos de "empresário" e "atividade econômica", e, a reboque, o conceito econômico de "bens e serviços". Esses três conceitos, muito bem construídos na Ciência Econômica, foram basilares para o Direito Empresarial. Tanto isso é verdade que esses conceitos são elementos constituintes da definição legal do conceito de empresário, núcleo central do Direito Empresarial, presente, de forma inaugural, em texto legal, no art. 2.082 do Código Civil italiano de 1942, onde se solidificou, em termos de codificação, a Teoria da Empresa:

> È impreditore chi esercita professionalmente unna attività economica organizzata al fine della produzione o dello scambio di Beni o di servizi.[7]

O Direito Comercial surgiu, ainda na Idade Média, da necessidade de regular as atividades econômicas por uma lógica distinta da do Direito Civil, advindo do Direito Romano. O comércio é um fato social, mas sobretudo econômico, caracterizando-se por uma atividade humana que põe a riqueza produzida em circulação.

A necessidade de um pragmatismo na regulação da atividade econômica foi elemento essencial para o surgimento e a evolução histórica do Direito Comercial. E, com esse pragmatismo, é inegável que o Direito se valeu de conceitos da Ciência Econômica, juridicizando-os, a fim de regular as relações que apresentam relevância econômica, para construir conceitos jurídicos.

No Brasil, a Teoria da Empresa foi sendo incorporada aos poucos, pela legislação esparsa. Entre outras, podemos citar a Lei que regulava a Repressão ao Abuso do Poder Econômico (Lei nº 4.137, de 10.9.1962), o Código de Defesa do Consumidor (Lei nº 8.078, de 11.9.1990), a Lei de Locação Predial Urbana (Lei nº 8.245, de 18.10.1991), a Lei de Franquia Empresarial (Lei nº 8.955, de 15.12.1994), a Lei do Registro de Empresas (Lei nº 8.934, de 18.11.1994), a Lei de Propriedade Industrial (Lei nº 9.279, de 14.5.1996) e o Código Civil (Lei nº 10.406, de 10.1.2002).

---

[6]   MACEDO, Alberto. ISS – O conceito econômico de serviços já foi juridicizado há tempos também pelo direito privado. *In*: MACEDO, Alberto *et al*. *XII CNET*: Direito Tributário e os Novos Horizontes do Processo. São Paulo: Noeses, 2015. p. 1-79.

[7]   Em tradução livre do autor: É empresário aquele que exerce profissionalmente uma atividade econômica organizada para a produção ou circulação de bens ou serviços.

A lei que regulava a Repressão ao Abuso do Poder Econômico, até por regular questões atinentes ao poder econômico, veio recheada de expressões de natureza econômica, as quais, por terem sido positivadas em lei, passaram a ser jurídicas, entre elas: "a distribuição **de bens ou** o fornecimento **de serviços**" (art. 74, 'a'); "concorrência de uma parte substancial do **mercado de bens ou serviços** pertinentes" (art. 74, 'd'); "mercado relevante **de bens ou serviços**" (art. 74, § 2º), todas estas no contexto da expressão dicotômica bens (bens materiais) e serviços (bens imateriais); e "**atividade econômica da empresa**" (art. 61) (grifos nossos).

A Lei nº 8.884, de 11.6.1994, que a substituiu, e que transformou o Conselho Administrativo de Defesa Econômica (Cade) em autarquia, também previu, em diversos de seus dispositivos, a expressão dicotômica "bens e serviços", como universo exaustivo do mercado. A título de exemplo, seu art. 14[8] prescreve:

> Art. 14. Compete à SDE: [...]
>
> II – acompanhar, permanentemente, as atividades e práticas comerciais de pessoas físicas ou jurídicas que detiverem posição dominante em mercado relevante de **bens ou serviços**, para prevenir infrações da ordem econômica, podendo, para tanto, requisitar as informações e documentos necessários, mantendo o sigilo legal, quando for o caso; [...] (grifos nossos)

No Direito Penal, a incorporação da expressão econômica "bens e serviços" se deu, por exemplo, com o art. 7º da Lei nº 8.137, de 27.12.1990:

> Art. 7º Constitui crime contra as relações de consumo: [...]
>
> IV – fraudar preços por meio de:
>
> a) alteração, sem modificação essencial ou de qualidade, de elementos tais como denominação, sinal externo, marca, embalagem, especificação técnica, descrição, volume, peso, pintura ou acabamento de **bem ou serviço**;
>
> b) divisão em partes de **bem ou serviço**, habitualmente oferecido à venda em conjunto;
>
> c) junção de **bens ou serviços**, comumente oferecidos à venda em separado;
>
> d) aviso de inclusão de insumo não empregado **na produção do bem ou na prestação dos serviços**;
>
> V – elevar o valor cobrado nas vendas a prazo de **bens ou serviços**, mediante a exigência de comissão ou de taxa de juros ilegais; [...]
>
> VII – induzir o consumidor ou usuário a erro, por via de indicação ou afirmação falsa ou enganosa sobre a natureza, qualidade do **bem ou serviço**, utilizando-se de qualquer meio, inclusive a veiculação ou divulgação publicitária; [...]
>
> Pena – detenção, de 2 (dois) a 5 (cinco) anos, ou multa. [...] (grifos nossos)

Na lei da franquia empresarial, o conceito legal de serviço como bem imaterial, presente na expressão "bens (produtos) e serviços", aparece no art. 2º da Lei nº 8.955/94, ao definir a franquia como "sistema pelo qual um franqueador cede ao franqueado o direito de uso de marca ou patente, associado ao direito de distribuição exclusiva ou semiexclusiva de **produtos ou serviços** [...]"[9] (grifos nossos).

Como o objeto de uma franqueadora pode ser a locação de bens móveis, não podendo a locação de bens móveis obviamente ser classificada como produto, só pode, portanto, ser classificada como serviço. Na locação de um bem móvel ocorre o uso desse bem, uso pelo qual o tomador do serviço de locação paga certa quantia, o preço, de forma similar aos serviços de hospedagem (subitem 9.01 da lista de serviços).

O uso de um bem não se confunde com esse próprio bem. O uso, utilidade, conforto, é o bem imaterial que consubstancia serviço. E esse uso (bem imaterial) será uso de um outro bem, que poderá ser material ou imaterial, não importa. São exemplos de usos de bens materiais: locação de automóvel, estada num quarto de hotel, cessão de andaimes, *leasing* de máquina industrial e exploração de salão de festas; enquanto são exemplos de usos de bens imateriais: cessão de marcas, cessão de direito autoral, cessão de ferramenta virtual em jogo *on-line* e licenciamento de *software* (ainda que de prateleira).

---

8   Assim também: art. 20, *caput* e § 2º; art. 21, I, III, V, X, XI, XII, XIII, XXIII, XIV; art. 21, parágrafo único, I, III e IV; art. 54, *caput*; art. 54, § 1º, I, alínea *b*; art. 54, § 1º, III.

9   Cujo conteúdo agora se encontra no art. 1º da Lei nº 13.966, de 26.12.2019, mas cuja essência não foi alterada.

A Lei de Propriedade Industrial trata, por exemplo, em seu art. 123, sobre a "marca de produto ou serviço", corroborando não haver outro bem em comércio além de produtos ou serviços:

> Art. 123. Para os efeitos desta Lei, considera-se:
>
> I – marca de **produto ou serviço**: aquela usada para distinguir produto ou serviço de outro idêntico, semelhante ou afim, de origem diversa; (grifos nossos)

Empresas de locação de automóveis exercem atividade econômica, e desenvolvem suas marcas, tendo, como objeto de sua atividade, não produtos como bens materiais, sendo a locação, portanto, serviço, bem imaterial.

O conceito de empresário na redação do art. 2.082 do Código Civil italiano, de tão consagrado, ao longo do século XX, foi incorporado, de forma idêntica, quando da edição do Código Civil brasileiro de 2002:

> Art. 966. Considera-se **empresário** quem exerce profissionalmente **atividade econômica** organizada para a produção ou a **circulação de bens ou de serviços**. (grifos nossos)

Mas, como ensina Fábio Ulhoa Coelho, "[...] o direito brasileiro já incorporara – nas lições da doutrina, na jurisprudência e em **leis esparsas** – a teoria da empresa, mesmo *antes* da entrada em vigor do Código Civil de 2002. Quando esta se verifica, conclui-se a demorada transição"[10] (grifos nossos).

A INCORPORAÇÃO DO CONCEITO DE SERVIÇO COMO BEM IMATERIAL DIRETAMENTE PELO CONSTITUINTE

Em que pese o exposto anteriormente, a incorporação do conceito de serviço como bem imaterial pelo direito privado não se faz necessária para que o texto constitucional possa incorporar esse conceito, pois o mesmo conceito, assim como qualquer outro conceito constitucional, pode advir de outro ramo científico que não o direito diretamente para o texto constitucional.

Cabe, em processo interpretativo, verificar se o constituinte se valeu de conceitos jurídicos, ou se utilizou de conceitos extrajurídicos, advindos de outras Ciências, como, por exemplo, a Economia, para desenhar a competência tributária relativa a determinado tributo. A distinção entre conceitos jurídicos e extrajurídicos não advém propriamente do âmbito do direito onde eles são empregados, mas sim do repertório linguístico de origem, de onde esses conceitos vieram. São, portanto, conceitos jurídicos aqueles originários da linguagem jurídica; e conceitos extrajurídicos os que são originários de linguagem de outra ciência que não a jurídica, ou da linguagem comum.[11]

Prevê o art. 109, CTN:

> Art. 109. Os princípios gerais de direito privado utilizam-se para pesquisa da definição, do conteúdo e do alcance de seus institutos, conceitos e formas, mas não para definição dos respectivos efeitos tributários.

Assim, os institutos, conceitos e formas do direito privado podem ter efeitos diversos para o direito tributário, se assim o legislador tributário definir. É o caso do instituto da prescrição, em que a prescrição tributária, diferentemente da prescrição do Direito Privado, extingue definitivamente o direito de crédito e não só a pretensão (art. 156, V, CTN).

---

[10] COELHO, Fábio Ulhoa. *Manual de direito comercial*. 14. ed. São Paulo: Saraiva, 2003. p. 5.

[11] VELLOSO, Andrei Pitten. *Conceitos e competências tributárias*. São Paulo: Dialética, 2005. p. 276.

Por sua vez, o art. 110, CTN, prescreve:

> Art. 110. A lei tributária não pode alterar a definição, o conteúdo e o alcance de institutos, conceitos e formas de direito privado, utilizados, expressa ou implicitamente, pela Constituição Federal, pelas Constituições dos Estados, ou pelas Leis Orgânicas do Distrito Federal ou dos Municípios, para definir ou limitar competências tributárias.

Se tais institutos, conceitos e formas de direito privado forem "utilizados, expressa ou implicitamente, pela Constituição Federal", para definir ou limitar competências tributárias, não poderá a lei tributária infraconstitucional afastar sua definição, seu conteúdo ou seu alcance. Assim, por exemplo, o Município não poderá, em sua lei, dizer que embarcação será considerado bem imóvel, para fins de aumentar a arrecadação do IPTU.

Mas o art. 110, CTN, não veicula norma de interpretação constitucional, pois não é possível aceitar interpretação autêntica da Constituição feita pelo legislador infraconstitucional.

QUESTÃO PARA REFLEXÃO

A rigor, o art. 110, CTN, não seria indevidamente restrito? Porque o apropriado é que qualquer conceito jurídico (seja ele do Direito Privado ou não) ou extrajurídico (advindo da Economia ou de qualquer ramo do conhecimento) que tenha sido utilizado pelo constituinte para definir competências tributárias não pode ser alterado por legislação infraconstitucional, o que se dessumiria da própria interpretação de que a Constituição não pode ser violada. Certo?

A INCORPORAÇÃO DE CONCEITOS ECONÔMICOS NO TEXTO CONSTITUCIONAL

A seguir, demonstraremos que a incorporação de conceitos econômicos na seara constitucional brasileira também se deu de forma direta, ou seja, da Ciência Econômica diretamente para o texto constitucional.

De pronto, destaque-se a previsão, na Constituição de 1946, da expressão "bens e serviços", no seu art. 30, III,[12] denotando a incorporação, no texto constitucional brasileiro, de serviço como bem imaterial, quatro anos após a previsão da expressão "bens e serviços" no art. 2.082 do Código Civil italiano.

O conceito de empresa já havia sido utilizado pela Constituição de 1891 em seu art. 24, que previa que "o Deputado ou Senador não pode também ser Presidente ou fazer parte de Diretorias de bancos, companhias ou **empresas** que gozem favores do Governo federal definidos em lei" (grifos nossos).

A Constituição de 1934 e as seguintes também incorporaram conceitos econômicos quando conferiram a capítulos ou títulos inteiros a regulação da ordem econômica. Por exemplo, na Constituição de 1937, no Capítulo "Da Ordem Econômica", conceito advindo, por óbvio, da Ciência Econômica, o termo "empresa" está presente em vários de seus artigos,[13] o mesmo acontecendo na regulação do Título V "Da Ordem Econômica e Social" pela Constituição de 1946.[14] Na Constituição de 1967 os conceitos de empresa e de atividade econômica, por ela organizada e explorada, estavam explicitados em seu art. 163, *caput*:

---

[12] "Art. 30. Compete à União, aos Estados, ao Distrito Federal e aos Municípios cobrar: [...] III – quaisquer outras rendas que possam provir do exercício de suas atribuições e da utilização de seus **bens e serviços**" (grifos nossos).

[13] A título de exemplo: "Art. 137. A legislação do trabalho observará, além de outros, os seguintes preceitos: [...]; c) a modalidade do salário será a mais apropriada às exigências do operário e da **empresa**; [...]" (grifos nossos). *Vide* também: art. 44, "c"; art. 122, 15), "e", "f" e "g"; art. 137, "d", "e", "f" e "g"; art. 143, § 1º; arts. 145 e 146; e art. 153.

[14] A título de exemplo: "Art. 148. A lei reprimirá toda e qualquer forma de abuso do poder econômico, inclusive as uniões ou agrupamentos de empresas individuais ou sociais, seja qual for a sua natureza, que tenham por fim dominar os mercados nacionais, eliminar a concorrência e aumentar arbitrariamente os lucros." *Vide* também: art. 48, I, "b"; art. 48, II, "a"; art. 149; art. 151; art. 157, IV, VI e XII; art. 160; art. 168, III e IV; art. 181, § 3º; art. 209, parágrafo único, IV e V.

> Art. 163. Às **empresas** privadas compete preferencialmente, com o estímulo e apoio do Estado, organizar e explorar as **atividades econômicas**. (grifos nossos)

Este texto se repetiu no art. 170 da Constituição de 1969.

Na Constituição de 1988, a atividade econômica também ganhou a relevância não só de capítulo, denominado "Dos Princípios Gerais da Atividade Econômica", mas também de título (no Título VII – Da Ordem Econômica e Financeira), onde se garante à atividade econômica seu livre exercício (parágrafo único do art. 170). Também a dicotomia bens (produtos) *vs.* serviços pode ser vista, por exemplo, no art. 152 ("É vedado aos Estados, ao Distrito Federal e aos Municípios estabelecer diferença tributária entre bens e serviços, de qualquer natureza, em razão de sua procedência ou destino"); bem como nos arts. 170, VI,[15] e 173, § 1º.[16]

Assim, o influxo conceitual do conceito de bens e serviços – assim como o de empresa e o de atividade econômica – foi sendo incorporado pelas Constituições brasileiras desde a Constituição de 1891 até a atual Constituição, não só por intermédio do Direito Privado, mas também diretamente a partir da Ciência Econômica, acompanhando o fortalecimento da Teoria da Empresa no mundo desde os primórdios do século XX. E, com certeza, nessa juridicização não se entendia e não se entende, como objeto dessa atividade econômica, algo mais restrito do que todo o universo de produção e circulação de bens e serviços, nestes, incluídas atividades como locações, cessões de direitos em geral e usos de bens (tangíveis ou intangíveis) em geral.

Nesse ponto, cabe salientar que o conceito constitucional de serviço como bem imaterial não quer dizer que de um serviço não possa resultar um bem material a ser entregue, em algumas situações, porque afinal praticamente não existem somente serviços totalmente puros, nem mercadorias totalmente puras, havendo quase sempre uma mescla de serviços e materiais nos produtos da atividade econômica de produção e de circulação, podendo se caracterizar como operações mistas, para cuja definição de imposto incidente a lei complementar terá papel fundamental.

Em síntese, não se deve confundir interpretação econômica, vedada em nosso ordenamento, com incorporação de conceito econômico pelo direito. Interpretação econômica seria ignorar a definição jurídica de serviço para alcançar, com a tributação, algo que não seja serviço, alegando que, economicamente, se equipara a serviço. Mas não é disso que se trata, e sim concluir, em atividade interpretativa, que o conceito econômico foi incorporado pelo direito, tornando-se, a partir dessa incorporação, jurídico. E essa incorporação se deu no Direito Constitucional Tributário, não só pelo Direito Privado, via Direito Empresarial, mas também diretamente.

A IRRELEVÂNCIA DA CLASSIFICAÇÃO OBRIGAÇÃO DE DAR *VERSUS* OBRIGAÇÃO DE FAZER PARA A TRIBUTAÇÃO DE SERVIÇOS

O conceito de serviço como obrigação de fazer, para fins tributários, não passa de um conceito doutrinário, o qual não tem qualquer aderência à incidência tributária das atividades econômicas de produção e circulação.

O capítulo que trata do contrato de prestação de serviço no Código Civil (Capítulo VII do Título VI – Das Várias Espécies de Contrato – do Livro I – Do Direito das Obrigações – da Parte Especial) não encerra nenhum conceito ou definição de conceito de serviço, mas tão somente uma espécie de contrato. Tanto que há outras prestações de serviço típicas não reguladas pelo referido capítulo (arts. 593 a 609 do Código Civil), tais como: (i) contrato de empreitada (arts. 610 a 626, CC); (ii) contrato de depósito oneroso (arts. 627 a 646, CC); (iii) contrato de agência (art. 710, CC); e (iv) contrato de corretagem (arts. 722 e 723, CC).

---

[15] "Art. 170. A ordem econômica, fundada na valorização do trabalho humano e na livre iniciativa, tem por fim assegurar a todos existência digna, conforme os ditames da justiça social, observados os seguintes princípios: [...] VI – defesa do meio ambiente, inclusive mediante tratamento diferenciado conforme o impacto ambiental **dos produtos e serviços** e de seus processos de elaboração e prestação;" (Redação dada pela Emenda Constitucional nº 42, de 19.12.2003) (grifos nossos).

[16] "Art. 173, § 1º A lei estabelecerá o estatuto jurídico da empresa pública, da sociedade de economia mista e de suas subsidiárias que explorem atividade econômica **de produção ou comercialização de bens ou de prestação de serviços**, [...]" (grifos nossos).

Nessa linha asseverou o Min. Cezar Peluso, no julgamento do RE-RG 547.245, em 2009, em seu voto pela incidência do ISS no *leasing* financeiro e no *lease back*:

> as dificuldades teóricas opostas pelas teses contrárias [que definem serviço como obrigação de fazer] a todos os votos já proferidos vêm, [...], de **um erro** [...] não [...] apenas histórico, mas um erro de perspectiva, qual seja o **tentar interpretar não apenas a complexidade da economia do mundo atual, mas sobretudo os instrumentos, institutos e figuras jurídicos com que o ordenamento regula tais atividades complexas com a aplicação de concepções adequadas a certa simplicidade do mundo do império romano**, em que certo número de contratos típicos apresentavam obrigações explicáveis **com base na distinção escolástica entre obrigações de dar, de fazer e de não fazer**. (grifos nossos)

Washington de Barros Monteiro salientou, na defesa de sua dissertação *Das modalidades de obrigações* para concurso à cátedra de Direito Civil da Faculdade de Direito da Universidade de São Paulo, em 1959, que, no direito positivo brasileiro, a única importância prática da classificação das obrigações em dar, fazer e não fazer (hoje, nos arts. 233 a 251, no Código Civil de 2002) é que ela diversifica o processo de execução da sentença, sendo que a obrigação de dar é sempre suscetível de execução forçada, com a entrega do objeto prometido pelo devedor; enquanto a de fazer resolve-se em perdas e danos, em caso de inadimplemento.

A finalidade da classificação obrigação de dar e obrigação de fazer escapa totalmente àquela que o legislador constitucional pretendeu alcançar, ao elencar os serviços no texto constitucional tributáveis pelos impostos (serviços de comunicação e de transporte intermunicipal – tributáveis pelo ICMS; serviços financeiros e securitários – tributáveis pelo IOF; e, residualmente, os demais serviços de qualquer natureza – tributáveis pelo ISS), qual seja, a de captar todas as atividades no comércio cujos produtos fossem serviços, bens imateriais em contraposição aos bens materiais, sujeitos a remuneração no mercado.

Nos serviços, destaca-se muito mais aquilo que neles realmente interessa, e pelo qual os tomadores pagam, a utilidade que esses serviços consubstanciam. O fato de essa utilidade trazer menos ou mais fazeres é irrelevante, na medida em que o que importa para o tomador não é o *quantum* de fazeres envolvido, mas, sim, quanto aquela atividade lhe traz de utilidade, e a respectiva movimentação dos recursos, como contraprestação dessa utilidade disponibilizada.

A utilidade pela qual se paga decorre de atividades imediatas ou mediatas, no serviço prestado. Tomemos, por exemplo, o serviço de hospedagem, que abrange desde os tradicionais hotéis até *flat*, apart-hotéis, hotéis residência, *residence-service* e *suite service*. As utilidades que esses serviços apresentam não decorrem tão somente de atividades imediatas, como o serviço das camareiras, de limpeza, troca de roupa de cama, de atendimento ao hóspede quando solicitado, de recepção etc. Decorrem também de atividades mediatas, consubstanciadas na disponibilização do espaço, do quarto, bem como na instalação de todas as suas facilidades, mobília, chuveiro com água quente, ar-condicionado etc. Na medida em que o que interessa, para a Economia, e que o Direito incorporou, por intermédio da expressão "bens e serviços", não é o quanto valem os fazeres mais imediatos anteriormente transcritos, mas, sim, o quanto de valor circula entre aquele que toma o serviço e aquele que presta o serviço, simplesmente a atividade de hospedagem como um todo consubstancia-se como um serviço, ainda que o hotel economize nos serviços de camareira para o hóspede.

O Direito Comercial, hoje Direito Empresarial, há séculos trouxe pragmatismo na regulação das atividades econômicas para o Direito Privado, inclusive na forma de definir os produtos dessas atividades econômicas, como bens e serviços, libertando-se das amarras do Direito Civil, nos primórdios de sua existência. Assim, não faz sentido que, no momento da tributação dessas atividades, seja ignorado o critério do direito empresarial, bens e serviços, por um paradigma que nada tem a ver com as atividades econômicas, como o de obrigação de dar e fazer, do Direito Civil, que faria com que várias atividades ficassem sujeitas apenas a uma tributação parcial, numa divisão da base de cálculo da materialidade totalmente artificial e manipulável.

Por isso que o legislador nacional previu a incidência, na Lei Complementar nº 116/03, do ISS sobre os serviços que não necessariamente apresentam um fazer imediato, como a cessão de direito de uso de marcas e de sinais de propaganda (3.02); a exploração de salões de festas e de quadras esportivas (3.03); a cessão de andaimes, palcos, coberturas e outras estruturas de uso temporário (3.05); e a franquia (*franchising*) (17.08).

Todas essas atividades elencadas são serviços, entendidos como bens imateriais objeto de atividade econômica, empresarial ou não.[17]

A JURISPRUDÊNCIA ATUAL SOBRE O CONCEITO DE SERVIÇO

Em julgados anteriores a 2000, por exemplo, no RE 112.947-6 SP, o STF decidiu pela incidência do ISS na locação de bens móveis, assim como pela incidência do ISS no *leasing* (RE 106.047), onde o Ministro Octavio Gallotti registrou:

> Na locação de bens móveis, o objeto do contrato é a coisa (o bem móvel), jamais o fornecimento de trabalho, [...]. O que existe, já dissemos, é a venda de um bem imaterial (venda do direito de uso e gozo da coisa, fato que constitui serviço). [...]

No RE 116.121-3 SP, julgado em 11.10.2000, a jurisprudência virou, por seis votos a cinco, para entender pela não incidência do ISS sobre locação de bens móveis, por não haver ali obrigação de fazer, sendo relator para o acórdão o Ministro Marco Aurélio, com fundamentação relacionada ao art. 110, CTN, bem como à interpretação econômica.

A linha adotada pelo STF no RE 116.121-3 culminou na edição da Súmula Vinculante 31, em 4.2.2010, no sentido da não incidência do ISS sobre o serviço de locação de bens móveis:

> Súmula Vinculante 31. É inconstitucional a incidência do Imposto sobre Serviços de Qualquer Natureza – ISS sobre operações de locação de bens móveis.

Mas a não aderência da aplicação da classificação "obrigações de dar *vs.* obrigação de fazer" sobre o universo dos produtos decorrentes da atividade econômica: bens e serviços tem feito o STF tomar decisões erráticas sobre a incidência do ISS em algumas atividades.

Como exemplo disso, nos RE nº 547.245-SC e nº 592.905-SC, julgados em 2.12.2009, dois meses antes da edição da Súmula Vinculante 31, sobre a incidência do ISS sobre *leasing*, o Ministro Relator Eros Grau apresentou voto vencedor pela incidência do ISS (no *leasing* financeiro e no *leaseback*), só deixando de fora da incidência o *leasing* operacional (por entendê-lo mais próximo da locação), afirmando que o contrato de *leasing* é um contrato autônomo.

O *leasing*, mesmo o operacional, é uma operação própria, tipificada, que será tratada no tópico "Fronteira com o IOF". Em que pese que algumas peculiaridades tornem distintos entre si o *leasing* operacional, o *leasing* financeiro e o *leaseback*, o mecanismo regulatório básico entre eles é o mesmo, motivo pelo qual não cabe caracterizar o *leasing* nem como locação, nem como financiamento, sendo um contrato autônomo.

Sendo o *leasing* uma operação mista (porque combina gestão do contrato de *leasing* e disponibilização de bem para uso e gozo do arrendatário) consubstanciada num contrato autônomo, a lei complementar, ao prevê-lo como tributável pelo ISS, cumpre seu papel, o que foi afirmado pelo próprio Ministro Relator em seu voto. E na medida em que o *leasing* encontra-se integralmente previsto no subitem 15.09 da lista de serviços, não caberia então excluir da incidência do ISS o *leasing* operacional.

O STF, em seus julgados posteriores à Súmula Vinculante 31, tem restringido a não incidência do ISS à locação de bens móveis, ignorando o pressuposto da súmula, de que serviço seria obrigação de fazer. Nesse sentido, decidiu pela incidência do ISS na cessão de direito de uso de marcas e de sinais de propaganda (subitem 3.02 da lista de serviços), no Agravo Regimental em Reclamação (Rcl 8623 AgRg RJ), em 22.2.2011, em que o Ministro Gilmar Mendes decidiu que o contexto legal e prático após a edição da Lei Complementar nº 116/03 trouxe alterações significativas, adotando nova disciplina sobre o ISS, prevendo a cessão de direito de uso de marcas e sinais na lista

---

[17] Assim como a locação de bens móveis, prevista no subitem 3.01, mas vetada por influência da decisão nº RE 116.121 SP, de 2000, o qual o próprio STF entendeu estar superado, conforme voto vencedor no RE-RG 651.703 PR, 2016.

de serviços, tributados no subitem 3.02, afastando a incidência da Súmula Vinculante 31 sobre o caso, por não se confundir a referida a cessão de direito com a locação de bem móvel, sendo um serviço autônomo previsto na Lei Complementar nº 116/03.

O auge dessa tendência veio com o RE-RG 651.703 PR, em 29.9.2016, sobre a incidência de ISS sobre plano de saúde e seguro-saúde, quando o Ministro Fux, em seu voto vencedor, afirmou a superação do RE 116.121-3, bem como a ideia de serviço como bem imaterial em contraposição a bem material:

> **A finalidade dessa classificação (obrigação de dar e obrigação de fazer) escapa totalmente àquela que o legislador constitucional pretendeu alcançar, ao elencar os serviços no texto constitucional tributáveis pelos impostos** (por exemplo, serviços de comunicação – tributáveis pelo ICMS; serviços financeiros e securitários – tributáveis pelo IOF; e, residualmente, os demais serviços de qualquer natureza – tributáveis pelo ISS), qual seja, a de captar todas as atividades empresariais cujos produtos fossem **serviços, bens imateriais em contraposição aos bens materiais,** sujeitos a remuneração no mercado. (grifos nossos)

O Julgado do RE-RG 603.136 RJ, de 29.5.2020, que tratou de *case* de "empresa de comércio de alimentos que firmou contrato de franquia empresarial com conhecida rede da *fast food*, que inclui cessão de uso de marca, treinamento de funcionários, aquisição de matéria-prima etc.", seguiu tendência similar, mas com algumas peculiaridades.

O Ministro Relator Gilmar Mendes procurou fundamentar a sua decisão deixando claro não pretender superar a Súmula Vinculante 31, afirmando que na franquia "há inegável aplicação de esforço humano destinado a gerar utilidade em favor de outrem (o franqueado). O vínculo contratual, nesse caso, não se limita a uma mera obrigação de dar, nem à mera obrigação de fazer".

Evitou, dessa forma, a superação da referida súmula, mas procurou alinhar-se expressamente aos julgados que pavimentaram a reaproximação ao conceito de bem imaterial, fazendo menção expressa ao julgamento sobre *leasing*, de 2009, e ao RE-RG 651.703/16, que resgatou o conceito de serviço como bem imaterial em contraposição a bem material, destacando ser este último a "linha mais atual de pensamento desta Corte".

Acompanhando o Relator, o Ministro Alexandre de Moraes asseverou:

> [...], o conceito de prestação de serviços **não tem por premissa a configuração dada pelo Direito Civil, mas relacionado ao oferecimento de uma utilidade para outrem**, a partir de um conjunto de atividades materiais ou imateriais, prestadas com habitualidade e intuito de lucro, podendo estar conjugada ou não com a entrega de bens ao tomador". (grifos nossos)

O julgamento das ADI 1.945 MT e 5.659 MG, concluído em 2021, divisor de águas na jurisprudência da Suprema Corte no tocante à tributação do licenciamento de *software* no Brasil, por acabar com a discussão a respeito, que adveio mais fortemente quando os Estados tentaram criar o conceito de mercadoria digital para equipará-lo a licença de *software* (Convênio ICMS nº 106, de 29.9.2017), trouxe elementos importantes a respeito do entendimento atual da Corte sobre o conceito de serviço, por intermédio do voto vencedor, do Ministro Toffoli: (i) a superação da dicotomia prateleira *versus* encomenda; (ii) o direito comparado; (iii) a lei complementar como critério objetivo; (iv) a caracterização de operação mista; e (v) a evolução jurisprudencial sobre o conceito de serviço.

VOCÊ SABIA?

O RE 176.626 SP, julgado em 10.11.1998, inaugurou a dicotomia prateleira *versus* encomenda para segregar, salomonicamente, a incidência de ICMS e ISS no licenciamento de *software*, a partir de uma impressão equivocada de dois fatos que caracterizavam a negociação do licenciamento de *software* na década de 90, e que faziam parecer com que o bem transacionado fosse uma mercadoria: (i) o licenciamento de *software* se consubstanciava através de disquetes, CD-ROM ou DVD em caixas idênticas dispostas nas prateleiras das lojas, como se fossem mercadorias, mas o que se transacionava juridicamente não era venda de caixas, e muito menos de *software*, e sim o seu uso; e (ii) o pagamento pelo *software* era único, como se faz na aquisição de uma mercadoria, e não conforme o uso, como é hoje no modelo por assinatura.

O Ministro Toffoli afirmou, em seu voto, que a dicotomia prateleira *versus* encomenda não é mais "suficiente para a definição da competência para tributação dos negócios jurídicos de licenciamento ou cessão de uso de programas de computador em suas diversas modalidades". Não fundamentou por quê, apenas afirmou que essa dicotomia está tão superada quanto a dicotomia obrigação de dar *versus* fazer.

A personalização e a encomenda não são requisitos do conceito constitucional de serviço, mas sim aplicáveis a qualquer bem de mercado, material ou imaterial, diferentemente da tangibilidade, essa sim, um critério constitucional que traça a fronteira entre os conceitos de mercadoria (bem material) e de serviços de qualquer natureza (bem imaterial). Tanto assim o é que hoje é possível se comprar um carro pela internet de forma totalmente personalizada e por encomenda, e nem por isso esse carro, adquirido personalizado e por encomenda, será considerado serviço.

O relator defendeu também uma evolução jurisprudencial em que se admite mercadoria como bem intangível, mencionando o julgamento da medida cautelar na ADI 1.945 MT, em 2010, para afirmar a desnecessidade de uma mercadoria ser tangível para poder incidir o ICMS, justificando tal entendimento com a incidência de ICMS sobre energia elétrica.

Na verdade, o ICMS incide sobre: (i) circulação de mercadorias; (ii) prestação de serviços de transporte intermunicipal e de comunicação; e (iii) energia elétrica. O fato de a Constituição prever que incide ICMS sobre energia elétrica não a torna mercadoria. São materialidades distintas. Ser mercadoria sempre demandou dois requisitos mínimos – tangibilidade e transferência de titularidade –, o que foi constitucionalizado com a previsão constitucional do ICMS e do ISS, desde 1965. Ignorar essa fronteira pode trazer gravíssima insegurança jurídica para o sistema. Até onde avançaria a intangibilidade de uma mercadoria? No cinema? Na cessão de direitos?

O Ministro Toffoli inclusive faz menção à diretiva da Comunidade Econômica Europeia (Sexta Directiva 77/388/CEE do Conselho, de 17.5.1977), para mencionar, em seu voto, a definição das materialidades tributáveis pelo IVA: (i) entrega de bem, como "transferência do poder de dispor de um bem corpóreo, como proprietário"; e (ii) prestação de serviço, como "qualquer prestação que não constituísse uma entrega de bens".

Com relação à lei complementar como critério objetivo, a previsão da incidência do ISS sobre o licenciamento de *software* no subitem 1.05, sem qualquer ressalva da expressão "por encomenda", foi argumento trazido pelo Ministro para mencionar a tradição da Corte na solução das indefinições entre o ISS e o ICMS com base na sistemática objetiva. Dá assim respeito à própria Constituição, que previu dois papéis importantíssimos para a lei complementar tributária: (i) definir os serviços tributáveis pelo ISS (parte final do inciso III do art. 156); e (ii) prevenir conflito de competência (art. 146, III, alínea *a*, c/c art. 146, I). Quando a atividade de produção e circulação de bens e serviços estiver numa zona fronteiriça, cinzenta, entre o ICMS-Mercadoria e o ISS, entre o ICMS-Comunicação e o ISS, entre o IOF e o ISS, ou entre o IPI e o ISS, caberá a aplicação do segundo papel pela lei complementar, mencionado.

No tocante à evolução jurisprudencial quanto ao conceito de serviço, o relator faz referência ao RE-RG 651.703 PR, de 2016, que afirma serviços como bens imateriais em contraposição a bens materiais, como jurisprudência mais recente e adequada do STF, mas procura não se vincular plenamente à dicotomia bens e serviços, admitindo a possibilidade de mercadoria não tangível. Percebe-se uma preocupação em não avançar muito a serviço como bem imaterial, entendimento que o STF adotava antes de 2001, evitando-se a superação da Súmula Vinculante 31, e também em não ser incoerente com seu voto acompanhando o voto do Ministro Gilmar Mendes dado no julgamento da medida cautelar na ADI 1.945 MT, em 2010, que mencionou a possibilidade de mercadoria não tangível.

Por fim, com relação ao conceito de operação mista, o voto vencedor do relator menciona que no licenciamento de *software* há uma operação mista ou complexa, envolvendo, além da obrigação de dar um bem digital, uma obrigação de fazer, esta presente no esforço intelectual de quem confecciona o *software* e, ainda, nos demais serviços prestados ao usuário, como, por exemplo, "o *help desk*, a disponibilização de manuais, atualizações tecnológicas e outras funcionalidades previstas no contrato de licenciamento ou de cessão de uso".

A rigor, não se trata de operação mista, pois tanto o suporte técnico quanto a licença de uso são serviços, não havendo zona cinzenta entre uma atividade e outra. Mas procurando achar fazeres nos serviços dos autores do *software*, bem como nos que prestam suporte, por exemplo, o relator revela novamente a preocupação em preservar o texto da Súmula Vinculante 31 (é inconstitucional a incidência do ISS sobre operações de locação de bens móveis) em si, mas não seu pressuposto (serviço é obrigação de fazer). E combinando a caracterização da licença de *software* como operação mista com o papel da lei complementar de definir a incidência de ICMS ou ISS em operações mistas, o relator consegue definir pela incidência de ISS sobre a licença de *software* passando ao largo das discussões de serviço como bem imaterial e, por conseguinte, de mercadoria como bem não tangível.

FRONTEIRA COM O ICMS-MERCADORIA

O art.155, IX, alínea *b*, da Constituição, prevê que o ICMS incidirá também "sobre o valor total da operação, quando mercadorias forem fornecidas com serviços não compreendidos na competência tributária dos Municípios". Mas o dispositivo não está a afirmar que serviços não tributados pelos Municípios o serão pelos Estados, como se os Estados ficassem na espreita aguardando a desídia ou omissão do legislador complementar para abocanhar parcela da competência tributária não exercida pelos Municípios. Não. Esses "serviços não compreendidos na competência tributária dos Municípios" se referem à atividade humana que resulta em produção de bem material, numa operação que se pode considerar como operação mista, em que a relevância econômica do bem produzido e a do serviço para produzir o referido bem são similares.

Assim, o supracitado dispositivo constitucional apenas deixa claro que atividade humana da qual decorram bens materiais que se caracterizem como mercadorias será tributada pelo ICMS, incorporando-se seu custo dessas atividades ao valor da mercadoria. Em que pese, numa análise isolada, poder ser caracterizada como serviço, não passará de um autosserviço, uma atividade-meio, cujo custo será incorporado ao valor da mercadoria, não cabendo nominar essa atividade de serviço, em termos jurídico-tributários, a não ser que seja terceirizada, aí sim, sujeitando-se à incidência do ISS.

O reconhecimento constitucional de potenciais conflitos de competência tributária entre Estados e Municípios na circulação de bens e serviços consubstancia-se não só no art. 146, III, alínea *a*, c/c art. 146, I, mas também na parte final do inciso III do art. 156, já que a definição dos serviços de qualquer natureza também contribui para a prevenção de conflitos de competência quando atividades de circulação de bens e serviços possam ensejar dúvidas legítimas quanto à incidência de ICMS ou de ISS (operações mistas). Isso sem prejuízo da função da lista de serviços de definir os serviços tributáveis pelo ISS, definindo-os de forma denotativa e exaustiva, cumprindo sua característica taxativa.

Com base nesses comandos constitucionais, a Lei Complementar nº 116/03 prescreveu, no art. 1º, § 2º, que:

§ 2º Ressalvadas as exceções expressas na lista anexa, os serviços nela mencionados não ficam sujeitos ao Imposto Sobre Operações Relativas à Circulação de Mercadorias e Prestações de Serviços de Transporte Interestadual e Intermunicipal e de Comunicação – ICMS, ainda que sua prestação envolva fornecimento de mercadorias.

É a função de precisamento da fronteira entre os impostos, exercida pelo legislador complementar, ao definir, de forma estipuladora mesmo, aquelas atividades que, pelo fato de ensejarem verdadeiras operações mistas, serão consideradas, quanto à incidência tributária: (i) por inteiro, serviços para fins de incidência do ISS; ou (ii) atividades segregadas, considerando-se a mão de obra prestação de serviço, sujeita à incidência do ISS; e a entrega do bem material como circulação de mercadoria, sujeita à incidência do ICMS.

Vejamos, no Quadro 8.2, alguns dispositivos legais a esse respeito.

Quadro 8.2   Dispositivos legais sobre não incidência de ISS em serviços que envolvem a entrega de material

Serviços cujo material entregue deve ser excluído da incidência de ISS
7.02 – Execução, por administração, empreitada ou subempreitada, de obras de construção civil, hidráulica ou elétrica e de outras obras semelhantes, inclusive sondagem, perfuração de poços, escavação, drenagem e irrigação, terraplanagem, pavimentação, concretagem e a instalação e montagem de produtos, peças e equipamentos (exceto o fornecimento de mercadorias produzidas pelo prestador de serviços fora do local da prestação dos serviços, que fica sujeito ao ICMS).
7.05 – Reparação, conservação e reforma de edifícios, estradas, pontes, portos e congêneres (exceto o fornecimento de mercadorias produzidas pelo prestador dos serviços, fora do local da prestação dos serviços, que fica sujeito ao ICMS).
7.06 – Colocação e instalação de tapetes, carpetes, assoalhos, cortinas, revestimentos de parede, vidros, divisórias, placas de gesso e congêneres, com material fornecido pelo tomador do serviço.

14.01 – Lubrificação, limpeza, lustração, revisão, carga e recarga, conserto, restauração, blindagem, manutenção e conservação de máquinas, veículos, aparelhos, equipamentos, motores, elevadores ou de qualquer objeto (exceto peças e partes empregadas, que ficam sujeitas ao ICMS).
14.03 – Recondicionamento de motores (exceto peças e partes empregadas, que ficam sujeitas ao ICMS).
14.06 – Instalação e montagem de aparelhos, máquinas e equipamentos, inclusive montagem industrial, prestados ao usuário final, exclusivamente com material por ele fornecido.
14.09 – Alfaiataria e costura, quando o material for fornecido pelo usuário final, exceto aviamento.
17.11 – Organização de festas e recepções; bufê (exceto o fornecimento de alimentação e bebidas, que fica sujeito ao ICMS).
39.01 – Serviços de ourivesaria e lapidação (quando o material for fornecido pelo tomador do serviço).
Base de cálculo
Art. 7º A base de cálculo do imposto é o preço do serviço. [...] § 2º Não se incluem na base de cálculo do Imposto Sobre Serviços de Qualquer Natureza: I – o valor dos materiais fornecidos pelo prestador dos serviços previstos nos itens 7.02 e 7.05 da lista de serviços anexa a esta Lei Complementar; [...]
9.01 – Hospedagem de qualquer natureza em hotéis, *apart-service* condominiais, *flat*, apart-hotéis, hotéis residência, *residence-service*, *suite service*, hotelaria marítima, motéis, pensões e congêneres; ocupação por temporada com fornecimento de serviço (o valor da alimentação e gorjeta, quando incluído no preço da diária, fica sujeito ao Imposto Sobre Serviços).

Esse precisamento se dá não só na definição do critério material tributável pelo ISS (art. 1º, § 2º; subitens 7.02, 7.05, 7.06, 14.01, 14.03, 14.06, 14.09, 17.11, 39.01), mas também na definição da base de cálculo que ficará sujeita ao ISS e da que ficará sujeita ao ICMS (art. 7º, § 2º, I; subitem 9.01). São duas formas válidas de precisamento de fronteira, dado que, como já dito, critério material do fato gerador e base de cálculo são dois lados de uma mesma moeda. O primeiro trata do fato em si; o segundo, da dimensão de valor desse fato, presunção de riqueza que esse fato revela.

Percebamos também que há duas formas de excluir a incidência do ISS sobre o bem material entregue decorrente do serviço prestado: (i) quando a lei traz a exceção expressa, prevendo a incidência do ICMS no fornecimento de materiais pelo prestador; ou (ii) quando a lei traz expressão do tipo "com material fornecido pelo tomador do serviço".

Quanto à primeira, por exemplo, no subitem 7.02, a lei complementar resolveu segregar, de forma expressa, a incidência de ISS sobre os serviços e a incidência de ICMS sobre as correspondentes mercadorias:

7.02 – Execução, por administração, empreitada ou subempreitada, de obras de construção civil, hidráulica ou elétrica e de outras obras semelhantes, inclusive sondagem, perfuração de poços, escavação, drenagem e irrigação, terraplanagem, pavimentação, concretagem e a instalação e montagem de produtos, peças e equipamentos (exceto o fornecimento de mercadorias produzidas pelo prestador de serviços fora do local da prestação dos serviços, que fica sujeito ao ICMS).

Da mesma forma foi previsto para os subitens 7.05, 14.01, 14.03, e 17.11.

Quanto à segunda forma de excluir a incidência do ISS sobre o bem material entregue decorrente do serviço prestado, temos como exemplo o subitem 7.06, sendo que, apesar de não haver nele a menção expressa sobre a incidência de ICMS nos materiais produzidos, seu comando é expresso em dizer que incide o ISS no serviço com o material fornecido pelo tomador do serviço. Ou seja, só cabe a incidência do ISS sobre o serviço prestado, ainda que o material seja vendido pelo prestador, caracterizando-se aqui também um caso de segregação de competência tributária, incidindo ISS no serviço e ICMS na mercadoria.

7.06 – Colocação e instalação de tapetes, carpetes, assoalhos, cortinas, revestimentos de parede, vidros, divisórias, placas de gesso e congêneres, com material fornecido pelo tomador do serviço.

Na mesma linha, os subitens 14.06, 14.09 e 39.01. Assim, mesmo que o material seja vendido por aquele que prestará o serviço, nesses casos, haverá a incidência do ISS, mas tão somente na colocação, na montagem, na instalação ou na costura, ou seja, sobre o valor da mão de obra. O que nunca poderá acontecer, nesses casos, é a cobrança de ISS sobre o valor integral da venda, incluindo o valor da mercadoria, seja ele fornecido pelo tomador do serviço, seja pelo prestador.

Algumas dessas situações são exemplos clássicos de operação mista envolvendo ISS e ICMS-Mercadoria, que ocorrem quando os conceitos constitucionais de mercadoria (bem material sujeito a circulação com a qual é transferida sua propriedade) e de serviço (bem imaterial) estão tão imbricados na atividade, quase que ontologicamente, numa zona fronteiriça cinzenta entre essas duas materialidades, que, se não houvesse uma lei complementar melhor desenhando a fronteira entre uma materialidade e outra, seria impossível definir, de forma segura, com base em interpretação objetiva, o precisamento dessa fronteira. É o caso de construção civil (subitem 7.02), hospedagem com valor de alimentação e gorjeta (subitem 9.01) e organização de festas, recepções e bufê (subitem 17.11), por exemplo.

Restaurante também se junta a esses exemplos, sendo que a decisão do legislador complementar foi de deixá-lo sujeito integralmente à incidência do ICMS, conforme o art. 2º, I, da Lei Complementar nº 87/96, prevendo que o ICMS incide sobre "operações relativas à circulação de mercadorias, inclusive o fornecimento de alimentação e bebidas em bares, restaurantes e estabelecimentos similares".

Por fim, cabe registrar que, no caso dos serviços de construção civil (7.02) e de reparação, conservação e reforma de imóveis (7.05), como a redação na exceção para incidência de ICMS em ambos fala em "fornecimento de mercadorias produzidas pelo prestador de serviços fora do local da prestação", alguns estados entendem que se a empresa prestadora do serviço de construção civil produzir, fora da obra, o material a ser entregue na obra, essa saída do material "pronto" para a obra ensejaria a incidência do ICMS.

Perceba que a dedução do valor dos materiais fornecidos pelo prestador do serviço de construção civil já está garantida pelo dispositivo que trata da base de cálculo (art. 7º, § 2º, I). Assim, pode ser deduzido o valor dos materiais empregados na obra, desde que a ela incorporados, e que por isso perderam a sua identidade original, como, por exemplo, a alvenaria e ferragens em geral, esquadrias, vidros de janelas, revestimentos etc. Não é aceita, como dedução, a utilização de material na obra, mas que a ela não se incorporará, servindo tão somente como infraestrutura de apoio à obra, como, por exemplo, ferramentas e equipamentos na obra utilizados.

Então, a discussão não é a dedutibilidade ou não do valor do material incorporado à obra na base de cálculo do ISS no serviço de construção civil, ainda que o prestador compre o material de terceiro, apenas incidindo ICMS nessa compra. A discussão atém-se à incidência ou não do ICMS nesse material quando produzido pelo prestador fora do local da obra, dada a redação da parte final dos subitens 7.02 e 7.05.

A rigor, mesmo que esse material seja produzido fora, mas pela mesma empresa que executa a construção, ele é insumo da atividade de construção civil. Nesse caso, a empresa que constrói foi consumidora final dos insumos que compõem esse material a ser produzido, tendo havido a última incidência de ICMS na aquisição desses insumos. Havendo a incidência do ICMS na etapa seguinte, ou seja, na produção do material fora do local da obra pelo próprio prestador (empresa construtora), está-se dizendo que o contratante da empresa construtora está comprando este material, o que, em regra, não é verdade, particularmente quando se fala em construção pelo regime de empreitada, onde é normal que o contratado (empreiteira) assuma a obrigação de executar a obra, empregando não só sua mão de obra, mas também seu material.

Essa celeuma tem origem quando se entende, equivocadamente, que o critério material do ICMS é a mera saída da mercadoria do estabelecimento. Se o material é produzido pelo prestador no canteiro de obra ou fora dele, isso é juridicamente irrelevante, porque a saída de um material produzido fora não faz nascer, per si, uma relação jurídica de compra e venda entre o prestador e o tomador do serviço de construção civil no modelo de empreitada mencionado.

Dito de outra forma, a saída da mercadoria não é o critério material do ICMS. Não ocorre circulação jurídica da mercadoria quando a saída do material produzido para o canteiro de obra, fornecido pelo próprio prestador, se dá no contexto de um serviço de construção civil por empreitada.

A celeuma continua no caso de empresa construtora que se depara com a possibilidade de produzir pré-moldados, como placas, paredes, vigas, no canteiro de obras; ou de produzi-los fora do canteiro de obras, em ambiente industrial (pré-moldados, pré-fabricados), o que, em princípio, aumentaria sua eficiência e produtividade.

Como expusemos, a produção, pelo próprio prestador do serviço de construção civil, de pré-fabricados, ou seja, pré-moldados produzidos fora do canteiro de obra, não atrai a incidência do ICMS. O STJ tem jurisprudência nessa linha:

> Na construção civil pelo sistema de pré-moldados, sob regime de empreitada global, em que a empresa construtora produz as peças a serem montadas em edificação específica, sem comercializá-las individualmente, transportando-as para o local da obra, não incide o ICM cuja base de cálculo para a cobrança é inexistente (REsp nº 40.356, j. 29.11.1995).

Na mesma linha se encaminha o REsp nº 1.335.231, julgado em 20.11.2012:

> 9. No presente caso, a controvérsia persiste em relação à incidência de ICMS sobre o fornecimento de material pré-moldado pela recorrente para instalação em obras que não foram por ela executadas, conforme constatado pelo Tribunal *a quo* (fls. 1.115-1.120).

De fato, se é o caso de pré-moldado produzido por terceiro, distinto do prestador do serviço de construção civil, então o fornecimento do material pré-moldado é uma operação de circulação de mercadoria. Não o seria se a referida produção fosse efetuada pelo próprio construtor da obra, ainda que fora do canteiro de obra.

FRONTEIRA COM O ICMS-COMUNICAÇÃO

É importante delimitar a fronteira entre o conceito constitucional de serviço de comunicação para fins de tributação pelo ICMS (ICMS-Comunicação) e o de serviço de qualquer natureza, tributável pelo ISS, para evitar os conflitos entre essas duas incidências.

QUESTÃO PARA REFLEXÃO

O serviço de comunicação também é um bem imaterial? O serviço de comunicação, cuja incidência do ICMS é prevista pelo Constituinte no art. 155, II, também é um bem imaterial (as empresas que oferecem este serviço disponibilizam infraestrutura de telecomunicações, a qual utilizamos, pagando por esse uso), a ele adicionando-se os demais serviços previstos no texto constitucional tributáveis pelos impostos: (i) serviços financeiros e securitários (IOF); (ii) serviços de transporte intermunicipal e interestadual (ICMS); e (iii) serviços de qualquer natureza, residuais em relação aos serviços anteriores, e desde que haja previsão em lista (ISS).

A investigação de outros enunciados do texto constitucional contribui para a demarcação da fronteira entre o conceito de serviço de comunicação e o conceito de serviço de qualquer natureza, para fins de tributação pelo ICMS-Comunicação.

Prevê o art. 22 da Constituição que compete privativamente à União legislar sobre:

> IV – águas, energia, **informática**, **telecomunicações** e **radiodifusão**; [...] (grifos nossos)

Com relação a rádio (radiodifusão sonora) e a TV (radiodifusão de sons e imagens), no Brasil, diferentemente de alguns países, esses serviços são considerados serviços de telecomunicação. A Lei nº 4.117, de 27.8.1962 (Código Brasileiro de Telecomunicações), é clara em tratar os serviços de radiodifusão sonora (rádio), e de sons e imagens (televisão), como espécie do serviço de telecomunicação. Seguem alguns de seus dispositivos a respeito:

> Art. 6º Quanto aos fins a que se destinam, as telecomunicações assim se classificam: [...]
>
> d) serviço de radiodifusão, destinado a ser recebido direta e livremente pelo público em geral, compreendendo radiodifusão sonora e televisão; [...]
>
> Art. 32. Os serviços de radiodifusão, nos quais se compreendem os de televisão, serão executados diretamente pela União ou através de concessão, autorização ou permissão.

Dessa forma, podemos concluir que, de longa data, está arraigado em nosso ordenamento, inclusive com incorporação pela Constituição de 1988, que os serviços de radiodifusão sonora e de sons e imagens fazem parte do conceito maior de serviço de telecomunicações.

A TV por assinatura, espécie de serviço de telecomunicação, hoje é regulada pela Lei nº 12.485, de 12.9.2011, que dispõe sobre a comunicação audiovisual de acesso condicionado, trazendo a definição do conceito de Serviço de Acesso Condicionado (SeAC):

> Art. 2º, XXIII – Serviço de Acesso Condicionado: serviço de telecomunicações de interesse coletivo prestado no regime privado, cuja recepção é condicionada à contratação remunerada por assinantes e destinado à distribuição de conteúdos audiovisuais na forma de pacotes, de canais nas modalidades avulsa de programação e avulsa de conteúdo programado e de canais de distribuição obrigatória, por meio de tecnologias, processos, meios eletrônicos e protocolos de comunicação quaisquer.

O SeAC unificou as regras para serviços semelhantes, que eram diferenciados por tecnologia. Ele concentra os seguintes serviços: (i) serviço TV a cabo; (ii) serviço de Distribuição de Sinais Multiponto Multicanais (MMDS – *Multichannel Multipoint Distribution Service*); (iii) serviço de Distribuição de Sinais de Televisão e de Áudio por Assinatura Via Satélite (DTH – *Direct-To-Home*); e (iv) Serviço Especial de TV por Assinatura (TVA).

No SeAC há uma relação jurídica onerosa, em que a empresa que fornece esse serviço cobra por ele do assinante, sendo tributável pelo ICMS. Esse serviço foi expressamente excluído da incidência do ISS no subitem 1.09 da lista de serviços, dado que se trata de serviço de telecomunicação, regulamentado pela ANATEL, assim como os demais serviços de radiodifusão:

> 1.09 – Disponibilização, sem cessão definitiva, de conteúdos de áudio, vídeo, imagem e texto por meio da internet, respeitada a imunidade de livros, jornais e periódicos (exceto a distribuição de conteúdos pelas prestadoras de Serviço de Acesso Condicionado, de que trata a Lei nº 12.485, de 12 de setembro de 2011, sujeita ao ICMS). (Incluído pela Lei Complementar nº 157, de 2016)

O subitem 1.09 caracteriza o serviço de *streaming*, que é uma tecnologia de transmissão de áudio e/ou vídeo pela internet, a qual permite que a transmissão de áudio e vídeo seja realizada sem a necessidade de se fazer o *download* de todo o conteúdo a ser transmitido antes de se ouvir a música ou assistir o vídeo. Trata-se de um Serviço OTT, cuja definição veremos a seguir.

No *streaming*, a transmissão do conteúdo é feita de modo contínuo, enquanto a pessoa está ouvindo/assistindo. Usa-se assim um sistema de *buffer*, havendo armazenamento do conteúdo aos poucos, e sua reprodução para quem está ouvindo/assistindo, conseguindo-se assim equilibrar o *download* do conteúdo e a exibição dele, para que todo o conteúdo seja exibido sem cortes, seja ele *streaming* de áudio ou *streaming* de vídeo.

A Lei nº 9.472, de 16.7.1997 (Lei Geral de Telecomunicações – LGT), revogou parcialmente a Lei nº 4.117/62, mas não os seus preceitos relativos à radiodifusão (art. 215, I). Assim, em que pese a separação regulatória, mantiveram-se os conceitos de radiodifusão regulados pela Lei nº 4.117/62, e os demais serviços de telecomunicações regulados pela Lei nº 9.472/97.

Os conceitos da Lei nº 4.117/62 se alinham com o de serviço de telecomunicação, presente no art. 60, e o de Serviço de Valor Adicionado (SVA), no art. 61, ambos da Lei nº 9.472/97. O conceito de serviço de telecomunicação seguiu a orientação histórica não só nacional, presente no Código Brasileiro de Telecomunicações, mas também internacional, presente nas normas da União Internacional das Telecomunicações (UIT) e do Convênio Internacional de Telecomunicações de Nairóbi (Quênia, 1982).

Prevê o referido art. 60:

> Art. 60. Serviço de telecomunicações é o conjunto de atividades que possibilita a oferta de telecomunicação.
>
> § 1º Telecomunicação é a transmissão, emissão ou recepção, por fio, radioeletricidade, meios ópticos ou qualquer outro processo eletromagnético, de símbolos, caracteres, sinais, escritos, imagens, sons ou informações de qualquer natureza.
>
> § 2º Estação de telecomunicações é o conjunto de equipamentos ou aparelhos, dispositivos e demais meios necessários à realização de telecomunicação, seus acessórios e periféricos, e, quando for o caso, as instalações que os abrigam e complementam, inclusive terminais portáteis.

Por sua vez, descreve o art. 61 o conceito de Serviço de Valor Adicionado (SVA):

> Art. 61. Serviço de valor adicionado é a atividade que acrescenta, a um serviço de telecomunicações que lhe dá suporte e com o qual não se confunde, novas utilidades relacionadas ao acesso, armazenamento, apresentação, movimentação ou recuperação de informações.
>
> § 1º Serviço de valor adicionado não constitui serviço de telecomunicações, classificando-se seu provedor como usuário do serviço de telecomunicações que lhe dá suporte, com os direitos e deveres inerentes a essa condição.
>
> § 2º É assegurado aos interessados o uso das redes de serviços de telecomunicações para prestação de serviços de valor adicionado, cabendo à Agência, para assegurar esse direito, regular os condicionamentos, assim como o relacionamento entre aqueles e as prestadoras de serviço de telecomunicações.

Serviço de Valor Adicionado e Serviço *Over The Top* – Serviço OTT – são sinônimos, este último cada vez mais sedimentado no mercado. Serviço OTT é um "conteúdo, serviço ou aplicação que é provido para o usuário final da internet pública",[18] ou seja, qualquer utilidade provida na internet pública é um serviço OTT. Exemplos seriam: serviços de voz providos na internet, conteúdo baseado na *web* (*sites* de notícias, mídia social etc.), ferramentas de busca, serviços de hospedagem, serviços de *e-mail*, serviços de mensageria instantânea, conteúdo de vídeo e multimídia etc.

Serviço de comunicação não se confunde com serviços de informática prestados pela internet. Diferentemente da regulamentação internacional a que se submete o setor de telecomunicações, o setor de internet não possui um padrão regulatório internacional, tendo se desenvolvido de forma livre, sem a existência de um organismo internacional que o controle.

Esse fato é relevante para entender a distinção semântica entre o termo "informática" e os termos "telecomunicações" e "radiodifusão", presentes no supracitado inciso IV do art. 22 da Constituição. Essa distinção revela-se constitucionalizada, demonstrando que para o direito pátrio prevaleceu a existência de regimes jurídicos distintos para essas acepções.

---

[18] Disponível em: http://berec.europa.eu/eng/document_register/subject_matter/berec/download/0/5751-berec-report-on-ott-services_0.pdf. Acesso em: 13 dez. 2017.

Reforça esse argumento o fato de que não havia como, em 1988, conferir um conceito de serviço de comunicação que abarcasse a internet, pois naquela época não havia como o constituinte originário ter conhecimento dos detalhes da dinâmica comunicativa da rede mundial internet, pois exatamente naquele ano a internet se constituía, com a integração de redes mundiais ao NSFNet (*Network Science Foundation*), surgido em 1986, no meio acadêmico norte-americano, em decorrência, entre outros motivos, da necessidade de criação de um critério lógico padronizado de transporte de informações pelas redes daquele País (e posteriormente pelas redes do mundo todo), cujos estudos se iniciaram em 1977.[19]

Além disso, se o constituinte derivado quisesse "consertar" textualmente a acepção semântica dessa materialidade, teria alterado a expressão "serviços de telecomunicações", na regra de imunidade do § 3º do art. 155 da Constituição, pela Emenda Constitucional nº 3, em 1993, quando os conhecimentos sobre a dinâmica da rede mundial internet já estavam bem mais alcançáveis.

O conceito constitucional de serviço de comunicação é o de telecomunicação, abrangidos aí a telefonia, o rádio, a televisão e a TV por assinatura. O conceito de SVA, por sua vez, faz parte do campo conceitual da internet ("informática", no art. 22, IV, da Constituição), não se caracterizando como serviço de telecomunicação e de radiodifusão, e, portanto, não sendo possível a tributação do *streaming* de áudio e vídeo pelo ICMS.

Quanto ao serviço de comunicação multimídia (SCM), é atualmente regrado, entre outros, pelo Regulamento do serviço de Comunicação Multimídia (Resolução Anatel nº 614, de 28.5.2013, e alterações). Seu art. 3º o define como "um serviço fixo de telecomunicações de interesse coletivo, prestado em âmbito nacional e internacional, no regime privado, que possibilita a oferta de capacidade de transmissão, emissão e recepção de informações multimídia, permitindo inclusive o provimento de conexão à internet, utilizando quaisquer meios, a Assinantes dentro de uma Área de Prestação de Serviço".

Mas ele não pode configurar "a prestação de serviços de radiodifusão, de televisão por assinatura ou de acesso condicionado, assim como o fornecimento de sinais de vídeos e áudio, de forma irrestrita e simultânea, para os Assinantes, na forma e condições previstas na regulamentação desses serviços" (§ 1º), e nem na prestação do SCM "é permitida a oferta de serviço com as características do Serviço Telefônico Fixo Comutado destinado ao uso do público em geral (STFC), em especial o encaminhamento de tráfego telefônico por meio da rede de SCM simultaneamente originado e terminado nas redes do STFC" (§ 2º).

O fato de a prestadora de SCM poder prestar serviço de provimento à internet (*caput* do art. 3º) não quer dizer que o conceito de serviço de comunicação abranja, a partir de então, o de SVA, mas apenas que tal prestadora pode prestar tanto serviço de comunicação quanto serviço de valor adicionado.

Dada a sua característica de serviço de comunicação, corroborada pela existência de ampla legislação regulatória, requerendo inclusive autorização para funcionamento, não se caracteriza como Serviço de Valor Adicionado, o qual não requer autorização, concessão ou permissão para funcionamento.

IMPORTANTE!

O conceito constitucional de serviço de comunicação coincide com o de telecomunicação, abrangidos aí a telefonia, o rádio, a televisão e a TV por assinatura, sendo esses serviços regulados pela ANATEL, sob a égide: (i) da Lei nº 12.485/11 (serviço de acesso condicionado); (ii) da Lei nº 9.472/97 (Lei Geral de Telecomunicações); e (iii) da Lei nº 4.117/62 (serviços de radiodifusão sonora e de sons e imagens).

Se há alguma elasticidade semântica (sem alteração do texto constitucional) do conceito de serviço de comunicação que pode ser feita, ela não passa dos limites do conceito de telecomunicação, em que a radiodifusão sonora e a de sons e imagens são espécies, não alcançando, portanto, os serviços prestados por intermédio da internet.

---

[19] Esse critério lógico é hoje o protocolo TCP/IP (*Transmission Control Protocol/Internet Protocol*). Cf. BOTELHO, Fernando Neto. Tributação do serviço de provimento da internet. *In*: TÔRRES, Heleno Taveira (coord.). *Direito tributário das telecomunicações*. São Paulo: IOB Thompson – ABETEL, 2004. p. 561-589.

FRONTEIRA COM O ICMS-TRANSPORTE INTERMUNICIPAL

Na tributação do consumo, enquanto o transporte intramunicipal é tributado pelo ISS; o transporte intermunicipal é tributado pelo ICMS.

Nos serviços executados em águas marítimas – águas sob jurisdição nacional –, considera-se ocorrido o fato gerador do ISS no local do estabelecimento prestador (§ 3º do art. 3º da Lei Complementar nº 116/03). Nada mais normal, na medida em que não seria exequível a aplicação da lei em se entendendo o ISS devido no local da efetiva prestação, o mar.

O elemento de conexão "local do estabelecimento prestador" para serviços de transporte prestados em águas marítimas tem o condão de afastar o elemento de conexão "local da efetiva prestação", previsto para os serviços de transporte intramunicipais (inciso XIX do art. 3º). O mesmo ocorrerá para o serviço de instalação de dutos submarinos (inciso III do art. 3º), que não será enquadrado como serviço de construção civil, e sim como serviço prestado em águas marítimas, sendo devido o ISS no local do estabelecimento prestador. Ambas as situações comportam-se como regra específica em relação às respectivas regras genéricas de critério espacial dos serviços de transporte intramunicipal e de construção civil.

Não devemos confundir os serviços prestados em águas marítimas com os serviços previstos no subitem 20.01, tais como serviços portuários, reboque de embarcações, atracação, desatracação, serviços de praticagem, capatazia, serviços de apoio marítimo, e congêneres, para os quais a lei prevê que o ISS é devido no local da efetiva prestação, local do porto (inciso XXII do art. 3º).

Assim, se uma empresa de táxi aéreo estabelecida somente no Município de Niterói faz transporte de pessoas ou cargas entre o continente e plataformas de exploração de petróleo localizadas em águas marítimas, é devido ISS nessa prestação, independentemente de onde se encontre a referida plataforma nessas águas sob jurisdição nacional, sendo competente para exigi-lo o Município de Niterói, porque lá está estabelecida a empresa. É que não há legislação constitucional ou infraconstitucional que defina limites geopolíticos entre Estados e entre Municípios em águas marítimas.

Agora, se uma empresa que presta serviço de reboque de embarcações encontra-se estabelecida somente no Município de Niterói, e presta serviço no porto do Rio de Janeiro, sobre esse serviço incide o ISS para o Município do Rio de Janeiro, na medida em que, para esse tipo de serviço, previsto no subitem 20.01 da lista de serviços, o ISS é devido no "local da efetiva prestação".

As águas marítimas, ou águas sob jurisdição nacional (Leis nº 9.537, de 11.12.1997, e nº 9.966, de 28.4.2000), abrangem os conceitos trazidos pela Lei nº 8.617, de 4.1.1993 e condizentes com a Convenção das Nações Unidas sobre o Direito do Mar (CNUDM III – Convenção de Montego Bay), de: (i) mar territorial brasileiro – faixa de 12 milhas marítimas[20] de largura, medidas a partir da linha de baixa-mar do litoral continental e insular, tal como indicada nas cartas náuticas de grande escala, reconhecidas oficialmente no Brasil (art. 1º da Lei nº 8.617/93); (ii) zona contígua brasileira – faixa que se estende das 12 às 24 milhas marítimas, contadas a partir das linhas de base que servem para medir a largura do mar territorial (art. 4º); (iii) zona econômica exclusiva brasileira – faixa que se estende das 12 às 200 milhas marítimas, contadas a partir das linhas de base que servem para medir a largura do mar territorial (art. 6º); e (iv) plataforma continental do Brasil – compreende o leito e o subsolo das áreas submarinas que se estendem além do seu mar territorial, em toda a extensão do prolongamento natural de seu território terrestre, até o bordo exterior da margem continental, ou até uma distância de 200 milhas marítimas das linhas de base, a partir das quais se mede a largura do mar territorial, nos casos em que o bordo exterior da margem continental não atinja essa distância (art. 11).

A incidência do ICMS-Transporte só ocorrerá, nos serviços de transporte em águas marítimas, se a origem do transporte for local além das águas sob jurisdição nacional (importação de serviço de transporte internacional), ou se tiver como origem e destino Municípios distintos.

Na seara terrestre, quanto a um serviço prestado por empresa de carros-fortes, de coleta e entrega de valores, há previsão específica do serviço no subitem 15.06 da lista de serviços. É serviço específico em relação ao serviço

---

[20] Uma milha náutica (ou 1 milha marítima) é igual a 1.852 metros.

genérico transporte intramunicipal (item 16 da lista), e também em relação ao gênero, que são os prestados por empresas de entregas de encomendas em geral, previstos no subitem 26.01.

Tanto o serviço de coleta e entrega de valores prestado por empresa que se vale de carros-fortes (subitem 15.06), quanto o serviço de entrega de encomendas em geral (subitem 26.01), só serão submetidos à incidência do ISS se forem intramunicipais. Isso porque o conceito constitucional de serviço de transporte intermunicipal, sujeito à incidência do ICMS, não permite interpretação da lei complementar que mitigue o alcance do gênero serviço de transporte intermunicipal.

Em sede de lei complementar, a previsão de incidência do ICMS nesses casos está no art. 2º, II, Lei Complementar nº 87/96.

FRONTEIRA COM O IPI

Ontologicamente, no mundo dos eventos (antes de adentrarmos na análise do ordenamento jurídico posto), não há como dizer que as atividades realizadas pelo industrial não constituam serviços, em termos pré-jurídicos. Temos, então, que verificar quais os atributos presentes nas múltiplas atividades, que se encontram no plano do real, que foram selecionados pelo constituinte para o conceito jurídico de industrialização; e quais foram selecionados para o conceito jurídico de serviço de qualquer natureza.

Mas isso não afasta a existência, mesmo após a exaustão da atividade interpretativa desse texto constitucional, de regiões de penumbra, onde as dúvidas tendem a se concentrar em atividades típicas de industrialização que se assemelham, em grande medida, a serviços, o que sói acontecer quando, da realização de uma atividade, decorre a entrega de um bem material modificado. Nessa região de penumbra há uma superposição parcial entre os conceitos constitucionais de industrialização e de serviço de qualquer natureza.

Nessas situações, somente a definição estipulativa do legislador complementar, trazendo outras estipulações de forma a prevenir conflitos de competência tributária na aplicação do direito ao caso concreto, é que trará a segurança jurídica requerida nas relações jurídicas.

Não afasta esse entendimento a correta consideração de que o conceito constitucional de industrialização tenha incorporado carga semântica da Lei nº 4.502, de 30.11.1964 (instituidora do imposto de consumo, antecessor do IPI), que, em seu art. 3º, parágrafo único, previu que "considera-se industrialização qualquer operação de que resulte alteração da natureza, funcionamento, utilização, acabamento ou apresentação do produto".

Dito de outro modo: na medida em que uma atividade que, na sua realidade pré-jurídica, modifique a natureza, o funcionamento, o acabamento, a apresentação ou a finalidade de um bem, ou o aperfeiçoe para consumo, pode, em princípio, se enquadrar tanto no conceito de industrialização quanto no conceito de serviço de qualquer natureza, há que se perquirir quais critérios foram explicitados, na Constituição (pelo IPI: art. 153, IV, e § 3º; pelo ISS: art. 156, III) e na lei complementar (particularmente, a Lei Complementar nº 116/03, com fundamento de validade constitucional nos arts. 146, III, "a", c/c 146, I, e c/c parte final do inciso III do art. 156), para a definição precisa da fronteira entre esses conceitos jurídicos para que possamos descobrir em qual deles a referida atividade se enquadra.

O entendimento exposto, de que cabe à lei complementar precisar a fronteira entre IPI e ISS, adota a premissa de que a Constituição não permite a incidência simultânea de IPI e ISS numa mesma operação, o que diverge do posicionamento da União a respeito, consubstanciado e sintetizado no Parecer Normativo COSIT nº 18, de 6.9.2013, da Receita Federal, assim ementado:

> SERVIÇOS CONSTANTES DA LISTA ANEXA À LEI COMPLEMENTAR Nº 116, DE 2003. INCIDÊNCIA DO IPI.
>
> Ementa: O fato de serviços constarem da lista anexa ao Decreto-Lei nº 406, de 31 de dezembro de 1968, ou à Lei Complementar nº 116, de 31 de julho de 2003, é irrelevante para determinar a não incidência do IPI, caso tais serviços se caracterizem como operações de industrialização.

A premissa do nosso entendimento é que a sobreposição de impostos sobre o consumo distintos sobre uma mesma operação só pode acontecer se houver expressa previsão constitucional. Assim é com o IPI e o ICMS, em que a previsão de que o ICMS não compreenderá, em sua base de cálculo, o montante do IPI, **"quando a operação**, realizada entre contribuintes e relativa a produto destinado à industrialização ou à comercialização, **configure fato gerador dos dois impostos**" (art. 155, § 2º, XI, da Constituição) (grifos nossos), deixa clara a autorização constitucional para a incidência de ambos os impostos numa mesma operação.

Essa premissa afasta o argumento, infraconstitucional, de que tanto o Decreto-Lei nº 406, de 31.12.1968, quanto a Lei Complementar nº 116/03 só teriam competência para regular sobre fronteira entre ICMS e ISS.

Sobre o conceito constitucional de industrialização, a previsão de que o IPI é um imposto sobre operação com "produto industrializado" deixa claro que a incidência do imposto demanda a entrega de um bem físico. Nessa linha, um conjunto de atividades realizadas pelo próprio industrial sobre insumos seus, de sua propriedade, atividades essas que consubstanciam a produção de um bem físico, um produto, estará sob a incidência do IPI, caracterizando-se, como critério temporal do fato gerador do imposto, em regra, a saída jurídica do produto.

Reforce-se. As atividades, realizadas pelo próprio industrial, que caracterizem modificação da natureza, finalidade, funcionamento, acabamento, apresentação, de bem de sua propriedade, atrairão a competência do IPI. Mas, se o industrial contratar outro para realizar essas mesmas atividades, sobre o bem de propriedade do industrial, sendo que depois o produto retornará modificado para que o industrial o venda, aí já surgiu uma relação jurídica entre esse outro, prestador de um serviço, e o industrial, tomador do serviço. Caracteriza-se aí uma prestação de serviço de qualquer natureza sobre bem de terceiro, o industrial; serviço este, que, se previsto na lista de serviços, atrairá a incidência do ISS, afastando a incidência do IPI.

O item 14 da lista de serviços (serviços relativos a bens de terceiros) confirma essa segregação entre IPI e ISS. Se o serviço for relativo a bem próprio, ou seja, se for prestado pelo próprio industrial sobre produto seu (autosserviço), que irá vender posteriormente, a incidência é do IPI. Se ele terceirizar o mesmo serviço, contratando um prestador de serviço para executá-lo, a incidência será do ISS.

Por exemplo, se uma indústria de produção de objetos metálicos, ela própria, realiza o serviço de galvanoplastia dos objetos que irá vender, trata-se de serviço prestado por ela própria (atividade-meio), não cabendo aí falar-se em tributação pelo ISS. Na verdade, o serviço de galvanoplastia que essa indústria presta para si própria será, em termos de valor, custo incorporado ao preço de venda do objeto metálico, preço este que servirá de base de cálculo para o IPI e para o ICMS.

Agora, se essa indústria resolve terceirizar esse serviço de galvanoplastia, aí passa a haver uma relação jurídica de prestação de serviço entre essa indústria (tomadora do serviço de galvanoplastia) e a empresa contratada (prestadora do serviço de galvanoplastia), subsumindo-se essa prestação de serviço ao disposto no art.156, III, da Constituição, e mais especificamente ao subitem 14.05 da lista de serviços.

Não há qualquer comando constitucional que permita interpretarmos esse serviço de galvanoplastia como não sendo, em termos de direito tributário, um serviço de qualquer natureza, ainda que isso enseje certa cumulatividade na cadeia produtiva, lembrando que o princípio da não cumulatividade previsto para o ICMS (art. 155, § 2º, I e II, da Constituição de 1988) não se aplica ao ISS, que, por ser cumulativo, possui alíquota máxima mais baixa.

Portanto, é cristalina a incidência do ISS no caso, não importando se o serviço de qualquer natureza denominado galvanoplastia é prestado sobre objeto sujeito a posterior industrialização ou comercialização ou não. A não ser que a própria lei complementar previsse expressamente a não incidência do ISS nessa situação, ficando aí sujeito ao IPI.

FRONTEIRA COM O IOF

A Lei Complementar nº 116/03 já traça uma fronteira entre os serviços de qualquer natureza e os serviços financeiros, ao prever que não incide ISS sobre "o valor intermediado no mercado de títulos e valores mobiliários, o valor dos depósitos bancários, o principal, juros e acréscimos moratórios relativos a operações de crédito realizadas por instituições financeiras" (art. 2º, III).

Nessa fronteira, analisemos o instituto do *leasing* ou arrendamento mercantil, que ao cabo também trabalha fronteira com o ICMS, ainda mais por conta de previsão legal da Lei Complementar nº 87/96 a respeito do *leasing*, que demanda interpretação mais sofisticada.

A classificação dos três tipos de *leasing* tem consequências tributárias em relação ao ISS?

Para a análise do arrendamento mercantil, devemos partir da Lei nº 6.099, de 12.9.1974, que dispõe sobre o tratamento tributário federal das operações de arrendamento mercantil, e traz a definição de seu conceito no parágrafo único do seu art. 1º:

> Art. 1º [...]
>
> [...]
>
> Parágrafo único – Considera-se arrendamento mercantil, para os efeitos desta Lei, o negócio jurídico realizado entre pessoa jurídica, na qualidade de arrendadora, e pessoa física ou jurídica, na qualidade de arrendatária, e que tenha por objeto o arrendamento de bens adquiridos pela arrendadora, segundo especificações da arrendatária e para uso próprio desta. (Redação dada pela Lei nº 7.132, de 26.10.1983).

Aqui, uma coisa é o conceito "arrendamento mercantil", outra é a definição desse conceito, que começa por "negócio jurídico realizado [...]". O problema é que essa definição legal é quase tautológica. Isso porque ela não traz os elementos realmente caracterizadores do instituto, utilizando quase somente termos derivados do conceito (arrendamento mercantil). Dizer que o **arrendamento mercantil** é um negócio jurídico realizado entre **arrendador** e **arrendatário** é não dizer nada. Assim como dizer que o arrendamento mercantil tem por objeto o **arrendamento** de bens adquiridos pelo **arrendador**, com as especificações dadas pelo **arrendatário** e para uso deste, também não ajuda na definição do que seja arrendamento mercantil. Há que se perquirirem, portanto, outras características, previstas no ordenamento, que venham a contribuir para uma definição mais precisa do conceito de arrendamento mercantil.

Além da Lei nº 6.099/74, a regulamentação do arrendamento mercantil se dá pela Resolução CMN nº 2.309, de 28.8.1996, com fundamento de validade no art. 7º da referida lei. A partir da análise dessa legislação, podemos definir arrendamento mercantil como o negócio jurídico realizado no departamento técnico, estruturado para tal de uma pessoa jurídica, denominada arrendadora, em que essa arrendadora transfere a outra pessoa (física ou jurídica, ou, no caso de *leaseback*, somente jurídica), denominada arrendatária, o direito de usar e gozar de determinado bem por certo período de tempo mediante contraprestações periódicas, as quais correspondem não só a tal direito de usar e gozar, mas também ao custo do financiamento *lato sensu* e à amortização, e que, por ocasião de seu término, o arrendatário tem a opção de comprar o bem, devolvê-lo ou renovar o contrato.

A arrendadora pode ser sociedade de arrendamento mercantil (sociedade anônima cujo objeto social principal seja a prática de operações de arrendamento mercantil), banco múltiplo com carteira de arrendamento mercantil ou, somente no caso de *leaseback*, banco múltiplo com carteira de investimento, de desenvolvimento e/ou de crédito imobiliário, banco de investimento, banco de desenvolvimento, caixa econômica ou sociedade de crédito imobiliário.

O negócio jurídico **arrendamento mercantil** é uma manifestação de vontade unitária e não uma reunião de contratos, não se permitindo, portanto, a sua decomposição jurídica em outros contratos.

Variando em relação a prazos e condições, mas todos mantendo a necessidade de cláusula de opção de compra no final, há três tipos de arrendamento mercantil: (i) operacional, mais utilizado quando o arrendatário, muitas vezes fábricas em relação a seu maquinário, vai avaliar, ao longo do cumprimento do contrato, se valerá a pena, à luz de diversos fatores, adquirir o bem, pelo valor residual, ao final do contrato; (ii) *leaseback*, onde o vendedor do bem e o arrendatário são a mesma pessoa, pois o proprietário do bem o vende ao arrendador, e este, em seguida, concede o uso e fruição desse mesmo bem a esse proprietário original, agora arrendatário; e (iii) arrendamento mercantil financeiro, o qual, na prática, é mais utilizado para bens em que, em regra, há a intenção de o arrendatário adquirir a propriedade do bem ao final.

O *leasing* é contrato típico próprio, não se tratando, pois, como se costuma dizer, de locação com opção de compra no final e nem de financiamento. Essas definições, apesar de facilitarem como recurso didático – a primeira, em relação ao arrendamento mercantil operacional; e a segunda, em relação ao arrendamento mercantil financeiro –, não são corretas, em termos técnico-jurídicos, por mais que com elas o arrendamento mercantil se assemelhe, em termos econômicos.

Entre outras distinções entre arrendamento mercantil operacional e locação, podemos destacar que: (i) ao término do contrato, enquanto no arrendamento mercantil operacional há a opção de compra ou de devolução do bem; na locação, o bem deve ser restituído; e (ii) enquanto, no arrendamento mercantil operacional, o valor da contraprestação engloba não só o uso e gozo do bem, mas também os custos do arrendamento e a amortização; na locação, o valor do aluguel se refere a contraprestação apenas pelo uso e gozo do bem.

A disciplina da locação de bens móveis, diferentemente da do arrendamento mercantil operacional, se submete, como regra geral, ao disposto nos arts. 565 a 578 (locação de coisas) do Código Civil (Lei nº 10.406, de 10.12.2002).

O arrendamento mercantil financeiro, por sua vez, também não é, em termos técnico-jurídicos, financiamento. E o fato de a arrendadora ser instituição financeira não implica que, em termos tributários, só efetue financiamento, operação de crédito. No arrendamento mercantil financeiro, o arrendatário indicará à arrendadora o bem que esta deverá adquirir de uma terceira pessoa, a fornecedora do bem, para que, em seguida, este bem seja arrendado à arrendatária. A arrendadora, então, propicia ao arrendatário a pronta utilização desse bem mediante o pagamento de contraprestações ao longo de determinado período de tempo.

Essa cronologia dos fatos, em termos técnico-jurídicos, não caracteriza um financiamento. Isto porque a instituição financeira arrendadora não transfere montante ou valor pecuniário (escritural ou fisicamente) ao arrendatário para que este vá ao fornecedor para lá adquirir o bem que lhe interessa, o que é necessário para que o fato se consubstancie como uma operação de crédito. Não ocorre, pois, o fato gerador do IOF, nos termos do art. 63, I, do CTN:

> Art. 63. O imposto, de competência da União, sobre operações de crédito, câmbio e seguro, e sobre operações relativas a títulos e valores mobiliários tem como fato gerador:
>
> I – quanto às operações de crédito, a sua efetivação pela entrega total ou parcial do montante ou do valor que constitua o objeto da obrigação, ou sua colocação à disposição do interessado;
>
> [...]

O que acontece, juridicamente, antes do arrendamento propriamente dito, é uma compra e venda, tendo esta, como partes, o fornecedor (vendedor) e a arrendadora (compradora). Depois, no momento em que a arrendadora transmite o bem ao arrendatário, não o faz, juridicamente (volto a dizer), como um financiamento ou operação de crédito, simplesmente porque não lhe entrega recurso algum, mas apenas o bem objeto de arrendamento.

A similaridade econômica, não jurídica, entre as operações de arrendamento mercantil financeiro e financiamento, fazendo o arrendamento mercantil se aproximar da fronteira entre os conceitos "operações de crédito" e "serviços de qualquer natureza", fatos geradores do IOF-Crédito e do ISS, respectivamente, justifica a atuação do legislador complementar, nos termos do art. 146, I, da Constituição de 1988, para prevenir conflito de competência tributária. E assim o fez, ao prever a incidência do ISS no arrendamento mercantil, independentemente do tipo, conforme subitem 15.09 da lista de serviços da Lei Complementar nº 116/03.

Registre-se que o julgamento dos RE nº 547.245-SC e nº 592.905-SC, em 2009, excluiu, da incidência do ISS, o arrendamento mercantil operacional, por entendê-lo mais próximo da locação de bem móvel.

Quanto à incidência de ICMS, não é possível no arrendamento mercantil, ainda que se fale em opção de compra no final. Assim como a definição de arrendamento mercantil como locação com opção de compra no final pelo valor residual é inadequada, em termos técnico-jurídicos, para o lado da locação; da mesma forma o é para o lado do exercício da opção de compra. Isso porque, como exposto, o contrato de arrendamento mercantil é uno, típico, não comportando desdobramentos em subespécies contratuais. A incidência, sobre o valor total do arrendamento mercantil, é do ISS.

Nesse sentido, uma interpretação sistemática há que ser dada ao art. 3º, inciso VIII, da Lei Complementar nº 87/96, que prevê que o ICMS "não incide sobre operações de arrendamento mercantil, não compreendida a venda do bem arrendado ao arrendatário". O dispositivo dá a impressão de que poderia haver cobrança de ICMS sobre o valor residual no exercício da opção de compra, o que demonstramos não ser possível.

A única possibilidade de aplicação do supracitado dispositivo, com incidência do ICMS, será quando a aquisição pelo arrendatário de bens arrendados se der em desacordo às disposições da Lei nº 6.099/74, ocasião em que a operação será considerada compra e venda a prazo, conforme prevê seu art. 11, § 1º, e o preço de compra e venda será o total das contraprestações pagas durante a vigência do arrendamento, acrescido da parcela paga a título de preço de aquisição (§ 2º).

Por fim, no arrendamento mercantil financeiro, pode ocorrer a figura do valor residual garantido (VRG). O VRG é um valor de garantia que o arrendatário deve conferir ao arrendador para que este receba, ao término do contrato, uma quantia mínima final de liquidação do contrato, na hipótese de o arrendatário não optar pela compra do bem. Não há que se confundir VRG com valor residual, sendo este último o próprio preço de opção de compra.

O VRG funciona como um depósito que o arrendatário deve efetuar em nome do arrendador, conferindo segurança ao capital investido por esse arrendador. Em caso de o arrendatário não exercer sua opção de compra, o arrendador venderá o bem a terceiro.

Nessa venda, se o preço efetivamente pago não alcançar o VRG estabelecido contratualmente (valor mínimo que normalmente se confunde com o preço previsto no contrato), o VRG pago vai garantir o retorno mínimo ao arrendador, cobrindo a diferença entre o preço de compra e venda efetivamente alcançado (valor menor) e aquele VRG estipulado contratualmente (valor maior). Tendo o VRG sido cobrado do arrendatário antecipadamente, o arrendador devolverá ao arrendatário o correspondente ao preço que conseguiu na venda a terceiro, ficando com a diferença entre o preço alcançado e o VRG (tendo este sido maior). Caso não tenha havido previsão de antecipação do VRG, o arrendador só poderá exigir do arrendatário a diferença entre o preço efetivamente pago na compra e venda ao terceiro e o VRG previsto no contrato.

Vamos a um exemplo na Tabela 8.1.

Tabela 8.1

Valor total das contraprestações no arrendamento mercantil	$ 400.000,00
VRG estipulado contratualmente	$ 10.000,00
Preço de opção de compra previsto no contrato	$ 10.000,00
Preço alcançado numa venda a terceiro, após o não exercício da opção de compra pelo arrendatário	$ 8.000,00
Valor que o arrendador devolverá ao arrendatário, caso tenha havido antecipação do VRG	$ 8.000,00
Valor que o arrendador poderá cobrar do arrendatário, caso não tenha havido antecipação do VRG	$ 2.000,00

Nota: os cálculos da presente Tabela 8.1 são feitos de forma simplificada porque não foram considerados aqui os cálculos financeiros que são devidos, na hipótese de VRG pago antecipadamente.

O arrendador não pode, em havendo a venda do bem a terceiro após a não opção de compra por parte do arrendatário, reter o montante integral do VRG pago, independentemente do valor de venda alcançado perante o terceiro. Isso porque o VRG pago tem a única função de garantir a defasagem que se concretizar entre o preço efetivo de venda (menor valor) ao terceiro e o VRG previsto contratualmente (maior valor).

Como consequência desse entendimento, temos que o VRG vai contribuir na composição da base de cálculo do ISS, junto com os demais elementos componentes dos valores do contrato de arrendamento mercantil, mas não poderá haver outra incidência sobre o preço efetivamente pago na venda a terceiro.

BASE DE CÁLCULO DO ISS

Prevê a Lei Complementar nº 116/03 que a base de cálculo do ISS é o preço do serviço (art. 7º).

Base de cálculo e critério material do fato gerador, reforçamos, são dois lados de uma mesma moeda, sendo a base de cálculo a dimensão de valor desse fato, valor esse que representa presunção de riqueza que esse fato revela.

CONSTRUÇÃO CIVIL E REPARAÇÃO, CONSERVAÇÃO E REFORMA DE IMÓVEIS

Por isso que a Lei Complementar nº 116/03 achou por bem prever não só a exclusão da incidência do ISS sobre mercadorias produzidas e fornecidas pelo prestador dos serviços nos serviços de construção civil (7.02) e de reformas de edifícios, estradas, pontes, portos e congêneres (subitem 7.05), mas prever também, nos mesmos serviços, a exclusão, na base de cálculo do ISS, do valor dos materiais fornecidos pelo prestador dos serviços (art. 7º, § 2º, I).

Em serviços que são prestados por sobre determinada extensão territorial, como construção civil e reparo e conservação em estradas de rodagem (subitens 7.02 e 7.05), ou "locação, sublocação, arrendamento, direito de passagem ou permissão de uso, compartilhado ou não, de ferrovia, rodovia, postes, cabos, dutos e condutos de qualquer natureza" (subitem 3.04), ou ainda de conservação e melhoramentos de rodovia definidos em contratos de concessão ou permissão, explorados mediante cobrança de preço ou pedágio dos usuários (subitem 22.01), e cuja extensão perpassa mais de um Município, a base de cálculo será proporcional a essa extensão, neste último caso sendo devido ISS para o Município ainda que neste não haja nenhuma praça de cobrança de pedágio.

SUBEMPREITADA

A Lei Complementar nº 116/03 não confirmou a dedução da subempreitada pelo fato de o inciso II do § 2º do art. 7º do projeto de lei complementar correspondente ter sofrido veto presidencial neste ponto.

Isso porque o texto do respectivo projeto de lei ampliou indevidamente a possibilidade de dedução das despesas com subempreitada da base de cálculo do tributo, diferentemente da legislação anterior, em que essa dedução era limitada às subempreitadas de obras civis. Isso poderia comprometer a arrecadação do ISS, combinando-se não cumulatividade com alíquota máxima baixa, mecanismos que não se coadunam.

Como dissemos, há sempre um *trade off* (relação custo-benefício) entre, de um lado, a neutralidade de um tributo não cumulativo, de apuração mais complexa, ou seja, com maior custo de conformidade, e alíquota máxima mais elevada; e, de outro lado, a simplicidade de um tributo cumulativo, de mais simples apuração, portanto com menor custo de conformidade, e alíquota máxima mais baixa. Diferentemente do ICMS, o ISS é um imposto cumulativo, tendo, por isso mesmo, sua alíquota máxima fixada em apenas 5% (já que incide sobre a receita bruta); enquanto a alíquota do ICMS não tem teto preciso, tendo já chegado a mais de 25%.

Outro motivo do veto presidencial foi a permissão de dedução bastando a subempreitada estar sujeita ao ISS, e não já tributada pelo ISS (com o imposto já pago), como era a redação do § 2º do art. 9º do Decreto-Lei nº 406/68, o que facilitaria, em muito, fraudes.

Dessa forma, a dedução de subempreitadas de construção civil da base de cálculo do ISS, que estava prevista no Decreto-Lei nº 406/68, atualmente depende de lei municipal para poder ser aplicada, como acontece, por exemplo, com a Lei paulistana nº 13.701, de 24.12.2003, art. 14, § 7º.

MARKETPLACE

Cada vez mais comuns em nossa economia são os aplicativos que aproximam demandantes e ofertantes de serviço de transporte privado, contidos em plataformas de *marketplace* como Uber, 99, Cabify e afins (doravante referenciadas pela mais popular de todas, a Uber). É modelo de negócio que apresenta uma estrutura triangular, envolvendo a *markeplace* (Uber), o motorista e o usuário.

As *marketplaces* são empresas que possuem plataformas eletrônicas centralizadas no âmbito da internet, as quais aproximam compradores e vendedores, para a venda de bens ou serviços.

Exemplo clássico desta última hipótese são empresas que vendem, numa mesma plataforma, uma gama cada vez mais variada de bens, como livros, utensílios domésticos, bens de informática, de esporte e lazer, de decoração, de beleza, automotivos etc., disponibilizando em seus *sites* não só produtos de seu estoque, mas também produtos de estoque de terceiros, conhecidos como *sellers*.

À luz dos modelos contratuais e da própria notoriedade de algumas características que envolvem a relação Uber-motorista, particularmente a não necessidade de o motorista se manter *on-line* no aplicativo ou rodando por tempo determinado, não é possível, à luz da atual legislação, o seu enquadramento como empregado, por ausência de habitualidade jurídica e subordinação jurídica. Assim, o serviço que a Uber e *marketplaces* similares prestam é o de intermediação.

A exploração, pela Uber, de plataforma tecnológica por intermédio de uma licença de uso de aplicativo, cedida tanto para o motorista quanto para o usuário, bem como o serviço de cobrança (intermediação de pagamento) para o motorista, não têm um fim em si mesmo, mas sim, como única finalidade, contribuírem para o negócio de aproximação, por intermédio da tecnologia e facilidades oferecidas, aquele que necessita de um serviço de transporte privado daquele que pode oferecer esse serviço. São, portanto, atividades-meio, cuja atividade-fim é o serviço de intermediação, um contrato único. A base de cálculo será, portanto, o valor que a Uber retém para si. Por sua vez, a base de cálculo do serviço prestado pelo motorista será o valor do serviço de transporte privado, seja de passageiros, seja de bens.

Numa corrida hipotética que custou 100 reais para o usuário, uma taxa de intermediação de 25% em favor da Uber vai ensejar uma base de cálculo de ISS no serviço de intermediação de 25 reais; e, no serviço de transporte privado, base de cálculo de 100 reais, de ISS se o transporte for intramunicipal, e de ICMS, se intermunicipal.

No caso de *marketplaces* que vendem mercadorias, eles não só vendem mercadorias, de seu estoque e do estoque dos *sellers*, com incidência do ICMS; mas também prestam serviço de intermediação, aproximando os *sellers* dos consumidores finais. A base de cálculo desse serviço de intermediação é o valor que eles cobram dos *sellers* por lhes permitir vender suas mercadorias (dos *sellers*) em seu *site* (dos *marketplaces*), independentemente das facilidades embutidas nessa intermediação pelas quais cobrem.

AGENCIAMENTO *VERSUS* FORNECIMENTO DE MÃO DE OBRA

A jurisprudência do STJ é firmada no sentido de diferenciar bem os serviços de agenciamento e de fornecimento de mão de obra. Didático é o trecho a seguir da ementa do AgRg no Ag em REsp nº 732.239 RS, de 2016:

I. A Primeira Seção do STJ, ao julgar, sob o rito do art. 543-C do CPC/73, o REsp 1.138.205/PR (Rel. Ministro LUIZ FUX, *DJe* de 01/02/2010), deixou assentado que "as empresas de mão de obra temporária podem encartar-se em duas situações, em razão da natureza dos serviços prestados: (i) como intermediária entre o contratante da mão de obra e o terceiro que é colocado no mercado de trabalho; (ii) como prestadora do próprio serviço, utilizando de empregados a ela vinculados mediante contrato de trabalho". Na primeira situação, o ISS incide "apenas sobre a taxa de agenciamento, que é o preço do serviço pago ao agenciador, sua comissão e sua receita, excluídas as importâncias voltadas para o pagamento dos salários e encargos sociais dos trabalhadores".

Na segunda situação, "se a atividade de prestação de serviço de mão de obra temporária é prestada através de pessoal contratado pelas empresas de recrutamento, resta afastada a figura da intermediação, considerando-se a mão de obra empregada na prestação do serviço contratado como custo do serviço, despesa não dedutível da base de cálculo do ISS". Consoante consignado no supracitado Recurso Especial repetitivo, para "o enquadramento legal tributário faz mister o exame das circunstâncias fáticas do trabalho prestado, delineadas pela instância ordinária, para que se possa concluir pela forma de tributação".

O tema está atualmente registrado pela Súmula 524 do STJ.

Com as alterações trazidas à Lei nº 6.019, de 3.1.1974, pelas Leis nº 13.429, de 31.3.2017, e nº 13.467, de 13.7.2017 (Reforma Trabalhista), ficou mais caracterizada a tendência de uma empresa de trabalho temporário (ETT) desenvolver seu modelo de negócio como agenciadora de mão de obra.

Inclusive, as supracitadas leis alteradoras instituíram, expressamente, a dicotomia entre "empresa de trabalho temporário" e "empresa de prestação de serviço", sendo a primeira "a pessoa jurídica, devidamente registrada no Ministério do Trabalho, responsável pela colocação de trabalhadores à disposição de outras empresas temporariamente" (art. 4º da Lei nº 6.019/74), que é contratada por "empresa tomadora de serviços" (art. 5º da Lei nº 6.019/74); e a segunda, a "pessoa jurídica de direito privado prestadora de serviços que possua capacidade econômica compatível com a" execução de quaisquer das atividades da contratante, inclusive a atividade principal (art. 4º-A da Lei nº 6.019/74), e que é contratada pela "contratante" (art. 5º-A da Lei nº 6.019/74).

Assim, passa a haver uma similitude maior entre a empresa de trabalho temporário e a empresa agenciadora de mão de obra. Esta atua para aproximar a "empresa tomadora de serviços", que necessita de substituição transitória de pessoal permanente ou de suprir demanda complementar de serviços, e o trabalhador, para este ser recrutado conforme as necessidades da "empresa tomadora de serviços".

Nesse caso, o ISS incide somente sobre a taxa de agenciamento, que é a comissão paga ao agenciador. Os valores que este receba a título de pagamento dos salários e encargos sociais dos trabalhadores não constituem preço do serviço, ou seja, sua receita; mas, sim, valores pertencentes a terceiros (os trabalhadores).

Por sua vez, a "empresa prestadora de serviço" se caracteriza, não como agenciadora de mão de obra, mas, sim, como fornecedora de mão de obra, como as de limpeza e segurança patrimonial, por exemplo. Nesse caso, a base de cálculo do ISS será todo o valor pago pela contratante à empresa prestadora do serviço. Afinal, esta não intermedeia uma relação trabalhador-contratante; mas, sim, ela própria presta o serviço para a contratante, por meio de seus empregados.

Por fim, cabe a crítica ao legislador das Leis nºs 13.429/17 e 13.467/17, por trazer para a lei conceitos que são genericamente utilizados para toda e qualquer prestação de serviço: "empresa prestadora de serviço" e "contratante". Isso pode gerar confusões conceituais, mesmo no âmbito do contexto agenciamento de mão de obra *versus* fornecimento de mão de obra, onde, por exemplo, a empresa que contrata uma agenciadora de mão de obra (pela intermediação dos trabalhadores), bem como esses trabalhadores, não deixa de ser, genericamente falando, uma contratante de ambos. E a empresa agenciadora de mão de obra não deixa de ser uma empresa prestadora de serviço (de serviço de agenciamento de mão de obra), genericamente falando.

Isso requer maior cuidado no trato desses conceitos. Quando quisermos nos referir à empresa prestadora de serviço e à contratante dessa empresa, nos termos das referidas leis, fazer referência expressa a essas leis é importante, para evitar confusões.

SOCIEDADE UNIPROFISSIONAL

O entendimento do STJ é de que o tratamento diferenciado conferido às sociedades uniprofissionais pelo art. 9º, §§ 1º e 3º, do Decreto-Lei nº 406/68, não foi revogado pela Lei Complementar nº 116/03, porque, à luz do art. 2º, § 1º, da Lei de Introdução às Normas do Direito Brasileiro, a lei posterior somente revoga a anterior quando expressamente o declare, quando seja com ela incompatível ou quando regule inteiramente a matéria de que tratava a lei anterior, o que não teria acontecido com o advento da Lei Complementar nº 116/03 (REsp no 919.067 MG, de 2011).

Dessa forma, quando se tratar de prestação de serviços que se der sob a forma de trabalho pessoal do próprio contribuinte, com pessoa jurídica cujos profissionais habilitados, sócios, empregados ou não, ali listados, prestem serviço assumindo responsabilidade pessoal, apesar de em nome da sociedade, o ISS será calculado: (i) por meio de alíquotas fixas ou variáveis; (ii) em função da natureza do serviço ou de outros fatores pertinentes; (iii) e não podendo ser base de cálculo o valor da remuneração do próprio trabalho.

Tem entendido o STJ (AgRg nos EREsp 1.182.817 RJ, de 2012) que a sociedade, para fazer jus ao regime especial, deve:

(i) ser uniprofissional (ainda cabendo certa subjetividade a respeito);

(ii) ter por objeto a prestação de serviço especializado;

(iii) não ter caráter empresarial; e

(iv) ter seus sócios com responsabilidade pessoal.

A subjetividade da norma presente nos §§ 1º e 3º do art. 9º do Decreto-Lei nº 406/68 demandou das leis municipais maior objetivação, para conferir mais segurança jurídica ao sistema. Entre as regras que buscam essa segurança jurídica que costumam ser comuns nas leis municipais, podemos destacar, como vedações ao enquadramento da sociedade como uniprofissional, a sociedade: (i) ter como sócio pessoa jurídica; (ii) ser sócia de outra sociedade; (iii) desenvolver atividade diversa daquela a que estejam habilitados profissionalmente os sócios; (iv) ter sócio que dela participe tão somente para aportar capital ou administrar; (v) explorar mais de uma atividade de prestação de serviços; (vi) terceirizar ou repassar a terceiros os serviços relacionados à atividade da sociedade; (vii) caracterizar-se como empresária ou cuja atividade constitua elemento de empresa; (viii) ser filial, sucursal, agência, escritório de representação ou contato, ou qualquer outro estabelecimento descentralizado ou relacionado a sociedade sediada no exterior.

Quanto à definição das bases de cálculo, o Município de São Paulo, por exemplo, define um valor fixo por profissional, que varia conforme a faixa de número de sócios, exposto nas duas primeiras colunas da Tabela 8.2.

Tabela 8.2 Valor vigente por profissional de ISS uniprofissional em 2022 – Município de São Paulo

Faixas: Nº de Profissionais Habilitados	Base de Cálculo Mensal por Faixa por profissional habilitado	Base de Cálculo Efetiva Média	Exemplos de Cálculo de Base de Cálculo	ISS a Pagar
1 – 5	$ 1.995,26	$ 1.995,26	**5 profissionais:** 1.995,26 × 5 = 9.976,30 / 9.976,30 × 5% = **498,81**	$ 498,81
6 – 10	$ 5.000,00	$ 2.991,37	**10 profissionais:** 1.995,26 × 5 = 9.976,30 / 9.976,30 × 5% = **498,81** / 5.000,00 × 5 = 25.000,00 / 25.000,00 × 5% = **1.250,00**	$ 498,81 + 1.250,00 = 1.748,81
11 – 20	$ 10.000,00	$ 5.468,54	**20 profissionais:** 1.995,26 × 5 = 9.976,30 / 9.976,30 × 5% = **498,81** / 5.000,00 × 5 = 25.000,00 / 25.000,00 × 5% = **1.250,00** / 10.000,00 × 10 = 100.000,00 / 100.000,00 × 5% = **5.000,00**	$ 498,81 + 1.250,00 + 5.000,00 = 6.748,81
21 – 30	$ 20.000,00	$ 9.338,68	e assim por diante...	e assim por diante...
31 – 50	$ 30.000,00	$ 15.699,63		
51 – 100	$ 40.000,00	$ 24.847,36		
acima de 100	$ 60.000,00	$ 45.659,50		

A terceira coluna da Tabela 8.2 traz valores de base de cálculo efetiva média por faixa (constantes da exposição de motivos da lei), distintos da coluna anterior à esquerda porque a apuração do imposto devido, segundo a lei paulistana, decorrerá do somatório progressivo dos produtos entre as faixas de receita bruta obtidas e a alíquota incidente sobre o serviço prestado.

Na quarta e na quinta colunas da Tabela 8.2, apresentamos exemplos de cálculo do imposto por faixa, considerando o número máximo de profissionais na faixa, nos exemplos.

PLANOS DE SAÚDE

Os serviços de planos de saúde são prestados pelas operadoras de plano de assistência à saúde, assim denominadas as pessoas jurídicas constituídas sob a modalidade de sociedade civil ou comercial, cooperativa ou entidade de autogestão, que operem produto, serviço ou contrato relativo a plano privado de assistência à saúde (art. 1º, II, Lei nº 9.656, de 3.6.1998).

Não se deve confundir a operadora de plano privado de assistência à saúde com a figura da administradora, que presta o serviço de administração de benefícios: (i) para empresa, no plano coletivo empresarial; ou (ii) para entidade de classe, setorial ou profissional, no plano coletivo por adesão. A empresa e entidade de classe, setorial ou profissional, é que contratam os planos de assistência à saúde da operadora para, respectivamente, seus empregados ou associados, que são os beneficiários do plano. A administradora, por sua vez, não possui rede própria, credenciada ou referenciada de serviços médico-hospitalares ou odontológicos e não assume o risco decorrente da operação desses planos, o qual é assumido pela operadora.

A Medida Provisória nº 2.177-44, de 24.8.2001, ao alterar a Lei nº 9.656, de 3.6.1998, equiparou os regimes de plano privado de assistência à saúde e de seguro privado de assistência à saúde a um único, o de plano privado de assistência à saúde.

Nessa linha, a Lei nº 10.185, de 12.2.2001, previu que:

> para efeito da Lei nº 9.656, de 1998, e da Lei nº 9.961, de 2000, enquadra-se o seguro saúde como plano privado de assistência à saúde e a sociedade seguradora especializada em saúde como operadora de plano de assistência à saúde (art. 2º).

No mesmo sentido, a regulação do setor deixou de ser feita pela Superintendência de Seguros Privados (SU-SEP), passando-o a ser pela Agência Nacional de Saúde Suplementar (ANS), independentemente do tipo de plano.

O art. 1º da Lei nº 9.656/98, com a redação dada pela MP nº 2.177-44/01, define o que se entende por plano privado de assistência à saúde:

> I – Plano Privado de Assistência à Saúde: prestação continuada de serviços ou cobertura de custos assistenciais a preço pré ou pós estabelecido, por prazo indeterminado, com a finalidade de garantir, sem limite financeiro, a assistência à saúde, pela faculdade de acesso e atendimento por profissionais ou serviços de saúde, livremente escolhidos, integrantes ou não de rede credenciada, contratada ou referenciada, visando a assistência médica, hospitalar e odontológica, a ser paga integral ou parcialmente às expensas da operadora contratada, mediante reembolso ou pagamento direto ao prestador, por conta e ordem do consumidor;

Há os seguintes tipos de contratação de plano privado de assistência à saúde:

(i) individual ou familiar: é o que oferece cobertura da atenção prestada para a livre adesão de beneficiários, pessoas naturais, com ou sem grupo familiar. O titular do plano contrata em nome dos dependentes da família;

(ii) coletivo empresarial: oferece cobertura da atenção prestada à população delimitada e vinculada à pessoa jurídica por relação empregatícia ou estatutária; e

(iii) coletivo por adesão: oferece cobertura da atenção prestada à população que mantenha vínculo com pessoas jurídicas de caráter profissional, classista ou setorial.

Há discussão sobre se a base de cálculo do serviço de plano de saúde seria o valor integral que a operadora recebe dos beneficiários, ou se seria somente o valor líquido, diferença entre o valor integral recebido e o valor repassado aos prestadores de serviços médicos, hospitalares e laboratoriais.

Um entendimento adequado a respeito passa pela apreensão da materialidade do serviço de plano de saúde. Trata-se de um serviço de prestação continuada de cobertura de custos de assistência à saúde.

É a operadora a tomadora dos serviços prestados aos beneficiários pelos hospitais, clínicas e laboratórios, mas como não sabe previamente quanto desses serviços será utilizado, há aí um cálculo de risco operacional feito e assumido pela operadora do plano, a partir do qual ela precificará o valor do serviço, acrescidos a este os demais custos e sua margem de lucro, valor esse que será o preço cobrado mensalmente do beneficiário.

Portanto, a composição do preço do serviço de plano de saúde abarca os custos da própria operadora, entre eles o seu próprio e o custo dos serviços prestados aos beneficiários pelos hospitais, clínicas e laboratórios, fazendo estes parte de suas despesas operacionais.

Sob a ótica do cliente da operadora, o preço é sempre o mesmo. Todo mês, ele paga o mesmo valor pelo serviço de prestação continuada oferecido pela operadora, independentemente de o beneficiário usar a rede credenciada ou não. Não faria sentido que, sob a ótica da operadora, o preço fosse variável, conforme sua despesa operacional. Fosse assim, preço igual à diferença entre receita e despesa operacional se aproximaria muito mais do lucro, da renda, do que da receita bruta da operadora de plano de saúde.

Diferença entre receita e despesa operacional pressupõe lapso temporal para composição das mesmas; enquanto preço é algo negociado previamente para a operação, definido antecipadamente entre prestador e tomador. O máximo que pode haver em sua variação é um desconto, condicional ou incondicional, mas nunca uma variação que viesse *a posteriori*, o que ocorre com as despesas decorrentes dos serviços hospitalares, médicos e laboratoriais, efetivamente utilizados pelos beneficiários.

OBJETIVO 5

CONTRIBUINTE E RESPONSÁVEL NO ISS

Contribuinte é figura jurídica constitucional; enquanto responsável tributário é figura jurídica legal.

As taxas e as contribuições de melhoria são tributos vinculados, quanto à hipótese de incidência tributária, porque têm, como fatos geradores, atividades estatais específicas. No caso das taxas, o serviço público ou o exercício do poder de polícia; e no caso das contribuições de melhoria, a obra pública da qual decorra valorização imobiliária.

Já os impostos são tributos não vinculados, quanto à hipótese de incidência tributária, pois seus critérios materiais, no texto constitucional, não têm qualquer relação com uma atividade estatal específica relativa ao contribuinte, mas decorrem sim de um sinal de riqueza do contribuinte. Basta ver a didática definição legal de imposto no art. 16, CTN: "imposto é o tributo cuja obrigação tem por fato gerador uma situação independente de qualquer atividade estatal específica, relativa ao contribuinte".

QUESTÃO PARA REFLEXÃO

A materialidade de cada um dos impostos permite um ou mais de um contribuinte possível, quando em análise somente no texto constitucional?

Quanto aos impostos sobre o consumo, tributam relações jurídicas onerosas, havendo aí uma relação de equivalência entre ônus e proveito, em que ambos os polos da relação adquirem vantagens econômicas de forma equivalente, sinalagmática. Portanto, nos impostos sobre o consumo, em seara constitucional, ambos os polos da relação revelam capacidade contributiva, podendo ser contribuintes.

Focando na prestação de serviço, esta é relação jurídica onerosa que surge quando as duas partes – prestador e tomador – celebram um contrato de serviço. Revela-se aí riqueza em ambos os polos da relação, com o prestador auferindo receita decorrente da prestação de serviço; e o tomador tendo vantagem econômica equivalente à receita, vantagem essa consubstanciada no serviço que recebe.

A partir daí, dado que no critério material há um verbo pessoal e de predicação incompleta, como ensina Paulo de Barros Carvalho, e que o verbo revela o contribuinte, então, sob o ponto de vista do texto constitucional, há dois verbos possíveis, e consequentemente, dois critérios materiais possíveis: prestar serviço de qualquer natureza e tomar serviço de qualquer natureza.

Cabe à lei complementar, à luz do art. 146, III, alínea *a*, da Constituição, definir o contribuinte do ISS, até para evitar conflitos de competência (art. 146, I, da Constituição) entre Municípios que escolhessem contribuintes distintos para uma mesma prestação de serviço intermunicipal.

E a Lei Complementar nº 116/03 definiu, como contribuinte, regra geral, o prestador (art. 5º). Mas na hipótese de importação de serviço, definiu o tomador como contribuinte (critério material tomar serviço), em que pese a atecnia do legislador complementar ao denominá-lo *responsável*, quando da prescrição do art. 6º, § 2º, I:

> Art. 6º. [...]:
>
> § 2º Sem prejuízo do disposto no *caput* e no § 1º deste artigo, são **responsáveis**:
>
> I – o **tomador** ou intermediário de **serviço proveniente do exterior** do País ou cuja prestação se tenha iniciado no exterior do País;
>
> II – a pessoa jurídica, **ainda que imune ou isenta**, tomadora ou intermediária dos serviços descritos nos subitens 3.05, 7.02, 7.04, 7.05, 7.09, 7.10, 7.12, 7.16, 7.17, 7.19, 11.02, 17.05 e 17.10 da lista anexa a esta Lei Complementar, exceto na hipótese dos serviços do subitem 11.05, relacionados ao monitoramento e rastreamento a distância, em qualquer via ou local, de veículos, cargas, pessoas e semoventes em circulação ou movimento, realizados por meio de telefonia móvel, transmissão de satélites, rádio ou qualquer outro meio, inclusive pelas empresas de Tecnologia da Informação Veicular, independentemente de o prestador de serviços ser proprietário ou não da infraestrutura de telecomunicações que utiliza; (grifos nossos).

Observemos que, na instituição de responsabilidade tributária (inciso II do § 2º do art. 6º), veio a expressão "ainda que imunes ou isentas" a qualificar as pessoas jurídicas previstas no referido inciso como responsáveis tributárias dos serviços ali elencados. Essa mesma expressão não qualificou o importador do serviço, previsto no inciso I do mesmo parágrafo. Assim, o "ainda que imune ou isenta" do inciso II corrobora que a pessoa jurídica ali citada é efetivamente responsável tributária, e não contribuinte, pois ainda que essa pessoa jurídica seja imune, ela poderá ser instada, pela lei, a recolher o imposto, porque não estará recolhendo imposto de fato gerador próprio, e sim de fato gerador realizado por terceiro, o contribuinte.

De outro modo, a ausência da expressão "ainda que imunes ou isentas" no inciso I do § 2º do art. 6º corrobora que o tomador, na importação de serviço, é o contribuinte do ISS.

Trata-se efetivamente de uma decisão soberana possível de ser tomada pelo legislador nacional, pois, havendo elemento de conexão relevante no território nacional, qual seja, o estabelecimento do tomador do serviço, é factível ao legislador nacional constituir o *jurisdiction to enforce* sobre pessoa que participa da relação jurídica de prestação de serviço que esteja no território nacional, ainda que o serviço se inicie ou mesmo se dê por completo no outro país.

Quanto à possibilidade de os Municípios instituírem regras de responsabilidade tributária, por lei, esta não adveio com o art. 6º da Lei Complementar nº 116/03, mas já estava prevista há muito tempo pelo CTN, em seu art. 128.

O que a Lei Complementar nº 116/03 trouxe de novidade em relação à responsabilidade tributária no ISS foi a previsão de normas de responsabilidade tributária específicas, para alguns tipos de serviço, determinando que, para esses serviços especificados (sempre serviços cujo critério espacial é o local da efetiva prestação), figurariam como responsáveis tributárias as respectivas pessoas jurídicas tomadoras (inciso I do § 2º do art. 6º).

Mas essas regras específicas de responsabilidade tributária são exemplificativas para o legislador municipal, e não restritivas desse poder. Tiveram mais uma função educativa, como que a avisar aos Municípios que nos serviços em que o elemento de conexão (critério espacial) escolhido pela Lei Complementar nº 116/03 foi o local da efetiva prestação, e onde normalmente se encontra estabelecido o tomador do serviço – concentrando-se no tomador pessoa jurídica, dado que para as pessoas físicas tomadoras a cobrança seria praticamente inviável –, muito mais adequado é que o ISS devido na operação seja exigido desse tomador, particularmente quando o prestador estiver estabelecido tão somente em outro Município.

Para vários serviços, a lei complementar não previu a responsabilidade tributária – como, por exemplo, decoração e jardinagem, inclusive corte e poda de árvores (7.11); e limpeza e dragagem de rios, portos, canais, baías, lagos, lagoas, represas, açudes e congêneres (7.18) – o que é irrelevante para o poder legislativo municipal, que pode fazê-lo.

Mas há que se atentar que o poder do legislador municipal de estabelecer responsabilidade tributária vai até o ponto em que esse poder não altere, de forma transversa, o critério espacial do ISS. Se, para determinado serviço, o ISS é devido no local do estabelecimento prestador, e um serviço deste é prestado para tomador localizado noutro Município, não pode este Município criar responsabilidade tributária nesse serviço para atrair a arrecadação desse ISS para si.

Atente-se que isso não é o que ocorre com o Cadastro de Prestadores de Outros Municípios (CPOM), criado pela Lei nº 14.042/05, do Município de São Paulo, que previu que se o prestador de um serviço cujo critério espacial é o local do estabelecimento prestador não se inscrever no CPOM – inscrição na qual a administração tributária paulistana verifica as provas de que o prestador realmente está estabelecido no outro Município –, o tomador pessoa jurídica estabelecido em São Paulo deverá reter na fonte o ISS.

Trata-se quanto ao CPOM, sim, de mecanismo em que a lei municipal, baseada em um elemento de conexão estabelecido no território paulistano, o tomador do serviço, sobre o qual pode exercer seu *jurisdiction to enforce*, inverte o ônus da prova. Ou seja, em vez de, *a posteriori*, num processo de fiscalização, a administração tributária paulistana descobrir e provar que o suposto estabelecimento prestador lá fora estabelecido é simulado, a lei remete o ônus ao prestador para este fazer essa prova previamente, e, em o fazendo, afastar a presunção relativa criada pela lei.

VOCÊ SABIA?

Em 2021, o STF, por maioria, decidiu, no RE-RG 1.167.509 SP, que "É incompatível com a Constituição Federal disposição normativa a prever a obrigatoriedade de cadastro, em órgão da Administração municipal, de prestador de serviços não estabelecido no território do Município e imposição ao tomador da retenção do Imposto Sobre Serviços – ISS quando descumprida a obrigação acessória". A partir desse julgado, a tendência é que os Municípios que prevejam esse mecanismo em seu ordenamento o tornem facultativo, funcionando como uma espécie de cadastro de bons contribuintes.

OBJETIVO 6

ALÍQUOTAS DO ISS

A Lei Complementar nº 116/03 prevê a banda de alíquotas que os Municípios poderão fixar, quando da instituição de seus respectivos ISS: alíquota mínima de 2%, e alíquota máxima de 5%. O Congresso Nacional havia aprovado alíquota máxima de 10% para jogos e diversões públicas, exceto cinema, o que foi vetado pela Presidência da República, com a alegação de que poderia levar à inviabilidade econômico-financeira dos empreendimentos turísticos.

A alíquota mínima de 2% não veio prevista no texto original da Lei Complementar nº 116/03, pois já estava prevista no texto constitucional, com a inclusão, pela Emenda Constitucional nº 37, de 12.6.2002, do art. 88 ao Ato das Disposições Constitucionais Transitórias (ADCT), dizendo que, enquanto lei complementar não disciplinasse alíquota mínima (art. 156, § 3º, I) e a forma e condições como isenções, incentivos e benefícios fiscais seriam concedidos e revogados (art. 156, § 3º, II), o ISS:

(i) teria alíquota mínima de 2%, exceto para os serviços de construção civil, demolição e reparação e reforma de edifícios, estradas, pontes, portos e congêneres (art. 88, I, ADCT); e

(ii) não seria objeto de concessão de isenções, incentivos e benefícios fiscais, que resultassem, direta ou indiretamente, na redução da alíquota mínima de 2% (art. 88, II, ADCT).

O mecanismo de alíquota mínima tem a intenção de prevenir a guerra fiscal entre Municípios, evitando-se o que se costuma denominar corrida para o fundo do poço (*race to the bottom*). Aqui, cabe diferenciar os conceitos de guerra fiscal e de competição fiscal, no caso do ISS.

Guerra fiscal ocorre quando o Município não respeita a regra de previsão de alíquota mínima, tentando atrair empresas para seu território à custa de benefícios fiscais que decorram de uma alíquota efetiva inferior a 2%. Isso estimula Municípios vizinhos a se valer do mesmo método, fazendo com que a alíquota mínima, numa escalada crescente de guerra fiscal, possa tender a zero. Diferentemente, competição fiscal ocorre quando os Municípios definem suas alíquotas "dentro da regra do jogo", respeitando a alíquota efetiva mínima de 2%.

Repare que utilizamos o conceito alíquota efetiva. Alíquota nominal é o numeral que consta na lei como alíquota do imposto. Alíquota efetiva é aquela que, se houver algum mecanismo de redução do imposto a pagar que não seja pela redução da alíquota nominal – por exemplo, isenção parcial ou redução de base de cálculo –, será o resultado da razão entre o imposto efetivamente devido e a base de cálculo integral.

Vejamos, por exemplo, um caso em que a alíquota do ISS prevista na lei municipal seja de 2% e o preço do serviço, base de cálculo do ISS, seja de $ 1.000. E que, no caso, norma municipal, seja ela legal ou infralegal, permita ao contribuinte excluir da base de cálculo determinado custo que comporia o preço do serviço, o qual, nesse caso concreto, seria de $ 100.

Neste caso, temos:

Alíquota nominal	= 2%
Base de cálculo	= $ 1.000
ISS	= $ 20 (se fosse respeitada a alíquota mínima efetiva)

Mas,

Base de cálculo reduzida	= $ 900
ISS = 2% × $ 900	= $ 18
Então, alíquota efetiva	= $ 18 / $ 1.000 = 1,8%

Perceba que a alíquota efetiva difere da nominal, e é a alíquota efetiva que importa para fins de se verificar se está sendo respeitada a alíquota mínima. O inciso II do art. 88 do ADCT já havia trazido esse conceito, o qual infelizmente, não foi muito respeitado por alguns Municípios useiros e vezeiros em aplicar guerra fiscal (e não concorrência fiscal).

Desse desrespeito decorreu, por exemplo, a ADPF 190, onde o STF decidiu, em 29.9.2016, pela inconstitucionalidade de lei do Município de Poá, SP, que excluía, da base de cálculo do ISS, tributos federais:

> [...] 5. Reveste-se de inconstitucionalidade formal a lei municipal na qual se define base de cálculo em que se excluem os tributos federais relativos à prestação de serviços tributáveis e o valor do bem envolvido em contratos de arrendamento mercantil, por se tratar de matéria com reserva de lei complementar, nos termos do art. 146, III, "a", da Constituição da República.
>
> 6. No âmbito da inconstitucionalidade material, viola o art. 88, I e II, do Ato das Disposições Constitucionais Transitórias do Texto Constitucional, incluído pela Emenda Constitucional 37/2002, o qual fixou alíquota mínima para os fatos geradores do ISSQN, assim como vedou a concessão de isenções, incentivos e benefícios fiscais, que resultasse, direta ou indiretamente, na redução da alíquota mínima estabelecida. Assim, reduz-se a carga tributária incidente sobre a prestação de serviço a um patamar vedado pelo Poder Constituinte.

7. Fixação da seguinte tese jurídica ao julgado: "É inconstitucional lei municipal que veicule exclusão de valores da base de cálculo do ISSQN fora das hipóteses previstas em lei complementar nacional. Também é incompatível com o Texto Constitucional medida fiscal que resulte indiretamente na redução da alíquota mínima estabelecida pelo art. 88 do ADCT, a partir da redução da carga tributária incidente sobre a prestação de serviço na territorialidade do ente tributante."

O previsto no art. 88 do ADCT foi aprimorado com o advento da Lei Complementar nº 157/16, em dois aspectos: (i) inserção, na Lei Complementar nº 116/03, de regra de nulidade da lei municipal que não respeitar a alíquota mínima efetiva (§§ 2º e 3º do art. 8º-A); e (ii) previsão, como ato de improbidade administrativa, no art. 10-A da Lei nº 8.429, de 2.6.1992, de "qualquer ação ou omissão para conceder, aplicar ou manter benefício financeiro ou tributário contrário ao que dispõem o *caput* e o § 1º do art. 8º-A da" Lei Complementar nº 116/03, sancionando o responsável pelo ato com a "perda da função pública, suspensão dos direitos políticos de 5 (cinco) a 8 (oito) anos e multa civil de até 3 (três) vezes o valor do benefício financeiro ou tributário concedido" (inciso IV do art. 12, incluído pela Lei Complementar nº 157/16). A previsão do ato de improbidade tende a reduzir a pressão política sobre o Chefe do Poder Executivo municipal para concessão de benefícios fiscais à revelia da lei.

OBJETIVO 7

EXPORTAÇÃO E IMPORTAÇÃO DE SERVIÇO E ISS

Um esforço constante do poder constituinte derivado, ao longo da vigência da presente Constituição, foi envidado no sentido de se adotar, na tributação do comércio internacional de bens e serviços, o princípio do destino. Pelo princípio do destino, as exportações não são tributadas, enquanto as importações o são; ao passo que, pelo princípio da origem, as exportações são tributadas, e as importações não o são.

O intuito do princípio do destino é a aplicação da neutralidade ao comércio internacional, para que, na exportação de bens e serviços, esses não saiam onerados por tributos, o que os faria perder competitividade no mercado internacional; e, na importação de bens e serviços, não se prejudique o mercado nacional, fazendo-se os bens ou serviços importados estarem submetidos à mesma carga tributária que os bens e serviços similares nacionais.

Quanto à incidência do ISS na importação de serviço, já tivemos a oportunidade de demonstrar a constitucionalidade de a Lei Complementar nº 116/03 prever que, na importação de serviços, o critério espacial do ISS é o local do estabelecimento do tomador ou intermediário, e que o contribuinte do ISS é o importador ou intermediário.

No tocante ao ISS quanto à exportação de serviço, o referido esforço adveio com a EC nº 3 de 1993, que, ao incluir o inciso II do § 3º do art. 156, passou a prever a possibilidade de lei complementar excluir, da incidência do ISS, as exportações de serviços para o exterior.

A desoneração da exportação de serviços do ISS veio com o art. 2º, I, da Lei Complementar nº 116/03, o qual previu que "o imposto não incide sobre as exportações de serviços para o exterior do País". Mas o parágrafo único do mesmo art. 2º previu também que não se enquadram na referida não incidência (isenção por lei complementar nacional) "os serviços desenvolvidos no Brasil, cujo resultado aqui se verifique, ainda que o pagamento seja feito por residente no exterior".

Há certa perplexidade sobre a definição do conceito de "resultado dos serviços prestados" supracitado, particularmente quanto ao local em que se dá esse resultado. Este seria aquele onde se finda fisicamente a ação em si do prestador? Ou seria o local onde se encontra aquele que usufrui do serviço?

O cotejamento entre os dispositivos das leis do ISS e da PIS/COFINS-Importação sobre a incidência dos respectivos tributos na importação de serviços, apresentado no Quadro 8.3, contribui para solucionar a celeuma.

Quadro 8.3 Comparação entre os dispositivos das leis de ISS e PIS/COFINS-Importação sobre incidência na importação de serviços

ISS (art. 1º, § 1º, Lei Complementar nº 116/03)	PIS/COFINS-Importação (art. 1º, § 1º, Lei nº 10.865/04)
Serviço proveniente do exterior	Serviço proveniente do exterior executado no exterior, cujo resultado se verifique no país
Serviço cuja prestação se tenha iniciado no exterior do país	Serviço proveniente do exterior executado no país

A primeira linha do Quadro 8.3 trata de serviços que foram concluídos fisicamente no exterior, vindo apenas seu resultado se efetivar no Brasil. Um exemplo é o de uma consultoria econômico-financeira feita por empresa estabelecida na Europa para cliente domiciliado no Brasil que pretende investir no mercado europeu. Apenas a informação fornecida com essa consultoria vem para o Brasil, e, não raro, por documento virtual, via internet.

A segunda linha refere-se a serviços que se iniciam no exterior, mas só se concluem quando pessoal da empresa prestadora vem terminá-los no Brasil. Um exemplo seria a produção de *software* que se inicia lá fora, mas que será testado e terá sua conclusão e homologação no Brasil, quando da sua instalação nas máquinas da empresa tomadora aqui estabelecida.

No conceito de importação de serviço trazido pela Lei nº 10.865/04, nota-se claramente uma distinção entre o local em que o serviço é executado ("executados no exterior") e o local em que se dá o resultado do serviço ("cujo resultado se verifique no país").

Na Lei Complementar nº 116/03, apesar de essa distinção não ser tão expressa quando trata de definir o conceito de importação de serviço, o é quando se trata de delimitar o que é exportação de serviço (pela negativa), deixando clara, em seu art. 2º, parágrafo único, a distinção entre o local do desenvolvimento do serviço ("serviços desenvolvidos no Brasil") e aquele onde o resultado se verifica ("cujo resultado aqui se verifique"). Este "local do desenvolvimento do serviço", na Lei Complementar nº 116/03, guarda estreita correlação com o "local da execução do serviço", na Lei nº 10.865/04, e ambos se distinguem do local do resultado do serviço.

Assim, se o local do desenvolvimento (ou da execução) do serviço for distinto (em outro país) do local do resultado do serviço, haverá uma prestação internacional de serviço. Caso contrário, a prestação de serviço será nacional.

Percebe-se, pois, que tanto o conceito de exportação quanto o de importação de serviços, para fins de ISS, estão diretamente relacionados ao conceito de "resultado dos serviços prestados", particularmente quanto ao local em que se dá esse resultado. Mas o que seria o local do resultado?

No conceito de exportação de serviços instituído pelas Leis nºs 10.637/02 e 10.833/03, há exportação de serviço se o serviço for prestado "para pessoa física ou jurídica residente ou domiciliada no exterior" (respectivamente, no inciso II do art. 5º e no inciso II do art. 6º), caracterizando-se o local do residente ou da domiciliada como o local do resultado do serviço.

Na Lei Complementar nº 116/03, apesar de não haver previsão expressa de que o local do resultado seja aquele onde domiciliada a pessoa para quem se presta o serviço, o fato de o local do tomador do serviço, na importação de serviço, caracterizar o local do resultado nos permite entender que, na exportação de serviço, o local do resultado estará relacionado com o local, não da conclusão do serviço, mas sim da pessoa que toma o serviço, não residente.

Um entendimento em sentido contrário esvaziaria a classe "exportação de serviço" para fins de ISS e de PIS/COFINS, excluindo dessa classe todos aqueles fatos "prestação de serviço" em que o prestador executasse sua ação totalmente no Brasil e o tomador (numa primeira aproximação, pois aprofundaremos a seguir) estivesse domiciliado somente no exterior. E, por consequência, desprestigiaria a teleologia das normas constitucionais congruente com os princípios da ordem econômica, particularmente de tornar o serviço brasileiro mais competitivo no mercado exterior, por conta da desoneração da exportação do serviço.

Cabe verificar se a regra de exportação de serviço para o ISS dá alguma relevância à distinção entre tomador e beneficiário do serviço, entendido o primeiro como aquele que contrata o serviço do prestador (e paga por ele); e o segundo como aquele que se beneficia do serviço, para quem o serviço é prestado, ainda que não seja o que contratou ou pagou pelo serviço.

Para decifrarmos essa questão, temos que nos debruçar sobre a expressão "ainda que o pagamento seja feito por residente no exterior", presente no parágrafo único do art. 2º da Lei Complementar nº 116/03, que diz que "os serviços desenvolvidos no Brasil, cujo resultado aqui se verifique, ainda que o pagamento seja feito por residente no exterior" não caracterizam uma exportação de serviço.

Essa expressão demonstra ser irrelevante, na exportação de serviço, a figura do tomador do serviço (o que contrata e paga pelo serviço) para fins de caracterizar-se o local do resultado do serviço. Portanto, se uma empresa nacional prestadora de serviço for contratada por empresa estabelecida no exterior (tomadora) para prestar serviço para subsidiária desta estabelecida no Brasil (beneficiária), não se caracterizará exportação de serviço, para fins de ISS.

A objetivação do local do resultado do serviço se dá, portanto, no local em que estabelecido o beneficiário do serviço, independentemente de ele ser ou não o contratante (ou seja, o que paga pelo serviço). Está atrelada, pois, essa objetivação, à fruição pelo beneficiário, e consequentemente ao local onde ele se encontra estabelecido.

Nessa linha, se o tomador do serviço prestado por empresa brasileira for não residente, e também o beneficiário do serviço, estará caracterizada a exportação de serviço. A única peculiaridade para a qual se deve atentar é se o beneficiário do serviço é pessoa física ou pessoa jurídica. Isso porque, dependendo da modalidade de serviço, há a possibilidade de a pessoa física residente no exterior vir ao território nacional para tomar serviços aqui prestados. Nesse caso, não se poderá alegar que há exportação de serviço, para fins de não tributação de ISS, apenas porque essa pessoa física encontra-se residente lá fora. O serviço que ela aqui consome tem a sua utilidade concluída aqui, pois é aqui que ela frui do serviço.

Por exemplo, nos serviços de hospedagem no Brasil, vindo o turista estrangeiro deles usufruir, não podemos concluir que há aí uma exportação de serviço só porque ele é residente no exterior, pois o resultado do serviço se consuma no local onde ele turista frui desse serviço. Mesmo que essa pessoa física estrangeira venha sob os auspícios de uma pessoa jurídica sediada no exterior, pagando ou não esta pelos serviços, o benefício caracterizar-se-á diretamente para a pessoa física, não se podendo afirmar ser beneficiária do serviço de hospedagem a pessoa jurídica não residente.

Já no caso de pessoa jurídica lá fora domiciliada, não há como essa pessoa jurídica vir fisicamente ao Brasil tomar serviços, caracterizando-se facilmente a exportação do serviço caso ela também seja beneficiária do serviço, ocorrendo o resultado lá fora (a não ser que estabeleça uma presença comercial, ou seja, um estabelecimento, em território brasileiro).

Cabe ressaltar que, se houver intermediário de serviço importado, na verdade haverá dois serviços. Além do serviço importado, o serviço de intermediação, em que, estando o intermediador dentro ou fora do Brasil, a incidência do ISS estará atraída dado que um dos intermediados, o importador, ainda que não seja o contratante do serviço de intermediação, também é beneficiário desse serviço, e está localizado no Brasil.

RESUMO

OBJETIVO 1 A prevenção dos conflitos de competência verticais (União *versus* Municípios; Estados *versus* Municípios) demanda o precisamento da fronteira entre os conceitos de serviço de qualquer natureza e mercadoria, produto industrializado e serviço financeiro. Isso é tratado nas Leis Complementares nº 116/03 e nº 87/96, fundamentais para conferir segurança jurídica ao sistema, não podendo ser ignoradas, desde que trabalhem dentro da região de penumbra, para definir a fronteira entre os referidos conceitos.

A definição do critério espacial também é uma atribuição da lei complementar, para fins de evitar os conflitos de competência horizontais (Municípios *versus* Municípios).

A lei complementar também define a base de cálculo do ISS (art. 146, III, "a"), a fixação das suas alíquotas máximas e mínimas; (art. 156, § 3º, I); a regulação da forma e das condições como isenções, incentivos e benefícios fiscais relativos ao ISS serão concedidos e revogados (art. 156, § 3º, III), a exclusão da sua incidência nas exportações de serviços para o exterior (art. 156, § 3º, II), e sobre a incidência ou não de ISS nos serviços prestados no meio da cadeia produtiva.

OBJETIVO 2   Critério espacial de um imposto é onde a lei considera ocorrido seu fato gerador. A Lei Complementar nº 116/03 regulou três critérios espaciais legais do ISS: (i) o mais geral, local do estabelecimento prestador; (ii) local da efetiva prestação do serviço, para alguns serviços, como construção civil e decoração e jardinagem; e (iii) local do estabelecimento ou domicílio do tomador do serviço para alguns serviços, como fornecimento de mão de obra.

OBJETIVO 3   Prestação de serviço é relação jurídica que envolve o prestador de serviço e o tomador do serviço (contratante), podendo o beneficiário do serviço ser um terceiro distinto do tomador. Serviço é bem imaterial em contraposição a bem material (mercadoria), mas só poderão ser tributados pelo ISS os serviços previstos em lista de serviços na lei complementar. Cabe à lei complementar precisar a fronteira entre o ISS e o ICMS quando se tratar de operações mistas, ou seja, em que a atividade é um misto de serviço e mercadoria, definindo: (i) a incidência de ISS por inteiro; ou (ii) de forma segregada, a incidência de ISS sobre a mão de obra e a incidência de ICMS sobre entrega do bem material como circulação de mercadoria. Serviço de comunicação também é bem imaterial, e é sinônimo de serviço de telecomunicação, que abrange telefonia, rádio, televisão e TV por assinatura. Mas não abrange serviço de valor adicionado, que abarca provimento de acesso à internet e os serviços *over the top* (OTT). Serviço de valor adicionado, como por exemplo *streaming*, previsto na lista de serviços, fica sujeito ao ISS. Atividades, realizadas pelo próprio industrial, que caracterizem modificação da natureza, finalidade, funcionamento, acabamento, apresentação, de bem de sua propriedade, atrairão a competência do IPI. Mas, se o industrial contratar outro para realizar essas mesmas atividades, sobre o bem de propriedade do industrial, que depois retornará modificado para que o industrial o venda, caracteriza-se aí uma prestação de serviço de qualquer natureza sobre bem de terceiro, bem do industrial, sujeita à incidência do ISS, afastando a incidência do IPI. Não incide ISS sobre o valor intermediado no mercado de títulos e valores mobiliários, o valor dos depósitos bancários, o principal, juros e acréscimos moratórios relativos a operações de crédito realizadas por instituições financeiras, bem como sobre os serviços securitários.

OBJETIVO 4   Base de cálculo e critério material do fato gerador são dois lados de uma mesma moeda, sendo a base de cálculo a dimensão de valor desse fato, valor este que representa presunção de riqueza que esse fato revela. E a base de cálculo do ISS é o preço do serviço.

OBJETIVO 5   Contribuinte é figura jurídica constitucional; enquanto responsável tributário é figura jurídica legal. Na prestação de serviço, revela-se aí riqueza em ambos os polos da relação, com o prestador auferindo receita decorrente da prestação de serviço; e o tomador tendo vantagem econômica equivalente à receita, vantagem essa consubstanciada no serviço que recebe.

A Lei Complementar nº 116/03 definiu, como contribuinte, regra geral, o prestador (art. 5º). Mas, na hipótese de importação de serviço, definiu o tomador como contribuinte (critério material tomar serviço).

OBJETIVO 6   A Lei Complementar nº 116/03 prevê a banda de alíquotas que os Municípios poderão fixar, quando da instituição de seus respectivos ISS: alíquota mínima de 2% e alíquota máxima de 5%. A alíquota mínima de 2% não é somente a nominal, mas a efetiva, ou seja, aquela que, se houver algum mecanismo de redução do imposto a pagar que não seja pela redução da alíquota nominal – por exemplo, isenção parcial ou redução de base de cálculo –, será o resultado da razão entre o imposto efetivamente devido e a base de cálculo integral.

OBJETIVO 7   Incide ISS na importação de serviço, dada a previsão em lei complementar, seja para serviço proveniente do exterior ou para serviço cuja prestação se tenha iniciado no exterior do País, e dado o fato de que o importador do serviço é elemento de conexão que se encontra em território nacional.

Não incide ISS na exportação de serviço, entendida esta como aquela em que o serviço é desenvolvido no Brasil, e cujo resultado se verifique no exterior do país. Resultado, aqui, está relacionado ao local do beneficiário do serviço, ao local onde ele é residente, e desde que não venha consumir o serviço no Brasil.

▶ VÍDEOS ADICIONAIS SOBRE O CAPÍTULO

Acesse os QR Codes para assistir ao material adicional do capítulo:

Vídeo 1  uqr.to/1aya0

Vídeo 2  uqr.to/1aya2

Vídeo 3  uqr.to/1aya3

APLICANDO CONHECIMENTOS – TESTES

TESTES DE MÚLTIPLA ESCOLHA

1. Assinale a alternativa **correta**:

   a) A lista de serviços do ISS comporta interpretação extensiva, mas não analógica, porque o emprego da analogia não poderá resultar na exigência de tributo não previsto em lei.

   b) A lei complementar tributária não tem espaço para trabalhar a definição da incidência de ISS ou ICMS, pois a interpretação do texto constitucional esgota a interpretação a respeito.

   c) Com a atual redação da lista de serviços da Lei Complementar nº 116/03, não incide ISS na recauchutagem de pneus para pessoa jurídica que irá revendê-los posteriormente.

   d) Sobre a atividade de restaurantes, pode incidir ISS, ainda mais quando o restaurante oferece serviços e preparo do prato requintados.

   e) Se você for a uma oficina levar seu carro para consertar o motor, deverá ser emitida nota fiscal de serviços sobre o valor da mão de obra, e nota fiscal de mercadoria sobre as peças e partes empregadas no conserto.

2. Assinale a alternativa **incorreta**:

   a) Se o valor da alimentação for incluído no preço da diária, sobre ele incidirá o ISS e não o ICMS.

   b) Se o valor da alimentação e bebidas for incluído no valor global da contratação de um bufê, haverá a incidência de ISS sobre esse valor global.

   c) Ainda que o serviço de franquia seja excluído da lista de serviços sujeitos ao ISS, sobre ele não passará a incidir o ICMS, como à primeira vista poderia parecer, por força do previsto no art. 155, § 2º, IX, alínea *b*, da Constituição (o ICMS incidirá também "sobre o valor total da operação, quando mercadorias forem forneci-das com serviços não compreendidos na competência tributária dos Municípios").

   d) É uma decisão política, do legislador complementar, a incidência ou não do ISS sobre serviço prestado sobre bens de terceiros que estarão sujeitos a posterior comercialização.

   e) Na blindagem de veículo trazido pelo proprietário e usuário do veículo, haverá a incidência de ISS sobre a mão de obra, e de ICMS sobre o material empregado.

3. Assinale a alternativa **incorreta**:

   a) As situações tributáveis apresentam, em regra, mais de um elemento de conexão possível. Cabe ao legislador escolher os elementos de conexão mais adequados para a aplicação da lei.

   b) Elemento de conexão é sinônimo de critério espacial.

   c) O evento prestação de serviço apresenta vários elementos de conexão possíveis, como local do prestador do serviço; local do tomador do serviço; local da efetiva prestação do serviço; e local do beneficiário do serviço.

   d) Cabe à lei ordinária do Município definir o elemento de conexão do ISS para os serviços ali ocorridos, devido à sua autonomia federativa.

   e) O método de análise para caracterização do estabelecimento prestador a partir do qual se prestou o serviço deve se dar em dois níveis: 1º) a empresa tem mais de um estabelecimento prestador? Se não, verificar onde se configura o complexo de bens organizado a partir do qual se presta o serviço; se sim, ir para o segundo nível de análise: 2º) Verificar qual dos estabelecimentos da empresa se configura como a unidade econômica ou profissional, ou seja, tendo o complexo de bens organizado a partir do qual se presta o serviço.

4. Assinale a alternativa **correta**:

a) No serviço de planejamento, organização e administração de feiras, exposições, congressos e congêneres (subitem 17.10), o ISS é devido no local do estabelecimento prestador.

b) No serviço de guarda e estacionamento de veículos terrestres automotores, de aeronaves e de embarcações (subitem 11.01), o ISS é devido no local do estabelecimento prestador.

c) No serviço de vigilância, segurança ou monitoramento de bens e pessoas (subitem 11.02), o ISS é devido no local do estabelecimento prestador.

d) No serviço de produção, mediante ou sem encomenda prévia, de eventos, espetáculos, entrevistas, *shows*, *ballet*, danças, desfiles, bailes, teatros, óperas, concertos, recitais, festivais e congêneres (subitem 12.13), o ISS é devido no local do estabelecimento prestador.

e) No serviço de controle e tratamento de efluentes de qualquer natureza e de agentes físicos, químicos e biológicos (subitem 7.12), o ISS é devido no local do estabelecimento prestador.

5. Assinale a alternativa **incorreta**:

a) O conceito de "serviço" como bem imaterial foi revelado na expressão "bens e serviços" (bens como bens materiais, e serviços como bens imateriais), que adveio da Economia, e foi incorporada tanto pelo Direito Constitucional quanto pelo Direito Empresarial.

b) Não há que se confundir incorporação de conceito econômico com interpretação econômica. Esta última é interpretação que ignora a definição jurídica de um instituto para alcançar, com a tributação, fato que não seria alcançado pelo conceito desse instituto, alegando que, economicamente, este fato se equipararia ao instituto. Diferentemente, incorporação de conceito econômico é concluir, em atividade interpretativa, que o conceito econômico foi incorporado pelo direito, tornando-se, a partir dessa incorporação, jurídico.

c) Para fins tributários, prestação de serviço não é ato de prestar, é relação jurídica que envolve pelo menos o prestador de serviço e o tomador do serviço, considerado este como contratante. Se o tomador contratar um serviço perante o prestador, mas que não será prestado para si, e sim para um terceiro, esse terceiro é denominado beneficiário do serviço.

d) A prestação de serviço como relação jurídica só revela riqueza do lado do prestador de serviço, que é quem aufere receita com a operação, só podendo ser este o contribuinte.

e) Os dois requisitos da circulação de mercadorias, "tangibilidade" e "transferência de titularidade", são elementos essenciais para definição do conceito de mercadoria, que por sua vez traça o desenho da fronteira entre os conceitos "mercadorias" e "serviços", já que serviço é bem imaterial em contraposição a bem material.

6. Assinale a alternativa **correta**.

a) Conforme prevê o art. 110, CTN, o conceito de direito privado é sempre utilizado pela Constituição para definir competências tributárias.

b) A Constituição não pode se utilizar, em seu texto, de conceitos advindos de outra ciência que não seja a jurídica.

c) Os conceitos "empresa" e "atividade econômica", presentes no texto constitucional, advieram da Economia, e no texto constitucional continuam somente econômicos.

d) O capítulo "Da Prestação de Serviço" (arts. 593 a 609 do Código Civil) possui uma definição de serviço como obrigação de fazer.

e) A jurisprudência atual do STF ainda mantém vigente a Súmula Vinculante nº 31 ("É inconstitucional a incidência do Imposto sobre Serviços de Qualquer Natureza – ISS sobre operações de locação de bens móveis"), no entanto, a Corte tem admitido um conceito mais amplo de serviço que o de obrigação de fazer.

7. Assinale a alternativa **incorreta**.

a) Tanto serviço de comunicação quanto serviço de qualquer natureza são bens imateriais, sendo necessário ao intérprete investigar as fronteiras do conceito constitucional de serviço de comunicação, para fins de incidência do ICMS e do ISS.

b) O conceito constitucional de serviço de comunicação é o de telecomunicação, abrangidos aí a telefonia, o rádio, a televisão e a TV por assinatura. Já o conceito de Serviço de Valor Adicionado (SVA) ou Serviço *Over The Top* (OTT) faz parte do campo conceitual da internet ("informática", no art. 22, IV, da Constituição), não se caracterizando como serviço de telecomunicação e de radiodifusão, e sim como serviço de qualquer natureza. O serviço de *streaming* de áudio e vídeo, sendo um SVA ou OTT, é tributável pelo ISS e não pelo ICMS.

c) Empresa contratada para prestar o serviço de instalação de dutos submarinos terá o ISS devido no local do estabelecimento prestador, por ser enquadrado, para fins de critério espacial, não como serviço de construção civil, e sim como serviço prestado em águas marítimas.

d) Em serviços de praticagem, o ISS é devido no local da efetiva prestação, local do porto.

e) Empresa de táxi aéreo estabelecida somente no Município de Aracaju, que faz transporte de pessoas e cargas entre o continente e plataformas de exploração de petróleo localizadas em água marítima, deverá pagar ICMS e não ISS, sendo competente o imposto para o Estado de Sergipe, pois caracteriza-se o serviço como de transporte interestadual.

8. Assinale a alternativa **correta**.

a) A sobreposição de impostos sobre o consumo distintos sobre uma mesma operação só pode acontecer se houver expressa previsão constitucional, o que só ocorre com o IPI e o ICMS, em que a previsão do art. 155, § 2º, XI, da Constituição deixa claro que o ICMS não compreenderá, em sua base de cálculo, o montante do IPI, quando a operação, realizada entre contribuintes e relativa a produto destinado à industrialização ou à comercialização configurar fato gerador dos dois impostos.

b) Indústria de produção de parafusos galvanizados resolve terceirizar o serviço de galvanoplastia desses parafusos, que, depois de galvanizados, ela irá vender posteriormente. A empresa que presta o serviço de galvanoplastia deverá recolher IPI e ICMS, não ISS.

c) Arrendamento mercantil financeiro é financiamento, sendo, portanto, devida a incidência do IOF-Crédito.

d) Tanto no arrendamento mercantil operacional, quanto no *leaseback*, há a necessidade de previsão contratual de opção de compra no final, não sendo esta necessária no arrendamento mercantil financeiro.

e) Em caso de Valor Residual Garantido (VRG), no arrendamento mercantil, este valor não fará parte da base de cálculo do ISS, sendo devido, sobre ele, ICMS.

9. Assinale a alternativa **incorreta**:

a) Uma estrada de rodagem pedageada perpassa o território de 12 Municípios, mas só possui praça de pedágio em 5 desses Municípios. A base de cálculo do ISS será proporcional à extensão de estrada que passa em cada território municipal, sendo devido ISS para o Município ainda que neste não haja nenhuma praça de cobrança de pedágio.

b) A dedução de subempreitadas de construção civil da base de cálculo do ISS, que estava prevista no Decreto-Lei nº 406/68, atualmente depende de lei municipal para poder ser aplicada.

c) O serviço prestado pelas empresas que se valem de plataformas de *marketplace* para aproximar quem quer vender bens e serviços de quem quer comprar bens e serviços é o serviço de intermediação, sendo base de cálculo do ISS a diferença entre o valor entregue ao intermediado e o valor da comissão.

d) Enquanto a base de cálculo do serviço prestado pela empresa de trabalho temporário da Lei nº 6.019/74 é o valor da comissão por ela recebida da empresa tomadora de serviços da Lei nº 6.019/74, a base de cálculo do serviço prestado pela empresa de prestação de serviço da Lei nº 6.019/74 para a empresa contratante da Lei nº 6.019/74 é o valor total pago à referida empresa de prestação de serviço.

e) A operadora de plano privado de assistência à saúde presta o serviço de plano de saúde para empresa, no plano coletivo empresarial; ou para entidade de classe, setorial ou profissional, no plano coletivo por adesão; enquanto a administradora presta o serviço de administração de benefícios também para empresa ou para entidade de classe, setorial ou profissional. A base de cálculo do serviço prestado pela operadora é o valor pago a ela de plano de saúde; enquanto a base de cálculo, em relação à administradora de benefícios, é o valor do serviço prestado por ela à empresa ou entidade de classe.

10. Assinale a alternativa **incorreta**:

a) O limite do legislador municipal de estabelecer responsabilidade tributária vai até o ponto em que esse poder não altere, de forma transversa, o critério espacial do ISS. Se, para determinado serviço, o ISS é devido no local do estabelecimento prestador, e um serviço deste é prestado para tomador localizado noutro Município, não pode este Município criar responsabilidade tributária nesse serviço para atrair a arrecadação desse ISS para si, de forma definitiva.

b) Na importação de serviço, o tomador do serviço é o contribuinte do ISS.

c) O desrespeito à alíquota mínima efetiva de 2% leva a duas consequências: (i) nulidade da lei municipal que não respeitá-la; e (ii) perda da função pública, suspensão dos direitos políticos de 5 (cinco) a 8 (oito) anos e multa civil de até 3 (três) vezes o valor do benefício financeiro ou tributário concedido, para o Chefe do Poder Executivo local.

d) Se uma empresa nacional prestadora de serviço for contratada por empresa estabelecida no exterior (tomadora) para prestar serviço para subsidiária desta estabelecida no Brasil (beneficiária), não se caracterizará exportação de serviço, para fins de ISS.

e) Resultado do serviço, particularmente o local onde se dá o resultado, é critério espacial relevante tanto para a caracterização de exportação ou não de serviço, para fins de ISS; quanto para a caracterização de critério espacial de ISS para operações intermunicipais.

RESPOSTAS

1-E; 2-B; 3-D; 4-D; 5-D; 6-E; 7-E; 8-A; 9-C; 10-E.

GESTÃO DE IMPOSTO SOBRE PRODUTOS INDUSTRIALIZADOS – IPI

Carlos Eduardo de A. Navarro

OBJETIVOS DE APRENDIZAGEM DO CAPÍTULO

1. Entender a origem do IPI como imposto sobre a produção.
2. Compreender sobre quais fatos o IPI incide.
3. Saber o que deve ser entendido por produto industrializado.
4. Identificar o momento de ocorrência do fato gerador do IPI e onde se verifica a ocorrência do fato gerador do IPI.
5. Identificar o ente competente para exigir o IPI, assim como quem deve pagar esse imposto.
6. Entender o funcionamento das alíquotas do IPI.
7. Calcular a base de cálculo do imposto.
8. Conhecer a não cumulatividade do IPI.
9. Entender as principais diferenças entre a não cumulatividade do IPI e a do ICMS.

 ## OBJETIVO 1

CONHECENDO AS CARACTERÍSTICAS DO IPI

CONSIDERAÇÕES INICIAIS

Inspirado no modelo francês de tributação sobre a produção (que antecedeu a *Taxe sur la Valeur Ajoutée* – TVA), o Imposto sobre Produtos Industrializados (IPI) nasce na Constituição da República de 1934, ainda sob a denominação de Imposto de Consumo.

Como qualquer tributo indireto, o IPI foi concebido para onerar o consumidor final, mas, diferentemente do ICMS e do ISS, o IPI tem sua arrecadação concentrada na produção – e não distribuída ao longo de toda a cadeia de fornecimento do bem. Dessa forma, o IPI pago pelo industrial, como regra, não gera créditos para os comerciantes (atacadistas e varejistas), de modo que será repassado no preço até o consumidor final.

Previsto no art. 153, IV, da Constituição de 1988, o IPI tem como principais características:

- Ser um tributo não cumulativo.
- Possuir alíquotas diferenciadas (seletivas) em função da essencialidade do produto industrializado.
- O forte caráter extrafiscal.
- A neutralidade entre produtos nacionais e estrangeiros.
- Desonerar exportações.

NÃO CUMULATIVIDADE

> Não cumulatividade é uma técnica que permite que um contribuinte de determinado imposto aproprie créditos desse imposto, relativamente às suas aquisições.

Ou seja, se um industrial, contribuinte do IPI, compra um insumo tributado pelo IPI para fabricar seu produto, poderá, como regra, apropriar-se do montante de IPI que incidiu sobre o referido insumo.

Veja na Figura 9.1 uma representação do funcionamento da não cumulatividade em uma cadeia hipotética.

Fábrica do insumo   Fábrica de produto acabado   Lojista (não industrial)

Figura 9.1   Exemplo de não cumulatividade em uma cadeia hipotética.

Neste exemplo, se a fábrica vende seu insumo por $ 1.000,00, com incidência de IPI à alíquota de 10%, deverá destacar em nota fiscal o IPI equivalente a $ 100,00. A fábrica de produto acabado, por sua vez, venderá o produto final por hipotéticos $ 10.000,00, sendo tal produto tributado a uma alíquota de 15%, o que resulta em um IPI destacado em nota fiscal de $ 1.500,00.

De acordo com a técnica de não cumulatividade, a fábrica do produto acabado poderá abater, dos $ 1.500,00 devidos, o montante de $ 100,00 relativos a créditos de IPI, de modo que pagará, em dinheiro, o equivalente a $ 1.400,00. Os créditos de IPI, portanto, correspondem ao imposto destacado na nota fiscal do fornecedor, que nada mais é do que o IPI incidido na etapa anterior da cadeia.

A condição básica para que um contribuinte do IPI possa se utilizar de créditos do imposto – de modo a abater do IPI imposto devido em suas saídas – é que os produtos industrializados adquiridos deem direito a crédito.

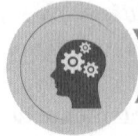

QUESTÃO PARA REFLEXÃO

E como saber se um produto adquirido dá direito a crédito?

Como regra, darão direito a crédito de IPI aqueles produtos classificados como matérias-primas (MP), produtos intermediários (PI) e materiais de embalagem (ME), conforme disposto no art. 226 do Regulamento do IPI (RIPI), aprovado pelo Decreto nº 7.212/10.[1]

O valor do crédito a ser apropriado é exatamente o valor do IPI incidido na operação anterior, o que nos faz crer que, como regra, insumos desonerados do IPI (com alíquota zero, imunidade, isenção ou não incidência) não geram créditos, ainda que os bens sejam classificados como MP, PI ou ME. As únicas exceções aqui são: (a) a aquisição desses bens por contribuintes localizados na Zona Franca de Manaus; e (b) a aquisição de bens junto a não contribuintes do IPI (ocasião em que a legislação permite a concessão de um crédito presumido do imposto).

Por fim, importante destacar que, diferentemente da regra aplicável ao ICMS, o contribuinte do IPI poderá manter os créditos relativos a MP, PI e ME quando der saída de produtos isentos ou tributados à alíquota zero. Tal benesse foi dada pelo art. 11 da Lei nº 9.779/99, que ainda prevê que, caso o contribuinte não tenha débitos de IPI suficientes para compensar os seus créditos, poderá, ao final do trimestre, utilizar tais créditos para compensar com o recolhimento de outros tributos federais, mediante declaração de compensação (DComp), ou mesmo pedir a restituição em espécie (PER).

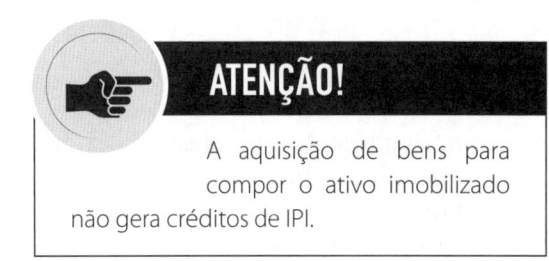

ATENÇÃO!

A aquisição de bens para compor o ativo imobilizado não gera créditos de IPI.

SELETIVIDADE

Diferentemente do que se discute em relação ao ICMS, a Constituição da República é clara no sentido de que o IPI deverá ser seletivo em função da essencialidade do produto. Assim, o Chefe do Poder Executivo, a quem compete definir as alíquotas do imposto, deverá identificar o quão essencial é cada um dos bens constantes da nomenclatura de mercadorias e, consequentemente, escolher a alíquota correspondente – que constará da tabela de incidência do IPI (TIPI).

Dessa forma, se determinado produto A tem alíquota de 10% e um produto B tem alíquota de 30%, é de se concluir que o produto A é mais essencial que B.

 **OLHA A NOTÍCIA!**

O Governo vai reduzir IPI da linha branca, diz Guedes

Autor: Danilo Verpa

Jornal *Folha de S. Paulo* – 6.8.2020

O ministro da Economia, Paulo Guedes, disse que o governo vai reduzir o IPI (imposto sobre produtos industrializados) incidente sobre a linha branca, em medida que deve contribuir para o processo de retomada da economia.

"Nós vamos reduzir alguns IPIs, da linha branca por exemplo, geladeira, máquina de lavar roupa", disse Guedes em entrevista [...].

Listando as medidas que devem contribuir para o crescimento da atividade ao longo do próximo ano, Guedes citou também o consumo da baixa renda, um "boom" da construção civil e investimentos privados em áreas como petróleo e gás natural. [...].

---

[1] Essa regra não se aplica no caso de aquisições de contribuintes optantes pelo Simples Nacional.

Na prática, no entanto, a seletividade do IPI, com base na essencialidade, é constantemente afastada em virtude de intervenções governamentais na economia.

Por mais que se possa dizer que a essencialidade de um bem pode variar no tempo (um aparelho celular, por exemplo, foi de bem supérfluo a absolutamente essencial em alguns anos), o fato é que tanto os itens da linha branca como os veículos, nos exemplos apresentados, não tiveram suas alíquotas reduzidas por terem se tornado mais essenciais, mas, sim, por uma forma de o Governo Federal tentar reaquecer o consumo (e, consequentemente, a economia) em tempos de crise.

Esses exemplos mostram que a seletividade, embora obrigatória pela Constituição da República, não vem sendo empregada com todo rigor pelo Poder Executivo brasileiro.

EXTRAFISCALIDADE

Nenhum tributo é totalmente fiscal ou extrafiscal. Todo tributo possui um aspecto fiscal (uma vez que sua arrecadação será utilizada pelo ente tributante) e outro extrafiscal (pois gerará efeitos na economia, incentivando ou desincentivando certas ações do contribuinte). Isso não significa, contudo, que um tributo possa ter funções extrafiscais mais predominantes do que outro.

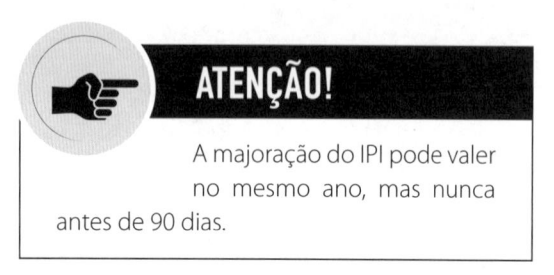

ATENÇÃO!

A majoração do IPI pode valer no mesmo ano, mas nunca antes de 90 dias.

O IPI é um imposto de forte caráter extrafiscal. Para permitir a rápida atuação do Governo Federal na economia (atingindo, portanto, resultados extrafiscais), a Constituição da República excepciona o IPI dos princípios da legalidade e anterioridade. Desse modo, o Poder Executivo poderá modificar as alíquotas do IPI por meio de decreto, assim como poderá majorar o imposto sem se sujeitar à anterioridade anual (está sujeito apenas à chamada noventena).

PRINCÍPIO DO DESTINO NO COMÉRCIO EXTERIOR

O último aspecto geral do IPI que abordaremos nesta parte introdutória é o comportamento do imposto no comércio exterior. Em primeiro lugar, chama atenção o fato de o IPI não ter, na Constituição da República, expressa previsão de incidência nas importações. Essa ausência, no entanto, nunca impediu a cobrança do imposto no desembaraço aduaneiro.

Segundo as regras e princípios de tributação internacional, os tributos devem ser cobrados apenas no destino, de modo que as exportações devem ser desoneradas (a fim de que o produto exportado seja o mais competitivo possível no mercado internacional) e as importações devem ser oneradas (em se tratando de tributo interno, como é o caso do IPI, do mesmo modo em que é cobrado nas transações domésticas).

A quase totalidade das exportações brasileiras está desonerada do IPI, sendo permitida ao contribuinte exportador a manutenção dos créditos relativos às entradas (para mais detalhes sobre o que pode gerar créditos, *vide* tópico "Não cumulatividade" retro). Exceção é feita às exportações realizadas por viajantes – diferentemente de países, especialmente europeus, que devolvem o imposto indireto quando o viajante internacional faz prova de levar consigo um bem lá adquirido, o turista estrangeiro que adquire um bem no Brasil retorna ao seu país levando o bem e o IPI).

Na importação, o IPI precisa seguir o disposto nos acordos internacionais firmados pelo Brasil no âmbito do GATT/OMC,[2] notadamente a chamada cláusula do tratamento nacional. Basicamente, a cláusula impede que os países-membros da OMC cobrem um tributo interno de maneira mais gravosa na importação do que nas operações domésticas.

---

[2]   *General Agreement on Tariffs and Trade* / Organização Mundial do Comércio.

Importante frisar que a referida cláusula não exige igualdade. Qualquer país-membro pode impor tributo menor na importação do que faz na operação interna, ou mesmo não cobrar este tributo.[3] O que os países-membros da OMC não podem é cobrar, na importação, um tributo maior do que fazem na operação doméstica.

O IPI, aliás, é um exemplo de tributo que – olhando apenas para essa incidência tributária[4] – onera as importações de maneira inferior às transações domésticas. Isso porque, embora as alíquotas sejam sempre as mesmas (há uma única TIPI, aplicável tanto aos produtos nacionais quanto aos estrangeiros), a base de cálculo do IPI é menor na importação do que na saída realizada pelo estabelecimento industrial ou equiparado.

EXEMPLO PRÁTICO

Pensemos em uma pessoa física que pode adquirir um veículo importado ou um nacional, assumindo que ambos possuem preço líquido de $ 100.000,00:

Veículo importado		Veículo nacional	
Preço líquido (valor aduaneiro)	$ 100.000,00	Preço líquido dos tributos	$ 100.000,00
Imposto de Importação	$ 35.000,00	ICMS	$ 25.568,18
		PIS/COFINS	$ 16.477,27
Base de cálculo do IPI	$ 135.000,00	Base de cálculo do IPI	$ 142.045,45

Nesse caso hipotético, como se pode ver, a base de cálculo do IPI será menor na importação, pois inclui um único tributo, qual seja, o Imposto de Importação (II). Já o IPI doméstico inclui em sua base de cálculo o ICMS, o PIS e a COFINS.

OBJETIVO 2

REGRA MATRIZ DE INCIDÊNCIA TRIBUTÁRIA

Doravante, apresentaremos os aspectos que compõem a regra matriz de incidência tributária do IPI, desde o antecedente da norma até o seu consequente.

CRITÉRIO MATERIAL

Como vimos brevemente, o IPI incide tanto em operações domésticas quanto nas importações. Além disso, o IPI também incide nas arrematações de bens apreendidos ou abandonados, quando levados a leilão, nos termos do disposto no art. 46 do Código Tributário Nacional (CTN).

Assim, realizará o fato gerador aquele que (a) importar, (b) realizar operações ou (c) arrematar produtos industrializados.

---

[3]   O Brasil mesmo, que cobra PIS e COFINS desde 1970 e 1991, respectivamente, passou a tributar importações, por essas contribuições, apenas a partir da Medida Provisória nº 164/04, posteriormente convertida na Lei nº 10.865/04.

[4]   Falaremos mais sobre o tema na parte destinada à base de cálculo do imposto, dentro do critério quantitativo.

PRODUTO INDUSTRIALIZADO

Para que um produto seja considerado industrializado, ele precisa ter sido submetido a alguma etapa de industrialização, seja no Brasil (hipótese "b" do parágrafo anterior) ou no exterior (situações "a" e "c"). Desse modo, não serão sujeitas ao IPI as transações com bens que são negociados tal como encontrados na natureza, como, por exemplo, animais vivos, cabelos humanos e minérios brutos.

ATENÇÃO!

Para saber se um bem é ou não industrializado, verifique, na TIPI: se o bem estiver com a indicação NT (não tributado), significa que não é industrializado; se houver uma alíquota (ainda que zero), será um produto industrializado. Embora essa seja a regra, é preciso destacar que, em algumas situações específicas, podemos identificar equívocos do Chefe do Poder Executivo, seja classificando um produto não industrializado com alíquota zero ou, de outro lado, indicando que um produto industrializado é NT (neste segundo caso, tomemos como exemplo o leite UHT, classificado no NCM 0401.10.10).

Por fim, especificamente no que se refere ao IPI devido nas transações domésticas (inciso II do art. 46 do CTN), é importante destacar que os estabelecimentos ali indicados são, como regra, os estabelecimentos industriais. Assim, a regra geral é que o IPI (diferentemente do ICMS) não incidirá ao longo de toda a cadeia de comercialização de um produto industrializado, mas apenas quando da saída daquele estabelecimento que o industrializou. As exceções a essa regra serão mais bem abordadas ao tratarmos da sujeição passiva, no tópico referente ao critério pessoal dentro do Objetivo 5 do capítulo.

OBJETIVO 4

MOMENTO DE OCORRÊNCIA DO FATO GERADOR DO IPI

CRITÉRIO TEMPORAL

Considerando cada um dos verbos que preenchem o critério material do IPI, verificamos que o fato gerador ocorre nos seguintes momentos:

- IPI importação: por ocasião do desembaraço aduaneiro do produto industrializado.
- IPI interno: no momento da saída do produto industrializado do estabelecimento contribuinte.
- IPI arrematação: no momento da arrematação do produto industrializado em hasta pública.

VOCÊ SABIA?

Desembaraço aduaneiro é o encerramento do despacho aduaneiro de importação (exceto nos casos em que há aplicação da pena de perdimento da mercadoria importada).

CRITÉRIO ESPACIAL

Sendo um tributo federal, o critério espacial do IPI é todo o território nacional. Ou seja, haverá fato gerador do IPI sempre que qualquer dos três atos mencionados quando tratamos do critério material for realizado em qualquer parte do território nacional.

OBJETIVO 5

ENTE COMPETENTE PARA EXIGIR O IPI

CRITÉRIO PESSOAL

O critério pessoal é subdividido em sujeição ativa e sujeição passiva. Sujeito ativo é o ente tributante competente para instituir o referido imposto. Já o sujeito passivo é aquele chamado a recolher a exação tributária, podendo ser o contribuinte ou o responsável tributário.

No caso do IPI, o sujeito ativo é a União Federal, que recebeu a competência constitucional para instituir o imposto e exerceu tal competência por meio de lei ordinária (Lei nº 4.502/64).

Na sujeição passiva, iniciaremos pela figura do contribuinte. Diz-se contribuinte, nos termos do art. 121, I, do CTN, aquele que realiza a ação descrita no critério material, conforme segue:

- **IPI importação:** o contribuinte é o importador do produto industrializado.
- **IPI interno:** contribuinte é o estabelecimento industrial ou equiparado a industrial que realiza a saída do produto industrializado.
- **IPI arrematação:** o arrematante do produto industrializado será o contribuinte.

A figura do importador, vale destacar, não se confunde, necessariamente, com o adquirente do bem estrangeiro, seja porque: (a) a importação pode ser sem cobertura cambial (por exemplo, nos casos de importação a título de aluguel, comodato ou arrendamento); e (b) no caso de importação por conta e ordem de terceiros, embora haja um adquirente, o importador é contratado para apenas prestar o serviço de importar o bem do exterior.

Em se tratando de IPI arrematação, o contribuinte será sempre o arrematante, que é aquele que adquire o bem arrematado em hasta pública.

Por fim, no caso do IPI doméstico, o contribuinte será o estabelecimento industrial ou quem a ele for equiparado pela legislação do IPI. Considera-se estabelecimento industrial aquele que realizar qualquer operação que modifique a natureza, o funcionamento, o acabamento, a apresentação ou a finalidade do produto, ou o aperfeiçoe para consumo, conforme lista exemplificativa trazida no art. 4º do RIPI (e sintetizada a seguir):

- **Transformação**: a que, exercida sobre matérias-primas ou produtos intermediários, importe na obtenção de espécie nova.
- **Beneficiamento**: a que importe em modificar, aperfeiçoar ou, de qualquer forma, alterar o funcionamento, a utilização, o acabamento ou a aparência do produto.
- **Montagem**: a que consista na reunião de produtos, peças ou partes e de que resulte um novo produto ou unidade autônoma, ainda que sob a mesma classificação fiscal.
- **Acondicionamento ou reacondicionamento**: a que importe em alterar a apresentação do produto, pela colocação da embalagem, ainda que em substituição da original, salvo quando a embalagem colocada se destine apenas ao transporte da mercadoria.
- **Renovação ou recondicionamento**: a que, exercida sobre produto usado ou parte remanescente de produto deteriorado ou inutilizado, renove ou restaure o produto para utilização.

Além disso, para se compreender perfeitamente o conceito de industrialização, é preciso que o intérprete verifique aquilo que não se considera industrialização, nos termos dos arts. 5º a 7º do RIPI.

Se estabelecimento industrial é o que realiza qualquer operação de industrialização, é certo que, por óbvio, o equiparado a industrial é aquele não realiza qualquer dessas operações. Desse modo, a pergunta que fica é: sendo o IPI um imposto diverso do ICMS – e que, portanto, não incide sobre toda a cadeia de comercialização de um produto industrializado –, quem é o não industrial que pode ser chamado a ser contribuinte do imposto, dentro desta categoria de "equiparado a industrial"?

Objetivamente, a resposta está fundamentalmente nos arts. 9º a 11 do RIPI (embora haja outras hipóteses de equiparação em legislação esparsa), mas, além de conhecer as hipóteses regulamentadas, é importante refletir sobre os limites que a União possui para cobrar IPI de estabelecimentos não industriais (sob pena de, em não havendo limite algum, poder transformar o IPI em um ICMS sobre produtos industriais).

CASO REAL

Ao longo de décadas, inúmeros grupos empresariais passaram a se organizar sob a forma de duas pessoas jurídicas, uma industrial e outra comercial. Tal modelo ficou conhecido no mercado jurídico como planejamento (tributário) "indústria-distribuidora".

Em resumo, antes da segregação das atividades em duas pessoas jurídicas, a empresa original comercializava os bens por ela fabricados diretamente a seus clientes, recolhendo o IPI sobre o valor total da venda. Com a implementação do planejamento, a indústria passou a vender os produtos com um preço menor à outra empresa do grupo, que, por sua vez, ficou responsável por comercializar os produtos com os clientes.

Nesse caso, como o IPI era recolhido com base no valor de saída da indústria, a base de cálculo foi reduzida, se comparada com o cenário antes da segregação das atividades em duas pessoas jurídicas.

Esse planejamento foi bastante atacado pelas autoridades fiscais, mas, ao fim e ao cabo, as empresas, salvo exceções cujos fatos apurados continham peculiaridades, saíram vitoriosas.

Diante dos sucessivos reveses nos processos administrativos e judiciais, o Poder Executivo Federal mudou a estratégia contra o referido planejamento, especificamente para os produtos cosméticos, por meio da edição do Decreto nº 8.393/15.

Referido decreto incluiu alguns produtos cosméticos no Anexo III da Lei nº 7.798/89, com o que buscou equiparar a industrial algumas empresas comerciais. Com isso, deixa de ser necessário discutir se o planejamento é legítimo ou abusivo, pois o mesmo efeito prático (qual seja, a cobrança de IPI com base no preço praticado pelo estabelecimento comercial) pode ser alcançado ao determinar que o comerciante atacadista seja contribuinte do IPI.

Embora seja muito louvável a atitude do Chefe do Poder Executivo em fazer uma modificação normativa transparente e com efeitos apenas prospectivos, o Decreto nº 8.393/15 é bastante criticado tanto do ponto de vista formal quanto do material.

Formalmente, a principal crítica é que um decreto não poderia trazer uma equiparação, sendo totalmente ilegal a delegação prevista na Lei nº 7.798/89. Mas a grande questão que se coloca é a legitimidade da própria equiparação em si – ou seja, independentemente se por lei complementar, lei ordinária ou decreto, pode a legislação tributária transformar um imposto de produção (de início de cadeia) em um imposto de consumo (que percorre toda a cadeia, até o consumidor final)? A resposta quer nos parecer negativa.

O IPI é, em sua essência, um imposto que visa tributar a etapa de industrialização. É um tributo de início de cadeia. Ao eleger um não industrial como contribuinte do IPI, pela via da equiparação, o legislador deve agir com muita parcimônia, mantendo hígida a principal caraterística do IPI, que é ser um imposto sobre a produção industrial.

Os limites da equiparação, portanto, embora não estejam expressamente previstos, estão implícitos na própria gênese do imposto: quem nasce para ser de produção não pode ser imposto sobre consumo. O IPI nunca poderá ser um ICMS, onerando toda a cadeia de circulação de um produto industrializado.

A conclusão a que chegamos, portanto, é de que o caso real se refere ao Decreto nº 8.393/15, que é absolutamente inconstitucional, tanto da perspectiva formal (pois equiparação não pode ser veiculada por decreto) quanto material (uma vez que, a pretexto de combater um planejamento tributário, não pode a União ampliar a incidência do IPI ao longo da cadeia de comercialização de um bem).

Partindo da premissa acima adotada, no sentido de que a União não pode desconfigurar o IPI e transformá-lo em uma espécie de ICMS sobre produtos industrializados, vale analisar as principais hipóteses de equiparação previstas no RIPI:

- Equiparado a industrial por opção (arts. 11 a 13): por se tratar de uma equiparação voluntária, não vislumbramos qualquer ilegalidade nesta hipótese. Normalmente, um não industrial se opta por ser equiparado a industrial para não quebrar a cadeia do IPI – por exemplo, quando há um comerciante atacadista comprando o bem de um industrial (contribuinte) e vendendo a outro industrial (contribuinte).[5]

- Estabelecimentos importadores de produtos de procedência estrangeira, quando da saída (revenda) desses produtos (art. 9º, inciso I): trata-se de hipótese de equiparação julgada inconstitucional pelo Supremo Tribunal Federal (STF) em 2020.[6]

- As filiais e demais estabelecimentos que exercerem o comércio de produtos importados, industrializados ou mandados industrializar por outro estabelecimento da mesma firma, salvo se aqueles operarem exclusivamente na venda a varejo (art. 9º, inciso III): trata-se de hipótese que visa trazer neutralidade tributária: se o industrial revender o produto que fabricou, pagará o IPI sobre o valor de venda; do mesmo modo, se ele, antes de revender, transferir o bem para outro estabelecimento da mesma empresa, pagará o IPI sobre o valor da transferência, mas deverá também pagar sobre o valor de venda desse segundo estabelecimento.[7]

- Estabelecimentos comerciais de produtos cuja industrialização tenha sido realizada por outro estabelecimento da mesma firma ou de terceiro, mediante a remessa, por eles efetuada, de matérias-primas, produtos intermediários, embalagens, recipientes, moldes, matrizes ou modelos (art. 9º, IV): trata-se da equiparação a industrial no caso da chamada industrialização por encomenda. Aquele que contrata um terceiro industrial por encomenda é equiparado para que haja neutralidade tributária.[8]

- Estabelecimentos comerciais de produtos do capítulo 22 da TIPI, cuja industrialização tenha sido encomendada a estabelecimento industrial, sob marca ou nome de fantasia de propriedade do encomendante, de terceiro ou do próprio executor da encomenda (art. 9º, V): especificamente para as bebidas enquadradas no capítulo 22, a ideia mencionada no inciso anterior se aplica não apenas nos casos de industrialização por encomenda, mas também na hipótese de industrialização à ordem, em razão da marca ou nome fantasia.

- Estabelecimentos comerciais atacadistas dos produtos classificados nas Posições 71.01 a 71.16 da TIPI (art. 9º, VI): assim como mencionado no Caso Real, aqui me parece também haver uma equiparação que desvirtua o IPI, neste caso aplicável a artigos de joalherias, pedras preciosas, entre outros produtos similares.

- Estabelecimentos atacadistas e cooperativas de produtores que derem saída a bebidas alcoólicas e demais produtos, de produção nacional, classificados nas Posições 22.04, 22.05, 22.06 e 22.08 da TIPI e acondicionados em recipientes de capacidade superior ao limite máximo permitido para venda a varejo, com destino a certos estabelecimentos (art. 9º, VII): mais uma vez, equiparação que me parece inconstitucional, pois ultrapassa os limites da equiparação.

- Estabelecimentos comerciais atacadistas que adquirirem de estabelecimentos importadores produtos de procedência estrangeira, classificados nas Posições 33.03 a 33.07 da TIPI (art. 9º, VIII): mais uma medida que atinge o setor de cosméticos, tão inconstitucional quanto aquela que descrevemos no Caso Real.

---

[5] Importante destacar que, caso esse atacadista não se equipare a industrial, o seu cliente industrial poderá apurar um crédito presumido de IPI, nos termos do disposto no art. 227 do RIPI.

[6] Recursos Extraordinários (REs) 979626 e 946648, julgados em conjunto, em julgamento concluído no dia 21.8. O RE 946648 teve repercussão geral reconhecida (Tema 906).

[7] Exceto se o estabelecimento destinatário for varejista, pois o IPI, como imposto de produção (e não de consumo), não quer tributar vendas a consumidores fiscais. Assim como ocorre com a substituição tributária do ICMS, o Fisco federal não quer ter de fiscalizar estabelecimentos varejistas no que se refere ao IPI.

[8] Assim, se a montadora de veículos X fabrica 99% dos veículos em sua planta, mas tem 1% de sua produção terceirizada para a montadora Y, a X pagará o IPI sobre 100% de suas vendas (99% por ser estabelecimento industrial e 1% por ser equiparada a industrial).

- Estabelecimentos, atacadistas ou varejistas, que adquirirem produtos de procedência estrangeira, importados por encomenda ou por sua conta e ordem, por intermédio de pessoa jurídica importadora (art. 9º, IX): considerando a constitucionalidade da equiparação prevista no inciso I do art. 9º, esta faz sentido, pois traz neutralidade às importações indiretas.[9]

Por tudo que mencionamos nas hipóteses de equiparação selecionadas, há um traço comum entre aquelas que nos parecem ser inconstitucionais: todas são tentativas de aumentar a incidência do IPI ao longo da cadeia, assemelhando-o a um ICMS.

Finalizada a análise dos contribuintes do IPI, convém mencionar que o IPI pode também ser exigido dos responsáveis tributários. Além das hipóteses de responsabilidade tributária previstas no CTN, vale apresentar algumas específicas do IPI:

- O transportador, em relação aos produtos tributados que transportar, desacompanhados da documentação comprobatória de sua procedência.
- O possuidor ou detentor, em relação aos produtos tributados que possuir ou mantiver para fins de venda ou industrialização, nas mesmas condições mencionadas no item anterior.
- O estabelecimento adquirente de produtos usados cuja origem não possa ser comprovada pela falta de marcação, se exigível, de documento fiscal próprio ou do documento a que se refere o art. 372 do RIPI.
- O estabelecimento que possuir produtos tributados ou isentos, sujeitos a serem rotulados ou marcados, ou, ainda, ao selo de controle, quando não estiverem rotulados, marcados ou selados.
- A empresa comercial exportadora, em relação ao imposto que deixou de ser pago, na saída do estabelecimento industrial, referente aos produtos por ela adquiridos com o fim específico de exportação, em certas hipóteses.
- A pessoa física ou jurídica que não seja empresa jornalística ou editora, em cuja posse for encontrado o papel, destinado à impressão de livros, jornais e periódicos.
- O adquirente de mercadoria de procedência estrangeira, no caso de importação realizada por sua conta e ordem, por intermédio de pessoa jurídica importadora, pelo pagamento do imposto e acréscimos legais.
- O encomendante predeterminado que adquire mercadoria de procedência estrangeira de pessoa jurídica importadora, em importação por encomenda.

 OBJETIVO 6

ALÍQUOTAS DO IPI

CRITÉRIO QUANTITATIVO

O critério quantitativo é subdivido nas duas grandezas adotadas geralmente[10] para calcular um tributo: a alíquota e a base de cálculo.

A alíquota do IPI, como mencionado anteriormente, obedece ao princípio da seletividade, de modo que deve ser maior em produtos supérfluos ou cujo consumo se queira desincentivar, e menor em produtos tidos como essenciais.

---

[9] Como o importador direto pagará IPI quando da revenda do produto importado, o mesmo ocorrerá com aqueles que contratam pessoas jurídicas importadoras nas modalidades de importações indiretas (tanto conta e ordem quanto encomenda).

[10] Diz-se geralmente porque há casos excepcionais em que certos tributos são calculados por unidade de medida (valor fixo por m³, litro etc.).

As alíquotas do IPI são encontradas na TIPI e podem ser modificadas por ato do Chefe do Poder Executivo (via decreto), em razão da exceção ao princípio da legalidade.

No ano de 2022, por exemplo, o Decreto nº 10.979 reduziu, linearmente, as alíquotas do IPI em 25% para praticamente todos os produtos da TIPI. Essas mudanças repentinas são próprias do aspecto extrafiscal do IPI e, por isso, é fundamental que o leitor fique atento para confirmar modificações recentes quando da análise do tema.

OBJETIVO 7

BASE DE CÁLCULO DO IMPOSTO

Já a base de cálculo do IPI deve ser analisada de maneira separada, considerando as três materialidades expostas anteriormente. Para o IPI incidente na importação e na arrematação de mercadorias estrangeiras, a base de cálculo será o valor aduaneiro, acrescido do II e dos encargos cambiais pagos pelo importador. Considerando que há, atualmente, isenção do IOF nas operações de câmbio para pagamento de bens importados (art. 16, I, do Decreto nº 6.306/07), a base de cálculo será o valor aduaneiro acrescido apenas do II.

Importante frisar que esta será a base do imposto independentemente do negócio jurídico subjacente à importação; ou seja, sendo uma compra e venda internacional, locação, arrendamento, comodato, doação ou qualquer outro tipo de operação, a base de cálculo será sempre o valor aduaneiro acrescido do II.

Por seu turno, a base de cálculo do IPI interno será o valor total da operação, que compreende o preço do produto, acrescido do valor do frete e das demais despesas acessórias, cobradas ou debitadas pelo contribuinte ao comprador ou destinatário.

Importante destacar que compõe o preço do produto industrializado a soma: (a) do custo do bem; (b) da margem de lucro (positiva ou negativa) do contribuinte; e (c) dos tributos calculados por dentro do preço, quais sejam o ICMS e o PIS/COFINS (o IPI não está incluído em sua própria base de cálculo, o que faz com que seja chamado de tributo calculado "por fora").

E é justamente o fato de o IPI interno incluir, em sua base de cálculo, ICMS e PIS/COFINS que justifica a base de cálculo reduzida do IPI importação e arrematação de produtos industrializados estrangeiros, conforme mencionado anteriormente.

A legislação do IPI prevê, ainda, que a base de cálculo do IPI atenderá a um valor tributável mínimo (VTM) em certas situações, como aquelas realizadas entre empresas interdependentes.

Nesses casos, portanto, independentemente do valor de venda praticado entre indústria e atacadista interdependente (que será caracterizada, dentre outras hipóteses, quando ambos pertencerem ao mesmo grupo econômico), a base de cálculo do IPI será, no mínimo, o valor correspondente ao preço médio ponderado do bem no mercado atacadista da praça do estabelecimento industrial. Trata-se de uma típica norma antielisiva específica.[11]

Além desses casos, o VTM deverá ser aplicado quando a operação não constituir uma compra e venda, como é o caso, por exemplo, de arrendamento ou locação. Nessas hipóteses, o IPI deverá ser recolhido com base no preço corrente do produto ou seu similar, no mercado atacadista da praça do remetente.

Dessa forma, se uma montadora de veículos vende e aluga automóveis, o IPI a ser pago por ocasião da primeira saída a título de locação observará a base de cálculo da venda de veículo idêntico, no mercado atacadista (ou seja, as eventuais vendas para consumidores não deverão ser consideradas para fins de cálculo da média ponderada de que trata o art. 196 do RIPI).

 **OBJETIVO 8**

NÃO CUMULATIVIDADE DO IPI

CONSIDERAÇÕES INICIAIS

Os tributos indiretos podem ser cumulativos ou não cumulativos. No Brasil, dada a multiplicidade de tributos indiretos, temos representantes nos dois grupos: são exemplos de tributos cumulativos o ISS, o IOF e o PIS/COFINS; já os não cumulativos são o ICMS, o PIS/COFINS e o IPI.

A escolha entre um tributo cumulativo ou não cumulativo não é óbvia. Embora a maior parte dos países possuam tributos indiretos não cumulativos (do tipo IVA – Imposto sobre Valor Agregado), há vantagens em ter tributos cumulativos, sendo a principal delas a simplicidade.

---

[11] Com o passar dos anos, contudo, essa norma antielisiva mostrou-se insuficiente para conter a elisão fiscal decorrente de certos planejamentos entre empresas interdependentes. Como resposta, a fiscalização passou a tentar ampliar o conceito de praça. Historicamente, tal conceito sempre correspondeu a, no máximo, o território de um município (até por isso, normalmente os grupos organizados sob a forma de duas empresas mantinham uma delas em uma cidade e a outra em município diverso); contudo, vários foram os autos de infração que ampliaram o conceito para região metropolitana, tese que acabou sendo aceita pelo Conselho Administrativo de Recursos Fiscais (CARF) em alguns desses casos.

No Brasil, verifica-se que os serviços, por possuírem cadeias normalmente curtas,[12] são tributados de maneira mais cumulativa[13] que as mercadorias.[14] Essa estratégia reduz o chamado efeito cascata, que é um dos principais pontos negativos da cumulatividade.

VOCÊ SABIA?

Efeito cascata é o aumento de custo gerado pela incidência, em uma cadeia, de tributos cumulativos, de modo que o custo do bem vai incorporando o tributo pago em cascata por cada elo da cadeia.

A técnica (ou princípio) da não cumulatividade é o principal mecanismo adotado atualmente pelos tributos tidos como não cumulativos, e consiste na garantia da tomada de créditos relativos às aquisições de certos bens e/ou serviços, para abater do tributo calculado pelo contribuinte (mediante multiplicação da alíquota pela base de cálculo).

Dessa forma, se determinado bem adquirido para revenda custou $ 100,00 e foi revendido por $ 200,00, embora a multiplicação da base de cálculo ($ 200,00) por uma alíquota hipotética de 10% (dez por cento) gerasse um tributo a pagar de $ 20,00, o contribuinte poderia pagar parte do tributo devido com créditos calculados sobre sua aquisição (no valor de $ 100,00).

VOCÊ SABIA?

O cálculo dos referidos créditos pode se dar, no sistema jurídico brasileiro, de duas formas, chamadas "base sobre base" e "tributo sobre tributo".

No exemplo apresentado, se o crédito fosse do tipo "base sobre base", o contribuinte hipotético abateria, da base de cálculo do débito ($ 200,00), a base de cálculo do crédito ($ 100,00), de modo que o tributo a ser pago em dinheiro seria 10% sobre o resultado de tal subtração, ou seja, $ 10,00.

Já no modelo de "tributo sobre tributo", o contribuinte teria um débito de $ 20,00 e, desse valor, poderia abater o crédito relativo ao tributo cobrado de seu fornecedor, na etapa anterior. Desse modo, se o fornecedor tivesse pagado $ 10,00 (o que significaria que a alíquota aplicada também seria 10%, já que a base de cálculo do fornecedor foi $ 100,00), tal montante seria subtraído dos $ 20,00 e o tributo final a ser pago em dinheiro seria $ 10,00. Por outro lado, se o fornecedor tivesse calculado seu tributo com base na alíquota de 15%, o crédito apurado seria de $ 15,00, de modo que o valor final a ser pago em dinheiro seria apenas $ 5,00.

Como se vê, no modelo de base sobre base, adota-se uma única alíquota, aquela definida para a operação do contribuinte (a qual será aplicada após o confronto das duas bases de cálculo). Já no modelo tributo sobre tributo, as alíquotas (do crédito e do débito) serão aplicadas individualmente.

---

[12] Muitas vezes, há uma única relação entre o executor do serviço e o consumidor final, como, por exemplo, um advogado que atende seu cliente ou um médico que atende seu paciente.

[13] Além do próprio ISS, é comum que empresas prestadoras de serviços optem pelo regime cumulativo de PIS/COFINS.

[14] Além do ICMS e do IPI, é comum que indústrias optem pelo regime não cumulativo de PIS/COFINS.

DIFERENÇAS ENTRE A NÃO CUMULATIVIDADE DO IPI E A DO ICMS

Atualmente, no Brasil, temos as duas possibilidades de não cumulatividade. Enquanto o ICMS e o IPI geram créditos de tributo contra tributo, o PIS/COFINS adota os dois modelos.

VOCÊ SABIA?

Quando um contribuinte toma créditos de PIS/COFINS-importação, seus créditos são apurados no modelo tributo sobre tributo (ou seja, o exato valor pago na importação será creditado). Diferentemente, quando os créditos são oriundos de operações dentro do país, o creditamento seguirá o modelo de base sobre base (é justamente por isso que o crédito de PIS/COFINS será sempre de 9,25%, independentemente se o fornecedor pagou seu PIS/COFINS no regime cumulativo, por exemplo, cuja alíquota combinada é 3,65%.

Por fim, a não cumulatividade pode ser de créditos amplos (também chamados de créditos financeiros) ou restritos (também conhecidos por créditos físicos). No Brasil, até o primeiro semestre de 2022,[15] nenhum tributo não cumulativo adotou o creditamento amplo.

O ICMS prometeu créditos financeiros, mas, em virtude de sucessivas prorrogações na Lei Complementar nº 87/96, o crédito sobre bens de uso e consumo nunca começou a ser aproveitado.

O PIS/COFINS, embora também tenha prometido creditamento amplo a partir do conceito econômico de insumo, vive, até os dias atuais, intenso contencioso nas esferas administrativa e judicial, graças a uma postura bastante restritiva por parte das autoridades fiscais.

O IPI, por sua vez, adota o mecanismo de crédito físico, desde sua instituição, mas aqui sem grandes polêmicas, conforme abordaremos detalhadamente em seguida.

ESPÉCIES DE CRÉDITOS

Segundo a legislação de IPI, os créditos do imposto são classificados da seguinte forma:

- Créditos básicos (arts. 226 a 228 do RIPI).
- Créditos decorrentes de devoluções (arts. 229 a 235 do RIPI).
- Créditos incentivados (arts. 236 a 239).
- Créditos de outra natureza (art. 240 do RIPI).
- Créditos presumidos para ressarcimento de PIS/COFINS (arts. 241 a 250).

CRÉDITOS BÁSICOS DO IPI

Os chamados créditos básicos de IPI podem ser divididos entre: (a) crédito relativo ao IPI pago na operação anterior; e (b) crédito presumido. Na primeira categoria encontram-se aqueles listados pelo art. 226 do RIPI, que abrangem, especialmente:

---

[15] Menciona-se este momento porque há, em tramitação, tanto propostas de emendas à Constituição da República (destacam-se a 45, da Câmara dos Deputados, e a 110, do Senado Federal) como projetos de lei (especialmente o 3.887) que prometem o crédito amplo.

- Imposto relativo à matéria-prima (MP), produto intermediário (PI) e material de embalagem (ME), adquiridos para emprego na industrialização de produtos tributados, incluindo-se, entre as MP e PI, aqueles que, embora não se integrando ao novo produto, forem consumidos no processo de industrialização, salvo se compreendidos entre os bens do ativo permanente (inciso I).

- Imposto relativo a MP, PI e ME, quando remetidos a terceiros para industrialização sob encomenda, sem transitar pelo estabelecimento adquirente (inciso II).

- Imposto relativo a MP, PI e ME, recebidos de terceiros para industrialização de produtos por encomenda, quando estiver destacado ou indicado na nota fiscal (inciso III).

- Imposto destacado em nota fiscal relativa a produtos industrializados por encomenda, recebidos do estabelecimento que os industrializou, em operação que dê direito ao crédito (inciso IV).

- Imposto pago no desembaraço aduaneiro, também quando a operação der crédito do imposto (inciso V).

- Imposto relativo a bens de produção recebidos por comerciantes equiparados a industrial (inciso VII).

- Imposto relativo aos produtos recebidos pelos estabelecimentos equiparados a industrial que, na saída destes, estejam sujeitos ao imposto (inciso VIII).

De acordo com essa lista, é possível verificar a ausência da previsão de créditos sobre a aquisição de bens tributados que (a) se enquadrem no conceito de ativo imobilizado (antigamente denominados como bens pertencentes ao ativo fixo) e (b) utilizados como uso e consumo do estabelecimento.[16]

Especificamente no que se refere aos bens pertencentes ao ativo imobilizado, é importante destacar que a Constituição da República foi modificada, em 2003, para determinar que os contribuintes do IPI teriam uma redução no custo de aquisição de bens de capital, mas até hoje não houve lei permitindo o creditamento.

Ainda como crédito básico, a legislação elenca o crédito presumido decorrente da aquisição de MP, PI e ME junto a estabelecimentos atacadistas. Desse modo, quando estamos diante de um atacadista de meio de cadeia (ou seja, um atacadista no meio de industriais), a não cumulatividade estaria em risco, pois: (a) o IPI pago pelo primeiro industrial não seria creditado por ninguém (uma vez que o atacadista, como regra, não é contribuinte do imposto); e (b) o segundo industrial não teria créditos de IPI, pois estaria adquirindo os insumos de um não contribuinte.

Para evitar o chamado efeito cascata nesse tipo de situação, o legislador previu: (a) a possibilidade de equiparação, do atacadista, por opção (conforme abordado anteriormente); e (b) caso a opção não seja feita, a concessão de um crédito presumido de 50% do que seria o IPI sobre a transação do atacadista (ou seja, aplica-se a alíquota adequada do produto sobre uma base equivalente a 50% do valor de saída do atacadista, para fins de apuração do crédito).

Confira, na Figura 9.2, duas representações gráficas para entendermos como funciona a tomada de créditos básicos de IPI.

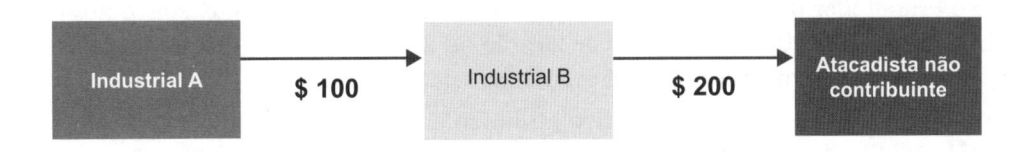

Figura 9.2 Tomada de créditos básicos de IPI – aquisição de um industrial.

Neste caso, o Industrial B está adquirindo uma certa MP pelo valor de $ 100,00. Após a industrialização, vende o produto resultante por $ 200,00.

---

[16] Importante destacar que bem de uso e consumo do estabelecimento não se confunde com bem pessoal do sócio ou titular da pessoa jurídica contribuinte, pois este último está fora do modelo de creditamento amplo, não gerando créditos na maioria dos países que adotam IVAs.

Imaginando que a MP foi tributada pelo IPI à alíquota de 10% e o produto final está sujeito à alíquota de 8%, o Industrial B faria a seguinte apuração:

Crédito	Débito
$ 10,00 ($ 100,00 × 10%)	$ 16,00 ($ 200,00 × 8%)
Saldo a pagar:	$ 6,00 ($ 16,00 – $ 10,00)

Vejamos agora, na Figura 9.3, a situação de um industrial que adquire MP de um não industrial e faz jus ao crédito presumido acima mencionado.

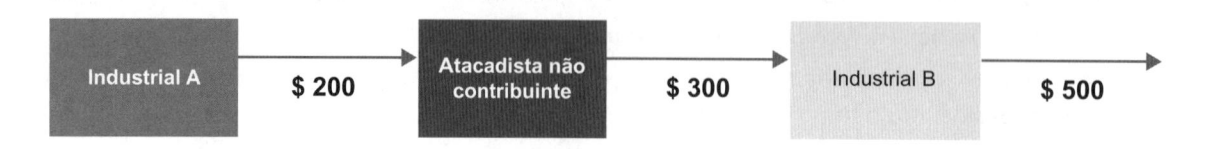

Figura 9.3 Tomada de créditos básicos de IPI – aquisição de um atacadista não contribuinte.

Nesse caso, o Industrial B está adquirindo uma certa MP pelo valor de $ 300,00, mas de um atacadista não contribuinte do IPI. Após a industrialização, vende o produto resultante por $ 500,00. Imaginando que a alíquota prevista na TIPI para a MP é de 10% e o produto final está sujeito à alíquota de 8%, o Industrial B faria a seguinte apuração, aproveitando o crédito presumido de IPI:

Crédito	Débito
$ 15,00 ($ 300,00 / 2 × 10%)	$ 40,00 ($ 500,00 × 8%)
Saldo a pagar:	$ 25,00 ($ 40,00 – $ 15,00)

DEMAIS CRÉDITOS

Para além dos chamados créditos básicos do IPI, a legislação também prevê a possibilidade de aproveitamento de créditos nas seguintes situações:

- Quando o produto for devolvido ou retornar ao estabelecimento remetente, exceto nos casos em que se tratar de ingresso de produto em retorno de locação ou arrendamento (a menos que haja nova industrialização, ocasião em que um novo IPI será exigido na saída).[17]
- Conversão em créditos de IPI do incentivo atribuído ao programa de alimentação do trabalhador nas áreas da SUDENE e da SUDAM, nos termos dos arts. 2º e 3º da Lei nº 6.542/78.
- Crédito presumido na aquisição de produtos isentos junto a fornecedores localizados na Amazônia Ocidental (o crédito calculado aplicando-se a alíquota efetiva do produto, como se não tivesse havido a isenção de que trata o inciso III do art. 95 do RIPI).
- Relativo ao valor do imposto, já escriturado, no caso de cancelamento da respectiva nota fiscal, antes da saída da mercadoria.
- Equivalente ao valor da diferença do imposto em virtude de redução de alíquota, nos casos em que tenha havido lançamento antecipado previsto no art. 187 do RIPI.

---

[17] *Vide* art. 38, II, *a*, do RIPI.

- Crédito presumido de IPI para compensar a cumulação do PIS/COFINS nos casos em que o produto industrializado é exportado por pessoa jurídica optante pelo regime cumulativo das contribuições (ou seja, como a pessoa jurídica sujeita ao regime cumulativo de PIS/COFINS não pode se aproveitar de créditos das contribuições, o legislador decidiu conceder um crédito presumido de IPI para evitar o efeito cascata do PIS/COFINS).

ESCRITURAÇÃO DE CRÉDITOS

Uma vez que o creditamento de IPI seja permitido, com base em uma das hipóteses anteriormente mencionadas, o contribuinte (industrial ou equiparado) terá direito a escriturar os créditos em seus livros fiscais, como regra, no momento da entrada dos bens que deram origem a tais créditos, seja essa entrada física ou simbólica, a depender do caso.

Atualmente, a escrituração de IPI é informada à Secretaria Especial da Receita Federal do Brasil por meio da Escrituração Fiscal Digital (EFD), que é um arquivo digital transmitido via Internet ao ambiente do Sistema Público de Escrituração Digital (SPED).

ESTORNO DE CRÉDITOS

Os créditos de IPI escriturados pelo contribuinte deverão ser estornados, dentre outras hipóteses, nas seguintes situações:

- MP, PI e ME empregados na industrialização, ainda que para acondicionamento, de produtos classificados como NT pela TIPI.
- MP, PI e ME empregados nas operações de conserto, restauração, recondicionamento ou reparo não classificadas como industrialização nos termos do disposto nos incisos XI e XII do art. 5º do RIPI.
- MP, PI e ME furtados, roubados, inutilizados, deteriorados ou que tenham perecido e que, portanto, não venham a ser utilizados em processo fabril.
- Produtos industrializados que tenham a mesma sorte dos insumos mencionados no item precedente.

---

[18] Na hipótese de o crédito presumido ser menor, o produto brasileiro incorporará a diferença no custo e, consequentemente, será menos competitivo no exterior. No outro extremo, se o crédito presumido for maior do que o PIS/COFINS acumulado na cadeia, estaremos diante de um subsídio por parte do brasileiro. Por fim, na hipótese de o crédito presumido ser exatamente igual ao PIS/COFINS acumulado, chamarei isso de mera coincidência. Efeito semelhante ocorre com o chamado REINTEGRA.

industrializado como NT (sendo que o correto seria reconhecer a incidência e estabelecer alíquota zero), você entende que seria viável que uma indústria fabricante de leite UHT (*ultra high temperature*) ingressasse com medida judicial para manter os créditos de IPI decorrentes, por exemplo, da aquisição de embalagens?

VEDAÇÃO AO CREDITAMENTO

Somos da opinião de que a vedação ao crédito se verifica quando o crédito é, em geral, permitido, mas há alguma vedação específica na legislação. Isso significa que não entendemos que há, na legislação do IPI, vedação ao aproveitamento de créditos sobre bens do ativo ou de uso e consumo, pois esses nunca foram concedidos. Contudo, sabemos que outros autores pensam tal classificação de maneira diversa.

Feito esse esclarecimento, os créditos de IPI ficam vedados apenas nas aquisições de produtos junto a estabelecimentos optantes pelo Simples Nacional (art. 228 do RIPI). Tal vedação nos parece absolutamente inconstitucional por desprestigiar as empresas optantes pelo Simples Nacional, que, na qualidade de fornecedoras de MP, PI e ME, competirão em desvantagem com seus concorrentes fora do regime, em ofensa ao disposto no art. 179 da Constituição da República.

ACÚMULO DE CRÉDITOS

ATENÇÃO!

Os créditos de IPI que ficarem acumulados não poderão ser atualizados monetariamente.

Os créditos de IPI que não puderem ser aproveitados em determinado mês poderão ser transportados para o mês seguinte. A partir da entrada em vigor do art. 11 da Lei nº 9.779/99, o saldo credor do IPI acumulado em cada trimestre-calendário, decorrente de aquisição de MP, PI e ME aplicados na industrialização, inclusive de produto isento ou tributado à alíquota zero, que o contribuinte não puder compensar com o IPI devido na saída de outros produtos, poderá ser compensado com outros tributos federais ou restituído em espécie.

DESONERAÇÕES DO IPI

Como qualquer outro tributo, as desonerações do IPI podem ser divididas entre imunidade, isenção e alíquota zero (para o propósito do presente trabalho, as hipóteses de não incidência não serão consideradas desonerações). É comum que se inclua neste rol também a figura da suspensão, mas somos da opinião de que a suspensão não é uma desoneração definitiva, mas apenas temporária.

Isso porque, uma vez que o IPI está suspenso, o contribuinte deverá cumprir certas condições que: (a) se cumpridas, haverá uma conversão da suspensão em isenção (essa, sim, uma desoneração definitiva); ou (b) se não cumpridas, a União poderá exigir o IPI anteriormente suspenso.

Inúmeros são os exemplos de suspensões de IPI (e também de outros tributos federais e até mesmo do ICMS), tanto nas operações internas quanto nas importações. A título de exemplo, vejamos como se dá a suspensão o IPI no regime do *drawback*, que inclui ambas as situações.

O *drawback*, regulamentado pela Portaria nº 23/11 da Secretaria de Comércio Exterior (SECEX), é um estímulo à exportação. A fim de evitar o acúmulo de créditos de IPI, por parte dos exportadores, foi prevista a suspensão do IPI, tanto em aquisições internas como em importações, de MP, PI e ME, por parte de exportadores industriais.

Assim, não fosse o *drawback*, o industrial exportador assumiria o ônus do IPI (pago pelo fornecedor, se fornecimento doméstico, ou por ele mesmo, se importação) na aquisição de MP, PI e ME, e aproveitaria tal crédito em sua apuração. Como a exportação não é tributada (falaremos mais sobre isso adiante), os créditos de IPI teriam de ser utilizados para abater o IPI devido em razão da saída de outros produtos ou, se excedentes, ser transportados para o mês seguinte. Apenas ao final do trimestre é que, em permanecendo o acúmulo, poderiam ser utilizados para compensar outros tributos federais ou ser objeto de pedido de restituição em espécie.

Com o objetivo de evitar todo esse transtorno é que o regime de *drawback*, na sua modalidade suspensão, prevê a suspensão do IPI (entre outros tributos) na aquisição, doméstica ou internacional, de MP, PI e ME destinada a industrialização de produto a ser exportado.

Caso o exportador cumpra seu compromisso de exportar (compromisso esse firmado junto às autoridades brasileiras), a suspensão será convertida em isenção. Por outro lado, se o produto não for exportado nos termos do compromisso, o IPI anteriormente suspenso passa a ser exigível.

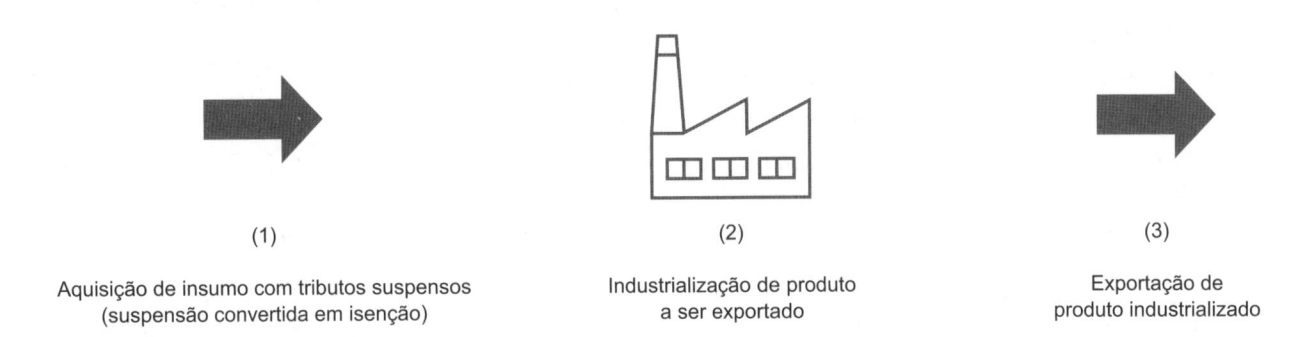

(1)	(2)	(3)
Aquisição de insumo com tributos suspensos (suspensão convertida em isenção)	Industrialização de produto a ser exportado	Exportação de produto industrializado

Figura 9.4 Exemplo de etapas do regime de *drawback*.

Dito isso, passemos às desonerações efetivas do IPI. Iniciando pelas imunidades, são encontradas em dois locais na Constituição da República: nas limitações constitucionais ao poder de tributar (art. 150) e no próprio dispositivo que trata do IPI (art. 153).

Do exame do art. 150, nota-se que as imunidades são de duas naturezas: subjetivas (aquelas que se aplicam a determinados sujeitos) e objetivas (aquelas aplicáveis a certos objetos). São pessoas imunes aos impostos:[19]

- União, Estados, Municípios e o Distrito Federal (chamada imunidade recíproca).
- Os templos de qualquer culto.
- Os partidos políticos, inclusive suas fundações.
- As entidades sindicais dos trabalhadores.
- As instituições de educação e de assistência social, sem fins lucrativos.

São imunes os seguintes bens:

- Livros, jornais, periódicos e o papel destinado a sua impressão.
- Fonogramas e videofonogramas musicais produzidos no Brasil contendo obras musicais ou literomusicais de autores brasileiros e/ou obras em geral interpretadas por artistas brasileiros, bem como os suportes materiais ou arquivos digitais que os contenham, salvo na etapa de replicação industrial de mídias ópticas de leitura a *laser*.

Por fim, no art. 153 da Constituição da República, identificamos também a imunidade aplicável às exportações de produtos industrializados.

Fora das situações já expostas, todas as demais operações com produtos industrializados poderiam ser tributadas pelo IPI. Ocorre que, a despeito dessa enorme competência tributária outorgada pelo texto constitucional à União, o ente tributante escolheu desonerar certos bens e ou transações, por meio de isenções e alíquotas zero.[20]

---

19   A imunidade constitucional não se aplica às contribuições, como é o caso do PIS/COFINS.

20   Parte da doutrina entende que alíquota zero é uma espécie de isenção, mas, para fins didáticos, eu as tratarei separadamente.

Em relação aos produtos sujeitos à alíquota zero, basta verificar a TIPI, de modo que pouparemos o tempo do leitor em trazer tal listagem. O mais importante aqui é que, em atenção ao princípio da seletividade, que deve orientar o IPI, a tendência é que os bens desonerados sejam aqueles mais essenciais (menos supérfluos).

Já no que se refere à isenção, tomamos a liberdade de arrolar algumas delas:

- Amostras grátis (art. 54, III, do RIPI).
- Caixões funerários (art. 54, VII, do RIPI).
- Material bélico e aeronaves, quando vendidos à União (art. 54, VI e XI, do RIPI).
- Veículo nacional adquirido por funcionários de missões diplomáticas (art. 54, XII, do RIPI).
- Produtos destinados a lojas francas (art. 54, XIV, do RIPI).
- Bens destinados à pesquisa científica e tecnológica (art. 54, XX, do RIPI).
- Bens destinados à utilização nas atividades dos Corpos de Bombeiros (art. 54, XXIII, do RIPI).
- Bens de informática destinados à coleta eletrônica de votos, fornecidos diretamente ao Tribunal Superior Eleitoral (art. 54, XXV, do RIPI).
- Veículos destinados para táxis e pessoas portadoras de deficiências (art. 55 do RIPI).[21]

Mais importante do que as desonerações, contudo, são os efeitos impostos aos créditos de IPI por essas desonerações. Isso porque, caso: (a) o crédito não seja mantido (deva ser estornado); e (b) a operação esteja no meio de cadeia de incidência do IPI, o resultado será a cumulação (algo semelhante ao que justifica a equiparação a industrial por opção, como mencionado anteriormente).

QUESTÃO PARA REFLEXÃO

Como visto, a imunidade é uma desoneração com *status* constitucional. Por esse motivo, é comum que se diga que são espécies mais nobres de desoneração, pois contam com proteção constitucional (ou seja, apenas uma emenda à Constituição da República poderia permitir que um ente tributasse tais sujeitos ou bens). Nesse sentido, você entende possível defender que as saídas de bens com imunidade de IPI também devem permitir a manutenção dos créditos (tal como ocorre com isenção e alíquota zero), nos termos do disposto no art. 11 da Lei nº 9.779/99?

RESUMO

OBJETIVO 1   Inspirado no modelo francês de tributação sobre a produção, o Imposto sobre Produtos Industrializados (IPI) nasce na Constituição da República de 1934 como um típico imposto sobre produção. Dessa forma, o IPI pago pelo industrial, como regra, não gera créditos para os comerciantes (atacadistas e varejistas), de modo que será repassado no preço até o consumidor final.

OBJETIVO 2   O IPI incide sobre: (a) a importação de produtos industrializados; (b) a realização de operações com produtos industrializados, por estabelecimento industrial ou equiparado a industrial; e (c) a arrematação de produtos industrializados em hasta pública.

---

[21]   Tal isenção foi concedida por prazo determinado.

OBJETIVO 3 Para que um produto seja considerado industrializado, ele precisa ter sido submetido a alguma etapa de industrialização, seja no Brasil (hipótese "b" acima) ou no exterior (situações "a" e "c"). Desse modo, não serão sujeitas ao IPI as transações com bens que são negociados tal como encontrados na natureza, como, por exemplo, animais vivos, cabelos humanos e minérios brutos.

OBJETIVO 4 O fato gerador do IPI considera-se ocorrido nos seguintes momentos: (a) IPI importação: por ocasião do desembaraço aduaneiro do produto industrializado; (b) IPI interno: no momento da saída do produto industrializado do estabelecimento contribuinte; e (c) IPI arrematação: no momento da arrematação do produto industrializado em hasta pública. Sendo um tributo federal, o critério espacial do IPI é todo o território nacional. Ou seja, haverá fato gerador do IPI sempre que qualquer dos três atos mencionados no critério material for realizado em qualquer parte do território nacional.

OBJETIVO 5 O sujeito ativo do IPI é a União, enquanto o contribuinte é: (a) no IPI importação, o importador do produto industrializado; (b) no IPI interno, o estabelecimento industrial ou equiparado a industrial que realiza a saída do produto industrializado; e (c) no IPI arrematação, o arrematante do produto industrializado.

OBJETIVO 6 O critério quantitativo é subdivido nas duas grandezas adotadas geralmente para calcular um tributo: a alíquota e a base de cálculo. A alíquota do IPI obedece ao princípio da seletividade, de modo que deve ser maior em produtos supérfluos ou cujo consumo se queira desincentivar, e menor em produtos tidos como essenciais. As alíquotas do IPI são encontradas na TIPI e podem ser modificadas por ato do Chefe do Poder Executivo (via decreto), em razão da exceção ao princípio da legalidade.

OBJETIVO 7 Já a base de cálculo do IPI deve ser analisada de maneira separada, considerando as três materialidades expostas anteriormente. Para o IPI incidente na importação e na arrematação de mercadorias estrangeiras, a base de cálculo será o valor aduaneiro, acrescido do II e dos encargos cambiais pagos pelo importador. Por seu turno, a base de cálculo do IPI interno será o valor total da operação, que compreende o preço do produto, acrescido do valor do frete e das demais despesas acessórias, cobradas ou debitadas pelo contribuinte ao comprador ou destinatário. Por fim, a base de cálculo na arrematação será o valor de tal arrematação.

OBJETIVO 8 O IPI é um imposto não cumulativo, de modo que se um industrial, contribuinte do IPI, compra um insumo tributado pelo IPI para fabricar seu produto, poderá, como regra, se apropriar do montante de IPI que incidiu sobre o referido insumo. O valor do crédito a ser apropriado é exatamente o valor do IPI incidido na operação anterior, o que nos faz crer que, como regra, insumos desonerados do IPI (com alíquota zero, imunidade, isenção ou não incidência) não geram créditos, ainda que os bens sejam classificados como MP, PI ou ME.

OBJETIVO 9 Importante destacar que, diferentemente da regra aplicável ao ICMS, o contribuinte do IPI poderá manter os créditos relativos a MP, PI e ME quando der saída de produtos isentos ou tributados à alíquota zero. Tal benesse foi dada pelo art. 11 da Lei nº 9.779/99, que ainda prevê que, caso o contribuinte não tenha débitos de IPI suficientes para compensar os seus créditos, poderá, ao final do trimestre, restituir ou compensar tais créditos com outros tributos federais, via Pedido Eletrônico de Restituição, Ressarcimento ou Reembolso e Declaração de Compensação (PER/Dcomp).

▸ VÍDEOS ADICIONAIS SOBRE O CAPÍTULO

Acesse os QR Codes para assistir ao material adicional do capítulo:

Vídeo 1
uqr.to/1aya4

Vídeo 2
uqr.to/1aya5

Vídeo 3
uqr.to/1aya7

APLICANDO CONHECIMENTOS – TESTES

TESTES DE MÚLTIPLA ESCOLHA

1. O IPI tem como principais características:
    a) Ser um tributo não cumulativo.
    b) Possuir alíquotas diferenciadas (seletivas) em função da essencialidade do produto industrializado.
    c) O forte caráter extrafiscal.
    d) A desoneração das exportações.
    e) Todas as anteriores.

2. O que é a técnica ou princípio da não cumulatividade?
    a) A possibilidade de um tributo possuir alíquotas diferenciadas (seletivas) em função da essencialidade do produto industrializado.
    b) A técnica que permite exercer a extrafiscalidade do imposto.
    c) O mecanismo que permite que um contribuinte de determinado imposto aproprie créditos desse imposto, relativamente às suas aquisições.
    d) O princípio de tributação no destino.
    e) O meio pelo qual se pode reduzir a regressividade para os contribuintes de baixa renda.

3. Acerca do creditamento do IPI, assinale a alternativa falsa:
    a) A legislação do IPI adota os chamados créditos físicos.
    b) O IPI funciona com o creditamento no modelo "tributo sobre tributo".
    c) Estabelecimentos equiparados a industrial podem aproveitar-se de créditos de IPI.
    d) A aquisição de bens para compor o ativo imobilizado gera créditos de IPI.
    e) O montante de créditos não aproveitados em um trimestre-calendário pode ser usado para compensar outros tributos federais.

4. O IPI incide:
    a) Apenas sobre transações comerciais, seja na compra (importação) ou na venda interna.
    b) Sobre importação, arrematação e saídas internas de todos os bens previstos na nomenclatura brasileira de mercadorias (NBM).
    c) Sobre exportações.
    d) Sobre operações de *drawback*.
    e) Sobre operações com produtos industrializados.

5. São evidências do forte caráter extrafiscal do IPI:
    a) A possibilidade de mudança de alíquotas por decreto.
    b) A possibilidade de aumento de alíquotas no mesmo ano civil.
    c) A possibilidade de um tributo possuir alíquotas diferenciadas em função da essencialidade do produto industrializado.
    d) Estão corretas as alternativas "a" e "b".
    e) Estão corretas as alternativas "a" e "c".

6. Assinale a sentença verdadeira sobre o IPI:
    a) Aumento do IPI pode valer imediatamente após edição de decreto do Chefe do Poder Executivo.
    b) O IPI-Importação é orientado pelo princípio da tributação no destino.
    c) Nas operações internas, a base de cálculo do IPI é o valor aduaneiro.
    d) As maiores alíquotas do IPI são aplicáveis sobre bens essenciais.
    e) A base de cálculo do IPI discrimina os produtos importados, impondo-lhes uma tributação mais gravosa que a aplicável aos produtos nacionais.

7. Assinale a sentença falsa sobre o IPI:

   a) O IPI é um imposto não cumulativo.

   b) A seletividade do IPI é facultativa.

   c) O IPI pode incidir sobre as importações de produtos industrializados estrangeiros.

   d) Por adotar como base a NCM, a TIPI lista produtos industrializados e não industrializados.

   e) O IPI é um tributo federal.

8. A alíquota do IPI:

   a) Sempre deverá obedecer ao princípio da seletividade.

   b) Pode ser NT.

   c) Está prevista na TIPI.

   d) Todas as alternativas anteriores estão corretas.

   e) Apenas as alternativas "a" e "c" estão corretas.

9. A base de cálculo do IPI:

   a) Sempre será o valor tributável mínimo (VTM).

   b) Será diferente a depender da materialidade do imposto.

   c) Sempre inclui o ICMS.

   d) Nunca inclui o PIS/COFINS.

   e) Pode ser definida por decreto.

10. Acerca da não cumulatividade do IPI, assinale a alternativa verdadeira:

   a) Os valores pagos por ocasião do desembaraço aduaneiro não poderão ser creditados em nenhuma hipótese.

   b) Será diferente a depender da materialidade do imposto.

   c) As aquisições de pessoas físicas poderão gerar créditos caso se trate de MP, PI e ME.

   d) Estão vedados os créditos relativos às aquisições de bens de pessoas jurídicas optantes pelo Simples Nacional.

   e) É idêntica à do ICMS.

RESPOSTAS

1-E; 2-C; 3-D; 4-E; 5-D; 6-B; 7-B; 8-E; 9-C; 10-D.

GESTÃO DE IMPOSTO SOBRE OPERAÇÕES RELATIVAS À CIRCULAÇÃO DE MERCADORIAS E PRESTAÇÕES DE SERVIÇOS – ICMS

Roberto Biava Júnior

OBJETIVOS DE APRENDIZAGEM DO CAPÍTULO

1. Entender os principais aspectos do ICMS (regime normal de apuração), seu conceito geral; regulamentação na legislação pertinente (base legal); fato gerador; contribuintes; base de cálculo e alíquotas (internas, interestaduais, diferencial de alíquotas e os efeitos da EC nº 87/15).

2. Compreender os créditos admitidos pelo método não cumulativo e os registros contábeis do ICMS na empresa.

3. Entender os principais aspectos atinentes aos benefícios fiscais e à Guerra Fiscal do ICMS e a contabilização dessas subvenções governamentais pelas empresas.

4. Entender o regime do ICMS – substituição tributária: formação da base de cálculo nas operações internas e interestaduais, sujeição passiva e os registros contábeis do ICMS-ST na empresa.

 ## OLHA A NOTÍCIA!

uqr.to/1ay6z

ICMS turbinou Brisanet

Autor: Fernando Castilho

Jornal do Comércio – 29.7.2021

Na manhã de hoje, na B3, a provedora de serviços de internet cearense Brisanet faz seu lançamento inicial de ações, quando espera captar R$ 1,4 bilhão tendo como preço-base de suas ações R$ 13,92. A companhia [...] se apresenta como a maior do país entre os provedores independentes de internet de fibra óptica, operando em 96 cidades. Sua controlada [...] atende mais de 251 municípios na região.

A Brisanet é um case de sucesso no setor e briga com ao menos outras cinco empresas no Nordeste: Alo-o (AL), Algar (MG), Mob e Wirelink (CE) e Um Telecom (PE). Mas uma olhada nos seus balanços, entre 2018 e 2020, consta uma informação que chama a atenção. [...]

PRINCIPAIS ASPECTOS DO ICMS

ICMS (REGIME NORMAL DE APURAÇÃO)

O ICMS tem sua denominação prevista diretamente na Constituição Federal por meio do inciso II do art. 155, que o denomina como: "imposto sobre operações relativas à circulação de mercadorias e sobre prestações de serviços de transporte interestadual e intermunicipal e de comunicação, ainda que as operações e as prestações se iniciem no exterior".

O ICMS apresenta algumas características gerais importantes: (a) é um imposto de competência estadual (das vinte e sete Unidades Federativas); (b) é um imposto não cumulativo, permitindo a compensação do que for devido em cada operação com o montante cobrado nas operações anteriores pelo mesmo ou por outro Estado; (c) é um imposto que pode ser seletivo, ou seja, pelo princípio da seletividade, o imposto pode ser cobrado em função da essencialidade das mercadorias (existe a possibilidade de alíquotas diferenciadas por tipo de mercadorias); (d) é o principal tributo indireto em termos de arrecadação a incidir sobre operações com mercadorias (ao lado do Imposto sobre Produtos Industrializados (IPI) e das contribuições federais do PIS/COFINS), tendo como principais contribuintes de direito pessoas físicas e jurídicas, principalmente empresas comerciais e industriais que lidem com alguma etapa econômica de circulação de mercadorias ou prestação dos serviços específicos abrangidos.

> **ATENÇÃO!**
>
> O ICMS é um imposto estadual não cumulativo, podendo ser seletivo, sendo o principal tributo indireto, abrangendo toda etapa econômica de circulação de mercadorias ou prestação dos serviços específicos.

ICMS – CONCEITO GERAL E CARACTERÍSTICAS PRINCIPAIS

O ICMS adota como método de cálculo o imposto sobre o imposto (diferentemente das contribuições PIS-COFINS que adotam o método de base de cálculo contra base), no qual o "valor acrescido" é obtido pela subtração do montante do imposto a pagar incidente nas saídas (nas notas fiscais de saída) do montante do imposto que incidiu nas aquisições do mesmo período e que estão documentados nas notas fiscais de entrada. Ou seja, para fins de cálculo podemos dizer que o ICMS não cumulativo é calculado pelo método da subtração imposto sobre imposto, "onde o valor acrescido obtém-se deduzindo do imposto a pagar o imposto que incidiu sobre os bens adquiridos no mesmo período".[1]

Também vale ressaltar que o ICMS é um tributo apenas parcialmente "tipo consumo", ao contrário do IVA (imposto europeu sobre o valor adicionado), que é claramente um imposto tipo consumo. Isso porque no ICMS não são admitidos créditos na aquisição de bens do ativo imobilizado ou de insumos que não sejam diretamente consumidos no processo de produção ou utilizados diretamente na comercialização de produtos (ou seja, o ICMS adota preponderantemente o critério do crédito físico). Assim, por exemplo, os insumos industriais para fins de créditos de ICMS englobam só os insumos que se agregam fisicamente ou são consumidos ao processo industrial. Da mesma forma, o conceito de ativo imobilizado para fins de crédito de ICMS exige sua participação direta no processo produtivo ou na comercialização, como: máquinas industriais utilizadas para produzir produtos; ou, por exemplo, gôndolas utilizadas para armazenar mercadorias em uma empresa comercial. Por sua vez, os diversos ativos imobilizados utilizados nas áreas de escritório das empresas não geram direito ao crédito de ICMS.

---

[1]   COSTA, Alcides Jorge. *ICM na Constituição e na lei complementar*. São Paulo: Resenha Tributária, 1979, p. 26.

Como nos recorda o Professor Ricardo Lobo Torres,[2] embasado em Klaus Tipke, o ICMS também deve observar o princípio da repercussão obrigatória no sentido de que a carga econômica do ICMS seja do contribuinte de fato, sendo essa translação obrigatória que transforma o imposto sobre o valor acrescido em um imposto sobre o consumo (a incidência global deve corresponder à multiplicação da alíquota pela base de cálculo final), e também deve observar necessariamente o princípio da justiça e da capacidade contributiva.

Nesse sentido, cumpre mencionar a importância da neutralidade econômica para o ICMS. E por esse motivo o Brasil adotou um imposto do tipo valor agregado (ainda que com algumas imperfeições), para que não houvesse incentivo concorrencial a integrações verticais das empresas, o que ocorria com tributos cumulativos (como foi o caso do antigo e extinto Imposto sobre Vendas e Consignações – IVC). Nesse sentido, é importante que o imposto sobre o valor agregado não distorça os preços e nem onere economicamente os contribuintes de direito (empresas que estão participando da cadeia produtiva e comercial), devendo o encargo econômico do imposto recair e ser repassado homogeneamente apenas sobre o consumidor final.

O campo de incidência do ICMS quanto à generalidade vertical diferentemente do IPI abrange toda a cadeia comercial: produção (produtor, indústria), importador, atacado e varejo, enfim todas as pessoas físicas e jurídicas que lidem com alguma etapa econômica de circulação de mercadorias. Ou seja, a tributação é ampla do ponto de vista da generalidade vertical, percorrendo toda a cadeia produtiva e comercial das mercadorias. Pode-se dizer que o ICMS abrange todo ciclo da produção e da comercialização até chegar ao momento da entrega das mercadorias ao consumidor final. Por sua vez, quanto à generalidade no plano horizontal, o ICMS é um imposto IVA do tipo parcial, uma vez que não engloba grande parte dos serviços (abrange apenas os serviços de transporte interestadual e intermunicipal e de comunicação), sendo que no Brasil a grande gama dos serviços ficou afeta a outro tipo de imposto, cuja competência é municipal (Imposto Sobre Serviços de Qualquer Natureza – ISS).

Por sua vez, o Brasil adota internacionalmente em matéria de comércio exterior o princípio da tributação no país de destino. Ou seja, a Constituição Federal (inciso IX do § 2º do art. 155) determina que os produtos importados sejam tributados pelo ICMS ao adentrarem no Brasil, independentemente de quem seja o importador, não importando ser este um contribuinte que irá industrializar ou comercializar esse produto, ou que seja um consumidor final (pessoa física) ou pessoa jurídica não contribuinte. Por sua vez, nas exportações não há a incidência do ICMS, e, mais do que isso, o legislador constitucional e complementar, em diversos dispositivos, além de determinar a imunidade nas exportações, adequadamente permitiu a manutenção dos créditos dos impostos incidentes nas operações anteriores (antes da exportação), de forma a desonerar os produtos de exportação, procurando preservar a neutralidade do imposto e garantir a competitividade dos produtos brasileiros no exterior. Todavia, a implementação da efetiva desoneração da exportação depende muitas vezes do andamento burocrático de processos administrativos de aproveitamento de créditos acumulados perante os Estados.

ICMS – BASES LEGAIS

As principais bases legais do ICMS seguem listadas a seguir:

- Art. 155, II, §§ 2º a 5º, da Constituição Federal.
- Lei Complementar (LC) nº 87/96 (estabelece regras gerais do ICMS).
- LC nº 24/75 e LC nº 160/17 (tratam dos benefícios fiscais).
- Leis estaduais (criam a incidência e trazem as regras do ICMS de cada estado). Ex.: Lei nº 6.374, de 1.3.1989: criou o ICMS no estado de São Paulo.
- Convênios (todos os Estados) e protocolos (Estados signatários).
- Decretos estaduais (Regulamentos do ICMS). Ex.: Decreto nº 45.490, de 30.11.2000: Regulamento do ICMS/SP.

---

[2] TORRES, Ricardo Lobo. O princípio da não cumulatividade e o IVA no direito comparado. *In*: MARTINS, Ives Gandra da Silva (coord.). *Princípio da não cumulatividade*. São Paulo: Revista dos Tribunais, 2004, p. 163.

Basicamente, o ICMS tem um arcabouço constitucional muito importante e detalhado, além de ser um imposto que foi objeto de LC, no caso a denominada Lei Kandir (LC nº 87/96), que traçou as regras gerais de ICMS a serem seguidas pelas 27 Unidades Federativas.

Além disso, o ICMS, para ser efetivamente implementado, depende de lei estadual (de cada ente tributante), de modo que existem 27 legislações estaduais de ICMS no Brasil. Além disso, existem os regulamentos de ICMS (que são editados por meio de decretos estaduais) e que trazem a operacionalização prática do regramento de ICMS, mas que devem sempre observar às leis estaduais, à LC e às normas constitucionais atinentes ao imposto. Acima são exemplificadas a lei estadual e o regulamento do ICMS do estado de São Paulo.

Ainda, em matéria de ICMS, são importantes também os instrumentos dos convênios estaduais (celebrados entre todos os Estados) e dos protocolos (celebrados entre determinados Estados signatários), que são instrumentos jurídicos celebrados no âmbito do Conselho Nacional de Política Fazendária (Confaz) e previstos como normas tributárias complementares nos termos dos arts. 100, IV, e 102 do CTN, que permitem que normas estaduais tenham efeitos extraterritoriais nos limites traçados nos acordos entre os Estados. São diversos os usos dos convênios e protocolos de ICMS, mas sua utilização tem mais destaque em duas matérias: para tratar de isenções e benefícios fiscais de ICMS e para tratar da tributação do regime de substituição tributária em operações interestaduais.

ICMS – FATOS GERADORES

Quanto aos parâmetros gerais do ICMS em relação a seus fatos geradores, os quais estão listados no art. 2º e no seu § 1º da LC nº 87/96 (Lei Kandir), cumpre destacar que o imposto incide sobre:

- Operações relativas à circulação de mercadorias (incluindo também o fornecimento de alimentação e bebidas em bares, restaurantes; fornecimento de energia elétrica; operações c/ combustíveis e lubrificantes; e minerais).

- Fornecimento de mercadorias com prestação de serviços não compreendidos na competência tributária dos Municípios.

- Fornecimento de mercadorias com prestação de serviços sujeitos ao imposto sobre serviços, de competência dos Municípios, quando a LC aplicável expressamente o sujeitar à incidência do imposto estadual.

- Prestações de serviços de transporte interestadual e intermunicipal.

- Prestação onerosa de serviços de comunicação.

- Importação de mercadoria, ainda quando se tratar de bem destinado a uso, consumo ou ativo-permanente do estabelecimento.

- Importação de serviço (serviço prestado no exterior ou cuja prestação se tenha iniciado no exterior).

De forma gráfica, podemos sintetizar na Figura 10.1.

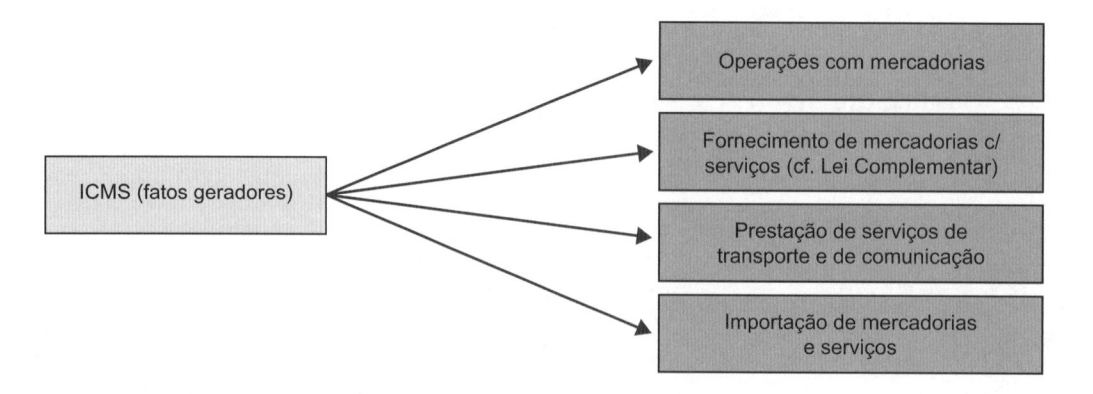

Figura 10.1 ICMS – fatos geradores.

Passamos a comentar os principais aspectos atinentes aos fatos geradores do ICMS:

(i) Operações relativas à circulação de mercadorias: materialidade mais conhecida do imposto, atinente a todas as operações que importem na circulação de mercadorias. A Lei Kandir englobou também o fornecimento de alimentação e bebidas em bares, restaurantes. Adicionalmente, o § 3º do art. 155 da Constituição Federal considera a energia elétrica e os derivados de petróleo, combustíveis e minerais do País como sendo mercadorias tributadas pelo ICMS. Por sua vez, também esse campo de materialidade é ampliado nas situações em que haja fornecimento de mercadorias juntamente com serviços não compreendidos na competência material dos municípios (alínea *b* do inciso IX do § 2º do art. 155), bem como no caso de fornecimento de mercadorias com prestação de serviços sujeitos ao imposto sobre serviços, de competência dos Municípios, quando a LC aplicável expressamente o sujeitar à incidência do imposto estadual (art. 2º, V, da LC nº 87/96).

(ii) Fornecimento de mercadorias com prestação de serviços não compreendidos na competência tributária dos Municípios: vamos exemplificar esta situação que envolve fornecimento de mercadorias com serviços não tributados pelo ISS: exemplo da venda de uma máquina industrial, em que o vendedor se responsabiliza pela montagem industrial e instalação; ou no caso da venda de vidros, em que o vendedor se responsabiliza pela montagem e instalação. Nessas duas situações tem-se a incidência somente do ICMS sobre toda a operação, pois os itens 7.06 e 14.06 da lista de serviços anexa à LC nº 116/03 preveem a incidência do ISS nestes casos somente quando o material usado na instalação for fornecido pelo tomador do serviço. E, nos exemplos trazidos, o vendedor tem a obrigação jurídica de entregar os produtos montados e instalados no cliente; na impossibilidade de cobrança do ISS, toda a tributação, inclusive do serviço de montagem e instalação, passa a compor a base de cálculo do ICMS.

(iii) Fornecimento de mercadorias com prestação de serviços sujeitos ao imposto sobre serviços, de competência dos Municípios, quando a LC aplicável expressamente o sujeitar à incidência do imposto estadual: vamos exemplificar essa situação que envolve fornecimento de mercadorias com serviços e que a LC de ISS preveja a segregação da base de cálculo entre ISS e ICMS: exemplo de revisão e conserto de veículo em oficina no qual há a incidência do ISS sobre os serviços e a incidência do ICMS sobre as peças e partes empregadas, por segregação de base de cálculo determinada expressamente no item 14.01 da lista de serviços anexa à LC nº 116/03.

(iv) Prestações de serviços de transporte interestadual e intermunicipal: o legislador constitucional incluiu aqui os serviços de transporte, englobando tanto a circulação de pessoas como de bens, e incluiu especificamente o transporte entre Municípios do mesmo Estado e o transporte efetuado de um Estado para outro, abrangendo todos os modais de transporte (que pode ser: rodoviário, ferroviário; aquaviário; fluvial e quaisquer outros possíveis ou que possam ser criados), pelo que se infere do inciso II do art. 2º da LC nº 87/96. A única exceção é o transporte intramunicipal, que é tributado pelo ISS no âmbito do item 16, e subitens da lista de serviços anexa à LC nº 116/03.

(v) Prestações de serviços de comunicação: a tributação das prestações de serviço de comunicação (apenas quando forem onerosas), que nos termos do inciso III do art. 2º da LC nº 87/96 abrange todas as prestações onerosas de serviços de comunicação, por qualquer meio, inclusive a geração, a emissão, a recepção, a transmissão, a retransmissão, a repetição e a ampliação de comunicação de qualquer natureza. Ou seja, coube à LC do ICMS (Lei Kandir) delimitar o que são as prestações de serviço de comunicação, tendo sido feita essa delimitação de forma bastante abrangente. Em nosso entendimento, acompanhando posições doutrinárias mais amplas da doutrina quanto à definição de serviços de comunicação, a prestação do serviço de comunicação tributável pelo ICMS ocorre quando alguém colocar à disposição de terceiro os meios necessários à comunicação, de forma onerosa, sendo que existirá uma atividade por parte do prestador de serviço e uma utilidade para o referido tomador do serviço. Pela ótica do prestador de serviço de comunicação, trata-se de uma atividade de colocar à disposição do tomador os meios necessários para que sua mensagem chegue ao destinatário. Há ainda o requisito de que deve haver a onerosidade pela prestação de serviço. Todavia, alguns doutrinadores cobram que o receptor tenha ciência da mensagem enviada; que esses receptores sejam definidos e que haja participação ativa do receptor respondendo a mensagem comunicativa. De qualquer forma, podemos citar como exemplos pacíficos na doutrina e na jurisprudência a tributação do ICMS na prestação de serviços de telecomunicações e telefonia e de serviços de TV a cabo tradicional.

(vi) Entrada de bem ou mercadoria importados do exterior e importação de serviço (serviço prestado no exterior ou cuja prestação se tenha iniciado no exterior – aqui se referindo apenas aos serviços tributáveis pelo ICMS: serviços de transporte de comunicação): seguindo a mesma tendência dos impostos aduaneiros, atribuiu-se como materialidade a entrada de bem ou mercadoria oriundos do exterior. Isso porque, como mencionamos, o Brasil adota internacionalmente o princípio da tributação no país de destino. Ou seja, a Constituição Federal (inciso IX do § 2º do art. 155) determina neste caso que os produtos importados sejam tributados ao adentrarem no Brasil, isto independentemente de quem seja o importador, não importando ser este um contribuinte que irá industrializar ou comercializar este produto, ou que seja um consumidor final (pessoa física) ou pessoa jurídica não contribuinte. Para guardar coerência com o princípio da tributação no país de destino, a Constituição Federal (em sua alínea *a* do inciso X do § 2º do art. 155) determina a imunidade do ICMS nas exportações dos produtos que saem do Brasil, garantindo inclusive a manutenção dos créditos anteriores, para que haja em tese a completa desoneração dos produtos exportados, que só serão tributados no país que os importou. Em regra, este é o princípio do destino adotado pelo Brasil e pela Comunidade Europeia com o IVA, tendo como objetivo a saída desonerada dos produtos do país de origem (exportador) para somente serem tributados no país de destino (importador).

ICMS – CONTRIBUINTES

Quanto aos contribuintes do ICMS, conforme definido no art. 4º da LC nº 87/96, o ICMS em sua sistemática não cumulativa (débito e crédito) abrange todos os contribuintes que participem do ciclo de impulso econômico das mercadorias desde a produção (produtor, indústria), importador, atacado e varejo, até chegar ao momento da entrega das mercadorias ao consumidor final.

De acordo com o art. 4º da Lei Kandir (LC nº 87/96), "o contribuinte é qualquer pessoa, física ou jurídica, que realize, com habitualidade ou em volume que caracterize intuito comercial, operações de circulação de mercadoria ou prestações de serviços de transporte interestadual e intermunicipal e de comunicação, ainda que as operações e as prestações se iniciem no exterior".

Ou seja, basicamente qualquer pessoa, natural ou jurídica, que, de modo habitual, ou em volume que caracterize intuito comercial, realize operações de circulação de mercadorias ou preste serviços de transporte interestadual e intermunicipal e de comunicação.

Além disso, o parágrafo único do art. 4º da Lei Kandir estende a condição de contribuição de contribuinte a pessoa natural ou jurídica que, mesmo sem habitualidade ou intuito comercial:

(a) Importe mercadorias ou bens do exterior, qualquer que seja a sua finalidade.

(b) Seja destinatária de serviço de transporte prestado no exterior ou cuja prestação tenha tido início no exterior.

(c) Adquira em licitação mercadoria ou bem importados do exterior e apreendidos ou abandonados.

(d) Adquira energia elétrica ou petróleo, inclusive lubrificantes e combustíveis líquidos ou gasosos dele derivados oriundos de outro Estado, quando não destinados à comercialização ou industrialização. Esta última condição de contribuinte é explicada pela opção do legislador constitucional em tributar a energia, petróleo e derivados integralmente no estado de destino (onde ocorre o consumo).

ICMS – BASE DE CÁLCULO

Quanto à base de cálculo do ICMS, as principais definições estão contidas no art. 13 da LC nº 87/96, sendo que, no que concerne à circulação de mercadorias, a principal base de cálculo nas operações com mercadorias (no regime periódico de apuração – RPA – débito e crédito) compreende o valor da operação com mercadorias e todos os demais gastos acessórios necessários que antecedem a entrada da mercadoria no estabelecimento e sejam cobrados pelo remetente do adquirente, tais como seguro, frete e outras despesas, considerando inclusive o valor do próprio imposto (ICMS).

O montante do imposto, inclusive no caso de importação, integra sua própria base de cálculo, constituindo o respectivo destaque mera indicação para fins de controle. Isso porque o cálculo do ICMS é o chamado cálculo "por dentro", sendo que sua base de cálculo contempla o valor do próprio tributo. Na prática, significa dizer que a carga tributária real de uma determinada operação é sempre maior que a alíquota nominalmente informada pela legislação.

Na prestação de serviço de transporte interestadual e intermunicipal e de comunicação, a base de cálculo compreende o preço do serviço. Já o desembaraço aduaneiro de mercadoria importada possui uma base de cálculo própria que compreende o valor da mercadoria constante da declaração de importação, acrescido do valor do II, IPI e IOF, e de quaisquer impostos, taxas, contribuições e despesas aduaneiras.

De qualquer forma, o § 1º do art. 13 da LC nº 87/96 determina que incluem-se também na formação das bases de cálculo do ICMS:

(a) Seguros e juros.

(b) Descontos concedidos sob condição.

(c) Mercadorias em bonificação.

(d) Frete cobrado em separado na NF.

(e) IPI, salvo quando a operação, realizada entre contribuintes e relativa a produto destinado à industrialização ou à comercialização, configurar fato gerador de ambos os impostos.

Basicamente, é importante frisar que somente se incluirá o IPI na base de cálculo do ICMS nas operações internas e interestaduais quando:

(i) a mercadoria for destinada a consumo ou a ativo imobilizado do adquirente (e não haverá saída tributada posteriormente); ou

(ii) a operação não for realizada ou destinada para contribuintes (por exemplo, uma indústria vende para o consumidor final).

ICMS – ALÍQUOTAS (INTERNAS E INTERESTADUAIS)

As alíquotas do ICMS facultativamente podem ser definidas de forma seletiva pelos Estados, atribuindo-se alíquotas menores para os produtos mais essenciais e alíquotas maiores para os produtos mais supérfluos. O ICMS, apesar de ser um imposto de consumo, deve também observar o princípio da capacidade contributiva, e o principal instrumento utilizado é o da seletividade, que confere uma tributação menor a produtos que são normalmente consumidos por pessoas de baixa renda, os chamados vulgarmente "produtos essenciais".

Todavia, diferentemente do IPI, que a Constituição Federal torna obrigatória a seletividade. A seletividade do ICMS é constitucionalmente facultativa, de modo que normalmente os Estados mantêm uma alíquota interna geral aplicável à maioria dos produtos, que no estado de São Paulo é de 18% (e em alguns Estados pode ser de 17%, 19%, ou 20%).

As alíquotas nas operações interestaduais são definidas por resoluções do Senado Federal, e em geral são de 12%, com exceção das operações oriundas do Sul e Sudeste (exceto Espírito Santo) com destino aos Estados do Norte, Nordeste, Centro-Oeste e Espírito Santo, cuja alíquota aplicável é de 7%. Desde 2013, também houve uma alteração das alíquotas interestaduais especificamente para os bens e mercadorias importados do exterior ou com conteúdo de importação superior a 40%, no qual a alíquota interestadual passou a ser de 4%, nos termos da Resolução do Senado 13/12. Segue, no Quadro 10.1, uma representação das alíquotas interestaduais.

Quadro 10.1   Alíquotas interestaduais de ICMS

Estado de origem	Estado de destino	Alíquota
Sul/Sudeste	Norte/Nordeste/Centro-Oeste/Espírito Santo	7%
Norte/Nordeste/Centro-Oeste/Espírito Santo	Sul/Sudeste	12%
Sul/Sudeste	Sul/Sudeste	12%
De qualquer UF	Par qualquer UF	4% (Resolução 13/2012)

EXEMPLOS PRÁTICOS

Exercício 1: Um estabelecimento industrial de pneus vende uma quantidade de pneus por R$ 10.000 (c/ ICMS = 18%) mais IPI de 30%, por fora, para uma Empresa Comercial que irá utilizar os pneus para uso e consumo (irá colocar os pneus nos veículos da frota da empresa conduzido por seus funcionários). Informe o valor da base de cálculo do ICMS e do ICMS destacado na nota fiscal.

Solução 1: Primeiro, devemos verificar que nesta situação a mercadoria foi destinada a consumo e, portanto, deve o IPI ser calculado e somado à base de cálculo do ICMS:

BC (IPI) = 10.000; IPI = 10.000 × 30% = 3.000

BC (ICMS) = 10.000 + 3000 (IPI) = **13.000**

ICMS destacado = 13.000 × 18% = **2.340**

Exercício 2: Um estabelecimento industrial de pneus vende uma quantidade de pneus por R$ 10.000 (c/ ICMS = 18%) e cobra dele R$ 1.000 de frete (CIF) mais IPI de 30%, por fora, para um comerciante de pneus que irá revendê-los. Informe o valor da base de cálculo do ICMS do ICMS destacado na nota fiscal).

Solução 2: Nesse caso, a mercadoria foi destinada a um comerciante que irá revendê-la e, portanto, não deve o IPI ser calculado e somado à base de cálculo do ICMS. De qualquer forma, deve ser ainda adicionada à base de cálculo do ICMS o valor do frete cobrado na modalidade para a entrega da mercadoria:

BC (ICMS) = 10.000 (sem incluir o IPI e incluindo o próprio ICMS) + 1.000 (frete) = **11.000**

ICMS destacado = 11.000 × 18% = **1.980**

Exercício 3: Um estabelecimento comercial vende um equipamento de ar-condicionado a prazo (c/ ICMS = 18%) cobrando pelas despesas de instalação/montagem R$ 700 e R$ 300 de frete. O preço à vista é de 10.000, e há um acréscimo financeiro de 1.000 (cobrado pela própria loja) pela venda a prazo. Informe o valor da base de cálculo do ICMS e do ICMS destacado na nota fiscal.

Solução 3: Nesse caso, o acréscimo financeiro da própria loja deve ser adicionado à base de cálculo, bem como o valor da instalação/montagem que não está compreendido no ISS. Ainda, deve ser ainda adicionada à base de cálculo do ICMS o valor do frete cobrado na modalidade para a entrega da mercadoria:

BC (ICMS) = 10.000 + 1.000 (acréscimo) + 700 (instalação) + 300 (frete) = **12.000**

ICMS destacado = 12.000 × 18% = **2.160**

Exercício 4: Numa importação de mercadorias (c/ ICMS = 18%), o valor das mercadorias na declaração de importação já convertido para real foi de R$ 70.000, houve despesas aduaneiras de R$ 8.000 e os demais tributos federais (II, IPI, PIS, COFINS) totalizaram 22.000. Informe o valor da base de cálculo do ICMS e do ICMS destacado na nota fiscal.

Solução 4: Nesse caso, a base de cálculo do ICMS na importação engloba o valor da mercadoria constante na declaração de importação, as despesas aduaneiras e os tributos federais que incidiram no desembaraço, e ainda o próprio valor do ICMS (por dentro):

BC (ICMS) = 70.000 + 8.000 (despesas aduaneiras) + 22.000 (tributos federais) / (1 − 0,18) = **121.951**

ICMS destacado = 121.951 × 18% = **21.951**

ICMS – DIFERENCIAL DE ALÍQUOTAS EM OPERAÇÕES INTERESTADUAIS E A EC Nº 87/15

Uma exação muito importante no ICMS é a cobrança do chamado diferencial de alíquotas em operações interestaduais, a qual sofreu mudanças importantes por meio da Emenda Constitucional (EC) nº 87/15. A EC nº 87/15 nasceu da demanda de muitos Estados que exigiram uma atualização legislativa constitucional que fosse compatível com o cenário moderno do *e-commerce* no Brasil; já que a sistemática constitucional anterior só permitia a aplicação da alíquota interestadual (alíquota menor que a interna) pelo estado de origem e a cobrança do diferencial de alíquota quando o destinatário fosse consumidor final e contribuinte do ICMS. A partir da EC nº 87/15, a alíquota interestadual passou a ser aplicada em quaisquer operações interestaduais, mesmo que o destinatário não seja contribuinte do ICMS, abrindo a possibilidade de os Estados de destino das mercadorias exigirem a cobrança do chamado diferencial de alíquotas em todas as situações em que o destinatário interestadual é consumidor final. Com o aumento sensível do *e-commerce* no Brasil, passaram a ser muito comuns operações interestaduais em que o estabelecimento varejista ou centro de distribuição de um Estado envia mercadorias diretamente para consumidores finais; e a EC nº 87/15 passou a permitir que parte do ICMS seja recolhida para o estado de destino, onde a mercadoria será consumida.

Dessa forma, o diferencial de alíquotas passou a ser tratado nos incisos VII e VIII do art. 150 e no § 2º do art. 155 da Constituição Federal (na redação dada pela EC nº 87/15):

> VII – nas operações e prestações que destinem bens e serviços a consumidor final, contribuinte ou não do imposto, localizado em outro Estado, adotar-se-á a alíquota interestadual e caberá ao Estado de localização do destinatário o imposto correspondente à diferença entre a alíquota interna do Estado destinatário e a alíquota interestadual;
>
> VIII – a responsabilidade pelo recolhimento do imposto correspondente à diferença entre a alíquota interna e a interestadual de que trata o inciso VII será atribuída:
>
> a) ao destinatário, quando este for contribuinte do imposto;
>
> b) ao remetente, quando o destinatário não for contribuinte do imposto;

Assim, vamos comentar algumas situações práticas de aplicação do diferencial de alíquotas de ICMS:

(a) Loja do estado de São Paulo vende (pela internet ou telefone) e remete mercadoria para consumidor final (não contribuinte, por exemplo, uma pessoa física ou empresa que não seja contribuinte do ICMS) no estado do Rio de Janeiro onde a alíquota interna é de 20%. Dessa forma, na nota fiscal de saída a loja de São Paulo deve destacar 12% de ICMS para o estado de São Paulo e deve recolher na qualidade de remetente 8% de diferencial de alíquota para o estado do Rio de Janeiro (diferença entre a alíquota interna e alíquota interestadual).

(b) Um atacadista do estado de São Paulo vende material de uso e consumo e remete para uma loja no estado do Rio de Janeiro. Dessa forma, na nota fiscal de saída a loja de São Paulo deve destacar 12% de ICMS para o estado de São Paulo e a empresa (loja) destinatária deve recolher 8% de diferencial de alíquota para o estado do Rio de Janeiro (diferença entre a alíquota interna e alíquota interestadual).

EXEMPLOS PRÁTICOS

Exercício 5: Um estabelecimento industrial de São Paulo adquiriu de outro estado (da região Sul) material de limpeza no valor de R$ 1.000 e um ativo imobilizado no valor de R$ 10.000. Informe o valor a ser pago a título de diferencial de alíquotas para São Paulo.

Solução 5: Nesse caso, a base de cálculo do diferencial de alíquotas de ICMS engloba a aquisição interestadual de material de uso e consumo e do ativo imobilizado:

BC (ICMS) = 10.000 + 1.000 = **11.000**

Diferencial de alíquotas de ICMS = 11.000 × (18% – 12%) = **660**

Exercício 6: Uma indústria paulista realizou a venda de uniformes para uma faculdade da Bahia por R$ 40.000 e a venda de vestuários para uma loja de varejo na Bahia por R$ 60.000. Informe o valor a ser pago a título de diferencial de alíquotas para a Bahia, considerando a alíquota interna de 17%.

Solução 6: Nesse caso, a base de cálculo do diferencial de alíquotas de ICMS engloba somente a operação interestadual de material de uso e consumo (a faculdade é consumidor final):

BC (ICMS) = **40.000**

Diferencial de alíquotas de ICMS = 40.000 × (17% − 7%) = **4.000**

ICMS – AUTONOMIA DOS ESTABELECIMENTOS E OPERAÇÕES ESPECIAIS

Basicamente, toda a legislação tributária do ICMS consagra o princípio da autonomia dos estabelecimentos; sendo que a apuração do ICMS deve ser feita por cada estabelecimento. Assim, em termos de obrigações acessórias, cada estabelecimento possui uma numeração de inscrição estadual e CNPJ (seis dígitos finais distintos); livros de apuração de ICMS próprios, incluindo os livros registros de entrada (para escrituração de Notas Fiscais de entrada) e de saída (para escrituração de Notas Fiscais de saída); e a obrigação de levantamento de livro de inventário anualmente.

Por exemplo: se tivermos três estabelecimentos comerciais da mesma pessoa jurídica – mesmo CNPJ base (dois no estado de São Paulo e um no estado do Paraná), todos os três estabelecimentos deverão ter suas apurações.

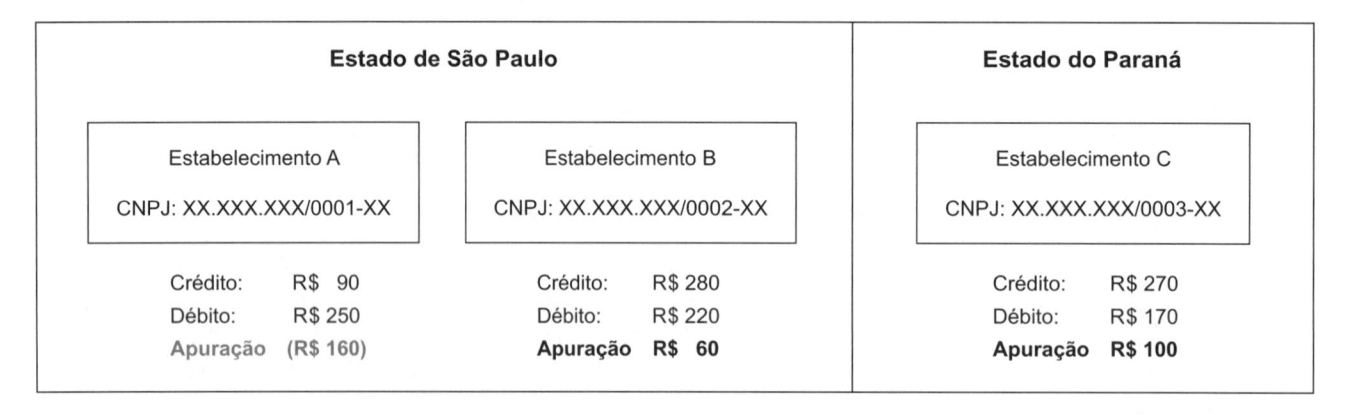

Figura 10.2   Exemplo de autonomia dos estabelecimentos.

Nesse caso, deve ser feita a apuração de cada estabelecimento, ainda que da mesma pessoa jurídica, sendo que nesse período foram apurados: ICMS a recolher de R$ 160 no estabelecimento A; saldo credor de ICMS de R$ 60 no estabelecimento B; e saldo credor de ICMS de R$ 100 no estabelecimento C.

No caso do estado de São Paulo, os arts. 96 e seguintes do RICMS/SP permitem a centralização da apuração do ICMS, por opção do contribuinte, dos saldos devedores e credores resultantes da apuração dos estabelecimentos dentro do Estado. Assim, se a pessoa jurídica optar pela centralização da apuração em São Paulo; ela poderá fazer a compensação entre os saldos dos estabelecimentos A e B, o que redundaria num recolhimento de R$ 100 de ICMS nesse período para o Estado. De qualquer forma, cumpre frisar que em nenhuma hipótese existe a possibilidade de compensação do saldo credor do estabelecimento C de R$ 100, o qual está localizado em outro estado (Paraná).

Adicionalmente, existem algumas operações especiais que envolvem a triangulação de notas fiscais entre mais de dois estabelecimentos; e que também estão calcadas no princípio da autonomia dos estabelecimentos. Vamos exemplificar com algumas operações clássicas.

Operações de depósito fechado e de armazém geral: muitas vezes as empresas comerciais ou industriais, em razão da necessidade de espaço físico para estocar as mercadorias, depositam suas mercadorias em outros estabelecimentos. Normalmente são utilizados:

(i) Um depósito fechado (outro estabelecimento do próprio titular; que tem por finalidade ser um espaço físico de armazenagem de produtos); ou

(ii) Um armazém geral (empresa que tem por finalidade a guarda e a conservação de mercadorias).

Nesse caso, no momento da remessa da mercadoria para depósito fechado ou para armazém geral, que estejam dentro do Estado, há a aplicação da não incidência do ICMS. Poderá ser feita posteriormente a devolução física da mercadoria ao estabelecimento depositante com a não incidência do ICMS para que o depositante efetue oportunamente sua comercialização. Há a possibilidade de o estabelecimento depositante vender a mercadoria que estiver depositada no armazém-geral e este efetuar a entrega direta ao cliente (adquirente); sendo que nesse caso o estabelecimento depositante deve emitir a nota fiscal da venda para o adquirente (com a incidência do ICMS), e o depósito fechado ou armazém geral deve emitir a nota fiscal de retorno simbólico ao depositante; sendo que os dois documentos fiscais acompanharão o trânsito físico até o endereço do cliente destinatário. Vejamos a esquematização de ambas as opções nas Figuras 10.3 e 10.4.

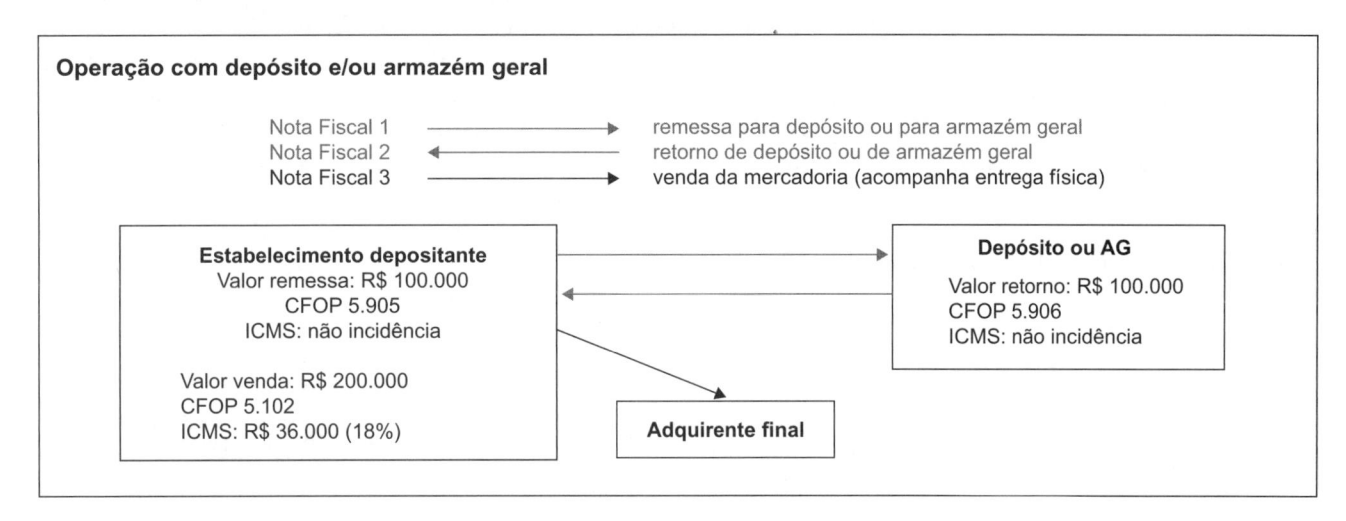

Figura 10.3   Esquema de remessa e retorno para depósito ou armazém geral (dentro do Estado).

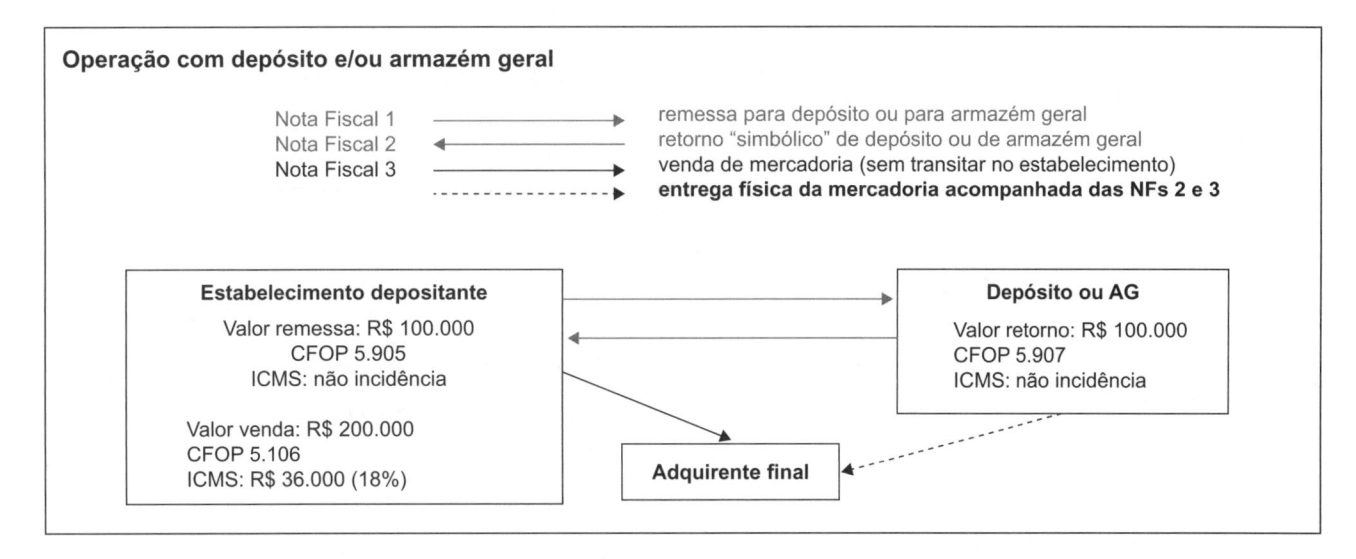

Figura 10.4   Esquema de remessa para depósito ou armazém geral, com retorno "simbólico" ao depositante e entrega direta ao destinatário (dentro do Estado).

Operações de industrialização: muitas vezes, empresas industriais têm a necessidade de uma parte do processo produtivo ser desenvolvido por outro estabelecimento industrial (industrialização por conta e ordem de terceiros). Nessas hipóteses, há remessa dos principais insumos pelo estabelecimento autor da encomenda para que o estabelecimento industrializador realize a industrialização dos produtos e efetue o retorno do produto industrializado ao encomendante.

A remessa de matéria-prima para o estabelecimento industrializador será feita com a suspensão do lançamento do ICMS, desde que observado o prazo de 180 dias para o retorno do produto industrializado, prorrogável, por igual período. Após terminado o processo de industrialização, o estabelecimento industrializador deve promover o retorno dos produtos industrializados dela resultantes com a suspensão do lançamento do ICMS, exceto em relação ao valor acrescido (valor da mão de obra e/ou outras mercadorias/insumos eventualmente empregados pelo industrializador). Existe ainda a possibilidade de diferimento sobre o valor dos serviços prestados (mão de obra) quando os estabelecimentos estão dentro do estado de São Paulo.

Ademais, existem diversas operações triangulares de industrialização possíveis. Vamos exemplificar a remessa do industrializador diretamente ao estabelecimento adquirente, na qual o estabelecimento autor da encomenda deve emitir nota fiscal com destaque do ICMS, se devido, ao adquirente e informar os dados do estabelecimento industrializador, que irá promover a remessa da mercadoria ao adquirente. Dessa forma, neste caso, o estabelecimento industrializador emitirá duas notas fiscais: a "Remessa por Conta e Ordem de Terceiros", para acompanhar o transporte da mercadoria, sem destaque do ICMS, e o "Retorno Simbólico de Produtos Industrializados por Encomenda" em nome do estabelecimento autor da encomenda, com a suspensão do lançamento do ICMS, exceto em relação ao valor acrescido (valor da mão de obra e/ou outras mercadorias/insumos eventualmente empregados pelo industrializador). Vamos, novamente, esquematizar essas operações nas Figuras 10.5 e 10.6.

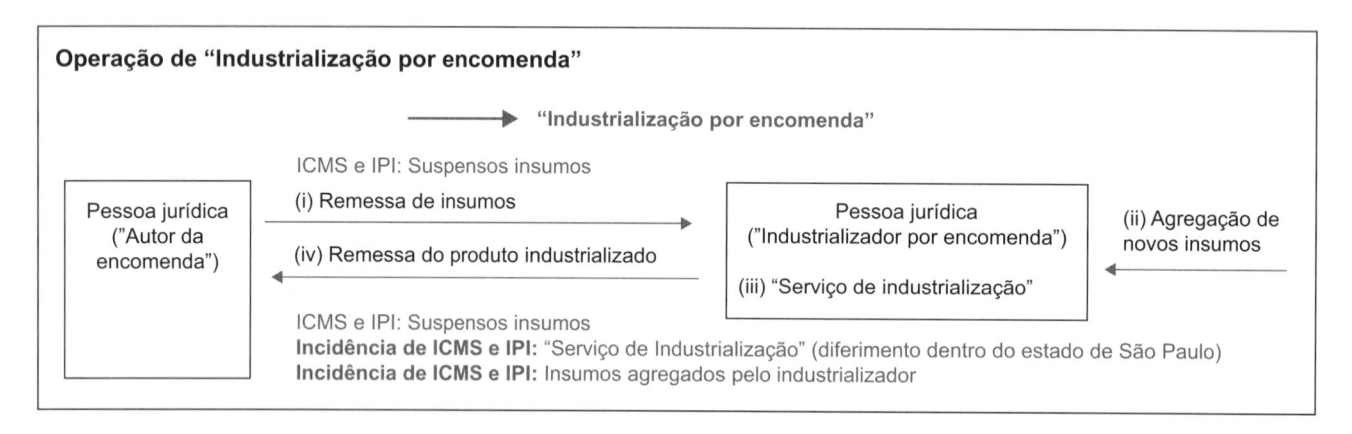

Figura 10.5 Esquema de remessa e retorno em operações de industrialização.

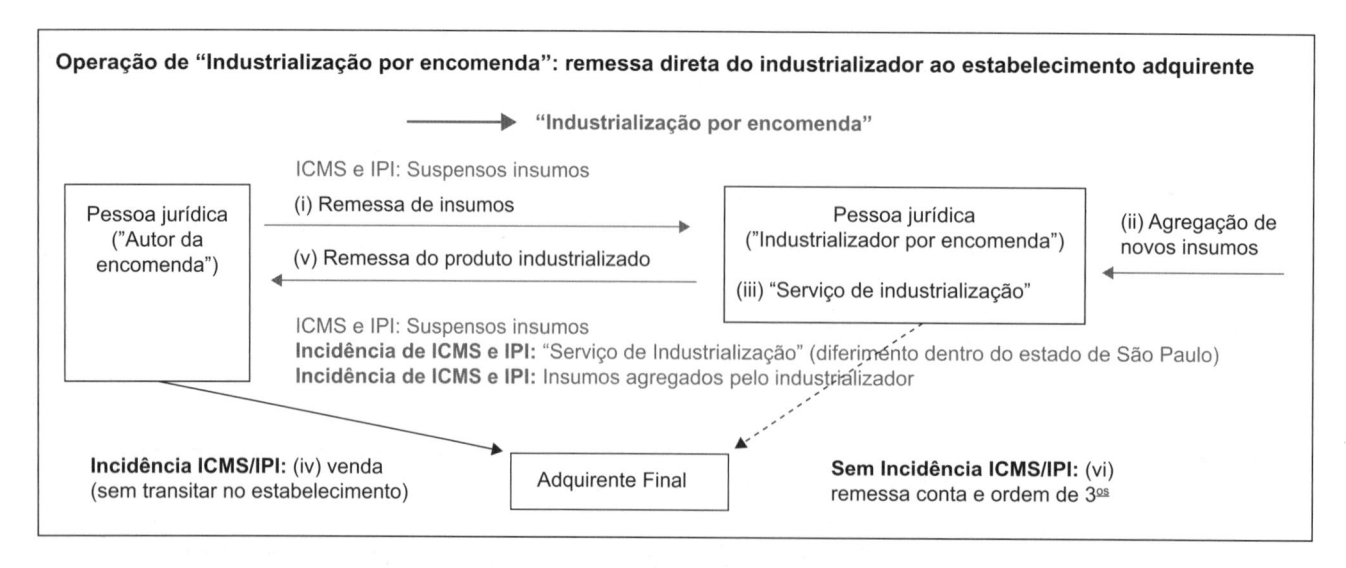

Figura 10.6 Esquema de remessa direta do industrializador ao estabelecimento adquirente.

Por fim, existem diversas outras operações especiais que envolvem a triangulação de notas fiscais entre mais de dois estabelecimentos, calcadas no princípio da autonomia dos estabelecimentos e que merecem avaliação caso a caso, especialmente considerando a legislação tributária das Unidades Federativas envolvidas.

 **OBJETIVO 2**

CRÉDITOS DE ICMS E REGISTROS CONTÁBEIS

CRÉDITOS DE ICMS (SISTEMÁTICA NÃO CUMULATIVA)

O ICMS se insere no rol dos tributos sobre o consumo sobre o "valor agregado", diferentemente dos antigos tributos cumulativos ("em cascata") que ainda remanescem no sistema tributário brasileiro (como é o caso do ISS e do regime cumulativo das contribuições de PIS-COFINS). Em termos constitucionais e de LC, a não cumulatividade está calcada nos seguintes dispositivos:

> Constituição Federal, art. 155, § 2º:
>
> O imposto previsto no inciso II [ICMS] atenderá ao seguinte:
>
> I – será não cumulativo, compensando-se o que for devido em cada operação relativa à circulação de mercadorias ou prestação de serviços com o montante cobrado nas anteriores pelo mesmo ou outro Estado ou pelo Distrito Federal;
>
> II – a isenção ou não incidência, salvo determinação em contrário da legislação:
>
> a) não implicará crédito para compensação com o montante devido nas operações ou prestações seguintes;
>
> b) acarretará a anulação do crédito relativo às operações anteriores;

> **Lei Kandir – Lei Complementar nº 87/96**
>
> Art. 19. O imposto é não cumulativo, compensando-se o que for devido em cada operação relativa à circulação de mercadorias ou prestação de serviços de transporte interestadual e intermunicipal e de comunicação com o montante cobrado nas anteriores pelo mesmo ou por outro Estado.
>
> Art. 20. Para a compensação a que se refere o artigo anterior, é assegurado ao sujeito passivo o direito de creditar-se do imposto anteriormente cobrado em operações de que tenha resultado a entrada de mercadoria, real ou simbólica, no estabelecimento, inclusive a destinada ao seu uso ou consumo ou ao ativo permanente, ou o recebimento de serviços de transporte interestadual e intermunicipal ou de comunicação.
>
> § 1º Não dão direito a crédito as entradas de mercadorias ou utilização de serviços resultantes de operações ou prestações isentas ou não tributadas, ou que se refiram a mercadorias ou serviços alheios à atividade do estabelecimento.
>
> § 2º Salvo prova em contrário, presumem-se alheios à atividade do estabelecimento os veículos de transporte pessoal.
>
> § 3º É vedado o crédito relativo à mercadoria entrada no estabelecimento ou a prestação de serviços a ele feita:
>
> I – para integração ou consumo em processo de industrialização ou produção rural, quando a saída do produto resultante não for tributada ou estiver isenta do imposto, exceto se tratar-se de saída para o exterior;
>
> II – para comercialização ou prestação de serviço, quando a saída ou a prestação subsequente não forem tributadas ou estiverem isentas do imposto, exceto as destinadas ao exterior.
>
> [...]
>
> Art. 33. Na aplicação do art. 20 observar-se-á o seguinte:
>
> I – somente darão direito de crédito as mercadorias destinadas ao uso ou consumo do estabelecimento nele entradas a partir de 1º de janeiro de 2033; (Redação dada pela Lei Complementar nº 171, de 2019)

No ICMS, há o direito à compensação (de se tomar o crédito fiscal) do que foi cobrado na "operação anterior". Ou seja, o direito ao crédito relaciona-se ao valor do ICMS destacado na operação anterior nos documentos fiscais que documentam a entrada da mercadoria no estabelecimento, desde que a legislação permita o crédito naquele tipo de operação. E, em geral, todas as legislações estaduais exigem que o crédito esteja amparado em documento fiscal hábil, emitido por contribuinte em situação regular perante o Fisco.

Independentemente de as operações com mercadorias serem internas (dentro do mesmo Estado) ou interestaduais (com início em um Estado e a entrega em um destinatário de outro Estado), nas operações, entre contribuintes, o "débito" em uma Unidade Federativa gera o direito ao "crédito" em outra, se houver a possibilidade de crédito de ICMS.

Uma característica importante do ICMS (que o difere, por exemplo, de outros tributos sobre o consumo como as contribuições PIS-COFINS) é que no ICMS (assim como no IPI) vigora o princípio da autonomia dos estabelecimentos, e toda a legislação de créditos de ICMS parte dessa premissa, na medida em que no final do período de apuração mensal (cada estabelecimento) são apurados os totais de débitos (com base nas saídas tributadas) e os totais de créditos (correspondentes a entradas tributadas com direito ao crédito do imposto).

Vamos a um exemplo didático da lógica do crédito do ICMS, de uma indústria que em determinado mês: (i) adquire matéria-prima que compõe seus produtos (com crédito do ICMS integral de R$ 90 – destacado na nota fiscal); (ii) adquire uma nova máquina industrial componente do ativo imobilizado (crédito de 1/48 avos ao mês – neste mês se creditando de R$ 2); e (iii) adquire materiais de uso e consumo (por exemplo, materiais de limpeza e para uso nos banheiros da empresa – como sabonete; álcool gel; etc.) sem o direito ao crédito do ICMS (Figura 10.7).

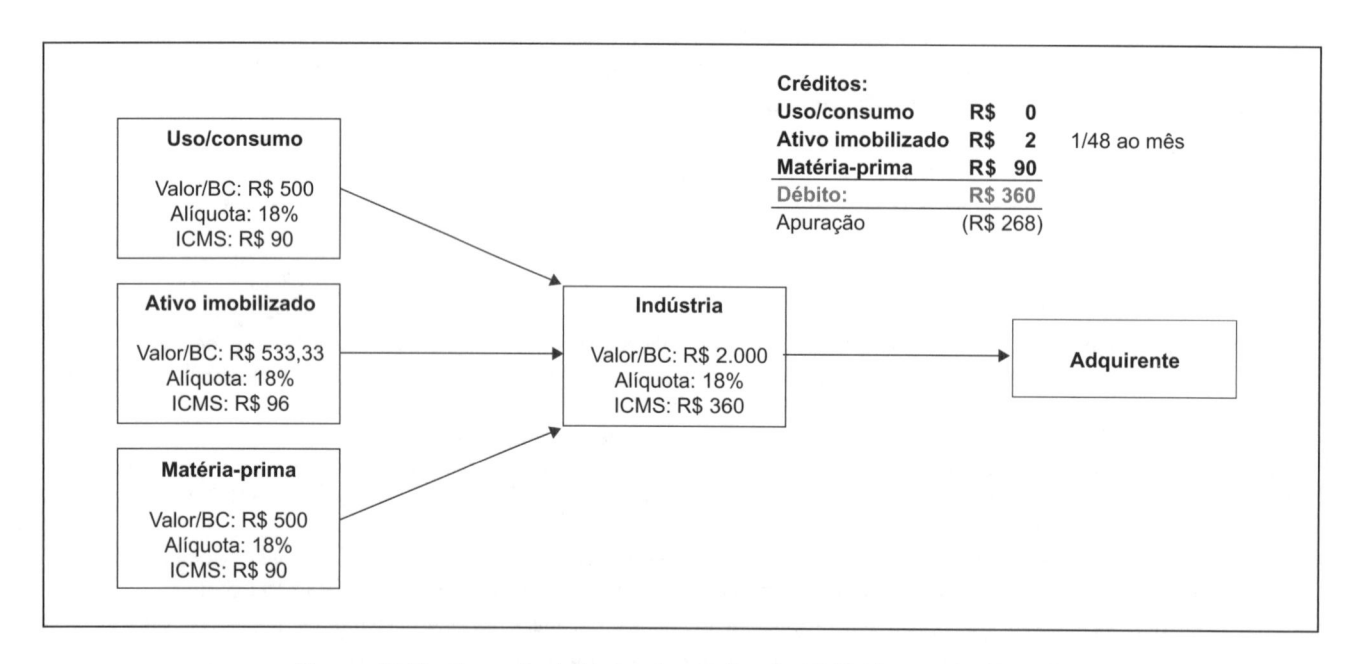

Figura 10.7   Exemplo de lógica do crédito do ICMS (de uma indústria).

É importante destacar que até o momento a legislação tributária (inciso I do art. 33 da LC nº 87/96) veda o crédito de materiais de uso e consumo. Para fins do ICMS, os materiais de uso e consumo são aqueles que não podem ser caracterizados como insumos (com direito a crédito) ou não possam ser caracterizados como ativo imobilizado.

Já o crédito de aquisição de ativo imobilizado é permitido dentro de uma sistemática própria de creditamento de parcelas de 1/48 avos, que são controlados através de um livro fiscal próprio (Controle de Crédito do ICMS do ativo permanente (CIAP) – obs.: a legislação tributária é antiga e ainda usa a superada nomenclatura contábil de "ativo permanente"). Com fundamento no art. 20 da LC nº 87/96, dão direito a crédito do valor do ICMS apenas os bens relacionados à produção e/ou comercialização de mercadorias ou a prestação de serviços tributadas pelo ICMS, ou seja, quando se tratar dos chamados bens instrumentais, vale dizer, bens que participem, no estabelecimento, do processo de industrialização e/ou comercialização de mercadorias ou da prestação de serviços.

Os Fiscos estaduais adotam um conceito de crédito de ICMS para o ativo imobilizado que segue a lógica do crédito físico (e não a lógica do crédito financeiro adotada no IVA europeu) e não admitem os créditos de ICMS de ativo imobilizado para materiais e equipamentos de escritório ou nos departamentos administrativos do contribuinte – setores que não estão diretamente ligados à área da fábrica ou de distribuição das mercadorias (*vide* Decisão Normativa CAT 2/00 – Sefaz/SP), por exemplo, nem admitem o crédito de materiais de construção para construção de bens imóveis (ex.: materiais usados para construir um galpão industrial não geram direito ao crédito – *vide* Resposta de Consulta 13319/16 – Sefaz/SP). Assim, por exemplo, caminhões utilizados na entrega de mercadoria permitem o crédito de ICMS, mas veículos/carros utilizados pelo setor administrativo e de vendas não permitem o crédito de ICMS.

Além disso, seja para fins de aquisição de mercadorias/insumos ou como de ativo imobilizado, na esfera constitucional (art. 155 § 2º, II, da Constituição Federal), ficou definido que a aquisição com isenção ou não incidência não gera direito ao crédito do ICMS (quando não há imposto destacado na nota fiscal de entrada). Além disso, o ICMS está sujeito ao efeito do estorno de crédito para quem utiliza da isenção, pois a Constituição Federal e a Lei Kandir determinam que a saída de mercadoria com isenção, sem que a legislação específica preveja a manutenção do crédito, implica o estorno dos créditos referentes à entrada dessas mercadorias isentas ou dos insumos que foram utilizados para produzi-las (veja o exemplo prático resolvido sobre o crédito do ativo imobilizado nas situações em que há uma parcela de saídas isentas – exercício 7).

Para fins de ilustrar o impacto tributário de uma isenção de ICMS, sem a manutenção dos créditos tributários, vejamos, na Figura 10.8, uma situação de isenção no final da cadeia comercial, onde o contribuinte varejista vende uma mercadoria com a isenção do ICMS mas não tem autorização de manter os créditos nas entradas.

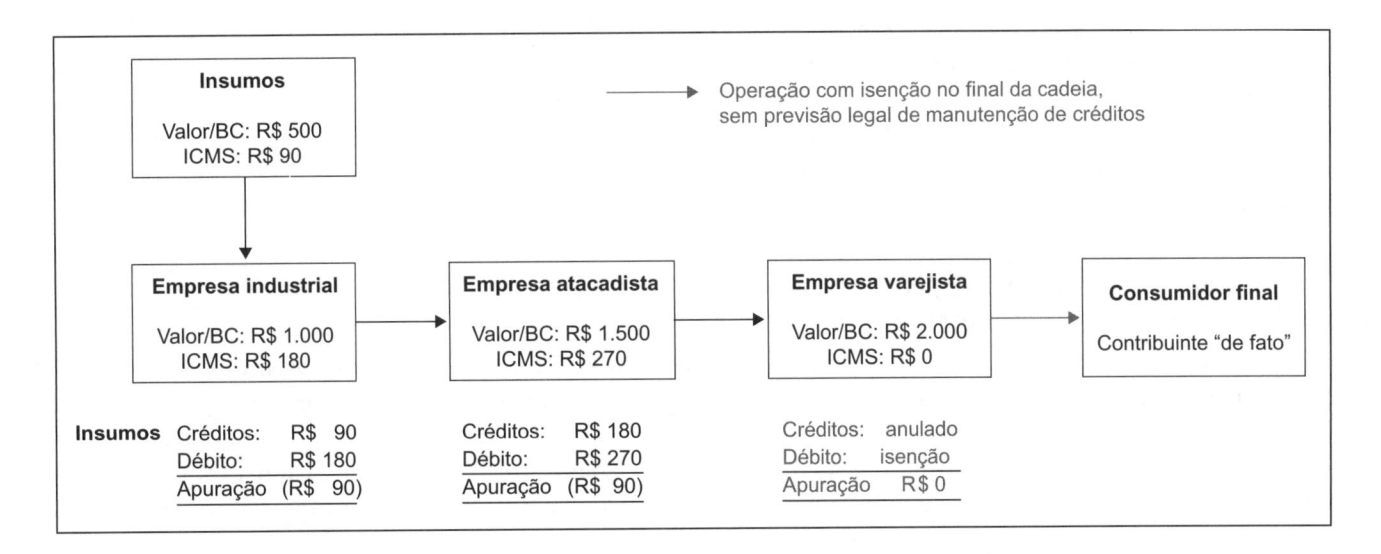

Figura 10.8 Exemplo de estorno do crédito de ICMS na isenção (de um varejista em operação isenta sem previsão na legislação de manutenção dos créditos tributários).

Note que nessa cadeia o total recolhido de ICMS foi de R$ 270,00, o que representou uma alíquota efetiva sobre o preço final ao consumidor de 13,5%, demonstrando que a isenção atingiu apenas parcialmente seu objetivo de reduzir o impacto tributário sobre a mercadoria. Vejamos agora um exemplo em que a isenção é dada no meio da cadeia, especificamente, para a empresa atacadista (Figura 10.9).

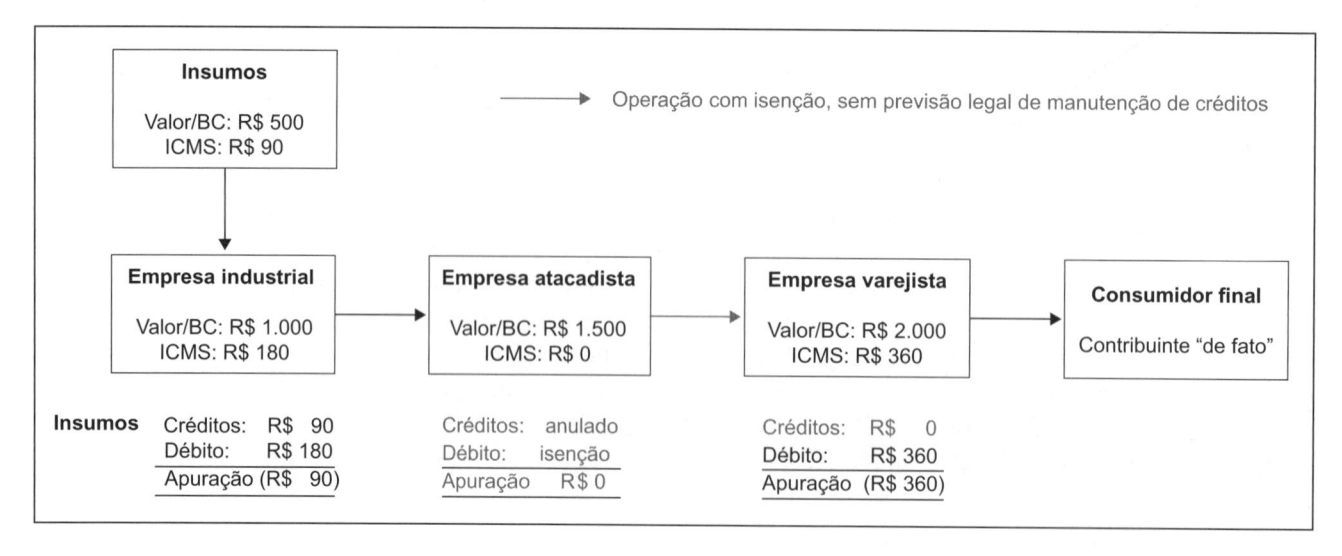

Figura 10.9 Exemplo de estorno do crédito de ICMS na isenção (no meio da cadeia).

Como podemos notar, nesse caso, a saída isenta na etapa do atacadista obriga o contribuinte a estornar o crédito das operações iniciais. Com isso, o total recolhido de ICMS na cadeia é de R$ 630,00, o que faz com que a alíquota efetiva de ICMS sobre o preço final ao consumidor seja de 31,5%, o que demonstra que a isenção no meio da cadeia não atinge seu objetivo de reduzir o impacto final no preço ao consumidor; e, pelo contrário, majora a carga tributária do produto.

Também é relevante mencionar que, para fins de crédito de ICMS relativos às mercadorias e insumos, é adotado no ICMS o critério do crédito físico, com o direito de crédito das mercadorias para revenda (na atividade comercial) e dos insumos que se integram ao produto final ou se consomem no processo (industrial).

Importante também frisar que o crédito de ICMS se dá na data da entrada da mercadoria no estabelecimento (momento em que a nota fiscal é registrada no livro de entradas do estabelecimento). Ou seja, o momento do aproveitamento do crédito é o momento em que a mercadoria entra no estabelecimento do adquirente, e não a data da emissão da nota fiscal pelo fornecedor. As legislações estaduais também vedam a atualização monetária e permitem o crédito somente pelo valor nominal num prazo de até cinco anos da ocorrência do fato gerador, inclusive nas situações em que o contribuinte percebe que deixou de se creditar do imposto em meses e anos anteriores.

É importante destacar outras possibilidades de crédito de ICMS, como é o caso do serviço de transporte; serviço de comunicação e das operações com energia elétrica.

O crédito de ICMS sobre o serviço de transporte (interestadual ou intermunicipal) é permitido para o contribuinte tomador do serviço, quando o frete se relacionar ao processo produtivo ou comercialização. Como no exemplo da Figura 10.10, em que o frete relacionado à aquisição de matéria-prima e ativo imobilizado (relacionado à produção ou comercialização) dão direito à crédito; bem como o frete relacionado à venda (entrega do produto) também dá direito ao crédito ao tomador do serviço de transporte (aquele que contratou e pagou pelo frete).

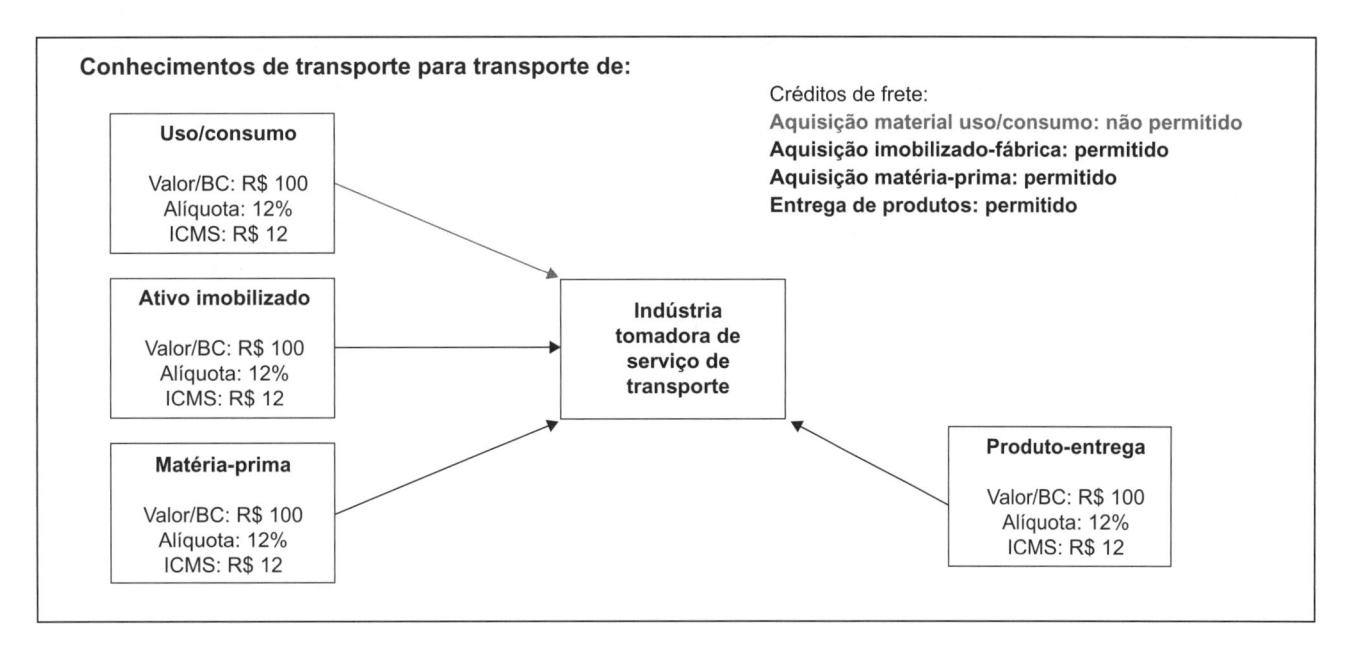

Figura 10.10 Exemplo de frete (serviço de transporte): direito ao crédito do tomador.

Já o crédito sobre serviço de comunicação, em geral nas legislações dos Estados, é admitido para empresas de comunicação (na aquisição) ou para contribuintes que realizem saídas ou prestações para o exterior (calculado na proporção de suas exportações). Por sua vez, os créditos de ICMS de energia elétrica são permitidos para empresas de energia (na aquisição); para contribuintes que realizem saídas ou prestações para o exterior (calculado na proporção de suas exportações); quando consumido em processo industrial.

Assim, por exemplo, um estabelecimento industrial pode se creditar do ICMS da energia elétrica consumida no setor industrial, mas não da energia elétrica consumida na parte administrativa, como na Figura 10.11.

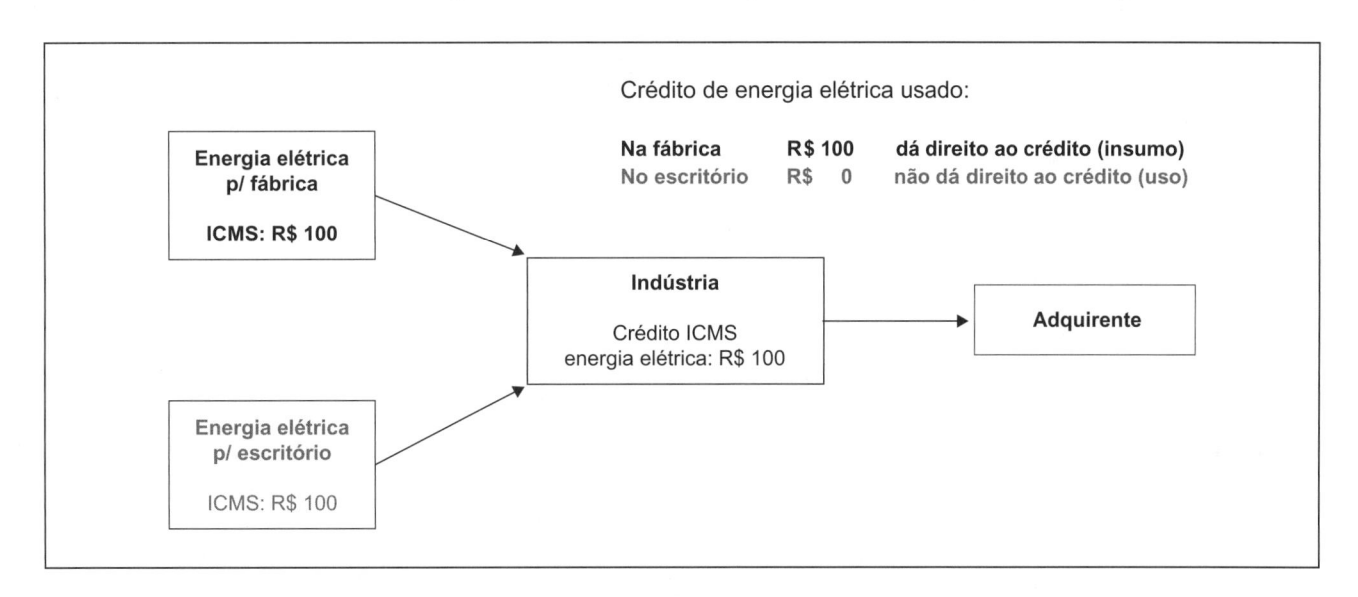

Figura 10.11 Exemplo de energia elétrica: direito ao crédito (apenas da energia usada na fábrica).

Também as empresas comerciais exportadoras podem se creditar parcialmente do ICMS relativo ao serviço de comunicação (por ex. conta telefônica) e de energia elétrica na proporção de suas exportações (cálculo que é efetuado mensalmente por estabelecimento com base nos valores constantes em documentos fiscais de CFOPs de exportação e de sua comparação com as demais saídas). Como no exemplo da Figura 10.12.

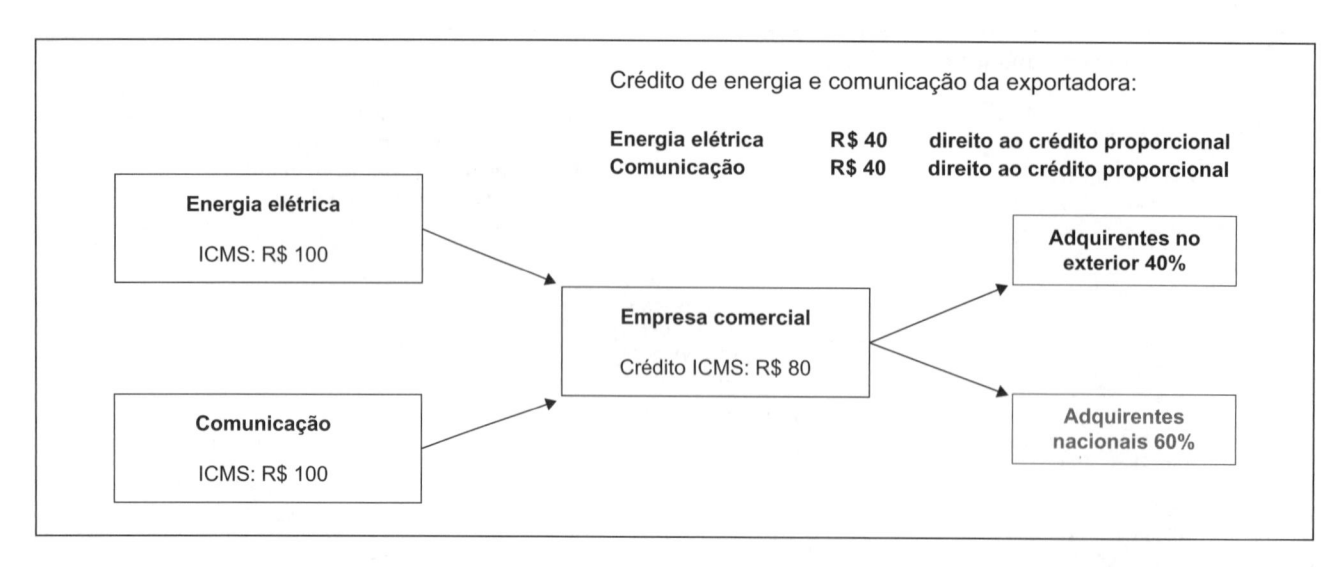

Crédito de energia e comunicação da exportadora:

Energia elétrica	R$ 40	direito ao crédito proporcional
Comunicação	R$ 40	direito ao crédito proporcional

Figura 10.12   Exemplo de crédito ICMS exportador: energia elétrica e comunicação.

EXEMPLOS PRÁTICOS

Exercício 7: A indústria ABC de São Paulo adquiriu um equipamento para produção por R$ 26.666,67 com ICMS destacado sobre 18%. Qual o valor do crédito que a indústria poderá lançar no 1º mês de aquisição (o equipamento entrará imediatamente em utilização), considerando neste mês os dados a seguir?

Total de saídas no período de apuração (100%) = R$ 100.000,00

Total de saídas tributadas (85%) = R$ 85.000,00

Total de saídas não tributadas (15%) = R$ 15.000,00

Solução 7: Valor do Crédito ICMS Ativo Imobilizado no 1º mês:

Total de saídas no período de apuração (100%) = R$ 100.000,00

Total de saídas tributadas (85%) = R$ 85.000,00

Total de saídas não tributadas (15%) = R$ 15.000,00

Base de Cálculo 26.666.67 × 18% = R$ 4.800 de ICMS

Valor do ICMS total de R$ 4.800/ 48 meses = R$ 100

% de Crédito de ICMS ativo imobilizado a usar 85% (tributadas e imunes)

Valor do Crédito 1º mês = R$ 100 × 85%

Valor do Crédito ICMS Ativo Imobilizado no 1º mês: R$ 85

Exercício 8: A indústria XYZ de São Paulo adquiriu no mês 09/X2: (i) insumos industriais que são utilizados diretamente na produção dos seus produtos por meio de nota fiscal com ICMS de R$ 100.000 destacado; (ii) um equipamento (ativo imobilizado) para produção com ICMS destacado de R$ 96.000 (considerando que 100% das saídas da indústria são tributadas pelo ICMS); (iii) materiais de uso e consumo (para limpeza dos banheiros e materiais de escritório), produtos por meio de nota fiscal com ICMS de R$ 50.000 destacado. Qual o valor do crédito de ICMS que a indústria poderá lançar no mês 09/X2?

Solução 8: A indústria XYZ de São Paulo poderá em sua apuração do mês 09/X2 lançar um total de R$ 102.000 de créditos fiscais de ICMS:

R$ 100.000,00 relativos aos insumos industriais que são utilizados diretamente na produção dos seus produtos.

R$ 2.000,00 relativos à parcela de um mês (1/48 avos) do equipamento (ativo imobilizado) para produção.

R$ 0,00 de ICMS sobre materiais de uso e consumo, pois estes não permitem o creditamento do ICMS.

REGISTROS CONTÁBEIS DO ICMS NA EMPRESA

Sabe-se que na contabilidade financeira das empresas são gerados créditos do ICMS ao adquirente (princípio da não cumulatividade), quando o ICMS é apurado em sua forma tradicional de apuração normal (RPA – regime periódico de apuração com débitos e créditos fiscais).

Dessa forma, na aquisição e venda de mercadorias devem ser realizados alguns lançamentos contábeis essenciais:

1. **Na compra de produtos/mercadorias:**

   D – Estoque (líquido do imposto a recuperar – CPC 16)
   D – Impostos a Recuperar/ ICMS a Recuperar (Ativo)
   C – Fornecedores ou Caixa/Bancos

2. **Na venda de produtos/mercadorias:**

   D – Contas a Receber
   C – Receita de Vendas

3. **Na venda de produto/mercadoria:**

   D – Impostos Incidentes s/ Vendas (ICMS s/ Vendas – DRE)
   C – Impostos a Recolher/ ICMS a Recolher (Passivo)

4. **No final da apuração mensal (transportando-se os créditos de ICMS):**

   D – Impostos a Recolher/ICMS a Recolher
   C – Impostos a Recuperar/ ICMS a Recuperar

Dessa forma, numa venda da indústria ao comércio de um produto no valor de R$ 1.000,00 (que posteriormente será revendido por R$ 1.500,00) e alíquota de ICMS de 18%, a contabilidade do adquirente deverá registrar em estoques o valor de R$ 820,00 e reconhecer um crédito de ICMS de R$ 180,00, conforme Figura 10.13.

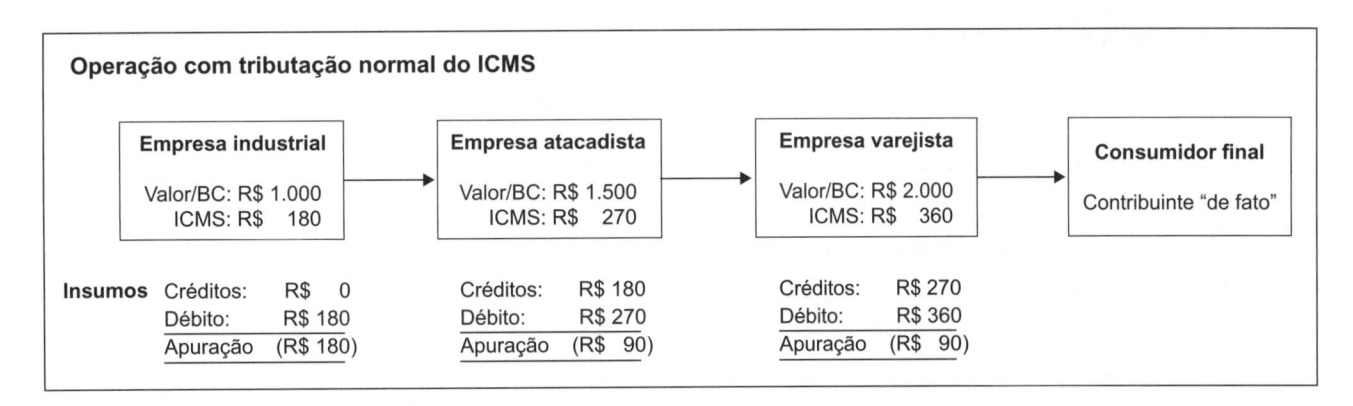

Figura 10.13 Exemplo de operação normal do ICMS: débitos e créditos.

Basicamente nesse exemplo, a indústria e o comerciante (adquirente) procederão com os lançamentos contábeis apresentados no Quadro 10.2.

Quadro 10.2   Contabilização do ICMS Normal – RPA: Venda da Indústria ao Atacadista

a) Indústria:

(i)   Registra o valor total da Nota Fiscal de venda (debita Caixa/Bancos de R$ 1.000 e credita Receita de Venda de R$ 1.000).

(ii)   Registro de despesa de ICMS (debita Despesa ICMS Próprio de R$ 180 e credita ICMS a Pagar).

b) Comerciante: na aquisição:

(i)   Registra aquisição da mercadoria como Estoque de R$ 820 e Crédito de ICMS de R$ 180 (debita Estoque de R$ 820, debita ICMS a Compensar de R$ 180 e credita Caixa/Bancos de R$ 1.000).

(ii)   Na venda a posterior: registra venda de R$ 1.500 (debita Caixa/Bancos e credita Receita de Vendas).

(iii)   Registro de Despesa de ICMS (debita Despesa ICMS Próprio de R$ 270 e credita ICMS a Pagar de R$ 270).

(iv)   Baixa Estoque (debita CMV e credita Estoque em R$ 820).

(v)   Compensa o ICMS a pagar com o crédito de ICMS (credita ICMS a Compensar de R$ 180 e debita ICMS a pagar de R$ 180, restando saldo de R$ 90 a recolher).

Obs.: veja que o adquirente tem direito ao crédito de ICMS das mercadorias adquiridas de R$ 180 para abater do ICMS devido em suas vendas de R$ 270, pagando efetivamente R$ 90.

EXEMPLOS PRÁTICOS

Exercício 9: A Empresa Atacadista Espírito Santo S.A. vende mercadorias tributadas pelo ICMS para varejista do Município de Vitória-ES com alíquota de 17%. As mercadorias são adquiridas de Indústria do Estado da Bahia com alíquota interestadual de 12%. O preço das aquisições à vista é de R$ 100.000,00, e o Preço de Venda no Espírito Santo de R$ 150.000,00. Demonstrar a contabilização, considerando que todas as mercadorias foram vendidas.

Solução 9:

   Lançamentos Contábeis:

   – Na Aquisição:

D – Estoque (líquido do imposto a recuperar – CPC 16)	R$ 88 mil
D – Impostos a Recuperar/ ICMS a Recuperar (Ativo)	R$ 12 mil
C – Fornecedores ou Caixa/Bancos	R$ 100 mil

   – Na Venda da mercadoria:

D – Contas a Receber ou Caixa/Bancos	R$ 150 mil
D – Receita de Vendas (resultado)	R$ 150 mil
D – ICMS s/ Vendas – (resultado)	R$ 25,5 mil
C – ICMS a Recolher (Passivo)	R$ 25,5 mil

   – Apuração do Custo da mercadoria vendida:

D – Custo da Mercadoria Vendida – (resultado)	R$ 88 mil
C – Estoque (Ativo)	R$ 88 mil

Por fim, após os devidos lançamentos até a etapa de vendas, são apresentados o Balanço Patrimonial e a Demonstração de Resultados:

No Balanço Patrimonial após a venda:

ATIVO	
CAIXA:	R$ 150.000
ESTOQUE:	R$ 0 (APÓS BAIXA DE R$ 88 mil)
ICMS A RECUPERAR:	R$ 12.000
PASSIVO	
ICMS A RECOLHER:	R$ 25.500

Na Demonstração de Resultados – DRE após a venda:

RECEITA BRUTA DE VENDAS	R$ 150.000
(–) ICMS SOBRE VENDAS	(R$ 25.500)
(=) RECEITA LÍQUIDA DE VENDAS	R$ 124.500
(–) Custo da Mercadoria Vendida	(R$ 88.000)
(=) LUCRO BRUTO	R$ 36.500

Por fim, será necessário fazer os lançamentos contábeis finais para aproveitamento do crédito de ICMS e recolhimento da guia do imposto referente ao ICMS a recolher remanescente na apuração de ICMS:

– No final da apuração mensal:

D – Impostos a Recolher/ICMS a Recolher   R$ 12 mil

C – Impostos a Recuperar/ ICMS a Recuperar   R$ 12 mil

– No recolhimento da guia do imposto:

D – Impostos a Recolher/ICMS a Recolher   R$ 13,5 mil

C – Caixa/Bancos   R$ 13,5 mil

OBJETIVO 3

BENEFÍCIOS FISCAIS E GUERRA FISCAL NO ICMS

É importante compreender os principais aspectos atinentes aos benefícios fiscais e à guerra fiscal do ICMS, bem como a forma de contabilização destas subvenções governamentais pelas empresas.

BENEFÍCIOS FISCAIS E GUERRA FISCAL DO ICMS

Para contextualizarmos a problemática, cabe, a princípio, frisar que a nossa Carta Constitucional, ao disciplinar o ICMS, dispôs no seu art. 155, § 2º, XII, alínea *g*, que a forma pela qual os Estados e o Distrito Federal poderão conceder isenções, incentivos e benefícios fiscais deve observar o disposto em LC que disciplina o procedimento de concessão. Tal exigência é justificável na medida em que, apesar de a competência tributária para a cobrança e arrecadação do ICMS ser outorgada constitucionalmente aos Estados e ao Distrito Federal, o ICMS é um imposto sobre o consumo que impacta nitidamente todo o comércio nacional.

A LC nº 24/75 (que permanece vigente, mesmo após a edição da LC nº 160/17) – recepcionada pela Constituição de 1988 – disciplina, entre outras matérias, a forma pela qual são concedidos benefícios, isenções e incentivos fiscais em matéria de ICMS, sendo que para a concessão por parte das Unidades Federativas (Estados e o Distrito Federal) de qualquer tipo dos benefícios fiscais previstos no art. 1º da LC nº 24/75 sempre foi exigida a celebração de convênio fazendário no âmbito do Confaz, no qual estarão presentes os representantes fazendários das Unidades Federativas mencionadas, sendo necessária a aprovação unânime dos referidos representantes para que os benefícios discutidos possam ser concedidos.

A competência do Confaz em termos de benefícios é ampla, abrangendo isenções; redução da base de cálculo; a devolução total ou parcial, direta ou indireta, condicionada ou não, do tributo, ao contribuinte, a responsável ou a terceiros; à concessão de créditos presumidos; a quaisquer outros incentivos ou favores fiscais ou financeiro-fiscais, concedidos com base no Imposto de Circulação de Mercadorias, dos quais resulte redução ou eliminação, direta ou indireta, do respectivo ônus; às prorrogações e às extensões das isenções vigentes. Ainda no âmbito do Confaz, os convênios são celebrados em reuniões para as quais tenham sido convocados representantes de todos os Estados e do Distrito Federal, sob a presidência de representantes do Governo Federal, sendo que a concessão de benefícios depende de decisão unânime dos Estados representados e a sua revogação total ou parcial dependerá de aprovação de quatro quintos, pelo menos, dos representantes presentes.

A participação do Confaz na autorização de benefícios fiscais sempre foi entendida como necessária, pois, na medida em que a Federação brasileira é uma união indissolúvel, em que os Estados membros estão reunidos em virtude do seu *status* político, a utilização unilateral de ajudas em matéria tributária por parte de uma das Unidades da Federação que elimine ou reduza o ônus do ICMS diretamente ou indiretamente pode afetar economicamente os outros entes federativos engendrando uma distorção da concorrência, de modo que isso se caracteriza como um abuso da autonomia legislativa e da competência tributária em matéria do ICMS e, consequentemente, um conflito político institucional.

Todavia, muitos Estados, no intuito de atrair investimentos e buscando a geração de empregos em seus territórios, passaram a conceder unilateralmente (sem aval do Confaz) diversos benefícios fiscais diretos de ICMS ou mesmo benefícios fiscais indiretos, como créditos concedidos por bancos estaduais a contribuintes ali sediados atrelados ao pagamento do ICMS.

Embora questionados estes benefícios fiscais junto ao Judiciário e especialmente ao STF pelos Estados prejudicados, houve historicamente um claro descumprimento da Constituição, da LC e da autoridade judiciária da Corte Suprema, uma vez que patologicamente a declaração de inconstitucionalidade de determinado benefício passou a ser facilmente contornada por parte das Assembleias Legislativas Estaduais e dos Governadores destes Estados concedentes de benefícios inconstitucionais, com a publicação de nova lei ou decreto que reestabelecem incentivo fiscal semelhante ou equivalente.

O entendimento dos Fiscos autuantes nos últimos anos foi de, no caso concreto em que há benefício fiscal unilateralmente concedido ao arrepio da Constituição e da LC, e o ICMS cobrado no estado de origem for menor do que a alíquota interestadual (por exemplo: a alíquota interestadual é de 12%, mas só foram cobrados efetivamente 4% do contribuinte por causa da concessão de benefícios fiscais não autorizados pelo Confaz), então o estabelecimento que receber a mercadoria com o benefício fiscal só poderia se creditar do montante cobrado (neste exemplo, de 4%), podendo o estado de destino glosar o imposto excedente ao que foi efetivamente cobrado, inclusive pela autorização da própria LC nº 24/75, que neste caso encontraria abrigo na norma constitucional do inciso I do § 2º do art. 155 da Constituição Federal.

Esta prática de autuações estaduais elevou o risco de autuações fiscais para as empresas e seus clientes em operações interestaduais e também promoveu um elevado nível de insegurança jurídica, na medida em que o STF começou a julgar diversos benefícios fiscais e declará-los inconstitucionais, o que redundou na necessidade de uma solução legislativa paliativa por meio da publicação da LC nº 160/17.

EXEMPLOS PRÁTICOS

Exercício 10: A empresa Medidores Energia Ltda. possui uma fábrica de medidores de energia, que se encontra instalada no município de Londrina-PR e uma filial atacadista no município de Campinas-SP.

(a) Vendas dos produtos acabados:

- Faturamento total (2018) R$ 100 milhões (sendo R$ 10 milhões vendidos pelo Paraná)
- Fábrica do Paraná:
  - Vendas dentro do Estado 10% (somente p/ varejistas).
  - Transferência interestadual 90% da produção para a filial atacadista de São Paulo (Custo da produção transferida – que pode ser utilizado como Base de Cálculo do ICMS na transferência interestadual de R$ 45 milhões).

(b) Características das Operações:

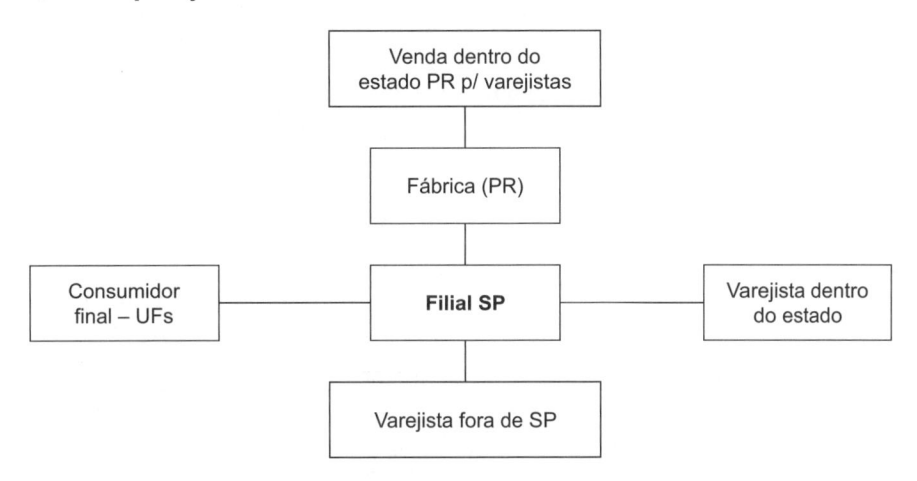

- A empresa possui uma distribuidora de medidores de energia em Campinas-SP (filial) que revende a sua produção.
- A empresa revende:
  - 30% dos produtos pela internet para o consumidor final (100% consumidores fora do estado).
  - 70% para grandes varejistas, sendo que:
    - 60% destas vendas são para lojas dentro do estado de São Paulo.
    - 20% para outros estados (Norte/Nordeste/Centro-oeste e Espírito Santo).
    - O restante 20% para os Estados do Sul e Sudeste.

Tributos incidentes (impostos e contribuições):

- 17% de ICMS operações internas do Paraná, 18% de ICMS operações internas de São Paulo. Considere que nos demais outros Estados (Norte/Nordeste/Centro-oeste e Espírito Santo/Sul e Sudeste) a alíquota interna seja de 19%.
- 12% e 7% de ICMS pelas alíquotas interestaduais.

Informações adicionais:

A empresa participa do Programa de benefício fiscal de crédito presumido, previsto no item 39 do Anexo III do RICMS/PR, ao qual fazem jus os estabelecimentos fabricantes de medidores de energia, classificados na NCM sob os códigos 8471.80.00, 9028.30.11, 9028.30.21 e 9028.30.31. Aos estabelecimentos fabricantes de medidores de energia é concedido o benefício fiscal de **crédito presumido no montante equivalente a 50% do imposto devido nas saídas internas e interestaduais**, conforme disposto no item 39 do Anexo III do RICMS/PR.

Solução 10: Segue o cálculo do ICMS na filial do Paraná e na filial paulista, bem como do valor do benefício fiscal obtido no Paraná:

Apuração do ICMS e cálculo de Benefício Fiscal de ICMS

Faturamento		Paraná
	%	R$
Venda – Estadual		10.000.000,00
Transferências – Interestadual	90%	45.000.000,00
Valor total das saídas		**55.000.000,00**

Valor ICMS	Alíq. (%)	R$
Venda Estadual	17%	1.700.000,00
Transferências – Interestadual	12%	5.400.000,00
Total ICMS – PR		**7.100.000,00**
Benefício fiscal	**50%**	**3.550.000,00**

Faturamento		Campinas-SP
	%	R$
Internet – CF Inter	30%	27.000.000,00
GV – São Paulo (60%)	42%	37.800.000,00
GV – N/Ne/Co (20%)	14%	12.600.000,00
GV – Sul/Sudeste (20%)	14%	12.600.000,00
Valor total das saídas		**90.000.000,00**

	ICMS – Alíquota origem	Valor ICMS
Apuração de SP		
Débitos	Alíq. (%)	R$
Internet – CF Internet	12%	3.240.000,00
GV – São Paulo	18%	6.804.000,00
GV – N/Ne/Co	7%	882.000,00
GV – Sul/Sudeste	12%	1.512.000,00
		12.438.000,00
Créditos		
Transferências Interestadual	50%	(3.550.000,00)
		(3.550.000,00)
Valor da apuração de SP		**7.038.000,00**

Desse modo, metade do imposto calculado na filial do Paraná será quitado com o benefício fiscal do crédito presumido do ICMS, sendo que na filial do Paraná deverá recolher ICMS R$ 3.550.000,00. Já na filial de São Paulo, são descontados R$ 5.400.000,00 de créditos de ICMS relativo às transferências interestaduais advindas do Paraná. A solução acima pressupõe que sejam aceitos integralmente o crédito de ICMS da transferência interestadual para São Paulo.

Além disso, fora do regime de apuração do ICMS de São Paulo, deverá a empresa pagar o diferencial de alíquotas (DIFAL) nas vendas interestaduais pela internet para consumidor final. Portanto, considerando que a empresa paulista vende 30% dos produtos pela internet para o consumidor final localizados fora do Estado, então deverá recolher o DIFAL para o estado de destino. Assim, partindo da premissa – para fins do exercício proposto – de que a alíquota interna dos outros Estados é de 19%, deverá ser recolhido o diferencial de 7% (de 19% para 12%) diretamente para os Estados de destinos dos consumidores finais, o que totalizaria um recolhimento de ICMS a título de DIFAL de R$ 1.890.000,00 (7% × R$ 27.000.000,00).

A LEI COMPLEMENTAR Nº 160/17 E OS BENEFÍCIOS FISCAIS ESTADUAIS DE ICMS

Sendo um problema federativo relevante à guerra fiscal no âmbito estadual, em relação especificamente aos benefícios fiscais de ICMS, houve a publicação da LC nº 160/17, a qual esperava-se trazer maior nível de transparências aos benefícios fiscais estaduais em matéria específica de ICMS, bem como regular a concessão desenfreada de benefícios fiscais sem a observância do Confaz.

Basicamente, a LC nº 160 (2017) foi editada em um contexto de grande judicialização de benefícios fiscais estaduais no STF; onde havia grande risco de o STF julgar de forma coletiva e sistemática uma variada gama de ações de inconstitucionalidade que se insurgiam contra benefícios fiscais de ICMS que não tinham tido a anuência unânime do Estados por meio do Confaz, nos termos da LC nº 24/75, e por isso deveriam ser declarados inconstitucionais desde sua instituição (o denominado efeito *ex tunc*).

O risco de solução jurídica pelo STF desses benefícios fiscais, que em sua grande maioria se deu em revelia às regras do Confaz, fazia com que muitas empresas que investiram em determinada região e Estados viessem a poder perder os benefícios fiscais de forma retroativa (desde a instituição dos referidos benefícios), tendo em vista a declaração de inconsti-

tucionalidade das normas concessivas, o que também poderia implicar, manutenção ou novas autuações fiscais, inclusive dos clientes dessas empresas que se creditaram do ICMS em aquisições por operações interestaduais.

Buscando uma alternativa de solução política pela via legislativa, que pudesse convalidar o passado, o Congresso Nacional publicou a LC nº 160/17, que previu a possibilidade de remissão dos créditos tributários, constituídos ou não, decorrentes das isenções, dos incentivos e dos benefícios fiscais ou financeiro-fiscais instituídos em desacordo com o disposto na alínea *g* do inciso XII do § 2º do art. 155 da Constituição Federal por legislação estadual publicada até a data de início de produção de efeitos da referida LC (ou seja, 8.8.2017) por meio de um quórum qualificado, mas não unânime, no âmbito do Confaz.

Além de permitir a convalidação pelos Estados de benefícios fiscais inconstitucionais instituído até 8.8.2017, a LC nº 160 (2017) permitiu que os Estados e Distrito Federal pudessem deliberar sobre a possibilidade de reinstituição das isenções, dos incentivos e dos benefícios fiscais ou financeiro-fiscais que ainda se encontrassem em vigor. Nesse caso, a reinstituição do benefício fiscal para depois de 8.8.2017 se daria por meio de legislação estadual ou distrital, publicada nos respectivos diários oficiais dos Estados, bem como deveria ter seu registro e depósito efetuados junto ao Confaz, conforme Cláusula nona do Convênio ICMS nº 190/17.

Para regulamentação da LC nº 160/17, foi celebrado no âmbito do Confaz o Convênio ICMS nº 190/17, que exigiu dentre os critérios de convalidação dos benefícios fiscais vigentes que os Entes Federativos publicassem, em seus respectivos diários oficiais, relação com a identificação de todos os atos normativos, conforme modelo constante no anexo único daquele convênio, relativos aos benefícios fiscais, instituídos por legislação estadual ou distrital publicada até 8.8.2017, em desacordo com o disposto na alínea *g* do inciso XII do § 2º do art. 155 da Constituição Federal.

Basicamente então os Estados tiveram que listar todos os benefícios fiscais que estavam vigentes em 8.8.2017 (e que estiveram vigentes antes desta data) para explicitarem adequadamente todas as bases legais. De fato, os Estados e Distrito Federal fizeram a publicação das bases legais dos benefícios fiscais que estavam vigentes em 8.8.2017 (e que estiveram vigentes antes desta data); e essa foi uma exigência no momento da entrada em vigor da LC nº 160/17, e que teve por finalidade jurídica permitir a remissão dos créditos tributários de benefícios fiscais já usufruídos pelas empresas até 8.8.2017, convalidando esses benefícios fiscais.

Em termos práticos, existiam no judiciário e nos tribunais administrativos (como o Tribunal de Impostos e Taxas de São Paulo – TIT-SP) diversos processos relativos a autuações fiscais por crédito indevido do imposto, em que o Fisco alegava que haveria vedação de créditos fiscais concedidos à revelia do Confaz por afronta à Constituição Federal (alínea *g* do inciso XII do § 2º do art. 155).

Nesses casos, por exemplo, embora uma empresa tenha em sua operação interestadual destacado o ICMS no documento fiscal pela alíquota de 12% (do estado de origem para São Paulo, por exemplo), por possuir um crédito fiscal presumido ou outorgado de um benefício fiscal não aprovado pelo Confaz (por exemplo, de 8% no estado de origem), o Fisco de destino permitia que o destinatário se aproveitasse somente de 4% e exigia no auto de infração o valor do imposto do benefício fiscal concedido sem autorização (neste caso, 8%).

Dessa forma, os benefícios fiscais que eram inconstitucionais e instituídos até 8.8.2017, mas que foram formalmente convalidados pelos Estados no Confaz após a LC nº 160/17, não podem ser mais objeto de autuação, e os processos judiciais e administrativos pendentes serão baixados.

Além disso, a LC nº 160/17 permitiu que os Estados e Distrito Federal pudessem deliberar sobre a possibilidade de reinstituição de incentivos e benefícios fiscais que ainda se encontrassem em vigor, embora tenha definido prazos que variam de 1 a 15 anos. Desse modo, existem atualmente benefícios fiscais de ICMS que foram convalidados e prorrogados em conformidade com a LC nº 160/17, que previu a possibilidade de um quórum mais flexível no Confaz (2/3 dois terços das unidades federadas; e 1/3 um terço das unidades federadas integrantes de cada uma das cinco regiões do País).

CONTABILIZAÇÃO DE BENEFÍCIOS FISCAIS DE ICMS (SUBVENÇÕES GOVERNAMENTAIS)

Com o advento da harmonização contábil brasileira aos padrões internacionais, o Brasil passou a seguir em termos de contabilidade societária o Pronunciamento Contábil CPC 07 (R1), o qual foi embasado na norma contábil internacional IAS-20. O CPC 07 (R1) abrange a contabilização de subvenções governamentais, que são entendidas na norma contábil como o auxílio do governo (assistência governamental), na forma de transferência de recursos para uma entidade em compensação por cumprimento passado ou futuro de certas condições relacionadas às atividades operacionais da entidade.

Dessa forma, os benefícios fiscais que se enquadrarem na definição contábil de subvenção governamental devem seguir as regras de contabilização do CPC 07 (R1). Assim, a subvenção (no caso, por exemplo, um benefício fiscal de ICMS) deve ser reconhecida como receita ao longo do período e confrontada com as despesas. Como os tributos são lançados no resultado, é coerente registrar a subvenção (que é uma extensão da política fiscal) como receita. Como a subvenção é recebida de uma fonte que não os acionistas e deriva de ato de gestão em benefício da entidade, não deve ser creditada diretamente no Patrimônio Líquido (PL), mas como receita na sua respectiva competência. A subvenção governamental não deve ser reconhecida até que exista razoável segurança de que: (a) a entidade irá cumprir todas as condições estabelecidas; (b) será efetivamente recebida.

Antigamente, existia a prática contábil de as subvenções governamentais serem reconhecidas diretamente no patrimônio líquido (PL) como Reservas de Capital; o que não mais subsiste. Atualmente, em conformidade com o CPC 07 (R1) e com a Lei das Sociedades Anônimas (Lei nº 6.404/76 com as alterações das Leis nºs 11.638/07 e 11.941/09), deve haver o reconhecimento como receita no período em que forem cumpridas todas as obrigações exigidas para que a subvenção ou o benefício seja plenamente usufruído (imediatamente ou ao longo do tempo). Ao final do exercício, a assembleia geral pode destinar para reserva de incentivo fiscal e poderá ser excluída da base de cálculo do dividendo obrigatório. Conquanto a constituição da reserva de incentivos fiscais não seja obrigatória, na prática as sociedades destinam os valores das transações para esta reserva como forma de evitar a tributação do ganho por IRPJ, CSLL, PIS e COFINS, conforme sistemática da Lei nº 11.941/09.

Assim, por exemplo, uma companhia que tenha usufruído de um benefício fiscal de ICMS qualificado como subvenção para investimento (de R$ 4.000) e que não deseje fazer a distribuição dessa parcela de lucro a seus sócios, e irá destinar o valor da subvenção que foi reconhecida no resultado para a Reserva de Incentivo Fiscal no patrimônio líquido, poderá ter o efeito fiscal de não tributar o IRPJ/CSLL e do valor do incentivo fiscal ser excluído da base de cálculo do dividendo obrigatório, conforme Tabela 10.1.

Tabela 10.1 Reserva de Incentivos Fiscais

Cálculo do IR e CSLL		DRE		Cálculo dividendos	
LAIR	36.000	LAIR	36.000	**Lucro Líquido**	**26.400**
(–) Rec. Subvenções	–4.000	**(–) IR e CS**	**-9.600**	Constituição da Res. Legal (5%)	–1.320
Lucro Tributável	**32.000**	**Lucro Líquido**	**26.400**	**Constituição da Res. Incentivos Fiscais**	**–4.000**
IR e CS	**9.600**			Base de Cálculo dos Dividendos	21.080
				Dividendos Mínimos Obrigatórios (25%)	**5.270**

A subvenção governamental de R$ 4.000 foi reconhecida na Demonstração de Resultados do período e compôs o lucro contábil da companhia (LAIR de R$ 36.000); mas não irá a base de cálculo do IR/CS (no exemplo didático com alíquota de 30%), uma vez que o valor do incentivo fiscal comporá a Reserva de Incentivo Fiscal (no PL).

EXEMPLOS PRÁTICOS

Exercício 11: Determinada indústria em Pernambuco utiliza o benefício fiscal do PRODEPE, benefício fiscal que foi mantido após a edição da LC nº 160/16 e obteve um crédito presumido de 75% sobre o saldo devedor. No período a ser calculado o ICMS, houve a compra de matérias-primas/insumos da região Sudeste: R$ 1.000.000,00, que vieram com a alíquota interestadual de 7% de crédito de ICMS. Nesse período, houve a venda de produtos acabados por R$ 2.000.000,00, tendo esse faturamento a composição de vendas internas de 50% dentro do estado de Pernambuco e vendas interestaduais de 50% com destino a outros Estados. Há adicionalmente despesas operacionais de R$ 570.000.

Solução 11: Passamos a proceder ao cálculo do ICMS do período neste exemplo:

– Débito de ICMS (50% de vendas dentro do Estado PE) = 1 m × 18% = R$ 180 mil

– Débito de ICMS (50% de vendas fora do Estado) = 1 m × 12% = R$ 120 mil

– Total Débito de ICMS = 180 mil + 120 mil = R$ 300 mil

Portanto, a alíquota média da empresa nas suas vendas (dentro e fora do Estado) foi de 15%.

Analisar agora os créditos de ICMS da compra de insumos, bem como os créditos presumidos do benefício fiscal.

– Crédito de ICMS dos insumos/matérias-primas = 1 m × 7% = R$ 70 mil

– Saldo Devedor (Débito – Crédito) = 300 mil – 70 mil = R$ 230 mil

– Crédito Presumido (Saldo Devedor × % de Incentivo) = 230 mil × 75% = R$ 172.500

– ICMS a Recolher = 230 mil – 172.500 = R$ 57.500

A contabilização da subvenção (desses benefícios fiscais estaduais), com base no Pronunciamento Contábil CPC 07 (R1), considerando que a empresa realizou venda, no ano por R$ 2.000.000 com a incidência de ICMS-alíquota média de 15% em suas operações dentro e fora do Estado, obteve R$ 172.500 de benefícios fiscais (crédito presumido no PRODEPE), apresentando a Demonstração de Resultados-DRE:

DRE		
Receita de Vendas		**2.000.000**
ICMS s/ vendas	**15%**	**(300.000)**
Benefício Fiscal		**172.500,00**
Receita Líquida		1.872.500
CMV (líquido dos créditos de ICMS)		(930.000)
LUCRO BRUTO		942.500
Despesas		(570.000)
LAIR		372.500

Contabilização da operação:

D – Caixa ....R$ 2.000.000 (AC)
C – Receitas de Vendas..............R$ 2.000.000 (DRE)

D – Desp. ICMS............................R$ 300.000.000 (DRE)
C – ICMS a Pagar............................R$ 300.000.000 (PC)

D – ICMS a Pagar ....R$ 172.500 (PC)
C – Benefícios Fiscais...................R$ 172.500 (Rec)

D – Lucro Líquido ....R$ 172.500 (DRE)
C – Res. Incentivos Fiscais..........R$ 172.500 (PL)

Ou seja, é necessário que o valor do benefício fiscal concedido transite no resultado, na demonstração de resultados, sendo que esse valor não pode ser lançado diretamente no patrimônio líquido da entidade. E com isso o lucro contábil da entidade será aumentado no valor do benefício fiscal (que no caso é de R$ 172.500); e, se não houver a distribuição desta parte do lucro aos sócios, este valor é destinado a reserva de incentivos fiscais, não incidindo sobre ele IRPJ e CSLL.

QUESTÃO PARA REFLEXÃO

Os benefícios fiscais de ICMS podem tornar uma empresa muito mais lucrativa que seus concorrentes? O Pronunciamento Contábil CPC 07 (R1) traz maior transparência para o mercado analisar o desempenho operacional da empresa e os efeitos dos benefícios fiscais?

REGIME DO ICMS – SUBSTITUIÇÃO TRIBUTÁRIA

O REGIME DO ICMS – SUBSTITUIÇÃO TRIBUTÁRIA

O regime do ICMS – substituição tributária engloba as modalidades de substituição tributária; com ênfase na substituição tributária "para frente", bem como na formação da base de cálculo do ICMS-ST nas operações internas e interestaduais; e abordando também os principais registros contábeis do ICMS-ST nas empresas (seja para o contribuinte substituto ou substituído).

MODALIDADES DE SUBSTITUIÇÃO TRIBUTÁRIA NO ICMS

A substituição tributária é uma modalidade de responsabilidade tributária pelo pagamento do imposto, utilizada para impostos que a princípio deveriam ser plurifásicos, e que consiste na atribuição pela legislação tributária a um determinado contribuinte denominado "contribuinte substituto" da responsabilidade pelo pagamento do imposto devido em determinadas operações subsequentes, antecedentes, ou concomitantes praticadas por outros contribuintes, denominados "contribuintes substituídos".

Como nos lembra Hamilton Dias de Souza,[3] a substituição tributária consiste em um mecanismo de transferência a terceiro alheio àquele fato imponível (um outro contribuinte) da responsabilidade pelo pagamento do imposto, tendo por finalidade trazer maior segurança e desempenho à arrecadação por parte do Fisco, bem como evitar a sonegação do imposto.

Sua autorização constitucional encontra respaldo no § 7º do art. 150 da nossa Constituição (incluída pela EC nº 3/93), o qual determina especificamente quanto à substituição tributária das operações subsequentes que "a lei poderá atribuir a sujeito passivo de obrigação tributária a condição de responsável pelo pagamento de imposto ou contribuição, cujo fato gerador deva ocorrer posteriormente". Todavia, a Constituição Federal vai além, tendo em vista dar certas garantias ao contribuinte, e no trecho final do § 7º do art. 150 reza que seja "assegurada a imediata e preferencial restituição da quantia paga, caso não se realize o fato gerador presumido". Ainda no plano de nossa Carta Magna, a substituição tributária tem previsão constitucional em relação ao ICMS, encontrando fundamento no art. 155, § 2º, XII, alínea *b*, da Constituição Federal ("cabe à lei complementar dispor sobre substituição tributária"), e sua fundamentação legal na legislação complementar do imposto se ampara no art. 6º, § 1º, da LC nº 87/96, conhecida por "Lei Kandir", que determina:

> Art. 6º Lei estadual poderá atribuir a contribuinte do imposto ou a depositário a qualquer título a responsabilidade pelo seu pagamento, hipótese em que assumirá a condição de substituto tributário. (Redação dada pela LCP nº 114, de 16.12.2002)
>
> § 1º A responsabilidade poderá ser atribuída em relação ao imposto incidente sobre uma ou mais operações ou prestações, sejam antecedentes, concomitantes ou subsequentes, inclusive ao valor decorrente da diferença entre alíquotas interna e interestadual nas operações e prestações que destinem bens e serviços a consumidor final localizado em outro Estado, que seja contribuinte do imposto.

A substituição tributária no ICMS, conforme mencionado na própria LC, prevê basicamente três modalidades:

1. Substituição tributária das operações antecedentes: caracterizada pela atribuição a determinados contribuintes, chamados de contribuintes substitutos (normalmente o adquirente de determinada mercadoria) da responsabilidade pelo pagamento do imposto incidente nas operações anteriores. Ou seja, o imposto é diferido

---

[3]   Cf. SOUZA, Hamilton Dias de. ICMS – substituição tributária. *Revista Dialética de Direito Tributário*, São Paulo, n. 12, p. 17, set. 1996.

na saída de determinado contribuinte, sendo o momento do seu pagamento postergado e a responsabilidade transferida para outra pessoa física ou jurídica (no geral, os contribuintes mais próximos da cadeia comercial do produto). A sistemática de tributação da substituição tributária das operações antecedentes é conhecida na prática contábil-fiscal e na legislação tributária pelo termo coloquial de operações com "diferimento" do imposto (ICMS), e não acarreta maiores descontentamentos, nem grandes conflitos por parte dos contribuintes, nem discussões jurídicas muito relevantes, uma vez que o imposto deixa de ser cobrado em uma operação de determinado contribuinte, para ser cobrado *a posteriori*, por outro contribuinte que esteja à frente na cadeia comercial, respeitando a técnica constitucional não cumulativa. É uma técnica de tributação frequentemente utilizada para facilitar a fiscalização e evitar que determinados contribuintes tenham o ônus e o encargo de recolher o tributo, mas muitas vezes também é pleiteada por determinados setores econômicos, na medida em que o recolhimento *a posteriori* pode representar ganho no capital de giro para as empresas daquele segmento, uma vez que do ponto de visto econômico e financeiro é sempre vantajoso que o imposto seja pago posteriormente.

Como exemplo clássico de diferimento, podemos citar as operações envolvendo produtores rurais, os quais são dispensados do recolhimento do ICMS (diferimento), devendo o imposto ser pago pelos adquirentes industriais ou comerciais. É um instituto ao mesmo tempo vantajoso à fiscalização (não é preciso fiscalizar a imensa gama de produtos rurais) e aos contribuintes (o produtor rural não tem que fazer nenhum desembolso naquele primeiro momento, cabendo a seus adquirentes, em geral com maior capacidade econômico-financeira, o recolhimento jurídico do imposto, que ao final recairá sobre o preço final ao consumidor).

Apresentamos, na Figura 10.14, um exemplo prático da substituição tributária das operações antecedentes, na hipótese em que um produtor rural vende produtos primários a um supermercado por R$ 1.000, com "diferimento", cabendo ao adquirente (supermercado) o recolhimento do imposto da operação anterior na entrada do estabelecimento (18% sobre R$ 1.000 = R$ 180).

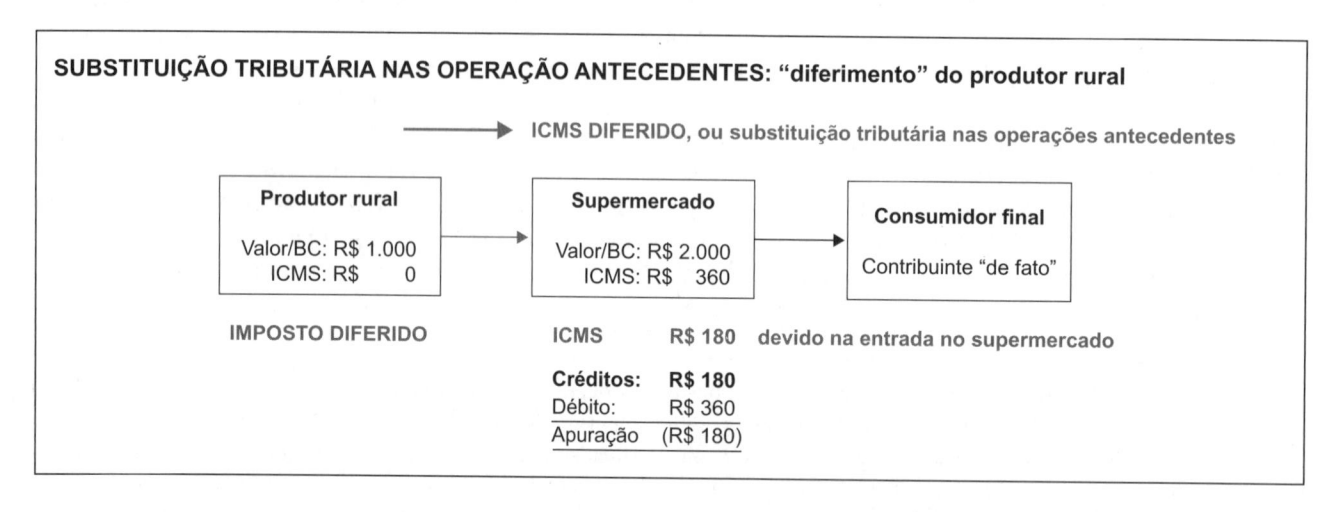

Figura 10.14 Exemplo de substituição tributária nas operações antecedentes – "diferimento" do produtor rural na venda a comerciante (responsabilidade do recolhimento na "entrada" pelo adquirente).

2. Substituição tributária das operações ou prestações concomitantes: caracterizada pela atribuição a determinados contribuintes, chamados de contribuintes substitutos (como, por exemplo, os tomadores de serviços de transporte tributados pelo ICMS) da responsabilidade pelo pagamento do imposto incidente nas operações ou prestações concomitantes. Ou seja, há a atribuição da responsabilidade pelo pagamento do imposto a outro contribuinte, e não àquele que esteja realizando a operação ou prestação de serviço (hipótese mais comum da utilização desta modalidade) concomitantemente à ocorrência do fato gerador.

A sistemática de tributação da substituição tributária das operações concomitantes é, amplamente, utilizada pelos Estados na tributação dos serviços de transportes prestados por transportadores autônomos ou por transportadoras localizadas em outros Estados (como faz, por exemplo, a legislação do estado de São Paulo).

Como sabemos, as transportadoras que efetuam o transporte intermunicipal e interestadual são contribuintes do ICMS e devem destacar o ICMS em documentos fiscais próprios (no caso de transporte de carga, no conhecimento de transporte rodoviário de cargas). No caso da prestação de serviço de transporte, o imposto é devido sempre ao Estado onde tenha início a prestação de serviço de transporte, conforme preconiza a alínea *a* do inciso II do art. 11 da LC nº 87/96.

No caso, todos os Estados, por meio da cláusula segunda do Convênio ICMS 25/90, deliberaram que na prestação de serviço de transporte de carga por transportador autônomo ou por empresa transportadora de outra unidade da Federação não inscrita no cadastro de contribuintes do estado de início da prestação, a responsabilidade pelo pagamento do imposto devido pode ser atribuída: (a) ao alienante ou remetente da mercadoria, exceto se microempreendedor individual ou produtor rural; (b) ao depositário da mercadoria a qualquer título, na saída da mercadoria ou bem depositado por pessoa física ou jurídica; (c) ao destinatário da mercadoria, exceto se microempreendedor individual ou produtor rural, na prestação interna.

Vamos demonstrar o caso do estado de São Paulo, que atribui em sua legislação (art. 316 do RICMS/SP) a responsabilidade pelo pagamento do imposto ao tomador do serviço quando for contribuinte do imposto neste Estado, seja este remetente ou destinatário. Vejamos, na Figura 10.15, um exemplo prático, no qual o prestador de serviço de transporte autônomo (ou empresa transportadora estabelecida em outra unidade federativa) cobra o valor de R$ 1.000 bruto para realizar o transporte, cabendo ao adquirente (tomador do serviço) arcar com o recolhimento de R$ 120 relativo ao ICMS sobre o serviço de transporte que deveria ter sido pago pelo transportador (desta forma, o tomador do serviço pode abater R$ 120 relativos ao ICMS substituição tributária do preço bruto, pagando o valor líquido ao transportador o valor de R$ 880).

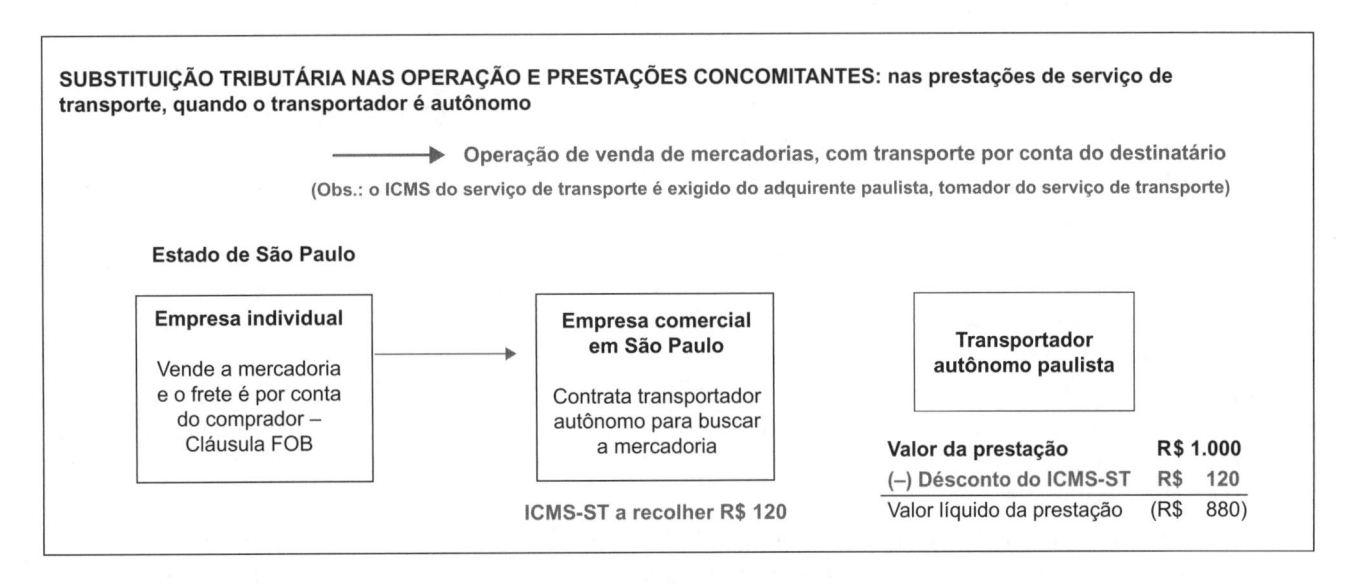

Figura 10.15 Exemplo de substituição tributária nas operações concomitantes – prestações de serviço de transporte por transportador autônomo em venda FOB (responsabilidade do recolhimento do imposto pelo destinatário – tomador do serviço).

3. Substituição tributária das operações subsequentes: caracterizada pela atribuição a determinados contribuintes, chamados de contribuintes substitutos (normalmente o primeiro na cadeia de comercialização: o fabricante ou importador) da responsabilidade pelo pagamento do imposto incidente nas saídas subsequentes com a mercadoria, até sua saída destinada a consumidor final. Essa sistemática de tributação tem sido amplamente utilizada pelos Estados, e justamente por trazer inúmeras controvérsias jurídicas e econômicas é que será analisada de forma mais detalhada nos tópicos seguintes.

SUBSTITUIÇÃO TRIBUTÁRIA DAS OPERAÇÕES SUBSEQUENTES OU "SUBSTITUIÇÃO TRIBUTÁRIA PARA FRENTE"

O ICMS em sua sistemática não cumulativa (débito e crédito) abrange a produção (indústria), atacado e varejo. Por sua vez, a substituição tributária (das operações subsequentes) pretende ser uma tributação em verdade monofásica, e que abrange em termos de sujeição passiva a produção/importação (indústria ou importador), mas que, por sua vez, considera para fins de base de cálculo os valores agregados também pelo atacado e pelo varejo.

ATENÇÃO!

A substituição tributária "para frente" é caracterizada pela atribuição a determinados contribuintes, chamados de contribuintes substitutos, da responsabilidade pelo pagamento do imposto incidente nas saídas subsequentes com a mercadoria, até sua saída destinada a consumidor final.

Na sistemática da substituição tributária, o imposto é todo recolhido na indústria ou no importador – e eventualmente no atacadista, considerando-se como base de cálculo o preço de venda previsto ao consumidor final e não implicando crédito para o adquirente das mercadorias (que, por sua vez, receberá a mercadoria com todo o ICMS já recolhido).

Dessa forma, podemos dizer, em termos jurídicos, que a substituição tributária das operações subsequentes (também denominada substituição tributária "para frente") consiste em um regime de apuração do ICMS, pelo qual a responsabilidade pelo imposto devido em relação às operações dos contribuintes seguintes na cadeia comercial com aquele produto é atribuída originalmente a outro contribuinte (que os antecede na cadeia comercial), antes da ocorrência desses fatos geradores futuros.

Essa modalidade da substituição tributária no ICMS, em relação às operações subsequentes, é caracterizada pela atribuição a determinados contribuintes, chamados de contribuintes substitutos (normalmente o primeiro na cadeia de comercialização: o fabricante ou importador – e eventualmente no atacadista), da responsabilidade pelo pagamento do imposto incidente nas saídas subsequentes com a mercadoria, até sua saída destinada a consumidor final.

Nesse contexto, é muito importante focalizar conceitualmente os dois tipos de contribuintes no regime de substituição tributária: contribuinte substituto e contribuinte substituído.

O contribuinte substituto é aquele para quem foi atribuída a responsabilidade pelo pagamento do imposto incidente nas saídas subsequentes com a mercadoria, até sua saída destinada ao consumidor final. Os contribuintes substitutos são normalmente os primeiros na cadeia de comercialização (ou seja, o fabricante ou importador e eventualmente um distribuidor) que ficarão responsáveis pelo pagamento antecipado do imposto em relação às saídas subsequentes com a mercadoria, promovidas pelos comerciantes atacadistas e varejistas, até que o produto chegue ao consumidor final.

Por sua vez, o contribuinte substituído é aquele contribuinte que terá seu imposto recolhido antecipadamente por outrem (pelo contribuinte substituto). Os contribuintes substituídos são normalmente os comerciantes atacadistas e varejistas, que não serão mais tributados pelo ICMS, uma vez que todo o imposto já foi recolhido pela indústria ou pelo importador.

A competência de instituição da substituição tributária é por meio de lei estadual (competência de cada uma das vinte e sete Unidades Federativas), conforme aponta o art. 6º, § 2º, da LC nº 87/96, conhecida por "Lei Kandir".

Na prática, todavia, normalmente os Estados mencionam genericamente na lei estadual todo um grupo (ou gênero) de produtos (ex.: autopeças, materiais de construção etc.) e os decretos estaduais em seguida determinam a descrição de cada produto especificamente (ex.: telhas, tijolos etc.), trazendo também normalmente os códigos de classificação fiscal (NBM/SH) de cada um desses produtos.

Por sua vez, a substituição tributária de acordo com o *caput* do art. 9º da LC nº 87/96 (Lei Kandir) também pode ser estendida às operações interestaduais dependendo de acordo específico a ser celebrado pelos Estados interessados. Assim, a implementação da substituição tributária em operações interestaduais não precisa da anuência de todos os Estados, embora também possa ser feita por convênio com validade para todas as Unidades Federativas, sendo que normalmente a aplicação da substituição tributária em matéria interestadual é feita somente por alguns Estados (dependendo do produto) por meio de inúmeros protocolos que vão sendo assinados um a um, ou em conjunto (com várias unidades federativas).

Quando aplicável a todas as Unidades Federativas, o acordo normalmente é celebrado pelo instrumento jurídico do convênio no âmbito do Confaz e, quando abrange alguns Estados (dois ou mais Estados), é feito por meio do instrumento jurídico do protocolo.

Um dos aspectos mais complexos quanto à substituição tributária das operações subsequentes é o que concerne à determinação de sua base de cálculo. Os critérios de fixação da base de cálculo da substituição tributária têm por objetivo prever o preço final da mercadoria ao consumidor final. Para tanto são utilizadas algumas regras de fixação de base de cálculo que variam de produto a produto, e cujas regras gerais estão determinadas no art. 8º da LC nº 87/96.

Assim, geralmente, a base de cálculo do ICMS por substituição tributária pode ser estabelecida (Figura 10.16):

(a) Preço final ao consumidor, único ou máximo, que seja fixado por órgão público competente.

(b) Preço final ao consumidor sugerido pelo fabricante ou importador (ex.: sorvetes).

(c) Pesquisa de preços no mercado (ex.: cerveja).

(d) Por meio de margem de valor agregado sobre os custos de aquisição da mercadoria (ex.: eletrodomésticos).

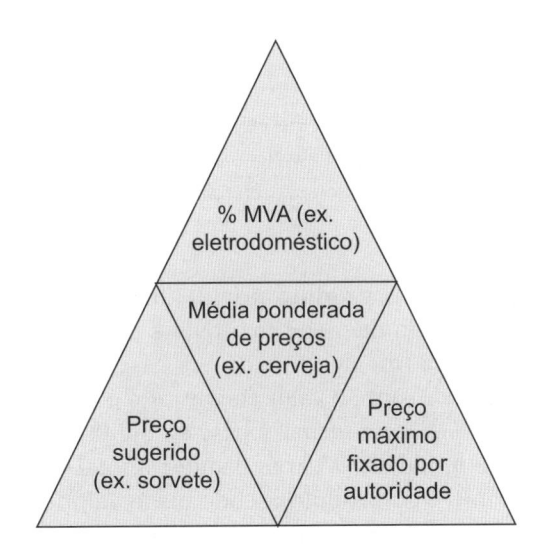

Figura 10.16 Substituição tributária –modalidades de fixação da base de cálculo do ICMS-ST.

Na prática, a LC prevê três métodos que utilizam a técnica de "pauta de preço" (um preço previsto ao consumidor final) que em tese seriam métodos mais precisos; e um método indireto que, partindo do custo de aquisição da mercadoria (normalmente o preço de venda do industrial), através da somatória de custos e adição de margem de valor agregado de lucro "presumido", acaba atingindo uma base de cálculo que supostamente seria o preço ao consumidor final (método denominado vulgarmente de MVA).

De qualquer forma, podemos dizer genericamente em relação a todas as Unidades Federativas que, em termos práticos, a eleição do critério de fixação da base de cálculo do ICMS substituição tributária, em conformidade com o art. 8º da LC nº 87/96, deve seguir esta ordem: (a) adoção do preço fixado por autoridade competente (não mais existente – não existe tabelamento de preços atualmente no Brasil), ou, na falta deste, (b) o preço sugerido pelo fabricante, ou, na falta deste, (c) o preço apurado em pesquisa feita pelo próprio governo estadual ou por entidade (média ponderada de preços). Não havendo nenhuma destas três formas de cálculo do imposto, daí parte-se para o cálculo através de: (d) margem de valor agregado, que na prática, apesar de ser o método residual (só é aplicável quando não for possível aplicar os demais métodos de "pauta de preço"), acaba sendo a forma de cálculo mais comum, e que oferece maior complexidade ao contribuinte.

De qualquer forma, é importante frisar que o objetivo dessas metodologias é o de aferir por algumas técnicas qual o preço que será praticado ao consumidor final, de modo a adotar este preço previsto, como sendo a base de cálculo para retenção antecipada do ICMS substituição tributária.

Na prática, o substituto tributário (em muitos casos, a indústria ou importador) recolhe o imposto devido pelo produto, calculado sobre o preço final estimado, que chegará ao consumidor final, após todo o percurso da cadeia comercial. Assim, ocorre uma antecipação do imposto, cobrado antes da ocorrência dos fatos geradores futuros (circulação das mercadorias nas etapas seguintes).

Demonstra-se um exemplo prático abaixo de cálculo de substituição tributária por margem de valor agregado – MVA (venda da indústria para o varejista, com base de cálculo da substituição tributária de R$ 17.508,75, e valor de operação de R$ 10.000,00 do produto e mais R$ 500 de frete; com IPI de 15%) com os seguintes dados:

Substituição tributária – venda da indústria para o varejista

Preço do Produto	R$ 10.000,00
(+) IPI	R$ 1.575,00
(+) Frete	R$ 500,00
Valor	R$ 12.075,00
(+) Margem (45%)	R$ 5.433,75
Valor Pres. Venda Varejo (Base ST)	**R$ 17.508,75**
(×) alíquota	18%
Valor	**R$ 3.151,58**
(–) ICMS próprio (18% de R$ 10.500)	**R$ 1.890,00**
(=) Valor do ICMS retido	**R$ 1.261,58**

Nesse caso prático, a indústria vende o produto por R$ 10.000,00 cobrando adicionalmente o frete de R$ 500,00 (com o ICMS próprio), sendo que há a incidência de IPI por fora de 15% (calculado sobre o preço do produto e o valor do frete). Para fins de formação da base de cálculo do ICMS-ST, são somados os valores do preço do produto + IPI + frete e sobre o valor encontrado é adicionada a margem de valor agregado ou adicionado do produto (no caso, 45%). Dessa forma, a base do ICMS-ST que corresponde ao preço previsto de venda a varejo é de R$ 3.151,58, de modo que a carga tributária total de ICMS em toda a cadeia comercial deverá ser de R$ 3.151,58 (alíquota de 18% do produto); sendo que o valor do ICMS retido por ST deve corresponder ao valor do ICMS que falta para completar a carga tributária total; e, sendo o ICMS próprio da indústria de R$ 1.890,00, o ICMS-ST retido será de R$ 1.261,58. Para fins de ilustrar o caso, segue a Figura 10.17.

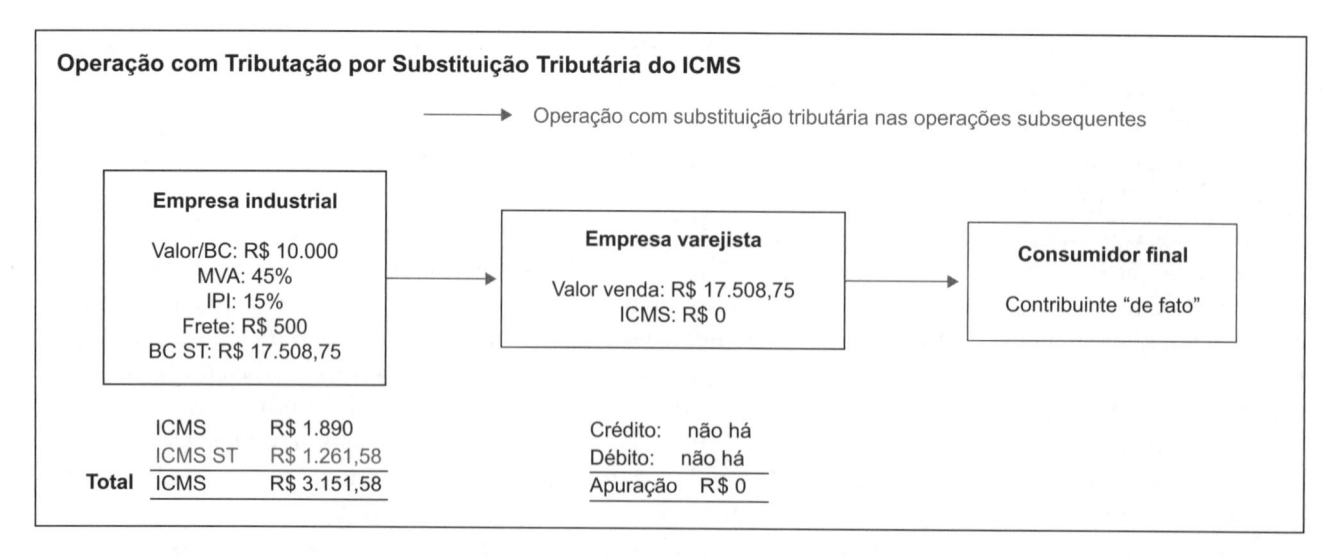

Figura 10.17 Exemplo de substituição tributária – venda da indústria para o varejista, com base de cálculo ST (Preço de venda previsto ao consumidor final de R$ 17.509,00) e valor de operação de R$ 10.000,00.

Dessa forma, todas as etapas posteriores na cadeia comercial desse produto serão realizadas pelos contribuintes substituídos (em geral, por comerciantes atacadistas e varejistas), que não terão mais que recolher nenhum imposto, uma vez que todo o ICMS já foi recolhido na origem pela indústria.

QUESTÃO PARA REFLEXÃO

E se o varejista efetuar a venda a consumidor final por um preço menor que R$ 17.508,75? Caberia ao varejista solicitar um ressarcimento de uma parcela do imposto retido por ST? Sem dúvida, com base no entendimento do STF, ao vender o produto por R$ 17.400,00, caberia ao varejista o ressarcimento de 18% (alíquota do produto) sobre a diferença de base de cálculo de R$ 108,75; ou seja, um ressarcimento de R$ 19,58: STF, fixação de tese jurídica ao Tema 201 da sistemática da repercussão geral: "É devida a restituição da diferença do Imposto sobre Circulação de Mercadorias e Serviços – ICMS pago a mais no regime de substituição tributária para frente se a base de cálculo efetiva da operação for inferior à presumida."

REGISTROS CONTÁBEIS DO ICMS-ST NAS EMPRESAS

Nesta seção, iremos demonstrar como é feita a contabilização do ICMS-ST pelos contribuintes substitutos e pelos contribuintes substituídos.

Para fins didáticos, adotaremos a venda de uma indústria – substituto tributário (com ICMS-ST a ser retido) para uma empresa atacadista – substituído tributário.

Neste exemplo de sistemática de tributação do ICMS pela substituição tributária, se o produto for vendido por R$ 1.000,00 sendo: (a) R$ 180,00, por dentro, do ICMS na operação própria; (b) + R$ 180,00 de ICMS – Substituição Tributária (por fora), totalizando um valor total de nota fiscal de R$ 1.180,00; o adquirente (comerciante atacadista) terá que registrar todo o ICMS (próprio e substituição tributária) como custo, ou seja, fazer o registro de estoques de R$ 1.180,00, já que não terá nenhum crédito a ser utilizado na operação seguinte (mas em contrapartida, não terá mais nenhum imposto de ICMS a pagar nas operações seguintes), como vemos na Figura 10.18.

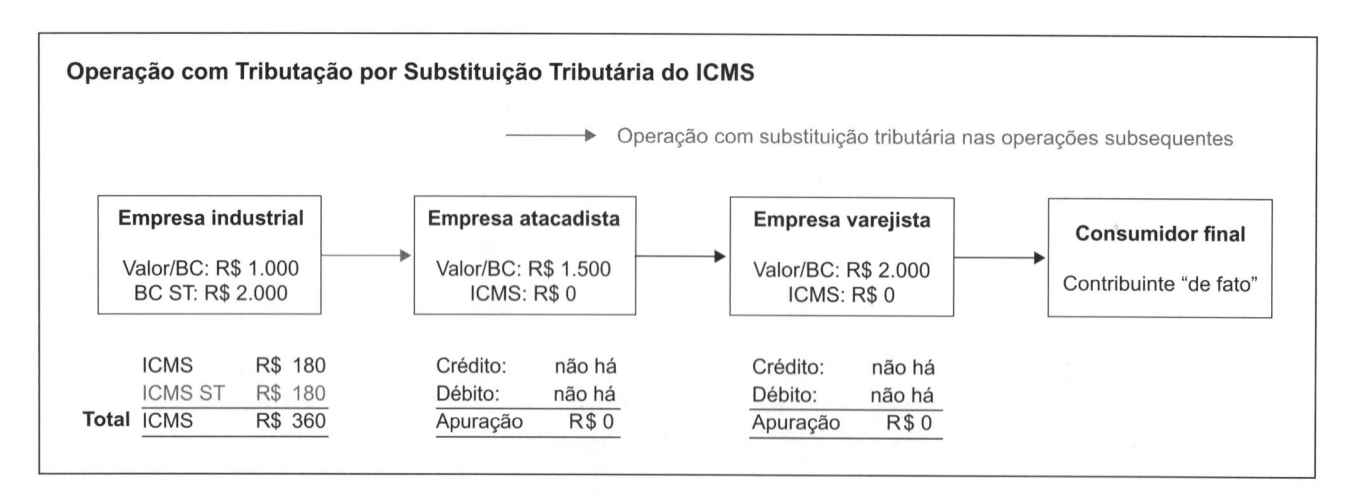

Operação com Tributação por Substituição Tributária do ICMS

→ Operação com substituição tributária nas operações subsequentes

Empresa industrial	Empresa atacadista	Empresa varejista	Consumidor final
Valor/BC: R$ 1.000 BC ST: R$ 2.000	Valor/BC: R$ 1.500 ICMS: R$ 0	Valor/BC: R$ 2.000 ICMS: R$ 0	Contribuinte "de fato"

ICMS R$ 180	Crédito: não há	Crédito: não há	
ICMS ST R$ 180	Débito: não há	Débito: não há	
Total ICMS R$ 360	Apuração R$ 0	Apuração R$ 0	

Figura 10.18 Exemplo de operação com substituição tributária do ICMS: não há créditos aos adquirentes.

Na parte de contabilização pela indústria (contribuinte substituto), é necessário que a indústria reconheça em seu passivo circulante o ICMS próprio ou normal; como o ICMS a ser retido por substituição tributária, por meio de duas formas de contabilização que são amplamente utilizadas pelas empresas. Na forma de contabilização mais completa, a receita bruta de indústria é reconhecida pelo valor total da nota fiscal englobando também o valor do ICMS retido por ST. E, na segunda forma de contabilização mais simplificada, o valor do ICMS retido por ST não transita na Demonstração de Resultados do Exercício.

Apresenta-se, para esse exemplo, o Quadro 10.3, exemplificativo da contabilização destas operações.

Quadro 10.3 Contabilização do ICMS-ST ("para frente"): venda da indústria ao atacadista

(a) Indústria (substituto tributário):

(i) Registra o valor total da NF de venda mais ICMS-ST (Debita Caixa/Bancos de R$ 1.180 e Credita Receita de Venda de R$ 1.000 e credita ICMS SUBSTITUIÇÃO a Recolher de R$ 180); (ii) registro de despesa de ICMS (Debita Despesa ICMS Próprio de R$ 180 e Credita ICMS a Pagar)

OU

(i) Registra o valor total da NF de venda no resultado (Debita Caixa/Bancos de R$ 1.180 e credita Receita de Venda de R$ 1.180); (ii) registro de Despesa de ICMS e ICMS-ST (debita Despesa ICMS Próprio de R$ 180 e credita ICMS a Pagar e, em seguida, e debita Despesa ICMS-ST de R$ 180 e credita ICMS SUBSTITUIÇÃO a Recolher);

(b) Comerciante atacadista: na aquisição (substituído tributário):

(i) registra custo de mercadoria de R$ 1.180 (debita Estoque e Credita Caixa/Bancos); na venda a posterior: registra venda de R$ 1.500 (debita Caixa/Bancos e credita Receita de Vendas); (ii) Baixa Estoque (debita CMV e credita Estoque em R$ 1.180).

Obs.: Veja que o adquirente não tem nenhum crédito de ICMS, mas também nenhum débito de ICMS adicional.

Basicamente, a indústria (contribuinte substituto) tem duas formas de contabilização:

(i) Uma mais simplificada, que não transita no resultado o valor do ICMS-ST e o lança diretamente no passivo. Por essa forma, a receita de venda é contabilizada pelo valor da mercadoria com o ICMS próprio (R$ 1.000), entrando no caixa da empresa R$ 1.180 e sendo reconhecido no passivo circulante R$ 180 a título de ICMS retido por ST.

(ii) Uma mais completa, que reconhece a receita de venda no resultado pelo valor total da Nota Fiscal (englobando o ICMS-ST) de R$ 1.180 contra a conta de caixa (ativo circulante). Em seguida, são reconhecidos como despesas na demonstração de resultados do exercício tanto o valor do ICMS próprio (R$ 180) como o valor do ICMS retido por ST (R$ 180).

CONTABILIZAÇÃO SUBSTITUIÇÃO TRIBUTÁRIA

Dessa forma, no exemplo a seguir vemos, de uma forma mais gráfica, as duas possibilidades de contabilização utilizadas pelas indústrias no mercado e a forma como se apresentará a Demonstração de Resultados dos Exercícios em ambas as situações.

Exemplo: Venda da Indústria ao Atacadista (Nota Fiscal – valor mercadoria 1.000 com o ICMS de 180 por dentro + ICMS-ST por fora de 180):

(i) Indústria
Registra o valor de venda do produto na DRE

D – Caixa/Bancos	R$ 1.180
C – Receita de Venda	R$ 1.000
C – ICMS ST a Recolher	R$ 180

Registra a despesa de ICMS

D – ICMS sobre Vendas	R$ 180
C – ICMS a Recolher	R$ 180

Contabilização do ICMS-ST ("para frente"): pela Indústria (na venda para o atacadista)
Demonstração do Resultado do Exercício

RECEITA BRUTA DE VENDAS	R$ 1.000
(–) ICMS SOBRE VENDAS	R$ 180
(=) RECEITA LÍQUIDA DE VENDAS	R$ 820

(ii) Indústria
Registra o valor total da NF de venda na DRE

D – Caixa/Bancos	R$ 1.180
C – Receita de Venda	R$ 1.180

Registra a Despesa de ICMS e ICMS-ST

D – ICMS sobre Vendas	R$ 180
C – ICMS a Recolher	R$ 180
D – Despesa ICMS-ST	R$ 180
C – ICMS ST a Recolher	R$ 180

Contabilização do ICMS-ST ("para frente"): Demonstração do Resultado do Exercício da Indústria
Demonstração do Resultado do Exercício

RECEITA BRUTA DE VENDAS	R$ 1.180
(–) ICMS SOBRE VENDAS	R$ 180
(–) ICMS SUBSTITUIÇÃO TRIBUTÁRIA*	R$ 180
(=) RECEITA LÍQUIDA DE VENDAS	R$ 820

Portanto, neste exemplo, a indústria pode apresentar a receita bruta de vendas de R$ 1.180 apresentando as contas redutoras de ICMS próprio e ICMS-ST; como apresentar a receita bruta de vendas de R$ 1.000 apenas como a redutora do ICMS próprio.

Segundo Ariovaldo dos Santos,[4] "existem diversas alternativas para a contabilização do ICMS em regime de substituição tributária [...] entre-

ATENÇÃO!

O ICMS próprio e o ICMS-ST, quando da adoção da sistemática da substituição tributária, se transformam ambos em custos ao adquirente da mercadoria, sendo, portanto, o custo de tais tributos incorporados diretamente aos estoques, quando da aquisição, e depois lançados como CMV, quando da venda futura.

---

[4] SANTOS, Ariovaldo dos. *Demonstração do Valor Adicionado*: como elaborar e analisar a DVA. 2. ed. São Paulo: Atlas, 2007. p. 185.

tanto, [...] apenas as duas que são mais utilizadas e aceitas no Brasil". No exemplo acima, foram apresentadas as duas principais formas de contabilização do contribuinte substituto.

A grande diferença para o contribuinte substituto entre a primeira alternativa e a segunda alternativa está na inclusão ou não do ICMS recolhido segundo o regime de substituição tributária no valor do faturamento bruto.

Essa diferença entre essas duas formas de contabilização, com exceção do Balanço Patrimonial (que em ambas as hipóteses permanecem o mesmo), implica algumas diferenças nas demonstrações financeiras:

(a) Na Demonstrações de Resultado: havendo a inclusão da Substituição Tributária (ST) no faturamento bruto, deverá aparecer a conta dedutora de "ICMS-ST" (compreendida entre as contas de impostos sobre vendas (na forma de contabilização mais completa), ou já se registrará o faturamento sem a inclusão do valor pago a título da ST, não havendo então necessidade dessa conta dedutora entre as contas de impostos sobre vendas (na forma de contabilização mais simplificada).

(b) Na Demonstração de Valor Adicionado: havendo a inclusão da ST nas receitas de vendas de mercadoria, deverão os valores de ICMS-ST ser considerados nos "impostos, taxas e contribuições" para fins de distribuição do valor adicionado vendas (na forma de contabilização mais completa); ou já se registrarão as receitas de vendas de mercadoria sem a inclusão do valor pago a título da ST, não devendo então os valores de ICMS-ST ser considerados nos "impostos, taxas e contribuições" para fins de distribuição do valor adicionado (na forma de contabilização mais simplificada).

Por fim, vejamos a situação do contribuinte substituído que adquiriu a mercadoria. Nesse caso, a legislação tributária não admite o crédito nem do ICMS próprio e nem do ICMS-ST, já que o ICMS de toda a cadeia comercial já foi recolhido pela indústria; devendo a aquisição se dar sem o crédito fiscal; e a posterior saída sem o débito fiscal. Desse modo, todo o valor pago na nota fiscal de compra de R$ 1.180 deve ser reconhecido como estoque:

Contabilização do ICMS-ST ("para frente"): pelo Atacadista (na compra)
Comerciante:
(i) Na aquisição:

D – Estoque	R$ 1.180
C – Caixa/Bancos	R$ 1.180

(ii) Na venda:

D – Caixa/Bancos	R$ 2.000
C – Receita de Vendas	R$ 2.000

(iii) Na baixa do Estoque

D – CMV	R$ 1.180
C – Estoque	R$ 1.180

O adquirente não tem nenhum crédito de ICMS, mas também nenhum débito de ICMS adicional.

Logo, como se vê, o ICMS próprio e o ICMS-ST (substituição tributária), quando da adoção da sistemática da substituição tributária, transformam-se ambos em custos ao adquirente da mercadoria (no exemplo, do atacadista que adquire do industrial), sendo, portanto, o custo de tais tributos incorporado diretamente aos estoques, quando da aquisição, e depois lançado como Custo da Mercadoria Vendida (CMV), quando da venda futura. Por outro lado, os adquirentes (atacadistas e varejistas) não terão mais desembolsos com o recolhimento do ICMS em suas operações.

RESUMO

OBJETIVO 1 O ICMS apresenta algumas características gerais importantes: (a) é um imposto de competência estadual; (b) é um imposto não cumulativo; (c) é um imposto que pode ser seletivo, ou seja, pelo princípio da seletividade, o imposto pode ser cobrado em função da essencialidade das mercadorias (existe a possibilidade de alíquotas diferenciadas por tipo de mercadorias); (d) é o principal tributo indireto em termos de arrecadação, tendo como principais contribuintes de direito pessoas físicas e jurídicas, principalmente empresas comerciais e industriais que lidem com alguma etapa econômica de circulação de mercadorias ou prestação dos serviços específicos abrangidos.

Em relação a seus fatos geradores, os quais estão listados no art. 2º e no seu § 1º da LC nº 87/96 (Lei Kandir), cumpre destacar que o ICMS incide sobre: operações relativas à circulação de mercadorias (incluindo também o fornecimento de alimentação e bebidas em bares, restaurantes; fornecimento de energia elétrica; operações com combustíveis e lubrificantes; e minerais); fornecimento de mercadorias com prestação de serviços não compreendidos na competência tributária dos Municípios; fornecimento de mercadorias com prestação de serviços sujeitos ao imposto sobre serviços, de competência dos Municípios, quando a LC aplicável expressamente o sujeitar à incidência do imposto estadual; prestações de serviços de transporte interestadual e intermunicipal; prestação onerosa de serviços de comunicação; importação de mercadoria, ainda quando se tratar de bem destinado a uso, consumo ou ativo-permanente do estabelecimento; importação de serviço (serviço prestado no exterior ou cuja prestação se tenha iniciado no exterior).

Quanto à base de cálculo do ICMS, as principais definições estão contidas no art. 13 da LC nº 87/96, sendo que, no que concerne à circulação de mercadorias, a principal base de cálculo nas operações com mercadorias (no regime periódico de apuração – RPA – débito e crédito) compreende o valor da operação com mercadorias e todos os demais gastos acessórios necessários que antecedem a entrada da mercadoria no estabelecimento e sejam cobrados pelo remetente do adquirente, tais como seguro, frete e outras despesas, considerando inclusive o valor do próprio imposto (ICMS).

As alíquotas nas operações interestaduais são definidas por resoluções do Senado Federal, e em geral são de 12%, com exceção das operações oriundas do Sul e Sudeste (exceto Espírito Santo) com destino aos Estados do Norte, Nordeste, Centro-oeste e Espírito Santo, cuja alíquota aplicável é de 7%. Desde 2013, também houve uma alteração das alíquotas interestaduais, especificamente para os bens e mercadorias importados do exterior ou com conteúdo de importação superior a 40%, no qual a alíquota interestadual passou a ser de 4%, nos termos da Resolução do Senado nº 13/12.

OBJETIVO 2 Na compreensão dos créditos admitidos pelo método não cumulativo do ICMS, cabe destacar: (1) O ICMS se insere no rol dos tributos sobre o consumo sobre o "valor agregado", que adota a não cumulatividade com o direito à compensação (de se tomar o crédito fiscal) do que foi cobrado na "operação anterior" por estabelecimento; sendo que no final do período de apuração mensal (em cada estabelecimento) são apurados os totais de débitos (com base nas saídas tributadas) e os totais de créditos (correspondentes a entradas tributadas com direito ao crédito do imposto); (2) até o momento, a legislação tributária (inciso I do art. 33 da LC nº 87/96) veda o crédito de materiais de uso e consumo, e o crédito de aquisição de ativo imobilizado é permitido dentro de uma sistemática própria de creditamento de parcelas de 1/48 avos, conforme controles do livro fiscal CIAP; (3) a aquisição com isenção ou não incidência não gera direito ao crédito do ICMS e, além disso, o ICMS está sujeito ao efeito do estorno de crédito para quem utiliza da isenção, pois a Constituição Federal e a Lei Kandir determinam que a saída de mercadoria com isenção, sem que a legislação específica preveja a manutenção do crédito, implica o estorno dos créditos referentes à entrada dessas mercadorias isentas ou dos insumos que foram utilizados para produzi-las; (4) para fins de crédito de ICMS relativos a mercadorias e insumos, é adotado no ICMS o critério do crédito físico, com o direito de crédito das mercadorias para revenda (na atividade comercial) e dos insumos que se integram ao produto final ou se consomem no processo (industrial); (5) existem outras possibilidades de crédito de ICMS importantes de serem destacadas, como é o caso do serviço de transporte; serviço de comunicação e das operações com energia elétrica; que seguem regramentos específicos que foram destacados.

OBJETIVO 3   A nossa Carta Constitucional, ao disciplinar o ICMS, dispôs no seu art. 155, § 2º, XII, alínea *g*, que a forma pela qual os Estados e o Distrito Federal poderão conceder isenções, incentivos e benefícios fiscais deve observar o disposto em LC que disciplina o procedimento de concessão. A LC nº 24/75 (que permanece vigente, mesmo após a edição da LC nº 160/17) – recepcionada pela Constituição de 1988 – disciplina, entre outras matérias, a forma pela qual são concedidos benefícios, isenções e incentivos fiscais em matéria de ICMS, sendo exigida a celebração de convênio fazendário no âmbito do Confaz.

A competência do Confaz em termos de benefícios é ampla, abrangendo isenções; redução da base de cálculo; a devolução total ou parcial, direta ou indireta, condicionada ou não, do tributo, ao contribuinte, a responsável ou a terceiros; à concessão de créditos presumidos; a quaisquer outros incentivos ou favores fiscais ou financeiro-fiscais, concedidos com base no Imposto de Circulação de Mercadorias, dos quais resulte redução ou eliminação, direta ou indireta, do respectivo ônus; às prorrogações e às extensões das isenções vigentes.

Com o advento da harmonização contábil brasileira aos padrões internacionais, o Brasil passou a seguir em termos de contabilidade societária o Pronunciamento Contábil CPC 07 (R1), o qual foi embasado na norma contábil internacional IAS-20. O CPC 07 (R1) e abrange a contabilização de subvenções governamentais, que são entendidas na norma contábil como o auxílio do governo (assistência governamental), na forma de transferência de recursos para uma entidade em compensação por cumprimento passado ou futuro de certas condições relacionadas às atividades operacionais da entidade.

Dessa forma, os benefícios fiscais que se enquadrarem na definição contábil de subvenção governamental devem seguir as regras de contabilização do CPC 07 (R1). Assim, a subvenção (no caso, por exemplo, um benefício fiscal de ICMS) deve ser reconhecida como receita ao longo do período e confrontada com as despesas. Assim como os tributos são lançados no resultado, é coerente registrar a subvenção (que é uma extensão da política fiscal) como receita. Como a subvenção é recebida de uma fonte que não os acionistas e deriva de ato de gestão em benefício da entidade, não deve ser creditada diretamente no patrimônio líquido (PL), mas como receita na sua respectiva competência. A subvenção governamental não deve ser reconhecida até que exista razoável segurança de que: (a) a entidade irá cumprir todas as condições estabelecidas; (b) será efetivamente recebida.

OBJETIVO 4   A substituição tributária é uma modalidade de responsabilidade tributária pelo pagamento do imposto, utilizada para impostos que a princípio deveriam ser plurifásicos, e que consiste na atribuição pela legislação tributária a um determinado contribuinte denominado "contribuinte substituto" da responsabilidade pelo pagamento do imposto devido em determinadas operações subsequentes, antecedentes, ou concomitantes praticadas por outros contribuintes, denominados "contribuintes substituídos".

A substituição tributária do ICMS nas operações subsequentes é caracterizada pela atribuição a determinados contribuintes, chamados de contribuintes substitutos (normalmente o primeiro na cadeia de comercialização: o fabricante ou importador – e eventualmente no atacadista) da responsabilidade pelo pagamento do imposto incidente nas saídas subsequentes com a mercadoria, até sua saída destinada a consumidor final.

O objetivo das metodologias de base de cálculo do ICMS-ST "para frente" é o de aferir por algumas técnicas qual o preço que será praticado ao consumidor final, de modo a adotar esse preço previsto, como sendo a base de cálculo para retenção antecipada do ICMS substituição tributária.

▶ **VÍDEOS ADICIONAIS SOBRE O CAPÍTULO**

Acesse os QR Codes para assistir ao material adicional do capítulo:

Vídeo 1  uqr.to/1aya9

Vídeo 2  uqr.to/1ayaa

Vídeo 3  uqr.to/1ayab

APLICANDO CONHECIMENTOS – TESTES E QUESTÕES

TESTES DE MÚLTIPLA ESCOLHA

1. Apontar a alternativa que apresenta a sequência **correta** (V – Verdadeiro ou F – Falso) para os seguintes enunciados:

( ) No fornecimento de alimentação e bebidas em bares e restaurantes incide o ISS.

( ) Na revisão de veículo em oficina do concessionário há a incidência do ISS sobre os serviços e incidência do ICMS sobre as peças e partes empregadas.

( ) Na venda direta de pneus de uma fábrica para uma empresa comercial usar na frota de veículos (vendedores), o IPI deve integrar a Base de Cálculo do ICMS.

( ) Na aquisição de mercadorias para revenda no valor de R$ 100, como ICMS de 18% por dentro, deve o estoque ser contabilizado por R$ 82.

( ) Na venda de um insumo por R$ 100 (ICMS por dentro e mais R$ 10 de IPI por fora) de uma indústria para outra indústria, o ICMS destacado deve ser de R$ 19,80.

a) F, V, V, V, F

b) V, V, V, V, V

c) F, F, F, V, F

d) F, V, V, V, V

e) F, V, V, F, F

2. Tendo em vista a edição da EC nº 87/15; quanto ao recolhimento do diferencial de alíquotas, nos casos a seguir, de quem será a obrigação?

I – Indústria de pneus vende para transportadora de outro Estado.

II – Indústria de pneus venda para Prefeitura de outro Estado.

III – Indústria de pneus vende para pessoa física de outro Estado.

IV – Indústria de pneus vende para distribuidora de energia elétrica de outro Estado.

a) Do remetente em todos os casos.

b) Do destinatário em todos os casos.

c) Do remetente em II e III e do destinatário em I e IV.

d) Do destinatário em II e III e do remetente em I e IV.

e) Do remetente em III e do destinatário em I, III e IV.

3. Apontar a alternativa que apresenta a sequência **correta** (V – Verdadeiro ou F – Falso) para os seguintes enunciados:

( ) O conceito de benefícios fiscais das LC nºs 24/75 e 160/17 compreende apenas isenções e jamais situações como créditos presumidos ou outros incentivos financeiro-fiscais, concedidos com base no ICMS.

( ) A contabilização de uma Subvenção Governamental de um Benefício Fiscal Estadual exige que a empresa reconheça na DRE uma Receita de Benefícios Fiscais, que, se não distribuída, depois será destinada à Reserva de Incentivos Fiscais do Patrimônio Líquido.

( ) Na venda de pneus por R$ 2.000 (mais R$ 200 de IPI por fora) de uma indústria para uma empresa usar como uso e consumo de sua frota, o ICMS (18%) destacado deve ser de R$ 396.

( ) Pelo motivo da Guerra dos Portos, para desincentivar o desembaraço aduaneiro em Estados com benefícios fiscais na importação (ex.: Espírito Santo e Santa Catarina), foi criada a alíquota interestadual de 4% para produtos importados.

( ) Uma loja de São Paulo vende para consumidor final (não contribuinte), por exemplo uma pessoa física do Rio de Janeiro (alíquota interna de 20%) e portanto deverá recolher a alíquota interestadual de 12% para São Paulo e 8% a título de diferencial de alíquota para o Rio de Janeiro, que já deve ser recolhido pelo remetente.

a) V, V, V, V, V

b) F, V, V, V, V

c) F, V, F, F, V

d) V, V, V, V, F

e) F, F, F, V, V

4. A indústria ABC de São Paulo adquiriu um equipamento para produção por R$ 26.666,67 com ICMS destacado sobre 18%.

Qual o valor do crédito que a indústria poderá aproveitar fiscalmente no 1o mês de aquisição (o equipamento entrará imediatamente em utilização), considerando neste mês dos dados abaixo?

– Total de saídas no período de apuração (100%) = R$ 100.000,00.

– Total de saídas tributadas (85%) = R$ 85.000,00.

– Total de saídas não tributadas (15%) = R$ 15.000,00.

a) R$ 100.

b) R$ 85.

c) R$ 4.800.

d) R$ 15.

e) R$ 170.

5. (CFC-2021) Uma Sociedade Comercial Ltda. detinha 10 unidades de estoque ao valor de R$ 18,00 cada. No mês seguinte, realizou a seguinte movimentação nos estoques:

1 – Compra de 8 unidades por R$ 22,00 cada.

2 – Compra de 10 unidades por R$ 21,00 cada.

3 – Venda de 15 unidades por R$ 48,00 cada.

4 – Venda de 5 unidades por R$ 49,00 cada.

5 – Compra de 12 unidades por R$ 20,00 cada.

6 – Venda de 10 unidades por R$ 49,00 cada.

7 – Compra de 4 unidades por R$ 18,00 cada.

Essa sociedade utiliza o método PEPS (Primeiro que Entra, Primeiro que Sai) para o controle de estoque. Considerando que essa empresa é tributada na compra e venda de mercadorias, com ICMS a 10%, informe, respectivamente, o Custo das Mercadorias Vendidas (CMV) e o saldo do estoque final nesse referido mês.

a) R$ 563,40 e R$ 244,80.

b) R$ 606,00 e R$ 272,00.

c) R$ 1.309,50 e R$ 244,80.

d) R$ 1.455,00 e R$ 272,00.

6. (CFC-2020) Considere que determinada mercadoria sujeita ao ICMS no regime de substituição tributária (ICMS/ST) foi vendida por uma empresa industrial para empresa varejista, localizada no mesmo estado sendo:

▪ Valor da venda: R$ 1.000,00.

▪ Valor do frete e seguro: R$ 200,00.

▪ Alíquota interna do ICMS: 12%.

▪ Alíquota do IPI: 5%

▪ MVA: 40%.

O valor do ICMS a ser recolhido por substituição tributária será de:

a) R$ 44,00.

b) R$ 67,68.

c) R$ 211,68.

d) R$ 144,00.

7. (CFC-2021) Uma Sociedade Empresária realizou em 18.12.2019 uma venda a prazo no valor de R$ 100.000,00 ao custo de R$ 60.000,00, com a incidência de ICMS de 20%. No dia 26.12.2019, recebeu 30% em devolução das vendas realizadas no dia 18.12.2019. Considerando somente essas informações, qual o Resultado Bruto após essas transações?

a) R$ –4.000,00.

b) R$ 14.000,00.

c) R$ 20.000,00.

d) R$ 38.000,00.

8. (CFC-2020) A Sociedade Empresária adquiriu, a prazo, mercadorias para revenda pelo valor de R$ 300.000,00, com incidência de ICMS de R$ 51.000,00 incluído na NF. Adicionalmente, pagou, à vista, R$ 5.000,00 a título de frete para transporte das mercadorias, sem incidência de ICMS. Tendo como referência apenas essas informações apresentadas, o lançamento contábil que melhor registra essa operação é:

a) DÉBITO Mercadorias para Revenda – R$ 254.000,00

DÉBITO ICMS a Recuperar R$ 51.000,00

CRÉDITO Fornecedores R$ 249.000,00

CRÉDITO Caixa R$ 5.000,00

b) DÉBITO Mercadorias para Revenda – R$ 254.000,00

DÉBITO ICMS a Recuperar R$ 51.000,00

DÉBITO Fretes e Carretos – Despesa Administrativa R$ 5.000,00

CRÉDITO Fornecedores R$ 300.000,00

CRÉDITO Caixa R$ 5.000,00

c) DÉBITO Mercadorias para Revenda – R$ 254.000,00

DÉBITO ICMS a Recuperar R$ 51.000,00

CRÉDITO Fornecedores R$ 300.000,00

CRÉDITO Caixa R$ 5.000,00

d) DÉBITO Mercadorias para Revenda – R$ 249.000,00

DÉBITO ICMS – Despesas Tributárias R$ 51.000,00

CRÉDITO Caixa R$ 5.000,00

CRÉDITO Fornecedores R$ 254.000,00

9. A Sociedade Empresária Pernambucana realizou vendas, no ano de 2019, no valor de R$ 2.000.000 com a incidência de ICMS-alíquota média de 15% (em suas operações internas e interestaduais), e obteve e já faz jus ao valor de R$ 172.500 de Benefícios Fiscais Estaduais de ICMS do programa PRODEPE (crédito presumido de ICMS). A empresa apresentou a seguinte Demonstração de Resultados do Exercício:

DRE		
Receita de Vendas		2.000.000
ICMS s/ vendas	15%	(300.000)
Benefício Fiscal		172.500,00
Receita Líquida		1.872.500
CMV		(930.000)
LUCRO BRUTO		942.500
Despesas		(570.000)
Lucro Contábil		372.500

Considerando que a empresa não irá distribuir aos acionistas a parcela de benefícios fiscais, como deverá proceder com a contabilização do Benefício Fiscal nos termos do CPC 07 (R1) – Subvenção e Assistência Governamentais?

a) D – Benefícios Fiscais a apropriar ......R$ 172.500 (AC)

   C – Res. Incentivos Fiscais ....R$ 172.500 (PL)

b) D – ICMS a Pagar ....R$ 172.500 (PC)

   C – Benefícios Fiscais ....R$ 172.500 (Rec)

   D – Lucro Contábil ....R$ 172.500 (DRE)

   C – Dividendos propostos ....R$ 172.500 (PL)

c) D – ICMS a Pagar ....R$ 172.500 (PC)

   C – Res. Incentivos Fiscais ....R$ 172.500 (PL)

d) D – ICMS a Pagar ....R$ 172.500 (PC)

   C – Benefícios Fiscais ....R$ 172.500 (Rec)

e) D – Lucro Contábil ....R$ 172.500 (DRE)

   C – Res. Incentivos Fiscais ....R$ 172.500 (PL)

10. Analise as seguintes afirmações:

I – A atual legislação do ICMS (LC nº 87/96) abandonou o critério do crédito físico do ICMS, permitindo livremente o crédito de material de uso e consumo a qualquer tempo.

II – Como regra geral, na indústria, os insumos adquiridos que se integram ao produto final ou se consomem no processo industrial, devem dar direito ao crédito do ICMS.

III – A não cumulatividade dá o direito do contribuinte se creditar do ICMS, ainda quando adquira um produto para revenda em uma operação isenta, através de uma Nota Fiscal sem o destaque do ICMS.

IV – Uma das maiores inovações previstas na LC nº 87/96 (após a alteração da LC nº 102/00), em matéria de ICMS, enuncia que o consumo de energia elétrica permite o creditamento do imposto, quando consumida no processo de industrialização.

Está correto o que se afirma APENAS em:

a) II e IV.

b) III e IV.

c) I, II e IV.

d) I, II, III e IV.

e) I e IV.

RESPOSTAS

1-A; 2-C; 3-B; 4-B; 5-A; 6-B; 7-B; 8-C; 9-D; 10-A.

QUESTÕES

1. (Apuração de ICMS) Sociedade empresarial localizada no estado de São Paulo, com atividade de indústria, realizou, no mês de janeiro de 2021, as operações abaixo descritas:

   (i) Aquisição de matéria-prima (provinda do estado do Paraná): R$ 100.000,00.

   (ii) Aquisição de um bem destinado ao ativo permanente/imobilizado (vendedor localizado no estado de São Paulo): R$ 266.666,66.

   (iii) Aquisição de bens de consumo (vendedor localizado no estado de São Paulo): R$ 10.000,00.

   (iv) Venda de produtos destinados a comerciantes localizados em Fortaleza/CE: R$ 100.000,00.

   (v) Venda de produtos destinados ao uso e consumo de uma Empresa Atacadista de Florianópolis/SC (contribuinte do ICMS): R$ 100.000,00.

   (vi) Transferência de produtos fabricados para estabelecimento da própria sociedade empresarial, localizado no estado de São Paulo: R$ 50.000,00.

   (vii) Exportação para o exterior de produtos fabricados: R$ 100.000,00.

   Observações:

   1. Nas operações internas, aplicou-se a alíquota normal básica do imposto de 18%, e nas interestaduais as alíquotas normais (mercadorias nacionais) de acordo com resolução do Senado Federal.

   2. Não se cogitou da questão relativa à integração, ou não, do IPI à base de cálculo do ICMS.

   3. Nenhuma regra de isenção alcança as operações (entradas e saídas).

   4. Computou-se o valor de R$ 5.000,00 como saldo credor do imposto relativo ao confronto do período de dezembro de 2020.

5. Ao final do período de Janeiro/2021, a referida sociedade empresarial efetivou o confronto entre créditos e débitos do ICMS, no qual apurou o saldo credor ou devedor.

Pede-se:

(a) Qual o valor dos créditos fiscais de ICMS nas aquisições que podem ser aproveitados em Janeiro/2021?

(b) Qual o valor dos débitos fiscais de ICMS nas saídas do estabelecimento?

(c) Qual o saldo credor ou devedor do ICMS no mês de Janeiro/2021?

2. (Diferencial de alíquotas) A empresa Agroindustrial SA de São Paulo:

(i) adquiriu de fornecedor de Santa Catarina material de limpeza no valor de R$ 1.000;

(ii) caixas de embalagem de rapadura de fornecedor do MS no valor de R$ 2.000;

(iii) máquinas para cortar rapadura da BA no valor de R$ 10.000.

Pede-se: Considerando a alíquota interna de São Paulo de 18%, qual o valor a ser pago a título de diferencial de alíquotas?

3. (Base de Cálculo – Substituição Tributária) Uma fábrica de materiais de construção de Campinas-SP vende mercadorias (materiais de construção) para um revendedor de Ribeirão Preto-SP pelo valor de R$ 85.000,00 (com ICMS próprio, por dentro) e mais R$ 9.050 de IPI; cobrando ainda mais R$ 5.950 de frete (venda preço CIF).

Sabe-se que a Margem de Valor Agregado (MVA) para este tipo de produto é de 50% e que a alíquota do ICMS é 18%.

Pede-se: O valor da base de cálculo da Substituição Tributária (preço previsto na venda a varejo) e o valor do ICMS retido por Substituição Tributária pela fábrica.

4. (Contabilização do ICMS e demais tributos recuperáveis) (CFC-2020) A firma comercial Tomma Ltda. realizou as seguintes transações em fevereiro de 2020:

- Compra de mercadorias para revenda à vista, por R$ 150.000,00. Nesse valor estão incluídos: ICMS à alíquota de 12%; PIS recuperável à alíquota de 1,65%; e COFINS recuperável à alíquota de 7,6%.

- Venda a prazo no valor de R$ 130.000,00 de 60% das mercadorias adquiridas com entrega imediata e recebimento em 20.3.2020. Os tributos incidentes sobre a venda são: ICMS de 12%; PIS de 1,65%; e, COFINS de 7,6%.

Sabendo-se que o estoque inicial de mercadorias no início do mês era igual a zero, considerando somente as transações apresentadas, qual foi o Resultado Bruto obtido pela Tomma Ltda. no mês de fevereiro de 2020?

RESPOSTAS

1. Vamos proceder aos cálculos dos débitos e créditos fiscais das operações I a VII:

(i) $100.000 \times 12\% = 12.000$; ICMS a recuperar 12.000.

(ii) $266.666,66 \times 18\% = 48.000 / 48$ meses; ICMS a recuperar 48.000 (podendo ser utilizado apenas 1.000 no mês de Jan/21).

(iii) Uso e consumo não gera direito a crédito do ICMS.

(iv) $100.000 \times 7\% = 7.000$; ICMS a recolher de 7.000.

(v) $100.000 \times 12\% = 12.00$; ICMS a recolher de 12.000 (o diferencial de alíquotas deve ser pago pela empresa contribuinte destinatário).

(vi) $50.000 \times 18\% = 9.000$; ICMS a recolher de 9.000.

(vii) Exportação – não há destaque/incidência do ICMS e os créditos são mantidos.

Por fim, os créditos e débitos fiscais de ICMS, bem como o saldo da apuração são:

Créditos Fiscais de ICMS a serem aproveitados em Janeiro/2021 = 12.000 + 1.000 = 13.000

Débitos Fiscais de ICMS das saídas em Janeiro/2021= 7.000 + 12.000 + 9.000 = 28.000

Apuração de ICMS em Janeiro/2021 = 5.000 (saldo credor inicial) + 13.000 – 28.000 = 10.000 (saldo devedor a ser recolhido)

2. Valor Total do Diferencial de Alíquotas a ser pago para São Paulo: R$ 660.
   Vamos analisar:
   – Nesta aquisição de material de limpeza o ICMS próprio de Santa Catarina é de R$ 120 (12%) e o diferencial de alíquota para São Paulo é R$ 60 (6% => diferencial de 18% para 12%).
   – Nesta aquisição de material de embalagens que são insumos indústria não há cobrança de diferencial de alíquotas.
   – Nesta aquisição de máquinas (ativo imobilizado) o ICMS próprio da BA é de R$ 1.200 (12%) e o diferencial de alíquota para São Paulo é R$ 600 (6% => diferencial de 18% para 12%). Portanto, R$ 660,00 é o valor total do diferencial de alíquota a ser pago para São Paulo.

3. Seguem os cálculos da substituição tributária:

Preço do Produto	R$ 85.000,00
(+) IPI	R$ 9.050,00
(+) Frete	R$ 5.950,00
Valor	R$ 100.000,00
(+) Margem (50%)	R$ 50.000,00
Valor Presumido de Venda Varejo (Base ST)	**R$ 150.000,00**
(×) alíquota	18%
Valor	R$ 27.000,00
(–) ICMS próprio (18% de R$ 90.950)	R$ 16.371,00
(=) Valor do ICMS retido por ST	**R$ 10.629,00**

4. R$ 31.500,00. Cálculo conforme os seguintes lançamentos contábeis:

Compra		
Estoque	R$ 118.125,00	D
ICMS a recuperar	R$ 18.000,00	D
PIS-COFINS a recuperar	R$ 13.875,00	D
Caixa/Bancos	R$ 150.000,00	C

Venda		
Receita de Vendas	R$ 130.000,00	C
Clientes a receber	R$ 130.000,00	D

CMV	R$ 70.875,00	D
Estoque	R$ 70.875,00	C

Despesas de ICMS	R$ 15.600,00	D
ICMS (passivo)	R$ 15.600,00	C

Despesas de PIS-COFINS	R$ 12.025,00	D
ICMS (passivo)	R$ 12.025,00	C

DRE	
Receita de vendas	R$ 130.000,00
(ICMS)	R$ – 15.600,00
(PIS-COFINS)	R$ – 12.025,00
(CMV)	R$ – 70.875,00
Lucro Bruto	**R$ 31.500,00**

CAPÍTULO

11

GESTÃO DE CONTRIBUIÇÕES
SOBRE A RECEITA – PIS e COFINS

Fabiana Carsoni Fernandes

Paulo Coviello Filho

OBJETIVOS DE APRENDIZAGEM DO CAPÍTULO

1. Conhecer os aspectos fundamentais da contribuição ao PIS e da COFINS.

2. Analisar o regime cumulativo de apuração das contribuições, avaliando seus pontos fundamentais, como a base de cálculo, os contribuintes e a forma de apuração.

3. Compreender o funcionamento do regime não cumulativo de apuração das contribuições, avaliando seus pontos fundamentais, como a base de cálculo, os contribuintes e a forma de apuração, com especial destaque para a dedução dos créditos previstos na legislação.

4. Entender o regime monofásico das contribuições, bem como as hipóteses em que ele é aplicável.

5. Conhecer as hipóteses legais de retenção das contribuições na fonte e os impactos na apuração das contribuições.

6. Conhecer os efeitos decorrentes da exclusão do ICMS da base de cálculo das contribuições após decisão definitiva do STF.

7. Conhecer os principais aspectos da contribuição ao PIS/PASEP-Importação e da COFINS-Importação na aquisição de bens e serviços, tais como a sua base de cálculo, os contribuintes e as hipóteses em que a legislação admite o creditamento sobre os valores pagos a esse título.

ASPECTOS FUNDAMENTAIS DA CONTRIBUIÇÃO AO PIS E DA COFINS

CONSIDERAÇÕES INICIAIS

São contribuintes do PIS e da COFINS, seja no regime cumulativo, seja no não cumulativo, as pessoas jurídicas de direito privado e as que lhes são equiparadas pela legislação do imposto sobre a renda da pessoa jurídica.

Os dispositivos que dão fundamento constitucional à contribuição ao PIS e à COFINS são os arts. 149 e 195 da Constituição Federal. Inicialmente, o art. 195, inciso I, autorizava a incidência de contribuição sobre o faturamento da pessoa jurídica. A Lei Complementar (LC) nº 7, de 7.9.1970, que havia instituído a contribuição ao PIS sobre o faturamento mensal das pessoas jurídicas, foi recepcionada pela Constituição (art. 239). A LC nº 70, de 30.12.1991, instituiu a COFINS sobre o faturamento mensal das pessoas jurídicas.

Posteriormente, com a Ementa Constitucional nº 20, de 15.12.1998, o art. 195 foi alterado, sendo que atualmente a alínea *b* do inciso I do art. 195 autoriza a incidência sobre "a receita ou o faturamento". Essa alteração permitiu que fosse ampliado o espectro de incidência das contribuições, dado que há receitas que não se encaixam no conceito de faturamento.

Há dois regimes das contribuições, o cumulativo, majoritariamente tratado na Lei nº 9.718, de 27.11.1998, e o não cumulativo, instituído pelas Leis nº 10.637, de 30.12.2002, para a contribuição ao PIS, e nº 10.833, de 29.12.2003, para a COFINS. Pode-se dizer que as maiores diferenças entre os referidos regimes são as bases de cálculo, aqui incluída a possibilidade de desconto de créditos, e as alíquotas.

A despeito de existirem dois regimes distintos, que serão analisados adiante, há pessoas jurídicas que estão sujeitas aos dois regimes em sua apuração, o que ocorre quando a pessoa jurídica, sujeita ao regime da não cumulatividade, possui receitas sujeitas ao regime cumulativo, que são aquelas listadas no art. 10 da Lei nº 10.833, aplicável à contribuição ao PIS, em razão do art. 15, inciso V, da mesma Lei nº 10.833.

Do ponto de vista infralegal, atualmente a Instrução Normativa (IN) RFB nº 1.911 é responsável por consolidar o entendimento do Fisco a respeito da matéria.

Em ambos os regimes, as contribuições incidem sobre as receitas da pessoa jurídica, com a diferença de que no regime cumulativo a base de cálculo é a receita bruta, conforme art. 12 do Decreto-lei nº 1.598, de 26.12.1977, ao passo que no regime não cumulativo todas as receitas da pessoa jurídica devem ser oferecidas à tributação. Nesses moldes, para que haja incidência das contribuições é necessário que haja percepção de receita pela pessoa jurídica.

Sobre o tema, o STF reconheceu a existência de um conceito jurídico de receita no art. 195, inciso I, alínea *b*, da Constituição Federal, com conteúdo delimitado, específico e vinculante, tanto para o legislador quanto para a Administração Tributária. Veja-se:

ATENÇÃO!

Mencione-se que algumas entidades devem recolher a contribuição ao PIS, não sobre a receita, mas sobre a folha de salários. Essas entidades estão listadas no art. 13 da Medida Provisória (MP) nº 2158-35, de 24.8.2001.

Com a EC nº 20/1998, que deu nova redação ao art. 195, inciso I, da Lei Maior, passou a ser possível a instituição de contribuição para o financiamento da Seguridade Social alternativamente sobre o faturamento ou a receita (alínea *b*), conceito este mais largo, é verdade, mas nem por isso uma carta em branco nas mãos do legislador ou do exegeta. Trata-se de um conceito constitucional, cujo conteúdo, em que pese abrangente, é delimitado, específico e vinculante, impondo-se ao legislador e à Administração Tributária. Cabe ao intérprete da Constituição Federal defini-lo, à luz dos usos linguísticos correntes, dos postulados e dos princípios constitucionais tributários, dentre os quais sobressai o princípio da capacidade contributiva (art. 145, § 1º, da Constituição Federal).

Nessa mesma oportunidade, no que tange ao conceito de receita, a Corte Superior afirmou que: "Sob o específico prisma constitucional, receita bruta pode ser definida como o ingresso financeiro que se integra no patrimônio na condição de elemento novo e positivo, sem reservas ou condições."

Assim, a incidência das contribuições está limitada aos casos em que a pessoa jurídica aufere receitas, não sendo admitida a incidência na hipótese de meros ingressos positivos no patrimônio, tampouco quanto a ingressos registrados a crédito no resultado da pessoa jurídica, que não sejam remuneratórios ou contraprestacionais, isto é, que não sejam verdadeiras receitas. É o caso, por exemplo, dos reembolsos de despesas ou custos que aumentam o resultado da pessoa jurídica, mas não representam receitas da pessoa jurídica, não sendo passíveis de tributação. Também em caráter exemplificativo, citem-se as subvenções, para custeio ou para investimento, que também não representam receita da pessoa jurídica, a despeito da contabilização a crédito no resultado da pessoa jurídica e, justamente por essa razão, não estão sujeitas à incidência das contribuições, como declaram o art. 1º, § 3º, inciso X, da Lei nº 10.637 e o art. 1º, § 3º, inciso IX, da Lei nº 10.833. Logo, mesmo que a escrituração comercial determine o registro de certos valores como receita, se o correspondente ingresso não se conformar ao conceito jurídico de receita, não haverá incidência das contribuições sociais, tanto que o art. 1º das Leis nº 10.637 e nº10.833 estabelecem que as contribuições incidem sobre a receita, independentemente de sua denominação ou classificação contábil.

As receitas decorrentes de exportação de bens e serviços são imunes da contribuição ao PIS e da COFINS, nos termos do art. 149, § 2º, inciso I, da Constituição Federal (sobre o conceito de exportação de serviços para efeito de aplicação da imunidade constitucional, *vide* balizas traçadas no Parecer Normativo COSIT nº 1, de 11.10.2018).

OBJETIVO 2

REGIME CUMULATIVO

Como visto anteriormente, o regime cumulativo das contribuições está regulamentado pela Lei nº 9.718. Em geral, as alíquotas definidas para esse regime são de 0,65% para a contribuição ao PIS e 3% para a COFINS. Há, contudo, previsões específicas aplicáveis a pessoas jurídicas que exploram determinadas atividades, como é o caso, por exemplo, das operadoras de planos de saúde e instituições financeiras, as quais se submetem às alíquotas de 0,65% para a contribuição ao PIS e de 4% para a COFINS.

CONTRIBUINTES

Como referido anteriormente, são contribuintes do PIS e da COFINS no regime cumulativo as pessoas jurídicas de direito privado e as que lhes são equiparadas pela legislação do imposto sobre a renda da pessoa jurídica. Em regra, as pessoas jurídicas ou entidades a elas equiparadas submetem-se à apuração das contribuições pelo regime não cumulativo. De fato, a partir da instituição da não cumulatividade, este passou a ser o regime geral de apuração da contribuição ao PIS e da COFINS, constituindo a cumulatividade um regime de exceção, cabível e aplicável unicamente nas hipóteses taxativas previstas em lei. Sobre tais hipóteses, o art. 8º da Lei nº 10.637 e o art. 10 da Lei nº 10.833 possuem uma série de situações (objetivas e subjetivas) que devem ser tributadas no regime cumulativo.

De acordo com essa lista taxativa de exceções, estão submetidas ao regime cumulativo as pessoas jurídicas sujeitas à apuração do IRPJ pelo regime do lucro presumido ou arbitrado, as optantes pelo SIMPLES, as instituições financeiras e assemelhadas, referidas no § 1º do art. 22 da Lei nº 8.212, de 24.7.1991, dentre outras (situações ditas subjetivas).

Por sua vez, os incisos IX a XVII do art. 10 relacionam uma série de receitas que estão sujeitas à incidência cumulativa da contribuição ao PIS e da COFINS, como é o caso das (situações ditas objetivas):

- Receitas decorrentes de venda de jornais e periódicos e de prestação de serviços das empresas jornalísticas e de radiodifusão sonora e de sons e imagens.
- Receitas relativas a contratos firmados anteriormente a 31.10.2003: (a) com prazo superior a 1 (um) ano, de administradoras de planos de consórcios de bens móveis e imóveis, regularmente autorizadas a fun-

cionar pelo Banco Central; (b) com prazo superior a 1 (um) ano, de construção por empreitada ou de fornecimento, a preço predeterminado, de bens ou serviços; ou (c) de construção por empreitada ou de fornecimento, a preço predeterminado, de bens ou serviços contratados com pessoa jurídica de direito público, empresa pública, sociedade de economia mista ou suas subsidiárias, bem como os contratos posteriormente firmados decorrentes de propostas apresentadas, em processo licitatório, até aquela data.

- Receitas decorrentes de prestação de serviços de transporte coletivo rodoviário, metroviário, ferroviário e aquaviário de passageiros.

- Receitas decorrentes de serviços: (a) prestados por hospital, pronto-socorro, clínica médica, odontológica, de fisioterapia e de fonoaudiologia, e laboratório de anatomia patológica, citológica ou de análises clínicas; e (b) de diálise, raios-X, radiodiagnóstico e radioterapia, quimioterapia e de banco de sangue.

- Receitas decorrentes de prestação de serviços de educação infantil, ensinos fundamental e médio e educação superior.

- Receitas decorrentes de vendas de mercadorias realizadas pelas pessoas jurídicas referidas no art. 15 do Decreto-Lei nº 1.455, de 7.4.1976 (pessoas jurídicas constituídas para explorar lojas francas em portos ou aeroportos).

- Receitas decorrentes de prestação de serviço de transporte coletivo de passageiros, efetuado por empresas regulares de linhas aéreas domésticas, e as decorrentes da prestação de serviço de transporte de pessoas por empresas de táxi aéreo.

- Receitas auferidas por pessoas jurídicas, decorrentes da edição de periódicos e de informações neles contidas, que sejam relativas aos assinantes dos serviços públicos de telefonia.

- Receitas decorrentes de prestação de serviços com aeronaves de uso agrícola inscritas no Registro Aeronáutico Brasileiro (RAB).

- Receitas decorrentes de prestação de serviços das empresas de *call center*, telemarketing, telecobrança e de teleatendimento em geral.

- Receitas decorrentes da execução por administração, empreitada ou subempreitada, de obras de construção civil.

- Receitas auferidas por parques temáticos, e as decorrentes de serviços de hotelaria e de organização de feiras e eventos, conforme definido em ato conjunto dos Ministérios da Fazenda e do Turismo.

- Receitas decorrentes da prestação de serviços postais e telegráficos prestados pela Empresa Brasileira de Correios e Telégrafos.

- Receitas decorrentes de prestação de serviços públicos de concessionárias operadoras de rodovias.

- Receitas decorrentes da prestação de serviços das agências de viagem e de viagens e turismo.

- Receitas auferidas por empresas de serviços de informática, decorrentes das atividades de desenvolvimento de *software* e o seu licenciamento ou cessão de direito de uso, bem como de análise, programação, instalação, configuração, assessoria, consultoria, suporte técnico e manutenção ou atualização de *software*, compreendidas ainda como *softwares* as páginas eletrônicas.

- Receitas relativas às atividades de revenda de imóveis, desmembramento ou loteamento de terrenos, incorporação imobiliária e construção de prédio destinado à venda, quando decorrentes de contratos de longo prazo firmados antes de 31.10.2003.

Essas receitas, portanto, estarão sujeitas ao regime cumulativo, de sorte que a definição do tributo devido, ao final do período de apuração, será feita a partir da aplicação da alíquota sobre a base de cálculo, sem o desconto de créditos.

VOCÊ SABIA?

Há pessoas jurídicas que se submetem à apuração da contribuição ao PIS e da COFINS de forma híbrida, ou seja, tanto no regime cumulativo quanto no regime não cumulativo, o que ocorre quando determinada pessoa jurídica está enquadrada no regime geral (não cumulativo), mas aufere receitas listadas nas exceções acima (cumulativo).

BASE DE CÁLCULO

Nos termos do art. 2º da Lei nº 9.718, a base de cálculo das contribuições é o faturamento, que é definido pelo art. 3º como a receita bruta de que trata o art. 12 do Decreto-lei nº 1.598, de 26.12.1977, com a redação definida pela Lei nº 12.973, de 13.5.2014:

> Art. 12. A receita bruta compreende:
>
> I – o produto da venda de bens nas operações de conta própria;
>
> II – o preço da prestação de serviços em geral;
>
> III – o resultado auferido nas operações de conta alheia; e
>
> IV – as receitas da atividade ou objeto principal da pessoa jurídica não compreendidas nos incisos I a III.

A partir da conjugação de todos os incisos do art. 12, pode-se afirmar que o inciso IV engloba as receitas que, não sendo decorrentes de vendas, de prestação de serviços ou de operações de conta alheia, são originadas de outras atividades que compõem o objeto da pessoa jurídica em caráter principal ou acessório.

Assim, caso não se enquadrem no conceito acima, não são tributáveis as receitas auferidas pelas pessoas jurídicas sujeitas ao regime cumulativo. Um exemplo interessante é o das receitas financeiras, que normalmente são alheias à atividade ou objeto principal da pessoa jurídica, não sendo, portanto, sujeitas à tributação pelas pessoas jurídicas sujeitas ao regime cumulativo.

A RFB tem se manifestado sobre a interpretação do art. 12, inciso IV, do Decreto-lei nº 1.598, no sentido de que a receita da atividade ou objeto principal da pessoa jurídica é aquela oriunda do exercício de suas atividades empresariais, descritas ou não no objeto social, mas desempenhadas com habitualidade ou identificadas como típicas ou próprias da pessoa jurídica. Receitas decorrentes de aplicações no mercado financeiro, por exemplo, não têm sido consideradas como componentes da atividade empresarial para as entidades que não possuem tal atividade como constitutiva de seu objeto social. Vejamos alguns exemplos.

Na Solução de Consulta COSIT nº 112, de 11.5.2015, a RFB, analisando o caso de uma instituição financeira, concluiu pela não incidência da contribuição ao PIS e da COFINS sobre as remunerações de depósitos judiciais. A Solução de Consulta COSIT nº 112 afirmou que o faturamento (ou receita bruta), para fins de incidência do PIS e da COFINS no regime cumulativo, compreende os resultados oriundos da "atividade mercantil desenvolvida nos termos do objeto social da pessoa jurídica. É dizer, não é qualquer receita que pode ser considerada faturamento para fins de incidência das referidas contribuições, mas apenas aquelas vinculadas à atividade mercantil típica da empresa, como é o caso das operações bancárias das instituições financeiras".

A Solução de Consulta COSIT nº 268, de 26.9.2014, analisando a situação de pessoa jurídica cujo ato constitutivo consistia em executar engenharia civil em qualquer de suas modalidades, projetos, edificações, saneamento, construções elétricas, incorporações e atividade comercial, concluiu que a receita decorrente da locação de bens imóveis próprios não constitui receita oriunda do objeto social principal, já que esta atividade não constava de seus atos constitutivos.

Na Solução de Consulta nº 84, de 8.6.2016, a COSIT entendeu que as receitas financeiras de juros sobre o capital próprio auferidas por pessoa jurídica cujo objeto social era a participação no capital de outras sociedades ("*holding company*") representam receitas da atividade ou objeto principal. Para chegar a essa conclusão, a COSIT afirmou que objeto social é aquele constante do contrato ou estatuto social, ou aquele exercido com habitualidade pela pessoa jurídica. Veja-se:

> Convém esclarecer que por objeto da pessoa jurídica entende-se:
>
> a) aquele constante de seu contrato social ou estatuto; ou
>
> b) aquele que, na realidade, seja caracterizado pelas atividades habitualmente por ela exercidas no contexto de sua organização de meios, quando estas se afastam do objeto expressamente presente em seu ato constitutivo.
>
> (...)

25. O objeto da sociedade, como se sabe, são as atividades por ela escolhidas, aquelas cujo desenvolvimento ela busca promover para a geração de lucro, que é o objetivo de qualquer sociedade empresária. Há de se notar que, sob o ponto de vista meramente formal, o objeto social corresponde à definição, não contrária à lei, à ordem pública e aos bons costumes, constante do ato constitutivo da empresa. Porém, é necessária a identificação do **objeto social sob ângulo substancial**, ou seja, a partir do exame concreto da completa organização de meios articulada pela sociedade na busca de seu objetivo, para que se tenham caracterizadas as atividades empresariais por ela exercidas.

26. **A revogação do § 1º do art. 3º da Lei nº 9.718, de 1998, não alterou, em particular, o critério definidor da base de incidência da Contribuição para o PIS/Pasep e da Cofins como o resultado econômico das operações empresariais que se exteriorizam no faturamento.** Apenas estabeleceu **que não é qualquer receita que pode ser considerada parte do faturamento** para fins de incidência dessas contribuições sociais, mas tão somente aquelas decorrentes das atividades empresariais da sociedade (grifos do original).

Escorando-se na Solução de Consulta COSIT nº 84, a Solução de Consulta COSIT nº 93, de 26.1.2017, concluiu que a pessoa jurídica consulente, que tinha como atividade empresarial a compra e venda de imóveis, a administração de bens próprios e a participação em outras empresas, deveria submeter ao PIS e à COFINS, no regime cumulativo, as receitas de aluguéis de imóveis por ela auferidas, uma vez que estas receitas decorrem da atividade econômica, expressa em seu contrato social e praticada, exercitada, pela empresa.

Essa menção às soluções de consulta demonstra que, para a RFB, receita decorrente da atividade ou objeto principal da pessoa jurídica é aquela oriunda do exercício das atividades próprias da pessoa jurídica, descritas em seus atos constitutivos ou, se não descritas, executadas com habitualidade ou identificadas como típicas ou próprias da pessoa jurídica.

VOCÊ SABIA?

Ao analisar o caso de um escritório de contabilidade, que "não possuía como atividade ou objeto principal o auferimento de receitas financeiras", a RFB entendeu, na Solução de Consulta nº 4.005, de 6.5.2016, da 4ª Região Fiscal, que receitas da atividade ou objeto principal da pessoa jurídica são aquelas "decorrentes da atividade típica da empresa, correspondente ao seu objeto social, ou efetivamente verificada no seu cotidiano, quando esta se afaste dos objetivos expressos em seu ato constitutivo". Lastreada nessa premissa, a RFB concluiu que "as receitas financeiras, assim definidas pela legislação tributária pertinente, não se sujeitam à incidência da Cofins na sistemática cumulativa, se seu auferimento não consistir, de fato e de direito, na atividade ou objeto principal da entidade, constante do seu ato institucional".

Ainda com relação à apuração da base de cálculo, importante registrar que o § 2º do art. 3º da Lei nº 9.718 determina que são excluídas da receita bruta as vendas canceladas e os descontos incondicionais concedidos; as reversões de provisões e recuperações de créditos baixados como perda, que não representem ingresso de novas receitas, o resultado positivo da avaliação de investimento pelo valor do patrimônio líquido e os lucros e dividendos derivados de participações societárias, que tenham sido computados como receita bruta; as receitas de que trata o inciso IV do *caput* do art. 187 da Lei nº 6.404, de 15.12.1976, decorrentes da venda de bens do ativo não circulante, classificado como investimento, imobilizado ou intangível; e a receita reconhecida por construção, recuperação, ampliação ou melhoramento da infraestrutura, cuja contrapartida seja ativo intangível representativo de direito de exploração, no caso de contratos de concessão de serviços públicos.

INSTITUIÇÕES FINANCEIRAS E OUTRAS REFERIDAS NO § 1º DO ART. 22 DA LEI Nº 8.212

No caso das instituições financeiras e outras referidas no § 1º do art. 22 da Lei nº 8.212, além das exclusões da base de cálculo acima tratadas, a legislação também autoriza a dedução ou exclusão de outros valores na apuração da base de cálculo da contribuição ao PIS e da COFINS, conforme § 6º do art. 3º:

I – no caso de bancos comerciais, bancos de investimentos, bancos de desenvolvimento, caixas econômicas, sociedades de crédito, financiamento e investimento, sociedades de crédito imobiliário, sociedades corretoras, distribuidoras de títulos e valores mobiliários, empresas de arrendamento mercantil e cooperativas de crédito:

a) despesas incorridas nas operações de intermediação financeira;

b) despesas de obrigações por empréstimos, para repasse, de recursos de instituições de direito privado;

c) deságio na colocação de títulos;

d) perdas com títulos de renda fixa e variável, exceto com ações;

e) perdas com ativos financeiros e mercadorias, em operações de *hedge*;

II – no caso de empresas de seguros privados, o valor referente às indenizações correspondentes aos sinistros ocorridos, efetivamente pago, deduzido das importâncias recebidas a título de cosseguro e resseguro, salvados e outros ressarcimentos;

III – no caso de entidades de previdência privada, abertas e fechadas, os rendimentos auferidos nas aplicações financeiras destinadas ao pagamento de benefícios de aposentadoria, pensão, pecúlio e de resgates;

IV – no caso de empresas de capitalização, os rendimentos auferidos nas aplicações financeiras destinadas ao pagamento de resgate de títulos.

Nesse caso, após apuradas as receitas que devem integrar a base de cálculo, a pessoa jurídica deve efetuar a dedução ou a exclusão dos valores permitidos legalmente. Somente após essa operação matemática é que se identificará a base de cálculo efetiva. Confira-se a seguir um exemplo prático hipotético de apuração realizada por uma instituição financeira, com base nos códigos e informações da EFD-Contribuições:

EXEMPLO PRÁTICO

Registro I200 – Detalhamento das Receitas, Deduções e/ou Exclusões do Período

R0111 – Rendas de Operação de Crédito: $ 1.000

D0101 – Despesas incorridas nas operações de intermediação financeira: $ 400

Valor da base de cálculo: $ 600

Contribuição ao PIS (0,65%): $ 3,9

COFINS (4%): $ 24

VENDA DE PARTICIPAÇÕES SOCIETÁRIAS

O art. 8º-A da Lei nº 9.718 dispõe que "a Cofins incidente sobre as receitas decorrentes da alienação de participações societárias deve ser apurada mediante a aplicação da alíquota de 4% (quatro por cento)".

Por sua vez, o art. 3º, § 2º, inciso IV, da mesma lei estabelece que são excluídas da base de cálculo das contribuições "as receitas de que trata o inciso IV do *caput* do art. 187 da Lei nº 6.404, de 15 de dezembro de 1976, decorrentes da venda de bens do ativo não circulante, classificado como investimento, imobilizado ou intangível". Ou seja, não são tributáveis as receitas decorrentes da venda de participação societária registrada no ativo não circulante, inclusive investimento, da pessoa jurídica.

À primeira vista, poder-se-ia sugerir antinomia entre as normas, eis que o art. 8º-A estaria estabelecendo a alíquota aplicável sobre receita expressamente excluída da base de cálculo, conforme art. 3º, § 2º, inciso IV. Ocorre, contudo, que o art. 8º-A não se aplica na hipótese de venda de participações societárias registradas no ativo não circulante. Como esclarece a Solução

ATENÇÃO!

Sobre a questão da classificação contábil, importante registrar que a mera reclassificação de bem registrado no ativo não circulante para ativo circulante, em razão da intenção de venda pela pessoa jurídica, não obsta a exclusão da receita de venda na apuração das contribuições, conforme reconhecido no art. 279, parágrafo único, da IN RFB nº 1.700, de 14.3.2017.

de Consulta COSIT nº 347, de 27.6.2017, as receitas decorrentes da alienação de participações societárias: (a) estão sujeitas ao regime cumulativo da contribuição ao PIS e da COFINS e somente integram a base de cálculo das referidas contribuições caso estejam compreendidas na receita bruta da pessoa jurídica; (b) em se tratando de participações societárias permanentes, isto é, ativo não circulante, classificado como investimento, não estão compreendidas na base de cálculo das contribuições; (c) caso se trate de participações societárias não permanentes (temporárias), devem ser submetidas à tributação, podendo-se excluir da base de cálculo o valor despendido para aquisição dessas participações societárias.

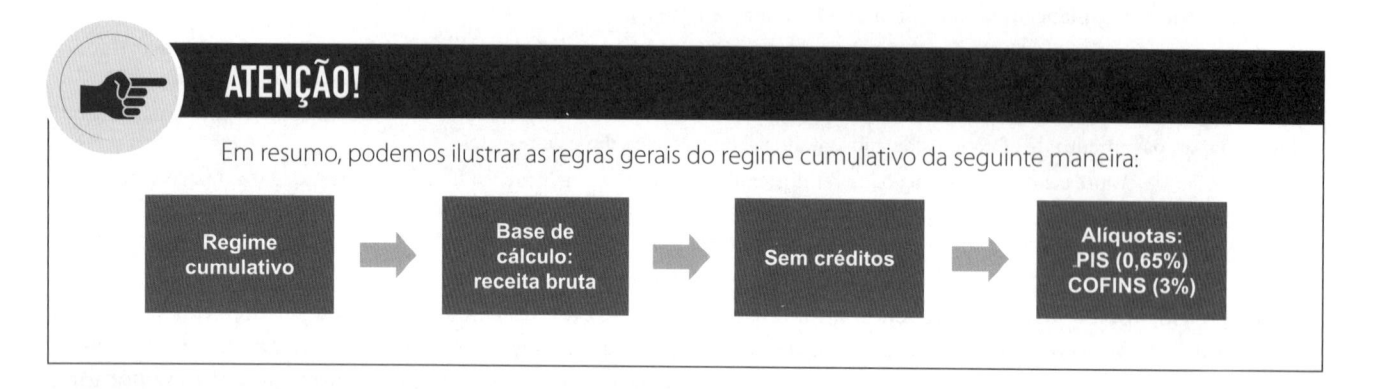

ATENÇÃO!

Em resumo, podemos ilustrar as regras gerais do regime cumulativo da seguinte maneira:

Regime cumulativo → Base de cálculo: receita bruta → Sem créditos → Alíquotas: PIS (0,65%) COFINS (3%)

OBJETIVO 3

REGIME NÃO CUMULATIVO

A sistemática não cumulativa de apuração da contribuição ao PIS foi introduzida no ordenamento jurídico por intermédio da MP nº 66, de 29.8.2002, posteriormente convertida, com alterações, na Lei nº 10.637, de 30.12.2002. Em relação à COFINS, a mesma sistemática foi instituída pela MP nº 135, de 30.10.2003, posteriormente convertida, com alterações, na Lei nº 10.833, de 29.12.2003.

As Leis nº 10.637 e nº 10.833 não instituíram um regime de não cumulatividade plena, visto que o critério nelas previsto permite apenas que, ao final do período de apuração, somente determinados valores ("créditos") sejam deduzidos do montante a ser recolhido pela pessoa jurídica, a título de contribuição ao PIS e da COFINS.

Ou seja, o legislador ordinário, ao disciplinar a sistemática de apuração dessas contribuições, adotou a não cumulatividade apenas parcialmente, prevendo a incidência das contribuições sobre a totalidade das receitas da pessoa jurídica, calculadas pela aplicação das respectivas alíquotas, e permitindo a dedução de certos "créditos" obtidos pela aplicação dessas alíquotas sobre os montantes de determinados custos, despesas ou encargos.

Realmente, os créditos da contribuição ao PIS e da COFINS, que podem ser "deduzidos" do valor a pagar a título dessas mesmas contribuições, são aqueles relacionados nos incisos do art. 3º das Leis nº 10.637 e nº 10.833. Ainda, nos termos do art. 15 da Lei nº 10.865, de 30.4.2004, as pessoas jurídicas também podem descontar créditos em relação às importações sujeitas à contribuição ao PIS e à COFINS incidentes na importação, nas hipóteses previstas nos incisos do referido dispositivo.

A relação dos itens que geram direito ao creditamento é taxativa. Sendo assim, independentemente da maior ou menor abrangência que cada um dos incisos possa ter, não é permitido à pessoa jurídica adicionar outras hipóteses além daquelas expressamente previstas pelo legislador. Isso não quer dizer, contudo, que aqueles incisos devam ser interpretados literalmente. Deve-se, sempre, buscar seu alcance e o verdadeiro e integral sentido da norma. Registre-se que, na interpretação dos diversos incisos dos arts. 3º, não se aplica o disposto no art. 111 do Código Tributário Nacional (CTN), como reconheceu o STJ no REsp nº 1.221.170-PR – ao qual faremos referência adiante – ao afirmar que a sistemática de creditamento das contribuições sociais não constitui isenção, capaz de justificar sua interpretação restritiva (ou literal, nos dizeres do dispositivo). Trata-se, na verdade, de sistemática que diz respeito à própria apuração das contribuições devidas pela pessoa jurídica. Daí a possibilidade de haver, inclusive, interpretação ampliativa das hipóteses taxativas de crédito listadas no art. 3º.

CONTRIBUINTES

O regime da não cumulatividade é aplicável como regra geral às pessoas jurídicas ou que apuram o IRPJ com base no regime do lucro real. A despeito disso, a legislação prevê algumas receitas que estão sujeitas ao regime cumulativo, de forma que é possível que a pessoa jurídica esteja submetida a um regime híbrido, em que parte das receitas é tributada no regime cumulativo e parte no regime não cumulativo. Como visto no tópico anterior, os arts. 8º e 10 da Lei nº 10.833 preveem contribuintes e receitas que permanecem sujeitas à incidência cumulativa (situações subjetivas e objetivas, respectivamente).

ATENÇÃO!

No julgamento do Agravo Regimental no Recurso Especial nº 1.125.253-SC, de 15.4.2010, a 2ª Turma do STJ admitiu a interpretação extensiva dos incisos do art. 3º das Leis nº 10.637/02 e 10.833/03, afirmando "Hipótese de aplicação de interpretação extensiva de que resulta a simples inclusão de situação fática em hipótese legalmente prevista, que não ofende a legalidade estrita".

BASE DE CÁLCULO

Os art. 1º das Leis nº 10.637 e nº 10.833 determinam, respectivamente, que a contribuição ao PIS e a COFINS incidem sobre o total das receitas auferidas no mês pela pessoa jurídica. Nos termos do § 1º do art. 1º, "o total das receitas compreende a receita bruta de que trata o art. 12 do Decreto-Lei nº 1.598, de 26 de dezembro de 1977, e todas as demais receitas auferidas pela pessoa jurídica com os seus respectivos valores decorrentes do ajuste a valor presente de que trata o inciso VIII do *caput* do art. 183 da Lei nº 6.404, de 15 de dezembro de 1976". Sobre a referida base de cálculo, aplicam-se, em regra, as alíquotas de 1,65% para a contribuição ao PIS e de 7,6% para a COFINS.

Como se vê, além da receita bruta, conforme abordado acima, todas as demais receitas estão sujeitas à tributação pelas contribuições no regime não cumulativo. É o caso, por exemplo, das receitas financeiras. No tocante às receitas desta natureza, o Poder Executivo tem autorização para reduzir e restabelecer as alíquotas da contribuição ao PIS e da COFINS, conforme disposto no art. 27, § 2º, da Lei nº 10.865, de 30.4.2004. Em decorrência da referida autorização, as receitas financeiras estão sujeitas à tributação pelas alíquotas de 0,65% para a contribuição ao PIS e de 4% para a COFINS, conforme art. 1º do Decreto nº 8.426, de 1º.4.2015, sendo que inexiste previsão legal para apropriação de créditos sobre as despesas financeiras. Ressalte-se que, nos termos do § 3º do art. 1º, as receitas financeiras decorrentes da variação cambial de operações de exportação de bens e serviços para o exterior e de obrigações contraídas pela pessoa jurídica, inclusive empréstimos e financiamentos, estão sujeitas à alíquota zero.

Ainda com relação à apuração da base de cálculo, importante registrar que o § 3º do art. 1º das Leis nº 10.637 e nº 10.833 determinam que não integram a base de cálculo as receitas listadas nos incisos daqueles parágrafos, a saber:

- Decorrentes de saídas isentas das contribuições ou sujeitas à alíquota zero.

- Auferidas pela pessoa jurídica revendedora, na revenda de mercadorias em relação às quais as contribuições sejam exigidas da empresa vendedora, na condição de substituta tributária.

- De venda dos produtos de que tratam as Leis nº 9.990, de 21.7.2000, nº 10.147, de 21.12.2000, e nº 10.485, de 3.7.2002, ou quaisquer outras submetidas à incidência monofásica da contribuição.

- De venda de álcool para fins carburantes.

- Referentes a: (a) vendas canceladas e descontos incondicionais concedidos; (b) reversões de provisões e recuperações de créditos baixados como perda, que não representem ingresso de novas receitas, o resultado positivo da avaliação de investimentos pelo valor do patrimônio líquido e os lucros e dividendos derivados de participações societárias, que tenham sido computados como receita.

- Decorrentes da venda de bens do ativo não circulante, classificado como investimento, imobilizado ou intangível.

- Decorrentes de transferência onerosa de créditos de ICMS originados de operações de exportação.

- Financeiras decorrentes do ajuste a valor presente de que trata o inciso VIII do *caput* do art. 183 da Lei nº 6.404.
- Relativas aos ganhos decorrentes de avaliação de ativo e passivo com base no valor justo.
- De subvenções para investimento, inclusive mediante isenção ou redução de impostos, concedidas como estímulo à implantação ou expansão de empreendimentos econômicos e de doações feitas pelo poder público.
- Reconhecidas por construção, recuperação, reforma, ampliação ou melhoramento da infraestrutura, cuja contrapartida seja ativo intangível representativo de direito de exploração, no caso de contratos de concessão de serviços públicos.
- Relativas ao valor do imposto que deixar de ser pago em virtude das isenções e reduções de que tratam as alíneas *a*, *b*, *c*, *d* e *e* do § 1º do art. 19 do Decreto-Lei nº 1.598.
- Relativas ao prêmio na emissão de debêntures.

Após apurada a base de cálculo e calculado o valor das contribuições sobre ela incidentes, a legislação autoriza a dedução de créditos previstos nos incisos do art. 3º das Leis nº 10.637 e nº 10.833. Ainda, nos termos do art. 15 da Lei nº 10.865, de 30.4.2004, as pessoas jurídicas também podem descontar créditos em relação às importações sujeitas ao PIS-Importação e à COFINS-Importação, nas hipóteses previstas nos incisos do referido dispositivo.

EXEMPLO PRÁTICO

O exemplo numérico a seguir identifica a apuração das contribuições, com suas exclusões e deduções dos créditos.

Receitas de venda de mercadorias: 1.000

Receitas financeiras (juros sobre aplicação financeira): 300

Receitas financeiras (variação cambial sobre receita de exportação): 200

Receitas de subvenção para investimento: 200

Custo da mercadoria vendida: 650

Despesas financeiras: 100

Folha de pagamento: 150

Receitas	Tributável?	Contribuição ao PIS	COFINS
Venda mercadorias	Sim	16,50	76
Financeiras (juros)	Sim	1,95	12
Financeiras (variação cambial exportação)	Não	0	0
Subvenção para investimento	Não	0	0

Custo ou despesa	Crédito?	Crédito contribuição ao PIS	Crédito COFINS
Custo da mercadoria	Sim	10,73	49,40
Despesas financeiras	Não	0	0
Folha de pagamento	Não	0	0

Valor devido contribuição ao PIS	Valor devido COFINS
7,72	38,60

É importante registrar que o cálculo dos créditos passíveis de apropriação é realizado mediante a aplicação das alíquotas de 1,65% para a contribuição ao PIS e 7,6% para COFINS, independentemente da alíquota das contribuições aplicável pelo vendedor do bem ou serviço sobre sua receita de venda. Dessa forma, por exemplo, se o bem foi adquirido de pessoa jurídica sujeita ao regime do lucro presumido e, portanto, sujeita ao regime cumulativo das contribuições sociais, cujas alíquotas aplicáveis, em regra, são de 0,65% e 3%, o crédito da adquirente será definido a partir da aplicação das alíquotas de 1,65% para a contribuição ao PIS e 7,6% para COFINS.

CRÉDITOS

No regime da não cumulatividade da contribuição ao PIS e da COFINS, os créditos apropriados pelo contribuinte são verdadeiros elementos definidores do *quantum debeatur*, de modo que são componentes da apuração das contribuições. As hipóteses de crédito estão previstas no art. 3º das Leis nº 10.637 e nº 10.833. Podem ser apropriados como créditos os gastos com:

- Bens adquiridos para revenda, salvo exceções previstas em lei.
- Bens e serviços, utilizados como insumo na prestação de serviços e na produção ou fabricação de bens ou produtos destinados à venda, inclusive combustíveis e lubrificantes.
- Energia elétrica e energia térmica, inclusive sob a forma de vapor, consumidas nos estabelecimentos da pessoa jurídica.
- Aluguéis de prédios, máquinas e equipamentos, pagos a pessoa jurídica, utilizados nas atividades da empresa.
- Valor das contraprestações de operações de arrendamento mercantil de pessoa jurídica, exceto de optante pelo Sistema Integrado de Pagamento de Impostos e Contribuições das Microempresas e das Empresas de Pequeno Porte (SIMPLES).
- Máquinas, equipamentos e outros bens incorporados ao ativo imobilizado, adquiridos ou fabricados para locação a terceiros, ou para utilização na produção de bens destinados à venda ou na prestação de serviços.
- Edificações e benfeitorias em imóveis próprios ou de terceiros, utilizados nas atividades da empresa.
- Bens recebidos em devolução cuja receita de venda tenha integrado faturamento do mês ou de mês anterior, e tenha sido tributada.
- Armazenagem de mercadoria e frete na operação de venda, quando o ônus for suportado pelo vendedor.
- Vale-transporte, vale-refeição ou vale-alimentação, fardamento ou uniforme fornecidos aos empregados por pessoa jurídica que explore as atividades de prestação de serviços de limpeza, conservação e manutenção.
- Bens incorporados ao ativo intangível, adquiridos para utilização na produção de bens destinados a venda ou na prestação de serviços.

INCISO II: BENS E SERVIÇOS, UTILIZADOS COMO INSUMO NA PRESTAÇÃO DE SERVIÇOS E NA PRODUÇÃO OU FABRICAÇÃO DE BENS OU PRODUTOS DESTINADOS À VENDA, INCLUSIVE COMBUSTÍVEIS E LUBRIFICANTES

Após grande controvérsia sobre a interpretação do assunto, a qual se originou, fundamentalmente, no fato de a RFB ter reduzido indevidamente o alcance do termo "insumo" quando editou as Instruções Normativas SRF nº 247, de 11.11.2002, e 404, de 12.3.2004, o STJ, em 22.2.2018, ao concluir o julgamento do recurso especial nº 1.221.170-PR, definiu, em sede de recurso representativo de controvérsia, o conceito de insumo para efeito de apuração de créditos das contribuições sociais em questão na forma do art. 3º, inciso II, das Leis nº 10.637 e nº10.833, concluindo pela ilegalidade das referidas instruções normativas, uma vez que ambas limitaram, indevidamente, o conceito de insumo.

Confiram-se as teses (Temas 779 e 780) firmadas pelo Tribunal por ocasião do aludido julgamento:

> (a) é ilegal a disciplina de creditamento prevista nas Instruções Normativas da SRF nº 247/2002 e 404/2004, porquanto compromete a eficácia do sistema de não cumulatividade da contribuição ao PIS e da COFINS, tal como definido nas Leis nº 10.637/2002 e 10.833/2003; e
>
> (b) o conceito de insumo deve ser aferido à luz dos critérios de essencialidade ou relevância, ou seja, considerando-se a imprescindibilidade ou a importância de terminado item – bem ou serviço – para o desenvolvimento da atividade econômica desempenhada pelo Contribuinte.

Segundo o entendimento firmado pela Turma, somente é insumo aquilo que atenda a um dos seguintes critérios: essencialidade ou relevância do bem ou serviço para o desenvolvimento da atividade econômica do contribuinte.

A Ministra Regina Helena Costa, cujo voto-vista foi integralmente subscrito pelo Ministro Relator, Napoleão Nunes Maia Filho, definiu o que se deve entender por essencialidade e relevância. Veja-se:

> "Demarcadas tais premissas, tem-se que o critério da **essencialidade** diz com o item do qual dependa, **intrínseca e fundamentalmente**, o produto ou o serviço, constituindo elemento estrutural e inseparável do processo produtivo ou da execução do serviço, ou, quando menos, a sua falta lhes prive de qualidade, quantidade e/ou suficiência.
>
> Por sua vez, a **relevância**, considerada como critério definidor de insumo, é identificável no item cuja finalidade, embora não indispensável à elaboração do próprio produto ou à prestação do serviço, integre o processo de produção, seja pelas singularidades de cada cadeia produtiva (*v.g.*, o papel da água na fabricação de fogos de artifício difere daquele desempenhado na agroindústria), seja por imposição legal (*v.g.*, equipamento de proteção individual – EPI), distanciando-se, nessa medida, da acepção de pertinência, caracterizada, nos termos propostos, pelo emprego da aquisição na produção ou **na** execução do serviço.
>
> Desse modo, sob essa perspectiva, **o critério da relevância revela-se mais abrangente do que o da pertinência**" (destaques do original).

Como se nota, na definição adotada na ocasião, é essencial tudo aquilo que for indissociável ao processo produtivo, ou cuja subtração puder acarretar perda de quantidade ou qualidade do produto fabricado ou do serviço prestado. Por sua vez, é relevante tudo aquilo que, embora prescindível à fabricação do produto ou à prestação do serviço, integre o processo produtivo, seja em decorrência de especificidades desse processo ou de imposição legal à atividade produtiva desempenhada pela pessoa jurídica.

A respeito do alcance dos termos adotados na decisão, vale destacar que, na ocasião, a Ministra Regina Helena Costa destacou que o critério da pertinência, referido em votos proferidos pelo Ministro Mauro Campbell, inclusive no voto-vogal que integrou o acórdão do recurso especial nº 1.221.170-PR, seria restritivo, na medida em que limitaria o conceito de insumos aos bens e serviços aplicados na produção ou na execução do serviço, impedindo, por exemplo, o creditamento sobre gastos decorrentes de imposição legal. Por não entrever semelhante restrição no conceito de insumo, a Ministra concluiu que deveria prevalecer o critério da relevância, sem prejuízo da essencialidade, quando presente.

A posição restou acompanhada pelo Ministro Mauro Campbell, quem, em aditamento de seu voto, assentiu com a afirmação de que os gastos oriundos de imposição legal também constituem insumos.

O Ministro acrescentou não haver divergência entre suas conclusões e aquelas tomadas pela Ministra Regina Helena Costa. A aparente dissonância, segundo o Ministro, é fruto de mera "incongruência entre signos", sem divergência semântica. O Ministro esclareceu que, para o somatório das três situações debatidas no julgamento do REsp nº 1.221.170-PR (essencialidade, pertinência e relevância), ele atribuiu o signo de "pertinência e essencialidade", o qual a Ministra Regina Helena Costa teria denominado "essencialidade e relevância". Mas, no seu entender, "o conteúdo é idêntico, de modo que não vejo prejuízo algum em denominarmos pela tríade 'pertinência, essencialidade e relevância', a abarcar as situações em que há imposição legal para a aquisição dos insumos".

O Ministro Mauro Campbell também explicou que os critérios acima referidos devem ser aplicados casuisticamente, utilizando-se do chamado "teste de subtração" do insumo, de modo a verificar a imprescindibilidade e a importância de determinado item – bem ou serviço – para o desenvolvimento da atividade econômica desempenhada pelo contribuinte.

A verificação casuística do enquadramento do item no conceito de insumo, aferível por meio do "teste de subtração", proposto pelo Ministro Mauro Campbell, restou materializada na segunda súmula do acórdão, referida acima.

Diante disso, em 26.9.2018 foi publicada a Nota SEI nº 63/2018/CRJ/PGACET/PGFN-MF, segundo a qual "tanto a dispensa de contestar e recorrer, no âmbito da Procuradoria-Geral da Fazenda Nacional, como a vinculação da Secretaria da RFB estão adstritas ao conceito de insumos que foi fixado pelo STJ, **o qual afasta a definição anteriormente adotada pelos órgãos, que era decorrente das Instruções Normativas da SRF nº 247/2002 e 404/2004**" (grifos nossos).

Ainda nesse sentido, foi divulgado o Parecer Normativo COSIT/RFB nº 5, de 17.12.2018, o qual reconheceu que, a partir do julgamento do recurso especial nº 1.221.170-PR, o conceito de insumo deve ser aferido a partir dos critérios de essencialidade e relevância, consideradas as peculiaridades de cada cadeia produtiva. Do referido parecer, merece destaque o seguinte:

- Os critérios definidos pelo STJ para a identificação de insumos não se confundem com o conceito de custo de produção. Contudo, há, de acordo com a RFB, proximidade entre o critério contábil de custeio por absorção – disciplinado no § 1º do art. 13 do Decreto-Lei nº 1.598 – e o conceito de insumo adotado pela legislação para efeito de creditamento do PIS e da COFINS. Por isso, a caracterização do item como custo, na perspectiva contábil, serve como "forte indício" para sua caracterização como insumo. Por outro lado, pelas mesmas razões, em hipóteses tidas como excepcionais, segundo a RFB, um item classificado como despesa (e não custo) poderá cumprir os requisitos para se enquadrar como insumo. Assim, de um modo geral, as despesas não geram crédito das contribuições sociais, como ocorre, por exemplo, com as despesas havidas nos setores administrativo, contábil, jurídico etc. da pessoa jurídica.

- Somente há direito à apropriação de créditos sobre insumos para as pessoas jurídicas dedicadas à produção de bens destinados à venda e à prestação de serviços a terceiros, não existindo tal direito para as pessoas jurídicas cuja atividade consista na revenda de bens (a despeito da manifestação da RFB, o tema não foi apreciado pelo STJ no recurso repetitivo).

- Constituem insumos os bens e serviços utilizados pela pessoa jurídica durante o processo de produção de bens ou de prestação de serviços, excluindo-se de tal conceito os itens utilizados após a finalização do produto para venda ou a prestação do serviço.

- São relevantes e, pois, constituem insumo para efeito da legislação das contribuições sociais gastos incorridos por força de imposição legal, tais como: (a) no caso de indústrias, os testes de qualidade de produtos exigidos pela legislação; (b) tratamento de efluentes do processo produtivo, exigido pela legislação; (c) no caso de produtores rurais, as vacinas aplicadas em seus rebanhos, exigidas pela legislação e quando não sujeitas à alíquota zero.

- Constituem insumos os bens e serviços adquiridos e utilizados na manutenção de bens do ativo imobilizado responsáveis por qualquer etapa do processo de produção de bens destinados à venda e de prestação de serviço.

- Somente podem ser considerados insumos os dispêndios da pessoa jurídica ocorridos após o reconhecimento formal e documentado do início da fase de desenvolvimento de um ativo intangível que efetivamente resulte em: (a) um insumo utilizado no processo de produção de bens destinados à venda ou de prestação de serviços (exemplificativamente, um novo processo de produção de bem); (b) produto destinado à venda ou serviço prestado a terceiros. Isso porque nesses casos há um esforço bem-sucedido e os resultados gerados pelo desenvolvimento do ativo intangível se tornam essenciais à produção do bem vendido ou à prestação do serviço. Diferentemente, os dispêndios com desenvolvimento de ativos intangíveis que não chegam a ser concluídos (esforço malsucedido) ou que sejam concluídos e explorados em áreas diversas da produção de bens e da prestação de serviços não são considerados insumos (o STJ não apreciou o tema, sendo questionável a interpretação da RFB, uma vez que todo esforço de pesquisa e desenvolvimento voltado a melhorias na produção de bens ou na prestação de serviços constitui insumo; trata-se de gastos inerentes ao processo produtivo e, portanto, insumos, ainda que o esforço seja, nas palavras da COSIT, "malsucedido", até porque a lei não exige que o insumo (dispêndio) incorrido pela pessoa jurídica resulte, afinal, em efetivo auferimento de receita).

- Gastos incorridos antes da fase industrial para a **produção de insumo** que será posteriormente utilizado naquela fase geram crédito das contribuições sociais.

- Gastos com contratação de pessoa jurídica fornecedora de mão de obra (terceirização de mão de obra) constituem insumo se a mão de obra cedida é aplicada diretamente nas atividades de produção de bens destinados à venda ou de prestação de serviços desempenhadas pela pessoa jurídica contratante, inclusive porque é admitida a terceirização de mão de obra, conforme decidido pelo Supremo Tribunal Federal na Arguição de Descumprimento de Preceito nº 324 e no Recurso Extraordinário nº 958.252/MG.

- Admite-se a tomada de crédito sobre gastos com subcontratação de outra pessoa jurídica para a prestação de serviços.

Cumpre destacar que o art. 172, § 3º, da IN RFB nº 1.911 estabelece que, para efeito de apropriação de créditos sobre insumo, o termo "serviço" empregado na legislação deve ser entendido como qualquer atividade prestada por pessoa jurídica a outra pessoa jurídica mediante retribuição. Nesse contexto, embora o dispositivo regulamentar não o diga de forma expressa, as pessoas jurídicas dedicadas à locação de bens móveis e imóveis podem apropriar crédito com fundamento no inciso II do art. 3º das Leis nº 10.637 e nº 10.833, não tendo aplicação a distinção feita pelo Supremo Tribunal Federal em matéria de ISS sobre obrigações de dar e de fazer que motivou a edição da Súmula Vinculante nº 31 ("É inconstitucional a incidência do imposto sobre serviços de qualquer natureza – ISS sobre operações de locação de bens móveis").

Mencione-se também o entendimento materializado na Solução de Consulta COSIT nº 45, de 28.5.2020, sobre os gastos com vale-transporte, a qual, após examinar as disposições das Lei nº 7.418, bem como o disposto no Decreto nº 95.247, concluiu que o empregador tem a obrigação legal de fornecer o vale-transporte ao funcionário e arcar com as despesas que ultrapassarem 6% de seu salário básico. Trata-se de dispêndio da pessoa jurídica, de acordo com a COSIT, com item destinado a viabilizar a atividade da mão de obra empregada em seu processo de produção de bens ou de prestação de serviços decorrente de imposição legal. Por essa razão, os gastos com vale-transporte (no que ultrapassarem 6% da remuneração básica do funcionário) ou com contratação de transporte junto a terceiro, desde que para os funcionários que trabalhem diretamente na produção dos bens ou na prestação de serviço, sendo relevantes ao processo produtivo, já que derivados de imposição legal, na linha definida pelo STJ, são considerados insumos para fins de apuração de créditos da contribuição ao PIS e da COFINS.

> **ATENÇÃO!**
>
> Confirmando essa conclusão, confira-se a Solução de Consulta DISIT/SRRF07 nº 7.081, de 28.12.2020, que consignou que "para fins de apuração de crédito da Cofins, o gasto com vales-transporte fornecidos pela pessoa jurídica a seus funcionários que trabalham diretamente na produção de bens ou na prestação de serviços pode ser considerado insumo, por ser despesa decorrente de imposição legal".

A despeito da importância das balizas firmadas pelo STJ e da orientação da RFB, persiste controvérsia em torno do conceito de insumo em relação a certos dispêndios incorridos por determinadas pessoas jurídicas, até porque a apreciação, em qualquer situação, é casuística, dependendo da análise do dispêndio e de sua correlação com o processo produtivo da pessoa jurídica.

ATENÇÃO!

São exemplos de temas sobre aos quais persiste debate:

- Gastos com publicidade e representação comercial, os quais podem ser incorridos, em algumas situações, antes ou durante o desenvolvimento do processo produtivo.

- Gastos com plano de saúde e vale-alimentação, incorridos, inclusive, por pessoas jurídicas distintas daquelas referidas no inciso X do art. 3º da Lei nº 10.833 (pessoas jurídicas que explorem as atividades de prestação de serviços de limpeza, conservação e manutenção), os quais podem decorrer de exigências contidas em normas trabalhistas com força de lei (acordos ou convenções coletivas, nos termos do art. 7º, inciso XXVI, da Constituição Federal).

- Gastos incorridos para aquisição de direitos, a exemplo de dispêndios com *royalties* e direitos de outorgas em contratos de concessão de serviço público. De acordo com o art. 172, § 3º, da IN RB nº 1.911, para efeito de apropriação de créditos sobre insumo, considera-se bem não só produtos e mercadorias, mas também os intangíveis. Assim, gastos com aquisições de direitos, quando relevantes ou essenciais, podem ser qualificados como insumos e, pois, podem gerar crédito das contribuições sociais.

VOCÊ SABIA?

Apesar de reconhecer a possibilidade de crédito sobre ativos intangíveis, o Fisco negou, na Solução de Consulta COSIT nº 48, 18.2.2019, o direito à apropriação de crédito calculado sobre outorga; na Solução de Consulta COSIT nº 117, 28.9.2020, negou o crédito de *royalty* sobre marca e imagem; e, na Solução de Consulta COSIT nº 116, de 16.7.2021, negou o direito ao crédito sobre *royalties* pagos por franqueada à franqueadora, em razão de não constituírem bem ou serviço. Por outro lado, a 3ª Turma da Câmara Superior de Recursos Fiscais, no acórdão 9303-008.742, de 13.6.2019, qualificou *royalty* como um bem móvel, nos termos do art. 83, inciso III, do Código Civil ("Art. 83. Consideram-se móveis para os efeitos legais: [...] III – os direitos pessoais de caráter patrimonial e respectivas ações), podendo, assim, ser qualificado como insumo para fins de aproveitamento do crédito").

OLHA A NOTÍCIA!

uqr.to/1ay70

Receita Federal do Brasil reconhece que vale-transporte gera créditos de PIS/Cofins

Autor: Gustavo Silva

Jornal *Valor Econômico* – 4.3.2019

No dia 18 de janeiro de 2021, a Receita Federal do Brasil (RFB) publicou no Diário Oficial da União a Solução de Consulta DISIT/SRRF 07 7.081, de 28 de dezembro de 2020, que autoriza o direito ao creditamento das contribuições aos PIS/Cofins relacionadas aos valores gastos em vale-transporte, inclusive para indústrias e demais prestadoras de serviços. De acordo com a Solução de Consulta, além do vale-transporte ser um benefício fornecido aos funcionários que trabalham diretamente na produção de bens ou prestação de serviços, é também uma despesa decorrente de imposição legal, de modo que pode ser considerada insumo para fins de apuração de créditos do PIS e da Cofins. [...]

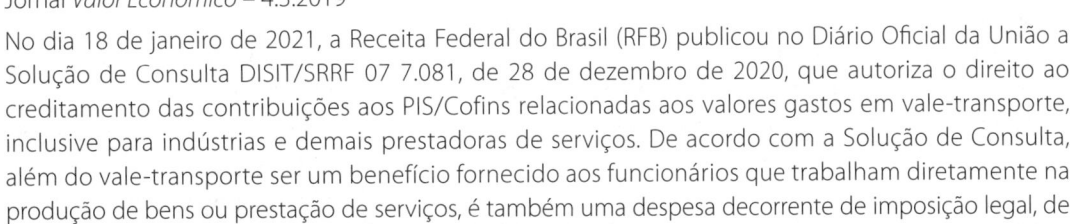

INCISO IV: ALUGUÉIS DE PRÉDIOS, MÁQUINAS E EQUIPAMENTOS, PAGOS A PESSOA JURÍDICA, UTILIZADOS NAS ATIVIDADES DA EMPRESA

O dispositivo legal que autoriza o creditamento sobre gastos com aluguel não limita o aproveitamento de tal direito somente aos dispêndios relacionados à atividade produtiva. Isso foi reconhecido pela RFB na Solução de Consulta nº 95, de 7.4.2015, da COSIT, a qual, interpretando o art. 3º, inciso IV, da Lei nº 10.833, afirmou que: "não há restrição no sentido de que os bens alugados sejam utilizados diretamente nas atividades da empresa, mas que haja relação ao menos indireta com essas atividades, a exemplo dos aluguéis de prédios, máquinas e equipamentos do setor administrativo da empresa".

OLHA A NOTÍCIA!

uqr.to/1ay71

Rede de lojas pode abater gastos com condomínio

Autora: Adriana Aguiar

Jornal *Valor Econômico* – 3.3.2021

Uma sentença da Justiça Federal de São Paulo concedeu, para uma rede de lojas, o direito a créditos de PIS e Cofins sobre gastos com taxas de condomínio de *shopping center*. A decisão ainda assegura o direito à compensação dos valores pagos nos últimos cinco anos.

Quer dizer, enquanto alguns gastos geram crédito independentemente de sua vinculação à atividade principal da empresa, outros gastos somente são passíveis de creditamento quando demonstrada sua correlação à revenda, à prestação do serviço ou à fabricação de bens. Três são as hipóteses em que a legislação requer a demonstração do vínculo do dispêndio à prestação do serviço, à revenda ou à fabricação de bens: aquisição de (i) insumos; de (ii) bens incorporados ao ativo imobilizado; e de (iii) bens incorporados ao ativo intangível.

Pois bem. No que tange à apropriação de créditos sobre aluguéis, deve-se registrar que, no caso da locação de imóveis, a possibilidade de apropriação de crédito engloba também as despesas com condomínio. É que as despesas condominiais compõem o custo da locação, tanto que o art. 23, inciso XII, da Lei nº 8.245, de 18.10.1991 – que regula a locação de imóvel urbano, inclusive não residencial – diz ser obrigatória a assunção, pelo locatário, das despesas ordinárias de condomínio. Nesse sentido, por exemplo, o Acórdão nº 3301-007.117, de 20.11.2019.

ATENÇÃO!

Cite-se o acórdão nº 3102-002297, de 15.10.2014, da 1ª Turma Ordinária, 1ª Câmara, 3ª Seção do CARF, segundo o qual "Os dispêndios com aluguéis de equipamentos, pagos a pessoa jurídica, utilizados nas atividades da empresa, geram direito de créditos da Cofins independentemente do tipo de atividade em que utilizados".

Ainda no que diz respeito à apropriação de créditos sobre aluguéis, há controvérsia sobre a possibilidade de creditamento no caso de aluguel de veículos e assemelhados, tendo em vista que, na visão das autoridades fiscais, os veículos não constituem "máquinas e equipamentos", o que restou consignado na Solução de Consulta COSIT nº 7, de 27.1.2015, e no Ato Declaratório Interpretativo nº 4, de 20.4.2015.

Não há consenso na jurisprudência sobre a matéria. O CARF já se pronunciou no sentido da possibilidade de tomada do crédito nesta hipótese, como é o caso, por exemplo, dos acórdãos nº 3301-00.661, nº 3301-00.662, nº 3301-00.653 e nº 3301-00.656, todos de 26.8.2010, em que a 1ª Turma Ordinária da 3ª Câmara da 3ª Seção do CARF reconheceu o direito ao crédito sobre os gastos com aluguéis de caminhões utilizados na atividade da empresa. As decisões são corretas, uma vez que, do ponto de vista semântico, veículos constituem máquinas.

Nos acórdãos nº 3201-003.569, 3201-003.570, 3201-003.571, 3201-003.572, todos proferidos pelo CARF, em 20.3.2018, foi afirmado que deve ser admitido o direito ao crédito na locação de veículos utilizados na movimentação de bens relacionados a atividades produtivas da pessoa jurídica.

No mesmo sentido, a 3ª Turma da CSRF, no acórdão nº 9303-008.575, de 15.5.2019, consignou que "Os custos/despesas incorridos com aluguéis de caminhões, automóveis e camionetas utilizados nas atividades exploradas pela empresa geram créditos da contribuição passíveis de desconto do valor da contribuição calculada sobre o faturamento mensal e/ ou de ressarcimento/compensação do saldo credor trimestral".

Em sentido oposto, contudo, registre-se o acórdão proferido, em 9.3.2021, pela 1ª Turma do STJ no REsp nº 1.818.422/SP, no qual prevaleceu o entendimento, tomado por maioria de votos, de que, de acordo com a classificação contida na NCM, há distinção entre maquinários em geral e veículos, logo, o conceito de máquina e equipamentos previsto na legislação não abrange os veículos adquiridos pela empresa de locação. De acordo com o voto vencedor, embora, a princípio, possa-se imaginar que conceitualmente veículos sejam espécie do gênero máquinas, na NCM esses itens estão classificados em Seções diversas, pois, enquanto os veículos automotores estão classificados na Seção XVII, capítulo 87, as máquinas e os equipamentos mecânicos e elétricos estão descritos na Seção XVI, capítulos 84 e 85, o que revelaria a distinção entre esses termos na seara tributária A conclusão foi tomada, não para negar a dedução de créditos sobre aluguel, mas para impedir a adoção de critério alternativo de aproveitamento do crédito calculado sobre bens integrantes do ativo imobilizado, previsto no art. 3º, § 14, da Lei nº 10.833, sobre o qual falaremos a seguir.

INCISO VI – MÁQUINAS, EQUIPAMENTOS E OUTROS BENS INCORPORADOS AO ATIVO IMOBILIZADO, ADQUIRIDOS OU FABRICADOS PARA LOCAÇÃO A TERCEIROS OU PARA UTILIZAÇÃO NA PRODUÇÃO DE BENS DESTINADOS À VENDA OU NA PRESTAÇÃO DE SERVIÇOS

O inciso em questão trata da possibilidade de creditamento sobre máquinas, equipamentos e outros bens incorporados ao ativo imobilizado, utilizados para locação a terceiros, na produção de bens destinados à venda ou na prestação de serviços.

A apropriação do crédito relativo a esses bens se dá a partir dos encargos de depreciação do bem, conforme inciso III do art. 3º das Leis nº 10.637 e nº 10.833, mediante a aplicação da alíquota das contribuições sobre esses encargos definidos pela RFB para efeito de apuração do imposto de renda (nesse sentido, confira-se o art. 173, § 1º, da IN RFB 1.911 e a Solução de Consulta COSIT nº 672, de 27.12.2017). Confira-se exemplo prático numérico a seguir:

EXEMPLO PRÁTICO

Valor da máquina ou equipamento: 100.000

Encargos de depreciação mensal: 1.000

Crédito da contribuição ao PIS (1,65%): 16,5

Crédito da COFINS (7,6%): 76,5

De acordo com a Solução de Consulta COSIT nº 672, de 27.12.2017, as baixas determinadas pela contabilidade a título de "*impairment*" (teste de recuperabilidade), ao reduzirem o valor dos bens do ativo passíveis de crédito sobre depreciação, reduzem também a base sobre a qual incidem as quotas de depreciação. Segundo a COSIT, a legislação de PIS e COFINS, alterada pela Lei nº 12.973/14, não teria neutralizado tais ajustes contábeis para fins das contribuições sociais, diferentemente do que ocorreu de forma expressa em relação, por exemplo, ao ajuste a valor justo e ao ajuste a valor presente. Diante disso, na ausência de disposição expressa, tais ajustes impactariam os créditos calculados sobre quotas de depreciação, diminuindo, portanto, seu montante total. A manifestação da COSIT é contraditória com uma premissa assumida na parte inicial da consulta, qual seja, a de que as regras ditadas pela RFB sobre a depreciação de ativos para efeito de apuração do IRPJ se aplicam ao caso das contribuições, não tendo aplicação as normas contábeis que regem a depreciação.

A conclusão da COSIT também é equivocada, pois a legislação de regência da contribuição ao PIS e da COFINS autoriza a apropriação sobre o custo de aquisição integral, logo, se a baixa de parte desse custo for determinada pela norma contábil por força do teste de recuperabilidade, e se a legislação que cuida daquelas contribuições não neutraliza esse ajuste, todo o montante baixado pode ser objeto de creditamento, sem prejuízo do direito à apropriação do saldo remanescente do custo via encargos de depreciação. É que o direito ao crédito é sobre o custo de aquisição (base de apuração). A depreciação constitui, apenas, critério temporal de seu aproveitamento.

Cumpre destacar que a depreciação também representa critério temporal de apropriação de crédito no caso do inciso VII (edificações e benfeitorias em imóveis próprios ou de terceiros, utilizados nas atividades da empresa). Similarmente, os créditos apropriados com base no inciso XI, relativos a "bens incorporados ao ativo intangível, adquiridos para utilização na produção de bens destinados a venda ou na prestação de serviço", devem ser apropriados sobre os encargos de amortização.

A despeito disso, é importante registrar que a legislação prevê formas alternativas para apropriação de créditos sobre determinados bens. É o caso, por exemplo, do § 14 do art. 3º da Lei nº 10.833, aplicável à contribuição ao PIS em razão do art. 15, inciso II, da mesma Lei nº 10.833, que admite que a pessoa jurídica calcule o crédito relativo à aquisição de máquinas e equipamentos destinados ao ativo imobilizado, no prazo de quatro anos, mediante a aplicação, a cada mês, das alíquotas referidas no *caput* do art. 2º da Lei nº 10.833 sobre o valor correspondente a 1/48 (um quarenta e oito avos) do valor de aquisição do bem, de acordo com regulamentação da Secretaria da Receita Federal.

A legislação também admite, por opção do contribuinte, nas hipóteses de aquisição no mercado interno ou de importação de máquinas e equipamentos destinados à produção de bens e prestação de serviços, a apropriação do crédito imediatamente, sobre o valor integral do bem adquirido, no caso de aquisições ocorridas a partir de julho de 2012, conforme inciso XII do art. 1º da Lei nº 11.774, de 17.9.2008.

Da mesma forma, o art. 6º da Lei nº 11.488, de 15.6.2007, admite, no caso de edificações incorporadas ao ativo imobilizado, adquiridas ou construídas para utilização na produção de bens destinados à venda ou na prestação de serviços, a possibilidade de crédito no prazo de 24 meses.

Mencione-se, por fim, que não obstante o art. 173, § 2º, inciso II, da IN RFB 1.911 vede a apropriação de crédito sobre aquisições de bens usados incorporados ao ativo imobilizado, a Solução de Consulta COSIT nº 59, de 25.3.2021, acertadamente esclarece que a vedação só tem aplicação às hipóteses em que não tenha ocorrido a tributação da receita de venda no vendedor, ou seja, quando o bem tenha sido adquirido de pessoa física (situação não sujeita à incidência das contribuições sociais) ou provenha do ativo imobilizado da pessoa jurídica vendedora (situação sujeita à isenção das contribuições sociais, como referido acima). Caso os bens tenham sido tributados no vendedor, ou seja, caso tenham sido adquiridos de revendedor de veículos usados, não se aplica a vedação constante do art. 3º, § 2º, inciso II, das Leis nº 10.637 e nº 10.833, motivo pelo qual o contribuinte pode apropriar crédito da contribuição ao PIS e da COFINS.

CRÉDITOS SOBRE FRETES

No que tange aos fretes, há algumas controvérsias sobre a possibilidade de apropriação de créditos.

a. Fretes de venda

Com relação aos fretes de venda, o direito à apropriação de créditos no regime da não cumulatividade das contribuições em foco está expressamente garantido pelo inciso IX do art. 3º da Lei nº 10.833, aplicável à contribuição ao PIS, nos termos do art. 15 da Lei nº 10.833.

b. Frete de produto não acabado entre estabelecimentos da empresa

A RFB entende que o frete de produto em elaboração deve ser considerado como insumo da produção, ensejando direito ao crédito, nos termos do inciso II do art. 3º das Leis nº 10.637 e nº 10.833, nos termos do art. 172, § 1º, inciso IX, da IN RFB nº 1.911, segundo o qual são considerados insumos os serviços de transporte de produtos em elaboração realizados em ou entre estabelecimentos da pessoa jurídica.

Tal entendimento está em linha com o conceito de insumo definido pelo STJ, na medida em que, sem o transporte dos produtos em elaboração entre os estabelecimentos da pessoa jurídica, estaria inviabilizada a produção.

c. Frete de produto acabado ao centro de distribuição

Diferentemente do frete de produtos não acabados entre estabelecimentos, cujo creditamento encontra suporte no inciso II do art. 3º das Leis nº 10.637 e nº 10.833, dado que se trata de insumo da produção, relativamente ao frete de produtos acabados entre estabelecimentos, notadamente para o centro de distribuição da pessoa jurídica, a princípio, não se aplica o referido dispositivo, tendo em vista que se trata de um dispêndio posterior ao processo de produção.

A despeito disso, como explicaremos a seguir, a apropriação do crédito tem fundamento no inciso IX, do art. 3º da Lei nº10.833, estendida à contribuição ao PIS, nos termos do art. 15 dessa mesma lei, a qual permite que o valor do "armazenagem de mercadoria e frete na operação de venda (...), quando o ônus for suportado pelo vendedor".

Antes expor as razões que autorizam a apropriação do crédito, vale ressaltar que, sobre o tema, o Parecer Normativo COSIT/RFB nº 5, de 17.12.2018, em seu item 5 (Gastos Posteriores à Finalização do Processo de Produção ou de Prestação), asseverou que "não podem ser considerados insumos gastos com transporte (frete) de produtos acabados (mercadorias) de produção própria entre estabelecimentos da pessoa jurídica, para centros de distribuição", mas ressalvou expressamente eventual possibilidade de apropriação como frete de venda, ao consignar que "Nada impede que o item possa se enquadrar em outras modalidades de creditamento, como aquela estabelecido pelo inciso IX do art. 3º c/c inciso II do art. 15 da Lei nº 10.833, de 2003".

A despeito da disposição do Parecer Normativo COSIT/RFB nº 5/2018, a RFB não define, no referido ato, que o frete ao distribuidor gera crédito de PIS e COFINS. A RFB, em realidade, apenas esclarece que eventual apropriação de crédito sobre tal dispêndio não pode ser analisada à luz do disposto no inciso II do art. 3º das Leis nº 10.637 e 10.833 (insumos da produção).

Tanto isso é verdade que há diversos questionamentos fiscais a respeito de créditos apropriados sobre os fretes de produtos acabados para estabelecimentos distribuidores, baseados, dentre outros suportes, na orientação contida na Solução de Divergência COSIT nº 26, de 30.5.2008, que impede a tomada de crédito nessa hipótese.

Tais questionamentos decorrem do fato de a RFB realizar interpretação literal e restritiva do inciso IX do art. 3º da Lei nº 10.833, que a conduz à conclusão de que deve ser considerado naquele cálculo somente o frete relativo à operação de venda propriamente dita, isto é, a operação pela qual a pessoa jurídica transfere ao seu cliente os produtos vendidos, mediante o recebimento de um preço.

Ocorre que, a partir da correta interpretação do texto legal, é possível concluir que o creditamento não está restrito às remessas diretas aos adquirentes, mas a qualquer remessa que seja feita com o intuito de efetivar, viabilizar, a operação de venda. O essencial, para a lei, é que o frete seja voltado na direção do comprador.

Outrossim, além de constituir gasto necessário a viabilizar o transporte e a entrega do produto ao cliente, o frete ao distribuidor pode ser entendido, também, como dispêndio a título de armazenagem, o qual, de acordo com o mesmo inciso IX do art. 3º, admite a tomada de crédito das contribuições sociais.

A despeito disso, há grande divergência jurisprudencial sobre a matéria. Realmente, no âmbito administrativo, a 3ª Turma da CSRF já se posicionou em sentido favorável ao crédito, conforme se verifica dos acórdãos nº 9303-010.123, de 11.2.2020, nº 9303-010.147, de 12.2.2020, nº 9303-009.981, de 22.1.2020, dentre outros.

Contudo, em 11.3.2020 a mesma 3ª Turma da CSRF proferiu o acórdão nº 9303-010.249, no qual restou consignado que o frete de produto acabado entre estabelecimentos da mesma empresa não ensejaria o direito ao creditamento das contribuições, seja por não se configurar como insumo, visto que não relacionado ao processo produtivo, seja em razão de não se caracterizar como frete de venda, pois incorrido antes da operação de venda propriamente dita.

ATENÇÃO!

Cumpre destacar que alguns julgados da CSRF admitem o creditamento sobre os dispêndios ora analisados tanto com fundamento no inciso II (insumos da produção), como no inciso IX (frete de venda e armazenagem) do art. 3º da Lei nº 10.833.

Na esfera judicial, apesar de a jurisprudência não estar consolidada, pode-se notar, no âmbito do STJ, uma tendência contrária à apropriação do crédito sobre esses gastos. É o que se verifica, por exemplo, do entendimento consignado pela Primeira Turma Julgadora do STJ, quando da apreciação do AgInt no AREsp 848.573/SP, de Relatoria do Ministro Napoleão Nunes Maia Filho, julgado em 14.9.2020, e pela Segunda Turma Julgadora do STJ, no julgamento do AgInt no AREsp 874.800/SP, sob Relatoria do Ministro Francisco Falcão, julgado em 29.4.2020.

d. Frete na aquisição de matéria-prima

O valor do frete na aquisição de insumos integra-se ao custo dos referidos insumos, gerando direito ao crédito, nos termos do inciso II do art. 3º das Leis nº 10.637 e nº 10.833.

Em outras palavras, o frete na aquisição de insumos junto a terceiros representa parte do custo de aquisição desses insumos. Daí o direito ao creditamento na hipótese, por se tratar de insumo, nos termos do art. 3º, inciso II.

Ocorre que, limitando as hipóteses de aproveitamento do direito ao crédito, a COSIT, por meio, dentre outras, da Solução de Consulta nº 99001, de 13.1.2017, afirmou que, como em regra, o frete na aquisição de insumo deve ser apropriado ao custo de aquisição dos bens, a possibilidade de creditamento sobre o frete deve ser analisada em relação aos bens adquiridos, e não em relação ao serviço de transporte isoladamente considerado.

Em outras palavras, a decisão da COSIT consignou que a apropriação do crédito sobre o frete incorrido pelo adquirente na aquisição de bem será definida a partir do tratamento conferido ao bem adquirido. Dessa forma, se o bem adquirido for, de fato, insumo da produção, nos termos do inciso II do art. 3º das Leis nº 10.637 e nº 10.833, o frete incorrido na sua aquisição será passível de creditamento. Esse entendimento já foi manifestado pelo CARF em diversas oportunidades, como, por exemplo, nos acórdãos nº 3402-003.172, nº 3402-003.173 e nº 3402-003.174, todos de 20.7.2016, nº 3302003.206 a nº 3302003.219, todos de 19.5.2016, nº 3302-003.110, de 15.3.2016, nº 3301-002.806 a nº 3301-002.818, todos de 29.1.2016.

Por fim, vale ressaltar que o Parecer Normativo COSIT/RFB nº 5/2018 também manifesta o entendimento da RFB no sentido de que o frete de aquisição de insumo compõe o custo de aquisição do bem e, consequentemente, integra a base de cálculo do crédito da contribuição ao PIS e da COFINS. Confira-se:

---

13. DO VALOR BASE PARA CÁLCULO DO MONTANTE DO CRÉDITO

155. Outro assunto que também merece destaque é o valor a ser considerado no cálculo do montante do crédito da Contribuição para o PIS/Pasep e da Cofins referente à aquisição de insumos a ser apurado pela pessoa jurídica beneficiária.

156. O § 1º do art. 3º da Lei nº 10.637, de 2002, e da Lei nº 10.833, de 2003, estabelecem que, no caso de aquisição de insumos, o "crédito será determinado mediante a aplicação da alíquota" modal das contribuições "sobre o valor: I – dos itens mencionados nos incisos I e II do *caput*, adquiridos no mês". E a Secretaria da Receita Federal do Brasil, desde há muito, tem interpretado que o valor-base do cálculo do montante do crédito é o custo de aquisição do bem conforme definido contabilmente, salvo exceções previstas na legislação tributária.

157. Nesse sentido, limitando a análise aos itens qualificáveis como insumo, verifica-se que a NBC TG 16 (R1), do Conselho Federal de Contabilidade estabelece que:

11. O custo de aquisição dos estoques compreende o preço de compra, os impostos de importação e outros tributos (exceto os recuperáveis perante o fisco), bem como os custos de transporte, seguro, manuseio e outros diretamente atribuíveis à aquisição de produtos acabados, materiais e serviços. Descontos comerciais, abatimentos e outros itens semelhantes devem ser deduzidos na determinação do custo de aquisição.' (Redação dada pela Resolução CFC nº 1.273, de 31 de outubro de 2010)

158. Assim, após a Lei nº 12.973, de 13 de maio de 2014 (que adequou a legislação tributária federal à legislação societária e às normas contábeis), **estão incluídos no custo de aquisição dos insumos geradores de créditos das contribuições, entre outros, os seguintes dispêndios suportados pelo adquirente**:

a) preço de compra do bem;

b) **transporte do local de disponibilização pelo vendedor até o estabelecimento do adquirente;**

c) seguro do local de disponibilização pelo vendedor até o estabelecimento do adquirente;

d) manuseio no processo de entrega/recebimento do bem adquirido (se for contratada diretamente a pessoa física incide a vedação de creditamento estabelecida pelo inciso I do § 2º do art. 3º da Lei nº 10.637, de 2002, e da Lei nº 10.833, de 2003);

e) outros itens diretamente atribuíveis à aquisição de produtos acabados;

f) tributos não recuperáveis." (grifos nossos)

No entanto, cumpre ressaltar que, em razão dessa interpretação, a RFB possui entendimento no sentido de que, caso o serviço contratado seja para transporte de insumos adquiridos sem a incidência da contribuição ao PIS e da COFINS, seja por isenção, alíquota zero ou suspensão de incidência, fica vedado o creditamento sobre os dispêndios com o aludido frete.

Exceção é feita, somente, à hipótese em que os insumos são adquiridos com isenção para serem utilizados na elaboração de produtos sujeitos ao pagamento da contribuição. O entendimento da RFB pode ser colhido, por exemplo, na Solução de Consulta COSIT nº 265, de 24.9.2019. Essa é a interpretação *a contrario sensu* da parte final do art. 3º, § 2º, inciso II, a qual revela que o crédito poderá ser apropriado na hipótese de o bem ou serviço ser adquirido com isenção, quando o bem for revendido com tributação das contribuições ou quando o bem ou serviço for utilizado como insumo em produtos ou serviços cuja receita de venda seja alcançada pelas contribuições.

Isso porque o art. 3º, § 2º, inciso II, das Leis nº 10.637 e nº 10.833 prevê que não ensejará o direito ao crédito o valor "da aquisição de bens ou serviços não sujeitos ao pagamento da contribuição, inclusive no caso de isenção, esse último quando revendidos ou utilizados como insumo em produtos ou serviços sujeitos à alíquota 0 (zero), isentos ou não alcançados pela contribuição".

Assim, tendo em vista que o entendimento fiscal é no sentido de que o frete compõe o custo de aquisição do insumo, entende-se que não é possível a apropriação de crédito das contribuições sobre esses dispêndios nas situações em que o bem adquirido não seja tributado, salvo em situações específicas de isenção, mesmo que as contribuições incidam sobre o frete.

Vale ressaltar que, em 18.6.2020, a 3ª Turma da CSRF, por meio do acórdão nº 9303-010.476, manifestou-se no mesmo sentido, concluindo que quando o bem adquirido não for tributado, inclusive em razão de aplicação de alíquota zero, não será admitido o creditamento sobre o custo do respectivo frete de aquisição. Segundo a decisão, o frete não pode ser considerado insumo da produção, mas, apenas, dispêndio integrante do custo de aquisição do insumo, razão pela qual, se o bem não ensejar o direito à apropriação do crédito, o respectivo frete também não ensejará.

Entretanto, a não tributação dos insumos adquiridos em nada impacta na apropriação de crédito sobre o frete correspondente à aquisição desses produtos, já que o frete, sendo custo de aquisição do insumo, integra o custo de produção e, dessa forma, também se enquadra particularmente no conceito de insumo.

Assim, se o bem adquirido representar insumo da produção e o frete incorrido pelo adquirente, ele em si, não esbarrar nas vedações contidas nos incisos I e II do § 2º do art. 3º das Leis nº 10.637 e nº 10.833, a pessoa jurídica estará autorizada a apropriar o crédito sobre o frete incorrido na aquisição do insumo.

VEDAÇÕES

O § 2º do art. 3º das Leis nº 10.637 e nº 10.833 veda a apropriação de créditos sobre a mão de obra paga a pessoa física (inciso I) e sobre a aquisição de bens ou serviços não sujeitos ao pagamento da contribuição, inclusive no caso de isenção, esse último quando revendidos ou utilizados como insumo em produtos ou serviços sujeitos à alíquota 0 (zero), isentos ou não alcançados pela contribuição (inciso II).

Esclareça-se que, se a aquisição estiver sujeita ao pagamento das contribuições sociais, mas as vendas de bens e serviços forem efetuadas pela pessoa jurídica com suspensão, isenção, alíquota 0 (zero) ou não incidência da contribuição ao PIS e da COFINS, é autorizada a manutenção dos créditos vinculados a essas operações (art. 17 da Lei nº 11.033, de 21.12.2004).

O § 3º do art. 3º das Leis nº 10.637 e nº 10.833 somente autoriza a apropriação de créditos em relação a bens e serviços adquiridos de pessoa jurídica domiciliada no País e aos custos e despesas incorridos, pagos ou creditados a pessoa jurídica domiciliada no País, porque as pessoas físicas ou jurídicas situadas no exterior não se submetem à contribuição ao PIS e à COFINS. Logo, as correspondentes operações não são oneradas por essas contribuições – embora possam ser oneradas pelo PIS-Importação e pela COFINS-Importação, gerando crédito dos respectivos valores, como será mencionado adiante.

Para a lei, é fundamental que haja incidência das contribuições na etapa anterior. Exceção é feita somente ao caso de aquisições de bens e serviços com isenção: nesta hipótese, autoriza-se o creditamento, caso o bem ou o insumo adquiridos com isenção sejam revendidos ou empregados em produtos ou serviços cuja receita de venda esteja sujeita à incidência das contribuições sociais (inciso II do § 2º do art. 3º das Leis nº 10.637 e nº 10.833).

PESSOA JURÍDICA SUJEITA A AMBOS OS REGIMES, APROPRIAÇÃO DIRETA OU RATEIO PROPORCIONAL

No caso de pessoa jurídica sujeita aos regimes cumulativo e não cumulativo, o que acontece quando a pessoa jurídica está sujeita ao regime não cumulativo, mas aufere receita(s) sujeita(s) ao regime cumulativo, a legislação prevê que somente poderá haver apropriação em relação aos custos, despesas e encargos vinculados a receitas sujeitas ao não cumulativo.

No caso de custos, despesas e encargos comuns, isto é, vinculados às receitas sujeitas ao regime não cumulativo e àquelas submetidas ao regime de incidência cumulativa dessas contribuições, o crédito deverá ser determinado, a critério da pessoa jurídica, pelos métodos de (i) apropriação direta, inclusive em relação aos custos, por meio de sistema de contabilidade de custos integrada e coordenada com a escrituração; ou (ii) rateio proporcional, aplicando-se aos custos, despesas e encargos comuns a relação percentual existente entre a receita bruta sujeita à incidência não cumulativa e a receita bruta total, auferidas em cada mês.

O critério de apropriação direta pressupõe a identificação exata dos custos incorridos para produção dos bens e serviços cuja receita de venda esteja sujeita ao regime não cumulativo. Por outro lado, o método do rateio proporcional trata de uma metodologia de aferição aproximada, adotando-se como critério a relação percentual entre as receitas sujeitas aos regimes não cumulativo e cumulativo.

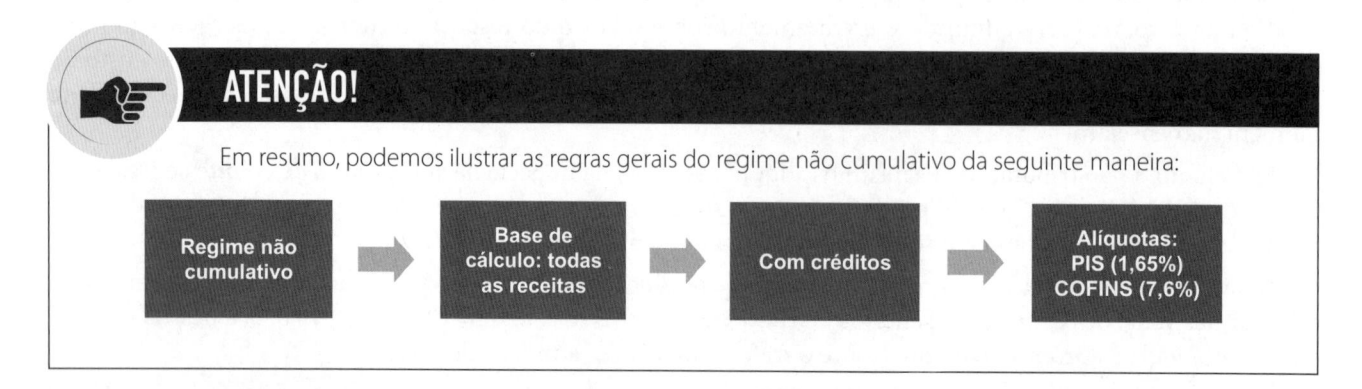

ATENÇÃO!

Em resumo, podemos ilustrar as regras gerais do regime não cumulativo da seguinte maneira:

Regime não cumulativo → Base de cálculo: todas as receitas → Com créditos → Alíquotas: PIS (1,65%) COFINS (7,6%)

REGIME MONOFÁSICO

A legislação que disciplina a contribuição ao PIS e a COFINS estabelece, paralelamente aos regimes cumulativo e não cumulativo, regimes de incidência monofásica. Na tributação monofásica, ou concentrada, a incidência se dá no início da cadeia de distribuição, sendo que as receitas de vendas realizadas por distribuidores e varejistas estão sujeitas à alíquota zero.

Dentre os produtos sujeitos à incidência monofásica, destacam-se os seguintes: (i) Lei nº 9.718 (derivados de petróleo e álcool, inclusive para fins carburantes); (ii) Lei nº 10.147, de 21.12.2000 (produtos farmacêuticos e cosméticos); (iii) Lei nº 10.485, de 3.7.2002 (automóveis e peças); (iv) Lei nº 10.560, de 13.11.2002 (querosene de aviação); (v) Lei nº 10.833 (algumas bebidas); (vi) Lei nº 11.116, de 18.5.2005 (biodiesel).

Em razão da incidência monofásica, há controvérsia sobre a possibilidade de apropriação de crédito nas próximas etapas da cadeia. Para revendedores desses bens sujeitos ao regime de tributação concentrada, há vedação expressa no item "b" do inciso I do art. 3º das Leis nº 10.637 e nº 10.833.

A despeito dessa disposição, diante da previsão contida no art. 17 da Lei nº 11.033, de 21.12.2004, alguns contribuintes revendedores de bens sujeitos ao regime monofásico passaram a discutir que tal dispositivo autorizaria a manutenção do crédito. O Superior Tribunal de Justiça, contudo, rechaçou tal possibilidade, por entender que este dispositivo somente tem aplicação às pessoas jurídicas que (a) adquirem bens sujeitos ao pagamento das contribuições sociais e que (b) não estejam submetidas a nenhuma regra impeditiva da apropriação de créditos. Quer dizer, para o Tribunal, o referido dispositivo não alcança os contribuintes que não têm direito ao crédito por expressa vedação legal (no caso, o art. 3º, inciso I, das Leis nº 10.637 e nº 10.833). O STJ ainda acrescentou que o crédito não deve ser admitido porque, havendo tributação em etapa única, não há cumulatividade a ser eliminada ou mitigada por meio de técnicas de não cumulatividade. O entendimento do Tribunal foi consolidado nos EREsp nº 1.768.224/RS e EAREsp nº 1.109.354/SP, julgados em 14.4.2021, pela 1ª Seção.

Não foi objeto de análise, nos referidos julgados, a possibilidade de apropriação de crédito pelo contribuinte que adquirir esses bens para consumo próprio e não para revenda, como é o caso, por exemplo, do contribuinte que adquire combustíveis sujeitos ao regime monofásico que são consumidos como insumo em seu processo produtivo. Nesse caso, considerando que não há dúvidas de que haja efetiva tributação do bem no regime monofásico, que se dá de forma concentrada, no início da cadeia, a apropriação do crédito pelo consumidor do bem está albergada pelo inciso II do art. 3º das Leis nº 10.637 e nº 10.833, que autoriza a pessoa jurídica a descontar créditos calculados em relação aos "II – bens e serviços, utilizados como insumo na prestação de serviços e na produção ou fabricação de bens ou produtos destinados à venda, inclusive combustíveis e lubrificantes (...)".

Como se pode notar, ao tratar dos insumos para fins de creditamento da contribuição ao PIS e da COFINS, o dispositivo legal em foco fez referência expressa aos combustíveis e lubrificantes. Ao tempo da instituição da não cumulatividade, já existia o regime monofásico de tributação desses bens. De fato, os regimes diferenciados de tributação dos combustíveis e lubrificantes existem desde antes da instituição da sistemática não cumulativa de apuração dessas exações, estando previstos na Lei nº 9.718, em sua redação original, a revelar que o legislador, não obstante conhecedor da redução a zero das alíquotas da contribuição ao PIS e da COFINS incidentes sobre as receitas de vendas realizadas por distribuidores e varejistas, assegurou o direito ao crédito em sua aquisição, já que a cadeia de circulação desses bens é onerada pelas contribuições, embora de maneira concentrada e antecipada.

Há uma razão adicional que justifica a menção expressa aos combustíveis e lubrificantes no inciso II do art. 3º das Leis nº 10.637 e nº 10.833. O distribuidor de combustíveis que adquire estes bens com tributação está impedido de tomar o crédito das contribuições. Realmente, nos termos do art. 3º, inciso I, alínea *b*, c/c art. 2º, § 1º, inciso I, das Leis nº 10.637 e nº 10.833, a pessoa jurídica que adquire GLP e álcool etílico hidratado para revenda não pode se apropriar do crédito em questão.

Desse modo, como há incidência concentrada no início da cadeia (regime monofásico), e o distribuidor não pode se apropriar do crédito, a lei assegurou que o consumidor final que os empregue como insumos em sua atividade produtiva aproprie o crédito em questão. Por isso mesmo que há menção expressa a estes itens no inciso II do art. 3º das Leis nº 10.637 e nº 10.833.

A IN RFB nº 1.911 reconhece o direito ao crédito sobre combustíveis e lubrificantes consumidos em máquinas, equipamentos ou veículos responsáveis por qualquer etapa do processo de produção ou fabricação de bens ou de prestação de serviços, mesmo aqueles consumidos em geradores da energia elétrica utilizada nas atividades de produção ou fabricação de bens ou de prestação de serviços, não fazendo qualquer ressalva quanto à sua aquisição a alíquota zero (art. 171,§ 1º, e art. 172, § 1º, inciso III).

A despeito disso, é importante registrar que na esfera administrativa há divergência sobre o assunto. Realmente, é possível identificar decisões favoráveis (exemplo: acórdãos nº 3201-003.574 e nº 3201-003.575, de 20.3.2018), e contrárias, como é o caso do acórdão nº 3201-007.734, de 26.1.2021, em que foi admitida a possibilidade de apropriação de crédito sobre a aquisição de combustíveis, "mas desde que a aquisição dos combustíveis tenha sido tributada pela contribuição, situação em que se excluem aqueles sujeitos ao regime monofásico". Ocorre que, em muitas decisões (exemplo: acórdãos nº 9303-011.089 e nº 9303-011.090, de 9.12.2020), apesar de reconhecido o direito ao crédito sobre combustíveis, não houve qualquer manifestação sobre a controvérsia relativa à tributação pelo regime monofásico, talvez porque a literalidade do inciso II do art. 3º das Leis nº 10.637 e nº 10.833 não admita outra conclusão que não a de ser admitido o direito ao crédito.

OBJETIVO 5

RETENÇÕES NA FONTE

O art. 30 da Lei nº 10.833 determina que os pagamentos realizados por uma pessoa jurídica a outra pessoa jurídica pela prestação dos serviços de limpeza, conservação, manutenção, segurança, vigilância, transporte de valores e locação de mão de obra, pela prestação de serviços de assessoria creditícia, mercadológica, gestão de crédito, seleção e riscos, administração de contas a pagar e a receber, bem como pela remuneração de serviços profissionais, estão sujeitos à retenção na fonte da CSLL, da COFINS e da contribuição para o PIS.

SAIBA MAIS!

São serviços profissionais, para efeito de retenção na fonte, aqueles listados no art. 714 do RIR/18 (Decreto nº 9.580/18), conforme destacado, por exemplo, na Solução de Consulta COSIT nº 157, de 23.12.2020.

O art. 31, por sua vez, estabelece para as retenções em questão a alíquota de 4,65% (3% referente à COFINS, 0,65% à contribuição ao PIS e 1% à CSLL), percentual que não é alterado independentemente do regime de tributação – cumulativo ou não cumulativo – da pessoa jurídica cuja receita está sujeita à retenção.

Os valores retidos representam verdadeira antecipação do tributo devido pelo contribuinte, conforme art. 36 da Lei nº 10.833. Outrossim, quando não for possível ao contribuinte efetuar a dedução dos valores retidos com o montante devido a título das contribuições, em razão de o valor retido no mês superar o montante devido no mesmo período a título da respectiva contribuição, ele poderá solicitar a restituição ou compensação dos valores, nos termos do art. 5º da Lei nº 11.727, de 23.6.2008.

A EXCLUSÃO DO ICMS NA BASE DE CÁLCULO DAS CONTRIBUIÇÕES

No julgamento do recurso extraordinário nº 574.706 (*DJe* 2.10.2017), o Plenário do STF decidiu que o ICMS não deve compor as bases de cálculo da contribuição ao PIS e da COFINS, por se tratar de simples ingresso contábil, que não pode receber o qualificativo jurídico de "receita" (ou "faturamento", enquanto receita bruta advinda da venda de bens e de serviços).

A tese adotada pelo STF, para fins de repercussão geral, nos termos propostos pela relatora Carmen Lúcia, foi de que "o ICMS não compõe a base de cálculo para fins de incidência do PIS e da COFINS".

Quando do julgamento de embargos de declaração opostos pela Fazenda Nacional, em 13.5.2021, o Tribunal modulou os efeitos do julgado, de modo que a produção de seus efeitos ocorra desde 15.3.2017 – data em que julgado o recurso extraordinário nº 574.706 –, ressalvadas as ações judiciais e administrativas protocoladas até a data da sessão em que proferido o julgamento de mérito.

Na mesma ocasião, o Tribunal decidiu que o ICMS a ser excluído da base de apuração das contribuições é o destacado na nota fiscal, e não o efetivamente pago, após as deduções admitidas pela Constituição e pela legislação infraconstitucional. Ao decidir desse modo, o Tribunal rechaçou o entendimento da COSIT, contido na Solução de Consulta Interna COSIT nº 13, de 18.10.2018, e posteriormente retratado no parágrafo único do art. 27 da IN RFB nº 1.911, no sentido de que o valor a ser excluído das bases de cálculo das contribuições, em conformidade com o precedente firmado pelo STF, seria o valor do saldo do imposto devido ao Estado, após a compensação escritural dos débitos e dos créditos do imposto, em cada competência mensal.

Diante da decisão dos embargos acima comentada, foi proferido, pela Procuradoria Geral da Fazenda Nacional, o Parecer SEI nº 7698/2021/ME, de 24.5.2021, para fins do art. 19, inciso VI c/c 19-A, § 1º, ambos da Lei nº 10.522, de 19.7.2002, determinando que sejam observadas pela administração tributária as seguintes diretrizes:

> **ATENÇÃO!**
>
> Em razão da decisão proferida em sede de recurso extraordinário com repercussão geral reconhecida, o Ministro Celso de Mello, em decisão monocrática do dia 28.8.2018, julgou prejudicada a ADC nº 18/DF, ajuizada para a discussão da constitucionalidade da inclusão do ICMS na base de cálculo da contribuição ao PIS e da COFINS, nos termos do art. 3º, § 2º, inciso I, da Lei nº 9718, de 27.11.1998. A decisão transitou em julgado em 30.10.2018.

> **ATENÇÃO!**
>
> O tema da exclusão do ISS da base de cálculo da contribuição ao PIS e da COFINS foi afetado pelo STF com repercussão geral, devendo ser definido quando do julgamento do tema 118.

> a) conforme decidido pelo Supremo Tribunal Federal, por ocasião do julgamento do Tema 69 da Repercussão Geral, "O ICMS não compõe a base de cálculo para incidência do PIS e da COFINS";
>
> b) Os efeitos da exclusão do ICMS da base de cálculo do PIS e da COFINS devem se dar após 15.3.2017, ressalvadas as ações judiciais e administrativas protocoladas até (inclusive) 15.3.2017; e
>
> c) O ICMS a ser excluído da base de cálculo das contribuições do PIS e da COFINS é o destacado nas notas fiscais.

No que tange a esses aspectos especificamente, portanto, não há mais qualquer dúvida a ser objeto de debates.

Um aspecto controvertido, não solucionado pelo STF, diz respeito ao valor do crédito a ser apropriado no regime não cumulativo. Para a RFB, o ICMS, não compondo a receita do vendedor, deve ser expurgado também dos créditos devidos no regime não cumulativo, já que não se submete ao pagamento das contribuições, tendo incidência, assim, o disposto no art. 3º, § 2º, inciso II, das Leis nº 10.637 e nº 10.833.

Na prática contábil, o valor do ICMS destacado na aquisição de bens para revenda ou de insumos não é registrado nos respectivos estoques, sendo o respectivo valor debitado em uma conta própria de "impostos a recuperar", no ativo circulante, em contrapartida ao montante da obrigação creditado no passivo. Esse procedimento é seguido também no reconhecimento contábil, pelo método do custo, dos itens do ativo imobilizado, cujo valor é acrescido apenas dos impostos recuperáveis sobre a compra.

Da mesma forma, a legislação do imposto de renda impede a inclusão, no custo das mercadorias revendidas e das matérias-primas utilizadas, dos "impostos recuperáveis através de créditos na escrita fiscal" (art. 301, § 3º, do RIR/2018).

Todavia, cabe pontuar que as bases de cálculo dos créditos da contribuição ao PIS e da COFINS nunca corresponderam ao conceito de "custo de aquisição" da legislação do imposto de renda, admitindo a legislação que rege a incidência das referidas contribuições o cômputo, no "custo de aquisição", do montante do ICMS suportado pelo contribuinte-adquirente.

A corroborar que o montante do crédito apropriável não está vinculado ao montante do tributo pago na operação anterior, cabe destacar o § 1º, do art. 3º, das Leis nº 10.637 e nº 10.833, segundo o qual a alíquota aplicável na apuração do crédito é do contribuinte-adquirente, e não a do contribuinte-vendedor (o que equivale à operacionalização da não cumulatividade pelo método da base-contrabase). Assim, o vendedor pode estar sujeito a regime distinto de tributação (regime cumulativo, por exemplo, com alíquotas inferiores das contribuições sociais), sem que daí resulte um óbice ao aproveitamento, pelo comprador, do crédito calculado sobre o custo de aquisição às alíquotas de 7,6%, para COFINS, e de 1,65%, para a contribuição ao PIS.

A despeito das considerações precedentes, há julgados afirmando que, como o ICMS não compõe a base de cálculo da contribuição ao PIS e da COFINS, deve, por decorrência, ser excluído da apuração dos créditos no regime não cumulativo. Nesse sentido, cabe citar, por exemplo, os acórdãos nº 3301-005.611, de 29.1.2019, e nº 3301-005.000, de 20.8.2018, ambos do CARF.

No acórdão proferido pela 2ª Turma do Tribunal Regional Federal da 4ª Região ("TRF-4"), nos autos do processo nº 2006.70.09.003963-8, em 23.10.1018, restou consignado que "em contrapartida, pelo sistema da não cumulatividade, também o ICMS incidente nas operações que dão direito a créditos do PIS e da COFINS não poderá compor a base de cálculo de tais créditos".

Nesse acórdão, o colegiado decidiu, em juízo de retratação motivado pela superveniência do precedente do STF, dar provimento à apelação do contribuinte, para reconhecer o seu direito de excluir, da base de cálculo da contribuição ao PIS e da COFINS, o valor do ICMS destacado em nota fiscal, em cada operação. Em contrapartida à exclusão do ICMS da base de cálculo das contribuições, a decisão determinou que também os créditos das contribuições não cumulativas deveriam ser calculados sem a inclusão do imposto estadual.

No mesmo sentido, a 3ª Turma do Tribunal Regional Federal da 3ª Região, no julgamento do AI nº 5027339-57.2019.4.03.0000, sob Relatoria do Desembargador Federal Luis Carlos Hiroki Muta, julgado em 8.5.2020, decidiu que: "seguindo a lógica do julgado paradigma do STF, se o ICMS não compõe receita ou faturamento para fins de incidência de PIS/COFINS, o mesmo também não deve compor o valor das mercadorias e insumos utilizados na aquisição de créditos pelo regime não cumulativo. Afinal, o crédito tem por base o valor dos itens e bens, e não o valor total da operação mercantil".

Merece destaque a decisão do recurso especial nº 1.456.648/RS (*DJe* 28.6.2016), por meio da qual a Segunda Turma do STJ manifestou o entendimento de que o ICMS-ST suportado na aquisição – o qual não compõe a receita do contribuinte vendedor, nos termos do art. 12, § 4º, do Decreto-lei nº 1.598/77 – não poderia compor a base de cálculo dos créditos da contribuição ao PIS e da COFINS não cumulativas, precisamente por se tratar de parcela do preço não submetida à incidência das contribuições na etapa anterior da cadeia econômica de circulação da mercadoria.

O julgado do STJ adotou uma lógica própria dos sistemas não cumulativos para entender que, se não há incidência das contribuições sobre o valor do ICMS-ST na aquisição, não se pode conceder crédito das contribuições sobre tais montantes.

No entanto, em sentido oposto, a Primeira Turma do STJ entende que o ICMS-ST deve compor a apuração dos créditos no regime não cumulativo. Para a Turma, o direito ao creditamento independe da ocorrência de tributação na etapa anterior, não estando, assim, vinculado à incidência da contribuição ao PIS e da COFINS sobre a parcela correspondente ao ICMS-ST. O direito ao crédito decorre da repercussão econômica do ônus gerado pelo recolhimento antecipado do ICMS-ST atribuído ao substituto, compondo, desse modo, o custo de aquisição da mercadoria adquirida pelo substituído. De acordo com a Turma, a repercussão econômica do recolhimento antecipado do ICMS-ST, pelo substituto, é assimilada pelo substituído quando da aquisição do bem, já que não lhe é permitido gerar crédito na saída da mercadoria (venda), devendo emitir a nota fiscal sem destaque do imposto estadual, tornando o tributo, nesse contexto, irrecuperável na escrita fiscal, compondo, portanto, o custo de aquisição.

A rigor, os mesmos fundamentos que orientam as decisões sobre a inclusão ou não do ICMS-ST na base de cálculo dos créditos da contribuição ao PIS e da COFINS devem guiar a decisão a ser tomada em relação à inclusão ou não do ICMS-próprio (devido pelo vendedor) na base de apuração dos referidos créditos (pelo adquirente).

AS MANIFESTAÇÕES DA COSIT E DA PGFN

Como visto acima, as autoridades fazendárias têm defendido, como um desdobramento da decisão do STF, a necessidade de exclusão do ICMS da base de cálculo dos créditos das contribuições no sistema não cumulativo. O entendimento preconizado é o de que o ICMS suportado na aquisição de bens ou serviços creditáveis, não fazendo parte da receita tributável pelo vendedor, não poderia compor, por igual, o custo dos bens ou dos serviços adquiridos, para os fins do art. 3º das Leis nº 10637 e nº 10833.

Em resposta a consulta interna formulada pela RFB à Procuradoria da Fazenda Nacional ("PGFN"), a Coordenação-Geral de Tributação ("COSIT") emitiu Parecer COSIT nº 10, de 1.7.2021, veiculando a interpretação de que o ICMS destacado em nota fiscal deve ser excluído do valor de aquisição para efeito de creditamento das contribuições.

Contudo, a Procuradoria da Fazenda Nacional posicionou-se posteriormente sobre o tema, emitindo dois pareceres. Inicialmente, foi emitido, pela Coordenação-Geral de Assuntos Tributários (CAT/PGAC-CAT), o Parecer SEI nº 12943/2021/ME, a propósito justamente do Parecer COSIT nº 10/21. O ato da PFN é claro no sentido de afastar o entendimento exposto no parecer da COSIT, tendo reconhecido não haver base na lei e no precedente do STF no julgamento do Tema nº 69 para o expurgo do valor do ICMS do crédito de PIS e COFINS. É interessante destacar que o Parecer SEI nº 12943/2021/ME recomenda o seguinte em seu item 65:

(...) Com vistas a se conferir efetivamente segurança jurídica à controvérsia dos efeitos do julgamento do Tema n. 69, **sugere-se a avaliação, pelo Ministério da Economia, de eventual propositura de ato normativo que agasalhe expressamente a previsão de exclusão do ICMS do valor de aquisição dos créditos de PIS/COFINS (...)** (grifos nossos).

Com base nessa manifestação, foi emitido o Parecer SEI nº 14483/2021/ME, este da Procuradoria Geral da Fazenda Nacional, o qual reconhece de forma clara que:

a) Conforme decidido pelo Supremo Tribunal Federal, por ocasião do julgamento do Tema n. 69 da Repercussão Geral, "O ICMS não compõe a base de cálculo para incidência do PIS e da COFINS";

b) O ICMS a ser excluído da base de cálculo das contribuições do PIS e da COFINS é o destacado nas notas fiscais;

c) Não é possível, com base apenas no conteúdo do acórdão, proceder ao recálculo dos créditos apurados nas operações de entrada, seja porque a questão não foi, nem poderia ter sido, discutida nos autos; (...) (grifos nossos).

No que tange ao expurgo do ICMS do crédito a ser descontado da despesa de contribuição a pagar, não fica claro no trecho acima negritado se a posição manifestada é restrita à questão formal de não ter havido decisão do STF sobre o tema, como de fato não houve, ou se de fato a PGFN concorda que realmente não há base legal para o expurgo do valor do ICMS. Contudo, a leitura do item 65 do Parecer SEI nº 12943/2021/ME mostra que a recomendação nele constante, de edição de nova norma que contemple essa hipótese (dedução do valor do ICMS contido no crédito a ser descontado) implica dizer que disposição dessa natureza ainda não integra o sistema jurídico nacional. Uma análise conjunta dos dois pareceres emitidos no âmbito da Procuradoria revela que o entendimento do órgão é no sentido de que de fato não deve haver o expurgo. Parece claro, portanto, que a PGFN não pretende litigar em relação à matéria.

OBJETIVO 7

PIS/PASEP-IMPORTAÇÃO E COFINS-IMPORTAÇÃO

A Lei nº 10.865 instituiu o PIS/PASEP-Importação e a COFINS-Importação, devidas pelo importador de bens ou de serviços.

O fundamento constitucional para instituição dessa contribuição social destinada ao financiamento da seguridade social é o inciso IV do art. 195, que autoriza a instituição de contribuição destinada a financiar a seguridade social "do importador de bens ou serviços do exterior, ou de quem a lei a ele equiparar". No mesmo sentido, o inciso II do § 2º do art. 149 determina que as contribuições sociais e de intervenção no domínio econômico de que trata o *caput* do artigo "incidirão também sobre a importação de produtos estrangeiros ou serviços".

A contribuição incide sobre a importação de bens ou de serviços. Nesse ponto é importante destacar que, a despeito da nomenclatura utilizada, as contribuições em comento são completamente distintas da contribuição ao PIS e da COFINS anteriormente analisadas, eis que seus fatos geradores são diferentes. Ressalte-se, nesse ponto, que, segundo o art. 4º do CTN, a natureza jurídica específica do tributo é determinada pelo seu fato gerador, sendo irrelevante a sua denominação e demais características formais, bem como a destinação do produto da sua arrecadação. Assim, considerando que o fato gerador dessas contribuições é a importação de produtos ou serviços, nenhuma identidade há com o fato gerador das contribuições analisadas anteriormente, que é o faturamento ou a receita da pessoa jurídica, ou sua folha de salários.

No que tange à importação de bens, essas contribuições somente podem incidir sobre bens corpóreos. Isso porque, nos termos do inciso I do art. 4º, o fato gerador das contribuições sobre a importação de bens ocorre na data do registro da declaração de importação, o que só acontece com bens corpóreos, também porque o art. 7º determina a base de cálculo como sendo o valor aduaneiro que servir de base para o cálculo do imposto de importação, com determinados acréscimos, valor esse que não se aplica a bens incorpóreos, como os direitos de patentes e outros direitos pessoais de natureza incorpórea, os quais, não obstante constituam bens móveis, nos termos do art. 83, inciso III, do Código Civil, não foram alcançados pelas contribuições, em razão da definição de seu fato gerador. Esse entendimento está consolidado no âmbito da RFB, conforme Solução de Consulta COSIT nº 316, de 20.6.2017, que consignou que "A Cofins-Importação não incide sobre o pagamento, o crédito, a entrega, o emprego ou a remessa de valores a residentes ou domiciliados no exterior a título exclusivo de *Royalties*".

No que tange à incidência das contribuições sobre serviços provenientes do exterior, quando prestados por pessoas físicas ou jurídicas residentes ou domiciliadas no exterior, requer-se: (i) que os serviços sejam executados no Brasil; ou, (ii) se executados no exterior, que o resultado se verifique no Brasil.

A interpretação relativa à expressão "cujo resultado se verifique no País", contida no inciso II do § 1º do art. 1º da Lei nº 10.865, é alvo de intensos debates, desde a edição da LC nº 116, de 31.7.2003, que disciplina o Imposto Sobre Serviços de Qualquer Natureza (ISS), e que contém norma semelhante a respeito, não da importação, mas da exportação de serviços, a qual não se submete à incidência do imposto.

Conforme analisado em trabalho anterior,[1] a adoção do critério do resultado pela Lei nº 10.865 se deu em razão de a prestação de serviços presumir uma utilidade, ou resultado útil, desejado pelo contratante. Assim, o resultado do serviço deve estar relacionado à consequência, à repercussão, ou à utilidade, decorrentes do esforço do prestador do serviço em favor do tomador.

Nesse sentido, a Solução de Divergência COSIT nº 3, de 29.9.2020, esclareceu que, para verificar se o resultado do serviço ocorre no país, é necessário investigar se há "uma relação fática entre o resultado (utilidade) gerado pela prestação de serviço ocorrida no exterior e o território nacional". A expressão "relação fática" abrange, segundo a COSIT: (a) tanto as hipóteses de ingresso físico no território nacional do resultado do serviço (como ocorre no caso em que o serviço gera um bem material ou no caso em que pessoas ou bens são beneficiados por serviços executados no exterior); (b) quanto às hipóteses de ingresso virtual no território nacional do resultado do serviço (a exemplo de resultados imateriais, como *softwares*, músicas etc.). Para a ocorrência do fato gerador, não é suficiente que o serviço produza somente resultado econômico no território nacional, pois, se assim fosse, todo serviço contratado por pessoa jurídica nacional junto a prestadores estrangeiros teria seu resultado verificado no país, ferindo um dos objetivos perseguidos com a instituição das contribuições em tela, a saber: tributação isonômica entre bens e serviços nacionais e importados, gerando isonomia concorrencial.

À luz dessas premissas, a COSIT concluiu não haver incidência das contribuições em foco sobre os pagamentos feitos a representantes comerciais residentes no exterior. Para a COSIT, a prestação de serviço realizada por agentes/representantes estrangeiros inicia-se com a busca por novos clientes no exterior, sendo concluída com a captação desse cliente-adquirente no exterior. Ou seja, a prestação de serviço começa e termina no exterior, não produzindo resultado fático (físico ou virtual) no território nacional. De fato, a causa do negócio jurídico (efetiva aproximação das partes, mediante pagamento de comissão) é cumprida no exterior, quando o representante localiza o cliente fora do território nacional, aproximando-o do vendedor ou prestador de serviço localizado no Brasil. É fora do território nacional, portanto, que essa aproximação se torna útil à pessoa situada no Brasil, não havendo, assim, resultado no país, ainda que posteriormente a referida pessoa tire proveito econômico dessa aproximação, no Brasil, auferindo receita quando da exportação de bens ou serviços ao cliente.

CONTRIBUINTES

Nos termos do art. 5º da Lei nº 10.865, são contribuintes do PIS/PASEP-Importação e da COFINS-Importação o importador, que é a pessoa física ou jurídica que promove a entrada de bens estrangeiros no território nacional; a pessoa física ou jurídica contratante de serviços de residente ou domiciliado no exterior; e o beneficiário do serviço, na hipótese em que o contratante também seja residente ou domiciliado no exterior. O parágrafo único do dispositivo determina, ainda, o seguinte: "Equiparam-se ao importador o destinatário de remessa postal internacional indicado pelo respectivo remetente e o adquirente de mercadoria entreposta."

---

[1] SILVA, Fabiana Carsoni Alves Fernandes da. O Resultado do Serviço: o PIS/COFINS-Importação e o ISS. *In*: SANTOS, Ramon Tomazela (coord.). *Estudos de Direito Tributário – 40 anos de Mariz de Oliveira e Siqueira Campos Advogados*. São Paulo: Edições Loyola, p. 107-134, 2018.

BASE DE CÁLCULO E ALÍQUOTA

Segundo o art. 7º da Lei nº 10.865, a base de cálculo é o valor aduaneiro, no caso de importação de bens, e, no caso de importação de serviços, "o valor pago, creditado, entregue, empregado ou remetido para o exterior, antes da retenção do imposto de renda, acrescido do Imposto sobre Serviços de qualquer Natureza – ISS e do valor das próprias contribuições".

Há decisões do Supremo Tribunal Federal declarando a impossibilidade da inclusão do ISS e das próprias contribuições na base de cálculo das contribuições, conforme se vê no boxe Atenção! a seguir.

> ## ATENÇÃO!
>
> AGRAVO REGIMENTAL NO RECURSO EXTRAORDINÁRIO. TRIBUTÁRIO. IMPORTAÇÃO DE SERVIÇOS. ISS. INCLUSÃO NA BASE DE CÁLCULO DO PIS/COFINS-IMPORTAÇÃO. IMPOSSIBILIDADE. AGRAVO A QUE SE NEGA PROVIMENTO. I – Consoante a jurisprudência do Supremo Tribunal Federal, não se pode inserir na base de cálculo da Contribuição ao PIS e da COFINS incidentes sobre a importação de serviços o valor relativo ao ISS, bem como o valor das próprias contribuições, tendo em vista a imposição constitucional de que as contribuições sociais sobre a importação que tenham alíquota ad valorem sejam calculadas com base no valor aduaneiro. Aplicabilidade do entendimento firmado no julgamento do RE 559.937-RG/RS (Tema 1 da Repercussão Geral). II – Agravo regimental a que se nega provimento.

Note-se que, para fundamentar a referida decisão, o Tribunal adota o entendimento firmado no RE nº 559.937, julgado sobre a sistemática da repercussão geral, em que restou consignado que "É inconstitucional a parte do art. 7º, I, da Lei nº 10.865/04 que acresce à base de cálculo da denominada PIS/COFINS-Importação o valor do ICMS incidente no desembaraço aduaneiro e o valor das próprias contribuições". Vale ressaltar que a redação original do inciso I do art. 7º estabelecia que a base de cálculo das contribuições, no caso da importação de bens, era o valor aduaneiro, acrescido do ICMS incidente no desembaraço aduaneiro e do valor das próprias contribuições, tendo sido alterado pela Lei nº 12.865, de 9.10.2013.

No caso de importação de bens, as alíquotas aplicáveis são de 2,1% para o PIS/PASEP-Importação e 9,65% para a COFINS-Importação. No caso da importação de serviços, as alíquotas são, respectivamente, de 1,65% e 7,6%. Os parágrafos do art. 8º preveem alíquotas específicas para determinados bens, ao passo que também há normas diversas que preveem alíquota zero dessas contribuições, como é o caso, por exemplo, do art. 1º da Lei nº 10.925, de 23.7.2004. O § 11 do art. 8º da Lei nº 10.865 autoriza o Poder Executivo a reduzir as alíquotas a zero, bem como restabelecer as alíquotas, de determinados produtos.

O § 21 desse mesmo dispositivo determinava alíquota adicional da COFINS-Importação, no percentual de 1%, sobre a importação de determinados bens. A inconstitucionalidade desse dispositivo foi submetida ao STF. No Recurso Extraordinário nº 1.178.310/PR, julgado em 16.9.2020, pelo STF, decidiu-se em tese firmada sob o rito da repercussão geral que a norma é constitucional, pois não foi criada nova materialidade, tendo havido, apenas, aumento de sua alíquota, dispensando-se, assim, a edição de lei complementar para disciplinar a matéria; e não há ofensa à isonomia, tampouco à norma de não discriminação no Acordo Geral sobre Tarifas Aduaneiras e Comércio (GATT).

No art. 9º da Lei nº 10.865 estão listadas as operações isentas, como, por exemplo, as importações realizadas pela União, Estados, Distrito Federal e Municípios, suas autarquias e fundações instituídas e mantidas pelo poder público, pelas Missões Diplomáticas e Repartições Consulares de caráter permanente e pelos respectivos integrantes e pelas representações de organismos internacionais de caráter permanente, inclusive os de âmbito regional, dos quais o Brasil seja membro, e pelos respectivos integrantes, listadas no inciso I. O inciso II lista diversas outras hipóteses que são isentas dessas contribuições.

CRÉDITO

Conforme adiantado anteriormente, o art. 15 da Lei nº 10.865 autoriza às pessoas jurídicas sujeitas ao regime não cumulativo da contribuição ao PIS e da COFINS o desconto de créditos relacionados às importações sujeitas ao pagamento do PIS/PASEP-Importação e COFINS-Importação dos seguintes bens e serviços:

- Bens adquiridos para revenda.

- Bens e serviços utilizados como insumo na prestação de serviços e na produção ou fabricação de bens ou produtos destinados à venda, inclusive combustível e lubrificantes.

- Energia elétrica consumida nos estabelecimentos da pessoa jurídica.

- Aluguéis e contraprestações de arrendamento mercantil de prédios, máquinas e equipamentos, embarcações e aeronaves, utilizados na atividade da empresa.

- Máquinas, equipamentos e outros bens incorporados ao ativo imobilizado, adquiridos para locação a terceiros ou para utilização na produção de bens destinados à venda ou na prestação de serviços.

A autorização para a apropriação de crédito sobre os valores pagos na importação está alinhada ao disposto no art. 195, § 12, da Constituição Federal, o qual estabelece que a lei definirá os setores de atividade econômica para os quais tanto as contribuições incidentes sobre o faturamento e a receita, como aquelas que incidem sobre a importação de bens e serviços, serão não cumulativas.

Diferentemente do que ocorre no caso dos créditos da contribuição ao PIS e da COFINS sobre aquisições realizadas internamente, em que inexiste relação entre o valor pago a título das contribuições e o valor do crédito, o crédito apropriado com base no art. 15 somente poderá ser calculado em relação às contribuições efetivamente pagas na importação de bens e serviços, conforme § 1º do art. 15.

O § 3º do mesmo dispositivo acrescenta que o crédito deve ser apurado mediante a aplicação das alíquotas previstas no art. 8º da Lei nº 10.865, isto é, das alíquotas incidentes na importação de bens e serviços, sobre o valor que serviu de base de cálculo das contribuições. Ou seja, mesmo que as alíquotas do PIS/PASEP-Importação e da COFINS-Importação sejam superiores às alíquotas das contribuições sociais devidas no regime não cumulativo, utilizadas na apuração dos créditos passíveis de dedução neste regime, aquelas alíquotas é que deverão prevalecer. O que é fundamental, no regime da importação, é que haja efetivo pagamento das contribuições, diferentemente do que ocorre em relação ao crédito da contribuição ao PIS e da COFINS calculados sobre aquisições no mercado interno.

Como visto anteriormente, no regime da não cumulatividade, quando a pessoa jurídica adquire bens ou serviços de outra pessoa jurídica sediada no Brasil, a definição do valor do crédito a ser aproveitado independe da alíquota aplicável às receitas da empresa vendedora ou prestadora do serviço e do efetivo pagamento das contribuições sociais. No caso do crédito do PIS/PASEP-Importação e da COFINS-Importação, o valor do crédito é definido a partir do montante efetivamente pago pelo importador a título de PIS/PASEP-Importação e de COFINS-Importação na operação. Exceção é feita, somente, ao adicional da COFINS-Importação.

De fato, o § 1º-A do art. 15 veda a apropriação do crédito sobre o valor da COFINS-Importação adicional, pago em decorrência do adicional de alíquota de que trata o § 21 do art. 8º acima tratado. No Recurso Extraordinário nº 1.178.310/PR, julgado em 16.9.2020, pelo STF, decidiu-se que a vedação ao aproveitamento do crédito oriundo do adicional de alíquota da COFINS-Importação não é inconstitucional, uma vez que a Constituição Federal não delimita as regras aplicáveis à não cumulatividade da contribuição ao PIS e da COFINS, possuindo o legislador, em razão disso, liberdade na definição de seus contornos.

RESUMO

OBJETIVO 1 Os fundamentos constitucionais da contribuição ao PIS e da COFINS são os arts. 149 e 195 da Constituição Federal. Há dois regimes das contribuições, o cumulativo, majoritariamente tratado na Lei nº 9.718, de 27.11.1998, e o não cumulativo, instituído pelas Leis nº 10.637, de 30.12.2002, para a contribuição ao PIS, e nº 10.833, de 29.12.2003, para a COFINS. Pode-se dizer que as maiores diferenças entre os referidos regimes são as bases de cálculo, a possibilidade de desconto de créditos e as alíquotas. Há, ainda, pessoas jurídicas sujeitas ao regime híbrido, ou seja, que possuem receitas sujeitas aos dois regimes.

OBJETIVO 2
No regime cumulativo das contribuições, a base de cálculo é a receita bruta, conforme art. 12 do Decreto-lei nº 1.598, de 26.12.1977, ao passo que no regime não cumulativo todas as receitas da pessoa jurídica devem ser oferecidas à tributação. Apesar de a regra geral de apuração ser o regime não cumulativo, o art. 8º da Lei nº 10.637 e o art. 10 da Lei nº 10.833 possuem exceções que devem ser tributadas no regime cumulativo. Estão submetidas ao regime cumulativo, por exemplo, as pessoas jurídicas sujeitas à apuração do IRPJ pelo regime do lucro presumido ou arbitrado, as optantes pelo SIMPLES, as instituições financeiras e assemelhadas, referidas no § 1º do art. 22 da Lei nº 8.212, de 24.7.1991, dentre outras. Os incisos IX a XVII do art. 10 da Lei nº 10.833 relacionam as receitas que estão sujeitas à incidência cumulativa da contribuição ao PIS e da COFINS. Nesse regime, como regra, não há possibilidade de dedução de créditos.

OBJETIVO 3
No regime não cumulativo, a base de cálculo das contribuições é a totalidade das receitas e não somente a receita bruta. As hipóteses de crédito previstas no art. 3º das Leis nº 10.637 e nº 10.833 são taxativas. Assim, por exemplo, geram crédito das contribuições as aquisições de bens para revenda; de bens e serviços utilizados como insumos na produção; de bens e serviços incorporados ao ativo imobilizado ou ao ativo intangível, desde que empregados na produção; e de aluguel de prédios, máquinas e equipamentos. O dispositivo que, desde a edição das Leis nº 10.637 e nº 10.833, suscitou mais debates entre Fisco e contribuintes foi o inciso II do art. 3º dessas leis, que cuida da hipótese de creditamento sobre insumos. Sobre o tema, no recurso especial nº 1.221.170-PR, restou consignado que insumo é aquilo que atende a um dos seguintes critérios: **essencialidade** ou **relevância** do bem ou serviço para o **desenvolvimento da atividade econômica** do contribuinte.

OBJETIVO 4
No regime monofásico, a incidência se dá no início da cadeia de distribuição, sendo que as receitas de vendas realizadas por distribuidores e varejistas estão sujeitas à alíquota zero. Dentre os produtos sujeitos à incidência monofásica, destacam-se os seguintes: derivados de petróleo e álcool, inclusive para fins carburantes; produtos farmacêuticos e cosméticos; automóveis e peças; querosene de aviação; algumas bebidas; e biodiesel.

OBJETIVO 5
Estão sujeitos à retenção na fonte da CSLL, da COFINS e da contribuição para o PIS os pagamentos realizados pela prestação de determinados serviços, conforme art. 30 da Lei nº 10.833. Os valores retidos têm natureza de antecipação do tributo devido pelo contribuinte, conforme art. 36 da Lei nº 10.833, de modo que, quando não for possível ao contribuinte efetuar a dedução dos valores retidos com o montante devido a título das contribuições, em razão de o valor retido no mês superar o montante devido no mesmo período a título da respectiva contribuição, ele poderá solicitar a restituição ou compensação dos valores.

OBJETIVO 6
No julgamento do recurso extraordinário nº 574.706, o Plenário do STF decidiu que o ICMS não deve compor as bases de cálculo da contribuição ao PIS e da COFINS, sendo que o valor a ser excluído da base de cálculo das contribuições é o do ICMS destacado nas notas fiscais de venda. Para a RFB, considerando que o ICMS não compõe a receita do vendedor, ele deve ser expurgado também dos créditos apurados no regime não cumulativo. A despeito disso, o montante do crédito apropriável não está vinculado ao montante do tributo pago na operação anterior, o que se verifica inclusive quando o vendedor está sujeito a regime distinto de tributação (regime cumulativo, por exemplo, com alíquotas inferiores às das contribuições sociais), sem que daí resulte um óbice ao aproveitamento, pelo comprador, do crédito calculado sobre o custo de aquisição às alíquotas de 7,6%, para COFINS, e de 1,65%, para a contribuição ao PIS.

OBJETIVO 7
No que tange à contribuição ao PIS/PASEP-Importação e à COFINS-Importação, trata-se de contribuições distintas da contribuição ao PIS e da COFINS, pois seu fato gerador é a importação de bens ou serviços e não o faturamento, a receita ou a folha de salários. A legislação autoriza às pessoas jurídicas sujeitas ao regime não cumulativo da contribuição ao PIS e da COFINS

o desconto de créditos relacionados às importações sujeitas ao pagamento da contribuição ao PIS/PASEP-Importação e da COFINS-Importação. Diferentemente do que ocorre no caso dos créditos da contribuição ao PIS e da COFINS sobre aquisições realizadas internamente, o crédito apropriado sobre a contribuição ao PIS/PASEP-Importação e a COFINS-Importação deve ser calculado em relação às contribuições efetivamente pagas na importação de bens e serviços.

▶ VÍDEOS ADICIONAIS SOBRE O CAPÍTULO

Acesse os QR Codes para assistir ao material adicional do capítulo:

Vídeo 1
uqr.to/1ayad

Vídeo 2
uqr.to/1ayae

Vídeo 3
uqr.to/1ayaf

QUESTÃO PARA REFLEXÃO

Se o regime não cumulativo fosse instituído para eliminar ou mitigar os efeitos da cumulatividade da contribuição ao PIS e da COFINS, as hipóteses de creditamento não deveriam ser mais extensas do que aquelas listadas no art. 3º das Leis nº 10.637 e 10.833, abarcando a totalidade ou quase a totalidade das aquisições sujeitas ao pagamento das contribuições?

APLICANDO CONHECIMENTOS – TESTES

TESTES DE MÚLTIPLA ESCOLHA

1. Tanto a Lei nº 10.637/02 quanto a Lei nº 10.833/03, que instituíram a contribuição ao PIS e a COFINS na modalidade não cumulativa, preservaram para certos setores o regime previsto na Lei nº 9.718/98. O regime previsto para as instituições financeiras e para as empresas cuja atividade é a fabricação e o comércio de bebidas denomina-se:

   a) Substituição tributária.

   b) Tributação monofásica.

   c) Isenção para certas receitas.

   d) Tributação específica.

2. As pessoas jurídicas devem recolher a contribuição ao PIS e a COFINS:

   a) Sobre a totalidade de suas receitas, de acordo com o regime cumulativo.

   b) Somente sobre sua receita bruta, admitindo-se, como regra, o desconto de créditos, de acordo com o regime não cumulativo.

   c) Ou pelo regime cumulativo de incidência, ou pelo regime não cumulativo, ou por ambos, a depender, por exemplo, da receita por elas auferida.

   d) Ou pelo regime cumulativo de incidência, ou pelo regime não cumulativo, nunca por ambos.

3. Na determinação da base de cálculo da contribuição para o Programa de Integração Social (PIS) e da contribuição social para financiamento da seguridade social, conhecida pela sigla COFINS, é permitida a dedução das despesas de captação de recursos incorridas pelas pessoas jurídicas que tenham por objeto a securitização de créditos financeiros, se observada a regulamentação editada pelo Conselho Monetário Nacional?

   No caso de pessoa jurídica submetida ao regime da não cumulatividade na cobrança da contribuição para o PIS, de que trata a Lei nº 10.637, de 30 de dezembro de 2002, o crédito por ela não aproveitado em determinado mês poderá sê-lo nos meses subsequentes?

   a) Sim, não.

   b) Sim, sim.

   c) Não, não.

   d) Não, sim.

4. Com relação à apropriação de créditos no regime da não cumulatividade da contribuição ao PIS e da COFINS, pode-se afirmar que:

a) Não há autorização para apropriação de crédito sobre aquisições de bens e serviços de pessoas jurídicas sujeitas ao regime da cumulatividade.

b) No caso de aquisição de bens ou serviços isentos, a pessoa jurídica poderá apropriar-se de crédito quando a revenda do bem seja tributada pelas contribuições, ou quando os bens ou serviços sejam utilizados como insumo em produtos ou serviços cuja receita de venda seja tributada pelas contribuições.

c) Está autorizado o creditamento na hipótese de aquisição de mão de obra de pessoa física.

d) A lista constante do art. 3º das Leis nº 10.637 e nº 10.833 é meramente exemplificativa, admitindo-se a apropriação de crédito sobre outros itens que não estejam citados no texto legal.

5. Os seguintes dados, em reais, foram obtidos da escrituração comercial da Cia. Topázio, referentes ao mês de dezembro de 2011:

Receita bruta da venda de produtos industrializados	460.000,00
Insumos adquiridos para produção dos referidos bens	210.000,00
Aluguel do imóvel da fábrica pago à pessoa física	40.000,00
Energia térmica utilizada na produção	20.000,00
Fretes pagos pela companhia para entrega dos produtos aos clientes	30.000,00

A Cia. Topázio é contribuinte da COFINS no regime não cumulativo. O valor, em reais, da COFINS a ser recolhida ao Tesouro Nacional, relativa aos fatos geradores ocorridos no mês de dezembro, corresponde a:

a) 16.720,00.

b) 6.000,00.

c) 12.160,00.

d) 19.000,00.

e) 15.200,00.

6. A Lei nº 10.637, de 20 de dezembro de 2002, estabeleceu a figura da não cumulatividade na cobrança da contribuição para os Programas de Integração Social (PIS) e de Formação do Patrimônio do Servidor Público (PASEP). Acerca da figura da não cumulatividade das referidas contribuições, é correto afirmar que:

a) é vedada a possibilidade de desconto de créditos sobre bens e serviços adquiridos de pessoa jurídica domiciliada no exterior.

b) o crédito não aproveitado no respectivo mês de apuração somente poderá ser aproveitado até o fim do exercício social subsequente ao fato gerador, sob pena de prescrição.

c) acerca do gasto com mão de obra, podem ser apurados créditos calculados sobre a remuneração bruta, desde que a mão de obra, base para cálculo dos créditos, tenha sido alocada direta ou indiretamente na produção.

d) na apuração do montante total relativo à contribuição ao PIS, é permitido o desconto de créditos calculados em relação a valores pagos, a título de aluguel de máquinas e equipamentos, a pessoas físicas ou pessoas jurídicas.

7. A respeito dos conhecimentos sobre a Lei nº 10.637/02, o PIS (Programas de Integração Social), no regime de incidência não cumulativa, não dará direito a crédito o valor:

a) Da mão de obra paga a pessoa física.

b) Dos encargos de depreciação incidente sobre máquinas e equipamentos incorridos no mês.

c) Da energia elétrica consumida nos estabelecimentos da pessoa jurídica.

d) Dos aluguéis de prédios, máquinas e equipamentos, pagos a pessoa jurídica, utilizados nas atividades da empresa.

e) Dos bens incorporados ao ativo intangível, adquiridos para utilização na produção de bens destinados a venda ou na prestação de serviços.

8. Uma prestadora de serviços, tributada pelo lucro real no regime não cumulativo e sujeita a PIS, COFINS e CSLL, emitiu uma nota fiscal de serviços no valor de $ 10.000,00, e teve uma retenção de impostos no montante de $ 465,00, equivalendo, portanto, a 4,65% do valor dos serviços. Nesse caso, essa alíquota relativa à retenção está composta por:

a) 1,65% de PIS e 3% de COFINS.

b) 1% de CSLL, 0,65% de PIS e 3% de COFINS.

c) 0,5% de CSLL, 0,5% de IR, 0,65% de PIS e 3% de COFINS.

d) 1,5% de IR e 3% de CSLL.

e) 1,5% de CSLL, 1,5% de IR, 0,65% de PIS e 1% de COFINS.

9. Nos termos do art. 15 da Lei nº 10.865, no que tange à apuração do crédito na hipótese de bens e serviços importados sujeitos à incidência do PIS-Importação e da COFINS-Importação, é verdadeira a seguinte afirmação:

a) O crédito do PIS-Importação e da COFINS-Importação independe do pagamento dessas contribuições na importação do bem ou serviço.

b) A apropriação do crédito da COFINS-Importação considerava o valor da COFINS-Importação adicional, paga em decorrência do adicional de alíquota de que tratava o § 21 do art. 8º da Lei nº 10.865.

c) O crédito do PIS-Importação e da COFINS-Importação deve ser determinado mediante a aplicação das alíquotas previstas no art. 8º da Lei nº 10.865, isto é, das alíquotas incidentes na importação de bens e serviços.

d) Para definição do valor do crédito, é irrelevante o montante efetivamente pago pelo importador a título de PIS/PASEP-Importação e de COFINS-Importação na operação.

RESPOSTAS

1-D; 2-C; 3-B; 4-B; 5-E; 6-A; 7-A; 8-B; 9-C.

CAPÍTULO 12

GESTÃO DE CONTRIBUIÇÕES E ENCARGOS SOCIAIS SOBRE FOLHA DE SALÁRIOS

Carlos Henrique de Oliveira

OBJETIVOS DE APRENDIZAGEM DO CAPÍTULO

1. Compreender quem são os sujeitos passivos das contribuições previdenciárias, distinguindo os diversos tipos de segurados e a consequência do enquadramento em cada um deles.

2. Compreender o conceito do salário de contribuição, quais as verbas que o compõem e quais não fazem parte da base de cálculo das contribuições previdenciárias.

3. Conhecer as alíquotas das contribuições previdenciárias e aprender a efetuar o cálculo do montante devido.

4. Entender o conceito de cessão de mão de obra e distinguir em que condições se aplica a obrigação de retenção do INSS.

5. Conhecer as hipóteses em que que há substituição da contribuição com base na folha e as situações cuja incidência é distinta.

OBJETIVO 1

CONTRIBUIÇÕES E ENCARGOS SOCIAIS

CONSIDERAÇÕES INICIAIS

As contribuições sociais, espécie tributária prevista na Constituição Federal (art. 149, *caput*, e § 1º), foram destinadas ao financiamento da Seguridade Social, consoante expressa previsão do art. 195, incisos I e II. Tais contribuições sociais são também chamadas de contribuições previdenciárias e ficaram conhecidas pela sigla da autarquia que as administra, Instituto Social do Seguro Social (INSS).

Além de tal destinação, existem outras contribuições sociais cuja arrecadação custeia outros benefícios previdenciários específicos – como o seguro de acidente do trabalho (denominado SAT ou RAT), aposentadorias especiais (chamada comumente de adicional GILRAT) – contribuições com caráter de extrafiscalidade (tributos destinados a financiamento de outras entidades paraestatais) em razão de o valor arrecadado ser transferido para o denominado sistema S (SESI, SENAI, SEBRAE, SENAR) e ao INCRA.

Destaca-se que parte da arrecadação das contribuições sociais destinada aos chamados terceiros (sistema S e INCRA) é revertida para o Fundo Nacional de Desenvolvimento Escolar, quinhão que se denomina comumente salário-educação.

Serão essas contribuições sociais o objeto deste capítulo, muita embora outras muito conhecidas existam, como a contribuição social sobre a receita/faturamento das empresas (PIS/COFINS), a incidente sobre o lucro (CSLL), além daquelas que incidem na importação de bens e serviços do exterior (PIS/COFINS Importação), todas previstas no art. 195 da Constituição em seus diversos incisos e que serão analisadas em capítulos próprios no decorrer do livro.

Em resumo, e adotando a terminologia mais usual nas empresas e escritórios contábeis, temos as seguintes contribuições sociais previdenciárias que serão estudadas: INSS patronal, INSS trabalhador, SAT (ou RAT e seus adicionais) e Terceiros.

Passemos agora à análise dos contribuintes, base de cálculo e alíquotas que compõem o núcleo da tributação dessas contribuições sociais.

SUJEITOS PASSIVOS

Para podermos definir quem são os sujeitos passivos das contribuições previdenciárias, devemos recordar que tal tributo incide sobre o valor decorrente da relação de trabalho, assim entendida a contratação de uma pessoa física para a prestação de um serviço, qualquer que seja o vínculo estabelecido, inclusive aqueles que não envolvam o registro de contrato de trabalho na CTPS do trabalhador.

Esquematicamente, temos a representação da Figura 12.1.

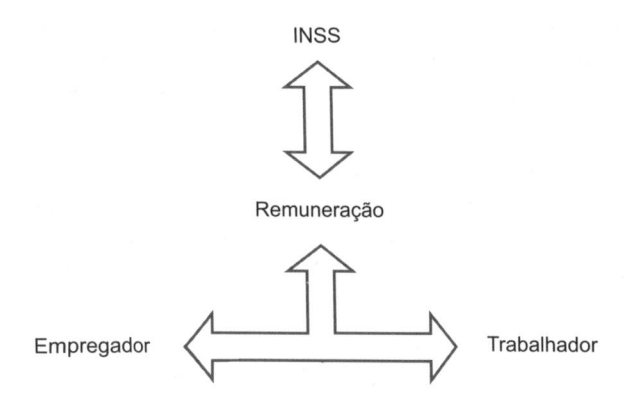

Figura 12.1 Relação de trabalho entre empregador e empregado.

O esquema explicita que a relação de trabalho se estabelece entre aquele que oferta o trabalho, comumente chamado de empregador (mesmo quando a relação de trabalho estabelecida não é a de emprego), e o trabalhador. Nesse ponto, importante um esclarecimento, pois não podemos esquecer que a relação de trabalho é gênero do qual a relação de emprego é espécie.

Relação de emprego, como veremos em detalhes logo abaixo, é o vínculo legalmente estabelecido entre o empregador, pessoa física ou jurídica, e o empregado, sempre pessoa física. Existindo contrato de emprego, ou estando presentes as condições que estabelecem tal vínculo, a relação deve se pautar por todos os preceitos estabelecidos na CLT (Consolidação das Leis do Trabalho).

Porém, outras formas de trabalho podem ocorrer, como trabalho autônomo, avulso, eventual, doméstico e rural. Indubitavelmente, todas essas formas de trabalho, relações de trabalho, portanto, são remuneradas e prestadas por pessoa física, o que atrai a incidência da contribuição previdenciária, o que nos permite afirmar: havendo trabalho remunerado de pessoa física, há incidência de INSS.

VOCÊ SABIA?

Você sabe qual trabalhador pertence a cada categoria mencionada? Confira:
- Autônomo: camelô, empresário, diarista, consultor, o árbitro de futebol etc.
- Avulso: estivador, trabalhador portuário etc.
- Doméstico: empregado doméstico, motorista da família, caseiro etc.
- Eventual: chapa (aquele trabalhador que ajuda o motorista autônomo a carregar ou descarregar o caminhão).
- Rural: aquele que trabalha para empregador rural.

Ora, sendo a relação de trabalho estabelecida entre ofertante do trabalho e trabalhador, fica patente o interesse de ambos no resultado de tal vínculo, ou seja, há proveito econômico de quem recebe o trabalho, primordial para a execução de sua atividade econômica, e, por óbvio, de quem presta o serviço e recebe o valor avençado como contraprestação por fornecer sua força de trabalho. Assim, o proveito econômico do trabalho fica expresso na remuneração ajustada.

Ciente de tal situação, quis o Constituinte determinar que o valor da remuneração fosse a base de cálculo da contribuição previdenciária a ser paga pelo empregador e pelo trabalhador, segundo expressa determinação do art. 195, incisos I, alínea *a*, e II, da Carta da República.

Portanto, definidos os sujeitos passivos do INSS: o empregador e o trabalhador. Vejamos as particularidades de tal constatação.

EMPREGADOR

Antes de mais nada, importante recordar: o vocábulo **empregador** deve ser considerado em seu sentido amplo, ou seja, como contratante de trabalho remunerado de pessoa física, qualquer que seja a forma de contratação.

Assim, devemos considerar empregador a pessoa física ou jurídica que contratar prestação de serviços remunerada de pessoa física.

Assentes na definição de empregador – aquele que contrata pessoa física para trabalho remunerado –, observamos que não só a pessoa física pode ser considerada como empregadora como também todo aquele que contrata trabalhador, como, por exemplo, a empresa, o condomínio, a massa falida, a entidade filantrópica, o ente estatal, a agência reguladora, a organização não governamental (ONG), a organização social da sociedade civil de interesse público (OSCIP) etc.

Logo, é contribuinte do INSS todo empregador, ou seja, existindo contratação de trabalho remunerado por pessoa física, há INSS patronal a pagar, independentemente de o contratante ser pessoa física ou jurídica.

TRABALHADOR

Como visto acima, existem várias formas de contratação do trabalho da pessoa física e, em razão das peculiaridades de cada uma delas, o conceito de remuneração decorrente do tipo de trabalho pode variar.

QUESTÃO PARA REFLEXÃO

Pensando em remuneração... Você acha que existe diferença entre a remuneração de um camelô e a de um empregado? E entre um dentista e um estivador?

Diante de tal constatação, torna-se necessário estudarmos – mesmo que rapidamente – os diversos tipos de trabalhadores abraçados pelo direito previdenciário, começando pelo mais comum, o empregado.

Antes, porém, relevantíssimo explicitar que – do ponto de vista dos benefícios previdenciários – o sujeito passivo da obrigação tributária previdenciária, ou seja, o contribuinte pessoa física, é segurado obrigatório da Previdência Social, isto é, ao trabalhar de maneira remunerada a pessoa física se torna, de maneira compulsória, filiada ao regime geral de Previdência Social. Por ser contributivo, e como visto de filiação obrigatória, pode-se afirmar que o segurado obrigatório é contribuinte e a pessoa física contribuinte é segurada obrigatória do regime geral público de previdência.

Enfim, a pessoa física que trabalha mediante remuneração é segurada obrigatória da Previdência Social (e, portanto, sujeito de direitos perante o INSS) e contribuinte das contribuições sociais previdenciárias (e, portanto, sujeito de obrigações perante a Receita Federal).

Posto isso, iniciemos o estudo dos tipos de segurados obrigatórios, contribuintes das contribuições previdenciárias.

EMPREGADO

O art. 3º da CLT define:

Art. 3º – Considera-se empregado toda pessoa física que prestar serviços de natureza não eventual a empregador, sob a dependência deste e mediante salário.

Parágrafo único – Não haverá distinções relativas à espécie de emprego e à condição de trabalhador, nem entre o trabalho intelectual, técnico e manual.

A leitura atenta da definição legal nos permite concluir que é empregado a pessoa física que trabalha com habitualidade, de forma subordinada e mediante remuneração. Não obstante tais característica legais, é comum ser incluída entre os requisitos para a caracterização do empregado a pessoalidade.

Assim, podemos afirmar que é empregado o trabalhador que – cumulativamente – labora sob os seguintes atributos:

- **Pessoa física**: somente a pessoa natural pode ser empregada.

- **Pessoalidade**: o empregado não pode se fazer substituir, ou seja, o empregador não pode admitir que o trabalhador mande outra pessoa em seu lugar para prestar o serviço combinado.

- **Habitualidade**: a atividade desenvolvida pelo empregado tem que ser necessidade permanente do empregador, ou seja, o empregado presta um serviço que – independentemente da frequência do trabalho realizado – faz parte das demandas da atividade desenvolvida pelo empregador, como, por exemplo, um professor que ministra uma disciplina que só tem uma aula por semana. É habitual, posto ser uma necessidade o cumprimento dessa disciplina, a atividade desse professor para essa escola.

- **Onerosidade**: com exceção do trabalho voluntário, não há trabalho que não seja remunerado. Logo, a verificação da onerosidade como requisito da relação de emprego deve ser verificada quanto a quem paga pelo trabalho prestado: **sempre o empregador**! Assim, com exceção da gorjeta, somente podem ser considerados como **remuneração os valores pagos pelo empregador** ao empregado.

- **Subordinação**: o recebimento de ordens decorrentes de uma hierarquização das relações de emprego foi, até meados da década de 1980, a consubstanciação da subordinação trabalhista. Recorde-se que o próprio artigo celetista assevera que o empregado trabalha sob dependência do empregador, situação que decorreria da hipossuficiência que o trabalhador ostenta perante o empregador. Temos aqui a chamada subordinação hierárquica. Tal situação de recebimento de ordens é rara hoje em dia, aplicando-se somente para os trabalhadores da base da pirâmide laboral. Modernamente, a subordinação se materializa na inserção do empregado no modelo organizacional do empregador, isto é, o trabalhador faz parte da estrutura da empresa, tem o fluxo de suas tarefas previamente definido pela empresa. Recorde-se que o empregado, que realiza suas tarefas com alguma autonomia, trabalha em rede (numa relação horizontal e não mais vertical). É a chamada subordinação estrutural.

QUESTÃO PARA REFLEXÃO

Você concorda que muitos trabalhadores, hoje em dia, têm maior autonomia no ambiente do trabalho, como por exemplo cumprimento de metas e não de jornada, horários flexíveis, *home office* etc.? Isso muda o conceito de subordinação?

Em resumo, podemos afirmar que, estando presentes em uma relação de trabalho da pessoa física – simultaneamente – a pessoalidade, a habitualidade, a onerosidade e a subordinação, estaremos diante de uma relação de emprego. Importa realçar que tal verificação é fática, casuística, ou seja, não importa qual o contrato de trabalho firmado e sim que, havendo pessoalidade, onerosidade, habitualidade e subordinação na prestação de serviços pela pessoa física, teremos uma relação de emprego.

DOMÉSTICO

O empregado doméstico é a pessoa física que trabalha – com as características da relação de emprego – no âmbito da residência, assim entendida a inexistência do proveito econômico, pelo empregador, do trabalho prestado pelo empregado doméstico, consoante podemos extrair da Lei Complementar (LC) nº 150/15, art. 1º.

Essa definição torna-se mais clara ao lembrarmos que é empregado doméstico o piloto de helicóptero que trabalha para um empregador que só usa a aeronave para seus deslocamentos e de sua família, não locando a aeronave. Assim, tal empregador não obtém nenhuma vantagem econômica do trabalho do piloto, o que não aconteceria, por exemplo, se tal proprietário alugasse o helicóptero ou compartilhasse seu uso, mediante pagamento, com outros usuários.

Recorde-se que o âmbito residencial – independentemente do local onde se mora – se caracteriza pela ausência de atividade econômica.

AVULSO

Trabalhador avulso é aquele que presta serviços ao contratante por intermédio de Sindicato de Mão de Obra ou Órgão Gestor de Mão de Obra (OGMO), conforme Lei nº 12.023/09.

Normalmente ligado à atividade de estiva, carga e descarga, encontra-se um maior número de trabalhadores avulsos na zona portuária.

Importantíssimo saber que – por expressa determinação do art. 7º, inciso XXXIV – o trabalhador avulso tem os mesmos direitos trabalhistas e previdenciários dos demais.

SEGURADO ESPECIAL

O trabalhador segurado especial é aquele que – mesmo quando contar com auxílio de seus familiares e, eventualmente, de terceiros – trabalhar em regime de economia familiar, exercendo atividade de subsistência, conforme Lei nº 8.212/91, art. 12, inciso VII.

Atente-se que o trabalho do segurado especial se caracteriza pela economia familiar, pela prática de atividade de subsistência assim entendida a ausência de organização, de prática empresária na realização dessa atividade.

São segurados especiais o pequeno produtor rural, o pescador artesanal, o seringueiro, artesão etc.

CONTRIBUINTE INDIVIDUAL

Se foi possível até aqui definir os tipos de trabalhadores, os tipos de segurados obrigatórios da Previdência Social, apresentando características que permitem identificá-los de plano, o mesmo não acontece quanto aos contribuintes individuais.

Infelizmente, ao não ostentar atributos que sejam comuns aos diversos tipos de trabalhadores que são considerados, pela lei previdenciária, contribuintes individuais, a identificação se torna residual, ou seja, não sendo o trabalhador a ser classificado – segundo a relação de trabalho ocorrida – empregado, doméstico, avulso ou segurado especial, ele deverá ser considerado contribuinte individual. Ocorre, portanto, o que pode se denominar classificação residual.

São, portanto, contribuintes individuais os empresários, trabalhadores autônomos, médicos residentes, camelôs, diaristas, árbitros de futebol e seus auxiliares, incorporadores, ministro de confissão religiosa, o produtor rural que não seja segurado especial etc.

VOCÊ SABIA?

A pessoa física que não trabalha ou trabalha sem perceber remuneração pode contribuir para o INSS como facultativo? Claro que nesses casos não se pode falar em contribuinte, nem sujeito passivo. Por quê?

Assentes quanto aos sujeitos passivos, passemos à quantificação do tributo devido.

SALÁRIO DE CONTRIBUIÇÃO

Como dito alhures, a base de cálculo das contribuições previdenciárias, chamada pela lei de salário de contribuição, é – para a maioria dos segurados obrigatórios, ditos contribuintes – o valor da remuneração paga pelos serviços prestados pela pessoa física.

Não obstante a aparente semelhança, o salário de contribuição de cada tipo de contribuinte apresenta significativas peculiaridades, em razão do conceito de remuneração que deve ser adotado. Considerando o objeto de nosso estudo, focaremos nossa análise nos segurados mais comumente observados no âmbito empresarial: o empregado e o contribuinte individual.

Antes de analisarmos tais distinções, recordemos, somente como notícia, a uma exceção dentre todos os contribuintes: para o segurado especial, segundo o art. 25 da Lei de Custeio, Lei nº 8.212/91, temos como salário de contribuição o valor da comercialização de sua produção.

SALÁRIO DE CONTRIBUIÇÃO DO SEGURADO EMPREGADO E DO TRABALHADOR AVULSO

Segundo o art. 28, inciso I, da Lei de Custeio, o salário de contribuição do segurado é:

> [...] para o empregado e trabalhador avulso: a remuneração auferida em uma ou mais empresas, assim entendida a totalidade dos rendimentos pagos, devidos ou creditados a qualquer título, durante o mês, destinados a retribuir o trabalho, qualquer que seja a sua forma, inclusive as gorjetas, os ganhos habituais sob a forma de utilidades e os adiantamentos decorrentes de reajuste salarial, quer pelos serviços efetivamente prestados, quer pelo tempo à disposição do empregador ou tomador de serviços nos termos da lei ou do contrato ou, ainda, de convenção ou acordo coletivo de trabalho ou sentença normativa.

A longa transcrição, importante para podermos esmiuçar o conceito, explicita que a base de cálculo da contribuição do empregador que contrata empregado ou trabalhador avulso é o valor da remuneração, assim entendidos os valores destinados a retribuir o trabalho, o tempo à disposição e as disposições contratuais e legais. A isso devemos acrescentar os valores percebidos em decorrência dos casos de interrupção dos efeitos do contrato de trabalho. Examinemos com mais detalhes tais valores.

O CONCEITO DE REMUNERAÇÃO PARA O EMPREGADO E O AVULSO

A doutrina clássica,[1] apoiada no texto da lei trabalhista, em especial o art. 457 da CLT, define remuneração como sendo a contraprestação pelo trabalho, apresentando o que entendemos ser o conceito aplicável à origem do direito do trabalho, quando o sinalagma da relação de trabalho era totalmente aplicável, pois nos primórdios só havia salário se houvesse trabalho.

Com a evolução dos direitos laborais, surge o dever de pagamento de salários, não só como decorrência do trabalho prestado, mas também quando o empregado "está de braços cruzados à espera da matéria-prima, que se atrasou, ou do próximo cliente, que tarda em chegar", como recorda Homero Batista.[2] O dever de o empregador pagar pelo tempo à disposição, ainda segundo esse autor, decorre da própria assunção do risco da atividade econômica, que é inerente ao empregador.

---

[1] Cf. SUSSEKIND, Arnaldo. *Curso de direito do trabalho.* 3. ed. Rio de Janeiro: Renovar, 2010. p. 421.

[2] SILVA, Homero Mateus Batista da. *Curso de direito do trabalho aplicado*: Livro da Remuneração. Rio de Janeiro: Elsevier, 2009. v. 5, p. 7.

Ainda assim, cabe o recebimento de salários em outras situações. Numa terceira fase do direito do trabalho, mais atual, a lei passa a impor o recebimento do trabalho em situações nas quais não há prestação de serviços e nem mesmo o empregado se encontra ao dispor do empregador. São as situações contempladas pelos casos de interrupção do contrato de trabalho, como, por exemplo, nas férias e nos descansos semanais. Há efetiva responsabilização do empregador, quando ao dever de remunerar, nos casos em que, sem culpa do empregado e normalmente como decorrência de necessidade de preservação da saúde física e mental do trabalhador, ou para cumprimento de obrigação civil, não existe trabalho. Assim, termos salários como contraprestação, pelo tempo à disposição e por força de dispositivos legais.[3]

Não obstante, há outras situações a serem consideradas. A convenção entre as partes pode atribuir ao empregador o dever de pagar determinadas quantias, que, pela repetição ou pela expectativa criada pelo empregado em recebê-las, assumem natureza salarial.[4] Típico é o caso de uma gratificação paga quando do cumprimento de determinado ajuste, que se repete ao longo dos anos, e assim se insere no contrato de trabalho como dever do empregador, ou determinado acréscimo salarial, pago por liberalidade, ou quando habitual (nesse sentido, ver OJ SDI1T-72).

De todo o exposto, podemos afirmar que determinada verba tem natureza remuneratória quando presentes o caráter contraprestacional, envolvendo o pagamento pelo tempo à disposição do empregador, ainda que tendo ocorrido interrupção do contrato de trabalho, em razão de dever legal ou contratual do pagamento.

Portanto, verbas pagas a título de remuneração integram o salário de contribuição do empregado e do trabalhador avulso.

QUESTÃO PARA REFLEXÃO

Mas todas as verbas pagas pelo empregador ao empregado têm natureza remuneratória?

Contudo, é senso comum que nem todas as verbas pagas ao empregado compõem o seu salário. Alguém tem dúvida de que o vale-transporte, o cartão-alimentação, o carro do técnico de manutenção que atende os clientes em domicílio, as férias indenizadas, o décimo terceiro salário indenizado não integram a remuneração? Passamos a discutir e natureza desses pagamentos.

QUESTÃO PARA REFLEXÃO

Se as verbas mencionadas não integram a remuneração, qual a sua natureza? São benefícios? São para o trabalho? São indenizações?

VERBAS NÃO INTEGRANTES DO SALÁRIO DE CONTRIBUIÇÃO DO EMPREGADO E DO TRABALHADOR AVULSO

VERBAS INDENIZATÓRIAS

O conceito mais puro de indenização – que diz que essa se destinar a repor a situação ao *status quo ante*, à condição existente anteriormente – quando devidamente compreendido, por si só demonstra a impossibilidade pertinência da verba indenizatória ao conceito de remuneração.

---

[3] NASCIMENTO, Amauri Mascaro. *Iniciação ao direito do trabalho.* 25. ed. São Paulo: LTr, 1999. p. 316.

[4] Cf. BARROS, Alice Monteiro de. *Curso de direito de trabalho.* 2. ed. São Paulo: LTr, 2006. p. 712.

Indeniza-se dano. Seja esse ocorrido na esfera patrimonial ou de direito do ofendido.

Assim, surge o dever de indenizar quando há um dano patrimonial causado pelo empregador ao empregado. Tal situação não causa, no mais das vezes, maiores dificuldades de compreensão.

Consequentemente, não se pode admitir a incidência de contribuição previdenciária, por exemplo, sobre um reembolso de despesa comprovadamente ocorrida para a prestação do trabalho, como é o caso de um reembolso de quilometragem rodada destinado a reparar as despesas do empregado numa viagem da matriz até a filial da empresa.

Porém, não se pode olvidar que o empregado tem direitos previstos na lei trabalhista e que, por vezes, o empregador, no curso regular do contrato de trabalho, obsta a fruição desses direitos pelo trabalhador.

Como exemplo, basta pensar na verba comumente denominada férias em dobro, ou férias vencidas, devida quando o empregador não permite que o empregado goze suas férias durante o período previsto pela lei (um ano após o período aquisitivo), chamado período de gozo. Tal valor, um salário do empregado segundo a CLT, deve ser pago dois dias antes de o empregado entrar em férias e, caso a obrigação não seja cumprida, gera o direito ao recebimento das férias em dobro que tem nítida natureza indenizatória em face da ofensa ao direito de férias causada pelo empregador.

Inúmeras outras hipóteses, fundadas no mesmo raciocínio jurídico, constam do art. 28, § 9º, da Lei nº 8.212/91, como, por exemplo, as férias indenizadas e o respectivo adicional de ferias (alínea *d*), a do art. 479 da CLT (alínea *e*, 3), as percebidas em função do incentivo à demissão (alínea *d*, 5) etc.

Todas essas verbas ostentam a natureza indenizatória por serem decorrentes de ofensa a direito. Observemos uma em particular, por sua total semelhança ao aviso-prévio indenizado e ao décimo terceiro indenizado. Analisemos as férias indenizadas.

O valor percebido a título de férias, mencionado alhures, tem nítida natureza salarial, uma vez que percebido num caso clássico de interrupção do contrato de trabalho. Lembremos: o empregado tem direito a férias, direito constitucionalmente assegurado (art. 7º, inciso XVII, da Carta).

O que motiva a percepção, pelo empregado, das férias indenizadas? A rescisão do contrato de trabalho.

Ora, esse rompimento de um contrato com função social relevantíssima, que a lei determina ser em regra por tempo indeterminado, ofende, ao mesmo tempo, dois direitos do empregado: (i) direito ao trabalho; (ii) direito às férias que ele tinha adquirido ou estava em período de aquisição. Patente a natureza indenizatória por ofensa a Direito.

Em suma, podemos dizer que são verbas de natureza indenizatória – e, portanto, não passíves de incidência – as reparações pecuniárias realizadas pelo empregador em favor do empregado decorrentes de ofensa ao patrimônio, ou por violação aos direitos do trabalhador causada pelo empregador.

TESTANDO CONHECIMENTO!

Vejamos quais verbas a seguir são indenizatórias por ofensa ao patrimônio e quais por ofensa a direitos:
a) aviso-prévio indenizado; b) diárias para viagem; c) reembolso de quilometragem; d) auxílio-moradia;
e) férias proporcionais.

Resposta: Direitos; Patrimônio; Patrimônio; Patrimônio; Direitos.

VERBAS INSTRUMENTAIS

Verbas instrumentais são bens ofertados pelo empregador ao empregado que permitam que este desempenhe suas funções laborais com aumento de produtividade.

Importante que o bem disponibilizado ao trabalhador tem por função precípua facilitar a prestação de serviços do empregado, aumentando – por via de consequência – a produtividade. Um computador portátil para um coordenador de obras permite que ele acesse e utilize todo o sistema de gerenciamento de obras utilizado nos diversos canteiros da construtora, incrementando os controles que tal coordenador deve realizar. Logo, tal computador – que pode ser utilizado para jogos *on-line*, ou para se assistir a um filme em algum serviço de *streaming* – é um instrumento de trabalho desse profissional.

Não se observa natureza remuneratória nos instrumentos de trabalho, ou bens também utilizados pelo trabalhador fora dos horários de prestação de serviços ao empregador – como um veículo de um vendedor externo –, posto que destinados ao próprio trabalho avençado.

Com a teoria do salário sedimentada, torna-se clara a famosa frase do direito do trabalho que pretende apartar verbas instrumentais (para o trabalho), das remuneratórias (pelo trabalho). Em suma, as verbas instrumentais são aquelas oferecidas para que o trabalhador possa realizar suas atividades em favor do empregador, e não como contraprestação aos seus serviços.

BENEFÍCIOS

O tema envolvendo a conceituação de benefícios é tortuoso para a doutrina trabalhista, mas se torna bastante simples quando se apresenta dentro do sistema de parcelas não remuneratórias, apartando tais verbas das indenizatórias, das instrumentais e, por óbvio, das remuneratórias, senão vejamos.

Podemos conceituar benefícios como sendo bens ofertados, em igual quantidade e qualidade, pelo empregador para todos os empregados.

QUESTÃO PARA REFLEXÃO

Por que os benefícios devem ser bens ofertados em igual quantidade e qualidade para todos os empregados?

É do conhecimento de todos que o trabalho é remunerado segundo o valor que agrega ao processo produtivo. O desempenho de funções mais complexas, que geram alto valor ao produto em ou serviço em elaboração, recebe parte desse valor adicionado em forma de remuneração pela função desempenhada. Tal constatação nos permite entender o porquê da diferença salarial existente entre funções operacionais, gerenciais e criativas.

Ora, se a remuneração decorre do valor que o trabalho agrega ao produto/serviço produzido, resta claro que trabalhadores que desempenham tarefas mais complexas, mais criativas e com maior produtividade – por adicionarem mais-valia – percebem valor salarial diferenciado.

Assim, é correto dizer que valores pagos a título de remuneração diferem de trabalhador para trabalhador, claro que no tocante ao desempenho de funções diversas. Dito de forma diferente, o salário é sempre diferenciado em razão da atividade desenvolvida.

Tal compreensão é primordial para que se possa compreender o porquê da necessidade de que, para que o bem ofertado possa ser considerado benefício, ele deve ser igual – não só em quantidade como também em qualidade – para todos os trabalhadores, isto é, a mesma vantagem deve ser entregue a todos, independentemente do cargo ou função desempenhada.

São benefícios, desde que ofertados nessas condições, o auxílio-creche, o vale-refeição, a bolsa de estudos, a bolsa-academia etc.

De tal exemplificação decorre a importância de salientarmos que determinados benefícios não precisam ser estendidos a todos os empregados, ou, dito de modo diferente, o fato de determinados bens só serem ofertados àqueles que deles podem fazer uso, por estarem em situação peculiar, não desnatura a natureza de verba não remuneratória. Vejamos um exemplo que pode facilitar a compreensão: o pagamento de auxílio-creche, ou complemento de auxílio-doença, ou ainda a oferta de cursos de pós-graduação, por óbvio, deve estar disponível para todos os que têm filhos de até seis anos para a percepção do auxílio-creche; ou estar no gozo de benefício previdenciário para ter direito ao complemento do auxílio-doença; ou ainda ter curso superior para receber a bolsa de pós-graduação. Muito embora nem todos os trabalhadores sejam elegíveis para receberem tais auxílios, eles estão disponíveis para todos que se encontrem nas condições necessários, o que caracteriza o pagamento como benefício.

Importante realçar que a Lei nº 13.467/17, chamada de "Reforma Trabalhista", alterou o art. 457, § 2º, da CLT expressamente incluindo algumas verbas no rol das isenções. Analisemos com vagar tais mudanças a seguir.

ALTERAÇÕES DA REFORMA TRABALHISTA NO ART. 457 DA CLT E OS IMPACTOS TRIBUTÁRIOS

Por sua relevância, recordemos a literalidade do art. 452 da CLT nos aspectos que mais nos interessam:

> Art. 457 – Compreendem-se na remuneração do empregado, para todos os efeitos legais, além do salário devido e pago diretamente pelo empregador, como contraprestação do serviço, as gorjetas que receber. [...]
>
> § 2º **As importâncias**, ainda que habituais, **pagas a título de ajuda de custo**, **auxílio-alimentação**, vedado seu pagamento em dinheiro, **diárias para viagem**, **prêmios** e **abonos não integram a remuneração do empregado**, não se incorporam ao contrato de trabalho **e não constituem base de incidência de qualquer encargo trabalhista e previdenciário**. (grifos nossos)

Inicialmente, constatamos que o legislador textualmente excluiu o auxílio-alimentação, vedando seu pagamento em dinheiro, da incidência da contribuição previdenciária. Além disso, por meio da introdução do § 5º ao art. 458 do mesmo diploma legal, afastou a incidência de encargos trabalhistas e previdenciários aos valores pagos a título de assistência médica e odontológica, independentemente de eventuais diferenças de planos e coberturas entre trabalhadores.

Obviamente, compete ao legislador ordinário a definição do campo de incidência tributária, o que não afasta toda essa análise.

Se, por um lado, mera leitura do texto legal esclarece a questão da alimentação e da assistência médica, por outro, principalmente em razão da amplitude conceitual, a definição de ajuda de custo, diária para viagem, prêmios e abonos merece maior atenção.

AJUDA DE CUSTO

Verba de conteúdo dúbio, a ajuda de custo normalmente é paga quando da mudança de domicílio, por necessidade de serviço, como prevê o art. 470 da CLT. Há, ainda, previsão, no caso de empregado do serviço ferroviário, quando a empresa não oferecer alimentação e hospedagem no caso de viagem (art. 239, § 2º), o que motivou muitos a aproximarem a ajuda de custo à diária para viagens.

Inegável a proximidade entre as duas figuras em razão da nítida natureza indenizatória que ostentam. Não obstante, vemos importante distinção.

Enquanto a diária para viagem, como se infere, necessita que haja um deslocamento, uma viagem, a ensejar seu pagamento, a ajuda de custo se materializa toda vez que, a pedido do empregador, o empregado se submete a um custo maior para prestar o serviço avençado por meio de um contrato de emprego. Vamos exemplificar para melhor compreensão.

Determinado empregado é instado por seu empregador a mudar seu local e horário de trabalho, passando a trabalhar em estabelecimento no mesmo município, porém bem mais distante da escola onde termina um curso de graduação em ciências contábeis. Colaborativo, ele aceita tal alteração, porém combina com seu empregador que este arque com os custos de gasolina e manutenção de seu veículo que serão necessários para vencer a distância entre a escola e o local de trabalho, até o término do curso.

Tal situação permite o pagamento de valor, no montante das despesas (mesmo que estimadas, como, por exemplo, a distância de deslocamento e eventual custo de manutenção), que o trabalhador irá suportar para atender a um desígnio do empregador. Tal verba se ajusta, em tudo e por tudo, ao conceito de ajuda de custo doutrinariamente construído.

Aqui cabe a relevância da necessária advertência: o pagamento de ajuda de custo, obrigatoriamente, exige a comprovação da motivação da necessidade da indenização, isto é, só cabe pagamento de ajuda de custo quando o empregador, de maneira inovadora, encarrega o trabalhador de uma tarefa que exige que este, o empregado, use de um maior sacrifício patrimonial para prestar o serviço contratualmente avençado.

Dito de maneira diversa: não cabe o pagamento de verba a título de ajuda de custo, quando um empregador avença com seu empregado que pagará a gasolina desse no trajeto entre sua casa e o local de trabalho, uma vez que tal trabalhador não recebe vale-transporte, quando tal local for o contratualmente estabelecido desde o início da relação laboral. Ora, nitidamente, nesse caso, há uma oferta de salário utilidade, uma vez que o deslocamento do trabalhador de casa para o trabalho deve ser subsidiado, nos termos da lei, por meio do vale-transporte, com as condicionantes legalmente impostas (Lei nº 7.418, de 16.12.85).

Assente a diferença entre os dois exemplos dados: enseja o pagamento de ajuda de custo a necessidade de o empregador indenizar o trabalhador em razão de um sacrifício patrimonial exigido por aquele e suportado pelo empregado. Há imperiosa necessidade de comprovação da motivação do pagamento de tal verba, sob pena de desconsideração da natureza jurídica indenizatória com consequente repercussão trabalhista e tributária.

DIÁRIA PARA VIAGEM

Diárias para viagem são verbas que visam ressarcir o trabalhador que necessita viajar por determinação da empresa. Nítida verba de natureza indenizatória, teve, como única alteração promovida pela Lei nº 13.467/17, a retirada da limitação de seu pagamento à metade do valor do salário mensal do empregado que percebeu o valor.

Medida de simplificação da legislação desobriga as empresas de um custo de controle do valor das diárias pagas, o que, por vezes, impedia que determinada tarefa fosse realizada em um mês em razão de o trabalhador já ter recebido perto do limite de isenção da verba.

Importante ressaltar que, assim como no caso da ajuda de custo, é imperiosa a comprovação da motivação, da necessidade do pagamento das diárias. Não há diárias a serem pagas se não há viagem por motivo de trabalho.

PRÊMIOS

Se, por um lado, as alterações da Lei nº 13.467/17, vistas até aqui, foram esclarecedoras e no sentido da doutrina, o mesmo não se pode dizer sobre os prêmios, que – como dito – não integram a remuneração.

Examinemos, com vagar, a redação do § 4º do art. 457:

> § 4º Consideram-se **prêmios as liberalidades concedidas pelo empregador, até duas vezes ao ano, em forma de bens, serviços ou valor em dinheiro, a empregado**, grupo de empregados ou terceiros vinculados à sua atividade econômica **em razão de desempenho superior ao ordinariamente esperado** no exercício de suas atividades. (grifos nossos)

Prêmios são liberalidades, ou seja, não podem ser obrigatórios, não podem ser compulsórios.

Não podemos esquecer que o contrato de trabalho é sempre, quanto mais para o empregador, um ato volitivo, ou seja, o empregador ajusta aquilo que deseja – usa seu poder diretivo que decorre da assunção dos riscos da atividade econômica que lhe é inerente – desde o início da contratação, uma vez que é ele, empregador, que explicita as condições contratuais, que define a jornada, a função, o local, a forma da prestação de serviços, sempre observando as normas cogentes que enfeixam as relações trabalhistas. Justamente pelo exposto é que se diz que, em alguma medida, o contrato de trabalho se assemelha ao contrato de adesão, onde a vontade da parte contratada, a vontade do trabalhador, encontra-se mitigada.

Com essa consideração, entende-se que o prêmio, no sentido de uma liberalidade, assemelha-se a uma gratificação, uma vez que sua oferta decorre de mero ato volitivo, como a etimologia da palavra demonstra. Gratificar é dar algo sem nada esperar em troca, é dar algo que se quer, sem motivo contraprestacional, sem razão aparente.

Em outras palavras, não envolve um pagamento pelo qual se obrigou a empresa em contraprestação ao trabalho do empregado, mas, sim, um ato de mera liberalidade por parte do empregador.

Pode-se verificar que o sentido da gratificação trabalhista foi adotado, pelo legislador, como a verba que ele optou por chamar de prêmio, ou seja, uma liberalidade como reconhecimento de um desempenho superior ao esperado.

Novamente necessário fazer importante distinção teórica. O prêmio, assim como a gratificação, é uma liberalidade do empregador, mas, por óbvio, que decorre de um reconhecimento, no caso, por um desempenho superior ao esperado. Aqui novo ponto distintivo. O prêmio não foi pago em razão do desempenho, e sim como reconhecimento deste.

Significa dizer que se determinado empregador objetivar que seu empregado, ou grupo de empregados, atinjam determinada meta, ou resultado específico, ele terá ao seu dispor vários meios que incentivam seus trabalhadores a perseguir esse objetivo, esse resultado pretendido, transformando-o em anseio comum de empregador e empregados.

Bônus, participações no lucro ou resultado (PLR), comissões são verbas que permitem tal comunhão de interesse, que fomentam o interesse dos empregados no atingimento de metas ou resultados definidos pelo empregador. Assim, não pode ser o prêmio que recompensará os trabalhadores. E por quê?

Porque há distinção teórica importante – que remonta ao conceito de remuneração apresentado no início do nosso capítulo – entre uma verba paga quando do atingimento de determinado resultado ou objetivo ajustado e outra, paga por liberalidade.

Na primeira, como visto, há nítido caráter contraprestacional que exsurge da simples constatação de que, para a percepção da verba, bônus ou mesmo da PLR, o trabalhador deve, necessariamente, atingir determinada meta, alcançar o resultado pretendido, o que só acontecerá com maior dedicação ao trabalho, com um esforço extra a ser empreendido pelo trabalhador ou grupo de trabalhadores. Típico caráter contraprestacional. Nítido salário-condição, posto que, conseguido aquilo que se ajustou, obrigatório o pagamento da verba pactuada.

Não há nenhuma liberalidade. Há ajuste, há pacto, existe avença. Caso o empregador não cumpra o prometido, será considerado inadimplente de uma obrigação que assumiu.

Como afastado anteriormente, não se diga que a liberalidade há no ajuste, na avença. Por óbvio que há, mas uma vez pactuado, surge o dever de cumprimento, o dever do pagamento. É exatamente esse o entendimento da doutrina e da jurisprudência.

VOCÊ SABIA?

Arnaldo Sussekind[5] explica, ao falar da gratificação ajustada: "Mas já aí, a gratificação não possui aquele caráter de doação pura, se ajustada é salário, e não prêmio". E, mais adiante, reforça: "[...] Toda dificuldade atinente à conceituação de determinada gratificação como salário consiste, portanto, na aferição, em cada caso, da existência ou não de um contrato pelo qual a empresa obrigue-se a concedê-la em determinadas épocas ou condições. Se existe essa obrigação é salário."

Em conclusão, podemos asseverar que o conceito de prêmio existente no § 22 do art. 457 da CLT, verba sem natureza salarial, só pode ser interpretado como sendo a liberalidade, representada pela ausência de ajuste dos motivos de percepção da verba, paga a empregado, ou grupo de empregados, pela qual a empresa reconheça o desempenho superior de tais trabalhadores.

O que caracteriza o prêmio é a liberalidade, e tal característica não existe quando há ajuste prévio, ainda mais ligado a desempenho superior ao ordinariamente esperado no exercício das atividades do trabalhador, uma vez que, nesses casos, o ajuste prévio indica metas a serem alcançadas e, portanto, apresenta nítido caráter contraprestacional, que – como explícito no *caput* do art. 457 – define uma verba de natureza salarial.

---

[5] SUSSEKIND, Arnaldo. *Curso de direito do trabalho*. 3. ed. Rio de Janeiro: Renovar, 2010. p. 435.

ABONOS

O vocábulo **abono** tem vários significados em direito do trabalho.

É chamado de abono de férias o período no qual o trabalhador que tem direito ao gozo de férias volta ao trabalho, recebendo pelo labor no período em que deveria estar descansando. É a chamada venda das férias, os 10 ou 20 dias em que o trabalhador transforma suas férias em período de trabalho, recebendo seu salário usual proporcionalmente aos dias trabalhados.

Como vimos, por se tratar de verba reparadora de direito, verba indenizatória, portanto, não há que se falar de incidência das contribuições previdenciárias quando tal situação ocorrer, aliás como expressamente dispõe o art. 28, § 9º, alínea *e*, inciso 6, da Lei nº 8.212/91.

Além do abono de férias, existe também o abono salarial. Tal verba é paga quando o empregador quer reajustar o salário do trabalhador, mas não deseja que tal aumento integre o dissídio salarial, assim entendido o aumento coletivo de salário negociado com o sindicato da categoria profissional na chamada data-base.

Como o próprio nome esclarece, o abono salarial – verdadeira antecipação do aumento salarial do empregado – tem nítida natureza remuneratória e, portanto, sofre incidência das contribuições previdenciárias.

Do exposto, podemos concluir que o abono salarial mencionado no § 2º do art. 457 da CLT não se refere a nenhum dos dois abonos citados. Logo, outro há!

O abono que foi expressamente retirado do campo de tributação das contribuições previdenciárias pela reforma trabalhista é o abono previsto nas convenções e acordos coletivos.

Tal verba é usualmente ajustada para ser paga em uma ou duas vezes ao ano, para todos os empregados submetidos ao contrato coletivo de trabalho, como verba eventual e sem incidência de encargos trabalhistas ou previdenciários. Esse abono já constava do rol de exclusão da incidência das contribuições constante do art. 28, § 9º, da Lei de Custeio da Previdência.

Porém, tal lei determinava que tal abono fosse desvinculado do salário e pago de maneira eventual.

Por constar de maneira reiterada dos contratos coletivos assinados entre empregadores e trabalhadores e, mais, por – no mais das vezes – ter seu valor vinculado ao salário-mínimo, ou a um percentual do salário do trabalhador, muito se discutia sobre sua inclusão na base de cálculo das contribuições previdenciárias.

Com o advento da nova redação do § 2º do art. 457 da CLT, o abono previsto nos acordos e convenções coletivas, mesmo que vinculado ao salário ou pago de maneira habitual, deixou de integrar o salário de contribuição.

TESTANDO CONHECIMENTO!

Analise as verbas a seguir e classifique-as em indenizatórias (I), instrumentais (M) e benefícios (B) segundo sua natureza jurídica:

a) carro do vendedor externo; b) casa do caseiro do sítio de lazer; c) décimo terceiro indenizado; d) previdência privada; e) *kit* escolar para filhos de até 14 anos.

Resposta: M; M; I; B; B.

SALÁRIO DE CONTRIBUIÇÃO DO CONTRIBUINTE INDIVIDUAL

Se o conceito de remuneração do empregado e do trabalhador avulso exigiu uma análise jurídica de conceitos trabalhistas, para o contribuinte individual não encontraremos maiores dificuldades.

Isso porque o valor ajustado pelas partes para execução dos trabalhos se consubstancia na própria remuneração dos serviços contratados. É essa a dicção legal constante do art. 28, inciso III, da Lei de Custeio: "III – vinte por cento sobre o total das remunerações pagas ou creditadas a qualquer título, no decorrer do mês, aos segurados contribuintes individuais que lhe prestem serviços."

Tal determinação não destoa da prática empresarial, uma vez que, ao precificar seus serviços, o trabalhador autônomo, dito pela lei previdenciária contribuinte individual, já embute no valor todos os elementos formadores de seu preço, ou seja, o valor dos serviços. Em outras palavras, o trabalho do contribuinte individual está totalmente mensurado no preço que resultará do acordo entre empregador e trabalhador.

Assim sendo, podemos afirmar que o salário de contribuição do contribuinte individual é o valor da remuneração constante do contrato de trabalho por ele firmado junto aos seus contratantes.

Decerto que a boa prática determina que eventuais verbas indenizatórias, mormente aquelas ligadas à própria execução dos serviços, como despesas de viagens, seja prevista e paga de maneira apartada do valor da remuneração, evitando eventuais questionamentos de órgãos fiscalizadores.

Em que pese a atecnia que algumas decisões judiciais apresentam sobre a incidência das contribuições previdenciárias, importante mencioná-las em razão de seu alcance.

Recentemente, sob o rito de repercussão geral, o Supremo Tribunal Federal proferiu duas decisões muito aguardadas.

No julgamento do RE 1.072.485/PR, assentou a incidência das contribuições sociais sobre valores pagos pelo empregador a título de terço constitucional de férias gozadas e firmou a seguinte tese (Tese 985): "É legítima a incidência de contribuição social sobre o valor satisfeito a título de terço constitucional de férias."

Por ser acréscimo ao valor pago pelo período em que o empregado usufrui de suas férias, valor com natureza remuneratória ínsita (como vimos, trata-se de um pagamento decorrente de interrupção dos efeitos do contrato de trabalho), o valor previsto no art. 7º, inciso XVII, da Constituição Federal também tem natureza jurídica de remuneração. Situação diversa encontramos quando o terço constitucional de férias acompanha o pagamento de férias indenizadas ou de férias vencidas, uma vez que, nesses casos, o valor pago a título de férias tem natureza indenizatória e, portanto, o acréscimo de um terço de seu valor –determinado pela Constituição – possui mesma natureza, o que afasta a incidência das contribuições previdenciárias. Nesse mesmo sentido caminha a decisão mencionada do STF.

VOCÊ SABIA?

Férias indenizadas devem ser pagas quando o trabalhador, por ser dispensado, não fruiu as férias a que teria direito.

Férias vencidas, ou em dobro, é o valor devido quando o trabalhador não fruiu as férias no período de gozo, assim chamado o período de um ano após a data em que adquiriu o direito a férias, tendo direito a receber o valor de suas férias em dobro, ou seja, valor de um salário das férias, mais uma vez esse mesmo valor como indenização por não ter fruído suas férias, mais o valor de um terço previsto constitucionalmente.

Já no RE 576967/PR, a Suprema Corte decidiu pelo afastamento da incidência das contribuições previdenciárias sobre os valores pagos a título de salário-maternidade, firmando a tese nº 72: "É inconstitucional a incidência da contribuição previdenciária a cargo do empregador sobre o salário maternidade."

PARTICIPAÇÃO NOS LUCROS E RESULTADOS (PLR)

O art. 7º da Carta da República, versando sobre os direitos dos trabalhadores, estabelece: "Art. 7º São direitos dos trabalhadores urbanos e rurais, além de outros que visem à melhoria de sua condição social: [...] XI – participação nos lucros, ou resultados, desvinculada da remuneração, e, excepcionalmente, participação na gestão da empresa, conforme definido em lei."

De plano, é forçoso observar que os lucros e resultados decorrem do atingimento eficaz do desiderato social da empresa, ou seja, tanto o lucro como qualquer outro resultado pretendido pela empresa necessariamente só pode ser alcançado quando todos os meios e métodos reunidos em prol do objetivo social da pessoa jurídica foram empregados e geridos com competência, sendo que entre esses estão, sem sombra de dúvida, os recursos humanos.

Nesse sentido, encontramos de maneira cristalina que a obtenção dos resultados pretendidos e do consequente lucro foi objeto do esforço do trabalhador e, portanto, a retribuição ofertada pelo empregador decorre dos serviços por ele prestados, com nítida contraprestação, ou seja, com natureza remuneratória.

Esse mesmo raciocínio embasa a tributação das verbas pagas a título de bônus ou gratificações vinculadas ao desempenho do trabalhador, consoante a disposição do art. 57, inciso I, da Instrução Normativa (IN) RFB nº 971/09, explicitada em Solução de Consulta formulada junto à 5ª RF (SC nº 28 – SRRF05/Disit), assim ementada:

Assunto: Contribuições Sociais Previdenciárias

PRÊMIOS DE INCENTIVO. SALÁRIO DE CONTRIBUIÇÃO.

Os prêmios de incentivo decorrentes do trabalho prestado e pagos aos funcionários que cumpram condições preestabelecidas integram a base de cálculo das contribuições previdenciárias e do PIS incidente sobre a folha de salários.

Dispositivos Legais: Constituição Federal, de 1988, art. 195, I, 'a'; CLT art. 457, § 1º; Lei nº 8.212/91, art. 28, I, III, e § 9º; Decreto nº 3.048/99, art. 214, § 10; Decreto nº 4.524/02, arts. 2º, 9º e 50. (grifos nossos)

Porém, não só a Carta Fundamental como também a Lei nº 10.101/00, que disciplinou a Participação nos Lucros e Resultados (PLR), textualmente em seu art. 3º, determinam que a verba paga a título de participação, disciplinada na forma do art. 2º da Lei, "**não substitui ou complementa a remuneração devida a qualquer empregado, nem constitui base de incidência de qualquer encargo trabalhista**, não se lhe aplicando o princípio da habitualidade", o que afasta peremptoriamente a natureza salarial da mencionada verba.

Ora, analisemos as inferências até aqui construídas. De um lado, concluímos que as verbas pagas como obtenção de metas alcançadas têm nítido caráter remuneratório, uma vez que decorrem da prestação pessoal de serviços por parte dos empregados da empresa. Por outro, vimos que a Constituição e Lei que instituiu a PLR afastam – textualmente – o caráter remuneratório da mesma, no que foi seguida pela Lei de Custeio da Previdência Social, Lei nº 8.212/91, que na alínea *j* do inciso 9 do § 1º do art. 28 assevera que não integra o salário de contribuição a parcela paga a título de "participação nos lucros ou resultados da empresa, **quando paga ou creditada de acordo com lei específica**".

A legislação e a doutrina tributária bem conhecem essa situação. Para uns, verdadeira imunidade está prevista na Constituição Federal, para outros isenção, reconhecendo ser a forma pela qual a lei de caráter tributário, como é o caso da Lei de Custeio, afasta determinada situação fática da exação.

Entendemos de forma diferente, ou seja, o comando constitucional não traz uma imunidade, posto que esta é definida pela doutrina como sendo um limite dirigido ao legislador competente. Nessa linha, recordando o comando esculpido no art. 7º, inciso XI, da Carta da República, não observamos um comando que limite a competência do legislador ordinário; ao reverso, percebemos a criação de um direito dos trabalhadores limitado por lei.

Superando a controvérsia doutrinária e assumindo o caráter isentivo em face da expressa disposição da Lei de Custeio da Previdência, importante algumas considerações adicionais.

Podemos entender, pelas lições de Paulo de Barros Carvalho,[6] que a norma isentiva é uma escolha da pessoa política competente para a imposição tributária que repercute na própria existência da obrigação tributária principal, uma vez que ela, como dito por escolha do poder tributante competente, deixa de existir. Tal constatação pode, por outros critérios jurídicos, ser obtida ao se analisar o Código Tributário Nacional (CTN), que em seu art. 175 trata a isenção como forma de exclusão do crédito tributário.

Seguindo essas lições e observando a exata dicção da Lei de Custeio da Previdência Social, encontraremos a exigência de que a verba paga a título de participação nos lucros e resultados "**quando paga ou creditada de acordo com lei específica**" não integra o salário de contribuição, ou seja, a base de cálculo da exação previdenciária. **Ora, por ser uma regra de estrutura, portanto condicionante da norma de conduta, para que essa norma**

---

[6] Segundo Paulo de Barros Carvalho, "as normas de isenção pertencem à classe das regras de estrutura, que intrometem modificações no âmbito da regra-matriz de incidência tributária, esta sim, norma de conduta." Ver: CARVALHO, Paulo de Barros. *Curso de direito tributário*. 30. ed. São Paulo: Saraiva Educação, 2019. p. 580-581.

atinja sua finalidade, ou seja, impedir a exação, **a exigência constante de seu antecedente lógico** – que a verba seja paga em concordância com a lei que regula a PLR – **deve ser totalmente cumprida**.

Objetivando que tal determinação seja fielmente cumprida, ao tratar das formas de interpretação da legislação tributária, **o CTN** em seu art. 111 **preceitua que se interpretem literalmente as normas de tratem de outorga de isenção**, como no caso em comento.

Nesse diapasão, nos vemos obrigados a entender que a verba paga a título de PLR não integrará a base de cálculo das contribuições sociais previdenciárias se tal verba for paga com total e integral respeito à Lei nº 10.101/00, que dispõe sobre o instituto de participação do trabalhador no resultado da empresa previsto na Constituição Federal.

Isso porque: (i) o pagamento de verba que esteja relacionada com o resultado da empresa tem inegável cunho remuneratório em face de nítida contraprestação que há entre o fruto do trabalho da pessoa física e o motivo ensejador do pagamento, ou seja, o alcance de determinada meta; (ii) para afastar essa imposição tributária, a lei tributária isentiva exige o cumprimento de requisitos específicos dispostos na norma que disciplina o favor constitucional.

Logo, imprescindível o cumprimento dos requisitos da Lei nº 10.101/00 para que o valor pago a título de PLR não integre o salário de contribuição do trabalhador. Vejamos quais esses requisitos. Dispõe textualmente a Lei nº 10.101/00:

Art. 2º A participação nos lucros ou resultados será objeto de negociação entre a empresa e seus empregados, mediante um dos procedimentos a seguir descritos, escolhidos pelas partes de comum acordo:

I – comissão paritária escolhida pelas partes, integrada, também, por um representante indicado pelo sindicato da respectiva categoria;

II convenção ou acordo coletivo.

§ 1º Dos instrumentos decorrentes da negociação deverão constar regras claras e objetivas quanto à fixação dos direitos substantivos da participação e das regras adjetivas, inclusive mecanismos de aferição das informações pertinentes ao cumprimento do acordado, periodicidade da distribuição, período de vigência e prazos para revisão do acordo, podendo ser considerados, entre outros, os seguintes critérios e condições:

I – índices de produtividade, qualidade ou lucratividade da empresa;

II – programas de metas, resultados e prazos, pactuados previamente.

§ 2º O instrumento de acordo celebrado será arquivado na entidade sindical dos trabalhadores.

Art. 3º [...]

§ 2º **É vedado o pagamento de qualquer antecipação ou distribuição de valores a título de participação nos lucros ou resultados da empresa em mais de 2 (duas) vezes no mesmo ano civil e em periodicidade inferior a 1 (um) trimestre civil.** (grifos nossos)

Da transcrição legal podemos deduzir que a Lei da PLR condiciona, como condição de validade do pagamento:

a. **A existência de negociação prévia** sobre a participação.

b. **A participação do sindicato em comissão paritária** escolhida pelas partes **para a determinação das metas ou resultados a serem alcançados** ou que isso seja determinado por convenção ou acordo coletivo.

c. O **impedimento de que tais metas ou resultados se relacionem à saúde ou segurança** no trabalho.

d. Que dos instrumentos finais obtidos constem **regras claras e objetivas, inclusive com mecanismos de aferição**, sobre **os resultados a serem alcançados** e a fixação dos direitos dos trabalhadores.

e. **A vedação expressa do pagamento em mais de duas parcelas ou com intervalo** entre elas **menor que um trimestre civil**.

Esses requisitos é que devemos interpretar literalmente, ou, como preferem alguns, restritivamente. O alcance de um programa de PLR, ao reverso, não pode distinguir determinados tipos de trabalhadores, ou categorias de segurados. Não pode o Fisco valorar o programa de meta, ou mesmo emitir juízo sobre a participação sindical. A autoridade lançadora deve, sim, verificar o cumprimento dos ditames da Lei nº 10.101/00.

ALÍQUOTAS

Superada a conceituação do salário de contribuição, vejamos agora a alíquota aplicável para os sujeitos passivos das contribuições sociais previdenciárias: trabalhadores e empresa.

DOS EMPREGADOS E TRABALHADORES AVULSOS

VOCÊ SABIA?

Você sabia que: (i) é dever da empresa reter e recolher a contribuição dos segurados que lhe prestaram serviços?; (ii) o salário de contribuição do segurado do INSS tem limites mínimo e máximo?

Fruto de alteração legislativa promovida pela denominada reforma previdenciária de 2019, as alíquotas aplicáveis para o ano de 2022 – de forma progressiva – às contribuições do empregado, do trabalhador avulso e do doméstico são:

Salário de contribuição ($)	Alíquota (%)
Até 1.212,00 (limite mínimo)	7,5
De 1.212,01 até 2.427,35	9
De 2.427,36 até 3.641,03	12
De 3.641,04 até 7.087,22 (LMSC)	14

Exemplificando: se um empregado tiver recebido um total de $ 3.000,00 de remuneração em determinado mês, terá uma contribuição retida pelo seu empregador a título de INSS de:

1ª Faixa Salarial: $ 1.212,00 × 7,5% = $ 90,90
2ª Faixa Salarial: ($ 2.427,35 – $ 1.212,00) = $ 1.215,35 × 9% = $ 109,38
3ª Faixa Salarial: ($ 3.000,00 – $ 2.427,35) = $ 572,65 × 12% = $ 68,72
Total a recolher: $ 90,90 + $ 109,38 + $ 68,72 = $ 269,00

Importa realçar que a contribuição dos segurados, qualquer que seja sua categoria, está sujeita aos limites previstos na Lei de Custeio, ou seja, não há contribuição inferior ao salário-mínimo, tampouco superior ao limite máximo do salário de contribuição (LMSC), que é de $ 7.087,22.

VOCÊ SABIA?

Os valores máximos e mínimos do salário de contribuição são fixados, anualmente, por portaria do Ministério da Economia. Os valores apresentados foram fixados pela Portaria Interministerial MTP/ME nº 12, de 17 de janeiro de 2022.

DOS CONTRIBUINTES INDIVIDUAIS

Como vimos alhures, a categoria dos segurados contribuintes individuais engloba uma diversidade de trabalhadores, indo do chamado autônomo puro – aquele que trabalha por conta própria – até o empresário.

Em razão de tal gama de tipo de trabalhadores, a lei previdenciária os diferencia entre aqueles que trabalham vinculados a uma empresa, a um empregador e aqueles que trabalham sem nenhum tipo de vínculo, totalmente por conta própria.

Os autônomos puros devem recolher sua própria contribuição, em função da remuneração por eles auferida no mês, por meio de GPS código 1007 para o recolhimento mensal, ou 1104 se optarem pelo recolhimento trimestral.

SAIBA MAIS!

Para a relação completa de códigos de GPS, acesse o QR Code.

uqr.to/1ay73

Por sua vez, tendo o contribuinte individual prestado serviços para uma ou mais empresas, estas deverão reter e recolher 11% do valor da remuneração paga ou creditada ao trabalhador.

Por fim, importante ressaltar uma vez mais que o valor do INSS recolhido pelo segurado – seja por meio da empresa ou do empregador, seja pelo carnê – deverá ser realizado sempre respeitando os limites máximo e mínimo do salário de contribuição. Significa dizer que, se o contribuinte tiver várias fontes de remuneração, deverá se certificar de comunicar cada uma delas acerca da retenção efetuada por outra fonte, de forma a ser respeitado o limite mencionado, conforme veremos adiante.

MICROEMPREENDEDOR INDIVIDUAL (MEI)

Sendo uma espécie de empresário, um pequeno empreendedor – figura jurídica prevista nos arts. 18-A e 18-C da LC nº 123/06 –, o MEI é considerado do ponto de vista previdenciário como segurado contribuinte individual, porém com alíquota diferenciada de recolhimento do seu INSS (conforme LC nº 123/06, arts. 18-A e 18-C, Lei nº 8.231/91, art. 94, e IN RFB nº 971/09, art. 65, § 11). Assim, deverá recolher somente 5% calculado sobre o salário-mínimo, fazendo jus, porém, a um regime de benefícios diferenciado.

TRABALHADORES COM MÚLTIPLOS VÍNCULOS

Sob o ponto de vista tributário, o trabalho remunerado da pessoa física é o fato gerador das contribuições previdenciárias. Não esqueçamos, porém, que além da obrigação tributária o trabalho remunerado enseja a vinculação compulsória ao regime geral de previdência social, tornando o trabalhador segurado, ou seja, sujeito de direitos perante o INSS.

Tal constatação nos obriga a refletir sobre o trabalhador com múltiplos vínculos, isto é, como deve proceder, por exemplo, o professor que leciona em diversas escolas, ou a médica que, além de trabalhar em dois ou mais hospitais, atende em seu consultório particular?

De plano: ao incidir em vários fatos geradores, o trabalhador se torna contribuinte em todos eles, e, por via de consequência, também segurado obrigatório.

Em acréscimo, ao recordarmos que o salário de contribuição é limitado tanto em seu valor mínimo como no máximo e que é dever do empregador reter e recolher as contribuições previdenciárias do segurado que lhe presta serviços, exsurge a importância de sabermos como proceder nos casos citados.

A IN RFB nº 971/09, que trata das obrigações tributárias relativas às contribuições previdenciárias, determina em seu art. 13 a obrigatoriedade do recolhimento em cada uma das atividades remuneradas praticadas pelo trabalhador, explicitando o respeito aos limites máximos e mínimos do salário de contribuição.

Além disso, a mencionada IN RFB nº 971 normatiza o procedimento que deve ser adotado pelas empresas no caso de contratarem segurados com múltiplos vínculos, por meio de seu art. 67. Preceitua que cabe ao segurado informar à empresa, ou empregador, que exerceu atividade remunerada perante outrem, inclusive se o fez por conta própria, apresentando provas do pagamento ou desconto de INSS relativos às remunerações recebidas, cabendo ao empregador descontar os valores ainda devidos referentes ao valor por ele pago, respeitando os limites do salário de contribuição.

Caso o trabalhador não possua cópia dos documentos que comprovem o pagamento ou desconto de INSS ocorrido em suas outras relações de trabalho, poderá firmar declaração – segundo modelo previsto no art. 64, § 1º, da IN 971 – que sofreu tais descontos, identificando os responsáveis pela retenção.

IMPORTANTE!

O professor que trabalha em mais de uma escola ou a médica que trabalha em diversos hospitais e ainda atende em seu consultório deve recolher seu INSS sobre o total da remuneração recebida em todas as suas atividades remuneradas, respeitando, porém, o teto máximo do salário de contribuição!

ALÍQUOTAS DA EMPRESA

As empresas em geral recolhem sua contribuição social sobre a folha de pagamentos, o comumente chamado INSS patronal, sobre a totalidade do salário de contribuição pago, devido ou creditado aos segurados que lhes prestam serviços, à alíquota de 20%, lembrando que o salário de contribuição de cada tipo de segurado segue a sorte do anteriormente estudado sobre o tema.

Bancos e demais empresas do setor financeiro, conforme Lei de Custeio da Previdência Social, Lei nº 8.212/91, art. 22, § 1º, recolhem um adicional de 2,5% sobre a alíquota das empresas em geral.

IMPORTANTE!

Empresas, ao remunerarem os segurados empregados, avulsos e contribuintes individuais, devem recolher o INSS patronal (20%).

Porém, além da chamada quota patronal, explicitada, as empresas que possuem empregados devem recolher outras contribuições sociais, conforme veremos.

DEVER DE RETER E RECOLHER

Além de contribuírem com as contribuições sociais incidentes sobre sua folha de pagamento (que explicita seu salário de contribuição), as empresas também atuam como substitutos tributários, devendo reter e recolher as contribuições devidas pelos segurados que lhes prestam serviços, conforme Lei nº 8.212/91 art. 30, inciso I, combinada com Lei nº 10.666/03, art. 4º.

Empresas e cooperativas adquirentes de mercadoria de produtor rural pessoa física e do segurado especial têm o dever reter e recolher 1,5% sobre os valores da comercialização da produção consoante o art. 25 da Lei de Custeio, nos termos da Lei nº 8.212/91, art. 30, inciso IV cc Lei nº 13.606/18.

CONTRIBUIÇÕES SOCIAIS DEVIDAS SOBRE A REMUNERAÇÃO DOS EMPREGADOS E TRABALHADORES AVULSOS

CONTRIBUIÇÃO DESTINADA AOS TERCEIROS

As empresas devem contribuir para formação de fundos específicos (INCRA, FNDE, FAT etc.) e para o financiamento de entidades privadas de serviço social e formação profissional, chamadas entidades do sistema 'S' (SESI, SENAI, SEBRAE). A normatização de tais contribuições constam dos arts. 109 a 111 da IN RFB nº 971/09.

Tais contribuições têm a mesma base de cálculo da quota patronal da empresa e têm alíquota definida pelo enquadramento sindical (código FPAS), definido em função da atividade desenvolvida pela empresa e constante de seu objeto social, classificada de acordo com o Quadro de Atividades e Profissões estabelecido no art. 577 da CLT.

Somente com finalidade de exemplificação, empresa industrial enquadrada no FPAS 507 tem a somatória das alíquotas destinadas aos terceiros de 5,8%.

CONTRIBUIÇÃO DESTINADA AO FINANCIAMENTO DO SEGURO DE ACIDENTE DO TRABALHO (SAT/RAT)

Sobre a remuneração paga, devida ou creditada aos segurados empregados e trabalhadores avulsos, a empresa – além da quota patronal devida e do dever de reter e recolher a parte do empregado e avulso – deve a contribuição destinada a financiar o seguro de acidente do trabalho (chamada de alíquota SAT ou RAT), segundo o risco de sua atividade econômica preponderante.

A Lei de Custeio em seu art. 22, inciso II, estabelece:

> II – para o financiamento do benefício previsto nos arts. 57 e 58 da Lei nº 8.213, de 24 de julho de 1991, e daqueles concedidos em razão do grau de incidência de incapacidade laborativa decorrente dos riscos ambientais do trabalho, sobre o total das remunerações pagas ou creditadas, no decorrer do mês, aos segurados empregados e trabalhadores avulsos.
>
> a) 1% (um por cento) para as empresas em cuja atividade preponderante o risco de acidentes do trabalho seja considerado leve;
>
> b) 2% (dois por cento) para as empresas em cuja atividade preponderante esse risco seja considerado médio;
>
> c) 3% (três por cento) para as empresas em cuja atividade preponderante esse risco seja considerado grave.

Importante realçar que o enquadramento na atividade preponderante se dá em razão da Classificação Nacional da Atividade Econômica (CNAE) da empresa e alíquota correspondente segundo o Anexo I da IN RFB nº 971/09, quando a empresa tiver somente um estabelecimento e exercer somente uma atividade econômica.

Havendo o exercício de mais de uma atividade econômica pela empresa, o enquadramento deixa de ocorrer pelo seu enquadramento CNAE e passa a ser encontrado mensurando-se a quantidade de empregados e trabalhadores avulsos que ela utiliza em cada atividade desenvolvida, sendo a preponderante aquela que utiliza maior número de segurados, conforme IN RFB nº 971/09, art. 72, inciso I, alínea *b*.

Se a empresa tiver mais de um estabelecimento, a alíquota SAT será devida por estabelecimento, ou seja, os procedimentos quanto à verificação da atividade econômica preponderante, conforme explicado nos parágrafos precedentes, deverão ser observados em cada estabelecimento da empresa com consequente definição de alíquota SAT a ser aplicada sobre a folha de pagamento de cada um deles, individualmente, conforme IN RFB nº 971/09, art. 72, inciso I, alínea *c*.

ALÍQUOTA ADICIONAL GILRAT

Algumas atividades empresariais expõem os trabalhadores que as realizam a condições de trabalho insalubres. Por mais que o empregador adapte o Meio Ambiente do Trabalho (MAT), a especificidade da atividade põe o trabalhador em condições que – ao longo do tempo – ofendem sua saúde, como, por exemplo, o trabalho em um frigorífico que exige o armazenamento da proteína animal em câmaras frias, normalmente mantidas em temperaturas abaixo de zero grau. Obviamente, por mais que os trabalhadores que necessitem acessar tal compartimento estejam protegidos com roupas adequadas, estarão em contato permanente com uma amplitude térmica nociva à sua saúde (o art. 57 da Lei nº 8.213/91, Lei de Benefícios, dispõe sobre o conceito de permanência não ocasional nem intermitente, para cada tipo de atividade).

Recordemos que o sistema de seguridade social é concebido para proteger a saúde, em sentido amplo, do trabalhador e prover renda a ele e sua família nos momentos em que ele não puder fazê-lo por si mesmo. Sendo a previdência um dos pilares da seguridade, a Lei de Benefícios prevê aposentadoria especial para quem labora em tais condições.

Essa aposentadoria é dita especial pois tem um período de aquisição do benefício diminuído. O exercício de atividades nocivas à saúde por agentes físicos, químicos ou biológicos enseja aposentadoria após 25, 20 ou 15 anos respectivamente.

O financiamento de tal benefício especial deve, segundo a Lei, ser suportado por aquele que empresariou tais atividades e que, por óbvio, teve proveito econômico. Alíquotas adicionais ao SAT de 6%, 9% ou 12%, a serem aplicadas sobre a remuneração dos trabalhadores expostos (RPS, aprovado pelo Decreto nº 3.048/99, art. 202, § 10), serão devidas em razão do direito à aposentadoria aos 25, 20 e 15 anos, respectivamente.

Atente-se que o adicional GILRAT só é devido nos casos em que há efetiva exposição dos trabalhadores aos agentes nocivos e somente sobre o salário de contribuição desses trabalhadores expostos, ou seja, o mero pagamento de adicional de insalubridade não torna devido o adicional GILRAT.

ALÍQUOTA FAP – FATOR ACIDENTÁRIO DE PREVENÇÃO

Como vimos, os recursos obtidos por meio do pagamento do SAT são destinados ao financiamento do seguro de acidente do trabalho, com alíquotas distintas segundo a atividade econômica desenvolvida pelo empregador naquele estabelecimento.

ATENÇÃO!

Lei nº 10.666/03, art. 10: "A alíquota de contribuição de um, dois ou três por cento, destinada ao financiamento do benefício de aposentadoria especial ou daqueles concedidos em razão do grau de incidência de incapacidade laborativa decorrente dos riscos ambientais do trabalho, poderá ser reduzida, em até cinquenta por cento, ou aumentada, em até cem por cento, conforme dispuser o regulamento, em razão do desempenho da empresa em relação à respectiva atividade econômica, apurado em conformidade com os resultados obtidos a partir dos índices de frequência, gravidade e custo, calculados segundo metodologia aprovada pelo Conselho Nacional de Previdência Social."

Tal forma de custeio pressupõe, acertadamente, que algumas atuações empresariais são mais perigosas que outras, como é de fácil percepção ao imaginarmos os riscos que corre um operário da construção civil em comparação com uma secretária de um escritório de advocacia.

A inerência presente entre a atividade laboral e o risco nela existente está intimamente ligada ao local onde é desenvolvida, ou seja, ao meio ambiente do trabalho.

Nesse ponto, parece-nos claro que o exercício da mesma atividade laboral, operário da construção civil por exemplo, pode ser mais ou menos arriscada a depender das condições do meio ambiente do trabalho. É possível inferir que em um meio ambiente do trabalho adequado, cuidado, limpo, teremos menor probabilidade de acidente com algum trabalhador do que em um local menos condizente com os cuidados à saúde do empregado.

Foi com esse sentido que a Lei nº 10.666/03, por meio de seu art. 10, determinou, até em respeito às convenções da Organização Internacional do Trabalho (OIT) adotadas pelo Brasil, que a alíquota SAT devida pela empresa fosse reduzida à metade ou elevada ao dobro de acordo com a frequência, gravidade e custo dos benefícios decorrentes dos acidentes do trabalho que seus empregados sofressem.

Ou seja, as empresas, individualizadas pelo seu CNPJ e em relação a sua atividade econômica, que no período analisado dos dois últimos anos tiverem redução dos acidentes do trabalhado de seus empregados, redução essa analisada quanto a frequência, custo e gravidade, conforme RPS art. 202A, §§ 2º e 4º , terão o chamado FAP bônus, ou seja, um FAP menor que 1. A contrário senso, havendo aumento dos eventos relativos aos acidentes do trabalho, haverá uma atribuição de FAP majorado, *FAP malus*, com índice superior a 1.

O FAP de cada empresa será publicado, normalmente no mês de setembro de cada ano, no *site* do Ministério da Economia, pela Secretaria Especial de Previdência e Trabalho, com as informações que permitam a verificação correta dos dados utilizados na apuração do seu desempenho, e deverá ser aplicado para todo o ano civil seguinte.

Havendo discordância, pela empresa, do FAP a ela atribuído, poderá existir a interposição de contestação, exclusivamente por meio eletrônico através de formulários disponibilizados nos *sites* da Previdência Social e da Receita Federal, com efeito suspensivo.

TESTANDO CONHECIMENTO!

A maioria dos especialistas chama o produto da aplicação da alíquota SAT × FAP da empresa de RAT? Vamos calcular o SAT de uma empresa?

Suponha que indústria de um só estabelecimento tenha um FAP publicado de 0,8732. Qual seu RAT?

Resposta: 3% × 0,8732 = 2,6196 (usar sempre 4 casas).

CASO PRÁTICO

Supondo os dados a seguir, de empresa não optante pelo Simples Nacional e do segmento industrial, com estabelecimento e atividade econômica únicos e FAP vigente igual a 1,0000, vamos calcular o INSS e o FGTS a ser por ela recolhido em determinado mês.

✓ Folha de pagamento:
- Paula Pedro Paulo, vendedora: salário base $ 5.000,00; comissões $ 3.000,00; diária para viagem $ 1.500,00, ajuda de custo $ 1.050,00; convênio médico $ 750,00.
- Maria Joaquina Antonieta, auxiliar administrativa: salário base $ 2.250,00; vale-transporte $ 480,00; convênio médico $ 514,00.
- Márcia Monteiro Montes, sócia administradora: pró-labore $ 8.000,00; convênio médico $ 2.800,00.

1) FGTS
Valor da remuneração dos empregados:
$ 5.000,00 + 3.000,00 + 2.250 = $ 10.250,00
FGTS a recolher: $ 10.250,00 × 8% = $ 820,00

2) INSS
2.1 INSS quota patronal
✓ Salário de contribuição:
- Empregados: $ 5.000,00 + 3.000,00 + 2.250 = $ 10.250,00
- Contribuinte individual: $ 8.000,00
- Total do salário de contribuição: $ 18.250,00
- **INSS patronal**: $ 18.250,00 × 20% = **$ 3.650,00**

2.2 INSS retido
- ✓ Empregados:
  - Paula: $ 8.000,00

Salário de contribuição ($)	Alíquota (%)	Parcela a pagar ($)
Até 1.212,00 (limite mínimo)	7,5	90,90
De 1.212,01 até 2.427,35	9	109,38
De 2.427,36 até 3.641,03	12	145,64
De 3.641,04 até 7.087,22 (LMSC)	14	482,47
Total a recolher		**828,39**

- Maria: $ 2.250,00

Salário de contribuição ($)	Alíquota (%)	Parcela a paga ($)
Até 1.212,00 (limite mínimo)	7,5	90,90
De 1.212,01 até 2.427,35	9	93,42
Total a recolher		**184,32**

- Contribuinte individual (sócia)
- Márcia: $ 7.087,22 (LMSC)
- Total a recolher: $ 7.087,22 × 11% = $ 779,59

Total do INSS retido a recolher: 828,39 + 184,32 + 779,59 = **$ 1.792,30**

2.3 Alíquota RAT (SAT × FAP)

Valor da remuneração dos empregados: $ 10.250,00 × 3% = **$ 307,50**

2.4 Terceiros (indústria = FPAS 508)

Valor da remuneração dos empregados: $ 10.250,00 × 5,8% = **$ 594,50**

Total do INSS a recolher = $ 6.344,30

Desse valor total, $ 1.792,30 são retidos dos empregados e sócia e recolhido pela empresa. Ou seja, a empresa é responsável tributário, sendo contribuintes os empregados e a sócia. Já o saldo, no montante de $ 4.552,00, é tributo devido pela empresa na condição de contribuinte. Não esqueça, ademais, do FGTS no valor de $ 820,00, cujo valor compete à empresa pagar.

OBJETIVO 4

INSS NA TERCEIRIZAÇÃO DE MÃO DE OBRA

Discutida a relação tributária decorrente das relações de trabalho firmadas entre a empresa e as pessoas físicas, com foco nos empregados e contribuintes individuais, analisemos agora os casos de terceirização.

Por tudo o visto, recordando que o fato gerador tributário ensejador das obrigações advindas da legislação previdenciária, regime contributivo segundo a Constituição, decorre da relação do trabalho, podemos afirmar que, existindo a prestação de serviços remunerados pela pessoa física, haverá a obrigação do recolhimento das contribuições previdenciárias, independentemente da forma de contratação.

É dizer: se há trabalho remunerado da pessoa física, há INSS a pagar!

A contrário senso, se a prestação de serviços for realizada por pessoa jurídica, não existe a incidência de INSS sobre os valores ajustados sobre tal prestação.

Porém, embora a afirmação anterior se apresente correta, em alguns casos resta ao contratante da prestação de serviços por pessoa jurídica a obrigação de reter e recolher as contribuições previdenciárias de forma antecipada.

É o caso das terceirizações em que ocorre a cessão de mão de obra.

TERCEIRIZAÇÃO

Diz-se que há terceirização quando uma empresa, denominada contratante, contrata outra pessoa jurídica, denominada prestadora ou contratada, para a prestação de serviços relativos a qualquer das atividades que ela, contratante, realiza ou necessita para o atingimento de seus objetivos.

Recorde-se que, com exceção dos serviços mecanizados e ou automatizados, a prestação de serviços é sempre realizada por pessoas naturais. A relação contratual entabulada na terceirização será efetivamente concretizada pela pessoa física que, na prática, realizará o serviço que deve ser prestado pela pessoa jurídica prestadora para a contratante.

Logo, a externalização dos serviços de que a contratante necessita, chamada terceirização, se dá quando o trabalhador, que tem vínculo de labor com a prestadora, presta serviços para a tomadora – no interesse de seu empregador, a prestadora – que firmou contrato dessa prestação com a tomadora. A Figura 12.2 esquematiza essa relação.

ATENÇÃO!

Lei nº 6.019/74: "Art. 4º-A. Considera-se prestação de serviços a terceiros a transferência feita pela contratante da execução de quaisquer de suas atividades, inclusive sua atividade principal, à pessoa jurídica de direito privado prestadora de serviços que possua capacidade econômica compatível com a sua execução."

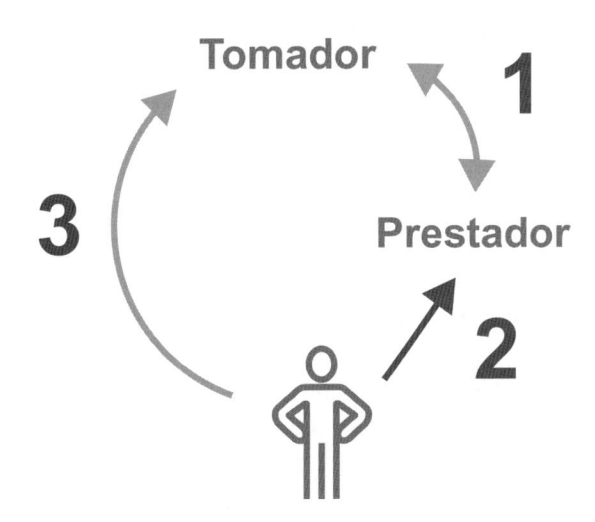

Figura 12.2   Terceirização de Serviços.

1. Contrato civil entre pessoas jurídicas: tomador de serviços e prestadora.

2. Relação de trabalho entre a pessoa e a prestadora de serviços.

3. Efetiva prestação de serviços da pessoa para a tomadora.

PRESTAÇÃO DE SERVIÇOS MEDIANTE CESSÃO DE MÃO DE OBRA

A terceirização das atividades empresariais pode exigir que os serviços sejam realizados mediante determinadas condições, como a definição do local da prestação, da continuidade dos serviços e da necessidade de disponibilização dos trabalhadores que efetivamente realizam as tarefas contratadas por sua empregadora, a prestadora, para a empresa contratante.

Ao observar a reiterada ocorrência de algumas condições, a Lei de Custeio da Previdência Social, Lei nº 8.212/91, determinou para esses casos obrigação tributária específica para a empresa contratante de tais serviços. É a chamada prestação de serviços mediante cessão de mão de obra.

Segundo a Lei de Custeio, temos a prestação de serviços mediante cessão de mão de obra quando houver por parte da prestadora a colocação de trabalhadores à disposição do tomador, nas dependências deste ou onde ele indicar, para a realização de serviços contínuos, independentemente da forma de contratação ou natureza dos serviços.

Portanto, para que os serviços sejam prestados mediante cessão de mão de obra, três requisitos devem estar presentes:

a. Quanto ao local: a prestação de serviços deve se desenvolver nas dependências da contratante ou em local por ela indicado. Por via de consequência, se a prestação de serviços se der nas dependências da prestadora, não ocorrerá cessão de mão de obra.

b. Quanto à continuidade dos serviços: serviços contínuos são aqueles que se constituem necessidade permanente do tomador, ou seja, não se verifica a frequência com a qual o contratante precisa de tais serviços, e sim a prescindibilidade de tais prestações. Exemplo: uma máquina que faz parte do processo produtivo do tomador exige manutenção de modo contínuo, vez que é permanentemente necessária, independentemente de quantas vezes tal tarefa seja realizada.

c. Quanto à colocação dos trabalhadores à disposição: a efetiva disponibilização dos trabalhadores se dá quando a empresa prestadora cede seus empregados e contribuintes individuais para a empresa contratante.

A EFETIVA DISPONIBILIZAÇÃO DOS TRABALHADORES NA CESSÃO DE MÃO DE OBRA

A efetiva disponibilização dos trabalhadores ocorre, de maneira até certo ponto óbvia, quando a prestadora de serviços cede, transfere, disponibiliza seus trabalhadores para que estes prestem serviços sob as vistas do tomador, do contratante dessas tarefas. Dúvidas não há nesses casos, posto que o trabalhador não se encontra sob os olhares diretos de seu empregador, a prestadora, e sim sob as luzes do tomador, como ocorre, por exemplo, no caso de prestação de serviços de limpeza, segurança ou portaria.

Resta claro que nesses casos o trabalhador, com vínculo de trabalho firmado com o prestador, labora sob as vistas do tomador, que na verdade – embora sem subordinar o trabalhador – tem o contato direto com aquele que presta os serviços.

Porém, há outros casos em que o trabalhador não se encontra efetivamente disponibilizado, diretamente transferido ao tomador, permanecendo sob as vistas de seu empregador, e a prestadora, mesmo assim labora sob cessão de mão de obra. Vejamos.

Quando uma empresa prestadora de serviços estabelece com sua tomadora por via contratual alguma especificidade temporal quanto à prestação, para que cumpra tal ajuste, precisa dispor de sua mão de obra, isto é, a prestadora já alocou a mão de obra necessária para o cumprimento das tarefas avençadas e, portanto, cedeu tais trabalhadores.

Novamente, recorremos ao exemplo para aclarar a definição: se determinada empresa de manutenção se obriga, por contrato, a realizar os serviços em determinado dia e período, por óbvio, não pode contar com os trabalhadores necessários para tal manutenção em outras tarefas, e, portanto, cedeu tais pessoas para o contratante.

Por outro lado, se a manutenção contratada puder ser realizada em dia e horário ao arbítrio da prestadora, não se observa a disponibilização dos trabalhadores encarregados da tarefa, uma vez que tal missão será executada no momento de interesse da prestadora.

Do exposto, podemos afirmar que há efetiva disponibilização dos trabalhadores quando: (i) há efetiva cessão; ou (ii) o ajuste entre tomador e prestador definem o momento da prestação dos serviços.

Em conclusão, ocorre a prestação de serviços mediante cessão de mão de obra quando tais tarefas serão realizadas nas dependências do contratante ou local por ele indicado; quando os serviços prestados forem necessidade contínua do tomador; e quando houver a efetiva disponibilização dos trabalhadores, isto é, nos casos de efetiva cessão ou quando o contrato determinar o momento da prestação dos serviços avençados.

RETENÇÃO DO INSS NA PRESTAÇÃO DOS SERVIÇOS MEDIANTE CESSÃO DE MÃO DE OBRA

O art. 31 da Lei nº 8.212/91 preceitua que, havendo prestação de serviços, constantes do rol exaustivo do art. 219 do Regulamento da Previdência Social (RPS), aprovado pelo Decreto nº 3.048/99, mediante cessão de mão de obra, o contratante deverá reter e recolher 11% do valor de tais serviços constantes na nota fiscal ou fatura emitida pelo prestador.

Diante das disposições legais, torna-se patente que sendo o serviço analisado prestado mediante cessão de mão de obra e constando da lista exaustiva constante do art. 219 do RPS, haverá a obrigatoriedade de o tomador dos serviços, contratante reter e recolher 11% sobre o valor das notas fiscais/faturas de prestação de serviços.

ATENÇÃO!

Alguns serviços dentre os 25 constantes do regulamento: limpeza, vigilância, segurança, construção civil, rural, digitação, processamento de dados, acabamento e embalagem, cobrança, coleta de lixo, copa e restaurante, corte e ligação de luz e água, hotelaria, treinamento, manutenção, montagem, operação de máquinas, operação de pedágios, portaria e recepção.

VOCÊ SABIA?

Só existe o dever de reter e recolher 11% do INSS sobre a prestação de serviços se: (i) os serviços constarem da lista do art. 219, § 2º, do RPS; e (ii) forem prestados mediante cessão de mão de obra.

BASE DE CÁLCULO DA RETENÇÃO DE 11%

Como vimos, a Lei de Custeio da Previdência determina o dever de reter e recolher os 11% **sobre o valor** das notas fiscais/faturas **da prestação de serviços**.

Porém, como cediço, inúmeras vezes as notas fiscais/faturas contêm não só valores relativos à prestação de serviços em si, mas também valores sobre materiais e equipamentos envolvidos em tais tarefas. Logo, imprescindível encontrar a base de cálculo correta, a determinada em lei.

Segundo a IN RFB nº 971/09, arts. 121 e seguintes, quando os valores dos materiais e equipamentos estiverem discriminados no contrato e na respectiva nota fiscal, tais valores devem ser abatidos do total da nota para determinação da base de cálculo da retenção.

Porém, se os valores dos materiais e equipamentos estiverem somente previstos em contrato, sem sua especificação, sem sua discriminação, porém devidamente determinados, discriminados na nota fiscal, estes não integrarão a base de cálculo se corresponderem no mínimo a 50% do valor total da nota, ou, no caso de transporte ou limpeza, seguirem as especificidades constantes da IN RFB nº 971/09.[7]

Forçoso reconhecer que em alguns casos o uso de equipamentos é inerente à prestação de determinados serviços, como, por exemplo, o uso de andaimes na limpeza de fachadas de edifícios. Nesses casos, estando os valores de tais equipamentos discriminados em nota fiscal/fatura e no contrato, segue-se a regra geral e, na ausência de tal determinação no contrato, deve-se seguir o previsto no art. 122, § 1º, e inciso II.

VOCÊ SABIA?

Havendo diversos equipamentos utilizados na prestação de serviços mediante cessão de mão de obra, e não existindo discriminação dos diversos valores em contrato, devemos usar os percentuais mínimos para cada tipo de equipamento.

---

[7]   IN RFB nº 971/09, art. 122, inciso II (mínimo de 30% no caso de transporte de passageiros); e inciso III (mínimos de 65% para limpeza em geral e 80% para limpeza hospitalar).

SUBSTITUIÇÕES DA BASE DE CÁLCULO

Ao longo do presente estudo, verificamos que, havendo trabalho remunerado prestado por pessoa física, existirá, por parte do contratante, o dever de recolher o INSS devido sobre a remuneração paga a tais trabalhadores. Não obstante, a lei substitui a base de cálculo das contribuições previdenciária para alguns casos e/ou contribuintes.

CONTRIBUIÇÕES PREVIDENCIÁRIAS SOBRE A RECEITA BRUTA – CPRB

A Lei nº 12.546/11 determina em seus arts. 7º e 8º que as empresas que atuam em determinados segmentos e/ou produzem determinadas mercadorias podem recolher as contribuições previdenciárias com base em sua receita bruta em substituição às contribuições incidentes sobre a folha de pagamentos dos segurados empregados e contribuintes individuais. Atente-se que a alíquota SAT continua sendo devida pela empresa que recolha a CPRB.

Importante realçar dois pontos da mencionada lei que não são comumente encontrados em leis tributárias. O primeiro é a faculdade de seu cumprimento.

Como dito, cabe ao contribuinte que exerce determinadas atividades ou produz determinadas mercadorias optar pelo recolhimento sobre sua receita bruta ou sobre sua folha de pagamento.

Segundo, é a sua vigência temporária, posto que suas determinações têm previsão de validade apenas até dezembro de 2021. Por isso, atente-se em se certificar que a vigência foi prorrogada quando estiver estudando esse tema.

Com essas considerações iniciais, analisemos a substituição de base de cálculo facultativa.

A chamada CPRB, contribuição previdenciária sobre a receita bruta, tem por base de cálculo a receita proveniente das atividades elencadas nos arts. 7º e 8º da Lei nº 12.546/11, ou da receita derivada da comercialização dos produtos elencados no art. 8º da mencionada lei. Importa realçar que vendas canceladas e descontos incondicionais concedidos não integram a receita bruta para fins da determinação da base de cálculo da CPRB. Também não integra a base de cálculo a receita oriunda de exportações e do transporte internacional de cargas, bem como as receitas reconhecidas por construção, recuperação, reforma, ampliação ou melhoramento da infraestrutura, cuja contrapartida seja ativo intangível representativo de direito de exploração, no caso de contratos de concessão de serviços públicos, conforme art. 9º, II, alínea *c*, da Lei nº 12.546/11.

Existindo a industrialização de produtos substituídos e não substituídos, ou seja, no caso de a empresa produzir produtos que constem do rol da Lei nº 12.546/11 e produtos diversos, ou, ainda, o exercício de atividades substituídas e não substituídas, a empresa deverá recolher a contribuição previdenciária de forma proporcional à receita bruta gerada pelos produtos comercializados e atividades praticadas (atenção ao art. 9º, § 1º cc § 5º, da Lei nº 12.546/11). É dizer: no caso da opção pela CPRB e persistindo a obrigação do pagamento do INSS, os valores devidos sobre a folha deverão ser proporcionais ao faturamento dos produtos não substituídos pelo total do faturamento da empresa.

CASO PRÁTICO

Exemplifiquemos a proporcionalização:
   a) Empresa que industrializa três produtos: A (CPRB), B e C (ambos INSS).
   b) Fatura: com A, $ 200,00; com B, $ 75,00; e, com C, $ 75,00.
   c) Tem folha de pagamento de $ 100,00.

Qual o INSS patronal a pagar?

Receita de B + C = 75,00 + 75,00 = 42,86%

Receita total $ 350.00

INSS a pagar = valor da folha × 20% x proporção

INSS a pagar = $ 100,00 × 0,20 × 0,4286 = $ 8,57

Nota: A proporcionalização mencionada só ocorrerá se a participação no total da receita do produto ou serviço substituído for superior a 5%.

Não obstante, as empresas para as quais a substituição da contribuição previdenciária sobre a folha de pagamento pela contribuição sobre a receita bruta estiver vinculada ao seu enquadramento no CNAE deverão considerar apenas o CNAE relativo à sua atividade principal, assim considerada aquela de maior receita auferida ou esperada, conforme Lei nº 12.546/11, art. 9º, § 9º.

As alíquotas aplicáveis constam dos arts. 7º-A e 8º-A e variam de acordo com as atividades desenvolvidas e os produtos comercializados.

Insta realçar a obrigatoriedade do cumprimento de todas as demais obrigações previstas na legislação para as empresas que optarem por recolherem as contribuições previdenciárias com base em sua receita bruta.

PRODUTOR RURAL PESSOA JURÍDICA, AGROINDÚSTRIA E PRODUTOR RURAL PESSOA FÍSICA

Os produtores rurais, pessoas físicas e jurídicas, podem optar, conforme Lei nº 13.606/18, por contribuírem com base no valor da comercialização de sua produção em substituição das contribuições devidas sobre a remuneração dos empregados e da alíquota SAT.

A opção pelo recolhimento com base na folha de pagamento dos empregados deverá ser realizada pelo produtor rural mediante o pagamento da contribuição devida na competência de janeiro de cada ano e será irretratável para todo o ano-calendário.

As agroindústrias (art. 165, I, alínea *b*, 2, da IN nº RFB nº 971/09), exceto aquelas que se dediquem ao reflorestamento como fonte de matéria-prima para industrialização própria, também recolhem o INSS devido sobre o valor da comercialização de sua produção em substituição às contribuições devidas com base na folha de pagamento dos empregados e na alíquota SAT.

As alíquotas aplicáveis, conforme Lei nº 8.212/91, arts. 22-A e 25, são:

✓ Para o produtor rural pessoa física:
- 1,2% sobre a receita bruta da comercialização da sua produção.
- 0,1% sobre a receita bruta da comercialização da sua produção para financiar o SAT.
- 0,2 % para o SENAR.

✓ Para o produtor rural pessoa jurídica:
- 2,05% sobre a receita bruta da comercialização da sua produção.
- 0,1% sobre a receita bruta da comercialização da sua produção para financiar o SAT.
- 0,25 % para o SENAR.

✓ Para a agroindústria:
- 2,5 % sobre a receita bruta da comercialização da sua produção.
- 0,1 % sobre a receita bruta da comercialização da sua produção para financiar o SAT.

Recorde-se que as agroindústrias devem recolher suas contribuições aos terceiros com base em sua folha de pagamento.

CLUBES DE FUTEBOL

As entidades desportivas que mantêm equipe de futebol profissional, filiada à federação de futebol do respectivo Estado, em substituição às contribuições previstas nos incisos I e II (INSS e SAT) da Lei nº 8212/91, devem recolher 5% do total de sua receita bruta, ressaltando que nesta estão compreendidas as receitas de bilheteria, patrocínio, licenciamento e transmissão.

Importa realçar que os valores devem ser retidos por federações, transmissoras, patrocinadores e licenciadores.

Ressalte-se que resta aos clubes recolher as contribuições previdenciárias sobre os contribuintes individuais que lhes prestarem serviços, além da obrigação do cumprimento de todas as demais obrigações decorrentes da legislação tributária, incluindo, por óbvio, as acessórias.

A IN RFB nº 971/09, em seus arts. 248/253, esmiúça o assunto.

RESUMO

OBJETIVO 1   As contribuições previdenciárias incidem sobre o valor da contraprestação decorrente da relação de trabalho, independentemente do tipo de vínculo estabelecido. Dessa forma, havendo trabalho remunerado de pessoa física, há incidência de INSS. São sujeitos passivos do INSS o empregador e o trabalhador, que pode assumir a condição de empregado, doméstico, avulso, segurado especial e contribuinte individual. A empresa, além de contribuinte, é responsável pela retenção e pelo recolhimento das contribuições previdência incidentes sobre as remunerações pagas.

OBJETIVO 2   Salário de contribuição, é – para a maioria dos segurados obrigatórios, ditos contribuintes – o valor da remuneração paga pelos serviços prestados pela pessoa física. Para compor a base de cálculo do salário de contribuição, é necessário que a verba seja contraprestação do serviço do trabalhador. Dessa forma, eventuais valores pagos com natureza de indenização não irão compor o salário de contribuição. No caso dos contribuintes individuais, o valor ajustado pelas partes para execução dos trabalhos se consubstancia na própria remuneração dos serviços contratados, sendo a base de cálculo das contribuições previdenciárias.

OBJETIVO 3   As alíquotas das contribuições previdenciárias variam conforme os tipos de segurados. Regra geral, a incidência é progressiva, aumentando a alíquota conforme aumenta a base de cálculo composta pela remuneração do segurado. As pessoas jurídicas, além de atuarem como substitutos tributários, devendo reter e recolher as contribuições devidas pelos segurados que lhes prestam serviços, arcarão com as contribuições sociais incidentes sobre sua folha de pagamento à alíquota de 20%. Incidem, ainda, adicionais, como, por exemplo, contribuições destinadas a terceiros e ao financiamento do seguro de acidente de trabalho.

OBJETIVO 4   A prestação de serviços mediante cessão de mão de obra ocorre quando houver por parte da prestadora a colocação de trabalhadores à disposição do tomador, nas dependências deste ou onde ele indicar, para a realização de serviços contínuos, independentemente da forma de contratação ou natureza dos serviços. Considera-se efetiva disposição dos trabalhadores quando há efetiva cessão ou o ajuste entre tomador e prestador definindo o momento da prestação dos serviços. Nas hipóteses expressas previstas na lei, caracterizando a cessão de mão de obra, o contratante deverá reter e recolher 11% do valor de tais serviços constantes na nota fiscal ou fatura emitida pelo prestador.

OBJETIVO 5   Muito embora a regra geral determine que as contribuições previdenciárias incidam sobre a remuneração paga em razão de trabalho remunerado prestado por pessoa física, há hipóteses em que a lei determina base de cálculo diversa, como a receita bruta da pessoa jurídica, o valor da comercialização de sua produção ou até mesmo suas receitas de bilheteria, patrocínio, licenciamento e transmissão, como é o caso de clubes de futebol.

▶ **VÍDEOS ADICIONAIS SOBRE O CAPÍTULO**

Acesse os QR Codes para assistir ao material adicional do capítulo:

Vídeo 1

Vídeo 2

Vídeo 3

APLICANDO CONHECIMENTOS – TESTES

TESTES DE MÚLTIPLA ESCOLHA

1. (TRT11 – Juiz do Trabalho Substituto – 2007) Sobre o financiamento da seguridade social, é **correto** afirmar que:

   a) A seguridade social será financiada por toda a sociedade, de forma direta, por meio de repasse de recursos orçamentários, e de forma indireta, por intermédio do pagamento de contribuições sociais.

   b) As contribuições sociais destinadas ao financiamento da seguridade social têm a natureza jurídica de impostos; em razão disso aplicam-se a essas contribuições as regras de imunidade previstas para os impostos em geral.

   c) A Constituição de 1988 impede que haja diferenciação entre contribuintes, para efeito de pagamento de contribuições sociais destinadas ao sistema de seguridade social, em razão da atividade econômica por eles exercida.

   d) O princípio da preexistência de custeio impõe que somente poderão ser criados ou majorados benefícios se houver indicação de sua fonte de custeio total, o que, entretanto, não impede o reajustamento periódico dos benefícios de prestação continuada.

   e) A Constituição de 1988 atribui à União a competência para criar contribuições sociais, destinadas ao financiamento da saúde, assistência e previdência social, devida pelo empregador, empresa ou entidade a ela equiparada, incidente sobre folha de salários e demais rendimentos do trabalho.

2. (TRT11 – Juiz do Trabalho Substituto – 2007) É segurado obrigatório do Regime Geral de Previdência Social como:

   a) Empregado, o brasileiro civil que trabalha no exterior para organismo oficial internacional do qual o Brasil é membro efetivo, ainda que lá domiciliado e contratado, salvo se coberto por regime próprio de previdência.

   b) Empregado, o exercente de mandato eletivo federal, estadual ou municipal, desde que não vinculado a regime próprio de previdência social.

   c) Segurado especial, o garimpeiro e a pessoa física que explore atividade agropecuária, diretamente ou por intermédio de prepostos, com contratação, ainda que descontínua, de colaboradores.

   d) Contribuinte individual, o brasileiro civil que trabalha para a União, no exterior, em organismos oficiais brasileiros ou internacionais dos quais o Brasil seja membro efetivo, ainda que lá domiciliado e contratado, salvo se segurado na forma da legislação vigente do país de domicílio.

   e) Empregado, o dirigente sindical, independentemente do enquadramento no Regime Geral de Previdência Social que mantinha antes do exercício do mandato eletivo.

3. (DPE/PA – Defensor Público – 2009) São segurados obrigatórios do regime geral de previdência social:

   a) A dona de casa e o estudante, desde que maiores de 16 (dezesseis) anos de idade.

   b) Os servidores públicos autárquicos ocupantes de cargo de provimento efetivo em Municípios que tenham instituído regime próprio.

   c) Os trabalhadores autônomos, empresários e ministros de confissão religiosa.

   d) Os desempregados, nos 12 (doze) meses que se seguem à sua dispensa pela empresa.

   e) Os consumidores de planos de previdência privada administrados por entidades abertas de previdência complementar.

4. (DPE/PA – Defensor Público – 2009) São receitas da seguridade social:

   a) Recursos provenientes apenas dos orçamentos de Estados, Distrito Federal e Municípios, mas não da União, a quem cabe apenas administrar o sistema.

   b) Contribuições do empregador, da empresa e da entidade a tanto equiparada por lei, incidentes exclusivamente sobre a folha de salários pagos a empregados, não incidindo contribuição sobre as demais remunerações porventura pagas a empresários, autônomos e cooperados.

   c) Contribuições de entidades legalmente qualificadas como beneficentes de assistência social, incidentes sobre a receita ou faturamento e as remunerações pagas aos respectivos empregados.

d) Contribuições do trabalhador e dos demais segurados do regime geral de previdência social, inclusive quando beneficiários das aposentadorias concedidas por esse regime.

e) Contribuições do empregador, da empresa e da entidade a tanto equiparada por lei, incidentes sobre a folha de salários e demais rendimentos do trabalho, pagos à pessoa física que lhe preste serviço, mesmo sem vínculo empregatício.

5. Constituem parcelas integrantes do salário de contribuição, **exceto**:

   a) O salário-maternidade.

   b) Parcela recebida a título de vale-transporte, na forma da legislação própria.

   c) A remuneração paga.

   d) A remuneração auferida pelo contribuinte individual.

   e) Comissões pagas pelo empregador.

6. (CESPE/CAIXA/ADVOGADO/10 – Adaptada) Considerando que o limite máximo do salário de contribuição, a partir de 1º/1/2021, é de $ 6.433,57, assinale a opção certa de acordo com a legislação previdenciária de regência.

   a) Se um trabalhador segurado tiver recebido, no mês de dezembro de 2021, o valor de $ 1.220,00 a título de décimo terceiro salário (gratificação natalina), então esse valor integrará o salário de contribuição desse segurado, em seu valor bruto, sem compensação de eventuais adiantamentos pagos.

   b) Considere que Roberto seja titular de firma individual que atua na área de desenvolvimento de *websites* corporativos e que, nessa condição, preste serviços a diversas pessoas jurídicas, recebendo, por cada trabalho, o valor de $ 2.500,00. Considere, ainda, que, no mês de janeiro de 2011, Roberto tenha prestado serviços a quatro empresas e que tenha recebido à vista por tais serviços. Nessa situação hipotética, será considerada salário de contribuição a totalidade dos rendimentos auferidos por Roberto durante o mês de janeiro.

   c) Se uma empregada doméstica que recebe $ 600,00 de remuneração mensal faltar ao seu trabalho, injustificadamente, por quatro dias durante determinado mês, apesar de o empregador poder descontar os valores referentes às faltas injustificadas de sua remuneração, o valor do salário de contribuição dessa empregada permanecerá inalterado.

   d) A indenização compensatória, correspondente a 40% do montante depositado em sua conta vinculada do FGTS, recebida por trabalhador demitido sem justa causa, integra o salário de contribuição desse trabalhador, observado o limite máximo legalmente previsto.

   e) A parcela paga, anualmente, aos empregados de pessoa jurídica a título de participação nos lucros e resultados da empresa integra o salário de contribuição dos empregados, se for paga ou creditada em consonância com lei específica.

7. Sobre o pagamento do PLR, sua validade depende das seguintes condições, **exceto**:

   a) A existência de negociação prévia sobre a participação.

   b) A participação do sindicato em comissão paritária escolhida pelas partes para a determinação das metas ou resultados a serem alcançados ou que isso seja determinado por convenção ou acordo coletivo.

   c) O impedimento de que tais metas ou resultados se relacionem ao aumento das vendas da empresa.

   d) Que dos instrumentos finais obtidos constem regras claras e objetivas, inclusive com mecanismos de aferição, sobre os resultados a serem alcançados e a fixação dos direitos dos trabalhadores.

   e) A vedação expressa do pagamento em mais de duas parcelas ou com intervalo entre elas menor que um trimestre civil.

8. Um trabalhador, empregado de uma empresa, que ganhe remuneração de $ 8.000,00 de salário está sujeito ao seguinte montante de INSS a ser retido pelo empregador:

   a) $ 1.120,00.

   b) $ 971,29.

   c) $ 900,70.

   d) $ 828,39.

   e) Não está sujeito ao pagamento de INSS.

9. Assinale a alternativa **correta**:

   a) O FGTS é descontado do salário do empregado e recolhido pela empresa.

   b) O INSS somente é devido por quem possui contrato de trabalho registrado na CTPS, conforme condições estabelecidas na CLT.

   c) Sócio administrador que recebe pró-labore é segurado facultativo, contribuinte para a previdência social somente se for de seu interesse.

   d) O MEI – Microempreendedor Individual não está sujeito ao recolhimento de contribuições previdenciárias.

   e) Além de assumir a condição de responsável pela retenção e recolhimento das contribuições previdenciárias devidos pelo empregado, a empresa é contribuinte em razão da remuneração paga aos seus empregados.

10. As seguintes verbas não compõem o salário de contribuição, **exceto**:

    a) Aviso-prévio indenizado.

    b) Diárias para viagem.

    c) Instrumentos de trabalho.

    d) PLR pago na forma da lei.

    e) 13º salário.

RESPOSTAS

1-D; 2-B; 3-C; 4-E; 5-B; 6-A;7-C; 8-D; 9-E; 10-E.

GESTÃO DE TRIBUTOS SOBRE O PATRIMÔNIO E TRANSFERÊNCIAS PATRIMONIAIS: IPTU, IPVA, ITR, ITCMD e ITBI

Raphael Assef Lavez

OBJETIVOS DE APRENDIZAGEM DO CAPÍTULO

1. Entender as principais características de um tributo sobre o patrimônio e reconhecê-los no quadro geral do sistema nacional tributário.
2. Distinguir as hipóteses de incidência do IPTU, ITR e IPVA, impostos que incidem sobre o estoque patrimonial, além de compreender as principais controvérsias sobre tais impostos.
3. Distinguir as hipóteses de incidência do ITBI e do ITCMD, impostos que incidem sobre a transferência patrimonial, além de compreender as principais controvérsias sobre tais impostos.

 OBJETIVO 1

O QUE É UM TRIBUTO SOBRE O PATRIMÔNIO?

CONSIDERAÇÕES INICIAIS

Do ponto de vista econômico, impostos são sempre suportados pela renda auferida pelo contribuinte. Afinal, toda renda auferida ou é consumida ou é poupada. E a tributação sobre o patrimônio nada mais é que a tributação (novamente) sobre a renda poupada pelo contribuinte, acumulada na forma de patrimônio. Então, a segregação entre tributos sobre a renda (acréscimos patrimoniais num determinado espaço temporal), sobre o consumo (renda consumida) e sobre o patrimônio (renda poupada) diz respeito apenas ao momento em que a renda será objeto de tributação (seja quando auferida, quando consumida ou quando poupada).

Todavia, a tributação sobre o patrimônio apresenta uma característica bastante peculiar: incide sobre uma base que não se renova anualmente.

OLHA A NOTÍCIA!

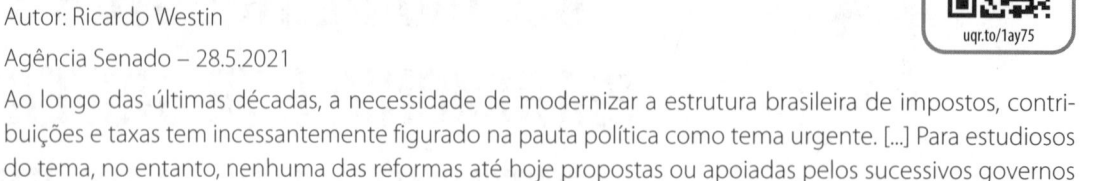

uqr.to/1ay75

Por que a fórmula de cobrança de impostos do Brasil piora a desigualdade social

Autor: Ricardo Westin

Agência Senado – 28.5.2021

Ao longo das últimas décadas, a necessidade de modernizar a estrutura brasileira de impostos, contribuições e taxas tem incessantemente figurado na pauta política como tema urgente. [...] Para estudiosos do tema, no entanto, nenhuma das reformas até hoje propostas ou apoiadas pelos sucessivos governos buscou atingir o verdadeiro cerne do problema: a fórmula adotada para recolher os tributos, que cobra proporcionalmente pouco dos ricos e muito dos pobres.

— O sistema tributário do Brasil é injusto porque acentua a concentração da renda, ao invés de diminuí-la – afirma o vice-presidente de Assuntos Tributários da Associação Nacional dos Auditores Fiscais da Receita Federal (Anfip), Cesar Roxo Machado.

Ao contrário dos tributos sobre a renda e sobre o consumo, no caso da tributação sobre o patrimônio, a base sobre a qual incidem os tributos é, ano após ano, a mesma: o patrimônio acumulado pelo contribuinte. É por essa razão que os potenciais efeitos confiscatórios de tributos patrimoniais são particularmente relevantes e devem ser considerados, pois, como se sabe, a Constituição Federal veda a exigência de tributos com efeitos de confisco (art. 150, inciso IV). Assim, as alíquotas de impostos sobre o patrimônio devem ser módicas, caso contrário há o grande risco de que seja caracterizado o efeito de confisco, o que é inconstitucional.

Importante destacar que se enquadram na categoria de tributos sobre a propriedade aqueles incidentes sobre o uso, a propriedade ou a transferência de patrimônio de bens móveis e imóveis de pessoas físicas ou jurídicas. São eles:

- Imposto sobre Propriedade Territorial Urbana (IPTU).
- Imposto Territorial Rural (ITR).
- Imposto sobre Grandes Fortunas (IGF).
- Imposto sobre a Propriedade de Veículos Automotores (IPVA).
- Imposto sobre a Transmissão de Bens Imóveis e Direitos Reais a Eles Relacionados, Exceto os de Garantia (ITBI).
- Imposto sobre a Transmissão *Causa Mortis* e Doação (ITCMD).

Quadro 13.1   Impostos sobre a propriedade

Impostos sobre o estoque patrimonial		Impostos sobre o fluxo patrimonial	
Imposto	Ente competente	Imposto	Ente competente
IPTU	Municípios	ITBI	Municípios
ITR	União	ITCMD	Estados
IGF (não instituído)	União	–	–
IPVA	Estados		

No Quadro 13.1, duas características importantes podem ser destacadas.

Em primeiro lugar, à exceção do ITR e do IGF (ainda não instituído), todos os demais impostos sobre o patrimônio são da competência de governos locais, isto é, Estados e Municípios. Isso pode ser explicado pelo fato de que tais impostos exigem maior proximidade entre o ente tributante e o fato tributável, especialmente para fins de fiscalização e determinação da base de cálculo.

Por sua vez, ITR e IGF apresentam características especiais que justificam a atribuição da competência para instituí-los à União.

No caso do ITR, trata-se de imposto de forte índole extrafiscal, ou seja, instrumento para objetivos relacionados à política agrária, que é competência da União (art. 22, inciso I, e art. 184 da Constituição Federal) – sendo que a Constituição autoriza que Municípios administrem e fiscalizem o imposto, ficando com o produto de sua arrecadação (art. 153, § 4º, inciso III, e art. 158, inciso II). Ou seja, o ITR, para a União, não é uma fonte relevante de recursos, mas, sim, um instrumento para realização de objetivos relacionados à política agrária.

E o IGF, ainda não instituído, justifica-se enquanto um tributo da competência da União, pois tem como referência o patrimônio global do contribuinte, de modo que apenas um imposto nacional asseguraria a harmonização na sua instituição.

Finalmente, o Quadro 13.1 destaca existirem impostos que incidem sobre o estoque patrimonial, enquanto outros que incidem sobre o fluxo patrimonial. No caso do IPTU, ITR, IGF e IPVA, os impostos são exigidos pelo simples fato de o contribuinte ser proprietário, ou equiparado, de determinados bens ou direitos. Já no caso do ITBI e do ITCMD, o imposto apenas será devido na transferência patrimonial, momento em que a titularidade do bem ou direito é transferida, onerosa ou gratuitamente, a terceiros.

 **OLHA A DICA!**

Confira mais informações na notícia "Como se divide a tributação", da Agência Senado acessando o QR Code.

uqr.to/1ay76

VOCÊ SABIA?

Tributos sobre o patrimônio representam uma parcela pequena da arrecadação tributária. Por quê? Dois fatores podem explicar: (1) Nos impostos sobre o patrimônio, a base tributável que não se renova anualmente – ao contrário, incide sobre o estoque acumulado de patrimônio. Então, uma tributação elevada poderia apresentar efeitos de confisco, o que seria inconstitucional. (2) O sistema brasileiro é estruturado a partir de uma participação mais relevante de tributos sobre o consumo (48,44%), aliviando-se a tributação sobre a renda (19,22%) e sobre o patrimônio (4,58%). Essa característica pode ser apontada como uma das razões pelas quais o sistema tributário brasileiro acaba agravando a desigualdade social ao invés de reduzi-la.

 OBJETIVO 2

TRIBUTO SOBRE O PATRIMÔNIO

IMPOSTO SOBRE A PROPRIEDADE PREDIAL E TERRITORIAL URBANA (IPTU)

COMPETÊNCIA TRIBUTÁRIA

O IPTU é um imposto de competência municipal, cabendo também ao Distrito Federal, de acordo com os arts. 147 e 156, inciso I, da Constituição Federal.

FATO GERADOR (CRITÉRIO MATERIAL)

A referência ao termo "propriedade" remeteria necessariamente ao conceito de direito privado? Não é o caso. Na realidade, o termo "propriedade" não foi utilizado pela Constituição em sentido técnico, mas em sua acepção corrente, do dia a dia.

IMPORTANTE!

Propriedade: Conceito técnico-jurídico × Conceito de uso corrente

No entanto, ao examinar o art. 156 da Constituição Federal, vê-se que o Constituinte não se referiu a um imposto sobre o "direito de propriedade", mas sobre "propriedade predial e territorial urbana". Esta expressão é mais ampla: se é verdade que ela pode qualificar um direito (o direito de propriedade), também não erra quem disser que, na linguagem coloquial, a mesma expressão é empregada no sentido de "bem imóvel". Com efeito, é comum que se diga que um imóvel faz divisa com a "propriedade" do Fulano, ou que um vizinho reclame que os animais de seu confinante estão invadindo sua "propriedade". Claro que um animal não invade um direito, mas um bem imóvel.

(SCHOUERI, Luís Eduardo. *Direito tributário*. 9. ed. São Paulo: Saraiva, 2019, p. 803.)

Código Tributário Nacional

Art. 32. O imposto, de competência dos Municípios, sobre a propriedade predial e territorial urbana tem como fato gerador a propriedade, o domínio útil ou a posse de bem imóvel por natureza ou por acessão física, como definido na lei civil, localizado na zona urbana do Município.

VOCÊ SABIA?

A jurisprudência tem afastado a exigência de IPTU no caso de imóveis ocupados por terceiros, pois prejudicam a fruição dos atributos da propriedade. Sobre o tema, o Tribunal de Justiça do Estado de São Paulo (TJ-SP) possui entendimentos conflitantes: de um lado, encontram-se decisões no sentido de que o fato de o imóvel estar ocupado não afasta a característica de proprietário do contribuinte (Apelação Cível 9000124-45.2012.8.26.0053). De outro, há decisões que reconhecem o fato de que a ocupação inviabiliza o exercício dos direitos atrelados à propriedade, razão pela qual não se cogitaria da exigência do imposto (Apelação Cível 1030942-54.2017.8.26.0405). O Superior Tribunal de Justiça (STJ) possui decisões no sentido da não incidência do imposto quando esvaziados os atributos essenciais da propriedade: "É inexigível a cobrança de tributos de proprietário que não detém a posse do imóvel, devendo o município, no caso, lançar o débito tributário em nome dos ocupantes da área invadida" (REsp 1.766.106/PR).

IMÓVEIS SUJEITOS À INCIDÊNCIA DO IPTU (ÁREA URBANA *VS.* ÁREA RURAL)

O fato gerador do IPTU requer ainda que o bem imóvel esteja localizado na zona urbana do Município, assim definida em lei municipal, observado o requisito mínimo da existência de pelo menos dois dos seguintes melhoramentos, construídos ou mantidos pelo Poder Público, de acordo com o § 1º do art. 32 do CTN:

- Meio-fio ou calçamento, com canalização de águas pluviais.
- Abastecimento de água.
- Sistema de esgotos sanitários.

- Rede de iluminação pública, com ou sem posteamento para distribuição domiciliar.
- Escola primária ou posto de saúde a uma distância máxima de 3 (três) quilômetros do imóvel considerado.

Independentemente de tais requisitos, porém, a lei municipal pode considerar urbanas as áreas urbanizáveis ou de expansão urbana, assim entendidas como loteamentos aprovados pelos órgãos competentes, destinados à moradia, indústria ou comércio, nos termos do § 2º do art. 32 do CTN.

O critério elencado pelo CTN, como se vê, prioriza a localização do imóvel e não sua destinação. Nesse sentido, relevante a disposição do Decreto-Lei nº 57/66, que enfatiza a atividade econômica desempenhada no imóvel:

> Art. 15. O disposto no art. 32 da Lei nº 5.172, de 25 de outubro de 1966, não abrange o imóvel de que, comprovadamente, seja utilizado em exploração extrativa vegetal, agrícola, pecuária ou agro-industrial, incidindo assim, sôbre o mesmo, o ITR e demais tributos com o mesmo cobrados.

Sobre os critérios da localização e da destinação do imóvel, o Superior Tribunal de Justiça decidiu pela sua sobreposição, em decisão nos seguintes termos:

> TRIBUTÁRIO. IMÓVEL NA ÁREA URBANA. DESTINAÇÃO RURAL. IPTU. NÃO INCIDÊNCIA. ART. 15 DO DL 57/1966. RECURSO REPETITIVO. ART. 543-C DO CPC.
>
> 1. Não incide IPTU, mas ITR, sobre imóvel localizado na área urbana do Município, desde que comprovadamente utilizado em exploração extrativa, vegetal, agrícola, pecuária ou agroindustrial (art. 15 do DL 57/1966).
>
> 2. Recurso Especial provido. Acórdão sujeito ao regime do art. 543-C do CPC e da Resolução 8/2008 do STJ.
>
> (REsp 1.112.646/SP)

Esquematicamente, então, temos como está apresentado na Figura 13.1.

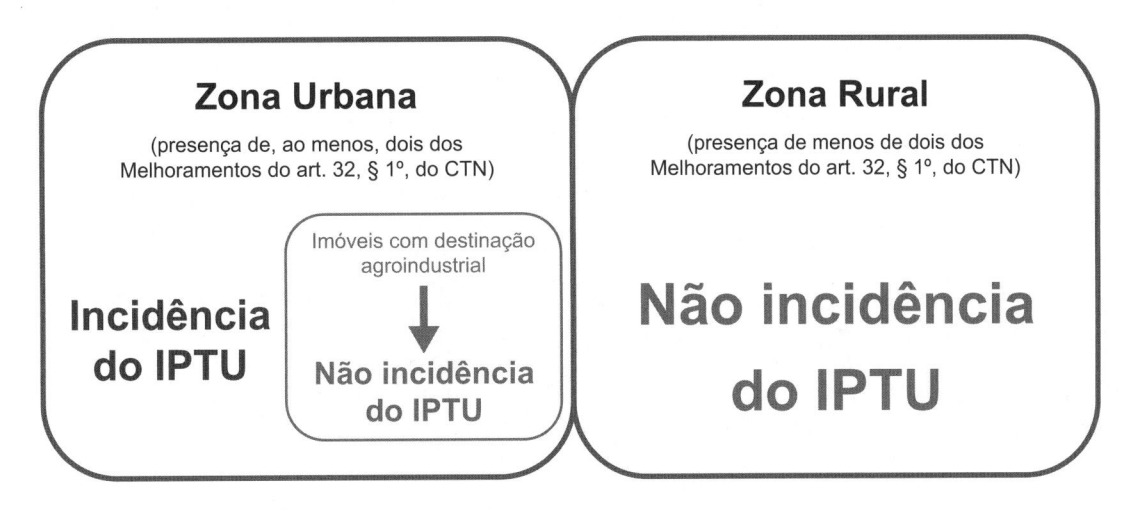

Figura 13.1 IPTU – Área urbana *vs*. área rural.

SUJEITO AO RECOLHIMENTO DO IPTU (CONTRIBUINTE/RESPONSÁVEL)

> **Código Tributário Nacional**
>
> Art. 34. Contribuinte do imposto é o proprietário do imóvel, o titular do seu domínio útil, ou o seu possuidor a qualquer título.

Proprietário é aquele com gozo jurídico pleno de uso, fruição e disposição do bem imóvel, seja ele pleno ou na condição de coproprietário. Aqui, vale o conceito de direito privado que, no tocante a bens imóveis, exige o devido registro do título da propriedade na matrícula do imóvel.

O titular do domínio útil é o enfiteuta, cuja figura tende a se extinguir no decorrer do tempo, tendo em vista a proibição da constituição de novas enfiteuses e subenfiteuses pelo atual Código Civil, cabendo a ele a sujeição passiva no IPTU, como confirmado pelo STJ (AgInt no REsp 1616632/BA).

OLHA A NOTÍCIA!

Confira a notícia "Com arrecadação estagnada, prefeitos cobram IPTU de aeroporto privatizado" acessando o QR Code.

uqr.to/1ay77

Apesar de o art. 34 do CTN definir o possuidor a qualquer título como contribuinte do imposto, apenas daquele como *animus domini* é que pode ser exigido o imposto, conforme a jurisprudência do STJ, o que justifica, por exemplo, a exigência do imposto do promitente comprador e do usufrutuário (AgRg no AREsp 691946/RJ).

VOCÊ SABIA?

O entendimento da impossibilidade de o mero possuidor indireto, a título precário, se qualificar como contribuinte do IPTU, particularmente na hipótese de concessões públicas, sofreu uma verdadeira reviravolta na jurisprudência do STF (RE 601.720), que analisava o alcance da imunidade dos entes públicos – especialmente União e Estados – quando imóveis de sua titularidade são cedidos onerosamente a particulares.

Ora, como se sabe, os Municípios não podem exigir IPTU sobre bens imóveis da União, dos Estados e de outros Municípios, em razão da imunidade recíproca prevista na Constituição Federal (art. 150, VI, alínea *a*). Então, tratando-se de imóvel localizado na zona urbana de propriedade da União, de algum Estado ou Município, não estaria sujeito ao imposto por força da imunidade. Em linha com a jurisprudência do STJ, o fato de o imóvel ser locado ou cedido a um particular não mudaria essa conclusão: na medida em que o locatário particular não se qualifica como contribuinte do imposto, sendo o vero contribuinte (proprietário) imune (União, Estado ou Município), afastada estará a possibilidade de exigência do imposto. Nada obstante, o STF chancelou a cobrança do IPTU em tais circunstâncias à luz de peculiar previsão da legislação do município do Rio de Janeiro/RJ então aplicável ao caso, de acordo com a qual: "São também contribuintes […] os posseiros, ocupantes ou comodatários de imóveis pertencentes à União, aos Estados e aos Municípios, ou a quaisquer outras pessoas isentas de imposto ou a ele imunes." Com base nessa disposição, o Município do Rio de Janeiro/RJ exigira o recolhimento do IPTU pelos concessionários de áreas de propriedade da Infraero (empresa pública federal de administração indireta vinculada ao Ministério de Infraestrutura, imune portanto).

A BASE DE CÁLCULO DO IPTU

A base de cálculo do IPTU é o valor venal do imóvel, assim entendido como aquele que o imóvel alcançaria para compra e venda à vista, segundo as condições normais de mercado, conforme o *caput* do art. 33 do CTN.

Diante da dificuldade prática de se avaliar a propriedade imobiliária de inúmeros contribuintes, as prefeituras geralmente adotam medidas de simplificação, como plantas ou tabelas de valores, que retratam o preço médio do terreno por região ou o preço do metro quadrado das edificações, conforme padrão construtivo, as quais o STF passou a considerar inconstitucionais, se não aprovadas por lei, abrindo exceção apenas para as atualizações de valores imobiliários por índices de correção monetária.

AS ALÍQUOTAS DO IPTU

A Constituição Federal e o Código Tributário Nacional (CTN) não trataram expressamente das alíquotas do IPTU, nem mesmo sobre eventual teto a ser respeitado pelos entes tributantes. Então, a fixação das alíquotas fica por conta da lei de cada Município – sendo que, naturalmente, devem-se observar as limitações constitucionais aplicáveis aos tributos em geral, notadamente a vedação ao efeito de confisco. Como se trata de imposto com incidência sobre o patrimônio, isto é, riqueza não renovada periodicamente, faz-se necessária a previsão de alíquotas moderadas, sob pena de eventual efeito confiscatório.

Ainda sobre a fixação das alíquotas, houve grande controvérsia sobre a possibilidade de imposição de alíquotas progressivas conforme o valor venal do imóvel – isto é, quanto maior o valor venal, maior a alíquota – para o que, originalmente, não havia previsão constitucional. Isso porque, em sua redação original, a Constituição Federal, tratando da Ordem Econômica, mais especificamente quanto à política urbana, facultou ao Poder Público "exigir, nos termos da lei federal, do proprietário do solo urbano não edificado, subutilizado ou não utilizado, que promova seu adequado aproveitamento, sob pena […] de […] imposto sobre a propriedade predial e territorial urbana progressivo no tempo" (art. 182, § 4º, II). Interessante cotejar essa autorização constitucional com o conceito de tributo do art. 3º do CTN, dada sua, ao menos aparente, natureza de sanção, assim como suas limitações em face da vedação ao tributo com efeitos confiscatórios.

Vê-se que a progressividade no tempo, de índole extrafiscal no sentido de estimular o adequado aproveitamento do imóvel, é bastante distinta da progressividade meramente com base no valor do imóvel, que diria respeito a finalidades de redução da concentração das riquezas e, indiretamente, redução das desigualdades. Seja como for, o fato é que a Constituição Federal, em sua redação original, não autorizava expressamente a imposição de alíquotas progressivas conforme a base de cálculo, ensejando discussões acerca da constitucionalidade da exigência pelos Municípios.

Ao analisar a matéria, o Supremo Tribunal Federal entendeu que, ausente a previsão constitucional para a imposição de alíquotas progressivas, não poderia o Município fazê-lo (RE 153.771/MG). Isso porque o IPTU, ao contrário do Imposto de Renda, seria um imposto de característica "real" e não pessoal. Em outras palavras, trata-se de um imposto que onera objetivamente uma propriedade, sem levar em consideração particularidades da situação individual do contribuinte. Esse entendimento repercutiu no julgamento da inconstitucionalidade da progressividade no ITBI (RE 234.105/SP).

Após a decisão pela inconstitucionalidade da progressividade com base no valor do imóvel, a Constituição Federal foi reformada e, com base na Emenda Constitucional nº 29/00, passou a prever que "sem prejuízo da progressividade no tempo […], o imposto […] poderá: ser progressivo em razão do valor do imóvel" (art. 156, § 1º, I). A própria Emenda foi impugnada no Supremo Tribunal Federal, que negou a alegação da inconstitucionalidade (RE 423.768/SP). Comparadas essas duas decisões, separadas por um intervalo de mais de quatorze anos, pode-se verificar uma mudança de entendimento no Plenário do Supremo Tribunal Federal. Isso porque, na segunda decisão, a constitucionalidade da Emenda foi reconhecida sob o argumento de que a reforma constitucional havia aclarado a possibilidade da exação progressiva, já que a distinção entre tributos "reais" e "pessoais" não afastaria, dos primeiros, a aplicação da pessoalidade exigida pelo art. 145, § 1º, da Constituição Federal – a qual, necessariamente, demandaria uma graduação progressiva. Essa orientação se reafirmou quando analisada a questão do ITCMD progressivo, para o qual não há previsão constitucional expressa de imposição de alíquotas progressivas (RE 562.045/RS).

IMPORTANTE!

Progressividade no IPTU: 1. em razão do valor venal do imóvel; 2. em razão do descumprimento da função social da propriedade.

CASO REAL

Imposto predial residencial:
Alíquota-base: 1%

Faixas de valor venal (Lei nº 15.889/13)	Desconto/Acréscimo
Até R$ 150.000,00	−0,3%
Acima de R$ 150.000,00 e até R$ 300.000,00	−0,1%
Acima de R$ 300.000,00 e até R$ 600.000,00	+0,1%
Acima de R$ 600.000,00 e até R$ 1.200.000,00	+0,3%
Acima de R$ 1.200.000,00	+0,5%

Imposto predial não residencial:
Alíquota-base: 1,5%

Faixas de valor venal (Lei nº 15.889/13)	Desconto/Acréscimo
Até R$ 150.000,00	−0,4%
Acima de R$ 150.000,00 e até R$ 300.000,00	−0,2%
Acima de R$ 300.000,00 e até R$ 600.000,00	0,0%
Acima de R$ 600.000,00 e até R$ 1.200.000,00	+0,2%
Acima de R$ 1.200.000,00	+0,4%

Imposto territorial (áreas não edificadas):
Alíquota-base: 1,5%

Faixas de valor venal (Lei nº 15.889/13)	Desconto/Acréscimo
Até R$ 150.000,00	−0,4%
Acima de R$ 150.000,00 e até R$ 300.000,00	−0,2%
Acima de R$ 300.000,00 e até R$ 600.000,00	0,0%
Acima de R$ 600.000,00 e até R$ 1.200.000,00	+0,2%
Acima de R$ 1.200.000,00	+0,4%

RECONHECIMENTO CONTÁBIL DA DESPESA

Reconhecimento: regime de competência – embora pagamento possa se dar em uma ou em 10 parcelas, a despesa de IPTU refere-se ao ano todo (uso do imóvel ao longo do ano). Imposto deve ser distribuído durante todo o ano. A depender da finalidade do imóvel, o IPTU poderá ser reconhecido como:

- Despesa administrativa: imóvel utilizado para abrigar a área administrativa.
- Despesa de vendas: imóvel utilizado para abrigar área comercial.
- Custo de produção: imóvel utilizado no processo produtivo.

CASO PRÁTICO

Cia. XPTO deve IPTU de R$ 1.000,00 sobre imóvel utilizado na área administrativa (notificação de lançamento de ofício recebida em janeiro). Pagamento do imposto em quota única em fevereiro, com desconto de 6% (valor a ser desembolsado de R$ 940,00).

Quais lançamentos contábeis deverão ser realizados nos meses de janeiro e fevereiro? Registro da obrigação é feito quando identificado o valor devido:

Opção 1

Lançamento da obrigação – Janeiro		
Débito	IPTU a Apropriar	1.000
Crédito	IPTU a Pagar	1.000

Lançamento do Desconto – Fevereiro		
Débito	IPTU a Pagar	60
Crédito	Receita Financeira	60

Opção 2

Lançamento da obrigação – Janeiro		
Débito	IPTU a Apropriar	940
Crédito	IPTU a Pagar	940

O registro da contrapartida é realizado em conta de ativo, pois o gasto contribuirá para a geração de receitas durante os 12 meses do ano. Lançamento da despesa mês a mês:

Opção 1

Lançamento da despesa – Janeiro		
Débito	Despesas administrativas – IPTU	83,33
Crédito	IPTU a Apropriar	83,33

Opção 2

Lançamento da despesa – Janeiro		
Débito	Despesas administrativas – IPTU	78,33
Crédito	IPTU a Apropriar	78,33

Procedimento deve ser repetido ao longo dos 12 meses do ano. Em fevereiro, irá pagar o IPTU em quota única:

Opções 1 e 2

Lançamento da despesa – Fevereiro		
Débito	IPTU a Pagar	940
Crédito	Caixa	940

Também em fevereiro, apropriará 1/12 do IPTU:

Opção 1

Lançamento da despesa – Fevereiro		
Débito	Despesas administrativas – IPTU	83,33
Crédito	IPTU a Apropriar	83,33

Opção 2

Lançamento da despesa – Fevereiro		
Débito	Despesas administrativas – IPTU	78,33
Crédito	IPTU a Apropriar	78,33

LANÇAMENTO TRIBUTÁRIO

Cabe à legislação municipal definir a modalidade de lançamento do IPTU, isto é, de ofício, por homologação ou mediante declaração, mas, em regra, opta-se pelo lançamento de ofício, em que todos os atos necessários para tal são realizados pelo próprio Fisco, ainda que possa contar com eventual colaboração do contribuinte.

Assim, na prática, as prefeituras costumam lançar o imposto com base em cadastro específico de imóveis e notificar os contribuintes para pagamento, que se dão por notificados pelo envio do carnê para o seu endereço, inclusive conforme entendimento do Superior Tribunal de Justiça (Súmula 397 – "O contribuinte de IPTU é notificado do lançamento pelo envio do carnê ao seu endereço").

CASO PRÁTICO

Um imóvel comercial localizado em Brejo Santo possui valor venal de R$ 455.000,00. Verificando as Tabelas 13.1 e 13.2, assinale a alternativa que contém o valor do IPTU a ser pago à vista, com desconto de 10%.

Tabela 13.1 Imóveis utilizados exclusiva ou predominantemente como residência

Faixa de Valor Venal (R$)	Multiplicar por	Subtrair
Até R$ 150.000,00	0,007	R$ 0,00
De R$ 150.001,00 a R$ 300.000,00	0,009	R$ 300,00
De R$ 300.001,00 a R$ 600.000,00	0,011	R$ 900,00
De R$ 600.001,00 a R$ 1.200.000,00	0,013	R$ 2.100,00
Acima de R$ 1.200,00,00	0,015	R$ 4.500,00

Tabela 13.2 Demais imóveis

Faixa de Valor Venal (R$)	Multiplicar por	Subtrair
Até R$ 150.000,00	0,011	R$ 0,00
De R$ 150.001,00 a R$ 300.000,00	0,013	R$ 300,00
De R$ 300.001,00 a R$ 600.000,00	0,015	R$ 900,00
De R$ 600.001,00 a R$ 1.200.000,00	0,017	R$ 2.100,00
Acima de R$ 1.200,00,00	0,019	R$ 4.500,00

Nesse caso, a resposta é R$ 5.332,50. O cálculo, utilizando as tabelas, é de [(R$ 455.000,00 × 0,015) – R$ 900,00] × (1 – 10%) = R$ 5.332,50

IMPOSTO SOBRE A PROPRIEDADE TERRITORIAL RURAL (ITR)

COMPETÊNCIA TRIBUTÁRIA

De acordo com a Constituição Federal, compete à União instituir o ITR (art. 153, inciso VI). A atribuição da competência à União é uma decorrência do fato de o ITR, como se verá mais adiante, servir inclusive para fins de política agrária, no sentido de desestimular a concentração fundiária e a improdutividade das propriedades rurais.

Quanto à sua arrecadação, o ITR é pouco expressivo, representando, em 2017, apenas 0,02% do PIB e 0,06% da arrecadação tributária total, entre todos os entes, sem variação percentual com relação ao ano anterior, conforme o último estudo da Receita Federal do Brasil sobre a carga tributária no país.

Interessante observar, porém, que 50% da arrecadação com o ITR deve ser repartida com os Municípios nos quais os imóveis estão situados, como determina o art. 158, II, da Constituição Federal. O repasse pode chegar à totalidade do valor arrecadado se o respectivo Município se encarregar da fiscalização e cobrança do imposto, desde que não implique nenhuma espécie de renúncia fiscal, como prevê o art. 153, § 4º, III, da Constituição Federal.

Nesse caso, a competência tributária permanece sendo da União, havendo a transferência apenas da capacidade tributária ativa para os Municípios. Em outras palavras, toda a legislação referente ao ITR é editada pela União, que determina os elementos da regra de incidência. A fiscalização e a administração do tributo, por outro lado, podem ficar com os Municípios, cabendo-lhes o produto da arrecadação do ITR referente às propriedades situadas em seu território.

FATO GERADOR (CRITÉRIO MATERIAL)

De acordo com o CTN, o fato gerador do ITR é "a propriedade territorial rural tem como fato gerador a propriedade, o domínio útil ou a posse de imóvel por natureza, como definido na lei civil, localização fora da zona urbana do Município" (art. 29). A redação do dispositivo guarda indisfarçável semelhança com o art. 32, que define o fato gerador do IPTU – à exceção, naturalmente, de o imóvel dever estar situado na fora da zona urbana. Aplicam-se, portanto, todas as considerações tecidas acima acerca do critério material do fato gerador do IPTU, de modo que a hipótese de incidência do ITR fica limitada, além da propriedade em si (sentido legal), o seu domínio útil e posse com *animus domini*.

VOCÊ SABIA?

Semelhantemente ao IPTU, a jurisprudência tem afastado a exigência de ITR no caso de o proprietário ou possuidor qualificado encontrar restrições significativas à exploração econômica da propriedade, como no caso de ocupação por movimentos sociais, tendo o Superior Tribunal de Justiça decidido pela não incidência nessas condições: "Com a invasão, sobre cuja legitimidade não se faz qualquer juízo de valor, o direito de propriedade ficou desprovido de praticamente todos os elementos a ele inerentes: não há mais posse, nem possibilidade de uso ou fruição do bem" (REsp 963.499). Outras situações de restrições à utilização do imóvel têm sido reconhecidas para afastar a exigência do imposto, tais como a demarcação de terras indígenas, inclusive com relação a fatos geradores anteriores ao ato administrativo demarcatório, e áreas alagadas para fins de constituição de reservatório de usinas hidroelétricas (Súmula CARF nº 45: O ITR não incide sobre áreas alagadas para fins de constituição de reservatório de usinas hidroelétricas).

IMÓVEIS SUJEITOS À INCIDÊNCIA DO ITR (ÁREA URBANA *VS.* ÁREA RURAL)

Como visto, para fins de incidência do ITR, o imóvel deve estar estabelecido fora da zona urbana do Município, a qual corresponde à área delimitada por lei municipal com pelo menos dois dos melhoramentos indicados no § 1º do art. 32 do CTN, contemplando ainda as chamadas áreas urbanizáveis ou de expansão urbana, nos termos do § 2º do mesmo dispositivo. Em outras palavras, portanto, para fins de ITR, o imóvel por natureza deve estar estabelecido na zona rural do município, área essa fixada por exclusão, com base na conceituação supracitada de zona urbana. Ressalta-se, porém, que os tribunais estaduais e o próprio Superior Tribunal de Justiça (STJ) pacificaram o entendimento a favor do critério da destinação econômica do bem, cumulado com o critério da localização, para determinar a incidência do ITR e não do IPTU sobre imóvel em exploração extrativa vegetal, agrícola, pecuária ou agroindustrial:

TRIBUTÁRIO. IMÓVEL NA ÁREA URBANA. DESTINAÇÃO RURAL. IPTU. NÃO INCIDÊNCIA. ART. 15 DO DL 57/1966. RECURSO REPETITIVO. ART. 543-C DO CPC.

1. Não incide IPTU, mas ITR, sobre imóvel localizado na área urbana do Município, desde que comprovadamente utilizado em exploração extrativa, vegetal, agrícola, pecuária ou agroindustrial (art. 15 do DL 57/1966).

2. Recurso Especial provido. Acórdão sujeito ao regime do art. 543-C do CPC e da Resolução 8/2008 do STJ. Sobre tais bens deve haver uma relação de propriedade, domínio útil ou posse.

(REsp 1.112.646/SP)

Portanto, a despeito de, em tese, a lei federal poder instituir o ITR também sobre imóveis localizados na zona urbana, porém com destinação relacionada à atividade agropecuária e afins, o fato é que a lei atualmente vigente não o fez, o que conduz à não incidência do imposto nessa hipótese, como inclusive já reconhecido pela Receita Federal (Soluções de Consulta Cosit nº 630/17, e 198/18). Então, esquematicamente, considerando a legislação atualmente vigente, tem-se o apresentado na Figura 13.2.

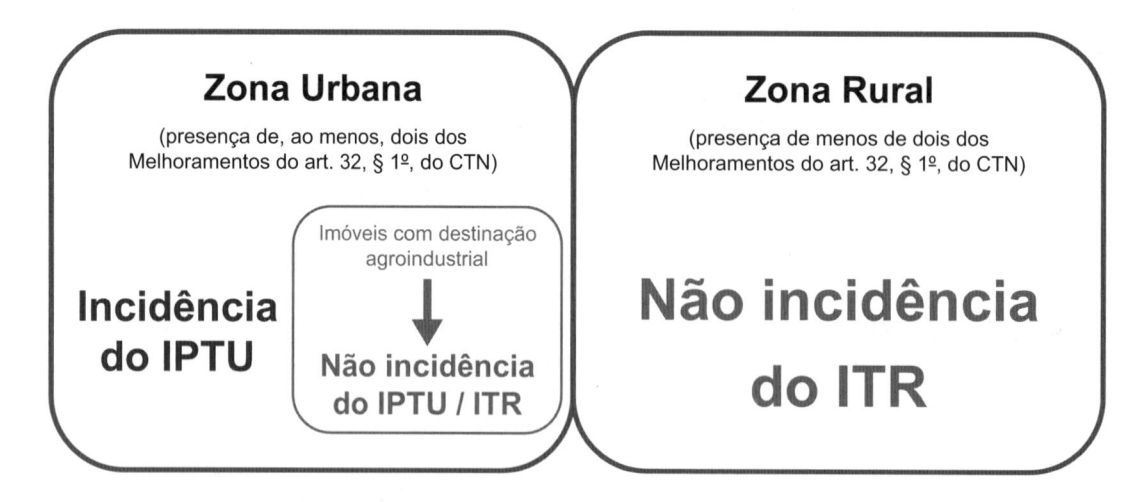

Figura 13.2   ITR – Área urbana *vs.* área rural.

RECOLHIMENTO DO ITR (CONTRIBUINTE/RESPONSÁVEL)

São contribuintes do ITR o proprietário do imóvel, o titular de seu domínio útil ou o seu possuidor a qualquer título, a teor do art. 31 do CTN do art. 4º da Lei nº 9.393/96 e do art. 5º do Decreto nº 4.382/02.

A semelhança com o IPTU é notória. Proprietário é aquele com gozo jurídico pleno de uso, fruição e disposição sobre o bem imóvel; titular do domínio útil é o enfiteuta no negócio jurídico da enfiteuse, cuja criação não é mais permitida pelo atual Código Civil; possuidor contribuinte, por sua vez, é aquele com *animus domini*, tal como o promitente comprador, o usucapiente e o usufrutuário.

Também semelhantemente ao IPTU, o ITR possui a característica de uma obrigação *propter rem*, isto é, que acompanha a titularidade do imóvel. Então, nos termos do art. 130 do CTN, analisado acima, o adquirente do imóvel assume a responsabilidade tributária por transferência em relação aos débitos tributários constituídos antes da aquisição da propriedade.

BASE DE CÁLCULO DO ITR

A base de cálculo do ITR, segundo o art. 30 do CTN, é o valor fundiário do imóvel. A Lei nº 9.393/96 tratou de estabelecer a base de cálculo a partir do Valor da Terra Nua (VTN), que corresponde ao valor de mercado do imóvel, excluídos os valores de mercado relativos a (a) construções, instalações e benfeitorias; (b) culturas permanentes e temporárias; (c) pastagens cultivadas e melhoradas; e (d) florestas plantadas (art. 10, § 1º, inciso I).

O VTN, contudo, refere-se à área total do imóvel, sendo que há partes da propriedade que não são sujeitas ao imposto. Daí o conceito de área tributável, que corresponde à área total do imóvel, excluídas as extensões insuscetíveis de aproveitamento ou de aproveitamento mitigado, arroladas na Lei nº 9.393/96 (art. 10, § 1º, inciso II):

(a) Áreas de preservação permanente e de reserva legal.

(b) Áreas de interesse ecológico para a proteção dos ecossistemas.

(c) Áreas comprovadamente imprestáveis para qualquer exploração agrícola, pecuária, granjeira, aquícola ou florestal.

(d) Áreas sob regime de servidão ambiental.

(e) Áreas cobertas por florestas nativas, primárias ou secundárias em estágio médio ou avançado de regeneração.

(f) Áreas alagadas para fins de constituição de reservatório de usinas hidrelétricas autorizada pelo Poder Público.

Então, a base de cálculo do ITR corresponderá, precisamente, ao Valor da Terra Nua Tributável (VTNt), isto é, o produto obtido pela multiplicação do VTN pelo percentual de área tributável em relação à área total (art. 10, § 1º, inciso III).

ALÍQUOTAS DO ITR

As alíquotas do ITR são progressivas com base na área total do imóvel e no grau de sua utilização, em linha com a autorização constitucional decorrente do art. 153, § 4º, inciso I, da Constituição Federal, visando desestimular a manutenção de propriedades improdutivas. Atualmente, o esquema progressivo de alíquotas segue a tabela apresentada na Figura 13.3.

Área total do imóvel (em hectares)	GRAU DE UTILIZAÇÃO – GU (EM %)				
	Maior que 80	Maior que 65 até 80	Maior que 50 até 65	Maior que 30 até 50	Até 30
Até 50	0,03	0,20	0,40	0,70	1,00
Maior que 50 até 200	0,07	0,40	0,80	1,40	2,00
Maior que 200 até 500	0,10	0,60	1,30	2,30	3,30
Maior que 500 até 1.000	0,15	0,85	1,90	3,30	4,70
Maior que 1.000 até 5.000	0,30	1,60	3,40	6,00	8,60
Acima de 5.000	0,45	3,00	6,40	12,00	20,00

Figura 13.3   Alíquota progressiva do ITR.

RECONHECIMENTO CONTÁBIL DA DESPESA

Dada a similaridade entre IPTU e ITR, o reconhecimento contábil da despesa segue as mesmas considerações.

LANÇAMENTO TRIBUTÁRIO E OBRIGAÇÕES ACESSÓRIAS

O lançamento do ITR é por homologação, devendo a apuração e o pagamento ser feitos pelo próprio contribuinte, independentemente de prévio procedimento da Administração Tributária, conforme o art. 10 da Lei nº 9.393/96.

Para tanto, o contribuinte deve transmitir anualmente, até 30 de setembro, o Documento de Imposto sobre a Propriedade Territorial Rural (DITR), que é composto por duas declarações distintas:

(i)   Documento de Informação e Atualização Cadastral (DIAC), destinado à coleta de informações cadastrais do imóvel rural e de seu proprietário titular do domínio útil ou possuidor a qualquer título, inclusive o usufrutuário, para integrar o Cadastro de Imóveis Rurais (Cafir) da Secretaria da Receita Federal.

(ii)   Documento de Informação e Apuração do ITR (DIAT), com as informações necessárias ao cálculo do ITR, apurando-se o valor do imposto correspondente a cada imóvel rural.

CASO PRÁTICO

Empresa Agro é Pop S.A., agroindústria, possui propriedade rural de 5.500 hectares, dos quais 700 hectares são comprovadamente imprestáveis para qualquer exploração, conforme atestado por órgão competente. Área utilizada em atividades produtivas é de 3.360 hectares e a propriedade está avaliada (VTN) em R$ 175.000,00. Levando em conta as alíquotas do ITR a seguir, demonstre a apuração do valor do imposto devido.

ÁREA TOTAL DO IMÓVEL (em hectares)	GRAU DE UTILIZAÇÃO (em %)				
	Maior que 80	Maior que 65 até 80	Maior que 50 até 65	Maior que 30 até 50	Até 30
Até 50	0,03	0,20	0,40	0,70	1,00
Maior que 50 até 200	0,07	0,40	0,80	1,40	2,00
Maior que 200 até 500	0,10	0,60	1,30	2,30	3,30
Maior que 500 até 1.000	0,15	0,85	1,90	3,30	4,70
Maior que 1.000 até 5.000	0,30	1,60	3,40	6,00	8,60
Acima de 5.000	0,45	3,00	6,40	12,00	20,00

- Valor da terra nua R$ 175.000,00
- Área total 5.500,00
- Área tributável 4.800,00 (5.500 – 700)
- Valor da terra nua tributável R$ 152.727,27
- Grau de utilização 70,00% (3.360/4.800)
- Alíquota 3% (GU entre 65 e 80% e Área total = 5.500)
- ITR devido R$ 4.581,82

IMPOSTO SOBRE A PROPRIEDADE DE VEÍCULOS AUTOMOTORES (IPVA)

COMPETÊNCIA TRIBUTÁRIA

O IPVA é um imposto recente, incluído na competência dos Estados e do Distrito Federal pela Emenda Constitucional nº 27/85, em substituição à Taxa Rodoviária Única (TRU), e encontra-se atualmente previsto no art. 155, inciso III, da Constituição Federal. Do produto de sua arrecadação, metade é destinada aos Municípios em que licenciados os veículos automotores, conforme art. 158, inciso III, da Constituição Federal. Esses dois elementos foram essenciais para que o Supremo Tribunal Federal decidisse, como se verá mais adiante, que o IPVA não incide sobre embarcações e aeronaves e é devido ao Estado em que licenciado veículo, e não àquele em que estiver domiciliado o proprietário.

FATO GERADOR (CRITÉRIO MATERIAL)

Em linha com a Constituição Federal, o critério material do fato gerador do IPVA é a propriedade de veículos automotores. A depender da forma como interpretado o dispositivo constitucional, se poderia concluir que embarcações e aeronaves se enquadrariam no com conceito de "veículos automotores". De fato, o termo "veículo" comporta o sentido de "qualquer meio mecânico de transporte de pessoas ou coisas", enquanto "automotor" se compreendido como um elemento qualificador do termo "veículo", significa "que contém em si mesmo os meios de propulsão".

Todavia, ao deparar-se com a questão da competência dos Estados e do Distrito Federal para instituir imposto sobre embarcações e aeronaves, o Supremo Tribunal Federal deixou de lado essa abordagem para, no lugar, enfatizar as características daquele imposto atribuído aos Estados e ao Distrito Federal pela Constituição Federal. Daí que, a partir da reconstrução histórica do IPVA, identificou-se sua origem na antiga "Taxa Rodoviária Única", que incidia exclusivamente sobre automóveis sujeitos ao licenciamento e que trafegavam por vias terrestres (ruas, autovias etc.). Aliado a tal elemento histórico, o elemento sistemático também foi empregado com a finalidade de demonstrar as características daquele imposto: tendo o legislador constituinte determinado a repartição do produto do imposto com os Municípios em que licenciados os veículos automotores, igualmente concluiu-se que o imposto apenas poderia incidir sobre veículos automotores sujeitos ao licenciamento (RE 379.572-4/RJ).

Veja-se a relevância do exemplo: a princípio, particularmente nos impostos, a destinação do produto de sua arrecadação não guarda relação com sua materialidade, mas foi ali que o Supremo Tribunal Federal identificou as características do imposto (isto é, não apenas o sentido dos termos empregados em sua materialidade), de tal sorte a concluir que a incidência sobre embarcações e aeronaves estaria fora das características típicas do IPVA.

Diferentemente do IPTU e do ITR, entendia-se a propriedade que caracteriza do fato gerador do IPVA como aquela demonstrada pelo Certificado de Registro de Veículo (CRV) ou documento de licenciamento do ano anterior, não havendo que se falar em hipótese de incidência pela mera detenção, uso ou posse do veículo. Esse entendimento, todavia, vem sendo modificado pelo Supremo Tribunal Federal, que julgou constitucional lei estadual que previa, como fato gerador, a propriedade, plena ou não, de veículo automotor (ADI 4.612). Essa decisão abre espaço para que legislações estaduais prevejam a incidência do IPVA também sobre comodatários e arrendatários, os quais igualmente são anotados no CRV de acordo com a legislação de regência.

VOCÊ SABIA?

A previsão constitucional do IPVA é posterior à edição do CTN e, considerando que não foi editada desde então nenhuma Lei Complementar (LC) a seu respeito, o fato gerador não foi definido na legislação complementar como determina o art. 146, inciso III, alínea *a*, da Constituição Federal. **Poderiam os Estados, então, ter exercido sua competência, instituído e exigido o IPVA sem a edição de tal LC?** A questão foi levada ao Supremo Tribunal Federal, que decidiu de forma reiterada no sentido da constitucionalidade do imposto, ainda que ausente a LC de cunho nacional (RE 236.931; AI 167.777-AgR/SP). Para tanto, o Tribunal baseou-se no art. 24, § 3º, da Constituição Federal, de acordo com o qual, sendo o direito tributário matéria de competência legislativa concorrente entre União, Estados e Distrito Federal, a ausência de edição de norma geral pela União autorizaria que Estados e Distrito Federal exercessem a competência legislativa plena. Em outras palavras, não havendo LC que verse acerca do fato gerador, base de cálculo e contribuintes do IPVA, poderiam Estados e Distrito Federal discipliná-lo plenamente.

FATO GERADOR (CRITÉRIO ESPACIAL)

A definição do critério especial do fato gerador do IPVA, justamente pela ausência de LC, suscitou controvérsias, na medida em que, em alguns Estados, a lei estadual definia-o com base no local do licenciamento do veículo, enquanto, em outros, o critério relevante era a o domicílio do proprietário do veículo.

A consequência da falta de uniformização entre as legislações estaduais levava a situações de dupla tributação ou não tributação, a depender dos Estados em que licenciados os veículos e domiciliados seus proprietários. A questão foi recentemente enfrentada pelo Supremo Tribunal Federal, que decidiu pela prevalência do critério do domicílio do proprietário, o qual, inclusive, deveria definir o local para registro e licenciamento do veículo, a teor dos arts. 120 e 130 do Código de Trânsito Brasileiro. Naquela ocasião, entendeu o Min. Dias Toffoli, relator, "ter o legislador constituinte partido do pressuposto de que, ao cabo, o local de domicílio ou residência do proprietário do bem seria um critério razoável para se encontrar a região tendente a ser a mais afetada com a circulação do veículo automotor". Então, o licenciamento seria um ato meramente formal que "dá apenas a simples aparência de que ali se concretiza o aspecto material da exação". Em outras palavras, o critério espacial do fato gerador cinge-se ao Estado em que o automóvel presumivelmente circulará com maior regularidade, o que equivaleria ao local do domicílio do proprietário, ainda que registrado e licenciado (fraudulentamente ou não) em outra unidade federativa (ADI 4612).

A questão de fundo nesse debate trata de locadoras de veículos que, eventualmente, possuindo filiais em diversos Estados, tratavam de registrar e licenciar os automóveis em uma das unidades federativas em que continha filial, embora parte deles fossem alocados a outras filiais. Então, no caso de pessoas jurídicas, o critério espacial levará em conta o local do estabelecimento ao qual o veículo se encontra substancialmente e não apenas formalmente vinculado.

Para assegurar a coerência entre o critério material definido pela decisão e o destino da arrecadação, o Min. Dias Toffoli propôs uma nova interpretação ao art. 158, inciso III, da Constituição Federal. Enquanto, textualmente, refere-se pertencer aos Municípios "cinquenta por cento do produto da arrecadação do imposto do Estado sobre a propriedade de veículos automotores licenciados em seus territórios", propôs o relator que "o produto da arrecadação do IPVA deve ser partilhado com o município onde se situa o domicílio (podendo ser um estabelecimento, no caso de pessoa jurídica) ou a residência a que estiver o automóvel vinculado".

O tema voltou a ser analisado meses depois pelo Supremo Tribunal Federal, que manteve a prevalência da incidência no domicílio do proprietário; relativizando, todavia, o critério avaliado anteriormente do local em que o automóvel circularia. Ou seja, salvo casos de fraude, prevalece a incidência do IPVA no estado em que formalmente domiciliado o proprietário ou o estabelecimento ao qual se vincula o veículo (RE 1.016.605).

OLHA A NOTÍCIA!

Confira a notícia "IPVA deve ser recolhido no domicílio do proprietário do veículo" acessando o QR Code.

uqr.to/1ay7a

FATO GERADOR (CRITÉRIO TEMPORAL)

Definido de acordo com a lei de cada Estado ou do Distrito Federal, o critério temporal do fato gerador do IPVA, via de regra, concretiza-se no dia 1º de janeiro de cada ano.

É claro que a materialidade do IPVA não diz respeito, tão somente, à propriedade do veículo nesse dia específico, mas com relação a todo o ano. Ocorre que, inclusive para fins de definição da legislação aplicável ao lançamento de ofício, a lei determina um momento específico em que se considera ocorrido o fato gerador do imposto. Tanto assim que a legislação paulista, por exemplo, prevê a restituição proporcional ou suspensão do pagamento das parcelas do IPVA pago no caso de roubo ou furto do veículo ao longo do ano (art. 14 da Lei nº 13.296/08).

RECOLHIMENTO DO IPVA (CONTRIBUINTE/RESPONSÁVEL)

Regra geral, o contribuinte do IPVA é o proprietário conforme demonstrado no Certificado de Registro de Veículo (CRV) ou documento de licenciamento do ano anterior. Todavia, considerando a decisão do Supremo Tribunal Federal mencionada acima, surge espaço para que a legislação dos Estados preveja que também sejam considerados contribuintes os comodatários e arrendatários, os quais igualmente são anotados no CRV de acordo com a legislação de regência (ADI 4.612).

BASE DE CÁLCULO E ALÍQUOTA DO IPVA

A base de cálculo do IPVA é o valor venal do veículo ou o preço comercial conforme tabelas anuais elaboradas e publicadas pelo poder tributante, baseadas em publicações especializadas, de acordo com a marca, modelo e ano de fabricação do veículo.

OLHA A NOTÍCIA!

Confira a notícia "IPVA 2022 ficará muito mais caro; entenda" acessando o QR Code.

uqr.to/1ay7c

Quanto às alíquotas, prevê o art. 155, § 6º, da Constituição Federal, que o IPVA terá alíquotas mínimas fixadas pelo Senado Federal (o que ainda não ocorreu) e poderá ter alíquotas diferenciadas em função do tipo e utilização do veículo.

Frise-se que a diferenciação das alíquotas em razão do tipo e utilização do veículo concede ao imposto um caráter extrafiscal, mas não de progressividade, na medida em que não leva em consideração a capacidade contributiva do contribuinte, como inclusive já decidiu o STF (RE 414259 AgR/MG).

RECONHECIMENTO CONTÁBIL DA DESPESA

O reconhecimento contábil da despesa segue as mesmas considerações apresentadas para o IPTU.

LANÇAMENTO

Cabe à legislação estadual ou do Distrito Federal definir a modalidade de lançamento do IPVA, isto é, de ofício, por homologação ou mediante declaração, mas, em regra, opta-se pelo lançamento de ofício, em que todos os atos necessários para tal são realizados pelo próprio Fisco, que notifica o contribuinte para o pagamento do imposto.

 **OBJETIVO 3**

TRIBUTO SOBRE TRANSFERÊNCIA PATRIMONIAL

IMPOSTO SOBRE A TRANSMISSÃO *"INTER VIVOS"* DE BENS IMÓVEIS (ITBI)

COMPETÊNCIA TRIBUTÁRIA

É antiga a experiência brasileira de um imposto sobre a transmissão de bens imóveis. No contexto da reforma tributária de 1965, levada a efeito pela Emenda Constitucional nº 65, atribuía-se aos Estados e ao Distrito Federal a competência para instituir imposto sobre "a transmissão, a qualquer título, de bens imóveis por natureza ou por cessão física, como definidos em lei, e de direitos reais sobre imóveis, exceto os direitos reais de garantia". Essa referência é importante, pois o CTN foi concebido sob a égide da Emenda Constitucional nº 18/65. Logo se vê que, no contexto em que inserido o CTN, havia previsão constitucional para um imposto sobre a transferência, a qualquer título, de bens imóveis e direitos a eles relacionados – seja ela gratuita ou onerosa. Os Estados e o Distrito Federal, portanto, podiam exigir imposto sobre a transmissão de bens imóveis, seja ela onerosa, seja doação, enquanto não havia previsão para imposto sobre a doação de bens móveis. Isso explica um aspecto importante do ITBI e do ITCMD no CTN: são regulados, em geral, pelos mesmos dispositivos.

A Constituição Federal mudou a repartição da competência tributária nesse âmbito: atribuiu aos Estados e ao Distrito Federal a competência para instituir imposto sobre a transmissão gratuita (doação) de bens imóveis móveis; aos Municípios, de acordo com o art. 156, inciso II, coube a instituição do imposto sobre "transmissão 'inter vivos', a qualquer título, por ato oneroso, de bens imóveis, por natureza ou acessão física, e de direitos reais sobre imóveis, exceto os de garantia, bem como cessão de direitos a sua aquisição". Em outras palavras, aos Municípios compete o imposto sobre as transmissões, a título oneroso, fora do contexto sucessório, de bens imóveis e direitos a eles relacionados, exceto os de garantia.

FATO GERADOR (CRITÉRIO MATERIAL)

O CTN não acompanhou a segregação entre o ITBI e o ITCMD, bem como a mudança de competência estadual para municipal do ITBI, trazidas pela Constituição Federal, mantendo em seus arts. 35 a 42 o antigo imposto estadual sobre a transmissão *"inter vivos"* e *"causa mortis"* de bens imóveis e direitos a eles relativos, razão pela qual tais dispositivos devem ser interpretados à luz do atual sistema constitucional.

Desse modo, de acordo com o art. 156, inciso II, da Constituição Federal e o art. 35 do CTN, o ITBI tem como fato gerador a transmissão *"inter vivos"* a qualquer título e por ato oneroso de:

(a) bens imóveis por natureza ou acessão física;

(b) direitos reais sobre imóveis, exceto os de garantia; e

(c) cessão de direitos a sua aquisição.

IMPORTANTE!

Por transmissão *"inter vivos"* entende-se aquela decorrente de um acordo de vontade entre partes, diferentemente da transmissão *"causa mortis"* (heranças), fato gerador do ITCMD, independentemente do tipo de negócio jurídico firmado, desde que seja oneroso. A onerosidade do ato, por sua vez, caracteriza-se pela existência de contrapartida à entrega do bem imóvel ou do direito a ele relacionado, como ocorre, por exemplo, no contrato de compra e venda. Mas não apenas. Ela se faz presente no usufruto oneroso, na cessão onerosa de direitos etc. Assim, não há que se falar na incidência do ITBI sobre os modos de aquisição originários da propriedade, ou seja, sobre aqueles em que não há um alienante voluntário e, por conseguinte, uma transmissão da propriedade, como no caso da usucapião. Interessante observar, nesse caso, que a usucapião implica a transmissão do direito real, transformando o possuidor em proprietário, a partir do qual podem-se verificar os fatos geradores dos impostos patrimoniais estáticos (IPTU e ITR), mas não caracteriza hipótese de incidência do ITBI, ante a ausência do requisito onerosidade para a transferência da propriedade.

Bens imóveis por natureza ou por acessão física

Quanto aos bens imóveis por natureza ou por acessão física cuja transmissão incide o ITBI, semelhantemente ao IPTU e ao ITR, vale recorrer aos conceitos do antigo Código Civil de 1916 (art. 43, incisos I e II), uma vez que o atual Código Civil de 2002 não definiu essas categorias especificamente:

- Bens imóveis por natureza: o solo com os seus acessórios e adjacências naturais compreendendo a superfície, as árvores e frutos pendentes, o espaço aéreo e o subsolo.

- Bens imóveis por acessão física: tudo que se puder incorporar permanentemente ao solo, como a semente lançada à terra, os edifícios e construções, de modo que se não possa retirar sem destruição, modificação, fratura ou dano.

Direitos reais sobre imóveis

São direitos reais, de acordo com o art. 1.225 do Código Civil: a propriedade; a superfície; as servidões; o usufruto; o uso; a habitação; o direito do promitente comprador do imóvel; o penhor; a hipoteca; a anticrese; a concessão de uso especial para fins de moradia; a concessão de direito real de uso; e, mais recentemente, a laje. Estão expressamente exceptuados da incidência do ITBI os direitos reais de garantia, isto é, o penhor, a hipoteca e a anticrese. Então, o imposto não incide apenas na transmissão onerosa da propriedade do bem imóvel, mas igualmente na cessão, desde que onerosa, do usufruto, por exemplo.

Cessão de direitos

O art. 156, inciso II, da Constituição Federal expressamente inclui, no âmbito da competência dos Municípios, a instituição de ITBI sobre a cessão de direito à aquisição de bens imóveis. O CTN, por sua vez, prevê como fato gerador do ITBI a cessão de direitos relativos às transmissões da propriedade ou direitos reais sobre bens imóveis (art. 35, inciso III). Essa situação é bastante comum, por exemplo, na aquisição de imóveis ainda não construídos ou com pagamento parcelado do preço, em que o comprador – em verdade, promitente comprador –, deixando de se interessar na aquisição, cede onerosamente seu direito à aquisição, hipótese em que haverá a incidência do ITBI sobre o valor da operação.

Como se verá mais adiante, entretanto, a jurisprudência dos Tribunais Superiores tem assentado que o critério temporal do fato gerador do imposto se perfaz com a efetiva transferência da propriedade, mediante registro da escritura do contrato de compra e venda na matrícula do imóvel. Então, por consequência, os contribuintes têm obtido decisões judiciais que afastam a incidência do imposto em razão da mera cessão de direitos aquisitivos de bem imóvel.

FATO GERADOR (CRITÉRIO ESPACIAL)

O critério espacial do fato gerador leva em consideração o Município em que situado o bem imóvel, a quem competirá a cobrança do imposto sobre a transferência, a teor do art. 156, § 2º, inciso II, da Constituição Federal e do art. 41 do CTN. Dessa forma, para fins de determinação do critério espacial do fato gerador do ITBI, é absolutamente irrelevante o local de domicílio do adquirente e do alienante, sendo importante, todavia, o local em que é realizado o registro da matrícula do imóvel.

FATO GERADOR (CRITÉRIO TEMPORAL)

O critério temporal do fato gerador do ITBI é definido em razão do momento da transmissão do bem imóvel ou direito real a ele relacionado a título oneroso, bem como da cessão de direitos à sua aquisição, o que apenas se efetiva com o registro do título na matrícula do imóvel perante o Registro de Imóveis competente, conforme o art. 1.245 do Código Civil.

Algumas legislações municipais preveem a antecipação da ocorrência do fato gerador para o momento em que lavrada a escritura do contrato de promessa de compra e venda. Nesse momento, há a sinalização das partes do interesse na realização do negócio, cuja concretização geralmente ainda estará condicionada ao cumprimento de certos atos (pagamento do preço, auditoria sobre o imóvel e vendedores etc.), após o que as partes se comprometem a levar a escritura a registro na matrícula do imóvel. No primeiro momento, como o próprio nome sugere, há apenas a promessa de que uma das partes se compromete a comprar, e a outra, a vender. A transmissão efetiva da propriedade apenas se concretiza no segundo momento.

Por essa razão, a jurisprudência do STF consolidou-se contrariamente à incidência do ITBI no momento da lavratura da escritura do contrato de promessa de compra e venda, devendo ser exigido apenas por ocasião da efetiva transferência da propriedade ou direito real, isto é, no momento do registro da escritura na matrícula do imóvel (AI 764.432 AgR; RE 666.096 AgR).

 **OLHA A NOTÍCIA!**

Leia a matéria "Cobrança de ITBI só é possível após transferência efetiva do imóvel" acessando o QR Code.

uqr.to/1ay7d

RECOLHIMENTO DO ITBI (CONTRIBUINTE/RESPONSÁVEL)

De acordo com o art. 42 do CTN, tanto o transmitente quanto o adquirente da operação tributada podem ser contribuintes do ITBI, cabendo a definição à lei do município competente pela instituição do imposto.

Na prática, contudo, visto ser o imposto decorrente de ato *inter vivos*, o ônus do imposto acabará recaindo na parte que tiver maior interesse na operação, conforme estipulação contratual, restando a definição legal a situações excepcionais, em que, havendo divergência entre os contratantes, há de prevalecer o estabelecido na lei.

Admitem-se como responsáveis "os tabeliães, escrivães e demais serventuários de ofício, como responsáveis tributários pelos tributos devidos sobre os atos praticados por eles, ou perante eles, em razão do seu ofício", como estabelece o art. 134, inciso VI, do CTN, sendo deles exigido o ITBI na impossibilidade de exigência do cumprimento da obrigação principal pelo contribuinte.

BASE DE CÁLCULO DO ITBI

A base de cálculo do ITBI, de acordo com o art. 38 do CTN, é o valor venal dos bens ou direitos transmitidos. A expressão, vale dizer, é a mesma utilizada para fins de determinação da base de cálculo do IPTU, disciplinada pelo art. 33 do CTN.

Se os arts. 33 e 38, ambos do CTN, preveem que a base de cálculo tanto do IPTU quanto do ITBI será o valor venal do imóvel, questiona-se: é possível, na prática, de acordo com a legislação municipal aplicável, que os dois impostos tenham bases de cálculo diferentes com relação ao mesmo imóvel? A questão foi decidida pelo STJ, que reconheceu essa possibilidade, na medida em que, para fins da cobrança do ITBI, se poderia considerar o valor praticado pelos contratantes como base de cálculo, na medida em que melhor refletiria a expressão econômica da transferência, enquanto a base de cálculo do IPTU seria uma mera aproximação, generalização:

> No ITBI, o preço efetivamente pago pelo adquirente do imóvel tende a refletir, com grande proximidade, seu valor venal, considerado como, repito, o valor de uma venda regular, em condições normais de mercado. [...] De fato, o valor real da operação deve prevalecer em relação à avaliação da planta genérica de valores. [...] A contribuinte restringe-se a argumentar que o valor adotado para o lançamento do IPTU deve ser obrigatoriamente utilizado para cálculo do ITBI, o que não tem fundamento jurídico ou econômico. É exatamente o caso dos autos, em que a contribuinte pretende seja adotado, como base para o ITBI, o mesmo valor inferior que serviu para cálculo do IPTU (REsp 1.199.964/SP).

Ocorre que diversos Municípios vêm exigindo o recolhimento do ITBI com base no "valor venal de referência", que não corresponde nem à base de cálculo do IPTU, nem necessariamente ao valor praticado pelas partes. Em verdade, trata-se da média dos valores praticados nas transferências imobiliárias naquela região, de modo que, ainda que o preço fixado pelas partes seja inferior àquela média, o ITBI será exigido conforme o valor venal de referência.

O Tribunal de Justiça do Estado de São Paulo, todavia, entendeu inconstitucional essa exigência, uma vez que a tabela mantida pelo Município apenas poderia orientar a Administração a verificar se o valor da operação de transferência, declarado pelas partes em escritura pública, não seria fraudulento. Não é possível, todavia, exigir o recolhimento do ITBI com base em tais valores que não equivalem ao valor praticado na transmissão, sem que o Município faça prova da prática de fraude, simulação ou qualquer outro ato ilícito que tenha tido como objetivo reduzir artificialmente o montante devido de imposto:

> "Valor venal de referência", todavia, que deve servir ao Município apenas como parâmetro de verificação da compatibilidade do preço declarado de venda, não podendo se prestar para a prévia fixação da base de cálculo do ITBI. Impossibilidade, outrossim, de se impor ao sujeito passivo do imposto, desde logo, a adoção da tabela realizada pelo Município Imposto municipal em causa que está sujeito ao lançamento por homologação, cabendo ao próprio contribuinte antecipar o recolhimento. Arbitramento administrativo que é providência excepcional, da qual o Município somente pode lançar mão na hipótese de ser constatada a incorreção ou falsidade na documentação comprobatória do negócio jurídico tributável. Providência que, de toda sorte, depende sempre da prévia instauração do pertinente procedimento administrativo, na forma do artigo 148 do Código Tributário Nacional, sob pena de restar caracterizado o lançamento de ofício da exação, ao qual o ITBI não se submete (Incidente De Arguição de Inconstitucionalidade Cível 0056693-19.2014.8.26.0000).

A possibilidade arbitramento do valor praticado na operação depende, de todo modo, que se observem os requisitos do art. 148 do CTN, de acordo com o qual a autoridade poderá arbitrar, mediante processo regular, o valor ou preço sempre que as declarações do contribuinte forem omissas ou não mereçam fé. E, mais importante, sempre será assegurada a contestação, avaliação contraditória, tanto administrativa quanto judicialmente, por parte do contribuinte.

OLHA A NOTÍCIA!

Confira a notícia "Base de cálculo do ITBI é o valor do imóvel transmitido em condições normais de mercado, define Primeira Seção" acessando o QR Code.

uqr.to/1ay7f

ALÍQUOTAS DO ITBI

O art. 39 do CTN, em linha com a Constituição anterior, prevê a fixação de limites às alíquotas por meio de resolução do Senado Federal. No entanto, não há mais essa autorização na atual Constituição Federal, de modo que os Municípios têm liberdade para definirem nas leis instituidoras do imposto as respectivas alíquotas.

A jurisprudência do STF, na premissa de que o ITBI é um imposto que não capta as características pessoais do contribuinte (desprovido de pessoalidade), considera inconstitucional a exigência de alíquotas progressivas de ITBI conforme o valor venal do imóvel. O entendimento, inclusive, foi objeto da Súmula 656: "É inconstitucional a lei que estabelece alíquotas progressivas para o imposto de transmissão *inter vivos* de bens imóveis – ITBI com base no valor venal do imóvel."

IMUNIDADE EM REORGANIZAÇÕES SOCIETÁRIAS

A Constituição Federal, em seu art. 156, § 2º, inciso I, afasta a incidência do ITBI sobre "a transmissão de bens ou direitos incorporados ao patrimônio de pessoa jurídica em realização de capital", bem como sobre "a transmissão de bens ou direitos decorrente de fusão, incorporação, cisão ou extinção de pessoa jurídica", desde que a atividade preponderante do adquirente não seja "a compra e venda desses bens ou direitos, locação de bens imóveis ou arrendamento mercantil" – isto é, a atividade imobiliária em geral.

O dispositivo, portanto, trata de operações de subscrição de capital social com a integralização de bens imóveis ao patrimônio da pessoa jurídica, assim como transferências resultantes de sucessões empresariais: incorporação, fusão e cisão. Ainda, estão no escopo do dispositivo as transferências de bens imóveis na liquidação de sociedades, com a consequente entrega de ativos aos sócios e acionistas.

O CTN, por sua vez, veio definir o que constitui a "atividade preponderante" do adquirente do imóvel. De acordo com seu art. 37, § 1º, será preponderante aquela atividade que representar mais de 50% da receita operacional da pessoa jurídica adquirente nos dois anos que antecederam e que sucederam a aquisição. Ou, caso a pessoa jurídica tenha sido constituída há menos de dois anos da data da aquisição, consideram-se as receitas operacionais dos três anos subsequentes. Esquematicamente, temos a Figura 13.4.

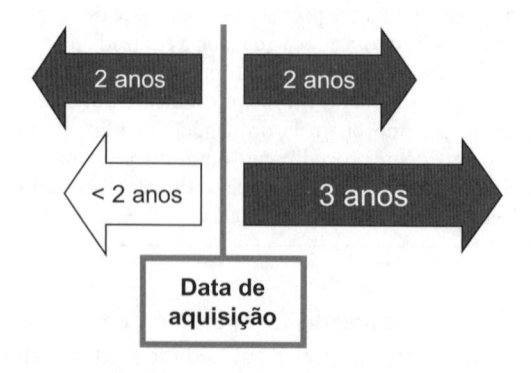

Figura 13.4   Critério temporal da atividade preponderante do ITBI.

O critério do art. 37, § 1º, do CTN é claro: a atividade preponderante será determinada com base na receita operacional da pessoa jurídica dentro do prazo fixado na lei. Em outras palavras, trata-se de avaliação eminentemente contábil, não sendo relevante, por si só, o objeto social indicado em seus atos constitutivos. A partir das demonstrações financeiras da pessoa jurídica, portanto, devem-se levar em conta todas as receitas provenientes de sua atividade imobiliária, independentemente da localização do empreendimento. Então, a imunidade da transferência de um imóvel situado num certo Município poderá ser afastada caso a pessoa jurídica adquirente aufira receitas, além do limite legal, em operações com imóveis localizados em outro Município. Uma vez superado o limite de 50% das receitas operacionais, o ITBI será devido sobre a transferência, considerando-se a legislação vigente e o valor do bem na data da aquisição, a teor do art. 37, § 3º, do CTN. E, naturalmente, considerando que o fato gerador se perfaz com a aquisição, e não com o descumprimento dos requisitos da imunidade, poderá a Municipalidade exigir o recolhimento do imposto acrescido de juros e multa, dado o atraso no pagamento.

O CTN, ainda, excepcionou a exigência de tal requisito na "transmissão de bens ou direitos, quando realizada em conjunto com a da totalidade do patrimônio da pessoa jurídica alienante" (art. 37, § 4º). Em outras palavras, tratando-se de operações de incorporação e fusão, bem como na extinção da pessoa jurídica, como os bens imóveis serão transferidos conjuntamente a todo o patrimônio da sociedade, não haverá a incidência do ITBI, independentemente da atividade preponderante da adquirente. É bem verdade que esse dispositivo, na medida em que afasta a questão da atividade preponderante, pode ser confrontado com o próprio texto constitucional, que exige tal requisito, inclusive nas hipóteses de incorporação, fusão ou extinção da pessoa jurídica.

Situação interessante diz respeito à entrega de bem imóvel a sócio em devolução de capital social. Embora não se trate de hipótese tratada no art. 156, § 2º, inciso I, da Constituição Federal, o CTN, em seu art. 36, parágrafo único, desonera tais operações na condição de que o sócio que receba o imóvel em redução de capital seja o mesmo que transferiu esse mesmo imóvel à sociedade, anteriormente, em subscrição do seu capital.

Sobre a aplicação da imunidade, três ressalvas são importantes do ponto de vista jurisprudencial. A primeira delas diz respeito à situação em que a pessoa jurídica adquirente é uma sociedade *holding* que, embora não aufira receitas da atividade imobiliária, detenha participação societária relevante em outras sociedades que, por sua vez, exploram a atividade imobiliária, como no exemplo apresentado na Figura 13.5.

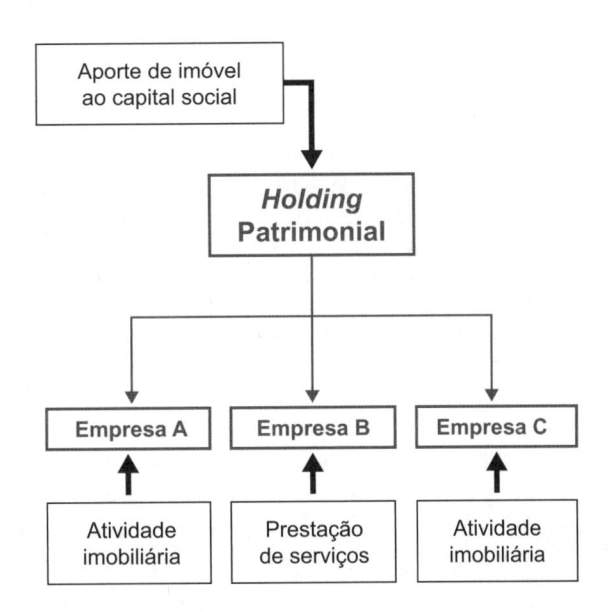

Figura 13.5 Organograma societário – *holding* patrimonial.

Nessa situação, o lucro líquido contábil da Empresa A, da Empresa B e da Empresa C repercutirá no resultado do exercício da *Holding* Patrimonial por meio da equivalência patrimonial. Por essa razão, entendeu o Superior Tribunal de Justiça que, para fins da aplicação da imunidade na aquisição de imóvel por sociedade *holding*, devem-se considerar as receitas decorrentes do ajuste positivo de equivalência patrimonial na participação em sociedades imobiliárias como se fossem receitas da atividade imobiliária da própria *holding*, para fins de cálculo do limite de 50% das receitas operacionais:

> 1. A atividade preponderante se caracteriza quando mais de 50% da receita operacional da adquirente, nos dois anos anteriores e nos dois anos subsequentes à aquisição, decorre de transações imobiliárias, de modo que, quaisquer transações imobiliárias que gerem receitas à adquirente, próprias ou não, devem ser levadas em consideração para efeitos da análise da atividade preponderante, não se restringindo às transações realizadas pela própria adquirente.
>
> 2. Conforme constou da decisão recorrida, a fiscalização concluiu que em 2004 e 2005 mais de metade do faturamento da empresa, nos dois períodos, resultou de atividade imobiliária, além de, em 2006 e 2007, ter receitas preponderantes de participação no resultado de controladas, cujos objetivos sociais são as mesmas atividades impeditivas ao reconhecimento da imunidade.
>
> 3. Portanto, a atividade preponderante restou evidenciada, diretamente e mediante participação em empresas controladas, com atividades da mesma natureza, o que impede a concessão da imunidade. (REsp 1.336.827/RS)

É claro que esse entendimento pode ser objeto de críticas, especialmente porque ignora o princípio da entidade – no exemplo, quem exerce a atividade imobiliária são as Empresas A e C, enquanto a adquirente é a *Holding* Patrimonial. Além disso, ainda que as receitas decorrentes do ajuste positivo de equivalência patrimonial possam ser qualificadas como "receitas operacionais", a atividade a que se referem não é de cunho imobiliário, mas relativa à detenção de participação societária em outras pessoas jurídicas.

O segundo ponto de atenção diz respeito à aplicação da imunidade quando a pessoa jurídica adquirente, em verdade, não aufere receita alguma. Essa situação é corriqueira em planejamentos patrimoniais, nos quais a pessoa física opta por transferir seus imóveis – de uso próprio, não voltados à atividade econômica, como casas de veraneio, residência etc. – a uma pessoa jurídica que, portanto, não auferirá receita alguma. Nesse caso, a intepretação literal do art. 37, § 1º, do CTN leva à aplicação da imunidade. Afinal, o requisito é que a atividade preponderante não seja de cunho imobiliário, ou seja, que eventuais receitas decorrentes da atividade imobiliária não superem 50% do total de receitas operacionais da adquirente no prazo de dois ou três anos, conforme o caso. Então, se a pessoa jurídica não auferir receita alguma, a imunidade deverá ser aplicada, já que não há que se falar em atividade imobiliária preponderante.

Nada obstante, o Tribunal de Justiça do Rio Grande do Sul decidiu de forma contrária, no sentido de que o fato de a pessoa jurídica adquirente não auferir receitas desnaturaria a finalidade da imunidade que, em sua concepção, seria o fomento à aplicação de imóveis em atividades não imobiliárias:

> INEXISTÊNCIA DE RECEITAS OPERACIONAIS QUE IMPEDE A ANÁLISE DA ATIVIDADE PREPONDERANTE E A CONCESSÃO DA IMUNIDADE. SEGURANÇA DENEGADA. [...] Tal imunidade tributária, contudo, exige que tenha havido atividade/receita pela pessoa jurídica no período analisado, uma vez que a razão de ser da previsão é, em linha com a função social da propriedade, privilegiar e fomentar a geração de riquezas a partir da transferência de propriedade dos imóveis, o que evidentemente não ocorre quando inexistente qualquer atividade empresarial no período. Hipótese em que não preenchidos os requisitos para a concessão da imunidade, ante a ausência de atividade da empresa no chamado período de preponderância. (Apelação e Reexame Necessário nº 70079841599)

Tal entendimento, no entanto, esbarra no fato de que a Constituição Federal, textualmente, não condicionou a imunidade à realização, pela pessoa jurídica adquirente, de alguma atividade. Pelo contrário: o seu art. 156, § 2º, inciso I, estatui que as operações de subscrição de capital, incorporação, fusão, cisão ou liquidação não estarão sujeitas ao ITBI, exceto se a pessoa jurídica adquirente exercer, de forma preponderante, atividade de cunho imobiliário.

Finalmente, em terceiro lugar, a jurisprudência tem se debruçado sobre a extensão da imunidade. Isso porque, especialmente no contexto da legislação do Imposto de Renda, faculta-se a possibilidade de que imóveis sejam avaliados conforme o custo em que constarem na declaração de bens do sócio para fins de subscrição do capital social de sociedade. Em outras palavras, subscreve-se, mediante a integralização do imóvel, um determinado montante de capital social inferior ao seu valor de mercado. A questão, então, trata de aplicar a imunidade à operação como um todo ou apenas ao valor efetivamente subscrito do capital social, de tal sorte que a diferença entre esse valor e o valor de mercado estaria sujeita à incidência do ITBI.

Valor de mercado do imóvel	R$ 1.500.000,00
Custo de aquisição do imóvel pelo sócio	R$ 350.000,00
Capital social subscrito	R$ 350.000,00
Diferença	R$ 1.150.000,00

A princípio, da disposição literal do art. 156, § 2º, inciso I, da Constituição Federal, se chegaria à conclusão de que não deveria haver a incidência do ITBI sobre a totalidade da transferência. De fato, o dispositivo é expresso ao afastar o imposto sobre "a transmissão de bens ou direitos incorporados ao patrimônio de pessoa jurídica em realização de capital", sendo certo que, independentemente da avaliação do bem transferido, a operação terá se dado em realização de capital, enquadrando-se na hipótese da imunidade.

Nada obstante, o Tribunal de Justiça do Estado de São Paulo consolidou entendimento no sentido de que, "aplican-do-se uma interpretação sistemática e teleológica do ordenamento jurídico pátrio, que incentiva a livre iniciativa, mas procura evitar manobras tributárias que gerem danos ao erário", a aplicação da imunidade deve se limitar "ao exato va-lor do bem integralizado ao capital social da empresa" (Apelação Cível 1030036-86.2016.8.26.0506). Novamente, como no caso anterior, o que se tem é a limitação da imunidade a partir de uma interpretação baseada nas finalidades que, em tese, teriam levado o constituinte a instituí-la. Nesse sentido, veja-se trecho de outra decisão do Tribunal de Justiça do Estado de São Paulo:

> Outra não pode ser a interpretação da norma constitucional, uma vez que o reconhecimento do direito à imuni-dade constitucional deve ser na exata medida do objetivo que o constituinte teve em mente ao criá-lo, ou seja, o favorecimento do aumento da atividade econômica e os seus inerentes benefícios para a sociedade em geral. Sem dúvidas, a finalidade da imunidade constitucionalmente prevista é a mobilização de bens imóveis para o desenvolvimento da atividade empresarial.
>
> [...] Vale destacar, por oportuno, que não foi demonstrado pela apelante qualquer motivação à limitação de seu capital social a um valor tão inferior ao valor venal dos bens integralizados (que deve corresponder àquele prati-cado em condições normais de mercado), considerando-se que, como bem destacou a municipalidade, somente parte de referidos bens já seria suficiente para a integralização do valor do capital social pretendido. Da mesma forma não foi demonstrado pela impetrante/apelante o desacerto do valor venal adotado pela municipalidade em relação a tais imóveis. (Apelação Cível 1002522-80.2017.8.26.0650)

O tema ganhou novos contornos em razão de recente julgamento do Supremo Tribunal Federal que fixou a tese de que: "A imunidade em relação ao ITBI, prevista no inciso I do § 2º do art. 156 da Constituição Federal, não alcança o valor dos bens que exceder o limite do capital social a ser integralizado" (RE 796.376). O argumento do Min. Alexandre de Moraes, redator do acórdão, foi no sentido de que, "sobre a diferença do valor dos bens imóveis que superar o valor do capital subscrito a ser integralizado, incidirá a tributação pelo ITBI, pois a imunidade está voltada ao valor destinado à integralização do capital social, que é feita quando os sócios quitam as quotas subscritas".

Importante pontuar que o caso concreto levado ao plenário se refere à integralização de bem ao patrimônio, sendo parte do valor vertido ao capital social e parte à crédito na conta de Reserva de Capital. Note-se, portanto, que o caso não se subsome ao exemplo acima mencionado, ou seja, integralização do bem por valor inferior ao seu valor de mer-cado. Esquematicamente – note-se a diferença – o caso julgado pelo STF pode ser assim resumido:

Valor de mercado do imóvel	R$ 1.500.000,00
Custo de aquisição do imóvel pelo sócio	R$ 350.000,00
Capital social subscrito	R$ 350.000,00
Reserva de capital subscrita (tributável pelo ITBI)	R$ 1.150.000,00

Consequentemente, a ideia adjacente está vinculada à noção de que o excesso de valor de bem conferido ao capital social será destinado à conta de reserva de capital, numa espécie de subscrição de quotas ou ações com ágio.

Contudo, remanescem em aberto duas questões, que deverão ser enfrentadas pela jurisprudência. Em primeiro lugar, nem toda operação de subscrição de capital social desse tipo leva ao registro de uma reserva de capital. Ao contrário, a reserva de capital apenas é formada quando a subscrição é expressamente realizada com ágio, o que dependerá da avaliação que for feita do imóvel e a destinação dada ao sobrevalor, se houver.

Em segundo lugar, mantém-se o problema da definição, então, do valor a ser considerado em contraposição ao capital social. Afinal, de acordo com o Código Civil, tratando-se de sociedade limitada, todos os sócios respondem solidariamente pela exata estimação de bens conferidos ao capital social, até o prazo de cinco anos da data do registro da sociedade (art. 1.055, § 1º). Além disso, se o valor da transferência para fins de ITBI não será aquele constante do ato societário, qual será então? Como visto, o tema do valor venal de referência, que alguns Municípios utilizam para fins de determinação da base de cálculo do ITBI, tem gerado controvérsia na jurisprudência.

Fica, portanto, a ressalva que o entendimento do STF não autoriza os municípios a cobrarem ITBI sobre a diferença entre o valor de imóvel e o valor da integralização, mas sim e tão somente, no caso de integralização em que parte do valor do bem é vertido ao capital social e parte registrado à crédito da conta Reserva de Capital, o que ensejaria a cobrança de ITBI sobre o montante destinado a essa conta.

Inegável, entretanto, que a forma como fixada a tese pode dar azo aos Municípios para pretenderem cobrar o ITBI sobre a diferença entre o valor do bem e o valor integralizado.

RECONHECIMENTO CONTÁBIL

Tratando-se de ativo imobilizado, o ITBI deve compor o valor do imóvel (CPC 27, item 16 (a)), sendo que:

- Deve ser segregado entre terreno e edificação, estando a parcela edificada sujeita à depreciação.
- Para fins de apuração do IRPJ no lucro real, o art. 41, § 4º, da Lei nº 8.981/95 permite tratamento como custo ou despesa.

Tratando-se de bem adquirido para revenda, o ITBI deverá integrar o custo (CPC 16, item 11).

LANÇAMENTO TRIBUTÁRIO

Em regra, o lançamento do imposto é feito por declaração do contribuinte, cabendo à autoridade administrativa a avaliação do bem, o cálculo do tributo e a emissão da guia para o seu pagamento.

Alguns municípios, por sua vez, diante do avanço dos sistemas eletrônicos, já estão adotando o lançamento por homologação, em que o contribuinte declara a transmissão pelo sistema, que apura o montante devido e gera a guia para pagamento, sem a necessidade de qualquer atuação do Fisco.

Naturalmente, há, ainda, a possibilidade de lançamento de ofício pela autoridade administrativa, se constatada a ocorrência do fato gerador, sem o respectivo pagamento do imposto.

IMPOSTO SOBRE A TRANSMISSÃO *"CAUSA MORTIS"* E DOAÇÕES (ITCMD)

COMPETÊNCIA TRIBUTÁRIA

Compete aos Estados e ao Distrito Federal a instituição do imposto sobre as transmissões *"causa mortis"* e doações (ITCMD), conforme art. 155, inciso I, da Constituição Federal. Como mencionado, antes de 1988, havia a previsão apenas de um imposto estadual sobre a transmissão, a qualquer título, de bens imóveis, onerosamente ou não. E foi nesse contexto que o CTN foi editado: os arts. 35 a 42 referem-se ao antigo imposto estadual sobre a transmissão de bens imóveis e de direitos a ele relativos, de modo que se aplicam, no que for possível, tanto ao ITBI quanto ao ITCMD.

Então, atualmente, a competência para instituir impostos sobre transferências patrimoniais divide-se conforme se trate de uma transmissão onerosa ou gratuita. Sendo gratuita a transmissão, tanto por sucessão (*"causa mortis"*) quanto por doação, haverá a incidência do ITCMD, seja o bem transferido móvel ou imóvel. Por outro lado, sendo onerosa a transmissão, haverá a incidência do ITBI tão somente se o bem transferido for imóvel, ou tratar-se de direitos relacionados a bem imóvel. Por consequência, tratando-se da transmissão onerosa de bens móveis, não haverá a incidência de imposto sobre a transferência patrimonial (mas eventualmente de outros impostos, como ICMS, IPI, além do IR sobre eventual ganho de capital, cuja materialidade, todavia, é diversa do ITBI). Esquematicamente, temos a Figura 13.6.

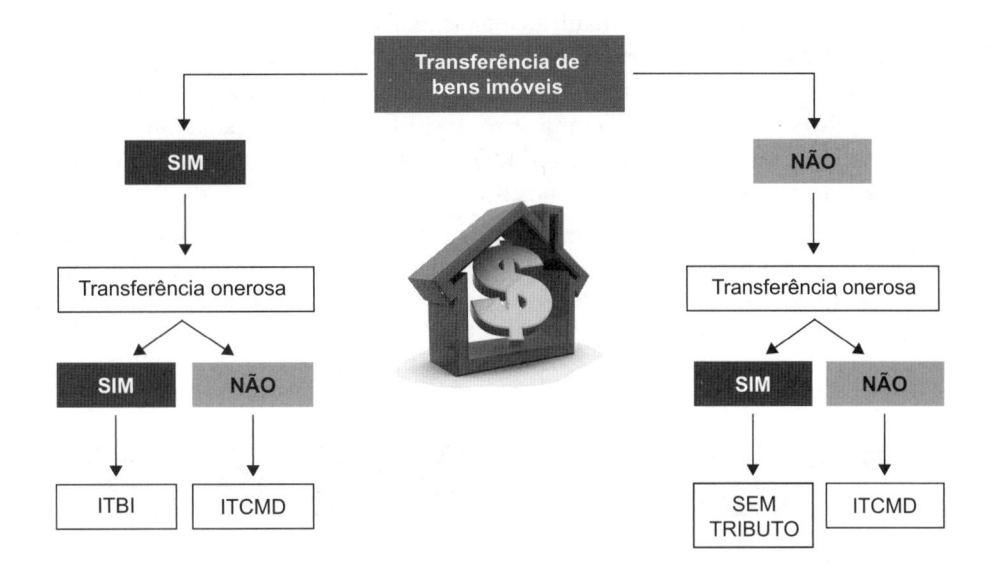

Figura 13.6 ITBI *vs.* ITCMD.

Transmissão de bens imóveis e respectivos direitos

Tratando-se da transmissão de bens imóveis e respectivos direitos, de acordo com o art. 155, § 1º, inciso I, da Constituição Federal, o ITCMD caberá ao Estado em que localizado o bem imóvel, independentemente de outros critérios como domicílio do doador e donatário, ou do autor da herança e herdeiro, ou o local do processamento do inventário.

Transmissão de bens móveis, títulos e créditos

Já no caso de transmissão de bens móveis, títulos e créditos, de acordo com o art. 155, § 1º, inciso II, da Constituição Federal, o ITCMD caberá ao Estado onde se processar o inventário ou arrolamento, no caso de sucessão, ou onde tiver domicílio o doador, no caso de doações.

Mais especificamente a respeito do imposto sobre heranças, o local do processamento do inventário ou arrolamento, como regra geral, é determinado pelo domicílio do autor da herança, conforme art. 48, *caput*, do Código de Processo Civil de 2015. Ocorre que, em 2007, foi editada a Resolução CNJ nº 35, que disciplinou a partilha extrajudicial, de acordo com a qual "Para a lavratura dos atos notariais relacionados a inventário [...] consensual [...] por via administrativa, é livre a escolha do tabelião de notas, não se aplicando as regras de competência do Código de Processo Civil". Assim, a regulamentação do CNJ cria uma curiosa situação em que, em tese, o imposto sobre heranças relativos a bens móveis, títulos e créditos será devido ao Estado livremente escolhido pelo inventariante, ao eleger a localização do tabelião de notas que realizará a partilha extrajudicial – *vide* decisão do TJ/GO Recurso Inominado nº 5094375.64.

ITCMD e transferências internacionais

Sendo o ITCMD um tributo da competência dos Estados e do Distrito Federal, sua incidência em transferências internacionais pode gerar conflitos de competências decorrente de qual critério deve ser aplicado para determinar qual ente é competente para cobrá-lo.

Por essa razão, o art. 155, § 1º, inciso III, da Constituição Federal reserva à LC a fixação de critérios nacionalmente uniformes para determinar a competência para instituir o ITCMD quando:

(a) O doador tiver domicílio ou residência no exterior.

(b) O autor da herança possuir bens, for residente ou domiciliado ou tiver seu inventário processado no exterior.

Ocorre que não foi editada referida LC, o que levou os Estados e o Distrito Federal a regularem essa matéria de forma individualizada. Por força da ausência de lei nacional que uniformize tais situações, são verificados diversos conflitos de competência, com dois ou mais Estados exigindo o ITCMD sobre a mesma operação.

Um exemplo pode ser encontrado nas leis paulista e gaúcha. De acordo com a Lei nº 10.705/00 (São Paulo), quando o doador for domiciliado no exterior e sendo incorpóreo o bem doado, o imposto será devido em São Paulo se o ato de sua transferência ou liquidação ocorre nesse Estado (art. 4º, inciso II, "a"). Por outro lado, de acordo com a Lei nº 8.821/89 (Rio Grande do Sul), o imposto é devido no Rio Grande do Sul quando os bens móveis, títulos, créditos, ações, quotas e valores forem transmitidos por pessoa com residência ou domicílio no exterior para donatário com residente nesse Estado (art. 3º, inciso V).

Então, basta imaginar um doador residente nos Estados Unidos que doa as quotas de sociedade sediada em São Paulo, cuja transferência será processada perante a Junta Comercial do Estado de São Paulo (Jucesp), a um donatário domiciliado no Rio Grande do Sul. Ambos os Estados, de acordo com sua legislação, exigirão o ITCMD sobre essa transferência, conforme Figura 13.7.

OLHA A NOTÍCIA!

Confira a notícia "Família repatria quase R$ 50 bilhões e vai a justiça para não pagar imposto" acessando o QR Code.

uqr.to/1ay7g

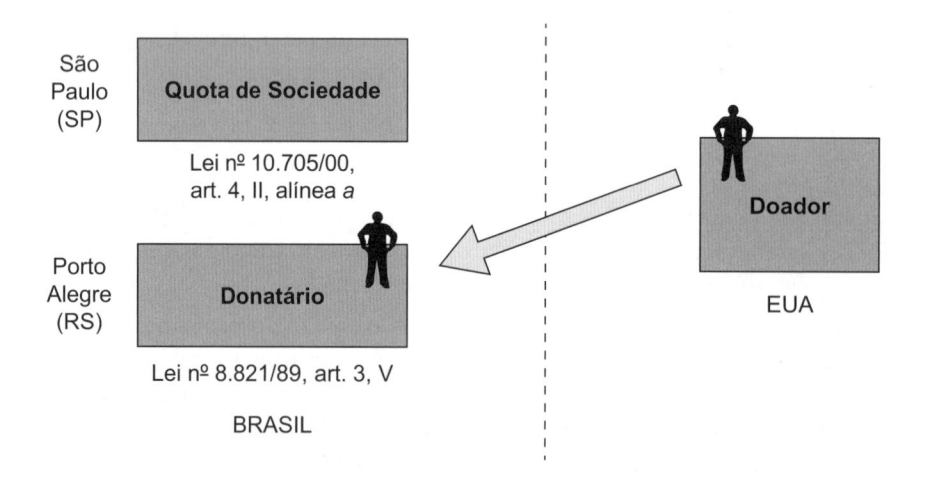

Figura 13.7   Doador residente no exterior.

Nesse contexto, dada a ausência de LC, o Supremo Tribunal Federal, em Recurso Extraordinário com repercussão geral reconhecida (Recurso Extraordinário nº 851.108/SP), decidiu que se os conflitos de competência decorrentes da falta de harmonização de critérios impedem que cada Estado eleja seu próprio critério de tributação nesse tipo de transferências, de modo que o tributo não seria devido, ou seja, o contribuinte não teria que realizar o recolhimento nem para o Estado de São Paulo e nem para o do Rio Grande do Sul.

Os pressupostos para a aplicação da decisão do STF no sentido da inconstitucionalidade do ITCMD são diferentes conforme se trate de doações ou heranças, em razão de uma assimetria de tratamento derivada do próprio texto constitucional:

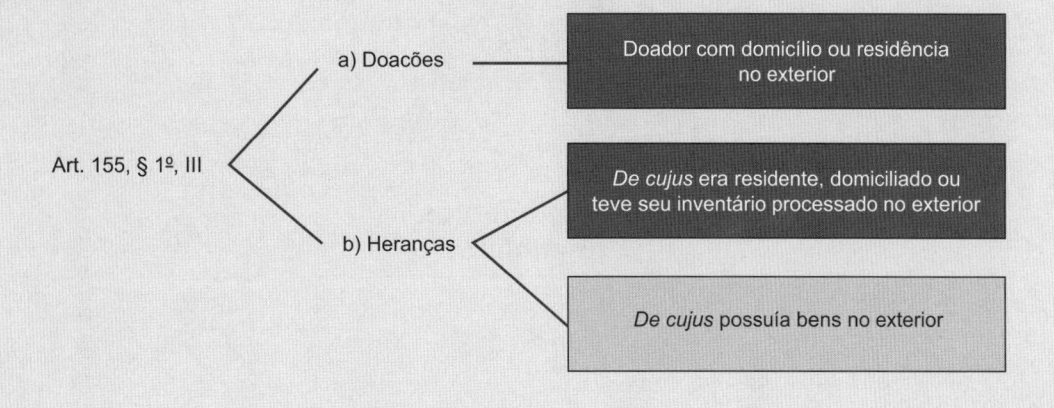

Art. 155, § 1º, III

a) Doações — Doador com domicílio ou residência no exterior

b) Heranças — *De cujus* era residente, domiciliado ou teve seu inventário processado no exterior

De cujus possuía bens no exterior

CASO PRÁTICO

Um casal domiciliado em São Paulo, cujos investimentos financeiros no exterior (ex.: Suíça) são realizados por meio de *offshore* localizada em paraíso fiscal (ex.: Ilhas Virgens Britânicas – BVI), pretende antecipar a sucessão, transferindo o patrimônio a seus filhos domiciliados em São Paulo, de modo a se beneficiar da decisão do STF.

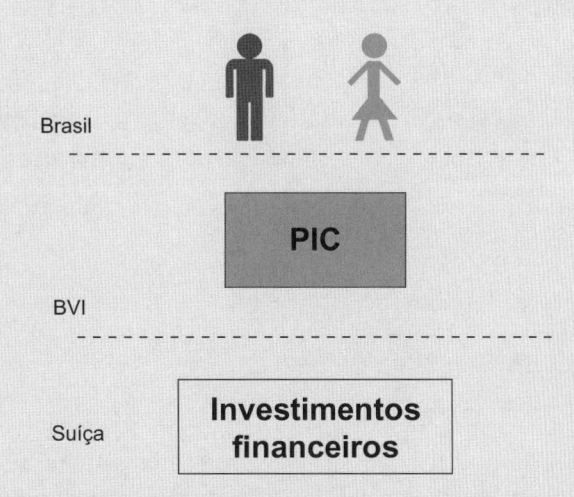

Brasil

PIC

BVI

Suíça — Investimentos financeiros

Problema: a doação direta, por doador domiciliado no Brasil, de bens no exterior não está alcançada pela decisão do STF.

Proposta: interposição de entidade no exterior que realize a doação (logo, o doador estará domiciliado no exterior...).

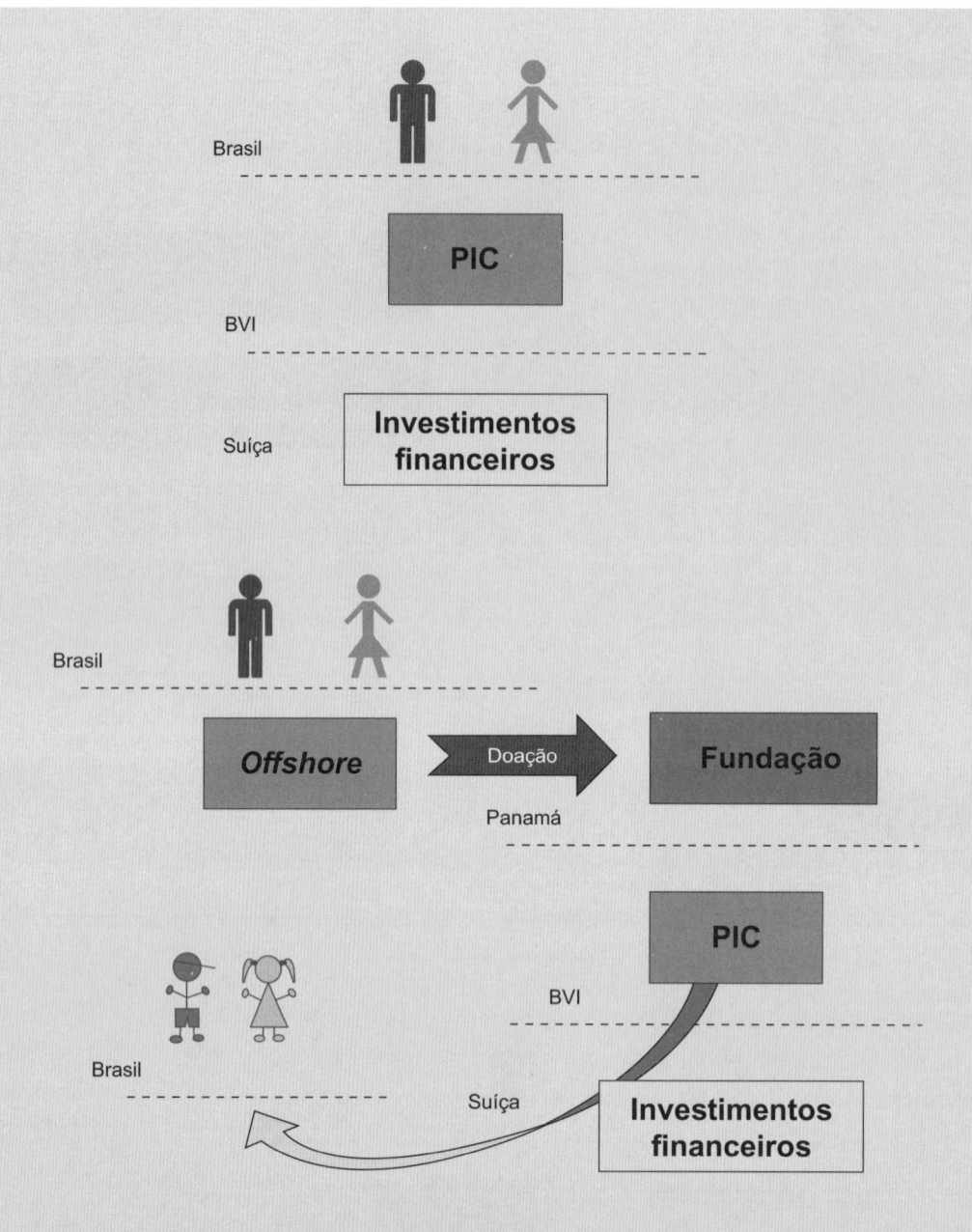

Riscos: desconsideração do ato de subscrição de capital social na segunda *offshore* e qualificação como doação, pelos pais, à fundação no exterior (sujeita ao ITCMD); ou desconsideração da fundação e qualificação da operação como doação direta dos pais aos filhos (sujeita ao ITCMD); acusação de simulação e fraude fiscal, conforme decisão do Tribunal de Impostos e Taxas (TIT) de São Paulo, a seguir reproduzida:

ITCMD. Infrações relativas ao pagamento de imposto. AIIM julgado procedente, mantida a solidariedade. [...] A integralização do capital social por meio das ações e a posterior doação à Fundação teve o intuito claro de se evitar a incidência do imposto, os documentos demonstram que desde o início a integralização de capital na empresa comercial criada nas Ilhas Virgens só serviu de ponte para a doação das ações à Fundação com sede no Panamá. (TIT-SP, 5ª Câmara, Recurso Ordinário, AIIM 4.086.783-3, 30.10.2018).

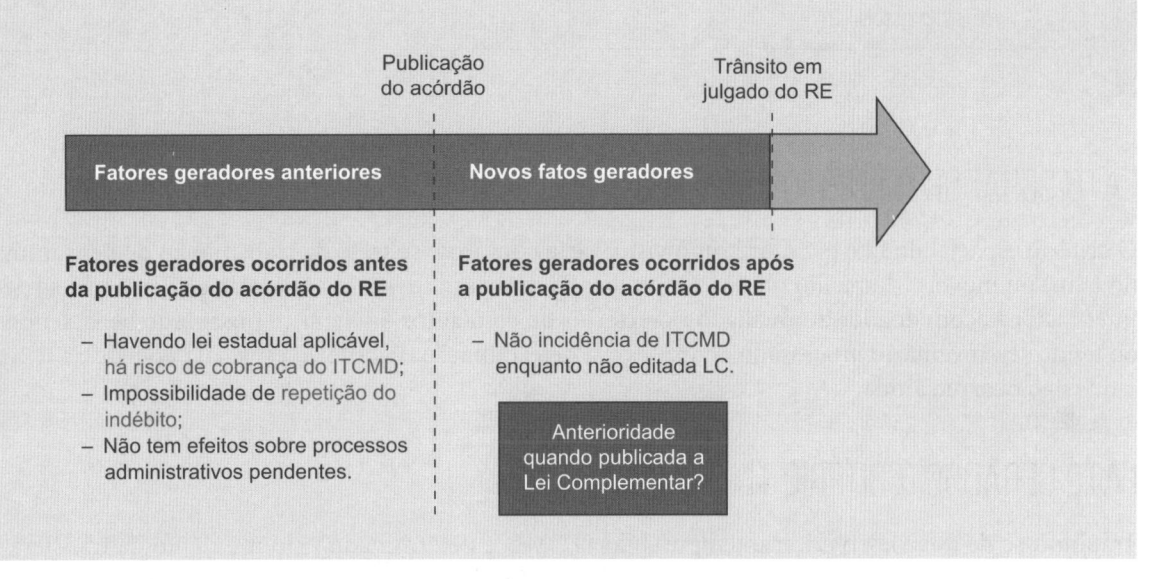
FATO GERADOR (CRITÉRIO MATERIAL)

O traço marcante na transmissão "*causa mortis*" e na doação é ausência de onerosidade, isto é, a ausência de qualquer contraprestação por parte do beneficiário.

A transmissão "*causa mortis*", em interpretação literal, significa transmissão "por causa da morte" e ocorre não apenas na hipótese de falecimento real da pessoa, como também no falecimento presumido do titular, como já pacificou o STF na Súmula nº 331 ("É legítima a incidência do Imposto de Transmissão *Causa Mortis* no inventário por morte presumida").

Interessante verificar os efeitos, para fins do ITCMD, da renúncia à herança. De acordo com o art. 1.804 do Código Civil, "a transmissão se tem por não verificada quando o herdeiro renuncia à herança". Então, a renúncia à herança afasta a possibilidade de exigência do ITCMD em face do renunciante. Claro que, se a renúncia beneficiar terceiro, que passará a fazer jus à herança (ou a um quinhão maior), o fato gerador do ITCMD estará caracterizado quanto à transmissão dos bens a essa pessoa.

> ITCMD – Plano Vida Gerador de Benefício Livre (VGBL).
> I – Regime de Previdência Complementar tem a mesma natureza dos seguros de vida (Lei Complementar nº 109/01, arts. 1º, 2o e 73).
> II – Seja por não se caracterizarem como hipótese de incidência (art. 794 do Código Civil) ou por estarem albergados pela isenção (Lei nº 10.705/00, art. 6º, inciso I, "e"), os valores recebidos em decorrência de plano de previdência privada, não recebidos em vida pelo respectivo titular, não são tributados pelo imposto estadual.

FATO GERADOR (CRITÉRIO ESPACIAL)

O critério espacial do fato gerador, como visto, varia conforme se trate da transmissão de bens imóveis (situação do bem) ou móveis (domicílio do doador ou local do processamento do inventário). Tratando-se de transmissão internacional, com doador domiciliado no exterior ou com autor da herança possuindo bens, sendo domiciliado ou tendo seu inventário processado no exterior, a determinação do critério espacial depende da definição em LC, o que não ocorreu ainda.

FATO GERADOR (CRITÉRIO TEMPORAL)

Tratando-se de doações, o critério temporal do ITCMD é determinado pelo momento da transferência do bem: sendo imóvel, deverá corresponder ao registro da escritura em sua matrícula; sendo móvel, deverá corresponder à entrega ou disponibilização dos bens.

Já no caso de heranças, o art. 1.784 do Código Civil determina que: "aberta a sucessão, a herança transmite-se, desde logo, aos herdeiros legítimos e testamentários". Então, o critério temporal do ITCMD é determinado pela data do óbito do autor da herança, cuja ocorrência abre-se a sucessão, transmitindo-se desde logo o domínio e a posse da herança aos herdeiros, como, inclusive, há muito reconhecido pelo Supremo Tribunal Federal nas Súmulas 112 ("O impôsto de transmissão 'causa mortis' é devido pela alíquota vigente ao tempo da abertura da sucessão") e 590 ("Calcula-se o imposto de transmissão causa mortis sobre o saldo credor da promessa de compra e venda de imóvel, no momento da abertura da sucessão do promitente vendedor"). Assim, é irrelevante o momento da aceitação da herança, em que se dá a efetiva transmissão de bens; por ficção jurídica os herdeiros entram na posse da herança com a abertura da sucessão.

É claro que isso não significa que o imposto seja devido tão logo ocorra a abertura da sucessão. Na verdade, a apuração do tributo devido depende, naturalmente, da própria partilha dos bens, nos termos da Súmula 114 do Supremo Tribunal Federal ("O Imposto de Transmissão *Causa Mortis* não é exigível antes da homologação do cálculo"). Se a sucessão é realizada por meio de procedimento judicial, há previsão de intimação da Fazenda Estadual para validação da apuração do tributo, após o que o juiz determinará seu recolhimento, cujo prazo é determinado pela legislação do respectivo Estado. No caso de partilha extrajudicial, a legislação estadual pode prever prazo máximo para recolhimento do imposto, havendo previsão para que o tabelião responsável verifique o efetivo pagamento do imposto e eventuais multa e juros, se excedido tal prazo (arts. 15 e 31 da Resolução CNJ nº 35).

RECOLHIMENTO DO ITCMD (CONTRIBUINTE/RESPONSÁVEL)

Contribuinte do imposto é qualquer das partes na operação tributada, como dispuser a lei, como prevê o art. 42 do CTN.

Assim, no caso de transmissão *causa mortis*, por óbvio, o contribuinte do imposto é o herdeiro ou o legatário. Já na transmissão por doação, tanto o doador como o donatário podem figurar como contribuintes do ITCMD, dependendo do que dispuser a lei estadual instituidora do imposto.

Há de se destacar ainda que, assim como no ITBI, os tabeliães, escrivães e demais serventuários de ofício são admitidos como responsáveis tributários, na impossibilidade de exigência do cumprimento da obrigação principal pelo contribuinte, de acordo com o art. 134, VI, do CTN, podendo ainda a lei estadual eleger outros responsáveis, desde que tenham relação indireta com o fato gerador e haja nexo causal, conforme o art. 121, parágrafo único, II, do CTN.

BASE DE CÁLCULO DO ITCMD

Conforme o art. 38 do CTN, a base de cálculo do ITCMD deve valor venal dos bens ou direitos transmitidos. Regra geral, deve representar o seu valor de mercado, não devendo superá-lo, sob pena de atingir riqueza diversa do bem transmitido. As legislações estaduais, por sua vez, estabelecem os mais variados critérios para determinação do valor venal para fins de ITCMD, conforme o tipo de bem.

Aqui, é importante verificar a legislação estadual aplicável, pois há variações importantes. Um exemplo dessa diversidade é a base de cálculo na hipótese de doação de participação em sociedade não listada em bolsa. Nesse caso, surge a questão acerca do valor venal das ações ou quotas. Alguns Estados preveem, para tal hipótese, a apuração do tributo conforme o valor patrimonial das ações ou quotas, ou seja, qual o percentual do patrimônio líquido da sociedade representado por tais instrumentos. Outros Estados, por exemplo, determinam que tais quotas ou ações sejam avaliadas conforme o valor de mercado de ativos e passivos da sociedade, refletindo eventuais ganhos de detenção acumulados na sociedade, mas não refletidos em seu patrimônio.

ALÍQUOTAS DO ITCMD

De acordo com o art. 155, § 1º, inciso IV, da Constituição Federal, compete ao Senado Federal estabelecer a alíquota máxima do ITCMD, o que se efetivou por meio da Resolução nº 9/92, fixando-a em 8%.

Salvo essa limitação, há liberdade para os Estados e o Distrito Federal definirem as alíquotas do ITCMD. Mais recentemente, o Supremo Tribunal Federal considerou constitucional a imposição de alíquotas progressivas, a despeito da ausência de autorização expressa na Constituição Federal (RE 562.045) – em alguma medida, modificando o entendimento consolidado em outros tributos sobre o patrimônio, como visto acima.

Nesse caso, é importante observar que a alíquota aplicável deve levar em consideração o montante transferido a cada beneficiário, e não a totalidade dos bens transmitidos, por duas razões. Em primeiro lugar, como o fundamento da decisão baseia-se na diferenciação das alíquotas conforme a capacidade contributiva, ela diz respeito a cada um dos beneficiários individualmente, e não ao montante como um todo. Em segundo lugar, e reforçando o argumento anterior, o art. 36, parágrafo único, do CTN determina que: "Nas transmissões *causa mortis*, ocorrem tantos fatos geradores distintos quantos sejam os herdeiros ou legatários".

RECONHECIMENTO CONTÁBIL

Na medida em que tanto ITBI quanto ITCMD são impostos incidentes sobre a transmissão de bens, o reconhecimento contábil da despesa de ITCMD seguirá os mesmos parâmetros apresentados acima com relação ao ITBI.

LANÇAMENTO TRIBUTÁRIO

Cabe à lei estadual instituidora do imposto estabelecer o procedimento a ser adotado na prática para fins de lançamento do imposto. Em regra, o lançamento do ITCMD é por declaração, em que o contribuinte declara ocorrência do fato gerador e demais elementos necessários para que a autoridade e responsável emita a guia para pagamento do imposto. Há, porém, situações em que se verifica o lançamento por homologação, como nos casos de partilha extrajudicial, em que o contribuinte é responsável pela apuração, emissão da guia de recolhimento e pagamento do imposto.

Situação peculiar pode ser encontrada nos inventários judiciais, em que o lançamento é realizado pelo próprio juiz, a partir de avaliação dos bens realizada pelo perito judicial, conforme art. 638 do Código de Processo Civil. A Fazenda Pública, nesse caso, é apenas intimada a apresentar sua concordância com o cálculo realizado pelo juiz, que decidirá no caso de impugnação pelas partes ou pela Fazenda Pública.

RESUMO

OBJETIVO 1 Embora, do ponto de vista econômico, tributos são sempre suportados pela renda auferida pelo contribuinte, os impostos sobre o patrimônio caracterizam-se por incidir sobre uma base que não se renova anualmente, ou seja, incidem sobre uma riqueza acumulada. Dentre eles, há os impostos que incidem sobre o estoque patrimonial (IPTU, ITR e IPVA), que são exigidos pelo simples fato de o contribuinte ser proprietário, ou equiparado, de determinados bens ou direitos. Há, ainda, os impostos que incidem sobre o fluxo patrimonial (ITBI e ITCMD), os quais serão devidos apenas na transferência patrimonial, isto é, no momento em que a titularidade do bem ou direito é transferida, onerosa ou gratuitamente, a terceiros.

OBJETIVO 2 Tanto o IPTU quanto o ITR incidem sobre a propriedade imóvel, assim entendida em seu sentido comum, ou seja, não se limitando ao conceito jurídico de propriedade de bens imóveis (isto é, conforme registro na matrícula do imóvel). O IPTU, por sua vez, incide sobre as propriedades localizadas na zona urbana, conforme definido na lei tributária. Em contraposição, o ITR incide sobre as propriedades localizadas na zona rural. O IPVA, incidente sobre veículos automotores, leva em consideração um sentido mais formal de propriedade, voltado ao registro realizado junto às autoridades de trânsito. Em comum aos três impostos, a base de cálculo sempre deverá levar em conta uma estimativa: justamente porque não se tributa uma transferência patrimonial, é necessário estimar o valor venal do bem, isto é, o valor pelo qual ele seria vendido no mercado. No caso do IPTU, considera-se a planta genérica de valores, em que são estimados os valores venais conforme localização do imóvel. O ITR leva em consideração o valor da terra nua, isto é, desconsideradas benfeitorias e demais construções. Finalmente, o IPVA é apurado conforme valor médio considerado por modelo e tipo de veículo.

OBJETIVO 3 Enquanto o ITBI incide sobre a transferência onerosa de bens imóveis e direitos reais a eles relacionados (exceto os de garantia), o ITCMD incide apenas sobre as transferências gratuitas (doações ou heranças), sejam de bens móveis ou imóveis. No caso do ITBI, via de regra, considera-se o valor da transferência como base de cálculo, enquanto o ITCMD, dada a gratuidade da transferência, buscará o valor venal do bem transferido. A base de cálculo do ITCMD, por sua vez, pode gerar controvérsias importantes, na medida em que alguns Estados podem exigir a avaliação dos bens a mercado – o que é problemático no caso de doações ou heranças relativas a participações societárias. Com relação ao sujeito ativo, isto é, a qual ente é devido o pagamento do imposto, o ITBI não deixa dúvidas: o Município em que localizado o imóvel. No caso do ITCMD, tratando-se de bens imóveis, o imposto será devido ao Estado em que localizado o imóvel; tratando-se de bens móveis, ao Estado em que domiciliado o doador ou em que se processar o inventário ou partilha. Já se o doador tiver domicílio ou residência no exterior; ou o autor da herança possuir bens, for residente ou domiciliado ou tiver seu inventário processado no exterior, o ITCMD não será devido enquanto não for editada LC que regulamente a competência nessas situações.

Acesse os QR Codes para assistir ao material adicional do capítulo:

Vídeo 1
uqr.to/1ayan

Vídeo 2
uqr.to/1ayap

Vídeo 3
uqr.to/1ayaq

APLICANDO CONHECIMENTOS – TESTES

TESTES DE MÚLTIPLA ESCOLHA

1. A respeito do Imposto sobre a Propriedade Predial e Territorial Urbana, é **correto** afirmar:

   a) Imposto de competência dos Municípios tem como fato gerador a propriedade, o domínio útil ou a posse de bem imóvel, que esteja localizado em zona urbana ou rural do Município.

   b) Entende-se como zona urbana aquela em que foram realizados melhoramentos em pelo menos três dos seguintes elementos: meio fio ou calçamento, abastecimento de água, sistema de esgotos sanitários, rede de iluminação pública, escola primária ou posto de saúde.

   c) O sujeito ativo do imposto é o proprietário do imóvel, o titular do seu domínio útil ou o seu possuidor a qualquer título.

   d) A base de cálculo do imposto será o valor venal do imóvel, considerando os valores advindos de bens móveis mantidos em caráter permanente ou temporário no imóvel.

   e) Para se chegar ao valor devido pelo proprietário do imóvel, é feita a aplicação da alíquota municipal ao valor venal da propriedade.

2. Considere as quatro situações abaixo descritas e as afirmações feitas ao final de cada uma delas, relativamente ao ITCMD.

   I. Erivalda Ercília, domiciliada em Palmas/TO, entregou à sua prima Ludmila Matilde, domiciliada em Manaus/AM, a título de permuta, uma casa de sua propriedade, localizada em Porto Alegre/RS, recebendo de Ludmila, em contrapartida, um apartamento localizado em Maceió/AL. Há ITCMD devido tanto ao Estado de Alagoas como ao Estado do Rio Grande do Sul.

   II. Aldo Albérico, que sempre foi domiciliado em Corumbá/MT, faleceu e deixou para seu único filho, Jorge Ramón, domiciliado em Santos/SP, os seguintes bens: (1) uma casa localizada em Belo Horizonte/MG e (2) R$ 1.000.000,00, depositados em conta-corrente aberta em agência bancária da cidade de Curitiba. O processo judicial de arrolamento tramitou em Corumbá. Não há ITCMD devido ao Estado de Mato Grosso em decorrência desta transmissão.

   III. Dora Eleonora, domiciliada em Salvador/BA, doou à sua amiga Abigail Eugênia, domiciliada em Rio Branco/AC, um imóvel localizado no Rio de Janeiro/RJ, reservando para si o usufruto deste bem imóvel. Há ITCMD devido ao Estado da Bahia em razão dessa doação.

   IV. Evilásio Hércules, domiciliado em Caruaru/PE, doou ao seu amigo Ciro Alberico, domiciliado em Chapecó/SC, um terreno localizado em Teresina/PI, bem como todos os bens móveis que se encontravam no referido terreno, reservando para si, no entanto, o usufruto deste bem imóvel. Há ITCMD devido ao Estado de Pernambuco, em razão da doação efetuada.

   Com base nas regras constitucionais acerca do ITCMD, está correto o que se afirma APENAS em:

   a) II e III.

   b) IV.

   c) I.

   d) I e III.

   e) II e IV.

3. Otávio, domiciliado no Estado X, possui ações representativas do capital social da Sociedade BETA S/A, com sede no Estado Y, e decide doar parte da sua participação acionária a Mário, seu filho, então domiciliado no Estado Z. Com dúvidas quanto ao Estado para o qual deverá ser recolhido o imposto sobre a Transmissão *Causa Mortis* e Doação (ITCD) incidente nessa operação, Mário consulta seu escritório, destacando que o Estado Z estabelece alíquotas inferiores às praticadas pelos demais Estados.

   Com base nisso, assinale a afirmativa **correta**.

   a) O ente competente para exigir o ITCD na operação em análise é o Estado X, onde tem domicílio o doador.

   b) O ITCD deverá ser recolhido ao Estado Y, uma vez que o bem a ser doado consiste em participação acionária relativa à sociedade ali estabelecida, e o imposto compete ao Estado da situação do bem.

   c) O ITCD deverá ser recolhido ao Estado Z, uma vez que o contribuinte do imposto é o donatário.

d) Doador ou donatário poderão recolher o imposto ao Estado X ou ao Estado Z, pois o contribuinte do imposto é qualquer das partes na operação tributada.

e) Não há incidência de ITCD em razão da ausência de LC que discipline o local do recolhimento.

4. Em relação ao IPVA (Imposto sobre a Propriedade de Veículo Automotor) incidente sobre um automóvel registrado no Município de Santa Rosa/RS, é correto afirmar que: imobilizado, diferido, intangível e investimentos.

a) A competência tributária é do Município de Santa Rosa, mas a arrecadação é feita pelo Estado do Rio Grande do Sul, que repassa metade do valor arrecadado ao Município.

b) A competência tributária é do Estado do Rio Grande do Sul, que arrecada o Imposto e repassa 50% do seu valor ao Município de Santa Rosa.

c) A competência tributária é do Estado do Rio Grande do Sul, que arrecada o valor do Imposto sem nada destinar ao Município de Santa Rosa.

d) O produto de sua arrecadação destina-se exclusivamente à manutenção de rodovias estaduais e vias públicas do Município de Santa Rosa.

e) O produto de sua arrecadação destina-se exclusivamente à manutenção de vias públicas do Município de Santa Rosa.

5. A pessoa jurídica de direito privado XYZ celebra contrato de locação de imóvel comercial com a pessoa jurídica de direito privado ABC, proprietária do imóvel, pelo prazo de 5 (cinco) anos. Os imóveis serão utilizados pelos diretores da pessoa jurídica XYZ. Segundo o contrato, a locatária XYZ é a responsável pelo pagamento do Imposto Predial e Territorial Urbano – IPTU incidente sobre o imóvel locado durante o prazo contratual. Sobre a hipótese, assinale a afirmativa **correta**.

a) O contrato é nulo, uma vez que altera, por meio de convenção particular, a condição de sujeito ativo da obrigação tributária.

b) O contrato é válido e eficaz entre as partes, porém não produzirá efeito contra a Fazenda Pública, que apenas poderá exigir o IPTU do proprietário do imóvel, a pessoa jurídica ABC.

c) O contrato é válido e eficaz entre as partes e poderá ser oposto contra a Fazenda Pública, que somente poderá exigir o cumprimento da obrigação tributária pela locatária XYZ, conforme previsão contratual.

d) O contrato é válido e eficaz entre as partes e poderá ser oposto contra a Fazenda Pública desde que seja editada Resolução pelo Secretário Municipal de Fazenda autorizando a referida transferência de sujeição passiva tributária.

e) O contrato é válido e eficaz entre as partes e poderá ser utilizado pela Fazenda Pública para caracterizar a solidariedade entre XYZ e ABC quanto à obrigação de recolher o IPTU.

6. Assinale a assertiva **incorreta**.

a) Os Municípios podem instituir o Imposto sobre transmissão *inter vivos*, a qualquer título, por ato oneroso, de bens imóveis, por natureza ou acessão física, e de direitos reais sobre imóveis, exceto os de garantia, bem como cessão de direitos a sua aquisição.

b) Aos Municípios compete instituir o ITCMD – Impostos sobre Transmissão *Causa Mortis* e Doação.

c) Compete exclusivamente à União a instituição e definição das alíquotas do ITR – Imposto Territorial Rural.

d) Aos Municípios compete instituir o IPTU – imposto sobre propriedade predial e territorial urbana.

e) De acordo com Supremo Tribunal Federal, incide ITBI sobre a diferença do valor venal do imóvel e o capital social subscrito com sua integralização em sociedade que não exerça, de forma preponderante, atividade imobiliária.

7. No que se refere ao ITBI, assinale a alternativa que contém afirmativa **correta**.

a) De competência dos Municípios, o imposto incide sobre todas as transmissões *inter vivos*, a qualquer título, de bens imóveis, por natureza ou acessão física, e de direitos reais sobre imóveis, exceto os de garantia, bem como sobre cessão de direitos a sua aquisição.

b) Incide sobre o valor venal do imóvel, no momento da lavratura da escritura de compra e venda, inclusive sobre as benfeitorias por ventura realizadas até tal momento pelo adquirente.

c) Não incide sobre a transmissão de bens imóveis para integralização de capital subscrito em empresas dedicadas à venda e à locação da propriedade imobiliária.

d) Não pode ter alíquotas variáveis em função do valor venal do imóvel.

e) Tem como base de cálculo o custo de aquisição constante da Declaração de Bens e Direitos da Declaração de IRPF do vendedor.

8. O Governador do Estado ABC, por meio de Decreto publicado em 29 de dezembro de 2017, alterou a base de cálculo do IPVA para incorporar a ela a atualização do valor monetário por índices oficiais de correção. Sobre a referida alteração de base de cálculo, assinale a afirmativa **correta**.

a) Somente pode ser feita por intermédio de lei em sentido estrito, mas terá eficácia imediata a partir da data em que haja sido publicada a lei.

b) Somente pode ser feita por intermédio de lei em sentido estrito, mas somente terá eficácia após decorridos noventa dias da data em que haja sido publicada a lei.

c) Somente pode ser feita por intermédio de lei em sentido estrito, mas somente terá eficácia no exercício financeiro seguinte àquele em que haja sido publicada a lei.

d) Embora possa ser feita mediante Decreto, somente poderá ter eficácia depois de decorridos noventa dias da data em que haja sido publicado o Decreto.

e) Não é reputada majoração de tributo para fins de aplicação do princípio da reserva legal em sentido estrito.

9. Tendo em consideração o fato gerador do IPVA (Imposto sobre a Propriedade de Veículos Automotores), indaga-se se incide:

   a) Apenas sobre automóveis, caminhões e motocicletas.

   b) Sobre automóveis, caminhões, motocicletas e embarcações de qualquer tipo, desde que motorizadas.

   c) Apenas sobre automóveis, assim entendidos os veículos de passeio com dois eixos.

   d) Sobre automóveis, caminhões, motocicletas e helicópteros.

10. José da Silva, domiciliado no Estado de Rondônia, recebeu doação de um automóvel registrado perante o DETRAN do Amazonas e de uma casa, situada em Manaus, de seu amigo Mário dos Santos, domiciliado no Estado do Amazonas. Sobre essa doação, incide imposto estadual de transmissão causa mortis e doação (ITCMD). Diante dessa situação e acerca desse imposto, analise as afirmativas a seguir e assinale V para a verdadeira e F para a falsa.

( ) O ITCMD relativo ao automóvel será devido ao Estado de Rondônia, onde tem domicílio o donatário.

( ) O ITCMD relativo à casa em Manaus será devido ao Estado do Amazonas, onde está situado o imóvel.

( ) A fixação das alíquotas máximas do ITCMD é feita por meio de Resolução do Senado Federal.

As afirmativas são, respectivamente,

a) V – V – V.

b) F – V – V.

c) F – F – V.

d) V – F – V.

e) V – V – F.

RESPOSTAS

1-E; 2-B; 3-A; 4-B; 5-B; 6-B; 7-D; 8-E; 9-A; 10-B.

CAPÍTULO 14

GESTÃO DE TRIBUTOS SOBRE OPERAÇÕES FINANCEIRAS E INVESTIMENTOS

Érico Rodrigues Pilatti

OBJETIVOS DE APRENDIZAGEM DO CAPÍTULO

1. Compreender as aplicações de renda fixa e a sua tributação pelo Imposto de Renda.
2. Compreender as operações de renda variável, dentro e fora de Bolsa, e a sua tributação pelo Imposto de Renda.
3. Compreender as operações com fundos de investimento e a sua tributação pelo Imposto de Renda.
4. Compreender sobre a tributação pelo Imposto sobre Operações Financeiras nas operações dos mercados financeiro e de capitais.
5. Compreender sobre a tributação pelo Imposto de Renda nas operações realizadas pelos investidores não residentes nos mercados financeiro e de capitais.

OLHA A NOTÍCIA!

uqr.to/1ay7h

Reforma reduz distinções no mercado financeiro, mas pode afastar investimento

Autor: Fernanda Valente

JOTA – 7.7.2021

Embora a proposta de reforma do Imposto de Renda tente equilibrar algumas distinções no mercado financeiro, a alteração nas alíquotas e isenções podem afastar os investimentos, apontam especialistas do setor. Para reduzir as distorções, o projeto propõe a unificação da alíquota de fundos de investimento e renda fixa em 15%, acabando com a tributação escalonada e o come-cotas duas vezes ao ano. [...]

A percepção do advogado é de que não está claro como o governo chegou nos cálculos das alíquotas, tendo um desequilíbrio grande no mercado de capitais e nas ações a favor do mercado de crédito. A tendência, diz Loria, é que o investidor prefira fazer crédito privado ao invés de colocar o dinheiro na Bolsa.

CONSIDERAÇÕES INICIAIS

As aplicações financeiras realizadas nos mercados (i) financeiro e (ii) de capitais têm funções e finalidades distintas. Servem a propósitos de crédito, de financiamento, de investimento, de especulação, de proteção, de termômetro da economia e dos agentes do mercado, dentre outros.

Cada um desses mercados possui características e estruturas próprias, mas ambos permitem o acesso, direta ou indiretamente, dos tomadores aos poupadores de capital.

No mercado financeiro, também denominado mercado de intermediação bancária ou de crédito, a instituição financeira interpõe-se entre o poupador e o tomador, recebendo e concedendo crédito. Já no mercado de capitais, também denominado mercado de desintermediação bancária ou de valores mobiliários, a entidade financeira não é mais parte das pontas das operações, atuando com outra função, de instituição interveniente obrigatória nas operações de captação de recursos (atua por conta e ordem) realizadas diretamente entre tomadores e credores, inclusive por meio da emissão e da circulação de títulos e valores mobiliários.

O legislador, ao se debruçar sobre tais mercados e suas aplicações, e observando os princípios e premissas do Sistema Tributário Brasileiro, bem assim as diferentes materialidades identificadas, estabeleceu diferentes regimes tributários. Esses regimes em grande medida conversam com a natureza econômica dessas operações, buscando nelas identificar os fatos geradores típicos dos diferentes tributos, ajustando procedimentos de apuração, bases de cálculo e alíquotas a depender dos agentes, da certeza sobre o retorno financeiro e da caracterização dos ambientes.

E, para a adequada interpretação da legislação e regulamentação tributárias desses regimes, bem como de suas características, é importante compreender suas lógicas estruturais e conceitos típicos dos mercados financeiro e de capitais.

ATENÇÃO!

Para fins metodológicos, adotaremos neste capítulo os termos "aplicação financeira" ou "operação financeira" (no singular ou no plural) como sinônimos e sempre com o sentido acima referido, destacando, quando for o caso, outras operações que são a elas equiparadas para fins tributários.

De forma objetiva, a fim de atender ao escopo da presente obra, deve-se adotar como primeira dualidade entre as formas de tributação nesses mercados a segregação entre aplicações de renda fixa e de renda variável.

As aplicações de renda fixa ou de renda variável podem ser caracterizadas como operações (i) necessariamente realizadas nos termos e sob a égide do conjunto de normas jurídicas que rege os mercados financeiro e de capitais e (ii) que dependem da participação de uma instituição financeira, seja como parte ou como interveniente na operação, inclusive em relação aos investimentos por residentes ou domiciliados no exterior (oriundos ou não de países com tributação favorecida).[1]

As aplicações financeiras realizadas nos mercados financeiro e de capitais se diferenciam também pela previsibilidade quanto ao resultado delas decorrentes. As aplicações de renda fixa são aquelas cuja remuneração ou retorno do capital pode-se dimensionar no momento da aplicação, sendo considerados predeterminados ou predetermináveis. Por outro lado, as aplicações de renda variável não permitem o dimensionamento da remuneração ou retorno do capital no momento da aplicação, estando sujeitos à álea (incerteza), não sendo predetermináveis.

---

[1] Consoante art. 24 da Lei nº 9.430/96, tendo dois elementos: (i) não tributa a renda ou tributa a alíquota máxima inferior a 20%; e (ii) legislação não permita o acesso a informações relativas à composição societária de pessoas jurídicas, à sua titularidade ou à identificação do beneficiário efetivo de rendimentos atribuídos a não residentes.

Em razão dessa diferenciação quanto à determinação do resultado e, portanto, do risco sobre o retorno da operação, remuneração ou retorno de capital das aplicações de renda fixa normalmente sujeitam-se à incidência de alíquotas maiores do imposto sobre a renda ("IR") em comparação com aquelas que incidem sobre as aplicações de renda variável, tendo em vista que aquelas possuem menor risco de retorno do que estas. Conforme será visto adiante neste capítulo, as bases de cálculo também são diversas.

A partir dessas aplicações e do capital investido, podem ser percebidos pelos investidores ganhos e/ou rendimentos que são compreendidos na materialidade da incidência do imposto sobre a renda independentemente da natureza, da espécie ou da existência de título ou do contrato escrito.

Como regra geral, os rendimentos auferidos pelos investidores em decorrência de aplicações de renda fixa e de renda variável sujeitam-se à incidência do imposto de renda na fonte ("IR Fonte"), mesmo nos casos de operações de cobertura ou de *hedge*, realizadas por meio de operações (i) de *swap*; e (ii) nos mercados de derivativos.

O IR Fonte sobre os rendimentos de aplicações financeiras de renda fixa e de renda variável será:

- **Para pessoa jurídica tributada com base no lucro real, presumido ou arbitrado**, considerado antecipação e deduzido do imposto sobre a renda devido no encerramento de cada período de apuração ou na data da extinção.[2]

- **Para a pessoa física, pessoa jurídica isenta e pessoa jurídica optante pelo Simples Nacional**, considerado definitivo.

O IR sobre os ganhos líquidos será devido separadamente nas seguintes hipóteses: (i) mensalmente, quando a pessoa jurídica, tributada com base no lucro real, optar pela apuração do resultado sobre base de cálculo mensal estimada; e (ii) nos dois meses anteriores ao encerramento do período de apuração trimestral, quando a pessoa jurídica, tributada com base no lucro real, presumido ou arbitrado, realizar a apuração trimestral do IR.

> ## ATENÇÃO!
>
> Há uma regra principal de exceção. O IR Fonte não se aplica no caso de operações financeiras de renda fixa de titularidade de instituição financeira, inclusive sociedade de seguro, previdência e capitalização, sociedade corretora de títulos, valores mobiliários e câmbio, sociedade distribuidora de títulos e valores mobiliários ou sociedade de arrendamento mercantil, referidas no art. 77, I, da Lei nº 8.981/95.

Com base nas discussões deste tópico, poderemos aprofundar a análise dos conceitos de mercado e tributários nos próximos tópicos, a fim de compreendemos a tributação das operações pelo IR e pelo IOF, bem como os diferentes regimes adotados.

---

[2] Isso significa que a alíquota a que estão efetivamente sujeitas estas pessoas jurídicas sobre as aplicações financeiras é a de 34%, aplicável como regra sobre o lucro real, presumido ou arbitrado apurado ao final de cada período. Nessa sistemática, o IRRF descontado é uma antecipação que pode ser deduzida como crédito ao final de cada período do valor do IRPJ e CSLL devidos sobre o lucro tributável da pessoa jurídica, que inclui os rendimentos auferidos nos mercados financeiros e de capital.
Nas demais hipóteses, de incidência do IRRF de forma definitiva, este tributo é cobrado na fonte e não é incluído na base de cálculo do imposto de renda, mantendo-se a alíquota do IRRF como a efetiva.

APLICAÇÕES FINANCEIRAS DE RENDA FIXA

OLHA A NOTÍCIA!

uqr.to/1ay7j

Reforma tributária pode acabar com barreira ao 'rentismo' de curto prazo

Autor: Gustavo Ferreira,

Jornal *Valor Investe* – 14.7.2021

Proposta de unificação de impostos para a renda fixa deve acabar com estímulo dado desde 2004 ao investimento de mais longo prazo. E, de lambuja, pode trazer efeitos colaterais nocivos para o perfil da dívida nacional. Por outro lado, especialistas ponderam que relação entre risco e retorno deve seguir sendo soberana na decisão de investir em papéis mais longos.

REGRA GERAL

As aplicações financeiras de renda fixa não possuem um conceito legal definido que englobe a totalidade das hipóteses por elas contempladas, devendo-se, para tanto, buscar seu conceito econômico.

O rendimento das aplicações de renda fixa, mesmo quando possuam remuneração adicional incluída em sua base de cálculo de natureza variável, são sujeitos ao imposto de renda na fonte.

Segundo a RFB, as aplicações financeiras de renda fixa nos mercados financeiro e de capitais são aquelas realizadas com ativos de renda fixa, intermediadas ou realizadas por **instituição financeira**, e cuja "remuneração ou retorno de capital pode ser dimensionado no momento da aplicação",[3] ou seja, que possuem resultados determinados ou determináveis.

As aplicações financeiras de renda fixa podem ser realizadas com títulos públicos[4] ou privados[5] de renda fixa (classificados de acordo com a natureza da entidade ou empresa que o emite), bem como com alguns tipos de valores mobiliários, entre eles as debêntures.

Ainda, nos termos da legislação tributária, equiparam-se a operações de renda fixa, para fins de incidência do IR Fonte, **as operações de mútuo** e de compra vinculada à revenda, no mercado secundário, tendo por objeto ouro, ativo financeiro, as operações de financiamento, inclusive *box*, realizadas em bolsas de valores, de mercadorias e de futuros, e as operações de transferência de dívidas, bem como qualquer rendimento auferido pela entrega de recursos a pessoa jurídica.

---

[3] Perguntas e Respostas Pessoa Física 2021, Pergunta 650. Disponível em: https://www.gov.br/receitafederal/pt-br/acesso-a-informacao/perguntas-frequentes/declaracoes/dirpf/pr-irpf-2021-v-1-0-2021-02-25.pdf. Acesso em: 30 abr. 2021.

[4] Emitidos por entidades públicas, sendo exemplos as Notas do Tesouro Nacional (NTN), os Bônus do Banco Central (BBC), os Títulos da Dívida Agrária (TDA), bem como os títulos estaduais e municipais.

[5] Emitidos por instituições ou empresas de direito privado, sendo exemplos as Letras de Câmbio (LC), os Certificados de Depósito Bancário (CDB), os Recibos de Depósito Bancário (RDB), **CRI, CRA, LCI, LCA, LIG** e as Debêntures.

A legislação equipara às aplicações de renda fixa as seguintes operações, estando os rendimentos delas decorrentes também sujeitos ao imposto de renda na fonte:

- Título ou aplicação que produza rendimentos periódicos e/ou qualquer remuneração adicional aos rendimentos prefixados.

- Operações de transferência de dívidas realizadas com instituição financeira, com demais instituições autorizadas a funcionar pelo Banco Central do Brasil (**"Bacen"**) (**"Instituições Financeiras"**), e com pessoa jurídica não financeira (art. 65, § 4º, alínea *b*, da Lei nº 8.981/95).

- Operações conjugadas que permitam a obtenção de rendimentos predeterminados realizadas nas bolsas de valores, de mercadorias, de futuros e assemelhadas (em operações nos mercados de opções, de compra e de venda, no mercado a termo, e em operações de venda coberta e sem ajustes diários) e no mercado de balcão (art. 65, § 4º, alínea *a*, da Lei nº 8.981; art. 1º, § 5º, da Lei nº 11.033/04).

- Operações de entrega de recursos a pessoa jurídica, sob qualquer forma e a qualquer título, independentemente de ser ou não a fonte pagadora instituição autorizada a funcionar pelo Bacen (art. 65, § 4º, alínea *c*, da Lei nº 8.981/95).

- Operações de empréstimo de ações e outros títulos e valores mobiliários.

- Operações de adiantamento sobre contratos de câmbio de exportação, não sacado (trava de câmbio), em operações com *export notes*, em debêntures, em depósitos voluntários para garantia de instância e depósitos judiciais ou administrativos quando o seu levantamento se der em favor do depositante.

As aplicações de renda fixa também podem ser realizadas com títulos e valores mobiliários de renda fixa ou de renda variável, desde que delas resultem rendimentos previamente determinados ou determináveis. São aqui abrangidas operações com títulos públicos, títulos privados, operações com ouro (que não seja ativo financeiro) equiparado a operações de renda fixa, títulos de capitalização, *swap* e COE.

As operações de renda fixa podem produzir rendimentos aos seus titulares (i) por meio de alienação de título ou ativo financeiro (por exemplo, venda de um título público) ou encerramento da operação (por exemplo, liquidação de uma operação de empréstimo); e/ou (ii) por meio de pagamentos periódicos delas decorrentes (por exemplo, pagamento de juros mensais) ou resgate (seja pelo término do prazo da aplicação ou eventual opção do emissor ou detentor do título ou ativo).

No caso de rendimentos decorrentes da **alienação** (aqui compreendida qualquer forma de transmissão da propriedade), bem como a liquidação, encerramento, resgate, cessão ou repactuação da aplicação de renda fixa (segundo a materialidade acima delimitada), a **base de cálculo** para incidência do imposto de renda na fonte é a **diferença positiva** entre o **valor da alienação** (**Val**), líquido do Imposto sobre Operações de Crédito, Câmbio e Seguro ou relativas a Títulos ou Valores Mobiliários (**IOF**), e o valor da aplicação financeira (**Vaf**):

$$\text{Base de Cálculo} = (\text{Val} - \text{IOF}) - \text{Vaf}$$

A legislação prevê bases de cálculo específicas para os rendimentos das operações equiparadas às aplicações financeiras:

- Nas operações conjugadas que permitem a obtenção de rendimentos predeterminados: **o resultado positivo auferido no encerramento ou liquidação das operações**.

- Nas operações de (i) entrega de recursos a pessoa jurídica, sob qualquer forma e a qualquer título, independentemente de a fonte pagadora ser ou não instituição autorizada a funcionar pelo Bacen; (ii) mútuo de recursos financeiros entre pessoas jurídicas ou entre pessoa jurídica e pessoa física; e (iii) reembolso ou devolução dos valores retidos referentes ao IOF incidente nas operações com títulos ou valores mobiliários: **o valor dos rendimentos obtidos**.

- Nas operações de transferência de dívidas realizadas com instituição financeira e demais instituições autorizadas a funcionar pelo Bacen: **a diferença positiva entre o valor da dívida e o valor entregue à pessoa jurídica que houver assumido a responsabilidade pelo pagamento da obrigação, acrescida do respectivo IRRF**.

Já no caso de pagamento de **rendimentos periódicos** por título ou aplicação financeira de renda fixa, bem como qualquer remuneração adicional aos rendimentos prefixados, o fato gerador do IR Fonte é a **percepção** dos recursos pelo sujeito passivo (considerados os diferentes momentos de reconhecimento a depender da natureza jurídica da pessoa). Por sua vez, considerando que os pagamentos periódicos podem ocorrer ao longo de uma determinada operação, a **base de cálculo** deverá considerar que:

- A parcela do rendimento produzido, *pro rata tempore*, entre (i) a data de aquisição, ou a data do pagamento periódico anterior; e (ii) a data de sua percepção (sendo que, na hipótese de aquisição em data posterior a do pagamento periódico anterior, a parcela dos rendimentos periódicos correspondente ao período entre a data do pagamento do rendimento periódico anterior e a data de aquisição do título ou ativo poderá ser deduzida da base de cálculo). Assim, o pagamento periódico será integralmente tributado, mesmo em caso de alienação do título ou ativo antes do pagamento do próximo rendimento periódico.

- Efetuado o primeiro pagamento periódico de rendimentos depois da aquisição do título sem alienação pelo adquirente, a parcela do rendimento não submetida à incidência do imposto sobre a renda na fonte deverá ser deduzida do custo de aquisição, para fins de apuração da base de cálculo do imposto sobre a renda, quando de sua alienação.

Como anteriormente comentado, as aplicações de renda fixa podem ser conceituadas como aquelas cujo **rendimento** ou retorno de capital delas decorrente pode ser determinado ou determinável quando do momento da aplicação. Por essa característica, **são consideradas operações de menor risco**.

Outra característica relevante é que a **apuração da base de cálculo das aplicações de renda fixa é analítica, ou seja, ocorre a cada operação**. Não há compensação de perdas para fins da apuração dessas aplicações.

Os rendimentos auferidos em qualquer aplicação financeira de renda fixa, a partir de 1º.1.2005, sujeitam-se à regra geral de incidência do IR Fonte segundo as alíquotas indicadas na Tabela 14.1, que variam de acordo com o prazo de aplicação, buscando estimular que os investidores permaneçam por mais tempo com a aplicação.

Tabela 14.1 Tabela Regressiva nos termos do art. 1º da Lei nº 11.033/04

Alíquota	Prazo da aplicação
22,5%	Até 180 dias
20%	Entre 181 e 360 dias
17,5%	Entre 361 e 720 dias
15%	Acima de 720 dias

Relevante observar que essas alíquotas referidas incidem sobre os rendimentos de aplicações de renda fixa, mas a legislação expressamente excepciona as hipóteses de aplicações que não se sujeitam a tais alíquotas. Vejamos:

- Em fundos de investimento, (i) os rendimentos tributados semestralmente ("come-cotas"), conforme será visto na seção relativa ao Objetivo 4; e (ii) com prazo de carência de até 90 dias para resgate de cotas com rendimento, nos quais a incidência do IR Fonte ocorrerá na data em que se completar cada período de carência, a menos que o resgate das cotas ocorra em momento anterior (art. 1º, § 2º, II e III, da Lei nº 11.033/04).

- Em fundos e clubes de investimento **em ações** (FIA) cujos rendimentos serão tributados exclusivamente no resgate das cotas: alíquota de 15% (art. 1º, § 3º, I, da Lei nº 11.033/04).

- Em títulos de capitalização, no caso de resgate sem ocorrência de sorteio, cujos rendimentos serão tributados à alíquota de 20% (art. 1º, § 3º, II, da Lei nº 11.033/04).

- Em operações realizadas em bolsas de valores, de mercadorias, de futuros, e assemelhadas, inclusive *day trade*, cujos ganhos líquidos nelas auferidos permanecem sujeitos à legislação e alíquotas específicas, conforme será abordado no Objetivo 3 deste capítulo (art. 2º da Lei nº 11.033/04).

É contribuinte do imposto de renda na fonte sobre os Rendimentos[6] apurados nas aplicações de renda fixa **qualquer beneficiário, inclusive pessoa jurídica isenta**. O imposto de renda na fonte será:

- **Para pessoa jurídica tributada com base no lucro real, presumido ou arbitrado**: antecipação, sendo que os rendimentos integrarão o lucro real, o lucro presumido ou o lucro arbitrado, e o IR Fonte será deduzido do apurado no encerramento de cada período de apuração (trimestral ou anual) ou na data da extinção.

- **Para a pessoa física, pessoa jurídica isenta e pessoa jurídica optante pelo Simples Nacional**: definitivo.

Na maioria dos casos, o responsável pela retenção e recolhimento do IR Fonte (**Responsável**) será a pessoa jurídica que efetuar o pagamento dos rendimentos ao beneficiário. Mas a legislação prevê que podem também ser responsáveis: (i) a pessoa jurídica que receber os recursos do cedente, nas operações de transferência de dívidas; (ii) as bolsas de valores, de mercadorias, de futuros e assemelhadas **e as demais entidades autorizadas pela legislação (em especial instituições financeiras) que, embora não sejam fonte pagadora original, façam o pagamento ou o crédito dos rendimentos ao beneficiário final**.

O imposto de renda na fonte sobre rendimentos de aplicações de renda fixa deverá ser retido e recolhido pelo Responsável quando: (i) do recebimento dos recursos destinados ao pagamento de dívidas, na hipótese de operações de transferência de dívidas realizadas com instituição financeira e demais instituições autorizadas a funcionar pelo Bacen; e (ii) do pagamento dos rendimentos, ou da alienação da aplicação (incluindo títulos e valores mobiliários) de renda fixa e também operações conjugadas, nas demais hipóteses.

O recolhimento do IR Fonte sobre aplicações financeiras, de renda fixa ou de renda variável, inclusive os atribuídos a residentes ou domiciliados no exterior, e títulos de capitalização, deverá ocorrer até o terceiro dia útil subsequente ao decêndio de ocorrência dos fatos geradores.

São isentos do IR ou tributados à alíquota 0 (zero), na fonte e na declaração de ajuste anual, **quando auferidos por pessoa física**, os seguintes rendimentos e remunerações:

- Rendimentos auferidos em contas de depósitos de poupança.

- Remuneração produzida por letras hipotecárias, certificados de recebíveis imobiliários (CRI) e letras de crédito imobiliário (LCI).

- Remuneração produzida por Certificado de Depósito Agropecuário (CDA), *Warrant* Agropecuário (WA), Certificado de Direitos Creditórios do Agronegócio (CDCA), Letra de Crédito do Agronegócio (LCA) e Certificado de Recebíveis do Agronegócio (CRA), instituídos pelos arts. 1º e 23 da Lei nº 11.076, de 30.12.2004 ("Títulos do Agronegócio"), bem como ganho de capital auferido na alienação ou cessão dos ativos.

- Remuneração produzida pela Cédula de Produto Rural (CPR), com liquidação financeira, instituída pela Lei nº 8.929, de 22.8.1994 e alterações, desde que negociada no mercado financeiro (aqui compreendidos os ambientes de negociação autorizados), bem como ganho de capital auferido na alienação ou cessão do ativo.

> **ATENÇÃO!**
>
> Os Responsáveis estão dispensados de promover a retenção e consequente recolhimento do IR Fonte sobre rendimentos de aplicações financeiras de renda fixa ou de renda variável de titularidade de instituições financeiras, sociedade corretora de títulos, valores mobiliários e câmbio, sociedade distribuidora de títulos e valores mobiliários, sociedade de arrendamento mercantil, sociedade de seguro, previdência e capitalização. Fica dispensada a retenção do IR Fonte quando o beneficiário do rendimento declarar por escrito à fonte pagadora (Responsável) a sua condição de entidade imune.

---

[6] O termo "Rendimento" com "R" maiúsculo será definido, para os fins deste capítulo, como sendo "os rendimentos e ganhos de capital derivados da realização de aplicações financeiras de renda fixa".

- Rendimentos e ganhos de capital produzidos por debêntures emitidas por sociedade de propósito específico, por certificados de recebíveis imobiliários e por cotas de emissão de fundo de investimento em direitos creditórios, emitidos nos termos da Lei nº 12.431, de 2011.Rendimentos e ganhos de capital produzidos pela Letra Imobiliária Garantida (LIG), nos termos do art. 90 da Lei nº 13.097, de 19.1.2015.

Adicionalmente, os investimentos realizados no Brasil por residentes ou domiciliados no exterior (**"Não residentes"**) em aplicações nos mercados financeiro e de capitais estão sujeitos a alíquotas tributárias mais benéficas do que aquelas aplicadas aos residentes, desde que: (i) as operações sejam realizadas de acordo com as normas e condições estabelecidas pelo Conselho Monetário Nacional; e (ii) os não residentes não sejam oriundos de país que não tribute a renda ou que a tribute a alíquotas inferiores a 20%.

OPERAÇÕES ESPECÍFICAS

Há operações de renda fixa realizadas nos mercados financeiro e de capitais que, por possuírem características específicas, estão sujeitas a regimes tributários próprios. Vale destacar duas delas.

TÍTULOS DE RENDA FIXA INCENTIVADOS

Entre elas estão aquelas realizadas com títulos de renda fixa incentivados instituídos pela Lei nº 12.431/11: (i) as Debêntures de Infraestrutura, emitidas por sociedade de propósito específico constituída sob a forma de sociedade por ações (SPE); (ii) os certificados de recebíveis imobiliários (CRI Incentivado); e (iii) as cotas de emissão de fundo de investimento em direitos creditórios (FIDC Incentivado), constituídos sob a forma de condomínio fechado, todos destinados à captação de recursos com vistas a implementar projetos de investimento na área de infraestrutura, ou de produção econômica intensiva em pesquisa, desenvolvimento e inovação, considerados como prioritários.

Os rendimentos decorrentes dessas aplicações sujeitam-se à incidência do IR Fonte, exclusivamente na fonte, às seguintes alíquotas: (i) pessoa física: 0 (zero); (ii) pessoa jurídica: 15% (quinze por cento), de forma exclusiva. Além disso, os ganhos de capital apurados pelas pessoas físicas também estão sujeitos à alíquota 0 (zero).

OPERAÇÕES DE *SWAP*

Possuem também regime próprio de tributação as operações de *swap*, que são contratos derivativos de troca de rentabilidade celebrados entre partes que possuem ou estão expostas a diferentes preços, índices, taxas ou variações econômicas, sendo que a exposição de uma pode representar a mitigação do risco para a outra parte (por exemplo: exportador que está sujeito ao risco cambial e celebra um contrato de *swap* com uma instituição financeira, em troca de juros. A diferença de rentabilidade da taxa cambial e da taxa de juros corresponderá ao ganho/perda para cada uma das partes).

Podem ser utilizadas em operações de cobertura, também denominadas *hedge*. Embora essa troca de rentabilidade possua um forte caráter econômico de renda variável, a legislação brasileira tributa os *swaps* como renda fixa. Os rendimentos positivos auferidos por uma das partes da operação de *swap* (resultado positivo auferido na liquidação ou cessão do contrato de *swap*) estão sujeitos à incidência do IR Fonte às alíquotas da Tabela Regressiva da Regra Geral a partir de 1º.1.2005.

Caso a operação de *swap* seja registrada e contratada de acordo com as normas estabelecidas pelo CMN e pelo Bacen, as perdas incorridas poderão ser deduzidas na determinação do lucro real. Além disso, poderão ser considerados como custo da operação eventuais valores pagos a título de cobertura (prêmio) contra eventuais perdas incorridas em operações de *swap*.

OPERAÇÃO DE MÚTUO

Interessante observar que algumas operações de renda fixa são comumente utilizadas por empresas e pessoas físicas na condução cotidiana dos negócios. Uma delas é a operação de mútuo.

As empresas comumente realizam com outras empresas, com seus sócios e empregados operações de crédito por meio do mútuo de recursos financeiros, em decorrência das quais normalmente é pactuado o pagamento de juros, rendimento de renda fixa.

Os rendimentos decorrentes dessas operações não resultam das atividades desenvolvidas pelas empresas e são por elas tributados pelo imposto de renda à alíquota de 25% e da Contribuição Social sobre o Lucro Líquido à alíquota de 9% (para as pessoas jurídicas não financeiras). Em caso de empréstimo entre empresas, será retido na fonte pela empresa devedora o imposto de renda segundo a Tabela Regressiva, a depender do prazo da operação. Com isso, os juros integrarão o lucro real, presumido ou arbitrado, e o IR Fonte antecipado será deduzido do apurado no encerramento de cada período de apuração (trimestral ou anual) ou na data da extinção.

Na hipótese de a operação de mútuo ser celebrada com mutuário pessoa física, os juros também serão tributados pelo imposto de renda na empresa mutuante à alíquota de 25% (além da CSLL de 9%), mas, nesse caso, não haverá antecipação a título de IR Fonte (pessoas físicas não retêm recursos na fonte quando do pagamento).

Sobre o valor definido do principal entregue ou colocado à disposição da empresa mutuária incide o IOF-Crédito à alíquota de 0,0041% ao dia (no caso de mutuário pessoa física, a alíquota é de 0,0082%), não excedendo o valor resultante da aplicação da alíquota diária a cada valor de principal previsto para a operação (que pode ser uma única ou várias entregas), multiplicado por 365 dias, acrescido da alíquota adicional de 0,38%. Essa incidência não se altera ainda que a operação de crédito seja de pagamento parcelado.

Por outro lado, caso a pessoa física realize a operação crédito para uma pessoa jurídica (por vezes, sócios realizam mútuos para suas empresas), incidirá o IR Fonte, às alíquotas da Tabela Regressiva a depender do prazo da operação, quando do pagamento dos juros à pessoa física, sendo essa retenção considerada definitiva. Quando, por sua vez, a pessoa física celebra operações de crédito com outras pessoas físicas, sobre o pagamento dos juros recebidos pela pessoa física credora não incidirá o IR Fonte, mas sim as alíquotas do IR da Tabela Progressiva da Pessoa Física, com alíquotas de 0 a 27,5%, a depender do valor da operação, por meio de carnê-leão.

Em qualquer hipótese, quando da realização de mútuos pelas pessoas físicas, não incide o IOF-Crédito. Para melhor entendimento, o Quadro 14.1 resume as incidências de IR e IOF-Crédito.

Quadro 14.1 Resumo das incidências de IR e IOF-Crédito

Relação de mútuo	IR	IOF-Crédito
Pessoa jurídica mutuante para pessoa jurídica mutuária	34% (IR/CSLL) sobre o valor dos juros recebidos pela mutuante	Incidirá sobre o valor do principal entregue ou colocado à disposição da pessoa jurídica, sujeito à alíquota de 0,0041% ao dia, multiplicado por 365 dias, acrescido de 0,38% de adicional
Pessoa jurídica mutuante para pessoa física mutuária	34% (IR/CSLL) sobre o valor dos juros recebidos pela mutuante	Incidirá sobre o valor do principal entregue ou colocado à disposição da pessoa jurídica, sujeito à alíquota de 0,0082% ao dia, multiplicado por 365 dias, acrescido de 0,38% de adicional
Pessoa física mutuante para pessoa jurídica mutuária	Alíquotas regressivas de 22,5% a 15%, a depender do prazo da operação (180, 360, 720 ou acima de 720 dias), incidente na fonte sobre o valor dos juros pagos à mutuante	Não incide
Pessoa física mutuante para pessoa física mutuária	Alíquotas progressivas de 0 a 27,5% ao mês sobre o valor dos juros recebidos pela mutuante (via carnê-leão)	Não incide

Ao finalizar esta seção, você terá compreendido o que são e como funcionam as operações de renda fixa e crédito e como ocorre a tributação pelo IR nessas operações, com destaque para algumas operações de maior relevância, inclusive em relação aos impactos do IOF-Crédito.

 OBJETIVO 2

OPERAÇÕES DE RENDA VARIÁVEL EM BOLSA OU FORA DE BOLSA

 **OLHA A NOTÍCIA!**

Reforma do IR proposta pelo governo beneficia investimentos mais arriscados
Autor: Júlia Moura
Folha de S. Paulo – 26. jun. 2021
Para mais informações, acesse o QR Code.

As aplicações financeiras de renda variável são realizadas com ativos financeiros de renda variável (títulos ou valores mobiliários) e não possuem uma definição jurídica para fins tributários, devendo ser identificadas e interpretadas pelo seu conteúdo econômico.

Ao contrário do que ocorre com as aplicações de renda fixa, não há previsibilidade do resultado nas operações de renda variável (salvo quando for possível identificá-lo em razão da combinação de diferentes operações), estando sujeitas à aleatoriedade.

O fato gerador nessas operações ocorre em seu encerramento (verificada a alienação, cessão, liquidação, vencimento ou resgate do ativo ou contrato a que se vincula a operação de renda variável), devendo ser apurado o ganho (ou perda) nesse momento, diferentemente do que ocorre nas aplicações de renda fixa em que o fato gerador é considerado ocorrido quando auferidos os rendimentos.

A depender do ambiente (ou recinto/sistema) em que as operações são realizadas e da natureza do contribuinte, o IR será apurado sobre diferentes bases de ganho, observadas exceções previamente indicadas na legislação tributária, conforme veremos no decorrer deste capítulo.

OPERAÇÕES REALIZADAS DENTRO E FORA DE BOLSAS DE VALORES, DE MERCADORIAS, DE FUTUROS E ASSEMELHADAS

As operações realizadas nas bolsas de valores, de mercadorias, de futuros e assemelhadas[7] estão sujeitas à incidência do IR sobre os ganhos líquidos apurados. São equiparados a essas operações: (i) os ganhos líquidos auferidos por pessoas jurídicas na alienação de participações societárias fora de Bolsa; (ii) os ganhos líquidos auferidos por qual-

---

[7]   Para fins didáticos, adotaremos o termo "Bolsa" ou "ambiente bursátil" para se referir a "bolsas de valores, de mercadorias, de futuros e assemelhadas". Além disso, o termo "assemelhadas", que se refere a uma bolsa, deve ser lido e interpretado de acordo com as características do que seja um ambiente/sistema bursátil. Nesse sentido, caso um ambiente/sistema de balcão aceite a realização de operações (e não apenas o seu registro) – o que é permitido pela CVM, porém na prática inexistente atualmente –, também deveriam ser-lhe aplicadas as regras do IR para ganhos líquidos, em razão de sua caracterização como assemelhado a Bolsa.

quer beneficiário na alienação de ouro, ativo financeiro, fora de Bolsa; e (iii) os ganhos auferidos por qualquer beneficiário em operações realizadas nos mercados de liquidação futura, fora de Bolsa (os quais são tributados de acordo com as normas aplicáveis aos ganhos líquidos auferidos em operações de natureza semelhante realizadas em Bolsa).

O fato gerador do IR é a alienação, a cessão, a liquidação (ou vencimento) ou o resgate do ativo ou do contrato a que está vinculada a operação financeira de renda variável realizada nos ambientes bursáteis e assemelhados.

É relevante notar que o legislador restringiu a aplicação da sistemática do ganho líquido às operações **realizadas** nos **mercados bursáteis e em ambientes assemelhados**. Essas operações são aquelas nas quais há encontro de ofertas (compra e venda) em um ambiente onde há (i) amplo acesso de investidores; (ii) divulgação das informações mínimas necessárias sobre as operações para os investidores; (iii) não identificação de quem seja a contraparte e (iv) **formação pública do preço** das negociações ali realizadas. Não são englobadas nesse conceito as operações meramente registradas (que são realizadas externamente a um ambiente organizado e depois apenas nele registradas, sem formação de preço público).

Com isso, **dois racionais são relevantes** e devem ser explorados para o entendimento da tributação dessas operações.

Como as operações **realizadas** baseiam-se na interação dos investidores para formação de preço público em ambiente regulado, os preços praticados nas negociações ali cursadas tornam-se um parâmetro para o mercado e, em razão dos controles e fiscalização da Bolsa e da CVM, dificulta-se sua manipulação, ao contrário, eventualmente, do que pode ocorrer em operações privadas ou em operações de balcão, nas quais os preços são livremente estipulados entre as partes, **podendo ser pactuados ganhos ou perdas com impactos para fins tributários**.

Além disso, como regra geral, as operações em ambientes/sistemas de Bolsa são realizadas a preços públicos por meio de intermediários que atuam por conta e ordem dos investidores e desconhecem a contraparte. As entidades autorizadas pela CVM para administrar esses ambientes/sistemas de Bolsa são identificadas por meio (i) dessa autorização; e (ii) da descrição de atividades contida em seu objeto social, sendo também aceitas pela regra tributária eventuais entidades consideradas assemelhadas à Bolsa.

Os ganhos líquidos auferidos mensalmente em operações realizadas em Bolsa estão sujeitos ao IR de acordo com a sistemática de autorrecolhimento pelos próprios investidores. O contribuinte, pessoa física ou jurídica, deve apurar a base de cálculo e promover o recolhimento do IR, diferentemente do que ocorre para os rendimentos decorrentes de aplicações em renda fixa, sujeitos à sistemática de recolhimento na fonte do IR.

A alíquota do IR nas operações em Bolsa é de (i) 20% para as operações *day trade* e (ii) 15% para as demais operações.

Para os fins da legislação tributária, as operações *day trade* **são aquelas iniciadas e encerradas em um mesmo dia, com o mesmo ativo, em uma mesma instituição intermediadora, em que a quantidade negociada tenha**

ATENÇÃO!

O termo "assemelhadas", que se refere a uma Bolsa, deve ser lido e interpretado de acordo com as características do que seja um ambiente/sistema bursátil. Nesse sentido, caso um ambiente/sistema de balcão aceite a realização de operações (e não apenas o seu registro) – o que é permitido pela CVM, porém na prática inexistente atualmente –, também deveriam ser-lhe aplicadas as regras do IR para ganhos líquidos, em razão de sua caracterização como assemelhado a Bolsa.

sido liquidada, total ou parcialmente. Basicamente, são duas operações (compra e venda, ou vice-versa) que se compensam no mesmo dia, gerando um resultado financeiro positivo ou negativo.

Os ganhos são tributados à alíquota de 20%. As perdas incorridas em operações *day trade* somente poderão ser compensadas com os rendimentos auferidos em operações de mesma espécie (*day trade*), realizadas no mês. Se, após a compensação, o resultado mensal de *day trade* ainda for positivo, será apurado o IR sobre os ganhos líquidos de *day trade*; mas, se for negativo, poderá ser compensado com os resultados positivos de operações de *day trade* apurados nos meses subsequentes.

Importante destacar, ainda, que para fins de controle da RFB em relação à existência de operações de alienação de ativos em Bolsa que podem resultar na apuração de ganhos líquidos, especialmente considerando que a RFB não possui o controle de custo das operações e, portanto, não tem como identificar a base de cálculo dos ganhos líquidos, foi instituído um IR Fonte com alíquotas de 1% (operações *day trade*) ou 0,005% (demais operações). Notem que o percentual é reduzido, pois a aplicação do IR Fonte tem como objetivo apenas permitir um maior controle em relação às operações realizadas com ganho por parte dos contribuintes, motivo pelo qual se convencionou chamar essa sistemática de retenção de "dedo-duro".

O IR Fonte do "dedo-duro" aplica-se também às operações realizadas (i) no mercado de balcão, com intermediação, tendo por objeto os valores mobiliários e ativos da modalidade do mercado à vista, bem como às operações realizadas em mercados de liquidação futura fora de bolsa; e (ii) por investidor estrangeiro oriundo de país com tributação favorecida.

ATENÇÃO!

As bases de cálculo do IR Fonte "dedo-duro" variam de acordo com o tipo de mercado negociado em bolsa ou em balcão:

- Nos mercados futuros, a soma algébrica dos ajustes diários, se positiva, apurada por ocasião do encerramento da posição, antecipadamente ou no seu vencimento (apurado por contrato negociado e por data de vencimento).

- Nos mercados de opções, o resultado, se positivo, da soma algébrica dos prêmios pagos e recebidos no mesmo dia (apurado de forma consolidada em cada bolsa ou entidade de registro, referentes a todas as séries de opções negociadas ou registradas nas referidas entidades).

- Nos mercados a termo:
  a) quando houver a previsão de entrega do ativo na data do seu vencimento, a diferença, se positiva, entre o preço a termo e o preço à vista na data da liquidação;
  b) com liquidação exclusivamente financeira, o valor da liquidação financeira previsto no contrato.

- Nos mercados à vista, o valor da alienação, nas operações com ações, ouro ativo financeiro e outros valores mobiliários neles negociados.

Por outro lado, o IR Fonte sobre o dedo-duro não se aplica às operações (i) de exercício de opção; (ii) das carteiras de instituição financeira, sociedade de seguro, de capitalização, entidade aberta ou fechada de previdência complementar, sociedade corretora de títulos, valores mobiliários e câmbio, sociedade distribuidora de títulos e valores mobiliários, sociedade de arrendamento mercantil e Fapi; (iii) dos investidores estrangeiros não oriundos de país com tributação favorecida que realizam operações em Bolsa de acordo com as normas e condições estabelecidas pelo Conselho Monetário Nacional (CMN); (iv) dos fundos e clubes de investimento; (v) conjugadas que permitam a obtenção de rendimentos predeterminados; e (vi) com ações de emissão das companhias consideradas como pequenas e médias empresas (PME), quando negociadas em bolsa de valores.

Referido IR Fonte poderá ser utilizado de diferentes formas pelo contribuinte: (i) deduzido do imposto sobre ganhos líquidos apurados no mês; (ii) compensado com o imposto incidente sobre ganhos líquidos apurados nos meses subsequentes; (iii) compensado na declaração de ajuste anual se, após a dedução dos itens acima, ainda houver saldo de imposto retido; e (iv) compensado com o imposto devido sobre o ganho de capital na alienação de ações. Na hipótese de, ao término de cada ano-calendário, haver saldo de IR Fonte a compensar, fica facultado à pessoa física ou às pessoas jurídicas isentas ou aderentes ao Simples Nacional, realizarem pedido de restituição, na forma e condições estabelecidas pela RFB.

A responsabilidade pela retenção do IR é da instituição intermediadora (corretora ou distribuidora de títulos e valores mobiliários) que receber diretamente a ordem do cliente/investidor. Isso porque, uma vez que houve resultado positivo, referida instituição possui acesso ao fluxo financeiro do cliente para fins de retenção e recolhimento do IR Fonte.

Para efeito de cálculo do montante devido, os ganhos líquidos são considerados os resultados positivos, ou seja, a diferença positiva entre o valor de alienação, cessão, liquidação, vencimento ou resgate e o custo de aquisição auferidos nas operações realizadas a cada mês nas diferentes modalidades de mercados de Bolsa (à vista, opções, futuro e a termo), sendo permitida (i) a dedução dos custos e despesas incorridos e necessários à realização das operações (por exemplo, corretagem e emolumentos da Bolsa, mas não as despesas a título de manutenção e depósito/custódia dos ativos, uma vez que não vinculados diretamente à realização da operação); e (ii) a compensação com prejuízos/perdas verificados no mesmo mês e no acumulado de meses anteriores.

Assim, podemos entender que o ganho líquido é uma especialização do ganho de capital, sujeito a premissas e sistemática de apuração próprias que permitem uma melhor identificação do fenômeno econômico da renda como acréscimo patrimonial em operações em bolsa e assemelhadas.

Duas características que marcam a apuração da base de cálculo do ganho líquido verificado em operações bursáteis e equiparadas são: (i) apuração consolidada, e não analítica (operação a operação), dentro de um mesmo mês, como resultado dos ganhos líquidos intermediários verificados em cada uma das modalidades de operações bursáteis e equiparadas; e (ii) permitida a compensação com prejuízos/perdas de outras operações de mesma natureza, ou seja, outras operações de renda variável realizadas nos ambientes bursáteis e assemelhados, bem como daquelas equiparadas.

Retornando ao fato gerador, uma vez que o preço formado em ambientes de bolsa goza de confiança pelo mercado e pelos reguladores, a legislação do imposto de renda aceita a adoção do valor da negociação realizada para fins da apuração do ganho líquido. Mas, mais do que isso, sendo um preço público, eventuais perdas verificadas nessas operações podem ser aceitas para fins de compensação das bases de cálculo positivas apuradas, reduzindo eventual ganho tributável ou majorando o saldo de prejuízos acumulados.

ATENÇÃO!

Os ganhos líquidos integrarão o lucro real, presumido ou arbitrado, sendo certo que:

- Para pessoas jurídicas não financeiras tributadas com base no lucro real: as perdas apuradas nas operações que resultam em ganhos líquidos somente serão dedutíveis na determinação do lucro real até o limite dos ganhos auferidos nessas operações.

- Para pessoas jurídicas não financeiras tributadas com base no lucro presumido ou arbitrado: (i) o imposto de renda sobre o ganho líquido será pago em separado, mensalmente, nos meses anteriores ao do encerramento do período de apuração; e (ii) as perdas apuradas nas operações de renda variável (nos mercados à vista, a termo, futuro e opções) somente podem ser compensadas com os ganhos auferidos nas mesmas operações.

QUESTÃO PARA REFLEXÃO

A apuração da base de cálculo do ganho líquido mostra-se mais próxima ao efetivo conceito de renda do que a apuração do ganho de capital, em razão da permissão para compensar perdas?

O ganho líquido, assim, é o resultado de um processo de apuração de ganhos com operações em diferentes modalidades de mercados de Bolsa que, ao final de cada período (atualmente um mês) podem ser também somados e compensados.

Em razão de características específicas e diferentes sistemáticas de cada uma das modalidades dos mercados bursáteis, cada uma possui forma própria de cálculo da base do ganho líquido, diferenciando-se em especial em decorrência do momento de liquidação das operações realizadas em cada modalidade: (i) à vista, onde a realização da operação resulta na sua subsequente liquidação; ou (ii) futura, onde a realização da operação e a sua liquidação ocorrem momentos diferentes, aqui encontrando-se as operações com derivativos.

ATENÇÃO!

Eventual diferença de dias entre a data da realização da operação e sua liquidação na modalidade do mercado à vista em Bolsa ocorre por razões operacionais (período de liquidação), e não em decorrência da intenção das partes de definir uma data futura para a liquidação da operação.

Importante destacar que as alíquotas ou as características específicas do ganho líquido não se alteram nessas modalidades, mas apenas a forma de se apurar sua base de cálculo.

As modalidades de mercados bursáteis, com suas respectivas bases de cálculo, são as seguintes: à vista, a termo, futuro e opções. Vamos detalhá-las para permitir maior compreensão a respeito do tema:

(a) À vista:

Na modalidade de mercado à vista encontram-se os títulos e valores mobiliários e demais ativos financeiros que são negociados contra pagamento à vista. Os ativos encontram-se depositados em uma entidade/estrutura denominada Depositário Central, que garante sua guarda e depósito em propriedade fiduciária.

São ativos negociados na modalidade de mercado à vista: ações de emissão de companhias abertas listadas em Bolsa (ordinárias e preferenciais), *units*, *Brazilian Depositary Receipts* (BDR), bônus de subscrição e cotas de fundos de investimento listados em Bolsa.

A base de cálculo do ganho líquido (GLmv) é determinada pela diferença entre o valor de alienação (Pv) e o custo médio ponderado dos ativos, considerando os diferentes valores e quantidades dos ativos à vista adquiridos ao longo do tempo (Cmédio):

$$\text{Ganho líquido (GLmv)} = Pv - \text{Cmédio}$$

Exemplo: você adquire ações de emissão da companhia Limão S.A., sendo (i) 1.000 ações ao custo unitário de R$ 10,00 na data de 2.2.2021; e (ii) 2.000 ações ao custo de R$ 13,00 na data de 18.3.2021. Posteriormente, em 31.3.2021, aliena a totalidade das 3.000 ações anteriormente adquiridas, pelo preço unitário de R$ 20,00. Para a apuração da base de cálculo, deverá:

(i) Apurar o custo médio ponderado
= ((R$ 10,00 × 1.000) + (R$ 13,00 × 2.000))/3.000
Custo médio ponderado p/ ação = **R$ 12,00**

(ii) Valor de alienação (Pv)
= R$ 20,00 × 3.000 = **R$ 60.000,00**

(iii) Ganho líquido (GLmv)
= (R$ 20,00 × 3.000) – (R$ 12,00 × 3.000)
= (R$ 20,00 – R$ 12,00) × 3.000 = **R$ 24.000,00**

(iv) IRRF sobre GLmc
= Val × 0,005%
= R$ 60.000,00 × 0,005% = **R$ 3,00**

(v) IR sobre GLmc
= GLmc × 15% = R$ 24.000,00 × 15% = **R$ 3.600,00**

Assim, não havendo outras operações de renda variável em Bolsa ou equiparados, você deverá recolher o IR no valor de R$ 3.600,00, sendo possível deduzir o valor de R$ 3,00 retido e recolhido pelo intermediário, bem como eventuais custos de negociação e corretagem.

(b) A termo:

O mercado a termo compreende operações realizadas em data presente (D+0), mas com liquidação em data futura, no valor estabelecido entre as partes para ser pago contra a entrega de uma certa quantidade de determinado ativo-objeto. Consiste em mercado futuro de estrutura mais simples, no qual as partes da operação ficam vinculadas pelas disposições do contrato a termo até a sua liquidação futura (entrega contra pagamento).

Podem ser: (i) negociados em ambientes de bolsa (menos comum, do qual é exemplo o mercado a termo de ações na B3), de forma padronizada; ou (ii) negociados/registrados em ambientes de balcão, não padronizados, com liberdade para as partes (comprador e vendedor) definirem as condições da operação (ativo, quantidade do ativo, data de vencimento/liquidação, características, forma de liquidação, preço de liquidação em data futura).

O contrato a termo é negociado tendo como ativo-objeto mercadorias (*commodities*), ações, moedas, títulos públicos e índices, dentre outros menos utilizados.

Permite a proteção em relação ao risco de oscilação de preço e a obtenção de recursos adicionais via operação de financiamento em caso de operação coberta. Mas, ao mesmo tempo, as partes envolvidas aceitam que possa não haver ganho na operação apenas para o fim de se protegerem em relação ao preço futuro e não incorrerem em prejuízo efetivo (ou adicional) em relação ao ativo-objeto.

CASO PRÁTICO

Vamos imaginar a situação de um produtor e de um torrefador de café. Ambos têm a intenção de mitigar o risco futuro a que estarão expostos em relação ao preço do café, sendo: (i) o produtor em relação ao risco de não conseguir atingir um preço de venda no futuro que seja suficiente para arcar com seus custos de produção e ainda proporcionar um lucro mínimo; e (ii) o torrefador em relação ao risco de que o preço que terá de pagar no futuro pela saca do café seja maior do que aquele planejado para aquisição, tendo em vista que ainda incorrerá em outros custos de torrefação, de modo que lhe garanta um lucro mínimo quando da venda do produto ao consumidor.

Nesse sentido, produtor e torrefador acordam com um preço futuro que entendam adequado para o preço da saca e firmam um contrato a termo determinando que, em data futura estabelecida, determinado número de sacas serão adquiridas pelo torrefador do produtor pelo preço combinado.

Assim, caso tenham acertado um preço por saca de café de R$ 150,00, este será o valor a ser pago pelo torrefador ao produtor. Se o preço por saca nessa data no mercado à vista for R$ 200,00, o torrefador terá evitado o dispêndio adicional de R$ 50,00 por saca, e o produtor terá deixado de obter R$ 50,00 pela venda de cada saca. De forma inversa, se o preço da saca for R$ 120,00, então o produtor terá pago R$ 30,00 a mais por saca do que se tivesse comprado no mercado à vista, e o produtor estará recebendo essa diferença a maior.

Contudo, em qualquer uma dessas situações, produtor e torrefador estarão com seus interesses atendidos, uma vez que deixaram de correr o risco da volatilidade do preço a mercado. Mitigaram seu risco de oscilação do preço da saca do café no futuro, além de terem garantido, respectivamente, a venda e a aquisição do café, o que pode ser de difícil operacionalização e agrega um risco adicional à atividade.

Pode-se considerar que a diferença de preços entre o mercado à vista e o preço futuro acordado é um prêmio pago pela parte que "perdeu" na operação a termo, tendo em vista que, ao fim e ao cabo, conseguiu mitigar o risco existente no momento da celebração do termo.

A partir do momento da liquidação da operação a termo é possível calcular a base de cálculo do ganho líquido para as operações nessa modalidade, observadas as seguintes regras:

- Vendedor a termo descoberto: diferença positiva entre o preço estabelecido no contrato a termo (Pvt) e o preço da compra à vista do ativo para a liquidação daquele contrato (Ccv).

- Vendedor a termo coberto: diferença positiva entre o preço estabelecido no contrato a termo (Pvt) e o custo médio de aquisição do ativo (Cmédio).
- Comprador a termo: ganho tributável apurado pela diferença positiva entre o valor da venda à vista do ativo na data da liquidação do contrato a termo (Vva) e o preço nele estabelecido (Pvt).
- Se o comprador não efetuar a venda à vista do ativo na data da liquidação do contrato a termo, o custo de aquisição do referido ativo, para posterior venda, será igual ao preço da compra a termo.

Para as operações realizadas em bolsa, o ganho líquido do mercado a termo (GLmt) será composto pelo somatório de resultados de operações a termo realizadas no mesmo mês, ou seja:

**Ganho líquido no mercado a termo (GLmt) =
Somatório das operações realizadas a termo (Σ operações a termo),
incluindo eventuais perdas e deduzidos os custos relacionados à negociação**

Tendo em vista a impossibilidade de as partes cederem suas posições no contrato a terceiros, e considerando o risco de inadimplência e de não cumprimento do contrato (exigindo garantias mais elevadas), os contratos a termo podem não se mostrar atrativos para uma grande parcela de investidores. Para atender a essas necessidades de mobilidade dos polos da relação contratual e para aumento mitigação de risco, surgem os contratos futuros.

(c) Futuro:

A modalidade do mercado de liquidação futura constituída pelos contratos futuros surge como uma evolução dos contratos a termo, na medida em que mitiga os riscos de exposição aos preços futuros. Ao contrário do mercado a termo, a modalidade de mercado futuro (constituído por contratos futuros) desenvolve-se exclusivamente em ambientes regulados de Bolsa, com instrumentos padronizados.

Possui como características principais: (i) contratação no momento presente (D + 0); (ii) data de vencimento futura, definida no contrato; (iii) negociação em ambiente de Bolsa; (iv) contrato bilateral padronizado pela Bolsa na qual é negociado, com definição de suas especificações e condições, tais quais prazo, taxa, unidade-padrão, forma de liquidação, aceitação de liquidação física etc., tornando possível a sua fungibilidade; (v) previsão de ajuste diário, correspondente ao procedimento por meio do qual a liquidação é ajustada financeiramente e realizada diariamente, de acordo com as expectativas do mercado acerca do preço futuro do ativo objeto do contrato, para uma determinada data de vencimento; (vi) possibilidade de desfazimento da posição pela parte que assumiu uma posição no contrato futuro antes do vencimento do contrato, por meio de operação em mercado secundário de Bolsa, permitindo a liquidez do contrato; (vii) depósito de margem de garantia; e (vii) liquidado por câmaras de compensação e liquidação, que se tornam contrapartes centrais dos contratos futuros.

> **ATENÇÃO!**
>
> Margem de garantia: solicitadas pelas *clearings* (por quem são calculadas com base na exposição do investidor), correspondem a montantes de recursos/garantias que visam assegurar o cumprimento das obrigações dos investidores (mitigar o risco de inadimplemento) em contratos de liquidação futura.

Os contratos futuros podem ser liquidados tanto por diferença financeira como de forma física (entrega física do ativo-objeto, que pode ser tanto uma ação quanto sacas de café ou soja, por exemplo). E deles participam diferentes tipos de investidores, como os *hedgers* (normalmente, instituições financeiras, pessoas jurídicas e não residentes, buscam proteção contra a variação de preço do ativo-objeto), arbitradores e especuladores.

Em relação aos aspectos tributários, o ganho líquido no mercado futuro é constituído pelo resultado positivo da soma algébrica dos ajustes diários verificados (positivos ou negativos) entre a data de abertura e a de liquidação dos contratos (vencimento) ou da cessão ou encerramento da posição, em cada mês, ou seja:

**Ganho líquido no mercado futuro (GLmf) =
Somatório dos ajustes diários (Σ ajustes diários) e deduzidos os custos relacionados à negociação**

Ajuste diário: ao invés de ocorrer uma única liquidação no vencimento do contrato futuro, todas as posições do mercado futuro para um determinado ativo-objeto e data de vencimento são equalizadas ao final de cada dia, com base no preço de fechamento dessa data, ajustando-se a diferença em relação a esse valor e aquele verificado no dia anterior ou de entrada das posições no mesmo dia, por meio de operações de débito e crédito processadas por entidades autorizadas a prestar o serviço de compensação e liquidação (*clearings*). Esse procedimento somente é possível porque há um terceiro participando dessa relação entre investidores compradores e vendedores: a *clearing*, que assume papel de contraparte central de todas as operações para o fim de operacionalizar o cálculo de ajustes diários e subsumir-se nas posições contrárias de todas as contrapartes do mercado, garantindo a liquidação das operações.

CASO PRÁTICO

Imagine que você adquiriu cinco contratos futuros de café no dia 8.11.2021, ao valor de R$ 100,00, e que foram verificados ajustes diários para esse contrato nos seguintes valores e datas: (i) no fechamento de 8.11.2021, R$ 101,10; (ii) no fechamento de 9.11.2021, R$ 98,00; (iii) no fechamento de 10.11.2021, R$ 103,00. E, no dia 11.11.2021, você alienou o contrato por R$ 104,50. Considerando que cada contrato futuro de café corresponde a 100 sacas, a apuração da base de cálculo será:

Data	Quantidade	Cotação	Ajuste do dia	Ajuste anterior	Ajuste Diário
8.11.2021	5	100,00	101,10		550,00
9.11.2021	5		98,00	101,10	−1.550,00
10.11.2021	5		103,00	98,00	2.750,00
11.11.2021	5	104,50		1.003,00	825,00
Ganho líquido					**2.575,00**

(d) Opções:

Na modalidade de mercado de liquidação futura de opções encontram-se as operações contratadas entre as partes (realizadas em Bolsa ou realizadas/registradas em ambientes de balcão organizado – ou "fora de Bolsa"). Essas operações correspondem a verdadeiros contratos bilaterais (padronizados quando em Bolsa e não padronizados quando fora de Bolsa) celebrados entre dois investidores com interesses (ou exposição de risco) opostos em relação ao preço futuro do ativo que corresponde ao objeto da opção ("Ativo Objeto"), sendo a liquidação futura vinculada a uma condição (normalmente de preço) a ser implementada.

Em uma opção americana, o detentor (titular) pode exercer o seu direito a qualquer momento até o prazo limite do vencimento da opção, desde que atingida a condição de exercício. Já na opção europeia, o detentor (titular) só poderá exercer o seu direito – vinculado ao atingimento de uma condição de exercício – no dia do vencimento da opção.

Cada uma das partes da opção adota para aquela operação a posição de emissor ("Lançador") ou de adquirente ("Titular") da opção, e as opções lançadas podem ser tanto para fins de compra (denominadas "*Call*") ou de venda (denominadas "*Put*") do Ativo Objeto.

Os Titulares, para garantirem seu direito ao exercício da opção, pagam um valor antecipado ao Lançador (denominado "Prêmio"), que passa a compor os cálculos de apuração de ganho líquido pelo Lançador e pelo Titular.

Para a apuração do ganho líquido em opções deve-se levar em conta (i) a posição (titular ou lançadora) do investidor; e (ii) se há exercício da opção ou a simples negociação/pagamento do prêmio. O ganho líquido tributável é apurado conforme as fórmulas abaixo:

- Titular de *Calls*: $Sv - (PE + p)$
- Lançador de *Calls*: $(PE + p) - Sa$
- Titular de *Puts*: $PE - (Sa + p)$
- Lançador de *Puts*: $(Sv + p) - PE$

Sendo:

Sv = valor da venda à vista do ativo objeto na data de exercício da opção;

Sa = valor de aquisição do ativo objeto;

PE = preço de exercício;

p = valor do prêmio da opção (de compra ou de venda).

Não havendo encerramento de posição, nem exercício da opção, o valor do prêmio constituirá ganho para o lançador (vendedor) e perda para o titular (comprador).

Não ocorrendo venda à vista do ativo na data do exercício da opção, o ativo terá como custo de aquisição o preço de exercício da opção, acrescido ou deduzido do valor do prêmio.

Por disposição expressa em lei, as operações no mercado de liquidação futura acima indicadas recebem o mesmo tratamento tributário se realizadas dentro ou fora de bolsa. Assim, as operações realizadas por qualquer beneficiário, inclusive pessoa jurídica isenta, em mercados de liquidação futura fora de Bolsa, com qualquer ativo, são tributadas de acordo com as normas aplicáveis aos ganhos líquidos auferidos em operações de natureza semelhante realizadas em Bolsa, devendo ser obrigatoriamente registradas em ambientes de balcão.

Quando realizadas de forma a se obter rendimentos predeterminados ou predetermináveis, o resultado positivo verificado em operações de renda variável conjugadas, realizadas nos mercados de bolsas de valores, de mercadorias e de futuros e assemelhadas (com opções de compra e de venda (*box*) e a termo), e no mercado de balcão, será tributado como rendimento auferido em qualquer aplicação ou operação financeira de renda fixa, sujeitando-se à incidência do imposto de renda na fonte de acordo com a Tabela Regressiva de que trata o art. 1º da Lei nº 11.033/04, variando a alíquota, de 22,5% a 15%, de acordo com o prazo da aplicação.

Todas as operações de renda variável realizadas em Bolsa estão sujeitas ao regime de autorrecolhimento do imposto de renda, seja pelas pessoas físicas seja pelas pessoas jurídicas (contribuintes), sobre o ganho líquido apurado mensalmente, com exceção daquelas consideradas conjugadas, conforme acima previstas.

O ganho líquido sujeito ao imposto de renda é aquele apurado em decorrência do somatório dos ganhos líquidos nos mercados à vista e de liquidação futura (dentro ou fora de Bolsa), sendo permitida a compensação de perdas incorridas nessas operações (à vista – incluindo cotas de ETF e outros fundos e ativos –, a termo, futuro e opções), no próprio mês ou nos meses subsequentes, inclusive nos anos-calendário seguintes, em outras operações realizadas em qualquer das modalidades operacionais desses mercados. Não se compensam as perdas em operações de *day trade*, que somente serão compensadas com ganhos auferidos em operações da mesma espécie, o mesmo ocorrendo com FII e Fiagro.

Os contribuintes serão tributados sobre os ganhos líquidos da seguinte forma:

- Pessoas físicas, incluindo as pessoas jurídicas isentas e inscritas no Simples Nacional: tributação exclusiva.

- Pessoas jurídicas não financeiras (lucro real, presumido e arbitrado): antecipação, sendo deduzido do devido no encerramento de cada período de apuração ou na data da extinção.
- Investidor Não Residente (INR) "não paraíso": não sujeito à incidência do imposto de renda.
- INR "paraíso": sujeita-se às mesmas normas de tributação pelo imposto sobre a renda, previstas para os residentes ou domiciliados no País.

O imposto de renda incide à alíquota de 15% sobre o somatório mensal de ganhos líquidos, já compensados com todas as perdas verificadas ou previamente registradas, é apurado por períodos mensais e pago pelo próprio contribuinte até o último dia útil do mês subsequente ao da apuração, utilizando-se os códigos de receita 6015 (pessoa física), 5557 (lucro real) e 0231 (lucro presumido ou arbitrado).

Por outro lado, os ganhos líquidos não serão tributados pelo imposto de renda nas seguintes hipóteses:

- Pessoas físicas: isentas em relação a operações realizadas (i) com ações, no mercado à vista de bolsas de valores ou mercado de balcão, se o total das alienações desse ativo, realizadas no mês, não exceder a R$ 20.000,00; (ii) com ouro, ativo financeiro, se o total das alienações desse ativo, realizadas no mês, não exceder R$ 20.000,00; (iii) com ações de pequenas e médias empresas em ambiente de Bolsa (PME).
- INR "não paraíso": não incidência sobre os ganhos de capital auferidos em operações financeiras realizadas no Brasil de acordo com as normas e condições estabelecidas pelo CMN, sendo o ganho de capital considerado aquele verificado: (i) nas operações realizadas em bolsas de valores, de mercadorias, de futuros e assemelhadas, inclusive quando se tratar de alienação de cotas de fundos de índice; e (ii) nas operações com ouro, ativo financeiro, fora de Bolsa.

CASO PRÁTICO

Peguemos como exemplo uma pessoa física que aliene em bolsa de valores ações de emissão da empresa W, pelo valor total no mês de R$ 18.000,00. Uma vez que o custo médio de aquisição dessas cotas multiplicado pela quantidade alienada, descontados os custos com as operações, seja de R$ 15.000,00, o ganho líquido será de R$ 3.000,00, mas sujeito à isenção.

Por outro lado, caso a mesma pessoa física, no mês seguinte, venda R$ 45.000,00 em ações de emissão da empresa Y, mesmo que o custo médio de aquisição dessas cotas multiplicado pela quantidade alienada, descontados os custos com as operações, seja de 18.000,00, não será aplicável a isenção em nenhum cenário de custo, uma vez que o valor de alienação já foi superior que R$ 20.000,00.

OPERAÇÕES DE *SWAP*

As operações de *swap* são contratos derivativos registrados em balcão que servem para troca de rentabilidade. São celebradas entre pessoas físicas ou jurídicas (inclusive isentas) que possuem ou estão expostas a diferentes preços, índices, taxas ou variações econômicas, sendo que a exposição de uma pode representar a mitigação do risco para a outra parte (por exemplo: exportador que está sujeito ao risco cambial e celebra um contrato de *swap* com uma instituição financeira, em troca de juros. A diferença de rentabilidade da taxa cambial e da taxa de juros corresponderá ao ganho/perda para cada uma das partes).

Podem ser utilizadas em operações de cobertura, também denominadas *hedge*. Embora essa troca de rentabilidade possua um forte caráter econômico de renda variável, a legislação brasileira tributa os *swaps* como renda fixa.

Os rendimentos positivos auferidos por uma das partes da operação de *swap* na liquidação ou cessão do contrato estão sujeitos à incidência do IR Fonte às alíquotas da Tabela Regressiva da Regra Geral a partir de 1º.1.2005, sendo tributados pela alíquota de 20% caso contratados até 31.12.2004. É responsável pela retenção e recolhimento a pessoa jurídica que efetuar o pagamento do rendimento na data da liquidação ou da cessão do contrato.

Os *swaps* são normalmente negociados entre empresas e bancos para o fim de mitigar os riscos incorridos em razão de suas atividades operacionais.

OPERAÇÕES DE *HEDGE*

As operações de *hedge* são aquelas realizadas com derivativos em bolsas de valores, de mercadorias, de futuros e assemelhadas por pessoas jurídicas não financeiras e destinadas, exclusivamente, à proteção contra riscos inerentes às oscilações de preço, de moedas, de índices ou de taxas, quando o objeto do contrato negociado (i) estiver relacionado com as atividades operacionais da pessoa jurídica não financeira; e (ii) destinar-se à proteção de direitos ou obrigações da pessoa jurídica não financeira.

Seu objetivo é mitigar a exposição relativa à oscilação dos fluxos de caixa em decorrência de riscos atrelados à variação de preços, de moedas, de índices ou de taxas, utilizando-se dos instrumentos financeiros disponíveis no mercado de derivativos (tais como termos, futuros, opções e *swaps*), por meio dos quais ocorre a fixação antecipada de preços, cuja finalidade é a de proteger valores, fluxos futuros de direitos/recebimentos ou obrigações/pagamentos contra variações de preços, de moedas, de índices e/ou de taxas, todas sempre relacionadas às atividades empresariais de cunho operacional.

Os ganhos (ou perdas) nas operações com derivativos para fins de *hedge* devem fazer frente a perdas (ou ganhos) com resultados operacionais da empresa, sendo que (i) ganhos líquidos decorrentes de operações de *hedge* devem compor o lucro real, quando for o caso, ou ser acrescidos à base de cálculo determinada para o lucro presumido ou arbitrado; e (ii) ao contrário do que ocorre com as perdas verificadas em operações financeiras tradicionais (não identificadas como operações de *hedge*), as perdas verificadas nessas operações poderão ser integralmente deduzidas, não estando sujeitas ao limite dos ganhos apurados.

Referidos ganhos e perdas deverão ser registradas em contas específicas na contabilidade das pessoas jurídicas não financeiras, uma vez que fazem parte da estratégia de proteção financeira e não financeira de suas atividades operacionais.

E, para que as operações de *hedge* não sejam confundidas com atuação especulativa, sendo alvo de questionamentos pela RFB e podendo vir a ser objeto de autuação, as pessoas jurídicas não financeiras devem adotar controles rígidos e detalhados das operações com instrumentos derivativos contratados para compensarem os efeitos da atividade operacional, com a adoção contábil seguindo a metodologia de *hedge accounting*, conforme determinam os arts. 107 e 108 da IN RFB nº 1700/17.

CASO REAL

Vale a leitura do acórdão do RE 1.224.696 (tema 185 da Repercussão Geral) do STF, no qual foi declarada a constitucionalidade da incidência do imposto de renda sobre os resultados financeiros verificados na liquidação de contratos de *swap* para fins de *hedge*.
Para mais informações, acesse o QR Code.

uqr.to/1ay7n

Na prática, as empresas que realizam operações com derivativos com finalidade de *hedge* para fins de cobertura das exposições de risco de suas atividades operacionais devem (i) celebrar os contratos de derivativos que indiquem de forma clara e objetiva a intenção do *hedge*; (ii) promover os controles no financeiro para que as coberturas do *hedge* nãos sejam excessivas ou insuficientes, a fim de haver correspondência na data da contratação entre as operações com derivativos com a finalidade de *hedge* e as posições financeiras e operacionais a serem cobertas; e (iii) manter documentação e controles que atestem a finalidade de *hedge* das operações (comprovação de exposição ao risco, processos de gerenciamento de risco, metodologias adotadas na apuração dos valores etc.).

OPERAÇÕES REALIZADAS "FORA DE BOLSA"

As operações realizadas fora de Bolsa em mercados de renda variável à vista ou de liquidação futura não sujeitos ao registro em mercados organizados, nos termos da legislação vigente e desde que não configurem operações conjugadas (com rendimento predeterminado ou determinável), estão sujeitas à apuração de ganho de capital (diferença entre valor de alienação e custo de aquisição), portanto, à tributação do IR.

O ganho de capital (i) apurado pelas pessoas físicas (ou aderentes ao Simples Nacional) estará sujeito às alíquotas progressivas do ganho de capital, de 15% a 22,5%, a depender do valor do ganho apurado; (ii) apurado pelas pessoas jurídicas do lucro presumido estará sujeito à alíquota de 34% do IRPJ e da CSLL; e (iii) apurado pelas pessoas jurídicas do lucro real deverá integrar o resultado não operacional.

Exceção para as alienações de participações societárias fora de bolsa por pessoas jurídicas, que são tributadas como ganho líquido, permitida a compensação de perdas e dedução de custos.

As entidades encarregadas do registro de transferência de ações negociadas fora de bolsa, sem intermediação, estão obrigadas a apresentar a Declaração de Transferência de Titularidade de Ações (DTTA)[8] na hipótese de o alienante deixar de exibir o documento de arrecadação de receitas federais que comprove o pagamento do imposto sobre a renda sobre o ganho de capital incidente na alienação ou a declaração de inexistência de IR devido, em até 15 dias depois de vencido o prazo legal para o seu pagamento.

A declaração de inexistência de imposto devido será emitida na forma prevista no Anexo I da IN RFB nº 892/08, devendo a entidade encarregada do registro manter o documento arquivado enquanto perdurar direito de a Fazenda Pública constituir os créditos tributários decorrentes das operações a que se refiram.

Caso o procedimento e os controles previstos não sejam observados pelas entidades responsáveis, estas estarão sujeitas à multa de 30% do valor do imposto devido.

As pessoas físicas são isentas do imposto de renda sobre o ganho de capital auferido na alienação de bens e direitos de pequeno valor, cujo valor de alienação, no mês em que esta se realizar, seja igual ou inferior a (i) R$ 20.000,00, no caso de alienação de ações negociadas no mercado de balcão, e (ii) R$ 35.000,00, nos demais casos, inclusive ativos no exterior. Importante destacar que no caso de alienação de **diversos bens ou direitos da mesma natureza**, será considerado para fins de isenção o valor do conjunto dos bens alienados no mês.

CASO REAL

Acesse os QR Codes para ler as interessantes análises das Solução de Consulta COSIT nº 48, de 24.3.2021 e a Solução de Consulta COSIT nº 264, de 25.9.2019, respectivamente.

uqr.to/1ay7o

uqr.to/1ay7p

Ao finalizar esta seção, você terá compreendido o que são e como funcionam as operações de renda variável dentro e fora de Bolsa e como ocorre a tributação pelo IR nessas operações, com destaque para os tipos de ambientes (Bolsa e assemelhadas e balcão organizado), mercados (à vista, a termo, opções e futuro) e de operações (*day trade* ou não), bem como conceitos de derivativos e ganho líquido.

---

[8] Instituída pela Instrução Normativa (IN) RFB nº 892, de 18 de dezembro de 2008 (IN RFB nº 892/08).

TRIBUTAÇÃO DOS FUNDOS DE INVESTIMENTO

 **OLHA A NOTÍCIA!**

(i) "Carf admite venda de empresa por meio de fundo de investimentos", de 17.7.2018. Para mais informações, acesse o QR Code ao lado.

uqr.to/1ay7q

uqr.to/1ay7r

(ii) "Operações com FIP estão entre as prioridades da Receita", de 14.10.2018. Para mais informações, acesse o QR Code ao lado.

O fundo de investimento é uma comunhão de recursos destinada à aplicação em ativos financeiros, bens e direitos de qualquer natureza, constituído sob a forma de condomínio de natureza especial,[9] sendo regulado pela Comissão de Valores Mobiliários (CVM).

Atualmente, a Instrução CVM nº 555, de 17.12.2014 (ICVM 555), é a norma regulatória básica dos fundos, sendo nela definidas características relevantes também para fins tributários.[10] Os fundos previstos na ICVM 555 são classificados, do ponto de vista regulatório e considerando o fator de risco de sua carteira, em diferentes tipos: (i) Renda Fixa; (ii) Ações; (iii) Cambial; e (iv) Multimercado.

Os fundos de investimento podem ser constituídos como condomínios (i) **abertos** (cotistas podem solicitar o resgate de suas cotas conforme estabelecido no regulamento), sem prazo de duração; ou (ii) **fechados** (cotas somente são resgatas ao término do prazo de duração do fundo, no momento de sua liquidação), com prazo determinado de duração (passível de prorrogação), estando esta informação disponível em seus regulamentos (instrumento de constituição dos fundos) e sendo relevante para fins de aplicação dos diferentes regimes tributários.

ESTRUTURA DOS FUNDOS DE INVESTIMENTO

Os fundos de investimento, constituídos como condomínios especiais, devem ser registrados no Cadastro Nacional de Pessoas Jurídicas (CNPJ)[11] e possuem dois principais prestadores de serviços: administradores

---

[9] Art. 1.368-C do Código Civil, inserido pelo art. 7º da Lei nº 13.874, de 20.9.2019 (conhecida como Lei da Liberdade Econômica).

[10] Em razão das alterações promovidas pela Lei de Liberdade Econômica, a CVM divulgou o Edital de Audiência Pública SDM nº 08/20, por meio do qual traz mudanças no funcionamento das normas em vigor, a fim de aprimorar o funcionamento dos fundos de investimento. Até o fechamento desta edição, a nova regulamentação ainda não havia sido publicada.

[11] Nos termos do art. 4º, V, da IN RFB nº 1.863, de 28.12.2018 ("IN 1863"), que dispõe sobre o CNPJ.

fiduciários[12] (em sua maioria instituições financeiras, são responsáveis pelos aspectos operacionais e tributários do fundo de investimento) e gestores de recursos[13] (que são, em regra, responsáveis pelas decisões de investimento do fundo). O administrador é a entidade responsável pelo fundo de investimento, inclusive em relação às obrigações tributárias (principais e acessórias), sendo identificado no CNPJ e no Comprovante de Inscrição.

Além disso, os fundos (i) são detidos por **cotistas**, isto é, investidores que, por meio da integralização das cotas ou da sua aquisição por meio de operações privadas ou em mercados organizados, passam a ser titulares de percentual de cotas de emissão pelos fundos; e (ii) investem os recursos e/ou ativos a eles entregues pelos cotistas – via integralização – em ativos, bens e direitos, os quais formarão a **carteira do fundo**, juntamente com disponibilidades de recursos.

Os fundos de investimento, por meio da atuação de seus gestores e observando seus objetivos de investimento, buscam obter rentabilidade a partir da sua carteira de investimento, resultando no acréscimo de valores. Essa rentabilidade, bem como o valor do principal investido pelos cotistas, e observadas as regras regulatórias e as determinações do regulamento do fundo, pode ser acessada pelo cotista por diferentes formas:

- **Relação entre cotista e fundo**: por meio do resgate de cotas, da liquidação do fundo, da amortização do valor das cotas ou da distribuição de rendimentos. Cotista aufere rendimentos.
- **Relação do cotista com terceiros**: alienação da titularidade das cotas pelo cotista. A alienação apenas é permitida em fundos fechados e no caso de fundos de índice (ETF). Cotista aufere ganho.

TRIBUTAÇÃO PELO IMPOSTO DE RENDA DOS FUNDOS DE INVESTIMENTO

A tributação dos fundos de investimento pelo imposto de renda possui regras específicas a depender: (i) do tipo de fundo considerado; (ii) do nível em que se verifica a disponibilidade de renda: pela carteira do fundo ou por seus cotistas; (iii) da existência de rendimentos ou ganhos; e (iv) da natureza jurídica dos cotistas.

Nesse sentido, a análise da tributação dos fundos de investimento pode ser dividida em três: (i) regime geral, aplicável aos fundos de investimento de renda fixa; (ii) regime de tributação dos fundos de renda variável, aplicável aos fundos de investimento em ações (FIA); e (iii) regimes de tributação específicos, aplicáveis a outros tipos de fundos previstos expressamente em lei.

REGIME GERAL DOS FUNDOS DE INVESTIMENTO (FUNDOS DE RENDA FIXA)

(a) **Introdução**: como regra geral, os rendimentos e ganhos líquidos auferidos na alienação, liquidação, resgate, cessão ou repactuação dos títulos, aplicações financeiras e valores mobiliários **integrantes das carteiras dos fundos de investimento são isentos do imposto de renda**.[14] Isso significa que, observadas as exceções previstas em lei, as carteiras dos fundos de investimento não são tributadas.

Mas, em relação aos rendimentos decorrentes do resgate ou amortização das cotas pelos cotistas, ou mesmo no caso de distribuições promovidas pelos fundos de investimento, são verificados regimes tributários específicos.

A Lei nº 9.532, de 10.12.1997, em seus arts. 28 e seguintes, em conjunto com a Medida Provisória nº 2.189-49, de 23.8.2001, em seus arts. 1º e seguintes, disciplinam originalmente o que se pode chamar de "regime geral da tributação dos fundos de investimento", ao estabelecerem a incidência do imposto de renda na fonte e seus elementos: (i) o fato gerador (auferir rendimentos em decorrência de aplicações em fundos de investimento); (ii) a base de cálculo; (iii) as alíquotas incidentes; (iv) as hipóteses de isenção e dispensa de retenção; (v) a forma e

---

[12] Nos termos do art. 2º, I, da ICVM 555: "administrador (do fundo): pessoa jurídica autorizada pela CVM para o exercício profissional de administração de carteiras de valores mobiliários e responsável pela administração do fundo".

[13] Nos termos do art. 2º, XXX, da ICVM 555: "gestor: pessoa natural ou jurídica autorizada pela CVM para o exercício profissional de administração de carteiras de valores mobiliários, contratada pelo administrador em nome do fundo para realizar a gestão profissional de sua carteira".

[14] Art. 28, § 10, I, da Lei nº 9.532, de 10.12.1997.

prazo de recolhimento aos cofres públicos; e (vi) a responsabilidade pela retenção do imposto de renda na data de ocorrência do fato gerador e de seu recolhimento (cabendo tal responsabilidade ao administrador do fundo).

Importante destacar que a legislação tributária não diferencia os fundos entre abertos e fechados, mas sim em relação à existência de resgate. Além disso, os eventos de disponibilidade de recursos são determinantes para a identificação dos fatos geradores do imposto de renda em relação aos fundos.

(b) Come-cotas: nos termos do art. 6º da MP nº 2189-49 e do art. 3º da Lei nº 10.892, de 13.7.2004 (**Lei nº 10.892**), sobre os rendimentos apurados em 31 de maio e 30 de novembro de cada ano apenas pelas **carteiras dos fundos abertos**, e cujos valores estão refletidos no valor da cota dos cotistas, haverá a incidência do imposto de renda na fonte, considerando como base de cálculo a diferença positiva entre o referido valor e aquele considerado no final do período semestral de incidência anterior.

Note-se que a incidência do come-cotas[15] está vinculada a fundos nos quais há prazo de carência e ocorre o resgate de cotas, o que não se verifica nos fundos fechados. Por essa razão, os fundos fechados não se sujeitam à aplicação do come-cotas semestral.

Também não há incidência de come-cotas sobre os fundos de investimento em ações (FIA) e sobre os fundos que possuem previsão de regime tributário específico em legislação própria (a menos que eles sejam fundos abertos e desenquadrem, passando a ser tributados pelo regime geral de renda fixa).

A retenção e o recolhimento do imposto de renda na fonte são responsabilidade do administrador do fundo de investimento, que controla os eventos relativos à aquisição e alienação das cotas, bem como promove diariamente o cálculo do valor da cota, considerando a rentabilidade da carteira, bem como mantém o registro de informações sobre perdas dos cotistas.

(c) Perdas:[16] as perdas apuradas no resgate de cotas de fundo de investimento poderão ser compensadas com rendimentos auferidos em resgates ou incidências posteriores, no mesmo ou em outro fundo de investimento (i) administrado pela mesma pessoa jurídica;[17] ou (ii) cujas cotas estão sujeitas à intermediação por conta e ordem da mesma pessoa jurídica,[18] desde que sujeitos à mesma alíquota do imposto de renda, observados os procedimentos definidos pela RFB.

(d) Fato gerador: é considerado fato gerador do imposto de renda auferir rendimentos por qualquer beneficiário, inclusive pessoa jurídica isenta, em aplicações em fundos de investimento, em decorrência de eventos de resgate, amortização ou distribuição.

(e) Base de cálculo: é a diferença positiva entre (i) o valor da cota apurado na data de resgate ou liquidação; e (ii) o valor da aplicação (via integralização das cotas ou aquisição) ou, no caso de fundos abertos sujeitos ao come-cotas, o valor da cota no final do período de incidência anterior. No caso de distribuição pelos fundos, deve-se verificar se está sendo distribuído valor integral de rendimentos ou também parcela de principal, a fim de poder aferir a base de cálculo como sendo o valor integral ou apenas o resultado positivo.

Ainda, caso ocorra o resgate das cotas de **fundos fechados**, em decorrência do término do prazo de duração ou da liquidação do fundo, o **rendimento será constituído pela diferença positiva entre o valor de resgate e o custo de aquisição das cotas, sendo tributado na fonte à respectiva alíquota aplicável**.

No caso de **amortização de cotas (em fundos fechados ou abertos)**, o imposto incidirá sobre o valor que exceder o respectivo custo de aquisição, às alíquotas aplicáveis para o caso de resgate.

(f) Alíquotas: os arts. 6º e 8º da IN RFB nº 1585/15 preveem as alíquotas aplicáveis aos fundos de investimento sujeitos ao regime geral, (ou denominados "fundos de renda fixa") segundo o **prazo médio da sua carteira de títulos, conforme detalhes previstos no art. 4º da referida IN**, diferenciando-se os fundos entre **(a) fundos de longo prazo** (carteira de títulos com prazo médio superior a 365 dias); e **(b) fundos de curto prazo** (carteira de títulos com prazo médio igual ou inferior a 365 dias).

---

[15] Art. 3º da Lei nº 10.892, de 13.7.2004.

[16] Atenção à Solução de Consulta Cosit nº 38, de 19 de abril de 2016.

[17] Art. 6º da Lei nº 10.426, de 24/04/2002.

[18] Art. 17 da IN RFB nº 1585.

A alíquota do IR aplicável aos rendimentos auferidos pelos cotistas dos **fundos de longo prazo** sujeita-se à Tabela Regressiva do Imposto de Renda, que varia de acordo com o prazo da operação:

- 22,5%, em aplicações com prazo de até 180 dias.
- 20%, em aplicações com prazo de 181 dias até 360 dias.
- 17,5%, em aplicações com prazo de 361 dias até 720 dias.
- 15%, em aplicações com prazo acima de 720 dias.

A alíquota do IR aplicável aos rendimentos auferidos pelos cotistas dos **fundos de curto prazo** sujeita-se à Tabela Regressiva específica do imposto de renda,[19] que varia de acordo com o prazo da operação:

- 22,5%, em aplicações com prazo de até 6 meses.
- 20%, em aplicações com prazo acima de 6 meses.

(g) Contribuinte: são contribuintes os cotistas dos fundos de investimento de renda fixa, devendo ser assim considerados:

- **Pessoas físicas, inclusive pessoas jurídicas isentas e sujeitas ao Simples Nacional**: tributação definitiva.
- **Pessoas jurídicas (lucro real, presumido ou arbitrado)**:[20] antecipação, devendo o valor do tributo ser deduzido quando do recolhimento dos tributos corporativos (deduzido do apurado no encerramento do período ou na data da extinção).
- **Investidor Não Residente ("INR")**:[21] tributação exclusiva, considerando a alíquota de 15%.
- **INR "paraíso"**:[22] sujeita-se às mesmas normas de tributação pelo imposto de renda previstas para os residentes ou domiciliados no Brasil (pessoas físicas).

(h) Responsável: é responsável pela retenção e recolhimento do IR (i) o administrador do fundo de investimento; ou (ii) a instituição que **intermediar recursos por conta e ordem de seus respectivos clientes**, para aplicações em fundos de investimento administrados por outra instituição, na forma prevista em normas expedidas pelo CMN ou pela CVM. As obrigações se estendem às obrigações acessórias.[23]Ainda, quando ocorrer liquidação ou amortização do fundo fechado, o administrador deverá exigir (i) a apresentação da nota de aquisição das cotas, ou, alternativamente; (ii) utilizar as informações disponíveis nas câmaras de liquidação e custódia de ativos, se o beneficiário do rendimento efetuou a aquisição no mercado secundário.

(i) Recolhimento: o imposto sobre a renda deve ser retido na fonte pelo administrador do fundo e recolhido até o terceiro dia útil subsequente ao decêndio de ocorrência dos fatos geradores (seja de resgate, amortização, distribuição ou come-cotas).

(j) Alienação das cotas (apuração de ganhos): os fundos de investimento sujeitos ao regime geral, considerados fundos de renda fixa, **desde que constituídos como condomínios fechados**, permitem a alienação de suas cotas pelos cotistas de forma privada ou por meio de mercados organizados de bolsa de valores ou de balcão

---

[19]   Art. 6º, § 2º, da Lei nº 11.053.

[20]   Exceção para instituição financeira, inclusive sociedade de seguro, previdência e capitalização, sociedade corretora de títulos, valores mobiliários e câmbio, sociedade distribuidora de títulos e valores mobiliários ou sociedade de arrendamento mercantil (art. 77, I, da Lei nº 8.981/95), que são dispensadas da retenção do imposto de renda na fonte (art. 28, § 11, alínea *b*, da Lei nº 9.532), ficando os rendimentos sujeitos à tributação corporativa.

[21]   Considera-se para fins do conceito de "Investidor não residente" ou "INR" aquele residente ou domiciliado no exterior, individual ou coletivo, que realizar operações financeiras no Brasil de acordo com as normas e condições estabelecidas pelo CMN (Resolução CMN nº 4.373, de 29.9.2014), e desde que não seja residente ou domiciliado em país com tributação favorecida nos termos do art. 24 da Lei nº 9.430/96, excetuado os fundos soberanos.

[22]   Para as operações no mercado financeiro e de capitais, incluídas aquelas realizadas com fundos de investimento, a Lei nº 8.981, em seu art. 78, não previu regime tributário mais gravoso para os não residentes que não cumpram as condições estabelecidas pelo CMN ou que sejam residentes ou domiciliados em país com tributação favorecida nos termos do art. 24 da Lei nº 9.430, de 1996. Apenas determinou que sujeitar-se-iam "às mesmas normas de tributação pelo Imposto de Renda, previstas para os residentes ou domiciliados no país".

[23]   Conforme Solução de Consulta nº 103 – Cosit, de 20.8.2018.

organizado. Ao realizar a alienação das cotas, o cotista alienante, caso apure ganhos na operação, deverá tributá-los da seguinte forma:[24]

- Como ganhos líquidos (à alíquota de 15%), quando auferidos:
  - por **pessoa física** em operações realizadas **em Bolsa**;
  - por **pessoa jurídica** em operações realizadas **dentro ou fora de Bolsa.**
- Como ganho de capital (de acordo com a Tabela Progressiva do Ganho de Capital, de 15% a 22,5%, a depender do valor do ganho),[25] quando auferido por **pessoa física** em operações realizadas **fora de Bolsa.**

No caso da alienação, a responsabilidade pelo recolhimento do IR é do alienante da cota (sistemática de autorrecolhimento), desde que haja base positiva tributável, sendo certo que a tributação pelo ganho líquido em bolsa de valores ou equiparada pode estar sujeita à compensação de perdas verificadas nesse ambiente.

FUNDO DE INVESTIMENTO EM AÇÕES (FIA)

A mesma legislação que institui o regime geral tributário dos fundos de investimento de renda fixa estabelece a previsão sobre a tributação do FIA, reconhecendo regime de tributação diferenciado para o fundo cujo patrimônio líquido seja composto por, no mínimo, 67% de ações negociadas no mercado à vista de bolsa de valores ou entidade assemelhada, na forma regulamentada pela CVM. A RFB, no âmbito da IN RFB nº 1585, interpreta o dispositivo para o fim de autorizar que a "bolsa de valores ou entidade assemelhada" possa ser entendida como aquela existente "no País ou no exterior".

O FIA é um fundo líquido que pode ser constituído como fundo aberto ou fechado e, em decorrência da concentração em ações negociadas em bolsa na sua carteira, a tributação pelo imposto de renda na fonte dos rendimentos auferidos no resgate, amortização e/ou distribuição é realizada à alíquota de 15%, semelhante àquela aplicável nas negociações de renda variável em bolsa, sendo a mesma alíquota aplicável no caso de alienação das cotas.

Embora a legislação aplicável ao FIA (Lei nº 9.532/97, art. 28; MP nº 2189-49, art. 2º; e Lei nº 11.033/04, art. 1º, § 3º, I) fale apenas sobre ações, a RFB, por meio da IN RFB nº 1585, em seu art. 18, § 3º, equipara outros ativos, no Brasil e no exterior, às ações para fins de enquadramento da carteira do FIA. Além disso, as regras de tributação do FIA aplicam-se também aos clubes de investimento em ações.

Os investidores não residentes não oriundos de país com tributação favorecida (INR) são tributados de acordo com alíquota específica de 10% sobre os rendimentos verificados com operações com FIA.

---

[24] Art. 16 da IN RFB nº 1585.

[25] Art. 21 da Lei nº 8.981/95.

As disposições previstas para o FIA aplicam-se também aos fundos de investimento em cotas (FIC) que mantenham, no mínimo, 95% de seu patrimônio líquido em cotas de fundos de investimento em ações. Embora não esteja expressamente previsto, é possível considerar que o regime tributário será aplicado também quando a concentração de 95% for atendida por meio de cotas de FIA.

Em relação à distribuição de rendimentos pelo FIA, a RFB determinou, a partir da publicação da IN RFB nº 1585, que os fundos de investimento não mais podiam distribuir aos seus cotistas (repassar), sem tributação, os dividendos recebidos das ações investidas, passando a sujeitá-los à tributação pelo imposto de renda na fonte, à alíquota de 15%, sendo responsável pela retenção e pelo recolhimento do IR o administrador de fundo ou clube de investimento que destine diretamente aos cotistas as quantias que lhe forem atribuídas a título de dividendos, juros sobre capital próprio, reembolso de proventos decorrentes do empréstimo de valores mobiliários, ou outros rendimentos advindos de ativos financeiros que integrem sua carteira.

A Lei nº 11.033/04 prevê hipótese específica de desenquadramento para os FIA, determinando que, caso a proporção de 67% em ações negociadas em Bolsa não seja observada, devem ser aplicadas, a partir do desenquadramento, as alíquotas de renda fixa previstas para os fundos de curto e longo prazo, a depender da composição da carteira e do prazo da operação.

Contudo, o desenquadramento do FIA não é imediato e não ocorre caso, cumulativamente, (i) a proporção da concentração de ações negociadas em Bolsa ou equiparada na carteira do FIA não ultrapasse o limite de 50% do total da carteira; (ii) a situação for regularizada no prazo máximo de 30 dias e (iii) o fundo ou clube não incorra em nova hipótese de desenquadramento no período de 12 meses subsequentes.

O desenquadramento não implica a interrupção da contagem do prazo original da aplicação pelos cotistas. Assim, os rendimentos produzidos até a data do desenquadramento serão tributados nessa data e o IR retido também deverá ser recolhido até o terceiro dia útil subsequente ao decêndio de ocorrência dos fatos geradores.

REGIMES TRIBUTÁRIOS ESPECÍFICOS PARA OS DIFERENTES TIPOS DE FUNDOS DE INVESTIMENTO

A legislação instituiu regimes tributários específicos para os diferentes tipos de fundos de investimento, sendo certo que se aplicam aos rendimentos e ganhos verificados pelos cotistas destes fundos de investimento as mesmas disposições previstas para o regime geral em relação ao (i) fato gerador; (ii) base de cálculo; (iii) responsável; (iv) recolhimento; e (v) alienação das cotas, salvo em situações específicas.

Importante relembrar que devem ser observadas as classificações dos fundos como abertos ou fechados para o fim de se verificar a possibilidade de negociação de suas cotas em mercado secundário, diretamente entre os cotistas (com exceção do Fundo de Índice que, mesmo sendo um fundo fechado, permite que suas cotas sejam negociadas em ambiente de Bolsa ou de balcão organizado).

Os **fundos de investimento em ações – Mercado de Acesso (FIA-Mercado de Acesso)** são previstos pelo art. 18 da Lei nº 13.043, de 13.11.2014 **(Lei nº 13.043/14)**. Os rendimentos auferidos por pessoa física no resgate de cotas dos FIA-Mercado de Acesso ficam isentos do imposto de renda, desde que observados os requisitos previstos na Lei nº 13.043/14.

Para serem enquadrados como FIA-Mercado de Acesso, devem (i) possuir, no mínimo, 67% de seu patrimônio aplicado em ações cujos ganhos sejam isentos do imposto sobre a renda (ações de pequenas e médias empresas, assim enquadradas nos termos da Lei nº 13.043/14); (ii) ter prazo mínimo de resgate de 180 dias; (iii) ter a designação FIA-Mercado de Acesso; (iv) possuir um mínimo de 10 cotistas, sendo que cada cotista, individualmente ou em conjunto com pessoas a ele ligadas,[26] não poderá deter mais de 10% das cotas emitidas, seja sua associada, na forma de consórcio ou condomínio, conforme definido na legislação brasileira, em qualquer empreendimento.

Os **fundos de Investimento em Índice de Mercado – Fundos de Índice de Ações (ETF)** são fundos de investimento abertos, com prazo indeterminado, previstos pela Instrução CVM nº 359, de 22.1.2002 (ICVM 359),

---

[26] Nos termos do art. 18, § 3º, da Lei nº 13.043/14, é considerada pessoa ligada ao cotista aquela que (i) for parente ou afim até o terceiro grau, cônjuge ou companheiro; ou (ii) a pessoa física que seja sua associada, na forma de consórcio ou condomínio, conforme definido na legislação brasileira, em qualquer empreendimento.

que têm como objetivo a aplicação em ativos financeiros que visem refletir as variações e a rentabilidade de um índice de referência (índice de mercado específico reconhecido pela CVM e ao qual a política de investimento do fundo esteja associada).

Embora sejam fundos abertos, devem, excepcionalmente, ter suas cotas admitidas à negociação em bolsa de valores ou em mercado de balcão organizado. Além disso, para refletir a variação e rentabilidade do índice de referência, o fundo deve manter, no mínimo, 95% de seu patrimônio aplicado em (i) ativos financeiros que integrem o índice de referência; (ii) posição líquida em contrato futuros; e (iii) cotas de outros fundos de índice que visem refletir as variações e rentabilidade do índice de referência do fundo investidor.

Do ponto de vista tributário, os ETF de renda variável não possuem previsão em lei, sendo equiparados ao FIA por entendimento da RFB, conforme pode ser verificado nos artigos 24 a 27 da IN RFB 1585. Nesse sentido, a alíquota do imposto de renda na fonte incidente é de 15% (em ativos ou em moeda).

Caso as cotas sejam adquiridas no mercado secundário, o administrador do ETF de Renda Variável exigirá do beneficiário a apresentação da nota de aquisição da cota ou declaração do custo médio de aquisição para fins do cálculo da base tributável no resgate ou na amortização das cotas. Na falta da apresentação dos documentos solicitados, o custo de aquisição será igual a 0 (zero).

> **ATENÇÃO!**
>
> Não se aplica a isenção sobre o ganho decorrente da alienação em bolsa de valores das cotas do ETF de Renda Variável em valor de até R$ 20.000,00. Essa isenção aplica-se apenas à alienação de ações e ouro ativo financeiro em bolsa.

Os ETF permitem a alienação de suas cotas pelos cotistas por meio de mercados organizados de bolsa de valores ou de balcão organizado. E, em caso de alienação das cotas e/ou a integralização das cotas com ações, eventual ganho na operação deverá ser tributado conforme apresentado no Quadro 14.2.[27]

Quadro 14.2 Forma de tributação do ganho em caso de alienação e/ou integralização das cotas com ações

Contribuintes	Alienação	Integralização
	Autorrecolhimento	O administrador do fundo que receber as ações a serem integralizadas é responsável pela cobrança e recolhimento do IR incidente sobre o ganho de capital
Pessoas físicas, inclusive pessoas jurídicas isentas e sujeitas ao Simples Nacional	(i) em operações realizadas em bolsa: ganhos líquidos; e (ii) em operações realizadas fora de bolsa: ganhos de capital (de acordo com a Tabela Progressiva do Ganho de Capital, de 15% a 22,5%, a depender do valor do ganho)[28]	Aplicação da Tabela Progressiva do Ganho de Capital, de 15% a 22,5%, a depender do valor do ganho, a título de tributação definitiva
Pessoas jurídicas (lucro real, presumido ou arbitrado)	Ganhos líquidos, em operações realizadas dentro ou fora de bolsa	Aplicação da Tabela Progressiva do Ganho de Capital, de 15% a 22,5%, a depender do valor do ganho, a título de antecipação, devendo ser deduzido quando do recolhimento dos tributos corporativos (deduzido do apurado no encerramento do período ou na data da extinção)
INR	(i) em operações realizadas em bolsa: não incidência; e (ii) em operações realizadas fora de bolsa: 15%, desde que o investidor atenda à Resolução CMN nº 4.373	Aplicação da Tabela Progressiva do Ganho de Capital, de 15% a 22,5%, a depender do valor do ganho, a título de tributação definitiva

---

[27] Art. 16 da IN RFB nº 1585.

[28] Art. 21 da Lei nº 8.981/95.

Os fundos de Índice de Renda Fixa (ETF-Renda Fixa) são fundos de índice cujas carteiras são compostas por ativos financeiros que buscam refletir as variações e a rentabilidade de índices de renda fixa e cujos regulamentos determinam que suas carteiras sejam compostas, no mínimo, por 75% de ativos financeiros que integrem o índice de renda fixa de referência. São fundos abertos que, excepcionalmente, devem ter suas cotas admitidas à negociação em bolsa de valores ou em mercado de balcão organizado.

Ao contrário do ETF de Renda Variável, o ETF de Renda Fixa possui sua tributação prevista em lei, nos arts. 2º a 4º da Lei nº 13.043, sendo aplicáveis as seguintes alíquotas do imposto de renda na fonte sobre os rendimentos verificados pelos cotistas:

- 25%, no caso de ETF de Renda Fixa cuja carteira de ativos financeiros apresente prazo médio de repactuação igual ou inferior a 180 dias.
- 20%, no caso de ETF de Renda Fixa cuja carteira de ativos financeiros apresente prazo médio de repactuação superior a 180 dias e igual ou inferior a 720 dias.
- 15%, no caso de ETF de Renda Fixa cuja carteira de ativos financeiros apresente prazo médio de repactuação superior a 720 dias.

São isentos os rendimentos pagos, creditados, entregues ou remetidos ao INR referentes a ETF de Renda Fixa cuja carteira de ativos financeiros apresente prazo de repactuação superior a 720 dias.

Além disso, a alienação das cotas dos ETF de Renda Fixa pelos cotistas é permitida por meio de mercados organizados de bolsa de valores ou de balcão organizado.

Os Fundos de Investimento em Participações (FIP), Fundos de Investimento em Cotas de Fundo de Investimento em Participações (FIF FIP) e Fundos de Investimento em Empresas Emergentes (FIEE) são fundos fechados que têm como principal objetivo investir em empresas em fase de desenvolvimento (*venture capital*), nos termos e condições previstas na Instrução CVM nº 578, de 30.8.2016 (ICVM 578), auxiliando no processo de crescimento econômico do Brasil.

A Lei nº 11.312, de 27.6.2006 estabeleceu regime tributário específico para os FIP, FIF FIP e FIEE, de modo a terem condições tributárias semelhantes àquelas verificadas em mercados de bolsa.

Os FIP e FIEE têm como características serem fundos fechados (i) que devem cumprir os limites de diversificação e as regras de investimento constantes da regulamentação estabelecida pela CVM; (ii) cuja carteira é composta, no mínimo, por 67% de ações de sociedades anônimas, debêntures conversíveis em ações e bônus de subscrição; e (iii) nos quais os representantes do FIP devem poder exercer certo grau de controle de gestão na empresa investida, especialmente por meio da nomeação de membros da sua diretoria. Ainda, cumpre observar que o FIP não tem permissão para investir diretamente em empresas não registradas ou incorporadas no Brasil.

SAIBA MAIS!

Para fins regulatórios e contábeis, os FIP são classificados em FIP qualificado como entidade de investimento (discricionariedade do gestor para fins de investimento, principal propósito ser o retorno de investimento e mensuração dos ativos na carteira do fundo pelo valor justo) e FIP não qualificado como entidade de investimento (ou patrimoniais) (gestão não discricionária, principal propósito é a participação na investida e a mensuração dos ativos por método de equivalência patrimonial). Essa segregação não é verificada, ainda, para fins tributários.

Os rendimentos auferidos no resgate de cotas e na liquidação dos FIP, FIF FIP e FIEE ficam sujeitos ao IR na fonte à alíquota de 15% sobre a diferença positiva entre o valor de resgate e o custo de aquisição das cotas (base de cálculo). Em caso de amortização, o IR incidirá, também à alíquota de 15%, sobre o valor que exceder o respectivo custo de aquisição.

Por seu turno, os ganhos auferidos na alienação de cotas dos FIP, FIF FIP e FIEE são tributados à alíquota de 15%:

- Como ganho líquido: quando auferidos por (i) pessoas físicas em operações realizadas em Bolsa; e (ii) pessoas jurídicas em operações realizadas dentro ou fora de Bolsa.
- De acordo com as regras aplicáveis aos ganhos de capital na alienação de bens ou direitos de qualquer natureza: quando auferidos por pessoas físicas em operações realizadas fora de Bolsa.

Os rendimentos e ganhos pagos, creditados, entregues ou remetidos a INR que atenda às normas e condições estabelecidas pelo CMN sujeitam-se ao IR à alíquota "zero". A redução da alíquota não será observada quando: (i) o cotista titular de cotas, isoladamente ou em conjunto com pessoas a ele ligadas, representar 40% ou mais da totalidade das cotas do fundo ou cujas cotas, isoladamente ou em conjunto com pessoas a ele ligadas, lhe derem direito ao recebimento de rendimento superior a 40% do total de rendimentos auferidos pelos fundos; (ii) os fundos detiverem em suas carteiras, a qualquer tempo, títulos de dívida em percentual superior a 5% de seu patrimônio líquido, ressalvados desse limite as debêntures conversíveis em ações, os bônus de subscrição e os títulos públicos; e (iii) os INR forem residentes ou domiciliados em país que não tribute a renda ou que a tribute à alíquota máxima inferior a 20%.

Ainda, ficam sujeitos à tributação do IR Fonte, às alíquotas da Tabela Regressiva do IR (22,5% a 15%, de acordo com o prazo da operação), os rendimentos auferidos pelo cotista quando da distribuição de valores pelos FIP, FIF FIP e FIEE desenquadrados em decorrência de inobservância (i) do cumprimento dos limites de diversificação e das regras de investimento constantes da regulamentação estabelecida pela CVM; e (ii) da composição da carteira do fundo, a qual deve observar, no mínimo, 67% de ações de sociedades anônimas, debêntures conversíveis em ações e bônus de subscrição.

Os Fundos de Investimento em Participações em Infraestrutura (FIP-IE) e Fundos de Investimento em Participação na Produção Econômica Intensiva em Pesquisa, Desenvolvimento e Inovação (FIP-PD&I) foram instituídos pela Lei nº 11.478, de 29.5.2007, podendo ser constituídos obrigatoriamente sob a forma de condomínios fechados, e desde que tenham por objetivo o investimento, no território brasileiro, em projetos, novos ou em expansão, (i) de infraestrutura implementados, a partir da vigência da lei, por sociedades de propósito específico (SPE) criadas para tal fim (FIP-IE); e (ii) produção econômica intensiva em pesquisa, desenvolvimento e inovação implementados, a partir da vigência da Lei, por sociedades específicas criadas para tal fim e que atendam à regulamentação do Ministério da Ciência e Tecnologia (FIP-PD&I).

Os FIP-IE devem desenvolver projetos em determinadas áreas temáticas: energia, transporte, água e saneamento básico, irrigação e outras áreas tidas como prioritárias pelo Poder Executivo Federal.

Para serem caracterizados como FIP-IE e FIP-PD&I e gozarem de regime tributário específico, os fundos precisam observar também outras condições previstas na Lei nº 11.478/07 e na regulamentação da CVM (também contidas na ICVM 578): (i) cumprir os limites de diversificação e as regras de investimento constantes da regulamentação estabelecida pela CVM; (ii) aplicar, no mínimo, 90% de seu patrimônio em ações, bônus de subscrição, debêntures, conversíveis ou não em ações, ou outros títulos de emissão das SPE, desde que permitidos pela regulamentação da CVM para FIP; (iii) ter prazo máximo de 180 dias após obtido o registro de funcionamento na CVM para iniciar suas atividades e para se enquadrarem no nível mínimo de investimento de 90% acima referido; (iv) ter um mínimo de cinco cotistas, sendo que cada cotista não poderá deter mais de 40% das cotas emitidas pelo FIP-IE ou pelo FIP-PD&I ou auferir rendimento superior a 40% do total de rendimentos dos fundos; (v) investir em SPE, organizadas como sociedade anônima, de capital aberto ou fechado, que devem seguir, pelo menos, as práticas de governança corporativa estabelecidas pela CVM para as companhias investidas por FIP; e (vi) participar do processo decisório das sociedades investidas com efetiva influência na definição de suas políticas estratégicas e na sua gestão, notadamente por meio da indicação de membros do Conselho de Administração ou, ainda, pela detenção de ações que integrem o respectivo bloco de controle, pela celebração de acordo de acionistas ou pela celebração de ajuste de natureza diversa ou adoção de procedimento que assegure ao fundo efetiva influência na gestão e definição de sua política estratégica.

Os rendimentos auferidos (i) no resgate de cotas dos FIP-IE e FIP-PD&I; (ii) quando decorrentes da liquidação do fundo, como regra geral, e (iii) na amortização, ficam sujeitos ao IR Fonte à alíquota de 15% incidente sobre a diferença positiva entre o valor de resgate e o custo de aquisição/integralização das cotas (base de cálculo). Contudo, há regras específicas:

- Pessoas físicas: isentas do IR na fonte e na declaração de ajuste anual.
- Pessoas jurídicas: à alíquota de 15% como antecipação, devendo ser deduzido quando do recolhimento dos tributos corporativos, quando for o caso (deduzido do apurado no encerramento do período ou na data da extinção).
- INR "não paraíso": à alíquota de 15%, como tributação exclusiva.

Já os ganhos auferidos na alienação de cotas serão tributados:

- Pessoas físicas: à alíquota zero, em operações realizadas em Bolsa ou fora de Bolsa.
- Pessoas jurídicas: como ganho líquido, à alíquota de 15%, em operações realizadas em Bolsa ou fora de Bolsa.
- INR "não paraíso": à alíquota zero, quando pagos, creditados, entregues ou remetidos ao beneficiário INR.

Os Fundos de Investimento com Carteira em Debêntures (FI-Infra e FIC FI-Infra) são previstos pela Lei nº 12.431, de 24.9.2011 (Lei nº 12.431/11), e têm como objetivo investir em Ativos Incentivados.

Desde que cumpridas as composições de seu patrimônio líquido indicadas a seguir, os cotistas desses fundos estarão sujeitos ao regime tributário específico abaixo detalhado:

- FI-Infra: aplicação de recursos nos Ativos Incentivados não poderá ser inferior a 85% do valor do patrimônio líquido do fundo. Esse percentual, contudo, pode ser reduzido para, no mínimo, 67% do valor do patrimônio líquido do fundo durante o prazo de 2 anos contado da data da primeira integralização de cotas (sendo certo que o fundo terá o prazo de 180 dias contados da data da primeira integralização de cotas para enquadrar-se nesse percentual mínimo).

- FIC FI-Infra: devem alocar, no mínimo, 95% dos recursos em cotas dos FI-Infra (sendo certo que o fundo terá o prazo de 180 dias contados da data da primeira integralização de cotas para enquadrar-se nesse percentual mínimo).

> ## ATENÇÃO!
>
> São denominados ativos incentivados aqueles previstos no art. 2º da Lei nº 12.431/11, que correspondem: (i) às debêntures emitidas por sociedade de propósito específico, constituída sob a forma de sociedade por ações; (ii) aos certificados de recebíveis imobiliários; e (iii) às cotas de emissão de fundo de investimento em direitos creditórios, constituídos sob a forma de condomínio fechado, todos relacionados à captação de recursos com o objetivo de implementar projetos de investimento na área de infraestrutura, ou de produção econômica intensiva em pesquisa, desenvolvimento e inovação, considerados como prioritários na forma regulamentada pelo Poder Executivo federal.

Os rendimentos auferidos (i) no resgate de cotas dos FI-Infra e FIC FI-Infra, e quando decorrentes da liquidação do fundo, bem como (ii) os ganhos auferidos na alienação de cotas dos FIP-Infra e FIC FI-Infra, ficam sujeitos ao imposto de renda na fonte às seguintes alíquotas sobre a diferença positiva entre o valor de resgate/liquidação/alienação e o custo de aquisição/integralização das cotas (base de cálculo):

- Pessoas físicas: à alíquota zero.

- Pessoas jurídicas (lucro real, presumido ou arbitrado, inclusive pessoa jurídica isenta ou optante pelo Simples Nacional): à alíquota de 15%, exclusivamente na fonte, sendo certo que (i) os rendimentos tributados exclusivamente na fonte poderão ser excluídos na apuração do lucro real; e (ii) as perdas apuradas nas operações com cotas de FI-Infra e FIC FI-Infra, quando realizadas por pessoa jurídica tributada com base no lucro real, não serão dedutíveis na apuração do lucro real.

- INR "não paraíso": à alíquota zero, quando pagos, creditados, entregues ou remetidos ao beneficiário INR.

Os fundos de investimento imobiliários (FII) são instituídos pela Lei nº 8.668, de 25.6.1993, alterada por legislação posterior, em especial a Lei nº 9.779, de 19.1.1999. Do ponto de vista regulatório, a CVM regulamento os FII por meio da Instrução CVM nº 472, 31.10.2008 (ICVM 472). São fundos constituídos como condomínios fechados, por prazo determinado ou indeterminado, e seu patrimônio pode ser constituído pelos ativos e investimentos previstos em lei.

Tais fundos sujeitam-se a regime tributário específico, o qual visa incentivar as atividades imobiliárias, considerando a relevância desse setor para a economia brasileira. Assim, em relação à sua carteira, os rendimentos e os ganhos de capital auferidos pelos FII ficam isentos do IR e do IOF. Contudo, os rendimentos e ganhos líquidos auferidos pelos FII, em aplicações financeiras de renda fixa ou de renda variável, sujeitam-se à incidência do IR Fonte, observadas as mesmas normas aplicáveis às pessoas jurídicas submetidas a esta forma de tributação. Esse IR Fonte poderá ser compensado com o retido na fonte pelo FII por ocasião da distribuição de rendimentos e ganhos de capital aos cotistas.

ATENÇÃO!

Há questionamentos por parte da RFB acerca da tributação de cotas de FII adquiridas por carteiras de FII, por interpretação do art. 18 da Lei nº 8.668/93:

"Art. 18. Os ganhos de capital e rendimentos auferidos na alienação ou no resgate de quotas dos fundos de investimento imobiliário, por qualquer beneficiário, inclusive por pessoa jurídica isenta, sujeitam-se à incidência do imposto de renda à alíquota de vinte por cento."

Para mais informações, acesse o QR Code.

uqr.to/1ay7s

Não estão sujeitas ao IR Fonte as aplicações efetuadas pela carteira do FII em letras hipotecárias (LH), certificados de recebíveis imobiliários (CRI), letras de crédito imobiliário (LCI), cotas de FII e cotas de Fiagro.

Ainda, a Lei nº 9.779/99 estabeleceu requisitos para que o FII mantenha sua carteira de investimento isenta do IR: (i) distribuição obrigatória de, no mínimo, 95% dos lucros auferidos, apurados segundo o regime de caixa, com base em balanço ou balancete semestral encerrado em 30.6 e 31.12 de cada ano; e (ii) que o FII não aplique recursos em empreendimento imobiliário que tenha como incorporador, construtor ou sócio, cotista que possua, isoladamente ou em conjunto com pessoa a ele ligada, mais de 25% das cotas do fundo. Em caso de descumprimento do item (ii), a carteira do FII será sujeita à tributação aplicável às pessoas jurídicas (não havendo norma tratando sobre o reenquadramento do FII para fins de tributação).

Os rendimentos auferidos por qualquer beneficiário, inclusive pessoa jurídica isenta, (i) no resgate
de cotas; (ii) na liquidação do fundo e (iii) na amortização de cotas, como regra geral, ficam sujeitos ao IR
Fonte à alíquota de 20% incidente sobre a diferença
positiva entre o valor de resgate/liquidação/amorti-
zação e o custo de aquisição/integralização das cotas
(base de cálculo).

Por seu turno, os ganhos auferidos na alienação de
cotas do FII serão tributados da seguinte forma:

- **Como ganho líquido, à alíquota de 20%**: quan-
  do auferidos por (i) pessoas físicas em operações
  realizadas **em bolsa**; e (ii) pessoas jurídicas em
  operações realizadas **dentro ou fora de bolsa**.
  Em relação às pessoas físicas, as perdas incorridas
  na alienação de cotas de FII só podem ser compensadas com ganhos auferidos na alienação de
  cotas de fundo da mesma espécie (sendo também
  possível a compensação com operações de Fiagro).

- **De acordo com as regras aplicáveis aos ganhos
  de capital na alienação de bens ou direitos de
  qualquer natureza, à alíquota de 20%**: quando auferidos por pessoas físicas em operações realizadas **fora
  de bolsa**. Sujeitos à isenção do IR sobre o ganho de capital auferido pelo INR "não paraíso" nas operações
  realizadas em bolsa. E INR "paraíso" sujeito à alíquota do IR de 20%.

Além disso, nos termos do art. 3º, III, e parágrafo único da Lei nº 11.033/04, **ficam isentos do IR na fonte e na
declaração de ajuste anual** das pessoas físicas, **os rendimentos distribuídos** pelos FII (i) cujas cotas sejam admitidas à negociação exclusivamente em bolsas de valores ou no mercado de balcão organizado; e (ii) que possuam,
no mínimo, 50 cotistas. Referida isenção não será concedida ao cotista pessoa física titular de cotas que representem 10% ou mais da totalidade das cotas emitidas pelo FII ou cujas cotas lhe derem direito ao recebimento de
rendimento superior a 10% do total de rendimentos auferidos pelo fundo.

A isenção também aproveita o INR pessoa física,[29] inclusive aquele oriundo de país com tributação favorecida
de que trata o art. 24 da Lei nº 9.430/96.

Os **Fundos de Investimento nas Cadeias Produtivas Agroindustriais (Fiagro)** são instituídos pela Lei
nº 14.130, de 29.3.2021, a qual alterou a Lei nº 8.668/93. Pode ser constituído com prazo de duração determinado
ou indeterminado, como condomínio aberto ou fechado. O patrimônio de um Fiagro pode ser bem diversificado,
sendo composto por imóveis rurais; participação em sociedades que explorem a cadeia produtiva agroindustrial;
ativos financeiros, títulos de crédito e valores mobiliários emitidos por pessoas que compõem essa cadeia produtiva agro; direitos creditórios imobiliários e do agronegócio.

Um dos seus principais objetivos é ser um instrumento de investimento incentivado voltado para o setor do
agronegócio, fomentando-o e desenvolvendo-o, com o intuito de crescimento da economia brasileira.

Em relação à sua carteira, os rendimentos e ganhos de capital auferidos pelos Fiagro ficam isentos do IR e
do IOF. Contudo, os rendimentos e ganhos líquidos auferidos pelos Fiagro, em aplicações financeiras de renda fixa
ou de renda variável, sujeitam-se à incidência do IR Fonte, observadas as mesmas normas aplicáveis às pessoas
jurídicas submetidas a esta forma de tributação. Esse IR Fonte poderá ser compensado com o retido na fonte pelo
Fiagro por ocasião da distribuição de rendimentos e ganhos de capital aos cotistas.

---

[29] Arts. 85, § 4º e 88, parágrafo único, da IN RFB nº 1585.

Não estão sujeitas ao IR Fonte as aplicações efetuadas pela carteira do FII em letras hipotecárias (LH), certificados de recebíveis imobiliários (CRI), letras de crédito imobiliário (LCI), cotas de FII, cotas de Fiagro, Certificado de Depósito Agropecuário (CDA), *Warrant* Agropecuário (WA), Certificado de Direitos Creditórios do Agronegócio (CDCA), Letra de Crédito do Agronegócio (LCA), Certificado de Recebíveis do Agronegócio (CRA) e Cédula de Produto Rural (CPR) com liquidação financeira.

Aplicam-se ao Fiagro, em relação aos rendimentos, ganhos (alienação), isenções e responsabilidades as mesmas disposições previstas para o FII.

Por fim, vale destacar que no caso de integralização de cotas de Fiagro com a utilização de imóvel rural por pessoa física ou jurídica, o pagamento do imposto sobre a renda decorrente do ganho de capital sobre as cotas integralizadas poderá ser diferido para a data definida para o momento da venda dessas cotas, ou por ocasião do seu resgate, no caso de liquidação dos fundos.

Há outros fundos de investimento sujeitos à tributação específica, mas que, por não serem tão utilizados, não serão aqui detalhados. Para maiores informações, recomendamos a leitura da IN RFB nº 1585.

Ao finalizar esta seção, você terá compreendido o que são e como funcionam os fundos de investimento, em seus diferentes tipos, e como ocorre a tributação pelo IR em seus diferentes regimes, a depender dos eventos verificados e para as diferentes naturezas de cotistas.

OBJETIVO 4

TRIBUTAÇÃO PELO IMPOSTO SOBRE OPERAÇÕES FINANCEIRAS (IOF)

OLHA A NOTÍCIA!

Governo promete a OCDE a zerar IOF sobre operações cambiais até 2029

uqr.to/1ay7u

Autor: Fabio Murakawa

Jornal *Valor Investe* – 25.1.2022

O Brasil se comprometeu com a OCDE a zerar o Imposto sobre Operações Financeiras (IOF) das transações cambiais, como parte do esforço do país para se adequar às práticas da entidade.

Para mais informações, acesse o QR Code.

IOF – TÍTULOS E VALORES MOBILIÁRIOS (IOF-TVM)

Nos termos do art. 76, § 6º, da Lei nº 8.981/95, aplica-se a alíquota zero para o IOF-TVM incidente sobre operações com títulos e valores mobiliários de renda fixa e renda variável, incluindo operações com cotas de fundos de investimento.

Contudo, nos termos dos arts. 29 a 32 do Decreto nº 6.306, de 14.12.2007, há hipótese de incidência do IOF-TVM, à alíquota de 1% ao dia, sobre o valor do resgate, cessão ou repactuação, limitado ao rendimento da operação, em função do prazo, conforme Tabela 14.2, constante do Anexo do referido Decreto nº 6.306/07.

Tabela 14.2 Limites de rendimento de operação na hipótese de incidência do IOF-TVM

Nº de dias	% LIMITE DO RENDIMENTO	Nº de dias	% LIMITE DO RENDIMENTO
01	96	16	46
02	93	17	43
03	90	18	40
04	86	19	36
05	83	20	33
06	80	21	30
07	76	22	26
08	73	23	23
09	70	24	20
10	66	25	16
11	63	26	13
12	60	27	10
13	56	28	06
14	53	29	03
15	50	30	00

O disposto na Tabela 14.2 aplica-se: (i) às operações realizadas no mercado de renda fixa; (ii) ao resgate de cotas de fundos de investimento e de clubes de investimento; e (iii) às operações compromissadas realizadas por instituições financeiras e por demais instituições autorizadas a funcionar pelo Bacen com debêntures de que trata o art. 52 da Lei nº 6.404, de 15.12.1976, emitidas por instituições integrantes do mesmo grupo econômico.

Por outro lado, ficam sujeitas à alíquota zero as operações (i) de titularidade das instituições financeiras e das demais instituições autorizadas a funcionar pelo Bacen, excluída a administradora de consórcio de que trata a Lei nº 11.795, de 8.10.2008; (ii) das carteiras dos fundos de investimento e dos clubes de investimento; (iii) do mercado de renda variável, inclusive as realizadas em bolsas de valores, de mercadorias, de futuros e entidades assemelhadas; (iv) de resgate de cotas dos fundos e clubes de investimento em ações, assim considerados pela legislação do IR; (v) com CDCA, com LCA, e com CRA, criados pelo art. 23 da Lei nº 11.076, de 30.12.2004; (vi) com debêntures de que trata o art. 52 da Lei nº 6.404, de 15.12.1976, com CRI de que trata o art. 6º da Lei nº 9.514, de 20.11.1997, e com LF de que trata o art. 37 da Lei nº 12.249, de 11.6.2010; e (vii) de negociação de cotas de Fundos de Índice de Renda Fixa em bolsas de valores ou mercado de balcão organizado (ETF de Renda Fixa).

Especificamente em relação aos fundos de investimento, há duas situações especiais:

- **Na hipótese de o investidor resgatar cotas do fundo de investimento, constituído sob qualquer forma, antes de completado o prazo de carência para crédito dos rendimentos**: será cobrado o IOF-TVM à alíquota de 0,5% ao dia sobre o valor de resgate de cotas do fundo de investimento, limitado à diferença entre o valor da cota, no dia do resgate, multiplicado pelo número de cotas resgatadas, deduzido o valor do IR, se houver, e o valor pago ou creditado ao cotista.

- **Na hipótese de realização de operações com títulos e valores mobiliários de renda fixa e de renda variável, efetuadas com recursos provenientes de aplicações feitas por investidores estrangeiros em cotas de Fundo de Investimento Imobiliário (FII) e de Fundo Mútuo de Investimento em Empresas Emergentes (FIEE): aplica-se a alíquota de 1,5% ao dia sobre o valor das operações, observados os seguintes limites**: (i) quando referido fundo não for constituído ou não entrar em funcionamento regular: 10%; e (ii) no caso de fundo já constituído e em funcionamento regular, até um ano da data do registro das cotas na CVM: 5%.

IOF-CÂMBIO

Nos termos do art. 15-B do Decreto nº 6.306/07, fica reduzida para 0,38% a alíquota do IOF-Câmbio, observadas algumas exceções listadas em seus incisos, sendo certo que abaixo destacamos aquelas sujeitas à **alíquota zero** que aproveitam as operações com aplicações financeiras de renda fixa e operações de renda variável, incluindo operações com fundos de investimento:

- Nas operações de câmbio de natureza interbancária entre instituições integrantes do Sistema Financeiro Nacional autorizadas a operar no mercado de câmbio e entre estas e instituições financeiras no exterior (inciso II).
- Nas operações de câmbio, de transferências do e para o exterior, relativas a aplicações de fundos de investimento no mercado internacional, nos limites e condições fixados pela CVM (inciso III).
- Nas liquidações de operações de câmbio para remessa de juros sobre o capital próprio e dividendos recebidos por investidor estrangeiro (inciso XIII).
- Nas liquidações de operações de câmbio contratadas por investidor estrangeiro para ingresso de recursos no País, inclusive por meio de operações simultâneas, para constituição de margem de garantia, inicial ou adicional, exigida por bolsas de valores, de mercadorias e futuros (inciso XIV).
- Nas liquidações de operações simultâneas de câmbio para ingresso no País de recursos através de cancelamento de *Depositary Receipts* (DR), para investimento em ações negociáveis em bolsa de valores (inciso XV).
- Nas liquidações de operações de câmbio contratadas por investidor estrangeiro para ingresso de recursos no País, inclusive por meio de operações simultâneas, para aplicação nos mercados financeiro e de capitais (inciso XVI).
- Nas liquidações de operações de câmbio para fins de retorno de recursos aplicados por investidor estrangeiro nos mercados financeiro e de capitais (inciso XVI).
- Nas liquidações de operações simultâneas de câmbio para ingresso de recursos no País, originárias da mudança de regime do investidor estrangeiro, de investimento direto de que trata a Lei nº 4.131, de 3.9.1962, para investimento em ações negociáveis em bolsa de valores, na forma regulamentada pelo Conselho Monetário Nacional (inciso XIX).

Ao finalizar este tópico, você terá compreendido sobre a tributação pelo IOF-TVM e IOF-Câmbio em relação a operações específicas do mercado financeiro e de capitais, considerando os objetivos regulatórios pretendidos para estímulo ou desestímulo de operações e mercados.

OBJETIVO 5

TRIBUTAÇÃO DAS OPERAÇÕES REALIZADAS POR INVESTIDOR NÃO RESIDENTE NO BRASIL

OLHA A NOTÍCIA!

uqr.to/1ay7v

Receita esclarece isenção a investidor estrangeiro

Autores: Joice Bacelo e Beatriz Olivon

Jornal *Valor Investe* – 23.12.2019

Uma norma publicada pela Receita Federal deve trazer alívio para investidores estrangeiros, principalmente em fundos de private equity. O órgão mudou o entendimento que vinha sendo aplicado para a isenção de Imposto de Renda (IR). Com a edição do Ato Declaratório Interpretativo nº 5, fica claro que basta a identificação do investidor direto, cotista do fundo, para que o benefício seja concedido.

Para mais informações, acesse o QR Code.

Nesta seção, analisaremos como se processa a tributação das operações realizadas por investidores não residentes no Brasil, em especial quando da realização de operações nos mercados financeiro e de capitais, tendo em vista a existência de regime tributário específico.

O fato gerador do imposto de renda em relação aos investidores não residentes (momento em razão do qual o tributo é devido) ocorre quando do pagamento, creditamento, emprego, remessa ou entrega do rendimento ou do ganho de capital ao não residente.

Como regra geral, sujeitam-se à incidência do IR na fonte à alíquota de **25%** os rendimentos decorrentes de qualquer operação em que o beneficiário seja residente ou domiciliado em país (i) que não tribute a renda ou que a tribute à alíquota máxima inferior a 20%, a que se refere o art. 24, *caput*, da Lei nº 9.430, de 27.12.1996; e (ii) cuja legislação não permita o acesso a informações relativas à composição societária de pessoas jurídicas, à sua titularidade ou à identificação do beneficiário efetivo de rendimentos atribuídos a não residentes, a que se refere o art. 24, § 4º, da Lei nº 9.430/96 ("Paraíso Fiscal" ou "Jurisdição de Tributação Favorecida").

Quando se trata de alienação de ativos no Brasil, por outro lado, como pode ser exemplo a participação societária em uma empresa, caso o beneficiário residente ou domiciliado no exterior não se enquadre como Jurisdição de Tributação Favorecida, será então tributado de forma idêntica àquela aplicável à pessoa física no Brasil (sendo pessoas física ou jurídica). Na situação comentada, será sujeito à apuração de ganho de capital e tributado pelo imposto de renda de forma escalonada e de acordo com as alíquotas da Tabela Progressiva, de 15% a 22,5%, a depender do valor do ganho de capital.[30]

Nas operações do mercado financeiro e de capitais, contudo, a lógica é diferente. O art. 78 da Lei nº 8.981/95 dispõe que, como regra geral para esses mercados os residentes ou domiciliados no exterior sujeitam-se às mesmas normas de tributação pelo Imposto de Renda, previstas para os residentes ou domiciliados no país, em relação aos:

---

[30] Art. 21 da Lei nº 8.981/95.

(i) rendimentos decorrentes de aplicações financeiras de renda fixa; (ii) ganhos líquidos auferidos em operações realizadas em bolsas de valores, de mercadorias, de futuros e assemelhadas; (iii) rendimentos obtidos em aplicações em fundos de renda fixa e de renda variável e em clubes de investimentos; (iv) ganhos líquidos auferidos na alienação de ouro, ativo financeiro, e em operações realizadas nos mercados de liquidação futura, fora de Bolsa; (v) aos rendimentos auferidos nas operações de *swap*; e (vi) aos rendimentos auferidos em COE. A norma que prevê tributação do INR idêntica àquela do brasileiro residente ainda assim é mais gravosa do que aquela prevista para o regime especial de investimento externo.

Para tanto, o investimento estrangeiro nos mercados financeiros e de valores mobiliários somente poderá ser realizado no país por intermédio de **representante legal**, previamente designado dentre as instituições autorizadas pelo Poder Executivo a prestar tal serviço e que será responsável, nos termos do art. 128 do Código Tributário Nacional (Lei nº 5.172, de 25.10.1966), pelo **cumprimento das obrigações tributárias decorrentes das operações que realizar por conta e ordem do representado**.

Além disso, a Lei nº 8.981, nos arts. 80 e seguintes (bem como arts. 88 e seguintes da IN RFB 1585), estabelece um regime especial para os investidores não residentes que atendam as condições ali previstas.[31]

As duas principais condições são que o investidor residente ou domiciliado no exterior, individual ou coletivo, (i) deve realizar operações financeiras no Brasil de acordo com as normas e condições estabelecidas pelo CMN; e (ii) não pode ser residente ou domiciliado em país com tributação favorecida, nos termos do art. 24 da Lei nº 9.430/96 (**INR "paraíso"**), excetuados os fundos soberanos.

Atendidas essas condições, os rendimentos e os ganhos de capital do investidor não residente (**INR "não paraíso"**) passam a estar sujeitos à incidência do imposto de renda às seguintes alíquotas e condições:

- **Rendimentos:**[32]
  - **10%** no caso de aplicações nos fundos de investimento em ações, em operações de *swap*, registradas ou não em bolsa, e nas operações realizadas em mercados de liquidação futura, fora de bolsa.
  - **15%** nos demais casos, inclusive em operações financeiras de renda fixa, realizadas no mercado de balcão organizado ou em Bolsa, e em COE.
  - **0%** sobre os rendimentos produzidos por títulos públicos adquiridos a partir de 16.2.2006.
  - **0%** sobre os rendimentos decorrentes das cotas de fundos de investimentos exclusivos para investidores não residentes que possuam no mínimo 98% (noventa e oito por cento) de títulos públicos.
  - **0%** sobre os (i) títulos ou valores mobiliários adquiridos a partir de 1.1.2011, objeto de distribuição pública, de emissão de pessoas jurídicas de direito privado não classificadas como instituições financeiras; ou (ii) fundos de investimento em direitos creditórios (FIDC) constituídos sob a forma de condomínio fechado, regulamentados pela CVM, cujo originador ou cedente da carteira de direitos creditórios não seja instituição financeira, observadas as condições previstas na Lei nº 12.431 e no art. 92 da IN RFB nº 1585.
  - Isentos de IR os rendimentos e ganhos de capital produzidos pela LIG.[33]
  - Isentos de IR os rendimentos, inclusive ganhos de capital, pagos, creditados, entregues ou remetidos a beneficiário residente ou domiciliado no exterior, produzidos por fundos de investimentos, cujos cotistas sejam exclusivamente investidores estrangeiros.
  - **Isenções e alíquotas zero para as operações com fundos de investimento, conforme indicado no Objetivo 4 deste capítulo.**

---

[31] *Vide* Pergunta nº 687 do "Perguntas e Respostas – IRPF – 2020".

[32] São quaisquer valores que constituam remuneração de capital aplicado, inclusive aquela produzida por títulos de renda variável, tais como juros, prêmios, comissões, ágio, deságio e participações nos lucros, bem como os resultados positivos auferidos em aplicações nos fundos e clubes de investimento.

[33] No caso de residente ou domiciliado em país com tributação favorecida a que se refere o art. 24 da Lei nº 9.430/96, aplicar-se-á a alíquota de 15%.

- **Ganhos de capital:**[34]
  - Não sujeitos à incidência do imposto de renda.

Além disso, são isentos do imposto de renda os INR pessoas físicas (paraíso ou não) em relação (i) aos rendimentos distribuídos por FII, bem como (ii) os rendimentos auferidos em contas de depósito de poupança, (iii) remuneração e ganhos produzidos por LH, CRI e LCI, (iv) remuneração e ganhos produzidos por CDA, WA, CDCA, LCA e CRA; (v) a remuneração e o ganho produzidos por CPR com liquidação financeira, (vi) os rendimentos e ganhos de capital produzidos por debêntures emitidas por sociedade de propósito específico, por CRI, por cotas de emissão de FIDC, emitidos na forma prevista pela Lei 12431; e (vii) os rendimentos e ganhos de capital produzidos pela LIG.

Fica responsável pela retenção e pelo recolhimento do IR na fonte, incidente sobre os rendimentos de operações financeiras auferidos por qualquer investidor estrangeiro, a pessoa jurídica com sede no Brasil que efetuar o pagamento desses rendimentos.

Em qualquer hipótese: (i) para efeito de incidência da alíquota aplicável aos rendimentos destinados aos INR, o administrador dos recursos estrangeiros deverá informar à fonte pagadora o nome do país ou dependência do qual se originou o investimento; e (ii) deverá nomear, no (a) caso de operações realizadas em bolsas de valores, de mercadorias, de futuros e assemelhadas, e no (b) caso de operações realizadas em mercados de liquidação futura, fora de Bolsa, o investidor estrangeiro deverá, também, nomear instituição autorizada a funcionar pelo Bacen, como responsável pelo cumprimento das obrigações tributárias decorrentes dessas operações.

Por fim, cumpre observar que o IR do INR será retido e recolhido nos mesmos prazos fixados para os residentes ou domiciliados no Brasil, sendo considerado exclusivo de fonte ou pago de forma definitiva. Assim, o IR será recolhido (i) até o último dia útil do mês subsequente ao da percepção do rendimento ou na data da remessa, se esta ocorrer antes do prazo de vencimento do imposto, nos casos de ganho de capital; e (ii) até o terceiro dia útil subsequente ao decêndio em que tiverem ocorrido os fatos geradores ou na data da remessa, se esta ocorrer antes do vencimento do imposto, nos demais casos.

Ao finalizar este tópico, você terá compreendido sobre a tributação pelo IR aplicável aos INR (paraíso e não paraíso) em operações no mercado financeiro e de capitais, considerando os diferentes tratamentos a depender dos ativos investidos e operações realizadas por tais investidores.

RESUMO

OBJETIVO 1   Iniciamos as exposições deste capítulo tratando sobre as operações de renda fixa, para as quais não há uma definição legal específica, mas que, normalmente, são caracterizadas por seu resultado ser determinado (ou determinável) ainda quando da sua contratação. As operações de crédito, muito relevantes para o desenvolvimento do mercado, são enquadradas como operações de renda fixa.

Além disso, e como regra geral, o rendimento decorrente das operações de renda fixa é tributado pelo imposto de renda na fonte pela instituição/entidade que realiza o seu pagamento, de acordo com a Tabela Regressiva de alíquotas (22,5% a 15%), a depender do prazo da operação.

As operações de renda fixa que possuem característica típica de crédito podem, ainda, estar sujeiras à tributação pelo IOF-Crédito.

OBJETIVO 2   As operações de renda variável (realizadas dentro ou fora de bolsa) possuem regimes tributários distintos, sendo aplicável aos resultados positivos obtidos em operações realizadas em ambientes/sistemas de Bolsa e assemelhadas o conceito de ganho líquido, por meio do qual é

---

[34]   Assim entendidos os resultados positivos auferidos (i) nas operações realizadas em bolsas de valores, de mercadorias, de futuros e assemelhadas, inclusive quando se tratar de alienação de cotas de fundos de índice, com exceção das operações conjugadas; e (ii) nas operações com ouro, ativo financeiro, fora de Bolsa. *Vide* Ato Declaratório SRF nº 60, de 3.8.2000.

possível deduzir perdas. Essas operações podem ser realizadas em mercados à vista ou de liqui-dação futura, sendo certo que cada mercado possui regras específicas de apuração do ganho em decorrência de suas características e objetivos.

As operações de renda variável fora de ambientes/sistemas de Bolsa e assemelhadas, como regra, permitem a apuração de ganho de capital, observadas exceções para as pessoas físicas e operações no mercado futuro.

Como características comuns às operações de renda variável dentro e fora de Bolsa estão: (i) a imprevisibilidade de seu resultado, o que confere um elemento de risco mais elevado e, por-tanto, alíquotas de imposto de renda menores do que aquelas praticadas para as operações de renda fixa; e (ii) a utilização da sistemática do autorrecolhimento.

O entendimento dessas operações e de suas características é relevante para que se possa enquadrar adequadamente novas operações que surgem no mercado, aplicando-lhes o regime tributário adequado.

OBJETIVO 3　Quando tratamos sobre a tributação dos fundos e clubes de investimento, é relevante segregar a tributação das operações realizadas pelas carteiras dos fundos daquelas realizadas quando do resgate ou amortização das cotas fundos pelos cotistas e quando da negociação das cotas.

Isso porque, em regra, as carteiras dos fundos de investimento são isentas do imposto de renda em relação a rendimentos e ganhos que tenham nas operações que realizam, ao passo que as operações de resgate, amortização e negociação de cotas pelos cotistas possuem regimes de tributação específicos, em especial decorrente da apuração de rendimentos ou ganhos.

A análise da tributação dos fundos de investimento pode ser dividida em três grandes grupos: (i) regime geral, aplicável aos fundos de investimento de renda fixa, que podem ser de curto ou longo prazo; (ii) regime de tributação dos fundos de renda variável, aplicável aos fundos de investimento em ações (FIA); e (iii) regimes de tributação específicos, aplicáveis a outros tipos de fundos previstos expressamente em lei, como o FIP, FII e Fiagro.

OBJETIVO 4　Além das regras do imposto de renda aplicáveis às operações nos mercados financeiro e de capitais, também deve ser avaliada a tributação dessas operações pelo IOF, em especial consi-derando as hipóteses de incidência do IOF-TVM e do IOF-Câmbio.

Para as operações de crédito, conforme analisado no Objetivo 1, há ainda a incidência do IOF-Crédito.

Cada tipo de IOF possui regras específicas que se relacionam à estrutura das operações que pretendem tributar, havendo hipóteses diferentes de incidência tributária e isenção, bem como de base de cálculo e alíquotas, a depender do tipo de operação. Por exemplo, o IOF-Câmbio tem como objetivo tributar operações de entrada e saída de recursos do país, ao passo que o IOF-TVM incide sobre as operações com títulos e valores mobiliários no mercado brasileiro.

O IOF é um tributo que, dentro dos limites fixados em lei, permite ao Poder Executivo Federal promover a alteração de suas alíquotas, no intuito de induzir o comportamento dos contribuin-tes e, com isso, buscar atender objetivos econômicos e regulatórios.

OBJETIVO 5　Por fim, tratou-se das hipóteses de incidência do IR sobre as operações realizadas no Brasil pelos investidores não residentes, que possuem regimes tributários diferenciados a depender de serem oriundos ou não de países considerados com tributação favorecida.

Quando os INR atuam nos mercados financeiro e de capitais, devem observar regras especí-ficas definidas pelo Conselho Monetário Nacional, e o atendimento a esse requisito permite o enquadramento em regime tributário mais benéfico, em especial para operações de renda variável realizadas em Bolsa e assemelhadas.

Mas os INR também podem investir em participações societárias, imóveis e tantos outros bens e direitos, sendo certo que nesse caso eles estarão sujeitos às normas aplicáveis aos inves-timentos diretos, com tratamento tributário mais gravosos para os investidores oriundos de países considerados com tributação favorecida.

Acesse os QR Codes para assistir ao material adicional do capítulo:

Vídeo 1

uqr.to/1ayar

Vídeo 2

uqr.to/1ayas

Vídeo 3

uqr.to/1ayat

APLICANDO CONHECIMENTOS – TESTES

TESTES DE MÚLTIPLA ESCOLHA

1. Em caso de celebração de operação em que se possa considerar os rendimentos financeiros predeterminados ou predetermináveis, é possível afirmar que a operação:

   a) É realizada com valores mobiliários.

   b) É realizada com ativos financeiros.

   c) É sujeita ao regime tributário de renda fixa.

   d) É sujeita ao regime tributário de operações em Bolsa.

   e) Não é tributada pelo imposto de renda.

2. No caso de alienação por uma pessoa física de um ativo financeiro representativo de uma operação de crédito, como uma debênture simples, em ambiente de Bolsa, o imposto de renda incidirá sobre o rendimento positivo apurado:

   a) Na fonte, de acordo com a Tabela Regressiva pelo prazo da operação.

   b) Na fonte, de acordo com a Tabela de Ganhos de Capital.

   c) Pela sistemática de autorrecolhimento, de acordo com a Tabela de Ganhos de Capital.

   d) Pela sistemática de autorrecolhimento, de acordo com as alíquotas de ganho líquido.

   e) Nenhuma das anteriores.

3. A entrega ou a colocação do valor principal à disposição da pessoa jurídica mutuária pela pessoa física mutuante, considerada uma determinada operação de crédito (mútuo):

   a) Sujeita-se à incidência do IOF-Crédito à alíquota diária de 0,0041%.

   b) Sujeita-se à incidência do IOF-Crédito à alíquota diária de 0,0082%.

   c) Sujeita-se à incidência do IOF-Crédito à alíquota mensal de 0,0082%.

   d) Não se sujeita à incidência de IOF-Crédito.

   e) Nenhuma das anteriores.

4. As operações de renda variável realizadas em bolsas de valores, mercadorias, futuros e assemelhadas, quando não houver rendimentos pré-determinados, ficam sujeita à apuração de:

   a) Ganho de capital.

   b) Margem de garantia.

   c) Ganho líquido.

   d) Ajuste diário.

   e) Nenhuma das anteriores.

5. As operações de *day trade* e as demais operações de renda variável em Bolsa estão sujeitas às alíquotas do imposto de renda, respectivamente, de:

   a) 25% e 20%.

   b) 20% e 15%.

   c) 22,5% e 15%.

   d) 15% e 10%.

   e) 15% e 20%.

6. As operações de cobertura para fins de proteção e mitigação de riscos contra oscilação de fluxos de caixa (*hedge*), desde que não tenham caráter especulativo, permitem:

   a) Isentar os ganhos líquidos apurados nas operações de derivativos com finalidade de *hedge*.

   b) Que seus ganhos e perdas sejam compensados com os resultados da empresa em qualquer hipótese.

   c) Que as perdas verificadas nessas operações possam ser integralmente deduzidas pela pessoa física, não estando sujeitas ao limite dos ganhos apurados.

   d) Que as perdas verificadas nessas operações possam ser integralmente deduzidas pela pessoa jurídica, não estando sujeitas ao limite dos ganhos apurados.

   e) Nenhuma.

7. Os fundos de investimento de renda fixa sujeitos ao regime geral de tributação não estão sujeitos ao imposto de renda na fonte semestral sobre os rendimentos verificados ("come-cotas") quando classificados como:

   a) Abertos.

   b) Fechados.

   c) Longo prazo.

   d) Curto prazo.

   e) Nenhuma das anteriores.

8. É responsável pela retenção e recolhimento do imposto de renda na fonte na hipótese de serem apurados rendimentos quando do resgate e/ou amortização das cotas de um fundo de investimento de renda fixa:

   a) O administrador.

   b) O gestor.

   c) O cotista.

   d) O próprio fundo.

   e) Nenhuma das anteriores.

9. Em caso de alienação de cotas de Fundo de Investimento em Participações (FIP) em mercado organizado de bolsa de valores, o cotista pessoa física residente no Brasil deverá apurar, para fins de recolhimento do imposto de renda:

   a) Amortização.

   b) Rendimento.

   c) Ganhos.

   d) Ganho de capital.

   e) Ganho líquido.

10. Os investidores residentes ou domiciliados no exterior (INR) que realizam operações financeiras no Brasil de acordo com as normas e condições estabelecidas pelo CMN e que não sejam residentes ou domiciliados em país com tributação favorecida (nos termos do art. 24 da Lei nº 9.430, de 1996), quando realizam operações com ações em bolsas de valores, de mercadorias, de futuros e assemelhadas:

   a) Estão sujeitos à incidência do IR sobre os ganhos de capital auferidos, à alíquota de 15%.

   b) Estão sujeitos à incidência do IR sobre os ganhos de capital auferidos, à alíquota de 10%.

   c) Não estão sujeitos à incidência do IR sobre os ganhos de capital auferidos.

   d) Não estão sujeitos à incidência do IR sobre os rendimentos auferidos.

   e) Estão sujeitos à incidência do IR na fonte sobre os rendimentos auferidos.

RESPOSTAS

1-C; 2-A; 3-D; 4-C; 5-B; 6-D; 7-B; 8-A; 9-C; 10-C.

GESTÃO DOS TRIBUTOS SOBRE O COMÉRCIO EXTERIOR

Rosaldo Trevisan

OBJETIVO DE APRENDIZAGEM DO CAPÍTULO

1. Conhecer os tributos incidentes no comércio exterior brasileiro e compreender seu mecanismo de incidência, sua forma de cálculo e suas peculiaridades procedimentais.

OBJETIVO 1

TRIBUTOS INCIDENTES NO COMÉRCIO EXTERIOR

CONSIDERAÇÕES INICIAIS

Quando alguém pergunta quais os tributos que incidem no comércio exterior, no Brasil, pensamos logo nos tributos de comércio exterior "clássicos": imposto de importação e imposto de exportação. No entanto, temos que recordar que grande parte da tributação nacional (IPI, ICMS, Contribuição para o PIS/PASEP, COFINS e CIDE/combustíveis) se alastra também às importações, para nivelar a carga tributária das mercadorias estrangeiras. E há ainda uma terceira categoria de tributos, vinculados a operações necessárias à importação (AFRMM, Taxa de Utilização do SISCOMEX e Taxa de Utilização do MERCANTE).

A função da primeira categoria é oposta à da segunda: o imposto de importação e o imposto de exportação possuem como função principal estabelecer uma diferença tributária entre a mercadoria estrangeira e a nacional, necessária à proteção da indústria nacional e do abastecimento interno, enquanto a exigência, nas importações, de IPI, ICMS, Contribuição para o PIS/PASEP, COFINS e CIDE/combustíveis, busca igualar a tributação entre a mercadoria estrangeira e a nacional, não sendo permitido que esses tributos operem em desfavor de mercadorias estrangeiras, por força de acordo internacional (Acordo Geral sobre Tarifas Aduaneiras e Comércio – GATT, Artigo III).

A terceira categoria, por sua vez, trata de tributos essencialmente brasileiros, e que se aplicam somente a determinadas operações de comércio exterior, de acordo com a via de transporte adotada (AFRMM), ou os sistemas informatizados empregados no registro de declarações e operações (Taxas de utilização dos sistemas SISCOMEX e MERCANTE).

Neste capítulo, conversaremos sobre todos esses tributos, buscando analisar de forma clara e objetiva a complexa legislação que rege a matéria, apresentando de forma prática a metodologia de incidência e de cálculo, assim como os procedimentos aduaneiros relacionados.

IMPOSTO DE IMPORTAÇÃO

Começamos nossa análise pelo imposto de importação, que, além de ser o mais antigo tributo da história, é o mais importante entre os que incidem sobre o comércio exterior, por ser o principal instrumento de política comercial internacional, atuando como tributo de caráter regulatório (extrafiscal).

Se o Brasil, por exemplo, deseja reduzir a importação de determinadas mercadorias estrangeiras, pode aumentar o imposto de importação sobre tais mercadorias, desde que, com essa medida, respeite os tratados internacionais celebrados pelo país.

QUESTÃO PARA REFLEXÃO

Pode o Brasil, buscando reduzir as importações de mercadorias de um determinado país, aumentar o imposto de importação exclusivamente para as mercadorias importadas de tal país? Dica: tomar em conta o GATT, principalmente seus Artigos I (Cláusula da Nação Mais Favorecida) e XIX (Salvaguardas).

Por esse caráter regulatório, o texto da Constituição Federal de 1988 permite (arts. 150 e 153) a flexibilização em relação a dois princípios importantes (anterioridade e legalidade estrita) para o imposto de importação, autorizando que possa ser aumentado ou reduzido imediatamente, pelo Poder Executivo, dentro de limites estabelecidos em lei.

A seguir, apontamos em quais hipóteses incide o imposto de importação (incidência), como se calcula o tributo (cálculo), quem deve efetuar o pagamento (contribuintes e responsáveis) e quais os casos de imunidade, isenção, suspensão e redução.

INCIDÊNCIA

Complementando a previsão constitucional (art. 153), o Código Tributário Nacional (CTN) brasileiro dispõe sobre o imposto de importação, de forma geral, em seus arts. 19 a 22. Mas a norma legal específica sobre o imposto é o Decreto-Lei nº 37/66, que trata de forma bem mais detalhada do tema.

O imposto de importação incide sobre a importação de mercadorias estrangeiras, sendo seu fato gerador (termo empregado pelo legislador, *grosso modo*, para designar a hipótese de incidência) a **entrada das mercadorias estrangeiras no território nacional**. Eis a delimitação geográfica da incidência, ainda que abstrata.

Mas não é fácil saber exatamente quando um veículo em viagem internacional ingressa efetivamente no território nacional. E esse momento preciso é importante, pois, como vimos, o imposto de importação pode ser aumentado ou diminuído de um dia para outro, o que tornaria relevante saber, por exemplo, se o avião contendo mercadorias ingressou no território brasileiro às 23h59 de certo dia ou às 00h01 do dia posterior. Por isso, o Decreto-Lei nº 37/66 estabeleceu, em seu art. 23, um critério mais preciso, cronologicamente, chamado de fato gerador "para efeito de cálculo", que corresponde à **data do registro da declaração de importação para consumo**.

Portanto, ficou a critério do próprio importador decidir a data que será considerada como "fato gerador" do imposto de importação. É o importador que escolhe, desde que respeitado o prazo máximo de permanência das mercadorias nos recintos alfandegados, se a declaração de importação "para consumo" (expressão que corresponde à declaração de importação efetuada em caráter definitivo) será registrada, por exemplo, um dia ou um mês após a chegada da mercadoria ao Brasil. E essa decisão é importantíssima, e deve ser tomada com consciência das consequências, porque é a legislação da data eleita para o registro que rege o cálculo dos tributos e a taxa de câmbio aplicável.

ATENÇÃO!

Enquanto a Constituição Federal e o CTN usam a palavra "produto" para designar o que se estaria a importar, o Decreto-Lei nº 37/66, mais alinhado com a legislação internacional que rege o imposto de importação, utiliza a palavra "mercadoria". Os termos "mercadoria", "produto", "bem" e "objeto" são tratados como sinônimos, em regra, na legislação de comércio internacional, em que pese ainda existir alguma discussão sobre o tema, no Brasil. Adotaremos, neste texto, para o imposto de importação, a terminologia internacional consagrada: "mercadoria".

VOCÊ SABIA?

É possível registrar a declaração de importação antes da chegada da mercadoria ao Brasil? O registro antecipado da declaração de importação se aplica a granéis, mercadorias perigosas, plantas e animais vivos, entre outros casos relacionados no art. 17 da Instrução Normativa (IN) nº SRF 680/06. Essa medida pode agilizar bastante a liberação das mercadorias pela Aduana!

Durante o século passado, houve substancial discussão sobre eventual conflito entre o CTN, quando estabelece ser o "fato gerador" a entrada do produto no território, e o Decreto-Lei nº 37/66, que, para efeito de cálculo do tributo, fixou como "fato gerador" a data precisa do registro da declaração para consumo da mercadoria estrangeira importada. A questão passou a ser pacificada, juridicamente, com a Súmula 4 do extinto Tribunal Federal de Recursos, que esclareceu que não há incompatibilidade entre essas disposições do CTN e do Decreto-Lei nº 37/66, que são complementares.

E as declarações de importação para consumo são, no Brasil, em regra, registradas no Sistema Integrado de Comércio Exterior (SISCOMEX), instituído pelo Decreto nº 660/92. Convido o leitor a visitar o "Portal Único SISCOMEX" (https://portalunico.siscomex.gov.br/portal/), onde encontrará, além dos locais de acesso aos sistemas pelos intervenientes em operações de comércio exterior e pela Aduana, uma área destinada ao acompanhamento das operações por importadores e exportadores.

Entretanto, o imposto de importação não incide sobre toda e qualquer mercadoria estrangeira que ingresse no território brasileiro, havendo casos em que o próprio legislador estabeleceu **hipóteses de não incidência**. Essas hipóteses estão consolidadas, atualmente, nos arts. 71 e 74 do Regulamento Aduaneiro brasileiro (Decreto nº 6.759/09):

- Mercadoria estrangeira que, corretamente descrita nos documentos de transporte, chegar ao País por **erro inequívoco ou comprovado de expedição**, e que for redestinada ou devolvida para o exterior.

- Mercadoria estrangeira idêntica, em igual quantidade e valor, e **que se destine a reposição de outra anteriormente importada** que se tenha revelado, após o desembaraço aduaneiro (liberação), **defeituosa ou imprestável** para o fim a que se destinava, **ou** mercadoria estrangeira **devolvida para o exterior antes do registro da declaração** de importação, observadas, em ambos os casos, as normas expedidas pelo Ministério da Economia.

- Mercadoria estrangeira **que tenha sido objeto da pena de perdimento**, exceto na hipótese em que não seja localizada, tenha sido consumida ou revendida.

- **Embarcações** construídas no Brasil e transferidas por matriz de empresa brasileira de navegação para subsidiária integral no exterior, **que retornem ao registro brasileiro**, como propriedade da mesma empresa nacional de origem.

- Mercadoria estrangeira **destruída, sob controle aduaneiro**, sem ônus para a Fazenda Nacional, antes de desembaraçada (liberada pela Aduana).

- Mercadoria estrangeira em **trânsito aduaneiro de passagem** (aquele em que a mercadoria, vinda do estrangeiro, somente "passa" pelo Brasil, sendo destinada a outro país), **acidentalmente destruída**.

- **Pescado capturado fora das águas territoriais** do País, por empresa localizada no seu território, desde que satisfeitas as exigências que regulam a atividade pesqueira.

- Mercadoria à qual tenha sido aplicado o regime de **exportação temporária**, ainda que descumprido o regime.

Nesses casos, não há que se falar em exigência do imposto de importação, seja por determinação legal, ou pela interpretação regulamentar de que não houve, efetivamente, uma mercadoria estrangeira despachada para consumo no território nacional.

Mas é preciso lembrar que existem outros critérios temporais de determinação do "fato gerador" do imposto de importação, para efeito de cálculo, em casos específicos.

Adota-se, para efeito de cálculo, a data do lançamento do crédito, nos casos de remessas postais internacionais sujeitas ao regime de tributação simplificada (RTS), de bagagem de viajante sujeita ao regime de tributação especial (RTE), de extravio de mercadorias manifestadas com destino ao Brasil, e de mercadoria estrangeira para a qual não tenha havido registro de declaração de importação, na hipótese em que tenha sido consumida ou revendida, ou não seja localizada.

Já informamos que o importador pode escolher a data de registro da declaração de importação, desde que respeitado o prazo máximo de permanência das mercadorias nos recintos alfandegados. No entanto, se ultrapassado o prazo máximo (que é, em regra, de 90 dias da descarga, conforme art. 642 do Regulamento Aduaneiro), a mercadoria é considerada abandonada, e sujeita à pena de perdimento. Mas, mesmo após a configuração do abandono, desde que antes da efetiva aplicação da pena de perdimento, a mercadoria ainda pode ser despachada, a pedido do importador, considerando-se que o "fato gerador", para efeito de cálculo, ocorreu na data do vencimento do prazo de permanência da mercadoria em recinto alfandegado.

ATENÇÃO!

A legislação brasileira não permite a regularização administrativa de mercadoria introduzida clandestinamente no país (Decreto-Lei nº 37/66, art. 102). Por isso, se a mercadoria ingressada no país ao desamparo de declaração de importação for encontrada, ela será apreendida pela fiscalização aduaneira, para fins de aplicação da pena de perdimento. E, nesse caso, de efetiva apreensão, não incide o imposto de importação. Para as mercadorias sujeitas à pena de perdimento, o imposto de importação só deve ser lançado em caso de impossibilidade de apreensão (não localização, consumo ou revenda), em conjunto com multa específica (Decreto-Lei nº 1.455/76, art. 23, § 3º).

Por fim, com a possibilidade de tributação, ainda que parcial, de admissões temporárias para utilização econômica (mercadorias de propriedade estrangeira que ingressam no Brasil por tempo determinado, em função de contrato de arrendamento operacional, aluguel ou empréstimo, para serem utilizadas na prestação de serviços a terceiros ou na produção de outras mercadorias destinadas a venda), o Regulamento Aduaneiro fixou como marco temporal, para efeito de cálculo do imposto de importação, a data do registro da declaração de admissão.

CÁLCULO – DISPOSIÇÕES GERAIS

Ao consultar o CTN (art. 20), pode parecer que o imposto de importação tem três formas de cálculo: uma quando a alíquota for *ad valorem* (em termos percentuais), outra quando a alíquota for *ad rem* (específica, por unidade de medida), e uma terceira, quando a alíquota for uma combinação entre as duas primeiras. No entanto, não há nenhuma alíquota específica vigente para o imposto de importação, atualmente, no Brasil.

Por isso, pode-se afirmar que o imposto de importação a pagar é obtido a partir da multiplicação de uma alíquota, em termos percentuais, por uma base de cálculo.

Mas como determinar a base de cálculo e a alíquota do imposto de importação? Esses dois atributos, nos dias atuais, estão predominantemente estabelecidos em acordos internacionais, justamente para evitar medidas protecionistas unilaterais nos patamares de fixação do imposto de importação, conhecidos internacionalmente como "tarifas".

ATENÇÃO!

Como a base de cálculo, em regra, estará expressa em moeda estrangeira, há ainda a necessidade, ao final da multiplicação, de converter o resultado em R$ (reais), utilizando-se a taxa de câmbio vigente na data em que se considerar ocorrido o "fato gerador", conforme dispõe o art. 97 do Regulamento Aduaneiro. Essa conversão, hoje, é feita automaticamente, pelo próprio SISCOMEX, utilizando a metodologia estabelecida na Portaria MF 6/99.

VOCÊ SABIA?

O termo "tarifa", internacionalmente, é usado para designar o conjunto ordenado de direitos aduaneiros incidentes sobre o comércio exterior, em relação às diferentes mercadorias (no inglês, *tariff*; no francês e no alemão, *tarif*; no italiano, *tariffa*; e no espanhol, *tarifa* ou *arancel*). O Brasil usa o termo "tarifa" para designar tal conjunto ordenado desde a histórica "Tarifa Alves Branco" (1844) até a "Tarifa Externa Comum" (1995), hoje vigente no âmbito do MERCOSUL.

O Acordo Geral sobre Tarifas Aduaneiras e Comércio (GATT), vigente a partir de 1948, preocupou-se não só em promover uma paulatina redução percentual nas tarifas, em rodadas de negociação, o que se traduziu em uma liberalização do comércio internacional, mas também em estabelecer precauções para que os membros não burlassem o resultado do cálculo (multiplicação), fazendo com que as reduções de alíquotas pactuadas fossem anuladas por majorações unilaterais nas bases de cálculo. É nesse contexto a preocupação externada no Artigo VII do GATT, que estabelece que a base de cálculo do imposto de importação deve ser o **valor aduaneiro** das mercadorias importadas, estabelecido sobre o valor real "da mercadoria importada à qual se aplica o direito ou de uma mercadoria similar, e não sobre o valor do produto de origem nacional ou sobre valores arbitrários ou fictícios".

Com a conclusão da Rodada Uruguai do GATT, a matéria passou a ser regida multilateralmente (atualmente, pelos 164 membros da Organização Mundial do Comércio), no "Acordo para Implementação do Artigo VII do GATT", também conhecido como Acordo sobre Valoração Aduaneira, ou, simplesmente, AVA/GATT.

O AVA/GATT, no Brasil, foi aprovado pelo Decreto Legislativo nº 30/94, e promulgado pelo Decreto nº 1.355/94, estabelecendo que a base de cálculo do imposto de importação deve ser determinada mediante a aplicação de seis métodos, sequenciais e sucessivos, observadas as disposições do acordo.

O primeiro e mais importante desses métodos é o valor de transação das mercadorias importadas, que equivale ao preço efetivamente pago ou a pagar pelas mercadorias em uma venda para exportação para o país de importação, com os ajustes obrigatórios e facultativos estabelecidos no art. 8º do AVA/GATT.

O Regulamento Aduaneiro, em seus arts. 76 a 83, dispõe sobre a determinação do valor aduaneiro, mencionando não só o AVA/GATT, mas também a Decisão do Conselho do Mercado Comum (CMC) nº 13/07, que trata do tema no âmbito do MERCOSUL, e foi incorporada ao ordenamento jurídico brasileiro pelo Decreto nº 6.870/09.

Em relação aos ajustes facultativos, o Brasil e os demais membros do MERCOSUL acordaram, na Decisão CMC nº 13/07 (art. 5º), que ao valor aduaneiro seriam incluídos: os gastos de transporte (fretes) das mercadorias importadas até o porto ou lugar de importação; os gastos com carga, descarga e manuseio, ocasionados pelo transporte das mercadorias importadas até o porto ou lugar de importação; e o custo do seguro das mercadorias.

EXEMPLO PRÁTICO

Em uma importação, o preço a pagar pelas mercadorias é de US$ 10.000,00. Mas o importador se comprometeu, contratualmente, a remeter ao exportador, em momento posterior, mais US$ 1.500,00 a título de *royalties*, referentes às mercadorias importadas. Na importação, o custo do frete internacional foi de US$ 450,00, e o do seguro internacional, de US$ 100,00, tendo sido o frete nacional, do porto até a empresa, destacado na fatura comercial, como US 50,00, mas incluído no preço a pagar. Calcule o valor aduaneiro das mercadorias.

No caso, o valor aduaneiro corresponde aos US$ 10.000,00 a pagar ao exportador, acrescidos do ajuste obrigatório referente a *royalties* (+ US$ 1.500,00), e dos ajustes relativos a frete e seguro internacional (+ US$ 450,00 + US$ 100,00), que são facultativos, segundo o AVA/GATT, mas obrigatórios no âmbito do MERCOSUL, subtraindo-se do preço a pagar a parcela do frete nacional destacada (– US 50,00), o que totaliza o valor aduaneiro de US$ 12.000,00.

No que se refere à inclusão das despesas de carga, descarga e manuseio – que, na legislação brasileira (Lei nº 12.815/13), acabaram, *grosso modo*, apelidadas de "capatazia" –, a inclusão no valor aduaneiro, presente na norma do MERCOSUL e no Regulamento Aduaneiro, acabou referendada pelo Poder Judiciário.

DE OLHO NA JURISPRUDÊNCIA

Recentemente, o Superior Tribunal de Justiça decidiu, em caráter vinculante, no Recurso Especial nº 1.799.306/RS, que os serviços de carga, descarga e manuseio, associados ao transporte das mercadorias importadas até o porto ou local de importação, devem compor o valor aduaneiro das mercadorias importadas.

Apesar da decisão judicial, o próprio Poder Executivo optou por excluir da base de cálculo do imposto de importação "os gastos relativos à carga, à descarga e ao manuseio, associados ao transporte da mercadoria importada, até a chegada" ao porto ou aeroporto alfandegado de descarga ou ponto de fronteira alfandegado onde devam ser cumpridas as formalidades de entrada no território aduaneiro, excluídos os gastos incorridos no território nacional e destacados do custo de transporte (Decreto nº 11.090/2022).

Em relação à inclusão, por exemplo, de frete e seguro no valor aduaneiro, é importante saber se o preço pactuado na contratação já inclui tais valores. A maioria das negociações internacionais emprega os "termos internacionais de comércio", denominados INCOTERMS.

Os 11 INCOTERMS são subdivididos em quatro grupos (presentes na primeira letra do termo): "E" ("de partida", ou de "mínima obrigação para o exportador", no qual mercadoria é entregue ao comprador no estabelecimento do vendedor); "F" (de "transporte principal não pago pelo exportador" – a mercadoria é entregue a um transportador internacional indicado pelo comprador); "C" (de "transporte principal pago pelo exportador" – o vendedor contrata o transporte, sem assumir riscos por perdas ou danos às mercadorias ou custos adicionais decorrentes de eventos ocorridos após o embarque e despacho, havendo diferença de amplitude entre custos e riscos); e "D" (de "chegada", ou de "máxima obrigação para o exportador" – o vendedor se responsabiliza por todos os custos e riscos para colocar a mercadoria no local de destino).

Em apertada síntese, os INCOTERMS são:

- **EXW** (*Ex works*), no qual o vendedor limita-se a colocar a mercadoria à disposição do comprador no estabelecimento do vendedor, no prazo estabelecido, não se responsabilizando pelo desembaraço/liberação para exportação nem pelo carregamento da mercadoria (esse INCOTERM deve ser adaptado, no Brasil, pois não há previsão normativa para que o comprador estrangeiro promova o desembaraço/a liberação, no País.

- **FCA** (*Free carrier*), no qual o vendedor completa suas obrigações e encerra sua responsabilidade quando entrega a mercadoria, desembaraçada/liberada para a exportação, ao transportador ou a outra pessoa indicada pelo comprador, no local nomeado do país de origem.

- **FAS** (*Free alongside ship*), no qual o vendedor encerra suas obrigações no momento em que a mercadoria é colocada, desembaraçada/liberada para exportação, ao longo do costado do navio transportador indicado pelo comprador, no cais ou em embarcações utilizadas para carregamento da mercadoria, no porto de embarque nomeado pelo comprador.

- **FOB** (*Free on board*), no qual o vendedor encerra suas obrigações no momento em que a mercadoria é colocada, desembaraçada/liberada para exportação, ao longo do costado do navio transportador indicado pelo comprador, no cais ou em embarcações utilizadas para carregamento da mercadoria, no porto de embarque nomeado pelo comprador.

- **CFR** (*Cost and freight*), no qual o vendedor, além de arcar com obrigações e riscos previstos para o termo FOB, contrata e paga frete e custos necessários para levar a mercadoria até o porto de destino combinado.

- **CIF** (*Cost, insurance and freight*), no qual o vendedor, além de arcar com obrigações e riscos previstos para o termo FOB, contrata e paga frete, custos e seguro relativos ao transporte da mercadoria até o porto de destino combinado.

- **CPT** (*Carriage paid to*), no qual o vendedor, além de arcar com obrigações e riscos previstos para o termo FCA, contrata e paga frete e custos necessários para levar a mercadoria até o local de destino combinado.

- **CIP** (*Carriage and insurance paid to*), no qual o vendedor, além de arcar com obrigações e riscos previstos para o termo FCA, contrata e paga frete, custos e seguro relativos ao transporte da mercadoria até o local de destino combinado.

- **DAP** (*Delivery at place*), no qual o vendedor completa suas obrigações e encerra sua responsabilidade quando coloca a mercadoria à disposição do comprador, na data ou dentro do período acordado, num local indicado no país de destino, pronta para ser descarregada do veículo transportador, e não desembaraçada/liberada para importação.

- **DPU (*Delivery at place unloaded*)**, no qual o vendedor completa suas obrigações e encerra sua responsabilidade quando a mercadoria é colocada à disposição do comprador, na data ou dentro do período acordado, em local determinado no país de destino, descarregada do veículo transportador, mas não desembaraçada/liberada para importação.

- **DDP (*Delivery duty paid*)**, no qual o vendedor completa suas obrigações e encerra sua responsabilidade quando a mercadoria é colocada à disposição do comprador, na data ou dentro do período acordado, no local de destino designado no país importador, não descarregada do meio de transporte, assumindo o vendedor, além do desembaraço/liberação, todos os riscos e custos, inclusive impostos, taxas e outros encargos incidentes na importação.

Uma importação brasileira, por exemplo, que seja contratada CIF Santos, incluirá no preço o seguro e o frete do país exportador até o Porto de Santos. Por isso é importante sempre ter em conta qual o termo de comércio utilizado, buscando facilitar a determinação da base de cálculo do imposto de importação (valor aduaneiro), além de outros tributos a recolher.

Embora a imensa maioria das importações, no Brasil e no exterior, seja valorada pelo primeiro método, e a primazia do valor de transação seja um dos princípios do AVA/GATT, há hipóteses em que o próprio acordo estabelece vedação à utilização de tal método (por exemplo, quando a vinculação entre comprador e vendedor afetar o preço efetivamente pago ou a pagar). Nessas situações, passa-se aos métodos subsequentes, com estrito respeito à ordem numérica: 2º método (valor de transação de mercadorias idênticas); 3º método (valor de transação de mercadorias similares); 4º método (valor de revenda, ou dedutivo); 5º método (valor computado, ou custo de produção); e 6º método (método residual, ou último recurso – critérios razoáveis), respeitada ainda a reserva brasileira de inversão entre o quarto e o quinto método, com aquiescência da autoridade aduaneira.

Determinada a base de cálculo do imposto de importação, a tarefa seguinte é descobrir a alíquota aplicável à mercadoria importada, que pode ser encontrada, em regra, na **Tarifa Externa Comum** (TEC).

A TEC, vigente, desde 1995, para as importações de terceiros países, efetuadas pelo Brasil, pela Argentina, pelo Paraguai e pelo Uruguai, embora comporte exceções, é um instrumento importante na concretização de uma união aduaneira no âmbito do MERCOSUL, e consiste em uma tabela que inclui a alíquota aplicável ao imposto de importação para cada código de mercadoria na Nomenclatura Comum do MERCOSUL (NCM).

Portanto, antes de pesquisar a alíquota, é necessário saber qual o código correto da mercadoria que está sendo importada. E esse tema é tratado na Convenção Internacional sobre o Sistema Harmonizado de Designação e de Codificação de Mercadorias, também conhecida como "Convenção do SH", que permite classificar em um código internacional, de seis dígitos, toda e qualquer mercadoria existente (ou que ainda existirá).

O SH possui nomenclatura estruturada que busca assegurar a classificação uniforme das mercadorias no comércio internacional, e compreende seis Regras Gerais Interpretativas, Notas de Seção, de Capítulo e de Subposição, e 21 seções, totalizando 96 capítulos (dois primeiros dígitos do código), com mais de mil posições (quatro primeiros dígitos do código), com desmembramentos em subposições de primeiro nível (quinto dígito) e subposições de segundo nível (sexto dígito), formando aproximadamente cinco mil grupos de mercadorias, identificados por um código de seis dígitos, conhecido como Código SH.

EXEMPLO PRÁTICO

Veja-se, por exemplo, o Código SH 1806.32, de "chocolate e outras preparações alimentícias que contenham cacau" (posição 1806), "...em tabletes, barras e paus" (subposição de primeiro nível 3), "não recheados" (subposição de segundo nível 2):

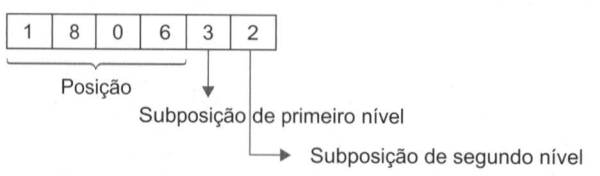

O Código SH do chocolate utilizado no exemplo, assim como todos os demais Códigos SH, é aplicável aos 160 países signatários da Convenção do SH, entre eles o Brasil, no qual a convenção foi aprovada pelo Decreto Legislativo nº 71/88, e promulgada pelo Decreto nº 97.409, do mesmo ano. Portanto, qualquer discussão sobre **classificação de mercadorias**, no que se refira aos seis dígitos previstos no SH, é de caráter internacional, pois deve ser uniforme entre todos os países que são membros da convenção.

VOCÊ SABIA?

Para melhor se adaptar às inovações tecnológicas e peculiaridades do comércio, o Sistema Harmonizado é atualizado, internacionalmente, por meio de Emendas, periodicamente. A Sétima Emenda ao SH, aprovada em dezembro de 2021, já é aplicada pelo Brasil. Uma das novidades é o tratamento específico para veículos aéreos não tripulados, comumente referidos como "drones".

Para classificar uma mercadoria no SH, *grosso modo*, há três importantíssimos passos:

1. Determinar a posição (quatro dígitos iniciais), à luz dos textos das posições e das Notas de Seção e de Capítulo (conforme a Regra Geral Interpretativa – RGI-1) e, desde que não sejam contrárias aos textos das referidas posições e notas, das RGI-2 a 5.
2. Determinar a subposição de primeiro nível (quinto dígito), entre as possíveis para a posição já definida, conforme a RGI-6.
3. Determinar a subposição de segundo nível (sexto dígito), entre as possíveis, após definir a posição e a subposição de primeiro nível, de acordo com a mesma RGI-6.

Tentar ignorar, ultrapassar ou reordenar essas etapas, elegendo a classificação de acordo com títulos de capítulos, ou com comparações de desmembramentos de níveis diferentes, equivale a descumprir as disposições da Convenção do SH.

Como ferramentas de apoio à correta classificação das mercadorias, a Organização Mundial das Aduanas (OMA), gestora da convenção, disponibiliza importantes instrumentos, como as Notas Explicativas do SH e os Pareceres de Classificação.

SAIBA MAIS!

Acesse o QR Code para conhecer esses instrumentos, entre outros, no *site* da Secretaria Especial da Receita Federal do Brasil.

uqr.to/1ay7x

E, para concluir nossa breve conversa sobre classificação de mercadorias, cabe informar que o MERCOSUL agregou aos seis dígitos do SH mais dois desmembramentos regionais, ao final, correspondentes ao item (sétimo dígito) e ao subitem (oitavo dígito), compondo o que chamamos de Código na **Nomenclatura Comum do MERCOSUL** ("Código NCM"), com oito dígitos.

Para determinar o sétimo e o oitavo dígitos da classificação, o MERCOSUL criou uma Regra Geral Complementar (RGC), com dois passos adicionais, que equivalem aos passos 2 e 3 que mencionamos, buscando determinar, depois de identificados os seis dígitos iniciais (Código SH), qual o sétimo dígito (item), entre os possíveis, e só depois de determinados os sete dígitos, verificar qual o oitavo dígito correto, entre os possíveis. Há, ainda, uma RGC 2, no âmbito do MERCOSUL, relativa a embalagens.

Partindo do estudo das regras para um exemplo prático, imaginemos que a mercadoria a importar seja café solúvel, conhecido como "café instantâneo", apresentado em um frasco de vidro pequeno.

EXEMPLO PRÁTICO

Veja-se, por exemplo, o Código NCM do café solúvel, mesmo descafeinado (Código NCM 2101.11.10):

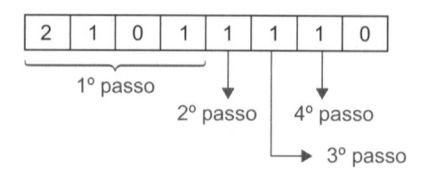

Nesse caso, o passo 1 nos levará, pelo seu próprio texto, à posição 2101, que trata de "extratos, essências e concentrados de café, chá ou mate, e preparações...". Dentro dessa posição, rumo ao passo 2, temos três possibilidades de quinto dígito, sendo a mais específica a subposição de primeiro nível "1" ("extratos, essências e concentrados de café e preparações à base destes extratos, essências ou concentrados ou à base de café"). Determinados os cinco dígitos iniciais (2101.1), o passo 3 nos leva a duas opções, sendo a subposição de segundo nível "1" a mais específica ("extratos, essências e concentrados"). Chega-se, portanto, ao Código SH: 2101.11. Passamos assim a verificar as duas possibilidades de desmembramento regional de item (sétimo dígito), encontrando expressamente no item "1" o "café solúvel, mesmo descafeinado". Como esse item "1" não se desmembra em subitens (pois o oitavo dígito é zero), chegamos, finalmente, ao Código NCM da mercadoria: 2101.11.10.

Com os exemplos já apresentados, podemos não só fazer um *capuccino*, mas, principalmente, calcular o imposto de importação. Agora que já sabemos qual a base de cálculo (valor aduaneiro, segundo as regras do GATT) e qual a classificação da mercadoria a ser importada, basta, em regra, procurar a alíquota correspondente na Tarifa Externa Comum.

A Tarifa Externa Comum (TEC) nada mais é do que o detalhamento da alíquota do imposto de importação aplicável a cada a Código NCM.

EXEMPLO PRÁTICO

No caso do café solúvel, classificado no Código NCM 2101.11.10, a alíquota encontrada para o imposto de importação é de 16% (mantivemos neste capítulo o percentual previsto na TEC, para facilitar o cálculo, mas cabe destacar que o Brasil reduziu a alíquota para este Código, unilateralmente e de forma provisória, até 31.12.2023, para 12,8%, conforme Resolução GECEX 353/22). Assim, caso o valor aduaneiro fosse US$ 1.000,00, e a taxa de câmbio utilizada fosse de 5 R$/1 US$, o cálculo do imposto de importação seria efetuado da seguinte forma:

Valor aduaneiro: US$ 1.000,00

Taxa de câmbio: US$ 1,00 = R$ 5,00

Alíquota aplicável encontrada na TEC: 16%

Imposto de Importação = US$ 1.000,00 × 16% = US$ 160,00

Conversão em R$: 160,00 × 5,00 = R$ 800,00

Por último, mas não menos importante, cabe esclarecer que a classificação de mercadorias não se presta só a temas tributários. É a partir da classificação da mercadoria que sabemos, por exemplo, se a mercadoria está sujeita a tratamento administrativo por parte de algum órgão. Ao consultarmos, por exemplo, o Código NCM 2101.11.10, do nosso café solúvel, no simulador de tratamento administrativo do SISCOMEX, percebemos que há necessidade de anuência de órgão, em alguns casos.

 **SAIBA MAIS!**

Acesse o QR Code e encontre o tratamento administrativo efetuado pela Anvisa (Agência Nacional de Vigilância Sanitária) como órgão anuente para a mercadoria, utilizada para consumo humano ou em indústria alimentícia.

uqr.to/1ay82

Além da valoração aduaneira e da classificação de mercadorias, um terceiro fator pode afetar substancialmente o montante a pagar a título de imposto de importação: é a **origem da mercadoria**, assim entendido o local onde foi inteiramente produzida, ou onde recebeu transformação substancial que lhe conferiu nova individualidade.

A origem pode ensejar redução do imposto a pagar, nos casos de acordo preferencial (como no âmbito da Associação Latino-Americana de Integração – ALADI). É o que se chama de origem **preferencial**, usualmente comprovada com certificado de origem, ou documento de efeito equivalente.

Por outro lado, em determinados casos, a origem pode ensejar a imposição de ônus adicionais aos importadores, como, por exemplo, para mercadorias sujeitas a mecanismos de "defesa comercial", como direitos *antidumping*, direitos compensatórios e salvaguardas. É o que se convencionou denominar de **origem não preferencial**.

Preenchendo-se adequadamente os dados na declaração de importação registrada no SISCOMEX, o importador é poupado do próprio cálculo, porque o sistema automaticamente calcula, a partir do valor e da classificação informados, o imposto de importação a pagar, efetuando a conversão em R$ (reais) e debitando na conta-corrente bancária indicada na declaração, desde que seja previamente cadastrada e de instituição conveniada.

ATENÇÃO!

É importantíssimo, portanto, ao se importar uma mercadoria, saber com exatidão qual o seu valor aduaneiro, a sua classificação e a sua origem. A correção dessas informações, além de evitar multas, pode facilitar os cálculos dos tributos incidentes, a começar pelo imposto de importação.

Ou seja, na importação, em regra, sequer há uma movimentação direta do importador para o pagamento do imposto, como o preenchimento de um DARF. O SISCOMEX, além de fazer todo o trabalho de cálculo, debita o valor corresponde em conta-corrente. Eis um exemplo interessante de uso intensivo de tecnologia na cobrança de tributos.

CÁLCULO – DISPOSIÇÕES EXCEPCIONAIS

O cálculo do imposto de importação, no Brasil, é efetuado, em regra, e na grande maioria das operações, da forma detalhada no tópico anterior. No entanto, há situações excepcionais em que a legislação acabou simplificando a forma de cálculo, seja em função de quem é o declarante (como nos casos de bagagem de viajante e remessas postais internacionais), ou das condições específicas da operação.

Seria demasiadamente complexo (e até avesso à realidade!) exigir de um viajante, por exemplo, que, na chegada ao Brasil, efetuasse a classificação de todas as mercadorias adquiridas no exterior que estão em sua bagagem, segundo as regras da Convenção do SH. O Brasil, seguindo múltiplos exemplos internacionais, estabeleceu para esses casos, de bagagem de viajantes, um **Regime de Tributação Especial (RTE)**, no qual se exige apenas o imposto de importação, a uma alíquota única de 50% do valor que exceder o limite de isenção fixado pelo Ministro da Economia (que, hoje, é de US$ 1.000,00, quando o viajante ingressar no Brasil por via aérea ou marítima, ou de US$ 500,00, quando o viajante ingressar por via terrestre, fluvial ou lacustre, conforme Portaria MF nº 440/10, atualizada em 31.12.2021, pela Portaria ME nº 15.224), desde que a mercadoria trazida se enquadre no conceito de "bagagem", disciplinado no art. 155 do Regulamento Aduaneiro.

EXEMPLO PRÁTICO

. . . .

Imposto de importação (RTE): viajante regressando de Miami/EUA, trazendo mercadorias adquiridas no exterior que totalizam US$ 1.200,00.

Excedeu-se o limite de isenção em (US$ 1.200,00 – 1.000,00) = US$ 200,00.

50% de US$ 200,00 resulta em US$ 100,00.

Convertendo-se em R$ (reais), à taxa de câmbio de US$ 1= R$ 5,00, chega-se a um imposto de importação a pagar de R$ 100,00 x 5,00 = R$ 500,00.

. . . .

O RTE se aplica ainda à mercadoria adquirida em lojas francas (*duty free*), no que exceder o limite de isenção específico para tais lojas, que também é fixado pelo Ministro da Economia (hoje, de US$ 1.000,00, para lojas francas em portos e aeroportos alfandegados, conforme Portaria ME nº 559/19, e de US$ 500,00, para lojas francas em fronteiras terrestres, conforme Portaria MF nº 15.224/21), observados os procedimentos estabelecidos pela RFB.

Outra situação que permite o cálculo do imposto de importação sem necessidade de classificação das mercadorias é o chamado **Regime de Tributação Simplificada (RTS)**, aplicável a remessas postais internacionais e a encomendas aéreas internacionais (remessas expressas, também conhecidas como "porta a porta", efetuadas por empresas de *courier*), no qual se exige apenas o imposto de importação, a uma alíquota única de 60% do valor das mercadorias, acrescido dos montantes referentes a transporte e seguro.

O RTS se aplica somente a remessas ou encomendas no valor de até US$ 3.000,00, havendo isenção para remessas de US$ 50,00 ou menos, desde que o remetente e o destinatário sejam pessoas físicas. No caso de medicamentos relacionados na Portaria nº MF 156/99, a alíquota será de 0%, permitindo-se importações até o montante de US$ 10.000,00.

A terceira exceção à necessidade de classificação das mercadorias como requisito ao cálculo do imposto de importação é o **Regime de Tributação Unificada (RTU)**, aplicável a importações, por via terrestre, de determinadas mercadorias procedentes do Paraguai (lista constante no Anexo do Decreto nº 6.956/09, que também estabelece limites máximos periódicos de valor para as importações), mediante o pagamento unificado do imposto de importação, do IPI-importação, da Contribuição para o PIS/PASEP-importação e da COFINS-importação, a uma alíquota total de 25% sobre o preço de aquisição das mercadorias importadas, à vista da fatura comercial ou documento de efeito equivalente, observada a regulamentação estabelecida pela RFB.

O último caso de cálculo dos tributos devidos sem necessidade de classificação da mercadoria importada não se deve à simplificação, como os anteriores, mas a hipótese que, apesar de extremamente rara, mereceu previsão no art. 67 da Lei nº 10.833/03. Trata-se de **mercadorias extraviadas ou consumidas**, e que não estão à disposição da fiscalização para a classificação, e nem foram descritas de forma suficientemente detalhada nos documentos. Diante da ausência dos elementos indispensáveis à classificação, o próprio legislador fixou uma alíquota única de 80% para o cálculo de cinco tributos: imposto de importação, IPI-importação, Contribuição para o PIS/PASEP-importação, COFINS-importação e AFRMM.

CONTRIBUINTES E RESPONSÁVEIS

O imposto de importação, exigido pela União, tem como contribuinte, basicamente, o importador, entendido pelo art. 31 do Decreto-Lei nº 37/66 como qualquer pessoa que promova a entrada de mercadoria estrangeira no território nacional. O mesmo dispositivo legal assume ainda como contribuintes o destinatário de remessa postal internacional indicado pelo respectivo remetente e o adquirente de mercadoria entrepostada.

VOCÊ SABIA?

O entreposto aduaneiro é um regime aduaneiro especial que permite, na importação, a armazenagem de mercadoria estrangeira, com suspensão do pagamento dos impostos federais, da Contribuição para o PIS/PASEP-importação e da COFINS-importação. Nesse regime, há, em regra, um despacho de admissão da mercadoria em entreposto, pelo beneficiário do regime, e, após a venda da mercadoria, um despacho de nacionalização, pelo adquirente da mercadoria entrepostada, que será, no caso, o contribuinte do imposto de importação.

Podem ainda ser responsáveis pelo pagamento do imposto de importação o depositário e o transportador, que são exatamente as pessoas responsáveis pela guarda da mercadoria, durante o procedimento de importação. Nos casos de extravio de mercadorias, a fiscalização exigirá os tributos correspondentes exatamente desses responsáveis, como prevê o art. 60 do Decreto-Lei nº 37/66, a menos que o importador assuma espontaneamente o pagamento dos tributos.

O CTN estabelece ainda a figura do responsável solidário, permitindo à lei designá-lo. E, no caso de importações, a designação foi efetuada pelo Decreto-Lei nº 37/66, que relacionou como responsáveis solidários:

- O adquirente ou cessionário de mercadoria beneficiada com isenção ou redução do imposto.
- O representante, no País, no caso de transportador estrangeiro.
- O expedidor, o operador de transporte multimodal (OTM) ou qualquer subcontratado para a realização do transporte multimodal.
- O beneficiário de regime aduaneiro suspensivo destinado à industrialização para exportação, no caso de admissão de mercadoria no regime por outro beneficiário, mediante sua anuência, com vistas à execução de etapa da cadeia industrial do produto a ser exportado.
- O adquirente de mercadoria de procedência estrangeira, no caso de importação realizada por sua conta e ordem, por intermédio de pessoa jurídica importadora.
- O encomendante predeterminado que adquire mercadoria de procedência estrangeira de pessoa jurídica importadora.

Os dois primeiros itens existem desde a redação original do Decreto-Lei nº 37/66. Quando alguém importa uma mercadoria e obtém benefício, por exemplo, vinculado à sua condição de sujeito, deve respeitar os prazos previstos na legislação e a necessidade de autorização da RFB para transferência a terceiro que não goze de igual benefício. Imagine-se, ilustrativamente, um diplomata estrangeiro que importa um veículo estrangeiro com isenção em função de sua condição, e transfere a um brasileiro que não tenha idêntica condição, antes dos prazos previstos na norma isentiva, tornando devidos os tributos incidentes na importação. No caso do transportador estrangeiro (segundo item), a solidariedade provavelmente deriva da dificuldade de lançamento contra o transportador estrangeiro.

O terceiro e o quarto itens derivam de leis posteriores: a Lei nº 9.611/98, que disciplinou o transporte multimodal, e a Lei nº 10.833/03, que tratou, em seu art. 59, de regimes aduaneiros especiais destinados a industrialização para exportação.

VOCÊ SABIA?

O transporte multimodal é aquele regido por um único contrato, que utiliza duas ou mais modalidades de transporte, desde a origem até o destino, sob a responsabilidade única de um OTM. Os dois principais regimes aduaneiros especiais suspensivos de industrialização para exportação, no Brasil, são denominados *"drawback*-suspensão" e "entreposto industrial sob controle informatizado" (RECOF).

O quinto e o sexto itens, por sua vez, são relacionados a um dos temas que mais tem ocupado a atenção de intervenientes em operações de comércio exterior, no Brasil, nas duas últimas décadas. Ambos os itens derivam de modalidades de importação que passaram a ter previsão em norma legal apenas neste século: a importação por conta e ordem, na Medida Provisória (MP) nº 2.158-35/01, em seus arts. 77 a 81; e a importação por encomenda, na Lei nº 11.281/06, em seus arts. 11 a 14.

A maioria das importações brasileiras são efetuadas por conta própria do importador, ou seja, o efetivo adquirente das mercadorias no exterior é a mesma pessoa que registra a declaração de importação. O exportador emite a fatura de venda para o importador, que efetua o pagamento e recebe as mercadorias, e é o contribuinte do imposto de importação, como na Figura 15.1.

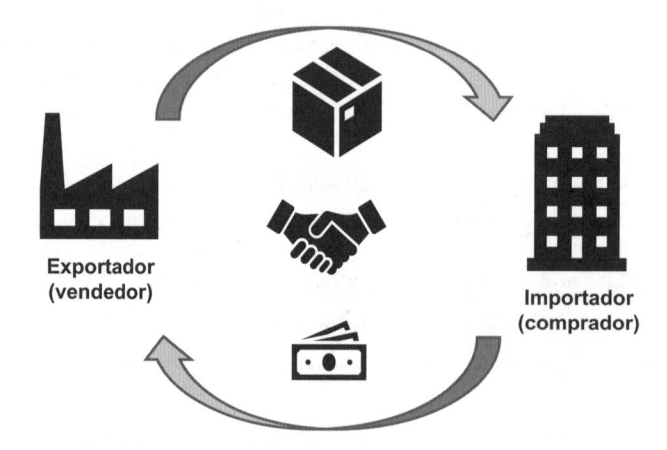

Exportador (vendedor)

Importador (comprador)

Figura 15.1 Fluxo básico (financeiro, contratual e logístico) em importação por conta própria.

A **importação por conta e ordem** se caracteriza com uma prestação se serviço, por empresa que registra a declaração de importação (importador por conta e ordem) por conta (arcando com os custos e riscos da operação) e ordem (agindo por determinação de terceiro, sem autonomia de vontade), em função de contrato firmado com quem adquire efetivamente a mercadoria do exportador estrangeiro (adquirente). O importador por conta e ordem não compra ou vende mercadorias, limitando-se a emitir nota fiscal de prestação de serviços ao adquirente da mercadoria importada. Nessa modalidade de importação, em que há um contrato de compra e venda internacional e um contrato de prestação de serviços nacional, o importador por conta e ordem e o adquirente são responsáveis solidários pelo recolhimento do imposto de importação (Figura 15.2).

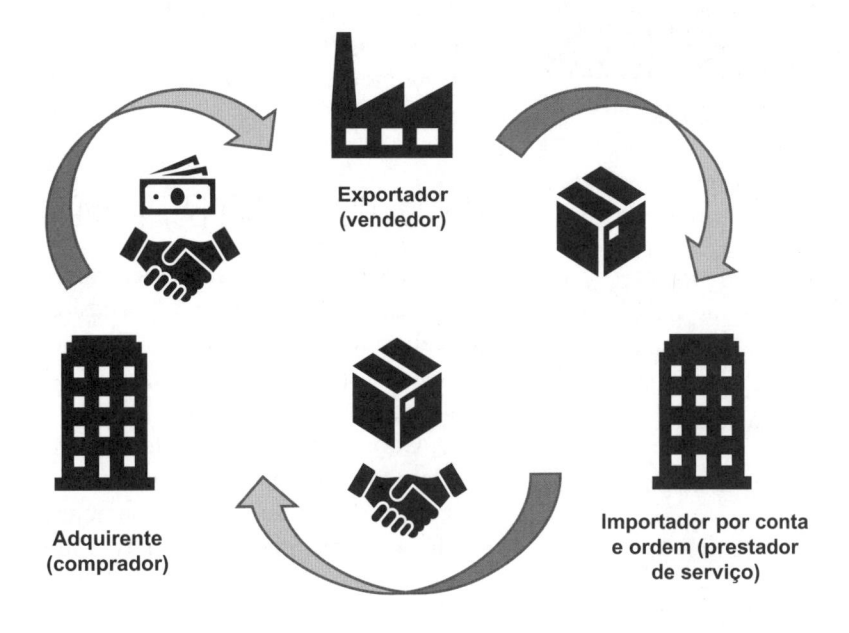

Figura 15.2 Fluxo básico (financeiro, contratual e logístico) em importação por conta e ordem.

A **importação por encomenda**, por sua vez, é caracterizada como uma operação de revenda, pois a empresa que registra a declaração de importação (importador por encomenda) o faz em seu nome e com recursos próprios (admitindo-se o adiantamento de recursos), em função de contrato com um encomendante predeterminado, destinatário da mercadoria previamente conhecido. Nessa modalidade de importação, em que há um contrato de compra e venda internacional e um contrato de revenda nacional, o importador por encomenda e o encomendante predeterminado são responsáveis solidários pelo recolhimento do imposto de importação (Figura 15.3).

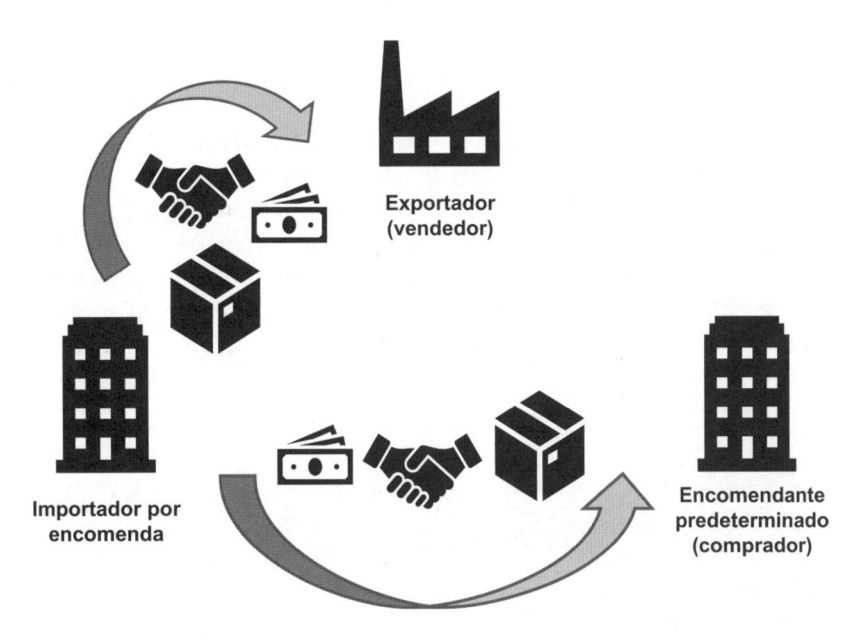

Figura 15.3 Fluxo básico (financeiro, contratual e logístico) em importação por encomenda.

É crescente o número de contenciosos em que se discute a "interposição fraudulenta", na área aduaneira, nos últimos anos, tema em que está presente a responsabilidade solidária aqui tratada.

IMUNIDADES, ISENÇÕES, SUSPENSÕES E REDUÇÕES

O universo de imunidades, isenções, suspensões e reduções, em relação ao imposto de importação, é substancial, de modo que cabe aqui apenas efetuar indicações gerais de onde encontrar essas disposições na legislação relativa a importações, e de como elas operam, no Brasil.

A Constituição Federal de 1988 prevê imunidade, no que se refere a livros, jornais, periódicos e o papel destinado a sua impressão, havendo diversas normas legais que disciplinam casos de isenção do imposto de importação (consolidadas, basicamente, nos arts. 136 e 137 do Regulamento Aduaneiro).

Os casos de suspensão, em relação ao imposto de importação, estão predominantemente tratados, no mesmo Regulamento Aduaneiro, como regimes aduaneiros especiais ou aplicados em áreas especiais, nos arts. 307 a 541.

Por fim, a redução (ou, em alguns casos, a majoração) do imposto de importação pode ser efetuada unilateralmente, pelo Brasil, dentro do pactuado no âmbito do MERCOSUL, por meio de listas de exceção, a cargo da Câmara de Comércio Exterior (CAMEX). Atualmente, a lista consolidada inclui as exceções referentes: à Tarifa Externa Comum (LETEC); a bens de informática e telecomunicações (LEBIT); a desabastecimento; à pandemia de Covid-19; e a "Ex-tarifários" relativos ao setor automotivo, a bens de informática e telecomunicações (BIT), e a bens de capital (BK). Cabe agregar ainda que o Brasil decidiu reduzir unilateralmente, até 31.12.2023, a alíquota do imposto de importação de diversas mercadorias, relacionadas na Resolução GECEX 353/22.

IMPOSTO DE EXPORTAÇÃO

Depois de analisar o imposto de importação, fica bem mais simples a tarefa de estudar o imposto de exportação. Afinal de contas, um é a simetria do outro. Parafraseando Isaac Newton, mas com viés aduaneiro, podemos afirmar que a toda importação corresponde uma exportação, de mesma intensidade, mas de sentido contrário.

O imposto de exportação possui caráter fortemente regulatório (extrafiscal), sendo essa característica até mais nítida do que no imposto de importação, porque são raras as mercadorias, no Brasil, tributadas na exportação. E, como no imposto de importação, é constitucionalmente possível flexibilizar, para o imposto de exportação, a aplicação dos princípios da anterioridade e da legalidade estrita, permitindo-se que possa ser aumentado ou reduzido imediatamente, pelo Poder Executivo, dentro de limites estabelecidos em lei.

A seguir, apontamos em quais hipóteses incide o imposto de exportação (incidência), como se calcula o tributo (cálculo) e quem deve efetuar o pagamento (contribuintes e responsáveis), assim como os casos de incentivos fiscais.

INCIDÊNCIA

O CTN brasileiro dispõe sobre o imposto de exportação, de forma geral, em seus arts. 23 a 28. Mas a norma legal específica sobre o imposto é o Decreto-Lei nº 1.578/77, que trata de forma bem mais detalhada do tema.

O imposto de exportação incide sobre a exportação, para o estrangeiro, de mercadorias nacionais ou nacionalizadas, sendo seu fato gerador a saída das mercadorias do território nacional. Essa a delimitação geográfica abstrata da incidência.

VOCÊ SABIA?

Conforme o art. 212 do Regulamento Aduaneiro, considera-se nacionalizada a mercadoria estrangeira importada a título definitivo. Se a mercadoria estrangeira estivesse apenas temporariamente no País, seu retorno ao estrangeiro seria chamado de "reexportação", e não de exportação.

No entanto, também para o imposto de exportação o legislador estabeleceu um marco temporal preciso, no Decreto-Lei nº 1.578/77: a data da expedição da Guia de Exportação ou documento equivalente. Com o advento do SISCOMEX, na exportação, esse documento (guia) passou a se chamar "registro de exportação".

Mas, em 2017, com a implantação da Declaração Única de Exportação (DU-E), formulada no Portal Único de Comércio Exterior/SISCOMEX, o "registro de exportação foi extinto", passando a DU-E a representar o que o Decreto-Lei denominou "documento equivalente".

Assim, para efeito de cálculo do imposto de exportação, considera-se ocorrido o fato gerador na data do registro da DU-E. A alteração aproximou as legislações que regem os dois tributos "clássicos" de comércio exterior, no Brasil.

QUESTÃO PARA REFLEXÃO

Pode o Brasil exigir tributo antes da ocorrência de seu fato gerador, previsto no CTN (no caso do imposto de exportação, a saída da mercadoria do território nacional)? Dica: tomar em conta o CTN e o Decreto nº 1.578/77. A questão afeta ainda o imposto de importação, nos casos de registro antecipado da declaração, antes da chegada da mercadoria ao País.

CÁLCULO

Ao contrário do imposto de importação, de disciplina fortemente internacional, o imposto de exportação é caracteristicamente doméstico. Como a tributação na exportação tende a prejudicar a própria indústria nacional, tirando a competitividade das mercadorias fabricadas no País, não houve muita preocupação dos organismos internacionais de comércio em regular o tema, ficando a decisão sobre o manejo de alíquotas a cargo dos próprios países.

No Brasil, essa tarefa é do Poder Executivo, que a realiza por meio da Câmara de Comércio Exterior (CAMEX), que regula não só as alíquotas, mas a própria base de cálculo, delimitada na norma legal como o preço normal que o produto, ou seu similar, alcançaria, ao tempo da exportação, em uma venda em condições de livre concorrência no mercado internacional, sendo o preço FOB ("*free on board*") indicativo do preço normal.

A CAMEX pode ainda estabelecer pauta de valor mínimo ou fixar critérios específicos, quando o preço do produto for de difícil apuração ou for susceptível de oscilações bruscas no mercado internacional. Reside aí outra diferença em relação ao imposto de importação, para o qual o AVA/GATT expressamente proíbe o estabelecimento de pauta de valor mínimo para determinação da base de cálculo.

A ampla faixa de alíquotas do imposto de exportação, no Brasil, é estabelecida no art. 3º do Decreto-Lei nº 1.578/77 (de 0 a 150%), sendo permitido à CAMEX manejar seu aumento ou redução, dentro desses limites.

DE OLHO NA JURISPRUDÊNCIA

Recentemente, o Supremo Tribunal Federal decidiu, em caráter vinculante, no Recurso Extraordinário nº 570.680/RS, que é constitucional o estabelecimento de alíquotas do imposto de exportação pela CAMEX, não sendo a competência privativa do Presidente da República (chefe do Poder Executivo).

Atualmente, há apenas um tipo de mercadoria efetivamente sujeita a pagamento de imposto de exportação, no Brasil, à alíquota máxima, de 150%: cigarros (Código NCM 2402.20.00) exportados para a América do Sul ou a América Central, inclusive Caribe (Decreto nº 2.876/98). Esse âmbito de aplicação restritíssimo certamente opera como instrumento de desincentivo à exportação dessas mercadorias, com caráter inequivocamente regulatório.

Portanto, o imposto de exportação apenas é calculado no caso de exportação das mercadorias aqui citadas, sendo o pagamento efetuado por DARF, em até 15 dias da data de registro da declaração de exportação, desde que anterior ao embarque ou transposição de fronteira, como esclarece a Portaria MF nº 674/94.

CONTRIBUINTES E RESPONSÁVEIS

O imposto de exportação, exigido pela União, tem como contribuinte, basicamente, o exportador, assim considerada qualquer pessoa que promova a saída de mercadoria do território nacional, como estabelece o art. 5º do Decreto-Lei nº 1.578/77.

Em caso de exportação por conta e ordem (hipótese criada na Lei nº 12.995/14), a pessoa jurídica exportadora e o produtor ou revendedor contratante da exportação por conta e ordem são solidariamente responsáveis pelos tributos devidos.

INCENTIVOS FISCAIS

As isenções do imposto de exportação, relacionadas nos arts. 218 a 227, assim como os regimes aduaneiros especiais de exportação temporária e de exportação temporária para aperfeiçoamento passivo, que envolvem suspensão do imposto, são pouco relevantes no cenário atual brasileiro, de incidência restritíssima.

No entanto, cabe destacar que existem medidas previstas na legislação de exportação como incentivos fiscais, não porque elas afetem a incidência do imposto de exportação, mas simplesmente porque antecipam os efeitos da exportação, para efeito de fruição de benefícios referentes a tributos internos, ou dispensam a saída física das mercadorias do País para que se configure a exportação.

Antecipam os efeitos da exportação as vendas, no mercado interno, a empresas comerciais exportadoras, com o fim específico de exportação (arts. 228 a 232 do Regulamento Aduaneiro).

Para determinadas mercadorias e situações, previstas nas Leis nº 9.826/99 e nº 10.833/03 (por exemplo, para mercadorias entregues, no País, a missão diplomática, ou a serem incorporadas a plataforma destinada à pesquisa e lavra de jazidas de petróleo e gás natural em construção ou conversão contratada por empresa sediada no exterior), o legislador expressamente admitiu a produção dos efeitos de uma exportação sem que houvesse efetiva saída da mercadoria do País.

São ainda consideradas exportadas, para todos os efeitos fiscais, creditícios e cambiais, as mercadorias incluídas no regime aduaneiro especial de depósito alfandegado certificado.

E, por fim, a venda de mercadorias de origem nacional para consumo ou industrialização na Zona Franca de Manaus, ou reexportação para o estrangeiro, será, para todos os efeitos fiscais, equivalente a uma exportação.

IPI-IMPORTAÇÃO

O imposto sobre produtos industrializados devido na importação (IPI-importação), como já destacamos, representa o alastramento às importações de um tributo interno brasileiro, nos mesmos patamares, em respeito ao art. III do GATT.

Por isso, a norma legal que rege o IPI interno (antigo "imposto de consumo") é a mesma que disciplina o IPI-importação: a Lei nº 4.502/64. E, no âmbito regulamentar, o IPI-importação, que recebe dupla disciplina, no Regulamento Aduaneiro (Decreto nº 6.759/09, arts. 237 a 248) e no Regulamento do IPI (Decreto nº 7.212/10), também não pode representar tratamento mais gravoso que o IPI-interno, pois isso representaria medida protecionista em desacordo com o GATT.

Em relação ao IPI-importação, a Constituição Federal de 1988 estabelece sua não cumulatividade e permite a fixação de alíquotas pelo Poder Executivo, obedecidos os limites estabelecidos em lei (art. 153, § 1º), sem a necessidade de anterioridade de exercício para a majoração.

A seguir, apontamos em quais hipóteses incide o IPI-importação (incidência), como se calcula o tributo (cálculo) e algumas peculiaridades desse imposto.

INCIDÊNCIA

O IPI-importação incide na **importação de produtos industrializados de procedência estrangeira**, entendida como industrialização a operação que modifique a natureza, o funcionamento, o acabamento, a apresentação ou a finalidade do produto, ou o aperfeiçoe para consumo.

O momento preciso que o legislador elegeu para a incidência do IPI-importação foi o **desembaraço aduaneiro** (liberação da mercadoria, pela Aduana). E, a exemplo do imposto de importação, houve previsão específica para os casos de extravio, incidindo também o IPI-importação em relação à mercadoria extraviada, que se considera, por disposição legal, desembaraçada.

CÁLCULO

A base de cálculo do IPI-importação é o valor que servir ou que serviria de base para cálculo do imposto de importação

> **ATENÇÃO!**
>
> O IPI-importação, como usa o critério de procedência, pode incidir sobre mercadorias produzidas no Brasil, exportadas, e que regressem ao País, salvo em casos excepcionais previstos na legislação, como retornos de exportações temporárias e retornos por fatores alheios à vontade do exportador.

(ou seja, o valor aduaneiro), acrescido do montante do imposto de importação e dos encargos cambiais efetivamente pagos pelo importador ou dele exigíveis.

E a alíquota, por sua vez, é a obtida na Tabela de Incidência do IPI (TIPI), presente no Decreto nº 11.158/22, que é estabelecida para cada Código NCM.

Como expusemos no tópico referente ao imposto de importação, ao tratar das disposições excepcionais de cálculo, não se exige o IPI-importação nos casos de aplicação dos RTS e do RTE, e o IPI-importação já está incluído nas alíquotas gerais referentes ao RTU e à importação e mercadorias extraviadas ou consumidas, que não estão à disposição da fiscalização para a classificação, e nem foram descritas de forma suficientemente detalhada nos documentos referentes à importação.

Lembra-se do nosso exemplo do café solúvel, classificado no Código NCM 2101.11.10, para o qual calculamos o imposto de importação? Que tal calcular agora também o IPI-importação?

EXEMPLO PRÁTICO

Valor aduaneiro: US$ 1.000,00.

Taxa de câmbio: US$ 1,00 = R$ 5,00 (não houve encargos cambiais).

Alíquota do imposto de importação aplicável, encontrada na TEC: 16% (como já informamos, mantivemos o percentual de 16%, para facilitar o cálculo no exemplo, mas com a consciência de que existe uma redução unilateral provisória brasileira para 12,8%, até 31.12.2023, estabelecida pela Resolução GECEX 353/22).

Imagine que a alíquota do IPI encontrada na TIPI seja 10% (na verdade ela é, hoje, de 0%, mas isso simplificaria demasiadamente o exemplo).

O imposto de importação é obtido aplicando-se a alíquota de 16% sobre US$ 1.000,00, o que resulta em US$ 160,00.

O IPI-importação, assim, resultará da multiplicação da base de cálculo (US$ 1.000,00 + US$ 160,00) pela alíquota de 10% = US$ 116,00.

Convertendo em R$: 116,00 × 5,00 = R$ 580,00.

Assim como informamos em relação ao imposto de importação, o SISCOMEX, além de calcular automaticamente o IPI-importação, promove o débito em conta-corrente na data de registro da declaração de importação, indicada pelo Regulamento Aduaneiro (art. 242) como data de recolhimento.

Veja que muitos dos temas que tratamos no tópico referente ao imposto de importação (como valoração aduaneira e classificação da mercadoria) são necessários também para calcular o IPI-importação. E a TIPI não é uma invenção totalmente brasileira, mas uma adaptação da TEC, que, por sua vez, é obtida a partir da Nomenclatura do Sistema Harmonizado.

Portanto, a Tabela NCM acrescida das alíquotas do imposto de importação se transforma na TEC, e, acrescida das alíquotas do IPI, converte-se na TIPI.

QUESTÃO PARA REFLEXÃO

Se, para determinada mercadoria, o importador errou o código NCM ao registrar a declaração de importação (aplicando alíquotas de 10% para o imposto de importação, e de 15% para o IPI-importação, quando o correto seria de 15%, tanto para o imposto de importação quanto para o IPI-importação), há falta de recolhimento de IPI-importação? Dica: tomar em conta a base de cálculo do IPI.

PECULIARIDADES DO IPI NA IMPORTAÇÃO

O contribuinte do IPI-importação, arrecadado e fiscalizado do pela União (mais especificamente pela RFB), é o importador, pessoa física ou jurídica, seja ou não o consumidor final da mercadoria.

DE OLHO NA JURISPRUDÊNCIA

Recentemente, o Supremo Tribunal Federal decidiu, em caráter vinculante, no Recurso Extraordinário nº 723.651/PR, que incide, na importação de bens para uso próprio, o Imposto sobre Produtos Industrializados, sendo neutro o fato de tratar-se de consumidor final.

Sobre a responsabilidade, são plenamente aplicáveis ao IPI-importação as normas previstas no CTN, assim como as equiparações a estabelecimento industrial promovidas tanto para o importador direto quanto no caso de importações por conta e ordem e por encomenda.

Esse tema da equiparação nos leva a outra questão polêmica recentemente decidida pelo Supremo Tribunal Federal, que se refere à possibilidade de nova incidência do IPI (agora o interno) na saída do estabelecimento importador para comercialização no País, sem prejuízo da não cumulatividade.

DE OLHO NA JURISPRUDÊNCIA

Decidiu ainda o STF em caráter vinculante, recentemente, no Recurso Extraordinário 946.648/SC, que é constitucional a incidência do Imposto sobre Produtos Industrializados-IPI no desembaraço aduaneiro de bem industrializado e na saída do estabelecimento importador para comercialização no mercado interno.

Em relação a importações por conta e ordem e por encomenda, cabe lembrar que se equiparam a estabelecimento industrial os estabelecimentos, atacadistas ou varejistas, que adquirirem produtos de procedência estrangeira, importados por encomenda ou por sua conta e ordem, por intermédio de pessoa jurídica importadora (art. 79 da MP nº 2.158-35/01 e art. 13 da Lei nº 11.281/06).

Sobre as imunidades, isenções e suspensões, o que expusemos em relação ao imposto de importação (imunidade para livros, jornais, periódicos e o papel destinado a sua impressão) se aplica também ao IPI-importação, sendo as isenções do IPI-importação basicamente as mesmas do imposto de importação, e condicionadas ao cumprimento de requisitos análogos.

No que se refere à suspensão, além das disposições referentes a regimes aduaneiros especiais, há ainda casos de suspensão específicos para o IPI-importação, previstos nos arts. 246 a 248 do Regulamento Aduaneiro.

ICMS-IMPORTAÇÃO

O Imposto sobre operações relativas à Circulação de Mercadorias e sobre prestações de Serviços de transporte interestadual e intermunicipal e de comunicação (ICMS) é mais um dos tributos brasileiros que se alastra também às importações, para nivelar a tributação das mercadorias estrangeiras com as nacionais, de caráter não cumulativo, e de competência dos Estados e do Distrito Federal.

O ICMS-importação é tratado com detalhe pela Constituição Federal (art. 155, § 2º, IX), para evitar que houvesse (e, ainda assim, houve!) divergências entre os entes da federação na aplicação da legislação nacional (atualmente, a Lei Complementar (LC) nº 87/96). Não é difícil imaginar que, tendo cada unidade da federação seu próprio Regulamento de ICMS, seria necessário pelo menos um núcleo comum, em LC nacional, para evitar (ou ao menos minimizar) o que se costuma denominar de "guerra fiscal".

A seguir, apontamos em quais hipóteses incide o ICMS-importação (incidência), como se calcula o tributo (cálculo) e algumas peculiaridades desse imposto.

INCIDÊNCIA

O ICMS-importação incide na importação de mercadoria (ou bem, por pessoa física ou jurídica, ainda que não seja contribuinte habitual do imposto, qualquer que seja a sua finalidade). A parte que está entre parênteses foi agregada pela Emenda Constitucional nº 33/01, e, à luz do que já expusemos, sobre o emprego internacional do termo "mercadoria", nas importações, seria desnecessária.

Como o Supremo Tribunal Federal, após a Constituição Federal de 1988, havia sumulado o entendimento de que "não incide ICMS na importação de bens por pessoa física ou jurídica que não seja contribuinte do imposto", revelando que o tributo apenas incidiria em operações mercantis (basicamente, com fito de lucro e habitualidade), a Constituição foi emendada justamente para prever de forma expressa a incidência do ICMS-importação, ainda que fosse a mercadoria destinada a uso ou consumo próprio, ou a ativo imobilizado. Alinha-se, assim, o posicionamento ao externado em relação ao IPI-importação, que igualmente cumpre a função de tributo nivelador.

E, também seguindo a mesma linha do IPI-importação, o ICMS-importação tem como momento preciso para a incidência a data do desembaraço aduaneiro (que, acolhendo a denominação do Acordo sobre a Facilitação do Comércio, da OMC, chamamos de liberação da mercadoria).

No entanto, a LC nº 87/96 tratou ainda de hipótese de incidência não cogitada pelo legislador do IPI: a entrega antecipada (entrega de mercadoria ao importador antes de concluída a conferência aduaneira, o que ocorre, por exemplo, nos casos de pendência de resultado de laudo técnico, ou de indisponibilidade de estrutura física suficiente para a armazenagem), prevendo que ela também configura o "fato gerador" do ICMS-importação.

VOCÊ SABIA?

Apesar de o ICMS-importação ser de competência dos Estados e do Distrito Federal, a LC nº 87/96 condicionou a autorização para entrega da mercadoria ao importador (antes ou depois da liberação) à comprovação do pagamento do imposto. O importador, enquanto não implantado totalmente o módulo de "pagamento centralizado", apresenta, por meio do SISCOMEX, declaração sobre o ICMS-importação devido.

E, ao contrário do imposto de importação e do IPI-importação, que não são cobrados na aquisição, em licitação pública, de mercadorias importadas e apreendidas ou abandonadas, o ICMS-importação incide sobre essas aquisições, conforme estabelece a LC nº 87/96 (art. 12, XI).

CÁLCULO

Sendo o ICMS-importação de competência dos Estados e do Distrito Federal, foi necessário estabelecer um mecanismo de cálculo que não ensejasse discrepâncias substanciais entre as diferentes unidades da federação, o que se tentou desde o texto constitucional, que atribuiu ao Senado Federal as competências para estabelecer alíquotas para operações interestaduais, e alíquotas mínimas e máximas nas operações internas, estabelecendo ainda (pela Emenda Constitucional nº 87/15) critérios para os casos em que o consumidor final é localizado em outro Estado.

O cálculo do ICMS não é tão simples, porque a ele se aplica da chamada cobrança "por dentro", isto é, não basta multiplicar a alíquota pela base de cálculo, pois o imposto integra também a base de cálculo.

Especificamente em relação ao ICMS-importação cobrado no desembaraço (liberação) ou na entrega da mercadoria, a base de cálculo, segundo a LC nº 87/96, é composta pela soma das seguintes parcelas:

- O valor da mercadoria constante dos documentos de importação (o valor fixado pela autoridade aduaneira para base de cálculo do imposto de importação – valor aduaneiro – substituirá o preço declarado), convertido pela mesma taxa de câmbio utilizada para o imposto de importação.
- O imposto de importação.
- O imposto sobre produtos industrializados.
- O imposto sobre operações de câmbio.
- Quaisquer outros impostos, taxas, contribuições e despesas aduaneiras.

Bastante ampla, assim, a base de cálculo do ICMS-importação, que abrange, além do valor aduaneiro, o imposto de importação, o IPI-importação (que, diga-se, já tem o imposto de importação em sua base de cálculo), além de outras taxas (como a de utilização do SISCOMEX, que estudaremos adiante), contribuições (como a Contribuição para o PIS/PASEP-Importação e a COFINS-Importação, que também analisaremos), e despesas aduaneiras incorridas até o desembaraço.

> ## ATENÇÃO!
>
> Se o cálculo do ICMS fosse "por fora", como a maioria dos tributos, bastaria multiplicar o valor da alíquota (por exemplo, de 18%) pela base de cálculo (exemplificativamente, R$ 1.000,00), chegando-se a R$ 180,00.
>
> No entanto, na metodologia "por dentro", uma alíquota de 18% aplicada sobre a mesma base de cálculo (R$ 1.000,00) resultaria em R$ 219,51, porque o cálculo se daria pela divisão entre o preço da operação (R$ 1.000,00) e a subtração da alíquota em relação a um inteiro (1 – 0,18) = R$ 1.000,00/0,82 = R$ 1.219,51). Multiplicando-se R$ 1.219,51 pela alíquota (18%), chega-se a R$ 219,51. E, com isso, conclui-se que para uma alíquota de ICMS de 18%, cobrado "por dentro", a alíquota efetiva em uma operação "por fora" equivaleria a 21,95%.

EXEMPLO PRÁTICO

Valor aduaneiro: US$ 1.000,00.

Taxa de câmbio: US$ 1,00 = R$ 5,00 (não houve encargos cambiais, nem imposto sobre operações de câmbio).

Alíquota do imposto de importação aplicável, encontrada na TEC: 16%.

Alíquota do IPI-importação encontrada na TIPI: 10%.

No caso, o cálculo do imposto de importação, que já efetuamos, resultará em US$ 160,00 (R$ 800,00). E o cálculo do IPI-importação, em (US$ 1.000,00 + US$ 160,00) × 10% = US$ 116,00 (R$ 580,00).

Supondo que, afora estes tributos, haja ainda incidência de contribuições, em total de R$ 120,00, de taxas, totalizando R$ 150,00, e despesas aduaneiras em total de R$ 50,00, e que a alíquota de ICMS-importação para a operação seja 18%, teríamos as seguintes etapas de cálculo (já em R$, para simplificar):

a) soma-se o valor aduaneiro aos impostos, taxas, contribuições e despesas (R$ 5.000,00 + R$ 800,00 + R$ 580,00 + R$ 120,00 + R$ 150,00 + R$ 50,00) = R$ 6.700,00;

b) calcula-se a base do ICMS-importação "por dentro", dividindo-se os R$ 6.700,00 pelo resultado da subtração da alíquota em relação a um inteiro (1 – 0,18) = R$ 6.700,00/0,82 = R$ 8.170,73; e

c) multiplica-se o resultado (R$ 8.170,73) pela alíquota de 18%, chegando-se a R$ 1.470,73, a título de ICMS-importação.

No caso de aquisição em licitação púbica de mercadoria apreendida ou abandonada, a base de cálculo é o valor da operação acrescido do valor dos impostos de importação e sobre produtos industrializados (que, como já afirmamos, não são hoje cobrados) e de todas as despesas cobradas ou debitadas ao adquirente.

Sobre a fixação de alíquotas, os Estados e o Distrito Federal possuem liberdade, dentro dos limites constitucionalmente fixados, e respeitando a LC nº 87/96, para estabelecer as regras aplicáveis, assim como os mecanismos de concessão de crédito, e de eventual substituição tributária.

O ICMS, por ser de competência dos Estados e do Distrito Federal, contempla duas alíquotas: uma interna (a cada Estado ou ao Distrito Federal) e uma interestadual (no caso de operações que envolvam mais de uma unidade da federação, inclusive nas importações). E pode ainda haver "substituição tributária", atribuindo a contribuinte do imposto ou a depositário a qualquer título a responsabilidade pelo seu pagamento.

Com o objetivo de evitar conflitos entre os Estados, a Constituição Federal disciplinou competências a serem exercidas pelo Senado Federal, no art. 155, IV a VII, aprimoradas com a redação dada pela Emenda Constitucional nº 87/15. O Senado Federal pode estabelecer: as alíquotas interestaduais (inciso IV), e alíquotas mínimas e máximas nas operações internas (inciso V), não podendo, em regra, ser as alíquotas internas superiores às interestaduais (inciso VI).

E, para diminuir os efeitos da chamada "guerra fiscal" entre Estados, a Constituição estabeleceu (inciso VII) que, nas operações de importação em que o destinatário final da mercadoria não se situe no mesmo Estado do local de desembaraço/liberação, será adotada a alíquota interestadual e caberá ao Estado de localização do destinatário o imposto correspondente à diferença entre a alíquota interna do Estado destinatário e a alíquota interestadual.

Recentemente, a LC nº 87/95 foi alterada pela LC nº 190/22, que regulamentou a cobrança de ICMS nas operações e prestações interestaduais destinadas a consumidor final não contribuinte do imposto.

A alíquota interestadual, no caso de importações, está regulada, hoje, pela Resolução do Senado Federal nº 13/12, que a fixou, em regra, no patamar de 4%, no caso de importações de mercadorias/bens que, após o desembaraço/liberação, não tenham sido submetidas a processo de industrialização, ou, ainda que submetidas a processo industrial, resultem em produtos com "conteúdo de importação" superior a 40% (entendido o "conteúdo de importação" como o percentual correspondente ao resultado da divisão do valor da parcela importada pelo valor total da operação de saída interestadual).

PECULIARIDADES DO ICMS NA IMPORTAÇÃO

Uma importante peculiaridade do ICMS-importação, que o diferencia do ICMS interno, é a irrelevância, para o ICMS-importação, de ser ou não o importador um comerciante. No ICMS interno, apenas são contribuintes as pessoas que realizem operações com habitualidade, ou em volume que caracterize intuito comercial, mas, no ICMS-importação, são também contribuintes aqueles que, mesmo sem habitualidade ou intuito comercial, importem mercadorias, qualquer que seja a sua finalidade, ou adquiram em licitação mercadorias apreendidas ou abandonadas.

Aplicam-se também as disposições do CTN sobre responsabilidade, tendo a LC nº 87/96 permitido ainda que leis estaduais, respeitando as diretrizes básicas que fixa, pudessem estabelecer casos de substituição tributária.

Um dos temas mais complexos em relação ao ICMS-importação, e que ainda não encontra solução precisa e definitiva, refere-se à concessão de benefícios fiscais pelos Estados, tema que tem gerado muita demanda de contenciosos perante a suprema corte brasileira, e que é, em regra, derivado de convênios, conforme dispõem as Leis Complementares nº 24/75 e nº 160/17.

A promoção dos convênios está a cargo do Conselho Nacional de Política Fazendária (CONFAZ), que congrega os Secretários de Fazenda de todos os Estados e do Distrito Federal e é presidido pelo Ministro da Economia.

Atualmente, existem convênios, por exemplo, para estender a suspensão do pagamento de tributos ao ICMS-importação no que se refere aos principais regimes aduaneiros especiais.

Em que pese a possibilidade de admissão de alguns tipos de arrendamento no regime aduaneiro especial de admissão temporária, inclusive na modalidade sujeita a pagamento parcial de tributos (admissão temporária para utilização econômica), a legislação brasileira (art. 17 da Lei nº 6.099/74), em geral, trata o arrendamento mercantil do tipo financeiro (*leasing*) como uma importação definitiva. E a questão sobre a tributação com ICMS-importação de operações de arrendamento mercantil internacional acabou chegando ao Supremo Tribunal Federal.

DE OLHO NA JURISPRUDÊNCIA

Decidiu o STF em caráter vinculante, recentemente, no Recurso Extraordinário nº 540.829/SP, que não incide o ICMS na operação de arrendamento mercantil internacional, salvo na hipótese de antecipação da opção de compra, quando configurada a transferência da titularidade do bem.

Outra importante peculiaridade se refere à sujeição ativa e passiva do ICMS-importação nas distintas modalidades de operação, que tratamos em tópico anterior: conta própria, conta e ordem e encomenda.

DE OLHO NA JURISPRUDÊNCIA

Decidiu o STF em caráter vinculante, recentemente, no Agravo em Recurso Extraordinário nº 665.134/MG, que o sujeito ativo da obrigação tributária de ICMS incidente sobre mercadoria importada é o Estado-membro no qual está domiciliado ou estabelecido o destinatário legal da operação que deu causa à circulação da mercadoria, com a transferência de domínio.

Em tal julgamento, esclareceu a Suprema Corte brasileira que: (a) nas importações por conta própria, o sujeito ativo da obrigação tributária é o Estado-membro tributante no qual está domiciliado ou estabelecido o destinatário legal da operação da qual resulta a transferência de propriedade da mercadoria; (b) nas importações por conta e ordem de terceiros, tal destinatário legal é o adquirente-contratante, que corresponde à "importadora de fato e de direito para efeitos fiscais"; e (c) nas importações por encomenda, é a "importadora por encomenda (*trading company*) quem incorre no fato gerador do ICMS", em relação à circulação de mercadoria, caracterizada pela transferência do domínio, sendo sujeito ativo o Estado-membro em que domiciliada ou estabelecida a importadora por encomenda.

CONTRIBUIÇÃO PARA O PIS/PASEP-IMPORTAÇÃO E COFINS-IMPORTAÇÃO

É importante, já de início, esclarecer que estamos, neste tópico, tratando de dois tributos: a Contribuição para os Programas de Integração Social e de Formação do Patrimônio do Servidor Público incidente sobre a importação de mercadorias (Contribuição para o PIS/PASEP-importação) e a Contribuição para o Financiamento da Seguridade Social incidente sobre a importação de mercadorias (COFINS-importação). Tais contribuições incidem também na importação de serviços e são disciplinadas na Lei nº 10.865/04, tendo, basicamente, a mesma estrutura, o que permite reuni-las em um tópico único.

Apesar de terem também função niveladora, as contribuições aqui tratadas são regidas por mecanismo substancialmente diferente do aplicado a suas congêneres, no mercado interno, pelas Leis nº 10.637/02 e nº 10.833/03, que incidem sobre o total das receitas auferidas pela pessoa jurídica.

A fundamentação constitucional para a exigência das contribuições, na importação, veio das Emendas nºs 33/01 e 42/03. Em endosso às considerações que já fizemos sobre o uso pouco uniforme de termos como "produtos", "bens" e "mercadorias", também para essas contribuições a Constituição Federal trata de produtos, e a Lei nº 10.865/04 de bens, apesar de esta, em duas ocasiões, usar a terminologia "mercadoria" (que adotamos neste capítulo).

A seguir, apontamos em quais hipóteses incidem as duas contribuições (incidência), como se calculam (cálculo) e algumas peculiaridades comuns a ambas.

INCIDÊNCIA

As regras sobre incidência da Contribuição para o PIS/PASEP-importação e da COFINS-importação, estabelecidas na Lei nº 10.865/04, são, *grosso modo*, cópias das regras referentes ao imposto de importação.

A hipótese de incidência das contribuições é a importação de mercadorias estrangeiras, e o momento fixado para efeitos de cálculo é a data do registro da declaração de importação. E os casos excepcionais em que, para efeito de cálculo, são considerados outros momentos, também são inspirados na legislação que rege o imposto de importação: a data do lançamento, em caso de extravio, e a data do vencimento do prazo de permanência em recinto alfandegado, se autorizado o despacho antes de aplicada a pena de perdimento.

Até os casos legalmente estabelecidos para a não incidência são, basicamente, os mesmos encontrados na legislação do imposto de importação.

CÁLCULO

A base de cálculo da Contribuição para o PIS/PASEP-importação e da COFINS-importação, hoje, é exatamente a mesma do imposto de importação: o valor aduaneiro, conforme redação dada pela Lei nº 12.865/13, após o Supremo Tribunal Federal ter declarado inconstitucional a parte da base de cálculo que adicionava ao valor aduaneiro o ICMS e o valor das próprias contribuições.

DE OLHO NA JURISPRUDÊNCIA

Decidiu o STF em caráter vinculante, no Recurso Extraordinário nº 559.937/RS, que é inconstitucional a parte da base de cálculo da Contribuição para o PIS/PASEP-importação e da COFINS-importação que inclui o ICMS e o valor das próprias contribuições.

Quanto às alíquotas, são, em regra, de 2,1% para a Contribuição para o PIS/PASEP-importação, e de 9,65% para a COFINS-importação. No entanto, a Lei nº 10.865/04, em seu art. 8º, estabelece dezenas de exceções, com alíquotas diferenciadas, por tipo/código de mercadoria e/ou por utilização.

O cálculo das contribuições, que já foi "por dentro" – e extremamente complexo –, é atualmente simplório, bastando multiplicar o valor aduaneiro pela alíquota correspondente à mercadoria, com conversão cambial na data do "fato gerador" (em geral, o registro da declaração de importação), sendo efetuado tanto o cálculo quanto o débito em conta-corrente bancária pelo próprio SISCOMEX, a exemplo de outros tributos aqui apresentados.

PECULIARIDADES DA CONTRIBUIÇÃO PARA O PIS/PASEP-IMPORTAÇÃO E DA COFINS-IMPORTAÇÃO

Afora as isenções, que são, também, basicamente, copiadas do imposto de importação, e as suspensões, em casos de regimes aduaneiros especiais e relativas à Zona Franca de Manaus, estendidas à Contribuição para o PIS/PASEP-importação e à COFINS-importação pelos arts. 14 e 14-A da Lei nº 10.865/04, existem ainda casos de suspensão e de redução específicos para as contribuições, que, apesar de terem recebido o nome de "regimes", não se confundem com os regimes aduaneiros especiais. Como exemplos desses regimes suspensivos das contribuições (e de alguns outros tributos), podemos citar o "Regime Especial de Tributação para a Plataforma de Exportação de Serviços de Tecnologia da Informação" (REPES) e o "Regime Especial de Aquisição de Bens de Capital para Empresas Exportadoras" (RECAP).

Em relação à Contribuição para o PIS/PASEP-importação e à COFINS-importação, os contribuintes são, igualmente, derivados da legislação que rege o imposto de importação (importador, destinatário de remessa postal internacional indicado pelo remetente e adquirente de mercadoria entrepostada).

CIDE/COMBUSTÍVEIS-IMPORTAÇÃO

Outro tributo que categorizamos como nivelador, na importação, é a Contribuição de Intervenção no Domínio Econômico incidente sobre a importação e a comercialização de petróleo e seus derivados, gás natural e seus derivados, e álcool etílico combustível, conhecida como CIDE/Combustíveis-importação.

A autorização constitucional para que a União criasse a CIDE/Combustíveis, tanto na importação quanto na comercialização interna, foi limitada às mercadorias que aparecem no próprio nome completo do tributo, excepcionando-se a contribuição da necessidade de anterioridade de exercício para instituição, e permitindo-se o manejo de alíquotas pelo Poder Executivo, obedecida a disciplina legal. E a Lei nº 10.336/01 estabeleceu o regramento básico do tributo.

ATENÇÃO!

O legislador que disciplinou a Contribuição para o PIS/PASEP-importação e a COFINS-importação, apesar de ter copiado também alguns responsáveis solidários da legislação do imposto de importação, acabou instituindo duas relevantes divergências:

(a) o depositário e o transportador, responsáveis pelo imposto de importação, são considerados, na legislação que rege as contribuições, responsáveis solidários; e

(b) a legislação que rege as contribuições não relacionou como responsável solidário o encomendante predeterminado, em caso de importação por encomenda (em verdade, a ausência deve ser atribuída à Lei nº 11.281/06, posterior, que instituiu a importação por encomenda).

VOCÊ SABIA?

O valor arrecadado com a CIDE/Combustíveis tem destino certo. Os valores devem ser destinados ao pagamento de subsídios a preços ou transporte de álcool combustível, gás natural e seus derivados e derivados de petróleo; ao financiamento de projetos ambientais relacionados com a indústria do petróleo e do gás; e financiamento de programas de infraestrutura de transportes; e financiamento do auxílio destinado a mitigar o efeito do preço do gás liquefeito de petróleo sobre o orçamento das famílias de baixa renda.
E a União deverá entregar aos Estados e ao Distrito Federal, para essas mesmas destinações, 29% do montante arrecadado.

A CIDE/Combustíveis-importação tem um universo de incidência bem delimitado: a importação de petróleo e seus derivados, gás natural e seus derivados, e álcool etílico combustível, que foram detalhados, em lei como: gasolinas e suas correntes; diesel e suas correntes; querosene de aviação e outros querosenes; óleos combustíveis (*fuel-oil*); gás liquefeito de petróleo, inclusive o derivado de gás natural e de nafta; e álcool etílico combustível.

Um dos principais diferenciais da CIDE/Combustíveis-importação em relação aos tributos que já estudamos se refere à metodologia de cálculo, pois todas as alíquotas são específicas (*ad rem*), estabelecidas em reais por metro cúbico (R\$/m³) ou R\$ por tonelada (R\$/t).

A Lei nº 10.336/01 estabeleceu alíquotas máximas para a contribuição, permitindo ao Poder Executivo reduzi-las a zero ou restabelecê-las. E, de fato, o Poder Executivo acabou reduzindo quase todas a zero, havendo, atualmente, alíquota diferente de zero apenas para gasolinas e suas correntes, fixada em R\$ 100,00/m³, fixada pelo Decreto nº 8.395/15.

A CIDE/Combustíveis-importação é devida na data do registro da declaração de importação, e atualmente, a exemplo de outros tributos que já analisamos, é debitada em conta-corrente bancária, por meio do SISCOMEX.

OLHA A DICA!

Há isenção da CIDE/Combustíveis-importação no caso de combustível importado para consumo em evento esportivo oficial, na forma estabelecida nos arts. 183 a 186 do Regulamento Aduaneiro.

AFRMM

O Adicional ao Frete para Renovação da Marinha Mercante (AFRMM) não é devido pela importação, mas por operação a ela relacionada: a descarga de embarcação em porto brasileiro. Daí categorizarmos esse tributo, ao início do capítulo, em um terceiro grupo, que não corresponde nem aos tributos niveladores e nem aos de importação e exportação, em sentido estrito.

O AFRMM já existia, antes da Constituição de 1988, com previsão no Decreto-Lei nº 2.404/87, que esclarece sua finalidade: apoio ao desenvolvimento da marinha mercante e da indústria de construção e reparação naval brasileiras. Mas o tributo recebeu tratamento substancialmente novo na Lei nº 10.893/04, recentemente alterada pela Lei nº 14.301/22, que especificou suas hipóteses de incidência e sua forma de cálculo.

A hipótese de incidência do AFRMM é o início efetivo da operação de descarga da embarcação em porto brasileiro, esclarecendo o legislador que o tributo não incide sobre a navegação fluvial e lacustre (exceto sobre cargas transportadas no âmbito das Regiões Norte e Nordeste) e nem sobre o frete relativo ao transporte de mercadoria submetida à pena de perdimento.

OLHA A DICA!

Por ser devido apenas na descarga de embarcações, não incide o AFRMM sobre operações de importação efetuadas nas vias aérea e terrestre.

O AFRMM, como o próprio nome sugere, tem por base de cálculo o frete, que é a remuneração do transporte aquaviário da carga. E as alíquotas aplicáveis, após a rejeição do veto presidencial ao texto da Lei nº 14.301/22, são de: 8% na navegação de longo curso; 8% na navegação de cabotagem; 40% na navegação fluvial e lacustre, por ocasião do transporte de granéis líquidos nas Regiões Norte e Nordeste; e 8% na navegação fluvial e lacustre, por ocasião do transporte de granéis sólidos e outras cargas nas Regiões Norte e Nordeste.

O cálculo é, também aqui, simples, bastando multiplicar o valor do frete pela alíquota correspondente ao tipo de navegação, sendo o contribuinte do AFRMM o consignatário constante do conhecimento de carga, ou, nos casos em que não houver obrigação de emissão do conhecimento de carga, o proprietário da carga transportada.

O pagamento do AFRMM será efetuado pelo contribuinte antes da autorização de entrega da mercadoria pela RFB. E, quando o frete estiver expresso em moeda estrangeira, a conversão será feita com base na taxa vigente na data do efetivo pagamento.

No caso de mercadoria submetida a regime aduaneiro especial, o pagamento do AFRMM fica suspenso até a data do registro da declaração de importação que inicie o despacho para consumo correspondente. E os diversos casos de isenção do AFRMM constam no art. 14 da Lei nº 10.893/04, e derivam, em sua maioria, da legislação que trata do imposto de importação.

TAXA DE UTILIZAÇÃO DO MERCANTE

Como se esclareceu no tópico anterior, apesar de o controle da cobrança do AFRMM ter passado, em 2013, à RFB, o sistema informatizado antes utilizado para tal controle, pelo Ministério dos Transportes ("Sistema de Controle de Arrecadação do Adicional ao Frete para Renovação da Marinha Mercante – Sistema MERCANTE), continuou em uso.

Assim, manteve-se, também, a Taxa de Utilização do MERCANTE, instituída pelo art. 37 da Lei nº 10.893/04, que é devida pela emissão do número "conhecimento de embarque do MERCANTE – CE-MERCANTE". Portanto, tem-se taxa cobrada pela utilização do sistema (MERCANTE) para emissão de um documento eletrônico ("conhecimento de embarque" – denominado pelo Regulamento Aduaneiro, em regra, de "conhecimento de carga").

A Taxa de Utilização do MERCANTE (apelidada de "TUM", pelo Decreto nº 8.257/14) não é devida, portanto, por mera consulta ao sistema, e nem por emissão de conhecimentos em outros meios de transporte que não o aquaviário.

O valor da taxa foi fixado, na Lei nº 10.893/04, em R$ 50,00, por conhecimento eletrônico emitido, sendo permitido ao Poder Executivo reduzir e restabelecer o valor até o patamar original legal. E, dentro dessa possibilidade, o Decreto nº 8.257/14 reduziu a Taxa de Utilização do MERCANTE a R$ 20,00, que é seu valor atual.

O pagamento da Taxa de Utilização do MERCANTE, da mesma forma que o AFRMM, será efetuado antes da autorização de entrega da mercadoria pela RFB. E haverá isenção da Taxa de Utilização do MERCANTE sempre que houver isenção do AFRMM, ou nos casos de mercadorias destinadas ao exterior ou submetidas à pena de perdimento.

TAXA DE UTILIZAÇÃO DO SISCOMEX

A Taxa de Utilização do Sistema Integrado de Comércio Exterior (SISCOMEX) foi criada pelo art. 3º da Lei nº 9.716/98, sendo devida pelo registro de declaração de importação nesse sistema.

Assim, apesar de o SISCOMEX ser utilizado em operações de importação e exportação, e para outros controles, como os referentes a cargas e a trânsito aduaneiro, a taxa é devida apenas em operações de importação, e somente quando utilizado o SISCOMEX para o registro da declaração.

O valor da taxa foi legalmente fixado em R$ 30,00, por declaração de importação, valor que deve ser somado a R$ 10,00 para cada adição de mercadoria (cada adição corresponde a um tipo e código NCM de mercadoria), observando-se os limites fixados pela RFB. E, nessa competência, a RFB disciplinou limites decrescentes, de acordo com o número de adições, de modo a não onerar demasiadamente as declarações elaboradas com muitos tipos diferentes de mercadorias.

A Lei nº 9.716/98 permitiu ainda que a Taxa de Utilização do SISCOMEX fosse reajustada, anualmente, por ato do Ministro da Economia, conforme a variação dos custos de operação e dos investimentos no SISCOMEX. Contudo, em 2011, a taxa foi substancialmente reajustada, de R$ 30,00 para R$ 185,00, o que motivou discussão judicial que chegou ao Supremo Tribunal Federal.

 ## DE OLHO NA JURISPRUDÊNCIA

Decidiu o STF em caráter vinculante, recentemente, no Recurso Extraordinário nº 1.258.934/SC, que é inconstitucional a majoração excessiva de taxa fixada em ato infralegal a partir de delegação legislativa defeituosa, o que não impede a atualização dos valores fixados em lei de acordo com percentual não superior aos índices oficiais de correção monetária.

Após a decisão do STF, o Ministro da Economia editou a Portaria nº 4.131/21, atualizando, pelo Índice Nacional de Preços ao Consumidor (IPCA), os valores da Taxa de Utilização do SISCOMEX, para R$ 115,67, por declaração de importação, valor que deve ser somado a R$ 38,56 para cada adição de mercadoria, observados os limites fixados pela RFB em relação às adições.

E a RFB fixou os limites da seguinte forma, na IN 2.024/21: até a 2ª adição – R$ 38,56; da 3ª à 5ª – R$ 30,85; da 6" à 10ª – R$ 23,14; da 11ª à 20ª – R$ 15,42; da 21ª à 50ª – R$ 7,71; e a partir da 51ª – R$ 3,86.

A Portaria e a IN se aplicam a declarações de importação registradas no SISCOMEX a partir de 1º de junho de 2021.

RESUMO

Tributo	Incidência	Cálculo
Imposto de importação	**Importação** de mercadoria estrangeira (para efeito de cálculo – considera, em regra, registro da declaração)	= valor aduaneiro (AVA/GATT) × alíquota (obtida na TEC, a partir da classificação) *exceções: RTE, RTS, RTU, extravio e redução provisória
Imposto de exportação	**Exportação** de mercadoria nacional ou nacionalizada (para efeito de cálculo – considera registro da declaração)	= preço normal (legislação nacional) × alíquota (fixada pela CAMEX, de 0 a 150% – em regra, 0%)

(continua)

(continuação)

Tributo	Incidência	Cálculo
IPI-importação	**Desembaraço** aduaneiro (liberação da mercadoria)	= (valor aduaneiro + imposto de importação + encargos cambiais) × alíquota (obtida na TIPI, a partir da classificação)
ICMS-importação	**Desembaraço** aduaneiro (liberação da mercadoria) ou entrega (no caso de entrega antecipada)	= alíquota ICMS × [(valor aduaneiro + imposto de importação + IPI-Importação + outros tributos e despesas aduaneiras) / (1-alíquota ICMS)]
PIS e COFINS-importação	**Importação** de mercadoria estrangeira (para efeito de cálculo – considera, em regra, registro da declaração)	= valor aduaneiro (AVA/GATT) × alíquotas, para cada contribuição (obtidas na Lei nº 10.865/04)
CIDE/Combustíveis-importação	**Importação** de petróleo e seus derivados, gás natural e seus derivados, e álcool etílico combustível (para efeito de cálculo – considera registro da declaração)	Para gasolinas e suas correntes, R$ 100,00/m3 (Decreto nº 8.395/15)
AFRMM	**Descarga** da embarcação em porto brasileiro	= frete × alíquotas (por modalidade de navegação – Lei nº 10.893/04)
Taxa MERCANTE	**Emissão de conhecimento** eletrônico no MERCANTE	R$ 20,00, por conhecimento (Decreto nº 8.257/14)
Taxa SISCOMEX	**Registro de declaração** de importação no SISCOMEX	R$ 115,67, por declaração, mais R$ 38,56 por adição, observada a tabela decrescente elaborada pela RFB (a partir de jun./21)

▶ VÍDEOS ADICIONAIS SOBRE O CAPÍTULO

Acesse os QR Codes para assistir ao material adicional do capítulo:

Vídeo 1  uqr.to/1ayau

Vídeo 2  uqr.to/1ayaw

Vídeo 3  uqr.to/1ayay

APLICANDO CONHECIMENTOS – TESTES

TESTES DE MÚLTIPLA ESCOLHA

1. Sobre os tributos incidentes em operações de comércio exterior, assinale a alternativa **correta**:

a) O imposto de importação incide sobre qualquer entrada de mercadoria no território brasileiro, mesmo a título temporário.

b) Tanto o imposto de importação quanto o imposto de exportação podem ser aumentados por ato do Poder Executivo, aplicando-se o aumento a partir do mês seguinte ao da publicação do ato.

c) O IPI-importação e o ICMS-importação não podem ser utilizados como instrumento tributário discriminatório entre a mercadoria estrangeira e a nacional.

d) As contribuições incidentes sobre as importações brasileiras apresentam como base de cálculo o valor aduaneiro das mercadorias.

e) As taxas incidentes sobre as importações brasileiras se referem, basicamente, a serviços extraordinários prestados pela Aduana.

2. (ESAF-ATRFB/12-adaptada) Sobre o Imposto de Importação, assinale a alternativa **incorreta**:

a) O imposto não incide sobre mercadoria estrangeira em trânsito aduaneiro de passagem, acidentalmente destruída.

b) Para efeito de cálculo do imposto, considera-se ocorrido o fato gerador na data do registro da declaração de importação de mercadoria submetida a despacho para consumo.

c) Para efeito de cálculo do imposto, considera-se ocorrido o fato gerador na data do registro da declaração de importação, inclusive no caso de despacho para consumo de mercadoria sob regime suspensivo de tributação e de mercadoria contida em remessa postal internacional ou conduzida por viajante, sujeita ao regime de importação comum.

d) São contribuintes do imposto o importador, assim considerada qualquer pessoa que promova a entrada de mercadoria estrangeira no Território Nacional, o destinatário de remessa postal internacional indicado pelo respectivo remetente e o adquirente de mercadoria entrepostada.

e) O representante, no País, do transportador estrangeiro é responsável subsidiário pelo imposto.

3. Sobre os tratados internacionais que regem a classificação, a valoração e a origem das mercadorias, assinale a alterantiva **correta**:

a) Existem regras de classificação de mercadorias específicas para o MERCOSUL, podendo o bloco regional adotar, para determinadas mercadorias, posições diferentes das estabelecidas no âmbito do Sistema Harmonizado.

b) A exatidão da classificação das mercadorias não influencia somente o imposto de importação, afetando ainda outros tributos, como o IPI-importação, e a própria permissão ou não para a importação, pelo órgão competente.

c) A valoração aduaneira das mercadorias deve ser efetuada, nas importações e exportações brasileiras, com estrita observância às regras estabelecidas pelo AVA-GATT.

d) Devem ser acrescidos ao valor aduaneiro das mercadorias importadas os montantes correspondentes ao transporte das mercadorias até o estabelecimento do importador, no Brasil.

e) Considera-se como mercadoria de origem brasileira, segundo as regras de origem estabelecidas pela OMC, aquela produzida no Brasil, ainda que contenha, em sua maioria, insumos estrangeiros.

4. No Brasil, a bagagem de viajantes procedentes do exterior está sujeita ao regime de tributação:

a) Especial, que permite o cálculo dos tributos incidentes na importação mediante uma alíquota única de 80%, aplicada sobre o valor aduaneiro da mercadoria.

b) Simplificada, que permite o cálculo dos tributos incidentes na importação mediante uma alíquota única de 60%, aplicada sobre o montante que exceder o limite de isenção estabelecido.

c) Simplificada, no qual se exige apenas o imposto de importação, a uma alíquota única de 50%, aplicada sobre o valor aduaneiro da mercadoria.

d) Especial, no qual se exige apenas o imposto de importação, a uma alíquota única de 50%, aplicada sobre o montante que exceder o limite de isenção estabelecido.

e) Simplificada, no qual se exige apenas o imposto de importação, a uma alíquota única de 60%, aplicada sobre o valor aduaneiro da mercadoria, acrescido do frete.

5. (ESAF-ACE/12-adaptada) A respeito do Imposto sobre Exportações, é **correto** afirmar que:

a) Incide sobre mercadoria nacional ou nacionalizada destinada ao exterior e tem como fato gerador sua saída do território nacional.

b) Incide sobre bens não essenciais exportados para consumo final e tem como fato gerador o registro de exportação no Sistema Integrado de Comércio Exterior.

c) Incide sobre mercadoria nacional destinada ao exterior e tem como base de cálculo o valor aduaneiro do bem exportado.

d) Sua alíquota está fixada em 30%, sem possibilidades de redução ou majoração, e tem como base de cálculo o preço normal que a mercadoria alcançaria em uma venda em condições livre de concorrência no mercado internacional.

e) Incide sobre toda mercadoria destinada ao exterior a partir do território nacional e tem como fato gerador a emissão da Declaração de Exportação (DE).

6. Várias questões polêmicas referentes a tributos nacionais que também são exigidos nas importações chegaram, no Brasil, ao Supremo Tribunal Federal (STF). Sobre essas questões, analise os itens a seguir, classificando as afirmações neles constantes como verdadeiras ou falsas, tendo em vista o decidido, em caráter vinculante, pelo STF. Em seguida, aponte a alternativa **correta**.

I. Incide, na importação de bens para uso próprio, o IPI-importação, ainda que o importador seja o consumidor final.

II. A cobrança da Contribuição para o PIS/PASEP-importação e da COFINS-importação pode ser efetuada "por dentro", incluindo na base de cálculo o valor das próprias contribuições.

III. Não incide o ICMS-importação no caso de arrendamento mercantil internacional, salvo na hipótese de antecipação da opção de compra, quando configurada a transferência da titularidade do bem.

a) São verdadeiros somente os itens II e III.

b) São verdadeiros somente os itens I e II.

c) É verdadeiro somente o item I.

d) São verdadeiros somente os itens I e III.

e) Todos os itens são falsos.

7. Sobre as semelhanças e diferenças entre o IPI-importação e o ICMS-importação, assinale a alternativa **correta**.

a) Ambos os impostos são de competência da União, que pode majorar suas alíquotas por ato do poder Executivo, observada a anterioridade de 90 dias para a majoração.

b) Ambos os impostos apresentam como base de cálculo o valor aduaneiro, apurado segundo as regras do AVA-GATT, e possuem incidência não cumulativa.

c) Ambos os impostos apresentam como fato gerador o desembaraço aduaneiro (liberação da mercadoria), e a mercadoria não pode ser entregue ao importador sem o seu recolhimento.

d) Enquanto o IPI-importação é cobrado "por dentro", e inclui o imposto de importação em sua base de cálculo, o ICMS-importação é cobrado "por fora", tendo por base de cálculo o valor aduaneiro.

e) Enquanto o ICMS-importação não incide sobre importações registradas por pessoas físicas, no IPI-importação as pessoas físicas também podem ser contribuintes.

8. A respeito das contribuições incidentes na importação, no Brasil, é **incorreto** afirmar que:

a) A CIDE/Combustíveis-importação é cobrada mediante a utilização de alíquotas específicas (ad rem).

b) A Contribuição para o PIS/PASEP-importação tem como fato gerador a entrega da mercadoria ao importador.

c) À COFINS-importação são aplicáveis as suspensões relativas a regimes aduaneiros especiais.

d) O AFRMM não incide sobre operações efetuadas com a utilização da via aérea.

e) Nenhuma das contribuições incidentes na importação é de competência dos Estados e do Distrito Federal.

9. Sobre as semelhanças e diferenças entre a Taxa de Utilização do SISCOMEX e a Taxa de Utilização do MERCANTE, assinale a alternativa **correta**.

a) Ambas as taxas são cobradas em valores proporcionais ao imposto de importação devido, com alíquotas *ad valorem*.

b) Ambas as taxas são cobradas em valores fixados de acordo com a modalidade de importação adotada (direta, conta e ordem, ou encomenda).

c) Enquanto o cálculo da Taxa de Utilização do SISCOMEX depende do número de adições da declaração de importação, a Taxa de Utilização do MERCANTE é cobrada em valor único, por conhecimento eletrônico emitido.

d) Enquanto a Taxa de Utilização do SISCOMEX é devida apenas no efetivo registro de declarações de importação, a Taxa de Utilização do MERCANTE é cobrada também nos casos de simples consulta ao sistema, e na extração de dados.

e) Ambas as taxas são fixadas em Lei, mas podem ser atualizadas, anualmente, pelo Poder Executivo, segundo índices oficiais de correção.

10. Uma empresa decidiu importar uma máquina, no valor de US$ 950.000,00. Em contato com o exportador, decidiu-se que o importador arcaria ainda com o frete e o seguro internacionais (US$ 50.000,00), e com a contratação de um técnico para montar a máquina no Brasil (US$ 100.000,00). Pesquisando as alíquotas na TEC e na TIPI, você encontrou, respectivamente, 10% e 20%. Considerando que a taxa de câmbio é 1 US$ = 1 R$, assinale a alternativa **correta**.

a) O imposto de importação a pagar é de R$ 110.000,00.

b) A base de cálculo do imposto de importação é US$ 950.000,00.

c) O IPI-importação a pagar é de R$ 200.000,00.

d) A base de cálculo do IPI-importação a pagar é de US$ 1.000.000,00.

e) O IPI-importação a pagar é de R$ 220.000,00.

RESPOSTAS

1-C; 2-E; 3-B; 4-D; 5-A; 6-D; 7-C; 8-B; 9-C; 10-E.

GESTÃO DE TRIBUTOS SOBRE O LUCRO (IRPJ E CSLL): LUCROS PRESUMIDO E ARBITRADO

Fabio Pereira da Silva
Alexandre Evaristo Pinto

OBJETIVOS DE APRENDIZAGEM DO CAPÍTULO

1. Compreender quem pode optar pelo Lucro Presumido.
2. Aprender a sistemática de cálculo do Lucro Presumido.
3. Analisar as principais razões que levam um contribuinte a optar pelo Lucro Presumido.
4. Aprender a sistemática de cálculo do Lucro Arbitrado.

OLHA A NOTÍCIA!

uqr.to/1ay85

Everardo Maciel sobre reforma tributária: "O Brasil está em uma marcha da insensatez"

Autora: Denise Chrispim

Poder 360 – 13.7.2021

O ex-secretário da Receita Federal Everardo Maciel não esconde sua aversão à proposta de reforma do Imposto de Renda enviada ao Congresso Nacional pelo Ministério da Economia.

[...]

Maciel explica que o modelo de lucro presumido é adotado por mais de 150.000 empresas do país pela simplicidade, ausência de litígio e segurança jurídica que oferece. Trata-se de uma espécie de acordo de cavalheiros – e damas, acrescenta ele – com a Receita. A empresa presume o lucro que terá e paga uma alíquota efetiva maior –2,5%, contra 0,99% no lucro real. Não há questionamento dos cálculos. O lucro real, diz Maciel, é um "queijo suíço" de brechas para a sonegação e o litígio.

[...]

QUEM PODE OPTAR PELO LUCRO PRESUMIDO

INTRODUÇÃO AO LUCRO PRESUMIDO

A previsão da tributação da renda sobre uma base presumida está contida no art. 44 do Código Tributário Nacional (CTN), que estabelece que a base de cálculo do imposto é o montante, real, arbitrado ou presumido, da renda ou dos proventos tributáveis.

Tal qual será visto adiante quando a apuração do Lucro Presumido for tratada com detalhes, trata-se de regime de apuração pelo qual a base de cálculo do IRPJ e da CSLL é formada a partir da aplicação de percentuais legais de presunção sobre as receitas de uma entidade.

Como consequência, trata-se de um regime que é indiferente ao lucro contábil, isto é, independentemente do fato de que a entidade está apurando um lucro ou prejuízo contábil, ela estará sujeita ao pagamento do IRPJ e da CSLL se a base de cálculo for o Lucro Presumido, visto que é um método de apuração que leva em conta apenas as receitas do contribuinte.

Diante de tal fato, poder-se-ia argumentar que a base de cálculo presumida não está coadunada com o conceito de acréscimo patrimonial, que é o cerne do conceito de renda, dado que haverá IRPJ e CSLL pelo Lucro Presumido ainda que a entidade apure prejuízo contábil.

Assim, uma entidade que apurou prejuízo contábil em determinado exercício teve um decréscimo patrimonial. Ocorre que, se esta entidade for tributada pelo Lucro Presumido, estará sujeita ao IRPJ e CSLL, visto que se trata de regime de apuração em que se apura a base de cálculo a partir das receitas, de modo que não se está diante de uma entidade com acréscimo patrimonial naquele exercício.

Mesmo diante de discordâncias acerca dessa linha interpretativa, a solução para qualquer controvérsia acerca do tema parece estar no fato do regime de apuração pelo lucro presumido ser opcional ao contribuinte. O art. 586 do Regulamento do Imposto de Renda (RIR) 2018 é expresso ao indicar as pessoas jurídicas que podem optar pelo regime. Equivale dizer que, caso a entidade entenda oportuno, poderá optar pelo lucro presumido, não sendo esse um regime obrigatório, ao contrário do que ocorre com o lucro real, que, em determinadas ocasiões, será o único regime disponível para a entidade.

Como consequência, o lucro presumido se consubstancia em uma modalidade simplificada de apuração do imposto de renda, onde o resultado contábil não serve de ponto de partida para o cálculo da base de cálculo do imposto. Ao optar pelo regime, o contribuinte faz uma escolha consciente, no sentido de que deverá pagar o imposto de renda e a contribuição social mesmo nos períodos em que apurar prejuízo contábil. Da mesma forma, ainda que apresente um lucro contábil superior aos percentuais de presunção, será sobre essa base presumida que será calculado os tributos devidos. Em outras palavras, a opção por este regime simplificado de cálculo vincula tanto o contribuinte quanto a administração pública.

Ainda que se discuta a eficiência desse tipo de regime – aceitando o argumento de que representa um descolamento da cobrança dos tributos sobre um efetivo acréscimo patrimonial –, fato é que, em razão de ser opcional, tanto os contribuintes quanto a administração pública não encontram muito espaço para discussões nesse sentido.

Em resumo, o regime de tributação do lucro presumido é indiferente aos custos e despesas da empresa, haja vista que a base de tributação é determinada por meio de aplicação de coeficientes de presunção em razão da sua receita. Conforme veremos adiante, custos e despesas – no caso do lucro presumido – poderão importar para efeito de cálculos de dividendos isentos na forma da lei, mas não para o cálculo do imposto de renda e da contribuição social sobre o lucro da pessoa jurídica.

QUEM ESTÁ OBRIGADO AO LUCRO REAL?

Tendo em vista que o regime de apuração do Lucro Presumido é opcional para a pessoa jurídica que não esteja obrigada à tributação pelo Lucro Real, torna-se fundamental que sejam apresentadas as hipóteses de obrigatoriedade do Lucro Real.

Os arts. 13 e 14 da Lei nº 9.718/98 determinam as hipóteses nas quais é obrigatório o regime do Lucro Real.

Nesse sentido, o art. 13 da Lei nº 9.718/98 estabelece que a "pessoa jurídica cuja receita bruta total no ano-calendário anterior tenha sido igual ou inferior a R$ 78.000.000,00 (setenta e oito milhões de reais) ou a R$ 6.500.000,00 (seis milhões e quinhentos mil reais) multiplicado pelo número de meses de atividade do ano-calendário anterior, quando inferior a doze meses, poderá optar pelo regime de tributação com base no lucro presumido".

Embora o limite atual seja de R$ 78 milhões ao ano, cumpre destacar que esse montante foi modificado algumas vezes ao longo dos anos, conforme a Tabela 16.1.

Tabela 16.1   Limites de receita total do lucro presumido

Até 1998	R$ 12 milhões
De 1999 até 2003	R$ 24 milhões
De 2003 até 2014	R$ 48 milhões
De 2014 em diante	R$ 78 milhões*

*(Lei nº 12.814/13, que alterou o art. 13 da Lei nº 9.718/98).

Como se observa, a obrigatoriedade ao regime do Lucro Real leva em consideração a receita bruta total do ano-calendário anterior, ou seja, um dado objetivo, visto que se refere ao ano precedente. Dessa forma, no ano de início das atividades da pessoa jurídica, esta poderá optar pelo regime do Lucro Presumido, desde que a pessoa jurídica não se enquadre em nenhuma outra hipótese de obrigatoriedade, visto que inexiste ano anterior com receita bruta total superior a R$ 78 milhões. Tampouco é relevante uma projeção de faturamento para o ano corrente de um montante superior a R$ 78 milhões, dado que a obrigatoriedade está vinculada ao ano prévio.

VOCÊ SABIA?

No caso de a pessoa jurídica extrapolar o limite de R$ 78.000.000,00, estará vedada a opção de apuração com base no lucro presumido apenas para o ano seguinte, não suportando qualquer ônus adicional no ano corrente.

Indispensável esclarecer que o limite deve ser calculado *pro rata* mês, no caso de as atividades do ano anterior não terem se iniciado no mês de janeiro, de forma que se aplicará o teto de R$ 6.500.000,00 por mês. Para melhor compreensão da referida regra, confira a Tabela 16.2, considerando o início de atividades em cada um dos meses do ano.

Tabela 16.2   Limites *pro rata* da receita total do lucro presumido

Janeiro	Fevereiro	Março	Abril	Maio	Junho
R$ 78.000.000,00	R$ 71.500.000,00	R$ 65.000.000,00	R$ 58.500.000,00	R$ 52.000.000,00	R$ 45.500.000,00
Julho	**Agosto**	**Setembro**	**Outubro**	**Novembro**	**Dezembro**
R$ 39.000.000,00	R$ 32.500.000,00	R$ 26.000.000,00	R$ 19.500.000,00	R$ 13.000.000,00	R$ 6.500.000,00

Note que o critério previsto em lei está relacionado à razão mensal, não levando em consideração as hipóteses em que o início das atividades empresariais ocorra, exemplificativamente, no último dia do mês. Assim, na hipótese de o início das atividades da empresa ocorrer no dia 01 ou no dia 30 de novembro, o limite será de R$ 13.000.000,00. Extrapolado esse montante, a empresa estará obrigada – no ano seguinte – à opção de apuração pelo lucro real.

Como consequência, pode ser uma decisão estratégica iniciar as atividades da empresa no último dia do mês ao invés da fazê-lo no dia seguinte, sempre considerando que essa seja uma escolha possível em termos administrativos e operacionais.

É importante advertir que é relativamente comum o intérprete não reparar em uma sutileza contida no arcabouço legislativo relativo à opção ao lucro presumido. Note que o art. 587 do RIR/18 menciona "receita bruta total", e não apenas "receita bruta". Por sua vez, a Lei nº 9.718/98, que dá suporte legal ao RIR, ora menciona "receita bruta total", ora apenas "receita total", o que pode acarretar equívocos na interpretação do tema.

Efetivamente, o art. 13 da Lei nº 9.718/98, que dispõe sobre a opção ao lucro presumido, utiliza a expressão "receita bruta total", ao passo que o art. 14, ao dispor sobre a obrigatoriedade do lucro real, menciona que o critério a ser utilizado é a "receita total". Tratando-se de critérios complementares, ou seja, quem não estiver elegível ao regime do lucro presumido estará obrigado ao regime de apuração do lucro real, resta concluir que a divergência se deu por mera impropriedade legislativa.

No âmbito infralegal, merece citação o art. 59 da Instrução Normativa (IN) RFB nº 1.700/17, que menciona que o limite dos R$ 78 milhões se refere à "receita total", o que é repetido no art. 214 do mesmo diploma normativo, revelando maior precisão conceitual quando comparada ao texto legal mencionado.

Dissipando qualquer dúvida, o § 1º do art. 59 da IN nº 1700/17 esclarece o que integra o conceito de receita total, dizendo trata-se do somatório:

I – da receita bruta mensal;

II – dos ganhos líquidos obtidos em operações realizadas em bolsa de valores, de mercadorias e futuros e em mercado de balcão organizado;

III – dos rendimentos produzidos por aplicações financeiras de renda fixa e de renda variável;

IV – das demais receitas e ganhos de capital;

V – das parcelas de receitas auferidas nas exportações às pessoas vinculadas ou aos países com tributação favorecida que excederem o valor já apropriado na escrituração da empresa, na forma prevista na Instrução Normativa RFB nº 1.312, de 28 de dezembro de 2012; e

VI – dos juros sobre o capital próprio que não tenham sido contabilizados como receita, conforme disposto no parágrafo único do art. 76.

Portanto, o conceito de receita total é bastante amplo, havendo pouca margem para discussões, especialmente considerando o item IV do quadro, onde consta "demais receitas". Diante de tal cenário, a Receita Federal tem entendido que até mesmo a receita de equivalência patrimonial, não sujeita a tributação, compõe a receita bruta total para fins de cálculo do limite do lucro presumido. Esse entendimento é confirmado pelas soluções de consulta abaixo mencionadas:

Solução de consulta nº 56 de 26 de maio de 2011
ASSUNTO: Contribuição Social sobre o Lucro Líquido – CSLL

EMENTA: LUCRO PRESUMIDO. RECEITA BRUTA TOTAL. A receita bruta total, para fins de opção pelo regime de tributação com base no lucro presumido, compreende o produto da venda de bens nas operações de conta própria, o preço dos serviços prestados e o resultado auferido nas operações de conta alheia, acrescidos das demais receitas auferidas pela empresa no período de apuração, aí incluído o resultado positivo decorrente da avaliação de investimento pela equivalência patrimonial.

Oportuno ainda mencionar que na receita bruta da empresa não se incluem os tributos não cumulativos cobrados, destacadamente, do comprador ou contratante pelo vendedor dos bens ou pelo prestador dos serviços na condição de mero depositário, como é o caso do ICMS-ST e do IPI (§ 4º do art. 12 do Decreto-lei nº 1.598/77). Da mesma forma, não compõem o conceito de receita da empresa os valores relacionados com as devoluções e vendas canceladas, bem como os descontos concedidos incondicionalmente e, portanto, tais quantias não afetam o limite de opção do lucro presumido.

Por sua vez, incluem-se no conceito de receita bruta e, portanto, no conceito de receita total para avaliação do limite de opção do lucro presumido, os tributos sobre ela incidentes e os valores decorrentes do ajuste a valor presente (§ 5º do art. 12 do Decreto-lei nº 1.598/77).

ATENÇÃO!

O limite de opção para o lucro presumido considera a "receita total" da empresa durante o ano. Na "receita total", incluem-se todas as receitas da empresa, podendo ser deduzidos, para cálculo do limite, os tributos não cumulativos cobrados, destacadamente, do comprador ou contratante pelo vendedor dos bens ou pelo prestador dos serviços na condição de mero depositário, como é o caso do ICMS-ST e do IPI, bem como os valores relacionados às devoluções e vendas canceladas e descontos concedidos incondicionalmente.

Além do limite relacionado com a receita total de R$ 78 milhões relativo ao ano-calendário anterior, a legislação prevê a vedação à opção ao lucro presumido por parte de empresas que incidam em algumas situações específicas expressamente previstas em nos incisos II ao VII do art. 14 da Lei nº 9.718/98, a conferir:

II – cujas atividades sejam de bancos comerciais, bancos de investimentos, bancos de desenvolvimento, caixas econômicas, sociedades de crédito, financiamento e investimento, sociedades de crédito imobiliário, sociedades corretoras de títulos, valores mobiliários e câmbio, distribuidoras de títulos e valores mobiliários, empresas de arrendamento mercantil, cooperativas de crédito, empresas de seguros privados e de capitalização e entidades de previdência privada aberta;

III – que tiverem lucros, rendimentos ou ganhos de capital oriundos do exterior;

IV – que, autorizadas pela legislação tributária, usufruam de benefícios fiscais relativos à isenção ou redução do imposto;

V – que, no decorrer do ano-calendário, tenham efetuado pagamento mensal pelo regime de estimativa, na forma do art. 2º da Lei nº 9.430, de 1996;

VI – que explorem as atividades de prestação cumulativa e contínua de serviços de assessoria creditícia, mercadológica, gestão de crédito, seleção e riscos, administração de contas a pagar e a receber, compras de direitos creditórios resultantes de vendas mercantis a prazo ou de prestação de serviços (*factoring*).

VII – que explorem as atividades de securitização de créditos imobiliários, financeiros e do agronegócio.

As vedações contidas nos incisos II, III, IV, VI, VII encontram justificativa na medida em que o legislador julgou que as pessoas jurídicas envolvidas nessas atividades possuem condições de assumirem os custos superiores de conformidade do lucro real em comparação ao lucro presumido; que representa um regime simplificado, ou por exercerem atividades que mereçam, por sua natureza, uma necessidade de maior controle por parte das autoridades fiscais.

No que diz respeito à previsão do inciso V, ou seja, aquelas empresas que porventura tenham efetuado o pagamento mensal pelo regime de estimativa, trata-se de consequência lógica da sistemática de escolha entre as opções do lucro real e presumido. Isso porque o regime de estimativa refere-se à opção de tributação pela sistemática do lucro real, regime anual, onde as pessoas jurídicas devem efetuar antecipações mensais por estimativa, exceto no caso de apurarem o efetivo lucro real do período por meio de balancete. Dessa forma, caso a empresa efetue o pagamento do imposto devido por meio de antecipação mensal pelo regime de estimativa, indicará sua opção pelo lucro real, sendo vedada, consequentemente, a opção pelo lucro presumido.

Oportuno mencionar que sobre o inciso III aludido surgem dúvidas práticas acerca da vedação legal. Uma leitura apressada pode levar o intérprete a concluir que a exportação de bens e serviços ao exterior tornaria a opção vedada ao lucro presumido. Não é exatamente o caso: o § 3º do art. 59 da IN nº 1700/17 expressamente prevê que a vedação não se aplica à pessoa jurídica que auferir receita de exportação de mercadorias e da prestação direta de serviços no exterior, sendo que o § 4º complementa expondo que não se considera direta a prestação de serviços realizada no exterior por intermédio de filiais, sucursais, agências, representações, coligadas, controladas e outras unidades descentralizadas da pessoa jurídica que lhes sejam assemelhadas.

Tais dispositivos legais apenas incorporaram o entendimento da Receita Federal sobre o tema, anteriormente exposto no Ato Declaratório Interpretativo SRF nº 5, de 31.10.2001. Portanto, nenhuma dúvida de que a vedação não se aplica ao caso de exportação de bens ou serviços. Todavia, caso a empresa brasileira possua filiais, sucursais, agências, representações, coligadas, controladas e outras unidades descentralizadas no exterior, então, estará obrigada à opção do lucro real, sendo vedado o regime presumido.

VOCÊ SABIA?

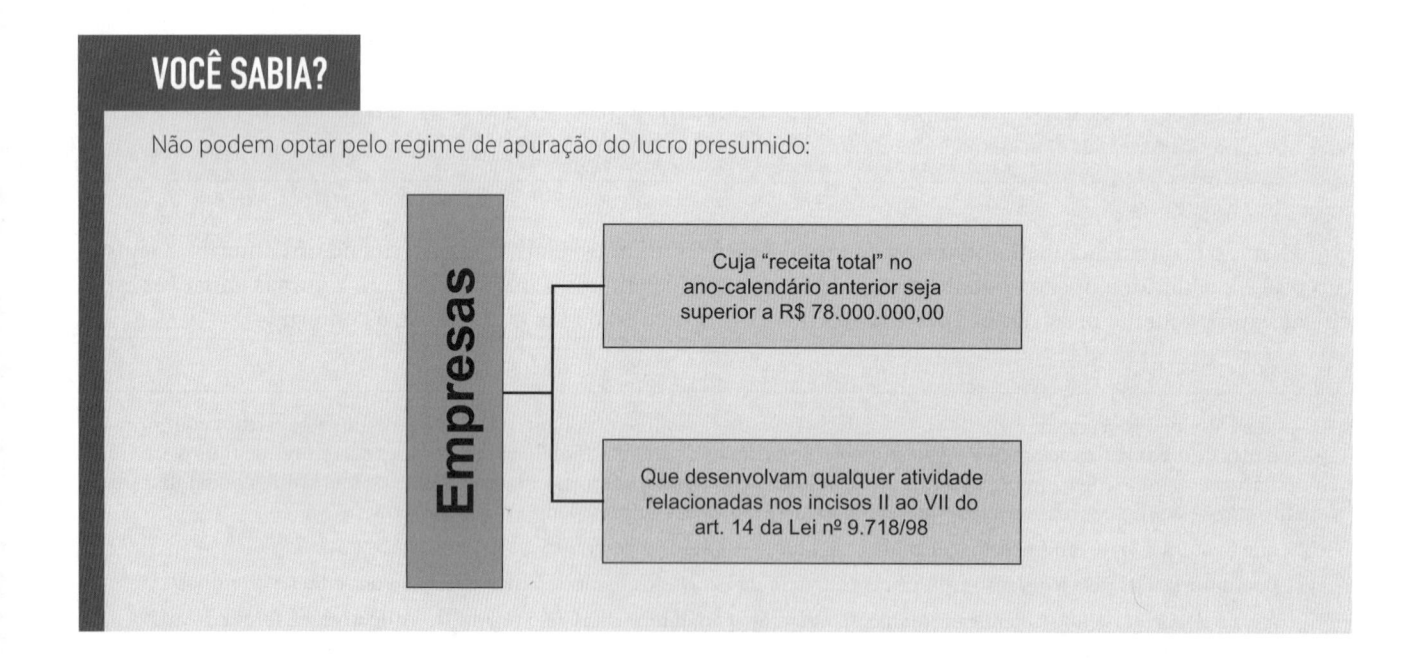

Não podem optar pelo regime de apuração do lucro presumido:

Empresas
- Cuja "receita total" no ano-calendário anterior seja superior a R$ 78.000.000,00
- Que desenvolvam qualquer atividade relacionadas nos incisos II ao VII do art. 14 da Lei nº 9.718/98

EXERCENDO A OPÇÃO PELO LUCRO PRESUMIDO

A opção pelo regime de apuração pelo Lucro Presumido é uma decisão definitiva para o ano-calendário em referência, sendo vedada alteração do regime de apuração do IRPJ e da CSLL no decorrer do período, conforme estabelece o § 1º do art. 13 da Lei nº 9.718/98.

Vale notar que ainda que o período de apuração do Lucro Presumido seja trimestral, a opção por tal regime vinculará todo o ano-calendário, de modo que a alteração para o Lucro Real somente será possível no ano-calendário subsequente.

Trata-se, portanto, de uma decisão estratégica de suma importância para a pessoa jurídica, haja vista que uma opção equivocada causará ônus durante todo o ano-calendário e não restrita apenas ao respectivo período de apuração.

O § 1º do art. 26 da Lei nº 9.718/98 dispõe que a opção é manifestada com o pagamento da primeira ou da quota única do imposto sobre a renda devido, correspondente ao primeiro período de apuração de cada ano-calendário. Sendo assim, em geral, a opção pelo Lucro Presumido é realizada por meio de indicação na DCTF do mês de janeiro ou com o pagamento da DARF relativa à apuração do imposto referente ao primeiro trimestre do ano, cujo recolhimento deve ocorrer até o último dia do mês subsequente ao encerramento do período, no caso, até último dia de abril.

Caso a empresa opte pela apuração pelo regime do Lucro Real, a opção também ocorrerá por meio de indicação em DCTF ou quando do primeiro recolhimento com base no lucro estimado mensal ou com base em balancete de apuração (para as empresas que optem pelo regime de apuração anual) ou quando do recolhimento do imposto devido referente ao primeiro trimestre (para as empresas que optem pelo regime de apuração trimestral). Tal qual ocorre com o Lucro Presumido, a opção é irretratável para todo o ano-calendário.

Portanto, operacionalmente, a opção se dá por meio de indicação na 1a Declaração de Débitos e Créditos Tributários Federais (DCTF) (janeiro) ou indicação na DARF do código respectivo de cada regime de apuração, conforme exemplificado a seguir:

- **Código 2362**: IRPJ – PJ OBRIGADAS AO LUCRO REAL – ENTIDADES NÃO FINANCEIRAS – ESTIMATIVA MENSAL
- **Código 2089**: IRPJ – LUCRO PRESUMIDO

Importante destacar que a DCTF poderá ser retificada com a mudança da opção, desde que o ajuste ocorra antes do recolhimento, por meio de DARF, indicando o regime de apuração. Após o recolhimento do imposto indicado na guia de arrecadação a opção não pode ser modificada, inclusive é vedada a apresentação de REDARF com o objetivo de mudança do regime de apuração, conforme inciso V do art. 11 da IN SRF nº 672, de 30 de agosto de 2006, conforme a seguir.

DE OLHO NA JURISPRUDÊNCIA

Instrução Normativa SRF nº 672, de 30.8.2006

Art. 11. Serão indeferidos os pedidos de retificação que versem sobre:

[...]

V – alteração de código de receita que corresponda à mudança no regime de tributação do Imposto de Renda da Pessoa Jurídica, quando contrariar o disposto na legislação específica;

Por fim, é importante salientar que o exercício da opção de apuração do imposto de renda, automaticamente, é aplicado à apuração da CSLL. Em outras palavras, não é possível optar pela apuração do imposto de renda pelo Lucro Presumido e da CSLL pelo Lucro Real, sendo a opção vinculada para ambos os tributos.

Ademais, a opção pelo regime de Lucro Presumido poderá ter consequências no regime de apuração do PIS e da COFINS. Assim, como regra geral, as empresas que optam pela apuração do imposto de renda pelo Lucro Presumido irão apurar o PIS e a COFINS por meio do regime cumulativo. Por outro lado, aqueles que estão sujeitos ou optam pela apuração do imposto de renda pelo regime do Lucro Real ficam obrigados como regra geral a apuração do PIS e da COFINS pelo regime não cumulativo.

As pessoas jurídicas não estão autorizadas a optarem pelo melhor regime de apuração conforme cada tributo, sendo que a CSLL, obrigatoriamente, e o PIS e a COFINS, regra geral, são afetados pela escolha da pessoa jurídica pela apuração do imposto de renda pelo lucro real ou presumido.

OBJETIVO 2

APRENDENDO A SISTEMÁTICA DO LUCRO PRESUMIDO

APURAÇÃO DA BASE DE CÁLCULO

A base de cálculo do lucro presumido é o montante determinado por meio da aplicação de coeficientes de presunção sobre valores globais da receita auferida pela pessoa jurídica, adicionado aos ganhos de capitais.

Os coeficientes são expressamente previstos em lei e variam em função da atividade da empresa.

Como se observa, no regime de tributação pelo lucro presumido a contabilidade não influencia a base de cálculo, haja vista não haver qualquer dependência entre o lucro contábil e o lucro presumido, exceto para cálculo de eventuais dividendos a serem distribuídos e que são, na forma da lei, isentos.

Dessa forma, enquanto no lucro real parte-se do lucro contábil para, após ajustes definidos em lei, encontrar o lucro real, no caso do lucro presumido a base de cálculo é encontrada por meio da aplicação de um coeficiente de presunção sobre as receitas da empresa. Vejamos o esquema da Figura 16.1.

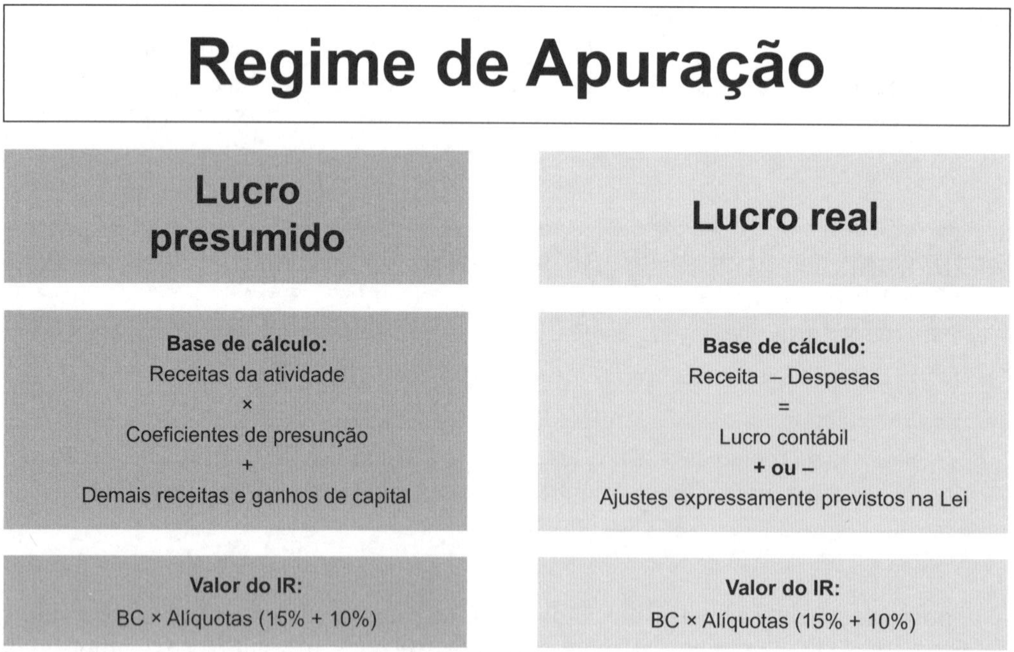

Regime de Apuração

Lucro presumido	Lucro real
Base de cálculo: Receitas da atividade × Coeficientes de presunção + Demais receitas e ganhos de capital	**Base de cálculo:** Receita – Despesas = Lucro contábil + ou – Ajustes expressamente previstos na Lei
Valor do IR: BC × Alíquotas (15% + 10%)	**Valor do IR:** BC × Alíquotas (15% + 10%)

Figura 16.1 Distinção entre lucro presumido e lucro real.

Coube ao art. 25 da Lei nº 9.430/96 delimitar a base de cálculo do lucro presumido. Segundo referido dispositivo legal, a base de cálculo é composta da seguinte forma:

I – o valor resultante da aplicação dos percentuais de que trata o art. 15 da Lei nº 9.249, de 26 de dezembro de 1995, sobre a receita bruta definida pelo **art. 12 do Decreto-Lei nº 1.598, de 26 de dezembro de 1977**, auferida no período de apuração de que trata o art. 1º, **deduzida das devoluções e vendas canceladas e dos descontos incondicionais concedidos**; e;

II – os ganhos de capital, os rendimentos e ganhos líquidos auferidos em aplicações financeiras, as demais receitas, os resultados positivos decorrentes de receitas não abrangidas pelo inciso I, com os respectivos valores decorrentes do ajuste a valor presente de que trata o inciso VIII do *caput* do art. 183 da Lei nº 6.404, de 15 de dezembro de 1976, e demais valores determinados nesta Lei, auferidos naquele mesmo período. (grifos nossos)

Fundamental para a compreensão da base de cálculo do lucro presumido avaliarmos o conceito de receita bruta, prevista no art. 12 do Decreto-lei nº 1.598, de 26.12.1977, que prevê que a receita bruta da empresa é composta por:

Art. 12. A receita bruta compreende:

I – o produto da venda de bens nas operações de conta própria;

II – o preço da prestação de serviços em geral;

III – o resultado auferido nas operações de conta alheia; e

IV – as receitas da atividade ou objeto principal da pessoa jurídica não compreendidas nos incisos I a III.

§ 1º A receita líquida será a receita bruta diminuída de:

I – devoluções e vendas canceladas;

II – descontos concedidos incondicionalmente;

III – tributos sobre ela incidentes; e

IV – valores decorrentes do ajuste a valor presente, de que trata o inciso VIII do *caput* do art. 183 da Lei nº 6.404, de 15 de dezembro de 1976, das operações vinculadas à receita bruta.

Ademais, o mesmo dispositivo legal ainda prevê:

§ 4º Na receita bruta não se incluem os tributos não cumulativos cobrados, destacadamente, do comprador ou contratante pelo vendedor dos bens ou pelo prestador dos serviços na condição de mero depositário.

§ 5º Na receita bruta incluem-se os tributos sobre ela incidentes e os valores decorrentes do ajuste a valor presente, de que trata o inciso VIII do *caput* do art. 183 da Lei nº 6.404, de 15 de dezembro de 1976, das operações previstas no *caput*, observado o disposto no § 4º. (Incluído pela Lei nº 12.973, de 2014)

Note que as receitas decorrentes de reversões de provisões, por não representarem ingressos novos de recursos, bem como não se enquadrarem no conceito de receita bruta contida no art. 12 mencionado, não são considerados para efeito de cálculo do lucro presumido. Destaca-se que a reversão de provisão nada mais é do que a recuperação de um custo ou despesas de natureza contábil que, ao seu turno, considerando tratar-se de despesas indedutíveis para fins fiscais (seja no caso de empresa tributada pelo lucro presumido, como para aquelas sujeitas ao lucro real), não podem ser consideraras tributadas no momento da reversão, por força do que dispõe o art. 53 da Lei nº 9.430/96.

Para melhor compreensão do tema, vamos propor um caso prático:

O resultado trimestral da Empresa XPTO teve a seguinte composição:

- **Item 01**: Receita contábil do período de R$ 600.000,00 relacionado às suas atividades operacionais relativas à venda de mercadorias/ produtos.

- **Item 02**: Receita contábil do período de R$ 200.000,00 relacionado às suas atividades operacionais relativas à prestação de serviços.

- **Item 03**: Estão inclusos na Receita de R$ 600.000,00 do Item 01, ICMS, PIS e COFINS de R$ 129.900,00 relacionado à operação própria.

- **Item 04**: Estão inclusos nessa Receita de R$ 200.000,00 do Item 02, ISS, PIS e COFINS de R$ 17.300,00 relacionado à operação própria.

- **Item 05**: R$ 20.000,00 relacionado à ajuste a valor presente (AVP) da venda a prazo de mercadorias/produtos, cuja receita será reconhecida em períodos contábeis futuros, cujo valor não está compreendido na Receita Contábil mencionada no **Item 01**.

- **Item 06**: R$ 120.000,00 relacionado ao IPI e ICMS apurado pelo regime de substituição tributária, cujo valor não está compreendido na Receita Contábil mencionada no Item 01.

- **Item 07**: R$ 15.000,00 relacionado à devolução e vendas canceladas, cujo valor não está compreendido na Receita Contábil mencionada no Item 01.

- **Item 08**: R$ 8.000,00 relacionado à desconto incondicional, cujo valor não está compreendido na Receita Contábil mencionada no Item 01.

- **Item 09**: Receita de reversão de provisão R$ 3.000,00.

A partir desses dados, vamos avaliar o que compõe a base de cálculo, apresentando seu fundamento legal; observe a Tabela 16.3.

Tabela 16.3   Detalhamento da composição da base de cálculo do exemplo

Item	Compõe a base de cálculo?	Fundamento legal	Valor
Item 01	Sim	Art. 12, I, do Decreto nº 1.598/77	R$ 600.000,00
Item 02	Sim	Art. 12, § 5º, do Decreto nº 1.598/77	R$ 200.000,00
Item 03	Sim*	Art. 12, § 5º, do Decreto nº 1.598/77	R$ 129.900,00
Item 04	Sim*	Art. 12, § 5º, do Decreto nº 1.598/77	R$ 17.300,00
Item 05	Sim	Art. 12, § 5º, do Decreto nº 1.598/77	R$ 20.000,00
Item 06	Não	Art. 12, § 4º, do Decreto nº 1.598/77	R$ 120.000,00
tem 07	Não	Art. 25, I, da Lei nº 9.430/96	R$ 15.000,00
Item 08	Não	Art. 25, I, da Lei nº 9.430/96	R$ 8.000,00
Item 09	Não	Por não se enquadrar no conceito de receita tributável (art. 12 do Decreto nº 1.598/77 e art. 53 da Lei nº 9.430/96)	R$ 3.000,00
TOTAL			R$ 820.000,00

* Os valores dos tributos indicados nos itens 3 e 4 já estão inclusos nos valores das receitas indicadas nos itens 1 e 2.

> ## ATENÇÃO!
>
> Repare que, em relação aos Itens 03 e 04, conforme consta nos dados do exemplo, o montante já está incluído na Receita de venda de mercadorias/produtos (Item 01) e no montante da Receita de serviços (Item 02), de modo que o montante não deve ser adicionado ao total, sob pena de dupla inclusão.

O caminho para encontrar a base de cálculo do lucro presumido não termina com a avaliação daquilo que compõe a receita bruta para tais fins, haja vista que o montante referido – por meio da aplicação combinado do art. 12 do Decreto nº 1.598/77 e do art. 25 da Lei nº 9.430/96 – deve ser submetido a aplicação de percentual de presunção de lucros previstos no art. 15 da Lei nº 9.249, de 26.12.1995. Vejamos a tabela de presunção da receita bruta (Tabela 16.4).

Tabela 16.4 Coeficientes de presunção da receita bruta

Receita	Percentual de presunção	Fundamento legal
Receita bruta auferida mensalmente (o produto da venda de bens nas operações de conta própria)	8%	*Caput* do art. 15 da Lei nº 9.249/95
Atividade de revenda, para consumo, de combustível derivado de petróleo, álcool etílico carburante e gás natural	1,6%	§ 1º, I, do art. 15 da Lei nº 9.249/95
Atividade de prestação de serviços de transporte, exceto o de carga	16%	§ 1º, II, alínea *a*, do art. 15 da Lei nº 9.249/95
Prestação de serviços em geral, exceto a de serviços hospitalares e de auxílio diagnóstico e terapia, patologia clínica, imagenologia, anatomia patológica e citopatologia, medicina nuclear e análises e patologias clínicas, desde que a prestadora destes serviços seja organizada sob a forma de sociedade empresária e atenda às normas da Agência Nacional de Vigilância Sanitária – Anvisa	32%	§ 1º, III, alínea *a*, do art. 15 da Lei nº 9.249/95
Intermediação de negócios	32%	§ 1º, III, alínea *b*, do art. 15 da Lei nº 9.249/95
Administração, locação ou cessão de bens imóveis, móveis e direitos de qualquer natureza	32%	§ 1º, III, alínea *c*, do art. 15 da Lei nº 9.249/95
Prestação cumulativa e contínua de serviços de assessoria creditícia, mercadológica, gestão de crédito, seleção de riscos, administração de contas a pagar e a receber, compra de direitos creditórios resultantes de vendas mercantis a prazo ou de prestação de serviços (*factoring*)	32%	§ 1º, III, alínea *d*, do art. 15 da Lei nº 9.249/95
Prestação de serviços de construção, recuperação, reforma, ampliação ou melhoramento de infraestrutura vinculados a contrato de concessão de serviço público	32%	§ 1º, III, alínea *e*, do art. 15 da Lei nº 9.249/95
Atividades de operação de empréstimo, de financiamento e de desconto de títulos de crédito realizadas por Empresa Simples de Crédito (ESC)	38,4%	§ 1º, IV, do art. 15 da Lei nº 9.249/95

Desse modo, após encontrarmos a receita bruta sujeita à presunção, basta aplicarmos os percentuais previstos na Tabela 16.4.

Nessa linha, é fundamental observar que tais percentuais de presunção são aplicados de acordo com cada atividade da empresa. Equivale dizer que, no caso de a pessoa jurídica explorar atividades diversificadas, deverá ser aplicado especificamente, para cada uma delas, o respectivo percentual previsto na legislação, apurando-se as receitas separadamente.

Assim, voltamos ao nosso exemplo, observando a Tabela 16.5.

Tabela 16.5 Aplicação dos coeficientes de presunção sobre a receita

Item	Compõe a base de cálculo?	Valor	Percentual de presunção	Valor presumido
Item 01	Sim	R$ 600.000,00	8%	R$ 48.000,00
Item 02	Sim	R$ 200.000,00	32%	R$ 64.000,00
Item 03	Sim	R$ 129.900,00	Já incluído no Item 01	Já incluído no Item 01
Item 04	Sim	R$ 17.300,00	Já incluído no Item 02	Já incluído no Item 02
Item 05	Sim	R$ 20.000,00	8%	R$ 1.600,00
TOTAL		**R$ 600.000,00**		**R$ 113.600,00**

Resta agora, para finalizar a busca pela base de cálculo do imposto de renda, aplicar o inciso II do art. 25 da Lei nº 9.430/96, ou seja, adicionar ao montante de R$ 113.600,00 os ganhos de capital, os rendimentos e ganhos líquidos auferidos em aplicações financeiras, as demais receitas, os resultados positivos decorrentes de receitas não abrangidas pelo inciso I do dispositivo legal. Dessa forma, devem ser considerados integralmente (isto é, como se fosse aplicável coeficiente de 100%) os seguintes ganhos:

- Ganhos de capital.
- Juros ativos, não decorrentes de aplicações financeiras.
- Rendimentos e ganhos líquidos produzidos por aplicações financeiras de renda fixa e variável.
- Descontos financeiros obtidos.
- Aluguéis de bens do ativo permanente (fora do objeto social).
- Variações monetárias ativas.
- JCP.
- Multas e outras vantagens contratuais.
- Valores recuperados (inclusive recuperação de perdas no recebimento de créditos), salvo se o contribuinte comprovar que não as deduziu do lucro real, ou que estava submetido ao lucro presumido quando apurou a despesa ou custo correspondente à baixa.

O art. 39 da IN nº 1700/17 é mais explícito sobre os itens que deverão ser incluídos na base de cálculo do lucro presumido, sem a aplicação de qualquer dos percentuais de presunção. Vejamos:

Art. 39. Serão acrescidos às bases de cálculo do IRPJ e da CSLL, no mês em que forem auferidos, os ganhos de capital, as demais receitas e os resultados positivos decorrentes de receitas não compreendidas na receita bruta definida no art. 26, inclusive:

I – os ganhos de capital auferidos na alienação de participações societárias permanentes em sociedades coligadas e controladas e de participações societárias que permaneceram no ativo da pessoa jurídica até o término do ano-calendário seguinte ao de suas aquisições;

II – os ganhos auferidos em operações de cobertura (hedge) realizadas em bolsas de valores, de mercadorias e de futuros ou no mercado de balcão organizado;

III – a receita de locação de imóvel, quando não for este o objeto social da pessoa jurídica, deduzida dos encargos necessários à sua percepção;

IV – os juros equivalentes à taxa referencial do Selic para títulos federais relativos a impostos e contribuições a serem restituídos ou compensados;

V – os rendimentos auferidos nas operações de mútuo realizadas entre pessoas jurídicas ou entre pessoa jurídica e pessoa física;

VI – as receitas financeiras decorrentes das variações monetárias dos direitos de crédito e das obrigações do contribuinte, em função de índices ou coeficientes aplicáveis por disposição legal ou contratual;

VII – os ganhos de capital auferidos na devolução de capital em bens e direitos; e

VIII – a diferença entre o valor em dinheiro ou o valor dos bens e direitos recebidos de instituição isenta, a título de devolução de patrimônio, e o valor em dinheiro ou o valor dos bens e direitos entregues para a formação do referido patrimônio.

Para fins ilustrativos, vamos supor os seguintes eventos econômicos, em continuidade aos sete primeiros itens:

- **Item 10**: Venda de um bem do ativo imobilizado, tendo apurado ganho de capital de R$ 60.000,00.
- **Item 11**: Ganho líquido auferido em aplicações financeiras de R$ 2.200,00.
- **Item 12**: Receita de dividendos de R$ 18.000,00.

A partir desses novos itens, podemos voltar à tabela, agora completa, na Tabela 16.6.

Tabela 16.6 Composição da base de cálculo do lucro presumido

Item	Compõe a base de cálculo?	Valor	Percentual de presunção	Valor presumido
Item 01	Sim	R$ 600.000,00	8%	R$ 48.000,00
Item 02	Sim	R$ 200.000,00	32%	R$ 64.000,00
Item 03	Sim	R$ 144.000,00	Já incluído no Item 01	Já incluído no Item 01
Item 03	Sim	R$ 17.300,00	Já incluído no Item 02	Já incluído no Item 02
Item 04	Sim	R$ 20.000,00	8%	R$ 1.600,00
Item 10	Sim	R$ 60.000,00	100%	R$ 60.000,00
Item 11	Sim	R$ 2.200,00	100%	R$ 2.200,00
Item 12	Não	R$ 18.000,00	–	–
TOTAL				**R$ 175.800,00**

Note que, em relação ao ganho de capital e ao resultado das aplicações financeiras, não há presunção de lucro, o que equivale dizer que devem ser considerados na base de cálculo por seu montante integral (100%).

Superada essa última etapa, finalmente, concluímos o caminho em busca da base de cálculo do lucro presumido. Em nosso exemplo: R$ 175.800,00.

O passo seguinte é aplicar as alíquotas do IRPJ sobre a base de cálculo. Nos termos do art. 2º, § 1º, da Lei nº 9.430/96, a alíquota geral de IRPJ é de 15%. Mas, além da aplicação da alíquota geral, há também uma alíquota adicional de 10% sobre a parcela da base de cálculo, apurada mensalmente, que exceder a R$ 20.000,00, conforme preceitua o art. 2º, § 2º, da Lei nº 9.430/96. Considerando que o período de apuração no regime de Lucro Presumido é trimestral, a alíquota adicional de 10% incidirá sobre a parcela da base de cálculo que for superior a R$ 60.000,00.

Diante do exemplo anterior acerca do cálculo da base de cálculo do Lucro Presumido, vamos ao cálculo do IRPJ devido, apresentado na Tabela 16.7.

Tabela 16.7 Cálculo do imposto de renda devido

Item	Alíquota básica
Base de cálculo	R$ 175.800,00
Alíquota básica: 15%	R$ 26.370,00
Alíquota adicional: 10% **(do montante que superar R$ 60.000,00 no trimestre)**	R$ 11.580,00
TOTAL DEVIDO DE IMPOSTO DE RENDA	R$ 37.950,00

Podemos verificar que para a alíquota adicional decorreu do seguinte cálculo: ((R$ 175.800,00 – R$ 60.000,00) × 10%) = R$ 11.580,00.

Chegamos, assim, ao final da saga do cálculo do imposto de renda com base no lucro presumido, que pode ser resumido pela esquematização a seguir.

Receita Bruta
(art. 12 DL nº 1.598/77)
(–)
Descontos incondicionais concedidos
Devoluções e cancelamentos
(art. 25, I, da Lei nº 9.430/96)
(=)
Receita bruta sujeita aos coeficientes
(×)
Coeficientes (%) de presunção do lucro
(art. 15 da Lei nº 9.249, de 26.12.1995)
(+)
Os ganhos de capital, os rendimentos e ganhos líquidos auferidos em aplicações financeiras, as demais receitas, valores decorrentes do ajuste a valor presente...
(art. 25, II, da Lei nº 9.430/96)
(=)
LUCRO PRESUMIDO
(×)
Alíquotas
TRIBUTO DEVIDO

COEFICIENTES DE PRESUNÇÃO NO IRPJ E NA CSLL

É importante notar que os coeficientes de presunção do lucro presumido para fins de apuração do IRPJ e CSLL diferem em alguns casos, o que merece especial atenção no momento do cálculo da base sobre o qual incidirá as alíquotas de ambos os tributos. Confira na Tabela 16.8.

Tabela 16.8 Coeficientes de presunção para IRPJ e CSLL

	COEFICIENTE IRPJ	COEFICIENTE CSLL
Revenda de combustível (derivado do petróleo, álcool etílico carburante e gás natural) a consumidor final	1,6%	12%
Indústria, comércio, transporte de carga e serviços hospitalares (para os últimos, ver ADI 18/03)	8%	12%
Transporte de passageiros	16%	12%
Prestadores de serviços com receita bruta anual de até R$ 120.000,00, exceto profissões regulamentadas	16%	32%
Prestação de serviços em geral, intermediação de negócios e administração e locação de bens móveis e imóveis e direitos de qualquer natureza	32%	32%
Receitas financeiras	100%	100%
Outras receitas, não definidas no estatuto ou contrato social e ganhos de capital	100%	100%

DETALHANDO OS GANHOS DE CAPITAL E DEMAIS RECEITAS

Conforme visto anteriormente, a base de cálculo do lucro presumido é composta pela presunção sobre a receita da atividade adicionada de ganhos de capital e demais receitas, conforme previsto no art. 25, II, da Lei nº 9.430/96.

Em razão da importância desses itens para cálculo do IRPJ e da CSLL, eles serão detalhados a seguir.

GANHOS DE CAPITAL

Os ganhos de capital se caracterizam pela diferença entre o valor da venda e, regra geral, o valor contábil do bem ou direito alienado, conforme dispõe o § 1º do art. 595 do RIR/18:

> § 1º O ganho de capital nas alienações de investimentos, imobilizados e intangíveis corresponderá à diferença positiva entre o valor da alienação e o seu valor contábil.

O ganho de capital deve ser integrado à base de cálculo do lucro presumido, sem a aplicação de qualquer percentual de presunção, exceto se o bem vendido se relacionar com a atividade da empresa, como é o caso de uma empresa comercial que vende bens do seu estoque e, portanto, deve aplicar o percentual de presunção de 8% sobre a receita dessa atividade.

Indo ao plano concreto, vamos exemplificar com o caso de uma empresa que efetua a venda de um terreno pelo valor de R$ 100.000,00, sendo que o custo de sua aquisição foi de R$ 82.000,00. Considerando que o terreno não está sujeito a depreciação, apura-se um ganho de capital de R$ 18.000,00, que deverá ser adicionado à base de cálculo presumida.

Note que o Regulamento do Imposto de Renda nada dispõe acerca da depreciação, mencionando apenas que o ganho de capital corresponderá à diferença positiva entre o valor da alienação e o seu valor contábil.

Todavia, a Receita Federal tem manifestado o entendimento no sentido de que o custo contábil se refere ao custo de aquisição diminuído dos encargos de depreciação. Na Solução de Consulta nº 285 – Cosit, de 26.12.2018, confirmou essa posição:

> **LUCRO PRESUMIDO. GANHO DE CAPITAL. IMOBILIZADO. VALOR CONTÁBIL. DEPRECIAÇÃO. CUSTO DE AQUISIÇÃO. ATUALIZAÇÃO MONETÁRIA.**
>
> O ganho de capital nas alienações de bens e direitos do ativo não circulante classificados como imobilizado corresponde à diferença positiva entre o valor da alienação e o valor contábil do bem. Para fins de apuração do ganho de capital, a pessoa jurídica que apura o IRPJ com base no lucro presumido deverá considerar como valor contábil o custo de aquisição diminuído dos encargos de depreciação. Para bens adquiridos anteriormente ao ano de 1996, a pessoa jurídica poderá atualizar monetariamente o custo de aquisição até 31/12/1995, tomando-se por base o valor da UFIR vigente em 01/01/1996 (R$ 0,8287).
>
> **Dispositivos Legais: Lei nº 9.249/95, art. 17, I; Decreto nº 9.580/18, art. 595, § 1º; IN RFB nº 1.700/17, art. 39, § 10, III, art. 215, §§ 14 a 20, art. 200, § 1º. SOLUÇÃO DE CONSULTA PARCIALMENTE VINCULADA À SOLUÇÃO DE CONSULTA COSIT Nº 166, DE 14.12.2016.**

Na referida consulta, a Receita Federal ainda menciona a Solução de Consulta Cosit nº 166, de 14.12.2016, que dispôs ser obrigatório o cômputo da depreciação na apuração do ganho de capital de bens e direito registrados no ativo não circulante classificados como imobilizado.

Concordamos com o entendimento manifestado pela Receita Federal em relação ao ativo imobilizado, na medida em que valor contábil agrega eventual depreciação em razão do uso ou obsolescência do bem. A questão que se impõe é sobre o cômputo obrigatório da depreciação e qual a taxa de depreciação a ser considerada para efeitos fiscais.

Em primeiro lugar, se a legislação tributária menciona valor contábil, significa dizer que prevalecerá o valor escriturado pela empresa, exceto se essa não merecer fé, hipótese que caberá ao agente tributário comprovar a divergência. Nessa linha, não necessariamente o bem será depreciado contabilmente. Embora seja uma hipótese rara, pode ocorrer do valor residual do ativo exceder o seu valor contábil, hipótese em que, conforme item 52 do

Pronunciamento Contábil nº 27 "Ativo Imobilizado" do Comitê de Pronunciamentos Contábeis, o bem não será depreciado, ao menos nessa ocasião.

Assim, interpretamos que a Solução de Consulta Cosit nº 166, de 14.12.2016, ao mencionar que o cômputo da depreciação é obrigatório, refere-se às hipóteses em que referida despesa foi registrada contabilmente, cuja contra-partida ocasionou a redução do ativo. Ressalvamos que o registro realizado pela empresa deve revelar a realidade acerca do uso do bem, sendo vedado o registro de depreciação em dissonância com a realidade econômica, por contrapor as disposições da norma contábil em regência.

Superada essa primeira questão, discute-se qual seria a taxa de depreciação a ser considerada para efeito de apuração do ganho de capital, na medida em que, ao contrário do que ocorre com o lucro real, no caso do lucro presumido a legislação em vigor nada menciona em relação ao percentual a ser aplicado. Essa omissão legal pode acarretar intensas controvérsias, dado que quando menor a taxa de depreciação aplicada pela empresa, menor será o ganho de capital. Exemplificando:

Máquina adquirida por R$ 100.000,00 e vendida por R$ 90.000,00 após dois anos de uso.

Hipótese 1: Taxa de Depreciação de 10% ao ano
Hipótese 2: Taxa de Depreciação de 5% ao ano
Hipótese 1: Valor da venda: R$ 90.000,00 Custo contábil: R$ 80.000,00 (10% de depreciação ao ano) **Ganho de capital: R$ 10.000,00**
Hipótese 2: Valor da venda: R$ 90.000,00 Custo contábil: R$ 90.000,00 (5% de depreciação ao ano) **Ganho de capital: não há**

Conforme verificamos, na hipótese número 2 não incidirá imposto de renda e CSLL sobre a operação, haja vista a inexistência de ganho de capital. A controvérsia se apresenta na medida em que a legislação não determina qual a taxa de depreciação a ser aplicada no caso de empresas tributadas pelo lucro presumido, sabendo-se apenas que é exigida a dedução dessa despesa. Lado outro, a taxa registrada contabilmente irá variar conforme avaliação da empresa acerca de valor residual, período de uso, recuperabilidade, dentre outros fatores que, ao menos em tese, representem a realidade econômica da empresa.

Esse subjetivismo pode ter como consequência o embate contencioso entre o Fisco e o contribuinte, especialmente se a autoridade fiscal considerar que os percentuais aplicáveis pela pessoa jurídica não são críveis de serem mantidos.

Se não há definição legal, tampouco é o caso de posicionamento objetivo da Receita Federal sobre o assunto. Como vimos, a Receita Federal entende que a depreciação deve, obrigatoriamente, compor o cálculo do ganho de capital que será adicionado à base presumida. Entretanto, não há indicativo de qual o percentual a ser aplicável, o que pode causar conflitos entre a autoridade fiscal e o contribuinte.

Em nossa visão, a previsão legal de aplicação, para o lucro presumido, dos mesmos percentuais aplicáveis para as despesas e custos de depreciação dedutíveis para fins de imposto renda pelo regime do lucro real, evitaria controvérsias sobre o tema e também eventuais arbitramentos de percentual na contabilidade que destoem da realidade econômica do uso e obsolescência do bem.

Sobre o ganho de capital, ainda é oportuno mencionar a relação com os valores pertinentes ao ajuste a valor presente e ajuste ao valor justo.

Segundo dispõe o inciso VIII, do art. 183 da Lei nº 6.404/76, os elementos do ativo decorrentes de opera-ções de longo prazo serão ajustados a valor presente, sendo os demais ajustados quando houver efeito relevante.

Suponha a venda de uma máquina pelo valor de R$ 100.000,00 com prazo de pagamento em 24 meses. Nessa operação, ao menos implicitamente, são embutidos juros no valor devido pelo comprador. Como consequência, no momento da venda (transferência de controle) a pessoa jurídica irá registrar como receita o valor da venda líquido da taxa de juros embutida no preço, sendo o saldo reconhecido paulatinamente como receita financeira.

O *caput* do art. 595 do RIR/18 é expresso que, nesse caso, o ajuste ao valor presente deverá ser adicionado à base do lucro presumido. Como se nota, o ajuste ao valor presente registrado contabilmente tem seu efeito anulado para fins fiscais.

Ao seu turno, o inciso III do art. 184 da Lei nº 6.404/76 estabelece que "as obrigações, os encargos e os riscos classificados no passivo não circulante serão ajustados ao seu valor presente, sendo os demais ajustados quando houver efeito relevante". Contudo, ao contrário do que estabelecido em relação ao ativo, para o passivo o § 2º do art. 595 do RIR/18 estabelece uma opção ao contribuinte, que poderá considerar o montante do ajuste registrado na contabilidade para efeito de apuração do ganho de capital. Não se trata, portanto, de uma exigência por parte da normatização tributária, mas de uma opção, conforme conveniência do contribuinte.

É fácil entender a opção contida na normatização fiscal: no caso de itens do passivo, o ajuste ao valor presente tem como consequência o registro de despesa no resultado inferior ao que aconteceria caso nenhum ajuste dessa natureza fosse registrado. É que parte das despesas são consideradas de natureza financeira e apropriadas no decorrer do tempo relacionado ao prazo de pagamento. Não por outra razão o RIR/18 permite ao contribuinte considerar o ajuste ao valor presente do passivo no cômputo do ganho de capital: ao agir nesse sentido, o ganho de capital será maior do que seria caso a pessoa jurídica desconsiderasse o ajuste ao valor presente e, portanto, o valor devido de imposto será maior. Claro que, considerando essa hipótese, a Receita Federal permite ao contribuinte considerar o ajuste para fins fiscais.

Em relação ao ajuste ao valor justo, conforme estabelece o § 5º ao art. 595 do RIR/18, os ganhos e perdas relacionados ao ajuste do ativo não comporão o custo contábil. Portanto, se o ativo está avaliado por R$ 80.000,00, sendo que foi registrado um ganho de R$ 10.000,00 relativo a ajuste ao valor justo, por ocasião da venda desse ativo por R$ 100.000,00, o ganho de capital será de R$ 30.000,00, ou seja, o ajuste de R$ 10.000,00 deve ser desconsiderado para efeito da apuração do ganho de capital. Esse montante somente poderá ser considerado na apuração do ganho de capital na hipótese do parágrafo sexto, que estabelece essa possibilidade caso esse ganho tenha sido tributado anteriormente.

Essa previsão é coerente com a sistemática de apuração de tributação sobre o lucro. Com efeito, se o montante do ganho foi tributado, ele deve ser deduzido no momento da apuração do ganho de capital, reduzindo o montante a ser tributado. Retornando ao exemplo anterior, caso o montante do ajuste ao valor justo, de R$ 10.000,00, seja oferecido a tributação no momento do seu registro contábil, então quando da venda do bem por R$ 100.00,00 o valor do ganho representaria o montante de R$ 20.000,00, e não R$ 30.000,00, decorrência lógica do fato da quantia de R$ 10.000,00 do ajuste ao valor justo ter sido tributada no passado e, portanto, não conferir lógica ser tributado novamente.

A mesma lógica se aplica a eventuais reavaliações do ativo, conforme estabelece o § 10. Sendo o ganho tributado, comporá o custo para efeito de apuração do ganho de capital. Caso contrário, o montante relacionado a tributação não comporá o custo, aumentando o ganho de capital apurado.

Em síntese, tais ganhos serão considerados apenas no momento da realização do ativo, e não por ocasião em que apurados contabilmente.

Importante notar que as regras referentes ao ganho de capital de bem tangíveis aplicam-se aos bens intangíveis, conforme extraímos da previsão dos §§ 1º e 7º do art. 595 do RIR/18.

DEMAIS RECEITAS

Além do ganho de capital, retratado no item anterior, o art. 595 do RIR/18 prevê que outras receitas, não incluídas nas receitas operacionais da empresa, também serão acrescidas à base de cálculo do lucro presumido.

O art. 595 descreve tais receitas, conforme reproduzimos a seguir:

- Os rendimentos e os ganhos líquidos auferidos em aplicações financeiras.
- As demais receitas.

- Os resultados positivos decorrentes de receitas não abrangidas pelo disposto nos arts. 591 e 592.
- Os valores decorrentes do ajuste a valor presente de que trata o inciso VIII do *caput* do art. 183 da Lei nº 6.404, de 1976.
- E os demais valores determinados neste Regulamento serão acrescidos à base de cálculo de que trata este Título, para fins de incidência do imposto sobre a renda e do adicional.

Sinteticamente, portanto, enquanto as receitas operacionais da entidade, previstas nos art. 591 e art. 592 do Regulamento, são presumidas por meio da aplicação de percentual de presunção, as demais receitas são acrescidas à base de cálculo em sua totalidade. Nessa linha, é pertinente destacar aquelas que são mais frequentes na prática empresarial.

O *caput* do art. 595 prevê que os rendimentos e os ganhos líquidos auferidos em aplicações financeiras devem ser adicionados à base de cálculo, tais quais outras receitas e resultados positivos não abrangidas pelo disposto nos arts. 591 e 592. O mesmo ocorre com valores decorrentes de ajuste ao valor presente que, conforme vimos no item anterior, tem seu efeito anulado para fins de apuração do lucro presumido.

O § 8º trata dos Juros sobre Capital Próprio (JCP). O JCP, para empresa que efetua o pagamento, é deduzido da base de cálculo do Lucro Real. Por sua vez, a empresa que recebe deve considerar o montante como receita tributável e, no caso das empresas tributadas pelo lucro presumido, o valor é acrescido à base de cálculo do lucro presumido em sua totalidade.

Outra receita que merece destaque é o caso de valores recuperados correspondentes a custos e despesas, previsto no § 9º, o que inclui, inclusive, tributos recuperados. Devem ser eles acrescidos à base de cálculo do imposto de renda e CSLL se tais custos e despesas foram deduzidos em período anterior, ocasião em que a empresa estava sujeita a apuração do lucro real. Por outro lado, se tais custos e despesas não foram deduzidos para apuração do lucro real ou a empresa estava sujeita à apuração pelo lucro presumido, então tais valores não devem ser adicionados. Vejamos na Figura 16.2 uma explicação didática.

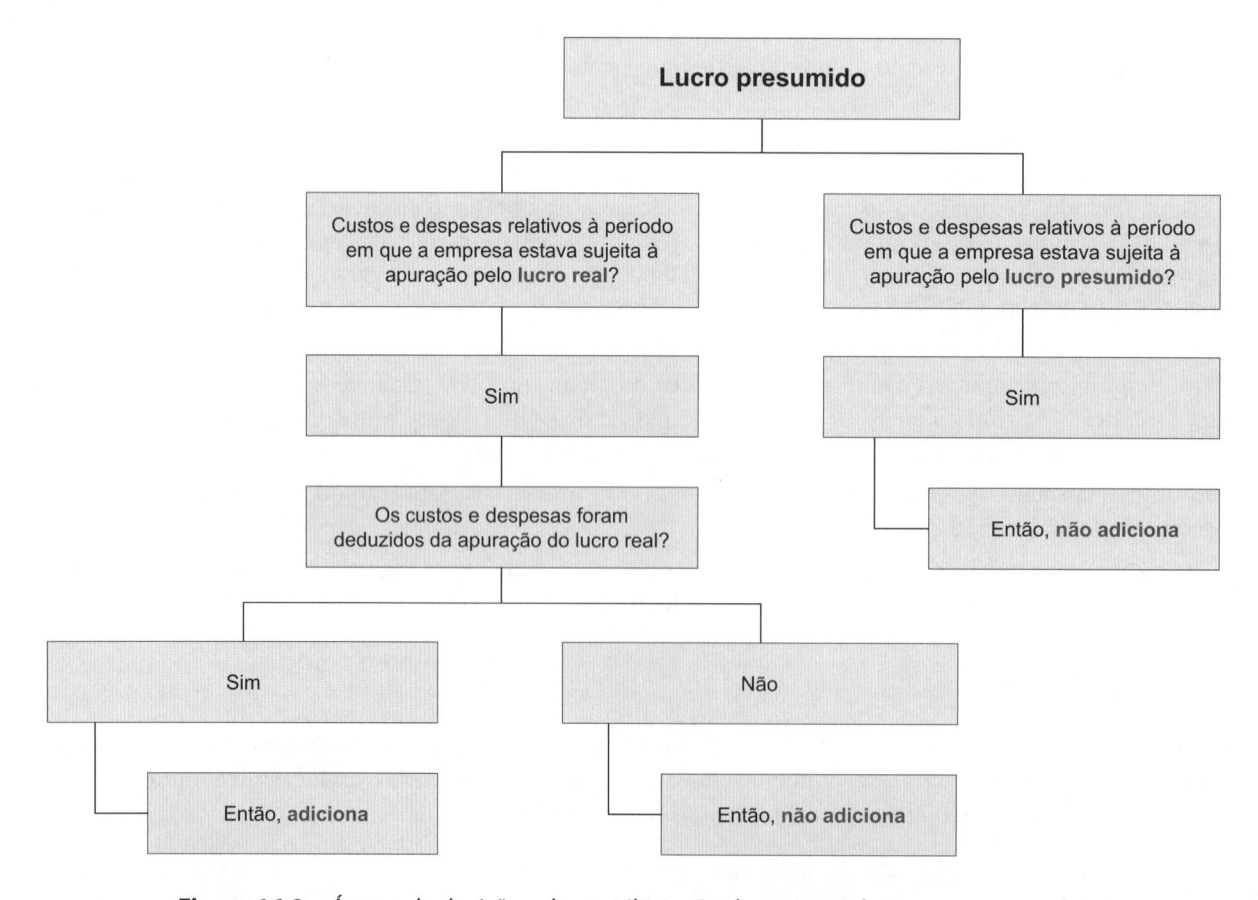

Figura 16.2 Árvore de decisão sobre a tributação de custos e despesas recuperados.

Novamente, voltamos à lógica da tributação sobre o lucro. Se, no passado, a despesa foi considerada dedutível para efeito de apuração do lucro, então, quando essa despesa é recuperada, o montante deve ser tributado. Ao contrário, se não houve dedução no passado, a despesa recuperada não pode ser tributada no futuro.

OMISSÃO DE RECEITAS

A pessoa jurídica deve ter especial atenção para hipóteses relacionadas à omissão de receita, ou seja, quando auferir receitas sem que as considere para efeito de cálculo da presunção do lucro. É possível que a omissão de receitas seja identificada por meio de cruzamento de informações (como é o caso de um cliente contabilizar a informação de aquisição de mercadorias e pagamento do preço) ou mesmo em procedimentos fiscalizatórios onde o agente fiscal não encontre explicações para saldos de caixa que não se coadunem com a receita declarada pela empresa.

Caso constatada a omissão de receitas, nos termos do art. 601 do RIR/18, o montante omitido será computado para fins de determinação da base de cálculo do imposto sobre a renda devido e do adicional, se for o caso, no período de apuração correspondente. Além disso, o contribuinte fica sujeito a imputação de multas e juros em razão da omissão.

Note que referido dispositivo legal aplica-se tanto para as pessoas jurídicas tributadas pelo lucro presumido como aquelas tributadas pelo lucro real. Contudo, no caso das primeiras, há uma diferença significativa: a receita omitida deve ser presumida e podem surgir dúvidas em razão da impossibilidade de identificação da atividade que se refere. Nessa hipótese, o parágrafo único do art. 601 do RIR/18 oferece a solução: imputa-se a receita omitida às atividades da empresa que tiverem o percentual mais elevado de presunção. Portanto, é mais um motivo para que as pessoas jurídicas adotem cautela em relação ao tema.

REGIME DE COMPETÊNCIA × REGIME DE CAIXA

A apuração da base de cálculo do lucro presumido deve considerar, regra geral, o regime de competência contábil, com exceção de eventuais rendimentos auferidos em aplicações de renda fixa e os ganhos líquidos em renda variável, que devem acrescer à base de cálculo, na ocasião de sua alienação, resgate ou cessão do título ou aplicação.

Contudo, ao contrário do que ocorre com as pessoas jurídicas tributadas com base no lucro real, as empresas sujeitas ao lucro presumido podem optar pela apuração dos tributos federais por meio do regime de caixa, conforme permissão concedida no art. 223 da IN nº 1.700/17.

Vale notar que referido dispositivo normativo dispõe que caberá a empresa optante pelo regime de caixa indicar no livro-caixa, em registro individual, a nota fiscal a que corresponder cada recebimento da pessoa jurídica. Essa exigência acarreta um aumento do custo de conformidade, na medida em que estabelece maior controle em relação a cada nota fiscal recebida pela pessoa jurídica. Isso também vale no caso de a empresa manter escrituração contábil, hipótese em que deverá controlar os recebimentos de suas receitas em conta específica, na qual, em cada lançamento, será indicada a nota fiscal a que corresponder o recebimento (§ 1º do art. 223 da IN nº 1.700/17).

Feita a opção pelo regime de caixa para apuração do imposto de renda, ele igualmente será aplicado para a CSLL, conforme dispõe o art. 224 da IN nº 1.700/17. Da mesma forma ocorre com as contribuições federais incidentes sobre a receita, por expressa previsão do art. 20 da Medida Provisória (MP) nº 2.158-35/01, dispondo que as "pessoas jurídicas submetidas ao regime de tributação com base no lucro presumido somente poderão adotar o regime de caixa, para fins da incidência da contribuição para o PIS/PASEP e a COFINS, na hipótese de adotar o mesmo critério em relação ao imposto de renda das pessoas jurídicas e da CSLL".

Há que se destacar, ainda, que a opção pelo regime de caixa afeta o cálculo do limite para opção do Lucro Presumido. Isso porque, caso a empresa adote o regime de caixa, o limite de R$ 78.000.000,00 referente à receita total deverá ser calculado considerando essa opção, conforme estabelece o § 2º do art. 13 da Lei nº 9.718/98.

Cumpre mencionar ser muito comum equívocos interpretativos em relação à opção pelo regime de caixa e a incidência do imposto de renda. Não são raros os casos em que se conclui que, no regime de caixa, basta o recebimento (entrada de caixa) para a incidência da tributação pelo imposto de renda. Contudo, a realização da renda, que permite a incidência do tributo, somente ocorre, regra geral, quando cumprida a obrigação por parte da pessoa jurídica, hipótese em que se perfaz o fato imponível tributário, com a efetiva aquisição da renda.

Tomemos como exemplo uma empresa que, por razões de natureza contratual, recebe um adiantamento de R$ 100.000,00 para compra de matéria-prima e início da produção contratada pelo cliente. Em condições contratuais corriqueiras, somente será devida a contraprestação quando a vendedora efetivar a entrega do produto contratado pelo cliente, sendo o montante de R$ 100.000,00 mero adiantamento contabilizado no passivo, em contrapartida à entrada do caixa.

Note que, muito embora tenha se efetivado a entrada do caixa, ainda não houve aquisição da disponibilidade da renda, especialmente considerando que, no caso de descumprimento contratual (ou seja, não entrega do produto) os valores deverão ser devolvidos ao cliente. Portanto, ainda que optante pelo regime de caixa, a tributação fica atrelada a efetiva realização da renda, o que ocorre no momento da entrega do produto, ocasião em que o montante de R$ 100.000,00 exemplificado deixa de ser considerado um adiantamento, passando a compor o efetivo resultado da empresa. Contabilmente, "baixa-se" o passivo (débito no passivo) e credita-se a receita no resultado, o que comporá a base de cálculo do imposto de renda.

Portanto, o regime de caixa não indica que mero trânsito de valores no caixa da empresa seja o suficiente para a incidência do tributo. Na verdade, a entrada dos valores no caixa da empresa é requisito adicional, ao contrário do que ocorre no regime de competência, onde bastaria a entrega do produto, ainda que a contraprestação não tenha sido cumprida pelo cliente. Essa interpretação, inclusive, se coaduna com o que dispõe o § 2º do art. 223 da IN nº 1700/2017, a seguir reproduzido:

Art. 223...

[...]

§ 2º Os valores recebidos adiantadamente, por conta de venda de bens ou direitos ou de prestação de serviços, serão computados como receita do mês em que se der o faturamento, a entrega do bem ou do direito ou a conclusão dos serviços, o que primeiro ocorrer.

Ressalte-se, contudo, que a IN exige que a receita seja considerada na ocasião do faturamento, entrega do bem ou do direito ou conclusão dos serviços, **o que primeiro ocorrer**. Entendemos que a exigência de se computar a receita na ocasião do mero faturamento do produto, sem que haja sua efetiva transferência de controle do bem ou serviço ao cliente, uma impropriedade, na medida em que se trata de hipótese em que a renda não foi efetivamente realizada, exceto se o contrato estabelecer que mero faturamento é o suficiente para que se considere cumprida a obrigação contratual por parte da pessoa jurídica, o que não seria usual.

DA OPÇÃO E MUDANÇA DO REGIME DE APURAÇÃO PELO REGIME CAIXA OU COMPETÊNCIA

O critério de reconhecimento de receitas pelo regime de caixa ou de competência, para as empresas tributadas pelo lucro presumido, é informado por intermédio da Escrituração Contábil Fiscal (ECF). Merece atenção o fato de que a comunicação à Receita Federal sobre a opção pelo regime de competência na Declaração de Débitos e Créditos Tributários Federais (DCTF) refere-se exclusivamente às variações monetárias dos direitos de crédito e das obrigações do contribuinte, em função da taxa de câmbio.

Nesse caso particular, somente serão consideradas, para efeito de determinação da base de cálculo do IRPJ e da CSLL e do lucro da exploração, os ganhos ou perdas no momento da liquidação da correspondente operação, segundo o regime de caixa. Contudo, a pessoa jurídica poderá considerar as variações monetárias segundo o regime de competência, o que lhe expõe aos riscos da volatilidade da taxa cambial. Ciente desse risco, o legislador, por meio do art. 30 da MP nº 2.158-35, de 2001, autorizou a pessoa jurídica que tenha optado pelo regime de competência, excepcionalmente e restrito às variações cambiais, alterar o regime de apuração para caixa caso ocorra elevada oscilação da taxa de câmbio (atualmente considerada variação superior a 10%, nos termos do Decreto nº 8.451/15). Pertinente a reprodução do dispositivo legal em referência, com os merecidos destaques:

Art. 30. A partir de 1º de janeiro de 2000, as **variações monetárias** dos direitos de crédito e das obrigações do contribuinte, em função da taxa de câmbio, **serão consideradas**, para efeito de determinação da base de cálculo do imposto de renda, da contribuição social sobre o lucro líquido, da contribuição para o PIS/PASEP e COFINS, bem assim da determinação do lucro da exploração, **quando da liquidação da correspondente operação**.

§ 1º **À opção da pessoa jurídica**, as variações monetárias **poderão ser consideradas** na determinação da base de cálculo de todos os tributos e contribuições referidos no *caput* deste artigo, **segundo o regime de competência**.

§ 2º **A opção** prevista no § 1º **aplicar-se-á a todo o ano-calendário**.

§ 3º No caso de alteração do critério de reconhecimento das variações monetárias, em anos-calendário subsequentes, para efeito de determinação da base de cálculo dos tributos e das contribuições, serão observadas as normas expedidas pela Secretaria da Receita Federal.

§ 4º A partir do ano-calendário de 2011: (Incluído pela Lei nº 12.249, de 2010)

I – o direito de efetuar a opção pelo regime de competência de que trata o § 1º somente poderá ser exercido no mês de janeiro; e (Incluído pela Lei nº 12.249, de 2010)

II – **o direito de alterar o regime adotado** na forma do inciso I, **no decorrer do ano-calendário, é restrito aos casos em que ocorra elevada oscilação da taxa de câmbio.** (Incluído pela Lei nº 12.249, de 2010)

§ 5º Considera-se elevada oscilação da taxa de câmbio, para efeito de aplicação do inciso II do § 4º, aquela superior a percentual determinado pelo Poder Executivo. (Incluído pela Lei nº 12.249, de 2010) (*Vide* Decreto nº 8.451, de 2015)

§ 6º A opção ou sua alteração, efetuada na forma do § 4o, deverá ser comunicada à Secretaria da Receita Federal do Brasil: (Incluído pela Lei nº 12.249, de 2010)

I – no mês de janeiro de cada ano-calendário, no caso do inciso I do § 4º; ou (Incluído pela Lei nº 12.249, de 2010)

II – no mês posterior ao de sua ocorrência, no caso do inciso II do § 4º. (Incluído pela Lei nº 12.249, de 2010)

§ 7º A Secretaria da Receita Federal do Brasil disciplinará o disposto no § 6º. (Incluído pela Lei nº 12.249, de 2010) (grifos nossos)

Em síntese, em se tratando de variações cambiais, a opção é indicada por intermédio da entrega da DCTF, sendo a regra geral considerar o regime de caixa, mas, sendo autorizadas para as empresas, sejam elas tributadas pelo lucro presumido ou lucro real, a opção pelo regime de competência. A opção é válida para todo o ano-calendário, muito embora lei permita a alteração do regime no caso de elevada oscilação cambial.

Diferente é o caso da opção pelo regime de caixa ou competência para fim de apuração das receitas que comporão a base de cálculo do lucro presumido. A escolha será indicada por intermédio da ECF e será válida para todo o ano-calendário, sem possibilidade de mudança. Não ignoramos a inexistência de dispositivo expresso indicando que essa opção é definitiva para todo o ano-calendário, contudo, a Receita Federal vem se posicionando corriqueiramente nesse sentido, conforme soluções de consulta indicadas a seguir.

Solução de Consulta nº 204 – SRRF06/Disit, de 2001

Assunto: Imposto sobre a Renda de Pessoa Jurídica – IRPJ

Ementa: LUCRO PRESUMIDO A pessoa jurídica submetida à tributação pelo lucro presumido e que vem adotando o regime de caixa não poderá, dentro do ano-calendário, alterar sua opção e passar a apropriar suas receitas pelo regime de competência. Uma vez adotado o regime de caixa no lucro presumido, ele deve ser seguido em relação a todas as receitas e por todo o ano-calendário.

Dispositivos Legais: Medida Provisória nº 2.158/01, art. 20, e IN SRF nº 104/98

Solução de Consulta nº 420 – SRRF08/Disit, de 2008

Assunto: Imposto sobre a Renda de Pessoa Jurídica – IRPJ

Opção pelo Lucro Presumido. Vedada a apuração e o pagamento mensal do tributo devido.

A opção pela tributação com base no lucro presumido, é manifestada com o pagamento da primeira ou única quota do imposto devido correspondente à apuração do primeiro trimestre de cada ano-calendário, será definitiva para todo o ano-calendário, **tanto na forma de tributação quanto na forma de apuração da receita bruta, que poderá ser determinada pelo regime de competência ou caixa, mantido o critério para todo o ano-calendário**, sendo vedada a apuração e o pagamento mensal do imposto.

Dispositivos Legais: RIR/99, arts. 224, 516 a 519; IN SRF 34/01.

Segundo a interpretação da Receita Federal, o art. 1º da IN SRF nº 345, de 28.7.2003, implicitamente indica que a opção pela forma de apuração da receita bruta considerando o regime de caixa ou competência é definitiva para todo o ano-calendário, na medida em que expressamente dispõe que no caso de alteração do regime a pessoa jurídica deverá reconhecer no mês de dezembro do ano-calendário anterior àquele em que ocorrer a mudança as receitas auferidas e ainda não recebidas. No entendimento da Receita Federal, portanto, o normativo indica que a opção é anual e irretratável, tanto que determina que, em caso de alteração da opção, sejam levadas à tributação todas as receitas tributadas, posto que não recebidas, no mês de dezembro. Não fosse uma opção irretratável para todo o ano-calendário e, então, a norma deveria indicar que, no momento da mudança de regime (independentemente do mês), as receitas reconhecidas por competência deveriam ser tributadas no momento da mudança de opção.

De qualquer forma, independentemente de isso ocorrer por opção ou em razão da obrigatoriedade de mudança do critério de reconhecimento das receitas, a empresa deverá tributar, no mês de dezembro do ano-calendário imediatamente anterior à mudança do critério, todas as receitas auferidas, contudo não tributadas, que ainda não tenham sido recebidas.

Note que essa consequência não se dará unicamente em razão de a pessoa jurídica modificar o critério de reconhecimento das receitas de caixa para competência por exclusiva opção. É possível que a empresa opte ou seja obrigada por lei a alterar o regime de tributação para o lucro real. Na medida em que no Lucro Real a regra impõe o critério de reconhecimento de receitas pelo regime de competência, então a pessoa jurídica nessa condição deverá compor a base de cálculo do imposto de renda com todas as receitas auferidas, porém não recebidas, no período de apuração imediatamente anterior à mudança.

Vamos exemplificar, com algumas hipóteses, tornando mais efetivo o aprendizado:

(1) Pessoa jurídica optante pelo lucro presumido e critério de reconhecimento de receita pelo regime de caixa que opta por alterar, para o ano-calendário seguinte, o critério de reconhecimento das receitas para o regime de competência:

Nesse caso, a empresa deverá levar à tributação em dezembro do ano-calendário todas as receitas auferidas, porém não recebidas, conforme art. 223-A da IN nº 1700/17, a seguir reproduzido:

Art. 223-A. A pessoa jurídica optante pelo regime de tributação com base no lucro presumido que adotar o critério de reconhecimento de suas receitas à medida do recebimento e passar a adotar o critério de reconhecimento segundo o regime de competência deverá reconhecer no mês de dezembro do ano-calendário anterior àquele em que ocorrer a mudança de regime as receitas auferidas e ainda não recebidas.

(2) Pessoa jurídica optante pelo lucro presumido e critério de reconhecimento de receita pelo regime de caixa que opta por alterar, para o ano-calendário seguinte, o regime de tributação para o lucro real:

Nesse caso, a empresa deverá levar à tributação em dezembro do ano-calendário todas as receitas auferidas, porém não recebidas, conforme art. 223-A da IN nº 1700 de 2017, reproduzido.

(3) Pessoa jurídica optante pelo lucro presumido e critério de reconhecimento de receita pelo regime de caixa que, em razão de exigência legal, seja obrigada a adotar, imediatamente, o regime de apuração do imposto de renda pelo lucro real:

Nesse caso a empresa deverá levar à tributação, no período de apuração imediatamente anterior à alteração do regime, todas as receitas auferidas, porém não recebidas, conforme §§ 1º e 2º do art. 223-A da IN nº 1700 de 2017, a seguir reproduzido:

> § 1º A pessoa jurídica optante pelo regime de tributação com base no lucro presumido que durante o ano-calendário incorrer na obrigação de apurar o imposto pelo lucro real deverá oferecer à tributação as receitas auferidas e ainda não recebidas, no período de apuração anterior àquele em que ocorrer a mudança do regime de tributação.
>
> § 2º Na hipótese prevista no § 1º, as receitas auferidas e ainda não recebidas deverão ser adicionadas às receitas do período de apuração anterior à mudança do regime de tributação, para fins de recalcular o IRPJ e a CSLL do período, e a diferença apurada, após compensação do tributo pago, deverá ser recolhida, sem multa ou juros moratórios, até o último dia útil do mês subsequente àquele em que incorreu na obrigação de apurar o imposto pelo lucro real.

Conveniente reiterar que todas essas informações se aplicam igualmente para a CSLL e as contribuições do PIS e da COFINS, cujo regime sempre seguirá a opção da pessoa jurídica para efeito de tributação do imposto de renda, conforme dispõe o art. 224 da IN nº 1700/17.

DA INCLUSÃO DO ICMS, ISS, PIS E COFINS NA BASE DO LUCRO PRESUMIDO

Em março de 2017, o Supremo Tribunal Federal (STF) julgou o Recurso Extraordinário 574.706, com repercussão geral reconhecida, e que tem como objeto a inclusão do ICMS na base de cálculo do PIS e da COFINS, fixando a tese "O ICMS não compõe a base de cálculo para fins de incidência do PIS e da COFINS". Diante de embargos de declaração apresentados pela Procuradoria Geral da Fazenda Nacional, em maio de 2021, o STF acolheu, em parte, os embargos de declaração, para modular os efeitos do julgado cuja produção haverá de se dar após 15.3.2017 – data em que julgado o RE nº 574.706 e, no ponto relativo ao ICMS excluído da base de cálculo das contribuições PIS-COFINS, prevaleceu o entendimento de que se trata do ICMS destacado.

Basicamente, quando uma empresa industrial ou comercial faz a venda de uma mercadoria e de um produto, incidem sobre essa operação IPI (no caso da empresa industrial), ICMS, PIS e COFINS. A controvérsia cinge-se sobre a composição da base de cálculo do PIS e da COFINS, na medida em que a legislação em vigência determina que o ICMS compõe a base cálculo dessas contribuições. Contudo, alegavam os contribuintes, a alínea *a* do inciso I do art. 195 da Constituição Federal prevê que as contribuições sociais, especificamente no caso do PIS e da COFINS, têm como base a receita da empresa.

Seguindo essa linha de raciocínio, os contribuintes alegaram que o ICMS não compõe a receita, na medida em que a empresa "apenas" imputaria ao preço o tributo a ser repassado ao Estado, sujeito ativo da relação tributária, relacionada ao ICMS. Não haveria, nesse contexto, impacto no patrimônio líquido da pessoa jurídica, de modo que seria inapropriado o enquadramento da parcela relacionada ao ICMS no conceito de receita.

Sem avaliar o mérito da questão, que foge do escopo do presente livro, o STF houve por bem considerar procedentes os argumentos dos contribuintes e, ao final, considerou inconstitucional a inclusão do ICMS na base de cálculo do PIS e da COFINS, em julgamento que resultou na seguinte ementa:

> **EMENTA: RECURSO EXTRAORDINÁRIO COM REPERCUSSÃO GERAL. EXCLUSÃO DO ICMS NA BASE DE CÁLCULO DO PIS E COFINS. DEFINIÇÃO DE FATURAMENTO. APURAÇÃO ESCRITURAL DO ICMS E REGIME DE NÃO CUMULATIVIDADE. RECURSO PROVIDO.** 1. Inviável a apuração do ICMS tomando-se cada mercadoria ou serviço e a correspondente cadeia, adota-se o sistema de apuração contábil. O montante de ICMS a recolher é apurado mês a mês, considerando-se o total de créditos decorrentes de aquisições e o total de débitos gerados nas saídas de mercadorias ou serviços: análise contábil ou escritural do ICMS. 2. A análise jurídica do princípio da não cumulatividade aplicado ao ICMS há

de atentar ao disposto no art. 155, § 2º, inc. I, da Constituição da República, cumprindo-se o princípio da não cumulatividade a cada operação. 3. O regime da não cumulatividade impõe concluir, conquanto se tenha a escrituração da parcela ainda a se compensar do ICMS, não se incluir todo ele na definição de faturamento aproveitado por este Supremo Tribunal Federal. O ICMS não compõe a base de cálculo para incidência do PIS e da COFINS. 3. Se o art. 3º, § 2º, inc. I, *in fine*, da Lei nº 9.718/1998 excluiu da base de cálculo daquelas contribuições sociais o ICMS transferido integralmente para os Estados, deve ser enfatizado que não há como se excluir a transferência parcial decorrente do regime de não cumulatividade em determinado momento da dinâmica das operações. 4. Recurso provido para excluir o ICMS da base de cálculo da contribuição ao PIS e da COFINS.

Como se nota, resumidamente, o STF definiu que o ICMS não compõe a base de cálculo da contribuição ao PIS e da COFINS, basicamente por não se enquadrar no conceito de receita.

Diante desse resultado, surgiram questionamentos acerca da base de cálculo do lucro presumido e se, por decorrência, o ICMS não deveria ser excluído do cálculo da presunção do lucro. Pertinente relembrar que a base de cálculo do lucro presumido é encontrada por meio da aplicação de percentuais de presunção sobre a receita bruta. Vejamos o que diz, nesse sentido, o art. 591 do RIR/18:

Base de cálculo

Art. 591. A base de cálculo do imposto sobre a renda e do adicional, em cada trimestre, será determinada por meio da aplicação do percentual de oito por cento sobre a receita bruta definida pelo art. 208, auferida no período de apuração, deduzida das devoluções e das vendas canceladas e dos descontos incondicionais concedidos, e observado o disposto no § 7º do art. 238 e nas demais disposições deste Título e do Título XI (Lei nº 9.249, de 1995, art. 15; e Lei nº 9.430, de 1996, art. 1º e art. 25, *caput*, I).

Por sua vez, dispõe o art. 208 do mesmo diploma legal:

Art. 208. A receita bruta compreende (Decreto-Lei nº 1.598, de 1977, art. 12, *caput*):

I – o produto da venda de bens nas operações de conta própria;

II – o preço da prestação de serviços em geral;

III – o resultado auferido nas operações de conta alheia; e

IV – as receitas da atividade ou do objeto principal da pessoa jurídica não compreendidas no inciso I ao inciso III do *caput*.

§ 1º A receita líquida será a receita bruta diminuída de (Decreto-Lei nº 1.598, de 1977, art. 12, § 1º):

I – devoluções e vendas canceladas;

II – descontos concedidos incondicionalmente;

III – tributos sobre ela incidentes;

Portanto, como se nota, os tributos que incidem sobre a receita compõem a receita bruta, que é o ponto de partida do lucro presumido, conforme dispõe o art. 591 do RIR/18. Importante ainda mencionar o § 2º do art. 208:

§ 2º Na receita bruta não se incluem os tributos não cumulativos cobrados, destacadamente, do comprador ou do contratante pelo vendedor dos bens ou pelo prestador dos serviços na condição de mero depositário (Decreto-Lei nº 1.598, de 1977, art. 12, § 4º).

Nos termos da legislação, portanto, os tributos que são cobrados destacadamente do comprador ou do contratante, pela pessoa jurídica vendedora ou prestadora de serviços, na condição de mero depositário, não estão incluídos no conceito de receita bruta. Ocorre que o legislador se referia ao IPI ou tributos cobrados na modalidade de substituição tributária. Isso porque o IPI não compõe o preço da mercadoria, sendo cobrado "por fora" de forma destacada, ao contrário do que ocorre com o ICMS. Por sua vez, em relação aos tributos sujeitos à sistemática da substituição tributária, trata-se de mero recolhimento antecipado do tributo que pertenceria a outro contribuinte, sendo a pessoa jurídica mero instrumento de arrecadação, antecipando o recolhimento de tributo devido em outras etapas da cadeia.

A despeito dessa análise, devemos reconhecer que a decisão do STF no RE 574.706 traz intensa controvérsia ao debate envolvendo o tema. Ainda que o STF não tenha entrado em detalhes sobre a diferenciação entre receita e receita bruta, praticamente igualou o ICMS ao IPI ao concluir que o ICMS não compõe a receita da empresa.

Trazendo novos fatos à discussão, o STF negou provimento ao Recurso Ordinário em *Habeas Corpus* 163334, em que se discute a criminalização da conduta de inadimplência no recolhimento do ICMS, fixando a seguinte tese:

> O contribuinte que, de forma contumaz e com dolo de apropriação, deixa de recolher o ICMS cobrado do adquirente da mercadoria ou serviço incide no tipo penal do art. 2º, II, da Lei nº 8.137/1990.

Note que essa decisão do STF reforça o argumento no sentido de que o ICMS é cobrado do adquirente, e a obrigação da pessoa jurídica cinge-se ao repasse do valor aos cofres públicos, agindo em condição similar ao depositário, reforçando o argumento no sentido de que o ICMS não comporia a base de cálculo da presunção do lucro presumido por não se enquadrar no conceito de receita, tal qual ocorre com o IPI em razão do que dispõe o § 2º do art. 208 do RIR/18.

Todavia, as decisões judiciais em processos questionando a inclusão do ICMS na base de presunção do lucro presumido não têm sido favoráveis aos contribuintes. Em apertada síntese, a jurisprudência caminha no sentido de que o regime do lucro presumido é opcional e contrapõe-se ao lucro real por prever um percentual de presunção que, em tese, englobaria todas as despesas e custos da empresa, o que incluiria o ICMS. Dessa forma, não concordando com a inclusão do ICMS na base de cálculo da presunção do lucro presumido, bastaria a empresa optar pelo lucro real, onde o ICMS é dedutível como custo da empresa, não compondo a base do imposto de renda. Cite-se, nesse sentido e ilustrativamente, o acórdão emanado pela 2ª Turma do Tribunal Regional Federal da 4ª Região, atualmente em sede de Recurso Especial nº 1.767.631 – SC (2018/0241398-5):

> TRIBUTÁRIO. INCLUSÃO DO ICMS NA BASE DE CÁLCULO DO IRPJ E DA CSLL. AFERIÇÃO DA BASE DE CÁLCULO COM BASE NO LUCRO PRESUMIDO. CABIMENTO. 1. Desde que estejam presentes determinados requisitos, a aferição do imposto de renda da pessoa jurídica, com base no lucro presumido, constitui-se em opção do contribuinte e consiste na aplicação de um percentual de 8% sobre a receita bruta, sem necessidade de observância dos procedimentos contábeis estabelecidos na legislação comercial e na legislação fiscal, e sem a necessidade de comprovação efetiva das deduções. 2. Diferente é o caso da apuração com base no lucro real, em que as deduções todas devem ser comprovadas, inclusive a dedução do valor efetivo do ICMS. 3. **Quando se arbitra o lucro presumido como um percentual da receita bruta, presume-se que já foram consideradas, nessa fórmula, todas as possíveis deduções da receita bruta, como os impostos incidentes sobre as vendas (dentre os quais se inclui o ICMS), o custo das mercadorias ou serviços vendidos, as despesas administrativas, as despesas financeiras etc**. 4. Caso se admitisse a dedução do ICMS da receita bruta, para fins de aferição da base de cálculo do imposto de renda da pessoa jurídica, pelo critério do lucro presumido, ter-se-ia a dupla contagem da mesma dedução, o que implicaria na desfiguração do sistema de aferição do imposto de renda com base no chamado lucro presumido, pois o transformaria em um sistema misto. 5. O mesmo raciocínio é válido, *mutatis mutandis*, para a aferição de sua contribuição social sobre o lucro líquido, com base no lucro presumido. 6. Assim, não é cabível a exclusão do ICMS da base de cálculo do IRPJ e da CSLL, no caso de empresas tributadas pelo lucro presumido. (grifos nossos)

Ademais, parte das decisões menciona o fato de que a decisão que determinou a exclusão do ICMS da base de cálculo do PIS e da COFINS não é similar e aplicável ao lucro presumido, visto que, nesse caso, trata-se de tributo sobre o lucro, ao passo que em relação ao PIS e à COFINS estamos diante de tributos sobre a receita, cuja base de cálculo é prevista na Constituição Federal.

Em síntese, portanto, nossa jurisprudência vem seguindo o entendimento desfavorável aos contribuintes no que diz respeito a exclusão do ICMS para efeito de cálculo da base do lucro presumido, desvinculando-se do entendimento a respeito das contribuições do PIS e da COFINS.

PERÍODOS DE APURAÇÃO

Ao contrário do que ocorre com o Lucro Real, onde há duas opções de períodos de apuração da base de cálculo do imposto de renda (trimestral e anual), no regime de apuração do Lucro Presumido, obrigatoriamente, será obedecida a apuração trimestral, com períodos encerrados nos dias 31 de março, 30 de junho, 30 de setembro e 31 de dezembro de cada ano-calendário, conforme consta do art. 1º da Lei nº 9.430/96.

Quando a empresa iniciar suas atividades, a apuração levará em consideração essa data. Suponha que uma pessoa jurídica inicie suas atividades em novembro do ano corrente. O período de apuração corresponderá aos meses de novembro e dezembro, inclusive a alíquota adicional será aplicada, conforme já tivemos oportunidade de verificar, em caso de a base de cálculo ultrapassar R$ 40 mil reais no período (R$ 20 mil × 2 meses).

ALÍQUOTAS

Inicialmente, é oportuno mencionar que não há diferenciação de alíquotas para a sistemática de apuração do imposto de renda por meio do lucro presumido ou do lucro real. O que discorreremos a seguir aplica-se, portanto, para ambas as sistemáticas, sem ressalvas.

A alíquota básica do imposto de renda é de 15%, incidindo alíquota adicional de 10% sobre o montante do lucro real ou presumido que superar a quantia de R$ 20.000,00 por mês, considerando o período de apuração. Como consequência a alíquota de 15% sempre será aplicada – na hipótese em que houver lucro real ou presumido –, ao passo que a alíquota adicional dependerá da base de cálculo do tributo.

Conveniente reforçar que a alíquota de 10% incide sobre o montante da base de cálculo que superar R$ 20.000,00 ao mês do período de apuração: sendo o período de apuração restrito a um único mês a alíquota adicional incidirá sobre o montante da base de cálculo que superar R$ 20.000,00; no caso de o período de apuração compreender dois meses, a alíquota adicional incidirá sobre montante que superar R$ 40.000,00, e assim sucessivamente. Para melhor visualização, acompanhe o esquema da Tabela 16.9, que demonstra quando a alíquota adicional incidirá.

Tabela 16.9 Regra de aplicação do adicional do IRPJ

Período de apuração	1 mês	2 meses	3 meses	4 meses	5 meses	6 meses	7 meses	8 meses	9 meses	10 meses	11 meses	12 meses
Base de cálculo que superar:	20 mil	40 mil	60 mil	80 mil	100 mil	120 mil	140 mil	160 mil	180 mil	200 mil	220 mil	240 mil

Vamos considerar alguns exemplos para clareza do assunto, levando em consideração uma empresa cuja opção seja pelo lucro real anual:

(1) Empresa que iniciou suas atividades em 2018 e a base de cálculo em 2019 atingiu o montante de R$ 220 mil:

Resposta: Nesse caso, não se aplica a alíquota adicional, incidindo apenas a alíquota base de 15%, que resulta em um valor devido imposto de renda de R$ 33.000,00 no ano de 2019 (R$ 220.000,00 × 15%).

(2) Empresa que iniciou suas atividades em 2018 e a base de cálculo em 2019 atingiu o montante de R$ 240 mil:

Resposta: Nesse caso, não se aplica a alíquota adicional, incidindo apenas a alíquota base de 15%, que resulta em um valor devido imposto de renda de R$ 36.000,00 no ano de 2019 (R$ 240.000,00 × 15%).

(3) Empresa que iniciou suas atividades em 2018 e a base de cálculo em 2019 atingiu o montante de R$ 270 mil:

Resposta: Nesse caso, incide a alíquota adicional sobre o montante que superar R$ 240 mil, ou seja, a base de cálculo da alíquota adicional de será de R$ 30 mil. Portanto, o valor devido de imposto de renda será de R$ 43.500,00, sendo R$ 40.500,00 relacionado à alíquota básica (R$ 270 mil × 15%) e R$ 3.000,00 relacionado à incidência da alíquota adicional ((R$ 270.000,00 – R$ 240.000,00) × 10%).

(4) Empresa que iniciou suas atividades em novembro de 2019 e a base de cálculo em 2019, relativo ao período compreendido entre novembro de dezembro, atingiu o montante de R$ 37 mil:

Resposta: Nesse caso, não se aplica a alíquota adicional, pois o limite considerando o período de apuração de 2 meses é de R$ 40 mil. Incide, portanto, apenas a alíquota base de 15%, que resulta em um valor devido imposto de renda de R$ 5.500,00 no ano de 2019 (R$ 37.000,00 × 15%).

(5) Empresa que iniciou suas atividades em novembro de 2019 e a base de cálculo em 2019, relativo ao período compreendido entre novembro de dezembro, atingiu o montante de R$ 42 mil:

Resposta: Nesse caso, incide a alíquota adicional sobre o montante que superar R$ 40 mil (limite proporcional ao período de apuração de 2 meses), ou seja, a base de cálculo da alíquota adicional de será de R$ 2 mil. Portanto, o valor devido de imposto de renda será de R$ 6.500,00, sendo R$ 6.300,00 relacionado à alíquota básica (R$ 42 mil × 15%) e R$ 200,00 relacionado à incidência da alíquota adicional ((R$ 42.000,00 – R$ 40.000,00) × 10%).

Note que, em relação aos dois últimos exemplos, a incidência da alíquota adicional considerou o cálculo *pro rata*, na medida em que o período de apuração se referiu exclusivamente aos dois meses finais do ano, em razão do início da atividade da empresa. Portanto, a aplicação da alíquota adicional está diretamente ligada ao período de apuração que dependerá, regra geral, do regime de opção pela empresa. Vejamos o detalhamento no esquema da Figura 16.3.

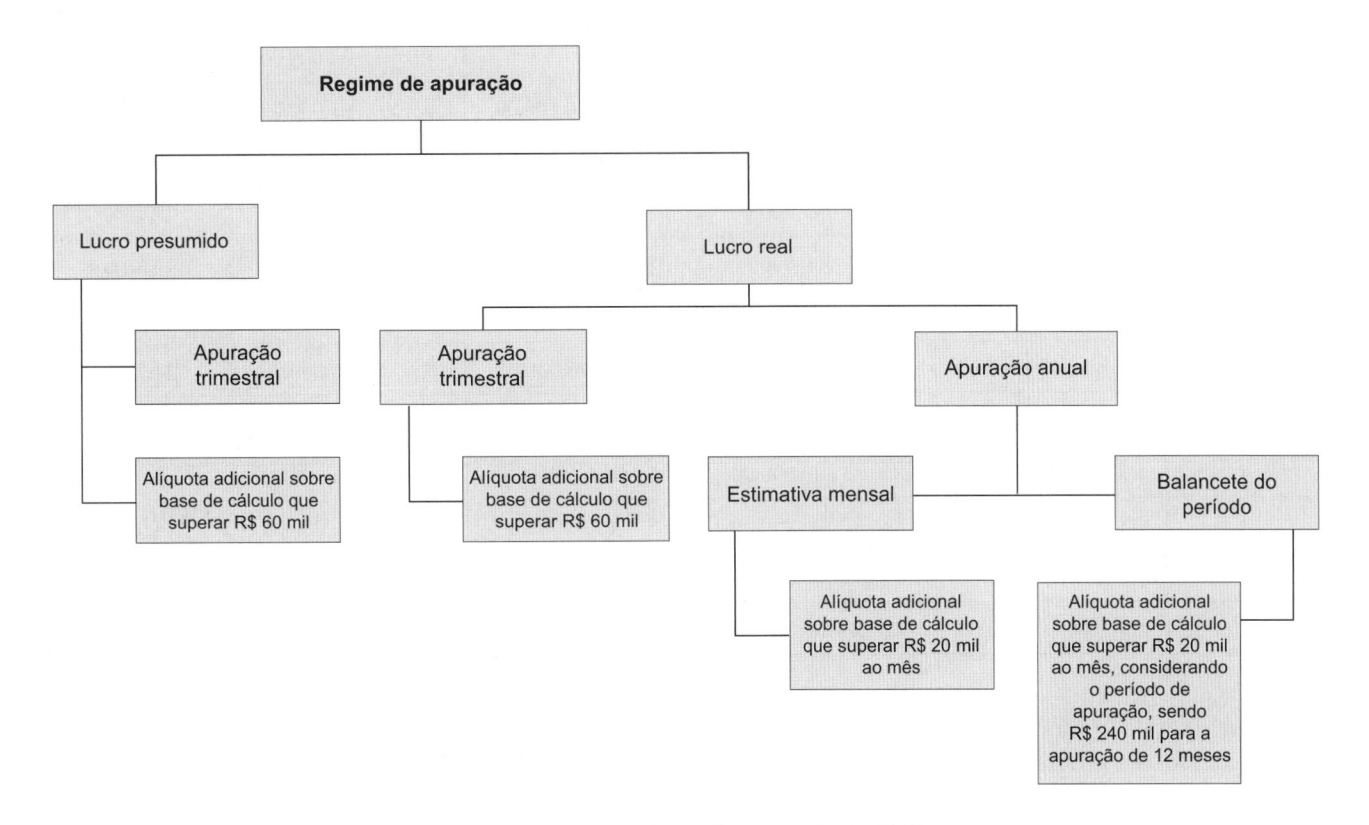

Figura 16.3 Regimes de apuração do IRPJ.

Como podemos observar, a aplicação da alíquota adicional dependerá do regime de apuração e, quando do início das atividades da empresa, o período compreendido entre essa data e o final do período de apuração. No caso de uma empresa tributada pelo lucro presumido cujo início das atividades seja em fevereiro de 2019, na apuração do primeiro trimestre a alíquota adicional incidirá sobre a base de cálculo que supere R$ 40 mil (considerando que a apuração irá compreender apenas os meses de fevereiro e março). Em relação aos demais trimestres, a alíquota adicional somente será aplicada sobre a base de cálculo que superar R$ 60 mil, uma vez que a apuração compreenderá três meses.

As alíquotas do imposto de renda, independentemente do regime de apuração, são de:

Alíquota básica	Alíquota adicional
15	10% sobre o montante que superar R$ 20 mil × meses compreendidos no período de apuração

Compreendida a incidência da alíquota básica e, especialmente, da alíquota adicional, convém mencionarmos qual o fundamento que justifica a aplicação da alíquota adicional. Como vimos, a alíquota adicional tem aplicação somente quando a base de cálculo do imposto de renda atinge determinado patamar. Tal sistemática de cálculo justifica-se na medida em que a Constitucional Federal exige que o imposto de renda seja informado pelo critério da progressividade.

Efetivamente, a alíquota adicional, ainda que de forma muito suave, atinge esse desiderato constitucional, oferecendo progressividade conforme decorre o aumento da base de cálculo do tributo. Vejamos a Tabela 16.10.

Tabela 16.10 Progressividade do IRPJ em razão da alíquota adicional

EMPRESA	LUCRO TRIBUTÁVEL	IR 15%	ADICIONAL 10%	TOTAL	ALÍQUOTA EFETIVA
A	R$ 200.000,00	R$ 30.000,00	–	R$ 30.000,00	15,00%
B	R$ 340.000,00	R$ 51.000,00	R$ 10.000,00	R$ 61.000,00	17,94%
C	R$ 620.000,00	R$ 93.000,00	R$ 38.000,00	R$ 131.000,00	21,13%
D	R$ 940.000,00	R$ 141.000,00	R$ 70.000,00	R$ 211.000,00	22,45%
E	R$ 2.000.000,00	R$ 300.000,00	R$ 176.000,00	R$ 476.000,00	23,80%
F	R$ 5.000.000,00	R$ 750.000,00	R$ 476.000,00	R$ 1.226.000,00	24,52%
G	R$ 10.000.000,00	R$ 1.500.000,00	R$ 976.000,00	R$ 2.476.000,00	24,76%
H	R$ 15.000.000,00	R$ 2.250.000,00	R$ 1.476.000,00	R$ 3.726.000,00	24,84%
I	R$ 20.000.000,00	R$ 3.000.000,00	R$ 1.976.000,00	R$ 4.976.000,00	24,88%
J	R$ 50.000.000,00	R$ 7.500.000,00	R$ 4.976.000,00	R$ 12.976.000,00	24,95%
K	R$ 100.000.000,00	R$ 15.000.000,00	R$ 9.976.000,00	R$ 24.976.000,00	24,98%
L	R$ 200.000.000,00	R$ 30.000.000,00	R$ 19.976.000,00	R$ 49.976.000,00	24,99%

Como se nota, conforme aumenta a base de cálculo do imposto de renda, maior é a alíquota efetiva do tributo, comprovando-se a progressividade. De se lamentar que a progressividade, na prática, não parece atingir a finalidade perquirida constitucionalmente, haja vista que, conforme a base de cálculo atinge valores elevados, a mudança de alíquota efetiva é praticamente insignificante.

Tomemos como exemplos as empresas "I" e "L". Uma delas tem lucro tributário 10 vezes superior do que a outra, sendo que a empresa "I" arca com uma carga efetiva de IR de 24,88%, ao passo que a empresa "L", cujo faturamento é significativamente superior, sofre a incidência de alíquota efetiva de 24,99%, muito próximo da anterior.

Por fim, indispensável mencionar que a progressividade não é exigida pela Constituição Federal para a CSLL, o que explica porque apenas o imposto de renda possui alíquota adicional.

DAS DEDUÇÕES DO IMPOSTO DEVIDO

Conforme consta do art. 599 do RIR/18, no momento do pagamento do imposto de renda devido no período de apuração é possível deduzir eventual, o imposto pago ou retido na fonte sobre as receitas que integraram a base de cálculo, vedada qualquer dedução a título de incentivo fiscal.

Destacamos que a dedução somente é permitida caso o imposto pago ou retido na fonte esteja relacionado à receita que integrou a base de cálculo do lucro presumido. São exemplos de imposto pago ou retido na fonte as retenções na fonte sobre receitas financeiras, retenção na fonte de juros sobre capital próprio recebido, retenção na fonte relativa a serviços prestados.

Caso o imposto retido ou pago seja superior ao retido, a pessoa jurídica poderá utilizar a diferença para compensação de débitos próprios. O mesmo acontece no caso de impostos pagos indevidamente pela pessoa jurídica, hipótese que tem direito à restituição ou compensação.

PAGAMENTO DO TRIBUTO

O pagamento do imposto de renda e da CSLL ocorrem por meio de documento de arrecadação DARF da Receita Federal. No Lucro Presumido, considerando o regime único de apuração trimestral, o pagamento da DARF correspondente ao período de apuração pode ocorrer em quota única, cujo recolhimento deve ser realizado até o último dia útil do mês subsequente ao do encerramento do período de apuração (períodos de apuração encerrados em 31 de março, 30 de junho, 30 de setembro e 31 de dezembro).

A empresa poderá, ainda, optar pelo recolhimento em três quotas mensais, iguais e sucessivas, vencíveis até o último dia útil dos três meses subsequentes ao do encerramento do período de apuração a que corresponder. Destaca-se que cada uma das quotas não pode ser inferior a R$ 1.000, nem o valor total do tributo inferior a R$ 2.000. Sendo esse o caso o pagamento deverá se dar por meio de quota única. As quotas deverão, ainda, ter acréscimos de juros equivalentes à taxa do Sistema Especial de Liquidação e Custódia para títulos federais (Selic), acumulada mensalmente a partir do 1º dia do 2º mês subsequente ao do encerramento do período de apuração até o último dia do mês anterior ao de pagamento. Por fim, no mês do pagamento, os juros serão de 1% sobre o valor a ser pago, sendo que a primeira quota quando paga até o vencimento não sofrerá acréscimos.

Para exemplificar, vamos considerar uma empresa que apure no primeiro trimestre do ano imposto de renda a ser recolhido no montante de R$ 6.000,00. Restará a empresa duas opções:

- **Opção 1**: Pagamento do imposto de renda em quota única de R$ 6.000,00 até 30 de abril do ano corrente.
- **Opção 2**: Pagamento do imposto de renda em três quotas: a primeira quota de R$ 2.000,00 até 30 de abril do ano corrente; a segunda quota de R$ 2.000,00 + 1% de juros até 31 de maio do ano corrente; a terceira quota de R$ 2.000,00 + juros Selic de maio + 1% de juros até 30 de junho do ano corrente.

Dessa forma, considerando um período de taxa Selic baixa, pode representar um alívio financeiro para as empresas a opção de recolhimento do imposto em três quotas mensais e sucessivas, ao invés do pagamento em quota única, onde há antecipação do sacrifício de caixa.

DISTRIBUIÇÃO DE LUCROS NO ÂMBITO DO LUCRO PRESUMIDO

A legislação que dispõe sobre o regime de apuração do imposto de renda pelo lucro presumido prevê expressamente que, embora deva manter escrituração contábil nos termos da legislação comercial (inciso I do art. 600 do RIR/18), a documentação será dispensada caso, no decorrer do ano-calendário, a pessoa jurídica mantiver livro-caixa, no qual deverá estar escriturada toda a movimentação financeira, inclusive bancária (parágrafo único do art. 600 do RIR/18).

Em outras palavras, a pessoa jurídica tributada pelo lucro presumido não está obrigada a manutenção de escrituração contábil completa, bastando manter a escrituração de livro-caixa, o que representa uma redução significativa de custos de conformidade.

Referida previsão legal pode ocasionar equívocos interpretativos no sentido de que a escrituração contábil é absolutamente dispensável para empresas optantes pelo lucro presumido. Não adentraremos na seara da importância da contabilidade para a gestão da empresa, algo que compreendemos acima de qualquer dúvida. Nos ateremos à seara tributária para notar que, embora não seja obrigatória para fins de apuração do lucro presumido, caso a pessoa jurídica não mantenha escrituração contábil, terá limitado seu direito de distribuição de dividendos isentos de imposto de renda.

Como se sabe, a Lei nº 9.249/95, mais precisamente o art. 10, dispõe que "Os lucros ou dividendos calculados com base nos resultados apurados a partir do mês de janeiro de 1996, pagos ou creditados pelas pessoas jurídicas tributadas com base no lucro real, presumido ou arbitrado, não ficarão sujeitos à incidência do imposto de renda na fonte, nem integrarão a base de cálculo do imposto de renda do beneficiário, pessoa física ou jurídica, domiciliado no País ou no exterior".

Portanto, apurado o lucro contábil, poderá ser ele distribuído de forma isenta aos sócios e acionistas das empresas. Ocorre que, na hipótese de a pessoa jurídica não mantiver escrituração contábil, não será possível apurar o lucro a ser distribuído de forma isenta aos sócios. Nesse cenário, a pessoa jurídica somente poderá distribuir lucros com isenção, no montante correspondente ao lucro presumido, subtraído dos impostos e contribuições a que estiver sujeita, conforme consta da IN RFB nº 1774, de 22.12.2017:

> Art. 3º Deverão apresentar a ECD as pessoas jurídicas e equiparadas obrigadas a manter escrituração contábil nos termos da legislação comercial, inclusive entidades imunes e isentas.
>
> § 1º A obrigação a que se refere o *caput* não se aplica:
>
> [...]
>
> V – às pessoas jurídicas tributadas com base no lucro presumido que não distribuíram, a título de lucro, sem incidência do Imposto sobre a Renda Retido na Fonte (IRRF), parcela de lucros ou dividendos superior ao valor da base de cálculo do imposto sobre a renda, diminuída dos impostos e contribuições a que estiver sujeita.

O art. 238 da IN RFB nº 1700, de 14.3.2017 também é expresso sobre o tema, apenas especificando com mais detalhes a regra. Confira:

> Art. 238. Não estão sujeitos ao imposto sobre a renda os lucros e dividendos pagos ou creditados a sócios, acionistas ou titular de empresa individual, observado o disposto no Capítulo III da Instrução Normativa RFB nº 1.397, de 16 de setembro de 2013.
>
> [...]
>
> § 2º No caso de pessoa jurídica tributada com base no lucro presumido ou arbitrado, poderão ser pagos ou creditados sem incidência do IRRF:
>
> I – o valor da base de cálculo do imposto, diminuído do IRPJ, da CSLL, da Contribuição para o PIS/Pasep e da Cofins a que estiver sujeita a pessoa jurídica;
>
> II – a parcela de lucros ou dividendos excedentes ao valor determinado no inciso I, desde que a empresa demonstre, com base em escrituração contábil feita com observância da lei comercial, que o lucro efetivo é maior que o determinado segundo as normas para apuração da base de cálculo do imposto pela qual houver optado.

Tal entendimento apenas consolida a posição da Receita Federal, anteriormente exposta por meio do Ato Declaratório Normativo COSIT nº 4, de 29.2.1996.

Em suma, caso a empresa mantenha escrituração contábil com observância da lei comercial – o que, em nossa visão, abrange a aplicação das normas contábeis emitidas pelo Comitê de Pronunciamentos Contábeis (CPC), terá demonstração fidedigna, embora sujeita ao escrutínio do Fisco, acerca do montante apurado de lucro passível de distribuição sem a incidência de imposto de renda, nos termos do art. 10 da Lei nº 9.249/95.

Por outro lado, caso a empresa mantenha apenas livro-caixa, conforme permitido pela legislação mencionada, a distribuição de lucros fica limitada ao valor da base de cálculo do imposto, diminuído do IRPJ, da CSLL, da Contribuição para o PIS/PASEP e da COFINS a que estiver sujeita a pessoa jurídica.

Vamos exemplificar, tomando como base uma empresa cuja receita bruta no trimestre, já deduzida das devoluções e vendas canceladas e dos descontos incondicionais concedidos, seja de R$ 1.650.000,00, montante relacionado a vendas de produtos no varejo. Sabemos que, para apuração do imposto de renda, o percentual de presunção do lucro para empresas comerciais é de 8% e, para apuração da CSLL, o percentual de presunção é de 12%. Por fim, a empresa está sujeita a apuração do PIS e da COFINS pelo regime cumulativo, de forma que temos o seguinte cálculo dos tributos federais devidos:

Receita: R$ 1.650.000,00

Base de Cálculo do Imposto de Renda (8%): R$ 132.000,00

Base de Cálculo da CSLL (12%): R$ 198.000,00

Base de Cálculo do PIS e da COFINS: R$ 1.650.000,00

Valor do Imposto de Renda (Alíquota Básica): R$ 19.800,00

Valor do Imposto de Renda (Alíquota Adicional): R$ 7.200,00

Valor da CSLL: R$ 17.820,00

Valor do PIS (alíquota de 0,65%): R$ 10.725,00

Valor da COFINS (alíquota de 3%): R$ 49.500,00

TOTAL DOS TRIBUTOS FEDERAIS: R$ 105.045,00

Note que, no cálculo da alíquota adicional, o percentual de 10% incide apenas sobre o montante que superar a quantia de R$ 60.000,00 no trimestre. Portanto, R$ 132.000,00 subtraídos R$ 60.000,00, atinge o total de R$ 72.000,00, o que justifica o montante adicional de R$ 7.200,00 de imposto de renda.

Aplicando o inciso I do § 2º do art. 238 da IN RFB nº 1700, de 14.3.2017, temos que a base de cálculo do imposto de renda, no caso exemplificado, é de R$ 132.000,00. Por sua vez, o total de tributos federais atingiu o montante de R$ 105.045,00. Em conclusão, caso essa empresa não mantenha escrituração contábil na forma da lei comercial, o limite máximo de distribuição de lucros é de R$ 26.955,00. Qualquer valor pago ao sócio que supere esse limite deverá ser imputado a reservas de lucros de exercícios anteriores e, não sendo essa hipótese, em razão de inexistência de reserva, a quantia deverá sofrer incidência de IRRF à alíquota de 35%, conforme § 1º do art. 730 do RIR/18.

OBJETIVO 3

ANALISAR AS PRINCIPAIS RAZÕES QUE LEVAM UM CONTRIBUINTE A OPTAR PELO LUCRO PRESUMIDO

PARÂMETROS PARA ESCOLHA ENTRE LUCRO PRESUMIDO E LUCRO REAL

Em primeiro lugar, vale lembrar que o regime do Lucro Presumido é um regime opcional. Como decorrência, o contribuinte preferencialmente deve efetuar o cálculo do IRPJ e da CSLL tanto pelo Lucro Real quanto pelo regime do Lucro Presumido para identificar qual seria o regime que lhe importe uma menor carga tributária.

É importante ter em mente que o cálculo não deve abranger tão somente o IRPJ e a CSLL, mas também o PIS e a COFINS, uma vez que o regime de apuração do IRPJ poderá influenciar o regime do PIS e da COFINS.

Como regra geral, os contribuintes do Lucro Presumido estarão sujeitos ao regime cumulativo de PIS e CO-FINS, ao passo que os contribuintes do Lucro Real estarão sujeitos ao regime não cumulativo de PIS e COFINS. Todavia, há exceções diante das diversas particularidades da legislação de PIS e COFINS, tal qual o caso dos bancos que estão obrigados ao Lucro Real e obrigados ao regime cumulativo de PIS e COFINS.

Outro ponto importante a ser levado em consideração pelo contribuinte é o fato de que o Lucro Presumido é indiferente ao lucro contábil, uma vez que é um regime de apuração baseado na aplicação de um coeficiente sobre a receita.

Assim, no caso de um contribuinte que comumente tem prejuízos contábeis, é preciso fazer um cálculo do Lucro Real para verificar se após os ajustes o resultado permanece negativo, isto é, se estar-se-á diante de um prejuízo fiscal para aquele exercício. Nessa hipótese, não haverá recolhimento de IRPJ e CSLL no regime do Lucro Real, ao passo que no Lucro Presumido necessariamente haverá IRPJ e CSLL devidos.

Mais uma vez, é fundamental que seja feito o cálculo em cada caso, bem como seja analisado o valor devido de PIS e COFINS em cada uma das hipóteses, sob pena de uma eventual carga tributária menor de IRPJ e CSLL implicar uma carga tributária maior de PIS e COFINS.

Por fim, a possibilidade de tributação das receitas pelo regime de caixa no Lucro Presumido pode ser outro fator relevante a ser levado em consideração na escolha da tributação, uma vez que há atividades que possuem prazos médios de recebimento altos ou tais prazos não são tão previsíveis, de modo que o regime de caixa pode ser uma alternativa interessante.

 **OBJETIVO 4**

APRENDENDO A SISTEMÁTICA DO LUCRO ARBITRADO

INTRODUÇÃO AO LUCRO ARBITRADO

A tributação do IRPJ e da CSLL pelo regime do Lucro Arbitrado é medida excepcional utilizada quando o contribuinte apresenta falhas significativas em seus livros contábeis e fiscais, fazendo com que a autoridade fiscal arbitre a base de cálculo dos referidos tributos.

Como se observa, trata-se de método extremo de apuração da base do IRPJ e da CSLL, que é usado quando a autoridade fiscal não possui condições de determinar efetivamente o resultado contábil ou a movimentação financeira da pessoa jurídica.

HIPÓTESES DE APLICAÇÃO

As hipóteses de aplicação do Lucro Arbitrado estão previstas no art. 603 do RIR/18 e envolvem as seguintes situações:

I – o contribuinte, obrigado à tributação com base no lucro real, não mantiver escrituração na forma das leis comerciais e fiscais ou deixar de elaborar as demonstrações financeiras exigidas pela legislação fiscal;
II – o contribuinte não escriturar ou deixar de apresentar à autoridade tributária os livros ou os registros auxiliares de que trata o § 2º do art. 8º do Decreto-Lei nº 1.598, de 1977;
III – a escrituração a que o contribuinte estiver obrigado revelar evidentes indícios de fraudes ou contiver vícios, erros ou deficiências que a tornem imprestável para: a) identificar a efetiva movimentação financeira, inclusive bancária; ou b) determinar o lucro real;
IV – o contribuinte deixar de apresentar à autoridade tributária os livros e os documentos da escrituração comercial e fiscal, ou o livro-caixa;
V – o contribuinte optar indevidamente pela tributação com base no lucro presumido;
VI – o comissário ou o representante da pessoa jurídica estrangeira deixar de escriturar e apurar o lucro da sua atividade separadamente do lucro do comitente residente ou domiciliado no exterior; e
VII – o contribuinte não mantiver, em boa ordem e de acordo com as normas contábeis recomendadas, livro-razão ou fichas utilizados para resumir e totalizar, por conta ou subconta, os lançamentos efetuados no livro diário.

A partir da leitura das hipóteses de arbitramento do lucro, nota-se que são situações em que a autoridade tributária não tem condições de determinar com segurança a base de cálculo do IRPJ e da CSLL, visto que a pessoa jurídica não possui escrituração contábil adequada ou possuindo-a, não apresenta para a autoridade fiscal ou a escrituração contém vícios, erros e deficiências que a tornem imprestável.

Também merece destaque a hipótese de arbitramento que ocorre quando o contribuinte opta indevidamente pelo regime do Lucro Presumido. Nessa situação, trata-se de um contribuinte que estaria obrigado ao Lucro Real e optou indevidamente pelo Lucro Presumido.

Considerando que as hipóteses de obrigatoriedade ao regime do Lucro Real envolvem situações em que o contribuinte possui um porte relevante (receita total superior a R$ 78 milhões no ano anterior) ou que o contribuinte possui uma certa complexidade em sua atividade (bancos ou pessoas jurídicas com filias ou ativos no exterior que geram lucros, rendimentos e ganhos), há que se levar em conta que a autoridade tributária irá tentar constituir a base de cálculo pelo Lucro Real, somente usando o Lucro Arbitrado como medida excepcional.

APURAÇÃO DA BASE DE CÁLCULO

A base de cálculo do lucro arbitrado irá depender se a receita bruta da pessoa jurídica é conhecida ou não.

Quando a receita bruta for conhecida, o lucro arbitrado será determinado pela aplicação dos coeficientes de presunção do Lucro Presumido, acrescidos de 20% (vinte por cento) sobre as receitas das atividades da pessoa jurídica.

Tal qual acontece no Lucro Presumido, a receita bruta a ser considerada para cálculo do Lucro Arbitrado leva em conta as disposições do art. 12 do Decreto-lei nº 1.598/77, sendo que há disposição expressa no art. 27, I, da Lei nº 9.430/96 para dedução da receita bruta das devoluções, das vendas canceladas e dos descontos incondicionais concedidos.

Há menções normativas específicas de que algumas receitas não integrarão a receita bruta para fins de apuração do Lucro Arbitrado.

VOCÊ SABIA?

Ainda que no regime do Lucro Arbitrado, quando a receita é conhecida, pressuponha a aplicação de um coeficiente de presunção sobre a receita bruta para se chegar à base de cálculo do IRPJ e da CSLL, as pessoas jurídicas que se dedicarem à venda de imóveis construídos ou adquiridos para revenda, ao loteamento de terrenos e à incorporação de prédios em condomínio terão seus lucros arbitrados com a dedução da receita bruta trimestral do custo do imóvel devidamente comprovado, de modo que o coeficiente de presunção será aplicado sobre receita bruta deduzida do custo do imóvel devidamente comprovado.

Assim, quando a receita bruta for conhecida a metodologia do Lucro Arbitrado é semelhante ao Lucro Presumido com a diferença de que são utilizados os coeficientes do Lucro Presumido acrescido de mais 20%.

A título de ilustração, vale lembrar que os coeficientes mais comumente utilizados na apuração do IRPJ pelo Lucro Presumido são 1,6% (revenda de combustível), 8% (venda de mercadorias e produtos) e 32% (prestação de serviços). Tais coeficientes acrescidos de mais 20% equivalem aos seguintes coeficientes para Lucro Arbitrado: 1,92% (revenda de combustível), 9,60% (venda de mercadorias e produtos) e 38,40% (prestação de serviços).

No caso dos coeficientes aplicáveis na apuração da CSLL pelo Lucro Presumido, os mais comuns são 32% (prestação de serviços) e 12% (demais atividades, que acaba por englobar venda de mercadorias). Com o acréscimo de 20%, os coeficientes no Lucro Arbitrado são de 38,40% (prestação de serviços) e 14,40% (venda de mercadorias e produtos).

A Tabela 16.11 sintetiza os coeficientes mais comumente utilizados no Lucro Arbitrado.

Tabela 16.11 Coeficientes de arbitramento do lucro

ATIVIDADE	PERCENTUAL
Revenda de combustível (IRPJ)	1,92%
Venda de mercadoria (IRPJ)	9,60%
Venda de mercadoria (CSLL)	14,40%
Prestação de serviço (IRPJ e CSLL)	38,40%

Caso a pessoa jurídica pratique mais de uma atividade, a receita de cada atividade estará sujeita ao respectivo coeficiente de presunção.

VOCÊ SABIA?

Embora obrigadas ao regime do lucro, há coeficiente de presunção específico de 45% no Lucro Arbitrado para atividades desenvolvidas por bancos comerciais, bancos de investimentos, bancos de desenvolvimento, caixas econômicas, sociedades de crédito, financiamento e investimento, sociedades de crédito imobiliário, sociedades corretoras de títulos, valores mobiliários e câmbio, distribuidoras de títulos e valores mobiliários, empresas de arrendamento mercantil, cooperativas de crédito, empresas de seguros privados e de capitalização e entidades de previdência privada aberta.

Por sua vez, quando a receita bruta da pessoa jurídica não for conhecida, a autoridade tributária poderá usar qualquer uma das alternativas de cálculo sistematizadas na Tabela 16.12.

Tabela 16.12 Critérios de arbitramento do lucro

ATIVIDADE	PERCENTUAL
1,5 %	Lucro real do último período conhecido
0,04 %	Ativo constante do último balanço conhecido
0,07 %	Capital e reserva de capital no último balanço
0,05 %	Patrimônio líquido do último balanço conhecido
0,4 %	Valor das compras
0,4 %	Mão de obra e compras de materiais
0,8 %	Folha pagamento
0,9 %	Aluguel devido

Como se observa, tais critérios tentam capturar alguma medida financeira para fins de determinação da base de cálculo do IRPJ e da CSLL, no entanto, resta claro que a aplicação de qualquer uma delas é bastante distante de um conceito de acréscimo patrimonial, sendo mais uma tentativa de evitar que o contribuinte não tenha tributação nenhuma sobre os seus lucros.

DOS GANHOS DE CAPITAL E DEMAIS RECEITAS

Tal qual acontece no regime do Lucro Presumido, também no Lucro Arbitrado há rendimentos e ganhos que são adicionados à base de cálculo sem que haja aplicação de coeficiente de presunção.

Assim, os ganhos de capital, os rendimentos e os ganhos líquidos auferidos em aplicações financeiras e as demais receitas são adicionados ao Lucro Arbitrado.

O art. 54 da Lei nº 9.430/96 traz previsão específica relativa à alteração do regime do Lucro Real para o Lucro Arbitrado, dispondo que a pessoa jurídica que, até o ano-calendário anterior, houver sido tributada com base no lucro real, deverá adicionar à base de cálculo do imposto sobre a renda, correspondente ao primeiro período de apuração no qual for tributada com base no lucro arbitrado, os saldos dos valores cuja tributação havia diferido, independentemente da necessidade de controle na Parte B do Lalur.

Dessa forma, todos os valores cuja tributação estivesse diferida no âmbito do Lucro Real deverão ser adicionados à base de cálculo do Lucro Arbitrado, tal qual acontece com ganhos decorrentes de avaliação a valor justo controlados em subcontas, lucros de contratos com entidades governamentais que seriam tributáveis tão somente quando do recebimento e variações cambiais não liquidas que eram tributadas pelo regime de caixa quando a pessoa jurídica era tributada pelo Lucro Real.

Também merece menção a disposição normativa contida no art. 16, § 3º, da Lei nº 9.430/96, que estabelece que na hipótese de arbitramento do lucro da pessoa jurídica domiciliada no País, os lucros, os rendimentos e os ganhos de capital oriundos do exterior serão adicionados ao lucro arbitrado para fins de determinação da base de cálculo do imposto sobre a renda.

No mais, as mesmas disposições do Lucro Presumido também são aplicáveis ao Lucro Arbitrado no que tange aos ganhos de capital e demais receitas.

OUTRAS DISPOSIÇÕES RELATIVAS AO LUCRO ARBITRADO

É importante salientar que o arbitramento do lucro não exclui a aplicação das penalidades cabíveis, de forma que sobre o montante do IRPJ e CSLL apurados de acordo com o Lucro Arbitrado haverá a cobrança de multa e eventualmente tal multa poderá ser qualificada e/ou agravada.

Além disso, a depender das situações fáticas, também poderá ser constado o indício de um crime contra a ordem tributária.

Apurada a base de cálculo do IRPJ e da CSLL, as alíquotas aplicáveis sobre as referidas bases de cálculo são as mesmas já vistas no tópico relativo ao Lucro Presumido e ao Lucro Real.

Ademais, vale notar que poderá ser deduzido do imposto sobre a renda apurado conforme o Lucro Arbitrado o imposto pago ou retido na fonte sobre as receitas que integraram a base de cálculo, vedada qualquer dedução a título de incentivo fiscal.

RESUMO

OBJETIVO 1 O Lucro Presumido é um regime de apuração do IRPJ e da CSLL que é opcional ao contribuinte.

Ocorre que nem todo contribuinte pode optar por ele, uma vez algumas pessoas jurídicas estão obrigadas ao regime do Lucro Real. Em termos gerais, o legislador tributário estabeleceu que pessoas jurídicas que possuam um determinado porte em função do total das suas receitas (receitas superiores a R$ 78 milhões no ano anterior) ou que possuam alguma complexidade em suas atividades (bancos ou pessoas jurídicas que tenham filiais ou ativos no exterior que gerem lucros, ganhos ou rendimentos) estariam obrigadas ao Lucro Real, não podendo estar no regime do Lucro Presumido.

OBJETIVO 2 A sistemática de apuração do Lucro Presumido leva em consideração a aplicação de coeficientes de presunção previstos em lei sobre as receitas de cada atividade da pessoa jurídica. Há também ganhos de capital e outras receitas que não possuem coeficiente de presunção e serão integralmente adicionados na base de cálculo do Lucro Presumido.

Após a determinação da base de cálculo do Lucro Presumido, que poderá ser distinta para fins de apuração do IRPJ e da CSLL (visto que há coeficientes de presunção distintos em alguns casos), haverá a aplicação das alíquotas dos referidos tributos. Vale notar que o período de apuração do Lucro Presumido é trimestral e que há a possibilidade de tributação das receitas pelo regime de caixa.

Por ser um regime de apuração em que não há análise das despesas, mas tão somente a aplicação de coeficientes de presunção sobre as receitas, o Lucro Presumido é um regime que é indiferente ao lucro contábil. Assim, ainda que uma pessoa jurídica apure prejuízo contábil, ela necessariamente terá IRPJ e CSLL devidos se houver alguma receita auferida.

OBJETIVO 3 Dentre os principais fatores para escolha do regime do Lucro Presumido, é importante comparar os coeficientes de presunção do Lucro Presumido com a margem de lucro da pessoa jurídica frente às receitas auferidas. Além disso, vale notar que no Lucro Presumido é possível a tributação das receitas pelo regime de caixa, o que pode ser um diferencial frente ao Lucro Real, cuja tributação se fundamenta como regra geral no regime de competência. Cumpre ressaltar ainda a importância de que os cálculos sejam efetivamente feitos, uma vez que o regime do IRPJ poderá influenciar no regime de apuração do PIS e da COFINS.

OBJETIVO 4 O Lucro Arbitrado é regime de apuração do IRPJ e da CSLL excepcional utilizado pela autoridade tributária quando o contribuinte possui falhas significativas na escrituração ou apresentação dos seus livros contábeis e fiscais.

Caso a receita seja conhecida, a metodologia do Lucro Arbitrado é semelhante àquela do Lucro Presumido, e os coeficientes do Lucro Presumido serão acrescidos de mais 20%. Por sua vez, quando a receita não for conhecida, há a previsão de aplicação de percentuais sobre algumas diferentes grandezas na tentativa de que haja alguma tributação pelo IRPJ e pela CSLL.

▸ VÍDEOS ADICIONAIS SOBRE O CAPÍTULO

Acesse os QR Codes para assistir ao material adicional do capítulo:

Vídeo 1  uqr.to/1ayaz

Vídeo 2  uqr.to/1ayb0

Vídeo 3  uqr.to/1ayb1

APLICANDO CONHECIMENTOS – TESTES

TESTES DE MÚLTIPLA ESCOLHA

1. Uma empresa apresentou, no último trimestre de 2021, uma receita trimestral de prestação de serviços R$ 10.000.000,00 e um lucro contábil antes do cálculo de Imposto de Renda (IR) e Contribuição Social sobre o Lucro Líquido (CSLL) no valor de R$ 6.000.000,00. Com base nas informações apresentadas e partindo do pressuposto de que não há outras receitas, qual é o montante do Lucro Presumido (base de cálculo) da referida empresa no que tange ao IRPJ?

   a) R$ 3.200.000,00.

   b) R$ 800.000,00.

   c) R$ 1.200.000,00.

   d) R$ 1.600.000,00.

   e) R$ 160.000,00.

2. Uma empresa apresentou, no último trimestre de 2021, uma receita trimestral de venda de mercadorias R$ 20.000.000,00 e um lucro contábil antes do cálculo de Imposto de Renda (IR) e Contribuição Social sobre o Lucro Líquido (CSLL) no valor de R$ 3.000.000,00. Com base nas informações apresentadas e partindo do pressuposto de que não há outras receitas, qual é o montante do Lucro Presumido (base de cálculo) da referida empresa?

   a) R$ 1.600.000,00.

   b) R$ 6.400.000,00.

   c) R$ 2.400.000,00.

   d) R$ 3.200.000,00.

   e) R$ 320.000,00.

3. Tendo em vista que o montante calculado do Lucro Presumido no último trimestre do último ano totalizava R$ 1.000.000,00, qual é o valor devido pelo contribuinte a título de adicional de IRPJ será de:

   a) R$ 100.000,00.

   b) R$ 94.000,00.

   c) R$ 98.000,00.

   d) R$ 76.000,00.

   e) R$ 80.000,00.

4. Qual das pessoas jurídicas está obrigada ao regime do Lucro Real?

   a) Banco de Investimento que faturou R$ 15 milhões de reais no ano-calendário anterior.

   b) Empresa de telecomunicações constituída sob a forma de sociedade anônima que faturou R$ 20 milhões de reais no ano-calendário anterior.

   c) Hipermercado que faturou R$ 59 milhões de reais no ano-calendário anterior.

   d) Empresa pública de petróleo que faturou R$ 50 milhões de reais no ano-calendário anterior.

   e) Distribuidora de bebidas que faturou R$ 5 milhões de reais no ano-calendário anterior.

5. Qual dos regimes de tributação abaixo permite a opção de tributação de todas as receitas pelo regime de caixa?

   a) Lucro Contábil.

   b) Lucro Real Anual.

   c) Lucro Real Trimestral.

   d) Lucro Presumido.

   e) Prejuízo Contábil.

6. Uma empresa apresentou, no último trimestre de 2021, uma receita trimestral de venda de mercadorias R$ 20.000.000,00, uma receita trimestral de prestação de serviços de R$ 10.000.000,00 e um lucro contábil antes do cálculo de Imposto de Renda (IR) e Contribuição Social sobre o Lucro Líquido (CSLL) no valor de R$ 15.000.000,00. Com base nas informações apresentadas e partindo do pressuposto de que não há outras receitas, qual é o montante do Lucro Presumido (base de cálculo) da referida empresa no que tange ao IRPJ?

   a) R$ 5.600.000,00.

   b) R$ 6.000.000,00.

   c) R$ 2.400.000,00.

   d) R$ 3.200.000,00.

   e) R$ 4.800.000,00.

7. Uma empresa apresentou, no segundo trimestre de 2022, uma receita trimestral de revenda de combustíveis de R$ 20.000.000,00 e um lucro contábil antes do cálculo de Imposto de Renda (IR) e Contribuição Social sobre o Lucro Líquido (CSLL) no valor de R$ 1.500.000,00. Com base nas informações apresentadas e partindo do pressuposto de que não há outras receitas, qual é o montante do Lucro Presumido (base de cálculo) da referida empresa no que tange ao IRPJ?

   a) R$ 320.000,00.

   b) R$ 3.200.000,00.

   c) R$ 1.600.000,00.

   d) R$ 800.000,00.

   e) R$ 160.000,00.

8. Uma empresa apresentou, no primeiro trimestre de 2022, uma receita trimestral de venda de mercadorias R$ 5.000.000,00 e um lucro contábil antes do cálculo de Imposto de Renda (IR) e Contribuição Social sobre o Lucro Líquido (CSLL) no valor de R$ 1.800.000,00. Com base nas informações apresentadas e partindo do pressuposto de que não há outras receitas, qual é o montante do Lucro Presumido (base de cálculo) da referida empresa?

   a) R$ 400.000,00.

   b) R$ 800.000,00.

   c) R$ 1.600.000,00.

   d) R$ 3.200.000,00.

   e) R$ 320.000,00.

9. Tendo em vista que o montante calculado do Lucro Presumido no terceiro trimestre do último ano totalizava R$ 1.500.000,00, o valor devido pelo contribuinte a título de adicional de IRPJ será de:

   a) R$ 150.000,00.

   b) R$ 144.000,00.

   c) R$ 130.000,00.

   d) R$ 145.000,00.

   e) R$ 155.000,00.

10. Uma empresa apresentou, no último trimestre de 2021, uma receita trimestral de venda de mercadorias R$ 1.000.000,00, ganho de capital de R$ 2.000.000,00 e um lucro contábil antes do cálculo de Imposto de Renda (IR) e Contribuição Social sobre o Lucro Líquido (CSLL) no valor de R$ 2.100.000,00. Com base nas informações apresentadas e partindo do pressuposto de que não há outras receitas, qual é o montante do Lucro Presumido (base de cálculo) da referida empresa?

    a) R$ 2.080.000,00.

    b) R$ 2.000.000,00.

    c) R$ 2.100.000,00.

    d) R$ 3.000.000,00.

    e) R$ 2.320.000,00.

RESPOSTAS

1-A; 2-A; 3-B; 4-A; 5-D; 6-E; 7-A; 8-A; 9-B; 10-A

CAPÍTULO 17

GESTÃO DE TRIBUTOS SOBRE O LUCRO (IRPJ E CSLL): LUCRO REAL

Ramon Tomazela Santos
Fabio Pereira da Silva

OBJETIVOS DE APRENDIZAGEM DO CAPÍTULO

1. Identificar as pessoas jurídicas obrigadas ao regime do lucro real.
2. Reconhecer as principais características do lucro real.
3. Compreender os principais ajustes de adição, exclusão e compensação prescritos ou autorizados pela legislação tributária, possibilitando sua aplicação concreta.
4. Conhecer as diferenças entre o lucro real anual e o lucro real trimestral.
5. Apreender as alíquotas e prazos de pagamento do IRPJ e da CSLL.
6. Conhecer os prós e contras envolvidos na escolha pelo regime do lucro real ou do lucro presumido, possibilitando a escolha da melhor opção no caso concreto.

OLHA A NOTÍCIA!

uqr.to/1ay86

Lucro Real pode ser a melhor opção para muitas empresas em 2021

Autor: ROIT

Globo.com – 30.11.2020

Que 2020 não foi fácil todos já sabem, mas muitas empresas acabaram pagando mais tributos do que deveriam, caso tivessem optado pelo Lucro Real. Exatamente, o Lucro Real é uma opção para muitas empresas e uma obrigação para aquelas que faturam mais de R$ 78 milhões ao ano.

E há uma série de vantagens para as empresas adotarem o Lucro Real. Esta opção pode ser utilizada por empresas de todos os portes e segmentos, inclusive pelas pequenas ou aquelas que acabaram de ser criadas. A migração, muitas vezes, garante uma tributação inferior ao que era praticado, considerando benefícios fiscais e diversas oportunidades.

CONSIDERAÇÕES INICIAIS

Este capítulo trata especificamente do regime do lucro real, por meio do qual são apurados os valores devidos a título de Imposto de Renda da Pessoa Jurídica (IRPJ) e de Contribuição Social sobre o Lucro Líquido (CSLL). No capítulo anterior, foram abordados os conceitos relacionados ao regime do lucro presumido, incluindo a discussão relacionada aos contribuintes obrigados à apuração do IRPJ e da CSLL pelo lucro real e aqueles que podem optar pela apuração pelo regime do lucro presumido, o que será reiterado no decorrer deste capítulo para maior compreensão do tema.

Os contribuintes do IRPJ e da CSLL são as pessoas jurídicas e as empresas individuais, incluindo as pessoas e entes equiparados, tais como:

- As filiais, sucursais, agências ou representações no País das pessoas jurídicas com sede no exterior.
- Os comitentes domiciliados no exterior, quanto aos resultados das operações realizadas por seus mandatários ou comissários no Brasil
- As sociedades em conta de participação (SCP).

Nos termos do § 1º do art. 158 do Regulamento do Imposto de Renda de 2018 (RIR/18), a ausência de constituição formal da pessoa jurídica não afeta sua sujeição passiva, bastando que configure uma unidade econômica ou profissional. Portanto, ainda que uma pessoa física não constitua formalmente uma pessoa jurídica, mas, na prática, desempenhe atividades empresariais por meio de unidade econômica ou profissional, estará sujeita à apuração do IRPJ e da CSSL, sendo equiparada à pessoa jurídica para esse fim.

O art. 44 do Código Tributário Nacional (CTN) prevê três alternativas para a apuração da base de cálculo do Imposto de Renda, nos seguintes termos:

> Art. 44. A base de cálculo do imposto é o montante real, arbitrado ou presumido, da renda ou dos proventos tributáveis.

Com base em tal autorização normativa, a legislação ordinária disciplinou os regimes do lucro real, do lucro presumido e lucro arbitrado.

Vale registrar que o lucro real tem prevalência sobre o lucro presumido e o lucro arbitrado, que devem ser aplicados de forma opcional ou excepcional. Isso porque o contribuinte tem o direito de ser tributado pelo lucro real sempre que este puder ser aferido e comprovado. Assim, desconsiderando demais fatores e levando em consideração apenas a receita anual da empresa, teríamos a seguinte situação:

- **Receita bruta de até R$ 4.800.000,00**: a pessoa jurídica pode optar pelo Simples Nacional, Lucro Presumido ou Lucro Real.
- **Receita bruta acima de R$ 4.800.000,00 até R$ 78.000.000,00**: a pessoa jurídica pode optar pelo Lucro Presumido ou Lucro Real.
- **Receita superior a R$ 78.000.000,00**: a pessoa jurídica será obrigada a apurar o IRPJ e a CSLL pelo Lucro Real.

ATENÇÃO!

Considerando apenas a "receita bruta", a pessoa jurídica sempre pode apurar o IRPJ e a CSLL pelo Lucro Real, sendo obrigada ao regime quando sua receita bruta superar R$ 78.000.000,00 no ano.

Tal prevalência é um princípio implícito no art. 44 do CTN, derivado da própria competência constitucional da União Federal para tributar a renda e os proventos de qualquer natureza, que se traduzem em acréscimo patrimonial. É justamente por isso que a legislação ordinária estabelece o lucro presumido como um critério alternativo ao lucro real, colocado à livre opção do contribuinte, bem como o lucro arbitrado como uma exceção, aplicável nos casos em que o lucro real não possa ser determinado, seja porque o contribuinte descumpriu sua obrigação legal de demonstrá-lo por meio de contabilidade regular, seja em situações excepcionais em que o lucro real não possa ser aferido.

PESSOAS JURÍDICAS OBRIGADAS AO LUCRO REAL

Estão obrigadas à apuração do IRPJ e da CSLL com base no lucro real as pessoas jurídicas:

- Cuja receita total no ano-calendário anterior tenha excedido o limite de R$ 78.000.000,00 (setenta e oito milhões de reais) ou de R$ 6.500.000,00 (seis milhões e quinhentos mil reais) multiplicado pelo número de meses de atividade no período, quando inferior a 12 (doze) meses.

- Cujas atividades sejam de bancos comerciais, bancos de investimentos, bancos de desenvolvimento, agências de fomento, caixas econômicas, sociedades de crédito, financiamento e investimento, sociedades de crédito imobiliário, sociedades corretoras de títulos, valores mobiliários e câmbio, distribuidoras de títulos e valores mobiliários, empresas de arrendamento mercantil, cooperativas de crédito, empresas de seguros privados e de capitalização e entidades de previdência privada aberta.

- Que tiverem lucros, rendimentos ou ganhos de capital oriundos do exterior.

- Que, autorizadas pela legislação tributária, usufruem de benefícios fiscais relativos à isenção ou redução do imposto.

- Que, no decorrer do ano-calendário, tenham efetuado pagamento mensal pelo regime de estimativa.

- Que exploram as atividades de prestação cumulativa e contínua de serviços de assessoria creditícia, mercadológica, gestão de crédito, seleção e riscos, administração de contas a pagar e a receber, compras de direitos creditórios resultantes de vendas mercantis a prazo ou de prestação de serviços (*factoring*).

- Que exploram as atividades de securitização de créditos imobiliários, financeiros e do agronegócio.

OBJETIVO 2

O REGIME DO LUCRO REAL

> **VOCÊ SABIA?**
>
> **Lucro líquido**: é a soma algébrica do lucro operacional, das demais receitas e despesas, e das participações nos lucros, antes da provisão do imposto de renda.
> **Lucro real**: é o lucro líquido do período de apuração ajustado pelas adições, exclusões ou compensações prescritas ou autorizadas pela legislação tributária.

No regime do lucro real, a base de cálculo do IRPJ é determinada com base no lucro líquido apurado em determinado período de apuração em conformidade com as leis comerciais, ajustado pelas adições, exclusões e compensações prescritas ou autorizadas pela lei tributária (art. 6º do Decreto-lei nº 1.598/77). Assim, o lucro líquido do exercício, apurado segundo a legislação comercial, é o ponto de partida para a apuração do lucro real.

Os ajustes ao lucro líquido prescritos pela lei tributária constituem um sistema de exceções taxativas, posto que, em regra, são tributáveis todos os lançamentos a crédito em contas de receita e dedutíveis todos os lançamentos a débito em contas de despesas, desde que não excepcionados pela lei tributária. Em contrapartida, o contribuinte somente pode efetuar adições (acréscimos) e exclusões (decréscimos) ao lucro líquido, para efeito de determinação do lucro real, nas hipóteses expressamente prescritas ou autorizadas em lei.

No que concerne aos ajustes fiscais, as adições referem-se a despesas, custos, encargos, perdas, provisões e quaisquer outros valores considerados pela lei tributária como não dedutíveis ou parcialmente dedutíveis na apuração do lucro real, em virtude da imposição de vedações, limites ou condições prescritas na lei. Igualmente, o ajuste de adição também pode ser utilizado pela pessoa jurídica para incluir no lucro real resultados, rendimentos, receitas e quaisquer outros valores não incluídos na apuração do lucro líquido, mas que devem ser computados para a determinação da base de cálculo do IRPJ.

Em suma, pode-se dizer que o ajuste de adição tem, basicamente, duas funções: (i) evitar que a base de cálculo do IRPJ seja reduzida por uma despesa computada na apuração do lucro líquido, mas que não seja considerada dedutível pelas leis tributárias; e/ou (ii) permitir que seja tributada uma receita excluída da apuração do lucro real em período anterior, mas que agora tenha que ser tributada pela pessoa jurídica.

O ajuste de exclusão, a seu turno, permite que a pessoa jurídica deixe de computar, na base de cálculo do IRPJ, receitas, rendimentos e quaisquer outros valores que aumentaram o seu lucro líquido, mas que as leis tributárias considerem como não tributáveis ou tributáveis em períodos futuros. O ajuste de exclusão também pode ser utilizado para a dedução de valores que, por sua natureza exclusivamente fiscal, não foram computados na apuração do lucro líquido contábil, quando a lei tributária assim autorizar.

Por último, a compensação diz respeito à possibilidade de utilização dos prejuízos fiscais apurados em períodos bases anteriores para abatimento contra os lucros futuros auferidos pela pessoa jurídica, desde que observado o limite de 30% (trinta por cento) do lucro líquido ajustado. A finalidade da restrição é permitir que a manutenção do fluxo de arrecadação, permitindo que o Estado goze de certa estabilidade no ingresso de receitas provenientes do imposto de renda.

Anote-se que os ajustes relativos ao IRPJ são realizados no livro de apuração do lucro real (Lalur), que é um livro fiscal instituído pelo art. 8º do Decreto-lei nº 1.598/77 para assegurar a separação entre a escrituração comercial a os ajustes fiscais. O Lalur atualmente integra a Escrituração Contábil Fiscal (ECF).

Vejamos um exemplo de cálculo do Lucro Real, que permitirá uma melhor compreensão do sistema de ajustes de adição, exclusão e compensação previstos no art. 6º do Decreto-lei nº 1.598/77. Traremos a seguir um exemplo bem completo e, ao longo deste capítulo, iremos tratar pontualmente de cada uma das questões nele abordadas, para, ao final, fazermos um resumo de cada um dos ajustes. Vejamos a Demonstração de Resultado dessa empresa na Tabela 17.1.

Tabela 17.1 Demonstração de resultado da empresa

Demonstração do Resultado do Exercício	
Receita Bruta de Revenda de Mercadorias	21.000.000
Receita Bruta de Prestação de Serviços	17.000.000
(–) ICMS	−5.250.000
(+) Subvenção de Custeio	2.100.000
(–) ISS	−850.000
(–) PIS/COFINS	−1.387.000
(=) Receita Líquida	**32.613.000**
(–) Custo das Mercadorias Vendidas	−7.350.000
(–) Custo dos Serviços Prestados	−3.400.000
(=) Lucro Bruto	**21.863.000**

(continua)

(continuação)

Demonstração do Resultado do Exercício	
(–) Despesas com Multas	–200.000
(–) Despesas com Brindes	–80.000
(–) Despesas com Depreciação de Bens Próprios	–800.000
(–) Despesas com Depreciação de Bens Arrendados	–400.000
(–) Despesas com Salários	–150.000
(–) Despesas com Aluguel de Imóveis	–100.000
(–) Provisão para Férias e 13º Salário de Empregados	–600.000
(–) Provisão para Contingência Trabalhista	–450.000
(+) Reversão de Provisão de Contingência Tributária	1.200.000
(–) *Impairment* de Estoques	–900.000
(–) *Impairment* de Ágio na XYZ Ltda.	–2.500.000
(+) Reversão de *Impairment* de Estoques	700.000
(+) Subvenções de Investimento	850.000
(–) Variação Cambial Negativa	–1.300.000
(+/–) Valor Justo de Propriedades para Investimento	–3.500.000
(+/–) Valor Justo de Ativos Biológicos	180.000
(+/–) Valor Justo de Instrumentos Financeiros	2.200.000
(+) Ganho por Compra Vantajosa	4.000.000
(+) Variação Cambial Positiva	700.000
(+) Dividendos Recebidos	140.000
(+/–) Resultado Equivalência Patrimonial	–650.000
(+) Receitas Financeiras	800.000
(–) Despesas Financeiras de Arrendamento Mercantil	–400.000
(+) Prêmio na Emissão de Debêntures	950.000
(+) Juros sobre Capital Próprio Recebidos	1.100.000
(+) Receitas de Aluguel	200.000
(+) Ganho de Capital	350.000
Lucro Antes do IRPJ e da CSLL	22.753.000

Considere, ainda, as seguintes informações:

- Durante o ano, foram distribuídos R$ 1.500.000,00 a título de juros sobre o capital próprio.
- As taxas de depreciação contábil dos bens próprios da companhia são equivalentes à metade das taxas previstas na legislação tributária.
- A companhia possui um saldo acumulado de R$ 10.000.000,00 de prejuízos fiscais e um saldo acumulado de R$ 8.000.000,00 de base negativa de CSLL.

Com base nessas informações, podemos efetuar os ajustes determinados na legislação e calcular o IRPJ e a CSLL devida. Vejamos:

	IRPJ	CSLL
LAIRCS	R$ 23.203.000,00	R$ 23.203.000,00
(+) Adições		
Despesas de Multa	R$ 200.000,00	R$ 200.000,00
Despesas de Brinde	R$ 80.000,00	R$ 80.000,00
Despesas com Depreciação de Bens Arrendados	R$ 400.000,00	R$ 400.000,00
Provisão para Contingência Trabalhista	R$ 450.000,00	R$ 450.000,00
Impairment de Estoques	R$ 900.000,00	R$ 900.000,00
Impairment de Ágio na XYZ Ltda.	R$ 2.500.000,00	R$ 2.500.000,00
Variação Cambial Negativa	R$ 1.300.000,00	R$ 1.300.000,00
Valor Justo de PPI	R$ 3.500.000,00	R$ 3.500.000,00
Equivalência Patrimonial Negativa	R$ 650.000,00	R$ 650.000,00
Despesas Financeiras de Arrendamento Mercantil	R$ 400.000,00	R$ 400.000,00
Ágio na Emissão de Quotas	R$ 3.000.000,00	R$ 3.000.000,00
(–) Exclusões		
Reversão de Provisão de Contingência Tributária	– R$ 1.200.000,00	– R$ 1.200.000,00
Reversão de *Impairment* de Estoques	– R$ 700.000,00	– R$ 700.000,00
Subvenção de Investimentos	– R$ 850.000,00	– R$ 850.000,00
Valor Justo de Ativo Biológico	– R$ 180.000,00	– R$ 180.000,00
Valor Justo de Instrumentos Financeiros	– R$ 2.200.000,00	– R$ 2.200.000,00
Ganho por Compra Vantajosa	– R$ 4.000.000,00	– R$ 4.000.000,00
Variação Cambial Positiva	– R$ 700.000,00	– R$ 700.000,00
Dividendos Recebidos	– R$ 140.000,00	– R$ 140.000,00
Prêmio na Emissão de Debênture	– R$ 950.000,00	– R$ 950.000,00
JCP Distribuídos	– R$ 1.500.000,00	– R$ 1.500.000,00
Depreciação Fiscal	– R$ 800.000,00	– R$ 800.000,00
Lucro Real Antes da Compensação	R$ 23.363.000,00	R$ 23.363.000,00
Compensação de Prejuízo Fiscal	– R$ 7.008.900,00	– R$ 7.008.900,00
Lucro Real Depois da Compensação	R$ 16.354.100,00	R$ 16.354.100,00
IR Alíquota Básica	R$ 2.453.115,00	
IR Alíquota Adicional	R$ 1.611.410,00	
CSLL		R$ 1.471.869,00
Lucro Líquido	R$ 17.666.606,00	

Aqui, é necessária uma ressalva fundamental para a melhor compreensão do cálculo do lucro líquido e da determinação das bases de cálculo do IRPJ e da CSLL. Existem ajustes que são temporários e há aqueles que se enquadram na categoria de definitivos. Exemplos de ajustes definitivos são as adições de multas e brindes, cuja dedução é vedada pela legislação. Esse caráter definitivo também pode ser atribuído ao ajuste dos dividendos, atualmente (2021) isentos, de modo que são excluídos da apuração de forma definitiva.

Por outro lado, despesas de provisão e receitas de avaliação a valor justo, por exemplo, são ajustes temporários. Significa dizer que não impactam a apuração do IRPJ e CSLL nesse período, porém seu efeito é diferido, impactando a apuração de períodos futuros. Em razão disso, o contribuinte deve apurar ativos e passivos fiscais diferidos que serão contabilizados e impactam o lucro líquido, o que estamos desconsiderando nesse momento para melhor compreensão didática. No Capítulo 6 deste livro, *Contabilidade Tributária – Tributação sobre o Lucro*, são abordados os conceitos relacionados aos tributos diferidos, cuja normatização contábil é feita por meio do Pronunciamento Técnico CPC 32, permitindo, assim, uma compreensão completa a respeito da apuração do IRPJ e da CSLL.

De toda forma, conforme mencionamos, as adições e exclusões podem ser categorizadas como permanentes ou temporárias, conforme esquematização da Figura 17.1.

ADIÇÕES PERMANENTES	ADIÇÕES TEMPORÁRIAS
Realizadas na **Parte A do LALUR**. Não precisam ser controladas na Parte B do LALUR pois correspondem a despesas que nunca serão dedutíveis do Lucro real	Realizadas na Parte A do LALUR e registradas/controladas na **Parte B do LALUR** para serem excluídas no futuro em certas situações previstas na legislação fiscal

Exemplo:
Despesas de Multa

Exemplo:
Provisões

EXCLUSÕES PERMANENTES	EXCLUSÕES TEMPORÁRIAS
Realizadas na **Parte A do LALUR**. Não precisam ser controladas na Parte B do LALUR pois correspondem a receitas/ganhos que nunca serão tributados	Realizadas na Parte A do LALUR e registradas/controladas na **Parte B do LALUR** para serem adicionadas no futuro em certas situações previstas na legislação fiscal

Exemplo:
Receita de Dividendos

Exemplo:
Receita de Valor Justo

Figura 17.1 Categorização de adições e exclusões.

Regra geral, as adições temporárias geram ativos fiscais diferidos e as exclusões temporárias geram passivos fiscais diferidos, o que impacta de forma positiva ou negativa, respectivamente, o lucro líquido da pessoa jurídica.

Quadro 17.1 Adições, exclusões e compensação de prejuízo fiscal

	Resumo
Adições	Despesas, custos, encargos, perdas, provisões e quaisquer outros valores considerados pela lei tributária como não dedutíveis ou parcialmente dedutíveis para a determinação do lucro real
	Rendimentos, receitas e quaisquer outros valores não incluídos na apuração do lucro líquido, mas que devem ser computados para a determinação do lucro real
Exclusões	Receitas, rendimentos e quaisquer outros valores que aumentaram o seu lucro líquido, mas que as leis tributárias consideram como não tributáveis ou tributáveis em períodos futuros
	Dedução de despesas, custos, encargos e quaisquer outros valores que não foram computados na apuração do lucro líquido contábil, mas que as leis tributárias consideram dedutível para fins de determinação do lucro real
Compensações	Possibilidade de utilização dos prejuízos fiscais apurados em períodos bases anteriores para abatimento contra os lucros futuros auferidos pela pessoa jurídica

 **OBJETIVO 3**

PRINCIPAIS CUSTOS E DESPESAS RELATIVOS AO LUCRO REAL

DESPESAS NECESSÁRIAS

No regime do lucro real, admite-se a dedução das despesas necessárias à atividade da empresa e à manutenção da fonte produtora. São consideradas despesas necessárias aquelas pagas ou incorridas para a realização das transações ou operações exigidas pela atividade da empresa, bem como as despesas usuais ou normais no tipo de transações, operações ou atividades da empresa (art. 47 da Lei nº 4.506/64).

A pedra de toque para a dedução de determinada despesa repousa na adequada interpretação dos critérios estabelecidos pela legislação em vigor.

A despesa será considerada necessária em razão de sua relevância para o desenvolvimento de qualquer transação ou operação exigida pela atividade econômica da pessoa jurídica, assim como para a manutenção das respectivas fontes produtoras de rendimentos. Assim, o conceito de despesa necessária exige a existência de uma relação de pertinência entre a despesa e a atividade econômica da pessoa jurídica.

A seu turno, a despesa será considerada normal e usual quando corresponder a um gasto ordinário incorrido pela pessoa jurídica para a realização de determina transação ou no exercício de sua atividade econômica. A Coordenação Geral do Sistema de Tributação, no antigo Parecer Normativo CST nº 32, de 17.8.1981, classificou como despesas usuais e normais aquelas "que se verificam comumente no tipo de operação ou transação efetuada e que, na realização do negócio, se apresenta de forma usual, costumeira ou ordinária. O requisito de usualidade deve ser interpretado na acepção de habitual na espécie de negócio".

Adiante, esse Parecer Normativo dispõe que "o gasto é necessário quando essencial a qualquer transação ou operação exigida pela exploração das atividades, principais ou acessórias, que estejam vinculadas com as fontes produtoras de rendimentos".

É importante esclarecer que o caráter normal e usual da despesa não exige que aquele tipo de gasto seja frequentemente incorrido pelo contribuinte. Ao contrário, a despesa pode ser excepcional ou esporádica, desde que possa ser considerada usual ou normal no contexto dos negócios ou das atividades exploradas pelo contribuinte. Até porque não faria sentido negar a possibilidade de dedução de determinada despesa apenas em virtude do seu caráter único e excepcional na atividade econômica da pessoa jurídica. Como exemplo, a administração de uma companhia pode decidir contratar determinada empresa de consultoria para a prestação de serviço de planejamento estratégico uma única vez ao longo de história, sem que isso torne o gasto anormal ou inusual.

Assim, a menção às despesas que se apresentam de forma usual, costumeira e ordinária não deve ser interpretada no sentido de frequência temporal, mas, sim, no contexto de desembolsos ordinários, incorridos no desenvolvimento normal e usual dos negócios da pessoa jurídica, que não constituem inversões de capital. Aliás, se não fosse assim, a própria noção de necessidade de despesa absorveria os demais requisitos o art. 47 da Lei nº 4.506/64, tendo em vista que a despesa necessária, por estar vinculada à atividade econômica da pessoa jurídica e à manutenção da fonte produtora da renda, seria naturalmente considerada normal e usual. Daí se entender que tais requisitos defluem da tradicional distinção entre despesas e custos, pois o caráter usual e normal da despesa advém do seu vínculo ordinário com a atividade econômica da pessoa jurídica.

Superado esse ponto, cabe frisar que o conceito de despesa necessária deve ser aplicado segundo critérios objetivos, sem qualquer julgamento pessoal ou juízo de valor a respeito das escolhas empresariais da pessoa jurídica. O intérprete, ao avaliar a necessidade de determinada despesa, deve afastar ilações de ordem meramente subjetiva, examinando os fatos à luz da relação objetiva existente entre a despesa e a atividade econômica da pessoa jurídica, evitando-se, com isso, ingerências baseadas em fatores subjetivos. Disso decorre que a autoridade fiscal não deve ter qualquer ingerência sobre a estratégia empresarial adotada pela empresa ou sobre o modo pelo qual o contribuinte decide realizar determinado negócio. Isso é assim porque o direito tributário está submetido ao princípio da estrita legalidade, de tal modo que a obrigação tributária não pode derivar do sentimento subjetivo do intérprete ou aplicador da lei. Logo, ainda que a atividade de intepretação jurídica possua uma inegável carga construtiva, o intérprete não pode ignorar as balizas estabelecidas pelo texto legal, que exige o exame da vinculação da despesa com a atividade econômica da pessoa jurídica ou com a fonte produtora de rendimentos. Até porque, se assim não fosse, os contribuintes não estariam submetidos ao império da lei, mas, sim, ao arbítrio do intérprete.

Além disso, cabe pontuar que o requisito da necessidade da despesa não deve ser interpretado literalmente, no sentido de que o dispêndio deve ser inevitável ou imprescindível para a atividade econômica da pessoa jurídica. Ao contrário, em certas circunstâncias, é possível que uma despesa aparentemente dispensável atenda aos pressupostos para a sua dedução do lucro real e da base de cálculo da CSLL, em virtude de sua vinculação com a atividade econômica da pessoa jurídica. Assim, as despesas assumidas por conveniência da gestão empresarial, mas no interesse da própria pessoa jurídica, são dedutíveis para fins de determinação do lucro real e da base de cálculo da CSLL, independentemente da existência, ou não, de compulsoriedade jurídica.

Daí decorre que o conceito de despesa necessária não se restringe ao dispêndio que a pessoa jurídica está obrigada a incorrer, por força de imposição legal ou vínculo contratual. Ao revés, há inúmeras despesas que a pessoa jurídica não está obrigada a suportar, mas que, ainda assim, são dedutíveis para fins de determinação do lucro real e da base de cálculo da CSLL. Assim, o caráter obrigatório ou espontâneo da despesa, isoladamente considerado, não é determinante para assegurar ou impedir a sua dedução. É preciso, como já mencionado, investigar a relação de pertinência existente entre a despesa e a atividade econômica da pessoa jurídica, afastando-se ilações meramente subjetivas.

Em resumo, do cotejo do Parecer Normativo CST nº 32, de 17.8.1981, com o art. 311 do RIR/18, podemos extrair que a despesas dedutíveis são aquelas que reúnam as seguintes características:

(1) Usuais.

(2) Normais.

(3) Necessárias.

(4) Escrituradas e comprovadas.

(5) Incorridas no período competente.

Vejamos algumas despesas com mais detalhes e o tratamento determinado pela legislação tributária.

PROVISÕES

Conforme determina o art. 339 e seguintes do RIR/18, na determinação do lucro real e da base de cálculo da CSLL, somente serão dedutíveis as seguintes provisões: (i) técnicas das companhias de seguro e de capitalização, das entidades de previdência privada complementar e das operadoras de planos de assistência à saúde, quando constituídas por exigência da legislação especial a elas aplicável; (ii) para perdas de estoques de livros; (iii) para o pagamento de férias de empregados; e (iv) para o pagamento de décimo terceiro salário de empregados. As demais provisões devem ser adicionadas ao lucro líquido, para fins de determinação do lucro real e da base de cálculo da CSLL.

Voltemos ao exemplo do início do capítulo. Notem a adição de Provisão para Contingência Trabalhista e a adição de Reversão de Provisão de Contingência Tributária. Isso ocorre porque as provisões, excetuadas as acima mencionadas, são indedutíveis, por envolverem estimativas relacionadas a probabilidade de perda da empresa em discussões de natureza trabalhista. Tais provisões somente serão consideradas dedutíveis quando se tornarem despesas incorridas, o que ocorre, por exemplo, na hipótese de trânsito em julgado em ação trabalhista reconhecendo a dívida.

Da mesma forma, a contabilização de uma receita de reversão de provisão de contingência tributária deve ser excluída da apuração, pois não se trata efetivamente de uma receita nova da empresa, mas, sim, de reversão de uma provisão anterior, que não foi deduzida para fins de determinação do lucro real e da base de cálculo da CSLL. Por isso, essa "receita contábil" deve ser excluída para fins de apuração do lucro real e da base de cálculo da CSLL. Isso pode acontecer, por exemplo, quando a empresa vence a ação judicial cujo prognóstico era de perda provável. Nessa hipótese, para reversão da provisão registrada no passivo, é realizado um crédito em resultado, elemento positivo que aumenta o lucro contábil. Contudo, esse lançamento com natureza de receita contábil não se conforma ao conceito jurídico de receita, devendo ser excluído na apuração do lucro real e da base de cálculo da CSLL. Note que, em um primeiro momento, foram realizadas uma adição (despesa indedutível) e, num período posterior, a exclusão da receita relacionada à reversão da provisão anteriormente registrada.

No exemplo inicialmente proposto, verificamos que o lucro contábil da empresa contém valor de R$ 1.200.000,00 referente à reversão de provisão de contingência tributária. Trata-se de um valor que aumentou o lucro contábil do contribuinte referente à "baixa" de uma provisão anteriormente registrada no passivo e que não foi considerada despesa dedutível. Nesse caso, em atendimento ao inciso III do art. 40 da IN nº 1700/17, o montante deve ser excluído para fins de apuração do lucro real, o que efetivamente foi realizado, conforme podemos conferir na apuração do IRPJ e CSLL do caso exemplificado.

PERDAS NO RECEBIMENTO DE CRÉDITOS

As perdas no recebimento de créditos decorrentes das atividades da pessoa jurídica poderão ser deduzidas como despesas, para determinação do lucro real e da base de cálculo da CSLL, observados os limites de valor e as condições estabelecidas pela legislação tributária (art. 9º da Lei nº 9.430/96). Dessa forma, a dedutibilidade segue o regramento das Tabelas 17.2 e 17.3.

Tabela 17.2   Débitos sem garantia

VALOR	VENCIMENTO	CONDIÇÃO
Independente	Independente	Insolvência judicial
Até R$ 15.000,00	+ de 6 meses	Nenhuma
De R$ 15.001,00 a R$ 100.000,00	+ de 1 ano	Cobrança Administrativa
Acima de R$ 100.000,00	+ de 1 ano	Procedimento Judicial de Cobrança

Tabela 17.3 Débitos com garantia

VALOR	VENCIMENTO	CONDIÇÃO
Até R$ 50.000,00	+ de 2 anos	Nenhuma
Acima de R$ 50.000,00	+ de 2 anos	Procedimento Judicial de Cobrança

Vale ressaltar que o art. 9º da Lei nº 9.430/96 representa um regime de dedução antecipada de perdas, independentemente de sua materialização como uma perda definitiva. Assim, cumpridas essas condições, as perdas podem ser deduzidas pela pessoa jurídica, mesmo antes da prescrição ou de sentença judicial irrecorrível que declare a impossibilidade de adimplemento da dívida.

Observe-se que o art. 9º-A da Lei nº 9.430/96, introduzido pela Lei nº 14.043/20, passou a prever que, na hipótese de inadimplência do débito, as exigências de judicialização poderão ser substituídas pelo protesto.

Ao tratar dos registros contábeis dessas perdas, o art. 10 da Lei nº 9.430/96 estabelece as contas contábeis cujos lançamentos das perdas devem ser efetuados, prevendo que:

- Caso tenha ocorrido a desistência da cobrança do crédito pela via judicial antes de decorridos cinco anos do vencimento do crédito, a perda registrada deverá ser estornada ou adicionada ao lucro líquido, para efeito de determinação do lucro real e da base de cálculo da CSLL, sendo o tributo considerado postergado.

- Os valores registrados em redução ao crédito poderão ser baixados de forma definitiva, a partir do período de apuração em que se completar cinco anos do vencimento do crédito, sem que o crédito tenha sido liquidado pelo devedor.

ROYALTIES

Nos termos dos arts. 362 e seguintes do RIR/18, a dedução de despesas com *royalties* será admitida quando necessárias para que o contribuinte mantenha a posse, o uso ou a fruição do bem ou direito que produz o rendimento. Trata-se, portanto, de um critério geral para a dedução das despesas de *royalties*, baseado na sua relação de pertinência com a atividade da pessoa jurídica.

O art. 363 do RIR/18 elenca diversas hipóteses em que as despesas incorridas a título de *royalties* não serão dedutíveis, ou serão parcialmente dedutíveis, para fins de determinação do lucro real, dentre as quais se destacam: (i) os *royalties* pagos a sócios ou a dirigentes de empresas, e a seus parentes ou dependentes; (ii) os *royalties* pelo uso de patentes de invenção, processos e fórmulas de fabricação ou pelo uso de marcas de indústria ou de comércio pagos pela filial no País de empresa com sede no exterior, em benefício de sua matriz; e (iii) os *royalties* pelo uso de patentes de invenção, processos e fórmulas de fabricação ou pelo uso de marcas de indústria ou de comércio pagos pela sociedade com sede no País a pessoa com domicílio no exterior que mantenha, direta ou indiretamente, controle do seu capital com direito a voto, observado o disposto no parágrafo único.

No caso de *royalties* pela exploração de patentes de invenção ou uso de marcas de indústria ou de comércio, bem como de pagamento de remuneração por assistência técnica, científica, administrativa ou semelhante, as despesas incorridas pela pessoa jurídica estarão sujeitas ao limite máximo de 5% (cinco por cento) da receita líquida.

Observe-se que o limite à dedução de despesas com *royalties* corresponde a um percentual da receita líquida obtida pela pessoa jurídica no Brasil com a exploração econômica do ativo intangível. A receita líquida consiste na receita bruta diminuída das devoluções e vendas canceladas, dos descontos incondicionais, dos tributos incidentes sobre a receita bruta e dos valores decorrentes de ajustes a valor presente.

OPERAÇÕES COM FINALIDADE DE *HEDGE*

As operações com finalidade de cobertura (*hedge*) correspondem a estratégias de proteção utilizadas com contratos derivativos, cuja finalidade consiste na proteção contra riscos inerentes às oscilações de preço ou de taxas, quando o objeto do contrato negociado: (i) estiver relacionado com as atividades operacionais da pessoa jurídica; e (ii) destinar-se à proteção de direitos ou obrigações da pessoa jurídica.

As operações de cobertura são caracterizadas a partir de sua finalidade de reduzir ou eliminar os riscos inerentes às oscilações de índices econômicos (preços, moedas, taxas e juros), por meio da contratação, no mercado de liquidação futura, de uma operação em sentido inverso ao item patrimonial protegido no mercado à vista, a fim de que a perda incorrida em uma operação seja compensada, total ou parcialmente, com o ganho auferido na operação contraposta. Assim, ao realizar uma operação com finalidade de hedge, o agente econômico utiliza uma estratégia financeira para neutralizar a sua posição (comprada ou vendida) em determinado item patrimonial, com o objetivo de reduzir ou limitar o impacto que as flutuações de índices econômicos podem causar nos resultados de sua atividade econômica.

Imagine, por exemplo, a obrigação de pagamento de uma dívida de 10 milhões de dólares no prazo de dois anos. Suponha, ainda, que o atualmente o dólar esteja cotado em R$ 6,00. Isso significa que a dívida total atinge o montante de 60 milhões de reais. Nessa hipótese, caso daqui dois anos o dólar esteja avaliado em R$ 8,00, há um aumento da dívida de 20 milhões de reais, gerando perda excessiva para a empresa. É bem verdade que existe a possibilidade de a cotação da moeda cair, tendo como consequência um ganho para a empresa, mas, dada a volatilidade da cotação da moeda e as incertezas envolvidas, parece oportuno se proteger desse risco, o que a empresa pode fazer adquirindo no mercado financeiro uma opção de compra de 10 milhões de dólares ao preço de R$ 6,00 com vencimento daqui a dois anos.

Dessa forma, independentemente do valor da cotação da moeda na data do vencimento da dívida, a empresa terá a garantia de que terá a opção de adquirir 10 milhões de dólares ao preço estipulado de 60 milhões de reais, estando plenamente protegida do risco da variação cambial. Evidentemente, essa operação de cobertura tem um custo, que corresponde justamente ao prêmio cobrado pela ponta vendedora, que se compromete a entregar 10 milhões de dólares ao preço de R$ 6,00 no prazo de dois anos.

É importante registrar que a finalidade de cobertura (*hedge*) não é uma característica intrínseca a determinado instrumento derivativo (termo, opção, futuro ou *swap*), refletindo, na verdade, a função ou a utilidade prática buscada pela pessoa jurídica no momento da realização da operação com o instrumento derivativo.

DEPRECIAÇÃO, AMORTIZAÇÃO E EXAUSTÃO

Como regra geral, as aplicações de capital não podem ser imediatamente registradas como despesas, devendo integrar o custo de aquisição do bem ou direito.

O tratamento das aplicações de capital é uma característica típica do IRPJ e da CSLL, sendo necessário identificar se o desembolso realizado pela pessoa jurídica gera benefício econômico presente ou futuro, a fim de verificar seu tratamento como custo ou despesa (Quadro 17.2).

Quadro 17.2 Benefício econômico × classificação contábil dos gastos

Gastos (desembolso)	
Benefício econômico	**Classificação contábil**
Presente	▪ Despesa no resultado do exercício
Futuro	▪ Ativado como despesa antecipada (ativo circulante ou realizável a longo prazo)
	▪ Ativado como despesa pré-operacional (ativo intangível)
	▪ Ativado no não circulante (investimento, imobilizado ou intangível)

Não se devem confundir os institutos da depreciação (desgaste ou obsolescência), amortização (perda de direitos de duração limitada por lei ou contrato) e exaustão (extração de recursos minerais e florestais). Cada uma delas tem regras próprias e distintas, que serão examinadas brevemente a seguir.

DEPRECIAÇÃO

A depreciação corresponde à diminuição do valor dos bens do ativo não circulante classificados como imobilizado resultante do desgaste pelo uso, ação da natureza e obsolescência normal.

Observe-se que o bem que não está sendo utilizado, mas que esteja em condições de produzir, também pode sofrer desgastes por ação da natureza ou por obsolescência (por exemplo, paralisação da produção por conta da COVID-19).

Enquanto houver saldo de custo ainda não depreciado, pode haver depreciação dentro do limite máximo estimado anual.

A depreciação será deduzida pelo contribuinte que suportar o encargo econômico do desgaste ou obsolescência, de acordo com as condições de propriedade, posse ou uso do bem.

A quota de depreciação é dedutível a partir da época em que o bem é instalado, posto em serviço ou em condições de produzir e não poderá ultrapassar o custo de aquisição do bem.

ATENÇÃO!

O desgaste reduz a capacidade de produção ou a eficiência do bem do ativo não circulante e pode decorrer dos seguintes fatores:

- Uso: emprego do bem na atividade econômica (desgaste físico).
- Ação da natureza: causas naturais (oxidação, ferrugem, mudanças climáticas, corrosão).
- Obsolescência: progresso tecnológico.

As taxas de depreciação admitidas para fins fiscais são fixadas pela Receita Federal do Brasil no anexo II da Instrução Normativa (IN) RFB nº 1.700/17. Trata-se de uma concessão à praticabilidade, uma vez que se privilegia o uso de taxas estimadas, o que dispensa a prova do desgaste real. Vejamos, nas Tabelas 17.3 e 17.4, alguns exemplos contidos no referido instrumento normativo.

Tabela 17.3 Tabela exemplificativa de taxa de depreciação fiscal

Bens	Taxa anual	Vida útil
Edifícios	4%	25 anos
Instalações	10%	10 anos
Móveis	10%	10 anos
Veículos de passageiros	20%	5 anos
Veículos de carga	25%	4 anos
Contêineres	10%	10 anos

Obs. 1: A taxa é fixada para o ano. No caso de início da depreciação no meio do período-base, o cálculo é feito por duodécimos (1/12 por mês).

Obs. 2: Não se exige ajuste proporcional aos dias do mês.

A lei admite a aceleração da depreciação dos bens móveis em função do número de horas diárias de operação, nos seguintes termos (art. 323 do RIR/18):

Tabela 17.4 Depreciação fiscal acelerada

Turno	Coeficiente
1 turno de 8 horas	1
2 turnos de 8 horas (16 horas)	1,5
3 turnos de 8 horas (24 horas)	2

Quando o registro do bem for feito por conjunto de equipamentos, sem especificação suficiente para permitir a aplicação de taxas de depreciação diferentes, de acordo com a natureza do bem, o contribuinte pode: (i) adotar taxas médias, desde que justificadas (laudo do Instituto Nacional de Tecnologia); ou (ii) utilizar as taxas aplicáveis aos bens de maior vida útil que integrarem o conjunto (art. 320, § 3º, do RIR/18).

Se o contribuinte deixar de deduzir a depreciação de um bem depreciável do ativo imobilizado em determinado período de apuração, não poderá fazê-lo acumuladamente fora do período em que ocorreu a utilização desse bem, tampouco os valores não deduzidos poderão ser recuperados posteriormente mediante utilização de taxas superiores às máximas permitidas.

Porém, não há renúncia do direito à depreciação. É preciso apenas observar as taxas máximas admitidas, depreciando o ativo por mais tempo. Veja-se:

ANO	2016	2017	2018	2019	2020	100%
DEPRECIAÇÃO	20%	20%	20%	20%	20%	

ANO	2016	2017	2018	2019	2020	2021	100%
DEPRECIAÇÃO	10%	20%	20%	20%	20%	10%	

Como se pode verificar do exemplo acima, enquanto o bem estiver em uso e o seu custo não estiver totalmente depreciado, a depreciação é cabível, desde que observado o limite anual.

Nesse ponto, convém retornar ao cálculo do lucro real sugerido no início desse capítulo. Notamos na DRE os seguintes itens:

(–) Despesas com Depreciação de Bens Próprios   – 800.000 (I)
(–) Despesas com Depreciação de Bens Arrendados   – 400.000 (II)

Já nos ajustes feitos ao lucro líquido encontramos, respectivamente, a adição e a exclusão a seguir:

Despesas com Depreciação de Bens Arrendados   400.000,00 (III)
Depreciação Fiscal   – 800.000,00 (IV)

Qual a explicação que justifica esses ajustes? Em primeiro lugar, verificamos que a empresa possui bens próprios e bens que são arrendados. No caso dos bens de propriedade do contribuinte a despesa de depreciação será aquela prevista no anexo II da IN RFB nº 1700/17. Para fins didáticos, constou no enunciado a informação de que a despesa de depreciação fiscal será o dobro daquela registrada na contabilidade, que pode decorrer, por exemplo, de depreciação acelerada. Portanto, como na DRE há registro de despesa de depreciação de R$ 800 mil (I), foi feita a exclusão de mais R$ 800 mil no Lalur (IV), totalizando a dedutibilidade fiscal da despesa de depreciação em R$ 1,6 milhão (o dobro da despesa contábil).

Por sua vez, no que se refere à despesa de depreciação contábil dos bens arrendados (II), o § 6º do art. 317 do RIR/18 veda expressamente a sua dedutibilidade. Nesse caso, a empresa pode deduzir o valor pago a título de arrendamento, mas a depreciação do bem não é dedutível, o que motivou a adição de R$ 400 mil (III) reais relacionados ao bem arrendado.

AMORTIZAÇÃO

Amortização corresponde à perda do valor do capital aplicado na aquisição de direitos cuja existência ou exercício tenha duração limitada ou bens cuja utilização pelo contribuinte tenha o prazo legal ou contratualmente limitado.

Como exemplo de bens passíveis de amortização, é possível citar os seguintes:

- Patentes de invenção, fórmulas e processos de fabricação, direitos autorais, licenças, autorizações ou concessões.
- Custo de aquisição, prorrogação ou modificação de contratos e direitos de qualquer natureza, inclusive de exploração de fundos de comércio.
- Custos de construções ou benfeitorias em bens locados ou arrendados, ou em bens de terceiros, quando não houver direito ao recebimento de seu valor.
- O valor de direitos contratuais de exploração de florestas.
- Os demais direitos classificados no ativo não circulante intangível.

Além desses exemplos, que constam do rol do art. 331 do RIR/18, é possível citar outras hipóteses de direitos passíveis de amortização, tais como o valor de luvas pago em contrato de locação com prazo determinado, o valor pago na aquisição de fundo de comércio, se houver prazo contratual limitado para a sua exploração, a benfeitoria em contrato de locação por prazo determinado, sem direito de reembolso, entre outros.

EXAUSTÃO

A exaustão corresponde à perda do valor decorrente da exploração de recursos minerais ou florestais. Assim, os recursos florestais e minerais são bens que se sujeitam à exaustão, e não à depreciação ou à amortização, conforme dispõe os arts. 336 e 337 do RIR/18.

A menção aos recursos minerais e aos florestais revela o núcleo conceitual do fenômeno descrito: a exaustão se refere aos bens que terminam ou se esgotam, em razão de sua exploração, alcançando, portanto, bens finitos e esgotáveis.

No caso de recursos minerais, a quota de exaustão em cada período-base é estabelecida pela proporção entre o volume da produção efetiva do período e a possança conhecida da mina. Esse critério não se aplica, porém, à exploração de jazidas minerais inesgotáveis ou de exaurimento indeterminável, como as de água mineral, que não ficam sujeitos à exaustão e, portanto, não são considerados encargos dedutíveis para apuração do lucro real e da base de cálculo da CSLL.

Na hipótese de recursos florestais, o valor da quota da exaustão será determinado com a observância dos seguintes critérios: (i) será apurado, inicialmente, o percentual que o volume dos recursos florestais utilizados ou a quantidade de árvores extraídas durante o período de apuração representa em relação ao volume ou à quantidade de árvores que, no início do período de apuração, compunham a floresta; e (ii) será aplicado o percentual encontrado sobre o valor contábil da floresta, registrado no ativo, e o resultado será considerado como custo dos recursos florestais extraídos.

VOCÊ SABIA?

Os projetos florestais destinados à exploração dos respectivos frutos estão sujeitos à depreciação, diferentemente dos recursos florestais destinados a corte, os quais estão sujeitos à exaustão, por se esgotarem ou desaparecerem após o corte. Essa diferença no tratamento tributário está em linha com a distinção fundamental entre a depreciação e a exaustão: os bens depreciáveis são utilizados e, por isso, desgastados; os bens sujeitos à exaustão são explorados e, por isso, esgotados.

TRIBUTOS E MULTAS

As despesas realizadas com o pagamento de tributos são dedutíveis na determinação do lucro real e do resultado ajustado, segundo o regime de competência, exceto em relação aos tributos cuja exigibilidade esteja suspensa nos termos dos incisos II a V do art. 151 do CTN, haja ou não depósito judicial. Um ponto importante a ser destacado é que, por serem dedutíveis na apuração do lucro real, caso o contribuinte recupere valores de tributos indevidamente recolhidos, o valor recuperado será tributado, devendo ser computado na base de cálculo do lucro real e da CSLL, conforme entendimento contido no Ato Declaratório Interpretativo SRF nº 25, de 24.12.2003.

Por sua vez, embora seja uma despesa tributária, o valor da CSLL não poderá ser deduzido para efeito de determinação do lucro real, nem de sua própria base de cálculo.

Da mesma forma, não são dedutíveis na apuração do lucro real e do resultado ajustado as multas por infrações fiscais, salvo as de natureza compensatória e as impostas por infrações de que não resultem falta ou insuficiência de pagamento de tributo. Na verdade, regra geral, todas as demais multas, exceto essas ressalvadas, são indedutíveis para fins de apuração de lucro real, na medida em que não são consideradas despesas necessárias para a atividade do contribuinte, conforme entendimento exarado pela autoridade fiscal no Parecer Normativo CST nº 61/79.

Isso nos permite retornar ao exemplo do início do capítulo, no qual identificamos que a empresa registrou contabilmente uma despesa com multa no valor de R$ 200.000,00. Não se tratando de uma multa por infração fiscal de natureza compensatória, então devemos realizar a adição, o que foi feito na apuração do lucro real, no qual consta o ajuste de R$ 200.000,00.

DESPESAS COM ALIMENTAÇÃO

As despesas com alimentação somente poderão ser deduzidas na apuração do lucro real e do resultado ajustado quando fornecida pela pessoa jurídica, indistintamente, a todos os seus empregados, conforme dispõe o art. 383 do RIR/18. Já as despesas com alimentação de sócios, acionistas e administradores devem ser adicionadas ao lucro real, por representarem despesas indedutíveis (art. 260, alínea *b*, IV, do RIR/18). Contudo, tais despesas serão dedutíveis se integrarem a remuneração dos beneficiários, o que significa comporem a base de cálculo do INSS e da IRPF (alínea *a* do inciso II do *caput* do art. 679 do RIR/18).

Além de ser considerada dedutível, nas condições mencionadas, a empresa fará jus à benefício adicional caso participe do Programa de Alimentação do Trabalhador (PAT), nos termos dispostos nos arts. 641 a 647 do RIR/18.

Em linhas gerais, a pessoa jurídica poderá deduzir do imposto sobre a renda devido o valor equivalente à aplicação da alíquota do imposto sobre a soma das despesas de custeio realizadas no período de apuração, no PAT. A menção à "alíquota do imposto de renda" abrange apenas a alíquota básica de 15%, mas não a alíquota adicional de 10%.

Conforme dispõe expressamente o art. 642 do RIR/18, a dedução das despesas do PAT é limitada a 4% do imposto sobre a renda devido em cada período de apuração e o excesso poderá ser transferido para dedução nos dois anos-calendário subsequentes.

Uma curiosidade acerca do PAT é que não é incomum a União Federal, por meio de Decretos, restringir os benefícios do programa. Tomemos como exemplo o Decreto nº 10.854/21, que limitou a dedutibilidades das despesas do programa aos valores despendidos para os trabalhadores que recebam até cinco salários-mínimos, o que não está previsto em lei. Como resultado, são comuns as discussões judiciais envolvendo os benefícios do programa, sendo fundamental que o contribuinte acompanhe as discussões para se valer de todos os benefícios permitindo na lei.

PAGAMENTO BASEADO EM AÇÕES

O valor da remuneração pelos serviços prestados por empregados ou similares, paga por meio da entrega de ações, deve ser inicialmente adicionado ao lucro líquido contábil para fins de determinação do lucro real e da base de cálculo da CSLL, sendo posteriormente excluído das bases de cálculo dos aludidos tributos no momento da efetiva liquidação em caixa ou entrega de instrumentos financeiros.

Assim, o efeito prático do art. 33 da Lei nº 12.973/14 é diferir a dedução da despesa relativa ao pagamento efetuado em ações para o momento da sua efetiva liquidação. Nessa hipótese, a adição inicial é temporária, o que tem como consequência o registro de um ativo fiscal diferido, que será revertido quando ocorrer a liquidação da operação, com a exclusão da despesa para fins tributários.

JUROS SOBRE CAPITAL PRÓPRIO

De acordo com o art. 9º da Lei nº 9.249/95, a pessoa jurídica poderá deduzir o JCP pago ou creditado, aos sócios ou aos acionistas, limitados à variação, *pro rata die*, da Taxa de Juros de Longo Prazo (TJLP) e calculados, exclusivamente, sobre as seguintes contas do patrimônio líquido: capital social; reservas de capital; reservas de lucros; ações em tesouraria; e prejuízos acumulados.

Após o cálculo do montante a ser pago a título de JCP, a dedutibilidade fiscal da despesa correspondente para a pessoa jurídica está condicionada à observância de limites quantitativos objetivos, a saber:

(a) 50% do lucro líquido do exercício antes da dedução desses juros.

(b) 50% do somatório dos lucros acumulados e reservas de lucros (sem incluir aqui o lucro do exercício em questão).

Os limites indicados acima são alternativos, de modo que a pessoa jurídica poderá optar pelo maior valor para fins de dedutibilidade da respectiva despesa na determinação do lucro real e da base de cálculo da CSLL.

Ademais, convém registrar que, em rigor, os limites indicados acima não proíbem o pagamento ou crédito do JCP em si, na medida em que a remuneração do capital investido por sócios ou acionistas é uma faculdade outorgada à pessoa jurídica, que depende apenas de aprovação em deliberação societária. De todo modo, em caso de eventual inobservância dos limites acima, o valor excedente será considerado indedutível para fins de apuração do lucro real e da base de cálculo da CSLL, o que, na prática, torna a opção pelo pagamento ou crédito de JCP ineficiente sob o ponto de vista tributário.

De acordo com o art. 9º, § 6º, da Lei nº 9.249/95, os valores pagos ou creditados aos sócios ou acionistas a título de JCP poderão, a critério da pessoa jurídica, ser imputados ao valor dos dividendos obrigatórios estabelecidos pela legislação societária.

Retornando ao exemplo inicial verificamos que há, na apuração do lucro real, uma exclusão de 1.500.000,00 referente à JCP distribuídos. Isso ocorre porque, conforme vimos acima, os juros sobre capital próprio, atendidos os limites legais, são consideradas despesas dedutíveis para a empresa que efetua seu pagamento, devendo, portanto, o montante ser excluído para apuração da base de cálculo do IRPJ e CSLL. Daí a possibilidade de dedução dos valores em questão pela pessoa jurídica.

PREÇOS DE TRANSFERÊNCIA

As regras de preços de transferência foram introduzidas no sistema tributário brasileiro pela Lei nº 9.430/96, com o objetivo de controlar a manipulação de preços em transações realizadas com pessoas físicas ou pessoas jurídicas vinculadas ou com pessoas físicas ou pessoas jurídicas residentes em jurisdição com tributação favorecida (JTF) ou em regime fiscal privilegiado (RFP).

Para tanto, as regras de preços de transferência ajustam os preços praticados nas operações comerciais e financeiras incluídas em seu âmbito normativo, com o objetivo de corrigir distorções no resultado contábil da pessoa jurídica, a fim de adequá-lo à renda efetivamente auferida em transações internacionais.

VOCÊ SABIA?

Ao contrário das regras de preços de transferência adotadas no âmbito da OCDE, os métodos previstos na Lei nº 9.430/96 estão baseados na fixação de margens predeterminadas de lucro, na estipulação de zonas de segurança (*"safe harbours"*) e no estabelecimento de restrições à comparabilidade livre, como forma de reduzir a subjetividade e a incerteza na aplicação do direito.

Em geral, as regras brasileiras de preços de transferência são aplicáveis a quaisquer transações envolvendo bens, direitos, serviços ou juros, com exceção dos pagamentos realizados a título de *royalties* e de remuneração de assistência técnica, científica, administrativa e assemelhadas, que estão sujeitos à legislação específica.

Note-se que, como regra geral, as pessoas jurídicas têm a possibilidade de escolher, entre os métodos disponíveis na Lei nº 9.430/96, aquele que melhor atende aos seus interesses, diante do caso concreto, salvo em relação ao PCI e o PECEX, que são de aplicação obrigatória no caso de operações de exportação de *commodities*.

No que tange às operações de importação, o art. 18 da Lei nº 9.430/96 dispõe que os custos, despesas e encargos relativos a bens, serviços e direitos, constantes dos documentos de importação ou de aquisição, nas operações efetuadas com pessoa vinculada, somente serão dedutíveis na determinação do lucro real até o valor que não exceda ao preço determinado por um dos seguintes métodos:

- **Método dos Preços Independentes Comparados (PIC)**, definido como a média aritmética ponderada dos preços de bens, serviços ou direitos, idênticos ou similares, apurados no mercado brasileiro ou de outros países, em operações de compra e venda empreendidas pela própria interessada ou por terceiros, em condições de pagamento semelhantes.

- **Método do Preço de Revenda menos Lucro (PRL)**, definido como a média aritmética ponderada dos preços de venda, no país, dos bens, direitos ou serviços importados, em condições de pagamento semelhantes e calculados conforme a metodologia estabelecida na lei.

- **Método do Custo de Produção mais Lucro (CPL)**, definido como o custo médio ponderado de produção de bens, serviços ou direitos, idênticos ou similares, acrescido dos impostos e taxas cobrados na exportação no país onde tiverem sido originariamente produzidos, e de margem de lucro de 20%, calculada sobre o custo apurado.

- **Método do Preço sob Cotação na Importação (PCI)**, definido como os valores médios diários da cotação de bens ou direitos sujeitos a preços públicos em bolsas de mercadorias e futuros internacionalmente reconhecidas.

No caso de **operações de exportação**, o art. 19 da Lei nº 9.430/96 contém uma regra de "*safe harbour*", que dispensa o controle de preços de transferência na hipótese em que o preço médio de venda dos bens, serviços ou direitos, nas exportações efetuadas durante o respectivo período de apuração, for superior a 90% do preço médio praticado na venda dos mesmos bens, serviços ou direitos, no mercado brasileiro, durante o mesmo período, em condições de pagamento semelhantes. Na prática, esse percentual de 90% funciona como uma "porta de entrada" para a aplicação dos preços de transferência nas exportações. Desse modo, o contribuinte que não pratica preço médio de exportações inferior ao referido percentual não está sujeito a ajustes, independentemente da aplicação dos métodos previstos em lei. De qualquer forma, o "*safe harbour*" não é aplicável às exportações de *commodities* sujeitas ao PECEX, conforme prevê o art. 21 da IN RFB nº 1.312/12.

Caso o contribuinte não esteja protegido pelas regras de "*safe harbor*" descritas, quando aplicáveis, o preço parâmetro (receita mínima de exportação) poderá ser apurado com base nos seguintes métodos:

- **Método do Preço de Venda nas Exportações (PVEx)**, definido como a média aritmética dos preços de venda nas exportações efetuadas pela própria empresa, para outros clientes, ou por outra exportadora nacional de bens, serviços ou direitos, idênticos ou similares, durante o mesmo período de apuração da base de cálculo do imposto de renda e em condições de pagamento semelhantes.

- **Método do Preço de Venda por Atacado no País de Destino**, Diminuído do Lucro (PVA), definido como a média aritmética dos preços de venda de bens, idênticos ou similares, praticados no mercado atacadista do país de destino, em condições de pagamento semelhantes, diminuídos dos tributos incluídos no preço, cobrados no referido país, e de margem de lucro de 15% sobre o preço de venda no atacado.

- **Método do Preço de Venda a Varejo no País de Destino**, diminuído do Lucro (PVV), definido como a média aritmética dos preços de venda de bens, idênticos ou similares, praticados no mercado varejista do país de destino, em condições de pagamento semelhantes, diminuídos dos tributos incluídos no preço, cobrados no referido país, e de margem de lucro de trinta por cento sobre o preço de venda no varejo.

- **Método do Custo de Aquisição ou de Produção mais Tributos e Lucro (CAP)**, definido como a média aritmética dos custos de aquisição ou de produção dos bens, serviços ou direitos, exportados, acrescidos dos impostos e contribuições cobrados no Brasil e de margem de lucro de 15% sobre a soma dos custos mais impostos e contribuições.

- **Método do Preço sob Cotação na Exportação (PECEX)**, definido como os valores médios diários da cotação de bens ou direitos sujeitos a preços públicos em bolsas de mercadorias e futuros internacionalmente reconhecidas.

Esses métodos podem ser livremente aplicados, a critério do contribuinte, não existindo ordem ou preferência, com exceção do PCI e do PECEX, que são obrigatórios no caso de operações de exportação de *commodities* listadas no anexo I e sujeitas a preços públicos em bolsas de mercadorias e futuros listadas no Anexo II ou em nas instituições de pesquisas setoriais internacionalmente reconhecidas listadas no Anexo III, todos da IN RFB nº 1312/02.

Com relação às operações financeiras, o art. 22 da Lei nº 9.430/96 prevê que os juros pagos ou creditados pela pessoa jurídica no Brasil, ou a receita financeira mínima a ser reconhecida, serão calculados com base em dois componentes: (i) taxa de juros predeterminada pela lei; e (ii) margem de *spread* definida em ato do Ministro da Fazenda, conforme Quadro 17.3.

Quadro 17.3 Taxa de referência para ajuste de preços de transferência de operações financeiras

Operações	Taxa de referência	*Spread* anual
Operações em dólares dos Estados Unidos da América com taxa prefixada	Taxa de mercado dos títulos soberanos da República Federativa do Brasil emitidos no mercado externo em dólares dos Estados Unidos da América	Despesa financeira – 3,5% Receita financeira – 2,5%
Operações em reais no exterior com taxa prefixada	Taxa de mercado dos títulos soberanos da República Federativa do Brasil emitidos no mercado externo em reais	Despesa financeira – 3,5% Receita financeira – 2,5%
Demais casos	London Interbank Offered Rate – LIBOR pelo prazo de 6 meses	Despesa financeira – 3,5% Receita financeira – 2,5%

Como exemplo, suponha-se um empréstimo passivo de USD 1 milhão com taxa pré-fixada de 10% ao ano e prazo de cinco anos.

Por se tratar de operação em dólares dos Estados Unidos da América com taxa prefixada, é preciso identificar, inicialmente, a taxa de mercado dos títulos soberanos emitidos pelo Brasil no mercado externo em dólares.

A análise dos títulos soberanos ativos no mercado secundário permitirá a seleção daquele com vencimento comparável, para mitigar distorções. Nesse exemplo, o título seria o Global 2023 (US105756BU30), com "*yield at maturity*" (YTM) de 3,395%.

Assim, somando-se o YTM de 3,395% com a margem de *spread* de 3,5%, constata-se que o a taxa máxima de juros admitida, para fins de dedução das despesas pela pessoa jurídica no Brasil, seria 6,895%. Eventual excesso seria, portanto, indedutível para fins de determinação do lucro real e da base de cálculo da CSLL.

Cabe mencionar que a legislação tributária brasileira estabelece métodos rígidos e objetivos para o controle dos preços de transferência, não sendo outorgado ao contribuinte o direito de aplicar métodos alternativos para comprovar que o preço praticado efetivamente reflete o padrão de mercado, livre de interferências e manipulações, assim como não se admite que a Administração Tributária utilize métodos alternativos para proceder ao arbitramento do preço parâmetro, com o objetivo de evitar a transferência indireta de lucros. Logo, as técnicas de determinação do preço parâmetro admitidas no direito brasileiro são exclusivamente aquelas enumeradas no catálogo legal, em caráter exaustivo.

Por fim, tal qual acontece com todos os temas envolvendo a legislação tributária, as regras de preços de transferência são objeto de muitos debates e propostas de mudança de critérios, o que torna necessária a conferência dos dispositivos legais acima mencionados quando nos deparamos com um caso concreto, na medida em que podem ter sido objeto de alteração.

SUBCAPITALIZAÇÃO

A Lei nº 12.249/10 introduziu as regras de subcapitalização no direito tributário brasileiro com o objetivo de limitar a dedução, para fins de determinação do lucro real e da base de cálculo da CSLL, de despesas com juros pagos ou creditados a partes vinculadas no exterior, bem como a pessoas físicas ou jurídicas residentes em jurisdição com tributação favorecida ou em regime fiscal privilegiado. Para atingir esse objetivo, a lei prevê que, caso o endividamento da pessoa jurídica ultrapasse determinada proporção em relação ao seu patrimônio líquido, as despesas relativas aos juros considerados excessivos serão consideradas indedutíveis, independentemente da necessidade do contrato de mútuo e, consequentemente, dos respectivos recursos para a atividade da empresa.

Para efetuar o controle da subcapitalização, a Lei nº 12.249/10 prevê os seguintes limites para a dedução dos juros pagos ou creditados pela pessoa jurídica no Brasil:

(i) No caso de endividamento com pessoa jurídica vinculada no exterior que tenha participação societária na pessoa jurídica residente no Brasil, o valor do endividamento com a pessoa vinculada no exterior, verificado por ocasião da apropriação dos juros, não poderá ser superior a duas vezes o valor da participação da vinculada no patrimônio líquido da pessoa jurídica residente no Brasil.

(ii) No caso de endividamento com pessoa jurídica vinculada no exterior que não tenha participação societária na pessoa jurídica residente no Brasil, o valor do endividamento com a pessoa vinculada no exterior, verificado por ocasião da apropriação dos juros, não poderá ser superior a duas vezes o valor do patrimônio líquido da pessoa jurídica residente no Brasil.

(iii) Em qualquer dos casos previstos nos incisos (i) e (ii), o valor do somatório dos endividamentos com pessoas vinculadas no exterior, verificado por ocasião da apropriação dos juros, não seja superior a duas vezes o valor do somatório das participações de todas as vinculadas no patrimônio líquido da pessoa jurídica residente no Brasil.

No caso de juros pagos a pessoas físicas ou jurídicas residentes ou domiciliadas em jurisdição com tributação favorecida ou regime fiscal privilegiado, o valor total do endividamento não poderá ser superior a 30% do valor do patrimônio líquido da pessoa jurídica residente no Brasil.

Vale mencionar que as regras de subcapitalização também são aplicáveis às operações de endividamento com pessoa residente ou domiciliada no exterior em que o avalista, fiador, procurador ou qualquer interveniente for pessoa vinculada à pessoa jurídica residente ou domiciliada no Brasil. Além disso, as regras de subcapitalização incidem sobre as operações de empréstimo e financiamento efetuadas com pessoa vinculada no exterior, ainda que por meio de interposta pessoa considerada não vinculada, o que vem resguardar os interesses da Fazenda Pública contra as operações triangulares.

Os limites de dedutibilidade dos juros fixados pelas regras de subcapitalização também devem ser observados na hipótese em que a instituição financeira seja mera intermediária entre a pessoa jurídica que disponibilizou os recursos no exterior e a tomadora final dos recursos no Brasil, caso estas sejam vinculadas.

Para determinar o total de endividamento, a pessoa jurídica no Brasil deve considerar todas as formas e prazos de financiamento, independentemente de registro no Banco Central. Além disso, ao valor do principal, deve ser adicionado o montante dos juros incorridos e não pagos até o último dia útil do mês do cálculo do endividamento, nos termos do art. 7º, § 4º, da IN RFB nº 1.154/11. A média ponderada mensal deve ser calculada pelo somatório do endividamento diário, dividido pelo número de dias do mês correspondente.

Para efeito de cálculo do valor do endividamento, deverá ser adicionado ao valor do principal o montante dos valores dos juros incorridos e não pagos até o último dia útil do mês do cálculo do endividamento.

A bem de ver, seria mais razoável entender que o valor dos juros não pagos no prazo de vencimento somente deve compor o valor do endividamento nos casos em que houver disposição contratual prevendo que os juros vencidos devem ser incluídos no montante da dívida para fins de cálculo de novos acréscimos moratórios, ou seja, se estiver prevista no contrato a capitalização dos juros, prática comumente denominada anatocismo. Isso porque, se a intenção da norma é vedar a dedutibilidade das despesas com juros que erodem as bases tributáveis no Brasil, como consta na Exposição de Motivos, é evidente que somente podem ser tomados como endividamento os valores que gerem o pagamento de juros passíveis de dedução para efeito de apuração do lucro real e da base de cálculo, o que não ocorre nos casos em que não há previsão contratual para a cobrança de juros sobre juros.

Para fins de apuração dos limites de dedutibilidade, deve ser considerado o valor do patrimônio líquido constante no último balanço ou, opcionalmente, o seu montante considerando-se os resultados obtidos até o mês anterior ao da apropriação dos juros. Nesse caso, o balanço patrimonial e a apuração dos resultados devem estar transcritos no Livro Diário.

APLICAÇÃO CONCOMITANTE PREÇOS DE TRANSFERÊNCIA E SUBCAPITALIZAÇÃO

Questão interessante, que pode suscitar debates, diz respeito à aplicação concomitante de regras de preços de transferência e subcapitalização.

Diante da dúvida gerada pela aplicação cumulativa de ambos os regimes, diversas interpretações foram propostas na doutrina para solucioná-lo, conforme resumido a seguir:

(i) Aplicação escalonada das regras de preços de transferência e de subcapitalização, iniciando com as regras de preços de transferência, que limitam a taxa de juros. Em seguida, apenas as operações financeiras cujas taxas de juros estejam de acordo com o padrão de mercado devem ser submetidas ao controle de subcapitalização.

(ii) Aplicação escalonada das regras de subcapitalização e de preços de transferência, iniciando com as regras de subcapitalização, que estão sujeitas a controle mensal, enquanto o controle de preço de transferência ocorre apenas em 31 de dezembro de cada ano-calendário. Em seguida, apenas os juros relativos à parcela remanescente do endividamento, que não foi considerada excessiva pelas regras de subcapitalização, devem ser submetidos ao controle de preços de transferência, no encerramento do ano-calendário.

(iii) Adição simultânea dos ajustes fiscais de preços de transferência e de subcapitalização mediante soma algébrica, sem qualquer limitação ou intersecção.

(iv) Aplicação concomitante das regras de preços de transferência e das regras de subcapitalização, com a adição do maior ajuste fiscal para fins de determinação do lucro real, tendo em vista que a restrição à dedução do maior valor cumprirá o objetivo das duas normas.

A interpretação mais adequada é aquela exposta no item iv acima, pois as duas normas jurídicas (art. 22 da Lei nº 9.430/96 e arts. 24 e 25 da Lei nº 12.249/10) incidem concomitantemente sobre os fatos enquadrados em suas hipóteses normativas, sem qualquer possibilidade de escalonamento lógico ou temporal.

Essa interpretação parte do pressuposto de que ambas as normas incidem para controlar as despesas de juros, ainda que com finalidades distintas, que não entram em contradição. Ou seja, as regras de preços de transferência controlam o excesso de juros, independentemente do nível de endividamento da pessoa jurídica, ao passo que as regras de subcapitalização neutralizam o excesso de alavancagem, independentemente das taxas de juros pactuadas pelas partes.

Assim, diante da incidência concomitante das regras de preços de transferência ou de subcapitalização, caso o valor indedutível segundo uma delas seja diferente do valor indedutível segundo a outra, apenas o maior valor obtido será adicionado ao lucro líquido, para fins de determinação do lucro real. A realização do ajuste fiscal de maior valor se justifica pela simples razão de que, sendo uma única despesa submetida a duas regras que limitam a sua dedução, a parcela indedutível segundo a regra que determinou o maior ajuste fiscal absorve a parcela da mesma despesa indedutível segundo o menor ajuste fiscal.

Retornado ao exemplo anterior de um empréstimo passivo de USD 1 milhão com taxa pré-fixada de 10% ao ano e prazo de cinco anos. Para efeito de controle da subcapitalização, suponha-se que esse empréstimo foi contraído com parte vinculada no exterior que possui 100% do capital da pessoa jurídica no Brasil, de modo que o valor máximo de endividamento será de duas vezes o valor total do patrimônio líquido. Para fins de simplificação, consideramos uma taxa de câmbio de 5:1, de modo que o endividamento seria de R$ 5 milhões.

DADOS DO EXEMPLO	
Patrimônio líquido	2.000.000,00
Endividamento	5.000.000,00
Taxa de juros contratada	8% ao ano
Total de despesas de juros contabilizada	400.000,00

Limite de subcapitalização (2X PL)	4.000.000,00
Endividamento	5.000.000,00
Excesso	1.000.000,00
Juros excessivos	80.000,00

Limite de preços de transferência (6,895%)	344.750,00
Despesas de juros contabilizadas	400.000,00
Juros excessivos	55.250,00

Como se vê, nesse exemplo, a regra de subcapitalização impõe uma adição de R$ 80.000,00 a título de despesas de juros excessivas, valor que supera a adição prevista pelas regras de preços de transferência (R$ 55.250,00). Assim, ao efetuar a adição do maior valor, o contribuinte cumpriu concomitantemente as regras de preços de transferência e de subcapitalização.

DISTRIBUIÇÃO DISFARÇADA DE LUCROS

As regras de Distribuição Disfarçada de Lucros (DDL) têm o objetivo de neutralizar possíveis manipulações de resultado e transferências artificiais de lucros nas relações entre pessoas ligadas, por meio de certas condutas.

As hipóteses legais de distribuição disfarçada de lucros são objetivas e taxativas, abrangendo as seguintes hipóteses (arts. 60 e 61 do Decreto-lei nº 1.598/77) e as respectivas consequências fiscais:

Quadro 17.4   Hipóteses de DDL × consequências

Hipótese	Consequência
Aliena, por valor notoriamente inferior ao de mercado, bem do seu ativo a pessoa ligada	Diferença entre o valor de mercado e o alienado será adicionada no lucro real
Adquire, por valor notoriamente superior ao de mercado, bem de pessoa ligada	Diferença entre o custo de aquisição e valor de mercado será despesa não dedutível
Perde, em decorrência do não exercício de direito à aquisição de bem e em benefício de pessoa ligada, sinal, depósito em garantia ou importância paga para obter opção de aquisição	Importância perdida não será dedutível
Transfere a pessoa ligada, sem pagamento ou por valor inferior ao de mercado, direito de preferência à subscrição de valores mobiliários de emissão de companhia	Diferença entre o valor de mercado e o valor de transferência será adicionada ao lucro real
Paga a pessoa ligada aluguéis, *royalties* ou assistência técnica em montante que excede notoriamente ao valor de mercado	Montante do pagamento que exceder ao valor de mercado não será dedutível
Realiza com pessoa ligada qualquer outro negócio em condições de favorecimento, assim entendidas condições mais vantajosas para a pessoa ligada do que as que prevaleçam no mercado ou em que a pessoa jurídica contrataria com terceiros	Importâncias que caracterizem condições de favorecimento não serão dedutíveis

Em tais situações, presume-se a ocorrência de distribuição disfarçada de lucros, com as consequências jurídicas daí decorrentes, salvo se o contribuinte provar que realizou um dos negócios arrolados na lei no interesse da pessoa jurídica e em condições estritamente comutativas, ou em condições que a pessoa jurídica contrataria com terceiros.

Para efeito de aplicação das regras de DDL, o art. 529, § 1º, do RIR/18 dispõe que o "valor de mercado é a importância em dinheiro que o vendedor pode obter por meio de negociação do bem no mercado".

A legislação tributária estabelece dois critérios distintos para a determinação do valor de mercado, a depender da existência, ou não, de mercado ativo:

- No caso de bens negociados frequentemente no mercado, o valor de mercado será o preço das vendas efetuadas em condições normais de mercado, que tenham por objeto bens em quantidade e em qualidade semelhantes.
- No caso de bens sem mercado ativo, o valor de mercado será determinado com base em negociações anteriores e recentes do mesmo bem, ou em negociações contemporâneas de bens semelhantes.

Se o valor do bem não puder ser determinado com base nesses critérios, a existência de laudo de avaliação por perito ou empresa especializada transfere para a autoridade tributária o ônus de provar que o negócio serviu de instrumento à distribuição disfarçada de lucros. A despeito de não haver definição expressa sobre o que se entende por "notoriamente" superior ou inferior ao de mercado, é inegável que eventuais divergências entre o valor de mercado apontado pelo Fisco e o valor praticado no caso concreto devem ser significativas, de forma a deixar evidente a divergência entre os valores e a existência de DDL.

Para efeito de aplicação das regras de DDL, considera-se pessoa ligada à pessoa jurídica:

> I – o sócio ou o acionista desta, mesmo quando for outra pessoa jurídica;
>
> II – o administrador ou o titular da pessoa jurídica; e
>
> III – o cônjuge e os parentes até o terceiro grau, inclusive os afins, do sócio pessoa física de que trata o item I e das demais pessoas a que se refere o item II.

Por fim, registre-se que somente é possível que um negócio configure distribuição disfarçada de lucros nos casos em que o investidor (isto é, sócio ou acionista) é beneficiado em razão de um ato de sua investida (isto é, pessoa jurídica sujeita às normas de DDL).

LUCROS DO EXTERIOR

De acordo com o art. 77 da Lei nº 12.973/14, a parcela do ajuste do valor do investimento em controlada, direta ou indireta, domiciliada no exterior equivalente aos lucros por ela auferidos antes do imposto sobre a renda, excetuando a variação cambial, deverá ser computada na determinação do lucro real e na base de cálculo da CSLL da pessoa jurídica controladora domiciliada no Brasil.

O prejuízo acumulado pela controlada, direta ou indireta, domiciliada no exterior, poderá ser compensado com os lucros futuros da mesma pessoa jurídica no exterior que lhes deu origem. O valor do prejuízo acumulado passível de compensação com lucros futuros será proporcional à participação em cada controlada no exterior.

A pessoa jurídica também poderá deduzir, na proporção de sua participação, o imposto sobre a renda pago no exterior pela controlada direta ou indireta, incidente sobre as parcelas positivas computadas na determinação do lucro real da sociedade controladora no Brasil, até o limite do IRPJ e da CSLL incidentes no Brasil sobre as referidas parcelas.

A possibilidade de compensação do imposto pago no exterior constitui medida unilateral adotada pelo Brasil para aliviar os efeitos da dupla tributação da renda. O método de compensação adotado pelo Brasil, denominado método do crédito ordinário proporcional, busca eliminar os efeitos nocivos da dupla tributação da renda à integração econômica, às atividades desenvolvidas por empresas brasileiras no exterior e ao comércio internacional de bens e serviços.

Segundo o art. 78 da Lei nº 12.973/14, até o ano-calendário de 2022, as parcelas dos ajustes no valor dos investimentos em controladas, diretas ou indiretas, domiciliadas no exterior, equivalentes aos lucros por elas auferidos antes do imposto de renda devido no Estado estrangeiro, poderão ser consideradas de forma consolidada na determinação do lucro real e da base de cálculo da CSLL da controladora no Brasil.

Porém, não poderão ser consolidadas as parcelas referentes às pessoas jurídicas investidas que se encontrem em pelo menos uma das seguintes situações:

(i) Estejam situadas em país com o qual o Brasil não mantenha tratado ou ato com cláusula específica para troca de informações para fins tributários.

(ii) Estejam localizadas em país ou dependência com tributação favorecida, ou sejam beneficiárias de regime fiscal privilegiado.

(iii) Estejam submetidas a regime de subtributação.

(iv) Sejam controladas, direta ou indiretamente, por pessoa jurídica submetida a tratamento tributário previsto nos itens (ii) e (iii).

(v) Tenham renda ativa própria inferior a 80% da renda total.

Assim, a sociedade controladora no Brasil poderá consolidar os resultados auferidos pelas controladas diretas e indiretas no exterior, salvo em relação às sociedades investidas que se encontrem em uma das situações elencadas.

O regime de consolidação é uma opção do contribuinte, que será irretratável para o ano-calendário correspondente.

De acordo com o art. 81 da Lei nº 12.973/14, os lucros auferidos por intermédio de coligada domiciliada no exterior serão computados na determinação do lucro real e na base de cálculo da CSLL no balanço levantado no dia 31 de dezembro do ano-calendário em que tiverem sido disponibilizados para a pessoa jurídica domiciliada no Brasil, desde que se verifiquem as seguintes condições, cumulativamente:

(i) A sociedade coligada não esteja sujeita a regime de subtributação.

(ii) A sociedade coligada não esteja localizada em país ou dependência com tributação favorecida, ou não seja beneficiária de regime fiscal privilegiado.

(iii) A sociedade coligada não seja controlada, direta ou indiretamente, por pessoa jurídica submetida a regime de subtributação.

As sociedades coligadas são aquelas nas quais a pessoa jurídica investidora possui influência significativa, detendo ou exercendo o poder de participar nas decisões de suas políticas financeiras ou operacionais, mas sem caracterizar o exercício do poder de controle (art. 243, §§ 1º e 4º, da Lei nº 6.404/76).

Os lucros auferidos por intermédio de sociedade coligada estrangeira, que não atenda aos requisitos indicados, serão tributados em 31 de dezembro de cada ano-calendário.

Em caráter opcional, a pessoa jurídica domiciliada no Brasil poderá oferecer à tributação os lucros auferidos por intermédio de suas sociedades coligadas no exterior com base no regime ora examinado (isto é, regime das coligadas desenquadradas), independentemente do descumprimento das condições examinadas acima (art. 82-A da Lei nº 12.973/14).

De acordo com o art. 83 da Lei nº 12.973/14, equipara-se à condição de sociedade controladora a pessoa jurídica domiciliada no Brasil que detenha participação em coligada no exterior e que, em conjunto com pessoas físicas ou pessoas jurídicas domiciliadas no Brasil ou no exterior, consideradas a ela vinculadas, possua mais de 50% do capital votante da coligada no exterior.

Como se pode ver, a regra de equiparação trazida pela Lei nº 12.973/14 tem o objetivo de evitar que as sociedades controladoras residentes no Brasil pulverizem a participação societária em sociedades no exterior por meio de arranjos com pessoas vinculadas, a fim de se esquivar da tributação automática dos lucros auferidos no exterior.

VOCÊ SABIA?

O Brasil adota o princípio da universalidade para tributação da renda. Isso significa que mesmo lucros obtidos fora do Brasil ficam sujeitos à tributação do IRPJ e CSLL a serem recolhidos no país. Para minimizar o efeito da dupla tributação, o Brasil adota mecanismos de créditos, bem como firma acordos para evitar esse efeito. Para mais detalhes sobre o tema, sugerimos a leitura do Capítulo 24, sobre Tributação Internacional no Brasil.

LUCROS DA EXPLORAÇÃO

O lucro da exploração foi criado com o propósito de delimitar a base de cálculo dos incentivos fiscais outorgados aos contribuintes, a fim de que, na essência, apenas fosse beneficiado o resultado operacional do empreendimento. Assim, o objetivo do cálculo do lucro da exploração é identificar e mensurar a parcela do lucro líquido atribuível especificamente a um determinado empreendimento econômico ou a determinados negócios, para fins de fruição de incentivos fiscais outorgados pelo legislador.

O ponto de partida para o cálculo do lucro da exploração é o lucro líquido apurado contabilmente, independentemente dos ajustes de adições e exclusões (temporários ou permanentes) prescritos pelo legislador para fins de determinação do lucro real e da base de cálculo da CSLL.

O art. 626 do RIR/18 elenca os principais valores que devem ser excluídos do lucro líquido do período de apuração, para fins de cálculo do lucro da exploração:

- A parte das receitas financeiras que exceder às despesas financeiras.
- Os rendimentos e os prejuízos das participações societárias.
- Outras receitas ou despesas não operacionais.
- As subvenções para investimento e as doações feitas pelo Poder Público.
- Os ganhos ou as perdas decorrentes de avaliação de ativo ou passivo com base no valor justo.

O Parecer Normativo CST nº 13, de 9.4.1980, confirma que o lucro da exploração é calculado a partir lucro líquido, não sendo afetado pelos ajustes de adição e exclusão previstos para a apuração do lucro real e da base de cálculo da CSLL, salvo se houver regra específica na legislação tributária direcionada ao lucro da exploração.

COMPENSAÇÃO DE PREJUÍZOS FISCAIS

De acordo com o art. 15 da Lei nº 9.065/95, o prejuízo fiscal apurado pelas pessoas jurídicas pode ser compensado com os lucros apurados nos períodos-base subsequentes, observado o limite máximo de 30% do lucro líquido ajustado pelas adições e exclusões previstas na legislação tributária, desde que mantenham os livros e documentos comprobatórios exigidos pela legislação.

A compensação poderá ser realizada de forma total ou parcial, em um ou mais períodos de apuração, à opção do contribuinte, observado o limite de 30% do lucro líquido ajustado. Assim, a compensação de prejuízos fiscais constitui uma faculdade outorgada à pessoa jurídica, que poderá exercê-la ou não, a seu livre critério.

CASOS REAIS

A validade do limite de 30% foi originariamente apreciada pelo Supremo Tribunal Federal no julgamento do Recurso Extraordinário nº 344.994-0/PR, de 25.3.2009, no qual restou assentado que a compensação de prejuízos fiscais constituiria um benefício fiscal em favor do contribuinte e um instrumento de política fiscal para o Estado, de modo que a lei poderia estabelecer os limites para a sua fruição pelos contribuintes. Posteriormente, o tema foi reapreciado pela Corte Suprema no Recurso Extraordinário nº 591.340/SP, de 27.6.2019, julgado em sede de repercussão geral, no qual se reafirmou que "é constitucional a limitação do direito de compensação de prejuízos fiscais de IRPJ e da base de cálculo negativa da CSLL".

Essa decisão proferida pelo STF não significa, porém, que o legislador tributário seja livre para restringir, a seu talante, o direito à compensação de prejuízos fiscais. Tal como qualquer outro direito consagrado pelo ordenamento jurídico, a faculdade relativa à compensação de prejuízos fiscais pode ser parcialmente limitada por meio de lei, desde que a restrição não seja feita de forma excessiva e arbitrária.

Observe-se que o limite de 30% ora examinado não é aplicável ao prejuízo gerado na exploração de atividade rural, que poderá ser compensado com o resultado positivo obtido pela pessoa jurídica na mesma atividade em períodos de apuração posteriores, sem qualquer limitação.

No caso de prejuízos não operacionais, decorrentes da alienação de bens e direitos do ativo imobilizado, investimento e intangível, a compensação somente poderá ser feita com lucros de mesma natureza, observado o limite de 30% dos referidos lucros (art. 581 do RIR/18).

Note que a limitação é auferida pela aplicação do percentual de 30% sobre o lucro ajustado do período e não sobre o montante acumulado de prejuízo fiscal. Cabe retornar ao nosso exemplo inicial e verificar na prática como esse cálculo é feito.

Conforme podemos observar, o enunciado do problema continha a seguinte informação:

- A companhia possui um saldo acumulado de R$ 10.000.000,00 de prejuízos fiscais e um saldo acumulado de R$ 8.000.000,00 de base negativa de CSLL.

Após os ajustes, conforme cálculo que realizado inicialmente, encontramos um Lucro Real Antes da Compensação no montante de R$ 23.363.000,00. Como consequência, o limite de compensação de prejuízo fiscal é de R$ 7.008.900,00, correspondente ao cálculo de 30% sobre o Lucro Real Antes da Compensação. Note que, após a compensação, o contribuinte ainda permanece com um saldo acumulado de prejuízo fiscal de R$ 2.991.100,00 e de base negativa de CSLL de R$ 991.100,00.

Podemos resumir as características da compensação de prejuízo fiscal do seguinte modo:

(i) Limitado ao montante de 30% do lucro ajustado após adições e exclusões.

(ii) É acumulável, ou seja, caso o prejuízo não seja utilizado em um ano o seu valor é transferido para períodos seguintes.

(iii) Não pode ser atualizado, permanecendo o valor nominal, independentemente do período transcorrido entre a apuração do prejuízo e sua compensação.

(iv) Não há prazo para utilização do prejuízo fiscal.

(v) Não é possível compensar prejuízo não operacional com lucro operacional, exceto no próprio período de apuração em que auferido lucro operacional e prejuízo não operacional.

> **ATENÇÃO!**
>
> O limite de compensação de prejuízos fiscais é de 30% calculado sobre o lucro ajustado do período, e não 30% sobre o prejuízo fiscal. Assim, por exemplo, se o lucro ajustado do período for de R$ 1.000.000,00 e o prejuízo fiscal R$ 200.000,00, o limite de compensação será de R$ 300.000,00 (30% do lucro ajustado) e não R$ 60.000,00 (que seria 30% do prejuízo fiscal). Mas, perceba: nesse caso, o contribuinte somente dispõe de R$ 200.000,00 de prejuízo fiscal acumulado, de modo que esse será o montante a ser compensado, não restando qualquer saldo para os períodos posteriores.

RESTRIÇÕES À COMPENSAÇÃO DOS PREJUÍZOS

A legislação tributária federal contém regras que limitam o direito à compensação dos prejuízos fiscais acumulados, que serão examinadas a seguir.

INCORPORAÇÃO, FUSÃO OU CISÃO

O art. 585 do RIR/18 estabelece que a pessoa jurídica que se tornar sucessora de outra em virtude de incorporação, fusão ou cisão também não poderá compensar os prejuízos fiscais da sucedida.

Assim, os prejuízos fiscais da pessoa jurídica sucedida, não compensados até o balanço final, não podem ser utilizados para a compensação do lucro real da sucessora. Porém, a regra não impede que a sociedade sucessora mantenha os seus próprios prejuízos fiscais, para compensação com seus lucros posteriores, ainda que advindos das atividades que constituíam o objeto da sucedida.

Seguindo adiante, o art. 585, parágrafo único, do RIR/18, dispõe que, no caso de cisão parcial, a pessoa jurídica cindida poderá compensar os seus próprios prejuízos, proporcionalmente à parcela remanescente do patrimônio líquido.

QUESTÃO PARA REFLEXÃO

Cisão de pessoa jurídica com patrimônio líquido negativo

A grande dificuldade de aplicação do art. 585, parágrafo único, do RIR/18 surge no caso de cisão de pessoa jurídica com patrimônio líquido negativo. Em uma primeira leitura, poder-se-ia entender que, no caso de cisão de pessoa jurídica com patrimônio líquido negativo, a "parcela remanescente" do patrimônio líquido permanece inferior a zero, não havendo, portanto, uma "parcela remanescente" de patrimônio líquido que autorizasse a compensação dos prejuízos fiscais próprios. Ocorre que essa interpretação literal conduz ao entendimento de que, após a cisão parcial, a pessoa jurídica cindida deveria baixar a totalidade do saldo de prejuízos fiscais registrados na Parte B do Lalur, o que não parece compatível com a finalidade do art. 585, parágrafo único, do RIR/18, que pretende apenas vedar a transferência de prejuízos fiscais entre pessoas jurídicas lucrativas e deficitárias. Como essa interpretação conduz a um resultado absurdo (isto é, perda total dos prejuízos fiscais), pode-se vislumbrar outras duas possíveis interpretações relativas ao método para o cálculo do prejuízo fiscal remanescente, nos casos em que há cisão parcial de pessoa jurídica com o patrimônio líquido negativo. A primeira delas parte do pressuposto de que a regra prevista no art. 585, parágrafo único, do RIR/18 é aplicável somente aos casos em que a pessoa jurídica cindida apresenta patrimônio líquido positivo no momento anterior à cisão. Nesse sentido, poderia ser argumentado que o art. 585, parágrafo único, do RIR/18, ao mencionar "patrimônio líquido remanescente", pressupõe a existência de patrimônio líquido maior que zero, de modo que essa regra não poderia ser aplicada aos casos em que o patrimônio líquido da empresa cindida apresenta expressão negativa. Isso porque, se no momento da cisão parcial o patrimônio líquido já está negativo, não faria sentido impor a redução de qualquer parcela do saldo de prejuízos fiscais.

MUDANÇA DE CONTROLE SOCIETÁRIO E DE RAMO DE ATIVIDADE

O art. 584 do RIR/18 prevê que a pessoa jurídica não poderá compensar os seus próprios prejuízos fiscais se entre a data da apuração e da compensação houver ocorrido, cumulativamente, a modificação de seu controle acionário e a alteração de seu ramo de atividade.

Note-se que a modificação do controle societário e a alteração do ramo de atividade não precisam ocorrer simultaneamente, mas devem ocorrer cumulativamente entre o término do período-base em que o prejuízo fiscal foi formado e o encerramento do período-base em que ocorre a sua compensação. Assim, o lapso temporal para a verificação das duas condições vai desde a data de apuração dos prejuízos fiscais até o momento de sua efetiva compensação pela pessoa jurídica.

A origem histórica do dispositivo legal acima está relacionada à preocupação das autoridades fiscais com a difusão da prática da aquisição de pessoas jurídicas deficitárias e inoperantes por sociedades lucrativas, com a única finalidade de reduzir a carga tributária mediante o aproveitamento dos prejuízos fiscais.

A mudança de controle societário deve ser examinada a partir da Lei nº 6.404/76 e do Código Civil, por se tratar de instituto regulado pelo Direito.

Já a expressão "mudança de ramo de atividade" não está definida em lei, sendo necessário investigar o seu alcance e extensão. O "ramo de atividade" de determinada pessoa jurídica deve ser interpretado não apenas à luz do seu objeto social, mas também a partir da atividade econômica efetivamente desenvolvida na realidade fática, por meio do complexo de bens organizado pelo empresário. Assim, o ramo de atividade constante do objeto social deve guardar correspondência com a atividade efetivamente desenvolvida pela pessoa jurídica na realidade social (empreendimento econômico), que constitui a fonte de produção de seus resultados, sejam lucros, sejam prejuízos.

O LUCRO REAL ANUAL E O LUCRO REAL TRIMESTRAL

As bases de cálculo do IRPJ e da CSLL serão determinadas em períodos de apuração trimestrais, encerrados em 31 de março, 30 de junho, 30 de setembro e 31 de dezembro de cada ano-calendário. Alternativamente, as pessoas jurídicas podem optar pelo lucro real anual.

Nos casos de incorporação, fusão ou cisão a apuração das bases de cálculo será efetuada na data do evento. Na extinção da pessoa jurídica pelo encerramento da liquidação, a apuração das bases de cálculo será efetuada na data desse evento.

As pessoas jurídicas que optam pela apuração do IRPJ e da CSLL com base no lucro real anual estão obrigadas ao recolhimento de antecipações mensais, que podem ser calculadas com base na receita bruta da pessoa jurídica (estimativas mensais) ou com base em balancete de suspensão e redução.

Como regra geral, as estimativas mensais são apuradas mediante aplicação de percentuais específicos sobre a sua receita bruta mensal (deduzida das devoluções, das vendas canceladas e dos descontos incondicionais concedidos), a depender do tipo de atividade, conforme o Quadro 17.5 (art. 33 da IN nº 1700/17).

Quadro 17.5 Coeficientes de estimativa do lucro real

Espécies de atividades	Percentuais sobre a receita
Revenda, para consumo, de combustível derivado de petróleo, álcool etílico carburante e gás natural	1,6%
▪ Venda de mercadorias ou produtos ▪ Transporte de cargas ▪ Atividades de venda de imóveis, de acordo com o objeto social da empresa ▪ Construção por empreitada, quando houver emprego de materiais próprios ▪ Serviços hospitalares ▪ Serviços de auxílio diagnóstico e terapia, patologia clínica, imagiologia, anatomia patológica e citopatologia, medicina nuclear e análises e patologias clínicas ▪ Atividade Rural ▪ Industrialização com materiais fornecidos pelo encomendante ▪ Outras atividades não especificadas (exceto prestação de serviços)	8 %
▪ Serviços de transporte (exceto o de cargas) ▪ Instituições financeiras e assemelhadas ▪ Serviços gerais com receita bruta até R$ 120.000/ano (ver nota 1)	16%
▪ Serviços em geral ▪ Intermediação de negócios ▪ Administração, locação ou cessão de bens móveis/imóveis ou direitos ▪ Construção por administração ou empreitada, quando houver emprego unicamente de mão de obra ▪ *Factoring*	32%
No caso de exploração de atividades diversificadas, será aplicado sobre a receita bruta de cada atividade o respectivo percentual	1,6 a 32%

No caso de exploração de atividades diversificadas, será aplicado sobre a receita bruta de cada atividade o respectivo percentual.

A base de cálculo da CSLL, em cada mês, será determinada mediante a aplicação do percentual de 12% sobre a receita bruta auferida na atividade desenvolvida pela pessoa jurídica, deduzida das devoluções, das vendas canceladas e dos descontos incondicionais concedidos. O percentual será de 32% para as atividades de: prestação de serviços em geral; intermediação de negócios; administração, locação ou cessão de bens imóveis, móveis e direitos de qualquer natureza; *factoring*; prestação de serviços de construção, recuperação, reforma, ampliação ou melhoramento de infraestrutura vinculados a contrato de concessão de serviço público, independentemente do emprego parcial ou total de materiais; exploração de rodovia mediante cobrança de preço dos usuários, inclusive execução de serviços de conservação, manutenção, melhoramentos para adequação de capacidade e segurança de trânsito, operação, monitoração, assistência aos usuários e outros definidos em contratos, em atos de concessão ou de permissão ou em normas oficiais, pelas concessionárias ou subconcessionárias de serviços públicos; coleta de resíduos e o transporte destes até aterros sanitários ou local de descarte; prestação de serviços de suprimento de água tratada e os serviços de coleta e tratamento de esgotos deles decorrentes, cobrados diretamente dos usuários dos serviços pelas concessionárias ou subconcessionárias de serviços públicos; e construção por administração ou por empreitada unicamente de mão de obra ou com emprego parcial de materiais.

Além disso, serão acrescidos às bases de cálculo do IRPJ e da CSLL, no mês em que forem auferidos, os ganhos de capital, as demais receitas e os resultados positivos decorrentes de receitas não compreendidas na receita bruta.

Notem que a sistemática de cálculo por estimativa se assemelha muito com o cálculo do imposto de renda pelo regime do lucro presumido. Aliás, o art. 215 da IN nº 1700/17 estabelece que os percentuais a serem aplicados para presunção do lucro são aqueles contidos no art. 33 do mesmo diploma normativo, ou seja, aplicáveis ao lucro estimado.

Importante registrar que o cálculo pela estimativa não é obrigatório. A pessoa jurídica poderá efetuar os pagamentos mensais com base em balancete mensal de suspensão ou redução, podendo suspender ou reduzir os pagamentos do IRPJ e da CSLL devidos em cada mês, desde que demonstre que o valor pago durante o ano tenha sido suficiente para satisfazer o valor dos tributos devidos até aquele determinado mês.

O objetivo do Governo Federal com o recolhimento mensal por antecipação é manter a homogeneidade da arrecadação tributária, gerando fluxo de caixa mensal em favor da Fazenda Pública, para que não seja preciso aguardar o encerramento do ano-calendário para o recebimento dos valores de IRPJ e CSLL porventura devidos pelo contribuinte.

Ao final do ano-calendário, é possível que as antecipações mensais recolhidas pelo contribuinte, somadas às retenções na fonte sofridas ao longo do ano-calendário, ultrapassem os valores de IRPJ e CSLL efetivamente devidos pela pessoa jurídica. Nesta situação, os respectivos saldos negativos de IRPJ e CSLL poderão ser ressarcidos ou compensados pela pessoa jurídica nos anos-calendário subsequentes com outros tributos administrados pela Receita Federal do Brasil, conforme estabelece o art. 57 da IN nº 1700/17.

Destaca-se que o pedido de ressarcimento ou compensação do saldo negativo somente são recepcionados pela autoridade fiscal depois da confirmação da transmissão da ECF, na qual esteja demonstrado o direito creditório, de acordo com o período de apuração, conforme estabelece o art. 28 da IN nº 2055/21. A exigência é polêmica, na medida em que não consta de dispositivo legal, mas apenas em diploma normativo expedido pela autoridade fiscal, o que pode gerar discussões judiciais por iniciativa de contribuintes inconformados com a restrição.

QUESTÃO PARA REFLEXÃO

É possível uma Instrução Normativa impor restrições ao ressarcimento ou compensação de saldo negativo sem a previsão legal no mesmo sentido? Se sim, em que medida?

É de fundamental importância que os gestores da empresa façam uma análise acurada antes de escolherem pelo regime de apuração mais adequado para a empresa, trimestral ou anual, haja vista que, dependendo da opção, o montante a ser recolhido no ano pode ser muito diverso. Vejamos o exemplo a seguir, no qual essa situação fica bastante clara:

Vamos considerar uma empresa que tenha optado pela apuração do imposto de renda pelo lucro real, regime trimestral e apresentado os seguintes resultados nos trimestres:

1º Trimestre: Prejuízo Fiscal de R$ 300.000,00

2º Trimestre: Lucro Real antes da Compensação de R$ 100.000,00

3º Trimestre: Lucro Real antes da Compensação de R$ 250.000,00

4º Trimestre: Lucro Real antes da Compensação de R$ 95.000,00

Considerando esse cenário, vamos calcular o imposto de renda devido pela empresa nos quatro trimestres, e, após, avaliar se a empresa fez uma boa opção ao escolher o regime trimestral de apuração. Vamos aos cálculos:

	1º Trimestre	2º Trimestre	3º Trimestre	4º Trimestre
Lucro Real	R$ (300.000,00)	R$ 100.000,00	R$ 250.000,00	R$ 82.000,00
(–) Compensação de Prejuízo		R$ 30.000,00	R$ 75.000,00	R$ 24.600,00
Lucro Após Compensações		R$ 70.000,00	R$ 175.000,00	R$ 57.400,00
IRPJ Alíquota Básica		R$ 10.500,00	R$ 26.250,00	R$ 8.610,00
IRPJ Alíquota Adicional		R$ 1.000,00	R$ 11.500,00	
Total IR		R$ 11.500,00	R$ 37.750,00	R$ 8.610,00

Podemos notar que a empresa efetuou um recolhimento total de IRPJ de R$ 57.860,00. Alguns pontos que devem ser observados:

(1) No primeiro trimestre a empresa não recolheu IRPJ, na medida em que teve prejuízo fiscal.

(2) No segundo, terceiro e quarto trimestre a empresa pode compensar o prejuízo fiscal do primeiro trimestre, limitado a 30% do valor do lucro real antes da compensação.

(3) No quarto trimestre a empresa não apurou alíquota de IRPJ adicional, haja vista que o lucro após compensação não ultrapassou o montante de R$ 60.000,00 no trimestre.

(4) Restou um saldo de R$ 170.400,00 de prejuízo fiscal a ser compensado em trimestres futuros.

Feito o cálculo do montante devido, resta-nos questionar: a opção pela apuração trimestral foi adequada considerando esse cenário? Para responder essa pergunta, vamos calcular o lucro real anual, fazendo o cálculo do montante devido no ano de IRPJ. Vejamos:

	Anual
Lucro Real	R$ 132.000,00
(–) Compensação de Prejuízo	
Lucro Após Compensações	R$ 132.000,00
IRPJ Alíquota Básica	R$ 19.800,00
IRPJ Alíquota Adicional	
Total IR	R$ 19.800,00

Como podemos observar, no regime trimestral, a empresa recolheu durante os quatro trimestres do ano a quantia de R$ 57.860,00 de IRPJ. Caso tivesse optado pelo regime anual (veremos a seguir a distinção entre estimativa e balancete), a empresa teria recolhido somente R$ 19.800,00, o que demonstra que a opção pelo regime anual seria mais adequada nas condições postas. Qual a explicação para esse resultado? Podemos mencionar dois pontos fundamentais:

- Em razão da "trava" da compensação de prejuízo, no regime trimestral a empresa acabou compensando apenas R$ 129.600,00 de prejuízo fiscal nos períodos de apuração seguintes.

- Na apuração anual todo o prejuízo do primeiro trimestre foi absorvido pelo lucro do próprio período de apuração, nesse caso, o período de 12 meses do ano, reduzindo a base de cálculo do tributo.

Não devemos esquecer, contudo, que o contribuinte que optou pelo regime trimestral ainda ficou com saldo de R$ 170.400,00 de prejuízo fiscal a ser compensado nos períodos de apuração seguintes, ao passo que, se tivesse optado pelo regime anual, não teria qualquer prejuízo fiscal a compensar no próximo ano. Ainda assim, a opção pelo regime anual seria mais vantajosa por dois motivos:

- Pode impedir a incidência da alíquota adicional do IRPJ.
- Posterga o desembolso de caixa para recolhimento do tributo.

Um ponto que chama a atenção nesse exemplo refere-se à "trava" de 30% de compensação do prejuízo fiscal. Pode parecer, numa análise mais apressada, que o limite de compensação somente é aplicado ao lucro real trimestral, não havendo qualquer empecilho para compensação integral no caso do lucro real anual. Cuidado: em ambas as sistemáticas o limite é aplicável.

O que ocorre nesse exemplo é que no período de apuração, considerando sinteticamente, a empresa teve lucro, sendo o prejuízo de alguns meses absorvido pelo lucro de outros. Caso ao final do ano a empresa apurasse prejuízo, nos períodos de apuração seguintes seria aplicada a trava de 30%.

Para que não restem dúvidas, vamos considerar os mesmos dados, apenas aumentando o prejuízo fiscal do primeiro trimestre para R$ 600.000,00. Vejamos o que iria acontecer. Primeiro, vamos ao cálculo do IRPJ devido no lucro real trimestral:

	1º Trimestre	2º Trimestre	3º Trimestre	4º Trimestre
Lucro Real	R$ (600.000,00)	R$ 100.000,00	R$ 250.000,00	R$ 82.000,00
(–) Compensação de Prejuízo		R$ 30.000,00	R$ 75.000,00	R$ 24.600,00
Lucro Após Compensações		R$ 70.000,00	R$ 175.000,00	R$ 57.400,00
IRPJ Alíquota Básica		R$ 10.500,00	R$ 26.250,00	R$ 8.610,00
IRPJ Alíquota Adicional		R$ 1.000,00	R$ 11.500,00	
Total IR		R$ 11.500,00	R$ 37.750,00	R$ 8.610,00

Veja que nada mudou em termos do montante recolhido, ainda atingindo o total de R$ 57.860,00. O que mudou é o saldo de prejuízo fiscal, agora de R$ 470.400,00, que poderá ser compensado em trimestres seguintes.

Na sequência, o cálculo do montante devido no lucro real anual:

	Anual
Lucro Real	R$ (168.000,00)
(–) Compensação de Prejuízo	
Lucro Após Compensações	
IRPJ Alíquota Básica	
IRPJ Alíquota Adicional	
Total IR	R$

Ora, a empresa, no ano, apurou prejuízo fiscal e, portanto, não tem obrigação de recolher IRPJ (lembrando que estamos desconsiderando para fins didáticos as antecipações mensais). Porém, agora, a empresa possui um saldo de prejuízo fiscal de R$ 168.000,00. Esse montante poderá ser compensado em períodos de apuração futuro, porém, será aplicado o limite de 30%. Suponha, por exemplo, que no ano seguinte a empresa tenha lucro real de R$ 500.000,00. Vejamos como ficará o cálculo do IRPJ anual:

	Anual
Lucro Real	R$ 500.000,00
(–) Compensação de Prejuízo	R$ (150.000,00)
Lucro Após Compensações	R$ 350.000,00
IRPJ Alíquota Básica	R$ 52.500,00
IRPJ Alíquota Adicional	R$ 11.000,00
Total IR	R$ 63.500,00

Podemos verificar que – apesar do saldo de prejuízo de R$ 168.000,00 – a empresa somente pode compensar R$ 150.000,00, justamente em razão do limite previsto em lei de 30% sobre o lucro real ajustado. O saldo de R$ 18.000,00 poderá ser compensado em períodos futuros.

Agora que analisamos a distinção entre lucro real "apuração trimestral" e "apuração anual", vamos avaliar as formas de antecipação para os contribuintes optantes pelo regime de apuração anual. Conforme mencionado, a legislação exige que o contribuinte optante pelo lucro real "apuração anual" faça antecipações mensais, o que pode ser realizado – conforme sua conveniência – por meio de estimativa ou lucro real calculado por meio de balancete.

Novamente, nos valeremos de um exemplo para facilitar a compressão de cada uma das formas de cálculo. Antes disso, um alerta: a estimativa é calculada sem considerar os meses anteriores do período de apuração, ou seja, o contribuinte deve considerar cada mês estimado como um período exclusivo e que, como consequência, não se comunica com os demais. Diferente é o caso do cálculo do lucro real por meio de balancete, onde o contribuinte deve considerar o período acumulado.

Em termos gráficos, o que temos quando comparamos a apuração por estimativa e por lucro real por meio de balancete é o que consta na Figura 17.2.

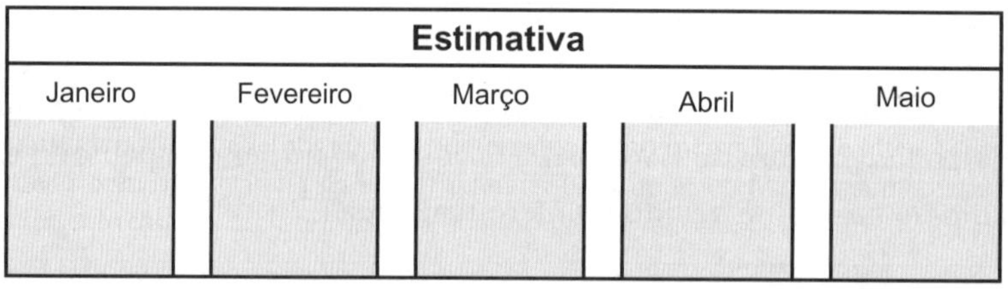

Estimativa				
Janeiro	Fevereiro	Março	Abril	Maio

Figura 17.2 Representação gráfica da apuração do lucro real por estimativa.

No caso da estimativa, cada mês é autônomo, não se comunicando com os demais. A apuração assemelha-se ao cálculo do lucro presumido, cabendo ao contribuinte estimar o lucro com base em sua receita bruta, incluindo, sem estimativa, ganhos de capitais e outros rendimentos não relacionados com seu objeto social. Encontrada a base estimada, basta aplicar as alíquotas de IRPJ e CSLL, lembrando que, nesse caso, a alíquota adicional de IRPJ será aplicada nas hipóteses em que a base estimada superar R$ 20.000,00, na medida em que estamos considerando a apuração de um único mês.

Esse procedimento será repetido mês a mês, conforme opção do contribuinte, sendo que eventuais valores antecipados nos meses anteriores não afetam a avaliação do montante devido no mês em referência (Figura 17.3).

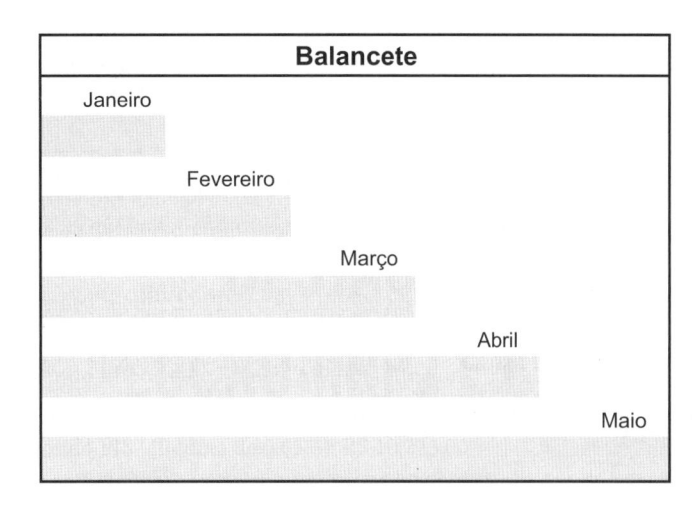

Figura 17.3 Representação gráfica da apuração do lucro real por meio de balancete.

Note que a representação gráfica do cálculo do IRPJ e CSLL por meio do balancete é bastante diversa quando comparamos com as estimativas. Essa representação denota que no balancete o cálculo do lucro real deve considerar o período acumulado, ou seja, o balancete de janeiro, por óbvio, somente considera o lucro real de janeiro; mas, em fevereiro, o balancete considera o lucro real de janeiro e fevereiro; em março, deve ser considerado o lucro real do trimestre e assim sucessivamente.

Essa sistemática de cálculo implica que, por exemplo, ao calcular o lucro real de maio, o contribuinte deverá considerar o período de janeiro até maio, bem como os valores de IRPJ e CSLL recolhidos por antecipação. Além disso, em relação à alíquota adicional do IRPJ, deverá aplicá-la somente se o lucro real ultrapassar o montante de R$ 100.000,00, correspondente ao valor de R$ 20.000,00 (limite mensal) multiplicado por cinco meses.

Para maior clareza dos pontos abordados, vejamos a seguir a apuração de empresa comercial, considerando apenas os cinco primeiros meses do ano, suficiente para a compreensão da sistemática.

	Janeiro	Fevereiro	Março	Abril	Maio
Receita	R$ 100.000,00	R$ 290.000,00	R$ 85.000,00	R$ 95.000,00	R$ 105.000,00
Despesas	– R$ 60.000,00	– R$ 270.000,00	– R$ 78.000,00	– R$ 125.000,00	– R$ 85.000,00
LAIR/CS	R$ 40.000,00	R$ 20.000,00	R$ 7.000,00	– R$ 30.000,00	R$ 20.000,00
Adições	R$ 10.000,00	R$ –	R$ 30.000,00	R$ 15.000,00	R$ 12.000,00
Exclusões	– R$ 8.000,00	– R$ 15.000,00	– R$ 8.000,00	– R$ 10.000,00	R$ –

Cálculo do IRPJ e CSLL – Balancete					
Lucro Real do mês	R$ 42.000,00	R$ 5.000,00	R$ 29.000,00	-R$ 25.000,00	R$ 32.000,00
Lucro Real do Período	R$ 42.000,00	R$ 47.000,00	R$ 76.000,00	R$ 51.000,00	R$ 83.000,00
IRPJ Alíquota Básica	R$ 6.300,00	R$ 7.050,00	R$ 11.400,00	R$ 7.650,00	R$ 12.450,00
IRPJ Alíquota Adicional	R$ 2.200,00	R$ 700,00	R$ 1.600,00	R$ –	R$ –
CSLL	R$ 3.780,00	R$ 4.230,00	R$ 6.840,00	R$ 4.590,00	R$ 7.470,00
TOTAL DEVIDO ACUMULADO	**R$ 12.280,00**	**R$ 11.980,00**	**R$ 19.840,00**	**R$ 12.240,00**	**R$ 19.920,00**
DIFERENÇA A RECOLHER	**R$ 12.280,00**	**R$ 9.700,00**	**R$ 10.628,00**	**R$ 1.090,00**	**R$ 7.680,00**

(continua)

(continuação)

	Janeiro	Fevereiro	Março	Abril	Maio
Cálculo do IRPJ e CSLL – Estimativa					
Estimativa IRPJ	R$ 8.000,00	R$ 23.200,00	R$ 6.800,00	R$ 7.600,00	R$ 8.400,00
IRPJ Alíquota Básica	R$ 1.200,00	R$ 3.480,00	R$ 1.020,00	R$ 1.140,00	R$ 1.260,00
IRPJ Alíquota Adicional	R$ –	R$ 320,00	R$ –	R$ –	R$ –
Estimativa CSLL	R$ 12.000,00	R$ 34.800,00	R$ 10.200,00	R$ 11.400,00	R$ 12.600,00
CSLL	R$ 1.080,00	R$ 3.132,00	R$ 918,00	R$ 1.026,00	R$ 1.134,00
TOTAL	**R$ 2.280,00**	**R$ 6.932,00**	**R$ 1.938,00**	**R$ 2.166,00**	**R$ 2.394,00**

Regime Escolhido	Estimativa	Estimativa	Estimativa	Balancete	Estimativa
Total Recolhido no Ano	R$ 2.280,00	R$ 9.212,00	R$ 11.150,00	R$ 12.240,00	R$ 14.634,00
Total Recolhido no Mês	R$ 2.280,00	R$ 6.932,00	R$ 1.938,00	R$ 1.090,00	R$ 2.394,00

Vamos analisar esses cálculos, para completa compreensão da escolha do contribuinte a cada mês e o montante recolhido e a título de IRPJ e CSLL.

Repare que no cálculo do lucro real por meio de balancete a pessoa jurídica sempre considera o resultado acumulado do período. Assim, por exemplo, em janeiro o cálculo abrange o resultado somente de janeiro, porém, em fevereiro a empresa efetua a apuração considerando os meses de janeiro e fevereiro. Em março, o contribuinte apurado o lucro real e o montante de tributo devido considerando o período de janeiro, fevereiro e março, e assim sucessivamente.

É por isso que a alíquota adicional de IRPJ é calculada da seguinte forma:[1]

- Em janeiro, sobre o que superou R$ 20.000,00 da base de cálculo.
- Em fevereiro, sobre o que superou R$ 40.000,00 da base de cálculo.
- Em março, sobre o que superou R$ 60.000,00 da base de cálculo.
- Em abril não há alíquota adicional, porque a base de cálculo é inferior a R$ 80.000,00.
- Em maio não há alíquota adicional, porque a base de cálculo é inferior a R$ 100.000,00.

Ademais, no cálculo do lucro real por meio do balancete, a empresa deve considerar o valor devido no período e abater o montante recolhido antecipadamente. Repare que em abril o contribuinte optou pelo balancete de redução, isso porque o montante devido no período entre janeiro e abril totalizou R$ 12.240,00. Porém, como a empresa já tinha recolhido R$ 11.150,00 por estimativa nos meses de janeiro, fevereiro e março, a diferença a recolher totalizou apenas R$ 1.090,00, montante inferior ao valor da estimativa de R$ 2.166,00, o que justifica a escolha pelo balancete.

Já no cálculo da estimativa a empresa apura o montante devido considerando apenas a receita do mês de apuração, aplicando os percentuais de estimativa de 8% para o IRPJ e 12% para a CSLL. Além disso, a alíquota adicional sempre é calculada sobre o montante da base de cálculo que superar R$ 20.000,00, afinal, nesse caso, estamos estimando apenas o mês e não o período acumulado. É por isso, inclusive, que no cálculo da estimativa não levamos em consideração valores anteriormente recolhidos.

Conforme podemos extrair da tabela de cálculo, ao final do período de cinco meses a empresa deve um total de R$ 19.920,00 de IRPJ e CSLL, porém recolheu apenas a quantia de R$ 14.634,00. Supondo que essa diferença se mantenha até o final do ano, o que a pessoa jurídica deve fazer? Bom, nesse caso, aplica-se o disposto no inciso I do art. 57 da IN nº 1700/17, que assim dispõe:

---

[1] Sempre considere R$ 20.000,00 multiplicado pelo número de meses do período de apuração.

> Art. 57. Os saldos do IRPJ e da CSLL apurados em 31 de dezembro, pelas pessoas jurídicas referidas no § 4º do art. 31:
>
> I – se positivos, serão pagos em quota única, até o último dia útil do mês de março do ano subsequente, observado o disposto no § 1º.

Portanto, até o último dia útil do mês de março do ano subsequente a empresa deverá pagar a diferença de R$ 5.286,00, com os acréscimos legais.

Suponha agora que ocorre o contrário, ou seja, a empresa efetuasse recolhimento superior ao montante devido, o que acontece? Nessa hipótese, deve ser aplicado o inciso II do mesmo art. 57 da IN nº 1700/17, que assim dispõe:

> Art. 57. Os saldos do IRPJ e da CSLL apurados em 31 de dezembro, pelas pessoas jurídicas referidas no § 4º do art. 31:
>
> II – se negativos, poderão ser objeto de restituição ou de compensação nos termos do art. 74 da Lei nº 9.430, de 1996.

Note para a previsão dos §§ 1º, 2º e 3º do mesmo artigo, que são fundamentais para a compressão da sistemática do lucro real apuração anual:

> § 1º Os saldos do IRPJ e da CSLL a pagar de que trata o inciso I do *caput* serão acrescidos de juros calculados à taxa referencial do Selic, para títulos federais, acumulada mensalmente, calculados a partir de 1º de fevereiro até o último dia do mês anterior ao do pagamento e de 1% (um por cento) no mês do pagamento.
>
> § 2º O prazo a que se refere o inciso I do *caput* não se aplica ao IRPJ e à CSLL relativos ao mês de dezembro, que deverão ser pagos até o último dia útil do mês de janeiro do ano subsequente.
>
> § 3º O saldo negativo a ser restituído ou compensado, a que se refere o inciso II do *caput*, será acrescido de juros equivalentes à taxa referencial do Selic para títulos federais, calculados a partir de 1º de fevereiro até o mês anterior ao da compensação ou restituição e de 1% (um por cento) referente ao mês em que a compensação ou restituição for efetuada.

QUESTÃO PARA REFLEXÃO

São muitas as escolhas com que o contribuinte se depara, e uma boa gestão tributária, como notamos ao decorrer deste capítulo, pode fazer total diferença no montante a pagar de IRPJ e CSLL. Veja o resumo esquemático da Figura 17.4.

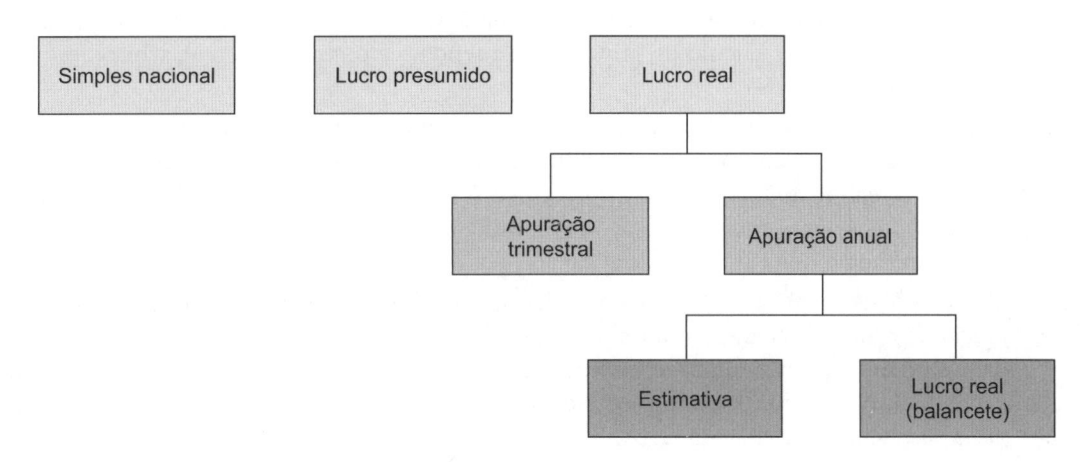

Figura 17.4   Resumo esquemático da tributação sobre o lucro.

Por fim, convém registrar que o contribuinte pode mudar de opção (estimativa e lucro real, por meio de balancete) mês a mês, conforme sua conveniência. O importante será, ao final do ano, apurar o montante efetivamente devido, recolhendo o saldo positivo ou solicitando a restituição ou compensação do saldo negativo.

 **OBJETIVO 5**

ALÍQUOTAS E PRAZO DE PAGAMENTO

A alíquota básica do IRPJ é de 15%, mas há um adicional de 10% sobre a parcela da base de cálculo que excede o valor de R$ 20.000,00 por mês do respectivo ano-calendário. Além disso, as pessoas jurídicas estão sujeitas à incidência da CSLL à alíquota de 9%. Para as instituições financeiras e assemelhadas, a alíquota da CSLL é de 15%.

No lucro real trimestral, o IRPJ e a CSLL apurados ao final de cada trimestre serão pagos em quota única até o último dia útil do mês subsequente ao do encerramento do período de apuração.

No lucro real anual, os saldos do IRPJ e da CSLL apurados em 31 de dezembro de cada ano-calendário serão pagos em quota única, até o último dia útil do mês de março do ano subsequente, se positivos. Em caso de apuração de saldo negativo de IRPJ e CSLL, tais valores poderão ser objeto de restituição ou de compensação, nos termos do art. 74 da Lei nº 9.430/96, conforme vimos.

 **OBJETIVO 6**

VANTAGENS E DESVANTAGENS DO LUCRO REAL EM COMPARAÇÃO COM O LUCRO PRESUMIDO

Como visto no Capítulo 16, o lucro presumido constitui sistemática de apuração das bases de cálculo de IRPJ e da CSLL de caráter opcional, que pode ser adotada pelas pessoas jurídicas que não estão obrigadas ao lucro real.

A opção pelo lucro presumido, pelas pessoas jurídicas que não estão obrigadas ao lucro real, constitui uma modalidade simplificada de tributação, que encontra respaldo tanto no art. 179 da Constituição Federal, que prevê a possibilidade de instituição de tratamento favorecido para as empresas de pequeno porte, quanto no art. 44 do CTN, segundo o qual "a base de cálculo do imposto – de renda – é o montante, real, arbitrado ou presumido, da renda ou dos proventos tributáveis".

Além disso, a opção pelo lucro presumido também está amparada na praticabilidade, em razão da simplificação dos controles fiscais e da redução dos custos administrativos de fiscalização e dos custos de conformidade dos contribuintes. Com o regime do lucro presumido, o Governo Federal pretende reduzir a informalidade e a evasão fiscal em determinados setores econômicos, contribuindo, assim, para o aumento da arrecadação fiscal sem o correspondente incremento nos custos de fiscalização.

De acordo com o art. 25 da Lei nº 9.430/96, o lucro presumido é determinado pela soma de duas parcelas distintas: (i) receita bruta da sociedade, multiplicada por determinado coeficiente de presunção que varia de 8% a 32%; e (ii) ganhos de capital, rendimentos e ganhos líquidos auferidos em aplicações financeiras, demais receitas e os resultados positivos decorrentes de outras receitas não abrangidas pelo item (i), os quais são incluídos integralmente nas bases de cálculo do IRPJ e da CSLL.

O conceito de receita bruta a ser utilizado pelas pessoas jurídicas optantes pelo lucro presumido está definido no art. 12 do Decreto-lei nº 1.588/77, alterado pela Lei nº 12.973/14, que abrange: (i) a venda de bens nas operações de conta própria; (ii) o preço da prestação de serviços; (iii) o resultado auferido nas operações de conta alheia; e (iv) as receitas da atividade ou objeto principal da pessoa jurídica.

Por sua vez, o ganho de capital na alienação de ativo imobilizado é definido pelo art. 25, § 1º, da Lei nº 9.430/96 como a diferença positiva entre (i) o valor de alienação; e (ii) o respectivo valor contábil do ativo. Assim, o ganho de capital representa o acréscimo patrimonial de caráter eventual e esporádico, que não está atrelado ao exercício ordinário da atividade empresarial, mas, sim, à alienação de bens de capital.

Dessa forma, na sistemática de tributação do lucro presumido, após a determinação das bases de cálculo, que são compostas pela soma das duas parcelas descritas, aplicam-se as alíquotas de IRPJ e de CSLL.

É nesse contexto que se insere a necessidade de verificar qual é o regime mais adequado de tributação para as pessoas jurídicas que podem optar tanto pelo lucro real, quanto pelo lucro presumido. Para fins de ilustração, confira-se o exemplo a seguir:

Demonstrativo do Resultado do Período (Trimestre)	
Receita da venda de mercadorias	17.500.000,00
Receita da prestação de serviços	12.000.000,00
RECEITA TOTAL	**29.500.000,00**
PIS/ (9,25%)	(2.728.750,00)
RECEITA LÍQUIDA	**26.771.250,00**
Custos	(15.550.000,00)
LUCRO BRUTO	**11.221.250,00**
Despesas operacionais	(3.870.800,00)
LUCRO OPERACIONAL	**7.350.450,00**
Receita de equivalência patrimonial	1.500.000,00
Aplicações financeiras de renda fixa	750.000,00
Despesas com multas não dedutíveis	(1.700.000,00)
Operações com finalidade de *hedge*	(2.000.000,00)
RESULTADO NO PERÍODO (lucro contábil)	**5.900.450,00**
APURAÇÃO DO LUCRO REAL	
LAIR	5.900.450,00
Adições – multas não dedutíveis	1.700.000,00
Exclusões – resultado de equivalência patrimonial	(1.500.000,00)
BASE DE CÁLCULO	**6.100.450,00**
IRPJ 15%	915.067,50
IRPJ 10%	604.045,00
IRPJ TOTAL	1.519.112,50
CSL (9%)	549.040,50
IRRF Aplicações Financeiras (22,5%)	168.750,00
Total devido	**1.899.403,00**

(continua)

(continuação)

Demonstrativo do Resultado do Período (Trimestre)	
APURAÇÃO DO LUCRO PRESUMIDO	
Receita da venda de mercadorias (8%)	1.400.000,00
Receita da prestação de serviços (32%)	3.840.000,00
Receita financeira	750.000,00
BASE DE CÁLCULO	**5.990.000,00**
IRPJ 15%	898.500,00
IRPJ 10%	593.000,00
IRPJ TOTAL	1.491.500,00
CSL (9%)	602.100,00
	2.093.600,00
IRRF aplicações financeiras (22,5%)	168.750,00
Total devido	**1.924.850,00**

Nesse exemplo, a opção pelo lucro real resulta em um montante inferior a ser recolhido aos cofres públicos, o que indica, em princípio, que seria essa a melhor opção de escolha de regime tributário para o contribuinte. Ocorre, contudo, que há outros fatores a serem considerados, como, por exemplo, o maior custo de *compliance* decorrente da maior complexidade da apuração pelo lucro real. Além disso, um ponto que não pode ser desprezado é o fato de que no lucro presumido a apuração do PIS e da COFINS é pelo regime cumulativo, ao passo que a regra geral no lucro real é a apuração não cumulativa das contribuições.

Vale dizer que não basta considerarmos nesse cálculo o IRPJ e a CSLL, devendo o analista cuidar para avaliar o impacto decorrente da mudança de regime de tributação do PIS e da COFINS também.

Além disso, no lucro presumido existe a opção de recolhimento dos tributos pelo regime de caixa, o que pode representar um alívio ao caixa da empresa em comparação à apuração pelo regime de competência, obrigatória no lucro real.

SÍNTESE DAS VANTAGENS E DESVANTAGENS NA OPÇÃO PELO LUCRO REAL OU PELO LUCRO PRESUMIDO

A seguir, apresentamos brevemente as vantagens e desvantagens na opção pelo lucro real ou pelo lucro presumido.

Vantagens do lucro real:

- O IRPJ e CSLL é calculado com base no lucro líquido contábil da pessoa jurídica, ajustado pelas adições, exclusões ou compensações prescritas pela lei tributária, o que diminui o risco de distorções e de tributação de resultados artificiais nos casos em que não houve a apuração de lucro.
- Possibilidade de compensação de prejuízos fiscais acumulados com lucros futuros, com limite de 30%.
- Operação pelo período de apuração trimestral ou anual, com recolhimentos por estimativa ou balancetes de suspensão e redução, o que permite a administração do fluxo de caixa da pessoa jurídica.

O regime não cumulativo do PIS e da COFINS pode ser favorável, caso a pessoa jurídica apure créditos suficientes para compensar as alíquotas mais elevadas.

Desvantagens do lucro real:

- Complexidade da apuração e das obrigações acessórias.
- Observância rigorosa dos padrões contábeis.

As alíquotas mais elevadas de PIS e COFINS no regime não cumulativo (1,65% e 7,6%) podem elevar o ônus fiscal da pessoa jurídica, se não houver créditos suficientes para atenuar esse efeito.

Vantagens do lucro presumido:

- Se o lucro efetivo da pessoa jurídica for superior ao coeficiente de tributação do lucro presumido, é possível obter economia tributária, a depender dos ajustes que seriam exigidos no lucro real.
- A apuração do lucro presumido é mais simples e as obrigações acessórias apresentam menor complexidade.
- Possibilidade de distribuição de lucros aos sócios acima do coeficiente de presunção, desde que seja apurado balanço patrimonial.
- Alíquotas de PIS e COFINS no regime cumulativo são menores (0,65% e 3%) do que no regime não cumulativo.

Desvantagens do lucro presumido:

- Não admite a dedução de despesas.
- Impossibilidade de compensação de prejuízos fiscais.
- Se a margem de lucro for inferior ao coeficiente de presunção, a pessoa jurídica poderá pagar mais imposto do que deveria.

Ausência de créditos no regime cumulativo do PIS e da COFINS.

EXEMPLO DE CÁLCULO DO LUCRO REAL

Vejamos agora mais um exemplo no qual será possível verificar, inicialmente, o cálculo do lucro líquido contábil, a partir da demonstração do resultado do período.

O cálculo do lucro real foi efetuado com base no regime trimestral, tendo havido a adição de multas não dedutíveis (art. 352, § 5º, do RIR/18), bem como a exclusão do resultado de equivalência patrimonial (art. 426 do RIR/18).

Demonstrativo do Resultado do Período				
	MÊS 1	MÊS 2	MÊS 3	Trimestre
Receita da venda de mercadorias	2.000.000,00	1.700.000,00	1.500.000,00	5.200.000,00
Receita da prestação de serviços	500.000,00	1.500.000,00	800.000,00	2.800.000,00
RECEITA TOTAL	**2.500.000,00**	**3.200.000,00**	**2.300.000,00**	**8.000.000,00**
PIS/COFINS (9,25%)	(231.250,00)	(296.000,00)	(212.750,00)	(740.000,00)
RECEITA LÍQUIDA	2.268.750,00	2.904.000,00	2.087.250,00	7.260.000,00
Custos	(2.000.000,00)	(1.700.000,00)	(1.300.000,00)	(5.000.000,00)
LUCRO BRUTO	**268.750,00**	**1.204.000,00**	**787.250,00**	**2.260.000,00**
Despesas operacionais	(170.000,00)	(250.000,00)	(100.000,00)	(520.000,00)
LUCRO OPERACIONAL	**98.750,00**	**954.000,00**	**687.250,00**	**1.740.000,00**
Receita de equivalência patrimonial	100.000,00	50.000,00	20.000,00	170.000,00
Aplicações financeiras de renda fixa	50.000,00	30.000,00	40.000,00	120.000,00
Despesas com multas não dedutíveis	–	–	(300.000,00)	(300.000,00)
Operações com finalidade de *hedge*	700.000,00	(200.000,00)	(200.000,00)	300.000,00
RESULTADO NO PERÍODO (lucro contábil)	**948.750,00**	**834.000,00**	**247.250,00**	**2.030.000,00**

APURAÇÃO DO LUCRO REAL	
LAIR	2.030.000,00
Adições – Perda com opção (especutaltiva)	300.000,00
Exclusões – Resultado de equivalência patrimonial	(170.000,00)
BASE DE CÁLCULO	**2.160.000,00**
IRPJ 15%	324.000,00
IRPJ 10%	210.000,00
IRPJ TOTAL	534.000,00
CSL (9%)	194.400,00
IRRF Aplicações Financeiras	27.000,00
TOTAL Devido	**701.400,00**

RETORNANDO AO EXEMPLO INICIAL

Chegamos ao momento de retornarmos ao nosso exemplo inicial, pois há diversos ajustes que não foram abordados no capítulo e que precisamos justificar, de forma a finalizarmos o cálculo do lucro real do contribuinte em questão. Vamos retornar ao cálculo do IRPJ e CSLL e, então, pontuaremos a justificativa normativa de cada um dos ajustes que ainda não foram tratados anteriormente:

	IRPJ		CSLL	
LAIRCS	R$	23.203.000,00	R$	23.203.000,00
(+) Adições				
Despesas de Multa	R$	200.000,00	R$	200.000,00
Despesas de Brinde	R$	80.000,00	R$	80.000,00
Despesas com Depreciação de Bens Arrendados	R$	400.000,00	R$	400.000,00
Provisão para Contingência Trabalhista	R$	450.000,00	R$	450.000,00
Impairment de Estoques	R$	900.000,00	R$	900.000,00
Impairment de Ágio na XYZ Ltda.	R$	2.500.000,00	R$	2.500.000,00
Variação Cambial Negativa	R$	1.300.000,00	R$	1.300.000,00
Valor Justo de PPI	R$	3.500.000,00	R$	3.500.000,00
Equivalência Patrimonial Negativa	R$	650.000,00	R$	650.000,00
Despesas Financeiras de Arrendamento Mercantil	R$	400.000,00	R$	400.000,00
Ágio na Emissão de Quotas	R$	3.000.000,00	R$	3.000.000,00
(–) Exclusões				
Reversão de Provisão de Contingência Tributária	– R$	1.200.000,00	– R$	1.200.000,00
Reversão de *Impairment* de Estoques	– R$	700.000,00	– R$	700.000,00
Subvenção de Investimentos	– R$	850.000,00	– R$	850.000,00
Valor Justo de Ativo Biológico	– R$	180.000,00	– R$	180.000,00
Valor Justo de Instrumentos Financeiros	– R$	2.200.000,00	– R$	2.200.000,00
Ganho por Compra Vantajosa	– R$	4.000.000,00	– R$	4.000.000,00
Variação Cambial Positiva	– R$	700.000,00	– R$	700.000,00
Dividendos Recebidos	– R$	140.000,00	– R$	140.000,00
Prêmio na Emissão de Debênture	– R$	950.000,00	– R$	950.000,00
JCP Distribuídos	– R$	1.500.000,00	– R$	1.500.000,00
Depreciação Fiscal	– R$	800.000,00	– R$	800.000,00
Lucro Real Antes da Compensação	R$	**23.363.000,00**	R$	**23.363.000,00**
Compensação de Prejuízo Fiscal	– R$	7.008.900,00	– R$	7.008.900,00
Lucro Real Depois da Compensação	R$	**16.354.100,00**	R$	**16.354.100,00**
IR Alíquota Básica	R$	2.453.115,00		
IR Alíquota Adicional	R$	1.611.410,00		
CSLL			R$	1.471.869,00
Lucro Líquido	R$	**17.666.606,00**		

(+) Adições:

- **Despesas de Brinde**: adição exigida pelo inciso VII do art. 260 do RIR/18, por não ser considerada uma despesa necessária.
- *Impairment* **de Estoques**: adição exigida pelo parágrafo único do art. 339 do RIR/18 e art. 129 da IN nº 1700/17.

- **Impairment de Ágio na XYZ Ltda.**: adição exigida pelo parágrafo único do art. 339 do RIR/18 e art. 129 da IN nº 1700/17.

- **Variação Cambial Negativa**: conforme opção do contribuinte, somente deverão ser computadas no lucro real quando da liquidação da correspondente operação, conforme dispõe o art. 30 da Medida Provisória (MP) nº 2.158-35/01. Portanto, a variação de valor negativo é adicionada e a positiva excluída, enquanto não liquidada a operação.

- **Valor Justo de PPI**: ganhos e perdas de valor justo têm efeito fiscal neutro, uma vez atendidas as disposições legais e normativas, conforme arts. 388 e 389 do RIR/18 e 41 da IN nº 1700/17. Portanto, a perda deve ser adicionada e o ganho excluído, enquanto não realizados. Atenção ao controle em subcontas previstos no art. 89 da IN nº 1700/17.

- **Equivalência Patrimonial Negativa**: não deve ser computado no lucro real, conforme art. 426 do RIR/18. O resultado negativo deve ser adicionado e o positivo excluído.

- **Despesas Financeiras de Arrendamento Mercantil**: não são dedutíveis conforme determina o § 1º do art. 366 do RIR/18 e inciso II do art. 175 da IN nº 1700/17.

- **Ágio na Emissão de Quotas**: ágio na emissão de ações não deve ser computado na apuração do lucro real, conforme art. 520 do RIR/18. Não há previsão legal para não inclusão de ágio na emissão de quotas, portanto, segundo as autoridades fiscais, nesse caso é exigida a adição, muito embora seja possível disputar em juízo esse entendimento.

(–) Exclusões:

- **Reversão de Impairment de Estoques**: deverão ser excluídas conforme art. 130 da IN nº 1700/17.

- **Subvenção de Investimentos**: não devem ser incluídas na apuração do lucro real, desde que desde que sejam registradas na reserva de lucros a que se refere o art. 195-A da Lei nº 6.404, de 1976, observado o disposto no seu art. 193 e observadas as demais exigências legais, conforme art. 523 do RIR/18 e art. 198 da IN nº 1700/17.

- **Valor Justo de Ativo Biológico**: ganhos e perdas de valor justo têm efeito fiscal neutro, uma vez atendidas as disposições legais e normativas, conforme arts. 388 e 389 do RIR/18 e 41 da IN nº 1700/17. Portanto, a perda deve ser adicionada e o ganho excluído, enquanto não realizados. Atenção ao controle em subcontas previstos no art. 89 da IN nº 1700/17.

- **Valor Justo de Instrumentos Financeiros**: ganhos e perdas de valor justo têm efeito fiscal neutro, uma vez atendidas as disposições legais e normativas, conforme arts. 388 e 389 do RIR/18 e 41 da IN nº 1700/17. Portanto, a perda deve ser adicionada e o ganho excluído, enquanto não realizados. Atenção ao controle em subcontas previstos no art. 89 da IN nº 1700/17.

- **Ganho por Compra Vantajosa**: somente deve ser computado para fins de apuração do lucro real nas hipóteses previstas no § 4º dos arts. 421 e 434 do RIR/18 e inciso VIII do art. 40 e §§ 10 e 11 do art. 178 da IN nº 1700/17.

- **Variação Cambial Positiva**: conforme opção do contribuinte, somente deverão ser computadas no lucro real quando da liquidação da correspondente operação, conforme dispõe o art. 30 da MP nº 2.158-35/01. Portanto, a variação de valor negativo é adicionada e a positiva excluída, enquanto não liquidada a operação.

- **Dividendos Recebidos**: isentos conforme art. 10 da Lei nº 9.249/95, devendo o montante ser excluído para apuração do lucro real.

- **Prêmio na Emissão de Debênture**: desde que cumpridos os requisitos do art. 410 do RIR/18 e art. 199 da IN nº 1700/17, não devem ser computados na apuração do lucro real.

OBJETIVO 1   O regime do lucro real é obrigatório para: pessoas jurídicas com receita bruta superior a R$ 78.000.000,00; instituições financeiras e entidades equiparadas; pessoas jurídicas que tiverem lucros, rendimentos ou ganhos de capital oriundos do exterior; pessoas jurídicas que usufruam de benefícios fiscais relativos à isenção ou redução do imposto; pessoas jurídicas que exploram as atividades de *factoring* e securitização de créditos.

OBJETIVO 2   O lucro real tem prevalência sobre o lucro presumido e o lucro arbitrado, que devem ser aplicados de forma opcional ou excepcional. Isso porque o contribuinte tem o direito de ser tributado pelo lucro real sempre que este puder ser aferido e comprovado. No regime do lucro real, a base de cálculo do IRPJ é determinada com base no lucro líquido apurado em determinado período de apuração em conformidade com as leis comerciais, ajustado pelas adições, exclusões e compensações prescritas ou autorizadas pela lei tributária. No regime do lucro real, admite-se a dedução das despesas necessárias à atividade da empresa e à manutenção da fonte produtora, o que faz com que esse sistema de tributação reflita de forma mais fidedigna o acréscimo patrimonial da pessoa jurídica.

OBJETIVO 3   Os principais ajustes de adição, exclusão e compensação prescritos ou autorizados pela legislação tributária são os seguintes: despesas desnecessárias, provisões, perdas no recebimento de créditos, *royalties*, operações com finalidade de *hedge*, depreciação, amortização e exaustão, tributos e multas, despesas com alimentação, pagamento baseado em ações, juros sobre o capital próprio, preços de transferência, distribuição disfarçada de lucros, subcapitalização, lucros do exterior, compensação de prejuízos fiscais, entre outros.

OBJETIVO 4   As bases de cálculo do IRPJ e da CSLL serão determinadas em períodos de apuração trimestrais, encerrados em 31 de março, 30 de junho, 30 de setembro e 31 de dezembro de cada ano-calendário. Alternativamente, as pessoas jurídicas podem optar pelo lucro real anual. As pessoas jurídicas que optam pela apuração do IRPJ e da CSLL com base no lucro real anual estão obrigadas ao recolhimento de antecipações mensais, que podem ser calculadas com base na receita bruta da pessoa jurídica (estimativas mensais) ou com base em balancete de suspensão e redução.

OBJETIVO 5   A alíquota básica do IRPJ é de 15%, mas há um adicional de 10% sobre a parcela da base de cálculo que excede o valor de R$ 20.000,00 por mês do respectivo ano-calendário. Além disso, as pessoas jurídicas estão sujeitas à incidência da CSLL à alíquota de 9%. Para as instituições financeiras e assemelhadas, a alíquota da CSLL é de 15%.

OBJETIVO 6   O lucro real apresenta a vantagem de ser calculado com base no lucro líquido apurado pela pessoa jurídica, ajustado pelas adições, exclusões ou compensações prescritas pela lei tributária. Além de ser um sistema mais completo de apuração do resultado tributário, o lucro real autoriza a compensação de prejuízos fiscais e o levantamento de balancetes de suspensão e redução, para melhor administração do fluxo de caixa da pessoa jurídica. Trata-se, porém, de um sistema mais complexo de apuração, que impõe a observância rigorosa dos padrões contábeis e diversas obrigações acessórias. Já o lucro presumido está baseado em um coeficiente estimado de lucratividade por atividade econômica, sendo favorável nos casos em que o lucro efetivo da pessoa jurídica for superior ao coeficiente de tributação do lucro presumido. A apuração do lucro presumido é mais simples, e as obrigações acessórias apresentam menor complexidade.

Acesse os QR Codes para assistir ao material adicional do capítulo:

Vídeo 1

uqr.to/1ayb2

Vídeo 2

uqr.to/1ayb3

Vídeo 3

uqr.to/1ayb4

APLICANDO CONHECIMENTOS – TESTES

TESTES DE MÚLTIPLA ESCOLHA

1. Na apuração do lucro real anual, é **correto** afirmar que:

    a) O IRPJ e a CSLL são recolhidos mensalmente, com base em estimativas ou balancetes de suspensão e redução.

    b) O IRPJ e a CSLL são recolhidos no final do exercício.

    c) O lucro real não está submetido ao recolhimento de adicional.

    d) O IRPJ e a CSLL são antecipados trimestralmente.

    e) Em caso de recolhimento antecipado em valores superiores ao efetivamente devido, a empresa poderá compensar o crédito apenas com IRPJ e CSLL, sendo vedada a compensação com outros tributos federais.

2. A parcela da base de cálculo do IRPJ apurada mensalmente, que exceder a R$ 20.000,00 (vinte mil reais), ficará sujeita à incidência de adicional de imposto de renda à alíquota de:

    a) 9%.

    b) 5%.

    c) 15%.

    d) 25%.

    e) 10%.

3. Assinale a alternativa **correta** quanto à incidência do IRPJ e da CSLL:

    a) No caso de opção pelo regime de apuração anual do IRPJ e da CSLL, o contribuinte deve obrigatoriamente realizar antecipações mensais com base em balancete.

    b) O contribuinte que tenha optado pela tributação com base no lucro real pode mudar de opção no decorrer do ano-calendário.

    c) Na apuração do lucro real, poderão ser compensados prejuízos fiscais de períodos anteriores, obedecidos os limites estabelecidos pela legislação vigente.

    d) O regime de lucro arbitrado é utilizado apenas quando a receita bruta da pessoa jurídica é desconhecida.

    e) No regime trimestral não há incidência de alíquota adicional do IRPJ.

4. A respeito da compensação de prejuízos fiscais, assinale a alternativa **correta**:

    a) Os prejuízos fiscais podem ser objeto de compensação pela pessoa jurídica, observado o prazo máximo de cinco anos da data da sua apuração.

    b) O prejuízo apurado pela pessoa jurídica na exploração de atividade rural poderá ser compensado sem qualquer limitação.

    c) Os prejuízos operacionais e não operacionais podem ser objeto de compensação cruzada com lucros dos anos-calendário subsequentes.

    d) A sucessora por incorporação pode compensar os prejuízos fiscais da sociedade sucedida.

    e) Não há direito de compensação no regime de apuração trimestral do IRPJ e CSLL.

5. A empresa ABC Comércio Ltda. iniciou suas atividades em setembro de 20XX. Ao final do ano apresentou um lucro real de R$ 290.000,00. Considerando a opção pelo regime de apuração anual e desconsiderando eventuais antecipações mensais, calcule o imposto de renda e CSLL devidos pela empresa, respectivamente e indique a alternativa **correta**:

    a) R$ 48.500,00 e R$ 26.100,00.

    b) R$ 64.500,00 e R$ 43.500,00.

    c) R$ 43.500,00 e R$ 26.100,00.

    d) R$ 64.500,00 e R$ 26.100,00.

    e) R$ 70.500,00 e R$ 26.100,00.

6. A empresa ABC Comércio Ltda. iniciou suas atividades em setembro de 20XX. Ao final do ano apresentou um lucro líquido de R$ 290.000,00. Analisando o lucro líquido foi constatado que a foi contabilizada receita de equivalência patrimonial de R$ 90.000,00 e despesas com multas de trânsito de R$ 5.000,00 Considerando essas informações e que a opção pelo regime de apuração é anual, bem como desconsiderando eventuais antecipações mensais, calcule,

respectivamente, o imposto de renda e CSLL devidos pela empresa e indique a alternativa **correta**:

a) R$ 43.250,00 e R$ 18.450,00.

b) R$ 44.500,00 e R$ 31.500,00.

c) R$ 45.750,00 e R$ 32.250,00.

d) R$ 20.750,00 e R$ 17.250,00.

e) R$ 30.750,00 e R$ 18.450,00.

7. A XPTO Comércio e Serviços Ltda. apurou em 20X0 lucro real antes da compensação de R$ 200 mil reais. Possui, ainda, prejuízo fiscal de 70.000,00, que poderá ser aproveitado na forma da lei. Calcule o Imposto de renda devido no ano de 20X1 e indique a alternativa **correta**, considerando o regime de apuração anual:

a) R$ 21.000,00.

b) R$ 19.500,00.

c) R$ 30.000,00.

d) R$ 29.000,00.

e) R$ 33.000,00.

8. A XPTO Ltda. optou pela apuração do imposto de renda pelo lucro real, regime trimestral. Apresentou os seguintes resultados nos trimestres:

1º Trimestre:
Prejuízo Fiscal de R$ 380.000,00.

2º Trimestre:
Lucro Real antes da Compensação de R$ 200.000,00.

3º Trimestre:
Lucro Real antes da Compensação de R$ 350.000,00.

4º Trimestre:
Lucro Real antes da Compensação de R$ 85.000,00.

Considerando esse cenário, calcule o imposto de renda devido pela empresa nos 4 trimestres e indique, respectivamente, qual o resultado **correto**:

a) Zero; R$ 21.000,00; R$ 37.250,00; R$ 8.925,00.

b) Zero; R$ 44.000,00; R$ 81.500,00; R$ 15.250,00.

c) Zero; R$ 29.000,00; R$ 55.250,00; R$ 8.925,00.

d) Zero; R$ 33.000,00; R$ 59.250,00; R$ 12.875,00.

e) Zero; zero; R$ 36.500,00; R$ 15.250,00.

9. A XPTO Ltda. optou pela apuração do imposto de renda pelo lucro real, regime anual. Apresentou os seguintes resultados nos trimestres:

1º Trimestre:
Prejuízo Fiscal de R$ 380.000,00.

2º Trimestre:
Lucro Real antes da Compensação de R$ 200.000,00.

3º Trimestre:
Lucro Real antes da Compensação de R$ 350.000,00.

4º Trimestre:
Lucro Real antes da Compensação de R$ 85.000,00.

Reiterando que a empresa optou pelo regime anual e desconsiderando eventuais antecipações, calcule o imposto de renda devido pela empresa no ano e indique qual o resultado **correto**:

a) R$ 134.750,00.

b) R$ 39.750,00.

c) R$ 57.750,00.

d) R$ 61.750,00.

e) R$ 38.250,00.

10. Suponha uma empresa do lucro real, apuração anual, que obtenha os seguintes resultados em janeiro e fevereiro:

	Janeiro	Fevereiro
Receita Bruta	R$ 295.000,00	R$ 200.000,00
Despesas Dedutíveis	R$ 250.000,00	R$ 190.000,00
Lucro Real	R$ 45.000,00	R$ 10.000,00

Considerando esses dados, informe qual o valor a ser recolhido de IRPJ pela empresa nas opções de lucro estimado e lucro real por balancete, em janeiro e fevereiro, respectivamente (relembre que, na opção de lucro real por balancete, em fevereiro há necessidade de considerar os resultados de janeiro e descontar o valor recolhido em fevereiro):

a) Estimado: R$ 21.600,00 e R$ 9.600,00; Balancete: R$ 9.250,00 e R$ 500,00.

b) Estimado: R$ 3.540,00 e R$ 2.400,00; Balancete: R$ 6.750,00 e R$ 4.710,00.

c) Estimado: R$ 3.900,00 e R$ 2.400,00; Balancete: R$ 9.250,00 e R$ 9.750,00.

d) Estimado: R$ 3.540,00 e R$ 2.400,00; Balancete: R$ 6.750,00 e R$ 8.250,00.

e) Estimado: R$ 3.900,00 e R$ 2.400,00; Balancete: R$ 9.250,00 e R$ 5.850,00.

RESPOSTAS

1-A; 2-E; 3-C; 4-B; 5-D; 6-A; 7-A; 8-C; 9-B; 10-E

CAPÍTULO 18

OS PRONUCIAMENTOS CONTÁBEIS NA TRIBUTAÇÃO SOBRE O LUCRO

Luciana Ibiapina Lira Aguiar

OBJETIVOS DE APRENDIZAGEM DO CAPÍTULO

1. Entender a importância da contabilidade para a apuração dos tributos.
2. Aplicar as diretrizes para o tratamento tributário de novos aspectos contábeis (art. 58 da Lei nº 12.973/14).
3. Reconhecer as novas situações e seu tratamento na legislação (Lei nº 12.973/14).

OBJETIVO 1

A IMPORTÂNCIA DA CONTABILIDADE PARA A APURAÇÃO DOS TRIBUTOS

CONSIDERAÇÕES INICIAIS

Como se sabe, a contabilidade é a linguagem universal que expressa o conjunto de ativos e obrigações das pessoas jurídicas. É, portanto, uma metodologia que viabiliza retratar a posição patrimonial de uma mesma entidade em diferentes períodos ou de entidades diferentes no mesmo período, de acordo com padrões e normas que têm por objetivo permitir a comparação de dados financeiros e patrimoniais.

OLHA A NOTÍCIA!

uqr.to/1ay87

Receita publica regulamentação sobre novas normas contábeis

Autora: Laura Ignacio

Jornal *Valor Econômico* – 22.9.2014

A Receita Federal editou duas normas para regulamentar a Lei nº 12.973, que acabou com o Regime Tributário de Transição (RTT). A Instrução Normativa (IN) nº 1.492 orienta as empresas em relação ao cálculo e registro dos juros sobre o capital próprio (JCP) e dividendos – ambos meios de remunerar sócios e acionistas.

Por ser considerada um instrumento necessário para o fortalecimento do mercado de capitais, a contabilidade ganhou um capítulo (Capítulo XV – art. 175 e seguintes) específico na Lei nº 6.404/76, desde sua edição original, que dispõe sobre os aspectos relativos à preparação de informações contábeis. Posteriormente, a Lei nº 6.404/76 passou por significativas mudanças introduzidas pelas Leis nº 11.638/07 e 11.941/09, que trouxeram como marco regulatório para a contabilidade aplicável no Brasil os padrões internacionais, conhecidos como *International Financial Reporting Standards* (IFRS).

Em função disso, o nosso regramento contábil foi integralmente revisto e as práticas adotadas no Brasil passaram por profunda transformação, o que inevitavelmente trouxe consequências para a tributação, já que há uma ligação direta entre os tributos corporativos (IRPJ, CSLL, PIS e COFINS) e a contabilidade.

Justamente por conta dessa ligação, a gestão dos tributos que utilizam os relatórios contábeis como ponto de partida somente será adequada se houver um mínimo de conhecimento das bases e princípios que permeiam a contabilidade. Não por outra razão, logo após o advento da Lei nº 6.404/76 foi editado o Decreto-lei nº 1.598/77, que alterou substancialmente a legislação do IRPJ, mesmo fenômeno observado mais recentemente com a edição da Lei nº 11.638/07 e da Lei nº 12.973/14, como a seguir será mais detalhado.

Com essa mudança do marco regulatório contábil brasileiro no final da primeira década dos anos 2000, a relação entre Direito e Contabilidade foi novamente alterada de forma significativa. Apesar da tentativa de manter a Contabilidade e o Direito Tributário apartados, com o passar do tempo a revolução provocada pela adoção das normas convergentes aos IFRS, cunhados na tradição do *commom law*, impactou e seguirá impactando o Direito Tributário, assim como outros ramos do Direito no Brasil, um país de tradição no *civil law*, ou seja, no qual predomina a positivação das regras a serem cumpridas em detrimento das demais fontes jurídicas.

A CONTABILIDADE COMO A CONHECEMOS HOJE

Curiosamente, o Brasil mantém por tradição legislar sobre a matéria contábil, demonstrando a importância atribuída aos registros mercantis ou, em outros termos, o valor da contabilidade.

A partir da edição Lei nº 6.404/76, a contabilidade no Brasil experimentou uma grande mudança, sendo introduzidas regras mais elaboradas que vieram em atendimento às necessidades percebidas com o desenvolvimento econômico do país e com o início da estruturação do mercado de capitais e financeiro.

VOCÊ SABIA?

Os dois projetos da Lei nº 6.404/76 e do Decreto-lei nº 1.598/77 contaram com a participação de José Bulhões Pedreira, que explicou que o então novo sistema da legislação do IRPJ era resultado da necessidade de adaptação do regime legal do referido tributo à nova lei das sociedades por ações. Assim explicou o jurista: "Em princípios de 1977, o Ministério da Fazenda decidiu proceder a essa adaptação consolidando, por ato legislativo toda a legislação do

A nova lei societária provocou uma verdadeira revolução de conceitos e técnicas, gerando a necessidade de que a legislação ordinária tributária fosse revisada por completo, para determinar como deveriam ser tratadas as novidades, como no caso da avaliação de investimento a valor de patrimônio ou, como ficou mais conhecido, o "método de equivalência patrimonial".

O mesmo fenômeno tornou a se repetir nos anos 2000, quando o Brasil assumiu o compromisso de adotar práticas contábeis convergentes às internacionais. As ações nesse sentido tiveram início com o projeto de Lei nº 3.741/00, que originou a discussão sobre mudanças na Lei nº 6.404/76.

Em 2005 foi criado o Comitê de Pronunciamentos Contábeis (CPC), a partir da edição da Resolução do Conselho Federal de Contabilidade (CFC) nº 1.055/05 e em 2007 foi publicada a Lei nº 11.638/07, modificada pela Medida Provisória nº 449/08, posteriormente convertida na Lei nº 11.941/09. O processo, como dito, alterou novamente, de forma significativa o Direito Contábil e as normas aplicáveis ao IRPJ, até então previstas, substancialmente, no Decreto-lei nº 1.598/77.

Importante observar que, diferentemente do que ocorreu na maioria dos países que adotaram o IFRS, no Brasil o legislador optou por adotar essas normas no balanço individual. Essa exigência gera profundas consequências, posto que as demonstrações financeiras individuais são utilizadas para fins societários, inclusive para o pagamento de dividendos, bem como na apuração dos tributos corporativos.

QUEM É QUEM NA EDIÇÃO DE NORMAS CONTÁBEIS?

A Lei nº 11.638/07, ao alterar o art. 177 da Lei nº 6.404/76, atribuiu à Comissão de Valores Mobiliários (CVM) poderes para expedir normas contábeis de observância obrigatória para as companhias abertas, as quais, a partir de então, passaram a ser elaboradas em consonância com os padrões internacionais de contabilidade adotados nos principais mercados de valores mobiliários.

A CVM, por sua vez, foi autorizada pelo art. 5º da Lei nº 11.638/07, a celebrar convênio com entidade que tivesse por objeto o estudo e a divulgação de princípios, normas e padrões de contabilidade e de auditoria. Assim, a tarefa de elaboração das normas contábeis foi delegada pela CVM ao CPC.

Dado o seu objetivo, a contabilidade precisa manter a capacidade de se adaptar à medida em que esses eventos econômicos mudam, evoluem e incorporam outras possibilidades. Por essa razão, a contabilidade necessita seguir o dinamismo dos negócios e os pronunciamentos são formas menos burocráticas de normatizar a contabilidade porque, apesar de requerem um processo técnico de discussão, redação e emissão, não exigem que esse processo se dê em casas legislativas que tratam de outras tantas matérias.

Desde 2008, portanto, o CPC vem editando pronunciamentos técnicos contábeis, que passam pelo processo de aprovação pelo CFC, para assim integrarem formalmente as Normas Brasileiras de Contabilidade, adquirindo força normativa (infralegal), conforme dispõe o art. 6º, alínea *f*, do Decreto-lei nº 9.295/46, com redação dada pela Lei nº 12.249/10.

Além de serem consubstanciados em Normas Brasileiras de Contabilidade, emitidas pelo CFC, os CPCs devem estar respaldados por atos normativos emitidos pelos órgãos reguladores brasileiros com responsabilidade pela aprovação das normas contábeis aplicáveis aos seus regulados, são eles:

- CVM (companhias abertas).
- Banco Central do Brasil – BACEN (Instituições Financeiras e demais sujeitas à regulação do órgão).
- Superintendência de Seguros Privados – SUSEP (seguradoras).
- ANEEL (empresas de energia).
- ANS (empresas do setor de saúde).
- ANTT (empresas reguladas do setor de transporte).

A aprovação dos reguladores por meio de um normativo é necessária porque, no Brasil, o nosso arcabouço legal não autoriza a delegação de funções privativas dos órgãos governamentais. Exceto pelo BACEN, os demais reguladores costumam aprovar integralmente os CPCs.

Na prática, portanto, os pronunciamentos acabam sendo de observância obrigatória por companhias abertas e fechadas, sociedades limitadas de grande porte, havendo um normativo simplificado para pequenas e médias empresas (CPC-PME).

QUESTÃO PARA REFLEXÃO

A questão do *enforcement* amplo e irrestrito dos CPCs é discutida por diversos autores. Há corrente que defende a sua total observância em todos os casos em virtude da competência atribuída ao CPC para a regulamentação da profissão do contador (Lei nº 12.249/10, art. 76), mas também há quem defenda que, por não terem um caráter normativo no sentido jurídico (a menos que passe pela aprovação dos respectivos órgãos acima citados), a observância dos textos dos CPCs deve levar em conta o texto legal da Lei nº 6.404/76, não sendo aplicável naquilo que confrontá-la. Existindo um eventual conflito entre os Pronunciamentos Contábeis emitidos pelo CPC e a Lei nº 6.404/76, qual norma deverá ser seguida pelas companhias?

PRONUNCIAMENTOS TÉCNICOS E DEMAIS NORMATIVOS CONTÁBEIS: FINALIDADE

O Comitê de Pronunciamentos Técnicos Contábeis, seguindo o modelo previsto no IFRS, pode emitir três diferentes espécies-normas, conforme explica o seu Regimento Interno.

Os pronunciamentos técnicos (CPC) têm por objetivo estabelecer conceitos doutrinários, estrutura técnica e procedimentos a serem aplicados. As interpretações técnicas (ICPC), como o nome já diz, servem para esclarecer, de forma mais ampla, os Pronunciamentos Técnicos, e as Orientações Técnicas (OCPC) possuem caráter informativo, destinando-se a dar esclarecimentos sobre a adoção dos Pronunciamentos Técnicos e/ou Interpretações.

Quase todos esses normativos encontram uma correspondência com as normas internacionais, dado o compromisso assumido pelo Brasil em se manter fiel à convergência das normas, conforme Figura 18.1.

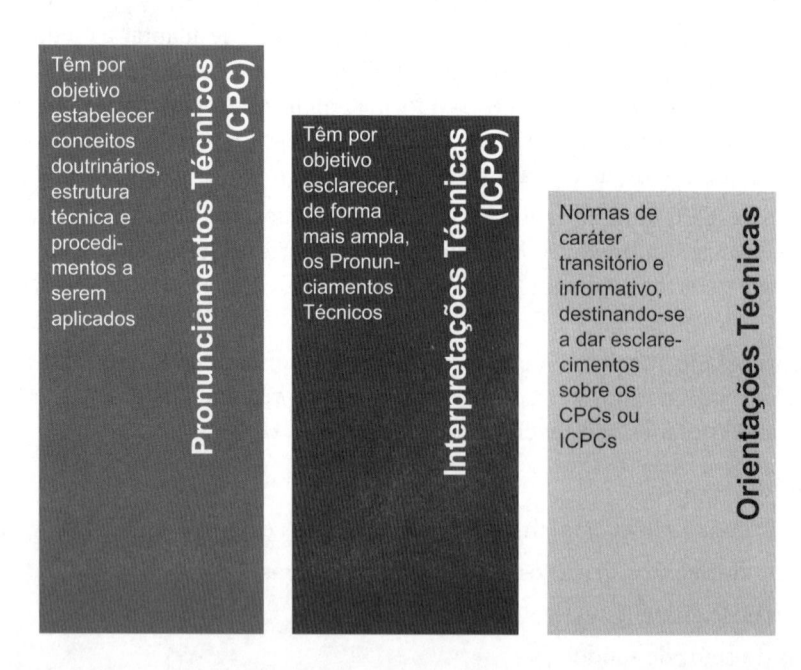

Figura 18.1   Normas editadas pelo Comitê de Pronunciamentos Contábeis.

ALTERAÇÕES CONTÁBEIS CONCEITUAIS MAIS RELEVANTES

Os relatórios financeiros são fontes relevantes de informações corporativas por apresentarem informações organizadas e produzidas de acordo com normas padronizadas.

Por serem a principal fonte de informação sobre a situação econômico-financeira de uma empresa e produzir informação que possa ser utilizada para fins de tomada de decisão, algumas características são consideradas essenciais para que o processo de elaboração dos relatórios financeiros seja considerado adequado. Nesse sentido, as informações contábeis devem atender concomitantemente às características quantitativas e qualitativas.

Informações de **qualidade**, conforme a Estrutura Conceitual Básica (CPC 00 (R2)), são aquelas que observam os seguintes requisitos:

(a) **Relevância**: a informação disponibilizada deve ser capaz (ainda que potencialmente) de influenciar as decisões econômicas, ajudando a avaliar o impacto de eventos ou corrigindo avaliações anteriores.

(b) **Materialidade**: significa que os relatórios não devem omitir ou distorcer informação capaz de influenciar decisões econômicas (dos usuários) tomadas com base nas demonstrações contábeis.

(c) **Compreensibilidade**: significa que a informação disponibilizada é prontamente assimilada pelos usuários, considerando um público com habilidade para a leitura desse tipo de relatório.

(d) **Comparabilidade**: significa que os relatórios devem ser produzidos de tal forma que permitam aos usuários identificar e compreender similaridades e diferenças entre itens ou entre um mesmo item em períodos diferentes. Associada a essa característica está a consistência nos critérios para reconhecimento, mensuração e divulgação das informações financeiras. Consistência refere-se ao uso dos mesmos métodos para os mesmos itens, seja de período a período na entidade que reporta, seja num mesmo período para diferentes entidades.

(e) **Confiabilidade**: significa que a informação deve representar fidedignamente os eventos que se dispõe a representar. Para ser considerada **fidedigna**, a representação deve ser:

   (i) **completa**: significa fornecer todas as informações necessárias para que os usuários compreendam os fenômenos que estão sendo representados. Para alguns itens, uma representação completa pode envolver também explicações de fatos significativos sobre a qualidade e natureza do item, fatores e circunstâncias que podem afetar a sua qualidade, natureza e o processo utilizado para determinar a representação numérica;

   (ii) **neutra e isenta**: significa não ser tendenciosa, não ser parcial, não possuir inclinações;

   (iii) **livre de erros**: significa que não há erros, omissões ou vieses relevantes na descrição do fenômeno e que o processo utilizado para produzir as informações foi selecionado e aplicado de forma adequada. Importante mencionar que estimativas poderão ser consideradas representações fidedignas, desde que sejam feitas visando a melhor representação do evento econômico e sejam acompanhadas de esclarecimentos quanto à natureza e às limitações do processo de avaliação.

(f) **Capacidade de verificação**: significa que diferentes observadores bem-informados e independentes podem chegar ao consenso de que a representação é fidedigna. Importa ressaltar que informações quantificadas não são na maioria esmagadora das vezes uma estimativa de valor único. Não há, portanto, absoluta exatidão quando se trata de produzir informações contábeis que sejam baseadas em premissas, julgamentos e estimativas. Para que sejam verificáveis, no entanto, as faixas de valores possíveis e as respectivas probabilidades devem ser informações organizadas e disponíveis de tal forma a permitir que os usuários compreendam e avaliem os critérios utilizados para a representação do fenômeno.

(g) **Tempestividade**: significa disponibilizar informações aos usuários a tempo para que sejam capazes de influenciar suas decisões relacionadas a identificar e avaliar tendências.

Ainda no tema relativo aos princípios e características fundamentais aplicáveis aos registros contábeis, vale mencionar a prudência. Muitas vezes admitida como sinônimo de conservadorismo, foi no passado (período anterior à convergência às normas internacionais) um princípio fundamental da contabilidade, retirado formalmente da Estrutura Conceitual Básica, tal qual aprovada em sua primeira revisão (CPC 00 (R1)), mas ainda considerada como uma característica inerente à contabilidade. Na versão original do CPC 00 (intitulado à época Pronunciamento Conceitual Básico), prudência foi definida como:

> [...] O emprego de um certo grau de precaução no exercício dos julgamentos necessários às estimativas em certas condições de incerteza, no sentido de que ativos ou receitas não sejam superestimados e que passivos ou despesas não sejam subestimados. Entretanto, o exercício da prudência não permite, por exemplo, a criação de reservas ocultas ou provisões excessivas, a subavaliação deliberada de ativos ou receitas, a superavaliação deliberada de passivos ou despesas, pois as demonstrações contábeis deixariam de ser neutras e, portanto, não seriam confiáveis.

Na revisão havida em 2011 (CPC 00 (R1)), o Comitê fez o seguinte esclarecimento:

> A característica prudência (conservadorismo) foi também retirada da condição de aspecto da representação fidedigna por ser inconsistente com a neutralidade. Subavaliações de ativos e superavaliações de passivos, segundo os Boards mencionam nas Bases para Conclusões, com consequentes registros de desempenhos posteriores inflados, são incompatíveis com a informação que pretende ser neutra.

Por fim, a revisão aprovada em novembro de 2019 (CPC 00 (R2)), buscou conciliar a existência e a valorização da neutralidade com o exercício da prudência nos julgamentos críticos. Segundo o CPC 00 (R2), a neutralidade é apoiada pelo exercício da prudência, que, nesse contexto, significa o exercício de cautela nos julgamentos sob condições de incerteza e não deve ser justificativa para a generalização da assimetria nos julgamentos relativos a ativos e passivos. Essa assimetria só deve ocorrer nos casos em que a norma específica assim estabelecer.

Em recente artigo sobre o tema, Alexandre Evaristo Pinto, Fabio Pereira da Silva, José Carlos Marion e Sérgio de Iudícibus corroboram o conceito de prudência ora exposto, explicando que o seu exercício significa pressupor um certo ceticismo nos esforços de julgamentos em condições de incerteza, não sendo uma permissão para a subavaliação ou superavaliação de ativos e/ou passivos. Heron Charneski define prudência no contexto atual como "o reflexo da precaução no exercício de julgamentos em condições de incerteza e da neutralidade na apresentação dos resultados".

A menção à prudência vai além do CPC 00 (R2), sendo mencionada de forma expressa e implícita em alguns outros pronunciamentos. É o caso do CPC25, que implicitamente prevê requisitos assimétricos para reconhecimento de ativos e passivos contingentes. Podemos citar o CPC 04 (Ativo Intangível), o CPC 23 (Políticas Contábeis, Mudanças de Estimativa e Retificação de Erro), o CPC 33 (Benefícios a Empregados) e o CPC-PME como exemplos em que a prudência é explicitamente mencionada.

O Manual de Contabilidade Societária ainda menciona outras duas normas que também trazem essa assimetria, são elas o CPC 16 (Estoques) que exige que seja utilizado como base de mensuração o menor valor realizável líquido (custo ou custo reduzido), e o CPC 01 (*Impairment*), cuja norma requer que seja verificado se os ativos não estão reconhecidos por valor superior ao recuperável, mas não trata da situação na qual o reconhecimento tenha se dado por valor inferior ao recuperável.

Como se percebe, a contabilidade não é uma ciência exata, assim como os relatórios elaborados a partir dessa ciência também não o são. Ao contrário, na esmagadora maioria das vezes, os saldos registrados em um balanço patrimonial resultam de um necessário esforço de avaliação que deve ser, na medida do possível, empreendido livre de vieses sistemáticos (positivos ou negativos).

Conforme o próprio CPC 00 (R2) elucida, representação fidedigna não significa representação precisa em todos os aspectos, mas requer seja ela amparada em premissas válidas, claras, consistentes e verificáveis.

Nos julgamentos críticos em que os valores dependem de estimativas, a representação será sempre baseada em um relevante esforço de julgamento. O uso de estimativas razoáveis ainda que críticas é parte essencial da elaboração de relatórios financeiros. A sua utilização e a contraposição desse recurso às características fundamentais da informação contábil são tão frequentes que, em consequência, foi cunhado o termo "subjetivismo responsável", ou seja, o exercício responsável da função de retratar a realidade econômica da empresa.

Sob a ótica da objetividade, a mensuração do ativo privilegiaria o custo de aquisição. Já a partir da subjetividade, a mensuração se dá a partir da busca pela melhor expressão do valor em determinado contexto. Essa foi uma das principais mudanças da contabilidade como a conhecemos hoje.

Além dos aspectos mencionados anteriormente, os principais fatores gerais alterados pelas novas normas contábeis, a partir da mudança da Lei nº 6.404/76 e dos diversos normativos emitidos desde 2008, podem ser resumidos no Quadro 18.1.

Quadro 18.1 Principais aspectos alterados nas normas contábeis

Fatores	Antes da Lei nº 11.638/07	Após a Lei nº 11.638/07
Forma jurídica da transação a ser contabilizada	A forma jurídica era considerada como forma de representação fidedigna dos eventos econômicos para fins contábeis	Relativizada quando outra forma de representação se demonstrar mais adequada para retratar a essência da transação que se pretende contabilizar
Característica normativa	Normas objetivas que exigiam poucos julgamentos críticos se comparado ao cenário atual	As normas são mais subjetivas e principiológicas. Por isso requerem muito mais julgamentos críticos se comparado ao cenário anterior e melhor conhecimento dos negócios
Impairment	A empresa reconhecia provisão para perdas de ativos sem ter a obrigação de fazer esse tipo de teste anualmente e sem um critério para o teste definido em norma	A empresa é obrigada a avaliar se deve testar o valor de realização de determinados ativos pelo menos uma vez ao ano seguindo determinadas metodologias
Arrendamento mercantil (nos termos da Lei nº 6.099/74) e contratos similares	Registro da contraprestação no passivo em contrapartida do reconhecimento da despesa mensalmente, conforme a competência	Registro do "direito" de arrendamento (ativo não circulante), sujeito a depreciação ou amortização e do passivo financeiro de arrendamento, que corresponde ao financiamento "contratado" em essência quando da operação de arrendamento mercantil
Reconhecimento de investimento avaliação por MEP	Conforme estabelecido pela Lei nº 6.404/76, os investimentos deveriam ter o custo de aquisição desdobrados em valor patrimonial e ágio/deságio	O desdobramento do custo de aquisição deve se dar considerando (i) o valor patrimonial, (ii) a mais-valia ou menos-valia de ativos líquidos, (iii) o ágio ou deságio (valor residual)
Forma de mensuração de ativos	O custo histórico era a regra geral	A regra pode variar em função da forma mais provável de realização de benefícios ou de recebimento de fluxos de caixa futuros (uso ou venda de um ativo). O valor provável de realização passou a ser o critério principal para fins de mensuração, o que requer avaliar a forma como o ativo irá se realizar Em função disso, muitos ativos são reconhecidos pelo valor justo que significa "o preço que seria recebido pela venda de um ativo ou que seria pago pela transferência de um passivo em uma transação não forçada entre participantes do mercado na data de mensuração" (CPC 46)
Ganhos e perdas não realizados no período corrente	Apenas as expectativas de perdas (provisões) eram levadas ao balanço patrimonial e sempre com reflexo em resultado. Os ganhos esperados ou prováveis não poderiam ser contabilizados até que fossem líquidos e certos (ou praticamente certos)	Podem ser contabilizadas as receitas e/ou despesas ainda não realizadas, mas esperadas ou altamente prováveis, decorrentes da valorização ou desvalorização de itens avaliados a valor justo, cuja realização ocorrerá em período futuro (com o resgate, a venda ou a transferência desses itens a ou por terceiros)

(Continua)

Fatores	Antes da Lei nº 11.638/07	Após a Lei nº 11.638/07
Outros resultados abrangentes (conhecidos como ORA ou OCI)	Rubrica inexistente até então	Compreendem itens de receita e despesa (incluindo ajustes de reclassificação) que não são reconhecidos na demonstração do resultado e decorrem da aplicação mais frequente da metodologia do valor justo como forma de mensuração de ativos e passivos Em outras palavras, são valores registrados diretamente em patrimônio líquido sem terem transitado pela demonstração de resultado do exercício, e sem terem relação com transações realizadas com os sócios, por exemplo os lançamentos na conta de ajuste de avaliação patrimonial. Normalmente, esses valores deverão afetar o resultado contábil em algum momento futuro
Benefícios baseados em ações pagos a terceiros	Não existia norma contábil que exigisse o reconhecimento de despesa em função de planos baseados em ação emitida pela própria companhia	A concessão de benefícios baseados em ações a empregados, diretores, fornecedores e outros passa por um complexo processo de avaliação, estimativa e mensuração e tem como resultado o reconhecimento de despesa
Reconhecimento de Receita	Por princípio de competência, o que na grande maioria das vezes levava em consideração o momento da emissão da nota fiscal e a forma de contratação de frete (CIF ou FOB)	Por princípio de competência, mas considerando a probabilidade de que o ingresso de recursos ocorra

Todas as características mencionadas no Quadro 18.1, de uma forma ou de outra, trazem consequências para as bases dos tributos, e por essa razão o legislador teve que analisá-las, compreendê-las para conferir o tratamento de acordo com o que foi julgado mais adequado.

O QUE ACONTECEU COM A LEGISLAÇÃO TRIBUTÁRIA?

Em paralelo à bem-sucedida convergência contábil aos princípios contábeis internacionais, ocorreram diversas discussões para que as regras tributárias pudessem ser ajustadas a essa nova realidade. Durante os primeiros anos de transição e amadurecimento das novas normas contábeis, o legislador optou por manter vigente o Regime Tributário de Transição (RTT), que buscava conferir neutralidade a todas as inovações contábeis. O RTT foi introduzido pela MP nº 449/08 (convertida na Lei nº 11.941/09).

Em 2014, o RTT foi, enfim, substituído por novas normas tributárias dispostas na Lei nº 12.973/14, que teve por escopo principal adaptar a legislação tributária aos novos padrões da contabilidade.

A Lei nº 12.973/14 (oriunda da conversão da MP nº 627/13) nasceu de um processo de discussão entre diversos "*stakeholders*", como as associações representantes de segmentos econômicos, outras associações representantes dos contribuintes, a Receita Federal do Brasil (RFB), o Ministério da Fazenda e o Poder Legislativo. A ideia era prever o tratamento tributário, notadamente para fins de IRPJ e CSLL decorrentes de todas as mudanças significativas ocorridas em função das novas normas contábeis adotadas no Brasil.

Na prática, no entanto, apesar de todos os esforços de todas as partes, o objetivo inicial não foi alcançado por duas razões. A primeira decorre do fato de que seria praticamente impossível vislumbrar de antemão todas as situações, em todos os tipos de negócios, contratos e operações que pudessem causar um efeito contábil diferente quando comparado aos efeitos decorrentes da contabilidade como conhecíamos antes de 2008.

A segunda razão é que, como já dito, as normas contábeis passam por constantes revisões, o que impede que a legislação tributária permaneça 100% atualizada por muito tempo. O detalhe essencial desse processo é que, se as normas contábeis podem ser revisitadas em processos menos burocráticos, as normas tributárias dependem da edição de leis para produzirem efeitos, em obediência à Constituição Federal e ao art. 2º do Código Tributário Nacional (CTN).

Desde a sua edição, a Lei nº 12.973/14 foi regulamentada pela IN RFB nº 1.515/14, que sofreu algumas alterações até ser revogada pela IN RFB nº 1.700/17, também já alterada.

Ocorre que as instruções normativas têm por finalidade emitir o entendimento da Receita Federal do Brasil (RFB) sobre determinados aspectos contidos em uma lei, regulamentando a sua aplicação. O entendimento ali consignado, apesar de ser de observância obrigatória pelas autoridades fiscais, possui alcance limitado, não podendo inovar em relação à lei, tampouco ser utilizado como veículo normativo tributário para dar efeitos às inovações contábeis decorrentes de mudanças nos CPCs. Esse é um ponto que deve ser levado em consideração todas as vezes em que a leitura e análise de uma IN for requerida.

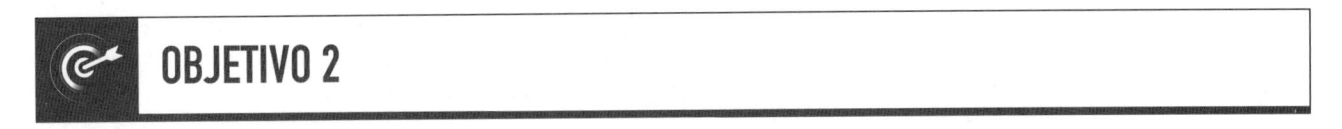

OBJETIVO 2

AS NOVAS DISPOSIÇÕES CONTÁBEIS APÓS A EDIÇÃO DA LEI Nº 12.973/14): O ART. 58 DA LEI Nº12.973/14

Como já mencionado, no período de 2008 a 2013, vigorou o RTT que buscava neutralizar por completo as mudanças provocadas pelas novas normas contábeis.

Com a edição da Lei nº 12.973/14, muitos dos novos temas contábeis tiveram o tratamento tributário definido em lei, conforme observado na Figura 18.2.

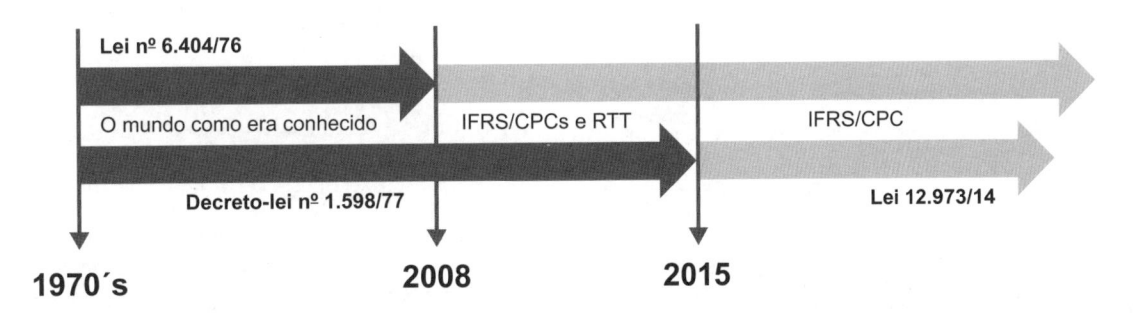

Figura 18.2 Linha do tempo do conjunto de normas contábeis e tributárias.

A mesma lei, antevendo o dinamismo inerente ao novo mundo contábil, previu em seu art. 58 que:

> Art. 58. A modificação ou a adoção de métodos e critérios contábeis, por meio de atos administrativos emitidos **com base em competência atribuída em lei comercial, que sejam posteriores à publicação desta Lei, não terá implicação na apuração dos tributos federais até que lei tributária regule a matéria.**
>
> Parágrafo único. **Para fins do disposto no** *caput*, **compete à Secretaria da Receita Federal do Brasil, no âmbito de suas atribuições, identificar os atos administrativos e dispor sobre os procedimentos para anular os efeitos desses atos sobre a apuração dos tributos federais.** (grifos nossos)

Como se vê, o princípio da neutralidade deve continuar conduzindo o tratamento tributário naquilo que for entendido como uma alteração em norma contábil (métodos ou critérios) até que haja a regulação competente do tema pelo legislador.

Nesse ponto, deve-se esclarecer que a delegação atribuída à Receita Federal do Brasil pelo legislador se limita a: (i) a identificação das novas normas contábeis; e (ii) a disposição sobre os procedimentos suficientes ou necessários para manter a neutralidade, para fins tributários, dos efeitos decorrentes dessas normas.

Em nenhum momento (e nem poderia) houve a delegação de poderes à RFB para inovar em termos de comandos tributários, alterando regras relativas ao fato gerador ou à base de cálculo dos tributos federais. As IN emitidas pela RFB devem prever o mecanismo suficiente que tinha por objetivo anular (neutralizar), para fins fiscais, os eventuais efeitos contábeis que decorressem das normas contábeis emitidas após a edição da Lei nº 12.973/14, o que desde sempre é feito por meio de "ajustes" ao lucro líquido, ponto de partida da apuração do IRPJ e da CSLL.

O mecanismo de neutralização é o mesmo utilizado para as despesas e receitas que afetam o resultado contábil, mas que não podem (por vedação legal) afetar a apuração dos tributos, como é o caso das despesas indedutíveis (ex.: brindes), das receitas não tributáveis (ex.: receita de equivalência patrimonial) ou da que afetam a apuração dos tributos em período distinto da competência contábil (ex.: provisões, valor justo).

A partir da Lei nº 12.973/14, constata-se o aumento de ajustes requeridos para fins de apuração do lucro real, da base de cálculo da contribuição social, como também de novas formas de controle dos ajustes temporários, conforme a Figura 18.3.

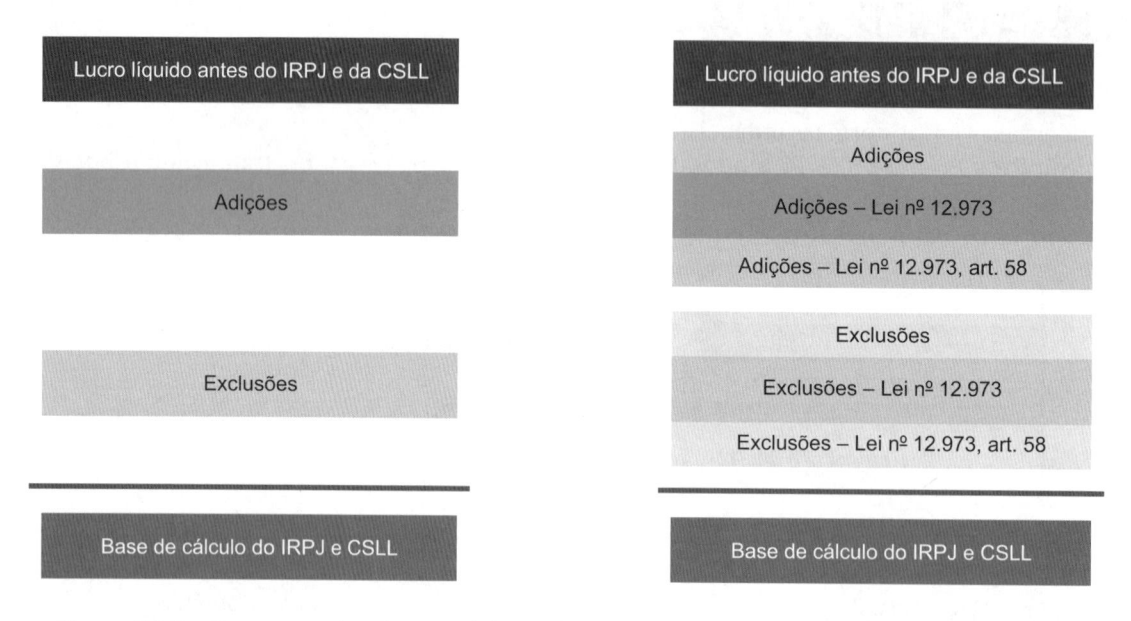

Figura 18.3   Demonstrativo da metodologia de apuração da base de cálculo do IRPJ e da CSLL antes e depois da Lei nº 12.973/2014.

A neutralidade tributária proposta pelo art. 58 da Lei nº 12.973/14 é conhecida como "RTTzinho", expressão cunhada pelo Professor Eliseu Martins e, assim como o RTT "original" segue originando controvérsias acerca da sua extensão.

Para a aplicação do art. 58, o primeiro desafio é interpretar os novos CPCs ou a revisão de CPCs já existentes, e concluir se houve ou não a alteração de métodos e/ou critérios contábeis, tarefa delegada à RFB.

A IN RFB nº 1.753/17 dispôs em seu art. 2º que modificações ou a adoção de métodos e critérios contábeis, por meio de atos administrativos emitidos com base em competência atribuída por lei comercial, posteriores a 12 de novembro de 2013, não devem afetar a apuração dos tributos federais até que lei tributária regule a matéria.

Os artigos seguintes determinam que a identificação dos atos administrativos e os procedimentos para anulação dos seus efeitos sejam veiculados na forma dos Anexos aprovados na referida IN, sendo eles:

- Anexo I: determina os procedimentos para neutralização dos efeitos decorrentes da adoção do CPC 09.
- Anexo II: aplicável a instituições financeiras e demais entidades autorizadas a funcionar pelo BACEN, estabelece procedimentos relativos às disposições do art. 6º da Resolução do Conselho Monetário Nacional (CMN) 4.512/16.

- Anexo III: também aplicável a instituições financeiras e demais entidades autorizadas a funcionar pelo BACEN, estabelece os procedimentos relativos aos efeitos decorrentes de procedimento contábil para definição, apuração e registro da parcela efetiva do *hedge* de ativos e passivos financeiros não derivativos, registrados contabilmente no patrimônio líquido na forma estabelecida na Resolução CMN 4.524/16.
- Anexo IV: estabelece procedimentos relativos ao CPC 47 (Receita de Contrato com Cliente), divulgado em 22 de dezembro de 2016 pelo CPC.
- Anexo V: estabelece procedimentos relativos ao CPC 06 (R2) – Operações de Arrendamento Mercantil, divulgado em 21 de dezembro de 2017 pelo CPC.

ATENÇÃO!

A Coordenação-Geral de Tributação da Secretaria da Receita Federal do Brasil, por meio dos Atos Declaratórios Executivos COSIT nº 20/15, 34/15, 22/16, 32/17,33/17, 01/18, 13/18 e 14/18, 01/19, 38/20, 39/20, 41/20, 42/20 e 03/21, identificou os documentos emitidos pelo CPC e pelo Conselho Monetário Nacional (CMN), que não contemplam modificação ou adoção de novos métodos ou critérios contábeis, ou tal modificação ou adoção não tem efeito na apuração dos tributos federais.

 **OBJETIVO 3**

CORRELAÇÕES ENTRE OS CPCS E AS NORMAS TRIBUTÁRIAS

Explicado o processo de convergência contábil, as principais mudanças contábeis provocadas por esse processo, observadas na Figura 18.4, e a norma para neutralizar as mudanças ocorridas após a Lei nº 12.973/14, resta compreender os principais efeitos na legislação tributária oriundos de todo esse processo e já tratados pela legislação tributária.

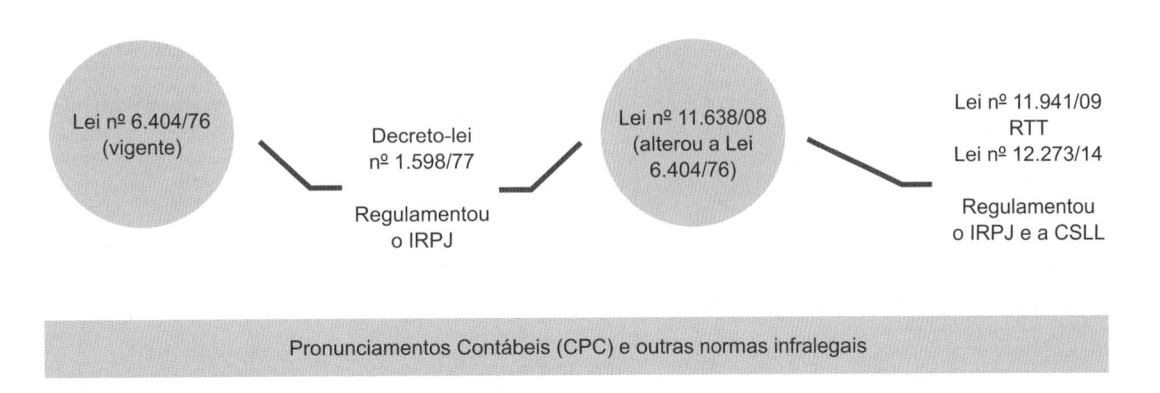

Figura 18.4 Alterações legislativas e normativas contábeis e tributárias.

AS SUBCONTAS

Outro aspecto decorrente desse processo e que merece atenção é a exigência trazida na legislação tributária de controles de subcontas como requisito para gozo da neutralidade em relação a determinados eventos.

Visando manter a neutralidade dos novos métodos contábeis e adequar a apuração da obrigação tributária aos preceitos legais, notadamente o conceito de renda, a Lei nº 12.973/14 permitiu ajustar as bases de cálculo do IRPJ e da CSLL, em relação aos reflexos em resultado decorrentes de determinadas diferenças positivas e/ou negativas de itens patrimoniais mensurados de acordo com a nova contabilidade e os valores mensurados pelos métodos e critérios vigentes em 31.12.2007.

A condição para a neutralização desses efeitos, no entanto, é a evidenciação contábil dessas diferenças por meio das chamadas subcontas.

A IN RFB nº 1.515/14 regulou originalmente a referida obrigação, determinando que o registro das subcontas deveria ser feito de forma analítica, termo que na linguagem contábil significa detalhamento item a item, e considerando os lançamentos contábeis em último nível do plano de contas. Essa instrução foi revogada pela IN RFB nº 1.700/17, que repetiu esse comando em seu art. 89, determinando que:

- A soma do saldo da subconta com o saldo da conta do ativo ou passivo a que a subconta está vinculada resultará no valor do ativo ou passivo mensurado de acordo com as disposições da Lei nº 6.404/76.

- No caso de ativos ou passivos representados por mais de 1 (uma) conta, tais como bens depreciáveis, o controle deverá ser feito com a utilização de 1 (uma) subconta para cada conta.

- No caso de conta que se refira a grupo de ativos ou passivos, de acordo com a natureza destes, a subconta poderá se referir ao mesmo grupo de ativos ou passivos, desde que a pessoa jurídica mantenha Livro Razão auxiliar que demonstre o detalhamento individualizado por ativo ou passivo.

- Nos casos de subcontas vinculadas à participação societária (arts. 110 a 117) que devam discriminar ativos ou passivos da investida ou da emitente do valor mobiliário, poderá ser utilizada uma única subconta para cada participação societária ou valor mobiliário, desde que a pessoa jurídica mantenha Livro Razão auxiliar que demonstre o detalhamento individualizado por ativo ou passivo da investida ou da emitente do valor mobiliário.

Da adoção inicial em diante, portanto, a manutenção da neutralidade tributária em relação a determinados ajustes previstos na Lei nº 12.973/14 passou a depender da viabilidade dessa evidenciação dos referidos efeitos por meio de subconta, o que, por sua vez, requer que seja elaborado o livro Razão Auxiliar das Subcontas (RAS) na geração do SPED Contábil (ECD), mais conhecido como Livro Z da ECD, ilustrado na Figura 18.5.

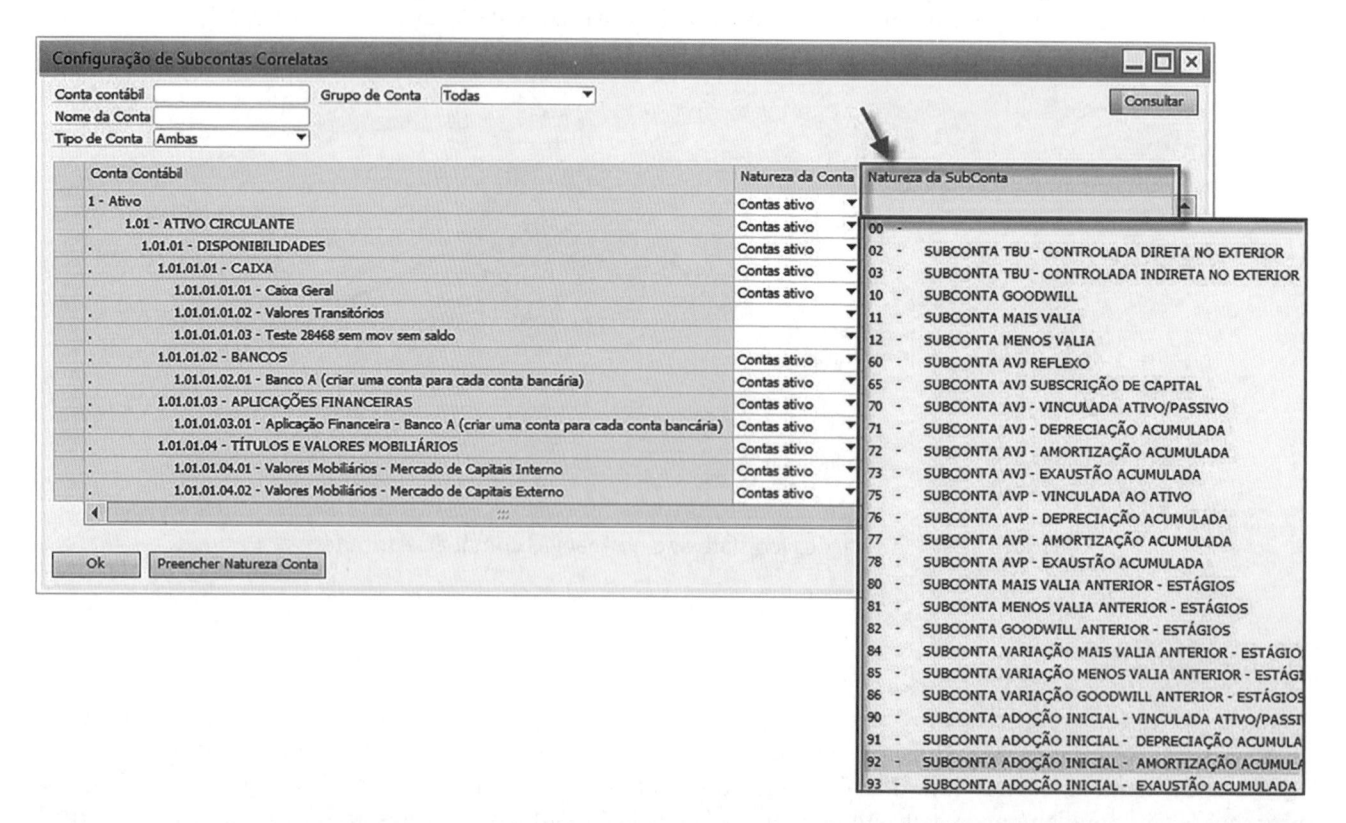

Figura 18.5 Livro Razão Auxiliar das Subcontas – Livro Z da ECD.

O controle da neutralidade por meio de subcontas dispensa o controle dos mesmos valores na Parte B do Livro de Apuração do Lucro Real (e-LALUR) e no Livro de Apuração da Contribuição Social sobre o Lucro (e-LACS). Cada subconta deve se referir a apenas uma única conta de ativo ou passivo e cada conta de ativo ou passivo deve se referir a mais de uma subconta, caso haja fundamentos distintos para sua utilização. O conjunto de contas formado pela conta analítica do ativo ou passivo e as subcontas correlatas deve receber identificação única no SPED, que não poderá ser alterada até o encerramento contábil das subcontas.

O controle em subcontas deve ser elaborado, pelo menos nas situações que podemos observar no Quadro 18.2.

Quadro 18.2 Subcontas exigidas

Subconta	Fundamentação na IN nº 1.700
Do Ajuste a Valor Presente de que trata o inciso III do *caput* do art. 184 da LSA (situação prevista no arts. 5º, § 1º, Lei nº 12.973/14)	Art. 93
Da Avaliação a Valor Justo	Arts. 97 a 104
Da Avaliação a Valor Justo na Subscrição de Ações	Arts. 110 a 113
Do Ajuste Decorrente de Avaliação a Valor Justo na Investida	Arts. 114 a 117
AVJ Transferido para a Sucessora em caso de Incorporação, Fusão e Cisão	Arts. 118
Desdobramento do Custo de Aquisição com Base em Laudo	Arts. 178
Aquisição de Participação Societária em Estágios	Arts. 183
Controle na Adoção Inicial	Arts. 300

Além desses casos regulados pela IN RFB nº 1.700/17, o controle de lucros auferidos por controladora domiciliada no Brasil em relação a investimentos no exterior também deve ser feito por meio de subcontas vinculadas à conta de investimentos em controlada direta no exterior e de forma individualizada, conforme normativa o art. 2º da IN RFB nº 1.520/14.

Dos comandos legais e normativos examinados extrai-se que, além dos ajustes controlados no e-Lalur e no e-Lacs, a sistemática legal elegeu determinadas situações para as quais o controle deve ser feito por meio dos livros contábeis (subcontas). Nesses casos, a escrita contábil é a única forma considerada adequada para o controle fiscal, tornando as subcontas um dever instrumental relevante para fins de apuração das obrigações principais.

A sua falta implica descumprimento de normas e pode ter por consequência a tributação dos ajustes contábeis, se positivos, ou no impedimento de deduzi-los, quando negativos. Remanescem outras situações em que o controle pode ser feito por meio do e-Lalur e do e-Lacs.

Por fim, é importante esclarecer que a Lei nº 12.973/14 manteve a sistemática de apuração do IRPJ e da CSLL prevista no Decreto-lei nº 1.598/77, isto é, de se calcular o lucro real com base no lucro líquido societário antes dos tributos corporativos (IRPJ e CSLL) e se efetuar os acréscimos e as exclusões expressamente previstas na legislação tributária. O que diferencia a situação atual e futura de todo o histórico conhecido é o aumento expressivo de ajustes (adições e exclusões), que decorrem dos grandiosos impactos trazidos tanto pela nova contabilidade quanto pela nova forma de controle de alguns ajustes temporários que só podem ter a tributação diferida ou neutralizada se forem controlados em subcontas.

Ao interpretarmos os dispositivos que exigem o registro contábil em subcontas para permitir a neutralização dos efeitos contábeis para fins tributários, é possível supor que a inexistência do controle por meio de registros contábeis tem como consequência a imediata obrigação de tributar. Evidentemente que a necessidade desse tipo de controle pode ser relativizada de forma a garantir a prevalência da verdade material, respaldada pelo art. 142 do CTN, bem como dos preceitos constitucionais e outros previstos no próprio CTN.

O Conselho Administrativo de Recursos Fiscais (CARF) vem enfrentando esse tema, como será comentado a seguir por meio da análise de decisões proferidas no sentido de que o panorama estabelecido, por expressa disposição legal, não pode ser relativizado, já que tem a finalidade de permitir ao Fisco controlar a evolução do valor desses ativos e passivos ao longo do tempo, sem necessidade de abertura de procedimentos fiscais, fomentando a eficiência da atividade fiscalizatória. Contudo, há também decisões em sentido contrário.

O VALOR JUSTO (CPC 46) E AJUSTE A VALOR PRESENTE (CPC 12)

Como mencionado, um dos critérios de mensuração de elementos patrimoniais que passou a ser adotado no novo padrão contábil foi a avaliação a valor justo (AVJ), que substitui o custo de aquisição como padrão praticamente único.

Valor justo é um conceito tratado no CPC 46 que o define como uma forma de mensuração baseada em mercado, e não uma forma específica da entidade e aplicável a ativos e passivos, objeto primário da mensuração contábil.

O CPC 46, em seu item 9, define valor justo como "o preço que seria recebido pela venda de um ativo ou que seria pago pela transferência de um passivo em uma transação não forçada entre participantes do mercado na data de mensuração". Trata-se, portanto, de um conceito que se encontra em consonância com os princípios balizadores da atual contabilidade, visando à produção de relatórios que tenham valor preditivo e que se prestem à tomada de decisão, de modo a valorizar a mensuração com base na provável entrada de fluxos futuros de caixa pelo uso ou pela venda de um ativo, mais do que pelo custo original de aquisição que, em certas situações, podem não ter o mesmo valor informacional.

Sob a perspectiva fiscal, o legislador, por meio do art. 13 da Lei nº 12.973/14, optou por neutralizar os efeitos do AVJ reconhecidos como parte dos ativos e passivos, tendo como contrapartida rubricas de resultado.

Para tanto, os ganhos e perdas decorrentes da avaliação de elementos patrimoniais com base no valor justo podem ser excluídos do lucro líquido para fins de apuração do lucro real e da base de cálculo da CSLL, desde que o respectivo aumento no valor do ativo ou a redução no valor do passivo seja evidenciado contabilmente em subconta vinculada ao ativo ou passivo.

> ## ATENÇÃO!
>
> Lei nº 12.973/14: "Art. 13. O ganho decorrente de avaliação de ativo ou passivo com base no valor justo não será computado na determinação do lucro real desde que o respectivo aumento no valor do ativo ou a redução no valor do passivo seja evidenciado contabilmente em subconta vinculada ao ativo ou passivo."

Como já mencionado anteriormente, o controle em subconta do AVJ é uma condição imposta pela lei para permitir o diferimento da tributação dos ganhos evidenciados por esse modelo de mensuração de elementos patrimoniais. Caso o controle não seja feito nesses termos, o art. 13, § 3º, da Lei nº 12.973/14, determina que o ganho seja imediatamente tributado, ressalvando que ele não pode ser utilizado para reduzir o prejuízo fiscal do período corrente, ou seja, tributar de forma antecipada à efetiva realização não pode representar um artifício para "burlar" o limite de compensação de prejuízo fiscal e base negativa de CSLL determinado pela legislação (30% do lucro tributável do período).

QUESTÃO PARA REFLEXÃO

É legítimo fazer um planejamento tributário por meio da eliminação de controles do Valor Justo? Quais são os riscos que a empresa pode enfrentar?

No âmbito do CARF, podem ser encontradas controvérsias relativas ao AVJ, basicamente em função da ausência de controle por meio das subcontas vinculadas aos elementos patrimoniais. No Acórdão nº 1402-003.589, por maioria de votos, afastou-se a cobrança de IRPJ e CSLL, sob o argumento de que o ganho de AVJ indica um acréscimo patrimonial que ainda não representa aquisição de disponibilidade econômica ou jurídica, necessária para fins de tributação, de acordo com o art. 43 do CTN, que define o fato gerador do IR como a aquisição da disponibilidade econômica ou jurídica.

Nesse caso, o relator argumentou que a elaboração de um laudo havia sido suficiente para evidenciar o AVJ, sendo certo que a ausência de subcontas não teria gerado prejuízo ao Erário, não enfrentando o disposto no art. 13, § 3º, da Lei nº 12.973/14.

Em outro caso, no Acórdão nº 1301-004.091, o Recurso Voluntário foi rejeitado, por voto de qualidade. A autuação havia se baseado no art. 13 da Lei nº 12.973/14. A relatora adotou os fundamentos do Acórdão nº 1402-003.589, alegando que, apesar da regra expressa sobre a necessidade de subcontas, essa exigência deveria ser relativizada sempre que houvesse outra forma capaz de demonstrar controle efetivo dos valores diferidos, "a fim de atestar que as adições e exclusões pertinentes sejam realizadas nos montantes adequados".

O voto vencedor, por outro lado, argumentou que, após o fim do RTT, não haveria mais que se falar na neutralidade tributária (Lei nº 11.941/09), e que a legislação seria categórica em relação à exigência de subcontas, alegando que o efeito tributário na ausência das subcontas seria a imediata tributação do AVJ. Quanto à eventual incompatibilidade entre a tributação do AVJ e o art. 43 do CTN (conceito de renda disponível), alegou-se que essa análise seria vedada ao CARF pela Súmula CARF nº 02. Há outros casos (Acórdão nº 1401-003.873) sobre o tema, o que mostra já existir um novo contencioso se formando sobre esse relevante tema, bem como divergência no entendimento já exarado pelas turmas ordinárias do CARF.

Na Figura 18.6, faz-se um resumo esquemático do tratamento tributário do AVJ para fins de IRPJ e CSLL.

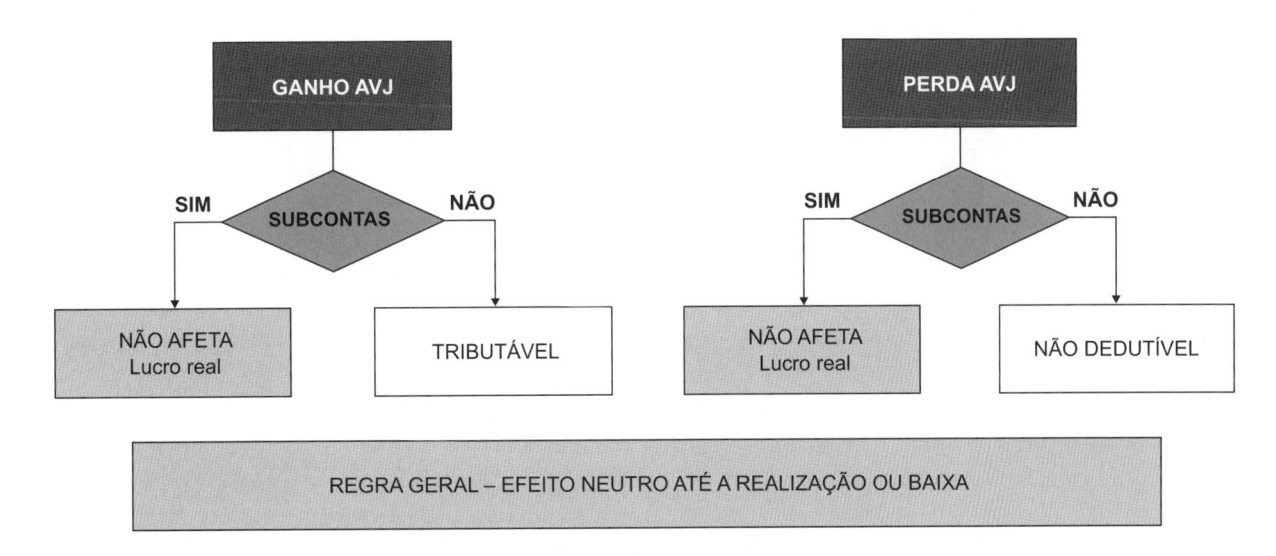

Figura 18.6 Resumo esquemático do tratamento tributário do AVJ para fins de IRPJ e CSLL.

Além do AVJ, por meio do inciso VIII do *caput* do art. 183 da Lei nº 6.404/76 e do CPC12, foi introduzida a necessidade de registro do ajuste a valor presente (AVP) quando do reconhecimento inicial (primeiro registro) de ativos e passivos monetários com juros implícitos ou explícitos embutidos, que devem ser mensurados pelo seu valor presente. As normas contábeis requerem que seja feita a segregação entre o valor do item (a receita da venda de uma mercadoria, por exemplo) e seu componente financeiro, por ser esse o valor de custo original dentro da filosofia de valor justo. O AVP pode ser mais bem compreendido por um exemplo cotidiano.

CASO PRÁTICO

Imagine-se que uma empresa oferte em seu *site* a venda de um sofá a prazo no valor total de R$ 20.000,00, e permita que o pagamento seja feito e 10 parcelas mensais de R$ 2.000,00. Nas formas de pagamento aceitas, a loja oferece um desconto de 10% para os pagamentos à vista, no Pix. Assim, caso o cliente opte pelo pagamento à vista, o valor a ser pago será de R$ 18.000,00.

Infere-se que R$ 20.000,00 seja o valor do sofá após as 10 parcelas, ou seja, no décimo mês e que, na data da venda, o seu valor seja R$ 18.000,00, sendo a diferença entre um valor e outro a taxa de juros embutida nas prestações do produto. Nesse sentido, a contabilidade teria que decompor os R$ 20.000,00 segregando o valor presente do sofá e os juros correspondentes. Veja-se:

Nº	Valor futuro	TX	Valor presente	Juros	Principal
1	2.000,00	1,02	1.960,78	39,22	18.000,00
2	2.000,00	1,04	1.922,34	77,66	16.000,00
3	2.000,00	1,06	1.884,64	115,36	14.000,00
4	2.000,00	1,08	1.847,69	152,31	12.000,00
5	2.000,00	1,10	1.811,46	188,54	10.000,00
6	2.000,00	1,13	1.775,94	224,06	8.000,00
7	2.000,00	1,15	1.741,12	258,88	6.000,00
8	2.000,00	1,17	1.706,98	293,02	4.000,00
9	2.000,00	1,20	1.673,51	326,49	2.000,00
10	2.000,00	1,22	1.640,70	359,30	0,00
TOTAL	20.000,00		17.965,17	2.034,83	

A legislação tributária determina que os valores decorrentes do AVP, relativos a cada operação, somente sejam considerados na determinação do lucro real no mesmo período de apuração em que a receita ou resultado da operação deva ser oferecido à tributação. Ademais, o art. 12 do Decreto-lei nº 1.598/77 foi alterado para determinar que a receita líquida seja a receita bruta diminuída das devoluções e cancelamentos, dos descontos incondicionais, dos tributos sobre ela incidentes e do AVP, das operações vinculadas à receita bruta.

Assim, ainda que para fins contábeis o valor de R$ 2.034,83 seja contabilizado como receita financeira (AVP) e seja apropriado ao resultado contábil em 10 parcelas, tal qual demonstrado na tabela acima, para fins fiscais, a operação de venda do sofá gerará uma receita bruta de R$ 20.000,00, a ser tributada inteiramente quando do reconhecimento da receita da venda. Abaixo ilustra-se a explicação com lançamentos contábeis que consideram que o custo do sofá no estoque é de R$ 11.000,00 e que o primeiro pagamento foi à vista, quando da entrega do sofá.

Ativo (circulante)

Caixa

(d) 2.000	

Contas a receber

(b) 20.000	2.000 (d)

AVP

(d) 39	2.035 (b)

Estoque de produtos acabados

11.000 (si)	11.000 (a)

DRE

Apuração IRPJ e CSL

(a) 11.000	17.965 (b)
	39 (d)
	7.004

Considerando esses dados, a apuração do IRPJ e da CSLL contemplaria os seguintes ajustes para fins de manutenção da neutralidade:

LAIR	**7,004.00**
(+) AVP (juros a apropriar)	2,035.00
(–) AVP (juros apropriados)	(39.00)
Base de Cálculo IRPJ e CSLL	**9,000.00**

O RECONHECIMENTO DE RECEITA (CPC 47)

No âmbito do processo de convergência, o reconhecimento de receita ganhou normas atualmente regidas pelo "CPC 47 – Receita de Contrato com Cliente", que substituiu o Pronunciamento Técnico Contábil 30 (CPC 30). Os principais efeitos que podem decorrer do CPC 47 são:

- A aplicação prática de muitos conceitos que já estavam expostos no CPC 30, mas não eram praticados pela maioria das empresas.
- Exigência de maior exercício de julgamento profissional para a aplicação das orientações de reconhecimento de receita (norma mais detalhada e subjetiva).
- Mudanças do momento (postergação) de reconhecimento de receita em alguns casos em razão da exigência de avaliação da probabilidade de entrada de caixa (ou seja, o reconhecimento de receita requer a primeira avaliação da possibilidade de inadimplência ou de devolução/desistência da operação de compra por parte do cliente).
- Novas exigências de divulgação (ex.: conciliação entre os valores registrados para finalidades fiscais e os evidenciados de acordo com o CPC 47).
- A segregação de bens e serviços (em operações compostas), tal qual mencionada na norma contábil, pode acabar influenciado as reflexões de natureza tributária em relação aos tributos indiretos.
- Possibilidade de ajuste retroativo de receita (item 21, CPC 47).

Para entender bem as questões mais importantes em relação ao reconhecimento de receita para fins contábeis e fiscais, alguns aspectos das diversas normas que o tema envolve devem ser detalhadamente estudados. A seguir são mencionados apenas o considerado principal.

CONCEITOS

Receitas são definidas no CPC 00 (R2), item 4.68, como "aumentos nos ativos, ou reduções nos passivos, que resultam em aumento no patrimônio líquido, exceto aqueles referentes a contribuições de detentores de direitos sobre o patrimônio", sendo um elemento que se refere ao desempenho financeiro da entidade. Em outras palavras, tudo o que altera o patrimônio líquido para maior e que não se refira à transação com o sócio (e na condição de sócio) pode caber na definição geral de receita.

O CPC 47 define receita como:

Aumento nos benefícios econômicos durante o período contábil, originado no curso das atividades usuais da entidade, na forma de fluxos de entrada ou aumentos nos ativos ou redução nos passivos que resultam em aumento no patrimônio líquido, e que não sejam provenientes de aportes dos participantes do patrimônio.

O reconhecimento contábil de receita requer a análise do momento e dos critérios para a sua quantificação, e o CPC 47 estabelece cinco passos, descritos na Figura 18.7, para essa finalidade.

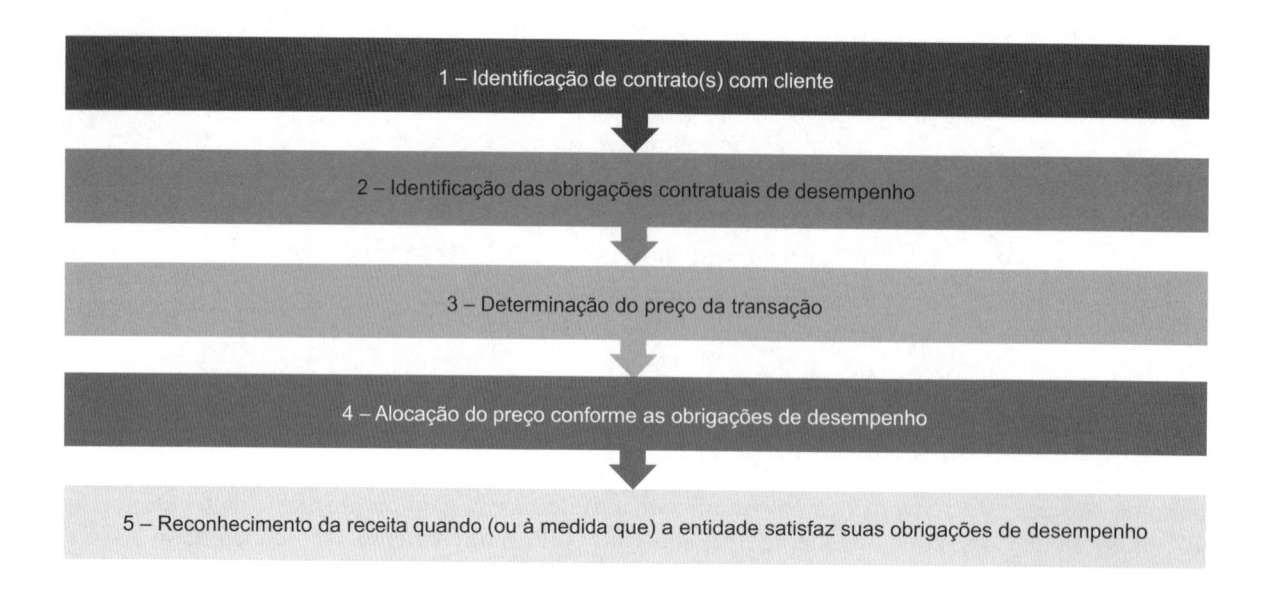

Figura 18.7 Metodologia de aplicação do CPC 47.

Para aplicação desses passos, os seguintes conceitos, a seguir resumidos e trazidos no Anexo A do CPC 47, são essenciais:

(a) **Contrato**: acordo (formal ou informal) entre duas ou mais partes que cria direitos e obrigações executáveis.

(b) **Ativo de contrato**: consiste no direito de cada entidade à contraprestação recebida em troca da transferência de bens ou serviços ao cliente.

(c) **Cliente**: é a parte que contrata com a entidade a obtenção de "bens ou serviços, que constituem um produto das atividades normais da entidade, em troca de contraprestação".

(d) **Preço da transação**: valor da contraprestação contratada em troca da transferência de bens ou serviços prometidos ao cliente, excluindo valores cobrados em nome de terceiros.

(e) **Obrigação de Desempenho (itens 22, 31 em diante)**: obrigação da entidade vendedora desempenhar a sua obrigação de repassar o controle do bem ou serviço à entidade compradora. O reconhecimento da receita deve acompanhar a satisfação da Obrigação de Desempenho.

ASPECTOS RELEVANTES DO CPC 47 PARA FINS TRIBUTÁRIOS

(I) RECONHECENDO AS OBRIGAÇÕES E A NATUREZA DA RECEITA

O primeiro aspecto relevante para fins contábeis é identificar as distintas obrigações de desempenho que, conforme o *Manual de Contabilidade Societária*, surgem quando: (a) o cliente puder se beneficiar do bem ou serviço, isoladamente ou em conjunto, com outros recursos que estão prontamente disponíveis; e (b) a promessa da entidade de transferir o bem ou serviço é identificável separadamente de outras promessas no contrato.

A norma contábil manda reconhecer, por exemplo, a obrigação de fornecer garantia como um serviço distinto quando a entidade se compromete a prestar o serviço ao cliente adicionalmente ao produto que tem a funcionalidade descrita no contrato. Nessas circunstâncias, a entidade deve contabilizar a garantia prometida alocando parte do preço da transação a essa obrigação (item B28 em diante).

A norma contábil também requer que a mensuração da receita se dê pelo valor justo da contraprestação recebida ou a receber. Isso significa que é possível que o valor contabilizado a título de receita seja distinto do valor constante em nota fiscal correspondente à transação.

(II) ITENS QUE NÃO COMPÕEM A RECEITA BRUTA CONTÁBIL

O reconhecimento também deve observar que as quantias cobradas por conta de terceiros (ex.: IPI, receitas de terceiros) não representam benefícios econômicos próprios, logo, não devem compor a receita (item 47, CPC 47).

O valor da contraprestação que a entidade espera receber deve excluir os valores cobrados em nome de terceiros e pode variar em função de descontos e abatimentos, restituições e reembolsos, incentivos, bônus por *performance*, penalidades e outros similares, bem como de parcelas contingentes (que dependem de eventos futuros).

Muitas vezes no preço de um produto ou serviço pode estar embutido o valor cobrado em função do parcelamento do preço, por exemplo. O CPC 47 requer que os valores cobrados a título de juros sejam registrados como receita financeira. Isso significa que o registro da receita deve ser decomposto em receita operacional (valor presente) e receita financeira referente aos juros (diferença entre o valor nominal e o valor presente).

(III) AGENTE E PRINCIPAL

Os itens B34 a B38 do CPC 47 elucidam que, quando uma empresa estiver envolvida no fornecimento de bens ou serviços ao cliente, ela deve determinar se a natureza de seu compromisso é uma obrigação para fornecer os próprios bens ou serviços, situação na qual figurará como "principal", ou se sua função é organizar para que esses bens ou serviços sejam fornecidos por outra parte, sendo apenas um agente. Assim, para cada nova transação a entidade deverá avaliar se desempenha o papel de principal ou de agente na oferta de bens e/ou serviços e para isso deve (a) identificar os produtos ou serviços a serem fornecidos e, ainda, (b) avaliar se ela controla cada bem ou serviço antes que este seja transferido para o cliente.

A entidade será considerada "principal" se ela controlar o bem ou o serviço especificado antes que este seja transferido ao cliente. Um exemplo disso é a situação na qual uma empresa adquire um produto para revendê-lo. Nesse caso, essa entidade estabelece todas as condições de venda, corre o risco de seu estoque e garante para si os eventuais benefícios decorrentes das margens de lucro e condições financeiras da venda.

Nesse sentido, em seu item B35A, o CPC 47 determina que o controle da entidade principal, quando outras partes estiverem envolvidas no fornecimento de bens ou serviços a seus clientes, será caracterizado pelas seguintes hipóteses:

(a) Quando a entidade adquirir bem ou outro ativo da outra parte que ela, em seguida, transfere para o seu cliente.

(b) Quando a entidade adquirir direito ao serviço a ser executado pela outra parte, atribuindo-lhe a capacidade de dirigir essa parte para prestar o serviço ao cliente em seu nome.

(c) Quando a entidade adquirir bem ou serviço da outra parte e, em seguida, combiná-los com outros bens ou serviços no fornecimento especificado ao cliente. Isto ocorre quando a entidade primeiro obtém o controle das entradas para o bem ou o serviço especificado (que inclui bens ou serviços de outras partes) e dirige a sua utilização para criar a saída combinada.

Por outro lado, conforme item B36 do CPC 47, a entidade será considerada mero agente se a sua obrigação de *performance* for apenas providenciar o fornecimento de bens ou serviços especificados por outra parte. O CPC 47 esclarece ainda que "a taxa ou a comissão da entidade pode ser o valor líquido da contraprestação que a entidade reter após pagar à outra parte a contraprestação recebida pelos bens ou serviços a serem fornecidos por essa outra parte".

(IV) MOMENTO E MENSURAÇÃO NO RECONHECIMENTO DA RECEITA

O reconhecimento de receita, do ponto de vista contábil, depende de ser provável o recebimento da contraprestação à qual a entidade tenha direito em troca dos bens ou serviços fornecidos a seus clientes. Ao avaliar se a possibilidade de recebimento do valor da contraprestação é provável, a entidade deve considerar apenas a capacidade e a intenção do cliente de pagá-lo. Trata-se de incluir como aspecto fundamental para o reconhecimento da receita, além da transferência do controle do produto ou serviço (cumprimento da obrigação por uma parte), a avaliação da expectativa de recebimento dos valores devidos.

Assim, é possível que uma transação (ex.: venda) aconteça, ou seja, que a entidade emita a nota fiscal de venda e ainda assim não registre a receita por, a título exemplificativo, não considerar ter havido a transferência do controle do produto ou supor que poderá não receber os valores devidos. Pode ser o caso de vendas por internet em que os consumidores têm o direito de se arrependerem da compra em até 7 dias e o aceite tácito só se dá após esse prazo (*vide* itens B21 a B27 e B83 do CPC 47). Nessa hipótese, a empresa terá que estimar o percentual provável de devoluções, reconhecendo a receita apenas da parte das vendas que considerar definitivas.

CONCEITOS JURÍDICOS

A definição de receita bruta nos termos do art. 12 do Decreto-lei nº 1.598/77 compreende "o produto da venda de bens nas operações de conta própria; o preço da prestação de serviços em geral; o resultado auferido nas operações de conta alheia; e as receitas da atividade ou objeto principal da pessoa jurídica não compreendidas nos itens precedentes".

A definição, em sua essência, é antiga. A mudança mais recente, introduzida pela Lei nº 12.973/14, foi justamente a parte final "receitas da atividade ou objeto principal não compreendidas nos itens precedentes". Nesse ponto a razão da mudança não tem relação com as normas contábeis, mas com a discussão jurídica sobre o conceito de receita bruta (nesse sentido cita-se o RE nº 240.785 e o RE nº 574.706, este último julgado sob o rito da Repercussão Geral).

O conceito de resultado auferido em conta alheia curiosamente está relacionado à novidade incorporada pelo CPC 47 dos papéis que desempenham as entidades, sejam elas, agente e principal. Por produto das operações de conta própria, podem-se entender as receitas auferidas a partir das operações efetuadas com bens e serviços de titularidade própria (propriedade do próprio contribuinte). Já no caso das operações de conta alheia, o produto corresponde ao resultado auferido a partir de operações efetuadas com bens e serviços de terceiros, que por acordo contratual ficam à disposição da empresa contratante para a realização das vendas (consignação mercantil, representação comercial etc.).

Considerando todo o exposto, é possível concluir que os valores recebidos e que apenas transitam pelo patrimônio da pessoa jurídica destinados a terceiros não devem ser registrados em contas de demonstração de resultado (receita e despesa), por não se enquadrarem tecnicamente nos conceitos de receita e despesa e por não representarem medidas de *performance* da própria entidade. Esse conceito está em perfeita harmonia com o conceito jurídico de receita, que demanda a entrada definitiva e não temporária – destinada a terceiros – dos valores.

Mas essa harmonia entre o Direito e a Contabilidade não é aplicável a todos os aspectos do reconhecimento de receita. Por essa razão, a RFB editou a IN nº 1.771/17, que tem por objetivo determinar o tratamento tributário a ser aplicado ao CPC 47, em atendimento ao art. 58 da Lei nº 12.973/14. A IN nº 1.771/17 divide os efeitos tributários do CPC 47 em dois grupos, como se resume no Quadro 18.3.

Quadro 18.3 Aspectos tributários relativos ao CPC 47, conforme normas editadas pela RFB

Modificação ou adoção de novos métodos ou critérios contábeis sujeitos ao art. 58 da Lei nº 12.973 (neutralidade)	I. Tratamento conferido às modificações contratuais (item 21, CPC 47); II. Reconhecimento de passivos em razão de obrigações contratuais relativas a garantias, exceto as contratadas com empresas de seguros e as contabilizadas como provisões (itens B30, B31 e B32 do CPC 47), direitos não exercidos (item B46 do CPC 47), serviços de custódia, na hipótese de vendas para entrega futura (item B82, CPC 47); III. Critérios para a determinação do preço de transação em razão do reconhecimento de (itens 46, 47 e 48 do CPC 47): a) **contraprestações variáveis**, nas hipóteses não previstas nos incisos I e II (itens 50 e 56 do CPC 47), b) **reavaliações da contraprestação variável** (item 59 do CPC 47) e c) **contraprestações pagas ou a pagar** (itens 70 a 72 do CPC 47); e IV. **Alocação do preço de transação às obrigações de desempenho** (itens 73 e 74 do CPC 47). (grifos nossos)
Procedimentos contábeis que contemplam métodos ou critérios que divergem da legislação tributária	I. Possibilidade de a entidade não receber a contraprestação a que tem direito na identificação do contrato (item 9.e do CPC 47); e II. Reconhecimento de passivos em razão de obrigações contratuais relativas a: direito à devolução (itens B21 a B27 do CPC 47); direitos de aquisição opcional de bens ou serviços adicionais ou com desconto (item B40 do CPC 47).

Os demais itens do CPC 47 que envolvam a aplicação, ainda que indireta, dos procedimentos contábeis estabelecidos nos itens acima também contemplam modificação ou adoção de novos métodos ou critérios contábeis ou divergem da legislação tributária, conforme disposto na instrução. Já os demais itens não mencionados devem ser tratados tributariamente tal qual contabilizados.

Conclui-se que a receita bruta definida no art. 12 do Decreto-lei nº 1.598/77, e no inciso I do art. 187 da Lei nº 6.404/76, segundo a IN nº 1.771/17, deve continuar a ser reconhecida e mensurada conforme determinado pela legislação tributária e registrada na escrituração comercial, sendo que a adoção de procedimento contábil que resulte em valor ou momento de reconhecimento da receita (bruta) diferente do decorrente da aplicação art. 12 do DL nº 1.598/77 deve gerar **diferença a ser lançada a débito ou a crédito em conta específica de "ajuste da receita bruta", identificados na Escrita Contábil Fiscal (ECF)** e discriminada no plano de contas referencial, de acordo com a origem da diferença.

Em qualquer dos casos, a empresa deverá calcular, para cada operação e em cada período de apuração, a diferença entre a receita que teria sido reconhecida e mensurada conforme a legislação tributária e os critérios contábeis anteriores e a receita reconhecida e mensurada conforme o CPC 47.

No Quadro 18.4 faz-se um resumo esquemático do tratamento tributário dos "ajustes de receita bruta" para fins de IRPJ e CSLL.

Quadro 18.4   Ajustes de receita bruta

Havendo diferença, será:
I – adicionada ao lucro líquido na determinação do lucro real e do resultado ajustado na Parte A do e-Lalur e do e-Lacs, caso seja positiva.
II – excluída do lucro líquido na determinação do lucro real e do resultado ajustado na Parte A do e-Lalur e do e-Lacs, caso seja negativa.

O *IMPAIRMENT* (CPC 01)

Mensurar o valor pelo qual um ativo deve ser reconhecido passa por entender a natureza do ativo, bem como a forma pela qual a entidade espera colher benefícios econômicos (venda, utilização, outros). Como dito, esses critérios estão definidos pela LSA que, em seu art. 183, assim dispõe:

> Art. 183. (...) I – as aplicações em instrumentos financeiros, inclusive derivativos, e em **direitos** e títulos de créditos, classificados no ativo circulante ou no realizável a longo prazo: (Redação dada pela Lei nº 11.638, de 2007)
>
> a) pelo seu **valor justo**, quando se tratar de aplicações **destinadas à negociação ou disponíveis para venda**; e (Redação dada pela Lei nº 11.941, de 2009)
>
> b) pelo valor de **custo de aquisição** ou valor de emissão, atualizado conforme disposições legais ou contratuais, **ajustado ao valor provável de realização**, quando este for inferior, no caso das **demais aplicações e os direitos e títulos de crédito**; (Incluída pela Lei nº 11.638, de 2007). (grifos nossos)

O *impairment* entra justamente na fase da avaliação do valor provável de realização, mais especificamente no caso de o valor provável ser inferior ao custo de aquisição. Configurada a possibilidade de ocorrer essa situação, a entidade deverá se socorrer das orientações contidas no CPC 01 (R1), que trata da redução ao valor recuperável dos ativos, e que tem como objetivo (item 1) "estabelecer procedimentos que a entidade deve aplicar para assegurar que seus ativos estejam registrados contabilmente por valor que não exceda seus valores de recuperação".

O CPC 01 (R1), a partir do item 6, apresenta diversas definições relevantes, a saber:

> (i) Unidade geradora de caixa é o menor grupo identificável de ativos que gera entradas de caixa, entradas essas que são em grande parte independentes das entradas de caixa de outros ativos ou outros grupos de ativos.
>
> (ii) Valor recuperável de um ativo ou de unidade geradora de caixa é o maior montante entre o seu valor justo líquido de despesa de venda e o seu valor em uso." Enquanto o valor justo líquido é considerado o valor pelo qual o bem poderia ser alienado ao mercado em uma transação no mercado, entre partes independentes, o valor em uso é o "valor presente de fluxos de caixa futuros esperados que devem advir de um ativo ou de unidade geradora de caixa.

Pois bem. Ao tratar, já em suas definições, de um ativo e de uma UGC, quando o CPC 01 (R1) se refere ao termo "ativo", alerta que deve ser compreendido como não somente um ativo individualmente, mas, também, como uma UGC. Portanto, um ativo ou uma UGC são itens sujeitos ao teste de *impairment*, cabendo avaliar quando deve ser aplicado a um ou a outro, **não havendo previsão para teste de ativos individuais que componham uma UGC.**

O CPC 01 (R1) foi elaborado tendo em vista ativos imobilizados e intangíveis como o *goodwill*, mas **só** estão expressamente alheios ao seu escopo os estoques, ativos advindos de contratos de construção, ativos de contrato com cliente, ativos fiscais diferidos e os ativos advindos de planos de benefícios a empregados. Logo, é correto afirmar que o **valor provável de realização** dos demais ativos possam ser estimados tendo em consideração também os preceitos contidos no CPC 01 (R1).

O reconhecimento da redução no valor recuperável de um ativo não exime a entidade de manter-se alerta, reavaliando periodicamente se o registro contábil remanesce refletindo, de forma fidedigna, a melhor estimativa econômica. Tanto assim que esse registro se dá em rubrica própria (subconta ou conta redutora) para que o usuário da informação consiga compreender que se trata da estimativa de redução do valor recuperável de um ativo que, em tese, ainda existe, mas denota dificuldades de gerar benefícios econômicos para a entidade.

É possível que, em função dessas avaliações periódicas, conclua-se pela necessidade de reversão de perda por desvalorização. Isso ocorre quando se identifica aumento no potencial de retornos estimados do ativo, ou pelo uso ou pela venda, desde a data em que a entidade reconheceu pela última vez uma perda por desvalorização para o ativo (item 115 CPC 01). Nesse caso, a entidade deve identificar a razão da mudança nas estimativas.

Justamente por essas características, o art. 32 da Lei nº 12.973/14 determina que a redução no valor recuperável dos ativos (*impairment*) deve ser expurgada do lucro líquido para fins de apuração do lucro real e da base da CSLL. O efeito do *impairment* só poderá afetar a base dos tributos quando houver a alienação ou baixa do bem correspondente.

No caso de alienação ou baixa de um ativo que compõe uma unidade geradora de caixa, o valor a ser reconhecido na apuração do lucro real deve ser proporcional à relação entre o valor contábil desse ativo e o total da unidade geradora de caixa à data em que foi realizado o teste de recuperabilidade.

OPERAÇÕES DE ARRENDAMENTO MERCANTIL (CPC 06)

Desde o início do processo de convergência das normas brasileiras às internacionais, o tema "arrendamento mercantil" se tornou um dos principais símbolos da profunda mudança nas práticas contábeis brasileiras.

O arrendamento mercantil foi tratado no Pronunciamento Contábil 06 (CPC 06) – "Arrendamentos". Atualmente, está vigente a versão CPC 06 (R2), aprovada pela Deliberação CVM nº 787/17.

Essa norma decorreu do incômodo causado pela falta de expressão contábil de determinados ativos e passivos oriundos de contratos de arrendamento que eram contabilizados da mesma forma que contratos de aluguel, ou seja, pelo mero reconhecimento de parcelas mensais de contraprestação (passivo) e despesa (resultado).

Era o caso das aeronaves utilizadas pelas companhias aéreas, por exemplo e de muitos outros exemplos estimados em números *off-balance* de aproximadamente US$ 1,25 trilhão em 2005, conforme dados divulgados pela *US Securities and Exchange Commission* (SEC), equivalente à CVM nos Estados Unidos. Para tornar os registros contábeis mais fidedignos com relação a determinadas transações, chegou-se à conclusão de que elas deveriam ter expressão contábil no balanço patrimonial.

De pronto vale a pena ressaltar que na norma se aplica de forma consistente em relação a contratos e circunstâncias similares, ou seja, considerando a essência econômica dos negócios jurídicos, e não necessariamente a forma que lhes foram dadas. Isso significa que "arrendamento" a que se refere a norma contábil não é um termo limitado ao conceito descrito na Lei nº 6.099/74. A operação pode ser entendida como "arrendamento" se "transmitir o direito de controlar o uso de ativo identificado por um período de tempo em troca de contraprestação",[1] o que pode incluir contratos de aluguel, por exemplo.

Também se deve desde já esclarecer que a norma contábil não requer que seja reconhecido como ativo, um bem de propriedade de terceiro. A aeronave, por exemplo, não passa a ser um ativo da companhia aérea para fins contábeis. O que passou a ter expressão de ativo foi o direito de usá-la na atividade econômica desempenhada pela companhia aérea, que também passou a ter a obrigação de reconhecer o passivo de longo prazo para com o proprietário do avião (o arrendador). Assim, para fins contábeis, o arrendamento passou a ser "capitalizado", ou seja, o direito de uso de determinado bem passou a ser demonstrado como ativo, gerando a possibilidade (na verdade a obrigação) de reconhecer a sua depreciação ou amortização de acordo com o prazo estimado. Por outro lado, o financiamento correspondente ao direito capitalizado, também é razão de registro no passivo, gerando, por conseguinte, o reconhecimento de despesas financeiras.

Sob a perspectiva da contabilidade societária, portanto, houve uma completa modificação não apenas do registro no balanço patrimonial das companhias, mas também dos efeitos em demonstração de resultado, modificando principalmente o momento e a forma do reconhecimento das despesas decorrentes do contrato de arrendamento. Veja-se a seguir, nas Figuras 18.8 e 18.9, o resumo que demonstra conceitualmente a mudança de registro contábil antes e depois das mudanças introduzidas pela Lei nº 11.638/07 e correspondentes normativos:

a) Antes:

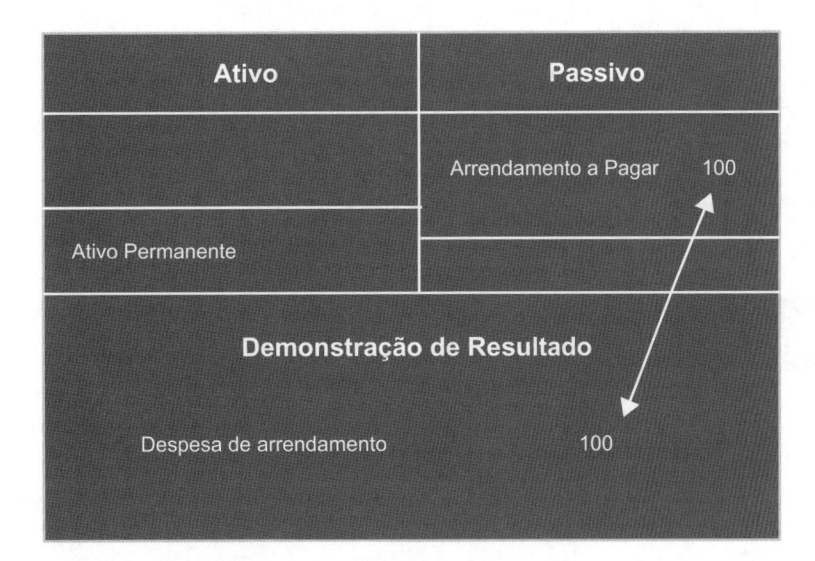

Figura 18.8 Despesas decorrentes do contrato de arrendamento – Antes da Lei nº 11.638/07.

---

[1] Conforme CPC 06 (R2), item 9.

b) Depois:

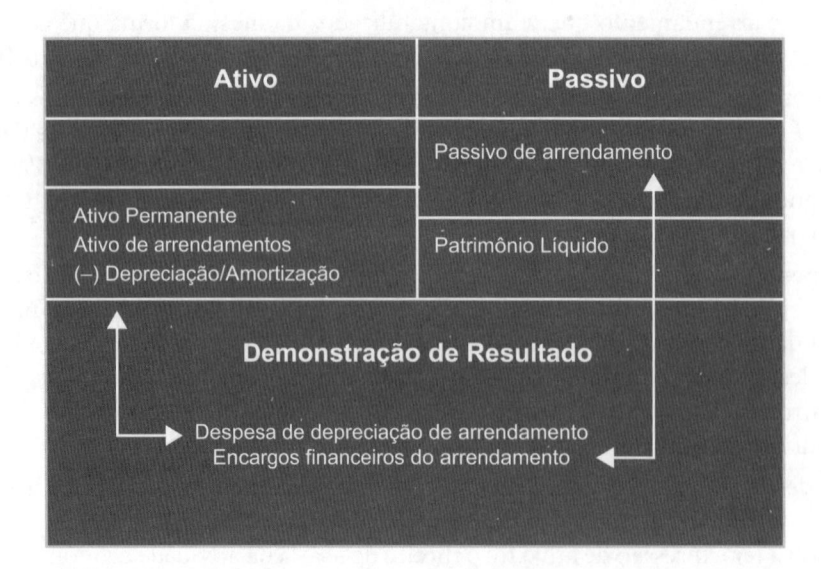

Ativo	Passivo
	Passivo de arrendamento
Ativo Permanente Ativo de arrendamentos (–) Depreciação/Amortização	Patrimônio Líquido
Demonstração de Resultado	
Despesa de depreciação de arrendamento Encargos financeiros do arrendamento	

Figura 18.9 Despesas decorrentes do contrato de arrendamento – Depois da Lei nº 11.638/07.

Não é difícil constatar que a nova forma de registrar essas operações passou a gerar o reconhecimento de despesas em valores e em tempo diferente do que se fazia antes, afetando o resultado contábil de forma a reduzi-lo, ao menos num primeiro momento. Do ponto de vista tributário, entretanto, nada mudou.

Isso porque a Lei nº 12.973/14 (arts. 46 e 47) manteve integralmente o tratamento originalmente previsto pelo art. 11 da Lei nº 6.099/74 para os contratos de arrendamento relativos a bens móveis ou imóveis intrinsicamente relacionados com a produção ou a comercialização de bens ou serviços. Assim, mediante (i) o expurgo dos valores contabilizados a título de despesa de arrendamento (amortização e depreciação) e encargos financeiros de arrendamento; e (ii) a inclusão do valor da contraprestação das operações, tudo via e-Lalur e e-Lacs, as bases dos tributos se ajustam para refletirem a dedução apenas da despesa mensal de contraprestação.

A neutralidade também se estende a apuração do PIS e da COFINS, logo, as despesas de depreciação/amortização de arrendamento não dão direito a crédito, para os contribuintes na sistemática não cumulativa, sendo preservado o direito calculado sobre o valor das contraprestações mensais.

Por fim, também importa comentar que o art. 49 da Lei nº 12.973/14 incluiu nas mesmas regras aplicáveis aos contratos típicos de arrendamento mercantil (nos termos da Lei nº 6.099/74), os contratos não tipificados como tal mas que contenham elementos contabilizados como arrendamento mercantil por força de normas contábeis e da legislação comercial.

OPERAÇÕES ENTRE PARTES RELACIONADAS (CPC 05)

ATENÇÃO!

O Plano Anual de Fiscalização 2020 e Resultados de 2019, está disponível para acesso no QR Code.

uqr.to/1ay89

Transações entre partes relacionadas é um dos itens constantes da relação de principais operações de fiscalização em 2019, conforme se observa no Plano Anual de Fiscalização de 2019, da Receita Federal do Brasil (RFB). A razão declarada no documento é que as transações intragrupos podem ser utilizadas para reduzir significativamente o valor de tributos a serem pagos. Mesmo ainda sendo uma das prioridades da fiscalização em 2019, as Transações entre Partes Relacionadas (TPR) é tema objeto de antiga regulação no Direito Tributário e de constante atenção por parte das autoridades fiscais.

No campo do Direito Societário não é diferente. A Lei nº 6.404/76 por diversas vezes faz menção a relações entre companhias e outras a elas ligadas de alguma forma, tendo sempre por foco mitigar conflitos de interesses e potencial prejuízo aos interesses sociais. Atualmente, as TPRs são objeto de disposições contidas em alguns atos normativos, que remetem ao Pronunciamento Técnico Contábil 05 (CPC 05 (R1)) – "Divulgação sobre Partes Relacionadas", aprovado pela Deliberação CVM nº 642/10.

O objetivo do CPC 05 (R1) é assegurar que as demonstrações contábeis divulguem de forma adequada a "possibilidade de o balanço patrimonial e a demonstração do resultado da entidade estarem afetados pela existência de partes relacionadas e por transações e saldos, incluindo compromissos, com referidas partes relacionadas".

OLHA A DICA!

Para acessar ao conteúdo completo do CPC 05, acesse o QR Code.

uqr.to/1ay8b

No que concerne às transações com partes relacionadas, a norma trata de situações distintas, a saber: (i) pessoas físicas, que são consideradas partes relacionadas em função de laços de parentesco; e (ii) pessoas jurídicas que são consideradas partes relacionadas em função de relações societárias (diretas ou indiretas) e/ou econômicas.

Qualificam-se como partes relacionadas as pessoas físicas e membros próximos de sua família que tiverem as seguintes relações com a entidade que reporta a informação ou com sua controladora:

(i) Ter controle pleno ou compartilhado da entidade.

(ii) Ter influência significativa sobre a entidade.

(iii) Ser membro do pessoal-chave da administração da entidade.

Os termos **controle** e **influência significativa** são definidos nos Pronunciamentos Técnicos CPC 18, CPC 19 e CPC 36, respectivamente, e são utilizados pelo CPC 05 (R1) com os significados especificados naqueles pronunciamentos. Pessoal-chave da administração são as pessoas que têm autoridade e responsabilidade pelo planejamento, direção e controle das atividades da entidade, direta ou indiretamente, incluindo qualquer administrador (executivo ou outro) dessa entidade. São também consideradas partes relacionadas as pessoas jurídicas que tiverem as seguintes relações com a entidade que reporta a informação:

(i) Ser membro do mesmo grupo econômico. Esse tópico abrange a controladora, cada uma das controladas de forma plena ou sob controle conjunto, e entidades sob controle comum direto ou indireto.

(ii) Ser coligada ou controlada em conjunto (*joint venture*) ou coligada ou controlada em conjunto de entidade membro do mesmo grupo econômico.

(iii) Estar sob o controle conjunto (*joint ventures*) de uma terceira entidade que também detenha o controle conjunto da entidade que reporta.

(iv) Ser uma entidade de plano de benefício pós-emprego cujos beneficiários são os empregados de ambas as entidades, a que reporta a informação e a que está relacionada com a que reporta a informação.

(v) Ter influência significativa sobre a entidade.

(vi) Ser ela, ou qualquer membro de grupo do qual faz parte, pessoal-chave da administração da entidade ou de sua controladora.

Como se vê, muitas são as possibilidades de vínculo que torna a entidade relacionada a alguém ou a outra entidade. Da mesma forma, muitas são as transações que podem acabar ocorrendo entre essas partes.

Conforme o CPC 05 (R1), TPR consiste na "transferência de recursos, serviços ou obrigações entre uma entidade que reporta a informação e uma parte relacionada, independentemente de ser cobrado um preço em contrapartida". É bom que se diga que a existência de TPR, bastante usual nos negócios, por si, não representa nenhum problema ou ilegalidade. Ocorre que, mesmo sendo normais, essas transações guardam potencial de geração de conflitos de interesse e/ou desvirtuamento do interesse social, resultando em benefícios indevidos a terceiros, em prejuízo do patrimônio social.

Sob o aspecto empresarial, elas não devem ser estigmatizadas ou proibidas, já que podem ser relevantes. É comum, por exemplo, que um grupo econômico estabeleça estratégia e gestão única e, nesse contexto, segregue atividades operacionais em entidades distintas e requeira que parte da estratégia da controladora seja realizada por meio de investidas, por exemplo. Sob o enfoque jurídico, contudo, faz-se necessária a fixação de normas de conduta e parâmetros que visem mitigar o uso indevido desse tipo de transação. Já sob o aspecto contábil e societário/mercado de capitais, medidas de transparência são impostas, dada a possibilidade de TPRs afetarem políticas e afetarem as demonstrações contábeis.

Frise-se que a mera possibilidade é motivo suficiente para que o CPC 05 (R1) determine a divulgação de diversas informações que visam chamar a atenção dos usuários para a existência de partes relacionadas, as transações realizadas entre elas e a entidade que reporta. As autoridades fiscais também se preocupam com as condições desse tipo de transação, principalmente em função das seguintes potenciais situações inerentes à TPR:

(i) Partes relacionadas podem realizar entre si transações que partes não relacionadas normalmente não realizariam.

(ii) As transações entre partes relacionadas podem se dar por valores não comparáveis aos que seriam cobráveis em transações similares contratadas por partes independentes.

(iii) A mera existência de relação entre as partes é suficiente para afetar decisões sobre transações com outras partes (ex.: impedir a negociação com algum terceiro, concorrente de uma empresa ligada).

(iv) As transações podem decorrer exclusivamente do fato de as partes serem relacionadas (no mesmo sentido são os itens 6 a 8 do CPC 05 (R1)).

O termo **transação** é utilizado no pronunciamento de forma bastante abrangente, abarcando compras, vendas, transferências, empréstimos, adiantamentos, limitações mercadológicas e tecnológicas, transferência de tecnologia, compartilhamento de estruturas, direitos de preferência (ex.: na subscrição de valores mobiliários), comodato, transferências não remuneradas, formação de fundos de investimentos exclusivos, fornecimento de garantias, avais ou fianças, liquidação de passivos em nome da empresa ligada, aquisições de direitos ou opções de compra, entre outras que se encaixem na definição. Lembre-se de que as normas brasileiras, assim como as internacionais (IFRS) que as norteiam, privilegiam princípios, e não regras objetivas, permitindo que a essência da norma possa ser extraída, por seu intérprete, de acordo com as características específicas de cada transação e seus agentes.

As negociações entre partes relacionadas devem ser conduzidas de maneira efetiva e independente, o que tende a levar a condições comutativas. A comutatividade é um atributo caracterizador de reciprocidade e equilíbrio na relação contratual, que deve estar presente nas relações entre partes relacionadas.

Infere-se que, se livremente pactuados, os contratos serão comutativos no entendimento das partes. Em determinadas situações, contudo, a liberdade na manifestação da vontade, ainda que apenas potencialmente, pode ser limitada em virtude de relação de ascendência, influência ou de poder, de uma parte perante a outra, decorrente de diversas circunstâncias, entre elas, o controle societário.

A análise concreta da comutatividade em TPRs compreende duas dimensões que devem ser conjuntamente consideradas, a saber: as condições de negociação que precedem a transação, levando-se em conta a forma como foi proposta, estruturada, deliberada, aprovada e divulgada e o resultado obtido quanto a preço, prazo, garantias e condições gerais.

A garantia das condições comutativas ou a mitigação de dúvidas acerca da independência na negociação pode exigir especificidades no processo de tomada de decisão por parte dos administradores das entidades envolvidas, as quais podem ser definidas no Estatuto Social (ex.: exigência de que TPRs relevantes sejam aprovadas pelo Conselho de Administração), e/ou descritas mais detalhadamente em políticas.

Adicionalmente, o IBGC recomenda que, sempre que possível, as transações entre partes relacionadas sejam embasadas em laudos de avaliação independentes, elaborados com base em premissas realistas e informações referendadas por terceiros. Todos esses elementos podem contribuir para evidências a serem utilizadas em eventuais questionamentos por parte das autoridades fiscais.

Por razões semelhantes às até aqui expostas, o legislador tributário também entendeu por bem introduzir, no sistema jurídico tributário brasileiro, normas aplicáveis, especificamente, a transações entre partes ligadas. Observa-se, no entanto, que a legislação tributária estabeleceu conceitos próprios, portanto a definição de partes relacionadas que aproveita às normas contábeis e societárias pode não coincidir (e de fato não coincide) perfeitamente com as definições próprias da lei tributária.

Três são as principais normas tributárias que cuidam de parâmetros específicos para fins de apuração de IRPJ e CSLL. Tais parâmetros podem estar relacionados à dedutibilidade de gastos (despesas ou custos) ou ao reconhecimento de receitas em operações entre partes que mantenham relações societárias ou de outra natureza e que possam influenciar as condições negociais das transações.

Se no Direito Societário a legislação tutela direitos de acionistas minoritários e potenciais investidores, no Direito Tributário busca-se evitar que haja transferências indevidas de resultado entre partes relacionadas, desvirtuando a aferição da capacidade contributiva de cada contribuinte, e acarretando, por conseguinte, em prejuízos ao Erário. A seguir, são comentados brevemente os principais aspectos de cada norma, dando especial ênfase às semelhanças e diferenças entre elas e os preceitos contidos no CPC 05 (R1) no que toca aos dois eixos principais da norma (conteúdo normativo de "partes relacionadas" e "transações"), bem como parâmetros para aferição da comutatividade nas transações.

(I) DISTRIBUIÇÃO DISFARÇADA DE LUCROS (DDL) – LEGISLAÇÃO TRIBUTÁRIA

A análise do dispositivo previsto no art. 60 da Decreto-lei nº 1.598/77, reproduzido no art. 528 do Regulamento do Imposto sobre a Renda (RIR), aprovado pelo Decreto nº 9.580/18, permite identificar conceitos relativos a transações entre pessoas ligadas residentes no Brasil. A norma antielisiva de DDL tem por objetivo impor efeitos tributários a operações que não observem o requisito de comutatividade e se aplicam às seguintes situações, objetivas e taxativas:

(a) Alienação de bem, para pessoa ligada, por valor notoriamente inferior ao de mercado.

(b) Aquisição de bem, de pessoa ligada, por valor notoriamente superior ao de mercado.

(c) Perda em decorrência do não exercício de direito à aquisição de bem e em benefício de pessoa ligada, sinal, depósito em garantia ou importância paga para obter opção de aquisição.

(d) Realização de qualquer negócio em condições de favorecimento, assim entendidas condições mais vantajosas para a pessoa ligada do que as que prevaleçam no mercado ou em que a pessoa jurídica contrataria com terceiros.

De acordo com o mencionado dispositivo, portanto, o parâmetro que afasta a aplicação da norma é o mercado capturado por meio da comparação com outros negócios que envolvam trocas entre partes independentes. Constata-se uma semelhança entre as normas contábeis/societárias e esse dispositivo tributário no que tange às formas de avaliação das condições das transações.

Segundo o art. 529 do RIR/18, o valor de mercado, base para conclusão acerca da comutatividade nas operações, é aquele observável em mercado ativo (ex.: bolsa de valores) em quantidade e qualidade semelhantes. Também é possível adotar como parâmetro (i) negociações anteriores e recentes do mesmo bem; ou (ii) negociações contemporâneas de bens semelhantes, entre pessoas não compelidas a comprar ou vender e que tenham conhecimento das circunstâncias na determinação do preço. Para bens que não haja mercado ativo, a comutatividade poderá ser evidenciada por meio de laudo de avaliação de perito ou empresa especializada (§§ 3º e 4º do art. 529 do RIR/18).

Quanto ao conceito de "partes", para fins de DDL, estas são denominadas como "pessoas ligadas". O § 3º do art. 60 e no art. 61 do DL nº 1.598/77, relaciona como pessoas ligadas a uma entidade o seu sócio, mesmo quando outra pessoa jurídica, o administrador, o cônjuge e os parentes até terceiro grau, inclusive os afins, do sócio e do administrador. O artigo segue estabelecendo situações em que o DDL pode ser presumido e traz nesse dispositivo o conceito de controle, que atualmente consta de diversos pronunciamentos técnicos. A ascensão de uma parte sobre a outra, ainda que em decorrência de vínculo indireto (controle comum, por exemplo), é condição essencial para a configuração das hipóteses de DDL, sendo este um ponto em comum com as normas contábeis e societárias, apesar dos conceitos de "partes" guardarem outras diferenças.

Por se tratar de uma norma antiga, feita em uma época menos complexa sob o ponto de vista dos grupos econômicos, algumas outras diferenças entre o conteúdo normativo utilizado nessa norma e na contábil merecem destaque. Os dispositivos de DDL arrolam situações taxativas e, portanto, é possível (em teoria) que uma distribuição disfarçada de lucros feita por meio de hipótese não prevista no dispositivo não enseje ajustes às bases dos tributos. Nisso o dispositivo se distingue do CPC 05 (R1), que, em linha com os princípios atualmente vigentes nas normas internacionais, privilegia a essência, trazendo conceitos mais abertos, fundamentados mais em princípios do que em regras.

Os efeitos práticos da norma de DDL cingem-se à necessidade de ajuste às bases dos tributos (IRPJ e CSLL), vedando a dedutibilidade de despesas consideradas pelo Fisco desnecessárias na entidade que as registra. Não há, por exemplo, comando normativo que determine ajustes positivos às bases de PIS e COFINS. É certo que a relação de TPR contida nos relatórios financeiros e em informações eventuais é fonte de informação para as autoridades fiscais, que no próprio Plano de Fiscalização 2019 confirma a utilização desses relatórios.

(II) PREÇO DE TRANSFERÊNCIA: O PRINCÍPIO DO *ARM'S LENGTH*

Aplicável a transações entre uma pessoa jurídica no Brasil e pessoas físicas ou jurídicas no exterior, as normas brasileiras de preço de transferência (Lei nº 9.430/96) utilizam parâmetros objetivos, diferentes dos adotados pelas diretrizes a Organização para a Cooperação e Desenvolvimento Econômico (OCDE).

O legislador brasileiro optou por simplificar o processo de verificação das condições aceitáveis nessas transações e estabeleceu parâmetros objetivos (margens mínimas e máximas, conforme definido a partir do art. 18 da Lei nº 9.430/96) considerados aceitáveis para os fins tributários. Assim, a observância da comutatividade, para fins societários, não é garantia de que adições ao lucro líquido para fins de IRPJ e CSLL não serão requeridas quando aplicadas as normas de preços de transferência.

Em oposição, os parâmetros internacionais estão baseados no princípio *arm's length*, que basicamente significa que a transação realizada entre as partes relacionadas guarda semelhança com aquelas realizadas com terceiros, ou seja, são realizadas em condições comutativas. As controvérsias acerca do princípio giram em torno de pontos centrais como: dificuldade de identificar operações comparáveis ou contratos de longo prazo negociados quando as condições do produto ainda não tinham atingido todo o potencial, o que poderia gerar resultados futuros desproporcionais às expectativas das partes quando da contratação.

A evolução histórica do princípio foi no sentido de que em situações nas quais a comparação com condições de mercado não fosse factível, qualquer método que viesse a alcançar condições compatíveis com as que poderiam ser feitas entre partes independentes seria suficiente para o seu cumprimento. Mas como provar a observância do princípio em casos em que não há transações comparáveis, as condições do negócio são únicas e há perdas e ganhos implícitos? Como capturar ganhos de sinergia que só existem em função das partes serem relacionadas e computá-los nessa conta? Essas dificuldades também são inerentes à comprovação da condição de comutatividade ou não favorecimento para fins contábeis e societários.

Justamente por conta desses desafios, métodos alternativos como a adoção de *safe harbours* foram aceitos pela OCDE para fins de regulação dos preços de transferência. Já na seara contábil e tributária, o critério para mitigar a necessidade de comprovação se dá exclusivamente em função da relevância e materialidade das transações (individualmente ou em conjunto).

Outro aspecto relevante é o termo utilizado para qualificar as partes que se relacionam: no caso da legislação de preços de transferência, o termo legal é "vinculação". O conceito de pessoa vinculada está descrito no art. 23 da Lei nº 9.430/96, que faz remissão aos §§ 1º e 2º do art. 243 da LSA, que, por sua vez, é complementado por disposições contábeis, tais como a definição de "influência significativa", descrita em minúcias no Pronunciamento Contábil 18 (CPC 18 (R2)).

Por outro lado, filiais, subsidiárias integrais, pessoas sem qualquer vínculo societário, poder de gestão ou parentesco (isto é, distribuidores exclusivos) são consideradas vinculadas, descolando o conceito, especificamente em relação a esses pontos, dos utilizados pelas normas contábil e societária.

Por fim, as regras de preços de transferências são aplicáveis a importações e exportações de bens, serviços ou direitos, bem como a juros pagos ou recebidos em transações entre pessoas vinculadas. Constata-se, portanto, que o universo de transações a que se destina essa norma tributária é mais restrito que o universo previsto nas normas societárias e contábeis e até na regra de DDL, aplicável no contexto de transações entre partes residentes no Brasil.

(III) SUBCAPITALIZAÇÃO

A terceira importante norma antielisiva sobre partes relacionadas foi introduzida pela Lei nº 12.249/10, em seus arts. 24 e 25, direcionada a operações financeiras (pagamento ou recebimento de juros) em operações de endividamento com pessoas vinculadas e aplicável de forma concomitante com as normas de preços de transferência. A regra estabelece limites individuais e globais de endividamento através da predeterminação de razão dívida capital.

Importa mencionar que, assim como as regras de preço de transferência, as normas de subcapitalização também abrangem transações que não seriam consideradas TPRs sob o ponto de vista societário ou contábil, dado o conceito amplo de "pessoa vinculada", que inclui pessoas sem qualquer vinculação societária, simplesmente por serem residentes em países com tributação favorecida ou em regime fiscal privilegiado.

Novamente, o estabelecimento de uma *ratio* predeterminada entre dívida e capital sem a relativização da presunção de "não comutatividade" implica distanciamento entre essa regra e as previstas pelas normas contábeis e societárias que privilegiam situações de mercado e relações que sejam pactuadas nas mesmas bases que seriam com partes independentes.

RESUMO

OBJETIVO 1 A contabilidade não é uma ciência exata, por isso, na esmagadora maioria das vezes, os saldos registrados em um balanço patrimonial resultam de um necessário esforço de avaliação, o que requer a utilização de premissas válidas, claras, consistentes e verificáveis. As novas normas contábeis, a partir da mudança da Lei nº 6.404/76 e dos diversos normativos emitidos desde 2008, mudaram também o conceito de representação fidedigna e utilidade da informação. Atualmente, a forma jurídica é relativizada quando outra forma de representação se demonstrar mais adequada para retratar a essência da transação que se pretende contabilizar. A contabilidade é preocupada em bem informar o investidor e tem objetivos e funções próprios, nem sempre alinhados a conceitos jurídicos. Ainda assim, os registros contábeis são ponto de partida para a tributação corporativa (IRPJ, CSLL, PIS e COFINS) e, justamente por conta dessa ligação, a gestão desses tributos somente será adequada se houver um mínimo de conhecimento das bases e princípios que permeiam a contabilidade. Conhecer os princípios da contabilidade e suas regras, portanto, contribui bastante para a atuação dos tributaristas especializados em tributos corporativos.

OBJETIVO 2 Conforme o art. 58 da Lei nº 12.973/14, a neutralidade deve continuar conduzindo o tratamento tributário naquilo que for entendido como uma alteração em norma contábil até a regulação competente do tema pelo legislador. A delegação atribuída à Receita Federal do Brasil se limita a (i) a identificação das novas normas contábeis; e (ii) a disposição sobre os procedimentos suficientes ou necessários para manter a neutralidade, para fins tributários, dos efeitos decorrentes dessas normas.

OBJETIVO 3 Justamente em função das novas normas contábeis terem adotado novos paradigmas, algumas novas diferenças entre o registro contábil e as bases tributárias surgiram e foram tratadas na Lei nº 12.973/14, exigindo maior atenção para a neutralização dos efeitos contábeis que não correspondem a fatos geradores sob o ponto de vista jurídico, como é o caso do valor justo, por exemplo. Todos os procedimentos de controle devem ser observados nesse processo de neutralização a fim de evitar questionamentos por parte das autoridades.

▸ VÍDEOS ADICIONAIS SOBRE O CAPÍTULO

Acesse os QR Codes para assistir ao material adicional do capítulo:

Vídeo 1
uqr.to/1ayb6

Vídeo 2
uqr.to/1ayb7

Vídeo 3
uqr.to/1ayb8

APLICANDO CONHECIMENTOS – TESTES E QUESTÃO

TESTES DE MÚLTIPLA ESCOLHA

1. O Comitê de Pronunciamento Contábeis (CPC), em observância ao compromisso assumido pelo Brasil de estar alinhado às normas contábeis internacionais, já emitiu mais de 50 pronunciamentos. Sobre a aplicação desses pronunciamentos pelos preparadores dos relatórios financeiros é correto afirmar que:

   a) Publicado um CPC toda e qualquer entidade brasileira está obrigada a aplicá-lo.

   b) Entidades submetidas a órgãos reguladores devem aguardar a aprovação dos pronunciamentos pelo órgão regulador para a sua adoção.

   c) Só companhias abertas precisam observar os CPCs.

   d) Só sociedades anônimas precisam observar os CPCs.

   e) Por não ser uma lei, ninguém é obrigado a observar os CPCs.

2. A Empresa FET comprou 250 unidades de ativos financeiros em 15.7.20X0 com a intenção de vendê-los. O custo de aquisição unitário dos ativos foi R$ 4,50 cada. Em 31.12.20X0 o valor unitário a mercado desses ativos era R$ 6,50 cada, e a Empresa FET não tinha vendido nenhuma unidade. Para o fechamento do exercício de 20X0, a Empresa fez seu teste de *impairment* e identificou a necessidade de reconhecimento de perda no valor recuperável de um equipamento no valor de R$ 800,00. Considerando que a Empresa FET contabilizou o AVJ em resultado e a DRE abaixo, apure a base do IRPJ e da CSL:

Receita Operacional	10,000.00
(–) Tributos sobre a Receita	(900.00)
Receita Líquida	9,100.00
CPV	(5,500.00)
Despesas Administrativas	(1,800.00)
Perda no valor recuperável de ativo	(800.00)
Despesas Financeiras	(500.00)
AVJ	250.00
Lucro antes dos tributos	**750.00**

Sobre o caso acima, para que o AVJ possa ser neutralizado para fins tributários, a Empresa FET deverá:

a) Excluir o valor do lucro real e da base da CSLL e controlar o valor no e-LALUR e e-LACS.

b) Excluir o valor do lucro real e da base da CSLL e não controlar por se tratar de ajuste permanente.

c) Excluir o valor do lucro real e da base da CSLL desde que haja controle em subcontas.

d) Tributar o AVJ sem analisar nenhum aspecto.

e) Nenhuma das anteriores.

3. A Lei nº 12.973/14 alterou a legislação tributária federal relativa ao Imposto sobre a Renda das Pessoas Jurídicas (IRPJ), à Contribuição Social sobre o Lucro Líquido (CSLL), à Contribuição para o PIS/Pasep e à Contribuição para o Financiamento da Seguridade Social (COFINS), a fim de possibilitar a apuração desses tributos em um contexto de convergência das normas e práticas contábeis brasileiras às Normas Internacionais de Contabilidade (IFRS). Durante o primeiro trimestre de 2022, uma sociedade empresária apresentou os valores de suas contas de resultado mostrados no quadro a seguir.

Com base nesses dados, e considerando que a sociedade empresária é tributada pelo Lucro Real Trimestral, assinale a alternativa em que é apresentado o Resultado Tributável (lucro real ou prejuízo fiscal) do primeiro trimestre de 2022.

CONTAS DE RESULTADO (Valores em Reais – R$)		
ITEM	SALDO	
	DEVEDOR	CREDOR
Receita bruta de vendas		1.100.000,00
Tributos incidentes sobre vendas	275.000,00	
Custos das mercadorias vendidas	525.000,00	
Despesa com salários e encargos sociais	98.000,00	
Despesas de depreciação	29.000,00	
Despesas gerais de funcionamento	78.000,00	
Variação de valor justo de ativos financeiros, realizada		52.000,00
Variação de valor justo de ativos financeiros, não realizada		66.000,00
Perda por redução ao valor recuperável de ativos imobilizados	88.000,00	

a) R$ 59.000,00.

b) R$ 95.000,00.

c) R$ 103.000,00.

d) R$ 125.000,00.

e) R$ 147.000,00.

4. Em relação a mudanças contábeis propostas pelo CPC após a data da edição da Lei nº 12.973/14, assinale a questão **correta**:

a) Cabe à RFB analisar as normas contábeis e determinar o respectivo tratamento tributário.

b) A neutralidade está prevista no art. 58 da Lei nº 12.973/14, não sendo possível delegação poderes à RFB para a definição do tratamento legal a ser dado a novas disposições contábeis.

c) A neutralidade está prevista no art. 58 da Lei nº 12.973/14, e cabe à RFB apenas analisar os novos pronunciamentos e normatizar os procedimentos suficientes ou necessários para manter a neutralidade, para fins tributários, dos efeitos decorrentes dessas normas.

d) Não há neutralidade e todas as alterações contábeis devem ser analisadas caso a caso de acordo com as normas tributárias vigentes.

e) Nenhuma das anteriores.

5. A Lei nº 12.973/14, entre outras providências, alterou a legislação tributária federal relativa ao Imposto sobre a Renda das Pessoas Jurídicas (IRPJ), à Contribuição Social sobre o Lucro Líquido (CSLL), à Contribuição para o PIS/Pasep e à Contribuição para o Financiamento da Seguridade Social (COFINS), e revogou o Regime Tributário de Transição (RTT), instituído pela Lei nº 11.941/09. O objetivo da Lei nº 12.974/14 foi introduzir na legislação tributária brasileira dispositivos legais para possibilitar a apuração de tributos federais em um ambiente de convergência das normas brasileiras às Normas Internacionais de Contabilidade (IFRS). Com base no exposto, considere as seguintes informações, extraídas da Demonstração do Resultado do primeiro trimestre de 2022 de uma sociedade empresária, tributada pela modalidade do Lucro Real Trimestral:

Item	Descrição	Valor
I	Lucro antes do IRPJ e CSLL.	R$ 250.000,00
II	Receita de equivalência patrimonial.	R$ 120.000,00
III	Despesa com multas de trânsito.	R$ 4.000,00
IV	Variação de valor justo não realizada, credora, de ativos biológicos e produtos agrícolas.	R$ 68.000,00
V	Despesas com brindes e premiações	R$ 20.000,00

Considerando as informações do quadro anterior e a legislação tributária aplicável ao IRPJ e ao CSLL, e em conformidade com os dispositivos da Lei nº 12.973/14, qual é o valor da base de cálculo do IRPJ (Lucro Real) dessa sociedade empresária para o primeiro trimestre de 2022?

a) R$ 414.000,00.

b) R$ 342.000,00.

c) R$ 250.000,00.

d) R$ 154.000,00.

e) R$ 86.000,00.

6. As características qualitativas da informação contábil-financeira útil são abordadas pela Norma Brasileira de Contabilidade Técnica Geral (NBC TG – Estrutura Conceitual). Com relação a essas características, assinale a alternativa **incorreta**.

a) Informação contábil-financeira relevante é aquela capaz de fazer diferença nas decisões que possam ser tomadas pelos usuários.

b) Para ser representação perfeitamente fidedigna, a realidade retratada precisa ter três atributos. Ela tem que ser completa, neutra e livre de erro.

c) As características qualitativas fundamentais da informação contábil-financeira útil são relevância e representação fidedigna.

d) A materialidade é um atributo específico da característica representação fidedigna.

7. Com base na NBC TSP Estrutura Conceitual, analise as alternativas a seguir e assinale a **incorreta**.

a) As informações financeiras e não financeiras são relevantes caso sejam capazes de influenciar significativamente o cumprimento dos objetivos da elaboração e da divulgação da informação contábil.

b) A representação fidedigna é alcançada quando a representação do fenômeno é completa, neutra e livre de erro material.

c) A compreensibilidade é a qualidade da informação que permite que os usuários compreendam o seu significado.

d) Tempestividade significa ter informação disponível para os usuários antes que ela perca a sua capacidade de ser útil para fins de prestação de contas e responsabilização (*accountability*) e tomada de decisão.

e) Verificabilidade é a qualidade da informação que possibilita aos usuários identificar semelhanças e diferenças entre dois conjuntos de fenômenos.

8. A NBC TG 28 (R3) – PROPRIEDADE PARA INVESTIMENTO estabelece que o ganho ou a perda proveniente de alteração no valor justo de propriedade para investimento deve ser reconhecido no resultado do período em que ocorra.

A Lei nº 12.973/14 estabelece, no art. 14, que:

> (...) a perda decorrente de avaliação de ativo ou passivo com base no valor justo somente poderá ser computada na determinação do lucro real à medida que o ativo for realizado, inclusive mediante depreciação, amortização, exaustão, alienação ou baixa, ou quando o passivo for liquidado ou baixado, e desde que a respectiva redução no valor do ativo ou aumento no valor do passivo seja evidenciada contabilmente em subconta vinculada ao ativo ou passivo.

De acordo com as normas citadas, considere as seguintes informações relativas a uma sociedade empresária:

- É tributada pelo Lucro Real apurado anualmente.

- Possui um terreno classificado como propriedade para Investimento, mensurado ao Valor Justo.

- Em 2016 reconheceu no resultado do período uma redução, no valor de R$ 500.000,00, decorrente da mensuração a valor justo do terreno, com reflexo em subconta vinculada ao ativo.

Considerando-se as informações apresentadas e as normas mencionadas, e que a perda é dedutível da base de cálculo do Tributo sobre o Lucro no momento da venda, é **correto** afirmar que, no ano de 2016, a Sociedade Empresária reconhece:

a) Um ganho no resultado, no valor de R$ 500.000,00, e efetua uma exclusão no lucro líquido para efeito de apuração do Lucro Real nesse valor.

b) Um ganho no resultado, no valor de R$ 500.000,00, e não ajusta o lucro líquido para efeito de apuração do Lucro Real.

c) Uma perda no resultado, no valor de R$ 500.000,00, e não ajusta o lucro líquido para efeito de apuração do Lucro Real.

d) Uma perda no resultado, no valor de R$ 500.000,00, e efetua uma adição no lucro líquido para efeito de apuração do Lucro Real nesse valor.

9. A contabilidade privada avança no processo de convergência com os padrões internacionais de contabilidade. Desse fragmento, pode-se afirmar que:

a) Com a globalização dos mercados surgiu a necessidade de adotar as normas internacionais de contabilidade, com o propósito de minimizar os diferentes critérios e práticas para reconhecer e mensurar cada transação.

b) O Brasil não adotou, ainda, as normas internacionais conhecidas como *International Financial Reporting Standards* (IFRS), por divergências conceituais com o Comitê de Pronunciamentos Contábeis (CPC).

c) Existe um processo de harmonização que pode gerar um aumento de opções de práticas contábeis que seja mundialmente entendida e mal fundamentada.

d) A responsabilidade do contador ficou diminuída com a adoção da IFRS.

e) Com a criação do CPC em 2005, criou-se a redução dos riscos nacionais relativos a empréstimos, participações societárias e outros riscos que, de alguma forma, estejam associados ao entendimento das demonstrações contábeis e financeiras.

10. Para efeito da apuração do lucro real, no que tange aos ajustes tributários decorrentes dos novos métodos e critérios contábeis introduzidos pela Lei nº 11.638, de 28 de dezembro de 2007, e pelos arts. 37 e 38 da Lei nº 11.941/09, foi estabelecido o Regime:

a) Especial de Tributação.

b) Tributário Transitório.

c) Especial de Compensação.

d) Tributário Especial de Créditos e Débitos Fiscais.

e) Tributário Temporário.

RESPOSTAS

1-B;2-C;3-E;4-C;5-E;6-D;7-E;8-D;9-A;10-B.

QUESTÃO

(1) A Empresa FET comprou 250 unidades de ativos financeiros em 15.7.20X0 com a intenção de vendê-los. O custo de aquisição unitário dos ativos foi R$ 4,50 cada. Em 31.12.20X0 o valor unitário a mercado desses ativos era R$ 6,50 cada, e a Empresa FET não tinha vendido nenhuma unidade. Para o fechamento do exercício de 20X0, a Empresa fez seu teste de *impairment* e identificou a necessidade de reconhecimento de perda no valor recuperável de um equipamento no valor de R$ 800,00. Considerando que a Empresa FET contabilizou o AVJ em resultado e a DRE abaixo, apure a base do IRPJ e da CSL:

Pede-se: Considerando que a Empresa FET contabilizou o AVJ em resultado e considerando a DRE abaixo, apure a base do IRPJ e da CSL:

Receita Operacional	10,000.00
(−) Tributos sobre a Receita	(900.00)
Receita Líquida	9,100.00
CPV	(5,500.00)
Despesas Administrativas	(1,800.00)
Perda no valor recuperável de ativo	(800.00)
Despesas Financeiras	(500.00)
AVJ	250.00
Lucro antes dos tributos	**750.00**

RESPOSTA

LAIR	750.00
Impairment	800.00
AVL	(250.00)
Base de Cálculo IRPJ e CSLL	**1.300.00**

19

GESTÃO DOS TRIBUTOS NO REGIME DO SIMPLES NACIONAL

Benjamim Cristobal Mardine Acuña

OBJETIVOS DE APRENDIZAGEM DO CAPÍTULO

1. Perceber os efeitos do favorecimento legislativo tributário para as Microempresas e Empresas de Pequeno Porte pelo Regime do Simples Nacional.

2. Compreender os componentes do cálculo da Receita Bruta e suas muitas aplicações.

3. Compreender a progressividade da alíquota efetiva e a sua possível flutuação mensal, bem como os detalhes inerentes a cada Anexo da Lei Complementar nº 123/06.

4. Verificar como o ganho de capital precisa ser apurado.

5. Discutir circunstâncias em que o Simples Nacional deixa de ser aplicável forçosamente, bem como de ser atraente para os modelos quanto à decisão espontânea de permanência no regime.

6. Conhecer obrigações acessórias mais importantes no Simples.

7. Conhecer as possibilidades de autorregularização para evitar a exclusão decorrente da existência de débitos.

8. Compreender como a contabilidade é requerida, mesmo de optantes pelo Simples.

 OBJETIVO 1

REGIME DO SIMPLES NACIONAL

CONSIDERAÇÕES INICIAIS

O Regime Especial Unificado de Arrecadação de Tributos e Contribuições devidos pelas Microempresas e Empresas de Pequeno Porte, conhecido como Simples Nacional, denominação que será adotada em todo este capítulo, foi estabelecido pela Lei Complementar nº 123, de 14 de dezembro de 2006. Não obstante, apesar do nome, o leitor poderá perceber que a enormidade de detalhes que será descrita neste capítulo torna o cálculo manual complicado, mas que não chega a ser empecilho, pois a Receita Federal disponibiliza o PGDAS-D, o Programa Gerador do Documento de Arrecadação do Simples Nacional – Declaratório.

 **OLHA A NOTÍCIA!**

uqr.to/1ay8d

Guedes planeja 'facada' no Sistema S e no Simples Nacional

Autores: Julia Chaib e Julio Wiziack

Folha de S. Paulo – 24.9.2020

[...] Em outra frente, Guedes quer reduzir os benefícios tributários garantidos pela Constituição às empresas inscritas no Simples Nacional. [...] Por ano, a União abre mão de R$ 87,2 bilhões para estimular o desenvolvimento de micro e pequenas empresas via Simples.

Guedes considera que esse incentivo pode ser reduzido para segurar recursos no caixa do Tesouro. Pelas regras vigentes, empresas do Simples com faturamento bruto anual de até R$ 180 mil devem pagar 6% em tributos.

Essa alíquota sobe conforme o desempenho das vendas chega ao teto de 16% para aquelas que faturam até R$ 1,8 milhão por ano. O corte no Simples Nacional seria feito para segurar recursos no caixa do Tesouro e, assim, ajudar a financiar o programa Renda Brasil [...].

O Simples Nacional foi reestruturado significativamente pela Lei Complementar nº 155, de 27 de outubro de 2016. Sua regulamentação é realizada por meio de resoluções emitidas pelo Comitê Gestor do Simples Nacional, cuja composição é de quatro representantes da Secretaria da Receita Federal, dois dos estados e mais dois dos municípios, sob a presidência de um representante federal.

A opção é anual e irretratável durante o ano-calendário; se a ME ou EPP já estiver em atividade, a solicitação de opção poderá ser feita sempre durante o mês de janeiro de cada ano, até o seu último dia útil. A opção, se deferida, terá efeito retroativo a 1º de janeiro.

Seu mecanismo, grande atrativo e diferencial, prevê recolhimento mensal que inclui em um único documento de arrecadação denominado DAS (Documento de Arrecadação do Simples Nacional) um conjunto de tributos: IRPJ, CSLL, PIS/Pasep, COFINS, IPI, ICMS, ISS e a Contribuição para a Seguridade Social destinada à Previdência Social a cargo da pessoa jurídica (CPP), esta última em quase todos os anexos da LC nº 123/2006, exceto o IV, como será apresentado adiante. Esse pagamento unificado reduz a carga de trabalho e de controle para os empresários que administram empreendimentos de pequeno porte e que geralmente não dispõem de mão de obra especializada ou de sistemas de controle, pois se trata de em um só pagamento realizar o recolhimento de sete, às vezes oito tributos.

Além da simplificação operacional de ter apenas um Documento de Arrecadação (DAS), a carga tributária pode ser bastante interessante dependendo do valor da Receita Bruta, pois, como será visto, o comportamento da alíquota efetiva é progressivo, aspecto que pode deixar de se apresentar vantajoso em valores mais elevados de receita bruta, quando poderá se mostrar inconveniente pelo atingimento de alíquotas efetivas mais elevadas que as cargas tributárias de outras opções.

Outra grande atração para esse regime é a facilitação fiscal quanto à manutenção de livros contábeis, já que o art. 27 da LC nº 123 determina:

Art. 27. As microempresas e empresas de pequeno porte optantes pelo Simples Nacional poderão, opcionalmente, adotar contabilidade simplificada para os registros e controles das operações realizadas, conforme regulamentação do Comitê Gestor.

Esse privilégio garante às ME e às EPP, opcionalmente, adotar contabilidade simplificada para os registros e controles das operações realizadas, atendendo-se às disposições previstas no Código Civil e nas Normas Brasileiras de Contabilidade editadas pelo Conselho Federal de Contabilidade, assim, a dispensa se dá apenas pelo aspecto tributário, mas não normativo ou civil.

Por esse motivo, o envio da Escrituração Contábil Digital (ECD) não é requerido pela Legislação Tributária, mas é permitido para aquelas entidades que desejarem fazê-lo, o que pode ser vantajoso do ponto de vista operacional, já que a entrega da ECD exime a entidade de imprimir e autenticar os livros e, se for o caso, as fichas, no Registro Público de Empresas Mercantis mencionados nos arts. 1.179 a 1.181 da Lei nº 10.406/02 (Código Civil). O privilégio fiscal de não enviar a ECD não é aplicável caso a entidade receba a participação de um investidor anjo, que será apresentado mais adiante neste capítulo.

Importante destacar que não há dispensa pela legislação civil de escrituração contábil, mesmo que a entidade não seja obrigada a enviar a ECD, deve ainda escriturar seus livros e os apresentar para registro junto aos órgãos competentes para tal. Além de não haver essa dispensa civil, outro fator digno de nota é o de que a entidade pode distribuir o lucro apurado em sua escrituração, aos sócios, sem incidência de Imposto de Renda Retido na Fonte (IRRF).

Dessa maneira, para nenhuma pessoa jurídica, existe a dispensa da escrituração contábil no Brasil, mesmo para aquelas que adotam o livro caixa, essa dispensa é apenas fiscal, mas não civil ou societária. A utilização dessa prerrogativa se aplica ao envio da ECD para a base de dados da Receita Federal.

Mesmo que a entidade não envie a sua ECD, ainda assim precisa manter, para fins civis, a sua escrituração contábil regular, mesmo por que a distribuição de lucro pode não se restringir ao limite fiscal da presunção menos os tributos federais incidentes sobre a atividade. Na verdade, a entidade pode distribuir o lucro apurado na Demonstração de Resultado, situação que, mais uma vez reforçando, precisa de respaldo escritural para a sua utilização livre de retenção de tributos.

ATENÇÃO!

Para nenhuma pessoa jurídica existe a dispensa da escrituração contábil no Brasil. Mesmo para aquelas que adotam o livro caixa, essa dispensa é apenas fiscal, mas não civil ou societária.

A contabilidade simplificada é uma norma brasileira denominada Modelo Contábil para Microempresa e Empresa de Pequeno Porte (ITG 1000), implementada pela Resolução CFC nº 1.418/12, que é, de fato, bastante resumida, em torno de 13 páginas, sendo seis apenas de modelos de demonstrações. Entretanto, caso seja conveniente, a entidade pode optar pela NBC-TG 1000 – Contabilidade para Pequenas e Médias Empresas ou pelo Conjunto Completo, também conhecido como modelo pleno; estes dois últimos modelos são convergentes ao padrão internacional de contabilidade *International Financial Report Standards* (IFRS). Essa opção, porém, do ponto de vista normativo contábil, não poderá ser exercida se a entidade for requerida a fazer prestação pública de suas contas, situação essa que a submeteria exclusivamente ao modelo pleno.

A notícia da *Folha de S. Paulo* (2020) inicialmente apresentada, veiculada pelo portal da Confederação Nacional dos Trabalhadores de Saúde (CNTS), aponta a fala do ministro quanto ao alegado favorecimento de Microempresas (ME) e Empresas de Pequeno Porte (EPP). Essas empresas, capazes de optar pelo regime tributário Simples Nacional, contam com alguns importantes facilitadores legais, uma espécie de equilíbrio fomentado, já que em sua maioria não contam com apoio de pessoal dedicado à gestão e assessoria especializada; entre esses facilitadores encontram-se, não só a economia tributária para a maioria dos casos, mas também uma maior facilidade na sua operação e, teoricamente, maior facilidade para acesso a linhas de crédito.

MICROEMPRESAS (ME) E EMPRESAS DE PEQUENO PORTE (EPP)

Pelo já demonstrado o Simples Nacional é bastante atrativo, mas é bastante diversificado no que tange às exigências para o ingresso.

Uma das primeiras questões que precisam ser eliminadas são as condições que impedem o acesso da ME e da EPP ao regime, ou seja, quem não pode. Essas vedações são inicialmente relacionadas a três aspectos apresentados na Figura 19.1.

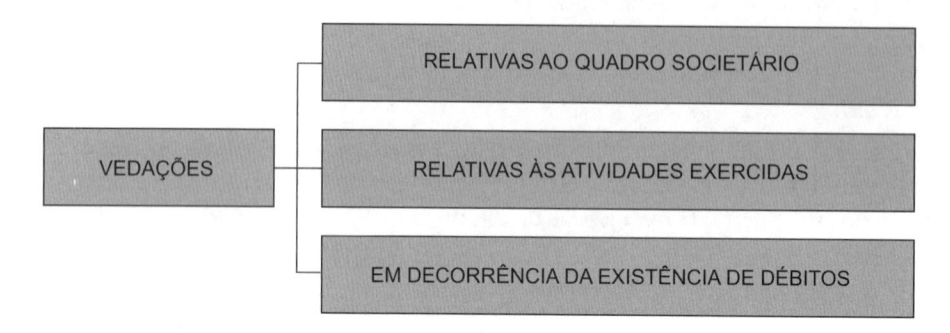

Figura 19.1 Aspectos relacionados as vedações no acesso ao Simples Nacional.

As vedações encontram-se originalmente previstas na Lei Complementar nº 123/06, mas são atualizadas por meio de leis complementares posteriores e reguladas por meio de Resoluções do Comitê Gestor do Simples Nacional (CGSN).

Se a entidade é nova e está iniciando suas atividades, o pedido de inclusão pode ser feito em qualquer tempo antes do seu funcionamento. Se, ao contrário, já estiver funcionando há mais de 12 meses, a ME ou EPP que auferir receita bruta acumulada no ano anterior (RBAA) de até R$ 4.800.000,00 (quatro milhões e oitocentos mil reais) continuará automaticamente incluída no Simples Nacional, ressalvado o direito de exclusão a pedido da optante (art. 79-E da LC nº 123/06 alterado pela LC nº 155/16). Se já está em funcionamento, só poderá pedir inclusão ou exclusão no mês de janeiro de cada ano.

A Receita Bruta Acumulada no Ano Anterior (RBAA) é, portanto, o critério que será avaliado para enquadramento como ME ou EPP e, portanto, fator determinante para a adesão ao Simples Nacional, como será apresentado a seguir.

O pedido de inclusão, porém, será submetido ao atendimento de determinadas condições, que passaremos a listar.

LIMITAÇÃO PELA RECEITA BRUTA

A primeira limitação está atrelada à receita bruta, a entidade precisa estar enquadrada como Microempresa (ME), com receita bruta de até R$ 360 mil anuais no exercício anterior, ou como Empresa de Pequeno Porte (EPP), com receita bruta superior à da ME e de até R$ 4,8 milhões no ano anterior. Para esse primeiro teste, basta observar as informações declaradas menos as vendas canceladas e os descontos incondicionais.

CASO PRÁTICO

A Sociedade Delta apresentou os seguintes dados referentes ao período de 20x1 e deseja saber: (a) pode se candidatar ao Simples Nacional em 20x2, apenas com base no critério de receita?; (b) o seu enquadramento, se permitido, será como ME ou EPP?

Item	Valor (R$)
Vendas	260.000
Serviços	110.000
Descontos incondicionais sobre vendas	– 3.000
Serviços cancelados	– 2.000
Tributos sobre vendas e serviços	– 20.350
Custo da mercadoria vendida	– 182.000
Custo dos serviços prestados	– 77.000

Para conhecer a receita bruta para fins de classificação tributária, Delta irá observar o § 3º do art. 3º da LC nº 123/06:

§ 1º Considera-se receita bruta, para fins do disposto no caput deste artigo, o produto da venda de bens e serviços nas operações de conta própria, o preço dos serviços prestados e o resultado nas operações em conta alheia, não incluídas as vendas canceladas e os descontos incondicionais concedidos.

Item	Valor (R$)
(+) Vendas	260.000
(+) Serviços	110.000
(–) Descontos incondicionais sobre vendas	– 3.000
(–) Serviços cancelados	– 2.000
(=) Receita Bruta para Fins Tributários	**365.000**

(a) Logo, a entidade, se observado apenas o critério de receita, pode tranquilamente solicitar seu enquadramento para 20x2.

(b) A receita bruta é superior a R$ 360.000,00, mas inferior a R$ 4.800.000,000, logo a entidade é enquadrada como EPP.

Apenas como curiosidade, vamos observar a Nota de Conciliação da Receita elaborada a partir dos dados apresentados, que comporia as Notas Explicativas, para fins contábeis:

Item	Valor (R$)
Receita Bruta	**370.000**
Vendas	260.000
Serviços	110.000
(–) Deduções da Receita Bruta	**(25.350)**
Descontos incondicionais sobre vendas	(3.000)
Serviços cancelados	(2.000)
Tributos sobre vendas e serviços	(20.350)
(=) Receita Líquida	**344.650**

Observe que a definição tributária de Receita Bruta para fins de aplicação do cálculo do Simples Nacional a partir dos dados constantes no exemplo (R$ 365.000) não corresponde nem ao valor da Receita Bruta para fins societários/civis (R$ 370.000), nem ao valor da receita líquida (R$ 344.650).

Entretanto, há circunstâncias em que não se tem um exercício completo para lançar como referência, estando a entidade em seu primeiro ano de funcionamento. Como proceder nesse caso? A solução é prescrita no § 2º do mesmo art. 3º da LC nº 123/06:

> § 2º No caso de início de atividade no próprio ano-calendário, o limite a que se refere o *caput* deste artigo será proporcional ao número de meses em que a microempresa ou a empresa de pequeno porte houver exercido atividade, inclusive as frações de meses.

Logo, a entidade, mesmo com poucos meses de funcionamento, é capaz de projetar a sua receita como se fosse anual, ou seja, anualizada, a Receita Bruta Acumulada no Ano Anterior (RBAA).

Essa mesma sistemática é utilizada pelo PGDAS-D para permitir o acompanhamento da manutenção desse quesito pela Receita Bruta Acumulada no Ano Corrente (RBA). Essas informações podem ser observadas no item 2 do extrato do PGDAS-D:

2. Apuração do Simples Nacional
2.1 Discriminativo de Receitas

Total de Receitas Brutas (R$)
Receita Bruta do PA (RPA) – Competência
Receita bruta acumulada nos 12 meses anteriores ao PA (RBT12)
Receita bruta acumulada nos 12 meses anteriores ao PA proporcionalizada (RBT12p)
Receita bruta acumulada no ano-calendário corrente (RBA)
Receita bruta acumulada no ano-calendário anterior (RBAA)
Limite de receita bruta proporcionalizado

Essas diferentes informações possuem cada qual as suas finalidades:

- **RPA**: parâmetro a ser aplicado para a determinação do valor devido resultante da sua multiplicação pela alíquota efetiva que será determinada. É a receita do mês que está sob apuração.
- **RBT12**: parâmetro a ser aplicado para efeito de determinação da alíquota efetiva, corresponde aos 12 meses anteriores ao período de apuração. Sua utilização exige 13 meses de atividades, já que irá utilizar os 12 meses anteriores ao do Período de Apuração (PA). Quando não dispuser dos 13 meses, será substituída pela RBT12p.
  - **RBT12p**: utilizada quando ainda não se completaram 13 meses de atividades. **Atenção**: não se refere a 13 meses de adesão ao Simples, mas de funcionamento.
- **RBA**: parâmetro a ser aplicado para efeito de manutenção e acompanhamento da adequação ao limite do SN e do sublimite do ICMS/ISS, a partir do mês de fevereiro, já que prevê o acúmulo de receitas no ano corrente, para se acompanhar o risco de exclusão na ultrapassagem dos sublimites do ICMS e do ISS, e na do limite de R$ 4,8 milhões para permanência no Simples Nacional. A sua utilização, diferentemente da RBT12, compreende todos os meses do ano, **incluindo** a Receita Bruta do Período de Apuração (RPA), tal como preconizado no art. 3º da LC nº 123/06.
- **RBAA**: parâmetro a ser aplicado para efeito de adequação ao limite do SN e do sublimite do ICMS/ISS no mês de janeiro, para verificar se é possível aderir ou solicitar exclusão, se ainda não realizada a comunicação do Ato Declaratório de Exclusão (ADE). Se a RBAA, que compreende a Receita Bruta Acumulada de janeiro a dezembro do ano anterior, não estiver dentro dos limites, a entidade estará excluída do Simples, sem possibilidade de retorno enquanto mantiver receita acumulada superior. A sua utilização, diferentemente da RBT12, compreende todos os meses do ano, sempre de forma proporcionalizada, **incluindo** a Receita Bruta do Período de Apuração (RPA), tal como preconizado no art. 3º da LC nº 123/06.

Dessa maneira, o gestor tributário de uma empresa optante pelo Simples Nacional precisa acompanhar, entre outros esses fatores, que irão alterar, dependendo da volatilidade de suas receitas brutas mensais, a carga tributária, a sua forma de apuração e ainda os riscos de exclusão de ofício.

Todavia, se o Simples é tão cheio de detalhes, o que leva os empresários ou seus contadores a desejarem aderir a essa sistemática? Isso ocorre porque ela pode ser vantajosa sob vários aspectos, conforme conseguimos extrair do resumo a seguir:

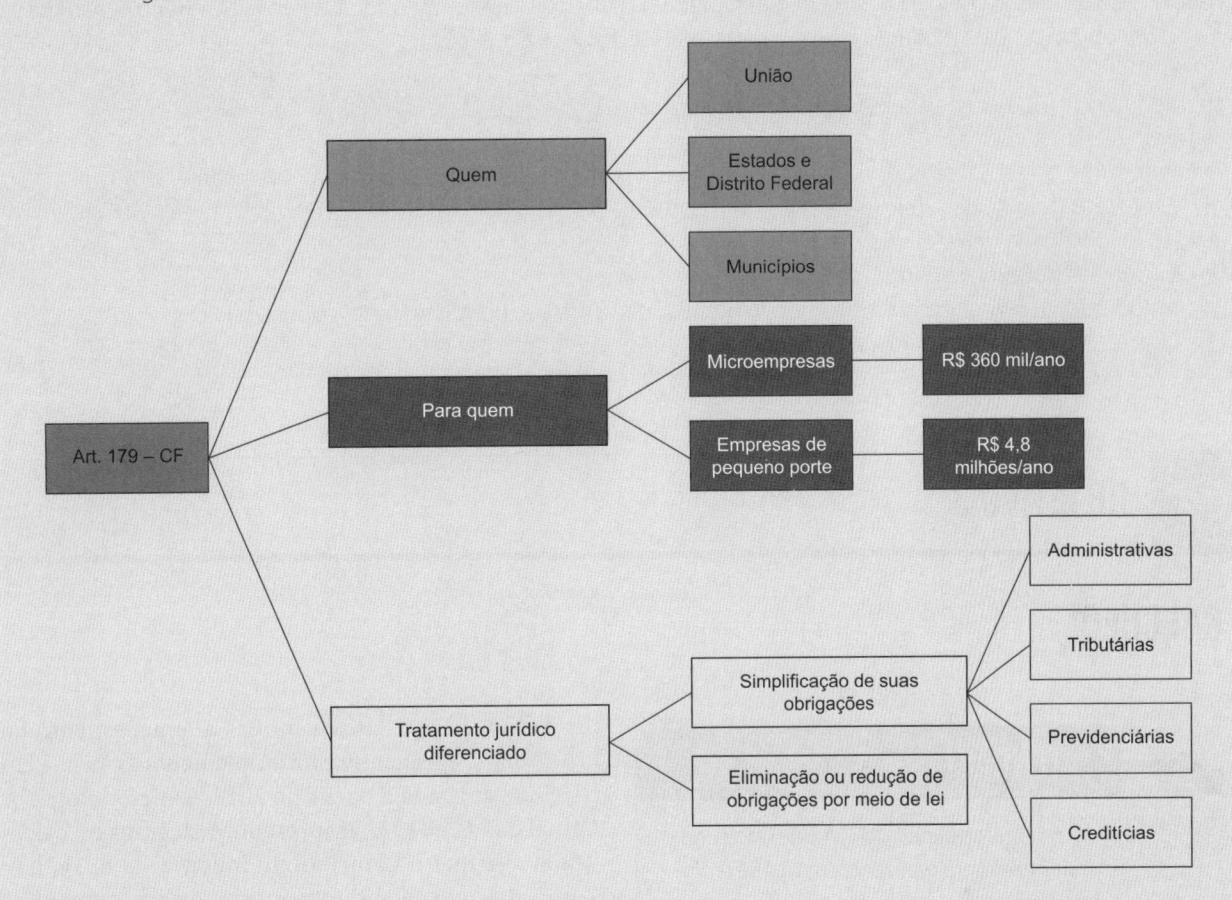

O Simples Nacional tem previsão legal na Constituição Federal pelo art. 179 e requerimento de lei complementar para a sua regulamentação no art. 146, III, alínea *d*, dessa maneira a Lei Complementar nº 123/06 o estruturou. A estrutura básica definida foi a criação de tabelas específicas para cada tipo de atividade, denominadas "Anexos".

Mudança – art. 18, § 5º, LC 123/2006

Outro importante elemento é que essa alteração legal permitiu, também, uma ampliação no limite de receita bruta para as Empresas de Pequeno Porte que antes era de R$ 3,6 milhões e, a partir de 2018, foi elevada para R$ 4,8 milhões.

Perceba na Figura 19.2, mais à frente, que a linha cinza vai apenas até a Receita Bruta de R$ 3,6 milhões, limite esse que até então significaria a exclusão do regime; com a LC nº 155/16 esse limite foi ampliado para R$ 4,8 milhões, tal como pode ser percebido na mesma figura pela linha preta. Os principais elementos que passaram a compor o cenário das ME e EPP optantes pelo Simples Nacional, a partir de 2018, foram:

- Redução do número de anexos (eram seis, ficaram cinco).
- Redução do número de faixas (eram 20, ficaram seis).
- Introdução do sublimite nacional de R$ 3,6 milhões, cujo reflexo será pormenorizado mais adiante.
- Expansão do limite de receita para as EPP (R$ 4,8 milhões).
- Aplicação da alíquota efetiva e não mais a nominal.
- Introdução do valor a deduzir.
- Introdução do fator r (proporção entre a folha de pagamento e a receita bruta para alguns serviços).
- Criação da figura do investidor anjo para as ME e EPP.

 OBJETIVO 3

O CÁLCULO

 **ATENÇÃO!**

Em regra, o cálculo do valor devido mensalmente será realizado em duas etapas:

1. Utilização da RBT12 para determinar a alíquota efetiva, calculada a partir da alíquota nominal constante das tabelas dos Anexos I a V da LC nº 123/06.

2. Aplicação da alíquota efetiva resultante da etapa 1 sobre a Receita Bruta do período de apuração (PA).

A LC nº 123/06 sofreu muitas alterações, entretanto a mais significativa foi implementada pela LC nº 155/16, aplicada a partir de 2018. A metodologia original da LC nº 123/06 apresentava degraus no cálculo, cada vez que o contribuinte mudava de faixa, havia um salto na sua alíquota ocorrendo um aumento de uma só vez sempre que o teto da faixa era extrapolado.

Conseguimos desenvolver melhor o cálculo se entendermos o efeito da alíquota efetiva, termo que passou a ser obrigatório a partir de 2018, não apenas a nível de nomenclatura, mas, também, do ponto de vista metodológico.

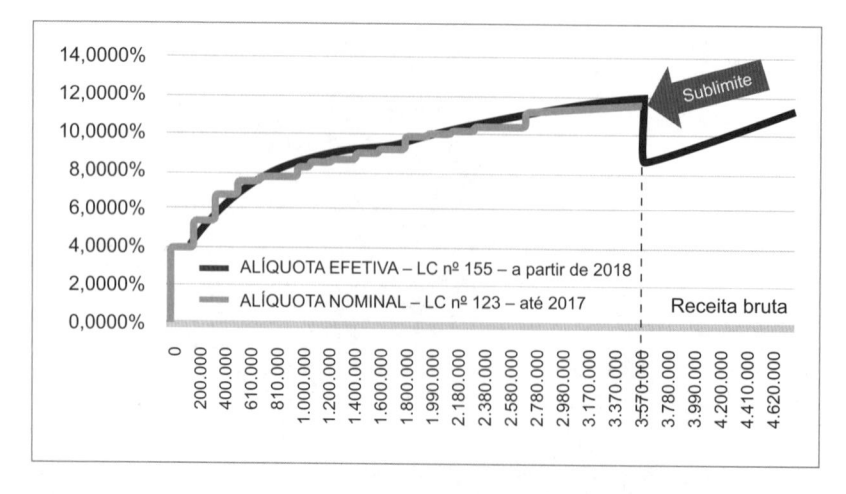

Figura 19.2 Impacto da atualização causada pela LC nº 155 no escopo e na metodologia da LC nº 123.

O gráfico da Figura 19.2 demonstra o impacto da atualização causada pela LC nº 155 no escopo e na metodologia da LC nº 123. Enquanto para a vigência anterior a 2018 a alíquota considerada era a nominal com os perceptíveis degraus na linha cinza.

A adoção do "Valor a Deduzir" e do cálculo da "Alíquota Efetiva", como será pormenorizado mais adiante, trouxeram continuidade na progressividade da alíquota, perceptível na linha preta, sem degraus, a não ser após a primeira faixa (na qual não há parcela a deduzir), válida a partir de 2018. Note, na Figura 19.2, que até R$ 180 mil de Receita Bruta Total nos 12 meses anteriores (RBT12) existe um platô em 4% nas duas linhas. Tal efeito decorre de que na nova metodologia inserida, não há "Valor a Deduzir" constante da tabela do Anexo I da LC (igual a zero), aspecto que se repetirá em todas as primeiras faixas de todos os cinco anexos.

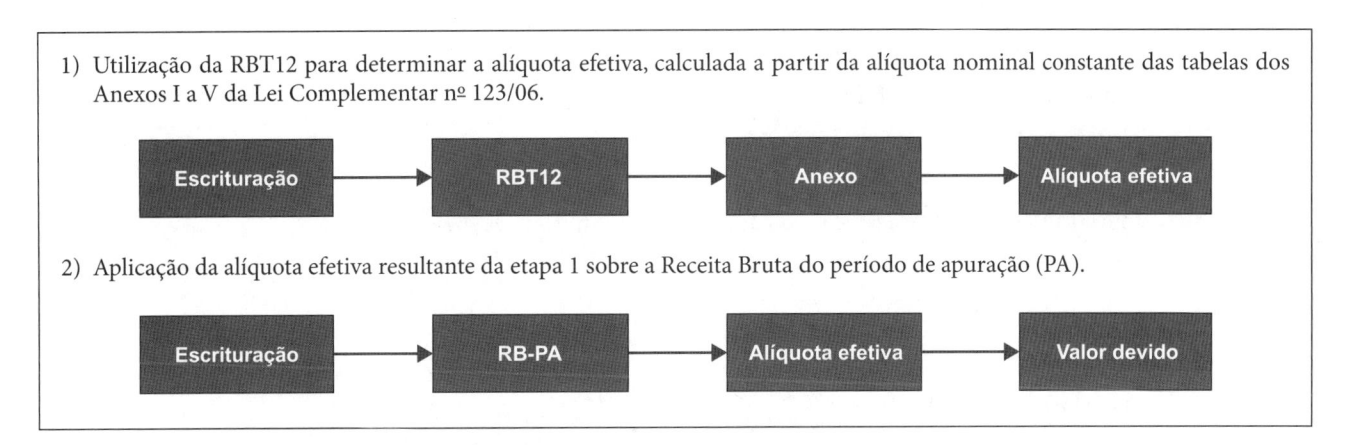

Figura 19.3 Etapas do cálculo do valor devido no Simples Nacional.

ETAPA 1: A DETERMINAÇÃO DA ALÍQUOTA EFETIVA

Uma das principais inovações ocorridas na metodologia foi a modificação na estrutura de tabela dos anexos, foram reduzidas as faixas de receita bruta de e incluída uma coluna, a do "Valor a Deduzir", tal como pode ser percebido na Tabela 19.1.

Tabela 19.1 Alíquotas e Partilha do Simples Nacional – Comércio

Anexo I da Lei Complementar nº 123, de 14 De Dezembro de 2006
(Redação dada pela Lei Complementar nº 155, de 2016) Produção de efeito (Vigência: 1.1.2018)

Receita Bruta em 12 Meses (em R$)		Alíquota	Valor a Deduzir (em R$)
1ª Faixa	Até 180.000,00	4,00%	–
2ª Faixa	De 180.000,01 a 360.000,00	7,30%	5.940,00
3ª Faixa	De 360.000,01 a 720.000,00	9,50%	13.860,00
4ª Faixa	De 720.000,01 a 1.800.000,00	10,70%	22.500,00
5ª Faixa	De 1.800.000,01 a 3.600.000,00	14,30%	87.300,00
6ª Faixa	De 3.600.000,01 a 4.800.000,00	19,00%	378.000,00

A adoção do "Valor a Deduzir" apresenta valores fixos a partir da segunda faixa, mas não na primeira. O papel dessa inclusão foi o de eliminar o efeito degrau na mudança de faixa, como já comentamos anteriormente.

Outra inovação é que a tabela constante do Anexo passou a não mais apresentar a alíquota a ser praticada para a aplicação direta sobre a Receita Bruta do Período de Apuração, mas sim como um parâmetro para a determinação da Alíquota Efetiva.

$$\text{Alíquota Efetiva} = \frac{RBT12 \times AN - VD}{RBT12}$$

Onde:

- $RBT12$ = receita bruta dos 12 meses anteriores
- AN = Alíquota Nominal (constante do anexo)
- VD = Valor a Deduzir

Perceba o efeito do Valor a Deduzir fixo em cada faixa nas simulações da Tabela 19.2.

Tabela 19.2

RBT12	Memória de Cálculo $(RBT12 \times AN - VD) / RBT12$	Alíquota Efetiva
a) 50.000,00	50.000,00 × 4,0% – 0 / 50.000,00 =	4,0%
b) 180.000,00	180.000,00 × 4,0% – 0 / 180.000,00 =	4,0%
c) 180.000,01	180.000,01 × 7,3% – 5.940 / 180.000,01 =	4,0000000183%
d) 250.000,00	250.000,00 × 7,3% – 5.940 / 250.000,00 =	4,924%
e) 360.000,00	360.000,00 × 7,3% – 5940 / 360.000,00 =	5,65%
f) 360.000,01	360.000,01 × 9,5% – 13.860 / 360.000,01 =	5,650000106%

Nos exemplos (a) e (b), o Valor a Deduzir é zero, pois ambos apresentam RBT12 enquadrada na primeira faixa, assim, não há produção de efeito matemático desse item tornando o numerador igual ao denominador, resultando em uma Alíquota Efetiva fixa de 4,0%.

No exemplo (c), porém, a RBT12 invadiu em R$ 0,01 a segunda faixa, onde a alíquota nominal é de 7,3%, ou seja, 3,3 pontos percentuais maiores que a da primeira faixa (4%); apesar disso a alíquota efetiva não foi alterada, na prática, resultando em 4,0000000183%, aproximadamente, 4,00%. O "Valor a Deduzir" provoca, portanto, a absorção do incremento na alíquota nominal sobre o teto da faixa imediatamente inferior, eliminando o degrau de 3,3 pontos percentuais observáveis no evento.

O mesmo efeito é ilustrado nos exemplos (e) e (f), enquanto (e) ainda está na segunda faixa do Anexo, o (d) já está na terceira, com alíquotas nominais de 7,3% e 9,5%, respectivamente, mas resultando em alíquotas efetivas aproximadamente iguais. Mais uma vez, esse é efeito do "Valor a Deduzir" fixo inserido apenas no numerador da fórmula.

O papel desse componente da fórmula é, portanto, o de absorver o impacto do incremento de alíquota nominal sobre a da faixa anterior. Além disso, tal como pode ser visualizado no gráfico constante da Figura 19.2, a variação é continuamente elevada à medida em que a RBT12 cresce (linha preta), obtendo outro efeito desejado o da progressividade contínua, e não mais em saltos como na metodologia anterior (linha cinza).

Outro importante elemento introduzido pela elevação do enquadramento como EPP, de R$ 3,6 milhões para R$ 4,8 milhões, pode ser também percebido na Figura 19.4. Verifique que, quando atingido o valor de R$ 3,6 milhões de Receita Bruta, há uma queda brusca na alíquota efetiva, que estava até esse valor em 11,8750%, para pouco mais de 8,6%, esse é o sublimite nacional.

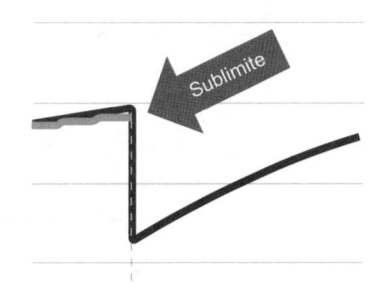

Figura 19.4 Sublimite nacional.

Não se trata de uma redução na carga tributária e nem mesmo um incentivo, ao contrário, ultrapassado esse sublimite, o ICMS, para o comércio e para a indústria, e o ISS, para serviços, deixam de ser calculados dentro do PGDAS (ter seu cálculo embutido na alíquota efetiva) para ser apurado normalmente, por fora; como se a empresa não fosse optante pelo Simples Nacional. Veja a Tabela 19.3, de repartição, e perceba, na sexta faixa destacada em cinza, que o ICMS não está contido, sendo a repartição da Alíquota Efetiva redistribuída entre os demais tributos.

Tabela 19.3 Percentual de Repartição dos Tributos

Faixas	Percentual de Repartição dos Tributos					
	IRPJ	**CSLL**	**COFINS**	**PIS/Pasep**	**CPP**	**ICMS**
1ª Faixa	5,50%	3,50%	12,74%	2,76%	41,50%	34,00%
2ª Faixa	5,50%	3,50%	12,74%	2,76%	41,50%	34,00%
3ª Faixa	5,50%	3,50%	12,74%	2,76%	42,00%	33,50%
4ª Faixa	5,50%	3,50%	12,74%	2,76%	42,00%	33,50%
5ª Faixa	5,50%	3,50%	12,74%	2,76%	42,00%	33,50%
6ª Faixa	13,50%	10,00%	28,27%	6,13%	42,10%	–

ATENÇÃO!

SUBLIMITE PARA ICMS E ISS

NACIONAL: atentar que se atingido o sublimite de R$ 3,6 milhões para o ICMS e para o ISS, o contribuinte terá que, adicionalmente, apurar esses dois tributos segundo o enquadramento de uma empresa comum, não optante pelo Simples Nacional. Se for um comércio, por exemplo, precisará realizar o inventário de suas mercadorias para a escrituração dos créditos já existentes sobre as compras dos itens em estoque a fim de que possa utilizá-los no confronto contra os débitos de suas vendas dali em diante. Dessa maneira, o contribuinte terá que recolher o valor resultante do PGDAS, referente ao Simples Nacional e, também, o ICMS, apurado na modalidade que o RICMS do estado determinar; bem como, ainda, será obrigado a proceder e a enviar a Escrituração Fiscal Digital (EFD ICMS) ou, se industrial, também para o IPI, ou seja, terá mais obrigações acessórias.

LOCAL: o sublimite nacional pode ser atingido mais rapidamente, se a unidade da federação for o Distrito Federal ou um dos Estados cuja participação no Produto Interno Bruto (PIB) brasileiro seja de até 1%, circunstância esta que permite às autoridades estaduais ou distritais a opção de adotar sublimite de receita bruta anual de apenas R$ 1,8 milhão no mercado interno e, adicionalmente, igual sublimite para exportação de mercadorias ou serviços para o exterior. Para fins de ISS, como a legislação é de competência municipal, as prefeituras terão que seguir a definição do estado a que pertence.

Entidades A e B, exclusivamente comerciais, situadas em região cujo PIB supera 1% do PIB nacional, e utiliza o sublimite nacional de R$ 3,6 milhões, coletaram suas receitas brutas acumuladas no ano e determinaram suas alíquotas efetivas, distribuindo-as conforme os percentuais de repartição constantes do Anexo I:

Receita bruta acumulada no ano		Alíquota efetiva	IRPJ	CSLL	COFINS	PIS/ Pasep	CPP	ICMS
Entidade A	3.500.000,00	11,81%	0,65%	0,41%	1,50%	0,33%	4,96%	3,95%
Entidade B	4.400.000,00	10,41%	1,41%	1,04%	2,94%	0,64%	4,38%	0,00%

A Entidade A está dentro do sublimite nacional para o ICMS e dentro da quinta faixa, em que a Alíquota Nominal é de 14,3%, mas a Entidade B, com RBA de R$ 4.400.000,00, superou em mais de 20% (mais à frente falaremos a respeito desse valor de tolerância) o sublimite nacional, mas permanecendo na sexta faixa, em que a Alíquota Nominal é de 19%.

Vários aspectos devem ser notados neste exemplo, o primeiro é de que apesar da Alíquota Nominal mais alta da sexta faixa (19%) ser mais elevada que a da quinta (11,81%), a Alíquota Efetiva de B é menor do que a de A, 11,81% para A (quinta faixa), que para B, na sexta faixa, é de 10,41%. Não é erro, esse efeito foi produzido pelo elevado "Valor a Deduzir" bem maior da sexta faixa: enquanto a Alíquota Nominal da sexta faixa corresponde a 1,33 vez à da quinta, o Valor a Deduzir da sexta faixa é bem maior, 4,33 vezes o Valor a Deduzir da quinta. Sugerimos verificar o Anexo I para confirmar. Esse efeito é destinado a absorver parcialmente a consequência da ultrapassagem ao sublimite em mais do que 20%, a exclusão do ICMS de cálculo dentro do Simples Nacional, veja que a repartição da Alíquota Efetiva para o ICMS de B é 0,00%.

Outro aspecto digno de nota, que será pormenorizado nos motivos de exclusão do tópico 5, é que a Entidade B ultrapassou em mais de 20% o sublimite do ICMS na RBA, que a conduzirá a ter que realizar inventário de seu estoque e escriturar a tomada de créditos de ICMS para o estoque inventariado a partir do mês seguinte à ultrapassagem em diante, em que será obrigada a apurar o ICMS de acordo com a metodologia prevista no RICMS da Unidade Federativa em que a Entidade B estiver instalada e a seguir, geralmente, o regime não cumulativo, confrontando os créditos das compras com os débitos das vendas para apurar o ICMS a Recolher via Documento de Arrecadação regulamentado por aquela UF e ICMS não embutido no DAS.

Voltando à questão da apuração da alíquota efetiva, essa passagem não existia na metodologia anterior, que utilizava a própria alíquota constante do anexo para o cálculo do valor devido. O cálculo, que ocorria em apenas uma etapa, passou a ser realizado em duas.

A primeira, a da apuração da alíquota efetiva, passou a ser realizada antecipadamente ao cálculo do valor devido. Essa mudança e mais algumas levaram muitos críticos a mencionar que o Simples Nacional havia se tornado o "Complexo Nacional", a crítica derivava do passo adicional incluído, para a posterior aplicação do valor da Alíquota Efetiva no cálculo do valor devido.

Um alerta importante é que esse passo inicial da determinação da alíquota efetiva não inclui ainda a Receita Bruta do mês de apuração, mas a soma desse item nos 12 meses anteriores ao período de apuração.

CASO PRÁTICO

Como exemplo, como o vencimento do Simples Nacional se dá no mês seguinte ao da apuração, se o empresário estiver apurando o valor a ser recolhido no mês 06/21, terá que considerar o valor devido no mês da competência (Período de Apuração – PA), o do mês anterior: 05/21, mesmo por que o mês corrente (06/21) ainda estará em curso. Confuso, não? Mas o empresário dispõe do recurso do PGDAS-D, um aplicativo disponibilizado pela RFB, que lhe proporciona esse dimensionamento de forma automática, desde que adequadamente preenchido.

Em resumo, para se computar o valor devido na competência 05/21 para pagamento no mês 06/21, precisará somar as receitas brutas dos 12 meses anteriores ao da competência (mês de apuração):

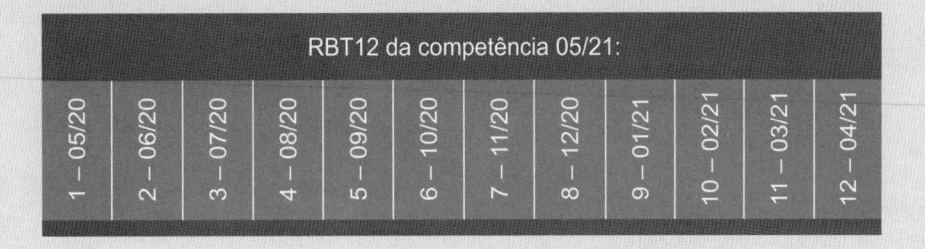

RBT12 da competência 05/21:

| 1 – 05/20 | 2 – 06/20 | 3 – 07/20 | 4 – 08/20 | 5 – 09/20 | 6 – 10/20 | 7 – 11/20 | 8 – 12/20 | 9 – 01/21 | 10 – 02/21 | 11 – 03/21 | 12 – 04/21 |

VOCÊ SABIA?

A receita bruta do mês de competência não compõe a RBT12, somente os 12 meses anteriores a ela. O próprio mês de apuração não é computado no cálculo da RBT12.

Entretanto, em seus primeiros meses de funcionamento, a entidade não dispõe de 13 meses de observação, o que nos leva ao tópico seguinte.

CÁLCULO DA RBT12 NOS PRIMEIROS MESES DE ATIVIDADE

Quando em início de atividade, as ME e EPP poderão solicitar opção pelo Simples em até 30 dias contados do último deferimento de inscrição (municipal, ou estadual caso exigível), considerando que da data de abertura constante do CNPJ não tenha decorrido 180 dias (para empresas abertas até 31.12.2019) ou 60 dias (para empresas abertas a partir de 1.1.2020).

Se a solicitação for deferida, produzirá efeitos a partir da data da abertura do CNPJ. Após esse prazo, a opção somente será possível no mês de janeiro do ano-calendário seguinte, produzindo efeitos a partir de então.

Esse cálculo, previsto no art. 18 da LC nº 123/06, difere daquele realizado para verificar o enquadramento do porte da entidade, descrito no art. 3º da mesma lei, o qual já demonstramos em tópico anterior.

Enquanto para verificar a inclusão ou a permanência no Regime do Simples Nacional a entidade nos primeiros 12 meses de início de funcionamento considera todos os meses, inclusive o da apuração, para se determinar a RBT12, se existente mais de um mês de funcionamento, ela irá desprezar o mês de apuração, tal como prescrito na Resolução CGSN nº 140/18, no art. 22, §§ 2º e 3º, que regulamenta:

§ 2º No caso de início de atividade no próprio ano-calendário da opção pelo Simples Nacional, para efeito de determinação da alíquota no 1º (primeiro) mês de atividade, o sujeito passivo utilizará, como receita bruta total acumulada, a receita auferida no próprio mês de apuração multiplicada por 12 (doze). (Lei Complementar nº 123, de 2006, art. 18, § 2º)

§ 3º Na hipótese prevista no § 2º, para efeito de determinação da alíquota nos 11 (onze) meses posteriores ao do início de atividade, o sujeito passivo utilizará a média aritmética da receita bruta total auferida nos meses anteriores ao do período de apuração, multiplicada por 12 (doze). (Lei Complementar nº 123, de 2006, art. 18, § 2º)

CASO PRÁTICO

A Empresa CD Ltda. iniciou suas atividades em 04/21, atua no ramo de comércio e obteve as seguintes observações e deve determinar qual a receita que comporá o cálculo da alíquota efetiva:

Competência	Receita Bruta	Devoluções
abr./21	36.000,00	4.000,00

1º) CD Ltda. precisará, antes de aplicar o cálculo da RBT12, determiná-la. Assim, a Receita Bruta a ser computada será de R$ 32.000,00:

Receita Bruta   36.000,00
(–) Devoluções   – 4.000,00
(=) Receita Bruta para fins de determinação do Simples Nacional   32.000,00

2º) Para obter os 12 meses de observação e assim calcular a RBT12, só dispondo de um mês (neste caso a Receita Bruta do Período de Apuração – RPA é a única disponível), o primeiro de seu funcionamento, precisará estimar incluindo a própria receita do mês de apuração (RPA) considerando o § 2º do art. 22 da Resolução CGSN nº 140/18: RBT12 = 32.000,00 × 12 = 384.000,00.

Dessa maneira, a empresa CD estará submetida aos montantes estabelecidos na terceira faixa.

CASO PRÁTICO

A Empresa AB Ltda. iniciou suas atividades em 01/21 e precisa determinar a sua RBT12 para fins de apuração do Simples Nacional no mês 04/21, atua no ramo de comércio e obteve as seguintes observações:

Competência	Receita Bruta	Devoluções
jan./21	35.000,00	3.500,00
fev./21	59.500,00	5.950,00
mar./21	73.500,00	7.350,00
abr./21	122.500,00	9.800,00

1º) Para seguir o exemplo, é necessário primeiro conhecer qual a Receita Bruta em cada um dos meses:

Competência	Receita Bruta	Devoluções	RB-SN (RB-Devol.)
jan./21	35.000,00	3.500,00	31.500,00
fev./21	59.500,00	5.950,00	53.550,00
mar./21	73.500,00	7.350,00	66.150,00
abr./21	122.500,00	9.800,00	112.700,00

ETAPA 2: CÁLCULO DO VALOR DEVIDO

Finalmente, após tantos detalhes e vencida a atenção sobre a reunião dos dados necessários ao cálculo, é possível calcular o valor devido, como demonstrado na Figura 19.5.

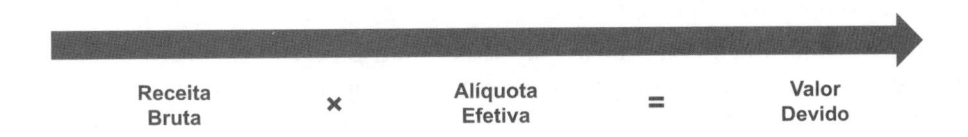

Figura 19.5 Cálculo do valor devido.

Diferentemente da Etapa 1, a da determinação da Alíquota Efetiva, em que a Receita Bruta do Período de Apuração (RPA) não era computada, nesta segunda etapa será aplicada a Alíquota Efetiva originada dos cálculos da primeira etapa para, agora sim, ser multiplicada sobre a Receita Bruta do Período de Apuração (RPA). Então, esta etapa é menos complicada do que a primeira.

Convém lembrar a fórmula de cálculo:

$$\text{Alíquota Efetiva} = \frac{RBT12 \times AN - VD}{RBT12}$$

Onde:

- $RBT12$ = receita bruta dos 12 meses anteriores
- AN = Alíquota Nominal (constante do anexo)
- VD = Valor a Deduzir

CASO PRÁTICO

CUMULATIVIDADE

A não cumulatividade é uma característica dos tributos que admitem recuperação dos valores incidentes nas compras (créditos) para abater os devidos nas vendas (débitos), proporcionando, assim, a apuração do valor a ser pago ou recuperado por essa diferença. Essa característica, entretanto, em regra, não é aplicável aos contribuintes optantes pelo Simples Nacional.

Em regra, os tributos embutidos no PGDAS-D apresentam comportamento inverso do explicado há pouco. No Simples Nacional, os tributos quase em todos os casos têm comportamento cumulativo, isso porque o ICMS, IPI, PIS e COFINS não admitem o aproveitamento de crédito sobre as compras e insumos. Portanto, os tributos sobre as compras de mercadorias para revenda, sobre as matérias-primas e insumos na indústria, bem como contratação de serviços de terceiros, ainda que de pessoas jurídicas, não permitirão a sua segregação do custo de aquisição, ficando os valores dos tributos não recuperados, embutidos no custo da compra.

O ICMS, porém, apresenta uma situação especial que fugirá a essa regra quando a Receita Bruta exceder ao sublimite nacional ou local, dependendo do caso. Nesse caso, o ICMS terá a sua apuração fora do PGDAS e terá o comportamento apontado pelo RICMS local, o que inclui o direito ao crédito, sendo nesse caso aplicáveis todas as formalidades e obrigações de uma empresa normal.

Uma questão interessante, porém, é de que as empresas com tributação pelo Lucro Presumido, Real ou Arbitrado, que adquirirem mercadorias, matéria-prima ou insumos de optantes pelo Simples Nacional para as finalidades previstas em lei, poderão tomar créditos de ICMS, tal como previsto na LC nº 123/06:

> Art. 23. As microempresas e as empresas de pequeno porte optantes pelo Simples Nacional não farão jus à apropriação nem transferirão créditos relativos a impostos ou contribuições abrangidos pelo Simples Nacional.
>
> § 1º As pessoas jurídicas e aquelas a elas equiparadas pela legislação tributária não optantes pelo Simples Nacional terão direito a crédito correspondente ao ICMS incidente sobre as suas aquisições de mercadorias de microempresa ou empresa de pequeno porte optante pelo Simples Nacional, desde que destinadas à comercialização ou industrialização e observado, como limite, o ICMS efetivamente devido pelas optantes pelo Simples Nacional em relação a essas aquisições.
>
> § 2º **A alíquota aplicável ao cálculo do crédito de que trata o § 1º** deste artigo deverá ser informada no documento fiscal e corresponderá ao percentual de ICMS previsto nos Anexos I ou II desta Lei Complementar para a faixa de receita bruta a que a microempresa ou a empresa de pequeno porte estiver sujeita no mês anterior ao da operação. (grifos nossos)

Assim, os gestores da Pessoa Jurídica optante pelo Simples Nacional deverão estar atentos aos seus controles internos de faturamento, para que seja possível que seus clientes, quando não optantes pelo Simples Nacional, possam tomar crédito sobre as aquisições destinadas à comercialização ou industrialização, observando determinados detalhes de preenchimento dos documentos fiscais previstos no art. 59 da Resolução CGSN nº 140.

> § 4º A utilização dos documentos fiscais fica condicionada: (Lei Complementar nº 123, de 2006, art. 26, inciso I e § 4º)
>
> I – à inutilização dos campos destinados à base de cálculo e ao imposto destacado, de obrigação própria, sem prejuízo do disposto no art. 58; e
>
> II – à indicação, no campo destinado às informações complementares ou, em sua falta, no corpo do documento, por qualquer meio gráfico indelével, das expressões:
>
> a) "DOCUMENTO EMITIDO POR ME OU EPP OPTANTE PELO SIMPLES NACIONAL"; e
>
> b) "NÃO GERA DIREITO A CRÉDITO FISCAL DE IPI".

Além dessas particularidades, o gestor da Pessoa Jurídica deverá, quando se tratar de operação que permita aproveitamento de crédito de ICMS, inserir observação no campo destinado às informações complementares a expressão "PERMITE O APROVEITAMENTO DO CRÉDITO DE ICMS NO VALOR DE" R$ XX,XX (anotar o valor obtido da tabela de repartição constante do Anexo I ou II) "CORRESPONDENTE À ALÍQUOTA DE" X% (anotar o valor do percentual da alíquota efetiva repartida para o ICMS), "NOS TERMOS DO ART. 23 DA LC 123", mantendo inutilizados os campos de destaque e de Base de Cálculo.

Esse detalhe merece atenção, pois, se não executado adequadamente, a Pessoa Jurídica optante pelo Simples Nacional que vende para não optantes pode enfrentar problemas operacionais decorrentes da recusa do documento fiscal e de devoluções decorrentes da percepção do prejuízo pelo cliente adquirente ao se ver incapaz de tomar o crédito sobre a sua compra.

Até agora mencionamos como exemplos, para fins didáticos, apenas casos do Anexo I – Comércio, entretanto, há ainda o Anexo II, que inclui na tabela de repartição o IPI e apresenta alíquotas nominais mais elevadas que o I, mas igualmente exclui o ICMS na sexta faixa.

OS ANEXOS I E II

Tanto o comércio quanto a indústria estão sujeitos à incidência do ICMS, por isso os Anexos I e II consideram na repartição da alíquota efetiva esse tributo. Ocorre que o ICMS apresenta uma variação decorrente da criatividade legislativa, a figura da Substituição Tributária.

Nesse contexto, as ME e EPP optantes pelo Simples Nacional podem estar envolvidas em uma cadeia com essa modalidade, quer na condição de substituta tributária, quer na condição de substituída, com grande dificuldade para a sua compreensão e tratamento, já que, no complexo sistema tributário brasileiro, cada unidade federativa determina a base de cálculo, os produtos incluídos na lista de substituição tributária e, ainda, regramentos para casos especiais.

Em geral, como substituto para o ICMS-ST, costuma ser determinado uma indústria ou um atacadista; ou seja, um estabelecimento que venha a ser conveniado com a Secretaria de Estado ou DF do destino, obrigado a recolher sob a alíquota da UF de destino aplicada sobre uma Base de Cálculo majorada via preço de pauta ou via aplicação de uma Margem de Valor Adicionado (MVA). Com o recolhimento pelo substituto realizado pelo fornecedor (remetente) conveniado, encerra-se a cadeia tributária adiante, ou seja, o adquirente (destinatário) quase sempre não terá mais que recolher nada, já que foi substituído nessa obrigação.

Dessa maneira, se o destinatário for uma ME ou EPP tributada pelo Simples Nacional e estiver na condição de substituído, quando de sua compra registrará que a operação é de substituição tributária e, quando vender mercadoria alcançada pela substituição, informará tal situação no preenchimento do PGDAS, que resultará automaticamente no zeramento do percentual de redistribuição relativo ao ICMS, com impacto de redução da alíquota efetiva.

CASO PRÁTICO

Empresa comercial optante pelo Simples Nacional comercializa unicamente mercadorias alcançadas em elo anterior pela substituição tributária. A entidade apurou RBT12 de R$ 2.000.000,00.
Para destacar o efeito mencionado, primeiro iremos demonstrar a situação caso as compras não fossem de mercadorias sob substituição tributária, nesse caso a alíquota efetiva seria:

RBT12	2.000.000,00
Alíquota Nominal	14,30%
Valor a Deduzir	87.300,00
Alíquota Efetiva	9,94%

A distribuição de alíquota efetiva, na condição de não ter sido a cadeia objeto de ST, seria:

Alíquota Efetiva	IRPJ	CSLL	COFINS	PIS/Pasep	CPP	ICMS
9,94%	0,55%	0,35%	1,27%	0,27%	4,17%	3,33%

Em contraste, se por outro lado, a cadeia sofresse incidência de ST e, como no enunciado do exemplo, realizasse as vendas apenas de itens sob ST, essa distribuição seria:

Alíquota Praticada	IRPJ	CSLL	COFINS	PIS/Pasep	CPP	ICMS
6,61%	0,55%	0,35%	1,27%	0,27%	4,17%	0,00%

Internamente no PGDAS, o cálculo é realizado normalmente, considerando os valores normais da quinta faixa, mas quando da distribuição da alíquota efetiva de 9,94%, a do ICMS é "zerada", resultando na alíquota praticada sem os 3,33% que seriam atribuíveis ao ICMS, resultando na prática de uma alíquota de 6,61%.

No exemplo, apresentamos a ME ou EPP tributada pelo Simples Nacional em condição de ter sido substituída (elo B da cadeia representada a seguir), entretanto, a critério da autoridade fazendária da UF de destino das suas vendas, pode ocorrer de a própria ME ou EPP ser definida como substituta (elo A da cadeia representada a seguir), ou seja, ser obrigada a recolher ela mesma o ICMS devido sobre a pauta ou sobre a MVA com a alíquota interna da UF do destinatário.

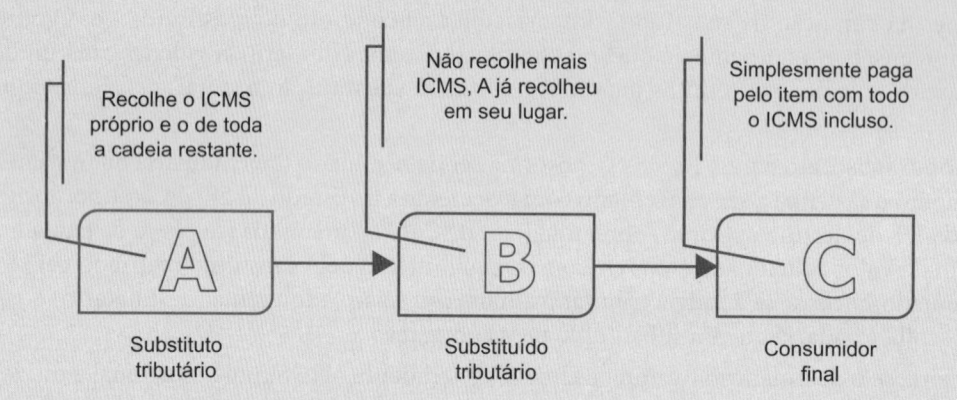

Nessa circunstância, em que a ME ou EPP esteja, então, na condição de substituta tributária (A), precisará apurar essa obrigação e recolher o ICMS-ST à parte do PGDAS, recolhendo-a em guia da unidade de destino, não incluída no PGDAS. Importante destacar que apesar dessa obrigação adicional, não estará dispensada de cumprir com o recolhimento do ICMS próprio, que seguirá embutido no PGDAS enquanto não ultrapassar ao sublimite.

Outra forma observada que apresenta comportamento parecido à da Substituição Tributária do ICMS, é a da tributação monofásica ou concentrada para o PIS e para a COFINS. Nessa modalidade, porém, diferentemente da ST do ICMS, a legislação tributária não agrega MVA ou define preço de pauta para a Base de Cálculo, mas majora a alíquota com valores bastante superiores às normais, concentradas em um elo primário, extinguindo a cadeia tributária adiante. Assim, na condição de adquirente de mercadoria alcançada pela tributação monofásica, a ME ou EPP, preencherá as receitas provenientes das vendas desses itens de forma segregada no PGDAS, produzindo o mesmo efeito como o demonstrado no exemplo anterior, só que zero o percentual de distribuição do PIS e da COFINS.

Já a atividade de prestação de serviços, entretanto, está inserida nos demais três anexos, sendo:

Anexo III	Receitas de locação de bens móveis e de prestação de serviços descritos no inciso III do § 1º do art. 25, e serviços descritos no inciso v quando o fator "r" for igual ou superior a 28%
Anexo IV	Receitas decorrentes da prestação de serviços relacionados no inciso IV do § 1º do art. 25
Anexo V	Receitas de prestação de serviços descritos no inciso V do § 1º do art. 25, quando o fator *r* for inferior a 28%

Dos três anexos, principalmente nas primeiras faixas, o Anexo III apresenta as menores alíquotas nominais, se considerar a particularidade de que no IV, não está inserida a Contribuição Previdenciária Patronal (CPP), que nesse anexo precisa ser recolhida em GPS, e não no PGDAS.

O ANEXO IV – SERVIÇOS COM CONTRIBUIÇÃO PREVIDENCIÁRIA PATRONAL À PARTE

O Anexo IV destoa dos demais por ser o único que não inclui no PGDAS a Contribuição Previdenciária Patronal (CPP), que precisará ser recolhida "por fora", via GPS. Como mencionamos esse Anexo se destina a aquelas entidades com maior utilização de mão de obra de setores específicos como: construção de imóveis e obras de engenharia em geral, inclusive sob a forma de subempreitada, execução de projetos e serviços de paisagismo, bem como decoração de interiores; serviço de vigilância, limpeza ou conservação e serviços advocatícios.

CASO PRÁTICO

Empresa X: RBT12 = R$ 250.000; RB (PA) = 21.000 e Folha de R$ 7.000,00, sujeita ao Anexo III.
Empresa Y: RBT12 = R$ 250.000; RB (PA) = 21.000 e Folha de R$ 7.000,00, sujeita ao Anexo IV, com CPP + terceiros + RAT = 26,5%.

I) Determinação da Alíquota Efetiva	X – Anexo III	Y – Anexo IV
RBT12	250.000,00	250.000,00
Alíquota Nominal da segunda faixa	11,20%	9,00%
Valor a deduzir na segunda faixa	9.360,00	8.100,00
Alíquota efetiva =	**7,456%**	**5,760%**

II) Determinação do Valor Devido no PA	X – Anexo III	Y – Anexo IV
RB (PA) =	21.000,00	21.000,00
Alíquota Efetiva (AE) =	7,456%	5,760%
Valor Devido = RB(PA) x AE	**1.565,76**	**1.209,60**

III) CPP	X – Anexo III	Y – Anexo IV
Folha	7.000,00	7.000,00
CPP %	PGDAS	26,50%
GPS =	**–**	**1.855,00**

IV) Total Tributos e Previdência	X – Anexo III	Y – Anexo IV
Simples Nacional =	1.565,76	1.209,60
GPS =	–	1.855,00
Total =	**1.565,76**	**3.064,60**

Assim, em nosso exemplo, apesar de a Empresa Y, do Anexo IV, contar com uma alíquota efetiva menor, 5,76% contra 7,456% de X, acaba tendo que recolher a CPP por fora, via GPS, de R$ 1.855,00, elevando a sua carga e a superar a de X, que está no Anexo III.

Entretanto, apesar da sobrecarga produzida pela CPP externa do Anexo IV, pode ainda assim ser interessante a sua manutenção no Simples, senão vejamos ilustração "mensalizada" do Lucro Presumido, para efeitos comparativos quanto ao anterior (valor da Base de Cálculo do exemplo sujeita apenas à alíquota básica do IRPJ):

	Mensal	% RB
Receita Bruta (anual/12)	20.833,33	
(x) % Presunção	32%	
(=) BC	6.666,67	
IRPJ (15%)	1.000,00	4,80%
CSLL (9%)	600,00	2,88%
(=) SUBTOTAL	**1.600,00**	
PIS (0,65%)	135,42	0,65%
COFINS (3%)	625,00	3,00%
(=) SUBTOTAL	**760,42**	
Folha	7.000,00	
CPP (26,5%)	1.855,00	8,90%
(=) SUBTOTAL	**1.855,00**	
(=) TOTAL	**4.215,42**	**20,23%**

Comparando com o cálculo do Simples Nacional, chegamos ao seguinte montante, que demonstra que, até aqui, a manutenção no modelo simplificado de tributação é vantajosa:

Simples Nacional	Lucro Presumido
R$ 3.064,60	R$ 4.215,42
12,25% da Receita Bruta	20,23% da Receita Bruta

Note que nesse exemplo não consideramos o ISS, que está incluído no Simples Nacional e não foi calculado para o Lucro Presumido, o que tornaria ainda mais vantajosa a opção pelo regime simplificado.

Seguramente, a atividade de prestação de serviços é a que guarda maior complexidade de aplicação no contexto do Simples Nacional, a começar por identificar qual anexo deve ser aplicado, segundo, pelo fato de o ISS possuir uma alíquota máxima legal em 5%. Por esse motivo, na quinta faixa (de R$ 1.800.000,01 a R$ 3.600.000,00) ocorre um problema que se não tratado pode conduzir ao recolhimento de mais de 5% de ISS.

CASO PRÁTICO

Empresa do Anexo III com RBT12 de R$ 3.200.000,00 teria uma alíquota efetiva conforme a seguir:
AE = (3.200.000 × 21,00% − 125.640) / 3.200.000 = 17,07375%
Ao aplicar o Percentual de Repartição de 33,50% constante do Anexo III para a quinta faixa, teremos:
ISS % = 17,07375% × 33,5% = 5,7197062%

Tal comportamento indevido do ISS decorre do fato de a Alíquota Efetiva ter superado 14,92537% (14,92537% × 33,5% = 5%) e leva ao necessário ajuste do percentual do ISS que deverá ser travado em 5% e redistribuído entre os demais tributos segundo observação constante junto ao anexo:

	IRPJ	CSLL	COFINS	PIS/Pasep	CPP	ISS
O percentual efetivo máximo devido ao ISS será de 5%, transferindo-se a diferença, de forma proporcional, aos tributos federais da mesma faixa de receita bruta anual. Sendo assim, na quinta faixa, quando a alíquota efetiva for superior a 14,92537%, a repartição será:						
Quinta faixa, com alíquota efetiva superior a 14,92537%	(Alíquota efetiva – 5%) x 6,02%	(Alíquota efetiva – 5%) x 5,26%	(Alíquota efetiva – 5%) x 19,28%	(Alíquota efetiva – 5%) x 4,18%	(Alíquota efetiva – 5%) x 65,26%	Percentual de ISS fixo em 5%

Essa redistribuição é realizada internamente pelo programa PGDAS-D, entretanto, para que o cálculo seja correto, é preciso que o contribuinte ou o seu operador responsável atente para o preenchimento adequado dos campos do aplicativo, segregando detalhadamente os valores das receitas. Tomar cuidado adicional, por exemplo, de ao emitir a Nota Fiscal de Prestação de Serviços indicar o percentual e valor do ISS a 5%. Outro cuidado tem que ser tomado quando ocorrer a retenção do ISS pela fonte pagadora tomadora do serviço, a receita sujeita a essa obrigação também precisa ser relatada separadamente para que seja possível aproveitar a retenção como desconto sobre o valor devido. Se essa atenção não for redobrada pode ocorrer um duplo recolhimento.

Além desse aspecto comum a todos os Anexos de III a V, existe, também a questão do sublimite da sexta faixa, quando o ISS precisará ser apurado fora do PGDAS, assim como no caso do ICMS nos Anexos I e II; e, ainda, um tema bastante sensível, que é peculiar a algumas atividades do Anexo III e a todas do Anexo V, o fator *r*, que será descrito adiante.

O FATOR *R* (ANEXOS III E V)

A legislação do Simples Nacional previu que algumas atividades de serviços, com maior margem potencial de lucro ou com menor consumo de insumos, deveriam contribuir mais que outras. Elas estavam reunidas no extinto Anexo VI anterior à vigência da LC nº 155/16 e vieram para o Anexo V, mas para elas introduziu um subterfúgio, o fator *r*. Além de todas as atividades arroladas no Anexo V, algumas do Anexo III são, também, sujeitas a essa obrigatória determinação mensal.

Esse fator nada mais é do que a relação entre a folha de salários e pró-labore e a receita bruta (RBT12). A folha de salários inclui encargos e pró-labore pagos nos 12 meses anteriores ao período de apuração (Folha de Salários – FS12), ou seja, em igual período que a RBT12, cujo período de cobertura já abordamos. Por conseguinte, o fator *r* poderá se alterar mensalmente, em alguns meses superior ao valor determinado na legislação, em outros, não.

A lógica básica é de que o Anexo III apresenta alíquotas nominais menores que o V e as atividades submetidas ao fator *r* oscilarão entre um e outro a depender de quanto se deu essa relação, cujo ponto de inversão é de 0,28.

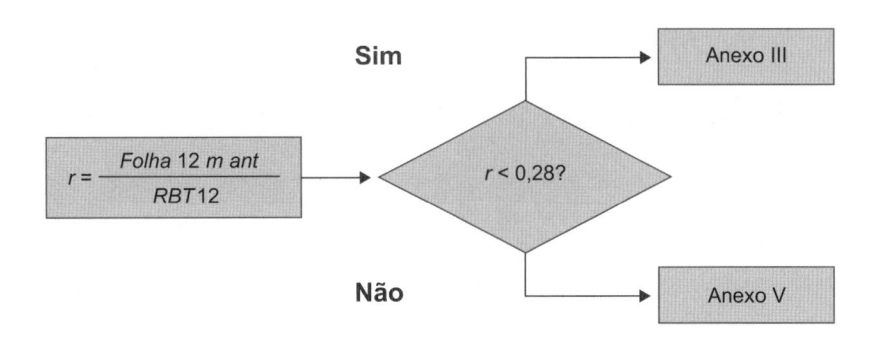

Figura 19.6 Modelo de aplicação de anexos em decorrência do resultado do cálculo do fator *r*.

Pela lógica apresentada na Figura 19.6, um fator *r* inferior a 28% é considerado baixo e vai na direção contrária ao pretendido pelo legislador, que se imagina seja a de melhorar a distribuição de renda, sendo dessa maneira desestimulada com alíquotas mais elevadas. Se o contribuinte desenvolver atividades sujeitas a esse fator, deverá considerar aumentar a folha para superar a razão de 0,28. Essa análise deverá considerar a sazonalidade da receita e da folha, pois a tributação em um ou outro anexo poderá oscilar durante os meses do ano-calendário de apuração; os anexos poderão ou não se alternar mês a mês, a depender do resultado do fator *r*.

CASO PRÁTICO

Empresa A: RBT12 = R$ 250.000; RB (PA) = 21.000 e Folha + Encargos recolhidos nos últimos 12m = R$ 71.000, sujeita ao fator *r*.

Empresa B: RBT12 = R$ 250.000; RB (PA) = 21.000 e Folha + Encargos recolhidos nos últimos 12m = R$ 67.500, sujeita ao fator *r*.

I) Determinação do fator *r*:

	A	B
Folha + encargos recolhidos acumulados 12m (Folha12m)	71.000,00	67.500,00
RBT12=	250.000,00	250.000,00
Fator *r* (folha12m/RBT12)=	0,284	0,27

Com base nessa determinação, a Empresa A aplicará o Anexo III e a B o V, ambas na segunda faixa, pois possuem RBT12 iguais, resultando na seguinte situação.

II) Cálculo da Alíquota Efetiva:

	A	B
Alíquota Nominal da segunda faixa	11,20%	18,00%
Valor a Deduzir na segunda faixa	9.360,00	4.500,00
Alíquota Efetiva =	7,456%	16,200%

III) Cálculo do Valor Devido sobre a RB no Período de Apuração (PA):

	A	B
RB (PA)=	21.000,00	21.000,00
Alíquota Efetiva (AE) =	7,456%	16,200%
Valor Devido = RB(PA) x AE	**1.565,76**	**3.402,00**

Nesse exemplo, a Empresa B, por pagar em 12 meses, R$ 3.500,00 de salários e encargos a menos, ou, uma média mensal menor em R$ 291,67 do que a A, teve que arcar no PA com um recolhimento de R$ 3.402,00 a título de Simples Nacional, enquanto A, apenas R$ 1.565,76, ou seja, A pagou mais salários e encargos médios mensais maiores em R$ 291,67, mas economizou R$ 1.836,24 em tributos em relação a B.

Para analisar tal decisão, o gestor deverá considerar que sobre a folha haverá o desconto do INSS do segurado segundo a tabela de contribuição (a CPP tanto no Anexo III quanto no V, seguem embutidos no PGDAS) e de IRPF (segundo tabela progressiva). Esse acréscimo pode se dar sobre a folha de salários ou sobre o pró-labore. Como consequência desse aumento poderá haver maior satisfação da força de trabalho e por conseguinte maior retenção de talentos ou ainda gerar maior salário de contribuição para formação de base para aposentadoria. Veja, na tabela a seguir, um comparativo com simulações das alíquotas efetivas para RBT12 no teto de cada faixa.

RBT12	Alíquotas Efetivas		Diferença (p.p.)	Diferença V/III (%)
	III	V		
180.000,00	6,00%	15,50%	9,50	158,33%
360.000,00	8,60%	16,75%	8,15	94,77%
720.000,00	11,05%	18,13%	7,08	64,03%
1.800.000,00	14,02%	19,55%	5,53	39,44%
3.600.000,00	17,51%	21,28%	3,77	21,50%
4.800.000,00	19,50%	19,25%	−0,25	−1,28%

Pelo que pode ser observado nas faixas mais baixas, a carga tributária é amplamente favorável ao Anexo III e vai caindo à medida que a RBT12 cresce. Na primeira faixa, em que a diferença é maior, de 9,5 pontos percentuais, o Anexo V é amplamente desfavorável. Lembrando que os encargos assumidos de INSS e IRPJ incidirão sobre a folha, enquanto a diferença na alíquota incide sobre a Receita Bruta.

No teto da última faixa a relação se inverte, e o Anexo III passa a apresentar alíquota efetiva 0,25 pontos percentuais, superior à do Anexo V. O Gestor há de considerar, porém, que nessa faixa a própria permanência no Simples Nacional precisa ser questionada em detrimento de uma possível adesão ao Lucro Presumido e ao Lucro Real.

 **OBJETIVO 4**

GANHO DE CAPITAL

Semelhantemente às entidades optantes pelo Lucro Presumido, Arbitrado e pelo Lucro Real, as do Simples Nacional também são expostas à tributação pelo Imposto de Renda sobre os ganhos de capital. Cada vez que uma entidade aliena bem do Ativo Não Circulante por valor superior ao custo, precisará tributá-lo pelo Imposto de Renda.

Algumas diferenças, porém, devem ser observadas em função das peculiaridades a que as optantes pelo Simples Nacional possuem. Primeiro, que o ganho de capital deve ser tributado por alíquotas equivalentes às da Pessoa Física, e não da Jurídica. A Lei nº 13.259/16 ampliou a alíquota anterior, que era única de 15%, com vigência a partir de 2017, ratificado pelo Ato Declaratório Interpretativo RFB nº 3/16, previu em seu art. 1º a incidência escalonada das então novas alíquotas do Imposto de Renda sobre os ganhos de capital para as Pessoas Físicas conforme consta na Tabela 19.4.

Tabela 19.4 Alíquota de ganho de capital

Ganho de capital	Alíquota (%)
até R$ 5.000.000,00	15%
de R$ 5.000.000,01 a R$ 10.000.000,00	17,5%
de R$ 10.000.000,01 a R$ 30.000.000,00	20%
acima de R$ 30.000.000,00	22,5%

Apesar de o art. 1º ser explicitamente destinado às pessoas físicas, o art. 2º prescreve que as pessoas jurídicas do Simples Nacional, por exclusão, deverão, também, utilizá-las:

> Art. 2º O ganho de capital percebido por pessoa jurídica em decorrência da alienação de bens e direitos do ativo não circulante sujeita-se à incidência do imposto sobre a renda, com a aplicação das alíquotas previstas no *caput* do art. 21 da Lei nº 8.981, de 20 de janeiro de 1995, e do disposto nos §§ 1º, 3º e 4º do referido artigo, exceto para as pessoas jurídicas tributadas com base no lucro real, presumido ou arbitrado.

Dessa maneira, as optantes pelo Simples Nacional precisarão se expor, de forma escalonada, ao ganho de capital, cuja alíquota aumenta dentre os limites em relação ao que exceder a cada um.

CASO PRÁTICO

Entidade adquiriu terreno por R$ 50.000,00 e o alienou por R$ 6.000.000,00, resultando em um ganho de capital de R$ 5.550.000,00. Dessa maneira, o ganho de capital será tributado da seguinte forma:

Ganho de Capital	Alíquota (%)	Imposto de Renda
5.000.000,00	15,0%	750.000,00
550.000,00	17,5%	96.250,00
TOTAL		846.250,00

Note que a alíquota de 17,5% incidiu somente sobre o montante que ultrapassou o limite da faixa anterior, no caso R$ 550.000,00.

Outra diferença é a de que o ganho de capital para as empresas do Simples Nacional é considerado como tributação definitiva, enquanto para as de lucro presumido, arbitrado ou real, uma antecipação que será incluída na apuração periódica. Assim, o Imposto de Renda incidente sobre o ganho de capital deverá ser recolhido mediante DARF, com o código 0507, até o último dia útil do mês subsequente ao do recebimento da parcela do ganho.

 OBJETIVO 5

EXCLUSÃO

Como mencionado, em regra, as movimentações espontâneas ocorrem no mês de janeiro, tanto para inclusão quanto para exclusão, mas o contribuinte poderá comunicar em qualquer tempo; neste caso, se não decorrente de nenhuma situação de impedimento, virá a produzir efeito no mês de janeiro imediatamente subsequente.

EXCLUSÕES POR EXCESSO DE RECEITA BRUTA AO LIMITE DO SIMPLES

Um dos motivos que podem causar a exclusão é o excesso ao limite de receita. Já mencionamos que esse limite foi ampliado de R$ 3,6 milhões para R$ 4,8 milhões com a vigência da LC nº 155/16. A entidade que tiver superado no ano-calendário anterior à Receita Bruta Acumulada no Ano Anterior (RBAA), não poderá permanecer no ano seguinte.

Entretanto, durante o próprio ano calendário a empresa pode observar uma evolução em sua Receita Bruta Acumulada que a conduza a superar durante o ano o limite de R$ 4,8 milhões. Ciente disso, o legislador considerou essa possibilidade de ultrapassagem e inseriu uma margem de tolerância de 20%, que não implica, necessariamente, exclusão imediata.

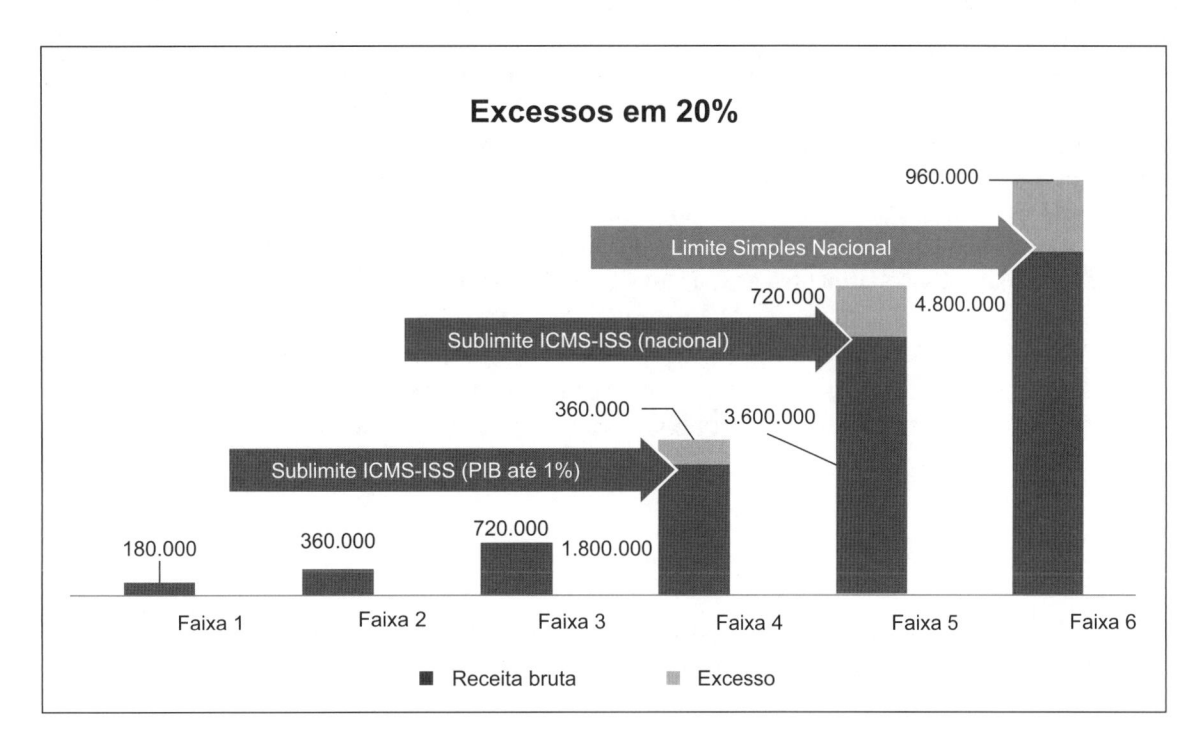

Figura 19.7 As possíveis ultrapassagens de 20% aos limites de Receita Bruta.

Pelo que pode ser percebido na Figura 19.7, há duas previsões de ultrapassagem permitida em até 20%: a primeira se refere à ultrapassagem ao sublimite do ICMS e ISS que, como já vimos, pode se dar no sublimite nacional, em R$ 3.600.000 (20% = R$ 720.000), ou nas exceções, para os estados cujo PIB seja inferior a 1% do PIB nacional, na Figura 19.7, exemplificado em R$ 1.800.000 (20% = R$ 360.000); já a segunda previsão, a de persistência no limite geral de permanência no Simples Nacional, em R$ 4.800.000, que pode ser ultrapassado em até 20% (mais R$ 960.000, podendo atingir R$ 5.760.000), quando considerada a Receita Bruta Acumulada (RBA).

Enquanto a empresa não ultrapassar o sublimite da Unidade da Federação em mais de 20% (RBA até R$ 4.320.000,00), estará sujeita aos percentuais de ICMS/ISS previstos na faixa de receita do sublimite, na forma do art. 24 da Resolução CGSN nº 140/18. No ano-calendário seguinte, estará impedida de recolher o ISS e/ou ICMS no Simples Nacional.

O acompanhamento da RBA traz a possibilidade de monitoramento da continuidade ou não da inclusão do ICMS e do ISS no Simples (ultrapassagem ao sublimite) e, também, no próprio Simples Nacional (ultrapassagem ao limite de EPP). O legislador, com os 20%, inseriu uma faixa de tolerância temporária para a permanência no Simples, em regra, considerando entidades funcionando há mais de um ano, se ultrapassar em até 20% o limite, poderá permanecer no enquadramento a que se refere, sendo excluída do mesmo somente no ano-calendário subsequente, entretanto, se ultrapassar em mais que 20%, será excluída do enquadramento do ICMS-ISS ou, se for o caso, do Simples Nacional, já a partir do mês imediatamente subsequente à ultrapassagem.

Lembramos que essa previsão de excesso é temporária e, em todos os casos, é aplicável à Receita Bruta Acumulada, aquela que como mencionamos, considera apenas as receitas que se acumulam no ano corrente.

Assim, em referência ao limite de enquadramento como EPP, se a entidade não apresentar RBA superior em até 20% do mesmo, poderá seguir no Simples Nacional enquanto o ano estiver fruindo, mas se essa marca não se resolver e se consolidar, ultrapassando os R$ 4,8 milhões no ano, desde que não ultrapasse os R$ 5,76 milhões, precisará comunicar o fato até o último dia útil do mês de janeiro do ano-calendário subsequente, permanecendo válida a sua opção para o ano encerrado.

Por outro lado, se a entidade ultrapassar os R$ 5,76 milhões (extrapolar em mais de 20% o limite), terá até o último dia útil do mês subsequente à ultrapassagem para realizar a comunicação, sendo que a partir desse mês subsequente à ultrapassagem já não mais poderá permanecer no Simples Nacional, quando terá que escolher entre o lucro presumido e o real.

Condição semelhante será observada pela empresa em início de atividade, mas com um alerta importante. Se a ultrapassagem for inferior a 20%, o procedimento será idêntico, comunicação até o final do mês de janeiro e exclusão a partir do 1º dia desse mês no ano subsequente. Entretanto, se a ultrapassagem superar em 20% o limite, ou seja, apresentar RBA superior a R$ 5,76 milhões, terá que, também, comunicar o fato até o final do mês subsequente à ultrapassagem, mas, nesse caso, a exclusão terá efeito retroativo ao início das atividades, ou seja, precisará regularizar os recolhimentos pelo novo modelo tributário escolhido com as devidas correções e enviar todas as obrigações acessórias pretéritas atinentes a essa nova modalidade. Portanto, todo cuidado deve ser observado diante desse risco.

Dessa maneira, o acompanhamento da RBA por entidades que estejam próximas aos limites é muito importante, uma vez que essas ultrapassagens podem configurar mudanças drásticas nos seus tratamentos fiscal e tributário, gerando não apenas tributos em valores diferentes, mas uma necessária reparametrização de controles e de registros fiscais.

EXCLUSÕES POR OCORRÊNCIA DE FATOR DE IMPEDIMENTO

No início deste capítulo, comentamos que a entidade não poderia solicitar sua inclusão no Simples caso desenvolvesse atividade vedada ou ainda incorresse em algum débito não regularizado com algum dos entes das três esferas federal, estadual ou municipal.

Os débitos, quando ocorridos durante o exercício e ainda não denunciados pelas autoridades, podem vir a ser regularizados pelo contribuinte, mas, se não, deverá comunicar até o final do mês subsequente ao do surgimento do débito, mas só produzirá efeito a partir do ano-calendário subsequente ao da comunicação.

Já quanto ao exercício de atividade vedada, deverá comunicar o fato até o último dia útil do mês subsequente ao da ocorrência da situação de vedação, exclusão nesse caso, porém, já válida a partir do 1º dia do mês subsequente.

EXCLUSÕES POR INICIATIVA DOS ENTES TRIBUTANTES (DE OFÍCIO)

As autoridades fiscais (RFB, Secretarias de Fazenda ou de Finanças do Estado ou do Distrito Federal, ou ainda municipais) representadas pelo CGSN podem, independentemente de iniciativa do contribuinte, proceder à exclusão da ME ou EPP do Simples Nacional por verificar ultrapassagens aos limites de receita já mencionados, infringência a alguma das vedações de acesso ao sistema.

Pode ainda causar exclusão de ofício constatação pela autoridade fiscalizadora situações atípicas, como, por exemplo: despesas pagas maiores que 20% do valor de ingressos de recursos no mesmo período, salvo seja o ano de início de atividade; ou constatação de compras de mercadorias para comercialização ou industrialização, sem justificativa, em valor superior a 80% dos ingressos de recursos no mesmo período.

CASO PRÁTICO

Empresa Distraída Ltda., que iniciou suas atividades em 2015, observou pagamentos de despesas no valor de R$ 480.000,00 durante o ano-calendário 2020, sendo que nesse mesmo período os ingressos (entradas de recursos) foram de apenas R$ 400.000,00.

 **OBJETIVO 6**

OBRIGAÇÕES ACESSÓRIAS

O Simples Nacional é uma modalidade de apuração tributária bastante favorecida quando comparada às demais existentes no país quando se refere ao chamado custo de conformidade: a quantidade de informações obrigatórias a serem enviadas para as autoridades fiscais, enquanto as empresas optantes pelo lucro presumido ou real têm que enviar ECD, ECF, EFD ICMS e IPI, EFD contribuições, entre outras, o Simples em substituição a estas apenas requer mensalmente o PGDAS-D, um elemento operacional para o cálculo e apuração do valor devido e a s informações socioeconômicas e fiscais declaradas por meio da Declaração de Informações Socioeconômicas e Fiscais (Defis), anualmente.

Entretanto, quando a entidade optante pelo Simples Nacional ultrapassar o sublimite da receita bruta já abordado em tópico anterior, se contribuinte de ICMS, terá que enviar aí, também, a EFD ICMS, além de passar para a apuração normal, geralmente via conta gráfica requerida para o confronto do aproveitamento de créditos das compras contra os débitos das vendas.

Além dessas obrigações, outra à qual os gestores da ME ou EPP devem estar atentos é, também, quando da emissão de Nota Fiscal a de não destacar tributo. Nesse caso particular, o ICMS é digno de exemplo. Quando se tratar de ICMS próprio, ainda dentro do sublimite, não será destacado o valor resultante da aplicação do percentual de distribuição, pois seu recolhimento se dará embutido no PGDAS, mas outras duas situações, observadas no Quadro 19.1, merecem atenção dos responsáveis pela emissão de NF pelas PJ tributas pelo Simples Nacional por terem tratamento diferente.

Quadro 19.1 Destaque de ICMS

Excedido o sublimite:	Devolução a fornecedor com tributação normal:
o ICMS terá apuração fora do PGDAS e, portanto, submetido à apuraçao normal, submetida às mesmas formalidades e obrigações acessórias.	tendo o fornecedor destacado o tributo na primeira operação, a devolução deverá destacar a base de cálculo e o valor do ICMS (art 59 – Res. CGSN nº 140/18).

Se a entidade, ao definir sobre o modelo da exposição tributária de suas receitas, optar pelo regime de caixa em detrimento do regime de competência, precisará escriturar o livro caixa, no qual deverá estar escriturada toda a sua movimentação financeira e bancária de forma que seja possível individualizar os seus recebimentos, bem como o livro de registro de inventário, no qual deverão constar registrados os estoques existentes no término de cada ano-calendário, caso seja contribuinte do ICMS. Se a entidade desenvolver atividade de prestação de serviços, precisará também manter escriturados outros livros fiscais, à consideração das autoridades municipais. Tais livros são previstos na LC nº 123/06:

Art. 63. Observado o disposto no art. 64, a ME ou EPP optante pelo Simples Nacional deverá adotar para os registros e controles das operações e prestações por ela realizadas: (Lei Complementar nº 123, de 2006, art. 26, §§ 2º, 4º, 4º-A, 4º-B, 4º-C, 10 e 11)

I – Livro Caixa, no qual deverá estar escriturada toda a sua movimentação financeira e bancária;

II – Livro Registro de Inventário, no qual deverão constar registrados os estoques existentes no término de cada ano-calendário, caso seja contribuinte do ICMS;

III – Livro Registro de Entradas, modelo 1 ou 1-A, destinado à escrituração dos documentos fiscais relativos às entradas de mercadorias ou bens e às aquisições de serviços de transporte e de comunicação efetuadas a qualquer título pelo estabelecimento, caso seja contribuinte do ICMS;

IV – Livro Registro dos Serviços Prestados, destinado ao registro dos documentos fiscais relativos aos serviços prestados sujeitos ao ISS, caso seja contribuinte do ISS;

V – Livro Registro de Serviços Tomados, destinado ao registro dos documentos fiscais relativos aos serviços tomados sujeitos ao ISS; e

VI – Livro de Registro de Entrada e Saída de Selo de Controle, caso seja exigível pela legislação do IPI.

§ 1º Os livros discriminados neste artigo poderão ser dispensados, no todo ou em parte, pelo ente tributante da circunscrição fiscal do estabelecimento do contribuinte, respeitados os limites de suas respectivas competências. (Lei Complementar nº 123, de 2006, art. 26, § 4º)

Além desses livros tradicionalmente requeridos, as empresas do Simples Nacional precisarão ainda, se substitutas tributárias, ser submetidas ao diferencial de alíquota ou à antecipação, elaborar a Declaração de Substituição Tributária, Diferencial de Alíquota e Antecipação (DeSTDA, alíneas *a*: substituição tributária; *g*: antecipação e *h*: diferencial de alíquotas, relacionadas no inciso XIII do § 1º do art. 13 da LC nº 123, de 14.12.2006, instituída pelo Ato Cotepe/ICMS nº 47, de 4.12.2015, e autorizada pelo art. 69-A da Resolução CGSN nº 94, de 29.11.2011).

Ainda, as entidades que receberem recursos provenientes do Investidor Anjo (arts. 61-A a 61-D da LC nº 123/2006), tornam-se obrigadas ao envio da Escrituração Contábil Digital (ECD, arts. 61-A a 61-D da LC nº 123, de 2006). Essa é uma obrigação importante, pois sua omissão pode representar exclusão imediata desde o mês em que omitiu o envio, ficando impedida de fazer nova opção pelo Simples Nacional nos três anos-calendário subsequentes.

 **OBJETIVO 7**

PARCELAMENTO

Em função de que entre os motivos de exclusão do Simples Nacional está o atraso no pagamento de tributos e de que a adesão a um parcelamento torna a exigibilidade suspensa, é conveniente conhecer a respeito dos mesmos.

Desde 1º.10.2020, os débitos de responsabilidade das ME e das EPP apurados no Simples Nacional poderão ser parcelados em até 60 vezes, com correção pela TJLP. Assim, se a entidade enfrentar dificuldade em regularizar outros débitos, pode priorizar a estes em detrimento do Simples, uma vez que poderá incluir os débitos do Simples no parcelamento. Exemplificando, se uma ME ou EPP estiver em inadimplência com algum débito não abrangido no PGDAS, como alvará, ICMS próprio decorrente da ultrapassagem ao sublimite, ICMS ST, IPTU, IPVA, ITBI ou outro que possa afetar a sua manutenção no Simples e não tiver condições de quitá-lo juntamente com a parcela do Simples, pode abrir mão de pagar o Simples, priorizando os outros débitos e, posteriormente, quando acumulados vários débitos, incluí-lo para parcelamento em até 60 vezes corrigidas pela Selic, apenas. Um ótimo capital de giro e redutor de risco. Esse parcelamento é convencional e pode ser solicitado em qualquer tempo.

CONTABILIDADE

Apesar da dispensa ordinária de envio da ECD para as ME e EPP optantes pelo Simples Nacional, persiste a obrigatoriedade, pelo Código Civil, de manutenção de escrituração contábil. Essa obrigação chega a ser mais trabalhosa do que o envio da ECD, pois envolve impressão, encadernação e autenticação dos livros contábeis ou livro caixa, pela Junta Comercial ou Registro Civil das Pessoas Jurídicas. Essa obrigatoriedade deve ser confrontada com o esforço e o compartilhamento de informações com as autoridades fiscais via digital, que é o envio da ECD. Não se trata de uma decisão apenas de fluxo de trabalho, mas também uma questão de governança e conformidade.

Seja qual for a forma em que os livros forem autenticados, as ME e EPP podem, observadas as disposições previstas no Código Civil e nas Normas Brasileiras de Contabilidade editadas pelo Conselho Federal de Contabilidade (CFC), escolher entre os três modelos contábeis existentes para as empresas em geral, não submetidas a algum regulador.

Nesse sentido, foi editada a ITG-1000 para as ME e EPP que não têm obrigação pública de prestação de contas e elaboram demonstrações contábeis para fins gerais para usuários externos. Para o Conselho Federal de Contabilidade a ITG-1000 é aplicável às ME e EPP:

> Para fins desta Interpretação, entende-se como "Microempresa e Empresa de Pequeno Porte" a sociedade empresária, a sociedade simples, a empresa individual de responsabilidade limitada ou o empresário a que se refere o art. 966 da Lei nº 10.406/02, que tenha auferido, no ano-calendário anterior, receita bruta anual até os limites previstos nos incisos I e II do art. 3º da Lei Complementar nº 123/06.

Em termos gerais, a ITG 1000 é muito mais simplificada que o conjunto de pronunciamentos técnicos conhecido como "Completo", NBC TG 1000 – Contabilidade para Pequenas e Médias Empresas. Para fins de aplicação da ITG 1000, aplicável apenas às ME ou a EPP, o CFC buscou criar uma estrutura simplificada e abriu exceção muito útil para aquelas entidades que mantêm a sua escrituração por assessoria contábil externa que, costumeiramente, mantêm fluxos mensais de documentação para execução dos registros e obrigações acessórias. Confira:

> 10. Os lançamentos contábeis no Livro Diário devem ser feitos diariamente. É permitido, contudo, que os lançamentos sejam feitos ao final de cada mês, desde que tenham como suporte os livros ou outros registros auxiliares escriturados em conformidade com a ITG 2000 – Escrituração Contábil, aprovada pela Resolução CFC nº 1.330/11.
>
> 11. Para transações ou eventos materiais que não estejam cobertos por esta Interpretação, a entidade deve utilizar como referência os requisitos apropriados estabelecidos na ITG 2000 – Escrituração Contábil e na NBC TG 1000 – Contabilidade para Pequenas e Médias Empresas.

Essa instrução técnica prescreve o tratamento contábil para os estoques, imobilizado e receitas dentro do contexto das ME e EPP. Obriga, também, a que a adotar como referência, a elaborar o Balanço Patrimonial, a Demonstração do Resultado e as Notas Explicativas, mas apenas estimula a Demonstração dos Fluxos de Caixa, a Demonstração do Resultado Abrangente e a Demonstração das Mutações do Patrimônio Líquido. Sugere uma estrutura simplificada de Plano de Contas, um modelo de carta de responsabilidade da administração e modelos para o Balanço, para a DRE e um elenco resumido de contas para o plano.

OBJETIVO 1   As ME e EPP desfrutam, através do Simples Nacional, de uma série de facilidades: simplificação no acesso ao crédito; simplificação no recolhimento unificado de tributos; simplificação no cumprimento de obrigações acessórias; redução da carga tributária, principalmente para as faixas mais baixas de receita os efeitos do favorecimento legislativo tributário para as Microempresas e Empresas de Pequeno Porte pelo Regime do Simples Nacional.

OBJETIVO 2   A Receita Bruta para fins de utilização no SN é a resultante das deduções apenas das devoluções, das vendas canceladas e dos descontos incondicionais. As principais aplicações são RBT12 (para determinação da alíquota efetiva), RBA (para verificação das ultrapassagens dos sublimites e limites) e RPA (a receita do período de apuração que sofrerá a aplicação da alíquota efetiva e, então, se conhecerá o valor devido).

OBJETIVO 3   A alíquota efetiva progride (aumenta) à medida em que a RBT12 também o faz. Como raramente as receitas mensais são fixas, geralmente a alíquota varia mês a mês. Cada anexo corresponde a uma atividade, cuidados especiais precisam ser observados nas faixas mais elevadas. O gestor da empresa tributada pelo Simples precisa cuidar do preenchimento do documento fiscal, anotando em campo diferente do tradicional os tributos repartidos, para permitir aos seus clientes de outros modelos tributários aproveitar créditos em suas compras. O PGDAS precisa ser cuidadosamente preenchido para não gerar ônus indevido para a entidade.

OBJETIVO 4   O Ganho de Capital precisa ser apurado à parte e recolhido fora do PGDAS-D. A tributação é definitiva.

OBJETIVO 5   Como a sistemática de progressividade da alíquota onera com maior intensidade as faixas mais elevadas, maior cuidado de análise deve se fazer presente à medida em que a receita crescer. Cuidado ainda maior de análise deve ser aplicado quando a receita estiver próxima aos sublimites do ISS e do ICMS, bem como do limite de permanência no Simples Nacional. A saída do regime pode se dar por ocorrência de fatores impeditivos, que vão desde a ultrapassagem dos limites de receita até a incursão de circunstâncias impeditivas da permanência. A iniciativa para a comunicação da saída pode se dar a pedido, por iniciativa do contribuinte ou, de ofício, pelas autoridades. Se não decorrer de fatores impeditivos, o pedido para a saída deve ser realizado no mês de janeiro de cada exercício, bem como o pedido de inclusão.

OBJETIVO 6   O PGDAS-D é o centro da operação e da informação do Simples. A Nota Fiscal emitida pelo optante do Simples precisa de alguns cuidados com o campo informações complementares. Em situações de Substituição Tributária e Diferencial de Alíquota no ICMS, é necessária a DeSTDA.

OBJETIVO 7   A existência de débitos pode causar a exclusão de ofício. O contribuinte optante pelo Simples Nacional desfruta da possibilidade de propor parcelamentos de modo permanente.

OBJETIVO 8   A ITG 1000 é uma particularidade brasileira, convergente ao modelo IFRS/CPC, mas como muito poucas exigências. A escrituração contábil, apesar de simplificada, precisa ser realizada. Não há exigência de envio da ECD para a SRFB, mas, se realizada, pode dispensar dos procedimentos de impressão dos livros e do respectivo registro junto aos órgãos competentes, que existe, se não enviada à ECD.

Acesse os QR Codes para assistir ao material adicional do capítulo:

Vídeo 1
uqr.to/1ayba

Vídeo 2
uqr.to/1aybb

Vídeo 3
uqr.to/1aybc

APLICANDO CONHECIMENTOS – TESTES E QUESTÃO

TESTES DE MÚLTIPLA ESCOLHA

1. Avalie as assertivas a seguir e as classifique como (V) Verdadeira ou (F) Falsa segundo a legislação atual do Simples Nacional, para empresas optantes por esse modelo:

( ) Uma empresa comercial que apresente RBT12 de R$ 180.000,01 recolherá seus tributos sob a mesma alíquota a ser aplicada sobre a sua receita do período de apuração (RPA) que outra, da mesma atividade, que apresente uma RBT12 de R$ 360.000,00, uma vez que ambas serão enquadradas na segunda faixa do Anexo I.

( ) Uma empresa comercial que apresente RBT12 de R$ 50.000,00 recolherá seus tributos sob a mesma alíquota a ser aplicada sobre a sua receita do período de apuração (RPA) que outra, da mesma atividade, que apresente uma RBT12 de R$ 180.000,00, uma vez que ambas serão enquadradas na primeira faixa do Anexo I.

( ) Uma empresa comercial que apresente RBT12 de R$ 50.000,00 recolherá seus tributos sob a mesma alíquota a ser aplicada sobre a sua receita do período de apuração (RPA) que outra, industrial, que apresente uma RBT12 também, de R$ 50.000,00, uma vez que ambas serão enquadradas na primeira faixa de seus Anexos.

( ) Uma empresa comercial que apresente RBT12 de R$ 3.650.000,00 deixará de recolher seus tributos sob essa modalidade, já a partir do próximo mês posterior à ultrapassagem.

Assinale a opção que apresente a sequência **correta** de classificações.

a) V, V, V, F.

b) F, F, F, F.

c) F, V, F, F.

d) F, V, V, V.

2. Avalie as assertivas a seguir e as classifique como (V) Verdadeira ou (F) Falsa segundo a legislação atual do Simples Nacional, para empresas optantes por esse modelo:

( ) Todas as optantes pelo Simples Nacional estão dispensadas de enviar a Escrituração Contábil Digital.

( ) As optantes pelo Simples Nacional, apesar da dispensa genérica de envio da Escrituração Contábil Digital, estão obrigadas a manter escrita contábil regular.

( ) As optantes pelo Simples Nacional não precisam realizar contabilidade segundo os Pronunciamentos Técnicos emitidos pelo CPC, nem pelo modelo completo e nem pelo modelo PME.

( ) Apesar de não obrigadas, as optantes pelo Simples Nacional podem utilizar o modelo CPC Completo, PME ou para ME-EPP (ITG 1000).

Assinale a opção que apresente a sequência **correta** de classificações.

a) V, V, V, F.

b) F, V, V, V.

c) F, V, F, F.

d) V, V, V, V.

Utilize os dados a seguir para responder às questões de 3 a 5:

Uma entidade apresentou os seguintes dados relacionados ao seu movimento nos últimos doze meses anteriores ao período de apuração:

- Receita Bruta = R$ 700.000.
- Devoluções de Vendas = R$ R$ 50.000.
- Vendas Canceladas = R$ 15.000.
- Descontos incondicionais concedidos = R$ 35.000.
- Folha de pagamento = R$ 350.000.
- Tributos sobre Vendas (extraídos do PGDAS) = R$ 21.000.

3. A RBT12 será de:
   a) R$ 600.000,00.
   b) R$ 579.000,00.
   c) R$ 229.000,00.
   d) R$ 700.000,00.
4. A Alíquota Efetiva será de:
   a) 3,4476%.
   b) 7,1062%.
   c) 7,1900%.
   d) 7,5200%.
5. Se a Receita Bruta do Período de Apuração (PA) for de R$ 80.000,00, o valor devido pelo Simples Nacional nesse período será de:
   a) 5.684,97.
   b) 2.758,10.
   c) 6.016,00.
   d) 5.752,00.
6. Assinale a alternativa **correta** quanto aos ICMS de uma Pessoa Jurídica comerciante e optante pelo Simples Nacional:
   a) As optantes pelo Simples Nacional devem preencher nas Notas Fiscais de Vendas os campos de destaque e de Base Cálculo para permitir ao adquirente, quando possível, realizar o aproveitamento do Crédito do tributo.
   b) As optantes pelo Simples Nacional devem inserir observação no campo destinado às informações complementares prevista na legislação pertinente quanto ao ICMS apurado, mantendo inutilizados os campos de destaque e de Base Cálculo, a fim de respaldar o aproveitamento do ICMS pelo adquirente, quando este puder fazê-lo.
   c) As optantes pelo Simples Nacional não devem utilizar os campos de destaque e de Base de Cálculo do ICMS, aspecto este que impede o seu aproveitamento pelo adquirente, quando este puder fazê-lo.

d) Não há que se fazer qualquer menção ao ICMS no preenchimento da Nota Fiscal, nem no campo de destaque, nem no campo Observação, sendo vedado ao adquirente qualquer aproveitamento.

7. Uma optante pelo Simples Nacional que, além do serviço constante do inciso III do § 1º do art. 25 da Resolução nº 140/18, também exerça o comércio deverá utilizar:
   a) Exclusivamente o Anexo III.
   b) Exclusivamente o Anexo I.
   c) Os Anexos I e III.
   d) Os Anexos I e V.
8. Entidade optante pelo Simples Nacional na forma do Anexo IV deverá:
   a) Recolher a contribuição previdenciária patronal à parte do PGDAS-D.
   b) Observar o fator r para a definição de qual anexo irá ser considerada a sua apuração.
   c) Recolher a contribuição previdenciária patronal de forma embutida no PGDAS-D.
   d) Estará isenta da contribuição previdenciária patronal.
9. Uma entidade sujeita ao fator r e tiver observado RBT12 de R$ 2.000.000 e Folha + encargos recolhidos acumulados 12m (Folha12m) de R$ 400.000, deverá apurar o valor devido nessa competência pelo Anexo:
   a) III ou V, a critério da entidade.
   b) III, obrigatoriamente.
   c) V, obrigatoriamente.
   d) IV, obrigatoriamente.
10. Uma entidade optante pelo Simples Nacional que apure um ganho de capital de R$ 8.000.000, irá ser tributada em:
   a) R$ 1.200.000,00.
   b) R$ 1.275.000,00.
   c) R$ 1.400.000,00.
   d) Deverá incluir na BC da apuração do Simples, descontando o valor já recolhido.

RESPOSTAS

1-C; 2-B; 3-A; 4-C; 5-D; 6-B; 7-C; 8-A; 9-C; 10-B.

IMPORTANTE!

Consulte os anexos da Lei Complementar nº 123, de 14.12.2006, pelo QR Code.

uqr.to/1ay8e

QUESTÃO

1. A partir da tabela a seguir, calcule:

Competência	Receita Bruta
maio/19	10.000,00
jun./19	12.000,00
jul./19	14.000,00
ago./19	25.000,00
set./19	25.000,00
out./19	25.000,00
nov./19	40.000,00
dez./19	10.000,00
jan./20	30.000,00
fev./20	20.000,00
mar./20	80.000,00
abr./20	90.000,00
maio/20	85.000,00
jun./20	190.000,00
jul./20	250.000,00
ago./20	280.000,00
set./20	380.000,00
out./20	280.000,00
nov./20	100.000,00
dez./20	110.000,00
jan./21	280.000,00
fev./21	250.000,00

Pede-se:

(1) Valor do Simples Nacional a ser recolhido para o mês de julho/20, pelos anexos: 1.1. Comércio; 1.2. Indústria; 1.3. Serviços – Anexo III; 1.4. Serviços – Anexo V.

(2) Valor do Simples Nacional a ser recolhido para o mês de fevereiro/21, pelos anexos: 2.1. Comércio; 2.2. Indústria; 2.3. Serviços – Anexo III; 2.4. Serviços – Anexo V.

RESPOSTAS

(1) 1.1 Comércio

jul./20			
RBT12 =	634.000,00	AE=	7,3139%
RB (PA) =	250.000,00		
DAS =	18.284,70		

1.2 Indústria

jul./20			
RBT12 =	634.000,00	AE =	7,3139%
RB (PA) =	250.000,00		
DAS =	18.284,70		

1.3 Serviços – Anexo III

jul./20			
RBT12 =	634.000,00	AE =	10,7177%
RB (PA) =	250.000,00		
DAS =	26.794,16		

1.4 Serviços – Anexo V

jul./20			
RBT12 =	634.000,00	AE =	17,9385%
RB (PA) =	250.000,00		
DAS =	44.846,21		

(2) 2.1 Comércio

fev./21			
RBT12 =	2.145.000,00	AE =	10,2301%
RB (PA) =	250.000,00		
DAS =	25.575,17		

2.2 Indústria

fev./21			
RBT12 =	2.145.000,00	AE =	10,7140%
RB (PA) =	250.000,00		
DAS =	26.784,97		

2.3 Serviços – Anexo III

fev./21			
RBT12 =	2.145.000,00	AE =	15,1427%
RB (PA) =	250.000,00		
DAS =	37.856,64		

2.4 Serviços – Anexo V

fev./21			
RBT12 =	2.145.000,00	AE =	20,1049%
RB (PA) =	250.000,00		
DAS =	50.262,24		

TRIBUTOS NA FORMAÇÃO DE PREÇOS E CUSTOS EMPRESARIAIS

Rodrigo Paiva Souza

OBJETIVOS DE APRENDIZAGEM DO CAPÍTULO

1. Entender o impacto dos tributos no custo de aquisição.
2. Ter ciência da estrutura geral dos sistemas de apuração dos custos.
3. Aprender o cálculo o preço considerando as informações sobre custos e tributos.
4. Analisar a influência dos custos e dos tributos ao longo da cadeia produtiva para a tomada de decisão.

OBJETIVO 1

PRINCIPAIS ELEMENTOS DE CUSTOS DE PRODUTOS E SERVIÇOS

CONSIDERAÇÕES INICIAIS

Com uma carga tributária oficial acima de 30% do Produto Interno Bruto (PIB) do país, as organizações brasileiras não podem se dar ao luxo de negligenciar a gestão de custos. Nesse sentido, o primeiro passo é compreender quais são os elementos de custos que deverão compor os custos dos produtos e serviços.

uqr.to/1ay8f

Estimativa da Carga Tributária Bruta em 2019 por espécie tributária e esfera de governo

Fonte: Tesouro Nacional.

Em 2019, a carga tributária bruta (CTB) do governo geral (governo central, estados e municípios) alcançou 33,17% do PIB, permanecendo praticamente estável em relação a 2018, aumento de 0,02 pontos percentuais do PIB. Na decomposição por esfera de governo, a CTB dos governos estaduais apresentou crescimento de 0,15 pontos percentuais do PIB, dos governos municipais houve aumento de 0,08 pontos percentuais do PIB e do governo central teve redução de 0,20 pontos percentuais do PIB.

O Sistema Tributário Nacional permite que as organizações enquadradas no regime de não cumulatividade possam se aproveitar de créditos de tributos incorridos nas etapas anteriores da cadeia produtiva, desde que os itens adquiridos sejam considerados insumos básicos da produção ou prestação do serviço.

Com o aproveitamento dos créditos tributários ocorre a redução do custo de aquisição dos insumos. Portanto, compreender quais são os elementos de custos também é importante para planejamento e projeção dos créditos e, consequentemente, dos custos.

PRINCIPAIS TERMOS DE CUSTOS

Os termos "gastos", "desembolso", "investimentos", "custos", "despesas" e "perdas" são muitas vezes utilizados de forma intercambiável, porém, os seus significados são diferentes e erros conceituais na sua identificação e classificação poderão levar à distorção no planejamento de custos e até mesmo a erros na parametrização de sistemas operacionais.

A seguir, há uma definição simplificada dos principais termos da literatura financeira e uma proposta de parametrização nos sistemas operacionais:

- **Gastos**: representa o comprometimento de recursos para realizar uma aquisição ou compra. Um gasto sempre gera uma obrigação ou um passivo. Os gastos somente devem ser registrados nos sistemas operacionais quando do recebimento dos documentos de suporte (por exemplo, da nota fiscal), gerando um passivo (por exemplo, fornecedores a pagar) em contrapartida a um custo, despesa ou ativo. Assim, a ocorrência de um **gasto** não significa que ocorreu um custo, mas sim de um passivo.

- **Desembolso**: representa a liquidação de uma obrigação anteriormente assumida. O desembolso sempre está relacionado a um gasto, mas nem sempre eles ocorrem no mesmo período, por exemplo, a compra de um insumo (gasto) pode ter sido realizada no mês de janeiro, mas o pagamento (desembolso) pode ocorrer apenas em março. A parametrização do desempenho é uma saída da conta Equivalente Caixa e uma redução do Passivo. Novamente, o desempenho não significa necessariamente um custo.

- **Investimento**: representa a aquisição de itens do Ativo, ou seja, de recursos que deverão gerar benefícios em períodos futuros. A parametrização dos investimentos geralmente requer o aumento de um Passivo, pela compra e o aumento de uma conta do Ativo, que pode ser a conta Estoque, Imobilizado, Intangível etc. Mais uma vez, não devemos confundir o conceito de gastos para investimentos, com o custo de um produto ou serviço.

- **Custo**: representa o valor monetário da somatória de recursos consumidos na atividade-fim da organização, ou seja, no processo de produção de produtos, o processo de prestação de serviços ou compra de mercadorias para revenda. A parametrização do custo depende da atividade e do tipo de recurso consumido. Maiores detalhes sobre as parametrizações dos custos serão oferecidos mais adiante no capítulo.

- **Despesas**: representa o valor monetário dos recursos consumidos fora da atividade-fim da empresa, seja nas atividades administrativas, comerciais e outras. A diferença entre um custo e uma despesa está na aplicação do recurso. Por exemplo, os recursos humanos (folha de pagamento) do pessoal administrativo é uma despesa, mas do pessoal de produção é um custo do produto. A parametrização das despesas também será apresentada juntamente com os relatórios financeiros mais adiante.
- **Perda**: representa o valor monetário dos recursos consumidos de forma inesperada, imprevisível e não recorrente, por exemplo, em um incêndio, alagamento ou erros anormais dentro do processo produtivo. A parametrização de uma perda sempre envolve a baixa (redução) de um ativo e a redução do resultado do exercício.

Embora a compreensão dos conceitos de todos esses termos seja importante para parametrização dos relatórios financeiros e contábeis, o presente capítulo dará maior ênfase nos termos **custos** e **despesas**, especialmente com um maior aprofundamento sobre os principais elementos de custos e suas características de mensuração.

PRINCIPAIS ELEMENTOS DE CUSTOS

Conforme a definição, os custos são recursos consumidos no processo produtivo relacionado à atividade-fim da organização; entretanto, é preciso considerar que existem diversos tipos de recursos. Os principais elementos de custos de qualquer processo produtivo são: materiais diretos, mão de obra e demais custos indiretos.

CUSTO DE MATERIAIS DIRETOS

Representa o valor de todos os insumos e materiais necessários para a produção de produtos e prestação dos serviços. Esse elemento pode ser perfeitamente identificável aos produtos e serviços, por exemplo, o valor do "couro" consumido na produção de uma "bolsa" ou o valor do "reagente" consumido em um serviço de "exame de imagem". Não inclui os itens que são consumidos na produção, mas cujo consumo não pode ser determinado com acurácia, exemplo, item "graxa" em relação ao produto "peças automotivas". Os itens que estão fisicamente aplicados aos produtos e serviços, mas não são materiais diretos, devem ser classificados como custos indiretos (*overhead*), e sua alocação se dá por rateios.

MÃO DE OBRA DIRETA

Representa o valor monetário da remuneração mais os encargos sociais do pessoal envolvido diretamente com a produção de determinados produtos ou serviços. Assim, esses custos são perfeitamente identificados aos produtos e serviços vendidos (por exemplo, o gasto com pessoal dedicado exclusivamente à produção de mesas de dois lugares, do modelo XPTO). Novamente, o gasto com pessoal que é dedicado à produção de mais de um tipo de produto ou serviço deve ser classificado como custo indireto (*overhead*) e a alocação aos objetos se dá por meio de rateios.

CUSTO INDIRETO DE PRODUÇÃO (*OVERHEAD*)

Incluem todos os demais elementos de custos necessários para a produção de produtos ou prestação de serviços, exceto os custos de materiais diretos e mão de obra direta. Por exemplo, materiais indiretos, salário de pessoal dedicado a diversos produtos ou serviços, custos de manutenção, custo de energia elétrica relacionada a diversos produtos ou serviços, depreciação, impostos prediais etc.

Quanto maior for a proporção de custos diretos do produto e serviço (materiais diretos e mão de obra direta), maior é a acurácia das informações de custos. Por outro lado, a utilização de custos indiretos permite às organizações uma maior economia de escopo. A Figura 20.1 apresenta uma síntese dos principais elementos de custos alocados aos objetos (produtos e serviços).

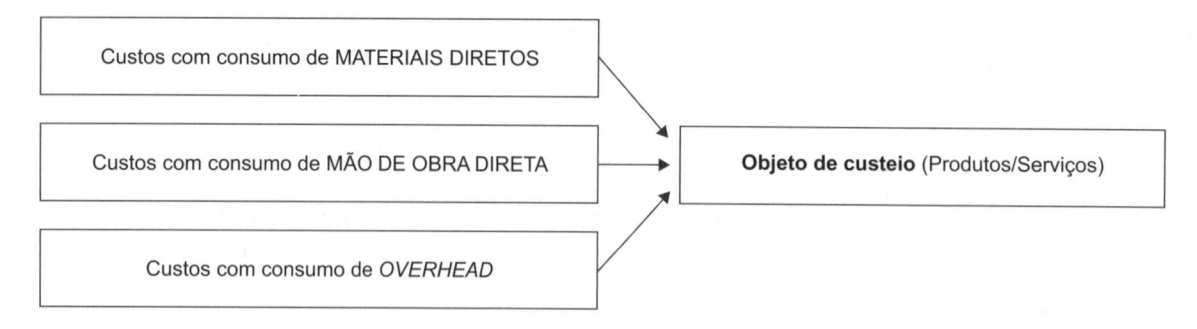

Figura 20.1 Síntese dos principais elementos de custos alocados aos produtos e serviços.

Para fins de parametrização dos sistemas financeiros e de contabilidade de custos, é muito importante conhecer e classificar os elementos de custos e despesas entre diretos e indiretos (conforme relação com o objeto que se pretende saber o custo) e variáveis e fixos (conforme relação com a variação no nível de atividade).

CUSTOS DIRETOS E INDIRETOS

Os elementos de custos podem ser classificados em DIRETOS e INDIRETOS conforme a sua relação com os elementos que se pretende saber o custo. Essa classificação é importante para se mapear a estrutura dos custos e para realizar a gestão de custos.

CUSTOS DIRETOS

Representam os elementos de custos identificáveis e mensuráveis, em relação a cada objeto de custeio, de maneira objetiva sem a necessidade de realização de rateios. Um dos principais elementos de custos diretos é a matéria-prima, pois a quantidade de matéria-prima que é consumida na produção de um determinado produto não poderá ser utilizada na produção de outros produtos, pois já foi consumida. Há também exemplos de mão de obra direta, quando o empregado é dedicado exclusivamente na produção de um único produto ou serviço.

CUSTOS INDIRETOS

Representam os elementos de custos que são alocados a cada entidade objeto de custeio por meio de estimativas e aproximações (rateios). No processo de alocação dos custos indiretos às entidades pode ocorrer subjetividade, e o grau de precisão da mensuração é inferior ao dos custos diretos; entretanto, conter subjetividade não significa arbitrariedade. Exemplos mais comuns de custos indiretos incluem os custos com mão de obra indireta, ou seja, salários e encargos dos empregados que não estão dedicados à produção de um único produto ou serviço, mas também podem incluir os custos de aluguel, energia elétrica, materiais indiretos etc.

CUSTOS VARIÁVEIS E FIXOS

Os elementos de custos podem ser também classificados em **variáveis** e **fixos** conforme a sua relação com o nível de atividade (volume de produção e venda). Essa classificação também é importante para se mapear a estrutura dos custos, para utilizar modelos de simulação e projeção de resultados e para realizar a gestão estratégica dos custos.

CUSTOS VARIÁVEIS

São os elementos de custos que variam em função da variação do nível de atividade e não seriam consumidos caso a produção fosse igual a zero. Por outro lado, quando a estrutura de custos está baseada somente em custos variáveis, os custos crescem continuamente, acompanhando o crescimento do nível de atividade. Exemplo mais comum de elemento de custo variável é, novamente, o custo de matéria-prima, ou seja, quando não há produção não há consumo, porém, quanto maior o nível de atividade, maior o consumo de matéria-prima, consequentemente de custos.

CUSTOS FIXOS

São elementos de custos que irão existir independentemente nas oscilações no nível de atividade. Por um lado, os elementos de custo fixo garantem maior previsibilidade e controle para os custos, mas, pelo outro, representam maiores riscos, uma vez que é um custo que será incorrido mesmo quando a produção for igual a zero. Exemplo clássico de custo fixo é o salário e encargos dos empregados (diretos e indiretos) quando contratados pelo regime mensal (CLT), ou seja, em uma indústria, o salário contratado do operário será incorrido e pago independentemente se ele produzir 150 ou 250 peças. Outros exemplos de custos fixos incluem o consumo de energia elétrica (depende do modelo de produção), aluguel, seguro, depreciação etc.

Um mesmo elemento de custo deve ser classificado em direto ou indireto e fixo ou variável. Por exemplo, a matéria-prima utilizada em um produto é um custo direto e variável. Já o salário de um empregado que trabalha em diversos produtos é um custo fixo e indireto.

A correta classificação dos elementos de custos é o primeiro passo para realizar uma gestão de custos eficiente. Aqui, vale lembrar a conhecida expressão: "só conseguimos controlar aquilo que podemos medir".

QUESTÃO PARA REFLEXÃO

Analise todos os custos e despesas operacionais que foram incorridos no último exercício na organização onde atua e classifique-os entre diretos e indiretos, conforme a sua relação com os objetos custeados e como variáveis e fixos, conforme sua relação com o volume de atividade.

ASPECTOS NORMATIVOS PARA MENSURAÇÃO DOS CUSTOS E ESTOQUES

Em organizações industriais, todos os produtos produzidos e não vendidos devem ser alocados em contas de estoques. A norma internacional de contabilidade sobre a mensuração e divulgação dos estoques das organizações é a IAS 2, emitida pelo *International Accounting Standards Board* (IASB). No Brasil, a norma correspondente é o CPC 16, emitida pelo Comitê de Pronunciamentos Contábeis (CPC) e regulamentada pelo Conselho Federal de Contabilidade (CFC) como NBC TG 16.

O CPC 16 normatiza o tratamento contábil para diversos tipos de estoques, como o estoque de Matéria-prima, Estoque de Produtos em Processo, Estoque de Produtos Acabados e Estoques de Mercadorias para Revenda. Consequentemente, o CPC 16 também regulamenta a forma como as organizações devem realizar a baixa dos estoques, impactando o resultado.

Existem dois aspectos relevantes no CPC 16 que os profissionais devem aprofundar o conhecimento para avaliar a qualidade das informações de custos ou mesmo para realizar parametrização dos sistemas de custos para mensuração dos estoques e do resultado do período. O primeiro aspecto relevante diz respeito ao momento em que o estoque deve ser reconhecido no Balanço Patrimonial da entidade compradora, e o segundo aspecto diz respeito ao valor de reconhecimento e registro dos itens em estoques.

MOMENTO DE RECONHECIMENTO DOS ESTOQUES

O CPC 16 não faz menção ao conceito de propriedade como condição para reconhecimento de estoques na empresa compradora, mas sim ao conceito de controle. Dessa forma, para que uma organização possa reconhecer o estoque ou custo das compras em seus relatórios contábeis é necessário que tenha ocorrido a transferência do controle sobre os bens e serviços adquiridos.

O conceito de controle é mencionado no CPC 47 – Receita de Contrato com Cliente como sendo a capacidade de a organização determinar o uso do ativo e obter os benefícios, bem como assumir todo os ônus desse direcionamento do uso do ativo. Os benefícios estão relacionados ao fluxo de caixa que a utilização do ativo poderá gerar, enquanto o ônus é relacionado aos riscos de perdas.

Algumas transações da prática comercial podem causar dúvidas quanto ao momento de reconhecimento dos estoques, como: (i) mercadorias em trânsito em transportes nacionais; (ii) mercadorias em trânsito de transportes internacionais (importações/exportações); e (iii) bens recebidos em consignação.

Com relação às transações com mercadorias em trânsito, tanto nacionais quanto internacionais, independentemente de onde estiver os bens, o conceito de controle deve ser sempre observado para reconhecimento dos estoques nos relatórios contábeis do comprador.

Por exemplo, considere que uma organização do estado de Minas Gerais (COMPRADORA) adquiriu mercadorias de outra organização localizada no estado de São Paulo (VENDEDORA) e que a compradora se comprometeu a contratar o frete e buscar a mercadoria no depósito da vendedora. Nesse caso, assim que a vendedora transferiu as mercadorias à transportadora contratada, configurou-se a transferência de controle, então, embora ainda não tenha recebido as mercadorias, a compradora deve registrar o estoque em seus relatórios contábeis, em um conta transitória de "Estoque em Trânsito", em contrapartida a um passivo.

O mesmo conceito é válido para as movimentações internacionais de mercadorias. Por exemplo, considere uma organização brasileira (COMPRADORA) que adquiriu mercadorias de uma outra organização alemã localizada em Hamburgo (VENDEDORA) e que a vendedora se comprometeu a entregar as mercadorias no porto da cidade de Santos – SP (momento em que há transferência de controle). Durante todo o percurso da mercadoria, do depósito da vendedora até o porto de Hamburgo e deste para o porto de Santos, estas devem continuar registradas nos relatórios contábeis da empresa vendedora, e, apenas quando o representante da compradora "aceitar" a entrega das mercadorias no porto de Santos, estas passaram a ser registradas na compradora.

Com relação às transações de mercadorias em consignação, a organização envia remessa de mercadorias (CONSIGNATÁRIO) sem transferir o controle dessas mercadorias para as empresas que recebem (CONSIGNANTES). As remessas de consignação podem ter diversos objetivos, como um beneficiamento de mercadorias de terceiros ou exposição para venda. O consignatário poderá reclamar de volta a mercadoria, dessa forma, continua a direcionar o seu uso.

VALOR DE RECONHECIMENTO DOS ESTOQUES

O segundo aspecto relevante do CPC 16 diz respeito ao valor de reconhecimento dos estoques. Nesse caso, há diversas regras que devem ser observadas pelas organizações que envolvem desde a mensuração do valor inicial como eventuais baixas de estoque por redução de valor. Cada elemento de custo possui regras específicas, com destaque para a mensuração dos principais elementos de custos: matéria-prima e mão de obra.

MENSURAÇÃO DO CUSTO DE AQUISIÇÃO DE MATÉRIA-PRIMA

O valor dos estoques deve incluir todos os custos de aquisição, de transformação e demais custos para deixar os estoques em condições de uso ou venda. O custo de aquisição compreende o valor das compras, incluindo gastos com transporte, seguro, manuseio e todos os tributos não recuperáveis. Por outro lado, os tributos recuperáveis inerentes à compra, bem como eventuais descontos comerciais, devem ser deduzidos do custo de aquisição dos estoques.

Por exemplo, considere que uma organização adquiriu mercadorias pelo valor de R$ 100.000, além disso, pagou pelo frete no valor de R$ 10.000, nesses valores já incluídos ICMS de 18%, PIS de 1,65% e COFINS de 7,60%. Dessa forma, a organização deverá registrar uma obrigação a pagar de R$ 110.000 aos fornecedores, em contrapartida deve registrar ICMS a recuperar de R$ 19.800, PIS a recuperar de R$ 1.815, COFINS a recuperar de R$ 8.360, restando aos Estoques o saldo de R$ 80.025, conforme Tabela 20.1.

Tabela 20.1

(+) Valor bruto da aquisição da matéria-prima	100.000	
(+) Valor bruto da aquisição do frete sobre compra	10.000	
(=) **Valor bruto total da aquisição da matéria-prima**	**110.000**	
(–) Crédito de ICMS sobre o custo de aquisição	– 19.800	(110.000 × 18,0%)
(–) Crédito de PIS sobre o custo de aquisição	– 1.815	(110.000 × 1,65%)
(–) Crédito de COFINS sobre o custo de aquisição	– 8.360	(110.000 × 7,60%)
(=) **Valor líquido da aquisição da matéria-prima**	**80.025**	

Caso algum desses tributos não fossem recuperáveis, o respectivo valor do estoque seria aumentado considerando esse montante. De acordo com o CPC 16, caso houvesse descontos comerciais (condicionais ou incondicionais) sobre os valores brutos nessa transação, haveria redução do valor dos estoques e das obrigações com fornecedores.

CUSTO DE AQUISIÇÃO DE MÃO DE OBRA

O custo da mão de obra deve considerar o valor da remuneração dos empregados, acrescido do valor dos encargos e benefícios. Importante mencionar que mesmo as provisões de férias e décimos terceiros salários devem compor o custo mensal da mão de obra.

Por exemplo, considere que o salário bruto de uma equipe é de R$ 15.000, e que a organização deverá recolher 26,30% de encargos previdenciários (INSS) e 8% de fundo de garantia por tempo de serviço (FGTS). Nesse caso, o valor do INSS é de R$ 3.945 e de FGTS R$ 1.200. O custo do período também deve incluir 1/12 (um doze avos) da provisão de férias por R$ 1.667 e 1/12 (um doze avos) da provisão de 13º salário por R$ 1.250, além da provisão dos encargos de INSS e FGTS sobre esses valores, totalizando de R$ 1.000. Assim o custo total com mão de obra neste exemplo seria de R$ 24.062, conforme ilustrado a seguir.

(+) Salário bruto da equipe	15.000	
(+) INSS sobre salários	3.945	[15.000 × 26,30%]
(+) FGTS sobre salários	1.200	[15.000 × 8%]
(+) Provisão de Férias	1.667	[15.000 × (1+1/3) ÷ 12]
(+) Provisão de INSS sobre Férias	438	[1.667 × 26,30%]
(+) Provisão de FGTS sobre Férias	133	[1.667 × 8%]
(+) Provisão de 13º Salário	1.250	[15.000 ÷ 12]
(+) Provisão de INSS sobre 13º Salário	329	[1.250 × 26,30%]
(+) Provisão de FGTS sobre 13º Salário	100	[1.250 × 8%]
(=) **Valor total do custo da mão de obra**	**24.062**	

Enquanto os custos de matéria-prima são alocados diretamente aos objetos de custeio, os custos de mão de obra geralmente são alocados indiretamente aos produtos e serviços por meio de rateios, que utilizam, preponderantemente, critérios de alocação baseado no controle de horas trabalhadas para cada objeto. Existem ainda outros elementos de custos indiretos que devem ser considerados no sistema de alocação de custos.

OUTROS CUSTOS INDIRETO DE PRODUÇÃO

Os outros custos indiretos de produção tais como: aluguel, energia elétrica, consumo de água, gás, depreciação das máquinas e equipamentos, entre outros, devem ser apropriados aos estoques por meio de rateios. A apropriação dos custos indiretos aos produtos se dá por meio de critérios de alocação definidos por cada organização de acordo com o nível de consumo de recursos pelos diferentes produtos.

Após apropriação de todos os elementos de custos (matéria-prima, mão de obra e outros custos indiretos), o valor dos estoques permanece registrado pelo custo de produção ou de aquisição, mas deve haver, periodicamente, uma avaliação sobre a recuperabilidade desses custos. As normas contábeis determinam que deve permanecer o Balanço Patrimonial, o valor do custo de produção ou aquisição ou o seu valor recuperável, dos dois o menor.

Por exemplo, suponha que os estoques de mercadorias para revenda foram registrados inicialmente por R$ 80.000, porém, ao final de um determinado período foi apurado que o valor máximo recuperável com essas mercadorias seria de R$ 75.000, resultante de venda das mercadorias menos as despesas relacionadas à venda. Nesse caso, o valor do estoque deverá ser reduzido em R$ 5.000 para se adequar ao valor máximo recuperável do Ativo.

OBJETIVO 2

VISÃO GERAL DOS SISTEMAS DE APURAÇÃO DE CUSTOS

Os sistemas de mensuração e apuração de custos podem ser mais ou menos complexos, dependendo da necessidade de informações. Por exemplo, caso uma organização deseje conhecer os custos em maior nível de detalhes deverá criar uma estrutura com centros de custos, que são unidades no sistema contábil para acumular custo de um objeto intermediário (por exemplo, um departamento) antes de alocar para o objeto final (por exemplo, um produto).

Todavia, a estrutura geral do fluxo dos custos nos sistemas contábeis é semelhante. Por exemplo, em uma organização industrial, todo insumo adquirido (matéria-prima) deve ser alocado a uma conta ou grupo de contas de estoque de insumos, mas, à medida que os insumos são consumidos na produção, os seus custos devem ser alocados ao estoque de produtos em elaboração e quando a ordem de produção é concluída todos os custos incorridos devem ser transferidos para a conta ou grupo de contas de estoques de produtos acabados.

Em uma organização industrial, os custos devem ser parametrizados para alimentar as contas de estoques, no Balanço Patrimonial. Apenas no período em que os produtos forem vendidos os custos devem ser transferidos para as contas de resultados, como custo do produto vendido. A Figura 20.2 ilustra o fluxo dos custos em uma organização industrial.

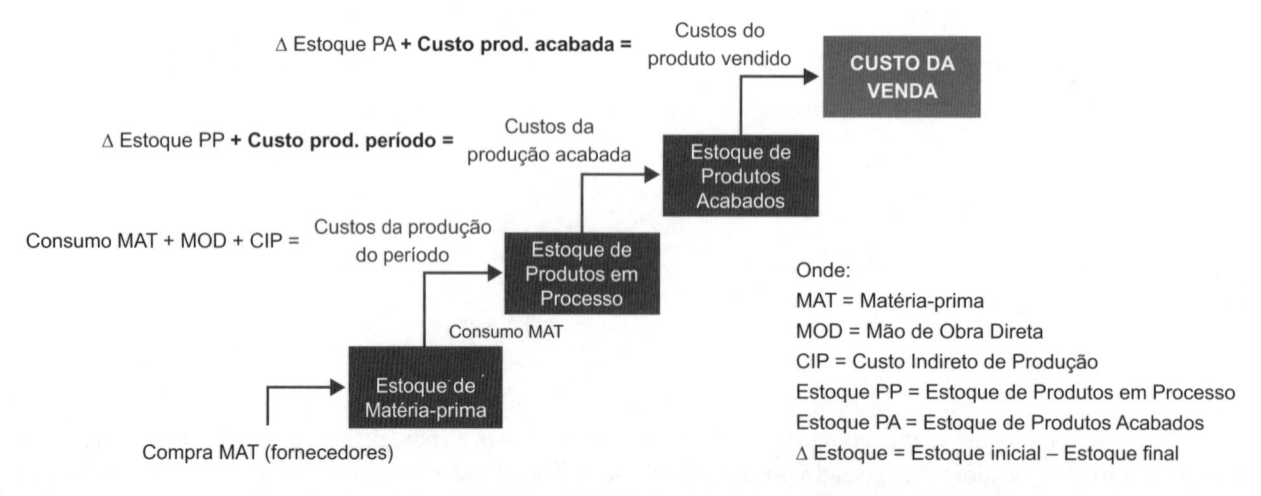

Figura 20.2 Fluxo dos custos em uma organização industrial.

No fluxo proposto da Figura 20.2, as aquisições de matéria-prima (MAT) de fornecedores geram entradas nos estoques de matéria-prima, e todo o consumo de MAT deve ser alocado para uma ordem de produção, que irá gerar uma entrada no Estoque de Produtos em Processo, assim como o consumo de mão de obra direta (MOD), e outros custos indiretos de produção (CIP). O custo de produção do período é a soma de MAT, MOD e CIP consumidos no período.

Considerando que os custos incorridos em cada ordem de produção devem gerar entradas no Estoque de Produtos em Processo, quando a ordem de produção é encerrada ao final da produção, todos os custos acumulados naquela ordem devem ser transferidos para o Estoque de Produtos Acabados, gerando uma entrada nessa conta e uma saída na conta Estoque de Produtos em Processo. Dessa forma, a apuração do custo da produção acabada representa as saídas do estoque de produtos em processo e, de forma simplificada, o custo da produção acabada pode ser calculado pela variação do estoque de produtos em processo (estoque inicial menos estoque final) mais o custo da produção do período, conforme demonstra a equação:

$$EF_{pp} = EI_{pp} + \text{Entradas} - \text{Saídas}$$
$$\text{Saídas} = [EIpp - EF_{pp}] + \text{Entradas}$$
$$\text{Custo de Produção Acabada} = \Delta \text{Estoque}_{pp} + \text{Custo de Produção do Período}$$

Na equação, estima-se o custo da produção acabada (saídas do estoque de produtos em processo) como sendo a diferença entre o saldo estoque inicial de produtos em processo (EIpp) e o saldo estoque final de produtos em processo (EFpp) acrescido do custo da produção do período (entradas no estoque de produtos em processo). Na prática, o custo da produção acabada é apurado como a somatória dos custos contidos nas ordens de produção encerradas no período, mas essa equação, além de fornecer uma visão simplificada de fluxos de entradas e saídas do estoque, poderá ser uma forma de validação do cálculo do custo da produção acabada.

Os produtos acabados são aqueles que estão prontos para serem vendidos, entretanto, os custos devem permanecer em estoque, no Balanço Patrimonial, até que o produto seja efetivamente comercializado ou baixados como perdas. Quando ocorrer a venda do produto, deve-se registrar a baixa do estoque de produtos acabados e o registro do **custo do produto vendido** na Demonstração do Resultado do Exercício (DRE) do período em que ocorreu a venda. Assim, de forma simplificada, considerando que o custo do produto vendido representa uma saída do Estoque de Produtos Acabados, pode-se estimar o seu valor como sendo a diferença entra o saldo do estoque de produtos acabados no início e final do exercício, mais o valor das entradas no estoque no período, ou seja, o custo da produção acabada, conforme equação a seguir:

$$\text{Custo do Produto Vendido} = \Delta \text{Estoque}_{PA} + \text{Custo de Produção Acabada}$$

O fluxo dos custos em organizações de serviço é mais simples pelo fato de, em geral, não existir serviços em estoque. Deve-se fazer uma ressalva que, dependendo do modelo de negócio, é possível registrar em estoque o custo de serviços em andamento. Porém, normalmente, nesse segmento os serviços começam e terminam no mesmo período, não havendo necessidade de criação de estoque de serviços em andamento. Também não faz sentido a conta de estoque de serviços acabados, uma vez que os serviços, diferentes dos produtos, são entregues aos clientes simultaneamente à sua execução.

Em organizações comerciais, embora existam estoques de mercadorias, o fluxo dos custos não é tão complexo como em organizações industriais, pois as mercadorias, em geral, são adquiridas prontas para venda, portanto, não há a necessidade de estoques intermediários, mas apenas saldos em estoques de mercadorias para revenda.

MÉTODO DE CUSTEIO POR ABSORÇÃO

O método de custeio por absorção consiste no modelo de acumulação dos custos por produtos e serviços. Conforme a norma contábil que regulamenta a contabilização dos estoques (CPC 16), os produtos em estoque devem absorver todos os custos, e somente custos, fixos e variáveis, diretos e indiretos, enquanto as despesas devem impactar diretamente o resultado. A Figura 20.3 ilustra a visão geral do funcionamento do custeio por absorção.

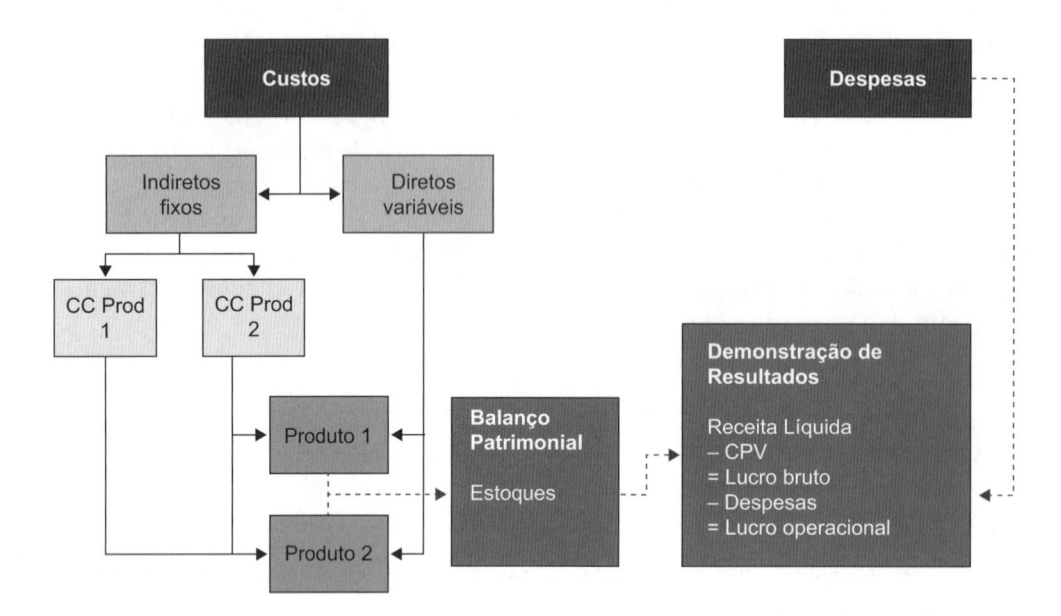

Figura 20.3 Visão geral do funcionamento do custeio por absorção.

Conforme a Figura 20.3, a primeira etapa deve ser a separação dos elementos de custos e despesas. De acordo com o CPC 16, todas as despesas devem impactar diretamente o resultado do período na Demonstração de Resultados do Exercício, portanto, não passam pelos estoques. Por outro lado, os custos dos produtos produzidos devem ser lançados nos estoques de produtos, que são registrados no Balanço Patrimonial.

A segunda etapa é a separação dos elementos de custos indiretos/fixos e diretos/variáveis. Em geral, os elementos de custos variáveis (por exemplo, matéria-prima) são diretos em relação aos produtos, portanto, são alocados diretamente aos produtos sem a necessidade de rateios. Por outro lado, os custos fixos indiretos (por exemplo, mão de obra, depreciação e aluguel) são alocados nos centros de custos, e depois por meio de rateio são distribuídos aos produtos. Todos os custos são alocados aos produtos, permanecendo em estoque até que sejam vendidos.

A terceira etapa é lançar os custos dos estoques para o resultado (DRE) no mesmo período em que ocorrer a venda, como custo de produtos vendidos (CPV). O preço de venda unitário é base para as receitas, enquanto o custo unitário é a base para o CPV. O total de receita de vendas menos o total de custo das vendas forma o resultado bruto do período.

RATEIOS DE CUSTOS INDIRETOS FIXOS AOS PRODUTOS

Pela ótica do custeio por absorção, todos os custos devem ser alocados aos produtos. A grande dificuldade ocorre em alocar os custos indiretos fixos, pois faz-se necessária a utilização de rateios, que podem até distorcer as análises de lucratividade dos produtos.

Para realização dos rateios, as organizações devem estruturar um sistema de contabilidade de custos contendo "centros de custos", que são unidades acumuladoras de custos (e despesas em alguns casos). Em geral, cada departamento representa um centro de custo, porém, essa é uma prática, mas não é uma regra. Na essência um centro de custo deve ser uma unidade que consome recurso de forma homogênea, assim, se necessário, poderia haver diversos centros de custos em cada departamento, de modo a possibilitar as alocações de custos por direcionadores lógicos de consumo de recursos.

De maneira simplificada, os sistemas de rateio funcionam em três etapas. Sendo necessário estruturar um sistema com centros de custos de Produção (C.C. Prod.) e centros de custos de Apoio à produção (C.C. Apoio). Na primeira etapa do rateio, todos os elementos de custos indiretos são rateados aos centros de custos de produção e apoio, conforme a Figura 20.4.

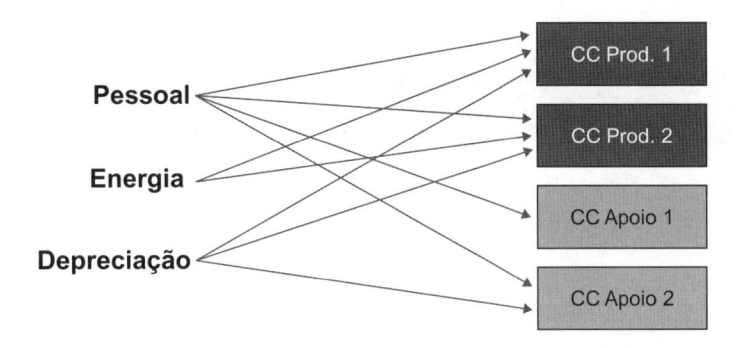

Figura 20.4   Rateio dos custos do período a todos os centros de custos.

Na primeira etapa, os principais elementos de custos indiretos de produção (mão de obra, energia, depreciação etc.) são rateados aos centros de custos. Por exemplo, os custos com mão de obra podem ser alocados aos centros de custos de acordo com o registro da folha de pagamento, enquanto os custos com depreciação das máquinas são rateados de acordo com o controle patrimonial do ativo imobilizado. Já os custos com energia elétrica serão rateados por algum critério que represente o consumo de energia por centro de custo.

O segundo estágio de rateio dos custos indiretos fixos consiste em alocar os custos dos departamentos de apoio para os produtos. A premissa é que um centro de custo de apoio existe apenas para prestar suporte aos centros de custos produtivos. Exemplos de centro de custo de apoio são: Manutenção, Controle de qualidade, Armazenamento etc. A Figura 20.5 ilustra como deve ocorrer o rateio dos centros de custos de apoio para os centros de custos produtivos.

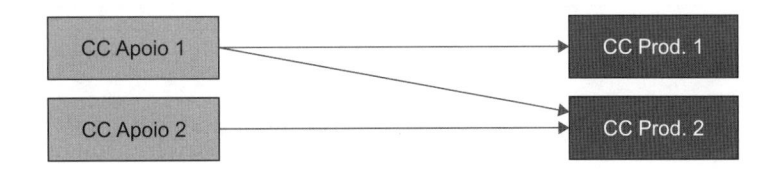

Figura 20.5   Rateio entre os centros de custos de apoio e os centros de custos produtivos.

Novamente, é preciso definir os critérios lógicos que representam quanto de esforço do centro de custo de apoio foi depreendido para cada centro de custo produtivo. Por exemplo, suponha que no período o departamento de Manutenção (CC Apoio 2) prestou serviço apenas para o centro de custo de produção 2 (CC Prod. 2), portanto, todo o custo que havia sido alocado no CC Apoio 2 será alocado para o CC Prod. 2. Esse critério é apenas um exemplo, não uma regra.

No terceiro e último estágio de rateio dos custos indiretos fixos aos produtos, os custos acumulados nos centros de custos produtivos devem ser alocados por critérios lógicos aos produtos. A Figura 20.6 ilustra o rateio nesse terceiro estágio.

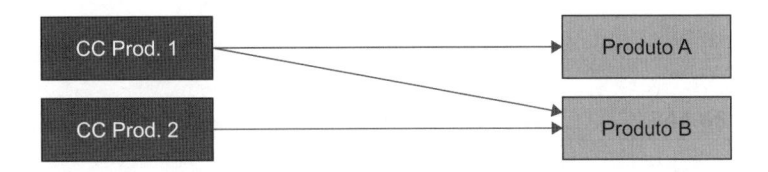

Figura 20.6   Rateio dos custos indiretos fixos dos centros de custos produtivos aos produtos.

Dessa forma, no final de cada período, todos os custos, e somente os custos, devem estar alocados aos produtos, que permanecerão registrados no Estoque até o momento da venda. Como se pode notar, não é possível fazer alocação de custos fixos indiretos aos produtos sem a figura do rateio. Outro ponto importante é que a rastreabilidade dos custos pode se tornar bastante difícil a depender da complexidade do sistema de custos (imagine um sistema onde existam 200 diferentes elementos de custos, 500 centros de custos e 2.000 produtos diferentes).

Na prática, quando a rastreabilidade do custo se torna difícil, o gestor não conseguirá entender com precisão qual a composição do custo dos produtos e deverá "confiar" nas informações do sistema de custo. Algumas questões levantadas podem ser de difícil resposta, por exemplo, quanto do custo do produto é composto pelo consumo de energia elétrica? Qual a chance de o custo de um produto ter sido influenciada por um critério de rateio arbitrário?

ATENÇÃO!

Rateios arbitrários podem distorcer o processo de alocação dos custos aos produtos e serviços e influenciar negativamente as avaliações de desempenho e decisões subjacentes.

QUESTÃO PARA REFLEXÃO

Considere uma organização de serviços que possui três divisões de negócio e que você é responsável por uma delas. A apuração do resultado gerencial da organização contempla as receitas geradas por cada uma das divisões de negócio, menos os custos e despesas diretos e indiretos. Do total de custos e despesas, apenas 20% são diretos e 80% são *overhead* alocados por meio de rateios. Atualmente a sua unidade de negócio é a mais lucrativa da organização, mas um analista da sua equipe descobriu que o critério de rateio do *overhead* está beneficiando a sua divisão porque está direcionando menos custos, embora a sua divisão consuma mais esforço da estrutura corporativa. A revisão do critério de rateio levará a uma redução da lucratividade da sua divisão, mas o relatório de avaliação de desempenho seria mais justo. O que fazer?

EXEMPLO PRÁTICO

Para simplificar a visualização da aplicação do método de custeio por absorção, vamos considerar um exemplo de uma indústria que produz e vende dois tipos de produtos (P1 e P2), e que os dados relativos a esses produtos são apresentados na tabela a seguir:

Dados	P1	P2
Preço de venda líquido ($/unidade)	30	20
Custos variáveis ($/unidade)	8	4
Comissão sobre venda ($/unidade)	3	2
Volume Produção e venda (unidades/mês)	2.000	3.000
Horas-máquinas utilizadas (horas/mês)	350	150
Custos fixos ($/mês)	60.000	
Despesas fixas ($/mês)	15.000	

Na ótica do custeio por absorção, é preciso alocar todos os custos aos produtos. Por um lado, temos os custos variáveis unitários, que são perfeitamente identificáveis às unidades produzidas. Por outro lado, temos os custos fixos, que são identificáveis ao período (mês), e não aos produtos, por exemplo, os salários, aluguéis e depreciação são registrados por mês e independentemente do aumento ou redução de produção.

Dessa forma, podem-se adotar pelo menos dois critérios de rateio para os custos fixos ($ 60.000). O primeiro critério é ratear os custos fixos proporcionalmente ao volume de produção, uma vez que se entenda que, quanto maior o volume de produção, maior o consumo da estrutura produtiva. Das 5.000 unidades produzidas, 2.000 (40%) são relativas ao Produto 1 e 3.000 (60%) relativas ao produto 2.

Portanto, rateando os custos fixos proporcionalmente ao volume de produção teríamos $ 24.000 ($ 60.000 × 40%) alocados para o produto P1, levando a um custo fixo unitário de $ 12 ($ 24.000 ÷ 2.000). Já o produto P2 deverá absorver $ 36.000 do custo fixo ($ 60.000 × 60%), levando a um custo unitário também de $ 12 ($ 36.000 ÷ 3.000). A mensuração do desempenho dos produtos P1 e P2 é ilustrada na tabela:

Demonstração do Resultado	P1	P2	TOTAL
(+) Receita líquida de vendas	**60.000,00** [30 x 2.000)	**60.000,00** [20 x 3.000]	**120.000,00** [60.000 + 60.000]
(–) Custo variável das vendas	**–16.000,00** [8 × 2.000]	**–12.000,00** [4 × 3.000)	**–28.000,00** [16.000 + 12.000]
(–) Custo Fixo das vendas	**–24.000,00** [12 × 2.000]	**–36.000,00** [12 × 3.000]	**–60.000,00** [24.000 + 36.000]
(=) Lucro Bruto	**20.000,00**	**12.000,00**	**32.000,00**
(%) Margem Bruta	**33%** [20.000 ÷ 60.000]	**20%** [12.000 ÷ 60.000]	**27%** [32.000 ÷ 120.000]
(–) Despesa variável (comissões)			**–60.000,00**
(–) Despesa fixa			**–15.000,00**
(=) Lucro operacional do período			**5.000,00**

Note que, ao alocar 60% dos custos fixos ao Produto 2, temos que o Produto 1 apresenta-se mais lucrativo, com margem bruta de 33%. Dessa forma, é possível que a diretoria executiva, ao receber este relatório, priorize iniciativas de marketing e produção do produto P1, bem como conceda bonificação para o gestor responsável por esse produto pelo desempenho superior.

Considere agora que, alternativamente, a empresa poderia realizar o rateio com base no critério de quantidade de horas consumidas para produção de cada produto. Dessa forma, como pode ser observado na tabela, foram consumidas 500 horas de produção no mês, das quais apenas 30% relativas ao produto P2 e 70% das horas relativas ao produto P1.

Se adotado o critério de rateio baseado no consumo de horas, o produto P1 deverá absorver $ 42.000 do custo fixo ($ 60.000 x 70%), levando a um custo fixo unitário de $ 21 (42.000 ÷ 2.000). Enquanto o produto P2 deverá absorver $ 18.000 do custo fixo ($ 60.000 × 30%), levando a um custo fixo unitário de P2 de $ 6 ($ 18.000 ÷ 3.000). A tabela a seguir ilustra como ficaria o relatório de desempenho de P1 e P2, se o critério de rateio do custo fixo for o consumo de horas.

Demonstração do Resultado	P1	P2	TOTAL
(+) Receita líquida de vendas	**60.000,00** [30 × 2.000)	**60.000,00** [20 × 3.000]	**120.000,00** [60.000 + 60.000]
(–) Custo variável das vendas	**–16.000,00** [8 × 2.000]	**–12.000,00** [4 × 3.000)	**–28.000,00** [16.000 + 12.000]
(–) Custo fixo das vendas	**–42.000,00** [21 x 2.000]	**–18.000,00** [6 × 3.000]	**–60.000,00** [42.000 + 18.000]
(=) Lucro Bruto	**2.000,00**	**30.000,00**	**32.000,00**
(%) Margem Bruta	**3%** [2.000 ÷ 60.000]	**50%** [30.000 ÷ 60.000]	**27%** [32.000 ÷ 120.000]
(–) Despesa variável (comissões)			**–12.000,00**
(–) Despesa fixa			**–15.000,00**
(=) Lucro operacional do período			**5.000,00**

Agora, o produto P2 apresenta-se muito mais lucrativo, portanto, as decisões da diretoria podem ser favoráveis a esse produto e ao gestor responsável! A grande crítica ao método de custeio por absorção como métrica para avaliação de desempenho e tomada de decisões gerenciais é que ele possibilita distorcer a visão da lucratividade por produto com uma simples mudança do critério de rateio a ser utilizado.

Nesse sentido, muitos profissionais finanças abandonam o método de custeio por absorção para desenvolvimento de relatórios gerenciais e o utilizam apenas para cumprimento de obrigações societárias, como a elaboração das demonstrações contábeis e de todos as obrigações assessórias relacionadas.

Alternativamente ao custeio por absorção, existe o método de custeio variável, que produz como medida de lucratividade a margem de contribuição, onde não há influências de critérios subjetivos ou arbitrários de rateios na mensuração do desempenho de diferentes produtos e serviços.

QUESTÃO PARA REFLEXÃO

Existe a possibilidade de os relatórios de avaliação de desempenho de produtos, serviços ou de unidades de negócio na organização onde você atua estarem sendo influenciados de maneira arbitrária por critérios de rateio, levando a distorções de avaliação e decisões estratégicas?

MÉTODO DE CUSTEIO VARIÁVEL

O método de custeio variável não é aceito pela legislação societária para elaboração de Balanço Patrimonial ou qualquer outro relatório ou obrigação acessória mandatória. Por outro lado, no âmbito da contabilidade gerencial existe a flexibilização de se utilizar o método que a organização julgar mais conveniente para desenvolver relatórios de desempenho e subsidiar as suas decisões estratégicas.

A medida de lucratividade associada ao método de custeio variável é a margem de contribuição, que consiste na diferença entre as receitas líquidas de vendas dos produtos e serviços, menos os custos variáveis (por exemplo, custo de matéria-prima), menos as despesas variáveis de venda (por exemplo, despesas com taxa de cartão, comissão, frete etc.).

No método de custeio variável não existe a figura dos rateios para produtos e serviços, pois os custos e despesas fixas não devem ser alocados para esses objetos, e a margem de contribuição deverá ser suficientemente grande para cobrir todos os custos e despesas fixos e ainda formar o lucro operacional. Por não conter rateios, muitos profissionais acreditam que o método de custeio variável é mais assertivo para avaliar desempenho e subsidiar decisões estratégicas.

EXEMPLO PRÁTICO

Vamos considerar o mesmo exemplo anterior para avaliação do desempenho dos produtos P1 e P2, mas agora com o relatório desenvolvido sob as premissas do método de custeio variável. Considerando os mesmos dados apresentados na tabela anterior, teríamos o seguinte relatório de avaliação de desempenho:

Demonstração do Resultado	P1	P2	TOTAL
(+) Receita líquida de vendas	**60.000,00**	**60.000,00**	**120.000,00**
	[30 × 2.000)	[20 × 3.000]	[60.000 + 60.000]
(–) Custo variável das vendas	**–16.000,00**	**–12.000,00**	**–28.000,00**
	[8 × 2.000]	[4 × 3.000)	[16.000 + 12.000]
(–) Despesa variável das vendas	**–6.000,00**	**–6.000,00**	**–12.000,00**
	[3 × 2.000]	[2 × 3.000]	[6.000 + 6.000]
(=) Margem de Contribuição	**38.000,00**	**42.000,00**	**80.000,00**
(%) Margem de Contribuição	**63%**	**70%**	**67%**
	[38.000 ÷ 60.000]	[42.000 ÷ 60.000]	[80.000 ÷ 120.000]
(–) Custo fixo do mês			**–60.000,00**
(–) Despesa fixa do mês			**–15.000,00**
(=) Lucro operacional do período			**5.000,00**

Observe na tabela que o lucro operacional produzido pelo método de custeio variável é de $ 5.000, igual aos resultados anteriores. Isso ocorreu porque não houve alocação de custos para os estoques, ou seja, tudo o que foi produzido foi vendido. Observe ainda que as margens de contribuição dos produtos P1 e P2 são relativamente próximas, sendo a margem de P2 um pouco maior, mas não existe a influência de qualquer critério de rateio na lucratividade porque todos os custos e despesas fixos estão abaixo da margem de contribuição.

Não existe um método perfeito, e a escolha do método para elaboração do desempenho é uma decisão de cada organização. Por exemplo, no exemplo ilustrativo deste capítulo, o método de custeio variável resolveu o problema do desconforto com a escolha do critério de rateio excluindo os custos fixos do modelo de avaliação de desempenho, mas, por outro lado, os custos fixos representavam quase 70% dos custos de produção, portanto, os gestores podem se sentir desconfortáveis em avaliar o desempenho considerando apenas os custo e despesas variáveis, que representam menos de 35% dos custos e despesas totais.

OBJETIVO 3

CUSTOS E TRIBUTOS PARA FORMAÇÃO DE PREÇO DE VENDA

A decisão sobre o preço de venda revela a estratégia competitiva das organizações para cada produto. Essa decisão reflete um dos principais pontos de interação entre a organização e seus clientes. As estratégias competitivas genéricas de Porter[1] sugerem que as organizações devem selecionar uma das três estratégias genéricas para competir: liderança em custos, diferenciação e enfoque.

Organizações que adotam a primeira estratégia (liderança em custos) procuram vender os produtos e serviços por um preço inferior aos concorrentes, enquanto organizações que adotam a segunda (diferenciação) não competem por preço de venda, mas buscam oferecer atributos e funcionalidades diferenciadas, o que permite vender por um preço maior. A terceira estratégia genérica reflete um enfoque em atender necessidades de um público específico.

É possível também que uma mesma organização adote estratégia de liderança em custo para determinados produtos ou segmentos, e a estratégia de diferenciação para outros e enfoque para outros. Além disso, identificar

---

[1]   PORTER, M. E. *Competitive strategy*: techniques for analysing industries and competitors. New York: Free Press, 1980.

a estratégia do concorrente é vital, mas é difícil, devido à grande dinâmica dos preços que serão oferecidos por diversos canais de distribuição. Seja qual for a estratégia genérica selecionada para competir no mercado, a decisão do preço de venda dos produtos e serviços será determinante para assegurar a competitividade e o atingimento da lucratividade desejada.

De acordo com pesquisas nacionais e internacionais, o modelo mais utilizado para formação do preço de venda é o custo mais margem (*mark-up*). No modelo *mark-up*, o preço é formado a partir dos custos e deve ser acrescentada a margem desejada, considerando os tributos sobre a venda e as eventuais despesas variáveis que ocorrem em função da venda.

O MODELO *MARK-UP* PARA FORMAÇÃO DO PREÇO DE VENDA

No modelo *mark-up*, recomenda-se utilizar apenas o custo variável ou custo direto e a margem de contribuição como medida de lucratividade, uma vez que os rateios inerentes ao método de custeio por absorção poderão distorcer o custo e, consequentemente, a decisão do preço de venda. Portanto, os custos e despesas fixas não entram no modelo de formação de preço de venda, todavia, a margem de contribuição de cada produto deve cobrir todos os elementos fixos. Evidentemente, cada produto poderá ter os seus próprios custos e margens de contribuição. O modelo tradicional de formação de preço de venda com base em custos é dado na equação:

$$\text{Preço de venda} = \frac{\$ \text{ Custo variável}}{(1 - \%\text{Tributos} - \%\text{DV} - \%\text{MC})}$$

Onde:

%Tributos = tributos sobre a venda "por dentro" (ICMS, PIS, COFINS, ISS etc.).

%DV = despesas variáveis sobre as vendas (ex.: comissão, fretes etc.).

%MC = margem de contribuição objetivada para o produto.

Importante ressaltar que esse modelo não inclui os tributos sobre o preço de venda "por fora", como é o caso do Imposto sobre Produto Industrializado (IPI). Caso a empresa tenha incidência de tributos por fora, deverá calcular o preço de venda com o acréscimo da alíquota desse tributo após o cálculo do preço de venda considerando os tributos "por dentro". Esse é um fenômeno que ocorre no sistema tributário nacional, no qual há incidência de tributos sobre tributos.

O modelo *mark-up* em um único estágio é bastante simplificado, pois considera todos os tributos sobre a mesma base de cálculo e considera ainda as despesas variáveis e margem de contribuição sobre o preço de venda bruto. Todavia, todos os modelos de *mark-up* que serão apresentados neste capítulo irão utilizar os mesmos quatro elementos: (i) custo variável; (ii) tributos sobre as vendas; (iii) despesas variáveis; e (iv) margem de contribuição desejada.

Sobre o custo variável é importante que seja observado que se trata do custo líquido de eventuais créditos tributários, conforme visto anteriormente neste capítulo.

EXEMPLO PRÁTICO

Vejamos um exemplo para ilustrar o modelo de decisão do preço de venda com base no modelo *mark-up* de estágio único. Suponha que uma organização esteja interessada em estabelecer o preço de venda de um produto e, para isso, reuniu as seguintes informações sobre o produto:

Descrição	Valor
Custo variável líquido da matéria-prima	$ 6,00/unid.
ICMS incidente sobre o preço de venda	18%
PIS incidente sobre o preço de venda	1,65%
COFINS incidente sobre o preço de venda	7,60%
Comissão paga sobre a venda do produto	5%
Margem de lucro objetiva para o produto	27,75%

Considerando as variáveis expostas na tabela e o modelo apresentado na equação, o preço de venda unitário do produto deve ser de $ 15,00, conforme equação:

$$\text{Preço de venda} = \frac{\$\ 6,00}{(1 - 18\% - 1,65\% - 7,60\% - 5,00\% - 27,75\%)} = 15,00$$

Em uma simulação de resultados é possível validar o modelo de formação de preço. Considere que a empresa tenha uma projeção de vender 1.000 unidades desse produto ao preço de venda unitário de R$ 15,00, o resultado unitário e total será dado conforme a tabela:

Descrição	Valor Unitário ($)	Valor Total ($)	
(+) Receita bruta de vendas	15,00	15.000,00	
(–) ICMS sobre a venda	– 2,70	– 2.700,00	18%
(–) PIS sobre a venda	– 0,25	– 247,50	1,65%
(–) COFINS sobre a venda	– 1,14	– 1.140,00	7,60%
(=) Receita líquida de vendas	**10,91**	**10.912,50**	
(–) Custo variável da venda	– 6,00	– 6.000,00	
(–) Comissão sobre a venda	– 0,75	–750,00	5%
(=) Margem de contribuição	**4,16**	**4.162,50**	**27,75%**

Observa-se que a projeção de resultado é uma margem de contribuição total de $ 4.162,50, que corresponde exatamente a 27,75% sobre a receita bruta. Portanto, o modelo de *mark-up* produziria a margem de contribuição desejada desde que todas as variáveis permanecessem constantes e a base de cálculo do ICMS, PIS e COFINS fosse a mesma.

Ainda, caso essa organização tenha incidência do IPI ("tributo por fora"), haveria de incluir o valor do tributo no preço de venda após o cálculo do preço de venda com os tributos por dentro. Suponha para o exemplo anterior uma alíquota de IPI de 10%, o preço de venda seria de $16,50:

Preço de Venda = 15,00 × (1+10%) = $ 16,50

Outro ponto importante é que os tributos gerados na venda não serão necessariamente os tributos a pagar, pois a organização poderá ter a ocorrência dos créditos tributários sobre as compras na hipótese de estar enquadrada no regime de não cumulatividade.

Considere que uma organização efetuou compra de 200 kg de insumos de seu fornecedor ao preço total de $ 11.000,00 sendo que nesse preço estão incluídos IPI (10%), ICMS (18%), PIS (1,65%) e COFINS (7,60%). Considere ainda que todos esses tributos são recuperáveis, uma vez que a empresa é contribuinte desses tributos no momento da venda. O custo líquido da compra do insumo, em termos total e unitário, bem como os saldos de tributos a compensar é dado na tabela:

Descrição	Valor	
(+) Valor bruto da compra	11.000,00	
(–) Crédito de IPI sobre a compra	– 1.000,00	[11.000 ÷ 1,10 – 11.000]
(=) Valor líquido de IPI	**10.000,00**	
(–) Crédito ICMS sobre a compra	– 1.800,00	[10.000 × 18%]
(–) Crédito PIS sobre a compra	– 165,00	[10.000 × 1,65%]
(–) Crédito COFINS sobre a compra	– 760,00	[10.000 × 1,60%]
(=) Custo líquido da compra (estoque)	**7.275,00**	
(÷) quantidade comprada (kg)	200 kg	
(=) Custo unitário do insumo ($/kg)	**$ 36,38/kg**	[7.275,00 ÷ 200]

No exemplo ilustrativo, os tributos que são recuperáveis não são incorporados no custo dos insumos, e esses valores de créditos tributários poderão ser utilizados para compensação dos tributos devidos sobre a venda. O custo líquido do quilo da matéria-prima é de R$ 36,38, portanto, caso o produto consuma cinco quilos dessa matéria-prima, e este seja o único custo variável, deve-se considerar no modelo *mark-up* o custo de $ 181,90 (36,38 × 5).

O MODELO *MARK-UP* PARA FORMAÇÃO DO PREÇO DE VENDA EM DOIS ESTÁGIOS

Uma alternativa de modelo de formação de preço com base em custos está no modelo de formação do preço de venda em dois estágios. Nesse modelo, primeiro calcula-se o preço de venda líquido (sem tributos) e depois adicionam-se os tributos "por dentro". No modelo de dois estágios, diferentemente do modelo de 1 estágio, o percentual da margem desejada e das despesas variáveis incidem sobre o valor do preço de venda líquida. O segundo estágio (adição dos tributos sobre a venda) também pode ser desmembrado em duas fases para inclusão dos tributos separadamente, conforme será demonstrado.

EXEMPLO PRÁTICO

Considere uma empresa com custo variável de $ 6,00, que paga comissão de 5% sobre o preço de venda líquido e deseja uma margem de lucro de 27,75% sobre o preço de venda líquido. Nesse caso, para determinar o preço de venda em dois estágios, primeiro deve-se calcular o preço de venda líquido de tributos, conforme ilustrado na equação:

$$\text{Preço de venda líquida} = \frac{\$\,6,00}{(1 - 5\% - 27,75\%)} = 8,92$$

Como as comissões serão pagas sobre o preço de venda líquido, o valor da despesa variável é menor e a margem de lucro também tem como base o preço de venda líquido. Após o cálculo do preço de venda líquido, devem-se adicionar os impostos para calcular o preço de venda bruto ao consumidor. Assim, partindo do preço de venda líquido de $ 8,92, e considerando que há incidência de ICMS (18%), PIS (1,65%) e COFINS (7,60%), o preço de venda bruto deverá incorporar esses tributos.

Conforme decisão do Supremo Tribunal Federal em maio de 2021, o ICMS não deve estar contido na base de PIS e COFINS para efeito de apuração dos tributos sobre a venda, portanto espera-se que os modelos de formação de preço de venda sejam ajustados para acomodar esta decisão. Para a formação do preço de venda, a não incidência do ICMS na base de cálculo provoca uma redução da carga tributária e redução do preço de venda bruto.

OLHA A NOTÍCIA!

STF decide que exclusão do ICMS do PIS-COFINS deve incidir sobre imposto destacado em nota

Autor: Ricardo Brito

Data: 13.5.2021

O plenário do Supremo Tribunal Federal (STF) concluiu que a exclusão do ICMS da base de cálculo do PIS-COFINS vai produzir efeitos a partir de 15 de março de 2017 e incidir no imposto destacado pela nota, em decisão que terá maior impacto para o caixa do governo federal e será benéfica a empresas e contribuintes.

A deliberação ocorreu no julgamento de um recurso apresentado pela União que pretendia discutir o alcance da decisão que o STF tomou quatro anos atrás sobre a exclusão do ICMS do PIS-COFINS.

EXEMPLO PRÁTICO

Do exemplo, temos que o preço de venda líquido de impostos seria de 8,92%, assim, a adição dos tributos se dá em duas etapas, primeiro calcula-se o preço de venda sem ICMS (mas com PIS e COFINS na mesma base) e depois calcula-se o preço de venda bruto, com todos os tributos. A inclusão do ICMS no preço de venda é ilustrada na equação:

$$\text{Preço de venda sem ICMS} = \frac{\$\,8{,}92}{(1 - 9{,}25\%)} = 9{,}83$$

Conforme demonstrado na equação anterior, se não houvesse ICMS e apenas PIS e COFINS o produto seria vendido por $ 9,83, porém, como há a incidência do ICMS, deve-se partir do preço base de $ 9,83 e adicionar as alíquotas de PIS e COFINS, conforme ilustrado na equação:

$$\text{Preço de venda bruto ao consumidor} = \frac{\$\,9{,}83}{(1 - 18\%)} = 11{,}99$$

Dessa forma, com a incidência do ICMS, PIS e COFINS, o produto deve ser vendido ao cliente ou consumidor final ao preço de venda bruto de $ 11,99, conforme equação. Esse valor considera o custo unitário líquido de $ 6,00, a margem de contribuição desejada de 27,75%, as despesas variáveis de 5%, além dos tributos sobre a venda (sem a incidência do ICMS na base de cálculo do PIS e COFINS). A tabela a seguir ilustra o resultado da venda de 1.000 unidades de produtos ao preço de venda unitário de R$ 11,99.

Descrição	($) / Unidade	Total ($)	%
(+) Receita bruta de vendas	11,99	11.990	
(–) ICMS sobre a venda	(2,16)	(2.160)	[11.990 × 18%]
(=) **Receita sem ICMS**	**9,83**	**9.830**	
(–) PIS/COFINS sobre a venda	(0,91)	(910)	[9.830 × 9,25%]
(=) **Receita líquida de vendas**	**8,92**	**8.920**	
(–) Custo variável da venda	(6,00)	(6.000)	
(–) Comissão sobre a venda	(0,45)	(450)	[8.920 × 5%]
(=) **Margem de contribuição**	**2,47**	**2.470**	**27,75%**
(%) **Margem de contribuição**	**27,75%**	**27,75%**	**[2,47 ÷ 8,92]**

Os resultados ilustrados na tabela anterior são arredondados para duas casas decimais, mas deixam claro que a exclusão do ICMS da base de cálculo do PIS e COFINS nas operações de vendas promove uma redução do preço de venda bruto, pois no primeiro exemplo o preço de venda era de $ 15,00 e no segundo $ 11,99.

Na realidade, a redução do preço de venda bruto foi causada por três fatores: (i) mudança no modelo de negócio, pois tanto o percentual de comissão sobre as vendas quanto de margem de lucro desejada passa a ser calculada sobre a receita líquida, e não mais sobre a receita bruta; (ii) a exclusão do ICMS da base do PIS e da COFINS, que reduz a participação desses últimos dois tributos no preço de venda final; e (iii) a própria redução do preço de venda final reduz a base do ICMS, do PIS e da COFINS e, consequentemente, o valor desses tributo no preço final.

Embora esse ponto seja controverso, em tese, a exclusão do ICMS da base de cálculo do PIS e COFINS deve ser aplicado apenas na saída e não na entrada, ou seja, no cálculo do crédito de PIS e COFINS sobre a compra de matéria-prima. Caso o governo venha a decidir que a exclusão do ICMS deve ser aplicada às entradas também, isso provocaria um aumento do custo líquido e anularia o benefício da redução do preço de venda.

Outro ponto importante é que, se houver incidência e IPI sobre o preço de venda, o modelo deverá prever a inclusão desse tributo por fora. Continuando o exemplo anterior, onde o preço de venda era $ 11,99, se houvesse IPI a 10%, a inclusão desse tributo deveria ser realizada, conforme equação:

$$\text{Preço de Venda Bruto com IPI} = \$ 11,99 \times (1 + 10\%) = \$ 13,19$$

Nas normas contábeis, é o registro do bem pelos arrendatários nos contratos de arrendamento mercantil, apesar de a propriedade legal permanecer com o arrendador.

Descrição	($) Unidade	($) Total	Descrição Valor Unitário
(+) **Receita bruta de vendas**	**13,19**	**13.190**	
(–) IPI sobre a venda	–1,20	–1.200	[$ 13,19 ÷ (1+10%) – $13,19]
(=) **Receita sem IPI**	**11,99**	**11.990**	
(–) Icms sobre a venda	–2,16	–2.160	[$ 11,99 × –18%]
(=) **Receita sem ICMS e IPI**	**9,83**	**9.830**	
(–) PIS/COFINS sobre a venda	–0,91	–910	[$ 9,83 × –9,25%]
(=) **Receita líquida de vendas**	**8,92**	**8.920**	
(–) Custo variável da venda	–6,00	–6.000	
(–) Comissão sobre a venda	–0,45	–450	[$ 8,92 × –5%]
(=) **Margem de contribuição**	**2,47**	**2.470**	
(%) **Margem de contribuição**	**27,75%**	**27,75%**	[2,47 ÷ 8,92]

Os exemplos demonstram que as informações de custos são importantes para a decisão do preço de venda do produto, entretanto, conforme mencionado anteriormente, para manter competitividade a empresa não deve deixar de monitorar o ambiente externo (clientes, concorrentes, legislação etc.). Uma combinação entre o preço de venda com base em custos e o monitoramento eficiente do ambiente externo poderá ser a chave para a competitividade e lucratividade do negócio.

INFLUÊNCIA DOS CUSTOS, TRIBUTOS E PREÇO DE VENDA NA CADEIA PRODUTIVA

As atividades logísticas das cadeias produtivas desempenham um papel importante na economia ao integrar diversas etapas da cadeia produtiva, desde o produtor de insumos básicos até o consumidor final. A estratégia logística das organizações promove competitividade e oportunidades de redução de custos, portanto, compreender como os recursos se movimentam na cadeia produtiva, bem como os preços, custos e tributos relacionados a essas movimentações, é de suma importância para os gestores das organizações envolvidas.

Estudos apontam que os custos logísticos podem comprometer até 30% das receitas da cadeia produtiva, todavia, com uma boa estratégia logística esses custos podem ser reduzidos a menos de 10% das receitas. Os custos logísticos totais dependem de diversas variáveis como o modal de transporte, o volume de compras, a localização etc. Dentre os principais elementos de custos logísticos, destacam-se os custos de transporte, armazenagem, movimentação, embalagem, manutenção, tecnologia. O desenho da estratégia logística também pode impactar os tributos sobre os preços de venda e essa variável também deve ser considerada.

A depender do regime de tributação dos integrantes da cadeia produtiva poderá haver tributos em cascata sobre os insumos, produtos e mercadorias, como no caso das organizações tributadas no regime cumulativo de PIS e COFINS. Dessa forma, o planejamento logístico da cadeia produtiva deve ter um escopo ampliado e envolver todos seus integrantes. Uma cadeia produtiva competitiva beneficia a todos os integrantes.

Também é importante compreender todos os tributos incidentes sobre a mão de obra. A compreensão dos custos poderá suportar decisões sobre a terceirização ou internalização de atividades. Conforme demonstrado anteriormente, o salário bruto de R$ 15.000 representa um custo total de R$ 24.062 para a empresa, um acréscimo de 60%, isso considerando apenas os encargos e benefícios legais, sem contar os benefícios voluntários e outros encargos setoriais.

ANÁLISE DOS TRIBUTOS NA CADEIA PRODUTIVA

Para ilustrar a importância dos preços, custos e tributos em diversas fases da cadeia produtiva será aplicado um exemplo prático em uma cadeia com três estágios (**indústria**, **atacado** e **varejo**), conforme ilustra a Figura 20.7. Por simplificação didática, serão consideradas apenas três empresas, uma de cada estágio da cadeia produtiva, sendo todas dentro do mesmo estado, com regime de tributação pelo lucro real. A **indústria** vende toda a sua produção para o **atacado**, que, por sua vez, vende todas as mercadorias para o **varejo**, que finalmente vende para o consumidor final.

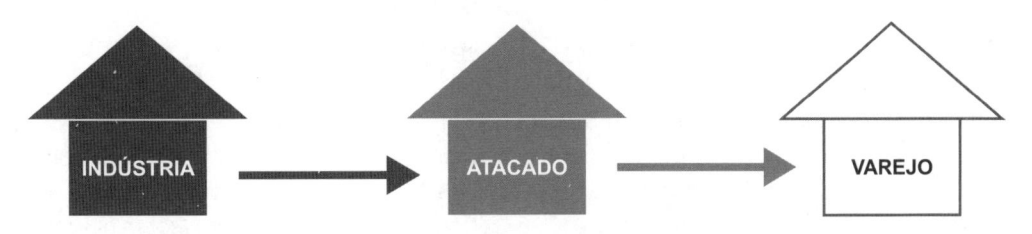

Figura 20.7 Cadeia com três estágios.

EXEMPLO PRÁTICO

No primeiro estágio, a **indústria** adquire insumos básicos do produtor rural por $ 200, sendo que nesse valor não houve a incidência de tributos e não há tributos a recuperar, a entrega dos insumos é realizada diretamente pelo produtor para a **indústria** (não há frete sobre a compra). Além dos custos com insumos, a **indústria** incorre em custos e despesas com mão de obra, com remuneração mensal (salário + férias + 13º salário), totalizando $ 30 ao mês, ao qual deve ser adicionado custos e despesas com INSS (26,30%), FGTS (8%). Além dos custos da matéria-prima e mão de obra, a **indústria** também incorre em outros custos e despesas indiretas fixas de $ 10 por mês. Finalmente, sobre o lucro real apurado no período, haverá incidência de 25% de IRPJ e de 9% de CSLL.

Para a formação do preço de venda, a **indústria** utiliza o modelo de formação de dois estágios, onde primeiro calcula o preço de venda líquido e depois adiciona os tributos. Para calcular o preço de venda líquido, considera apenas o custo líquido de matéria-prima, adiciona a despesa de frete sobre as vendas, estimada em 5% sobre a receita líquida e uma margem de contribuição de 20% sobre o preço de venda líquido.

Para o segundo estágio (adição dos tributos), a empresa realiza a exclusão do ICMS da base de cálculo do PIS e COFINS. Sobre a venda desse produto haverá incidência de ICMS de 18%, PIS de 1,65%, COFINS de 7,60% e IPI de 10%.

O primeiro passo, ante de aplicar os modelos para formação do preço de venda, é preciso calcular o custo líquido de matéria-prima. Como não há tributos a recuperar da compra direta do produtor, o custo de matéria-prima a ser considerado é $ 200. O segundo passo é calcular o preço de venda líquido, considerando apenas o custo variável de $ 200, a despesa variável sobre a venda de 5% e a margem de contribuição desejada de 20%, o preço de venda líquido deve ser $ 266,37, conforme demonstra a equação:

$$PV_{Líquido} = \frac{\$ 8,92}{(1 - 5\% - 20\%)} = \$ 266,67$$

O segundo estágio da formação do preço de venda inicia com a determinação do preço base para o ICMS, considerando o preço de venda líquido de $ 266,67 e acrescentando a alíquota de 18%, fazendo com que o valor base ICMS seja de $ 325,20:

$$PV_{base\ ICMS} = \frac{\$ 266,67}{(1 - 18\%)} = \$ 325,20$$

Após termos o valor base ICMS de $ 325,20, adicionamos a alíquota do PIS (1,65%) e da COFINS (7,60%) para termos os preços de venda já com os três tributos (somando PIS e COFINS 9,25%):

$$PV_{base\ PIS/COFINS} = \frac{\$ 325,20}{(1 - 9,25\%)} = \$ 358,35$$

Após a inclusão de todos os tributos por dentro, deve-se incluir o tributo por fora (apenas no caso da **indústria**), que é o IPI de 10%. Considerando a base de $ 358,35, deve-se multiplicar pela alíquota do IPI mais 1,00 (um), ou seja, nesse caso 1,10. Dessa forma, o preço de venda final será de $ 394,19.

$$PV_{bruto} = [\$ 358,35 \times (1 + 10\%)] = \$ 394,19$$

A tabela a seguir ilustra o resultado obtido pela **indústria** no período. Ao vender toda a sua produção, a **indústria** reconhece uma margem de contribuição de $ 53,33, que corresponde exatamente a 20% da receita líquida. Abaixo da margem de contribuição, são deduzidos os custos e despesas fixos com mão de obra e outros custos e despesas indiretos, perfazendo um resultado antes dos impostos de $ 16,18. Com a dedução dos tributos sobre o lucro, a **indústria** realiza um lucro líquido de $ 10,67, que corresponde a uma margem líquida de 4% sobre a receita líquida do período.

DRE INDÚSTRIA	$	%
(+) Receita bruta de venda	**394,19**	
(–) IPI a pagar s/ venda	– 35,84	
(=) Receita sem IPI	**358,35**	
(–) ICMS s/ venda	– 64,50	
(=) Receita sem ICMS	**293,85**	
(–) PIS s/ venda	**– 4,85**	
(–) COFINS s/ venda	**– 22,33**	
(=) Receita líquida de vendas	**266,67**	**100%**
(–) Custo líquido de matéria-prima	– 200,00	– 75%
(–) Despesa de frete sobre venda	– 13,33	– 5%
(=) Margem de contribuição	**53,33**	**20%**
(–) Remuneração (Salário + 13º + Férias)	– 20,00	– 7,50%
(–) INSS sobre a folha de pagamentos	– 5,56	– 2,09%
(–) FGTS sobre a folha de pagamentos	– 1,60	– 0,60%
(–) Outros custos e despesas indiretos	– 10,00	– 3,75%
(=) Resultado antes dos impostos	**16,17**	**6,07%**
(–) IRPJ	– 4,04	– 1,52%
(–) CSLL	– 1,46	– 0,55%
(=) Lucro líquido	**10,67**	**4%**

O segundo estágio da cadeia produtiva ocorre no **atacado**. Neste estágio não há incidência de IPI sobre a venda (exceto se a empresa for equiparada a industrial), portanto, o IPI que incidiu sobre o valor da compra não é recuperável e irá compor o custo do estoque no **atacado**. Considerando que toda a produção da **indústria** foi adquirida pelo valor bruto de $ 394,19 e ainda houve um custo de transporte (frete sobre a compra) no valor de $ 10,00, e que há créditos de ICMS, PIS e COFINS (o IPI não compõe a base de crédito de ICMS, mas compõe a base de crédito de PIS e COFINS), os produtos entrarão no estoque do **atacado** pelo valor líquido de $ 300,50.

(+) Custo bruto de aquisição matéria-prima	394,19	
(+) Custo do frete sobre as compras	10,00	
(=) Custo bruto total de aquisição	**404,19**	
(–) Crédito de ICMS sobre compra	– 66,30	[(404,19 – 35,84) × 18%]
(–) Crédito de PIS sobre compra	– 6,67	[404,19 × 1,65%]
(–) Crédito de COFINS sobre compra	– 30,72	[404,19 × 7,60%]
(=) Custo Líquido	**300,50**	

A apuração do custo líquido do estoque é o primeiro passo para apuração do preço de venda do **atacado**. Considerando o custo líquido de $ 304,19, o **atacado** acrescenta uma margem de contribuição de 20% e uma despesa de frete sobre a venda estimada em 5% sobre a receita líquida. Dessa forma, chega-se ao preço de venda líquido de $ 400,66:

$$PV_{Líquido} = \frac{\$\ 300,50}{(1 - 5\% - 20\%)} = \$\ 400,66$$

Sobre as vendas realizadas, o atacado deve recolher 18% de ICMS, portanto, após apuração do preço de venda líquido, acrescenta esse tributo. Se não houvesse outros tributos, o estoque seria vendido por $ 488,61:

$$PV_{base\ ICMS} = \frac{\$ 400,66}{(1 - 18\%)} = \$ 488,61$$

Finalmente, considerando que há incidência de PIS (1,65%) e COFINS (7,60%) sobre as receitas geradas no atacado, devem-se incluir esses tributos para formação do preço de venda bruto. Dessa forma, o preço de venda bruto do atacado será de $ 538,41:

$$PV_{bruto} = \frac{\$ 488,61}{(1 - 1,65\% - 7,60\%)} = \$ 538,41$$

Para apuração do resultado do **atacado**, deve-se considerar ainda que há custos e despesas fixos com remuneração da mão de obra (salário, férias e 13º salário) no valor de $ 30, e sobre a remuneração incide INSS (27,80%) e FGTS (8%). Além disso, há outros custos e despesas fixos operacionais de $ 10. Sobre o lucro, haverá incidência de IRPJ (25%) e CLSS (9%). Considerando todos esses elementos, o **atacado** apresenta um lucro líquido de $ 19,40.

DRE Atacado	$	%
(+) Receita bruta de venda	**538,41**	
(–) IPI a pagar s/ venda	0,00	
(=) Receita sem IPI	**538,41**	
(–) ICMS s/ venda	– 96,91	
(=) Receita sem ICMS	**441,50**	
(–) PIS s/ venda	**– 7,28**	
(–) COFINS s/ venda	**– 33,55**	
(=) Receita líquida de vendas	**400,66**	**100%**
(–) Custo líquido de matéria-prima	– 300,50	– 75%
(–) Despesa de frete sobre venda	– 20,03	– 5%
(=) Margem de contribuição	**80,13**	**20%**
(–) Remuneração (Salário + 13º + Férias)	– 30,00	– 7,49%
(–) INSS sobre a folha de pagamentos	– 8,34	– 2,08%
(–) FGTS sobre a folha de pagamentos	– 2,40	– 0,60%
(–) Outros custos e despesas indiretos	– 10,00	– 2,50%
(=) Resultado antes dos impostos	**29,39**	**7,34%**
(–) IRPJ	– 7,35	– 1,83%
(–) CSLL	– 2,65	– 0,66%
(=) Lucro líquido	**19,40**	**4,84%**

Na tabela anterior, é possível observar que a margem de contribuição do **atacado** é de $ 80,13, representando exatamente 20% da receita líquida. Com a dedução dos custos e despesas operacionais fixos e dos tributos sobre o lucro, o **atacado** atinge um lucro líquido de $ 19,40. A margem líquida do **atacado** é ligeiramente superior à margem da **indústria**.

O varejo é o último estágio da cadeia antes de o produto chegar ao consumidor final. Considerando que o estoque foi adquirido pelo **varejo** por $ 538,41 e que houve custos adicionais de frete sobre a compra de $ 20, o custo bruto de entrada no estoque do **varejo** foi de $ 558,41. Todavia, nesse estágio, ICMS, PIS e COFINS sobre as aquisições são recuperáveis e, portanto, o custo líquido do estoque é de $ 406,25, conforme demonstrado na tabela a seguir.

(+) Custos bruto de aquisição matéria-prima	538,41	
(+) Custo do frete sobre as compras	20,00	
(=) Custo bruto total de aquisição	**558,41**	
(–) Crédito de ICMS sobre compra	– 100,51	[558,41 × 18%]
(–) Crédito de PIS sobre compra	– 9,21	[558,41 × 1,65%]
(–) Crédito de COFINS sobre compra	– 42,44	[558,41 × 7,60%]
(=) Custo Líquido	**406,25**	

Para formação do preço de venda, o **varejo** toma o custo líquido de aquisição de $ 406,25 e acrescenta uma margem de contribuição desejada de 25% e não há frete sobre as vendas, pois se o consumidor comprar na loja *on-line* e para entrega deverá pagar separadamente o frete. Assim, se não houvesse impostos, o produto seria vendido pelo **varejo** ao consumidor final por $ 541,66, conforme demonstrado na equação:

$$PV_{Líquido} = \frac{\$ 406,25}{(1 - 25\%)} = \$ 541,66$$

Ao preço de venda líquido deve-se inserir o ICMS (18%) incidente sobre as vendas, elevando o valor para $ 660,56, conforme equação:

$$PV_{base\ ICMS} = \frac{\$ 541,66}{(1 - 18\%)} = \$ 660,56$$

Finalmente, adicionamos ao preço de venda também o PIS (1,65%) e a COFINS (7,60%) para chegar ao preço final ao consumidor. Portanto, conforme demonstra a equação, o preço de venda ao consumidor final será de $ 727,89.

$$PV_{bruto} = \frac{\$ 660,56}{(1 - 1,65\% - 7,60\%)} = \$ 727,89$$

Para a mensuração do resultado do **varejo** devemos considerar ainda que neste estágio da cadeia produtiva há custos e despesas fixos com remuneração da mão de obra por $ 60 (incluindo salários, férias e 13º salário) e sobre a remuneração do pessoal haverá encargos de INSS (27,80%) e de FGTS (8%). Além disso, o **varejo** incorre em outros custos e despesas fixos de $ 10. Sobre o resultado operacional verificado haverá ainda a incidência de IRPJ (25%) e de CSLL (9%), considerando todas essas variáveis, o lucro líquido do **varejo** foi de $ 29,00, representando uma margem líquida de 5,35% sobre a receita líquida. A composição do resultado do **varejo** é demonstrada na tabela a seguir.

DRE Varejo	$	%
(+) Receita bruta de venda	**727,89**	
(–) IPI a pagar s/ venda	0,00	
(=) Receita sem IPI	727,89	
(–) ICMS s/ venda	– 131,02	
(=) Receita sem ICMS	**596,87**	
(–) PIS s/ venda	**– 9,85**	
(–) COFINS s/ venda	**– 45,36**	
(=) Receita Líquida Vendas	**541,66**	**100%**
(–) Custo líquido de matéria-prima	– 406,25	– 75%
(–) Despesa de frete sobre venda	0,00	0%
(=) Margem de contribuição	**135,42**	**25%**
(–) Remuneração (Salário + 13º + Férias)	– 60,00	– 11,08%
(–) INSS sobre a folha de pagamentos	– 16,68	– 3,08%
(–) FGTS sobre a folha de pagamentos	– 4,80	– 0,89%
(–) Outros custos e despesas indiretos	– 10,00	– 1,85%
(=) Resultado antes dos impostos	**43,94**	**8,11%**
(–) IRPJ	– 10,98	– 2,03%
(–) CSLL	– 3,95	– 0,73%
(=) Lucro líquido	**29,00**	**5,35%**

Após analisar o resultado individualmente de todos os estágios da cadeia produtiva, é importante analisar o resultado global para verificar se há algum desequilíbrio relevante que poderia causar riscos a toda rede de abastecimento. A demonstração de resultado consolidada dos três estágios da cadeia produtiva é apresentada na tabela.

Conforme pode ser observado na última linha, as margens líquidas da cadeia produtiva variam entre 4% e 5,35%. Embora possa parecer uma variação pequena, esses montantes podem ser considerados significativos, pois o **varejo** (estágio com maior margem líquida) possui uma lucratividade mais de 10% maior do que o **atacado** e mais de 33% maior do que a **indústria**.

Para ajustar as lucratividades entre organizações que compõem a cadeia produtiva, é possível ajustar as margens de contribuição que são inseridas no preço de venda. Note que os dois primeiros estágios (**indústria** e **atacado**) trabalham com uma margem de contribuição de 20%, enquanto o **varejo** trabalha com margem de contribuição de 25%.

A maior barreira para realizar esse tipo de análise na prática é a dificuldade em se consolidar as informações de custos e margens entre as empresas que compõem uma cadeia produtiva, o que requer abertura dos livros entre as entidades da cadeia produtiva.

A resistência dos gestores em disponibilizar a abertura de seus números se justifica pelo risco de ocorrência de comportamento oportunista por parte do elo mais forte da cadeia, todavia, se houver maior nível de confiança entre as partes, maiores as possibilidades de realizar esse tipo de estudo de resultado consolidado.

	Indústria ($)	Atacado ($)	Varejo ($)
(+) Receita bruta de venda	**394,19**	**538,41**	**727,89**
(–) IPI a pagar s/ venda	– 35,84	0,00	0,00
(=) Receita sem IPI	**358,35**	**538,41**	727,89
(–) ICMS s/ venda	– 64,50	– 96,91	– 131,02
(=) Receita sem ICMS	**293,85**	**441,50**	**596,87**
(–) PIS s/ venda	**– 4,85**	**– 7,28**	**– 9,85**
(–) COFINS s/ venda	**– 22,33**	**– 33,55**	**– 45,36**
(=) Receita Líquida de Vendas	**266,67**	**400,66**	**541,66**
(–) Custo líquido de matéria-prima	– 200,00	– 300,50	– 406,25
(–) Despesa de frete sobre venda	– 13,33	– 20,03	0,00
(=) Margem de contribuição	**53,33**	**80,13**	**135,42**
(%) Margem de contribuição	**20%**	**20%**	**25%**
(–) Remuneração (Salário + 13º + Férias)	– 20,00	– 30,00	– 60,00
(–) INSS sobre a folha de pagamentos	– 5,56	– 8,34	– 16,68
(–) FGTS sobre a folha de pagamentos	– 1,60	– 2,40	– 4,80
(–) Outros custos e despesas indiretos	– 10,00	– 10,00	– 10,00
(=) Resultado antes dos impostos	**16,17**	**29,39**	**43,94**
(–) IRPJ	– 4,04	– 7,35	– 10,98
(–) CSLL	– 1,46	– 2,65	– 3,95
(=) Lucro líquido	**10,67**	**19,40**	**29,00**
(%) Margem líquida	**4%**	**4,84%**	**5,35%**

Do ponto de vista tributário, um estudo interessante que se pode fazer ao se obter os números consolidados é sobre o peso de cada tributo no preço de venda ao consumidor final. Conforme demonstrado na tabela anterior, o preço ao consumidor final foi $ 727,89 e, considerando, todos os tributos gerados, menos os tributos compensados e mais os encargos sobre a folha de pagamentos, chegamos à conclusão de que os tributos representaram um custo de $ 265,46 ou 36,47% do preço de venda ao consumidor final, conforme demonstrado na tabela a seguir:

TRIBUTOS/ENCARGOS ($ LÍQUIDO)	INDÚSTRIA ($)	ATACADISTA ($)	VAREJISTA ($)	TOTAL ($)
IPI	– 35,84	0,00	0,00	– 35,84
ICMS	– 64,50	– 30,61	– 30,51	– 125,62
PIS	– 4,85	– 0,62	– 0,63	– 6,10
COFINS	– 22,33	– 2,84	– 2,92	– 28,09
INSS	– 5,56	– 8,34	– 16,68	– 30,58
FGTS	– 1,60	– 2,40	– 4,80	– 8,80
IRPJ	– 4,04	– 7,35	– 10,98	– 22,38
CSLL	– 1,46	– 2,65	– 3,95	– 8,06
TOTAL	– 140,18	– 54,80	– 70,48	**– 265,46**

Percebe-se que neste exemplo a **indústria** teve maior peso da carga tributária, com destaque aos tributos indiretos IPI, ICMS, PIS e COFINS (todos repassados no preço de venda). Já o **atacado** possui o menor peso, pois, além de recuperar o ICMS, o PIS e a COFINS pago na aquisição da matéria-prima, não possui um uma folha de pagamentos tão alta quanto o **varejo**, portanto tem menor incidência de encargos sobre a folha (INSS e FGTS) sobre o seu resultado.

Finalmente, a partir da mensuração dos custos, tributos e preços, é possível ainda compreender também a participação de cada elemento da cadeia produtiva na composição de preço de venda final ao consumidor, conforme demonstrado na tabela a seguir:

	($)	(%)
(+) Receita bruta ao consumidor final	727,89	100%
(–) Custo das compras dos insumos básicos	– 200,00	27,48%
(–) Despesa de frete sobre as vendas	– 33,37	4,58%
(–) Custo do frete sobre as compras	– 30,00	4,12%
(–) Custo da mão de obra (remuneração)	– 110,00	15,11%
(–) Outros custos e despesas indiretos	– 30,00	4,12%
(–) Custo da carga tributária	**– 265,46**	**36,47%**
(–) Lucro retido na cadeia	– 59,07	8,12%
TOTAL	0,00	

Como pode ser percebido na tabela anterior, a carga tributária é o elemento que corresponde à maior fatia (36,95%) do preço pago pelo consumidor final. A somatório do lucro dos empresários da **indústria**, do **atacado** e do **varejo** foi $ 60,78 ($ 10,68 + $ 20,05 + $ 30,06) e corresponde apenas a 8,25% do preço pago pelo consumidor.

Em uma gestão estratégica de custos e resultados, todos esses elementos devem ser mensurados, estudados e discutidos para que a cadeia produtiva seja mais competitiva em termos de preço ao consumidor e, simultaneamente, a lucratividade dos empresários seja maximizada. Somente se os resultados forem atrativos aos empresários é possível assegurar as organizações continuarão viáveis, gerando empregos e contribuindo para o PIB do país.

CASO PRÁTICO

No exemplo apresentado, consideramos que todas as empresas apuram PIS e COFINS pelo regime não cumulativo. Caso uma empresa da cadeia apurasse o PIS e COFINS pelo regime cumulativo, deve-se lembrar que na composição do preço devemos considerar a alíquota de 0,65% para o PIS e 3% para a COFINS, bem como estar atento ao fato de que nesse regime de apuração as contribuições pagas na aquisição não são recuperáveis, ou seja, não devem ser excluídas na apuração do preço líquido. Por exemplo, voltamos à tabela onde foi mensurado o custo líquido de aquisição no **varejo** e vamos supor que nessa etapa a empresa estivesse sujeita a apuração do PIS e da COFINS pelo regime cumulativo, ou seja, sem direito ao crédito.

Qual seria o custo de aquisição para a empresa? Vejamos:

Mensuração do custo de aquisição no **varejo** pelo regime cumulativo:

(+) Custos bruto de aquisição matéria-prima	538,41	
(+) Custo do frete sobre as compras	20,00	
(=) Custo bruto total de aquisição	**558,41**	
(–) Crédito de ICMS sobre compra	– 100,51	[558,41 x 18%]
(=) Custo Líquido	**457,90**	

Consequentemente, o preço de venda também seria impactado. Nesse caso, mantendo-se a margem de 25%, o preço de venda líquido seria de $ 610,53, conforme equação.

$$PV_{líquido} = \frac{\$\,457,90}{(1 - 25\%)} = \$\,610,53$$

Ao preço de venda líquido deve-se inserir o ICMS (18%) incidente sobre as vendas, elevando o valor para $ 744,55.

$$PV_{base\,ICMS} = \frac{\$\,610,53}{(1 - 18\%)} = \$\,744,55$$

Finalmente, adicionamos ao preço de venda também o PIS e a COFINS cumulativas de 0,65% e 3%, respectivamente, para chegar ao preço final ao consumidor. Portanto, conforme demonstra a equação o preço de venda ao consumidor final será de $ 772,76.

$$PV_{base\,ICMS} = \frac{\$\,744,55}{(1 - 0,65\% - 3\%)} = \$\,772,76$$

Conforme é possível notar, a mudança do regime de apuração de tributos causa um efeito significativo na apuração do custo líquido e no preço de venda final e deve ser levado em consideração nas análises de competitividade da cadeia. Se o varejista estivesse no regime cumulativo, o seu custo aumentaria em torno de 13% e o preço de venda aumentaria em torno de 6%, comparado aos valores no regime não cumulativo.

QUESTÃO PARA REFLEXÃO

Se as organizações fornecedoras e compradoras pudessem trocar informações abertamente de custos e margens, elas poderiam buscar soluções conjuntas para otimização de recursos, redução de custos e melhoria da estratégia tributária para a cadeia produtiva; no entanto, muitas iniciativas de abertura dos números são frustradas por receio de repassar as informações internas para fornecedores e clientes estratégicos. Como o gestor de uma organização poderia abordar o seu fornecedor para convencê-lo a abrir as suas informações de custos e margens?

RESUMO

OBJETIVO 1   É necessário compreender as principais terminologias porque apenas os custos serão alocados nos estoques de produtos (Balanço Patrimonial), enquanto as despesas e perdas deverão ser alocados diretamente ao resultado (DRE). Custos são recursos consumidos no processo de produção de produtos ou prestação de serviços. Dentre os principais elementos de custos estão o custo de matéria-prima, mão de obra e outros custos indiretos. Para organizações enquadradas no regime não cumulativo, tributos incorridos na aquisição de matéria-prima (por exemplo, ICMS, PIS e COFINS) poderão ser recuperados (creditados) reduzindo o valor do custo de aquisição desses elementos. Já os encargos que incidem sobre a mão de obra (por exemplo, INSS e FGTS) provocam aumento no custo desse elemento. Tributos incidentes sobre outros custos indiretos de produção (por exemplo, ICMS sobre a energia elétrica consumida na produção) também poderão ser creditados, reduzindo o custo desses elementos.

OBJETIVO 2   Os sistemas contábeis tradicionais são parametrizados conforme as regras do método de custeio por absorção, orientado pelo CPC 16 – Estoque. Esse método de custeio consiste na alocação de todos os custos (diretos e indiretos) aos produtos. Os custos indiretos são alocados por meio de critérios de rateio que podem ser subjetivos ou até mesmo arbitrários, distorcendo o custo unitário das unidades produzidas e comprometendo decisões estratégicas, como a análise de lucratividade ou formação de preços. Para eliminar o risco de distorção do custo unitário do produto por conta de rateios utiliza-se o método de custeio variável. O custeio variável aloca apenas o custo variável e direto aos produtos. A medida de lucratividade associado ao método de custeio variável é a Margem de Contribuição, que considera as receitas líquidas de venda subtraídas dos custos e despesas variáveis.

OBJETIVO 3   Os preços de venda podem ser formados a partir de informações de mercado (concorrentes) ou a partir dos custos ou um *mix* das duas coisas. Se o preço de venda é formado a partir dos custos é preciso assegurar que o custo não está distorcido, por isso, recomenda-se utilizar o método de custeio variável para formação do preço de venda, onde que cada produto deve ter uma margem de contribuição própria para cobrir os custo e despesas fixas. Além do custo variável e da margem de contribuição, o modelo de formação de preços a partir dos custos considera os tributos sobre a venda e eventuais despesas variáveis de venda, como frete, taxas de administração de cartões etc. No modelo de formação em dois estágios, primeiro calcula-se o preço de venda líquido e depois adicionam-se os tributos sobre a venda, inclusive com a exclusão do ICMS da base de cálculo do PIS e da COFINS.

OBJETIVO 4   Para se calcular a influência dos custos, tributos e preços na cadeia produtiva é preciso utilizar os conceitos de mensuração dos custos líquidos de aquisição e aplicar o modelo de formação dos preços em dois estágios. O preço de venda bruto de um estágio será o custo bruto de aquisição no estágio seguinte. Com aplicação dos conceitos de custos e preços em sequência é possível desenvolver uma Demonstração de Resultado (DRE) consolidada da cadeia produtiva e utilizar essa informação para planejamento estratégico de custos para aumentar a competitividade e a lucratividade das organizações que compõem a cadeia.

▶ VÍDEOS ADICIONAIS SOBRE O CAPÍTULO

Acesse os QR Codes para assistir ao material adicional do capítulo:

Vídeo 1
uqr.to/1aybe

Vídeo 2
uqr.to/1aybg

Vídeo 3
uqr.to/1aybh

TESTES DE MÚLTIPLA ESCOLHA

1. Determinada empresa efetuou uma compra de matéria-prima pelo valor bruto de aquisição de R$ 20.000. Além disso, o custo de transporte da mercadoria no valor de R$ 4.000 foi pago pelo comprador. Sobre os valores de compra de mercadoria e frete são recuperados tributos de 18% de ICMS, 1,65% de PIS e 7,60% de COFINS. Considerando todas essas informações, qual o valor de entrada desse estoque de matéria-prima.

   a) R$ 24.000,00.

   b) R$ 20.000,00.

   c) R$ 21.000,00.

   d) R$ 17.859,60.

   e) R$ 17.460,00.

2. Uma Sociedade Empresária contratou um funcionário para a área produtiva com salário bruto de R$ 6.000 mensais. Sabe-se que a empresa deve depositar mensalmente 8% do valor do salário para fins de FGTS e deve recolher mais 20% para fins de INSS empresa. Além disso, sabe-se que o empregado terá direito a um doze avos (1/12) de 13º salário e férias a cada mês trabalhado, juntamente com os respectivos encargos sobre os direitos. Considerando essas informações, qual o custo mensal desse empregado para a Sociedade Empresária?

   a) R$ 7.680.

   b) R$ 9.173.

   c) R$ 6.000.

   d) R$ 8.847.

   e) R$ 9.250.

3. Determinada indústria produz dois produtos: P1 e P2. Os custos diretos variáveis de produção de cada produto somam R$ 5,00 por unidade. No mês de fevereiro de 20x5, a indústria incorreu em custos indiretos fixos de fabricação desses produtos no total de R$ 15.000,00. Nesse mesmo mês foram produzidas 2.000 unidades de cada produto, totalizando 4.000 unidades produzidas. Para produzir o P1, foram consumidos 3.000 horas-máquina e, para P2, foram consumidos 7.000 horas-máquina. Os custos indiretos fixos de fabricação são apropriados com base nas horas-máquina consumidas. Considerando os dados informados, o custo unitário do P2 calculado pelo custeio por absorção, no mês de fevereiro, foi de:

   a) R$ 7,25.

   b) R$ 7,50.

   c) R$ 8,50.

   d) R$ 10,25.

   e) R$ 12,00.

4. Uma Sociedade Empresária estabelece o preço de venda de suas mercadorias com base no custo de aquisição. A mercadoria "STANDARD" teve custo de aquisição, já incluído o frete, de R$ 16,00 por unidade, porém, há tributos recuperáveis de 20% incluídos nessa compra. Segundo a política de formação de preço utilizada pela Sociedade Empresária, o preço de venda estabelecido para esse produto deve proporcionar uma margem de contribuição de 15% e as despesas variáveis de venda somam 5%. Os tributos incidentes sobre as vendas são: ICMS 18%, PIS 1,65% e COFINS 7,60%. Considerando-se as informações apresentadas, qual deverá ser o preço de venda da mercadoria "STANDARD" considerando o modelo de formação de preços em dois estágios? No segundo estágio (inclusão dos tributos), considere a exclusão do ICMS da base de cálculo do PIS e COFINS.

   a) R$ 12,80.

   b) R$ 16,00.

   c) R$ 19,51.

   d) R$ 20,00.

   e) R$ 21,50.

RESPOSTAS

1-E; 2-B 3-D; 4-D.

QUESTÃO

1. Uma organização industrial fabrica dois produtos (P1 e P2) e ambos utilizam os mesmos insumos (matéria-prima). Em determinado período esta organização comprou 1.455 kg do insumo básico pelo valor bruto de R$ 30.000,00, porém, desse valor é possível recuperar créditos de ICMS (18%) e PIS-COFINS (9,25%). Os créditos de ICMS e PIS-COFINS são calculados sobre a mesma base, ou seja, o valor bruto da compra.

   Para serem produzidos, cada unidade de P1 consome 1,50 kg de insumo e cada unidade de P2 consome 2 kg. Durante o mês, a organização produziu 600 unidades de P1 e 200 unidades de P2.

Para estabelecer o preço de venda líquido do P1 acrescenta-se margem de contribuição de 10% sobre o custo líquido de aquisição da matéria-prima e para formar o preço de venda líquido de P2 acrescenta-se margem de 25% sobre o custo variável líquido. Já para estabelecer o preço de venda bruto acrescentam-se ao preço de venda líquido o ICMS (18%), o PIS (1,65%) e a COFINS (7,60%). O modelo de formação de preço considera a exclusão do ICMS da base de cálculo do PIS e da COFINS.

Pede-se:

a) Qual o valor líquido da compra a ser reconhecida no estoque de matéria-prima?

b) Qual o valor contábil do quilo do insumo?

c) Qual a quantidade total de matéria-prima consumida para produzir P1 e P2?

d) Qual o custo unitário de matéria-prima consumida para produzir P1 e P2?

e) Qual o preço de venda bruto de P1 e P2?

RESPOSTAS

(+) Valor bruto da compra	30.000,00	
(–) Crédito ICMS sobre a compra	– 5.400,00	(30.000 × 18%)
(–) Crédito PIS-COFINS sobre a compra	– 2.775,00	(30.000 × 9,25%)
Valor líquido da compra	**21.825,00**	

a) RESPOSTA: O valor líquido da compra a ser reconhecida no estoque é de R$ 21.825,00.

(=) Valor líquido da compra (R$)	21.825,00
(÷) Quantidade comprada (kg)	1.455
(=) **Valor contábil do kg**	**15,00**

b) RESPOSTA: O valor contábil do kg do insumo é de R$ 15,00/kg.

	P1	P2	Total
(=) Quantidade produzido no mês (unidades)	600	200	
(×) Consumo de kg por unidade produzida (kg)	1,50	2,00	
(=) **Quantidade total consumida de matéria-prima (kg)**	**900**	**400**	**1.300**

c) RESPOSTA: A quantidade total de matéria-prima consumida na produção de P1 e P2 foi 1.300 kg.

	P1	P2	Total
(=) Quantidade total consumida de matéria-prima (kg)	900	400	
(×) Valor contábil do kg de matéria-prima	15,00	15,00	
(=) **Valor total do custo de matéria-prima consumida**	**13.500,00**	**6.000,00**	**19.500,00**
(÷) Quantidade de produtos produzidos	**600**	**200**	
(=) Valor unitário de custo de matéria-prima	**22,50**	**30,00**	

d) RESPOSTA: O custo de matéria-prima consumida para produzir cada unidade de P1 é R$ 22,50 e para produzir cada unidade de P2 é R$ 30,00.

Formação do preço de venda

Primeiro estágio: O preço de venda líquido

$$PV_{\text{líquido}}\,P1 = \frac{R\$\,22,50}{(1-10\%)} = R\$\,25,00 \qquad PV_{\text{líquido}}\,P2 = \frac{R\$\,30,00}{(1-25\%)} = R\$\,40,00$$

Segundo estágio: O preço base ICMS

$$PV_{\text{base ICMS}}\,P1 = \frac{R\$\,25,00}{(1-18\%)} = R\$\,25,00 \qquad PV_{\text{base ICMS}}\,P2 = \frac{R\$\,40,00}{(1-18\%)} = R\$\,48,78$$

Segundo estágio: O preço de venda bruto

$$PV_{\text{bruto}}\,P1 = \frac{R\$\,30,00}{(1-9,25\%)} = R\$\,33,60 \qquad PV_{\text{bruto}}\,P2 = \frac{R\$\,48,78}{(1-9,25\%)} = R\$\,53,75$$

e) RESPOSTA: O preço de venda bruto de P1 será R$ 33,60 e de P2 R$ 53,75.

CONTENCIOSO TRIBUTÁRIO ESTRATÉGICO

Carlos Augusto Daniel Neto

Diego Diniz Ribeiro

OBJETIVOS DE APRENDIZAGEM DO CAPÍTULO

1. Apresentar a relevância do contencioso tributário administrativo e judicial, bem como o rito que deverá ser observado em cada uma dessas etapas de discussão.

2. Permitir o conhecimento sobre os principais meios antiexacionais disponíveis ao contribuinte, em cada momento do fluxo de positivação do crédito tributário, bem como os ritos procedimental e processual, além de apresentar estratégias processuais que podem ser manejadas na condução de casos tributários.

 ## OBJETIVO 1

DIREITO MATERIAL, PROCESSO E TUTELA JURISDICIONAL

CONSIDERAÇÕES INICIAIS

Para aquele que atua na área jurídico-tributária, entender o contencioso tributário e suas estratégias é de fundamental importância, haja vista que, não raramente, questões relacionadas ao Direito Tributário desembocam no Poder Judiciário. Não é por acaso que, segundo a pesquisa Justiça em Números 2020, promovida pelo Conselho Nacional de Justiça (CNJ), a maior quantidade de demandas processadas nas Justiças Comum Estadual e Federal no Brasil são de natureza tributária, conforme se observa a seguir.

Não obstante, uma pesquisa do Núcleo de Tributação do INSPER para o ano de 2018 constatou que o contencioso tributário brasileiro representa 73% do PIB do país, assim segregado, conforme Quadro 21.1.

Quadro 21.1   Contencioso tributário *vs.* PIB brasileiro

Nível Federativo	Via Processual	Contencioso Tributário (R$ bilhões)	Contencioso Tributário (%PIB)
Federal	Administrativo Judicial	1.119	16%
		2.364	35%
Estadual	Judicial e Administrativo	1.088	16%
Municipal	Judicial e Administrativo	410	6%
Total		**4.981**	**73%**

Diante das vultosas dimensões do contencioso tributário, entendê-lo, em especial as estratégias a serem utilizadas é de fundamental importância no universo do Direito Tributário.

VOCÊ SABIA?

Ante a grande quantidade de demandas tributárias julgadas pelo STF durante a pandemia por meio do Plenário Virtual e, ainda, diante da inércia do Poder Legislativo em promover a reforma tributária, alguns advogados tributaristas têm acusado o STF de realizar uma "silenciosa reforma tributária".

Antes, todavia, de cumprir com o sobredito objetivo, mister se faz dar um passo atrás para compreender, primeiramente, a razão de ser do processo e a sua relação com o direito material. Ato contínuo, convém situar os diferentes instrumentos processuais tributários disponibilizados legalmente nos diversos momentos de concretização da obrigação tributária para, só então, delimitarmos as específicas estratégias processuais adequadas no âmbito do contencioso tributário.

 **OLHA A DICA!**

Para mais informações, acesse o QR Code.

uqr.to/1ay8h

CONTENCIOSO TRIBUTÁRIO

Segundo ensina Castanheira Neves, o problema do direito é que "o mundo é **um** e os homens nele são **muitos,**[1] motivo pelo qual a função do direito não é planificar previamente condutas, mas sim resolver materialmente o necessário problema de convivência humana".[2]

Em verdade, o que se observa dessa afirmação é que o Direito é um produto humano-cultural desenvolvido com o objetivo de, racionalmente, contribuir para uma convivência harmônica de uma dada comunidade histórica, estimulando, por conseguinte, a paz social. Por sua vez, para que isso seja possível, mister se faz que o próprio Direito preveja instrumentos para a efetivação dos valores contemplados pelo ordenamento jurídico, bem como para a resolução de eventuais conflitos de interesse, surgindo aí as ideias de processo, jurisdição e de tutela jurisdicional.

---

[1]   NEVES, Antônio Castanheira. *Digesta*. Coimbra: Coimbra, 2008. v. 3, p. 13. (grifos nossos).

[2]   NEVES, Antônio Castanheira. *Digesta*, op. cit.

Tecidas tais considerações iniciais, já é possível fixar uma primeira premissa importante: não há relação processual sem que haja (i) direito material e (ii) um conflito circundando-lhe, conflito esse caracterizado por uma ameaça ou efetiva lesão ao citado direito material.

A partir desse momento, aquele que se sente lesado ou ameaçado de lesão passar a ter interesse em instaurar uma relação processual de caráter triangular com o objetivo de obter uma tutela jurisdicional de mérito.

O objetivo, portanto, do processo é ver reconhecido um direito material vindicado, o que pressupõe a efetivação desse direito e, por conseguinte, da tutela jurisdicional, para além das fronteiras formais do processo, ou seja, no mundo fenomênico.

Trazendo tais lições para o âmbito do Direito Tributário e, mais precisamente, para o âmbito das ações promovidas pelo sujeito passivo de uma obrigação tributária, na hipótese deste sujeito, integrante de uma dada relação jurídica tributária, observar seu correlato direito patrimonial sob ameaça ou diante de efetiva lesão, pode ele exercitar seu direito de ação (art. 5º, XXXV, da Constituição Federal e art. 3º do CPC) para vindicar tutela jurisdicional de caráter preventivo e/ou repressivo. Tais considerações podem ser representadas graficamente conforme as Figuras 21.1 e 21.2.

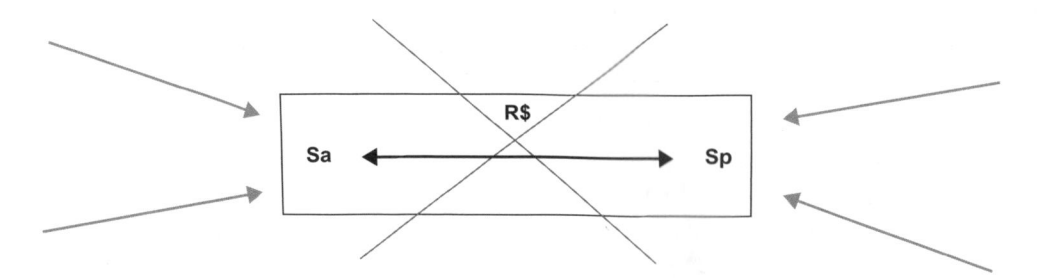

Figura 21.1   Relação de direito material tributária conflituosa.

---

[3]   BUENO, Cássio Scarpinella. *Curso sistematizado de direito processual civil*. 9. ed. São Paulo: Saraiva, 2018. v. 1, p. 254.

[4]   *Vide*: BAHIA, Alexandre; NUNES, Dierle; PEDRON, Flávio Quinaud. *Teoria geral do processo*. Salvador: JusPodivm, 2020. p. 451.

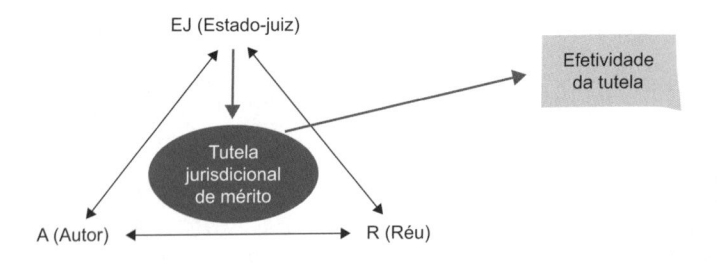

Figura 21.2   Relação processual tributária decorrente.

FLUXO DE POSITIVAÇÃO DO CRÉDITO TRIBUTÁRIO E INSTRUMENTOS PROCESSUAIS ANTIEXACIONAIS

Feitas essas considerações iniciais, agora é possível identificar as diversas possibilidades de instrumentos processuais antiexacionais nos diferentes momentos do fluxo de positivação do crédito tributário. Para tanto, todavia, mister se faz delimitar o que se entende pelo citado "fluxo de positivação do crédito tributário".

Pois bem. O aludido fluxo nada mais é do que o percurso normativo para a existência de uma obrigação tributária, retratada pelo dever do sujeito passivo de satisfazer o direito do sujeito ativo de ver abastecido os cofres públicos mediante o pagamento de um determinado valor a título de tributo.

Em se tratando de exigências tributárias, essa dinâmica normativa tem início no texto constitucional, mais precisamente nas normas competências. O ato de tributar, como mitigador de uma cláusula pétrea (o direito de propriedade), pressupõe autorização constitucional para tanto, autorização essa retratada nas normas de competência tributária, isto é, pela aptidão que os Entes tributantes possuem para criar, por meio de leis, tributos.

Tal previsão constitucional, entretanto, não é suficiente para que se tenha crédito tributário. É essencial que a sobredita aptidão seja efetivamente exercida pelos seus detentores, o que desemboca na figura de uma lei a instituir a chamada regra-matriz de incidência tributária, aqui entendida como uma norma geral e abstrata que traz, no seu antecedente, um fato lícito, abstrato e ostentador de riqueza, que, uma vez ocorrido no mundo fenomênico, implicará o surgimento da relação jurídico-tributária prescrita no seu consequente, sintetizada pela existência de sujeitos ativo e passivo relacionados entre si em razão do dever daquele último em pagar tributo ao primeiro. Em suma, poder-se-ia afirmar que a regra-matriz é a norma instituidora de um dado tributo.

Ressalte-se, entretanto, que tal previsão normativa não é suficiente para a identificação de crédito tributário no plano da concretude. Para tanto, é fundamental que o fato descrito na regra-matriz ocorra no mundo fenomênico e, mais do que isso, que tal fato seja juridicizado, isto é, introduzido no universo jurídico por meio de linguagem previamente prescrita em lei, o que, em matéria tributária se perfaz por meio de umas das modalidades de lançamento tributário.

Em se tratando de uma obrigação de cunho pecuniário, a relação jurídico-tributária material é, em regra, extinta pela figura do pagamento, embora também possa ser eliminada por intermédio do advento de alguma das outras hipóteses capituladas no art. 156 do Código Tributário Nacional (CTN).

Nos diferentes momentos desse processo do fluxo de positivação do crédito tributário é possível manejar diferentes instrumentos processuais, seja com o fito de evitar o advento de uma obrigação tributária (tutela jurisdicional preventiva), seja com o escopo de desconstituir uma obrigação ou de reaver um valor pago indevidamente (tutela jurisdicional repressiva). Essas diferentes possibilidades processuais podem ser assim resumidas:

(1) Entre norma constitucional de competência tributária e lei ordinária veiculadora de regra-matriz de incidência tributária → Ações constitucionais a ensejar o controle concentrado de constitucionalidade (Adin, ADcon e ADPF).

(2) Entre lei ordinária veiculadora de regra-matriz de incidência tributária e lançamento tributário → Ação declaratória de inexistência de relação jurídico-tributária ou mandado de segurança preventivo, a ensejar

uma tutela jurisdicional preventiva com o fito de evitar que a ameaça de lesão ao direito patrimonial do Autor (sujeito passivo da obrigação tributária) se concretize.

(3) Após o lançamento tributário e antes de pagamento do tributo → Impugnação/Recurso administrativo ou Ação anulatória de débito fiscal ou Mandado de segurança repressivo ou Ação consignatória, com o fito de buscar uma tutela jurisdicional repressiva, de modo a reestabelecer o direito patrimonial do Autor já lesado em alguma medida.

(4) Após pagamento do tributo e antes do decurso de prazo prescricional → Ação de repetição e/ou compensação tributária, com o escopo de obter uma tutela jurisdicional repressiva, de modo a reestabelecer o direito patrimonial do Autor lesado de forma exauriente.

As considerações acima sumarizadas poderiam ser graficamente representadas conforme Figura 21.3.

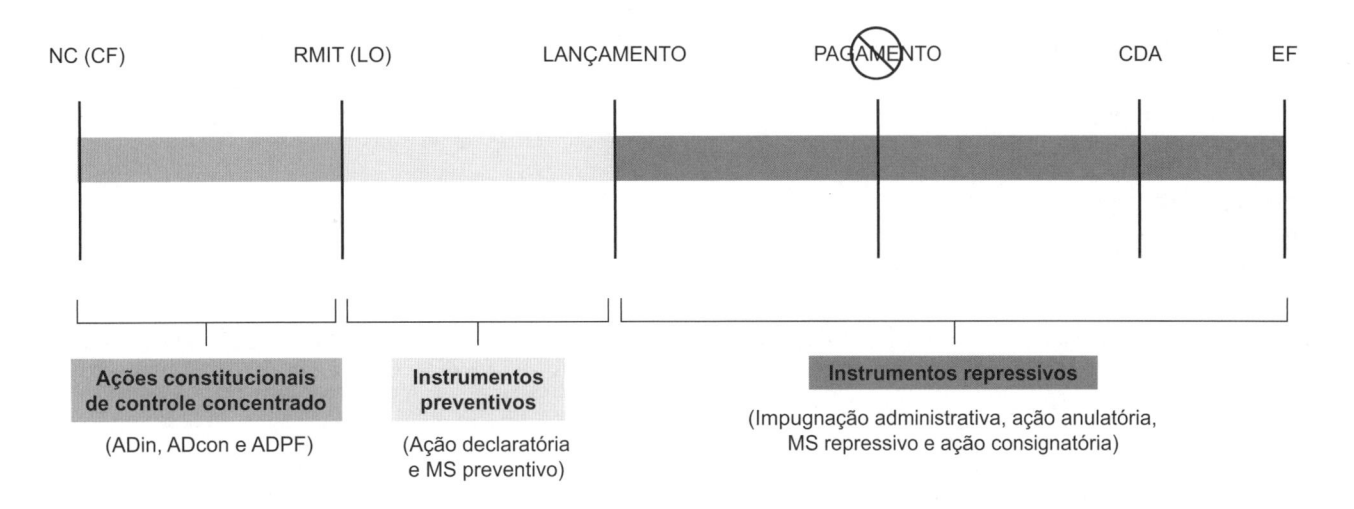

Figura 21.3 Fluxo de positivação da obrigação tributária e a oportunidade para o emprego dos diferentes instrumentos processuais.

Percebe-se, na Figura 21.3, que nos diferentes estágios do fluxo de positivação da obrigação tributária, é possível manejar diferentes instrumentos processuais tributários. Nada impede, todavia, que no âmbito judicial esses diferentes instrumentos sejam manejados em uma única relação processual, o que se dá por meio da cumulação de pedidos, nos termos do art. 327 do CPC. Aliás, é muito comum em matéria tributária que uma dada regra-matriz perdure por tempo indeterminado, de modo a configurar o interesse do sujeito passivo em obstar a sua recorrente incidência (tutela preventiva) e também em anular eventual lançamento já perpetrado e/ou reaver valores indevidamente pagos (tutela repressiva).

De forma esquemática, em matéria tributária, é possível encontrar as seguintes combinações de instrumentos processuais:

(i) Mandado de segurança preventivo e repressivo.

(ii) Ação declaratória de inexistência de relação jurídico-tributária, cumulada com ação anulatória de débito.

(iii) Ação declaratória de inexistência de relação jurídico-tributária, cumulado com ação repetição/compensação.

(iv) Ação anulatória de débito cumulado com ação de repetição/compensação.

(v) Ação declaratória de inexistência de relação jurídico-tributária, cumulado com ação anulatória de débito e com ação de repetição/compensação.

Importante repisar que não é possível a cumulação de instâncias jurisdicionais (judicial e administrativa). Nesse caso, prevalecerá a instância judicial, nos termos do art. 38, parágrafo único, da Lei nº 6.830/80, o que será tratado com mais vagar em tópico próprio, quando abordaremos o processo administrativo tributário.

Feitas tais considerações preliminares, já é possível tratar dos diferentes instrumentos processuais antiexacionais passíveis de serem manejados em sede de contencioso tributário.

OBJETIVO 2

INSTRUMENTOS PROCESSUAIS ANTIEXACIONAIS A PARTIR DO TIPO DE TUTELA JURISDICIONAL PRETENDIDA

Nesta seção, iremos separar os diferentes instrumentos processuais antiexacionais passíveis de serem manejados pelo sujeito passivo de uma obrigação tributária levando em consideração o tipo de tutela jurisdicional pretendida: preventiva ou repressiva.

VOCÊ SABIA?

Segundo Paulo César Conrado,[5] as ações tributárias se dividem em exacionais e antiexacionais. As ações exacionais são aquelas que apresentam no polo ativo o Fisco, o qual tem por objetivo realizar forçosamente uma dada obrigação tributária. Por sua vez, as ações antiexacionais são aquelas ajuizadas pelo sujeito passivo da obrigação tributária (contribuinte ou responsável), com o fito de obstar, de algum modo, o desenvolvimento do ciclo de positivação do direito tributário, ora preventiva, ora repressivamente.

Como já destacado anteriormente, sempre que o detentor de um direito material se deparar diante de uma ameaça de lesão ao seu direito, tem esse sujeito a possibilidade de exercer o direito de ação para obter uma tutela jurisdicional de caráter preventivo, isto é, para evitar que a potencial lesão se concretize.

Por sua vez, se o sobredito direito material já foi lesado em alguma medida, o seu detentor passa a ter legitimidade para vindicar uma tutela jurisdicional de caráter repressivo, isto é, para reparar a lesão sofrida e reestabelecer o seu direito material ao *status quo* ante.

As demandas tributárias, como toda e qualquer lide, sempre vão ensejar a possibilidade de o órgão jurisdicional intervir por meio de tutelas jurisdicionais preventivas e/ou repressivas.

INSTRUMENTOS PROCESSUAIS E TUTELAS PREVENTIVAS

AÇÃO DECLARATÓRIA DE INEXISTÊNCIA DE RELAÇÃO JURÍDICO-TRIBUTÁRIA E MANDADO DE SEGURANÇA PREVENTIVO

O primeiro instrumento processual aqui referido é uma ação ordinária que, nos termos do art. 19, I, do CPC, tem por objetivo ver reconhecida a inexistência de relação jurídica entre os potenciais sujeitos ativo (autor) e passivo (réu) de uma obrigação tributária. Em outros termos, trata-se de medida judicial com o fito de impedir a incidência prática da regra-matriz de incidência tributária.

Importante destacar que o seu simples ajuizamento não é suficiente para, por si só, impedir que o já mencionado fluxo de positivação siga adiante; não é suficiente, portanto, para suspender a exigibilidade da obrigação

5   CONRADO, Paulo César. *Processo tributário*. São Paulo: Quartier Latin, 2004. p. 208.

tributária, sendo necessário, para esse fim, o advento de uma das causas de suspensão da exigibilidade do crédito tributário, nos termos do art. 151, II ou V, do CTN.

Em se tratando de depósito judicial, o valor a ser depositado deve ser integral e tempestivo. Na hipótese de o depósito ser feito intempestivamente, o importe depositado deverá ser acompanhado da correlata multa e dos juros moratórios. Por sua vez, em se tratando de tutela provisória (da evidência ou de urgência), a sua concessão independe da garantia do juízo, nos exatos termos do art. 300, § 1º, do CPC, nada impedindo, todavia, que seja voluntariamente ofertada uma contracautela, tal como o seguro-garantia ou a fiança bancária.

Não obstante, a concessão de tutela provisória em sede de ação declaratória de inexistência de relação jurídico-tributária não é, em regra, impedimento para que a Fazenda Pública promova o correlato lançamento tão somente do valor principal do tributo com a exigibilidade suspensa, cujo objetivo exclusivo seria o de prevenir a decadência do crédito tributário. É o que estabelece, em âmbito federal, o disposto no art. 63 da Lei nº 9.430/96 e, no Estado de São Paulo, o prescrito no art. 30, § 3º, da Lei nº 13.457/09.

Por sua vez, em se tratando de causa suspensiva decorrente de depósito judicial, o Superior Tribunal de Justiça já firmou o entendimento (tema 271 – REsp repetitivo nº 1.140.956/SP) que:

> Os efeitos da suspensão da exigibilidade pela realização do depósito integral do crédito exequendo, quer no bojo de ação anulatória, quer no de ação declaratória de inexistência de relação jurídico-tributária, ou mesmo no de mandado de segurança, desde que ajuizados anteriormente à execução fiscal, têm o condão de impedir a lavratura do auto de infração, assim como de coibir o ato de inscrição em dívida ativa e o ajuizamento da execução fiscal, a qual, acaso proposta, deverá ser extinta.

Uma vez feito o depósito voluntário na ação declaratória, o seu levantamento fica condicionado ao trânsito em julgado em favor do autor da demanda. Na hipótese de a demanda ser julgada improcedente haverá a automática conversão do depósito em renda em favor do Ente público (réu), conforme também já decidido pelo STJ de forma vinculativa (REsp nº 1.140.956/SP, julgado sob o rito de repetitivos).

VOCÊ SABIA?

Os valores depositados em juízo são corrigidos pelos mesmos índices de correção dos créditos tributários, isto é, SELIC. Daí alguns contribuintes preferirem provisionarem o valor discutido e aplicá-lo no mercado, com o escopo de obter maior retorno financeiro enquanto perdura a demanda judicial.

Outro instrumento processual apto a provocar tutela jurisdicional preventiva em matéria tributária é o mandado de segurança, regulado pela Lei nº 12.016/09. Embora, em matéria tributária, a finalidade prática dos instrumentos processuais aqui referidos seja a mesma, convém destacar que existem diferenças relevantes entre o *mandamus* e a ação declaratória.

A primeira delas é que o mandado de segurança pressupõe um ato coator (ainda que potencial) e, por conseguinte, a indicação de uma autoridade coatora. Em se tratando de mandado de segurança preventivo, esse ato coator potencial é a existência de regra-matriz de incidência tributária que aponte o impetrante como seu possível sujeito passivo. A autoridade coatora, por sua vez, é aquela que se encontra investida da competência funcional para efetuar o correlato lançamento tributário com base na sobredita lei.

Outra diferença importante diz respeito ao rito procedimental o que, por sua vez, impacta em um importante pressuposto de processamento. A ação declaratória de inexistência de relação jurídico tributária é uma ação ordinária e, como tal, sua fase de conhecimento se subdivide nas seguintes etapas processuais: (i) postulatória; (ii) ordinatória ou saneadora; (iii) probatória; (iv) decisória; e, eventualmente; (v) recursal. Por sua vez, o mandado de segurança apresenta um rito estreito, na medida em que só contempla as fases (i) postulatória; (ii) decisória; e, eventualmente; (iii) recursal. Daí se afirmar que o *writ* não admite dilação probatória, motivo pelo qual a prova é necessariamente documental e deve estar pré-constituída, sob pena de ser extinto sem análise de mérito. A única exceção é aquela estabelecida no § 1º do art. 6º da Lei nº 12.016/09.

Mais uma diferença significativa diz respeito a competência territorial para o ajuizamento. Em se tratando de ação declaratória, a definição dessa competência relativa se dá pela regra geral, isto é, deverá ser proposta no domicílio do réu, nos termos do art. 46 do CPC. Todavia, nos termos dos parágrafos únicos dos arts. 51 e 52 do CPC, sendo o réu a União, Estado-membro ou o Distrito Federal, a demanda poderá ser proposta no (i) domicílio do réu; (ii) domicílio do autor; ou, ainda (iii) no local de ocorrência do ato ou fato que originou a demanda; (iv) no local da situação da coisa; ou (v) no Distrito Federal (na hipótese do réu ser a União) ou na capital do respectivo Ente federado (no caso do réu ser um Estado-membro ou o próprio Distrito Federal), escolha essa que fica a critério do autor da demanda (*forum shopping*). Já na hipótese de impetração de mandado de segurança, o Superior Tribunal de Justiça entende que a impetração deve necessariamente ocorrer no local da sede funcional da autoridade coatora, uma vez que, segundo sua jurisprudência, tal competência seria absoluta em razão da função (*vide*: CC 60.560/DF; CC 41.579/RJ; e CC 48.490/DF).

O ponto acima destacado é muito relevante para fins de estratégia processual, já que, em se tratando de mandado de segurança, o impetrante não tem a liberdade de escolher entre diferentes foros para a impetração da sua demanda, diferentemente do que ocorre no âmbito da ação declaratória, em que o autor pode fazer tais escolhas levando em consideração, inclusive, a existência de uma jurisprudência que seja favorável à sua pretensão.

Exemplificando a questão acima, imagine uma pessoa jurídica lotada na cidade de São Paulo e que pretende vindicar uma tutela preventiva para afastar a incidência de uma exação tributária federal que tem como sujeito ativo a União. Imagine ainda que o TRF da 3ª Região, ao qual a empresa está territorialmente vinculada em razão da localização da sua sede, possua precedentes desfavoráveis à tese a ser desenvolvida pela empresa, mas que o TRF da 1ª Região possua entendimento favorável à sua pretensão. Nesse caso, levando em consideração o aludido cenário jurisprudencial, a empresa poderia ajuizar ação declaratória de inexistência de relação jurídico-tributária na Subseção Judiciária de Brasília, nos termos do parágrafo único do art. 51 do CPC. Todavia, se resolvesse impetrar mandado de segurança, estaria necessariamente atrelada à Subseção Judiciária da capital paulista.

Outra distinção relevante e que deve ser pensada diz respeito a possibilidade ou não de litisconsórcio ativo. Na hipótese da ação declaratória, seria possível o litisconsórcio ativo, respeitado apenas o limite processual do § 1º do art. 113 do CPC. Em se tratando, por sua vez, de mandado de segurança, existira ainda outro limite processual a ser superado: a questão da competência funcional, conforme detalhado em parágrafos anteriores. Assim, processualmente falando, só seria possível o litisconsórcio ativo no *mandamus* se houver identidade quanto à autoridade coatora ou, ao menos, se as diferentes autoridades estiverem funcionalmente lotadas dentro de uma mesma circunscrição jurisdicional (Subseção ou Comarca). Do contrário, será necessário a impetração de diferentes mandados de segurança.

Ainda em relação às diferenças entre os citados instrumentos processuais, convém destacar a maior celeridade no processamento do *mandamus*, o que decorre não só da sua natureza procedimental estreita, haja vista a inexistência das fases ordinatória e probatória, mas também em razão da expressa previsão do art. 20 da Lei nº 12.016/09, que estabelece que o *writ* tem prioridade de tramitação frente a todas as demais modalidades de ações, com exceção do *habeas corpus*.

Por fim, outra diferença crucial diz respeito à condenação do sucumbente em honorários advocatícios. Em se tratando de ação declaratória, a regra aplicável é a do art. 85, § 3º, do CPC. Já no caso de mandado de segurança, tal verba sucumbencial é inaplicável, nos termos do 25 da Lei nº 12.016/09. A depender do valor de causa envolvido e do nível de incerteza quanto ao êxito da demanda proposta, tal ponto é extremamente relevante no momento de definir o instrumento processual mais adequado a ser manejado.

Por fim, uma última diferença importante entre tais instrumentos processuais diz respeito à liberdade do autor/impetrante em desistir da ação. Em se tratando de ação declaratória, essa liberdade é limitada, nos termos do art. 485, §§ 4º e 5º, do CPC. Por sua vez, em se tratando de mandado de segurança, o Supremo Tribunal Federal consolidou entendimento (tema 530) de que é possível a desistência em mandado de segurança, sem anuência da parte contrária, mesmo após prolação de sentença de mérito favorável ao impetrante.

A diferença alhures pode ter um importante impacto pragmático em matéria tributária. Imaginemos que, se ao longo de uma ação ordinária proposta pelo contribuinte (declaratória cumulada com repetição/compensação de indébito), advém um precedente vinculante do STF em sintonia com o interesse do demandante. Nesse caso, o autor da demanda terá que aguardar o trânsito em julgado da sua ação individual para poder usufruir dos efeitos do aludido precedente. Se, todavia, a demanda tiver sido instrumentalizada por meio de mandado de segurança, o impetrante poderia desistir da sua demanda individual e, ato contínuo, já tomar as medidas administrativas para compensar eventuais valores pagos indevidamente.

Sumarizando tais comparações, chegaríamos ao Quadro 21.2.

Quadro 21.2 Comparativo entre MS preventivo e Ação declaratória de inexistência de relação jurídico-tributária

	Ação Declaratória de Inexistência de Relação Jurídico-Tributária	Mandado de Segurança Preventivo
Indicação de ato coator	✘	✓
Indicação de autoridade coatora	✘	✓
Exigência de prova documental pré-constituída	✘	✓
Fórum shopping *para fins de competência territorial*	✓	✘
Preferência de tramitação	✘	✓
Sucumbência	✓	✘
Desistência incondicionada e a qualquer tempo da ação	✘	✓

Apesar das diferenças aqui apontadas, o objetivo dos sobreditos instrumentos processuais em matéria tributária é um só: impedir a incidência de uma dada regra matriz, ou seja, impedir que essa ameaça de lesão se concretize. Nesse sentido, é fundamental que o autor/impetrante demonstre o seu interesse processual, isto é., demonstre existir potencial ameaça ao seu direito patrimonial, uma vez que tutelas preventivas não são disponibilizadas para "combater" lei em tese. Nesse sentido, é a Súmula 266 do Supremo Tribunal Federal.

A respeito do aludido enunciado sumular, convém delimitar o conteúdo semântico da expressão "lei em tese" no específico nicho tributário, de modo a evitar o ajuizamento de demandas que não apresentem interesse processual e, em contrapartida, sem que isso inviabilize a tutela jurisdicional preventiva em matéria tributária.

A chave para responder tal *quaestio* está na análise da regra matriz a ser combatida *vis-à-vis* com o espectro factual passível de ser realizado pelo autor/impetrante. Em se tratando de uma pessoa jurídica, há a necessidade de uma particular atenção para o seu contrato social e, mais particularmente, para o seu objeto social. Assim, se o objeto social da empresa estiver abrangido pelo fato gerador abstratamente descrito na hipótese de incidência tributária, já é possível configurar o interesse processual desta pessoa jurídica em pleitear uma tutela jurisdicional preventiva.

Em suma, compete analisar a regra matriz a ser combatida e identificar seus potenciais destinatários (sujeitos passivos), pois apenas tais pessoas têm a legitimidade para ajuizar uma das ações aqui referidas. Um exemplo prático ilustrará o que se pretende afirmar aqui.

Imaginemos que um determinado Estado-membro resolva aumentar a alíquota de ICMS de 17% para 18%, estabelecendo que o valor arrecadado com tal acréscimo será integralmente destinado para financiar as despesas do ente público com a construção de casas populares. Tal acréscimo é de patente inconstitucionalidade, uma vez que os valores arrecadados com impostos, em regra, não podem ter uma destinação específica, sob pena de ofensa ao art. 167, IV, da Constituição Federal.

Imaginemos ainda que um escritório de advocacia resolva impetrar um mandado de segurança para combater a sobredita exigência. Nesse caso hipotético, restaria clara a falta de interesse processual do impetrante, haja vista que, na qualidade de prestador de serviço, não se trata de potencial destinatário dessa norma. Todavia, se o impetrante fosse uma rede varejista, estaria devidamente preenchido o interesse processual, uma vez que tal demandante é um dos potenciais destinatários da norma jurídica a ser combatida. E, nesse caso, tal interesse estaria comprovado independentemente de qualquer exigência em concreto, bastando a previsão legal e a sua repercussão no âmbito das atividades empresariais do autor da demanda. Nesse sentido, destaca-se o seguinte precedente do Superior Tribunal de Justiça:

> PROCESSUAL CIVIL E TRIBUTÁRIO. RECURSO ESPECIAL. EXISTÊNCIA DE RELAÇÃO JURÍDICO-TRIBUTÁRIA. ICMS. TRANSPORTE DE MERCADORIAS ENTRE A MATRIZ E AS FILIAIS DE EMPRESA CONTRIBUINTE. AÇÃO DECLARATÓRIA. CABIMENTO. APLICAÇÃO DO ART. 4º DO CÓDIGO DE PROCESSO CIVIL. RECURSO ESPECIAL CONHECIDO E PROVIDO COM A FINALIDADE DE QUE A AÇÃO, EM JUÍZO DE PRIMEIRO GRAU, MEREÇA JULGAMENTO PELO MÉRITO.
>
> [...]
>
> 2. Disponibiliza-se a via da ação declaratória quando há delimitação objetiva da questão sobre a qual se busca a manifestação jurisdicional, não havendo, em decorrência, mera alegação contra lei em tese.
>
> 3. Na espécie, a empresa recorrente buscou a manifestação jurisdicional sobre fato que, potencialmente, está inserido em seu contexto jurídico e de atuação profissional, qual seja, a incidência de ICMS no transporte de mercadorias realizado entre a matriz e as filiais.
>
> [...].
>
> (Processo: RESP 200500730586; RESP – Recurso Especial – 746897; Relator: José Delgado; STJ; Órgão julgador: 1ª Turma; Fonte: *DJ* 29.8.2005, p. 00228).

Apesar do precedente acima, também é possível encontrar manifestações do próprio STJ em sentido oposto, isto é, exigindo alguma prova de exigência concreta da exação tributária para pretensamente justificar o interesse processual do autor/impetrante. Nesse diapasão:

> PROCESSUAL CIVIL E TRIBUTÁRIO. MANDADO DE SEGURANÇA. CONTRIBUIÇÃO DESTINADA AO FUNDO DE TRANSPORTE E HABITAÇÃO – FETHAB. LEI EM TESE. SÚMULA 266 DO STF.
>
> 1. O cabimento de mandado de segurança preventivo contra ato normativo abstrato instituidor de tributo está condicionado à prova da ocorrência de ato concreto ou de conduta rotineira do fisco que, com base na respectiva legislação, infirme o direito invocado, seja por meio de lavratura de auto de infração, seja pelo indeferimento de pedido administrativo.
>
> 2. Hipótese em que a impetrante pretende o não pagamento de contribuição instituída por lei estadual, sem indicar ato concreto e específico materializador de sua exigibilidade, o que revela o não cabimento do *mandamus*, conforme entendimento sedimentado na Súmula 266 do STF.
>
> 3. Agravo interno não provido.
>
> (STJ; AgInt no REsp 1530846/MT, Rel. Ministro Gurgel de Faria, 1ª Turma, julgado em 15.8.2017, *DJe* 26.9.2017).

Este último posicionamento do STJ é claramente equivocado, pois cria obstáculos indevidos para a obtenção de uma tutela jurisdicional preventiva em matéria tributária. Se há necessidade de o sujeito passivo ser compelido a algum tipo de exigência concreta para, só então, restar configurado seu interesse de agir, o objetivo da demanda deixa de ser a prevenção do seu direito patrimonial e passa a ser restauração de tal bem da vida. Nessa linha, as demandas em matéria tributária só ensejariam tutelas repressivas, o que implica injustificado desrespeito ao disposto no art. 5º, XXXV, da *Magna Lex*, quando prescreve que a lei não excluirá da apreciação do Poder Judiciário lesão ou ameaça a direito.

Feitas tais considerações a respeito da ação declaratória de inexistência de relação jurídico-tributária e do mandado de segurança, já é possível seguir adiante na análise dos instrumentos que ensejam tutela jurisdicional repressiva.

INSTRUMENTOS PROCESSUAIS E TUTELAS REPRESSIVAS

Além da possibilidade de agir preventivamente, o contribuinte também pode escolher a via repressiva para tutelar seu direito em matéria tributária e, ao assim fazer, ainda pode escolher entre as vias (i) administrativa ou (ii) judicial, excludentes entre si. Começaremos nossa análise pela via administrativa.

IMPUGNAÇÃO E RECURSOS ADMINISTRATIVOS

ASPECTOS GERAIS E A RELEVÂNCIA DO CONTENCIOSO ADMINISTRATIVO TRIBUTÁRIO

Daremos ênfase aqui ao contencioso administrativo tributário envolvendo créditos tributários da União, não obstante a existência de relevantes contenciosos estaduais e municipais. O procedimento administrativo federal assume um *status* de *benchmark* regulatório, sendo os demais variações ou aproximações dele, e envolve um volume financeiro muito superior, daí a necessidade de foco em sua compreensão.

Para se compreender a importância do contencioso administrativo tributário federal, uma metáfora é bastante útil: os cientistas costumam dizer que há tanta água em massas de ar que circulam, suspensas, pela atmosfera – as chamadas correntes de ar – que elas seriam verdadeiros rios voadores, passando despercebidos sobre nossas cabeças. Pois bem, tal qual as massas de ar, os créditos tributários estão igualmente suspensos no contencioso administrativo, não no sentido físico, mas juridicamente, quanto à sua exigibilidade, formando um verdadeiro mar de recursos (tanto no sentido de atos processuais, quanto relativo aos valores sob controle).

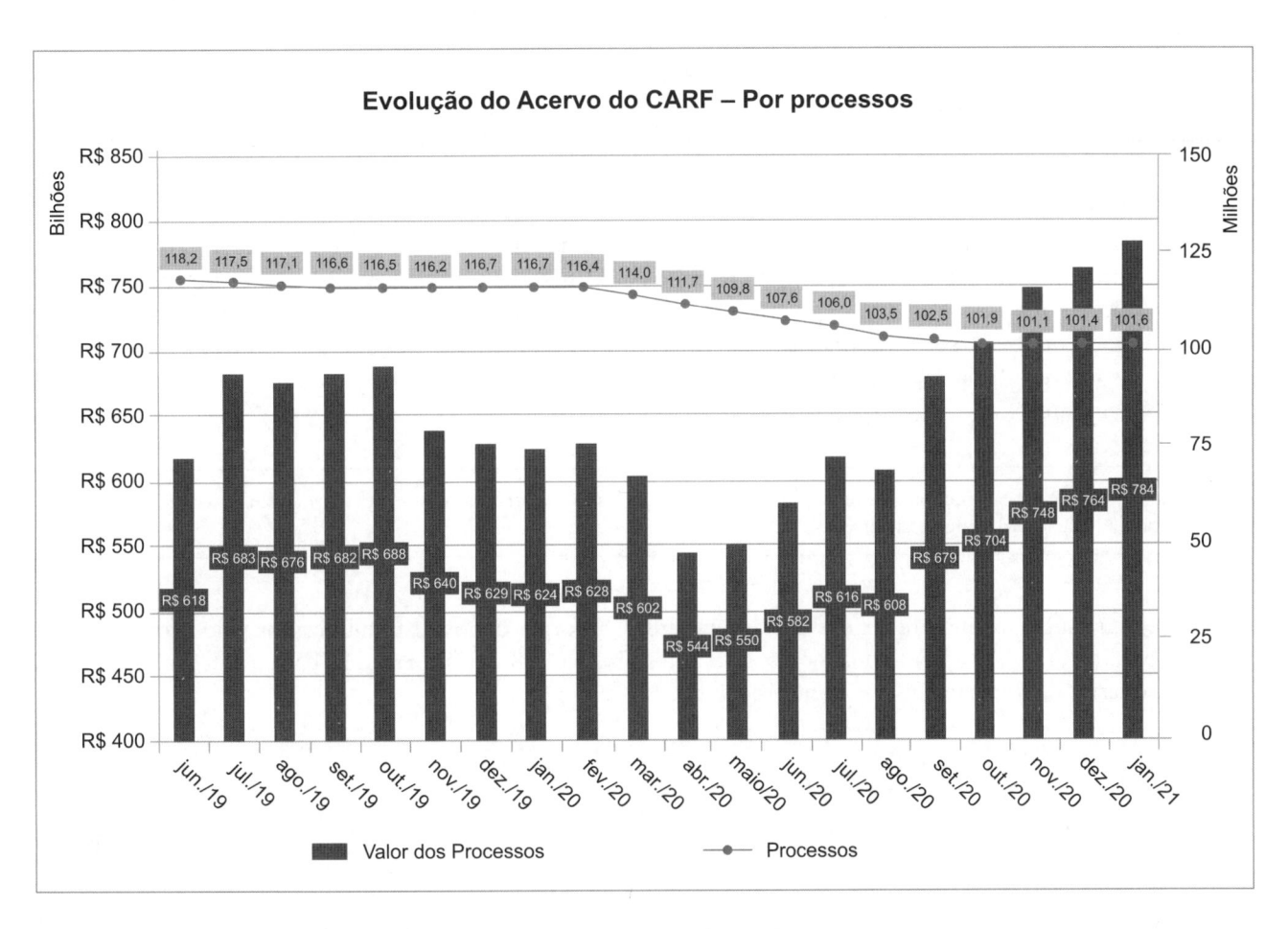

Figura 21.4 Evolução do Acervo do CARF – por processos.

Para se ter uma ideia, em janeiro de 2021, o Conselho Administrativo de Recursos Fiscais (CARF), órgão responsável pelo julgamento definitivo de recursos administrativos, divulgou relatório que informava a existência de R$ 700 bilhões em créditos tributários pendentes de julgamento, com exigibilidade suspensa, controlados em cerca de 101 mil processos administrativos, valor este que equivale a cerca de 10% do Produto Interno Bruto (PIB) do Brasil, para que se tenha uma dimensão do tamanho da relevância do metafórico mar de recursos apontado acima.

Além dessa perspectiva macro, acerca da sua importância econômica nacional, não se pode desconsiderar também a perspectiva micro, voltada à relevância desse contencioso administrativo para os contribuintes, onde lhe são franqueadas diversas vantagens estratégicas, em relação ao contencioso judicial.

Em primeiro lugar, há o efeito material de a impugnação administrativa (e eventual recurso posterior) suspender a exigibilidade dos créditos tributários, com fundamento no art. 151, III, do CTN. Ressalte-se que a suspensão da exigibilidade também é garantida por regras do próprio procedimento administrativo, constantes nos arts. 21 e 33 do Decreto nº 70.235/72, estendendo esse efeito a créditos que não ostentam caráter tributário, mas se sujeito ao mesmo rito procedimental, a exemplo de multas administrativas aduaneiras.

> Decreto nº 70.235/72
>
> Art. 21. Não sendo cumprida nem impugnada a exigência, a autoridade preparadora declarará a revelia, permanecendo o processo no órgão preparador, pelo prazo de trinta dias, para cobrança amigável.
>
> Art. 33. Da decisão caberá recurso voluntário, total ou parcial, com efeito suspensivo, dentro dos trinta dias seguintes à ciência da decisão.

Em segundo lugar, o processo administrativo não possui custo para o contribuinte. Rigorosamente, o contribuinte sequer necessita de representação por um advogado para que apresente impugnações e recursos administrativos – não obstante seja recomendável tal acompanhamento técnico, em razão da complexidade das matérias discutidas –, diferentemente das discussões judiciais, onde a representação por alguém dotado de *jus postulandi*, a capacidade de se postular em juízo.

Além disso, não há a cobrança de quaisquer taxas por parte da União, como contraprestação pelo serviço jurisdicional atípico que presta ao julgar processos administrativos. Mais ainda, sequer pode ser exigido do contribuinte a realização de um depósito ou arrolamento prévio de dinheiro ou bens, como condição de admissibilidade dos recursos administrativos, requisito este que existia à época dos Conselhos de Contribuintes, mas que foi declarado inconstitucional pelo Supremo Tribunal Federal, culminando na edição da Súmula Vinculante 21.

> Súmula Vinculante 21: É inconstitucional a exigência de depósito ou arrolamento prévios de dinheiro ou bens para admissibilidade de recurso administrativo.

Em terceiro lugar, é um contencioso bastante célere! Conforme dados disponibilizados pelo próprio CARF, o tempo médio para o julgamento dos recursos voluntários é de 1.287 dias, e 553 dias para o recurso especial, na Câmara Superior de Recursos Fiscais, conforme a Figura 21.5.

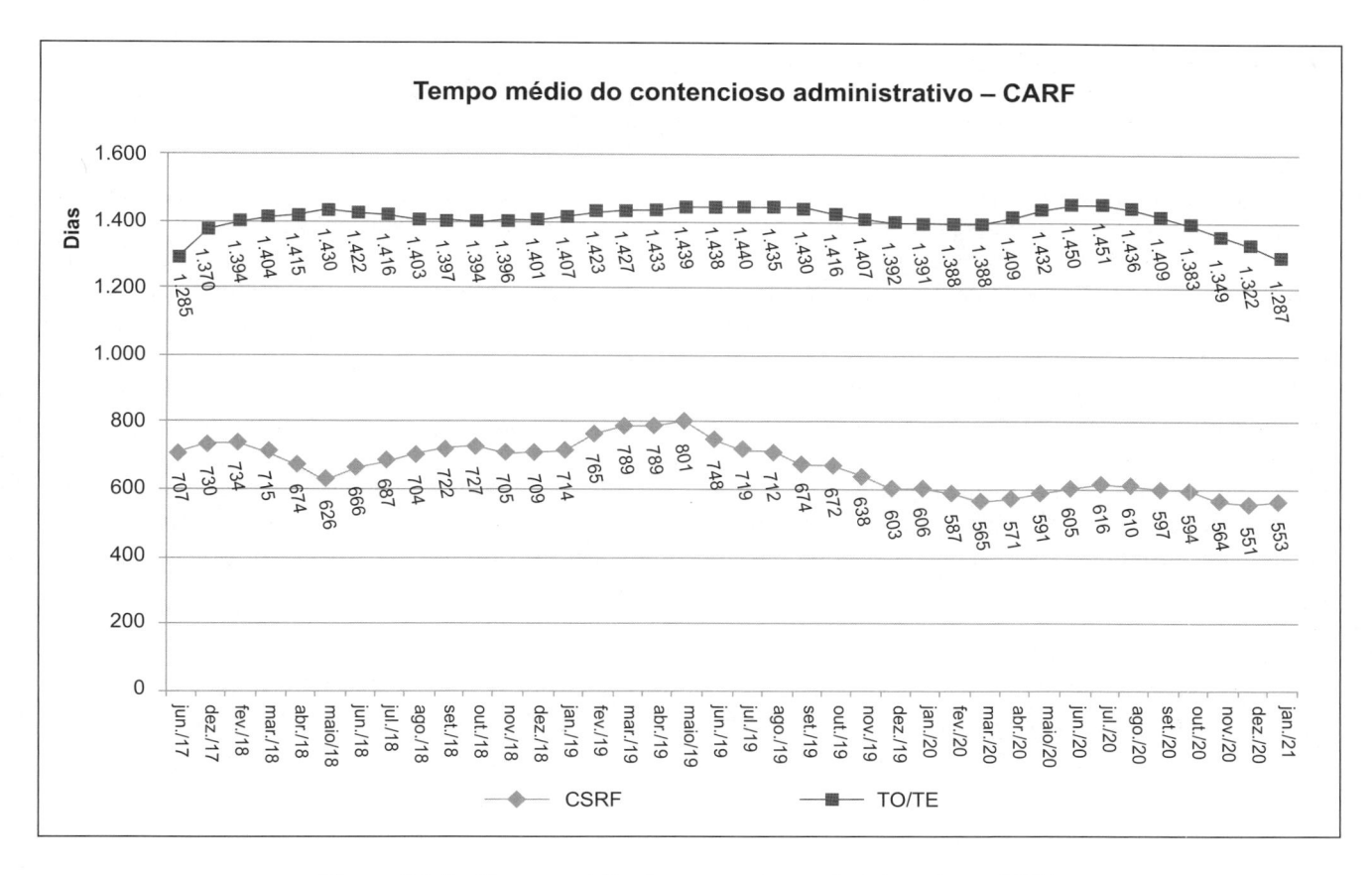

Figura 21.5 Tempo médio do contencioso administrativo – CARF.

Além disso, a Lei nº 11.457/07 estabeleceu o prazo máximo de um ano para o proferimento de uma decisão administrativa, conforme o seu art. 24, e o Superior Tribunal de Justiça firmou a tese 269, que tornou vinculante a obrigatoriedade da observância desse prazo inclusive para pedidos protocolados antes da regra em questão. Assim, em caso de pendência de decisão administrativa por prazo superior aos 360 dias da legislação, o contribuinte pode buscar amparo do Judiciário, por meio de mandado de segurança, para obter julgamento imediato do feito.

Em quarto lugar, não existe a necessidade do pagamento de honorários de sucumbência à parte contrária, caso o processo administrativo culmine de maneira desfavorável ao contribuinte, prosseguindo o Estado apenas na cobrança do crédito tributário que está sendo contestado, acompanhado dos juros e correção monetária cabíveis.

Em quinto lugar, o julgamento do processo administrativo será realizado por um corpo de julgadores *experts* em Direito Tributário, e não por juízes que, em regra, possuem uma formação mais generalista. Tanto é assim, que o Regimento Interno do CARF (Portaria MF nº 343/15) exige que os conselheiros representantes dos contribuintes tenham notório conhecimento técnico, e efetivo e comprovado exercício de atividades que demandem conhecimento nas áreas de direito tributário, processo administrativo fiscal e tributos federais e que os representantes da Fazenda Nacional sejam Auditores-Fiscais da Receita Federal do Brasil (AFRFB), em exercício no cargo há pelo menos 5 (cinco) anos (art. 29, I e II). Da mesma forma, no âmbito das Delegacias de Julgamento da Receita Federal, a composição das turmas é exclusivamente de Auditores-Fiscais (RFB).

Há, nesse sentido, um ganho qualitativo nas decisões tomadas não apenas pelo nível técnico dos julgadores, mas também pela possibilidade de debates no âmbito dos colegiados de julgamento.

O RITO DO PROCESSO ADMINISTRATIVO TRIBUTÁRIO

A FASE FISCALIZATÓRIA DO PROCEDIMENTO ADMINISTRATIVO

O procedimento que deverá ser observado no âmbito do processo administrativo tributário federal possui regulamentação em diversos âmbitos normativos, desde a Constituição Federal de 1988 (por exemplo, art. 5º, XXXIV, LIV e LV – direito de petição, devido processo legal, ampla defesa e contraditório) até as Portarias exaradas pela Presidência do CARF. Não obstante, sem dúvidas, o seu principal diploma normativo regulatório é o Decreto nº 70.235/72, que dispõe acerca do processo administrativo fiscal e do processo de consulta para a aplicação da legislação tributária federal.

De pronto, é preciso se afastar da ideia equivocada de que o rito do Decreto nº 70.235/72 rege apenas processos administrativos tributários. Rigorosamente falando, o Decreto nº 70.235/72 dispõe apenas sobre o processo administrativo de determinação e exigência dos créditos tributários da União e o de consulta sobre a aplicação da legislação tributária federal, conforme seu art. 1º – esses processos correspondem àqueles que decorrem da lavratura de auto de infração ou notificação de lançamento contra o contribuinte, para a cobrança de créditos tributários federais. Entretanto, o seu rito foi adotado por remissão legislativa para diversas espécies de processos distintos, aplicando-se indiretamente a eles. São processos alcançados indiretamente pelo rito do Decreto nº 70.235/72:

(i) Multas decorrentes infrações administrativas ao controle de importações (art. 3º, II, da Lei nº 6.562/78).

(ii) Multas decorrentes de infrações aduaneiras que configuram dano ao Erário (art. 23, § 3º, do DL nº 1.455/76).

(iii) Não homologação de pedido de compensação ou ressarcimento (art. 74, § 11, da Lei nº 9.430/96).

(iv) Aplicação de direitos *antidumping* ou de direitos compensatórios (art. 7º, § 5º, da Lei nº 9.019/95).

(v) Suspensão de isenção ou imunidade (art. 32, § 7º, da Lei nº 9.430/96).

(vi) Indeferimento de opção pelo SIMPLES Federal (art. 8º, § 6º, da Lei nº 9.317/95).

(vii) Exclusão do SIMPLES Nacional (art. 39 da LC nº 123/03).

Além disso, o Decreto nº 70.235/72 divide o procedimento administrativo fiscal em duas partes distintas: a fase fiscalizatória (ou estritamente procedimental) e a fase litigiosa (ou processual).

A fase fiscalizatória tem início com uma das ocorrências estabelecidas no art. 7º do Decreto nº 70.235/72, quais sejam: (i) o primeiro ato de ofício, escrito, praticado por servidor competente, cientificado o sujeito passivo da obrigação tributária ou seu preposto; (ii) a apreensão de mercadorias, documentos ou livros; ou (iii) o começo de despacho aduaneiro de mercadoria importada.

VOCÊ SABIA?

A notificação do sujeito passivo exclui a espontaneidade do contribuinte, que diz respeito à possibilidade de se utilizar do benefício fiscal do art. 138 do CTN, que estabelece que a denúncia espontânea da infração, acompanhada do pagamento do tributo devido e juros de mora (ou do depósito da importância arbitrada pela autoridade administrativa, quando o montante do tributo dependa de apuração), tem o condão de excluir a responsabilidade por infrações, afastando a cobrança de multas de ofício e moratórias. Caso os tributos e contribuições já tenham sido declarados, em qualquer declaração fiscal, o art. 47 da Lei nº 9.430/96 prorroga a espontaneidade (e os benefícios do art. 138 do CTN) até o vigésimo dia subsequente à data de recebimento do termo de início de fiscalização.

Essa etapa do procedimento administrativo tem seu encerramento com a lavratura de um auto de infração ou de uma notificação de lançamento, que identificarão os fatos tributários ou infracionais, bem como indicarão a disposição legal infringida e a penalidade aplicável ao contribuinte. Mais do que isso, esses atos administrativos deverão cumprir um ônus probatório específico, devendo estar instruídos com todos os termos, depoimentos, laudos e demais elementos de prova indispensáveis à comprovação do ilícito (art. 9º do Decreto nº 70.235/72).

CASO REAL

No julgamento do acórdão nº 1401-002.027, o CARF anulou o auto de infração que havia glosado a dedução de despesas financeiras sob o argumento de que o auto de infração não identificou de forma clara, explícita e congruente as razões pelas quais a referida despesa seria indedutível. Na ocasião, a decisão de primeira instância buscou sanear o vício, explicitando as razões da glosa, mas a turma entendeu também que "ato administrativo de lançamento não pode ser aperfeiçoado pela autoridade julgadora", sob pena de se incorrer em cerceamento do direito de defesa do contribuinte (Acórdão nº 1401-002.027, Rel. Cons. Lívia Germano, julgado em 15.8.2017).

Uma vez lavrado o auto de infração ou a notificação de lançamento, o contribuinte poderá ser notificado (i) pessoalmente, pelo Auditor-Fiscal responsável pela lavratura do auto; (ii) por via postal, telegráfica ou por outro meio, com prova do recebimento (usualmente, o aviso de recebimento dos correios); e (iii) meio eletrônico, por meio do Domicílio Tributário Eletrônico (DTE), para os contribuintes que optaram por ele. Caso um dos meios de notificação seja frustrado, a intimação poderá ser feita por edital, entretanto, esse meio de intimação poderá ser excepcionalmente adotado diretamente nos casos em que a pessoa jurídica conste como inapta em sua inscrição no CNPJ.

Caso o aviso de recebimento postal não conste a data da entrega, presume-se que ela se deu 15 dias após a expedição. Da mesma forma, 15 dias após o registro da notificação na caixa postal eletrônica do contribuinte, considera-se a ciência ficta do seu teor, daí a importância de periodicamente verificar as mensagens recebidas no ambiente virtual.

Uma vez notificado do auto de infração, o contribuinte tem a opção de pagá-lo voluntariamente ou questioná-lo. Em caso de pagamento voluntário (ou compensação ou parcelamento do crédito), o art. 6º da Lei nº 8.218/91 estabelece um desconto regressivo sobre a multa de ofício, conforme o momento do procedimento administrativo em que o pagamento ocorra: (i) 50% (cinquenta por cento), se for efetuado o pagamento ou a compensação no prazo de 30 (trinta) dias, contado da data em que o sujeito passivo foi notificado do lançamento; (ii) 40% (quarenta por cento), se o sujeito passivo requerer o parcelamento no prazo de 30 (trinta) dias, contado da data em que foi notificado do lançamento; (iii) 30% (trinta por cento), se for efetuado o pagamento ou a compensação no prazo de 30 (trinta) dias, contado da data em que o sujeito passivo foi notificado da decisão administrativa de primeira instância; e (iv) 20% (vinte por cento), se o sujeito passivo requerer o parcelamento no prazo de 30 (trinta) dias, contado da data em que foi notificado da decisão administrativa de primeira instância.

QUESTÃO PARA REFLEXÃO

Notificado do auto de infração, o contribuinte que tem consciência da infração que cometeu é beneficiado com uma sanção premial sobre o valor da multa de ofício, caso queira adimplir imediatamente a sua dívida. Entretanto, a apresentação de impugnação tem o efeito material de suspensão da exigibilidade do crédito durante todo o processo administrativo, que pode durar, em média, mais de cinco anos. Nessa situação, muitos contribuintes optam por apresentar uma defesa meramente formal, para se beneficiar da suspensão até o advento de um programa federal de parcelamento de créditos tributários (por exemplo, REFIS), nos quais se obtêm descontos maiores sobre as multas, além da possibilidade de outros métodos de quitação dos tributos, como a utilização de saldos de prejuízos fiscais. Essa "estratégia" só se tornou viável ao longo dos últimos anos em razão da repetição periódica de programas de parcelamento, que deveriam ser esporádicos e excepcionais, criando uma previsibilidade quanto ao seu advento no futuro próximo, como instrumento de incremento de arrecadação, e não como meio de regularização dos contribuintes, visto que gera um incentivo econômico evidente ao inadimplemento das obrigações tributárias.

Caso o contribuinte opte por contestar o ato administrativo, ele poderá apresentar impugnação ou manifestação de inconformidade (para os casos de despacho que não homologou compensação ou ressarcimento) no prazo de 30 dias contados da notificação, o que marca o início da fase litigiosa do procedimento.

Ressalte-se que a contagem se dá em dia corridos, uma vez que o Decreto nº 70.235/72 prevê forma própria de contagem de prazos, de modo que não há aplicação subsidiária do CPC, nos termos do art. 15 desse Código.

Deve-se observar que se considera não impugnada a matéria que não foi expressamente abordada pelo impugnante, não sendo aceita a "contestação genérica" do auto de infração (art. 17 do Decreto nº 70.235/72). Além disso, não sendo cumprida nem impugnada a exigência, a autoridade preparadora declarará à revelia do contribuinte, permanecendo o processo no órgão preparador, pelo prazo de 30 dias, para cobrança amigável. Caso haja uma impugnação parcial, a autoridade preparadora irá, se possível for, segregar o processo não impugnado para que se prossiga com a sua cobrança imediatamente.

O PROCESSO NAS DELEGACIAS REGIONAIS DE JULGAMENTO

A primeira instância de julgamento se dá no âmbito de um específico órgão da Receita Federal, as Delegacias Regionais de Julgamento (DRJ), que são disciplinadas pela Portaria ME nº 340/20. A tal órgão compete apreciar, por decisão colegiada, (i) em primeira instância, a impugnação ou manifestação de inconformidade apresentada pelo sujeito passivo; e (ii) em última instância, os recursos em relação ao contencioso administrativo fiscal de pequeno valor, assim considerado aquele cujo lançamento fiscal ou controvérsia não supere 60 salários-mínimos.

Essas turmas de julgamento são compostas, como mencionado anteriormente, exclusivamente por Auditores-Fiscais da RFB. A impugnação será distribuída para um desses julgadores, que deverá indicá-la para pauta no prazo de 90 dias, para decisão ou a conversão do julgamento em diligência.

A DRJ pode determinar, de ofício ou a requerimento do impugnante, a realização de diligências ou perícias, quando entendê-las necessárias, indeferindo as que considerar prescindíveis ou impraticáveis. Há, aqui, uma peculiaridade importante, versada no art. 18, § 3º, do Decreto nº 70.235/72: quando, em exames posteriores, decorrentes de diligências ou perícias, forem verificadas incorreções, omissões ou inexatidões de que, se consideradas, resultem em agravamento da exigência inicial, inovação ou alteração da fundamentação legal da exigência, a DRJ poderá determinar a lavratura auto de infração complementar, devolvendo-se, ao sujeito passivo, prazo para impugnação no concernente exclusivamente à matéria modificada.

VOCÊ SABIA?

A legislação autoriza que a DRJ corrija o trabalho da fiscalização, determinando o retorno dos autos à unidade preparadora para adequá-lo, reabrindo o prazo para defesa, quanto aos pontos que forem eventualmente modificados. Entretanto, essa autorização está restrita à primeira instância! Caso o CARF realize diligências e verifique erros no auto de infração, o órgão não possui competência para remeter o processo à unidade de origem para correção, mas apenas para anulá-lo.

Caso o colegiado entenda que o processo está apto a ser julgado, e após a leitura do relatório e voto pelo relator, as questões preliminares são julgadas antes do mérito, e este não será conhecido caso incompatível com a decisão daquelas. Caso as preliminares sejam superadas, o colegiado deverá votar o mérito da impugnação.

Na tomada de decisão, é preciso observar que os julgadores da DRJ estão sujeitos a algumas restrições na sua liberdade decisória, quais sejam:

(i) Os laudos ou pareceres do Laboratório Nacional de Análises, do Instituto Nacional de Tecnologia e de outros órgãos federais congêneres serão adotados nos aspectos técnicos de sua competência, salvo se comprovada a improcedência deles (art. 30 do Decreto nº 70.235/72). Não obstante, a classificação fiscal de produtos não é aspecto técnico.

(ii) É vedado aos órgãos de julgamento afastar a aplicação ou deixar de observar tratado, acordo internacional, lei ou decreto, sob fundamento de inconstitucionalidade (art. 26-A do Decreto nº 70.235/72).

(iii) É obrigatória a observância de as súmulas e resoluções de uniformização de teses divergentes do CARF (art. 16, II, alínea *b*, da Portaria ME nº 340/20).

(iv) É obrigatória a observância de atos normativos e regulamentares exarados pela RFB (art. 17, V, da Portaria ME nº 340/20), tais como: instruções normativas, atos declaratórios interpretativos etc.

Da decisão desfavorável ao contribuinte, isto é, que rejeitou a impugnação ou a manifestação de inconformidade, caberá a interposição de recurso voluntário, direcionado ao CARF, no prazo de 30 dias contados da ciência da decisão, e dotado de efeito suspensivo automático (art. 33 do Decreto nº 70.235/72).

Por outro lado, caso a DRJ exonere o sujeito passivo ou responsável do pagamento de tributo e encargos de multa de valor total de R$ 2.500.000 (dois milhões e quinhentos mil reais), ou deixe de aplicar pena de perda de mercadorias ou outros bens cominada à infração denunciada na formalização da exigência, o próprio órgão decisório irá interpor recurso de ofício na decisão, também destinado ao julgamento no CARF. Caso a decisão da DRJ envolva a reforma de despacho que não homologou pedido de compensação ou ressarcimento, ou se baseie em precedente ou súmula vinculante dos tribunais superiores, não será hipótese de interposição do recurso de ofício.

VOCÊ SABIA?

O valor de alçada do recurso de ofício é definido por ato do Ministro da Economia e, atualmente, é regulado pela Portaria MF nº 63/17.

Também é possível que o julgamento se dê parcialmente favorável ao contribuinte, hipótese em que é possível a interposição simultânea de recurso voluntário e de ofício, que seguirão juntos para serem julgados no âmbito do CARF.

Por fim, o art. 35 do Decreto nº 70.235/72 estabelece que o recurso voluntário, mesmo perempto (por perempto leia-se intempestivo), será encaminhado ao órgão de segunda instância, que julgará a perempção. Isso quer dizer que, mesmo que o recurso seja intempestivo, apenas o CARF poderá pronunciar essa intempestividade, o que traz alguns aspectos estratégicos relevantes.

Sobre isso, a Solução de Consulta Interna COSIT nº 16/14 representa o entendimento da RFB de que eventual petição, apresentada fora do prazo, não caracteriza impugnação, não instaura a fase litigiosa do procedimento, não suspende a exigibilidade do crédito tributário, nem comporta julgamento de primeira instância, salvo se caracterizada ou suscitada a tempestividade, como preliminar. Esse mesmo entendimento tem sido aplicado no âmbito dos recursos voluntários, para exigir que o ele tenha uma preliminar de tempestividade, nos casos de perempção, para que seja encaminhado ao CARF. Tal exigência não possui base legal ou regulamentar, até mesmo porque a tempestividade seja uma questão que tenha que ser necessariamente avaliada pelos julgadores, como condição de admissibilidade da petição ou recurso, não obstante, caso haja dúvida sobre a tempestividade, sugere-se que se inclua uma preliminar sobre isso, evitando uma discussão judicial sobre a admissão da defesa administrativa.

Além disso, a possibilidade de o CARF analisar o recurso, mesmo que para reconhecer sua perempção, é essencial para que o contribuinte possa invocar questões de ordem pública, que poderão ser conhecidas naquele grau de jurisdição administrativa, independentemente da tempestividade da petição, a exemplo das alegações de decadência, cerceamento do direito de defesa, ilegitimidade passiva, entre outras. São questões, portanto, que estão fora do âmbito de preclusão de análise para o colegiado, e podem conduzir a um desfecho processual favorável, a despeito da perda do prazo.

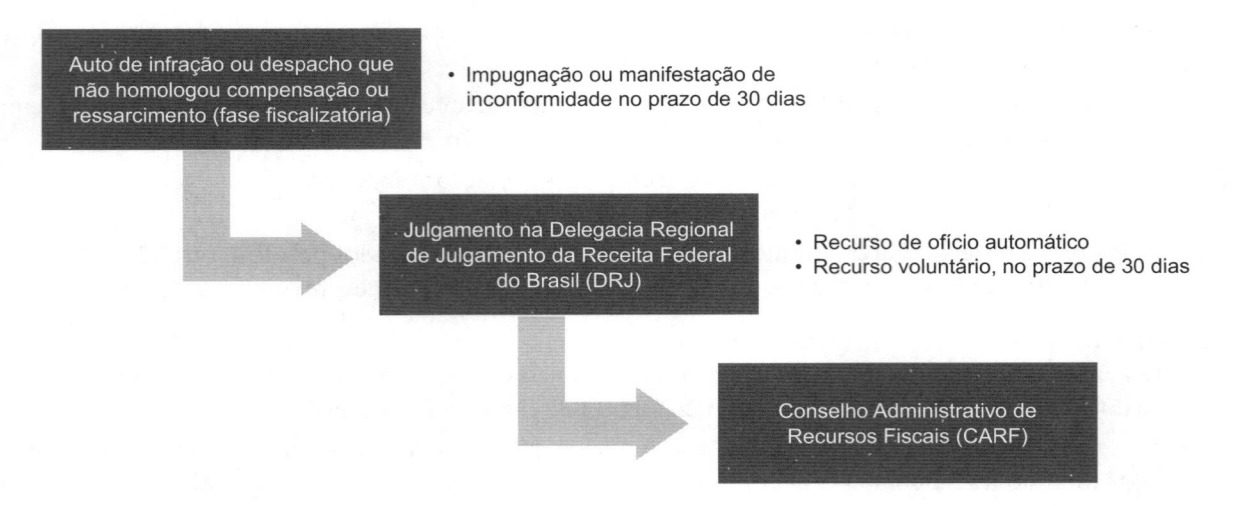

Figura 21.6   Procedimento no âmbito do processo administrativo federal.

O PROCESSO NO CARF

Como explicado anteriormente, após a interposição de recurso voluntário ou de ofício, o processo é remetido ao CARF para julgamento. Esse órgão, diferentemente da DRJ, não pertence à estrutura da RFB, mas, sim, ao Ministério da Economia, e tampouco é formado apenas por Auditores-Fiscais, tendo uma composição paritária, como estabelecido pela Lei nº 11.941/09, que o criou, em substituição aos antigos Conselhos de Contribuintes.

Por composição paritária, deve-se entender que as turmas de julgamento são compostas metade por conselheiros representantes da Fazenda Nacional, sendo Auditores-Fiscais de carreira, e metade por conselheiros representantes dos contribuintes, indicados pelas confederações econômicas e centrais sindicais, sendo normalmente advogados e contadores. A presidência é sempre exercida por um representante da Fazenda, enquanto a vice-presidência sempre fica a cargo de um representante dos contribuintes.

A estrutura do CARF e o procedimento no seu âmbito são regulados pelo seu Regimento Interno (RICARF), criado pela Portaria MF nº 343/15. Nele, as turmas de julgamento são divididas em Seções de Julgamento, cada uma com competência para apreciar matérias específicas:

(i) Primeira Seção: IRPJ, CSLL, os demais tributos quando reflexos do IRPJ/CSLL, SIMPLES, IRRF (quando antecipação de IRPJ ou decorrente da Lei nº 8.981/91, art. 61) e competência residual.

(ii) Segunda Seção: IRPF, IRRF, ITR e Contribuição Previdenciária.

(iii) Terceira Seção: PIS/Pasep, COFINS, FINSOCIAL, IPI, IOF, CPMF, IPMF, II, IE, CIDEs, lançamentos decorrentes do descumprimento de normas antidumping e autuações aduaneiras (competência residual).

Dentro de cada Seção, há quatro Câmaras de Julgamento, com um total de cinco turmas, cada uma com oito julgadores ao todo, sendo quatro representantes dos contribuintes e quatro representantes da Fazenda Nacional. Além disso, as Seções possuem também turmas extraordinárias, de caráter temporário, formadas por quatro conselheiros suplentes, mas mantendo o caráter paritário, para o julgamento de litígios inferiores a 60 salários-mínimos, e alguns casos específicos, como processos decorrentes de exclusão do SIMPLES sem crédito tributário lançado.

No âmbito do CARF, é comum que se reconheça a vinculação entre diversos processos existentes, para fins de distribuição e julgamento conjuntos. Essa vinculação, nos termos do art. 6º, § 1º, do RICARF, pode se dar de três modos:

(i) Conexão, constatada entre processos que tratam de exigência de crédito tributário ou pedido do contribuinte fundamentados em fato idêntico, incluindo aqueles formalizados em face de diferentes sujeitos passivos.

(ii) Decorrência, constatada a partir de processos formalizados em razão de procedimento fiscal anterior ou de atos do sujeito passivo acerca de direito creditório ou de benefício fiscal, ainda que veiculem outras matérias autônomas.

(iii) Reflexo, constatado entre processos formalizados em um mesmo procedimento fiscal, com base nos mesmos elementos de prova, mas referentes a tributos distintos.

Nesses casos, respeitada a competência de cada Seção, que é absoluta, os processos poderão ser distribuídos por prevenção ao conselheiro que primeiro recebeu o processo conexo ou o principal, salvo se já houver sido proferida decisão, hipótese na qual o colegiado poderá replicar a valoração fática lá aplicada, para a manutenção da coerência na avaliação dos mesmos fatos. Vale ressaltar que, em se tratando de processos reflexos, aqueles que sejam reflexos de lançamentos de IRPJ e CSLL deverão ser de competência da 1ª Seção, mesmo que envolvam tributos da 3ª Seção, como PIS, COFINS e IPI.

Caso os processos decorrentes ou reflexos estejam em Seções distintas, pode-se pleitear a suspensão de um deles até que o principal seja julgado definitivamente, fazendo repercutir a valoração dos fatos que prevaleceu nele sobre os demais.

Distribuído o processo e incluído em pauta, o processo estará sujeito ao seguinte rito, estabelecido no art. 58 do RICARF:

(i) Leitura do relatório pelo relator.

(ii) Sustentação oral do recorrente ou seu representante legal, por 15 minutos, prorrogáveis por mais 15.

(iii) Sustentação oral da parte adversa, por 15 minutos, prorrogáveis por mais 15.

(iv) Proferimento do voto pelo relator.

(v) Abertura da fase de debates e esclarecimentos.

(vi) Coleta dos votos, pelo Presidente.

(vii) Proclamação do resultado do julgamento.

Deve-se observar que, da mesma forma que a DRJ, a turma poderá optar por converter o julgamento em diligência, por meio de Resolução, para esclarecimento de algum ponto ou apresentação de algum documento necessário para o deslinde do feito, sendo vedado, entretanto, a determinação da complementação do lançamento realizado.

VOCÊ SABIA?

Após a sustentação oral, durante a coleta dos votos, pode haver pedido de vista por parte de um conselheiro, retomando automaticamente o processo no mês seguinte para prosseguir o julgamento. No caso de um segundo pedido de vista, ele será convertido em uma vista coletiva, para todos os demais conselheiros, com ganho de celeridade no julgamento. Apesar do processo voltar para ser julgado em outra sessão, não caberá nova sustentação oral, salvo na hipótese de alteração na composição da turma julgadora, situação na qual ambas as partes poderão novamente sustentar suas razões oralmente.

Encerrado o julgamento, a turma proferirá um acórdão constando a identificação do processo, ementa, dispositivo do julgamento, relatório e voto. Poderá também constar, no documento, eventuais votos vencidos/vencedores e declarações de voto dos demais conselheiros, esclarecendo suas razões de decidir.

Contra as decisões do CARF, são cabíveis três recursos: (i) Embargos de Declaração; (ii) Recurso Especial; e (iii) Agravo.

Os Embargos de Declaração, conforme o art. 65 do RICARF, são cabíveis quando o quando o acórdão contiver obscuridade, omissão ou contradição entre a decisão e os seus fundamentos, ou for omitido ponto sobre o qual deveria pronunciar-se a turma. Não cabe a oposição de embargos por contradição entre a decisão e as provas dos autos, mas sim por contradições internas ao próprio ato decisório.

O prazo para a oposição dos Embargos de Declaração é de cinco dias contados da ciência do acórdão pelo legitimado para a apresentação dessa modalidade recursal. Nesse ponto, o procedimento administrativo tem um destaque relevante, em razão da grande quantidade de legitimados para embargar. São legitimados: (i) o conselheiro do colegiado, inclusive o próprio relator; (ii) o contribuinte, responsável ou preposto; (iii) o Procurador da Fazenda Nacional; (iv) o Delegado de Julgamento, nos casos de nulidade de sua decisão; ou (v) o titular da unidade da administração tributária encarregada da liquidação e execução do acórdão.

Aqui há uma questão polêmica, acerca dos limites materiais dos Embargos opostos pelo titular da unidade da Receita Federal responsável pela liquidação e execução do julgado. Discute-se a impossibilidade de esses embargos serem dotados de efeitos infringentes (modificativos) da decisão embargada, tendo em vista que eventuais dúvidas deveriam envolver apenas a execução do que foi definido, e não a sua modificação, sob pena de se oportunizar à Fazenda Nacional uma dupla possibilidade de Embargos, um pela Procuradoria da Fazenda, e outro pela Receita Federal. Tal situação nos parece incorrer em ofensa à paridade de armas que deve prevalecer em um procedimento em contraditório orientado pelo devido processo legal.

Caso se trate apenas de inexatidões materiais na elaboração da decisão, devidas a lapso manifesto e os erros de escrita ou de cálculo existentes na decisão, a exemplo de incompatibilidade entre o dispositivo e o voto vencedor, divergência entre a ata de julgamento e o acórdão, ou erros na indicação de valores, não é necessária a oposição de Embargos de Declaração, mas apenas Embargos Inominados, para correção, mediante a prolação de um novo acórdão.

É preciso pontuar que tanto os Embargos de Declaração quanto os Embargos Inominados serão objeto de julgamento pela mesma turma que prolatou o acórdão embargado, após o juízo de admissão a ser realizado pelo Presidente do colegiado.

Por outro lado, cabe a interposição de Recurso Especial contra decisão que der à legislação tributária interpretação divergente da que lhe tenha dado outra câmara, turma de câmara, turma especial ou a Câmara Superior de Recursos Fiscais (CSRF). Esse recurso, diferentemente dos embargos, é direcionado à CSRF, que é o órgão superior de cada Seção de Julgamento do CARF, composto pelos presidentes e vice-presidentes das Câmaras, além do presidente e vice-presidente do CARF.

O Recurso Especial deverá ser formalizado em petição dirigida ao presidente da câmara à qual esteja vinculada a turma que houver prolatado a decisão recorrida, no prazo de 15 dias contado da data da ciência da decisão. Caso tenham sido opostos embargos de declaração tempestivos, eles têm o condão de interromper, e não suspender, o prazo de apresentação do Recurso Especial, que será iniciado após a ciência do acórdão – a despeito do RICARF nada dispor acerca dos embargos inominados, a necessidade de prolação de um novo acórdão justifica também a reabertura do prazo recursal.

Esse recurso pressupõe a evidenciação da divergência entre entendimentos no âmbito das turmas do CARF, e mesmo em relação à CSRF, razão pela qual a peça recursal deverá envolver matéria que já tenha sido prequestionada (isto é, objeto de decisão do colegiado), e a divergência deverá ser demonstrada analiticamente com a indicação dos pontos nos paradigmas colacionados que divirjam de pontos específicos no acórdão recorrido. Essa demonstração é feita por meio da apresentação de até dois acórdãos paradigmas (para cada ponto objeto de questionamento no Recurso Especial), com cópia do seu inteiro teor, com sua reprodução parcial no corpo da peça recursal.

É preciso cuidado, entretanto: não poderão ser utilizadas como paradigmas as decisões proferidas pelas turmas extraordinárias, tampouco decisões proferidas pelo Poder Judiciário ou pelas Delegacias Regionais de Julgamento, sob pena de inadmissão do Recurso Especial. Também não serão admitidos recursos especiais com base em precedentes anacrônicos, isto é, que já tenham sido reformados pelo próprio Tribunal ou superados pela própria turma que o proferiu.

Além disso, não pode ser objeto de Recurso Especial matéria que tenha sido objeto de: (i) Súmula Vinculante do Supremo Tribunal Federal, nos termos do art. 103-A da Constituição Federal; (ii) decisão definitiva do Supremo Tribunal Federal ou do Superior Tribunal de Justiça, em sede de julgamento de Repercussão Geral ou Recurso Repetitivo; (iii) Súmula ou Resolução do Pleno do CARF; e (iv) decisão definitiva plenária do Supremo Tribunal Federal que declare inconstitucional tratado, acordo internacional, lei ou ato normativo. Caso o objeto do recurso tangencie alguma dessas decisões dotadas de força normativa formal, é ônus argumentativo do recorrente apontar por que essas decisões não seriam aplicáveis ao seu caso concreto (*distinguishing*), como condição de admissibilidade do Recurso Especial.

O Recurso Especial, como dito, será direcionado ao Presidente da Câmara à qual pertença a turma prolatora do acórdão recorrido, que será o responsável pelo juízo de admissibilidade do Recurso, verificando se foi demonstrada a divergência e não se trata de nenhuma das matérias vedadas à referida modalidade recursal.

Caso o Recurso Especial seja admitido, ele é remetido para a CSRF, que realizará o julgamento, proferindo um novo acórdão, que poderá ser objeto de Embargos de Declaração. Julgados os embargos, o julgamento alcança a sua definitividade na esfera administrativa, encerrando o processo.

Na eventualidade do Presidente de Câmara negar seguimento ao Recurso Especial, há a possibilidade da interposição de Agravo contra esse despacho no prazo de cinco dias da ciência do despacho que lhe negou seguimento, recurso esse que será dirigido à Presidência da CSRF. Dado provimento ao Agravo, o Recurso Especial interposto é remetido para julgamento pela CSRF e, caso seja negado provimento ao Agravo, não há qualquer recurso cabível.

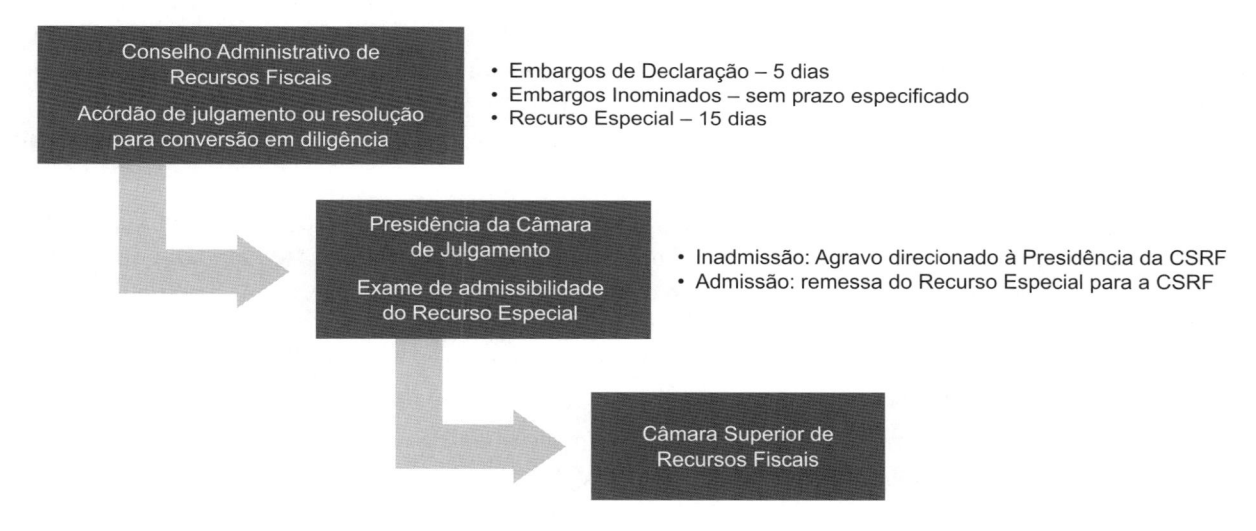

Figura 21.7 Procedimento no âmbito do CARF.

O art. 25, § 9º, do Decreto nº 70.235/72 estabelece que, na hipótese de empate no julgamento no CARF, a resolução do caso se dará por meio do voto de qualidade, proferido pelo Presidente da turma, que sempre será um representante da Fazenda Nacional.

Esse regime, que vigorou por muito tempo, sofreu alterações recentes, por força da de emenda aglutinativa na Medida Provisória nº 899/19, convertida na Lei nº 18.988/20, que por meio do seu art. 29 acrescentou o art. 19-E à Lei nº 10.522/02, *verbis*:

> Em caso de empate no julgamento do processo administrativo de determinação e exigência do crédito tributário, não se aplica o voto de qualidade a que se refere o § 9º do art. 25 do Decreto nº 70.235, de 6.3.1972, resolvendo-se favoravelmente ao contribuinte.

Ou seja, em vez de estabelecer o desempate ao Presidente, que poderia decidir para qualquer dos lados, passou a automaticamente dar resultado favorável para o contribuinte, exonerando-o do tributo e eventuais multas cobradas.

Em nosso entender, esse dispositivo revogou tacitamente o art. 25, § 9º, do Decreto nº 70.235/72, tendo em vista que ambos tratam de processos administrativos de determinação e exigência do crédito tributário (veja-se, a respeito, o art. 1º do Decreto nº 70.235/72, mencionado anteriormente). Uma vez que eles têm o mesmo âmbito de incidência, e estabelecem soluções jurídicas distintas e incompatíveis, resta ocorrida a revogação tácita, nos termos do art. 2º, § 1º, da Lei de Introdução às Normas do Direito Brasileiro.

Não obstante, o Ministério da Economia editou a Portaria nº 260/20, a pretexto de regulamentar o procedimento de "proclamação do resultado de julgamento" no CARF (que nunca demandara qualquer regulamentação), com a finalidade de restringir o alcance do novel dispositivo, estabelecendo que ele seria aplicável tão somente nos processos envolvendo créditos tributários, em que há tal exigência por meio de auto de infração ou de notificação de lançamento (art. 2º, § 1º), e afastando a sua aplicação a diversas matérias, como questões processuais, embargos de declaração e os demais processos de competência do CARF (sanções aduaneiras e *antidumping* etc.).

A Portaria, evidentemente inquinada de ilegalidade, se encontra atualmente vigente, e reduziu drasticamente o alcance do art. 19-E da Lei nº 10.522/02, a despeito dos vícios que possui. Por outro lado, a própria regra que veio a substituir o voto de qualidade se encontra sob discussão judicial, por meio de diversas Ações Diretas de Inconstitucionalidade que foram ajuizadas: (i) nº 6.415, proposta pela Associação Nacional dos Auditores Fiscais da Receita Federal; (ii) nº 6.403, proposta pelo Partido Socialista Brasileiro; e (iii) nº 6.399, proposta pela Procuradoria Geral da República. Nos referidos processos, há pareceres da Advocacia Geral da União favoráveis à constitucionalidade da lei, e manifestações da Procuradoria da República em sentido contrário. Há, inclusive, voto do Relator, Ministro Marco Aurélio, reconhecendo a inconstitucionalidade formal da alteração legislativa, tendo o caso saído com pedido de vista.

Trata-se de um tema que, certamente, irá impactar fortemente os caminhos do processo administrativo tributário, no futuro.

Outro ponto relevante diz respeito à concomitância com processos judiciais. O art. 38, parágrafo único, da Lei nº 6.830/80 (Lei de Execução Fiscal) estabelece que a propositura, pelo contribuinte, de mandado de segurança, ação de repetição do indébito ou ação anulatória do ato declarativo da dívida importa renúncia ao poder de recorrer na esfera administrativa e desistência do recurso acaso interposto. Essa previsão tem a finalidade de racionalizar as discussões tributárias, de forma célere e eficaz, bem como evitar decisões contraditórias nas esferas judicial e administrativa, sobretudo pela necessária preponderância que o Judiciário deve ter sobre os atos administrativos decisórios, em função da jurisdição uma vigente no Brasil.

Em razão disso, o CARF editou a sua Súmula 1, *verbis*:

> Importa renúncia às instâncias administrativas a propositura pelo sujeito passivo de ação judicial por qualquer modalidade processual, antes ou depois do lançamento de ofício, com o mesmo objeto do processo administrativo, sendo cabível apenas a apreciação, pelo órgão de julgamento administrativo, de matéria distinta da constante do processo judicial.

É preciso observar, entretanto, que a concomitância, ao se referir ao "mesmo objeto do processo administrativo", diz respeito às causas de pedir na esfera administrativa e na esfera judicial, e não ao pedido. É muito comum que o contribuinte pleiteie a anulação do auto de infração por vício no lançamento, ou erro na base de cálculo, por meio da impugnação, ao mesmo tempo em que discuta a constitucionalidade da lei que embasou a exação em uma ação judicial. Ainda que o pedido seja a extinção do crédito tributário em ambos, as causas de pedir são distintas e, portanto, não haverá concomitância entre os feitos, pois as questões a serem apreciadas nas esferas judicial e administrativa serão distintas.

AÇÃO ANULATÓRIA DE DÉBITO FISCAL, MANDADO DE SEGURANÇA REPRESSIVO, AÇÃO CONSIGNATÓRIA DE DÉBITO FISCAL E AÇÃO DE REPETIÇÃO DE INDÉBITO/COMPENSAÇÃO

A ação anulatória de débito fiscal encontra fundamento legal no art. 38 da Lei nº 6.830/80, e seu objetivo é anular um específico débito tributário já lançado. Importante destacar que, apesar da parte final do citado prescritivo legal, o depósito não é condição de processamento para tal demanda, conforme já reconhecido pelo Supremo Tribunal Federal e consolidado na sua Súmula Vinculante 28. Em verdade, o depósito pode ser empregado voluntariamente pelo autor da demanda para fins de suspensão da exigibilidade do crédito tributário, o que também pode ser obtido por meio de concessão de tutela provisória (art. 151, V, do CTN).

Por sua vez, um específico crédito tributário já lançado também pode ser questionado por meio de um mandado de segurança repressivo, competindo à notificação do lançamento o papel deflagrador do ato coator a ser combatido. Os prós e contras entre ação anulatória e mandado de segurança repressivo são aqueles já indicados no item imediatamente anterior deste capítulo, quando comparamos estrategicamente o emprego da ação declaratória de inexistência de relação jurídico-tributária com o *mandamus* preventivo. Há apenas um único ponto que se acresce nessa análise comparativa: o prazo para ajuizamento desses diferentes instrumentos processuais.

Em se tratando de mandado de segurança repressivo, o prazo para sua impetração é de 120 dias, contados da ciência do ato coator a ser impugnado, exatamente como prevê o art. 23 da Lei nº 12.016/09. Por sua vez, na hipótese de ação anulatória de débito fiscal, o prazo para ajuizamento é de cinco anos, contados da notificação do lançamento, nos termos do art. 1º do Decreto nº 20.910/32, que, segundo o STJ por meio de precedente vinculante, é dispositivo apto a regular a questão. Nesse esteio:

PROCESSO CIVIL E TRIBUTÁRIO. RECURSO ESPECIAL REPRESENTATIVO DE CONTROVÉRSIA. ART. 543-C, DO CPC. IPTU, TCLLP E TIP. INCONSTITUCIONALIDADE DA COBRANÇA DO IPTU PROGRESSIVO, DA TCLLP E DA TIP. AÇÃO ANULATÓRIA DE LANÇAMENTO FISCAL. CUMULADA COM REPETIÇÃO DE INDÉBITO. PRESCRIÇÃO. TERMO *A QUO*. ILEGITIMIDADE DO NOVO ADQUIRENTE QUE NÃO SUPORTOU O ÔNUS FINANCEIRO. VIOLAÇÃO AO ARTIGO 535 DO CPC. INOCORRÊNCIA. REDUÇÃO DOS HONORÁRIOS ADVOCATÍCIOS. SÚMULA 07 DO STJ.

1. O prazo prescricional adotado em sede de ação declaratória de nulidade de lançamentos tributários é quinquenal, nos moldes do art. 1º do Decreto nº 20.910/32. [...].

[...].

12. Recurso especial parcialmente provido, para reconhecer a ilegitimidade ativa ad causam da autora Ruth Raposo Pereira. Acórdão submetido ao regime do art. 543-C do CPC e da Resolução STJ 08/2008. Embargos de declaração dos recorridos prejudicados.

(STJ; REsp 947206/RJ, Rel. Ministro Luiz Fux, 1ª Seção, julgado em 13.10.2010, *DJe* 26.10.2010.).

Importante também registrar que os ulteriores atos de (i) inscrição em dívida ativa e de (ii) ajuizamento de execução fiscal reabrem o prazo para a impetração do *mandamus* (120 dias) e do ajuizamento de ação anulatória (cinco anos), conforme vem reconhecendo o STJ:

PROCESSUAL CIVIL. TRIBUTÁRIO. NEGATIVA DE PRESTAÇÃO JURISDICIONAL NÃO CONFIGURADA. IPTU. AÇÃO ANULATÓRIA DE DÉBITO FISCAL. PRESCRIÇÃO. TERMO INICIAL. AÇÃO ANULATÓRIA EM OPOSIÇÃO A EXECUÇÃO FISCAL. VIABILIDADE. HONORÁRIOS ADVOCATÍCIOS. MATÉRIA FÁTICA. SÚMULA 07/STJ.

1. Visando a ação anulatória a se opor à execução fiscal, o termo a quo da prescrição não pode ser anterior à propositura da referida execução.

2. Se é certo que a propositura de qualquer ação relativa ao débito constante do título não inibe o direito do credor de promover-lhe a execução (CPC, art. 585, § 1º), o inverso também é verdadeiro: o ajuizamento da ação executiva não impede que o devedor exerça o direito constitucional de ação para ver declarada a nulidade do título ou a inexistência da obrigação, seja por meio de

---

> embargos (CPC, art. 736), seja por outra ação declaratória ou desconstitutiva. Nada impede, outrossim, que o devedor promova pedido de nulidade do título ou a declaração de inexistência da relação obrigacional.
>
> [...].
>
> 4. Agravo regimental improvido.
>
> (AgRg no REsp 1054833/RJ, Rel. Ministro Teori Albino Zavascki, 1ª Turma, julgado em 28.6.2011, *DJe* 2.8.2011.).

Ressalte-se, ainda, que a simples impetração do *writ* repressivo ou o ajuizamento da ação anulatória não tem o condão de, por si só, suspender o fluxo de positivação da obrigação tributária (objetivo 2 deste capítulo) e, com isso, impedir a inscrição do débito em dívida ativa e correlato ajuizamento de execução fiscal. Para tanto, é imprescindível o advento de uma das causas de suspensão da exigibilidade do crédito tributário, estampadas nos incisos II e V do art. 151 do CTN. Entretanto, havendo causa de suspensão em uma dessas demandas e sendo ela anterior ao ajuizamento da execução fiscal, a Fazenda Pública está impedida de ajuizar essa ação exacional, conforme jurisprudência consagrada do STJ (*vide*: REsp 1.140.956/SP; e REsp 1.712.954/SP).

Não obstante, resta ainda outra discussão a ser travada na hipótese de ajuizamento de execução fiscal cujo débito está sendo combatido mediante mandado de segurança repressivo ou ação anulatória previamente distribuídos à ação exacional: haveria nesse caso conexão entre a ação exacional (execução fiscal) e a ação antiexacional (MS repressivo ou ação anulatória), nos termos do art. 55 do CPC?

A resposta imediata para tal resposta é não, haja vista que as causas de pedir e pedidos formulados no *mandamus* e na ação anulatória não são coincidentes com a causa de pedir ou pedidos da execução fiscal.

Acontece que o CPC/2015 criou outra hipótese de conexão, chamada pela doutrina de conexão por afinidade e que está capitulada no § 3º do art. 55 do *Codex*. Segundo tal prescritivo legal, duas ações devem ser reunidas para julgamento simultâneo (art. 58 do CPC) sempre que haja risco de decisões contraditórias entre elas, o que se dará independentemente de conexão, isto é, independentemente de tais ações apresentarem mesma causa de pedir ou pedido.

Em princípio, tal dispositivo ensejaria a conexão entre as demandas, competindo ao juízo prevento, nos termos do art. 59 do Estatuto Processual Civil, agregar o julgamento de ambas. Levando em consideração a linearidade, *a priori*, do fluxo de positivação, tal prevenção ocorreria perante o juiz da anulatória ou do *mandamus*.

Acontece que, em várias Comarcas e Subseções judiciárias, é comum existir varas especializadas em execuções fiscais, o que configura uma competência absoluta em razão da função (art. 62 do CPC) o que, por conseguinte, impede a modificação ou atração da competência. Nesse caso, restaria impossibilitada a reunião dos processos em razão da conexão por afinidade. Todavia, ainda sim seria possível obter uma decisão para suspender o trâmite da execução fiscal em razão de uma causa de prejudicialidade externa, nos exatos termos do art. 313, V, do CPC. Nesse sentido:

> ADMINISTRATIVO E PROCESSUAL CIVIL. AGRAVO INTERNO NO AGRAVO EM RECURSO ESPECIAL. COMPETÊNCIA PARA JULGAMENTO DE AÇÃO ANULATÓRIA AJUIZADA ANTERIORMENTE À EXECUÇÃO FISCAL. IMPOSSIBILIDADE DE REUNIÃO DOS PROCESSOS NA VARA DE EXECUÇÕES. ENTENDIMENTO DESTA CORTE SUPERIOR. INAPLICABILIDADE DA SÚMULA 7 DO STJ. A DECISÃO MONOCRÁTICA NÃO FEZ QUALQUER CONSTATAÇÃO QUANTO À EVENTUAL EXISTÊNCIA DE CONEXÃO OU CONTINÊNCIA. CABERÁ AO JUÍZO EXECUTÓRIO, CASO VERIFIQUE RELAÇÃO DE PREJUDICIALIDADE ENTRE AS AÇÕES, DECIDIR PELA SUSPENSÃO DA AÇÃO DE EXECUÇÃO FISCAL, NA FORMA DO ART. 313, V, *A*, DO CÓDIGO FUX. AGRAVO INTERNO DA AUTARQUIA FEDERAL A QUE SE NEGA PROVIMENTO.
>
> 1. [...]
>
> 2. Nos termos da jurisprudência desta Corte Superior, o ajuizamento posterior de Execução Fiscal, perante a Vara Especializada em Execuções, não modifica a competência para julgamento da Ação Anulatória de Débito, intentada anteriormente na Vara Cível. A remessa da Ação Anulatória, em tal cenário, resultaria em modificação de competência fora das hipóteses permitidas pelo sistema processual, além de possibilitar a violação da boa-fé objetiva processual pela prática de fórum shopping.
>
> [...]

Nessa hipótese, embora não haja o julgamento simultâneo das demandas conexas, o efeito pragmático (evitar decisões conflitantes) seria atingido.

Seguindo adiante, outra ação tributária a ensejar, de forma mais usual, uma tutela jurisdicional repressiva é a ação consignatória de débito fiscal, capitulada no art. 164 do CTN. O fundamento para tal ação é o direito à quitação da obrigação tributária, o que implicará ao devedor dessa obrigação a condição de regularidade fiscal.

Nesse sentido, o depósito judicial na ação consignatória é pressuposto de processamento, uma vez que o objetivo final da demanda é a extinção da obrigação referenciada, o que pressupõe pagamento mediante conversão do depósito em renda em favor do fisco, nos exatos termos do art. 156, VI, do CTN. É bem verdade que esse depósito também terá o condão de suspender a exigibilidade do crédito tributário, nos termos do já citado art. 151, II, do CTN. A diferença é que, nesta específica demanda processual, a realização do depósito é obrigatória, e não voluntária, pois trata-se, como visto acima, de pressuposto processual para o ajuizamento da ação consignatória. Caso tal exigência não seja cumprida, o processo será extinto sem análise de mérito, nos termos do art. 524, parágrafo único, do CPC.

Voltando-se ao art. 164 do CTN, é possível perceber dois tipos de hipóteses para o ajuizamento dessa ação: (i) exigência(s) injurídica(s) como contrapartida para o recebimento do *quantum* devido a título de tributo (hipóteses dos incisos I e II) e (ii) dúvida razoável acerca do real credor da obrigação tributária calcada em um mesmo fato gerador (caso do inciso III). Nesta última hipótese, convém registrar, a dúvida não pode ser uma mera conjectura, demandando, assim, indício/prova de que um mesmo fato gerador está suscitando a cobrança de créditos tributários por diferentes entes públicos.

Ainda na hipótese do inciso III do art. 164 do CTN, haverá um litisconsórcio passivo necessário entre os diferentes entes públicos a figurarem como réus nessa demanda. Não obstante, se um dos réus for a União, autarquia pública federal ou empresa pública federal, a competência para julgamento dessa demanda será da Justiça Federal, nos termos do art. 109 da Constituição Federal. Caso os réus sejam dois Estados-membros, dois Municípios ou um Estado-membro e um Município, a ação deverá distribuída na Justiça Estadual de um desses entes, a critério do autor da demanda, respeitado o disposto no art. 46, § 4º, cumulado com o art. 52, parágrafo único, ambos do CPC.

Ainda na hipótese do inciso III do art. 164 do CTN, havendo dois ou mais réus, competirá ao Autor fazer o depósito do maior valor exigido por um desses entes, e não o equivalente a somatória de todos os valores individualmente exigidos. Ao final, reconhecido judicialmente o real credor da obrigação, o valor depositado será por ele levantado, competindo ao autor da demanda também levantar eventual diferença depositada a maior.

Importante também destacar que, em se tratando de ação consignatória, independentemente de qual hipótese de cabimento, o objetivo do autor da demanda é pagar o crédito por ele indicado. Não há, portanto, espaço para discutir a (in)juridicidade da obrigação. Caso isso ocorra, o processo poderá ser extinto, sem análise de mérito, por não preencher uma das hipóteses de cabimento taxativamente previstas no art. 164 do CTN. A título de exemplo:

> 3. No caso presente não se constata a negativa de recebimento dos valores por parte do Fisco nem a imposição de obrigações administrativas ilegais, ou a exigência de tributo idêntico sobre um mesmo fato gerador por mais de uma pessoa de direito público. Trata-se apenas de pretensão de discutir o próprio valor do tributo questionado, socorrendo-se, para tanto, da ação consignatória.
>
> 4. Inocorrentes as hipóteses taxativamente previstas no art. 164, incisos I, II e III, do CTN, que dão supedâneo à propositura da ação consignatória, há de se reconhecer a inadequação da via eleita.
>
> 5. Recurso especial improvido.
>
> (STJ; 1ª Turma; REsp nº 685.589/RS; Relator: Ministro José Delgado; Data da Publicação/Fonte: *DJ* 11.4.2005 p. 201; votação unânime).

Por fim, outro importante instrumento processual à disposição do sujeito passivo de uma obrigação tributária é a ação de repetição/compensação de indébito. Aqui, havendo pagamento indevido a título de tributo, o sujeito passivo tem o direito de manejar instrumento processual para reaver o valor indevidamente pago.

O primeiro ponto a destacar nesta ação é que o autor da demanda não é, necessariamente, aquele recolhe aos cofres públicos o valor a título de tributo, haja vista que tal recolhimento pode ser feito por um terceiro, em razão de um dever instrumental de retenção. É o caso, por exemplo, da hipótese do IR-fonte, em que o dever de recolher o tributo, para fins de praticabilidade tributária, é do retentor, mas o dever de pagar o tributo é do retido, tendo ele – e tão somente ele – legitimidade para ajuizar a competente ação, conforme se observa, por exemplo, do seguinte precedente do STJ:

> TRIBUTÁRIO. PROCESSUAL CIVIL. EMBARGOS DE DIVERGÊNCIA. COTEJO REALIZADO. SIMILITUDE FÁTICA COMPROVADA. IMPOSTO DE RENDA RETIDO NA FONTE. REPETIÇÃO DE INDÉBITO. ART. 45, PARÁGRAFO ÚNICO, DO CTN. ILEGITIMIDADE ATIVA DO SUJEITO PASSIVO DA OBRIGAÇÃO TRIBUTÁRIA ACESSÓRIA. INAPLICABILIDADE DO ART. 166 DO CTN.
>
> 1. A divergência traçada nestes autos envolve questão relacionada à legitimidade do sujeito passivo de obrigação tributária acessória (na hipótese, pessoa jurídica de direito privado) para requerer a restituição de indébito tributário resultante de pagamento de imposto de renda retido e recolhido a maior quando em cumprimento do art. 45, parágrafo único, do CTN.
>
> [...].4. A divergência, portanto, é evidente e deve ser resolvida adotando-se o entendimento firmado no acórdão embargado no sentido de que o sujeito responsável pela obrigação de fazer consistente na retenção e recolhimento do imposto de renda não tem legitimidade ad causam para pleitear a restituição de valores eventualmente pagos a maior por ocasião do cumprimento de referida incumbência normativa.
>
> [...].
>
> 10. É certo que alguns precedentes desta Corte Superior têm reconhecido a legitimidade do sujeito passivo da obrigação tributária acessória – cujo objeto consiste na retenção e recolhimento de impostos e contribuições – especificamente no campo dos chamados "tributos indiretos", e mais especificamente ainda: somente quando houver comprovação de que não houve repercussão do ônus financeiro a terceira pessoa, comumente intitulada de sujeito passivo de fato, nos termos do art. 166 do CTN ("Art. 166. A restituição de tributos que comportem, por sua natureza, transferência do respectivo encargo financeiro somente será feita a quem prove haver assumido o referido encargo, ou, no caso de tê-lo transferido a terceiro, estar por este expressamente autorizado a recebê-la"): AgRg no REsp 1.573.939/MG, Rel. Ministro Mauro Campbell Marques, Segunda Turma, *DJe* 14/3/2016; (AgRg no AREsp 624.100/MG, Rel. Ministro Benedito Gonçalves, Primeira Turma, *DJe* 15/2/2016).
>
> 11. Destaque-se, no entanto, que o imposto de renda não se inclui dentre aqueles que se enquadram como "tributos indiretos" a exigir qualquer análise quanto ao art. 166 do CTN, sendo desnecessário tecer mais comentários a respeito de referidos precedentes.
>
> 12. Por fim, o fato de haver ou não autorização pelo sujeito passivo da relação jurídico-tributária concedida à ora embargante, quando muito, possibilitaria que ela ingressasse com a demanda em nome da contribuinte substituída na qualidade de mandatária, mas não em nome próprio, pois, como se disse, a hipótese dos autos não diz respeito a tributo indireto a exigir a aplicação do art. 166 do CTN.
>
> 13. Embargos de divergência a que se negam provimento.
>
> (STJ; EREsp 1318163/PR, Rel. Ministro Og Fernandes, 1ª Seção, julgado em 14.6.2017, *DJe* 15.12.2017).

Outro ponto relevante em relação à legitimidade ativa diz respeito à restrição trazida pelo art. 166 do CTN e à Súmula 546 do STF. Em suma, em se tratando de tributos indiretos, ou seja, que admite o repasse do encargo financeiro do tributo no preço, o "contribuinte de direito" só tem legitimidade processual para a ação em análise se demonstrar que não repassou tal encargo no preço ou que, tendo repassado, possui a autorização expressa do "contribuinte de fato" para reaver os valores.

Não entraremos aqui na discussão quanto à juridicidade ou não de tal dispositivo frente a Constituição Federal de 1988 nem a respeito da impertinência técnico-jurídica acerca das distinções entre "contribuinte de fato" e "contribuinte de direito" e entre tributos "direitos" e "indiretos", até porque essa questão já se encontra pacificada no âmbito do STJ, conforme se observa da ementa abaixo transcrita:

> PROCESSO CIVIL. RECURSO ESPECIAL REPRESENTATIVO DE CONTROVÉRSIA. ARTIGO 543-C, DO CPC. TRIBUTÁRIO. IPI. RESTITUIÇÃO DE INDÉBITO. DISTRIBUIDORAS DE BEBIDAS. CONTRIBUINTES DE FATO. ILEGITIMIDADE ATIVA *AD CAUSAM*. SUJEIÇÃO PASSIVA APENAS DOS FABRICANTES (CONTRIBUINTES DE DIREITO). RELEVÂNCIA DA REPERCUSSÃO ECONÔMICA DO TRIBUTO APENAS PARA FINS DE CONDICIONAMENTO DO EXERCÍCIO DO DIREITO SUBJETIVO DO CONTRIBUINTE DE JURE À RESTITUIÇÃO (ARTIGO 166, DO CTN). LITISPENDÊNCIA. PREQUESTIONAMENTO. AUSÊNCIA. SÚMULAS 282 E 356/STF. REEXAME DE MATÉRIA FÁTICO-PROBATÓRIA. SÚMULA 7/STJ. APLICAÇÃO.
>
> 1. O "contribuinte de fato" (*in casu*, distribuidora de bebida) não detém legitimidade ativa *ad causam* para pleitear a restituição do indébito relativo ao IPI incidente sobre os descontos incondicionais, recolhido pelo "contribuinte de direito" (fabricante de bebida), por não integrar a relação jurídica tributária pertinente.
>
> [...]
>
> 6. Deveras, o condicionamento do exercício do direito subjetivo do contribuinte que pagou tributo indevido (contribuinte de direito) à comprovação de que não procedera à repercussão econômica do tributo ou à apresentação de autorização do "contribuinte de fato" (pessoa que sofreu a incidência econômica do tributo), à luz do disposto no artigo 166, do CTN, não possui o condão de transformar sujeito alheio à relação jurídica tributária em parte legítima na ação de restituição de indébito. [...].
>
> 15. Recurso especial desprovido. Acórdão submetido ao regime do artigo 543-C, do CPC, e da Resolução STJ 08/2008.
>
> (STJ; 1ª Seção; REsp nº 903.394/AL; Rel. Min. Luiz Fux; Publicação/Fonte: *DJe* 26.4.2010; votação unânime).

Pois bem. Segundo o sobredito precedente, apenas o "contribuinte de direito" tem legitimidade para ajuizar a aludida ação e desde que preencha os requisitos exigidos pelo art. 166 do CTN. Em outros termos, tal dispositivo não estenderia a legitimidade ativa para o chamado "contribuinte de fato".

Não obstante, em outra oportunidade, promovendo um *distinguishing* em relação ao sobredito precedente vinculante, o STJ cria uma exceção, nos seguintes termos:

> RECURSO ESPECIAL. REPRESENTATIVO DA CONTROVÉRSIA. ART. 543-C CÓDIGO DE PROCESSO CIVIL. CONCESSÃO DE SERVIÇO PÚBLICO. ENERGIA ELÉTRICA. INCIDÊNCIA DO ICMS SOBRE A DEMANDA "CONTRATADA E NÃO UTILIZADA". LEGITIMIDADE DO CONSUMIDOR PARA PROPOR AÇÃO DECLARATÓRIA C/C REPETIÇÃO DE INDÉBITO.
>
> Diante do que dispõe a legislação que disciplina as concessões de serviço público e da peculiar relação envolvendo o Estado-concedente, a concessionária e o consumidor, esse último tem legitimidade para propor ação declaratória c/c repetição de indébito na qual se busca afastar, no tocante ao fornecimento de energia elétrica, a incidência do ICMS sobre a demanda contratada e não utilizada.
>
> O acórdão proferido no REsp 903.394/AL (repetitivo), da Primeira Seção, Ministro Luiz Fux, *DJe* de 26.4.2010, dizendo respeito a distribuidores de bebidas, não se aplica aos casos de fornecimento de energia elétrica. Recurso especial improvido. Acórdão proferido sob o rito do art. 543-C do Código de Processo Civil.
>
> (REsp 1.299.303/SC, Rel. Ministro Cesar Asfor Rocha, 1ª Seção, julgado em 8.8.2012, *DJe* 14.8.2012).

Assim, segundo tal precedente, sendo o "contribuinte de direito" uma concessionária ou permissionária pública e, ainda, havendo recolhimento indevido de "tributo indireto" por parte de tal contribuinte, o STJ entende que há legitimidade ativa do "contribuinte de fato" para tal ação haja vista que, segundo o citado Tribunal, a concessionária/permissionária seria um mero *longa manus* do Estado.

Importante ainda destacar que, na hipótese de pedido de compensação, vige o disposto no art. 170-A do CTN, ou seja, a compensação só será possível após o trânsito em julgado da ação em que reconhecido o crédito do autor da demanda. No mesmo sentido é o teor da Súmula 212 do STJ. No âmbito federal, inclusive, caso tal dispositivo legal seja descumprido, a compensação perpetrada ganha o *status* de compensação não declarada, nos termos do art. 74, § 12, da Lei nº 9.430/96.

É importante destacar que o art. 170-A do CTN foi incluído no sistema pela Lei Complementar nº 104/01 e que, de lá para cá, se tem observado grandes e crescentes transformações no âmbito processual, com especial esforço de se valorizar precedentes e, com isso, racionalizar o sistema. Nesse sentido, alguns autores têm defendido a possibilidade de concessão de tutela de provisória da evidência para fins de compensação tributária, na específica hipótese do art. 311, II, do CPC, ao fundamento que, diante do novo contexto do ordenamento jurídico nacional – de valorização de precedentes –, o art. 170-A deveria ser repaginado e, com isso, flexibilizado a luz dessa nova realidade. Nesse diapasão, destaca-se o seguinte acórdão do CARF:

> COMPENSAÇÃO. PEDIDO REALIZADO ANTES DO TRÂNSITO EM JULGADO EM FAVOR DO CONTRIBUINTE. QUESTÃO DE CONTEÚDO QUE DEVE SE SOBREPOR À FORMA. PREVALÊNCIA DA *RATIO DECIDENDI* DE PRECEDENTE PRETORIANO DE CARÁTER VINCULANTE COM A ADEQUAÇÃO DO DISPOSTO NO ART. 170-A DO CTN.
>
> Embora o pedido de compensação perpetrado pelo contribuinte tenha se contraposto à literalidade do art. 170-A do CTN, ao final do processamento judicial a lide por ele proposta foi julgada procedente, com base em precedente vinculante do STF (RE n. 357.950), o que, por sua vez, faz convocar em seu favor o disposto nos artigos 489, § 1º, inciso VI, 926 e s.s., todos do CPC/2015, bem como o disposto no art. 62, § 1º, inciso II, alínea "b" do RICARF e, ainda, ao prescrito no art. 2º, inciso V da Portaria PGFN nº 502/2016.
>
> Recurso voluntário provido para sujeitar a Administração Pública ao precedente vinculante do STF (RE n. 357.950). Pedido de compensação a ser analisado pela instância competente apenas para fins de apuração quanto a adequação do montante compensado.
>
> (Acórdão CARF nº 3402.005.025, Conselheiro Rel. Diego Diniz Ribeiro, julgado em 22.3.2018; publicado em 4.4.2018; votação unânime).

Em sentido análogo, também se destaca interessante precedente do TRF da 1ª Região e veiculado no âmbito dos autos nº 0014773-57.2010.4.01.3000, assim ementado:

> TRIBUTÁRIO. MANDADO DE SEGURANÇA. CONTRIBUIÇÃO PREVIDENCIÁRIA. INCIDÊNCIA SOBRE OS QUINZE PRIMEIROS DIAS DE AFASTAMENTO QUE ANTECEDEM A CONCESSÃO DE AUXÍLIO-DOENÇA E SOBRE O ABONO CONSTITUCIONAL DE FÉRIAS (1/3). IMPOSSIBILIDADE. VERBAS INDENIZATÓRIAS. SALÁRIO MATERNIDADE E FÉRIAS. CONTRIBUIÇÃO DEVIDA. COMPENSAÇÃO COM QUAISQUER TRIBUTOS ADMINISTRADOS PELA RECEITA FEDERAL DO BRASIL. IMPOSSIBILIDADE. INAPLICABILIDADE DO ART. 170-A DO CTN. TAXA SELIC. PRELIMINAR DE PRESCRIÇÃO QUINQUENAL ACOLHIDA.
>
> [...].
>
> V – Tendo em vista que a matéria relativa à exigibilidade de contribuição previdenciária sobre a remuneração paga em virtude do afastamento do empregado no período de quinze dias que antecede a concessão de auxílio doença/acidente, bem assim sobre o abono constitucional de férias (1/3) encontra-se, atualmente, pacificada nos colendos STF e STJ, não se mostra razoável aguardar-se o trânsito em julgado de decisum para a efetivação da compensação do indébito tributário em referência, quando inexistente qualquer possibilidade de alteração da situação jurídica já reconhecida, nos autos. Ademais, segundo a inteligência do art. 557, *caput* e respectivo § 1º, do CPC, o relator negará seguimento a recurso manifestamente em confronto com súmula ou com jurisprudência dominante do respectivo tribunal, do Supremo Tribunal Federal, ou de Tribunal Superior, ou ainda, estando a decisão recorrida em manifesta contrariedade à súmula ou à jurisprudência dominante do Supremo Tribunal Federal, ou de Tribunal Superior, o relator poderá dar provimento, de pronto, ao recurso, pelo que se verifica, assim, a inaplicabilidade do art. 170-A, do CTN, na espécie, diante da perfeita harmonia do acórdão desta 8ª Turma com o entendimento jurisprudencial consolidado nos colendos STF e STJ nesta matéria, a possibilitar a eficácia plena e imediata da garantia fundamental da razoável duração do processo (CF, art. 5º, LXXVIII e respectivo § 1º) na materialização instrumental do processo justo.
>
> [...].
>
> VII – Apelações da impetrante, da União Federal e remessa oficial parcialmente providas.

Não é esse, todavia, o entendimento do STJ, conforme se observa da ementa do seguinte julgado, submetido ao rito de recursos repetitivos:

> TRIBUTÁRIO. COMPENSAÇÃO. ART. 170-A DO CTN. REQUISITO DO TRÂNSITO EM JULGADO. APLICABILIDADE A HIPÓTESES DE INCONSTITUCIONALIDADE DO TRIBUTO RECOLHIDO.
>
> 1. Nos termos do art. 170-A do CTN, "é vedada a compensação mediante o aproveitamento de tributo, objeto de contestação judicial pelo sujeito passivo, antes do trânsito em julgado da respectiva decisão judicial", vedação que se aplica inclusive às hipóteses de reconhecida inconstitucionalidade do tributo indevidamente recolhido.
>
> 2. Recurso especial provido. Acórdão sujeito ao regime do art. 543-C do CPC e da Resolução STJ 08/08.
>
> (REsp 1167039/DF, Rel. Ministro Teori Albino Zavascki, 1ª Seção, julgado em 25.8.2010, *DJe* 2.9.2010).

Registre, entretanto, que o aludido precedente é anterior ao CPC/2015, ou seja, antes da prescrição do art. 311, II, do *Codex*, que prevê a possibilidade de concessão de tutela provisória da evidência com base em alguns tipos formais de precedentes vinculantes. Diante desse novo contexto normativo, somado ao fortalecimento de uma cultura jurídica de precedentes, é perfeitamente possível que o sobredito precedente do STJ seja superado (*overruling*), de modo que o teor do art. 170-A do CTN seja flexibilizado nas situações concessivas da tutela provisória prevista no art. 311, II, do CPC.

Um último ponto importante a registrar a respeito da ação de repetição de indébito refere-se à possibilidade da sua cumulação com um pedido de compensação. Pode acontecer de o autor da demanda deixar de fazer esse pedido cumulado na inicial e, após o trânsito em julgado em seu favor, reconhecendo seu direito à repetição, querer ele (autor), em fase de cumprimento de sentença, "migrar" da repetição para a compensação.

Em situações com a descrita acima o STJ tem admitido a possibilidade de alteração quanto ao modo de realização do direito reconhecido judicialmente, desde que o autor da demanda desista da repetição via precatório/ofício requisitório (*vide*: REsp 742768/SP). Em âmbito federal, tal possibilidade está devidamente regulada no art. 100, § 1º, III, da Instrução Normativa da RFB nº 1.717/17.

Tecidas tais considerações, é possível realizar uma tabela comparativa para contribuir na análise quanto a escolha em se discutir um crédito já lançado de forma administrativa ou no âmbito judicial, conforme Quadro 21.3.

Quadro 21.3 Comparativo entre Processo Administrativo Tributário e Processo Judicial Tributário

	Processo Administrativo	Processo Judicial
Suspensividade automática da exigibilidade do crédito tributário	✓	✗
Custas processuais	✗	✓
Necessidade de capacidade postulatória	✗	✓
Verbas sucumbenciais	✗	✓
Necessária especialização do órgão julgador	✓	✗
Decisão obrigatoriamente colegiada	✓	✗

EXCEÇÃO DE PREEXECUTIVIDADE E EMBARGOS À EXECUÇÃO FISCAL

Embora não sejam consideradas ações autônomas, mas sim incidentes processuais, trataremos a exceção de preexecutividade e os embargos à execução fiscal no presente tópico, já que configuram instrumentos processuais que têm por objetivo combater uma específica exigência tributária, ou seja, que desafiam uma tutela jurisdicional repressiva.

Esses dois instrumentos citados pressupõem a existência de um crédito tributário lançado e que, em razão da sua inadimplência, foi objeto de inscrição em dívida ativa, com a consequente formação de um título executivo extrajudicial (CDA) e seu ajuizamento por meio de execução fiscal, regulada pela Lei nº 6.830/80 e com aplicação subsidiária do CPC.

Não obstante, tais instrumentos apresentam um mesmo objetivo: ver reconhecida a injuridicidade da exigência fiscal objeto da execução – injuridicidade essa que pode gravitar em torno da regra matriz de incidência (inconstitucionalidade e/ou ilegalidade), do lançamento (vícios formais ou materiais) ou do próprio título executivo (CDA) – para fins de extinção da ação exacional.

Acontece que, a exceção de preexecutividade, como desdobramento de uma construção doutrinária e da evolução jurisprudencial, prescinde da garantia do juízo, diferentemente dos embargos, haja vista o disposto no art. 16, § 1º, da Lei nº 6.830/80.

Em contrapartida, a jurisprudência admite a sua incidência apenas para combater questões que não demandem dilação probatória, ou seja, cuja fundamentação esteja pautada em prova documental pré-constituída.

Nesse momento, convém abrir um parêntese para explicar uma falsa associação de que apenas questões de ordem pública poderiam ser debatidas em exceção de preexecutividade, bem como que toda questão de ordem pública pode ser necessariamente abordada por meio desse instrumento processual.

Pois bem. São questões de ordem pública àquelas passíveis de cognição de ofício pelo juízo, nos termos do art. 485 do CPC, bem como a prescrição e a decadência, conforme jurisprudência consolidada do STJ (*vide*: AgInt no REsp 1542001/DF).

É possível, todavia, que uma questão que não demande dilação probatória seja passível de arguição em exceção de preexecutividade sem que, todavia, se enquadre no conceito alhures de ordem pública: é o caso, por exemplo, da aplicação (ou não) de um precedente vinculante, nos termos do art. 927 do CPC. Embora não se configure como uma questão de ordem pública, tal temática pode ser abordada em exceção, desde que não demande dilação probatória. Por sua vez, uma questão de ordem pública não poderá ser discutida em exceção se a sua cognição judicial depender de dilação probatória. Nesse caso, tal questão deverá, obrigatoriamente, ser tratada em embargos à execução.

Feitas essas considerações, as questões normalmente debatidas em sede de exceção de preexecutividade em matéria fiscal são as seguintes: ilegitimidade de partes; inconstitucionalidade da lei que fundamenta a exigência; prescrição; decadência; ocorrência de causa extintiva do crédito tributário; e, ainda, existência de causas suspensivas da exigibilidade do crédito em cobro anteriores ao ajuizamento da correlata ação exacional.

Ademais, a improcedência da exceção de preexecutividade não ensejará a condenação em honorários sucumbenciais e a decisão proferida, por ser interlocutória, será recorrível por meio de agravo de instrumento, nos termos do art. 1.015, parágrafo único, do CPC. Por sua vez, em se tratando de procedência da exceção, a decisão ganhará o *status* de sentença, sendo recorrível por apelação e ensejando a condenação da Fazenda Pública em honorários judiciais, mesmo na hipótese em que, após a apresentação do incidente, a exequente informe o cancelamento da inscrição em dívida ativa, nos termos do art. 26 da LEF. Trata-se de aplicação análoga da Súmula 153 do STJ (A desistência da execução fiscal, após o oferecimento dos embargos não exime o exequente dos encargos da sucumbência) (*vide* ainda: AgRg no AgRg no REsp 1.217.649/SC).

Feitas essas considerações acerca da exceção da preexecutividade, é possível agora tratar dos embargos à execução fiscal, o qual está previsto no art. 16 da Lei nº 6.830/80. Tal incidente, conforme já afirmado, pressupõe a garantia integral do juízo, conforme decidido pelo STJ, de forma vinculante, no REsp nº 1.272.827/PE, julgado de forma repetitiva.

Não obstante, excepcionalmente, caso o executado demonstre a impossibilidade financeira de garantir integralmente o juízo, o que pressupõe prova contábil-financeira, o STJ tem admitido a oposição e processamento do incidental do executado (*vide*: REsp nº 1.487.772/SE e REsp nº 1127815/SP). Não se trata de uma redundância em relação à exceção, uma vez que, conforme já afirmado, em se tratando de oposição de embargos, o executado poderá produzir provas em uma fase processual específica para tanto: a fase probatória.

Seguindo adiante, em caso de embargos o prazo para oposição será de 30 dias úteis, tendo como termo inicial a intimação da penhora, e não a juntada do termo ou auto de penhora no processo, o que também já foi decidido pelo STJ em sede de recurso especial repetitivo (REsp nº 1.12.416/MG).

Não obstante, apesar da clareza do disposto nos incisos I e II do art. 16 da LEF, o STJ consolidou posicionamento no sentido que, mesmo na hipótese de garantia do juízo por meio de depósito voluntário, fiança bancária ou seguro garantia, seria imprescindível a formalização de auto ou termo de penhora, com a consequente intimação do executado, para só então começar a fluir o prazo de embargos à execução fiscal:

PROCESSUAL CIVIL – EMBARGOS DE DIVERGÊNCIA – EMBARGOS À EXECUÇÃO FISCAL – PRAZO – ART. 16, II DA LEI nº 6.830/80 – DEPÓSITO EM DINHEIRO.

1. Feito depósito em garantia pelo devedor, deve ser ele formalizado, reduzindo-se a termo. O prazo para oposição de embargos inicia-se, pois, a partir da intimação do depósito.

2. Embargos de divergência providos.

(EREsp nº 1.062.537/RJ; Rel. Ministra Eliana Calmon, Corte Especial, julgado em 2.2.2009).

Nesse mesmo sentido, confira: AgInt no AREsp 1.198.682/SP; REsp 1.690.521/SP; AgInt no REsp 1.634.365/PR.

Por fim, ainda a respeito dos embargos, o STJ também decidiu em sede de recurso repetitivo (REsp 1.272.827/PE), pela aplicabilidade subsidiária do atualmente disposto no art. 919, § 1º, do CPC, ou seja, de que a simples oposição do incidental não implica a automática suspensão da correlata execução. Para tanto, deverá o embargante formular requerimento, demonstrando estar presente os requisitos para a concessão de tutelas provisórias e desde que o juízo esteja integralmente garantido.

RESUMO

OBJETIVO 1 O contencioso tributário é o palco de discussão de vultosas questões, estendendo-se desde o momento da autuação fiscal, com apresentação da impugnação e recursos administrativos (etapa de contencioso administrativo), até a lavratura da certidão de dívida ativa e início da execução fiscal (etapa de contencioso judicial), com o manejo dos meios de defesa cabíveis (exceção de preexecutividade e embargos à execução). Além disso, há a possibilidade de manejar ações autônomas de caráter antiexacional, perante o Poder Judiciário, com a finalidade de atacar o crédito tributário ou prevenir a sua constituição. Trata-se de âmbitos de discussão autônomos, com preponderância do Judiciário sobre os órgãos decisores administrativos, que poderão anular ou modificar o crédito tributário, ou simplesmente convalidá-lo para que o Estado prossiga com os atos de cobrança.

OBJETIVO 2 A tutela processual pode se dar por meios de instrumentos antiexacionais de caráter **preventivo** ou **repressivo**. Estes têm a finalidade evitar potencial lesão de direito, enquanto aqueles visam remediar lesão já existente e reestabelecer o direito material do peticionante. As tutelas preventivas podem ser obtidas no âmbito dos seguintes instrumentos processuais: (i) ação declaratória de inexistência de relação jurídico-tributária; (ii) mandado de segurança preventivo. As tutelas repressivas podem ser alcançadas por meio dos seguintes instrumentos processuais: (i) ação anulatória de débito fiscal; (ii) mandado de segurança repressivo; (iii) ação consignatória de débito fiscal; (iv) ação de repetição de indébito/compensação; (v) exceção de preexecutividade; e (vi) embargos à execução fiscal. A impugnação administrativa, que dá início ao processo administrativo fiscal, também se enquadra em uma espécie de tutela repressiva, que não é aduzida perante o Judiciário, em razão da tutela pretendida ser voltada à anulação ou reforma do crédito tributário já constituído.

▸ VÍDEOS ADICIONAIS SOBRE O CAPÍTULO

Acesse os QR Codes para assistir ao material adicional do capítulo:

Vídeo 1
uqr.to/1aybi

Vídeo 2
uqr.to/1aybk

Vídeo 3
uqr.to/1aybm

APLICANDO CONHECIMENTOS – TESTES

TESTES DE MÚLTIPLA ESCOLHA

1. A Jagger & Richards Ltda. é uma empresa comercial atacadista situada no Estado de São Paulo que, na consecução das suas atividades, está sujeita a incidência de ICMS. Em junho de 2019, o referido Ente tributário promove o aumento da alíquota do ICMS de 17% para 18%, estabelecendo que o valor majorado será integralmente empregado para a construção de casas populares e terá vigência a partir de janeiro de 2020. Por continuar recolhendo o ICMS com a alíquota diminuta, a empresa é autuada pelo Estado, que exige a diferença do tributo, acrescido de multa e juros, para o período compreendido entre janeiro de 2020 e maio de 2021. Por sua vez, levando em consideração o disposto no art. 167, inciso IV, da Constituição Federal, em julho de 2021 e a empresa procura seu escritório com o objetivo de afastar a exigência já lançada, bem como para evitar lançamentos futuros com alíquota majorada do ICMS. Diante deste quadro, você sugere a seguinte medida judicial para a empresa:

    a) Ajuizamento de uma ação anulatória de débito fiscal, com o objetivo de obter uma tutela jurisdicional repressiva.

    b) Impetração de um mandado de segurança, para exclusivamente obter uma tutela jurisdicional preventiva.

    c) O ajuizamento de uma ação declaratória de inexistência de relação jurídico-tributária, para se alcançar uma tutela de caráter repressivo.

    d) Uma ação declaratória de inexistência de relação jurídico-tributária, cumulada com uma ação anulatória de débito fiscal, para obter, respectivamente, uma tutela jurisdicional preventiva e repressiva.

2. A RFB emitiu a Solução de Consulta nº 123, de 1.6.2021, estabelecendo que o produto "imaginário" está sujeito a NCM nº XXX.XX.XX, com alíquota de IPI de 10%, ao fundamento de que referido produto seria uma cera. Diante desse quadro, a empresa XPTO Ltda., situada em Porto Alegre, lhe

procura, afirmando que fabrica tal produto e entende que a classificação fiscal apresentada na sobredita classificação fiscal está equivocada, uma vez que não seria uma cera, mas sim uma mistura heterogênea em emulsão, o que implicaria a classificação do produto na NCM nº YYY.YY.YY, com incidência de IPI sujeita a alíquota zero. Tal fato poderia ser atestado por um laudo técnico a ser emitido por um químico. Diante desse quadro e tendo por escopo manter a classificação fiscal mais favorável e evitar a incidência de IPI, a empresa lhe questiona acerca de qual seria o instrumento processual adequado para evitar a incidência do imposto a alíquota de 10%. Nesse sentido, você sugere:

a) A impetração de um mandado de segurança preventivo ou de uma ação declaratória na Justiça Federal de Brasília, haja vista já existir uma precedente favorável do TRF da 1ª Região para um concorrente da empresa em relação ao mesmo produto "imaginário".

b) A impetração de um mandado de segurança em Porto Alegre, uma vez que a discussão a ser travada não demandaria dilação probatória.

c) O ajuizamento de uma ação declaratória de inexistência de relação jurídico-tributária, haja vista a inexistência de risco sucumbencial.

d) O ajuizamento de uma ação declaratória de inexistência de relação jurídico-tributária, haja vista a necessidade de dilação probatória para a realização de perícia técnica acerca da classificação do produto em debate.

3. A respeito do mandado de segurança é **correto** afirmar que:

a) A competência para a impetração é definida pelos arts. 51 e 52 do CPC, aplicados subsidiariamente à Lei nº 12.016/2009.

b) É inadmissível o litisconsórcio ativo.

c) É vedada a sua impetração contra lei em tese.

d) Possui tramitação prioritária e está sujeita a uma fase probatória.

4. A respeito do processo administrativo tributário federal é **incorreto** afirmar:

a) Há, em regra, uma relação de prejudicialidade entre as instâncias judicial e administrativa, com o prevalecimento da primeira em detrimento da segunda.

b) Em face do princípio da oficiosidade do processo administrativo, um julgamento pode ser retomado após a sua conversão em diligência, independentemente de prévia intimação do administrado para se manifestar a respeito.

c) A interposição de recurso administrativo independe de depósito ou garantia.

d) Respeitados os limites legais e constitucionais, é possível o emprego de prova emprestada.

5. A respeito do processo administrativo tributário federal é **incorreto** afirmar:

a) O prazo para interposição de impugnações e recursos administrativos no âmbito federal se dá em dias úteis, por aplicação subsidiária do CPC.

b) A instância administrativa não se sujeita ao recolhimento de custas processuais e sucumbência.

c) A concomitância de discussões nas instâncias administrativa e judicial implica a renúncia da primeira delas.

d) Em regra, a decisão definitiva no processo administrativo, se favorável ao contribuinte, é irrecorrível.

6. A respeito da ação consignatória de débito fiscal, é **correto** afirmar:

a) Trata-se de ação que tem por objetivo ver cancelada uma específica exigência fiscal.

b) O depósito judicial é pressuposto para o processamento dessa ação.

c) na hipótese do art. 164, inciso III, do CTN, o autor da demanda deverá depositar em juízo a somatória dos valores exigidos pelos diferentes Entes tributantes e que figurarão como réus no processo.

d) Ainda na hipótese do art. 164, inciso III, do CTN, havendo um litisconsórcio passivo entre a União e um Estado-membro, a ação poderá ser ajuizada na Justiça Federal ou na Justiça Estadual, a critério do autor da demanda.

7. Levando em consideração as disposições legais e a jurisprudência dos nossos Tribunais, assinale abaixo a assertiva **correta**:

a) O processamento de ação anulatória de débito fiscal está condicionado ao depósito do valor questionado.

b) Impetrado mandado de segurança repressivo e havendo a concessão de liminar para suspender a exigibilidade do crédito em discussão, o Fisco está impedido de promover a execução fiscal desse valor.

c) Segundo entendimento do STJ, o prazo para propositura de ação anulatória de débito fiscal é, por analogia, o mesmo destinado à impetração de mandado de segurança repressivo.

d) A ação anulatória de débito fiscal tem por objetivo a obtenção de uma tutela jurisdicional preventiva.

8. Como já mencionado em teste anterior, a Jagger & Richards Ltda. é uma empresa comercial atacadista situada no Estado de São Paulo que, na consecução das suas atividades, está sujeita a incidência de ICMS. Em junho de 2019, o referido Ente tributário promoveu o aumento da alíquota do ICMS de 17% para 18%, estabelecendo que o valor majorado seria integralmente empregado para a construção de casas populares. Essa majoração passou a ter vigência em janeiro de 2020. Uma vez contratado para o jurídico interno da empresa em julho de 2021, você observa que a pessoa jurídica fez o pagamento do citado tributo nos exatos termos da novel legislação, ou seja, com a alíquota majorada. Por sua vez, levando em consideração o disposto no art. 167, inciso IV, da Constituição Federal, você percebe que tais recolhimento são indevidos e, considerando a legislação vigente e os precedentes dos nossos Tribunais, você sugere que:

a) Por se tratar de tributo direto, a empresa poderá ajuizar ação de repetição/compensação de indébito, independentemente do limite estabelecido no art. 166 do CTN.

b) Por se tratar de tributo indireto, Jagger & Richards Ltda. não teria legitimidade ativa para a presente demanda, a qual só poderia ser ajuizada pelo chamado contribuinte de fato.

c) O ajuizamento da ação de repetição de indébito/compensação por parte da empresa ficaria condicionada a comprovação de que não repassou tal encargo no preço ou que possui a autorização expressa do "contribuinte de fato" para reaver os valores considerados indevidos.

d) A empresa só poderia ajuizar a ação de repetição de indébito/compensação caso a promovesse em litisconsórcio ativo com os chamados contribuintes de fato, por se tratar de um litisconsórcio necessário.

9. Assinale a assertiva **correta**:

a) O termo *a quo* para oposição de embargos à execução fiscal se dá com a juntada do auto ou termo de penhora nos autos processuais.

b) A oposição de embargos à execução fiscal independe de garantia do juízo.

c) Para fins de atribuição de efeito suspensivo em embargos à execução fiscal, basta a existência de garantia integral do juízo.

d) É possível a apresentação de exceção de preexecutividade para discutir a inconstitucionalidade da norma que fundamenta a obrigação tributária retratada em CDA, desde que a discussão não demande dilação probatória.

10. A respeito do processo administrativo tributário federal é **correto** afirmar:

a) O Recurso Voluntário deve ser interposto pela Procuradoria da Fazenda em caso de decisão desfavorável no âmbito das DRJs.

b) Os Embargos de Declaração podem ser opostos pelo próprio conselheiro que proferiu o voto.

c) O Agravo é o recurso interposto contra a inadmissibilidade de Embargos de Declaração, por decisão monocrática.

d) É cabível a oposição de Embargos de Declaração à decisão de primeira instância administrativa.

RESPOSTAS

1-D; 2-D; 3-C; 4-B; 5-A; 6-B; 7-B; 8-C; 9-D; 10-B.

CAPÍTULO 22

TRIBUTAÇÃO DAS REORGANIZAÇÕES SOCIETÁRIAS

Thais de Barros Meira

Marina Pettinelli

OBJETIVOS DE APRENDIZAGEM DO CAPÍTULO

1. Entender as principais formas de reorganizações societárias.
2. Analisar os aspectos fiscais das operações de reorganizações societárias sob a perspectiva do alienante.
3. Analisar os aspectos fiscais das operações de reorganizações societárias sob a perspectiva do adquirente.
4. Compreender as regras de aproveitamento de prejuízos fiscais nas operações de reorganizações societárias.
5. Aprender as regras de sucessão tributária.
6. Conhecer as regras gerais relativas às obrigações acessórias das operações de fusão, incorporação e cisão.

OLHA A NOTÍCIA!

uqr.to/1ay8j

Fusões e aquisições no Brasil têm valor recorde da década em 2021, diz estudo

Autor: João Pedro Malar

CNN Brasil 10.2.2022

As fusões e aquisições no Brasil atingiram em 2021 o maior valor desde 2010, segundo um relatório da consultoria Bain & Company divulgado na terça-feira (8). Ao todo, foram movimentados US$ 66 bilhões (cerca de R$ 344 bilhões).

Segundo o estudo, a maior parte desse resultado está ligada ao grande volume de ofertas públicas iniciais de ações (IPOs na sigla em inglês) e a um contexto macroeconômico que favoreceu essas operações, com uma taxa de juros baixa e o dólar valorizado ante o real.

O relatório aponta que as grandes transações, com valor acima de R$ 10 bilhões, representaram cerca de 50% do valor total movimentado em 2021. A maioria foi voltada para a consolidação em setores.

CONSIDERAÇÕES INICIAIS

Diante da crescente concorrência entre as empresas, tem sido cada vez mais comum o uso de operações de reorganizações societárias como forma de aumentar as suas participações no mercado e expandir as suas atividades.

Em vez do crescimento puramente orgânico, as reorganizações societárias possibilitam que a empresa possa crescer por meio da união de atividades com empresas pré-constituídas.

Ao longo do capítulo, observaremos os conceitos jurídicos de fusão, incorporação, cisão parcial, cisão total, incorporação de ações.

Também serão discutidos os aspectos tributários das referidas operações, por meio da análise da tributação dos ganhos de capital, sob a perspectiva do alienante de um negócio, e até dos ágios na aquisição de investimento, sob a perspectiva do adquirente de um negócio.

Como decorrência de tal análise, outros importantes temas tributários atinentes às reorganizações societárias serão tratados como compensação de prejuízos fiscais, sucessão tributária e obrigações acessórias.

 OBJETIVO 1

ENTENDER AS PRINCIPAIS FORMAS DE REORGANIZAÇÕES SOCIETÁRIAS

FUSÃO E INCORPORAÇÃO DE SOCIEDADES

De acordo com o art. 228 da Lei nº 6.404, de 15.12.1976 (Lei das Sociedades Anônimas), a fusão é definida como "operação pela qual se unem duas ou mais sociedades para formar sociedade nova, que lhes sucederá em todos os direitos e obrigações".

Por meio da fusão, todas as sociedades fusionadas se extinguem, sendo formada uma nova sociedade com personalidade jurídica distinta daquelas. O patrimônio líquido da nova sociedade será formado pelos patrimônios líquidos das sociedades fusionadas, conforme esquematização da Figura 22.1.

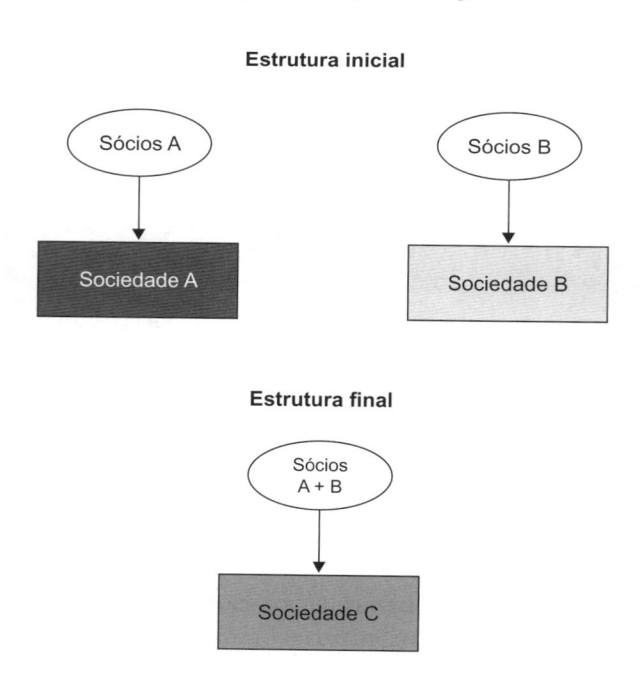

Figura 22.1   Fusão.

Por sua vez, segundo o art. 227 da Lei das Sociedades Anônimas, a incorporação é definida como "uma operação pela qual uma ou mais sociedades são absorvidas por outra, que sucederá as incorporadas em todos os direitos e obrigações". Definição semelhante é possível ser encontrada no art. 1.116 do Código Civil. Assim, pela perspectiva societária, na incorporação, ocorre aumento do capital social da incorporadora, que é subscrito e integralizado pela incorporada mediante versão de seus próprios ativos e passivos, isto é, de seu acervo líquido como um todo. Trata-se de ato realizado entre as pessoas jurídicas, sociedades integrantes do processo de incorporação, sem envolvimento dos respectivos acionistas.

Da incorporação resulta a extinção, para todos os fins, da sociedade incorporada, conforme preveem os arts. 219, II, da Lei das Sociedades Anônimas e 1.118 do Código Civil. A incorporadora continua existindo, agora com seu patrimônio incrementado pela versão da totalidade dos ativos e passivos da incorporada.

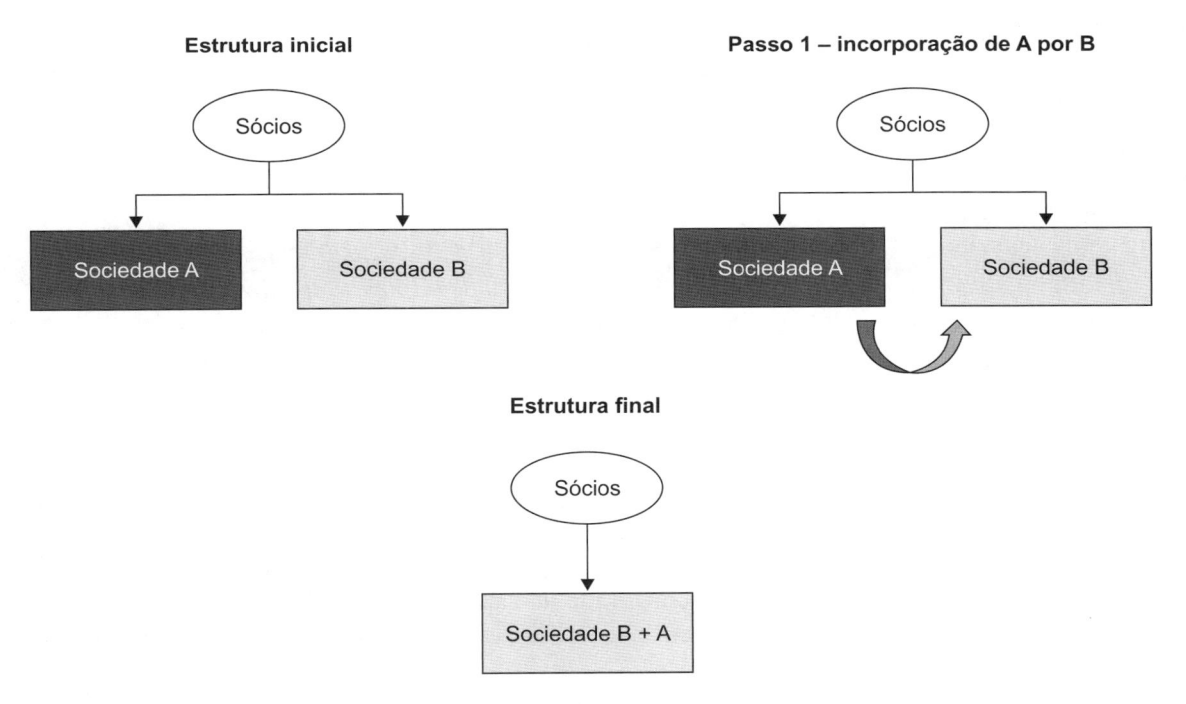

Figura 22.2 Incorporação pelo mesmo sócio.

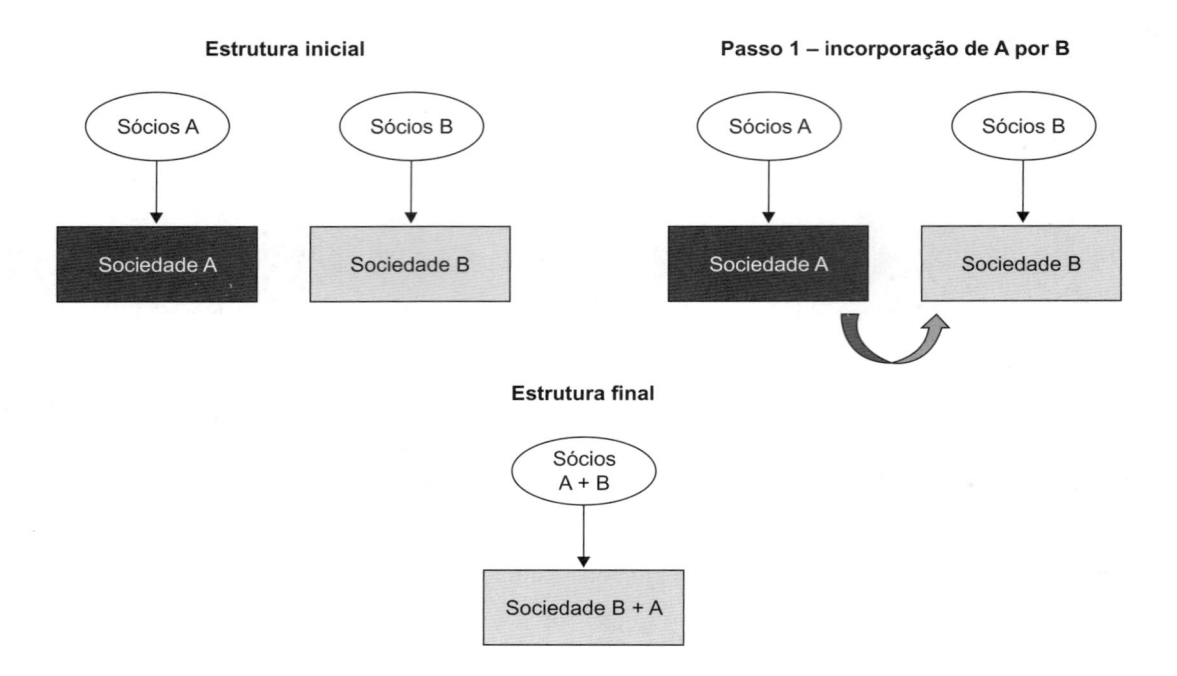

Figura 22.3 Incorporação por sociedade não relacionada.

As relações jurídicas preexistentes da sociedade incorporada, entretanto, não se extinguem ou sofrem qualquer interrupção. Conforme arts. 227, *caput*, da Lei das Sociedades Anônimas e 1.116 do Código Civil, aprovado pela Lei nº 10.406, de 10.1.2002, a incorporadora sucede a incorporada em todos os seus direitos e obrigações, assumindo de pleno direito as relações jurídicas da sociedade extinta.

VOCÊ SABIA?

Na incorporação e na fusão, opera-se sub-rogação legal, na qual a incorporadora ou a nova sociedade formada insere-se de imediato em todas as relações jurídicas da incorporada ou das sociedades fusionadas, incluindo-se o vínculo societário existente com os sócios dessa última sociedade.[1] Na incorporação e na fusão, opera-se uma sucessão universal, pois implica a continuidade de todas as relações jurídicas da sociedade incorporada ou das fusionadas.[2]

Em incorporações nas quais a incorporada e a incorporadora não possuem vínculo societário prévio, as ações ou quotas de titularidade do sócio da incorporada serão necessariamente extintas no processo. Em substituição, esse sócio receberá as ações ou quotas da incorporadora emitidas em razão do aumento de capital decorrente da integralização do patrimônio da incorporada no capital social da incorporadora. A quantidade de ações ou quotas efetivamente emitidas dependerá da relação de substituição estabelecida entre as partes, com base em critérios negociais.

A despeito de a incorporação e fusão implicarem substituição das ações ou quotas detidas pelo sócio da sociedade incorporada/fusionada, as operações não são tidas como um evento de alienação do investimento. Na incorporação ou na fusão os sócios da incorporada não transferem suas ações ou quotas à incorporadora, até mesmo porque obviamente tais ações ou quotas são extintas.

[1]   LAMY FILHO, Alfredo; PEDREIRA, José Luiz Bulhões (coords.). *Direito das companhias*. Rio de Janeiro: Forense, 2009. p. 1766. v. II.

[2]   EIZIRIK, Nelson. *A Lei das Sociedades Anônimas comentada*. arts. 206 a 300. 2. ed. São Paulo: Quartier Latin do Brasil, 2015. p. 227. v. 4

A própria Receita Federal do Brasil (RFB) tem historicamente adotado o entendimento de que a incorporação não importa alienação, como visto, por exemplo, no Parecer Normativo Coordenador do Sistema de Tributação (CST) nº 39/81, que tratou da contagem do prazo para fins da isenção aplicável ao ganho de capital decorrente da alienação de participações societária mantidas pelo proprietário por cinco anos, prevista no art. 4º, "d", do Decreto-lei nº 1.510, de 27.12.1976.

Mais recentemente, essa posição foi objeto de orientação expressa da RFB na Resposta nº 578 das Perguntas e Respostas do IRPF ano-calendário 2022: "**a substituição de ações**, na proporção das anteriormente possuídas, **ocorrida em virtude** de cisão, fusão ou **incorporação**, pela transferência de parcelas de um patrimônio para o de outro, **não caracteriza alienação** para efeito da incidência do imposto sobre a renda" (grifos nossos).

CISÃO

Nos termos do art. 229 da Lei das Sociedades Anônimas, a cisão "é a operação pela qual a companhia transfere parcelas do seu patrimônio para uma ou mais sociedades, constituídas para esse fim ou já existentes, extinguindo-se a companhia cindida, se houver versão de todo o seu patrimônio, ou dividindo-se o seu capital, se parcial a versão". Assim, a cisão pode ser total ou parcial, dependendo da existência de versão de todo o patrimônio da sociedade cindida, ou não.

A absorção do patrimônio cindido (**"acervo líquido cindido"**) pode ser realizada por uma sociedade especificamente constituída para esse fim ou por outra sociedade preexistente.

No caso de sociedade já existente absorver o acervo líquido cindido, tal sociedade passa a ter seu patrimônio incrementado pela versão dos ativos e passivos de tal acervo, preservando-se juridicamente a existência de ambas as sociedades.

Por meio das Figuras 22.4 a 22.6, são ilustradas as hipóteses de cisão parcial e cisão total:

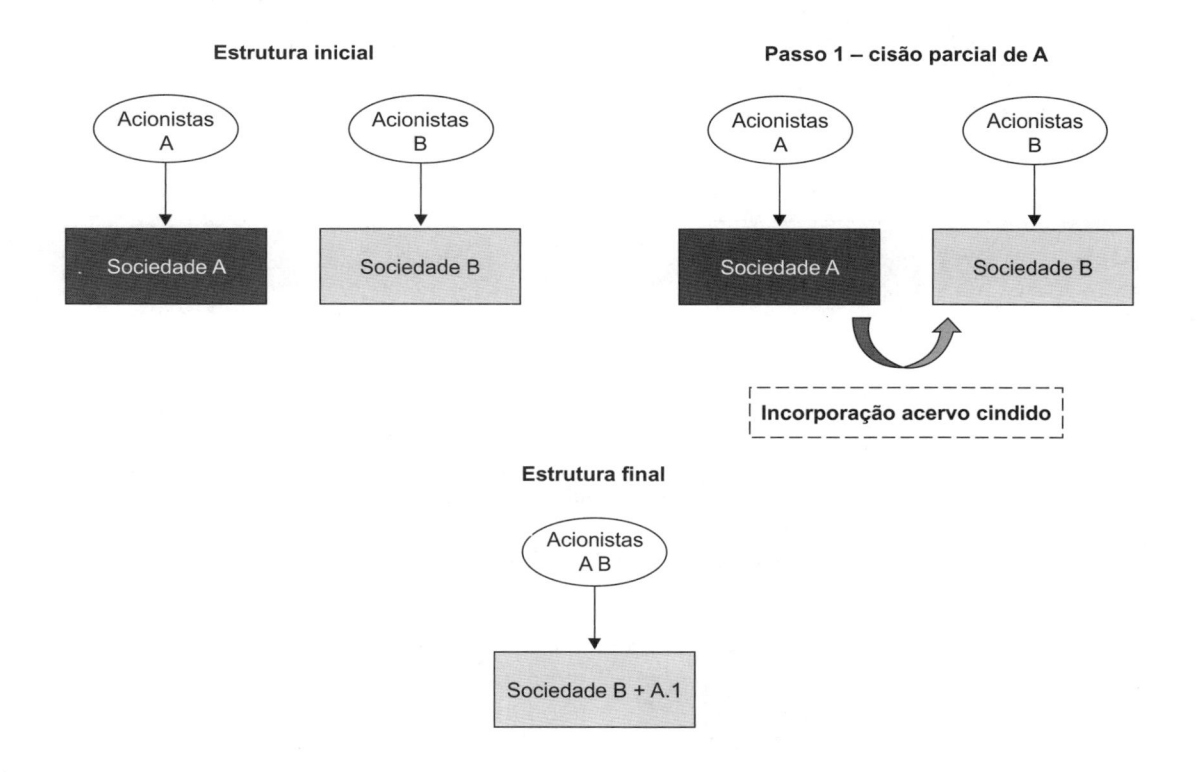

Figura 22.4 Cisão total com incorporação por sociedade não relacionada.

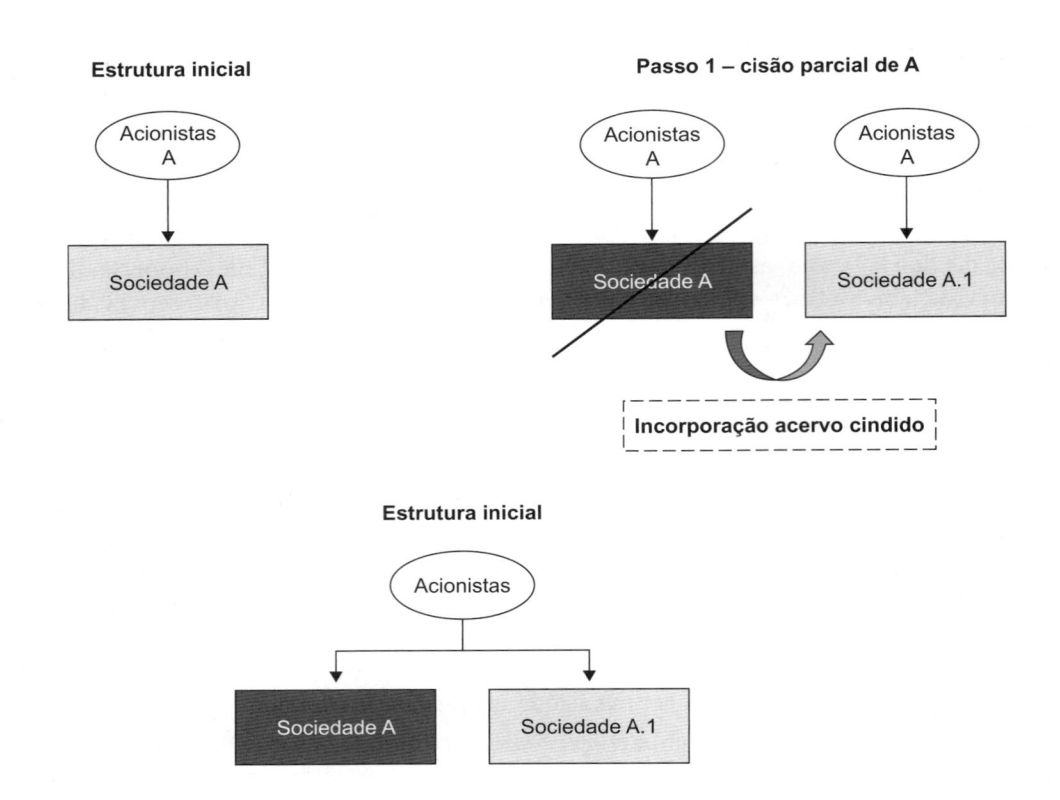

Figura 22.5 Cisão parcial com incorporação por mesmo acionista.

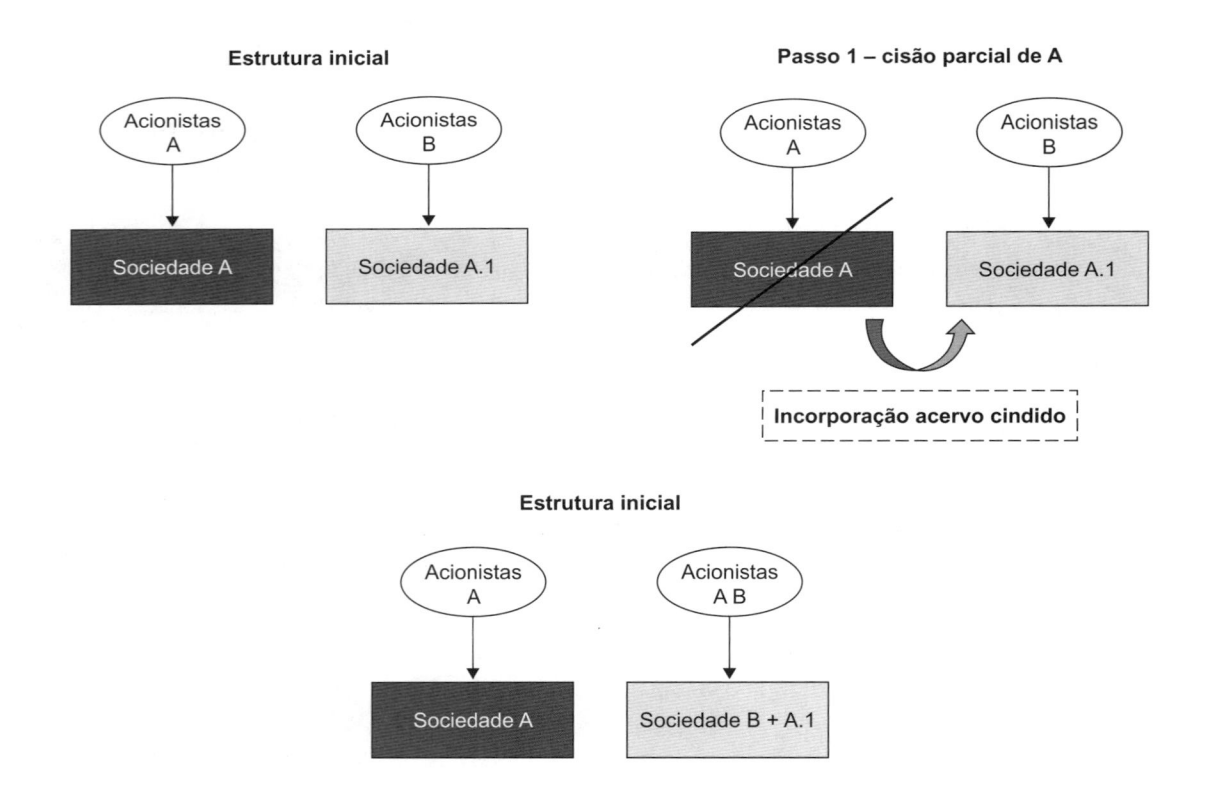

Figura 22.6 Cisão parcial com incorporação por sociedade não relacionada.

Segundo o § 3º do art. 229 da Lei das Sociedades Anônimas, na cisão em que há absorção do acervo cindido por uma sociedade já existente, devem ser observadas as disposições do art. 227 da Lei das Sociedades Anônimas relativo à incorporação de sociedades.

As relações jurídicas preexistentes da sociedade cindida e transferidas à incorporadora do acervo não se extinguem nem sofrem qualquer interrupção. Conforme o art. 227, *caput*, da Lei das Sociedades Anônimas e o art. 1.116 do Código Civil, aplicáveis à cisão por força do referido art. 229, § 3º, da Lei das Sociedades Anônimas, a incorporadora sucede a incorporada em todos os seus direitos e obrigações, assumindo de pleno direito as relações jurídicas relativas ao acervo incorporado.

Tal qual comentamos em relação à incorporação, a despeito de a cisão implicar substituição das ações detidas pelos sócios da sociedade cindida, a operação não é tida como um evento de alienação do investimento nessa sociedade. Na alienação, há um ato voluntário pelo qual se transmite direitos a outrem. Na cisão, entretanto, os sócios da sociedade cindida não transferem sua participação societária à incorporadora, até mesmo porque essa participação societária é extinta.

Como efeito da sucessão universal e da sub-rogação legal, a mencionada substituição ocorre sem solução de continuidade ou interrupção do vínculo societário do sócio, diferentemente do que se verifica em eventos de alienação. Entende-se, assim, que a aplicação de capital realizada pelos sócios da cindida não é afetada pela operação, permanecendo inalterado.

INCORPORAÇÃO DE AÇÕES

A incorporação de ações é prevista no art. 252 da Lei das Sociedades Anônimas, e envolve, em linhas gerais, a transferência da totalidade das ações de uma sociedade para outra sociedade, tornando aquela uma subsidiária integral desta. Em contrapartida, há aumento de capital da incorporadora, com emissão de novas ações para os antigos acionistas da sociedade, cujas ações foram incorporadas. Vejamos graficamente essa operação na Figura 22.7.

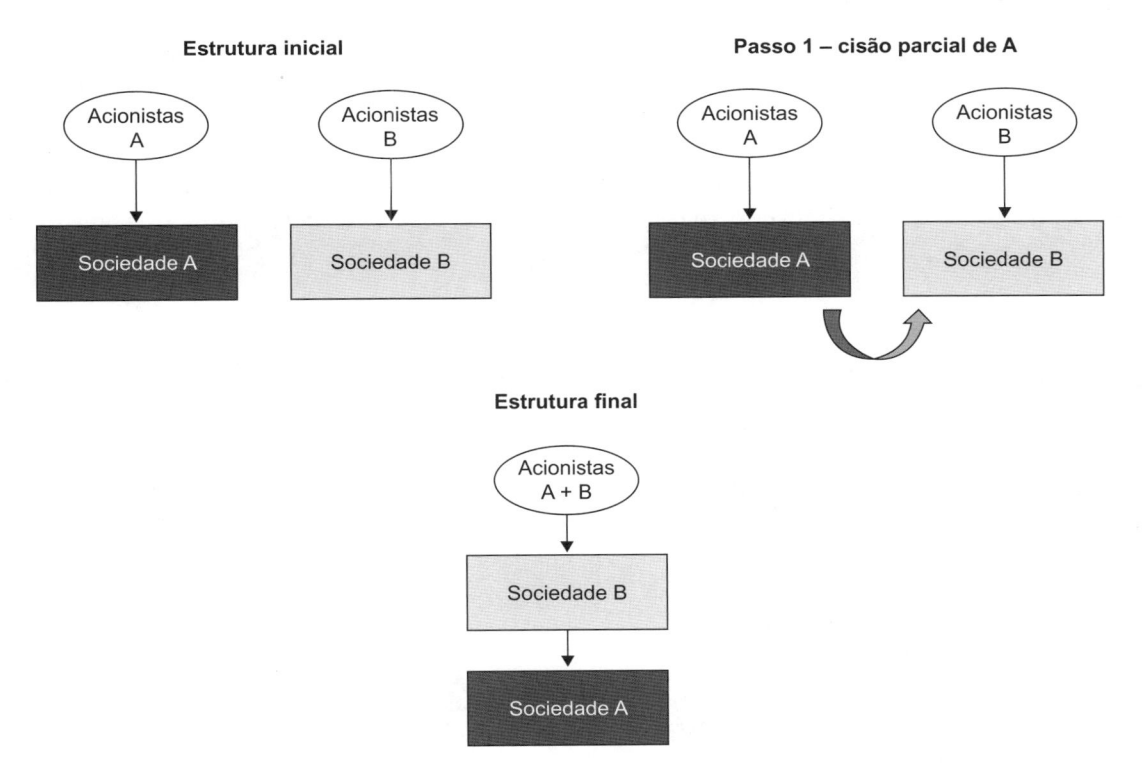

Figura 22.7 Incorporação de ações.

Uma vez que a incorporação de ações possibilita a reunião, em uma única sociedade, dos acionistas de duas sociedades distintas, é natural que o instituto de incorporação de ações guarde traços em comum com outras operações que sirvam à mesma finalidade de concentração empresarial, como a incorporação de sociedade, fusão, cisão. **Porém, em nenhum momento a incorporação de ações pode ser confundida ou substituída por qualquer um desses outros institutos.**

Em uma incorporação de ações, a personalidade jurídica da companhia cujas ações são incorporadas é mantida, o que a distingue da incorporação de sociedade, em que a sociedade incorporada é extinta e sucedida pela incorporadora.

Em suma, do ponto de vista societário, a incorporação de ações é um negócio jurídico típico, com disciplina jurídica própria, mais bem definido pela doutrina como uma sub-rogação real, decorrente de lei, consistente na substituição das ações incorporadas por novas ações emitidas pela incorporadora.

AUMENTO DE CAPITAL, *DROPDOWN* E REDUÇÃO DE CAPITAL

O art. 166 da Lei das Sociedades Anônimas determina que o capital social de uma companhia poderá ser aumentado nas seguintes hipóteses: (i) por deliberação da assembleia-geral ordinária, para correção da expressão monetária do seu valor; (ii) por deliberação da assembleia-geral ou do conselho de administração, observado o que a respeito dispuser o estatuto, nos casos de emissão de ações dentro do limite autorizado no estatuto; (iii) por conversão, em ações, de debêntures ou parte beneficiárias e pelo exercício de direitos conferidos por bônus de subscrição, ou de opção de compra de ações; ou (iv) por deliberação da assembleia-geral extraordinária convocada para decidir sobre reforma do estatuto social, no caso de inexistir autorização de aumento, ou de estar a mesma esgotada. O capital social das sociedades poderá ser formado por contribuições em dinheiro ou em bens sujeitos à avaliação.

De forma geral, pode-se afirmar que o *dropdown* de ativos e passivos é uma espécie de aumento de capital, havendo a transferência de ativos e passivos de uma sociedade para outra sociedade, mediante a conferência dos bens ao capital desta. Em contrapartida a esse aumento de capital, a sociedade inicialmente titular dos ativos e passivos recebe ações ou quotas da sociedade receptora.

Do ponto de vista societário, o art. 1.082 do Código Civil autoriza a redução de capital de uma sociedade limitada em duas hipóteses: (i) caso ocorra "perdas irreparáveis"; ou (ii) quando o valor do capital se mostrar excessivo em relação ao objeto da sociedade. Nas reduções de capital feitas com base nessa última previsão, na prática, não são feitas exigências comprobatórias do excesso de capital, bastando haver afirmação nesse sentido no próprio ato societário que formalizar a redução.

No mesmo sentido, o art. 173 da Lei das Sociedades Anônimas prevê a possibilidade de as companhias reduzirem o seu capital social quando houver perda até o montante dos prejuízos acumulados ou se julgá-lo excessivo.

 **OBJETIVO 2**

ANALISAR OS IMPACTOS FISCAIS DAS REORGANIZAÇÕES SOCIETÁRIAS SOB A PERSPECTIVA DO ALIENANTE

GANHO DE CAPITAL – INTRODUÇÃO

De acordo com o art. 153 da Constituição Federal de 1988 e do art. 43 da Lei nº 5.172, de 25.10.1966 (CTN), a ocorrência do fato gerador do imposto de renda pressupõe a sua efetiva **realização**, isto é, o marco temporal em que a renda passar a ser **disponível** ao contribuinte.

De acordo com o art. 43 da Código Tributário Nacional, o imposto sobre a renda ou proventos de qualquer natureza tem como fato gerador a "aquisição da disponibilidade econômica ou jurídica" da renda ou dos proventos de qualquer natureza. A ocorrência do fato gerador do imposto de renda, portanto, depende da presença conjunta de três elementos: (i) renda ou proventos de qualquer natureza; (ii) aquisição; e (iii) disponibilidade jurídica ou econômica.

DE OLHO NA LEI!

Art. 43 do CTN. O imposto, de competência da União, sobre a renda e proventos de qualquer natureza tem como fato gerador a aquisição da disponibilidade econômica ou jurídica:

I – de renda, assim entendido o produto do capital, do trabalho ou da combinação de ambos;

II – de proventos de qualquer natureza, assim entendidos os acréscimos patrimoniais não compreendidos no inciso anterior.

Por sua vez, é a realização que demarca o instante em que todos os três elementos acima mencionados são verificados (isto é, renda ou proventos de qualquer natureza; aquisição e disponibilidade jurídica ou econômica). Enquanto não houver realização, qualquer rendimento ou ganho seria meramente virtual, potencial e apenas no momento da realização é que se verificará a efetiva aquisição do acréscimo patrimonial disponível.

O mesmo raciocínio é aplicável à apuração da base de cálculo da CSLL, visto que a Lei nº 7.689, de 15.12.1988, norma instituidora desta contribuição, em seu art. 2º, § 1º, alínea "c", determina a sua respectiva incidência sobre o resultado do exercício, encerrado em 31 de dezembro de cada ano e apurado, igualmente, com observância da legislação comercial.

Em se tratando de ganhos de capital, na prática, a realização ocorre com a **alienação** do bem ou direto de qualquer natureza.

Não por outro motivo que o art. 31 do Decreto-lei nº 1.598, de 26.12.1977, reproduzido no art. 501 do Decreto nº 9.580, de 22.11.2018 (Regulamento do Imposto de Renda), considera como ganhos ou perdas de capital computáveis no lucro real "os resultados na **alienação**, na desapropriação, na baixa por perecimento, extinção, desgaste, obsolescência ou exaustão, ou na liquidação de bens do ativo não circulante, classificados como investimentos, imobilizado ou intangível".

Os bens e direito objeto de cisão, fusão e incorporação podem ser avaliados tanto pelo valor contábil quanto pelo valor de mercado, conforme disposição do art. 21 da Lei nº 9.249/95.

Portanto, em regra, as operações de fusão, cisão e incorporação, especialmente aquelas realizadas pelo valor contábil, não deveriam surtir efeitos fiscais, na medida em que não configuram evento de alienação.

Com relação à contribuição ao PIS e à COFINS, o inciso VI do § 3º do art. 1º da Lei nº 10.637, de 30.12.2002, e do inciso II do § 3º do art. 1º da Lei nº 10.833, 29.12.2003, preveem a exclusão da base de cálculo do PIS e da Cofins das "receitas de que trata o inciso IV do *caput* do art. 187 da Lei nº 6.404, de 15 de dezembro de 1976, decorrentes da venda de bens do ativo não circulante".

Assim, como regra, ainda que houvesse a alienação, se se tratar se um bem classificado contabilmente como um ativo não circulante, não haveria a incidência da contribuição ao PIS e à COFINS.

Contudo, caso se trate de alienação de participação societária não classificada no ativo não circulante da sociedade, haverá a incidência da contribuição ao PIS e à COFINS à alíquota combinada de 4,65%, independentemente do regime tributário a que a sociedade esteja submetida (isto é, regime cumulativo ou não cumulativo), conforme dispõe o art. 30 da Lei nº 13.043, de 13.11.2014.

GANHO DE CAPITAL NA PESSOA JURÍDICA

No caso em que a fusão, incorporação ou cisão ocorrem a valor contábil, o investimento é recebido exatamente pelo mesmo valor do investimento registrado na(s) sociedade(s) anterior(es), não existindo evento de alienação, tampouco ganho de capital tributável.

Para facilitar o entendimento, veja-se o exemplo de uma incorporação de sociedades. Suponha-se que determinada sociedade ("Sócia") detenha participação societária representativa de 100% de uma sociedade *holding* ("A"), que não tenha passivos e cujo único ativo seja a participação societária representativa de 100% do capital de outra sociedade ("B"). Por sua vez, suponha-se que a sociedade B não tenha passivos e tenha apenas um ativo que seja um imóvel avaliado pelo valor de $ 100.

Imagine-se, ainda, que a Sócia tenha concluído que não valeria mais manter, em sua estrutura societária, duas sociedades, razão pela qual implementaria uma incorporação de sociedades. Para tanto, haveria duas opções: (i) incorporaria a sociedade B na sociedade A, hipótese em que o seu investimento em A seria mantido exatamente da mesma forma; ou (ii) incorporaria a sociedade A na sociedade B (incorporação reversa), hipótese em que o seu investimento em B seria registrado pelo mesmo valor, que resultariam nos cenários apresentados nas Figuras 22.8 e 22.9.

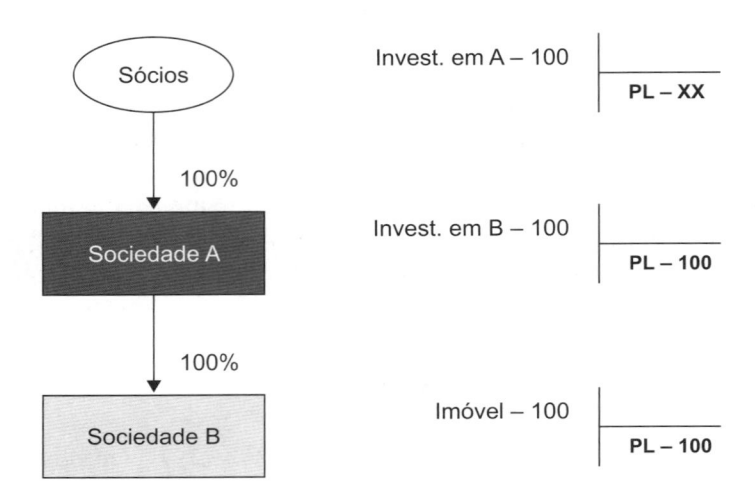

Figura 22.8   Cenário antes da incorporação.

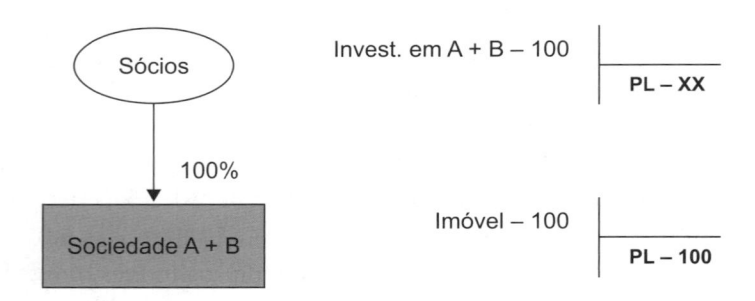

Figura 22.9   Cenário após a incorporação.

Esse exemplo ilustra o fato de que a incorporação de A por B ou B por A não representa qualquer acréscimo ao patrimônio da Sócia. Nesse sentido, deve-se salientar que, se a Sócia não tivesse qualquer outro passivo ou ativo, o seu patrimônio líquido seria de exatamente $ 100, antes e após a incorporação.

Na incorporação não há troca de participações societárias, de modo que a incorporadora não recebe ou termina com as ações da sociedade incorporada, havendo a extinção da personalidade jurídica da incorporada, cujos direitos e obrigação sub-rogam-se à incorporadora. Portanto, em princípio, não deveria haver nenhum efeito fiscal para os sócios.

No entanto, recentemente foram publicados alguns acórdãos do Carf nos quais se entendeu que a incorporação de sociedades representaria um evento de alienação ou liquidação do investimento, exigindo o IRPJ e a CSLL incidentes sobre o suposto ganho de capital auferido pelos sócios das sociedades incorporadas.

Contudo, há discussão acerca do valor tributável como ganho. Por exemplo, em um dos casos analisados pelo Carf concluiu-se que o ganho de capital correspondia à diferença entre o patrimônio líquido proporcional do investimento após a incorporação e o patrimônio líquido proporcional do investimento antes da incorporação. Em outra oportunidade, as autoridades fiscais calcularam o suposto ganho de capital pela diferença entre a cotação em bolsa das ações emitidas pela incorporadora e o valor contábil do investimento anteriormente detido pela pessoa jurídica na sociedade incorporada.

Além disso, no caso de pessoa jurídica que avalie o investimento pelo Método de Equivalência Patrimonial, ainda que a incorporação seja feita a valor contábil, a depender da relação de troca (livremente estipulada), pode haver diferença entre (i) o investimento na incorporada registrado via Método de Equivalência Patrimonial; e (ii) o investimento que será registrado na incorporadora após a incorporação, também via Método de Equivalência Patrimonial.

VOCÊ SABIA?

O Método de Equivalência Patrimonial, em linhas gerais, consiste na aplicação sobre o valor do patrimônio líquido da investida, ajustado, quando necessário, para uniformização de práticas contábeis, da porcentagem de participação do controlador nesta mesma investida. A sistemática de reconhecimento pelo Método de Equivalência Patrimonial é obrigatória em investimentos em coligadas ou em sociedades sob controle comum, conforme definições da Lei das Sociedades Anônimas.

Caso a sócia registrasse o investimento de acordo com o custo de aquisição, a diferença positiva entre (i) o valor da suposta alienação e (ii) o valor contábil do investimento registrado pela pessoa jurídica (excluídos eventuais ajustes de avaliação a valor justo) seria incluída como ganho de capital na determinação do lucro real e base de cálculo da CSLL e estaria sujeita à tributação à alíquota de **34%**.

Contudo, caso a sócia registrasse o investimento de acordo com o Método de Equivalência Patrimonial, o valor contábil, para efeito de determinar o ganho ou perda de capital na alienação ou liquidação do investimento será a soma algébrica dos seguintes valores: (i) valor de patrimônio líquido pelo qual o investimento estiver registrado na contabilidade do contribuinte; e (ii) de que tratam os incisos II e III do *caput* do art. 20 do Decreto-lei nº 1.598/77, ainda que tenham sido realizados na escrituração comercial do contribuinte.

Por sua vez, o § 2º do art. 33 do Decreto-lei nº 1.598/77, reproduzido no art. 509 do Regulamento do Imposto de Renda, prevê a possibilidade de a investidora apurar resultados decorrentes da aplicação do Método de Equivalência Patrimonial em virtude da denominada "variação do percentual de participação societária" na investida, que ocorre por exemplo, no ganho de diluição, sendo o acréscimo daí oriundo "tido como receita não tributável e o decréscimo, como despesa não dedutível", para fins de apuração do IRPJ.

Assim, considerando-se que a diferença registrada por determinada sociedade entre (i) o novo valor do investimento avaliado pelo Método de Equivalência Patrimonial; e (ii) o antigo valor do investimento, é registrada como ganho decorrente do valor do percentual de participação societária, tal diferença não está sujeita à tributação, por expressa determinação legal do art. 509 do Regulamento do Imposto de Renda.

Especificamente quanto à incorporação de ações, a jurisprudência do Carf e da CSRF tem sido majoritariamente contrária aos contribuintes, entendendo que essa operação seria apta a ensejar a realização do investimento dos acionistas da sociedade que tem suas ações incorporadas, sujeitando-os à tributação sobre ganhos de capital pela diferença entre o valor das ações recebidas e o custo admissível para fins fiscais (isto é, como se ocorresse uma alienação pelo valor das ações recebidas). Por outro lado, há recentes decisões favoráveis aos contribuintes emitidas pelo Poder Judiciário.

Ganho de Capital na Incorporação de Ações

Contrário ao Contribuinte: Acórdão nº 2201-005.121, 8.5.2019

Favorável ao Contribuinte: Processos nºs 5026528-67.2018.4.03.6100 e 5002494-57.2020.4.03.6100 do Carf, respectivamente em 6.7.2021 e 23.9.2021, e acórdão do Tribunal Regional Federal da 4ª Região nº 5052793-42.2011.4.04.7000, de 22.9.2015.

Há controvérsia sobre o valor da suposta alienação para fins do cálculo do ganho de capital: o valor pelo qual a incorporação de ações é realizada (no caso, o valor contábil) ou o valor de mercado das ações na data da incorporação.

As operações de redução de capital também têm um tratamento específico, o art. 22 da Lei nº 9.249, de 26.12.1995, determina que "os bens e direitos do ativo da pessoa jurídica, que forem entregues ao titular ou a sócio ou acionista a título de devolução de sua participação no capital social, poderão ser avaliados pelo valor contábil ou de mercado".

De acordo com o referido artigo, caso a transferência seja feita a valor de mercado, a diferença positiva entre este e o valor contábil pelo qual os bens se encontram registrados estará sujeita à incidência do IRPJ e da CSL pela alíquota geral de aproximadamente 34% como ganho de capital, na sociedade que realizar a redução. Se feita a valor contábil, a redução de capital não resultará em ganho ou perda de capital no âmbito da sociedade.

GANHO DE CAPITAL NA PESSOA FÍSICA

As pessoas físicas são tributadas por uma espécie de regime de caixa, à medida que a renda é efetivamente "percebida" (art. 3º da Lei nº 7.713, de 22.12.1988, art. 2º da Lei nº 8.134, de 23.12.1990, e art. 2º do RIR/18). Assim, como regra geral, as reorganizações societárias não deveriam gerar ganho de capital tributável para as pessoas físicas.

No caso da incorporação, por exemplo, quando os sócios da sociedade incorporada são pessoas físicas, há orientação expressa da RFB no sentido de que tais pessoas físicas devem manter o custo de aquisição do investimento e simplesmente substituir as ações da companhia incorporada pelas ações emitidas pela incorporadora.

VOCÊ SABIA?

Perguntas e Respostas 2022
SUBSTITUIÇÃO DE AÇÕES – CISÃO, FUSÃO OU INCORPORAÇÃO 578 — Qual é o tratamento tributário na substituição de ações ocorrida em virtude de cisão, fusão ou incorporação? A substituição de ações, na proporção das anteriormente possuídas, ocorrida em virtude de cisão, fusão ou incorporação de sociedade, pela transferência de parcelas de um patrimônio para o outro, não caracteriza alienação para efeito da incidência do imposto sobre a renda. A data de aquisição é a de compra ou subscrição originária, não tendo havido emissão ou entrega de novos títulos representativos da participação societária.

Essa manifestação da RFB é importante porque destaca, expressamente, que a incorporação não tem natureza de alienação e que deve ser mantido o custo de aquisição.

De toda forma, na hipótese de se entender que as reorganizações societárias constituíssem hipótese de alienação, eventual ganho de capital seria tributado às alíquotas progressivas de **15% a 22,5%**, conforme dispõe o art. 3º, § 2º, da Lei nº 7.713, de 22.12.1988, e art. 21 da Lei nº 8.981, de 20.1.1995. A responsabilidade pelo recolhimento do IRPF seria da própria pessoa física.

Com relação às operações de redução de capital, destaca-se que, caso essa operação seja feita pelo valor contábil, há uma discussão se os sócios deverão baixar o custo atribuído à participação societária cancelada pela pessoa jurídica que reduziu seu capital nas respectivas Declaração de Imposto de Renda das Pessoas Físicas (DIPFs) e incluir os bens recebidos pelo valor contábil pelo qual estavam registrados nessa pessoa jurídica, ou se deverão manter o custo de aquisição já registrado nas respectivas DIPFs, proporcionalmente ao valor do bem recebido. Na hipótese de ser adotado o primeiro entendimento e haver diferença positiva entre o valor da participação societária baixado na DIPF e o valor contábil dos ativos recebidos, essa diferença estaria sujeita à incidência do imposto de renda sobre o ganho de capital às alíquotas mencionadas acima.

Não obstante o art. 22 da Lei nº 9.249/95 não estabelecer qual valor deve ser atribuído pela pessoa física à participação societária recebida, no caso de participações societárias adquiridas por valor inferior ao patrimonial, o art. 61 da Instrução Normativa da RFB nº 11, de 21 de fevereiro de 1996, prevê que a pessoa física poderá incluir na DIPF os bens (i) pelo valor pelo qual houverem sido recebidos, tributando como ganho de capital a diferença entre este e o valor declarado da participação extinta ou (ii) pelo mesmo valor da participação extinta.

Seria possível sustentar que referido art. teria sido tacitamente revogado pela Instrução Normativa da RFB nº 1.500, de 29.10.2014, na medida em que o § 9º do art. 74 dispõe que "os bens ou direitos do ativo da pessoa jurídica que forem recebidos pelo titular, sócio ou acionista a título de devolução de sua participação no capital são informados pelo valor contábil ou de mercado, conforme avaliado pela pessoa jurídica". No entanto, essa não parece ser a melhor interpretação acerca do tema, uma vez que a Instrução Normativa da RFB nº 11/96, trata de situação mais específica.

Caso a redução de capital seja realizada pelo valor de mercado da participação societária, os sócios também irão baixar o custo da participação societária cancelada pela pessoa jurídica em suas DIPFs, porém deverão incluir os bens recebidos pelos respectivos valores de mercado, sendo que a diferença entre o valor baixado e o valor de mercado não seria tributada, pois, nesse caso, a tributação ocorreria apenas no âmbito da pessoa jurídica que reduziu o capital, conforme art. 22, § 4º, da Lei nº 9.249/95.

A despeito dessa discussão, mesmo diante da previsão expressa na legislação facultando a realização da redução de capital por meio da entrega de bens e direitos do ativo da pessoa jurídica avaliados a valor contábil, tal operação tem sido objeto de autuação, nos casos em que posteriormente o sócio aliena o bem recebido, tributando o ganho de capital na pessoa física.

O principal fundamento utilizado pelas autoridades fiscais é o de que referida operação constituiria um planejamento tributário abusivo, cujo único intuito seria a redução da carga fiscal decorrente da alienação do investimento. Isso porque, o eventual ganho de capital auferido na alienação da participação societária seria deslocado da pessoa jurídica, tributada a uma alíquota maior, para a pessoa física ou para sócios não residentes, que registrem, perante o Banco Central do Brasil, o investimento na sociedade brasileira de acordo com as normas da Lei nº 4.131, de 3.9.1962.

A jurisprudência do Carf, embora não unânime, é majoritariamente favorável ao contribuinte, sob o fundamento de que o art. 22 da Lei nº 9.249/95 configura verdadeira opção fiscal do contribuinte. Todavia, recentemente o Carf e a Câmara Superior de Recursos Fiscais ("CSRF") proferiram algumas decisões em sentido contrário.

 ## DE OLHO NA JURISPRUDÊNCIA

Redução de Capital com posterior alienação do bem

Contrário ao Contribuinte: Acórdão nº 1402-002.772, de 15.12.2017, cuja decisão foi mantida pela CSRF; Acórdão nº 1401-002.196, de 21.2.2018; Acórdão nº 9101-004.335, de 7.8.2019, Acórdão nº 9101-004.506, de 6.9.2019.

Favorável ao Contribuinte: Acórdão nº 1402-001.251, de 7.11.2012; Acórdão nº 1402-001.341, de 5.3.2013; Acórdão nº 1402-001.477, de 9.10.2013; Acórdãos nº 1301-001.302, de 9.10.2013, e Acórdão nº 1301-002.582, de 16.8.2017; Acórdão nº 1201-001.809, de 25.7.2017.

AVALIAÇÃO A VALOR JUSTO

Nos termos do art. 183 da Lei das Sociedades Anônimas, alguns ativos devem ser avaliados pelo seu valor justo, sendo que o referido dispositivo legal traz diferentes conceitos para valor justo, dependendo da natureza do item a ser avaliado de acordo com esse critério.

Assim, por exemplo, devem ser avaliadas de acordo com o seu valor justo as aplicações em instrumentos financeiros, inclusive derivativos, e em direitos e títulos de créditos, classificados no ativo circulante ou no realizável a longo prazo, quando sejam destinadas à negociação ou disponíveis para venda.

Nesse caso, o valor justo dos instrumentos financeiros corresponderá ao valor que se pode obter em um mercado ativo, decorrente de transação não compulsória realizada entre partes independentes. Na ausência de um mercado ativo para determinado instrumento financeiro, o seu valor justo corresponderá: (i) ao valor que se pode obter em um mercado ativo com a negociação de outro instrumento financeiro de natureza, prazo e risco similares; (ii) ao valor presente líquido dos fluxos de caixa futuros para instrumentos financeiros de natureza, prazo e risco similares; ou (iii) ao valor obtido por meio de modelos matemático-estatísticos de precificação de instrumentos financeiros.

Além disso, nos termos do art. 183 da Lei das Sociedades Anônimas, considera-se valor justo: (i) no caso das matérias-primas e dos bens em almoxarifado, o preço pelo qual possam ser repostos, mediante compra no mercado; (ii) no caso de bens ou direitos destinados à venda, o preço líquido de realização mediante venda no mercado, deduzidos os impostos e demais despesas necessárias para a venda, e a margem de lucro; e (iii) no caso de investimentos, o valor líquido pelo qual possam ser alienados a terceiros.

O conceito de valor justo previsto no Pronunciamento Técnico do CPC 33 era mais abrangente e independia da natureza dos bens, sendo definido como o "valor pelo qual pode ser trocado um passivo ou um passivo pode ser liquidado entre partes conhecedoras e dispostas a isso numa transação em que não exista favorecimento entre elas".

Mais recentemente, foi editado o Pronunciamento Técnico do CPC 46, cujo item 9 trouxe a seguinte definição de valor justo:

> O valor justo é uma mensuração baseada em mercado e não uma mensuração específica da entidade. Para alguns ativos e passivos, pode haver informações de mercado ou transações de mercado observáveis disponíveis e para outros pode não haver. Contudo, o objetivo da mensuração do valor justo em ambos os casos é o mesmo – estimar o preço pelo qual uma transação não forçada para vender o ativo ou para transferir o passivo ocorreria entre participantes do mercado na data de mensuração sob condições correntes de mercado (ou seja, um preço de saída na data de mensuração do ponto de vista de participante do mercado que detenha o ativo ou o passivo).

VOCÊ SABIA?

A definição de valor justo adotada pelo Pronunciamento Técnico CPC 46 confirma que tal valor se baseia no mercado, tendo por objetivo estimar o preço que seria adotado em uma transação envolvendo determinados ativos e passivos. O próprio Pronunciamento Técnico CPC 46 destaca que, para determinados ativos e passivos, pode não haver informações e transações de mercado.[3]

Em relação ao tratamento fiscal dos ajustes de avaliação a valor justo a serem registrados após a vigência da Lei nº 12.973/14, o art. 13 estabelece que os ganhos decorrentes de avaliação a valor justo não devem impactar a apuração do lucro real enquanto o respectivo ativo não for realizado, inclusive mediante alienação, baixa, depreciação, amortização, ou exaustão, e desde que os ajustes sejam evidenciados contabilmente em "subconta".

---

[3] FARO, Maurício; MEIRA, Thais de Barros. Renegociação de dívidas: reflexos do IRPJ e da CSLL sobre os valores justos registrados na troca de passivos financeiros. *In*: EVARISTO PINTO, Alexandre *et al. Controvérsias jurídico-contábeis*. São Paulo: Atlas, 2019. 2. v. p. 263.

Assim, para usufruir do benefício do diferimento da tributação até o momento da realização do ativo, a sociedade precisa controlar em uma subconta contábil a identificação do valor de avaliação a valor justo. Ou seja, caso a sociedade não cumpra a obrigação de evidenciação em subcontas, o ganho decorrente da avaliação a valor justo deverá ser tributado quando for registrado.

Porém, na hipótese de tributação imediata do ganho, este não poderá acarretar redução de prejuízo fiscal no período, devendo ser considerado em período de apuração seguinte em que exista lucro real, antes do cômputo do referido ganho.

Em caso de fusão, cisão ou incorporação, os ganhos controlados em "subconta de AVJ" são vertidos à sucessora, sendo mantido o diferimento da tributação, nos termos do art. 26 da Lei nº 12.973/14.

Além disso, o art. 26 da Lei nº 12.973/14 prevê que, nos casos de fusão, cisão e incorporação, "os ganhos decorrentes de avaliação com base no valor justo na sucedida não poderão ser considerados na sucessora como integrante do custo do bem ou direito que lhe deu causa para efeito de determinação de ganho ou perda de capital e do cômputo da depreciação, amortização ou exaustão".

Assim, ainda que os ganhos controlados em subconta de avaliação a valor justo não sejam tributados no momento da fusão, cisão ou incorporação, esses valores não poderão ser considerados como integrantes do custo de aquisição do bem.

ÁGIO NA SUBSCRIÇÃO DE AÇÕES EM AUMENTO DE CAPITAL

Quando o valor de emissão das novas quotas ou ações decorrentes de um aumento de capital é determinado com base no valor pactuado entre os sócios, é possível destinar parte do valor do aumento de capital para uma conta de reserva de capital, caso esse valor seja em montante superior ao destinado à formação do capital social (isto é, aumento de capital com ágio). Essa alternativa evita a diluição da participação societária detida pelo sócio que eventualmente deixar de subscrever o aumento de capital.

> Para fins ficais, o art. 520 do Regulamento do Imposto de Renda determina não serão computadas na determinação do lucro real as importâncias, creditadas a reservas de capital, que a "companhia" receber dos subscritores a título de ágio na emissão da participação societária por preço superior ao valor nominal, ou a parte do preço de emissão da participação societária sem valor nominal destinadas à formação de reservas de capital. Há decisão da CSRF no sentido de que o referido dispositivo legal não seria aplicável para o caso de constituição de reserva de capital de sociedade limitada, razão pela qual deveria ser tributado, conforme é o caso do Acórdão nº 9101-002.009, de 7.10.2014.

 **OBJETIVO 3**

ANALISAR OS IMPACTOS FISCAIS DAS REORGANIZAÇÕES SOCIETÁRIAS SOB A PERSPECTIVA DO ADQUIRENTE

REGRA GERAL

O art. 20, *caput* e §§ 5º e 6º, do Decreto-lei nº 1.598/77, em sua redação original, previa que o contribuinte que adquirisse investimento avaliado com base no valor de patrimônio líquido (Método da Equivalência Patrimonial) deveria desdobrar o custo de aquisição em:

(i) Valor de patrimônio líquido da investida na proporção da participação adquirida, apurado conforme as regras de avaliação de investimentos por Método de Equivalência Patrimonial trazidas pelo art. 21 do Decreto-lei nº 1.598/77.

(ii) Ágio ou deságio, que correspondia à diferença entre o custo de aquisição do investimento e o valor referido no item (i) acima.

O art. 20, § 2º, "b", do Decreto-lei nº 1.598/77, na redação da época, dispunha que o ágio ou deságio precisava ter uma justificativa econômica, que podia ser baseada: (i) no valor de mercado de bens da investida, quando tal valor era superior ou inferior ao respectivo custo contábil; (ii) na perspectiva de rentabilidade da investida, com base na previsão dos resultados nos exercícios futuros; e/ou (iii) no valor do fundo de comércio, intangíveis e outras razões econômicas.

O § 3º desse mesmo dispositivo, na redação então vigente, estabelecia que as justificativas econômicas referidas nos itens (i) e (ii) precisavam estar baseadas em demonstrações que deviam ser arquivadas pelo contribuinte como comprovante da escrituração, sem, no entanto, exigir qualquer formalidade específica para tanto.

O regime tributário da Lei nº 9.532/97 continuou aplicável para aquisições de participações societárias ocorridas até 31.12.2014, desde que a respectiva incorporação, fusão ou cisão ocorresse até 31.12.2017, nos termos do art. 65 da Lei nº 12.973/14.

Entre 2008 e 2014, vigorou, no Brasil, o Regime Tributário de Transição, criado pela Lei nº 11.941/09, o qual estabelecia, de forma geral, a "neutralidade tributária" dos impactos no resultado contábil decorrentes dos novos padrões contábeis adotado no Brasil, em linha com os padrões internacionais de contabilidade (IFRS).

A Lei nº 12.973/14, conversão em lei da Medida Provisória nº 627/13, foi publicada, em 2014, com o objetivo de regular, de forma definitiva, os efeitos tributários decorrentes dos padrões internacionais de contabilidade (IFRS), extinguindo o Regime Tributário de Transição.

De fato, tal aproximação é coerente com o objetivo mais amplo da lei, que pretendeu ser exaustiva na determinação dos efeitos fiscais relacionados aos métodos e critérios contábeis existentes até a data da edição da lei. Essa assertiva pode ser depreendida do art. 58 da Lei nº 12.973/14, no qual se estabelece que a modificação ou a adoção de métodos e critérios contábeis posteriormente à edição desta lei "não [terão] implicação na apuração dos tributos federais até que lei tributária regule a matéria".

Apesar dessa intenção, na prática, a Lei nº 12.973/14 não regulou os efeitos fiscais de todos os eventos, mesmo com relação aos métodos e critérios que já estavam em vigor anteriormente à sua edição. No tema das "combinações de negócios", apesar da proximidade do novo regime tributário com o tratamento contábil do Pronunciamento Técnico do CPC 15, ainda pode haver, a depender das circunstâncias fáticas, divergências relevantes entre a norma tributária e a norma contábil.

Para citarmos um exemplo prático, a regra contábil restringe a aplicação do CPC 15 para a aquisição de "controle" sobre um "negócio", o qual pode ser um conjunto de ativos líquidos, ou uma pessoa jurídica. Já a lei tributária requer o desdobramento do custo de aquisição para aquisições de participações societárias em controladas e coligadas, mesmo que o controle já seja detido anteriormente, e não para aquisições de ativos.

Em relação ao ágio, o regime tributário foi alterado de forma relevante. O objetivo da nova legislação tributária foi de se aproximar aos padrões internacionais de contabilidade (IFRS), particularmente ao "método de aquisição" previsto no Pronunciamento Técnico CPC 15 – combinação de negócios, incorporando várias das regras ali previstas, conforme se depreende da Exposição de Motivos da Medida Provisória nº 627/13.

A Lei nº 12.973/14 alterou o art. 20, *caput*, do Decreto-lei nº 1.598, de 26.12.1977, para estabelecer que o contribuinte deverá, por ocasião da aquisição de investimento avaliado com base no Método da Equivalência Patrimonial, desdobrar o custo de aquisição em:

(i) Valor de patrimônio líquido da investida na proporção da participação adquirida, obedecendo, ainda, as regras gerais para avaliação de investimentos por Método da Equivalência Patrimonial trazidas pelo art. 21 do Decreto-lei nº 1.598/77.

(ii) Mais ou menos-valia de ativos, que corresponde à diferença entre o valor justo dos ativos líquidos da investida, na proporção da participação adquirida, e o valor de que trata o item anterior.

(ii) Ágio por expectativa de rentabilidade futura (*goodwill*), que corresponde à diferença positiva entre o custo de aquisição do investimento e o somatório dos valores de que tratam os dois itens anteriores, ou ganho por compra vantajosa, que corresponde ao excesso do valor justo dos ativos líquidos da investida, na proporção da participação adquirida, em relação ao custo de aquisição do investimento.

Assim, por exemplo, no caso de a Empresa "A" adquirir, por R$ 15.000.000,00, **80%** da participação societária da Empresa "B", cujo valor do patrimônio líquido seja de R$ 10.000.000,00 e a mais-valia de ativos e passivos de R$ 5.000.000,00, o custo de aquisição será desdobrado da seguinte forma:

Valor do PL (inciso I)
R$ 8.000.000,00

Mais-Valia (inciso II)
R$ 4.000.000,00

***Goodwill* (inciso III)**
R$ 3.000.000,00

Para apuração dos valores de mais ou menos-valia tratados no item (ii), o art. 20, § 3º, do Decreto-lei nº 1.598/77 exige um laudo preparado por perito independente, o qual, no prazo de 13 meses contados da data de aquisição das participações societárias, deverá ser protocolado perante a RFB ou registrado em cartório, no formato de sumário com, no mínimo, os seguintes requisitos estabelecidos pelo art. 92, § 7º, da Instrução Normativa da RFB nº 1.515, de 24 de novembro de 2014: (i) qualificação da adquirente, alienante e adquirida; (ii) data da aquisição; (iii) percentual adquirido do capital votante e do capital total; (iv) principais motivos e descrição da transação, incluindo potenciais direitos de voto; (v) discriminação e valor justo dos itens que compõem a contraprestação total transferida; (vi) relação individualizada dos ativos identificáveis adquiridos e dos passivos assumidos, com os respectivos valores contábeis e valores justos; e (vii) identificação e assinatura do perito independente e do responsável pelo adquirente.

Outra importante inovação da Lei nº 12.973/14 foi a vedação ao aproveitamento de mais-valia e ágio por rentabilidade futura (*goodwill*) quando decorrentes de aquisição entre "partes dependentes", nos termos do art. 20, *caput*, e art. 22, *caput*, da Lei nº 12.973/14.

A definição de "partes dependentes" consta do art. 25 da Lei nº 12.973/14 como: (i) o alienante e o adquirente sob controle comum; (ii) o alienante e o adquirente que são controlador e controlado (ou vice-versa); (iii) o alienante que é sócio, titular, conselheiro ou administrador da pessoa jurídica adquirente; (iv) o alienante pessoa física que possui determinada relação de parentesco com as pessoas indicadas no item anterior; e (v) por último, de forma mais abrangente, "em decorrência de outras relações [...] em que fique comprovada a dependência societária".

Em princípio, a "dependência societária" de que trata o item (v) deve ser examinada comparando-se alienante e adquirente, assim como ocorre nas demais hipóteses enumeradas no art. 25. Essa leitura parece estar em linha com a vedação da lei, que remete a "aquisições entre partes dependentes", denotando a relação entre adquirente e alienante (e não a relação do adquirente ou do alienante com a sociedade objeto da aquisição).

Contudo, é necessário distinguir os casos de reorganizações societárias em que há uma controladora e diversas subsidiárias integrais daqueles em que a reorganização societária afeta direitos de não controladores, com relação aos quais há possibilidade de descompasso entre o controle da sociedade e o controle da gestão, em virtude dos graus de concentração dentro de um mesmo grupo e da possibilidade de tomada de decisões por não controladores.

Deve-se ponderar se, para fins fiscais, a restrição ao aproveitamento para ágio decorrente de aquisição entre partes relacionadas não deveria ser flexibilizada, de forma a diferençar os casos em que *goodwill* decorre de operações realizadas em condições de mercado, envolvendo minoritários, daqueles casos em que há apenas reorganização societária envolvendo sociedades integralmente controladas por uma mesma sociedade em que, como regra geral, não prevalecem condições de mercado.

Contudo, não há o desdobramento do custo de aquisição e, portanto, mais ou menos-valia de ativos e passivos e ágio (*goodwill*), nas operações de fusão, cisão e incorporação, na medida em que não se trata propriamente de uma aquisição de participação societária.

POSSIBILIDADE DE REGISTRO DE MAIS OU MENOS-VALIA, ÁGIO E GANHO POR COMPRA VANTAJOSA NA INCORPORAÇÃO DE AÇÕES E AUMENTO DE CAPITAL

Juridicamente, o "custo de aquisição", a que alude o art. 20, *caput*, do Decreto-lei nº 1.598/77, corresponde ao sacrifício econômico incorrido pela adquirente, de forma definitiva e incondicional, para que as ações sejam incorporadas no seu patrimônio.

Tratando do tema de ágio, porém versando sobre aquisições com pagamento em dinheiro, na Solução de Consulta COSIT nº 3/16, a RFB posicionou-se no sentido de que é necessário haver o "efetivo pagamento do preço de aquisição", o qual deve ser definitivo, não podendo ser afetado por parcelas indeterminadas ou contingentes que poderão ser pagas, ou não, no futuro.

Na jurisprudência administrativa, no contexto do regime anterior à Lei nº 12.973/14, há decisões admitindo o registro de ágio em outros atos que não eram compras e vendas propriamente ditas. Nesse sentido, a CSRF, no Acórdão nº 9101-001.657, de 15.5.2013, em discussão envolvendo o conceito de "aquisição" para fins de registro de ágio, analisou situação em que o ágio havia sido registrado pelo contribuinte em subscrição de capital. Por maioria de votos, decidiu-se que o conceito de "aquisição" não deve ser interpretado restritivamente, abrangendo, dentre outros meios de aquisição, a subscrição de ações.

Em outros casos envolvendo registro de ágio, o Carf mostrou-se favorável a uma interpretação ampliativa do conceito de "aquisição", apesar de tais decisões terem sido desfavoráveis ao contribuinte por outras razões.

 **DE OLHO NA JURISPRUDÊNCIA**

Aquisição e Ágio

Acórdão nº 1402-001.928, de 3.2.2015 (cessão de créditos); nº 1102-000.933, de 8.10.2013 (dação em pagamento); e nº 1201-00.548, de 3.8.2011 (permuta de ativos). Em outras situações, não necessariamente relacionadas com ágio em participações societárias, há as seguintes decisões do Carf admitindo como "aquisição" o negócio efetivado pelo contribuinte: Acórdão nº 101-94.008, de 6.11.2002, e nº 101-96.029, de 1.3.2007 (tratando de devolução de capital em geral e resgate de ações, respectivamente).

Assim, o valor de aumento de capital corresponde ao sacrifício econômico suportado para adquirir as ações e, portanto, a sociedade que incorreu nesse sacrifício deve desdobrar esse custo de aquisição entre valor patrimonial, mais-valia e *goodwill*.

O mesmo racional se aplica à incorporação de ações, na qual o valor de aumento de capital da incorporadora é, efetivamente, o sacrifício econômico para adquirir as ações, assemelhando-se tal aumento de capital a uma espécie de "passivo *lato sensu*" da sociedade incorporadora face a seus novos acionistas. A sociedade incorporadora, portanto, deve desdobrar esse custo de aquisição conforme art. 20, *caput*, do Decreto-lei nº 1.598/77.

Especificamente no caso de incorporação de ações, o Carf, no Acórdão nº 2202-003.012, de 10.3.2015, reconheceu a possibilidade de registro de ágio em uma operação de incorporação de ações, sendo que o desfecho da decisão foi desfavorável por outros motivos sem relação com o tema aqui discutido.

Note-se que, a despeito dessas considerações, as autoridades fiscais já questionaram o desdobramento do custo de aquisição e o reconhecimento de um ágio em operações de incorporação de ações, sob o argumento de que não teria havido sacrifício econômico (isto é, pagamento) capaz de legitimar tal registro.

Contudo, as alegações fiscais nesse sentido têm sido afastadas no Carf, sobretudo quando a incorporação de ações ocorre entre partes não relacionadas e é dotada de substância econômica. Muito embora tais decisões se refiram ao regime jurídico em vigor anteriormente à Lei nº 12.973/14, os argumentos e raciocínio de tais decisões continuam aplicáveis ao atual regime jurídico. Vide, a título ilustrativo, o Acórdão nº 1402-002.323, de 4.10.2016, e os Acórdãos nºs 1201-003.202, de 16.10.2019; 1402-003.576, de 20.11.2018; e 1301001.852, de 9.12.2015.

Vale citar que o art. 21 da Medida Provisória nº 627/13, posteriormente convertida na Lei nº 12.973/14, vedava a amortização de ágio por rentabilidade futura apurado em uma incorporação de ações. Tal dispositivo previa, expressamente, que a amortização de ágio por expectativa de rentabilidade futura não poderia ser considerada como despesa dedutível caso o ágio tivesse sido apurado em "operação de substituição de ações ou quotas de participação societária". Essa vedação foi eliminada na conversão da medida provisória em lei, o que confirma o entendimento de que este tipo de operação societária deve gerar o desdobramento do custo de aquisição, com aplicação do regime tributário acima descrito após uma fusão, cisão ou incorporação.

MAIS OU MENOS-VALIA DE ATIVOS E PASSIVOS APÓS OPERAÇÃO DE INCORPORAÇÃO, FUSÃO OU CISÃO

No caso de fusão, cisão ou incorporação entre adquirente e adquirida, o saldo da mais-valia existente na data da aquisição poderá ser considerado como parte integrante do custo de aquisição do bem ou direito que lhe deu causa, tanto para fins de amortização, depreciação e exaustão, quanto para fins de apuração de ganho ou perda de capital na alienação ou baixa destes bens ou direitos (arts. 20 e 21 da Lei nº 12.973/14).

A menos-valia de ativos, de maneira semelhante, deverá integrar o custo de aquisição dos bens ou direitos que lhe deram causa, reduzindo-os tanto para fins de amortização, depreciação e exaustão, quanto para fins de apuração de ganho ou perda de capital na eventual alienação ou baixa destes bens ou direitos.

Quer dizer, como regra geral, a mais ou a menos-valia só surtem efeitos tributários na fusão, cisão ou incorporação se a sociedade incorporadora, ou resultante da fusão, for titular dos bens ou direitos que deram causa à mais-valia na data do evento e, também, passar a registrar a mais-valia após o evento societário.

Se o bem que deu causa ao registro da mais ou menos-valia de ativos tiver sido baixado ou alienado antes da incorporação, fusão ou cisão, os respectivos valores **não** poderão ser deduzidos ou adicionados na apuração do lucro real, conforme disposto nos arts. 186, § 4º, e 187, § 4º, da Instrução Normativa da RFB nº 1.700/17.

Contudo, o § 1º do art. 20 da Lei nº 12.973/14 dispõe que nos casos de cisão parcial, se o bem ou o direito que deu causa à mais-valia não houver sido transferido para o patrimônio da sucessora, está ainda assim poderá deduzir os valores da mais-valia em quotas fixas mensais pelo prazo mínimo de cinco anos, contados da data do evento. Assim, parece que a lei previu somente uma exceção à regra geral de que para se utilizar do valor da mais-valia a sociedade tem necessariamente que deter os bens, a hipótese de cisão.

Além disso, em relação à mais-valia de ativos, os arts. 20 e 21 da Lei nº 12.973/14 estabelecem que o saldo da mais ou menos-valia passível de amortização fiscal será aquele **existente na contabilidade, na data da aquisição**

da participação societária. Isso significa dizer que, se entre a aquisição e a incorporação ocorrer, por exemplo, depreciação ou amortização da mais-valia, não haverá prejuízo de se utilizar o saldo total apurado na data da aquisição.

Portanto, o valor total da mais ou menos-valia pode ser amortizado para fins fiscais após o evento de cisão, fusão e incorporação, ainda que parcela desse valor já tenha sido amortizada para fins contábeis antes da do evento.

A diferença entre o valor da mais-valia dos ativos registrado contabilmente na data de aquisição da participação societária e o valor lançado em contrapartida à conta que registra o bem ou direito que lhe deu causa, em decorrência da reorganização societária, será excluída do lucro líquido para apuração do lucro real e do resultado ajustado à medida que o bem ou direito for sendo amortizado.

Destacamos que não há, na legislação fiscal, prazo a ser observado para o início do aproveitamento da mais-valia dos ativos.

ÁGIO (*GOODWILL*) E GANHO POR COMPRA VANTAJOSA APÓS OPERAÇÃO DE INCORPORAÇÃO, FUSÃO OU CISÃO

Por sua vez, a partir de evento de incorporação, fusão ou cisão, o ágio por expectativa de rentabilidade futura (*goodwill*) pode ser amortizado para fins fiscais, podendo ser excluído na determinação do lucro real e base de cálculo da CSLL à razão de 1/60, no máximo, para cada mês do período de apuração. Dessa forma, ocorrido o evento de fusão, cisão ou incorporação, será possível a amortização do *goodwill* para fins fiscais, no prazo mínimo de cinco anos.

Com relação ao valor a ser amortizado, os *caputs* dos arts. 20 a 22 da Lei nº 12.973/14 estabelecem que o valor do *goodwill* amortizável para fins fiscais seria aquele "existente na contabilidade na data da aquisição".

Assim, ainda que parcela do *goodwill* pago tenha sido objeto de *impairment* antes da incorporação, fusão ou cisão da sociedade investida pela investidora ou vice-versa, tal parcela poderá ser aproveitada para fins fiscais, uma vez que referido diploma legal é claro no sentido de que o valor a ser aproveitado seria aquele registrado na contabilidade na data de aquisição.

A amortização é uma faculdade do contribuinte, e, portanto, o início do aproveitamento dos valores, em princípio, poderia ser postergado e amortização ocorrer em período mais longo que cinco anos. De qualquer forma, entendemos que deveria haver razões econômicas que justificassem o valor a ser amortizado a cada mês conforme o interesse circunstancial da sociedade.

Contudo, em 26.6.2019, foi publicada a Solução de Consulta COSIT nº 233, na qual foi formalizado o entendimento no sentido de que o ágio (*goodwill*) deve, obrigatoriamente, ser amortizado, de maneira ininterrupta, a partir do primeiro período de apuração após a incorporação, sem postergar o início, à razão de 1/60 ou mais longa (escolhida de forma definitiva pelo contribuinte) e sem suspender a amortização.

Com relação ao ganho por compra vantajosa, o art. 23 da Lei nº 12.973/14 determina que referido ganho deverá ser computado na determinação do lucro real dos períodos de apuração subsequentes à data do evento, à razão de 1/60, no mínimo, para cada mês do período de apuração.

REQUISITOS ADICIONAIS PARA O APROVEITAMENTO DO ÁGIO (*GOODWILL*)

De acordo com o art. 22 da Lei nº 12.973/14, pode-se dizer que para que a amortização do ágio (*goodwill)* os seguintes requisitos são necessários: (i) evento societário de fusão, incorporação ou cisão entre sociedade investidora e sociedade investida, (ii) a transação ter ocorrido entre partes não dependentes; (iii) ser elaborado laudo retratando os valores de mais-valia de ativos e *goodwill* a ser apresentado à RFB em até 13 meses após a data de aquisição, ou cujo sumário seja registrado em cartório em igual prazo, nos moldes mencionados acima.

Contudo, os contribuintes vêm enfrentando dificuldades para exercer o seu direito de amortizar, que decorreram da criação de diversos requisitos para o aproveitamento do *goodwill* que não estavam previstas na Lei nº 9.532/97 e não estão previstas na Lei nº 12.973/14, mas que foram sendo confirmadas pela jurisprudência do Carf e pela CSRF, e, agora, pela jurisprudência judicial.

O primeiro ponto de atenção é com relação ao laudo de avaliação, pois restam algumas questões que deverão ser esclarecidas pela jurisprudência administrativa e judicial, especialmente quanto à possibilidade de realização de eventuais ajustes no laudo após o prazo de 13 meses mencionado, decorrentes de erros identificados pelo contribuinte após o prazo em questão, ou, ainda, em virtude do pagamento de prestações contingentes após o referido prazo.

Nos termos do art. 20, § 4º da Lei nº 12.973/14, o laudo poderá ser desconsiderado caso apresente "comprovadamente vícios ou incorreções de caráter relevante". No entanto, a lei valeu-se de expressões subjetivas e não tratou do procedimento para a comprovação da existência dos vícios e incorreções.

Outra questão que ainda será objeto de debate é a possibilidade de aproveitamento do *goodwill* referente à aquisição de participação societária em sociedade na qual a investidora já tenha controle, uma vez que tal valor não deve ser registrado como ativo, de acordo com as normas contábeis atualmente em vigor. Mais especificamente, nesse caso, o *goodwill* deverá ser lançado diretamente contra o patrimônio líquido da sociedade controlada.

De acordo com o item 65 da Interpretação do CPC 9 (ICPC 09), contabilmente, novas aquisições de participação societária realizadas pela sociedade controladora constituem transações de capital, ou seja, são tratadas como transações da sociedade com os próprios sócios, não ensejando aplicação das regras contábeis de uma combinação de negócios. De acordo com o item 67 da ICPC 09, a sociedade controladora deve reconhecer no patrimônio líquido objeto de suas demonstrações financeiras, a participação dos não controladores.

Em princípio, quando a controlada adquire participação societária de sua controlada, ainda que tal participação societária seja adquirida de partes independentes, para fins contábeis, não há registro de *goodwill* em conta de ativo, sendo o respectivo valor lançado diretamente no patrimônio líquido da adquirente.

Contudo, para fins fiscais, o fato de a participação societária ser adquirida de uma controlada por si só não é suficiente para restar configurada a aquisição de partes dependentes, hipótese em que o art. 20, *caput*, e art. 22, *caput*, da Lei nº 12.973/14 vedam o aproveitamento do *goodwill* para fins fiscais.

Na verdade, a principal questão que se coloca com relação à possibilidade de aproveitamento do *goodwill* para fins fiscais no caso de aquisição de participação societária na qual a sociedade já detinha controle é se o fato de não existir um *goodwill* registrado na contabilidade seria um impeditivo ao registro e aproveitamento para fins fiscais.

Em princípio, as regras a serem seguidas no desdobramento do custo de aquisição na aquisição de participações societárias em controladas e o tratamento a ser conferido aos valores decorrentes desse desdobramento, para fins fiscais, devem ser aqueles expressamente previstos pela legislação tributária, independentemente do tratamento contábil aplicável à espécie.

Sobre esse tema, contudo, recentemente, por meio da Solução de Consulta COSIT nº 39, de 31.3.2020, as autoridades fiscais formalizaram entendimento no sentido de que o *goodwill* a ser utilizado para fins contábeis seria aquele registrado de acordo com as normas contábeis, não podendo sofrer ajustes para fins fiscais.

Por outro lado, na Solução de Consulta COSIT nº 198, de 10.6.2019, as autoridades fiscais analisaram especificamente a incidência de IRPJ sobre o ganho de capital auferido por investidor que alienou parcela da participação societária detida em determinada sociedade sem que houvesse perda de controle. Na oportunidade, conclui-se que o ganho de capital auferido na alienação da participação societária deveria ser tributado pelo IRPJ e pela CSLL, ainda que, para fins contábeis, tal ganho não tenha sido classificado como resultado, mas lançado diretamente em conta de patrimônio líquido.

Assim, o raciocínio desenvolvido pela Solução de Consulta COSIT nº 198/19 parece permitir o entendimento no sentido de que, ainda que o *goodwill* referente à aquisição de participação societária na qual a sociedade já detenha controle seja lançado contra o patrimônio líquido da sociedade, tal valor poderia ser amortizado para fins fiscais, considerando-se outras disposições do sistema tributário.

Nesse cenário, ainda há dúvidas relacionadas ao aproveitamento do *goodwill* após a edição da Lei nº 12.973/14 decorrentes, dentre outros dos efeitos fiscais das normas contábeis que foram editadas com o objetivo de convergência para os padrões internacionais de contabilidade (IFRS).

Além disso, as autoridades fiscais também questionam o *goodwill* gerado em estruturas em que a aquisição é efetuada por sociedades recém-constituídas, não operacionais ("empresas-veículo"). Normalmente, os fundamentos utilizados são de que inexistiria propósito negocial para o uso da empresa veículo que teria sido criada unicamente para efetuar a "simulação" de incorporação com a investida.

Recentemente, as autoridades fiscais passaram a também questionar a origem dos recursos utilizados para a aquisição do investimento que gerou o ágio, argumentando-se que a "real adquirente" do investimento seria na verdade a sociedade que aportou os recursos para a aquisição.

 **OBJETIVO 4**

COMPREENDER AS REGRAS DE APROVEITAMENTO DE PREJUÍZOS FISCAIS NAS OPERAÇÕES DE REORGANIZAÇÕES SOCIETÁRIAS

REGRA GERAL — TRAVA DE 30%

Como regra geral, para fins da apuração do IRPJ e da CSLL, a sociedade optante pelo lucro real pode compensar até o limite de 30% do lucro líquido do período com seus prejuízos fiscais acumulados, conforme dispõem os arts. 64 do Decreto-lei nº 1.598, de 26.12.1977, e arts. 15 e 16 da Lei nº 9.065, de 20.6.1995. Trata-se da chamada "Trava de 30%".

A constitucionalidade da Trava de 30% já foi objeto de intenso debate entre os tributaristas, que sustentavam que essa limitação à compensação dos prejuízos fiscais era inconstitucional. Isso porque o objetivo da regra seria somente diferir no tempo o aproveitamento de prejuízo fiscal, sem, contudo, retirar do contribuinte o direito de compensar o crédito acumulado, até integralmente num mesmo ano-calendário, desde que a compensação não ultrapasse a 30% do lucro líquido. O direito à compensação do prejuízo fiscal decorre dos próprios arts. 43 e 44 do Código Tributário Nacional, sob pena de ser tributado o que não configura acréscimo patrimonial ou renda.

Contudo, em 27.6.2019, o Supremo Tribunal Federal, nos autos do Recurso Extraordinário 591.340, concluiu, em sede de repercussão geral, que a Trava de 30% é constitucional, dentre outros fundamentos, uma vez que se trataria de um benefício fiscal concedido ao contribuinte, sendo que nem haveria a obrigatoriedade de previsão da compensação de prejuízos fiscais.

Não obstante, ainda permanece discussão acerca da aplicação da Trava de 30% nos casos em que há a extinção da pessoa jurídica, como ocorre nos casos de incorporação e fusão, uma vez que o Supremo Tribunal Federal não tratou desse assunto.

A legislação fiscal proíbe que o saldo de prejuízo fiscal da sociedade incorporada seja aproveitado pela sociedade incorporadora. Os contribuintes sustentam que deve ser possível a compensação integral (sem a Trava de 30%), pela própria sociedade incorporada ou fusionada, sem limitações percentuais, haja vista nesse caso não haver possibilidade de compensação futura em razão da extinção da empresa.

Há algumas manifestações da jurisprudência administrativa e judicial favoráveis a esse entendimento, sob o argumento de que a aplicação da Trava de 30% geraria a impossibilidade de compensação dos prejuízos fiscais remanescentes, uma vez que há expressa vedação para que a sucessora utilize os prejuízos da sucedida para a realização das compensações.

Nesse sentido, como o objetivo das normas não teria sido impedir a compensação dos prejuízos apurados pelos contribuintes, mas, sim, diferir os momentos de compensação, interrompida a continuidade da sociedade por incorporação, fusão ou cisão, a regra não mais se justificaria pela total impossibilidade de compensação em momentos posteriores.

O Superior Tribunal de Justiça, contudo, julgando casos envolvendo a aplicação da Trava de 30% nos casos em que há extinção da sociedade – como na incorporação ou fusão – vem decidindo que ela se aplica inclusive no caso de extinção da pessoa jurídica (REsp 1.805.925 e 1.925.025).

De acordo com o entendimento que prevaleceu, a Trava de 30% trata-se de benefício fiscal, e como tal deve ser interpretado restritivamente, de modo que, inexistindo dispositivo legal permitido, expressamente, a compensação sem o limite nos casos de extinção, não poderia prevalecer interpretação que o estenda.

Além disso, segundo tais decisões, o princípio da legalidade, do mesmo modo que impõe a cobrança de tributo apenas mediante lei expressa, também é de observância obrigatória para que haja permissão da compensação de prejuízos com lucros.

Muito embora essas decisões não tenham sido julgadas de acordo com o rito dos recursos repetitivos, representa um importante precedente, que pode indicar que o entendimento que prevalecerá será no sentido de que a Trava de 30% também se aplica nos casos em que a sociedade é extinta por incorporação ou fusão, o que acarretará a perda definitiva do saldo de prejuízos fiscais acumulados da sociedade incorporada.

De qualquer forma, vale mencionar recente decisão da CSRF favorável à tese de que a Trava de 30% não se aplica nos casos em que a sociedade é extinta por incorporação ou fusão (Acórdão nº 9101-005.728, 1.9.2021). Segundo a CSRF, quando a referida trava é aplicada à tributação das pessoas jurídicas extintas por cisão, fusão ou incorporação, abre-se margem a oneração fiscal de patrimônio do contribuinte ao invés de renda, em violação ao disposto no art. 43 do Código Tributário Nacional.

REGRA ESPECÍFICA PARA OPERAÇÕES DE CISÃO

Em razão do evento de cisão parcial, somente é permitido o aproveitamento dos prejuízos fiscais e base de cálculo negativa da CSLL na proporção da parcela remanescente de seu patrimônio líquido (pós-cisão), conforme dispõe o parágrafo único do art. 585 do RIR/ 2018.

Os prejuízos fiscais e base de cálculo negativa de CSLL proporcionais ao patrimônio cindido deverão ser "baixados" pela sociedade cindida, sendo que a sociedade que incorporar o acervo cindido **não** poderá aproveitar os valores de prejuízos fiscais referentes à parcela do acervo cindido que irá incorporar.

Para fins de cálculo da parcela de prejuízos fiscais e da base de cálculo negativa a serem "baixados", deverá ser considerado o valor do patrimônio líquido da sociedade cindida, determinado de acordo com as regras contábeis previstas pela Lei das Sociedades Anônimas.

REGRA ESPECÍFICA PARA OPERAÇÕES DE FUSÃO E INCORPORAÇÃO

De acordo com o art. 33 do Decreto-lei nº 2.341/87, a pessoa jurídica sucessora por incorporação, fusão ou cisão não poderá compensar prejuízos fiscais da sucedida, sendo que a única exceção a essa regra é no caso de cisão parcial, conforme mencionado no tópico anterior. Assim, como regra, nos casos de incorporação e fusão os prejuízos fiscais da sociedade incorporada serão cancelados e não poderão ser utilizados pela sociedade incorporadora.

Por conta dessa regra, muitas sociedades passaram a realizar reestruturações societárias envolvendo a incorporação de sociedade lucrativa por sociedade deficitária (referida, por vezes, como "incorporação reversa" ou "incorporação às avessas"). Após a incorporação, os lucros gerados pela atividade da sociedade incorporada passam a ser compensados com os prejuízos fiscais acumulados da incorporadora.

As autoridades fiscais, no entanto, começaram a lavrar autos de infração relacionadas a tais restruturações, utilizado, em especial, o conceito da "simulação relativa" para questionar a validade dos atos jurídicos praticados e desconsiderar a estrutura jurídica utilizada pelo contribuinte.

Nas decisões em que o Carf examinou especificamente as supostas "incorporações às avessas", o tribunal busca avaliar qual foi a sociedade que "efetivamente sobreviveu" à incorporação, na realidade. Um dos elementos utilizados nesta análise é justamente se houve, ou não, a modificação do ramo da atividade da sociedade incorporadora.

O Carf também considera outros indícios para avaliar se a incorporadora (deficitária) foi, "na essência", extinta, como, por exemplo, se houve alteração de sua sede, diretoria, conselho e se suas atividades anteriores cessaram ou se tornaram irrelevantes frente às novas atividades que passou a exercer.

Também há decisões do Carf que discutem a reorganização de sociedades do mesmo grupo, não necessariamente envolvendo a incorporação de sociedades, e que culminam na otimização de prejuízo fiscal. O fisco já questionou a legitimidade de reestruturações dessa natureza, sob alegação de "ausência de propósito negocial". A despeito de não existir exigência legal para que as operações dos contribuintes sejam realizadas com propósito negocial, esse aspecto começou a ser suscitado pelas autoridades e algumas decisões de cortes fiscais como base para validação das operações e, por consequência, da compensação dos prejuízos, valendo-se dos indícios e elementos mencionados nos parágrafos antecedentes.

O tema tem gerado bastante discussão e, atualmente, há ações diretas de inconstitucionalidade questionando o art. 28 da Lei nº 13.998/16, que se encontram em tramitação perante o Supremo Tribunal Federal (ADIs nºs 6399, 6403 e 6415).

A pessoa jurídica também deixa de ter direito à utilização de prejuízos fiscais se, entre a data de apuração do prejuízo fiscal e a data da compensação, houver, cumulativamente: (i) "modificação de seu controle societário"; e (ii) modificação do ramo de atividade", conforme dispõe o art. 32 do Decreto-lei nº 2.341/87.

A norma dispõe expressamente que tais hipóteses devem ser cumulativas. Ou seja, só será vedado o uso do prejuízo fiscal se ambas as situações ocorrerem entre a data da apuração do prejuízo e a data da sua compensação. A criação dessa vedação teria tido por objetivo evitar a "venda" de prejuízos fiscais acumulados a terceiros, conforme previsto na exposição de motivos do Decreto-lei nº 2.341/78.

Em relação à "modificação de controle societário", o dispositivo não é expresso se a mudança abrange o controle direto (sócios da sociedade) e/ou indireto (pessoas que controlem a sociedade por meio de outras sociedades).

Em princípio, caso haja uma mudança somente no titular direto de participação acionária, sendo mantido o controle indireto, não se deve considerar que houve "modificação no controle societário" que poderia ensejar a perda do direito de compensação de prejuízos fiscais e bases de cálculo negativas de CSLL, se cumulada com a modificação do ramo de atividade. Tal entendimento foi confirmado por precedentes mais antigos do Carf, como, por exemplo, no Acórdão nº 101-92.311, de 24.9.1998.

Em relação ao segundo requisito (cumulativo) para perda do direito de compensar prejuízos fiscais, que é a "modificação no ramo de atividade", não há definição legal expressa acerca das hipóteses em que ela ocorre.

Em geral, as áreas de atuação no mercado são divididas em três ramos: indústria, comércio e serviços. Dentro desses ramos, há subcategorias, como comércio varejista e comércio atacadista, ou serviços de educação, serviços de alimentação e serviços financeiros.

Assim, ao se referir a "ramo" de atividade, é necessária uma mudança substancial nas atividades da sociedade. Caso se considerem os ramos de comércio, indústria e serviço, por exemplo, poderíamos citar o caso de sociedade que acumulou seus prejuízos no ramo de comércio e depois, após ser vendida a terceiro, passa a exercer atividade preponderantemente industrial.

A mera adição de uma atividade na sociedade não deveria levar, necessariamente, a uma mudança no seu ramo de atividade, especialmente se ela mantiver sua atividade anterior, passar a exercer ambas as atividades em conjunto e se estas atividades guardarem relação entre si. Por exemplo, se um varejista passa a contar com serviço de vendas *on-line*, não há que se falar em modificação do seu ramo de atividade.

Também pode haver a situação reversa, em que uma atividade da sociedade é subtraída. Utilizando esse mesmo exemplo, no caso de varejista que fornecia vendas *on-line* e interrompe esse serviço, não haveria mudança do ramo de atividade.

O tema da mudança de ramo de atividade foi objeto de análise por parte do Carf em muitas decisões. Normalmente, a mudança de atividade é analisada em conjunto com a regra fiscal que veda a utilização de prejuízo fiscal de sociedade incorporada pela incorporadora.

APRENDER AS REGRAS DE SUCESSÃO TRIBUTÁRIA

REGRAS APLICÁVEIS ÀS OPERAÇÕES DE FUSÃO, CISÃO E INCORPORAÇÃO DE SOCIEDADES

Conforme o art. 132 do Código Tributário Nacional, "a pessoa jurídica de direito privado que resultar de fusão, transformação ou incorporação de outra ou em outra é responsável pelos tributos devidos até à data do ato".

Referido artigo não menciona expressamente o instituto da cisão, em especial porque tal instituo foi introduzido no Direito Brasileiro somente em 15.12.1976, por meio da Lei das Sociedades Anônimas, publicada 10 anos após a edição do Código Tributário Nacional. No entanto, há diversos precedentes no sentido de que o mesmo tratamento fiscal previsto nessa norma de responsabilidade tributária é aplicável também aos casos de cisão. Cite-se, como exemplo, o REsp nº 852.972, de 8.6.2010, do Superior Tribunal de Justiça.

Adicionalmente, a legislação do IRPJ determina, de forma clara, que sociedades envolvidas em eventos de cisão são solidariamente responsáveis pelo pagamento do IRPJ devido pela sociedade cindida, até a data de ocorrência do evento.

No caso de cisão, é possível sustentar que sociedade que incorporou o acervo líquido cindido deveria ser responsável somente pelos débitos relacionados com os ativos, passivos, direitos e obrigações que lhe forem transferidos em virtude da eventual cisão parcial.

No entanto, há o risco de a sociedade incorporadora do acervo cindido ser considerada responsável também pelas obrigações tributárias relacionadas com as atividades que não foram transferidas a essa sociedade por meio da cisão, ou seja, as atividades que continuaram na sociedade cindida. Veja, nesse sentido, os acórdãos nº 1401001.299, de 24.9.2014; nº 1402001.394, de 11.6.2013; e nº 120100.475, de 1.4.2011, todos proferidos pelo Carf.

REGRAS APLICÁVEIS ÀS OPERAÇÕES DE AQUISIÇÃO DE ESTABELECIMENTO

O art. 133, II, do Código Tributário Nacional prevê que o adquirente de um estabelecimento comercial ou fundo de comércio será considerado responsável pelos tributos do estabelecimento ou do fundo de comércio relacionados a eventos ocorridos até a data da aquisição. Caso o vendedor continue a explorar ou inicie, dentro de seis meses a contar da data da alienação, nova atividade no mesmo ou em outro ramo de comércio, indústria ou profissão, a responsabilidade do adquirente será subsidiária. Isto é, as autoridades fiscais poderiam exigir os tributos devidos primeiro da contribuinte e, somente se esta não puder quitar tais dívidas é que o adquirente do fundo de comércio terá que responder por tais tributos.

Por outro lado, o art. 133, I, do Código Tributário Nacional determina que o adquirente de estabelecimento comercial ou de fundo de comércio será integralmente responsável pelos tributos devidos pelo estabelecimento ou fundo de comercio relacionados a eventos ocorridos até a data da aquisição, caso o alienante deixe de explorar atividade de comércio ou indústria.

A legislação fiscal não prevê o conceito de "estabelecimento comercial" ou de "fundo de comércio".

De acordo com o art. 1.142 do Código Civil, considera-se estabelecimento o conjunto complexo de ativos, direitos e obrigações que são utilizados em conjunto para o desenvolvimento das atividades de determinada sociedade. De modo geral, tais ativos e passivos incluem (i) ativos tangíveis, como imóveis, máquinas, equipamentos, estoques, matéria-prima; (ii) ativos e direitos intangíveis, como marca, patentes, créditos perante consumidores e terceiros, dentre outros utilizados para desenvolver as atividades da sociedade; e (iii) obrigações associadas com referidos ativos e com as próprias atividades da sociedade.

Nesse contexto, a alienação de um fundo de comércio consiste na aquisição, por uma sociedade, do complexo de bens, direitos e obrigações que permitem o desenvolvimento de determinada atividade, o que pode ocorrer por meio de operações como *dropdown* de ativos e passivos, incorporação de ações.

O art. 133 do Código Tributário Nacional não deixa claro qual a extensão da sucessão tributária do adquirente de um fundo de comércio ou estabelecimento comercial. A regra prevista no art. menciona que o adquirente será responsável por toda e qualquer obrigação relacionada com o fundo de comércio ou o estabelecimento comercial adquirido.

É possível defender que o adquirente somente pode ser responsável pelos tributos diretamente relacionados com o fundo de comércio e as atividades econômicas ali desenvolvidas, como Imposto sobre Serviços (ISS), Imposto sobre Produtos Industrializados (IPI), ICMS, contribuição ao PIS e à COFINS. Isso porque tais tributos têm como fato gerador a transação em si ou a própria receita, de modo que é possível verificar a que atividade eles se referem (isto é, fundo de comércio).

O IRPJ e a CSLL, por sua vez, não são diretamente relacionados com o fundo de comércio, na medida em que o fato gerador desses tributos leva em consideração os lucros gerados por todas as atividades desenvolvidas pelo contribuinte, de maneira centralizada, independentemente de quais atividades ou quantos fundos de comércio o contribuinte tenha.

Nesses casos, não haveria evidências materiais para relacionar o IRPJ e a CSLL diretamente com uma atividade específica desenvolvida pela sociedade, uma vez que tais tributos seriam determinados pela sociedade considerando todos os seus ganhos/acréscimos patrimoniais. Dessa forma, seria possível sustentar que o adquirente de um fundo de comércio não poderá ser responsabilizado pelas obrigações tributárias de IRPJ e de CSLL em aberto do alienante. Há alguns precedentes administrativos que adotam essa mesma posição, como, por exemplo, no âmbito do Carf, acórdão nº 1301002, de 4.10.2016, Acórdão nº 240202.108, de 29.9.2011, e Acórdão nº 110300028, de 26.8.2009.

Não obstante, existem precedentes do Carf analisando situações nas quais o adquirente do fundo de comércio é considerado sucessor do IRPJ e da CSLL devidos pelo alienante. Nesse sentido, cite-se, como exemplo, o Acórdão nº 108.08.284, de 14.4.2005, e o Acórdão nº 1202-00.460, de 25.1.2011.

OBJETIVO 6

CONHECER AS OBRIGAÇÕES ACESSÓRIAS RELATIVAS AOS EVENTOS DE FUSÃO, INCORPORAÇÃO E CISÃO

INTRODUÇÃO

De acordo com o art. 21 da Lei nº 9.249/95, a pessoa jurídica que tiver parte ou todo o seu patrimônio absorvido em virtude de cisão, fusão e incorporação deverá levantar balanço específico para esse fim até 30 dias antes do evento.

Para a apuração da base de cálculo e pagamento do IRPJ e da CSLL por tais sociedades, deverá ser considerada a data do evento de cisão, fusão ou incorporação, conforme art. 1º, § 1º, da Lei nº 9.430, de 27.12.1996, a data em que ocorrer a deliberação para aprovar a incorporação, cisão ou fusão.

A declaração de rendimentos correspondente ao período transcorrido durante o ano-calendário deverá ser apresentada pela sociedade cindida, fusionada, incorporada e incorporadora até o último dia útil do mês subsequente ao do evento (§ 4º da Lei nº 9.249/95). Contudo, de acordo com o art. 5º da Lei nº 9.959, de 27.1.2000, a sociedade incorporadora não está obrigada a apresentar declaração de rendimentos ou demais obrigações acessórias caso estivesse, desde o ano-calendário anterior ao evento, sob o mesmo controle societário que a incorporada.

O IRPJ e a CSLL eventualmente devidos em decorrência do encerramento do período de apuração deverão ser pagos até o último dia útil do mês subsequente ao da ocorrência do evento de cisão, fusão e incorporação.

Além disso, a sociedade cindida, incorporada, fusionada e incorporadora (salvo se estivesse sob controle comum com a incorporada) deverão apresentar também (i) Escrituração Contábil Fiscal (ECF), (ii) Declaração de Débitos e Créditos Tributários Federais (DCTF), ainda que não tenham débitos a declarar, em relação ao mês de ocorrência do evento, (iii) Escrituração Fiscal Digital da contribuição ao PIS e da COFINS (EFD–PIS/COFINS), (iv) Escrituração Contábil Digital (ECD-SPED-Contábil), (v) Declaração do Imposto sobre a Renda Retido na Fonte (DIRF), caso tenha pago ou creditado rendimentos sobre os quais tenha incidido retenção do Imposto sobre a Renda Retido na Fonte (IRRF) no ano-calendário a que se referir a (vi) Declaração e Guia de Recolhimento do Fundo de Garantia do Tempo de Serviço e Informações à Previdência Social (GFIP).

RESUMO

OBJETIVO 1 As principais formas de reorganização societárias envolvem a fusão, a incorporação e a cisão. Na prática, são raros os casos de fusão, sendo preponderante as operações que envolvem a incorporação de uma pessoa jurídica por outra, em razão das dificuldades burocráticas envolvendo a fusão, que exigem a criação de uma outra empresa. Existe ainda a figura da incorporação de ações, em que há transferência da totalidade das ações de uma sociedade para outra sociedade, tornando aquela uma subsidiária integral desta. Por fim, a reorganização societária pode ser realizada por meio de operações envolvendo aumento ou redução de capital, inclusive pela prática de *dropdown* de ativos e passivos.

OBJETIVO 2 Regra geral, as operações de fusão, cisão e incorporação, especialmente aquelas realizadas pelo valor contábil, não surtem efeitos fiscais, na medida em que não configuram evento de alienação. Contudo, há precedentes no Carf no quais se entendeu que a incorporação de sociedades representaria um evento de alienação ou liquidação do investimento, exigindo o IRPJ e a CSLL incidentes sobre o suposto ganho de capital auferido pelos sócios das sociedades incorporadas. É fundamental, portanto, a avaliação do caso concreto, especialmente sobre o valor da operação, mormente quando envolver ativos avaliados ao valor justo.

OBJETIVO 3 A legislação atual determina que o custo de aquisição de participação societária deve ser desdobrado em (i) valor de patrimônio líquido da investida na proporção da participação adquirida; (ii) mais ou menos-valia de ativos; e (iii) ágio por expectativa de rentabilidade futura (*goodwill*). A partir de evento de incorporação, fusão ou cisão, o ágio por expectativa de rentabilidade futura (*goodwill*) pode ser amortizado para fins fiscais, podendo ser excluído na determinação do lucro real e base de cálculo da CSLL à razão de 1/60, no máximo, para cada mês do período de apuração, desde que a aquisição não envolva parte dependentes. O ganho por compra vantajosa deverá ser computado na determinação do lucro real dos períodos de apuração subsequentes à data do evento, à razão de 1/60, no mínimo, para cada mês do período de apuração.

OBJETIVO 4 Como regra geral, para fins da apuração do IRPJ e da CSLL, a sociedade optante pelo lucro real pode compensar até o limite de 30% do lucro líquido do período com seus prejuízos fiscais acumulados. Ademais, a legislação fiscal proíbe que o saldo de prejuízo fiscal da sociedade incorporada seja aproveitado pela sociedade incorporadora. No caso de cisão parcial, somente é permitido o aproveitamento dos prejuízos fiscais e base de cálculo negativa da CSLL na proporção da parcela remanescente de seu patrimônio líquido (pós-cisão). A pessoa jurídica também deixa de ter direito à utilização de prejuízos fiscais se, entre a data de apuração do prejuízo fiscal e a data da compensação, houver, cumulativamente: (i) "modificação de seu controle societário"; e (ii) "modificação do ramo de atividade".

OBJETIVO 5 Conforme o art. 132 do Código Tributário Nacional, "a pessoa jurídica de direito privado que resultar de fusão, transformação ou incorporação de outra ou em outra é responsável pelos tributos devidos até à data do ato". Já o art. 133, II, prevê que o adquirente de um estabelecimento comercial ou fundo de comércio será considerado responsável pelos tributos do estabelecimento ou do fundo de comércio relacionados a eventos ocorridos até a data da aquisição.

OBJETIVO 6   A pessoa jurídica que tiver parte ou todo o seu patrimônio absorvido em virtude de cisão, fusão e incorporação deverá levantar balanço específico para esse fim até 30 dias antes do evento e apurar e pagar IRPJ e da CSLL eventualmente devidos, considerando a data do evento de cisão, fusão ou incorporação. Há, ainda, uma série de obrigações acessórias relacionadas ao processo de reorganização societária e que deverão ser apresentadas para regular procedimento em relação às obrigações tributárias da empresa envolvida.

▶ VÍDEOS ADICIONAIS SOBRE O CAPÍTULO

Acesse os QR Codes para assistir ao material adicional do capítulo:

Vídeo 1
uqr.to/1aybn

Vídeo 2
uqr.to/1aybo

Vídeo 3
uqr.to/1aybq

APLICANDO CONHECIMENTOS – TESTES

TESTES DE MÚLTIPLA ESCOLHA

1. Quais das afirmações abaixo estão corretas com relação ao conceito de fusão, cisão e incorporação?

   I. A fusão é a operação pela qual todas as sociedades fusionadas se extinguem, sendo formada uma nova sociedade com personalidade jurídica distinta daquelas.

   II. Na incorporação, não há a extinção de nenhuma das sociedades envolvidas na operação.

   III. A cisão parcial é a operação pela qual uma sociedade transfere parte de seu patrimônio a uma ou mais sociedades, constituídas ou não com a finalidade de incorporar o acervo cindido. Nesse caso, a sociedade cindida continua existindo, dividindo-se somente o seu capital.

   IV. Nas operações de fusão, cisão e incorporação, as relações jurídicas preexistentes não se extinguem ou sofrem qualquer interrupção, sendo que a tanto a incorporadora quanto a nova sociedade formada após a fusão sucedem as sociedades e incorporadas e fusionadas em todos os seus direitos e obrigações.

   a) Estão corretas somente as afirmações I e III.

   b) Estão corretas somente as afirmações I, III e IV.

   c) Estão corretas somente as afirmações II e IV.

   d) Todas as afirmações estão corretas.

   e) Todas as afirmações estão incorretas.

2. Quais afirmações estão corretas com relação ao prejuízo fiscal e a base de cálculo negativa de CSLL?

   a) O prejuízo fiscal e a base de cálculo negativa da sociedade incorporadora podem ser integralmente mantidos.

   b) O prejuízo fiscal e a base de cálculo negativa da sociedade incorporada devem ser integralmente cancelados.

   c) O prejuízo fiscal e a base de cálculo negativa da sociedade cindida devem ser cancelados proporcionalmente ao acervo líquido cindido.

   d) No momento da incorporação, em princípio, o prejuízo fiscal e a base de cálculo negativa devem observar a limitação de 30%.

   e) Todas as alternativas acima.

3. Qual hipótese abaixo seria, em princípio, suficiente para a glosa das despesas de *goodwill*?

   a) O ágio foi gerado em operação realizada por partes independentes.

   b) O laudo de mais-valia de ativos foi protocolado no 14º mês contado da aquisição do investimento.

   c) O valor do investimento foi pago em dinheiro.

   d) A sociedade adquirente era operacional.

   e) A sociedade responsável pelo pagamento do valor do investimento foi incorporada na investida.

4. Em quais casos abaixo, poderia haver questionamento com relação à sucessão tributária?

a) No caso de incorporação da investida pela investidora, com relação a todos os débitos da investida.

b) No caso da incorporação da investidora pela investida, com relação a todos os débitos da investidora.

c) No caso da cisão, com relação aos débitos da linha de negócios transferida por meio da cisão.

d) No caso da cisão, com relação aos débitos da linha de negócios não transferida por meio da cisão.

e) No caso de fusão, com relação a todos os débitos das sociedades que deram origem à nova sociedade na cisão.

5. O valor decorrente da compra vantajosa deverá ser tributado:

a) No momento da alienação do ativo que deu origem à compra vantajosa.

b) Integralmente, no momento da incorporação da investidora na investida ou vice-versa.

c) À razão de 1/60, a partir do no momento da incorporação da investidora na investida ou vice-versa.

d) A e B estão corretas.

e) A e C estão corretas.

6. A sociedade A adquiriu ações representativas de 100% do capital da sociedade B, em dezembro de 2020, pelo valor de R$ 200 milhões. O patrimônio líquido da sociedade B era de R$ 120 milhões, conforme balanço abaixo:

Ativo (R$ milhões)	Passivo (R$ milhões)
Caixa – 50	Empréstimos com terceiros – 10
Software – 20	**PL – 120**
Contas a receber – 40	Capital – 120

No laudo elaborado a pedido da sociedade B, identificou-se que:

a) O valor justo do *software* era de R$ 40 milhões.

b) Houve a transferência de carteira de clientes cujo valor justo correspondia a R$ 30 milhões.

c) Não havia mais ou menos-valia dos outros ativos.

Pergunta-se: Qual o valor, respectivamente, da mais-valia e do ágio (*goodwill*) dessa operação?

a) R$ 50 milhões e R$ 30 milhões.

b) R$ 20 milhões e R$ 30 milhões.

c) R$ 30 milhões e R$ 30 milhões.

d) R$ 20 milhões e R$ 60 milhões.

e) R$ 30 milhões e R$ 50 milhões.

7. A Empresa "A" adquiriu por R$ 15.000.000,00, **70%** da participação societária da Empresa "B", cujo valor do patrimônio líquido é de R$ 10.000.000,00 e a mais-valia de ativos e passivos de R$ 5.000.000,00. Considerando essas informações indique, respectivamente, o valor da equivalência patrimônio; mais-valia e ágio registrado pela investidora:

a) R$ 7 milhões, R$ 5 milhões e R$ 3 milhões.

b) R$ 10,5 milhões, R$ 3,5 milhões e R$ 1 milhão.

c) R$ 7 milhões, R$ 3,5 milhões e R$ 4,5 milhões.

d) R$ 10,5 milhões, R$ 1 milhão e R$ 3,5 milhões.

e) R$ 7 milhões, R$ 4,5 milhões e R$ 3,5 milhões.

8. Em relação ao ágio por expectativa de rentabilidade futura, é **incorreto** afirmar que:

a) O valor do ágio amortizável para fins fiscais será aquele "existente na contabilidade na data da aquisição".

b) Somente pode ser aproveitado a partir do evento societário de fusão, incorporação ou cisão entre sociedade investidora e sociedade investida.

c) Seja comprovado seu valor seja por meio de laudo retratando os valores de mais-valia de ativos que deverá a ser apresentado à RFB em até 13 meses após a data de aquisição, ou cujo sumário seja registrado em cartório em igual prazo.

d) Pode ser deduzido para fins fiscais inclusive na hipótese de aquisição entre partes dependentes.

e) Corresponde à diferença positiva entre o custo de aquisição do investimento e o somatório dos valores envolvendo a equivalência patrimonial e a mais ou menos-valia de ativos.

9. Supondo uma empresa que possua Prejuízo Fiscal de R$ 1.000.000,00 e apure lucro real antes da compensação de prejuízos fiscais de R$ 3.000.000,00, qual o montante de prejuízo fiscal que poderá compensar no período?

a) R$ 1.000.000,00.

b) R$ 3.000.000,00.

c) R$ 900.000,00.

d) R$ 300.000,00.

e) Nenhuma das anteriores.

10. A transferência da totalidade das ações de uma sociedade para outra sociedade, tornando aquela uma subsidiária integral desta, refere-se à operação de:

a) Fusão

b) Incorporação

c) Cisão

d) *Dropdown* de Ativos

e) Incorporação de Ações

RESPOSTAS

1-B; 2-E; 3-B; 4-D; 5-E; 6-A; 7-C; 8-D; 9-C; 10-E

Leonardo Aguirra de Andrade

Rômulo Cristiano Coutinho da Silva

Arthur Leite da Cruz Pitman

Rinaldo Leon Gomes Pereira Braga

CAPÍTULO 23

FUNDAMENTOS DO PLANEJAMENTO TRIBUTÁRIO

OBJETIVOS DE APRENDIZAGEM DO CAPÍTULO

1. Compreender os conceitos de elisão e evasão fiscal e a sua aplicação no âmbito dos planejamentos tributários.
2. Explorar os princípios constitucionais da legalidade, livre iniciativa, capacidade contributiva e igualdade.
3. Compreender as figuras do Direito Civil que são costumeiramente utilizadas como limites aos planejamentos tributários.
4. Estudar a natureza jurídica do art. 116 do Código Tributário Nacional e a sua influência nas discussões em torno dos limites ao planejamento tributário.
5. Compreender os conceitos teóricos na compreensão dos casos práticos e precedentes do Conselho Administrativo de Recursos Fiscais.

 **OBJETIVO 1**

O QUE É UM PLANEJAMENTO TRIBUTÁRIO?

CONCEITOS BÁSICOS

Como os contribuintes têm o direito, assegurado na Constituição Federal, de se organizarem e exercerem as suas atividades privadas com base na garantia da liberdade de contratar e no princípio da legalidade, o planejamento tributário pode ser interpretado como uma atividade lícita realizada em busca de economia tributária baseada na lógica de que "tudo que não é proibido é permitido". A questão, nesse particular, é a dificuldade de se definir o limite dessa liberdade, pois ela não se resume à esfera tributária, sendo necessário examinar também parâmetros de validade e eficácia dos atos e negócios jurídicos conforme o Direito Privado.

OLHA A NOTÍCIA!

uqr.to/1ay8k

Maioria no STF declara constitucional norma contra planejamento tributário abusivo

Autora: Cristiane Bonfanti.

Jota – 1.4.2022

Os ministros do Supremo Tribunal Federal (STF) formaram maioria para declarar a constitucionalidade da "norma geral antielisão", voltada a combater os planejamentos tributários tidos como abusivos pelo fisco [...].

A notícia do Jota dá destaque para o julgamento da Ação Direta de Inconstitucionalidade nº 2.446, pelo Supremo Tribunal de Federal, em que foi declarada a constitucionalidade do art. 116, parágrafo único, do Código Tributário Nacional, tida como "norma geral antielisão", voltada ao combate de planejamentos tributários tidos como abusivos pelo Fisco.

VOCÊ SABIA?

O QUE É PLANEJAMENTO TRIBUTÁRIO?

Planejamento tributário é uma atividade ou uma técnica de prospecção de alternativas de redução da carga tributária suportada pelas pessoas ou pelas empresas, sempre em consonância com o ordenamento jurídico em vigor.

Trata-se de um (i) "instrumento" e como "mecanismo pedagógico", a fim de organizar do modo "mais eficaz e legítimo o negócio pretendido", bem como (ii) "mecanismo de prevenção de conflito", possibilitando ao operador antever consequências jurídicas a serem dadas pelo ordenamento.

A realização de um planejamento tributário demanda um conhecimento profundo das oportunidades oriundas de situações não previstas na lei, porém permitidas, uma vez que (i) não proibida, na legislação tributária; e (ii) regular, de acordo com as regras do Direito Privado. Assim, o planejamento tributário não se confunde com as opções fiscais, ou seja, situações que estão expressamente previstas na legislação.

Planejamento tributário	Opções fiscais
Iniciativas buscando reduzir a carga tributária do contribuinte com base em situações não previstas, mas não proibidas em lei, de acordo com as regras do Direito Privado	Alternativas previstas na legislação possibilitando ao contribuinte escolher a melhor opção de acordo com seus interesses (exemplo: Lucro Presumido × Lucro Real)

No contexto das opções fiscais, a própria lei deseja, por razões extrafiscais, favorecer determinadas situações, tributando-as de modo menos oneroso ou até mesmo excluindo-as do campo de incidência da norma tributária. O planejamento tributário, por sua vez, tem espaço lógico entre (i) as condutas expressamente permitidas; e (ii) as condutas expressamente proibidas. A partir disso, é possível pensar o campo de atuação do planejamento tributário com base na Figura 23.1.

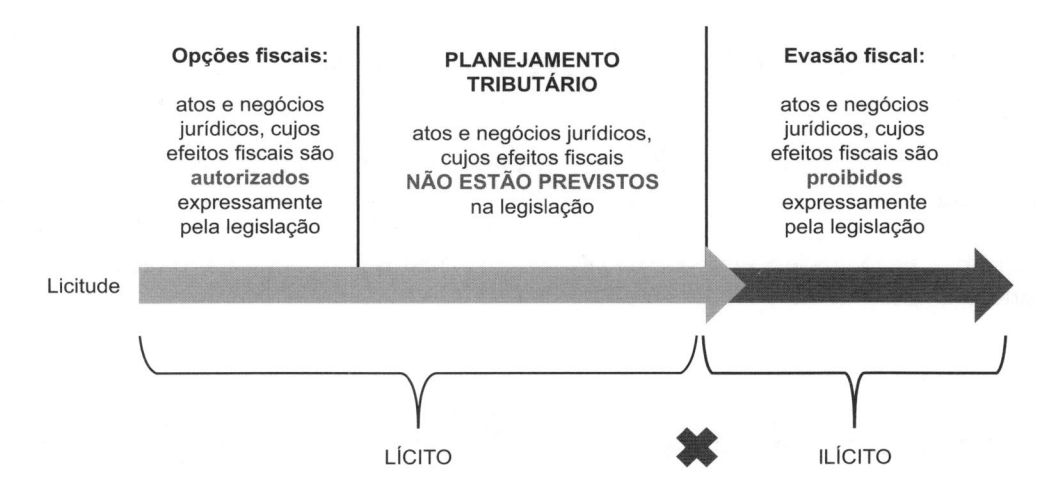

Figura 23.1   Campo de atuação do planejamento tributário.

No entanto, o fato de uma conduta do contribuinte não estar expressamente prevista na legislação não lhe permite contrariar o ordenamento jurídico em relação às regras do Direito Privado, selecionadas pelo Direito Tributário para diferenciar o que é lícito ou ilícito. Ou seja, além da ausência de vedação expressa (no Direito Privado), é necessário verificar a regularidade dos atos e negócios jurídicos praticados conforme o(s) critério(s) eleito(s) pelo legislador para sua validação, segundo o Direito Privado.

Por outro lado, ainda que exista uma opção fiscal, isto é, uma situação ou conduta expressamente prevista pelas regras fiscais (como, por exemplo, a opção pelo lucro real ou lucro presumido para determinados contribuintes), é necessário avaliar se o contribuinte está cumprindo os requisitos legais do Direito Privado.

VOCÊ SABIA?

Marco Aurélio Greco: "Quando afirmo que o campo do planejamento é formado por condutas que não estão expressamente previstas, é preciso proceder a um esclarecimento, pois podem surgir comentários no sentido de que – sendo assim – o simples fato de o ordenamento jurídico prever determinada conduta já seria o suficiente para reconhecer haver planejamento e, por consequência, estaria assegurada sua plena eficácia perante o Fisco. Não é bem assim."[1]

 **OBJETIVO 2**

QUAIS PRINCÍPIOS NORTEIAM O PLANEJAMENTO TRIBUTÁRIOS?

Trata-se do limite da liberdade do contribuinte em matéria de planejamento tributário, a partir das possíveis irregularidades nos atos e negócios jurídicos praticados. Esse limite é informado por alguns princípios constitucionais: (i) de um lado, o princípio da legalidade, à luz do valor liberdade, é um vetor de proteção

---

[1]   GRECO, Marco Aurélio. *Planejamento tributário*. 4. ed. São Paulo: Quartier Latin, 2019. p. 129.

da esfera patrimonial do contribuinte em face do poder de tributar do Estado; e (ii) de outro lado, o princípio da capacidade contributiva, enquanto critério de aplicação do valor igualdade, é um vetor em favor da tributação das manifestações de riquezas por parte do contribuinte, com base na substância econômica dos atos praticados.

No Brasil, todavia, o princípio da legalidade exerce uma função de proteção da liberdade, com uma eficácia significativa a ponto de (i) exigir que os critérios restritivos da liberdade de contratar estejam positivados; e (ii) proibir o uso da analogia para cobrança de tributos (art. 108, § 1º, do CTN), de modo a preservar os efeitos tributários dos atos e negócios jurídicos que não estiverem viciados por nenhuma irregularidade no âmbito do Direito Privado.

QUESTÃO PARA REFLEXÃO

Qual é o critério aplicável atualmente no Brasil para demarcar o limite da liberdade do contribuinte em matéria de planejamento tributário?

Há dois critérios no Código Tributário Nacional: (i) um critério eficaz: simulação, previsto no art. 149, VII, desde a sua redação original; (ii) um critério ainda ineficaz (porque falta regulamentação em lei ordinária): dissimulação, previsto no parágrafo único do art. 116, inserido pela Lei Complementar nº 104/01.

Em função desse limite, parte da doutrina adota uma diferenciação entre (i) planejamento tributário, também chamado de elisão fiscal, enquanto conduta lícita; (ii) evasão fiscal, como conduta ilícita; e (iii) uma terceira categoria intermediária, relativos atos e negócios jurídicos que, embora não sejam evasão, são maculados por alguma irregularidade do ponto de vista no Direito Privado, a chamada elusão fiscal.

VOCÊ SABIA?

Sobre o conceito de elusão fiscal, **Lívia Di Carli Germano** ensina: "Por não se tratar de descumprimento frontal da lei (ato *contra legem*) a elusão não se confunde com evasão. Neste sentido (e apenas neste), a conduta elusiva se aproxima da elisão fiscal, tendo em vista que em ambas se utilizam atos formalmente lícitos com os quais se logra evitar o nascimento do dever tributário. Ocorre que o recurso a meios lícitos no máximo exclui a qualificação do ato como passível de sanção, mas não determina sua admissibilidade para o direto, especialmente para fins fiscais. Assim, ao contrário da elisão, na elusão fiscal a licitude é apenas aparente, sendo, portanto, passível de correção (a depender da estrutura do ordenamento jurídico em que forem praticadas), em virtude de ferir indiretamente o ordenamento."[2]

A elisão fiscal e a elusão fiscal, portanto, são conceitos jurídicos aplicáveis para diferenciar as condutas que serão admitidas e quais não serão admitidas para fins fiscais, embora ambas não sejam qualificadas como evasão fiscal (crime fiscal). A admissibilidade da conduta, nesse sentido, depende da sua regularidade no plano das regras do Direito Privado, isto é, no Brasil, se tal conduta pode ser qualificada como simulação. Para fins didáticos, seria possível diferenciar essas três categorias (elisão, elusão e evasão) da seguinte maneira:

---

[2] GERMANO, Lívia De Carli. *Planejamento tributário e limites para a desconsideração dos negócios jurídicos.* São Paulo: Saraiva, 2013. p. 179.

Quadro 23.1 Distinção entre elisão, elusão e evasão fiscal

Elisão fiscal	Elusão fiscal	Evasão fiscal
Economia de tributos por meio de atos e negócios jurídicos, que, em conjunto ou isoladamente, são lícitos	Economia de tributos por meio de atos e negócios jurídicos, que, aparentemente, são lícitos, porém contrários, em alguma medida, ao ordenamento jurídico	Economia de tributos por meio de atos e negócios jurídicos, que, em conjunto ou isoladamente, são ilícitos
Não há violação ao ordenamento	Há vícios nos atos e negócios jurídicos passíveis de apuração por meio da interpretação das normas aplicáveis e na qualificação da materialidade concreta Ocorre o falseamento da ocorrência do antecedente da norma tributária principal	Há violação a uma norma de natureza fiscal, em contrariedade evidente ao consequente da norma tributária principal

Cada país adota um critério próprio para definir o limite de admissibilidade das condutas voltadas à economia fiscal. No Brasil, como visto, o critério aplicável é o da simulação. No entanto, há uma divergência doutrinária sobre qual conceito de simulação deve ser empregado. Isso porque não há, no Código Tributário Nacional, uma definição do conceito de simulação.

Assim, de um lado, uma parte da doutrina sustenta que o conceito de simulação é aquele dado pelo art. 167 do Código Civil, no sentido de que não seriam admitidos os atos e negócios jurídicos baseados (i) na divergência entre a vontade declarada e os atos realmente praticados; (ii) em um pacto simulatório (com o intuito de enganar terceiros) ou em uma declaração não verdadeira; (iii) ou ainda em instrumentos antedatados ou pós-datados.

Por outro lado, outra parte da doutrina sustenta que o dever de veracidade não se limita ao conceito de simulação do Código Civil, de modo que seria possível aplicar um conceito oriundo da teoria geral da simulação.

VOCÊ SABIA?

Nesse sentido, são oportunas lições de **Heleno Taveira Tôrres**: "Sobre os limites da aplicação do art. 167, § 1º, do CC, tenho para mim que está uma especificação taxativa de hipóteses que somente tem aplicação no direito privado, haja vista os limites do dever de veracidade serem impostos às partes e aos terceiros diretamente envolvidos. Contudo, a teoria da simulação é assunto de teoria do direito positivo, aplicável a todos os demais campos de incidência. Por esse motivo, cumpre observar, em cada ramo de legislação específica, se há ou não alguma forma de tratamento próprio para as hipóteses de simulação, como defesa do consumidor, ordem econômica, sistema financeiro, mercado de capitais, sucesso, etc., ou se tais setores dogmáticos preferem tratá-la como regra de caráter geral, ou mesmo com recepção dos critérios adotados no direito civil, na hipótese de nada dispor a respeito. Como em matéria tributária dever de veracidade é exigido em todos os seus atos, por declarações e prestações de informações de toda ordem, inclusive por terceiros, não se justifica qualquer taxativa de vinculação dos atos administrativos àquela lista taxativa predisposta para os lindes do direito privado."[3]

Nessa segunda corrente doutrinária, é possível encontrar autores que sustentam que existiriam dois conceitos de simulação: (i) um conceito mais restrito, baseado na ocorrência de uma declaração falsa, conforme o art. 167 do Código Civil; e (ii) um conceito mais amplo, no sentido de que a haveria simulação não apenas na hipótese da declaração falsa, mas também quando se verifica um vício de causa nos atos e negócios jurídicos praticados.

---

3   TÔRRES, Heleno Taveira. *Direito tributário e direito privado:* autonomia privada, simulação, elusão tributária. São Paulo: Revista dos Tribunais, 2003. p. 364.

Marciano Seabra de Godoi é um exemplo dessa corrente doutrinária: "Na simulação há um vício na causa, pois as partes usam determinada estrutura negocial (compra e venda) para atingir um resultado prático (doar um patrimônio) que não corresponde à causa típica do negócio posto em prática. [...] Tanto na concepção causalista ora estudada, quanto na concepção restrita vista na seção anterior, o negócio simulado é visto como 'não verdadeiro'. Mas isso a partir de perspectivas diferentes. Com efeito, na perspectiva causalista haverá simulação mesmo que as partes não inventem nem escondam de ninguém um fato específico no bojo de cada um dos negócios praticados."[4]

Nesse contexto, é possível encontrar na doutrina dois conceitos diferentes de simulação para fins da demarcação da liberdade do contribuinte na realização de um planejamento tributário:

Visão restrita: a simulação contemplaria os atos e negócios jurídicos simulados realizados para fingir ou manipular os fatos concretos, ou seja, a simulação seria uma *falsidade* **na conduta praticada**. Desse modo, inexistindo mentiras ou falsidades, não haveria simulação.

Visão ampla: a simulação contemplaria tanto os atos e negócios jurídicos viciados por falsidades (na esteira da visão restrita), como aqueles realizados conhecendo-se o seu real **fim prático econômico-social** (aqui é entendido como causa) e seus elementos essenciais, porém desrespeitando-os, na medida em que o seu conjunto evidencia a busca por objetivos em descompasso com esse fim ou com essa estrutura essencial. Nessa última hipótese, caberia verificar as circunstâncias concretas, os objetivos das partes e as causas dos atos e negócios jurídicos realizados, o que também seria examinado à luz do conceito de "declaração enganosa".

Há, ainda, quem defenda uma visão mista da simulação. Nesse caso, a simulação não representaria apenas um desvirtuamento entre a causa típica prevista pelo ordenamento para determinado negócio e aquele praticado pelas partes, mas também um descompasso entre a vontade interior e a vontade exteriorizada. Assim, não bastaria levar em consideração apenas a inconsistência entre o negócio jurídico e sua respectiva causa típica, sendo indispensável examinar, também, a vontade das partes de não se submeter aos efeitos jurídicos do negócio pactuado.

Pragmaticamente, situações idênticas – ou, pelo menos, bastante parecidas – poderiam ser qualificadas como simulações, para fins tributários, a partir de indícios ou de provas distintas, a depender da concepção adotada, conforme exemplo apresentado no Quadro 23.2.

Quadro 23.2 Simulação: vício de vontade × vício de causa

Simulação como vício de vontade	Simulação como vício de causa
A pessoa jurídica XPTO S.A., detentora de resultados deficitários, adquire participação societária de empresa lucrativa, por preço de mercado, e a incorpora, ampliando sua atividade econômica, recuperando resultados econômicos indesejados do passado, e mantendo sua administração e quadro societário inalterados Nos bastidores da negociação, uma das principais razões que motivaram a reorganização societária, foi a possibilidade de aproveitamento do prejuízo fiscal acumulado por meio da incorporação "às avessas" Ainda que a operação tenha tido aparente consistência, a incompatibilidade entra vontade declarada e a vontade real implicaria na qualificação da operação como **simulação como vício de vontade**	O Sr. Rômulo deseja doar para seu filho, Pedro, um imóvel no valor de R$ 1.000.000,00 (um milhão de reais), no entanto, receia a incidência e a cobrança do imposto estadual incidente sobre doações (ITCMD) na operação. Com isso, o Sr. Rômulo firma um contrato de compra e venda do imóvel, estabelecendo um preço de R$ 10.000,00 (dez mil reais), evitando a incidência do ITCMD, bem como demais incidência tributárias. Independentemente da congruência (ou não) da vontade real e da vontade declarada, fato é que um dos elementos essenciais do negócio jurídico de compra e venda foi simulado – qual seja, o preço –, a final, ninguém venderia um imóvel avaliado em um milhão de reais por apenas dez mil reais Assim, pode-se afirmar que a operação seria qualificada como **simulação como vício de causa**

---

[4]   GODOI, Marciano Seabra. Dois conceitos de simulação e suas consequências para os limites da elisão fiscal. *In*: ROCHA, Valdir Oliveira (coord.). *Grandes questões do direito tributário*. São Paulo: Dialética, 2007. v. 11.

Essas diferentes concepções de simulação (como vício de vontade e como vício na causa) também podem ser encontradas em precedentes do Conselho Administrativo de Recursos Fiscais (Carf):

> **Simulação como vício de vontade**: desencontro entre a verdade declarada e a verdade real satisfaz ao conceito de simulação. No caso, a vontade real era a criação de ágio amortizável, ao passo que a vontade declarada era a de aquisição de pessoa jurídica (Carf. Acórdão nº 1302-002.387, Relator Carlos Cesar Candal Moreira Filho, julgado em 17.10.2017).

> **Simulação como vício de causa**: [...] o critério jurídico adotado para verificar a legitimidade do planejamento tributário implica em analisar a causa objetiva do negócio jurídico. [...] Sob este enfoque, a simulação não é mais vista como um vício de consentimento ou da vontade, mas como um vício social. Isto porque as partes efetivamente desejam o resultado que a declaração pretende realizar, porém, há uma desconformidade entre esse resultado e a sua realização ou a ordem legal. [...] Entendo, portanto, que no âmbito tributário a simulação pode ser tomada sob a ótica causalista. Assim, a simulação fiscal implicaria em um "vício na causa objetiva do negócio jurídico", que se caracteriza pela divergência entre a intenção prática aferida objetivamente e a causa típica do negócio jurídico, estando, nesta acepção, o elemento de identificação formal do negócio, fundado na sua respectiva causa, e o elemento subjetivo determinado pela intenção prática (Carf, Acórdão 910100.528, Relatora Karem Jureidini Dias, julgado em 11.3.2010).

OBJETIVO 3

QUAIS FIGURAS LIMITAM O PLANEJAMENTO TRIBUTÁRIO?

Embora o conceito de simulação seja suficiente para tratar da maior parte dos casos concretos que envolvem os limites do planejamento tributário, a jurisprudência do Carf passou a importar alguns conceitos estrangeiros, sem previsão legal na legislação brasileira, para lidar com a matéria.

Esses conceitos estrangeiros têm origens e particularidades diferentes conforme a cultura jurídica dos seus países, como se observa a seguir:

Estados Unidos

"Business purpose test" (traduzido no Brasil como "teste do propósito negocial") tem origem nos Estados Unidos e pode ser compreendido como uma exigência de que os atos praticados tenham, substancialmente, uma motivação negocial desvinculada da intenção de economizar tributo. Atualmente, o art. 7.701(o) do Código Tributário americano aplica, em conjunto, a teoria do propósito negocial e da substância econômica para delimitar a liberdade do contribuinte à realização de planejamento tributário, em seu aspecto objetivo (e não apenas subjetivo).

Alemanha

O "abuso de formas" tem como base o § 42 do Código Tributário Alemão, e pode ser entendido como uma exigência de que as formas jurídicas (atos e negócios, em sua perspectiva formal) adotadas pelo contribuinte sejam usuais, embasadas em um fundamento econômico razoável. Se a forma adotada é casuística, difícil, não natural, contraditória ou desprovida de um fundamento econômico, haveria abuso de forma.

França

O abuso do direito, influenciado pelo Direito francês, tem por base a noção de "anormalidade" ou "excessividade" no exercício de direitos pelo contribuinte e do conceito de "atos anormais de gestão", em desrespeito aos interesses próprios de uma empresa. Os chamados "atos fictícios" ou desprovidos de "outro motivo senão o de elidir ou mitigar encargos fiscais" são considerados abusivos na França.

Espanha

A fraude à lei na concepção espanhola faz referência à ideia de "atos artificiosos e impróprios" para consecução do resultado obtido. Atualmente, o art. 15 da Lei Geral Tributária espanhola adota os critérios de (i) artificialidade, (ii) impropriedade e (iii) ausência de efeitos jurídicos ou econômicos relevantes para categorizar os chamados "conflitos na aplicação da lei tributária".

Como se vê, trata-se de conceitos que não adotam as mesmas premissas da simulação, porém, vêm sendo aplicados em diversos precedentes do Carf, mesmo na ausência de previsão legal pelo sistema jurídico brasileiro, gerando insegurança jurídica para os contribuintes. A título de exemplo, confira-se o seguinte precedente do Carf:

> IRPJ – ATO NEGOCIAL – ABUSO DE FORMA – A ação do contribuinte de procurar reduzir a carga tributária, por meio de procedimentos lícitos, legítimos e admitidos por lei revela o planejamento tributário. Porém, tendo o Fisco demonstrado à evidência o abuso de forma, bem como a ocorrência do fato gerador da obrigação tributária, cabível a desqualificação do negócio jurídico original, exclusivamente para efeitos fiscais, requalificando-o segundo a descrição normativo-tributária pertinente à situação que foi encoberta pelo desnaturamento da função objetiva do ato.
>
> (Carf, Acórdão 101-95.552, Relator Paulo Roberto Cortez, julgado em 25.5.2006)

> Inteiro teor: "Marco Aurélio Greco alinha-se entre aqueles que censuram o abuso de direito, sustentando que, se a "finalidade exclusiva" de um determinado ato é pagar menos imposto, estaríamos diante de um **abuso do direito**, não oponível ao Fisco.
>
> [...] Assim, se, de um lado, há que se reconhecer o direito do agente em planejar seu negócio de modo economicamente mais vantajoso, utilizando-se de formas jurídicas alternativas e legais para atingir o mesmo fim, não é aceitável o abuso de direito para lograr o mesmo fim. Aquele que pratica determinado ato jurídico com a finalidade única e exclusiva de fugir ao tributo, está **abusando das formas jurídicas**". (grifos nossos)

Resumidamente, as figuras e os conceitos existentes na jurisprudência do planejamento tributário podem ser sumarizados da seguinte forma:

Abuso de direito	O **abuso de direito** trata das situações em que o exercício do direito do contribuinte de compor a própria organização, que exceda manifestamente os limites impostos pelo seu fim econômico ou social, pela sua boa-fé ou pelos bons costumes, descaracterizando a elisão tributária, implicando, na realidade, caso de evasão fiscal
Abuso de formas	O **abuso de formas** restaria configurado quando o contribuinte realiza determinada operação adotando forma jurídica incomum ou atípica na estruturação de negócio jurídico que, se tivesse sido celebrado por meio de sua forma normal, teria o tratamento fiscal mais oneroso
Fraude à lei	A **fraude à lei** tem como característica distintiva a violação indireta da lei, já que a fraude não ocorreria diretamente contra a disposição expressa da lei, mas em desfavor do seu espírito. Assim, o indivíduo, nesta situação, não deixaria de obedecer a lei em sua literalidade, mas busca um resultado que contrarie a sua razão de existir

Ato anormal de gestão	O **ato anormal de gestão** se fundamenta na ideia de que a atividade dos administradores da sociedade deve ser ditada pelos interesses desta, não por seu interesse pessoal. Assim, o Fisco sustenta que é provável que se a empresa tivesse sido mais bem gerida, seus resultados seriam melhores e, portanto, a arrecadação tributária teria sido propositalmente prejudicada
Negócio jurídico indireto	O **negócio jurídico indireto** compreende as situações em que, obedecidos os requisitos legais, as partem se submetam a outro determinado negócio jurídico que possui causa típica prevista pelo sistema jurídico brasileiro, sujeitando-se às suas consequências lógicas e práticas, mas que por outros motivos possuem relevância sob a ótica da vontade dos negociantes
Propósito negocial	A falta **ou ausência de propósito negocial** é compreendida como uma exigência de que os atos praticados tenham, substancialmente, uma motivação negocial desvinculada da intenção de economizar tributo

Apesar de as figuras mencionadas serem amplamente utilizadas no debate jurisprudencial e doutrinário brasileiro no tema do planejamento tributário, a importação acrítica de conceitos estrangeiros deve ser rejeitada nessa seara, uma vez que é necessário levar em consideração que cada uma das figuras examinadas está associada a conceitos próprios de seus países de origem, tendo sido construídos, desenvolvidos e aperfeiçoados com base em tradições, culturas e fundamentos jurídicos diversos do que se encontram no cenário brasileiro.

VOCÊ SABIA?

Nesse ponto são oportunas as considerações de **Rômulo Cristiano Coutinho da Silva**: "Assim, se, por meio de regras, a legislação tributária estabeleceu como hipóteses de estruturações ilegítimas dos negócios jurídicos a fraude, o dolo e a simulação, no art. 149, VII, do CTN, e a dissimulação, no art. 116, parágrafo único, do mesmo diploma legal, não cabe às autoridades administrativas, tampouco aos órgãos julgadores, recorrer a institutos correlatos do Direito Privado como fraude à lei, propósito negocial, negócio jurídico indireto, abuso de direito e abuso das formas para, isoladamente, fundamentar a requalificação, para fins fiscais, dos atos e negócios jurídicos praticados pelo contribuinte, ainda que estes tenham sido realizados com o fim colimado de obter um ganho tributário."[5]

Um traço característico do Sistema Tributário brasileiro que é incompatível com algumas características dessas figuras estrangeiras é a vedação ao emprego da analogia para fins da cobrança de tributos, conforme disposto no art. 108 do Código Tributário Nacional.

Além da rejeição à importação de conceitos estrangeiros, deve ser repelida a criação de novos parâmetros, desprovidos de base legal. É o caso, por exemplo, da exigência da prova de que a conduta do contribuinte não está fundada em uma razão "predominantemente fiscal". Embora tal critério se aproxime bastante do conceito estrangeiro de "*business purpose*", não há identidade plena entre eles.

VOCÊ SABIA?

Esse critério de "predominância fiscal" pode ser encontrado na doutrina de **Marco Aurélio Greco**: "Ou seja, sempre que o exercício de auto-organização se apoiar em causas reais e não unicamente fiscais, a atividade do contribuinte será irrepreensível e contra ela o Fisco nada poderá objetar, devendo aceitar os efeitos jurídicos dos negócios realizados. [...] No entanto, os negócios jurídicos que não tiverem nenhuma causa real e predominante, a não ser conduzir a um menor imposto, terão sido realizados em desacordo com o perfil objetivo do negócio e, como tal, assumem um caráter abusivo; neste caso, o Fisco a eles pode se opor, desqualificando-os fiscalmente, para

---

[5]   SILVA, Rômulo Cristiano Coutinho da. *Planejamento tributário e segurança jurídica*. São Paulo: IBDT, Quartier Latin, 2019. v. XXVII, p. 293-294. (Série Doutrina Tributária).

> requalificá-los segundo a descrição normativo-tributária pertinente à situação que foi encoberta pelo desnaturamento da função objetiva do ato. Ou seja, apenas se o objetivo predominante for a redução da carga tributária, ter-se-á um caso de abusividade geradora de ineficácia perante o Fisco. Sublinhe-se que, com esta conclusão, não estou dizendo que o contribuinte é 'obrigado a optar pela forma mais onerosa', ou que deverá 'pagar o maior imposto possível'.
>
> Não! Conforme diversas vezes afirmando acima, o contribuinte tem a liberdade de auto-organizar-se, e dispor a sua vida como melhor lhe aprouver; não está obrigado a optar pela forma fiscalmente mais onerosa. Porém, o que disse acima é que esta organização deve ter uma causa real, uma razão de ser, um motivo que não seja predominantemente fiscal. Sublinhei o termo "predominantemente", pois este é o conceito chave. Se uma determinada operação ou negócio privado tiver por efeito reduzir carga tributária, mas se apoia num motivo empresarial, o "direito" (liberdade) de auto-organização terá sido adequadamente utilizado. Não haverá abuso! O Fisco nada poderá objetar. Com o teste do abuso aplicado ao planejamento fiscal, se o motivo predominante é fugir à tributação, o negócio jurídico será abusivo e seus efeitos fiscais poderão ser neutralizados perante o Fisco. Ou seja, sua aplicação não se volta a obrigar o pagamento de maior de imposto, mas sim inibir as práticas sem causa, que impliquem menor tributação."[6]

Posicionamentos como esse merecem ser lidos com cautela. Isso porque a predominância do motivo fiscal é um critério que não define os limites da liberdade de planejamento tributário. Trata-se, no máximo, de mero elemento indiciário, assim como tantos outros, da simulação.

O foco do problema de atos realizados formalmente, porém inexistente na realidade concreta ou em seu aspecto substancial, e que resultam em economia fiscal não está no motivo "predominantemente fiscal", nem em seu resultado, e sim na ausência de causa, isto é, ausência de um fim prático para atos registrados. Deve-se abandonar a abordagem predominante subjetivista (com foco nas intenções, motivações etc.), para se adotar uma abordagem objetivista (com enfoque na sincronia entre o meio utilizado – forma jurídica – e o fim atingido na realidade concreta).

Pode-se afirmar que todo ato ou negócio jurídico deve ter uma função objetiva própria para se justifique a sua presença no ordenamento jurídico. O foco da análise deve ser o aspecto objetivo dos atos praticados. O interesse objetivo das partes deve ser aferido a partir dos efeitos dos atos praticados, uma vez que o Código Civil de 2002 elegeu a abordagem objetiva (e não subjetiva) como caminho lógico para o controle da validade, em face de terceiros, dos atos e negócios jurídicos, conforme se observa pela escolha dos critérios relativos ao motivo determinante (cuja ilicitude enseja a nulidade do negócio, conforme o art. 166, III), ao fim econômico e social (cuja violação resulta na ilicitude do negócio, como previsto no art. 187, dando azo inclusive à reparação, como dispõe o art. 927) e à função social do contrato (como limite geral da liberdade de contratar, conforme o art. 421).

A própria exigência de observância dos elementos essenciais da estrutura do negócio (art. 104 do Código Civil) já é um indicativo de que a abordagem deve ser objetiva.

VOCÊ SABIA?

Fábio Piovesan Bozza destaca que: "Em importante testemunho sobre os trabalhos de elaboração do CC/2002, Junqueira de Azevedo esclarece que a causa abstrata não foi consagrada na parte geral do Código, uma vez que o jurista responsável por sua elaboração (Ministro Moreira Alves) entendia desnecessária qualquer alusão à função econômico-social, não porque a considerava inútil, mas sim porque este requisito já estaria contido na própria estrutura do negócio. Os requisitos gerais de validade, constantes do art. 104 (agente capaz, objeto lícito e forma legal), já seriam suficientes para atestar a validade do negócio jurídico, não sendo necessário inserir a causa como

---

[6]   GRECO, Marco Aurélio. *Planejamento tributário*. 4. ed. São Paulo: Quartier Latin, 2019. p. 220-221.

> requisito, a exemplo do que fizeram outros ordenamentos, especialmente o italiano, que exerceu significativa influência sobre o estatuto brasileiro. Entretanto, o requisito da função social acabou figurando na parte especial do CC/2002, em seu art. 421, pela mão de Miguel Reale, que possuía entendimento diverso sobre o tema. [...] A qualificação do negócio concretamente concluído pelas partes em determinado tipo do ordenamento pressupõe o cumprimento da função econômica-social que caracteriza o respectivo tipo, isto é, a sua causa abstrata. Os elementos essenciais do tipo (elementos estruturais) são os da causa (abstrata), além de serem constantes e invariáveis para cada tipo de negócio. Portanto, o negócio deverá ser qualificado como compra e venda se preencher todos os elementos essenciais deste tipo, e não de outro. A ausência de preço, por exemplo, impede a qualificação como compra e venda. É por esta razão que a causa (abstrata) serve para diferenciar um tipo do outro."[7]

Os motivos individuais, por certo, dão origem à vontade exteriorizada pelas partes quando da celebração de negócios jurídicos. Não se confundem, contudo, com a causa do negócio jurídico. Na prática negocial, a despeito de estarem interligados psicologicamente à vontade de dispor e de estabelecer o consenso, e, nesse aspecto, impulsionarem as partes para a realização de negócios, os motivos individuais, isoladamente, não são elementos constitutivos da causa do negócio jurídico.

Nesse sentido, a intenção pessoal, enquanto motivo, é irrelevante para a validade, existência e eficácia do negócio. Na mesma toada, os motivos não possuem relevância na interpretação do negócio jurídico, pois o que interessa é a intenção das partes exteriorizada na forma conferida ao negócio jurídico.

O cerne da análise não deve ser a busca pela economia fiscal, e sim a existência de causa e dos elementos essenciais do negócio praticado. Essa perspectiva do vício de causa se aproxima da conceituação da simulação em sua acepção mais ampla.

Nesse contexto, deve ser respeitada a legalidade e a estrutura normativa do Sistema Tributário brasileiro, para que sejam empregados (apenas) os critérios positivados, no Brasil, para fins da demarcação dos limites do planejamento tributário. Hoje, como dito, há apenas dois critérios positivados no Brasil sobre o assunto: a simulação e a dissimulação, sendo que esta última é ainda ineficaz por falta da sua norma regulamentadora. Com efeito, caso não seja configurada a simulação, o planejamento tributário praticado pelo contribuinte deve ser admitido pelo Fisco.

Para garantir maior segurança jurídica, seria oportuno que o Congresso Nacional regulamentasse o conceito de dissimulação previsto no parágrafo único do art. 116 do Código Tributário Nacional. Seria uma boa oportunidade para reafirmar a exigência de observância da legalidade nessa matéria, assim como tornar mais claro que apenas a simulação e a dissimulação são os únicos conceitos pertinentes para a requalificação, para fins fiscais, dos atos e negócios jurídicos – maculados por tais vícios – praticados pelos contribuintes em busca da redução da sua carga tributária.

 **OBJETIVO 4**

QUAL O PAPEL DO ART. 116, PARÁGRAFO ÚNICO, DO CÓDIGO TRIBUTÁRIO NACIONAL?

É nesse contexto que se torna relevante o julgamento do Supremo Tribunal Federal noticiado no início do presente capítulo, a respeito da Ação Direta de Inconstitucionalidade nº 2446, ajuizada pela Confederação Nacional do Comércio (CNC). Isso porque, nesse julgamento, a Suprema Corte está avaliando a constitucionalidade parágrafo

---

[7]   BOZZA, Fábio Piovesan. *Planejamento tributário e autonomia privada*. São Paulo: IBDT/Quartier Latin, 2015. v. XV, p. 125-126 e 134-135. (Série Doutrina Tributária.)

único do art. 116 do Código Tributário Nacional. Em abril de 2022, o assunto ganhou repercussão na imprensa, porque o Supremo Tribunal Federal concluiu o julgamento, de modo a declarar, por maioria, a constitucionalidade do art. 1º da Lei Complementar nº 104/01, na parte em que acrescentou o já mencionado parágrafo único no art. 116 do Código Tributário Nacional.

O precedente merece extrema atenção, pois, nos termos do voto da Ministra-Relatora Cármen Lúcia, que proferiu o voto vencedor, ficou consignada a constitucionalidade dessa norma, porém – e aqui é a parte mais importante – sinalizou que o contribuinte deve ter assegurado o seu direito de realizar o planejamento tributário.

VOCÊ SABIA?

Em seu voto na Ação Direta de Inconstitucionalidade nº 2446, a **Ministra Cármen Lúcia** destacou: "a norma não proíbe o contribuinte de buscar, pelas vias legítimas e comportamentos coerentes com a ordem jurídica, economia fiscal, realizando suas atividades de forma menos onerosa, e, assim, deixando de pagar tributos quando não configurado fato gerador cuja ocorrência tenha sido licitamente evitada".

Ao final, a Ministra Cármen Lúcia concluiu que tal norma teria como finalidade o combate à evasão fiscal, e não uma limitação do direito ao planejamento tributário, razão pela qual aquela Ação Direta de Inconstitucionalidade deveria ser julgada improcedente, pois ela partiria de uma premissa falsa (a Ação Direta de Inconstitucionalidade diz que o parágrafo único do art. 116 do CTN seria uma norma antielisiva e, portanto, inconstitucional; a Ministra Cármen Lúcia concluiu que tal dispositivo do CTN não é uma norma antielisiva).

O voto da Ministra Cármen Lúcia foi acompanhado pelos Ministros Marco Aurélio, Rosa Weber, Edson Fachin, Gilmar Mendes, Luiz Fux, Dias Toffoli, Nunes Marques e Luís Roberto Barroso. Ministro Ricardo Lewandowski apresentou voto divergente, declarando a inconstitucionalidade da norma impugnada, por entender que, por ser uma medida extrema, a nulidade ou a desconsideração de atos e negócios jurídicos alegadamente simulados cabe ao Judiciário, e não à autoridade administrativa. O entendimento divergente foi acompanhado pelo Ministro Alexandre de Moraes.

Tendo prevalecido o entendimento do voto vencedor, proferido pela Ministra Cármen Lúcia, é possível afirmar que o STF, embora tenha julgado o parágrafo único do art. 116 do Código Tributário Nacional constitucional, adotou uma posição mais favorável aos contribuintes, tendo em vista que (i) foram utilizados os conceitos positivados no ordenamento jurídico brasileiro (e não os conceitos estrangeiros mencionados); e (ii) foi reafirmada a liberdade do contribuinte à realização de planejamento tributário, uma vez que, quando não houver a caracterização da simulação e da dissimulação (quando esta for regulamentada), os efeitos fiscais das condutas dos contribuintes devem ser respeitados.

Aqui há de se tomar um cuidado: a Ação Direta de Inconstitucionalidade, por sua natureza, não pode analisar os limites de um planejamento tributário concreto, uma vez que, nesse tipo de Ação, não se examinam casos concretos, e sim apenas se avaliam, abstratamente, as normas jurídicas. Essa particularidade é importante, já que não havia espaço lógico, nesse julgamento do STF, para testar critérios de validação ou invalidação de atos e negócios jurídicos de acordo com o Direito Privado, seja porque não se tratava de um caso concreto, seja porque tais critérios não estavam sendo questionados (e sim apenas o critério da dissimulação previsto no parágrafo único do art. 116 do CTN).

Não se pode tirar conclusões apressadas desse julgamento, a ponto de se poder dizer que o contribuinte teria assegurada, pelo STF, uma liberdade absoluta em matéria de planejamento tributário. O Tribunal não disse isso, simplesmente porque tais questões não estavam em análise.

Portanto, esse julgamento é insuficiente para resolver algumas questões que permanecerão sem solução no exame dos limites do planejamento tributário, uma vez que não há uma definição clara de simulação ou de dissimulação na legislação tributária, sendo possível a adoção de conceitos diferentes, a depender do viés mais pró-Fisco ou mais pró-contribuinte do intérprete dos fatos do planejamento tributário.

Tendo em vista a relevância dos fatos para requalificação, para fins fiscais, dos atos e negócios jurídicos, é pertinente a análise do ônus da prova em matéria de planejamento tributário.

Cabe ao Fisco provar (i) a existência de alguma irregularidade nos atos e negócios jurídicos pelo contribuinte, assim como a suficiência dessa irregularidade para lhe retirar os efeitos fiscais, à luz do critério da simulação; e (iii) a existência, materialmente, de um outro cenário jurídico suficiente para caracterização do fato gerador do tributo, conforme o art. 118, I, do Código Tributário Nacional (para fatos geradores que versam sobre "situação de fato", conforme o art. 116, I, do Código).

Esse ônus da prova encontra fundamento em alguns dispositivos do Código Tributário Nacional:

(i) no art. 142, ao estabelecer que cabe à autoridade administrativa, no exercício de atividade "vinculada e obrigatória", "verificar a ocorrência do fato gerador da obrigação correspondente" e "determinar a matéria tributável";

(ii) no art. 147, segundo o qual à autoridade fiscal compete deve realizar o "exame" da existência de "erro" na declaração prestada pelo contribuinte; e

(iii) no art. 149, *caput* e VII, ao determinar que o lançamento tributário baseado na acusação fiscal de "simulação" exige da autoridade fiscal que se "comprove" a ocorrência dessa hipótese.

Uma vez identificado que cabe ao Fisco – e não ao contribuinte – o ônus da prova em matéria de planejamento tributário, é oportuno avaliar que cabe ao Fisco provar (i) a existência de algum vício nos atos e negócios jurídicos à luz da simulação (o que pode contemplar o exame da existência de causa e dos seus elementos essenciais), a fim de verificar a sua concretização jurídica; e (ii) caso exista algum vício dessa natureza, a efetiva ocorrência do fato gerador na realidade concreta analisada, se forem deixadas de lado as formalidades (viciadas) registradas pelo contribuinte.

Oportuno frisar que esse exame, baseado no art. 118, I, do Código Tributário Nacional, tem espaço apenas para os fatos geradores que envolvem uma "situação de fato", conforme o art. 116, I, do mesmo código. Isso porque, para os fatos geradores que envolvem situações jurídicas, o vício nos atos e negócios jurídicos praticados devem levar a autoridade fiscal à conclusão de que o fato gerador do tributo não ocorreu.

Tratando-se de um fato gerador atrelado a uma situação jurídica, é oportuno ao Fisco verificar, por exemplo, as hipóteses do art. 167 do Código Civil, a fim de identificar (i) se as partes são, efetivamente, titulares dos bens e direitos que alegam transferir; e (ii) se há alguma mentira nas declarações ou cláusulas contratuais formalizadas, conforme extrai-se do art. 167 do Código Civil:

> Art. 167. É nulo o negócio jurídico simulado, mas subsistirá o que se dissimulou, se válido for na substância e na forma.
>
> § 1º Haverá simulação nos negócios jurídicos quando:
>
> I – aparentarem conferir ou transmitir direitos a pessoas diversas daquelas às quais realmente se conferem, ou transmitem;
>
> II – contiverem declaração, confissão, condição ou cláusula não verdadeira;

Cabe também avaliar os elementos essenciais (e da causa) dos atos e negócios praticados. Nesse sentido, é oportuno testar o critério previsto no art. 166, III, ao indicar o vício no "motivo determinante" como ilicitude,

---

8   ROCHA, Sergio André. Para que serve o parágrafo único do art. 116 do CTN afinal? *In*: GODOI, Marciano Seabra de; ROCHA, Sergio André (orgs.). *Planejamento tributário*: limites e desafios concretos. Belo Horizonte: Editora D'Plácido, 2018. p. 487-513 (492).

suficiente para ensejar a nulidade do negócio jurídico. Além disso, cabe observar o art. 170 do Código Civil que determina a subsistência da realidade concreta diferente daquela indicada nos atos formais, privilegiando o fim almejado pelas partes na prática.

Tudo isso somente será possível desde que o Fisco cumpra com o seu ônus da prova, demonstrando o vício identificado, a sua suficiência para caracterizar uma irregularidade relevante nos atos e negócios praticados e, principalmente, a ocorrência do fato gerador do tributo na realidade concreta.

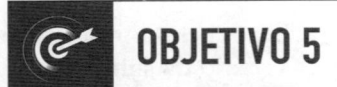

OBJETIVO 5

COMO A JURISPRUDÊNCIA LIDA COM O PLANEJAMENTO TRIBUTÁRIO?

EXEMPLOS DE LIMITES AO PLANEJAMENTO TRIBUTÁRIO

"CASA-SEPARA"

A expressão "casa-separa" é utilizada na jurisprudência do Carf em matéria de planejamento tributário para se fazer referência a operações societárias, em que as sociedades constituídas são efêmeras e desprovidas de existência real. Trata-se, na prática, de operações, cujos efeitos tributários não são admitidos pela jurisprudência, na medida em que são viciadas pela simulação.

Para ilustrar uma operação dessa natureza, seria possível apontar um exemplo hipotético em que:

(a) Mário quer vender a sua casa.

(b) Luigi quer comprar a casa de Mário.

(c) Com o objetivo de não pagar ITBI na transferência do imóvel, Mário e Luigi constituem uma pessoa jurídica Mário Bros Speed Wedding e, na mesma data, fazem a extinção dessa pessoa jurídica, a fim de aplicar a regra constitucional (art. 156, § 2º, I) segundo a qual não incide ITBI na integralização de imóvel no capital social de pessoa jurídica, nem na devolução de capital na extinção de pessoa jurídica, salvo se a atividade preponderante da pessoa jurídica for imobiliária.

Separando os três estágios da operação implementada por Mário e Luigi para evitar a ocorrência do ITBI, teríamos a situação representada na Figura 23.2.

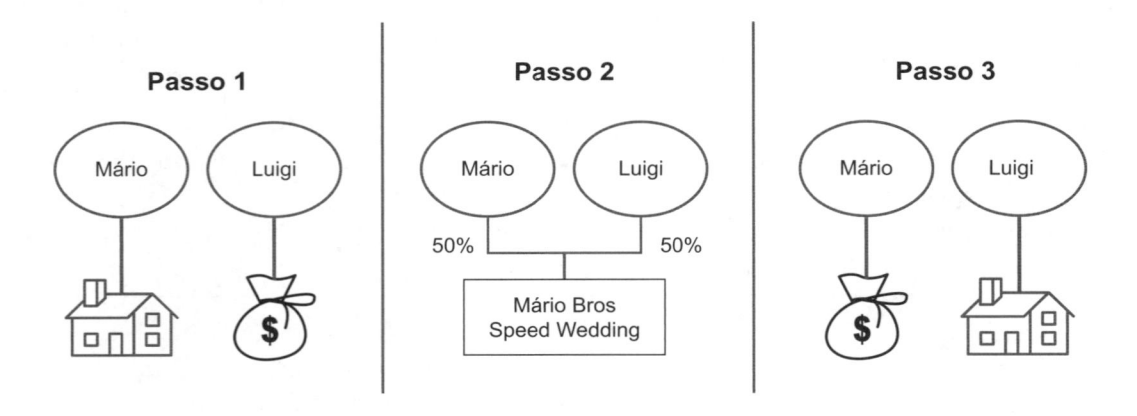

Figura 23.2 Exemplificação da operação casa-separa.

O ponto central da análise, para fins dos limites do planejamento tributário, não é o direito de constituir uma pessoa jurídica ou o direito ao aproveitamento da imunidade prevista na Constituição Federal a respeito do ITBI. De modo diverso, a questão central é a existência real da pessoa jurídica constituída à luz do critério da simulação. A efemeridade da existência dessa pessoa jurídica não é, por si, só um critério suficiente para definir a validade do planejamento tributário. Trata-se de mero aspecto indiciário. Pelo contrário, o teste da simulação deve concentrar atenção nos elementos essenciais de uma pessoa jurídica estão presentes, assim como se houve a observância da sua causa.

SEGREGAÇÃO DE PJ PARA FINS DE ENQUADRAMENTO DO REGIME DE TRIBUTAÇÃO

Nesses casos, em geral, uma pessoa jurídica, em determinado regime de tributação (por exemplo, o regime do lucro presumido), segrega as atividades em mais de uma pessoa jurídica, de modo que as receitas que eram, anteriormente, auferidas por apenas uma pessoa jurídica passem a ser auferidas por mais de uma pessoa jurídica. Com isso, atende-se o limite máximo do regime de tributação em que se busca o enquadramento (atualmente, limite de R$ 78 milhões para o regime do lucro presumido; ou o limite de R$ 4,8 milhões para o regime do Simples).

O caso KIWI BOATS, no Carf (Acórdão nº 103.23357), ilustra esse tipo de planejamento, em que se busca permanecer dentro do limite do regime do Simples. Em um primeiro momento, a empresa Kiwi Boats se dedicava à atividade de construção, reforma e negociação de embarcações e equipamentos náuticos. Em um segundo momento, a empresa Estaleiro Schaefer é constituída para realizar parte das atividades que eram, anteriormente, efetuadas pela Kiwi Boat (Figura 23.3).

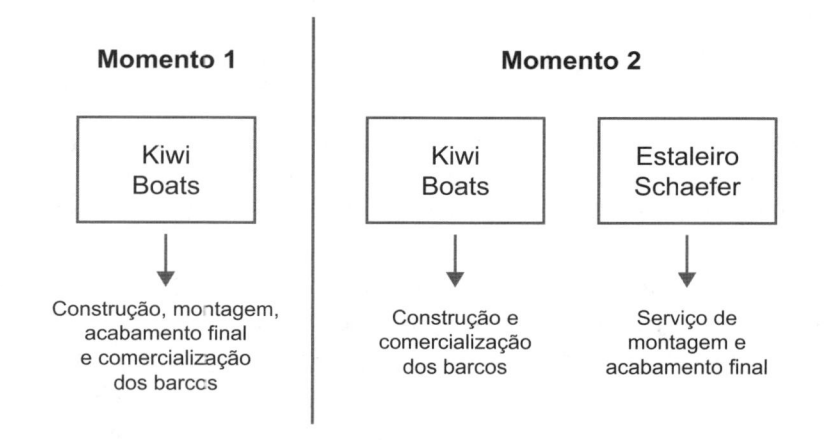

Figura 23.3 Caso Kiwi Boats.

Nesse caso, a decisão do Carf foi no sentido de validar os efeitos do planejamento tributário realizado pelo contribuinte:

> O argumento de que o desmembramento das atividades operacionais teve por único escopo obter economia tributária não é suficiente, por si só, para a desconsideração dos atos e negócios jurídicos realizados com amparo legal.

REDUÇÃO DE CAPITAL SEGUIDA DA VENDA DOS ATIVOS PELO SÓCIO

Para ilustrar os conceitos estudados, vamos testá-los na comparação de dois precedentes do Carf em que se avaliou o mesmo tipo de planejamento tributário, qual seja, o planejamento tributário envolvendo a devolução de capital para os sócios, a valor contábil, de acordo com o art. 22 da Lei nº 9.249/95, seguida da sua venda pelo sócio (pessoa física).

Nesses casos, de maneira geral, há duas opções para realizar a venda de um ativo da pessoa jurídica: (i) venda pela pessoa jurídica, tributada no regime do lucro real a 34% (IRPJ e CSLL); ou (ii) a redução de capital seguida venda do ativo pela pessoa física do sócio, sujeita à tributação por IRPF sobre ganho de capital (alíquotas de 15% a 22,5%, a depender do valor do ganho, conforme a Lei nº 13.259/16).

A título de ilustração, exemplifica-se, na Figura 23.4, uma venda de imóvel no valor de R$ 1 milhão, considerando essas duas opções.

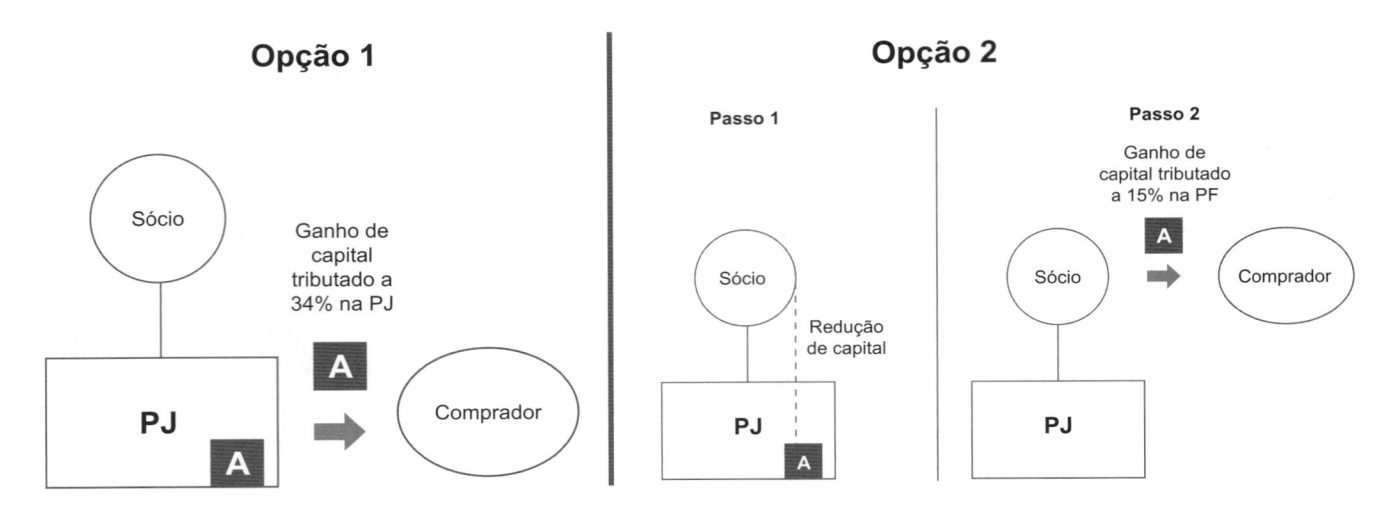

Figura 23.4   Redução de capital e alienação de ativos.

Os casos comparados são o caso DIPIL (Acórdão nº 9101-004.506, julgado em 6.11.2019, com decisão desfavorável ao contribuinte) e o caso SSTOWERS (Acórdão nº 9101-004.709, julgado em 17.1.2020, com decisão favorável ao contribuinte), julgado pela Câmara Superior do Carf no intervalo de pouco mais de dois meses.

A pergunta que devemos fazer aqui é: por que o Carf chegou a conclusões diferentes diante do mesmo tipo de planejamento tributário? A resposta é simples: provas fáticas diversas.

No caso DIPIL, as autoridades fiscais tiveram acesso a uma "ata de reunião de acionistas" em que ficava registrada a compra e a venda dos bens que já estava substancialmente celebrada com terceiros. Diante desse cenário, o Conselheiro Relator, no Carf, concluiu que, "na realidade, o ativo nunca se 'separou' da pessoa jurídica".

Ou seja, aplicando os critérios da simulação, previstos no art. 167 do Código Civil, seria possível dizer que o sócio pessoa física transferiu bens que, na realidade, não eram de sua titularidade. Isso porque, antes da redução de capital da pessoa jurídica, já havia um negócio jurídico (compra e venda) pactuado em sua integralidade do ponto de vista substancial entre o comprador e a pessoa jurídica (vendedora) que retirou, materialmente, a titularidade dos bens vendidos pelo sócio pessoa física.

De modo diverso, no caso SSTOWERS, o Fisco não demonstrou a prévia pactuação pela pessoa jurídica dos bens que foram objeto de redução de capital, conforme verificou a Conselheira Edeli Bessa, ao afirmar que "a acusação fiscal não reúne evidências suficientes para desconstituir as operações realizada".

No mesmo sentido, pautando-se pela premissa de que, em matéria de planejamento tributário, o ônus probatório é do Fisco, a Conselheira Livia De Carli Germano concluiu que a fiscalização não teve sucesso em demonstrar a prévia pactuação da venda dos ativos que foram objeto da redução de capital. Vejamos:

> De fato, para que pudéssemos concluir que a operação praticada foi 'artificial'/'simulada', a fiscalização deveria ter reunido indícios convergentes de que, por exemplo, o negócio foi primeiramente pactuado pela pessoa jurídica (partes, preço e quantidade), para só então ter havido a redução de capital e entrega da participação societária para a pessoa física. Não há qualquer início de prova efetuada pela autoridade lançadora neste sentido.

Ademais, a Conselheira Edeli Bessa identificou que haveria uma razão suficiente para justificar a realização da redução do capital: a existência de um "dissídio entre os sócios da fiscalizada quanto à manutenção do investimento para a execução de suas atividades".

A comparação desses dois precedentes é ilustrativa (i) de que o ônus da prova em matéria de planejamento tributário é do Fisco; (ii) de que os fatos dos casos concretos são determinantes para validação pelo Carf; (iii) o critério da simulação é suficiente para resolver especificamente esse tipo de planejamento tributário, de modo de que a liberdade do contribuinte à realização desse planejamento pode ser demarcada de acordo com a veracidade, ou não, da titularidade dos direitos envolvidos. No caso DIPIL, o sócio pessoa física não era, substancialmente, o titular do direito por ele vendido, conforme exame realizado pelo Carf dos elementos de prova apresentados pela acusação fiscal; já, no caso SSTOWWERS, o Carf concluiu que o Fisco não reuniu elementos de prova suficientes para demonstrar que os ativos já haviam sido comercializados pela pessoa jurídica antes da sua transferência para o seu sócio pessoa física.

ÁGIO E "EMPRESA-VEÍCULO"

Os casos envolvendo a dedução da amortização do ágio na apuração das bases de cálculo do imposto sobre a renda das pessoas jurídicas e da contribuição social sobre o lucro líquido são frequentemente permeados pelos conceitos de "empresa-veículo" e propósito negocial.

Se o tratamento tributário do ágio foi especificado de forma geral desde o Decreto-lei nº 1.598/77, discussões envolvendo o uso de "empresa-veículo" e propósito negocial são relativamente recentes, quando da introdução pela Lei nº 9.532/97, da possibilidade de aproveitamento como despesa das amortizações nos casos de absorção do patrimônio de uma pessoa jurídica por outra mediante operações societárias de incorporação, fusão ou cisão.

Com efeito, o Decreto-lei nº 1.598/77 determinava que as contrapartidas de amortização do ágio ou deságio, independentemente do seu fundamento, não seriam computadas na determinação do lucro real. Com o advento da Lei nº 9.532/97 foi regulamentada a amortização fiscal do ágio fundado em expectativa de rentabilidade futura nas operações de incorporação, fusão ou cisão entre as empresas investidora e investida.

Especialmente em relação às operações envolvendo o aproveitamento de ágio, a expressão "empresas-veículo" denota um conceito, firmado pela jurisprudência administrativa, que reúne os seguintes traços:

(i) Criada pela própria adquirente com seu investimento na "empresa-alvo" exclusivamente para a transferência do ágio.

(ii) Sua criação não tem outro propósito econômico.

(iii) É a empresa para qual é transferido o ágio.

(iv) É controladora da empresa que restou após a incorporação e na qual passou a ser amortizado o ágio (hoje, equivalente ao *goodwill*).

(v) É extinta por conta da incorporação.

(vi) Possibilita que sua controlada possa, ao fim e ao cabo, amortizar o ágio (hoje, *goodwill*).

A operação poderia ser ilustrada conforme a Figura 23.5.

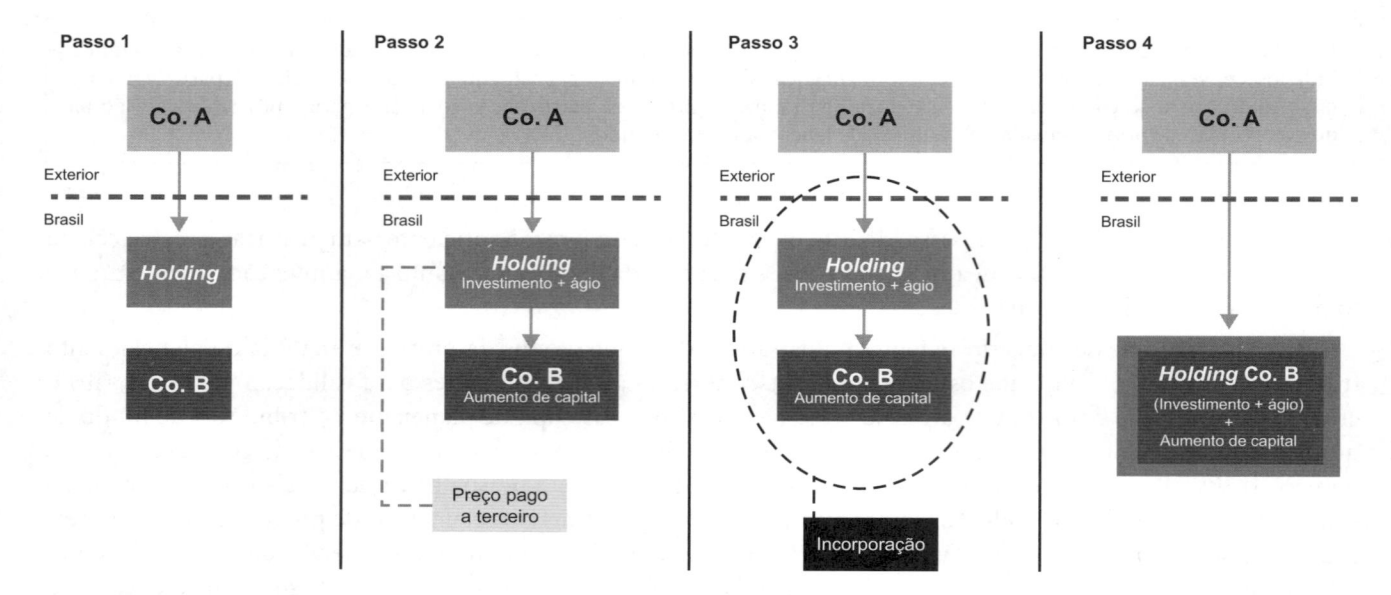

Figura 23.5   Ágio e empresa-veículo.

De forma geral, a "empresa-veículo" pode ser descrita como aquela que recebe da investidora participação societária com ágio como forma de integralização de capital e passa por processo de fusão, cisão ou incorporação, de tal maneira a criá-las com o fim precípuo de atender aos requisitos legais para dedução das amortizações do ágio integrante do seu patrimônio.

Não raramente, tais empresas são criadas para esse fim específico, têm "vida curta" e não apresentam atividade operacional ou até mesmo quadro de empregados. A "empresa-veículo" não participa do fato econômico original constitutivo do ágio, não integra nenhum dos polos, como investidora ou investida.

Em pesquisa ao sítio eletrônico do Carf, verifica-se que o Acórdão nº 103-23.290, adotado na sessão de julgamento realizada em 5.12.2007, foi o primeiro sobre a matéria a ter a expressão "empresa-veículo" inserida em sua ementa. Nesse caso, a Terceira Câmara do antigo Primeiro Conselho de Contribuintes, por unanimidade de votos, negou provimento ao recurso voluntário interposto pela Recorrente, sob o fundamento de inexistência de propósito negocial, em razão de a pessoa jurídica incorporada constituir "mera" empresa-veículo utilizada para transferência de ágio à incorporadora.

Desde então, o Carf, notadamente a Câmara Superior de Recursos Fiscais, tem se posicionado de forma majoritariamente contrária às operações envolvendo o aproveitamento fiscal do ágio, envolvendo "empresas-veículo". Essa posição fica bem clara quando analisamos o Processo Administrativo nº 18470.731968/2012-52, Acórdão nº 9101-003.612, julgado em 5.6.2018, que restou assim ementado:

Assunto: Imposto sobre a Renda de Pessoa Jurídica – IRPJ

Ano-calendário: 2007, 2008, 2009

ÁGIO ORIUNDO DE AQUISIÇÃO COM USO DE RECURSOS FINANCEIROS DE OUTREM. AMORTIZAÇÃO. INDEDUTIBILIDADE.

A hipótese de incidência tributária da possibilidade de dedução das despesas de amortização do ágio, prevista no art. 386 do RIR/1999 (que tem como base os arts. 7º e 8º da Lei 9.532/1997), requer que participe da "confusão patrimonial" a pessoa jurídica investidora real, ou seja, aquela que efetivamente acreditou na "mais valia" do investimento, fez os estudos de rentabilidade futura e desembolsou os recursos para a aquisição.

Não é possível o aproveitamento tributário do ágio se a investidora real transferiu recursos a uma "empresa-veículo" com a específica finalidade de sua aplicação na aquisição de participação societária em outra empresa e se a "confusão patrimonial" advinda do processo de incorporação não envolve a pessoa jurídica que efetivamente desembolsou os valores que propiciaram o surgimento do ágio, ainda que a operação que o originou tenha sido celebrada entre terceiros independentes e com efetivo pagamento do preço.

Uma das hipóteses em que a Câmara Superior tem admitido a utilização da "empresa-veículo" é nos casos em que seu uso é exigido por questões regulatórias, como bem se explicita nos autos do Processo administrativo nº 16561.720032/2015-02, Acórdão nº 9101-003.609, julgado em 5.6.2018:

> Assunto: Imposto sobre a Renda de Pessoa Jurídica – IRPJ
>
> Ano-calendário: 2010, 2011
>
> CONHECIMENTO. SIMILITUDE FÁTICA.
>
> Sendo similares os fatos analisados pelo acórdão recorrido e paradigma, é conhecido o recurso especial.
>
> ÁGIO TRANSFERIDO. EMPRESA VEÍCULO. DEDUTIBILIDADE.
>
> É legítima a transferência do investimento com ágio, notadamente quando existentes restrições societárias e regulatórias que orientaram a criação de empresa "veículo".

No caso concreto, havia imposições da CVM e ANEEL que justificam – por questões societárias e regulatórias – a organização societária da forma procedida, isto é, a existência da "empresa-veículo". Na grande maioria dos demais casos, entende a Câmara Superior do Carf que não existe substância econômica ou propósito negocial na utilização de estrutura com "empresa-veículo".

OPERAÇÕES COM FUNDOS DE INVESTIMENTO EM PARTICIPAÇÕES – FIP'S

O Fundo de Investimento em Participações (FIP) é uma comunhão de recursos destinados à aplicação em sociedades anônimas, abertas ou fechadas ou em empresas limitadas, em fase de desenvolvimento.

Dadas as suas características, o FIP pode ser utilizado em inúmeras maneiras, como no aporte de recursos financeiros na área de *private equity*, para fins de planejamento patrimonial e sucessório, como veículo tanto para concentração de participações societárias e outros ativos financeiros quanto para o ajuste dos direitos atribuídos a cada herdeiro.

No que diz respeito à tributação, primeiro é necessário fazer uma distinção entre a forma de tributação aplicável ao fundo (tributação da carteira), da tributação aplicável aos investidores do fundo (tributação dos cotistas).

No primeiro caso, diferentemente da regra geral aplicável às demais pessoas jurídicas no Brasil, os rendimentos e ganhos auferidos com operações realizadas pela carteira dos fundos de investimento são isentos do Imposto de Renda (IR), conforme disposto no § 10 do art. 28 da Lei nº 9.532, de 10.12.1997.

Por outro lado, a tributação dos rendimentos auferidos pelos cotistas dos FIP está prevista no art. 2º da Lei nº 11.312, de 27.6.2006, estando os rendimentos auferidos no resgate de suas cotas, inclusive quando decorrentes da liquidação do fundo, sujeitos ao imposto de renda na fonte à alíquota de 15% (quinze por cento) incidente sobre a diferença positiva entre o valor de resgate e o custo de aquisição das cotas. De igual modo, os ganhos auferidos na alienação de cotas de fundos de investimento de que trata o *caput* deste art. serão tributados à alíquota de 15%.

Tendo em vista seus potenciais benefícios econômicos – não aplicação do chamado "come-cotas" e da alíquota regressiva de 22,5% a 15%, pelo prazo de resgate do investimento –, os investimentos via FIP têm sido cada vez mais utilizados por investidores residentes ou não residentes como meio de planejamento tributário e reorganizações societárias, e, por isso, tem sido objeto de especial atenção das autoridades fiscais e da jurisprudência do Carf.

Paradigmática em relação a este tema foi a utilização de um FIP na fusão entre os grupos econômicos JBS e a Bertin, que resultou em autuação no montante de cerca de R$ 3 bilhões com os acréscimos legais, com a imputação de multa qualificada. A fiscalização entendeu que não havia propósito negocial e que o fundo foi inserido no contexto da operação apenas com o intuito de se reduzir ou adiar o efeito fiscal sobre ganho de capital gerado no nível da pessoa jurídica alienante.

Na operação societária, a família Bertin e a família Batista fizeram o uso de fundo de investimento em participações, o BERTIN FIP, para viabilizar a alienação da Bertin S/A para uma *holding* – a chamada FB Participações S/A –com participação acionária compartilhada entre os dois grupos, mas com controle dos acionistas da JBS, passando aquela a ser subsidiária integral desta.

Segundo o voto vencedor, o FIP incorporado pelas partes foi utilizado com finalidade diversa daquela para a qual o instrumento foi previsto no ordenamento jurídico brasileiro, tolhendo-lhe o propósito negocial (Processo Administrativo nº 16561.720170/2014-01, Acórdão nº 1201001.640, julgado em 11.4.2017).

O tema voltou a ser enfrentado pelo Carf em caso no qual se discutia a validade da estrutura montada para a negociação do Hospital São Luiz com a Rede D'Or, ocorrida no ano de 2010. A fiscalização também afirmava no processo que a reestruturação tinha o único propósito de diminuir a carga tributária.

Nesse caso, as circunstâncias da operação levaram os Conselheiros do Carf a entender pela validade da operação. Consigna-se expressamente que, "do exame dos documentos e operações descritas e o laudo descrito, verifica-se que a atuação do fundo HMV FIP, como condomínio de investidores não merece reparo; os Fundos FIQ cumpriram suas finalidades, aliado ao fato de terem sido instrumento de sucessão".

O acórdão restou assim consignado:

ASSUNTO: IMPOSTO SOBRE A RENDA DE PESSOA JURÍDICA IRPJ

Data do fato gerador: 31/12/2010

GANHO DE CAPITAL. ALIENAÇÃO POR FIP. RAZÕES EXTRATRIBUTÁRIAS. PLANEJAMENTO SUCESSÓRIO. VALIDADE. OPONIBILIDADE AO FISCO

A transferência de investimento para um Fundo de Investimento em Participações (FIP) por motivos de planejamento sucessório familiar e posterior alienação de tal investimento para terceiro com o consequente oferecimento do ganho de capital à tributação pela FIP é ato plenamente oponível ao Fisco desde que ausentes fraude, simulação ou abuso de direito.

PLANEJAMENTO TRIBUTÁRIO. CARÁTER INDUTOR DA LEGISLAÇÃO TRIBUTÁRIA. UTILIZAÇÃO DE FIP. OPONIBILIDADE AO FISCO. POSSIBILIDADE.

A legislação tributária ao criar tributação mais favorecida aos fundos de investimento induz o contribuinte a utilizar tal instrumento como forma de planejamento tributário válido que pode ser oponível ao Fisco desde que ausentes fraude, simulação ou abuso de direito (Processo administrativo nº 16561.720133/2015-75, Acórdão nº 1201-002.278, de 15.6.2018).

Verifica-se desses precedentes, como de outros, que nesses casos envolvendo FIP o Carf coteja a utilização do FIP ao motivo pelo qual ele foi introduzido no ordenamento jurídico para confirmar se seu uso é viciado ou não.

Seja como for, verifica-se na jurisprudência administrativa do Carf a existência de um enorme prejuízo em relação às operações envolvendo a utilização de FIPs para fruição de benefícios fiscais limitados a determinadas situações específicas. A existência de casos favoráveis e contrários na jurisprudência em às operações com FIP demonstram que, mesmo não havendo um forte posicionamento quanto a sua ilicitude, seja pelos Conselheiros no Carf ou na legislação, é inegável, de outro lado, que a fiscalização está se preocupando com a finalidade dos institutos, autorizando o uso consciente pelos contribuintes.

RESUMO

OBJETIVO 1 Planejamento tributário é uma atividade lícita para economia de tributos, com base em atos e negócios jurídicos, cujos efeitos não são nem proibidos (evasão), nem expressamente permitidos (opções fiscais). O ponto central é o limite da liberdade do contribuinte na realização dessa atividade.

OBJETIVO 2   Os princípios que norteiam o planejamento tributário são diretrizes e limites que informam o direito de o contribuinte organizar sua operação de modo a pagar menos tributos. De um lado, o princípio da legalidade, à luz do valor liberdade, é um vetor de proteção da esfera patrimonial do contribuinte em face do poder de tributar do Estado. De outro lado, o princípio da capacidade contributiva, enquanto critério de aplicação do valor igualdade, é um vetor em favor da tributação das manifestações de riquezas por parte do contribuinte, com base na substância econômica dos atos praticados. No Brasil, todavia, o princípio da legalidade exerce uma função de proteção da liberdade, com uma eficácia significativa a ponto de (i) exigir que os critérios restritivos da liberdade de contratar estejam positivados; e (ii) proibir o uso da analogia para cobrança de tributos (art. 108, § 1º, do CTN), de modo a preservar os efeitos tributários dos atos e negócios jurídicos que não estiverem viciados por nenhuma irregularidade no âmbito do Direito Privado.

OBJETIVO 3   O vício de causa, enquanto fim prático na realização dos atos e negócios jurídicos em matéria tributária, é uma ferramenta útil para avaliar esse limite (inclusive, à luz do critério da simulação, em sua acepção mais ampla), assim como adequada para afastar a relevância dos motivos (subjetivos) das partes. A exigência da demonstração de motivos extrafiscais, bem como as demais figuras comumente trazidas pela jurisprudência do Carf (propósito negocial, abuso de direito, abuso de formas, entre outras), são indevidas, porque colocam foco em um critério não determinante (meramente indiciário) para definir os limites do direito ao planejamento tributário. Nesse ponto, a análise deveria ser objetiva (e não subjetiva), com base nos efeitos dos atos praticados.

OBJETIVO 4   Segundo a posição vencedora no Supremo Tribunal Federal, consignada no julgamento da Ação Direta de Inconstitucionalidade nº 2.446, o art. 116, parágrafo único, do Código Tributário Nacional, não chega ao ponto de permitir que o Fisco desconsidere planejamentos tributários lícitos e válidos dos contribuintes, limitando-se a alcançar atos ou negócios jurídicos praticados com a intenção de simulação ou ocultação do fato gerador do tributo.

OBJETIVO 5   A jurisprudência do Carf demonstra que o estudo dos limites de planejamentos tributários – como "casa-separa", redução de capital seguida de venda de ativos por sócios, utilização de "empresa-veículo" para aproveitamento fiscal da amortização do ágio, venda de participação societária por intermédio de Fundos de Investimentos em Participações (FIP's) depende de circunstâncias particulares de casos concretos e, sobretudo, da análise probatória, evidenciando que mesmos tipos de planejamento tributário podem ter resultados distintos, a depender de suas particularidades.

▸ VÍDEOS ADICIONAIS SOBRE O CAPÍTULO

Acesse os QR Codes para assistir ao material adicional do capítulo:

Vídeo 1
uqr.to/1aybs

Vídeo 2
uqr.to/1aybt

Vídeo 3
uqr.to/1aybu

TESTES DE MÚLTIPLA ESCOLHA

1. Assinale a alternativa **correta**:

   a) O contribuinte não tem o direito de estruturar seus negócios com a finalidade única de economizar tributos.

   b) Elisão e evasão são conceitos que se confundem.

   c) Elisão tributária, via de regra, é associada a condutas lícitas dos contribuintes.

   d) Evasão tributária significa condutas lícitas.

   e) Toda estão incorretas.

2. Considere as opções a seguir e assinale a alternativa **correta** acerca do planejamento tributário.

   I. Opção fiscal, para a doutrina, significa o mesmo que elisão fiscal.

   II. O contribuinte pode realizar planejamento tributário, desde que tenha propósito negocial na operação engendrada para economizar a carga tributária.

   III. Evasão fiscal, para a maior parte da doutrina, está associada a condutas ilícitas.

   a) I e II estão corretas.

   b) I e III estão corretas.

   c) II e III estão corretas.

   d) Apenas a III está correta.

   e) Nenhuma está correta.

3. Sobre os princípios constitucionais tributários relacionados ao planejamento tributário, assinale a alternativa **correta**:

   a) O princípio da legalidade veda o planejamento tributário.

   b) O princípio da capacidade contributiva não permite o planejamento tributário, tendo em vista a sua eficácia ativa e a necessidade de o contribuinte sempre se utilizar da estrutura mais onerosa possível.

   c) O contribuinte tem o direito de estruturar os seus negócios da forma menos onerosa possível do ponto de vista fiscal, desde que por meio de estruturas lícitas.

   d) O princípio da igualdade veda a opção pelo caminho menos oneroso do ponto de vista tributário.

   e) Todas as anteriores.

4. Analise as afirmações a seguir e assinale a alternativa **correta**.

   I. O parágrafo único do art. 116 do Código Tributário Nacional costuma ser denominado como a "norma geral antielisiva" brasileira.

   II. O princípio da capacidade contributiva deve ser visto como protetor dos direitos do Fisco, fundamento para a arrecadação em sua máxima capacidade.

   III. Os particulares possuem o direito de economizar a sua carga tributária com fundamento na livre iniciativa, na liberdade e na legalidade.

   a) Apenas I está correta.

   b) Apenas II está correta.

   c) I e II estão corretas.

   d) I e III estão corretas.

   e) Todas estão corretas.

5. Assinale a alternativa **incorreta** sobre o planejamento tributário:

   a) Elisão tributária, normalmente, se confunde com o conceito de planejamento tributário.

   b) Fraude à lei imperativa e fraude à lei intrínseca são conceitos já utilizados para limitar o direito do contribuinte de realizar planejamentos tributários.

   c) Estruturas simuladas são ilícitas, mas aceitáveis para fins de planejamento tributário.

   d) No Brasil, não há norma positivada prevendo expressamente a necessidade de propósito negocial para que o planejamento tributário seja considerado lícito.

   e) Todas estão incorretas.

6. A respeito da evolução da jurisprudência do Carf em matéria de planejamento tributário, pode-se afirmar que:

   I. O conceito de propósito negocial tem sido aplicado na jurisprudência do Carf, embora não tenha uma previsão legal específica no Direito Tributário brasileiro.

   II. Após 2010, a jurisprudência do Carf não tem adotado conceitos estrangeiros para delimitar a liberdade do contribuinte à realização de planejamentos tributários.

   III. Antes dos anos 2000, a jurisprudência majoritária se baseava em uma acepção de simulação mais favorável ao contribuinte.

   a) I e II estão corretas.

   b) I e III estão corretas.

   c) II e III estão corretas.

   d) Apenas a II está correta.

   e) Nenhuma está correta.

7. Assinale a alternativa **incorreta** sobre o planejamento tributário:

   a) Elisão tributária e planejamento tributário, geralmente, são tratados sinônimos ou no mesmo plano de licitude.

   b) Abuso do direito, abuso de forma, fraude à lei e propósito negocial são figuras que, geralmente, são identificadas como critérios estrangeiros, pertinentes à limitação do direito do contribuinte de realizar planejamentos tributários, oriundas com a França, Alemanha, Espanha e Estados Unidos.

   c) Estruturas simuladas não são práticas tidas como crimes fiscais, mas são aceitáveis para fins de planejamento tributário.

d) No Brasil, não há norma positivada prevendo expressamente a necessidade de propósito negocial para que o planejamento tributário seja considerado lícito.

e) Todas estão incorretas.

8. Dentre as alternativas a seguir, indique aquela que melhor descreve o conceito de evasão fiscal:

a) Economia de tributos por meio de atos e negócios jurídicos, que, em conjunto ou isoladamente, são lícitos.

b) Economia de tributos por meio de atos e negócios jurídicos, que, em conjunto ou isoladamente, são ilícitos.

c) Economia de tributos por meio de atos e negócios jurídicos, formal e isoladamente, lícitos com os quais se logra evitar o nascimento do dever tributário, porém que, em seu conjunto, caracterizam uma contrariedade às regras do Direito Privado a respeito da validade e eficácia dos atos e negócios jurídicos praticados do contribuinte.

d) Economia de tributos por meio de atos e negócios jurídicos pelo exercício de uma opção fiscal prevista expressamente na legislação.

e) Economia de tributos por meio de atos e negócios jurídicos obtida pela redução do preço registrado nos documentos fiscais de venda de mercadorias.

9) Analisando a jurisprudência do Conselho Administrativo de Recursos Fiscais no que se refere às reduções de capital de pessoas jurídicas, seguidas de venda dos ativos por seus sócios, pode-se afirmar que uma das características determinantes para atestar a validade da operação é:

a) Verificar se o regime tributário dos sócios da pessoa jurídica cujo capital é reduzido proporciona vantagem tributária em comparação a sua venda pela sociedade original.

b) Determinar se os valores envolvidos em cada caso são exorbitantes, ultrapassando o limite da razoabilidade.

c) A natureza do ativo que é objeto da redução de capital e para quem este é posteriormente alienado, por meio do sócio da sociedade original;

d) A existência de deliberação societária expressa, autorizando a redução de capital social, bem como uma análise profunda e minuciosa por parte do Fisco sobre a pertinência comercial e eficiência da redução de capital realizada.

e) Da existência (ou não) de acordo prévio à redução de capital, entre as partes que negociação a compre e venda de determinado ativo, de modo que se evidencie que os sócios haviam negociado a alienação de ativo até então pertencente à sociedade.

10. Analise as afirmações a seguir e assinale a alternativa correta.

I. A elusão fiscal se difere da elisão fiscal, na medida em que a primeira contraria em alguma medida o Direito Privado e, por isso, não tem os seus efeitos admitidos no Direito Tributário.

II. O parágrafo único do art. 116 do CTN adota o conceito de dissimulação e demanda de sua regulamentação por lei ordinária.

III. A multa de ofício (75%) e a multa qualificada (150%), na esfera federal, se diferenciam em razão do dolo específico.

a) I e II estão corretas.

b) I e III estão corretas.

c) II e III estão corretas.

d) Apenas a I está correta.

e) Todas estão corretas.

RESPOSTAS

1- C; 2- D; 3- C; 4- D; 5- C; 6- B; 7- C; 8- B; 9- E; 10- E

CAPÍTULO 24

ASPECTOS FUNDAMENTAIS DA TRIBUTAÇÃO INTERNACIONAL

Luís Flávio Neto

Victor Polizelli

OBJETIVOS DE APRENDIZAGEM DO CAPÍTULO

1. Compreender conceitos fundamentais para se trabalhar com tributação internacional.
2. Compreender tributação de não residentes brasileiros por rendimentos provenientes de fontes brasileiras, a tributação de residentes brasileiros por rendimentos obtidos do exterior, e a tributação de controladas e coligadas no exterior.
3. Entender a aplicação dos métodos brasileiros e internacionais para evitar a dupla tributação da renda, com exemplos de aplicação desses instrumentos.
4. Identificar o tratamento de rendimentos específicos abrangidos pelos acordos de bitributação da renda, como *royalties*, juros, ganhos de capital e rendimentos de artistas e esportistas.
5. Conhecer alguns dos conflitos mais frequentes na aplicação de acordos de bitributação e compreender qualificação do rendimento das diversas categorias e regras existentes.

 OBJETIVO 1

TRIBUTAÇÃO INTERNACIONAL

CONSIDERAÇÕES INICIAIS

Quando falamos em tributação internacional, temos em mente operações que ultrapassam as fronteiras de um país. Assim, sempre que temos um rendimento conectado a dois ou mais países diferentes, em razão de sua "fonte" ou da "residência do beneficiário", precisamos responder perguntas típicas do Direito Tributário Internacional, como, por exemplo: Como o tributar uma pessoa que não reside no Brasil, mas que tem fontes de rendimentos no Brasil? Como tributar uma pessoa residente no Brasil, mas que tem rendimentos vindos do Exterior?

A tributação internacional é matéria ampla e com grande riqueza de detalhes e aplicações. Este capítulo tem o objetivo de apresentar apenas alguns dos conceitos fundamentais para que um profissional possa lidar com a tributação internacional, como "residência fiscal", "fonte do rendimento", "responsável tributário".

Ao apresentar esses conceitos fundamentais de maneira resumida e ilustrada, os autores desejam despertar nas leitoras e leitores o interesse em aprofundar o estudo e a discussão a respeito da matéria.

"RESIDÊNCIA FISCAL" E "FONTE DO RENDIMENTO": OS DOIS PRINCIPAIS "ELEMENTOS DE CONEXÃO" DO DIREITO TRIBUTÁRIO INTERNACIONAL

Conhecer o Direito Tributário Internacional é fundamental quando se lida com operações comerciais que envolvem mais do que um país.

Nesses casos, existe o risco de cada um dos países envolvidos desejar tributar o mesmo rendimento (dupla tributação da renda). Em geral, diferentes países têm interesse de tributar um rendimento quando uma das seguintes características conectam a operação à sua jurisdição e ao seu poder de tributar (elementos de conexão):

- fontes do rendimento localizadas em seu território (critério de conexão objetivo);
- beneficiários residentes em seu território (critério de conexão subjetivo).

EXEMPLO PRÁTICO

Se João, residente em Cuiabá, prestar um serviço de consultoria para uma empresa localizada em Nova York, o Brasil pode tributar o rendimento do residente João, enquanto os EUA podem tributar o mesmo rendimento, pois a sua fonte está localizada na jurisdição norte-americana.

Por outro lado, um país geralmente não tributa rendimentos se tanto a residência como a fonte estiverem fora de sua jurisdição.

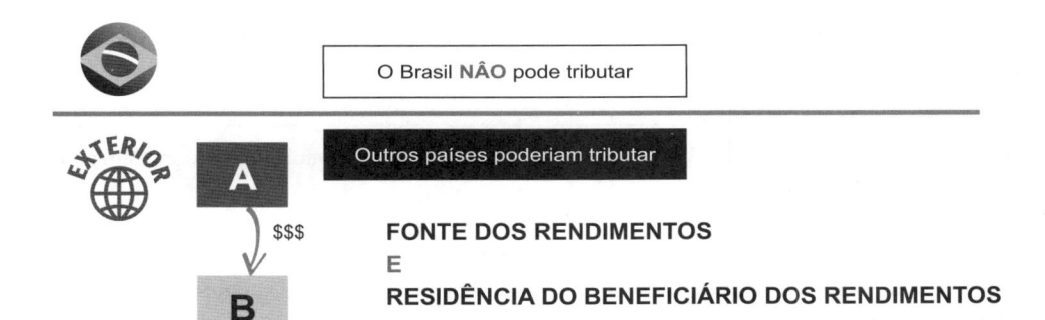

O Brasil **NÃO** pode tributar

Outros países poderiam tributar

FONTE DOS RENDIMENTOS
E
RESIDÊNCIA DO BENEFICIÁRIO DOS RENDIMENTOS

Figura 24.1   Rendimentos fora da jurisdição.

Por política fiscal, há países que tributam apenas rendimentos provenientes de fontes localizadas em seu território (método da territorialidade), deixando de tributar os rendimentos obtidos por seus residentes de fontes localizadas no exterior (que seriam alcançados caso se utilizasse o método da tributação em bases universais). Em relação às pessoas jurídicas, esse foi o método utilizado pelo Brasil até meados da década de 1990, quando o Brasil passou a adotar o Método da Tributação em Bases Universais. As pessoas físicas já estavam sujeitas à universalidade desde a década de 1970.

VOCÊ SABIA?

O Brasil adotou a territorialidade estrita para o IRPJ até 1995. Com a Lei nº 9.249/05, as pessoas jurídicas passaram a ser tributadas em bases mundiais. Em matéria de IRPF, esta extensão ocorreu com o Decreto-lei nº 1.380/74, reconfirmado pelas Leis nº 7.713/88 e nº 9.250/95.

Quando se diz que um país tributa a renda em bases mundiais (ou universais), geralmente se quer dizer que o país tributa os seus residentes com relação tanto às fontes nacionais como estrangeiras. Os não residentes, por sua vez, são tributados apenas com relação às fontes de rendimentos relacionadas ao país em questão. Afinal, rendimentos obtidos no país "X", por pessoa que não é residente fiscal no país "Y", não estão sob a jurisdição do país "Y", pela ausência de critério de conexão (residência ou fonte).

Ao adotar o método da universalidade, atualmente o Brasil tributa tanto rendimentos obtidos por não residentes provenientes de fontes brasileiras como os obtidos por beneficiários residentes fiscais brasileiros provenientes de fontes estrangeiras. Ou seja, para que o Brasil tribute, basta que um desses dois critérios de conexão esteja presente: fonte brasileira ou residência fiscal brasileira (Figura 24.2).

"FONTE": CONEXÃO QUE JUSTIFICA O BRASIL TRIBUTAR

Canadá:
residência do
beneficiário do
rendimento

Brasil:
fonte produtora
do rendimento

"RESIDÊNCIA": CONEXÃO QUE JUSTIFICA O BRASIL TRIBUTAR

Canadá:
fonte produtora
do rendimento

Brasil:
residência do
beneficiário do
rendimento

Figura 24.2   Elementos de conexão que justificam a tributação.

Sobre o tema, é fundamental ter em mente o que dispõe o art. 43 do CTN, com especial atenção aos seus §§ 1º e 2º, introduzidos pela Lei Complementar nº 104/01:

> Art. 43. O imposto, de competência da União, sobre a renda e proventos de qualquer natureza tem como fato gerador a aquisição da disponibilidade econômica ou jurídica:
>
> I – de renda, assim entendido o produto do capital, do trabalho ou da combinação de ambos;
>
> II – de proventos de qualquer natureza, assim entendidos os acréscimos patrimoniais não compreendidos no inciso anterior.
>
> § 1º A incidência do imposto independe da denominação da receita ou do rendimento, da localização, condição jurídica ou nacionalidade da fonte, da origem e da forma de percepção.
>
> § 2º Na hipótese de receita ou de rendimento oriundos do exterior, a lei estabelecerá as condições e o momento em que se dará sua disponibilidade, para fins de incidência do imposto referido neste artigo.

É importante ter claro que os conceitos de "fonte" e de "residência" não são inatos e depende do delineamento que lhe é dado por cada país.

O QUE SÃO "FONTES BRASILEIRAS" PARA FINS TRIBUTÁRIOS?

Se a fonte da renda, o local da prestação do serviço, o estabelecimento permanente, ou o bem transacionado estiver localizado no Brasil, os rendimentos podem, em tese, ser tributados no Brasil (Quadro 24.1).

Quadro 24.1   Fonte de produção *versus* fonte de pagamento

FONTE DE PRODUÇÃO (fonte econômica, fonte objetiva) Local de onde brota a renda tributável, onde a atividade é desenvolvida, onde os bens relacionados estão situados.		FONTE DE PAGAMENTO (fonte financeira, fonte subjetiva) Origem dos recursos
Mas o Brasil adota regra mais ampla que outros países, com a incidência de IRRF tanto sobre "fontes de pagamento" como para "fontes de produção" sob a jurisdição brasileira		

QUEM É CONSIDERADO "RESIDENTE FISCAL" NO BRASIL, PARA FINS TRIBUTÁRIOS?

Cada país estabelece, por meio de suas regras internas, os critérios para que pessoas físicas e jurídicas sejam consideradas seus "residentes" para fins fiscais.

No Brasil, os requisitos para que uma pessoa física seja considerada residente fiscal são diferentes no caso de nacionais e estrangeiros.

Brasileiros natos são considerados residentes fiscais brasileiros desde o momento do nascimento. Vale lembrar, inclusive, que a condição de contribuinte independe da capacidade civil do sujeito (art. 126 do CTN).

A questão, portanto, não é como um nacional adquire a residência fiscal brasileira. A pergunta a ser feita é: o que deve ocorrer para que esse indivíduo abandone a condição de residente fiscal brasileiro – e se torne um "não residente fiscal brasileiro"? (Quadro 24.2).

Quadro 24.2   Perda da residência fiscal

Como se tornar um **NÃO** residente fiscal brasileiro?
Para nacionais, a perda da condição de residente fiscal brasileiro depende de fatores subjetivos: – renúncia expressa, mediante "**Comunicação de Saída Definitiva do País**". Para apurar o imposto de renda devido até o momento em que manteve a residência fiscal brasileira, o contribuinte deve apresentar "**Declaração de Saída Definitiva do País**"; – renúncia tácita, mediante 12 meses de ausência do Brasil.

> *a pessoa física de nacionalidade brasileira que tenha adquirido a condição de não residente no Brasil e retorne ao País com ânimo definitivo, volta a ser considerada residente na data da sua chegada (Solução de Consulta 37, de 13.09.2012)*

> *Considera-se residente no Brasil, a pessoa física que se ausenta do País em caráter temporário ou se retira em caráter permanente sem entregar a Declaração de Saída Definitiva, até o dia em que completar doze meses consecutivos de ausência. O retorno da pessoa física ao Brasil, apenas para gozo de férias, não interrompe a contagem do prazo dos doze meses que caracterizaria a condição de não residente no país (Solução de Consulta 262, de 30.07.09)*

Além das providências recomendadas para formalizar o abandono da residência fiscal brasileira (comunicado de saída definitiva e declaração final de ajuste), o brasileiro deve adotar providências também em relação às suas fontes pagadoras. Nesse sentido, vale notar o que dispõe o Ato Declaratório Interpretativo RFB nº 1/16:

> Art. 1º No caso de pessoa física residente no País que adquire a condição de não residente, para fins de aplicação do regime especial de tributação aplicável ao investidor estrangeiro não residente em país com tributação favorecida nos termos do art. 24 da Lei nº 9.430, de 27 de dezembro de 1996, deverá o responsável tributário:
>
> I – exigir da pessoa física residente no País que adquire a condição de não residente a comprovação de que apresentou a Comunicação de Saída Definitiva do País à Secretaria da Receita Federal do Brasil; e
>
> II – reter e recolher o imposto sobre a renda incidente sobre os rendimentos auferidos até o dia anterior ao da aquisição da condição de não residente.
>
> Art. 2º No caso de aplicações financeiras não sujeitas à retenção do imposto sobre a renda nos termos do inciso II do *caput* do art. 1º, deverá o contribuinte ou seu representante legal apurar e recolher o imposto na forma prevista na legislação vigente.
>
> Art. 3º A pessoa física que adquire a condição de residente no Brasil deve comunicá-la à fonte pagadora.

VOCÊ SABIA?

Os funcionários de embaixadas e consulados do Brasil no exterior não tributam a integralidade da sua remuneração

RIR/2018
Dos ausentes no exterior a serviço do País
Art. 37. Na hipótese de rendimentos do trabalho assalariado recebidos em moeda estrangeira por servidores ausentes no exterior a serviço do País de autarquias ou de repartições do Governo brasileiro situadas no exterior, consideram-se tributáveis vinte e cinco por cento do total recebido.
Parágrafo único. Os rendimentos serão convertidos em reais por meio da utilização do valor do dólar dos Estados Unidos da América divulgado para compra pelo Banco Central do Brasil para o último dia útil da primeira quinzena do mês anterior ao do pagamento do rendimento.

Por outro lado, estrangeiros são considerados não residentes fiscais brasileiros desde o momento do seu nascimento até o momento em que adquirem essa condição. Ou seja, diferente dos brasileiros natos, em relação aos estrangeiros a pergunta é: o que deve ocorrer para que esse indivíduo se torne um residente fiscal brasileiro?

OLHA A NOTÍCIA!

Carf analisa tributação pelo Imposto de Renda e dupla residência fiscal

Para ler o material completo, acesse o QR Code.

uqr.to/1ay8n

Quadro 24.3 Caracterização da residência fiscal

Como se tornar um residente fiscal brasileiro?
Estrangeiros são **não residentes**, a não ser que apresentem características objetivas.
Para **estrangeiros**, a condição de residente fiscal brasileiro depende de fatos objetivos: – obter visto permanente (RIR/2018, art. 16); ou – ainda que com visto temporário, trabalhar com vínculo empregatício (RIR/2018, art. 17, I); ou – permanecer em território nacional mais de 183 dias, consecutivos ou não, dentro do período de doze meses (RIR/2018, art. 17, II).

O estrangeiro que adquirir a condição de residente fiscal brasileiro no meio do ano deverá segregar os seus rendimentos. Dessa forma, os rendimentos obtidos antes da aquisição da residência fiscal permanecem sujeitos ao regime de não residentes.

Assim, por exemplo, se uma pessoa física que ingressar no Brasil com visto permanente, fica sujeita ao imposto sobre a renda como residentes em relação aos fatos geradores ocorridos a partir da data de sua chegada. Por isso, deve declarar os rendimentos e os ganhos de capital percebidos entre a data da chegada e o último dia do ano-calendário (RIR/18, art. 16).

Boa parte dos países do mundo adotam a chamada "regra dos 183 dias" para que um estrangeiro se torne residente fiscal. No Brasil, a regra está refletida no RIR/2018, art. 17, II. Assim, se por qualquer motivo um estrangeiro permanecer por período superior a 183 dias, consecutivos ou não, contados, no intervalo de 12 meses, da data de qualquer chegada, em relação aos fatos geradores ocorridos a partir do dia subsequente àquele em que se completar o referido período de permanência (Figura 24.3).

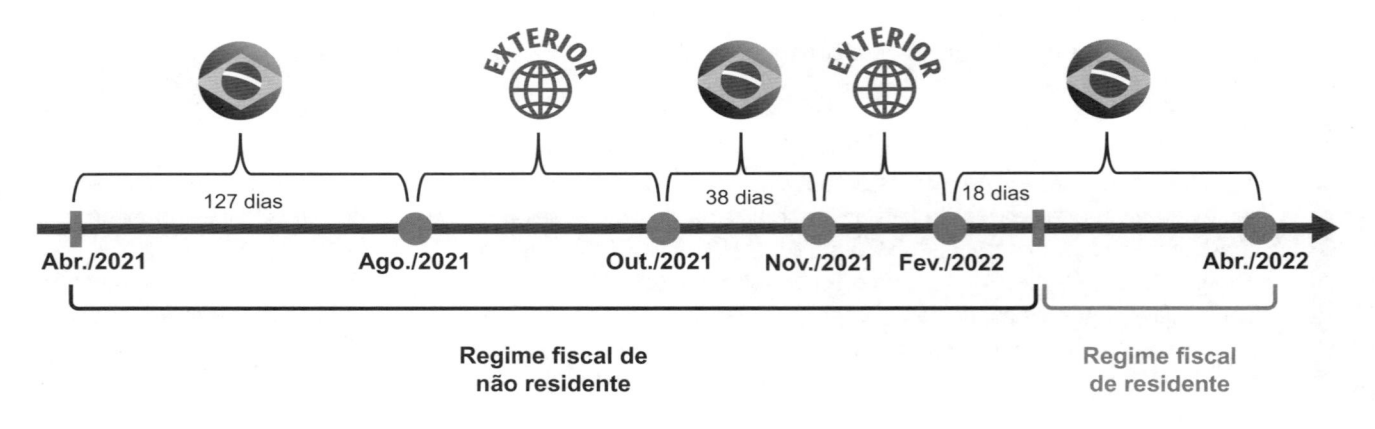

Figura 24.3 Regra dos 183 dias.

Por sua vez, pessoas jurídicas são consideradas residentes fiscais brasileiras quando constituídas sob as leis brasileiras.

VOCÊ SABIA?

Tributação favorecida e regimes fiscais privilegiados, para os quais o Brasil impõe regras mais rígidas e alíquotas mais severas, são as chamadas *black list* e *grey list*!

CONTRIBUINTE E RESPONSÁVEL

O art. 121 do CTN estabelece que "contribuinte" é a pessoa que tem relação pessoal e direta com a situação que constitua o respectivo fato gerador, enquanto o "responsável", que é uma pessoa diferente do contribuinte, tem a obrigação de recolher o tributo por disposição expressa de lei.

O RIR/2018, em seus arts. 158 e 159, elege a pessoa jurídica como contribuinte do IRPJ, independentemente de sua regular constituição (basta que se configure uma unidade econômica ou profissional). Em especial, são contribuintes do IRPJ:

I – as pessoas jurídicas de direito privado domiciliadas no Brasil, sejam quais forem os seus fins, a sua nacionalidade ou os participantes em seu capital;

II – as filiais, as sucursais, as agências ou as representações no Brasil das pessoas jurídicas com sede no exterior; e

III – os comitentes domiciliados no exterior, quanto aos resultados das operações realizadas por seus mandatários ou seus comissários no Brasil.

A identificação do efetivo contribuinte da operação está longe de ser uma questão teórica. Ocorre que contribuintes residentes fiscais estão sujeitos a determinados regimes de tributação no Brasil, ao passo que os contribuintes não residentes podem estar sujeitos a regimes distintos, ainda que a pessoa que realize o pagamento (responsável tributário) seja um residente brasileiro (Quadro 24.4).

Quadro 24.4 Regime de tributação de residentes *versus* regime de tributação de não residentes

RESIDENTES	NÃO RESIDENTES
– IRPF (ajuste anual)	IRRF (tributação definitiva)
– Carnê-leão	Regras e benefícios fiscais
– IRPJ/CSL	
– IRRF (antecipação ou definitivo)	
– Benefícios fiscais específicos	

Essa responsabilidade tributária da fonte tem fundamento no art. 45 do CTN:

Art. 45. Contribuinte do imposto é o titular da disponibilidade a que se refere o artigo 43, sem prejuízo de atribuir a lei essa condição ao possuidor, a qualquer título, dos bens produtores de renda ou dos proventos tributáveis.

Parágrafo único. A lei pode atribuir à fonte pagadora da renda ou dos proventos tributáveis a condição de responsável pelo imposto cuja retenção e recolhimento lhe caibam.

Em particular, o RIR/2018, em seu art. 781, dispõe que compete ao procurador a retenção:

I – quando se tratar de aluguéis de imóveis pertencentes a residentes no exterior;

II – quando o procurador não der conhecimento à fonte de que o proprietário do rendimento reside ou é domiciliado no exterior; e

III – quando o adquirente for residente ou domiciliado no exterior, em relação ao imposto sobre a renda incidente sobre o ganho de capital, auferido por pessoa física ou jurídica residente ou domiciliada no exterior que alienar bens localizados no País.

Assim, quando o Brasil tributa um rendimento apenas pela presença do elemento de conexão "fonte", o contribuinte tributado é um não residente fiscal brasileiro. No caso da contratação de serviço prestado por empresas estrangeiras sem presença no Brasil, por exemplo, o tomador brasileiro dos serviços é responsável por realizar a retenção e o recolhimento dos tributos, mas o contribuinte (ou seja, quem auferiu o rendimento e cuja capacidade contributiva deve suportar o ônus tributário) é aquela empresa estrangeira não residente fiscal brasileira (Figura 24.4).

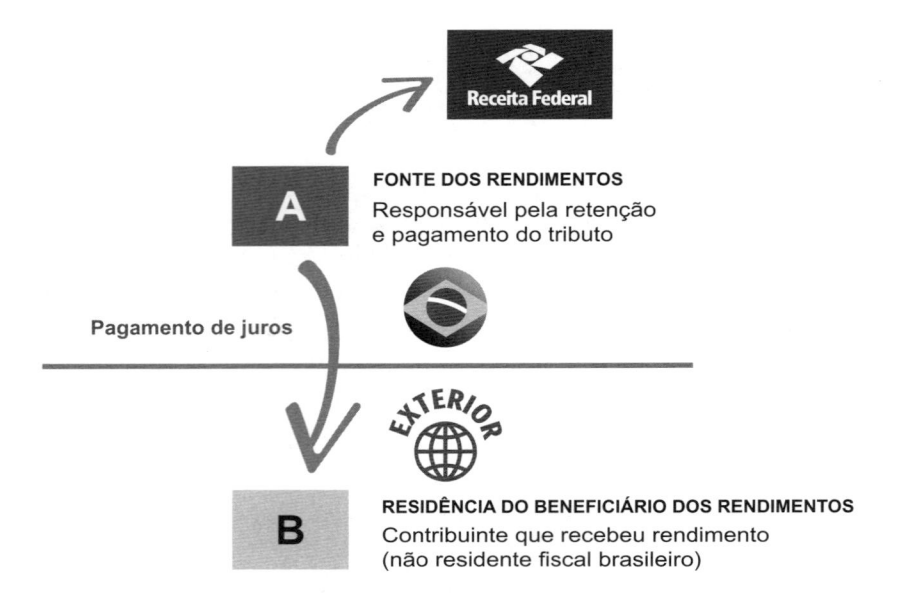

Figura 24.4 Tributação na fonte.

A decisão do STF sobre a inconstitucionalidade do IRRF sobre remessas de juros, em 1972, é a prova de que a identificação do efetivo contribuinte da operação resulta controversa em determinados casos. No caso, ao analisar o art. 11, *caput*, do Decreto-lei nº 401/68, discutido no julgamento do RE 71758, o STF decidiu:

> Concordo em que a lei pode, casuisticamente, dizer o que é ou o que não é renda tributável. Mas não deve ir além dos limites semânticos, que são intransponíveis. Entendo, por isso, que ela não pode considerar renda, para efeito de taxação, o que é de maneira incontestável, ônus, dispêndio, encargo ou diminuição patrimonial, resultante do pagamento de um débito.

Curiosamente, embora a inconstitucionalidade do art. 11, *caput*, do Decreto-lei nº 401/68 tenha sido reconhecida pelo STF, o dispositivo continua sendo reproduzido pelo RIR/2018, art. 761, § 1º:

> Art. 761. Fica sujeito à incidência do imposto de que trata o art. 760 o valor dos juros remetidos para o exterior, devidos em razão da compra de bens a prazo, ainda quando o beneficiário do rendimento for o próprio vendedor (Decreto-lei nº 401, de 1968, art. 11, *caput*).
>
> § 1º Para fins do disposto neste artigo, considera-se fato gerador do imposto sobre a renda a remessa para o exterior e contribuinte, o remetente, hipótese em que não será aplicado o reajustamento de que trata o art. 786 (Decreto-lei nº 401, de 1968, art. 11, parágrafo único).

 **OBJETIVO 2**

A TRIBUTAÇÃO BRASILEIRA EM BASES UNIVERSAIS

TRIBUTAÇÃO DE NÃO RESIDENTES BRASILEIROS POR RENDIMENTOS PROVENIENTES DE FONTES BRASILEIRAS

Quando um não residente fiscal brasileiro obtém rendimentos relacionados a fonte brasileira, quanto deverá pagar de tributos para a Receita Federal (Figura 24.5)?

Canadá: residência do beneficiário do rendimento

Brasil: fonte produtora do rendimento

Figura 24.5 Elemento de conexão da tributação na fonte.

Os rendimentos provenientes de fontes brasileiras, destinados a residentes no exterior, estão sujeitos ao IRRF, além de outros tributos possíveis. Há uma relação extensa de operações com alíquotas específicas previstas na legislação, que variam de "zero" a 25% (RIR/2018, arts. 741 a 774).

A alíquota do IRRF depende da natureza da operação. O Quadro 24.5 apresenta as alíquotas de IRRF incidentes sobre determinadas modalidades de rendimentos, os ganhos de capital e os demais proventos pagos, creditados, entregues, empregados ou remetidos, por fonte situada no Brasil, a pessoa física ou jurídica residente no exterior.

Quadro 24.5 A alíquota do IRRF e a natureza da operação

	Alíquota nominal	RIR/2018
Regra geral	15%	Art. 744, *caput*
Paraísos fiscais	25%	Art. 744, § 1º
Rendimentos do trabalho, com ou sem vínculo empregatício	25%	Art. 746
Aposentadoria e pensão	25%	Art. 746
Prestação de serviços em geral	25%	Art. 746; art. 765
Serviços técnicos, exploração de patentes, uso de marcas, fornecimento de tecnologia e prestação de assistência técnica	15% (+ CIDE 10%)	Art. 765
Rendimento decorrente da exploração de obras audiovisuais estrangeiras no território nacional ou por sua aquisição ou importação a preço fixo	15%	Art. 764
Ganhos de capital em geral (bens móveis, imóveis, participações societárias)	15% a 22,5%	Art. 745
Ganho de capital na alienação de participação societária em bolsa de valores	Isento	Art. 876, § 1º
Rendimentos de operações financeiras realizadas por investidor estrangeiro	10% ou 15%	Art. 876, § 2º, inc. I
Juros, comissões, descontos, despesas financeiras e assemelhadas	15%	Art. 760
Juros remetidos para o exterior, devidos em razão da compra de bens a prazo, ainda quando o beneficiário do rendimento for o próprio vendedor	15%	Art. 760; art. 761, § 1º
Rendimentos produzidos por bens imóveis situados no Brasil	15%	Art. 763; art. 42.
Dividendos	Isento	Art. 756
Juros devidos às agências de governos estrangeiros, quando houver acordo de bitributação ou reciprocidade de tratamento	Isento	Art. 761, § 1º

Quando falamos em tributação brasileira de pessoas jurídicas não residentes fiscais no Brasil, precisamos considerar que a alíquota nominal do tributo pode ser diferente da carga tributária efetiva sobre a operação.

Em geral, as referidas alíquotas incidem em bases brutas, ou seja, sobre o valor das remessas realizadas, sem que qualquer dedução seja permitida. No entanto, há variações, como se verifica no caso de importâncias pagas, remetidas, creditadas, empregadas ou entregues a residente ou domiciliado no exterior, provenientes de rendimentos produzidos por bens imóveis situados no Brasil, em que podem ser deduzidas da base de cálculo do IRRF (sobre a qual incide a alíquota nominal de 15%) as seguintes despesas:

(i) o valor dos impostos, das taxas e dos emolumentos incidentes sobre o bem que produzir o rendimento;

(ii) o aluguel pago pela locação de imóvel sublocado;

(iii) as despesas pagas para cobrança ou recebimento do rendimento; e

(iv) as despesas de condomínio.

De fato, o IRRF, que deve ser recolhido na data da ocorrência do fato gerador (RIR/2018, art. 930, I, alínea *a*), poderá apresentar uma "alíquota efetiva" diferente (maior ou menor) do que a "alíquota nominal" indicada na legislação.

É muito comum que contratos de prestação de serviços contenham as chamadas "cláusulas de *gross-up*", em que o valor cobrado pelo prestador deve ser considerado líquido de tributos retidos pela fonte (Figura 24.6).

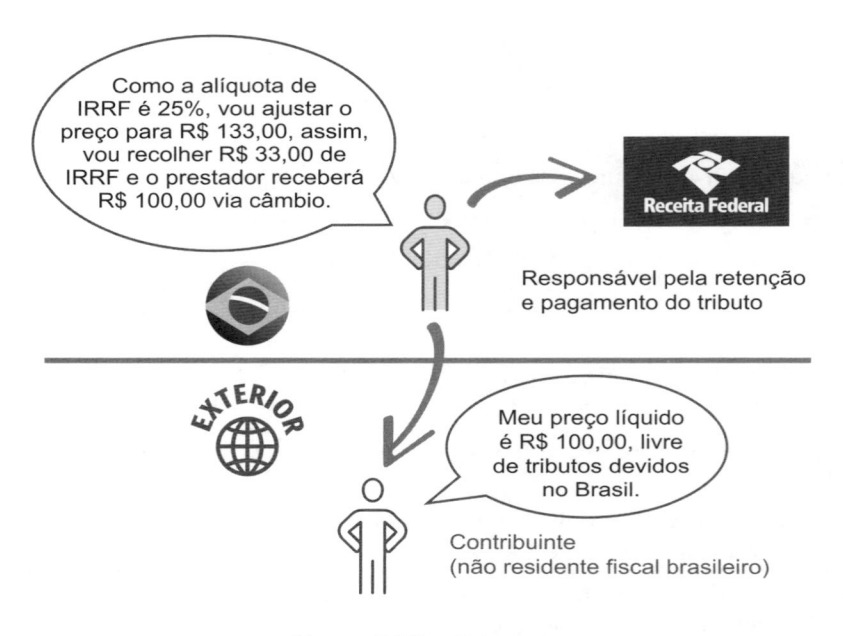

Figura 24.6   *Gross-up.*

O fundamento legal para a implementação de cláusulas de *gross-up*, com remessa ao exterior líquida de tributos, está reunido, em especial, nos art. 782 e 786 do RIR/2018.

Responsabilidade da fonte pagadora na hipótese de não retenção

Art. 782. A fonte pagadora fica obrigada ao recolhimento do imposto sobre a renda, ainda que não o tenha retido.

Reajuste do rendimento

Art. 786. Quando a fonte pagadora assumir o ônus do imposto sobre a renda devido pelo beneficiário, a importância paga, creditada, empregada, remetida ou entregue será considerada líquida e caberá o reajustamento do rendimento bruto, sobre o qual recairá o imposto, ressalvadas as hipóteses a que se referem o art. 733 e o § 1º do art. 761 (Lei nº 4.154, de 1962, art. 5º; e Lei nº 8.981, de 1995, art. 63, § 2º).

Além disso, a Instrução Normativa nº 1.500/14 detalha o procedimento a ser seguido pelo contribuinte para a implementação de cláusulas de *gross-up*:

CAPÍTULO XIII

DO REAJUSTAMENTO DA BASE DE CÁLCULO

Art. 64. Quando a fonte pagadora assumir o ônus do imposto devido pelo beneficiário, a importância paga, creditada, empregada, remetida ou entregue, é considerada líquida, cabendo o reajustamento do respectivo rendimento bruto, sobre o qual recai o imposto.

§ 1º Para reajustamento da base de cálculo aplica-se a seguinte fórmula:

$$RR = \frac{RP - D}{1 - \left(\dfrac{T}{100} \right)}$$

Sendo:

RR, o rendimento reajustado;

RP, o rendimento pago, correspondente à base de cálculo antes do reajustamento;

D, a dedução da classe de rendimentos a que pertence o RP;

T, a alíquota da classe de rendimentos a que pertence o RP.

§ 2º Na aplicação da fórmula a que se refere o § 1º, deve ser observado o seguinte;

I – se a alíquota aplicável for fixa, o valor da dedução é zero e T é a própria alíquota;

II – no caso de a alíquota aplicável integrar tabela progressiva, se o RR obtido pertencer à classe de renda seguinte à do RP, o cálculo deverá ser refeito, utilizando-se a dedução e a alíquota da classe a que pertencer o RR apurado.

§ 3º Não se aplica o reajustamento da base de cálculo:

I – aos prêmios distribuídos sob a forma de bens e serviços, por meio de concursos e sorteios de qualquer espécie;

II – ao valor dos juros remetidos para o exterior, devidos em razão da compra de bens a prazo, ainda quando o beneficiário dos rendimentos for o próprio vendedor.

CASO PRÁTICO

Assim, por exemplo, suponha-se que uma empresa tenha contratado serviços de uma empresa dos EUA, com cláusula de *gross-up*, cujo valor a ser pago seria de R$ 100,00 livre de tributos. Nessa situação, em que não há deduções permitidas (igual a zero) e a alíquota de IRRF aplicável é de 25%, a aplicação dessa fórmula nos indicaria uma base de cálculo reajustada para R$ 133,33:

$$133,33 = \frac{100 - 0}{1 - \left(\dfrac{25}{100} \right)}$$

Por fim, para que se identifique a completa carga tributária efetiva, deve ser verificada a incidência de outros tributos sobre a operação em particular, como CIDE, PIS, COFINS, IOF e ISS.

TRIBUTAÇÃO DE RESIDENTES BRASILEIROS POR RENDIMENTOS OBTIDOS DO EXTERIOR

Quando um residente fiscal brasileiro obtém rendimentos vindos do exterior, quanto deverá pagar de tributos para a Receita Federal?

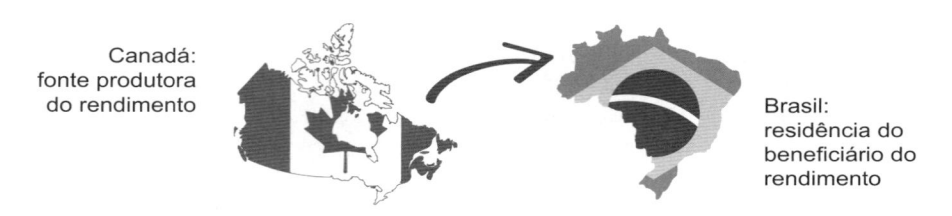

Canadá:
fonte produtora
do rendimento

Brasil:
residência do
beneficiário do
rendimento

Figura 24.7   Elemento de conexão da tributação na residência.

No caso de pessoas físicas, o recebimento de remuneração paga por fonte estrangeira está sujeito à apuração de IRPF por meio do carnê-leão e, portanto, à tabela progressiva de até 27,5%. Essa regra geral, no entanto, não se aplica a rendimentos como ganhos de capital.

> CARNÊ-LEÃO — RECOLHIMENTO
>
> 250 — Quem está sujeito ao recolhimento mensal obrigatório (carnê-leão)?
>
> Sujeita-se ao recolhimento mensal obrigatório a pessoa física residente no Brasil que receber: [...]
>
> 2 – rendimentos ou quaisquer outros valores recebidos de fontes do exterior, tais como trabalho assalariado ou não assalariado, uso, exploração ou ocupação de bens móveis ou imóveis, transferidos ou não para o Brasil, lucros e dividendos. Deve-se observar o disposto nos acordos, convenções e tratados internacionais firmados entre o Brasil e o país de origem dos rendimentos; [...]
>
> Os rendimentos em moeda estrangeira devem ser convertidos em dólares dos Estados Unidos da América, pelo seu valor fixado pela autoridade monetária do país de origem dos rendimentos na data do recebimento e, em seguida, em reais mediante utilização do valor do dólar fixado para compra pelo Banco Central do Brasil para o último dia útil da primeira quinzena do mês anterior ao do recebimento do rendimento.

Essa tributação independe da transferência efetiva de recursos para o Brasil. A tributação em bases universais alcança os valores auferidos em qualquer lugar, bastando que se configure a disponibilidade da renda em favor do contribuinte residente no Brasil. A alienação de um imóvel situado no exterior, por exemplo, gera tributação no Brasil sobre os correspondentes ganhos de capital, mesmo que o valor da venda seja destinado para uma conta no exterior.

A tributação de ganhos de capital acontece com as mesmas alíquotas cobradas para as vendas de bens situados no Brasil, mas se deve atentar para as regras específicas de cálculo do ganho (previstas na IN SRF nº 118/00). A apuração do ganho é feita exclusivamente em moeda estrangeira para os casos de bens que tenham sido adquiridos com dinheiro ganho no exterior (rendimentos auferidos originalmente em moeda estrangeira). Neste caso se obtém um alívio tributário com relação à variação cambial. Se o bem for adquirido com dinheiro ganho no Brasil, a tributação será 100% baseada em reais.

No caso de pessoas jurídicas, o recebimento de remuneração paga por fonte estrangeira deverá ser adicionado à sua base tributável do IRPJ e da CSLL.

Os rendimentos e ganhos de capital auferidos no exterior, decorrentes de aplicações ou operações efetuadas diretamente pela pessoa jurídica domiciliada no Brasil, serão computados nos resultados correspondentes ao balanço levantado em 31 de dezembro do ano-calendário em que auferidos (IN nº 213/02, art. 9º).

O Relatório da OCDE *Corporate Tax Statistics – Third Edition*, publicado em 2021, indica que o Brasil possui a segunda maior alíquota nominal de tributo sobre a renda corporativa (no nosso caso, IRPJ e CSL), o chamado *Corporate Income Taxation – CIT*. O mesmo Relatório da OCDE, no entanto, indica que o Brasil estaria em 20º lugar em termos de carga tributária efetiva sobre a renda corporativa. Tais dados certamente apresentam apenas um panorama geral, de forma que a análise da tributação efetiva de um contribuinte poderia considerar outros tributos e cenários, podendo ser maior ou menor.

TRIBUTAÇÃO DE CONTROLADAS E COLIGADAS NO EXTERIOR ("REGRAS CFC")

Pessoas jurídicas residentes no Brasil, que possuam participação em empresas subsidiárias residentes no exterior, estão sujeitas a regras específicas de tributação. A referida legislação está presente em diversos países do mundo sob a denominação *Controlled Foreign Corporation* (CFC), mas as regras brasileiras possuem peculiaridades importantes.

Em outros países, a referida legislação surgiu como uma regra antiabuso, com foco em empresas estabelecidas em paraísos fiscais e com rendimentos passivos (Figura 24.8).

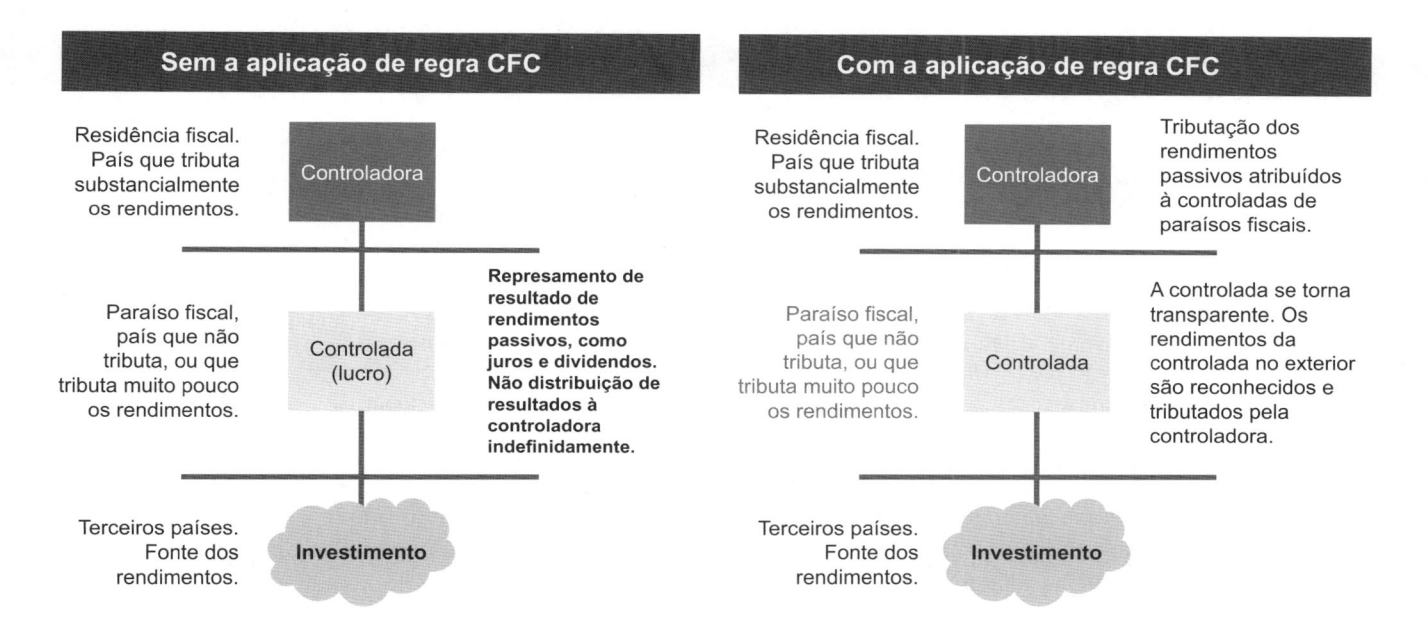

Figura 24.8   Aplicação de regras CFC.

Desde 1995, com a adoção pelo Brasil do método de tributação da renda em bases em universais para pessoas jurídicas, passou a existir a possibilidade da tributação dos resultados das pessoas jurídicas brasileiras com participação societária em empresas no exterior (controladas e coligadas).

VOCÊ SABIA?

O Acórdão nº 9101-003.649 da Câmara Superior de Recursos Fiscais do CARF discute a questão do momento da disponibilização do resultado no exterior, sendo um importante material para o estudo de controvérsias sobre as regras brasileiras de tributação em bases universais anteriores à Medida Provisória (MP) nº 2.158-35/01.

A partir de 2001, contudo, a tributação em bases universais se tornou uma questão muito controversa entre Fisco e contribuintes. Ocorre que a MP nº 2.158-35/01, ao alterar o art. 25 da Lei nº 9.249/95, passou a determinar que "os lucros, rendimentos e ganhos de capital auferidos no exterior serão computados na determinação do lucro real das pessoas jurídicas correspondente ao balanço levantado em 31 de dezembro de cada ano" (Figura 24.9).

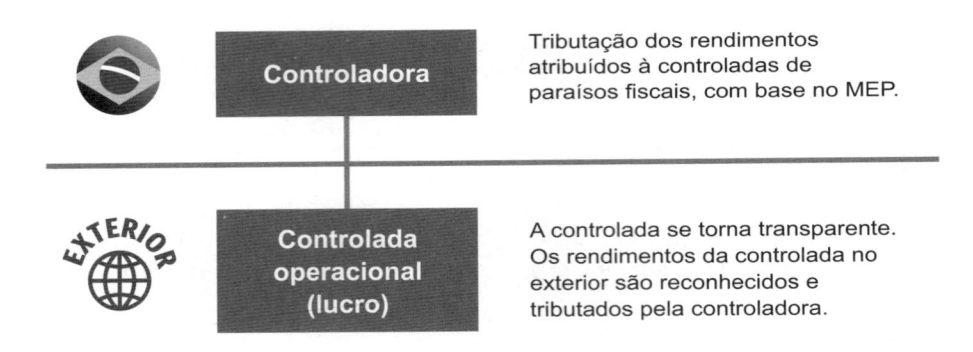

Figura 24.9 Tributação no Brasil de lucros obtidos no exterior.

Em 2013, após mais de 10 anos após a edição da MP nº 2.158/01, o STF julgou a ADI 2588 e o RE 541.090. O resultado desse julgamento pode ser sintetizado como no Quadro 24.6.

Quadro 24.6 Supremo Tribunal Federal e a MP nº 2.158

Aplicação retroativa da norma	Inconstitucional (efeitos a partir de 1.1.2001)
Coligada em país com tributação regular	Inconstitucional
Coligada em paraíso fiscal	Constitucional
Controlada, independentemente da localização	Constitucional

A matéria sofreu considerável atualização com a Lei nº 12.973/14, inclusive com o objetivo de assimilar os efeitos da decisão do STF na ADI 2588.

Em especial, as regras CFC passaram a ser adotadas apenas em relação às empresas controladas estabelecidas no exterior, aplicando-se às coligadas apenas em situações excepcionais.

No caso, a pessoa jurídica controladora domiciliada no Brasil deverá registrar em subcontas da conta de investimentos em controlada direta no exterior, de forma individualizada, o resultado contábil na variação do valor do investimento equivalente aos lucros ou prejuízos auferidos pela própria controlada direta e suas controladas, direta ou indiretamente, no Brasil ou no exterior, relativo ao ano-calendário em que foram apurados em balanço, observada a proporção de sua participação em cada controlada, direta ou indireta. Dos resultados das controladas diretas ou indiretas não deverão constar os resultados auferidos por outra pessoa jurídica sobre a qual a pessoa jurídica controladora domiciliada no Brasil mantenha o controle direto ou indireto.

Com relação às controladas, com as alterações introduzidas pela Lei nº 12.973/14, passou a ser necessário também verificar qual a atividade desempenhada no exterior e o regime fiscal a que está submetida. Isso é relevante, por exemplo, para fins de consolidação de resultados, parcelamento do IRPJ e da CSLL, bem como para a fruição de créditos presumidos por alguns segmentos econômicos.

Com relação à possibilidade de consolidação de resultados, conforme o art. 78 da Lei nº 12.973/14, até o ano-calendário de 2022, os resultados apurados pelas controladas no exterior poderão, de maneira opcional, ser apurados de forma consolidada na determinação do lucro real e da base de cálculo da CSLL da controladora no Brasil (Figura 24.10).

CONSOLIDAÇÃO DOS RENDIMENTOS ATIVOS DE CONTROLADAS NÃO RESIDENTES EM PARAÍSOS FISCAIS

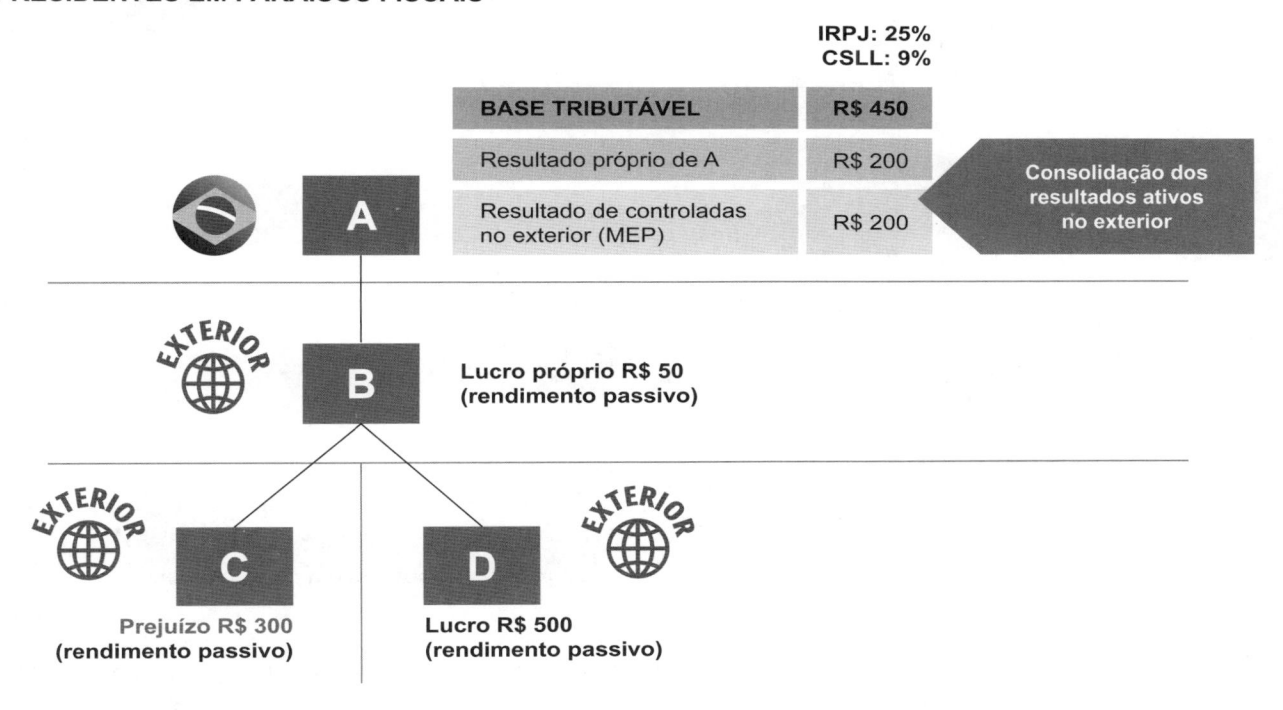

Figura 24.10 Consolidação de resultados obtidos no exterior.

No entanto, a referida consolidação não é permitida se a controlada no exterior se encontrar em pelo menos uma das seguintes situações:

I – estejam situadas em país com o qual o Brasil não mantenha tratado ou ato com cláusula específica para troca de informações para fins tributários;

II – estejam localizadas em país ou dependência com tributação favorecida, ou sejam beneficiárias de regime fiscal privilegiado ou estejam submetidas a regime de subtributação;

III – sejam controladas, direta ou indiretamente, por pessoas jurídicas localizadas em país ou dependência com tributação favorecida, ou sejam beneficiárias de regime fiscal privilegiado ou estejam submetidas a regime de subtributação; ou

IV – tenham renda ativa própria inferior a 80% (oitenta por cento) da renda total.

RENDIMENTOS PASSIVOS DE CONTROLADAS RESIDENTES EM PARAÍSOS FISCAIS

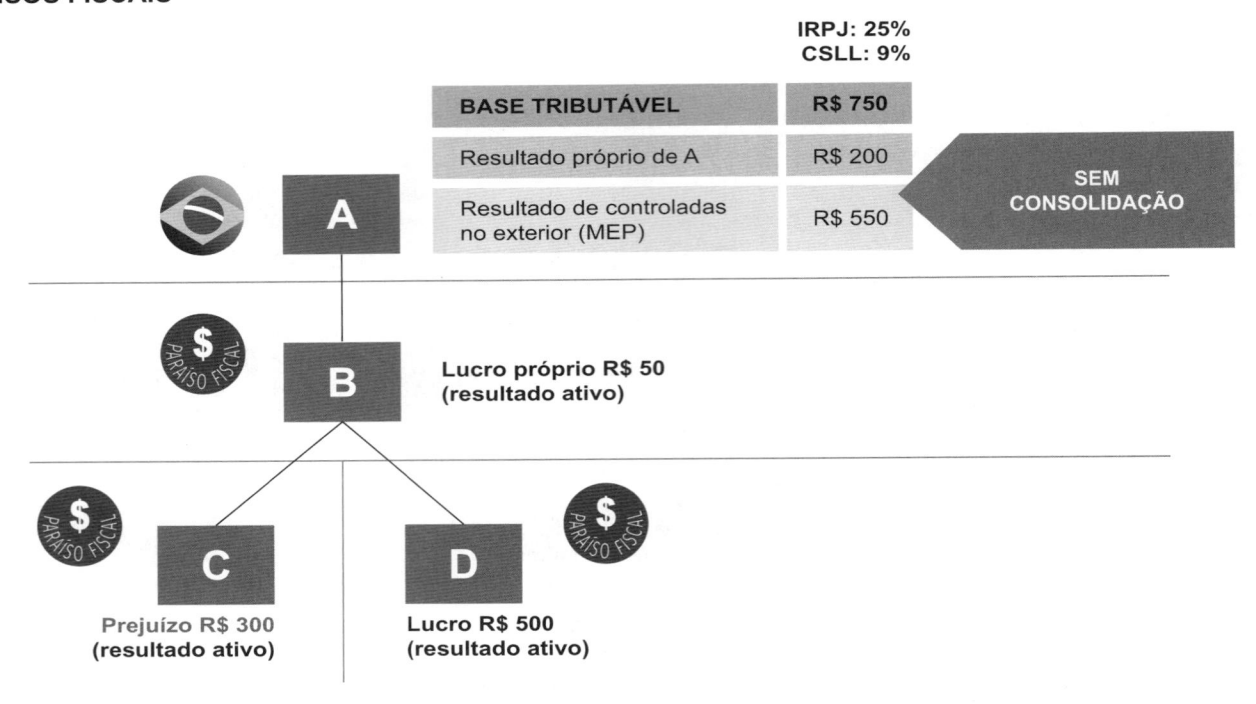

Figura 24.11 Vedação de consolidação de resultados obtidos em paraíso fiscal.

Além disso, no caso de rendimentos ativos do exterior elegíveis à consolidação, a empresa controladora brasileira pode optar pelo parcelamento desse IRPJ/CSLL sobre lucros do exterior (Lei nº 12.973/14, art. 90), nos seguintes termos:

- Pagamento de 12,5% no 1º ano.
- Pagamento conforme distribuição de lucros nos anos seguintes.
- Pagamento do saldo remanescente no ano 8.
- LIBOR + variação cambial.

Caso as mesmas condições para a consolidação e o parcelamento estejam cumpridas, as atividades de fabricação de bebidas, de fabricação de produtos alimentícios e de construção de edifícios e de obras de infraestrutura, além das demais indústrias em geral, ao menos até 2022, a controladora no Brasil poderá deduzir até 9% a título de crédito presumido sobre a renda incidente sobre a parcela positiva computada no lucro real (Lei nº 12.973/17, art. 87, § 10).

VOCÊ SABIA?

No Brasil, as chamadas "Regras CFC" não são aplicáveis às pessoas físicas. Para elas, aplicam-se as seguintes regras: tributação das rendas obtidas em qualquer lugar do mundo, por residente brasileiro; independente do fluxo financeiro e da entrada de recursos no Brasil; Regime de Caixa.

O PROBLEMA DA DUPLA TRIBUTAÇÃO DA RENDA E MÉTODOS NACIONAIS E INTERNACIONAIS DE SOLUÇÃO

O PROBLEMA DA DUPLA TRIBUTAÇÃO DA RENDA

O que ocorre se tanto o país da fonte do rendimento como o país da residência do beneficiário tributarem o mesmo rendimento (Figura 24.12)?

Canadá:
residência do
beneficiário do
rendimento

Brasil:
fonte produtora
do rendimento

IMPOSTO DE RENDA CANADENSE: 40%* **IMPOSTO DE RENDA BRASILEIRO: 25%***
Base de cálculo: R$ 100 Base de cálculo: R$ 100
Imposto cobrado: R$ 40 Imposto cobrado: R$ 25

* Alíquotas meramente exemplificativas.

Figura 24.12 Dupla tributação da renda.

Mas nem todos os casos de bitributação são evitados. Em especial, é preciso diferenciar casos de "dupla tributação jurídica", mais comumente endereçados pelas normas jurídicas, dos casos de "dupla tributação econômica" (Figura 24.13).

DUPLA TRIBUTAÇÃO JURÍDICA

✓ Identidade do sujeito;
✓ Identidade do objeto;
✓ Identidade do período;
✓ Identidade do imposto.

DUPLA TRIBUTAÇÃO ECONÔMICA

✗ Identidade do sujeito;
✓ Identidade do objeto;
✓ Identidade do período;
✓ Identidade do imposto.

Dupla tributação geralmente evitada
por acordos de dupla tributação e por
regras internas dos países.

Dupla tributação geralmente não
evitada por acordos de dupla tributação.
Regras internas eventualmente podem
ajudar pelo método do crédito indireto.

Figura 24.13 Dupla tributação jurídica *versus* dupla tributação econômica.

Também pode ocorrer de um rendimento não ser tributado pelo país da fonte dos rendimentos e também não ser tributado pelo país da residência do beneficiário (dupla não tributação da renda). Esse fenômeno tem sido muito discutido nos últimos anos em razão de planejamentos tributários internacionais.

REGRAS INTERNAS PARA EVITAR A DUPLA TRIBUTAÇÃO DA RENDA

A dupla tributação da renda é ruim para todos, tanto para os países como para empresas e indivíduos. Esse fenômeno cria barreiras tributárias para a realização de negócios internacionais, os quais são fundamentais à balança comercial e à troca de tecnologia e experiências. Por isso, cada país cria suas próprias regras (direito interno, também conhecidas como normas domésticas) para evitar a dupla tributação da renda ou, ainda, celebram acordos internacionais com esse objetivo.

O Brasil possui regras internas para aliviar a dupla tributação da renda. São normas gerais, no sentido de que se aplicam a operações com quaisquer outros países, desde que determinados requisitos sejam preenchidos. Se um acordo de dupla tributação com determinado país possuir regra mais benéfica ao contribuinte do que a contida no direito interno, a regra específica do acordo internacional deve ser aplicada.

Em especial, a legislação brasileira possui regras que: (i) isentam o tributo do não residente; ou, ainda, (ii) reconhecem como crédito o imposto pago pelo residente brasileiro no exterior, para redução do imposto devido no Brasil sobre os mesmos rendimentos (Quadro 24.7).

Quadro 24.7   Isenção *versus* compensação de tributo pago no exterior

REGRAS DE ISENÇÃO
Exemplo: IR/Ganho de Capital em operações em bolsas por não residentes, salvo se paraíso fiscal
REGRAS DE COMPENSAÇÃO
O imposto de renda pago no exterior pode ser deduzido do IRPF devido no Brasil, desde que: ▪ seja definitivo (não sujeito à restituição ou compensação no país onde foi pago); ▪ houver acordo para evitar a dupla tributação ou reciprocidade de tratamento em relação aos rendimentos produzidos no País; ▪ dedução limitada ao IR brasileiro incidente sobre os rendimentos ou ganhos de fonte estrangeira.

As regras internas certamente variam de acordo com o país. Inclusive por essa razão, a existência de um acordo internacional geralmente confere maior segurança aos investidores por permitir um maior alinhamento das normas aplicáveis para se evitar a dupla tributação da renda.

ACORDOS INTERNACIONAIS PARA EVITAR A DUPLA TRIBUTAÇÃO DA RENDA

Os chamados acordos de bitributação são instrumentos do Direito Internacional pelos quais dois ou mais Estados assumem compromissos e criam mútuas expectativas de coordenação, cooperação e reciprocidade na adoção de medidas para evitar a dupla tributação, prevenir a evasão fiscal e cumprir outros objetivos e propósitos nele estabelecidos.

Especialmente após a Primeira Guerra Mundial, com intensificação das relações comerciais internacionais e da alocação de atividades no exterior, a generalidade dos países passou a adotar o princípio da universalidade. Com isso, cultivou-se um solo fértil à dupla tributação da renda. Afinal, se tanto o país da fonte do rendimento, como o outro país em que o beneficiário do rendimento tem residência fiscal tributam, o elevado risco de dupla tributação é evidente.

É em resposta a esse problema que se nota uma explosão no número de acordos internacionais para se evitar a dupla tributação da renda nas últimas décadas, em sua grande maioria celebrados entre dois países. Atualmente, há milhares desses acordos em vigor, que seguem um padrão em comum: geralmente estruturados conforme "modelos" sugeridos por entidades como OCDE e ONU.

A Convenção Modelo da OCDE, em sua versão de 2021, apresenta a estrutura básica informada no Quadro 24.8.

Quadro 24.8 Estrutura básica da Convenção Modelo da OCDE

Convenção Modelo da OCDE	
I – Pessoas visadas	XVII – Artistas e desportistas
II – Impostos visados	XVIII – Pensões e anuidades
III – Definições gerais	XIX – Pagamentos governamentais
IV – Domicílio fiscal ("residente")	XX – Estudantes
V – Estabelecimento permanente	XXI – Rendimentos não expressamente mencionados
VI – Rendimentos de bens imobiliários	XXII – Tributação do Capital
VII – Lucros das empresas	XXIII – Métodos para eliminar a dupla tributação
VIII – Navegação marítima e aérea	XXIV – Não discriminação
IX – Empresas associadas	XXV – Procedimento amigável
X – Dividendos	XXVI – Troca de informações
XI – Juros	XXVII – Assistência na coleta de tributos
XII – *Royalties*	XXVIII – Funcionários diplomáticos e consulares
XIII – Ganhos provenientes da alienação de bens	XXIX – Limitações aos benefícios do tratado
XIV – Profissões independentes	XXX – Escopo territorial
XV – Profissões dependentes	XXXI – Entrada em vigor
XVI – Remuneração de direção	XXXII – Denúncia

A Convenção Modelo da ONU, em sua versão de 2021, apresenta estrutura básica muito semelhante à OCDE, com destaque à inclusão do art. 12-A (Remuneração por Serviços Técnicos) e do art. 12-B (Remuneração por Serviços Digitais Automatizados).

Como se pode observar, além de outras disposições, os acordos de bitributação possuem regras baseadas em categorias de rendimentos, prevendo tratamento específico para cada uma delas, como dividendos (art. 10), juros (11), artistas e esportistas (17), entre outros. Essas cláusulas específicas estão destacadas com fundo cinza no Quadro 24.8.

Em termos de política fiscal, a Convenção Modelo da ONU tende a ser mais vantajosa aos países em desenvolvimento em comparação com a Convenção Modelo da OCDE. A título de exemplo, o art. 12 da Convenção Modelo da OCDE sugere que *royalties* sejam tributados exclusivamente no país de residência dos detentores dos direitos (em geral, países mais ricos), com a isenção pelo país da fonte que importa a tecnologia ou os direitos (geralmente, países em desenvolvimento), enquanto a Convenção Modelo da ONU, em seu art. 12, propõe uma divisão da tributação, com o país da residência concedendo crédito do imposto cobrado pela fonte.

VOCÊ SABIA?

O Brasil está chegando próximo a 40 acordos para se evitar a bitributação da renda, considerando os vigentes e os já assinados que aguardam ratificação. A relação completa dos acordos de bitributação em vigor pode ser encontrada no *site* da Receita Federal de maneira clara e bem organizada.

Por fim, quando se trata de acordos de bitributação, é importante ter em mente o art. 98 do CTN:

> CÓDIGO TRIBUTÁRIO NACIONAL
> Art. 98. Os tratados e as convenções internacionais revogam ou modificam a legislação tributária interna, e serão observados pela que lhes sobrevenha.

Note-se que o art. 98 do CTN utiliza a palavra "revogação" da legislação tributária brasileira pelos acordos internacionais. Contudo, a leitura mais adequada do dispositivo é de que tanto o acordo de bitributação quanto a legislação interna do imposto de renda encontram-se vigentes no sistema jurídico. Na verdade, não há tributação sem regra de direito interno que a estabeleça, já que os acordos internacionais não criam tributos, mas apenas delimitam qual a tributação cada um dos países contratantes poderia, por hipótese, exercer. Assim, nos casos abrangidos pelo acordo internacional, as regras do direito interno (exercício efetivo da competência tributária) são aplicadas até os limites acordados entre os países.

AS AÇÕES DO PROJETO BEPS E O FUTURO DO DIREITO TRIBUTÁRIO

Desde meados de 2008, diante de uma crise econômica e da necessidade de receitas públicas, a OCDE e o G20 passaram a discutir meios de combater a transferência de lucros para países com baixa ou nenhuma tributação. Essa chamada erosão da base tributável em um país, com a transferência de lucros a países com baixa tributação, passaria a ser o tema da pauta do direito tributário internacional nas décadas que se seguiriam por meio do Projeto BEPS ("*Base Erosion and Profit Shifting*").

Em termos muitos amplos, o programa BEPS busca a coordenação dos países, em que cada um deve adotar padrões internacionais de tributação de negócios transnacionais, baseados nas seguintes ações:[1]

Ação 1. Identificar os principais desafios proporcionados pela economia digital na aplicação das regras vigentes para tributação direta e indireta e sugerir meios para contorná-los.

Ação 2. Neutralizar os efeitos dos instrumentos híbridos. Desenvolver modelos de acordos para evitar a dupla tributação e recomendações relativas à elaboração de normas nacionais para neutralizar os efeitos (exemplos: dupla não tributação, dupla dedução, diferimento dos impostos em longo prazo) dos instrumentos e entidades híbridos.

Ação 3. Apresentar recomendações sobre o desenho de normas de transparência fiscal internacional.

Ação 4. Estabelecer regras que previnam a erosão de bases imponíveis gerada pelo pagamento de juros ou outros gastos financeiros excessivos.

Ação 5. Combater de maneira mais efetiva as práticas de concorrência fiscal lesiva, tomando em conta transparência e substância.

Ação 6. Impedir a utilização abusiva de Tratados Internacionais.

Ação 7. Impedir comportamentos que evitam, de maneira artificial, a caracterização de Estabelecimento Permanente no país fonte da renda tributável.

Ações 8, 9 e 10. Assegurar que os resultados dos Preços de Transferência estejam alinhados com a criação de valor.

Ação 11. Estabelecer métodos de coleta e análise de dados sobre erosão da base imponível e a transferência de lucros.

Ação 12. Exigir dos contribuintes a revelação de seus mecanismos de planejamento tributário agressivos.

Ação 13. Reexaminar as regras sobre documentos relativos a preços de transferência.

Ação 14. Tornar mais efetivos os mecanismos de resolução de conflitos.

Ação 15. Desenvolver instrumento multilateral que ofereça um enfoque inovador para a fiscalização internacional e que reflita a natureza dinâmica da economia global.

---

[1] Tradução livre. Texto original disponível em: https://www.oecd.org/tax/beps/beps-actions/. Acesso em: 4 ago. 2022.

Nos últimos anos, o projeto BEPS tem se voltado de maneira mais intensa às questões relacionadas à economia digitalizada e à adoção de patamares mínimos de tributação por todos os países. Como resultado, a OCDE propôs a adoção do "Pilar 1" e do "Pilar 2" e contou com a adesão de uma quantidade muito grande de países, incluindo o Brasil.

 **OBJETIVO 4**

ALGUNS RENDIMENTOS ESPECÍFICOS ABRANGIDOS PELOS ACORDOS DE BITRIBUTAÇÃO DA RENDA

ROYALTIES

Uma possível definição legal de *royalties*, no âmbito da legislação interna, pode ser encontrada na Lei nº 4.506/64, art. 22. Trata-se de definição bastante ampla.

Por sua vez, a IN RFB nº 1.455/14, art. 17, dispõe que "as importâncias pagas, creditadas, entregues, empregadas ou remetidas a pessoa jurídica domiciliada no exterior a título de *royalties* de qualquer natureza e de remuneração de serviços técnicos e de assistência técnica, administrativa e semelhantes sujeitam-se à incidência do imposto sobre a renda na fonte à alíquota de 15%". No caso de rendimentos recebidos por pessoa jurídica domiciliada em país ou dependência com tributação favorecida, o IRRF será de 25%, conforme dispõe o § 3º desse dispositivo.

A IN RFB nº 1.455/14, art. 17, § 1º, inciso I, também adota conceito amplo para *royalties*. O dispositivo classifica como "*royalties*" "os rendimentos de qualquer espécie decorrentes do uso, fruição, exploração de direitos, tais como: (a) direito de colher ou extrair recursos vegetais, inclusive florestais; (b) direito de pesquisar e extrair recursos minerais; (c) uso ou exploração de invenções, processos e fórmulas de fabricação e de marcas de indústria e comércio; e (d) exploração de direitos autorais, salvo quando recebidos pelo autor ou criador do bem ou obra.

Vale observar que a IN RFB nº 1.455/14, art. 17, § 1º, inciso II, classifica como "serviço técnico" "a execução de serviço que dependa de conhecimentos técnicos especializados ou que envolva assistência administrativa ou prestação de consultoria, realizado por profissionais independentes ou com vínculo empregatício ou, ainda, decorrente de estruturas automatizadas com claro conteúdo tecnológico". Por sua vez, o mesmo dispositivo define como "assistência técnica" "a assessoria permanente prestada pela cedente de processo ou fórmula secreta à concessionária, mediante técnicos, desenhos, estudos, instruções enviadas ao País e outros serviços semelhantes, os quais possibilitem a efetiva utilização do processo ou fórmula cedido".

Tendo em vista a amplitude da definição adotada pela legislação, alguns exemplos de diferentes operações envolvendo "*royalties*" podem ser apresentados. Para fins ilustrativos, mencionamos as operações com *softwares* na Figura 24.14.

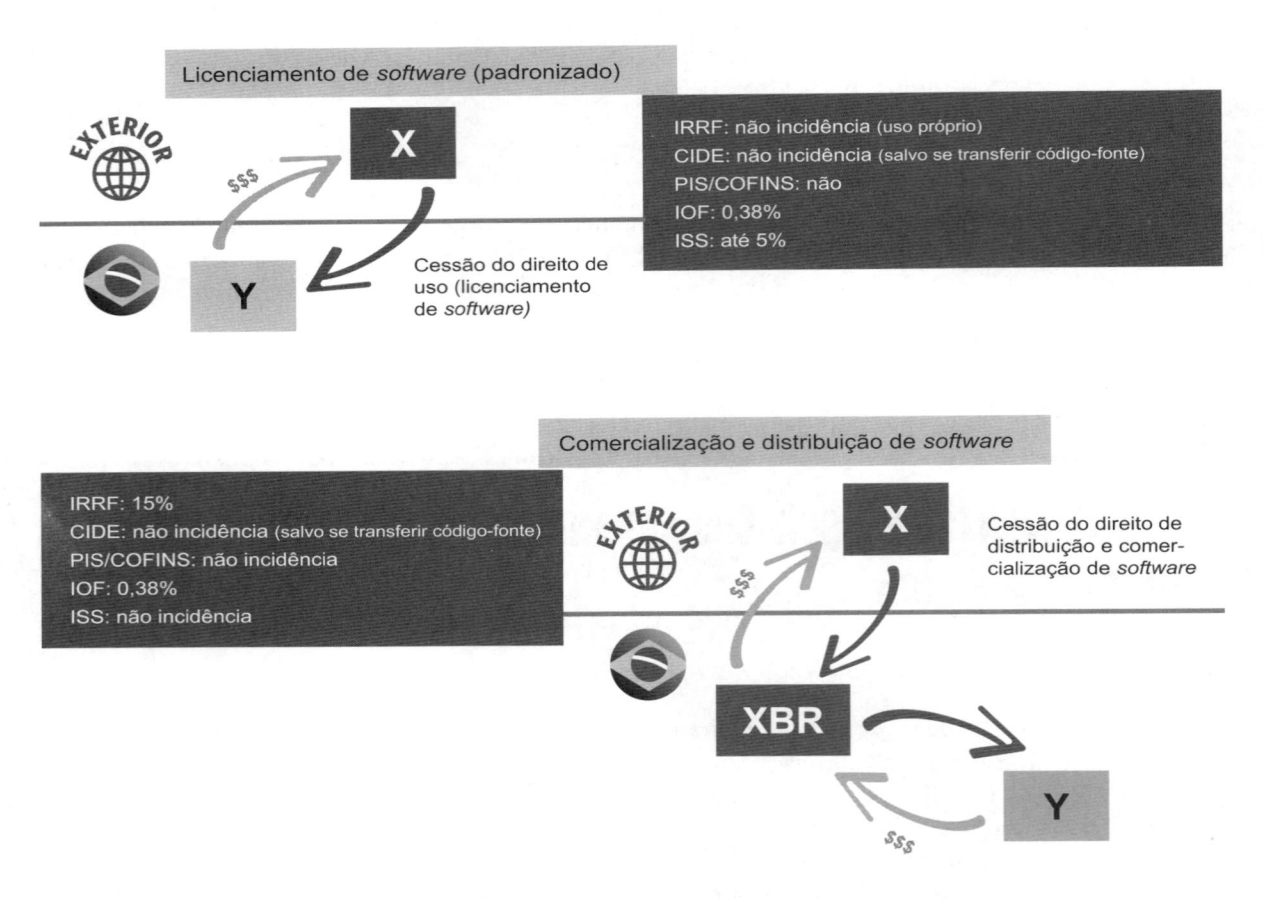

Figura 24.14 Operações com *royalties*.

Nas operações internacionais com remuneração de *royalties*, é necessário verificar a existência de acordo de bitributação assinado pelo Brasil com o outro país envolvido (Figura 24.15).

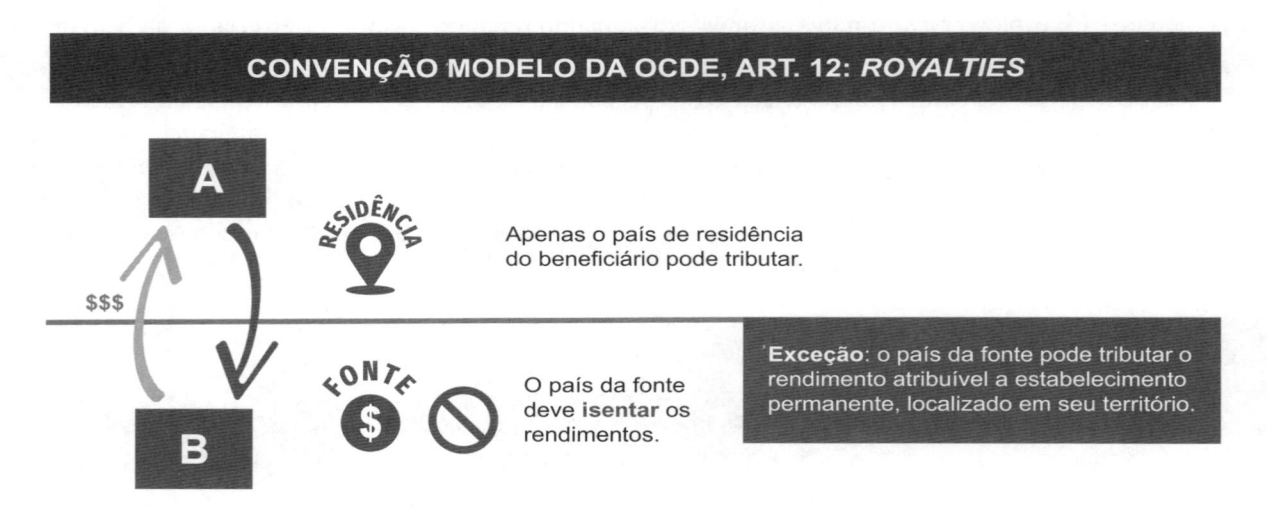

Figura 24.15 *Royalties* na Convenção Modelo da OCDE.

O Brasil diverge da política fiscal sugerida pela OCDE em relação aos *royalties*. De fato, todos os acordos de bitributação celebrados pelo Brasil se aproximam mais do art. 12 sugerido pela Convenção Modelo da ONU, pelo qual o país da fonte dos rendimentos de *royalties* pode tributar até um certo limite, enquanto o país da residência também tributa, mas com o reconhecimento do crédito correspondente ao imposto pago ao país da fonte (Figura 24.16).

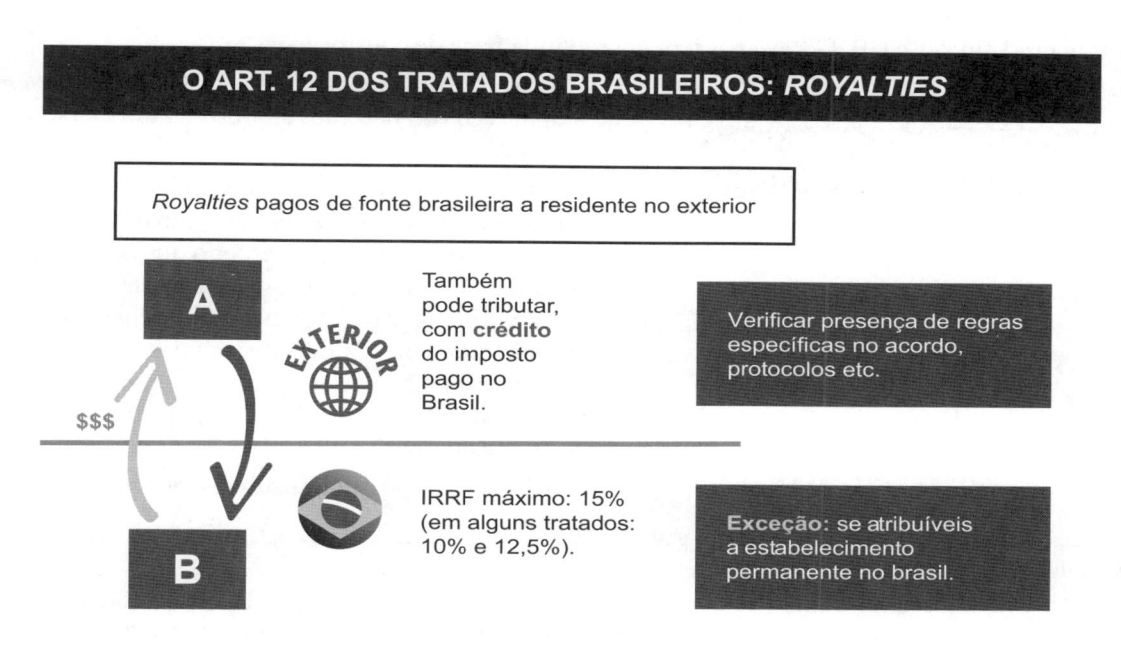

Figura 24.16   *Royalties* nos tratados celebrados pelo Brasil.

Outra política fiscal brasileira é a presença de cláusulas de *tax sparing*, o que representa um incentivo importante à atração de investimentos.

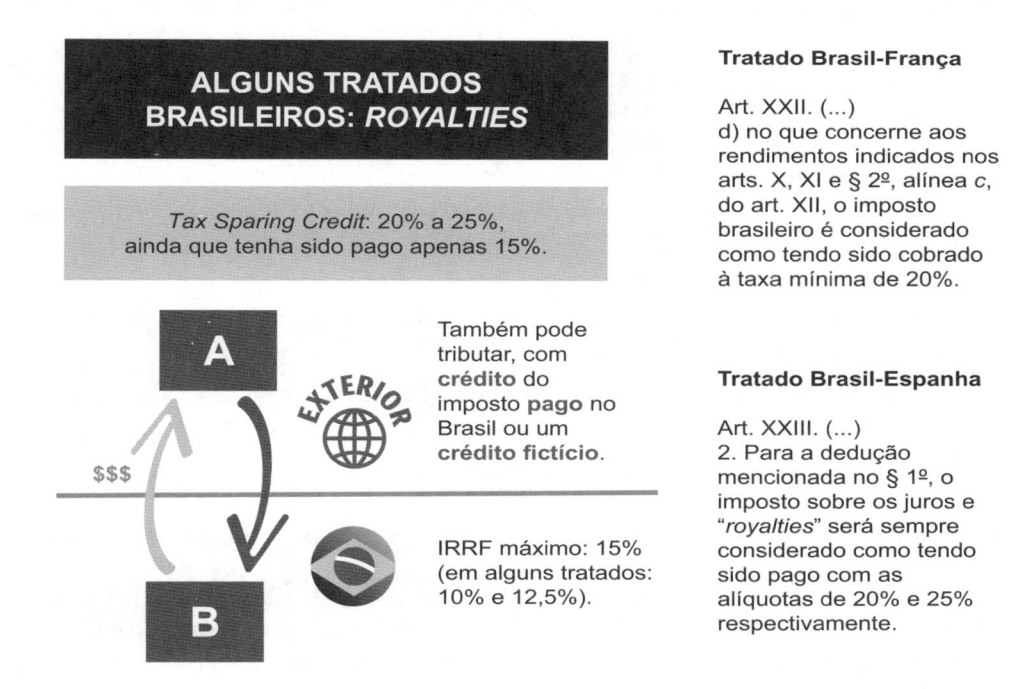

Figura 24.17   *Tax Sparing* nos tratados celebrados pelo Brasil.

CIDE-*ROYALTIES VS.* ACORDOS DE BITRIBUTAÇÃO

A Contribuição de Intervenção sobre o Domínio Econômico estabelecida pela Lei nº 10.168/00 (chamada por muitos de "CIDE-*Royalties*") é devida pelas pessoas jurídicas sobre as remessas efetuadas a beneficiários no exterior para pagamento de *royalties*, contratos com transferência de tecnologia, remuneração de serviços técnicos, assistência administrativa e semelhantes.

Desde a sua instituição, a CIDE-*Royalties* tem gerado uma série de controvérsias.

> **ATENÇÃO!**
>
> A incidência da Contribuição de Intervenção no Domínio Econômico (CIDE) na contratação de serviços técnicos prestados por residentes ou domiciliados no exterior prescinde da ocorrência de transferência de tecnologia.

Uma das controvérsias em torno da CIDE-*Royalties* diz respeito à aplicação (ou não) dos acordos de bitributação celebrados pelo Brasil.

Em especial, vale observar que a Convenção Modelo da OCDE sugere, em seu art. 2º, a delimitação de quais tributos sobre a renda são abrangidos pelo escopo dos acordos de bitributação, apontando normalmente aqueles existentes no momento da celebração do acordo internacional. Além disso, o dispositivo também traz cláusula de extensão das regras do tratado a tributos criados pelos países após a assinatura do tratado. Os acordos de bitributação celebrados pelo Brasil seguem, em geral, esse mesmo padrão.

Assim, por exemplo, o acordo de bitributação Brasil-Países Baixos possui a seguinte cláusula:

> Art. 2. "Impostos Visados" [...]
>
> 3. A Convenção aplica-se também a quaisquer impostos idênticos ou substancialmente semelhantes que forem estabelecidos após a data de sua assinatura, adicionalmente ou em substituição aos impostos mencionados no parágrafo 2. As autoridades competentes dos Estados Contratantes notificar-se-ão mutuamente sobre quaisquer modificações substanciais que ocorram em suas respectivas legislações tributárias.

> **ATENÇÃO!**
>
> Não há dúvida de que a CSLL está abrangida pelos acordos de bitributação assinados pelo Brasil, mesmo quando esse tributo não é mencionado no art. 2º do respectivo acordo de bitributação ou mesmo do ano que o tratado foi celebrado. **Lei nº 13.202/15, art. 11**. Para efeito de interpretação, os acordos e convenções internacionais celebrados pelo Governo da República Federativa do Brasil para evitar dupla tributação da renda abrangem a CSLL. **Súmula CARF nº 140**: Aplica-se retroativamente o disposto no art. 11 da Lei nº 13.202, de 2015, no sentido de que os acordos e convenções internacionais celebrados pelo Governo da República Federativa do Brasil para evitar dupla tributação da renda abrangem a CSLL.

No caso dos tratados internacionais celebrados antes a criação da CIDE, poderíamos dizer tal contribuição é abrangida pelos respectivos acordos de bitributação?

Ainda considerando como exemplo o acordo de bitributação Brasil-Países Baixos, vale observar o que dispõe o seu art. 12, que trata dos *royalties*:

> Art. 12. "*Royalties*"
>
> 1. Os "*royalties*" provenientes de um Estado Contratante e pagos a um residente no outro Estado Contratante podem ser tributados nesse outro Estado.
>
> 2. Todavia, esses "*royalties*" podem ser também tributados no Estado Contratante de que provêm, e nos termos da lei desse Estado; mas se a pessoa que os receber for o beneficiário efetivo dos "*royalties*", o imposto incidente não poderá exceder a:
>
> a) 25% (vinte e cinco por cento) do montante bruto dos "*royalties*" provenientes do uso ou do direito de usar marcas de indústria ou de comércio;
>
> b) 15% (quinze por cento) do montante bruto dos "*royalties*", nos demais casos.

Diante dessa limitação, como o IRRF até o ano 2000 (antes da criação da CIDE-*Royalties*) era de 25%, em uma remessa aos Países Baixos (ou a outro país com tratado) tal alíquota deveria ser reduzida (no caso, para 15%).

No entanto, a Lei nº 10.168/00 reduziu a alíquota do IRRF para 15%, mas ao mesmo tempo criou a CIDE, no percentual de 10%. A discussão que surgiu, a partir daí, é se a CIDE seria um tributo idêntico ou substancialmente semelhante ao IRRF e que, portanto, também estaria abrangida pelos acordos de bitributação. Caso se entenda que sim, então o IRRF de 15% alcançaria o limite estabelecido pelo acordo de bitributação, devendo ser afastada a cobrança da CIDE diante do acordo internacional.

JUROS

A tributação de operações financeiras em que uma das partes é um não residente fiscal brasileiro é questão de importância evidente ao mercado e para a economia brasileira (Quadro 24.9).

Quadro 24.9   Regras de discriminação na tributação de operações financeiras

PRINCÍPIO DA NÃO DISCRIMINAÇÃO NEGATIVA:
Beneficiários residentes e não residentes são tratados da mesma forma em operações financeiras*
Lei nº 8.981/95*
Art. 78. Os residentes ou domiciliados no exterior sujeitam-se às mesmas normas de tributação pelo Imposto de Renda, previstas para os residentes ou domiciliados no país, em relação aos:
I – rendimentos decorrentes de aplicações financeiras de renda fixa;
II – ganhos líquidos auferidos em operações realizadas em bolsas de valores, de mercadorias, de futuros e assemelhadas;
III – rendimentos obtidos em aplicações em fundos de renda fixa e de renda variável e em clubes de investimentos.
REGRA DA DISCRIMINAÇÃO POSITIVA:
beneficiários não residentes podem ter tributação mais leve em operações financeiras de renda fixa ou variável
(política fiscal para atração de investimentos do exterior).

* Este artigo atualmente tem aplicação restrita a investimentos: (i) não realizados de acordo com normas e condições estabelecidas pelo Conselho Monetário Nacional; ou (ii) oriundos de país com tributação favorecida.

Conforme o art. 874 do RIR/18, salvo exceções, o investimento estrangeiro nos mercados financeiros e de valores mobiliários somente poderá ser realizado no Brasil por intermédio de representante legal, responsável pelos tributos devidos nas operações que realizar por conta e ordem do representado (Figura 24.18).

JUROS RECEBIDOS DE FONTE BRASILEIRA POR NÃO RESIDENTE

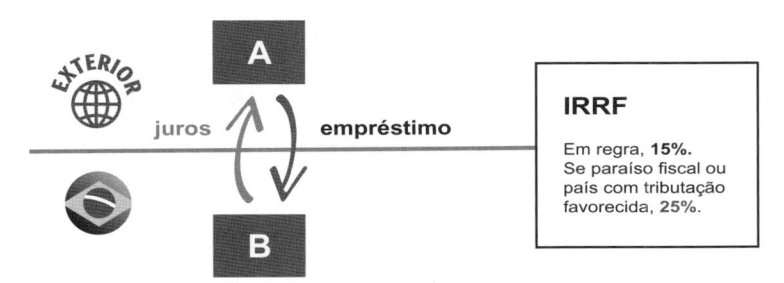

TRIBUTAÇÃO DE INVESTIMENTO EM RENDA FIXA

Prazo da aplicação	IR
Até 180 dias	22,50%
De 181 a 360 dias	20%
De 361 a 720 dias	17,50%
Acima de 720 dias	15%

Figura 24.18   Alíquotas incidentes sobre IR fonte sobre juros.

Entre outras regras que poderiam ser citadas de discriminação positiva, vale mencionar fundos de que participem, exclusivamente, pessoas físicas ou jurídicas residentes no exterior (Figura 24.19).

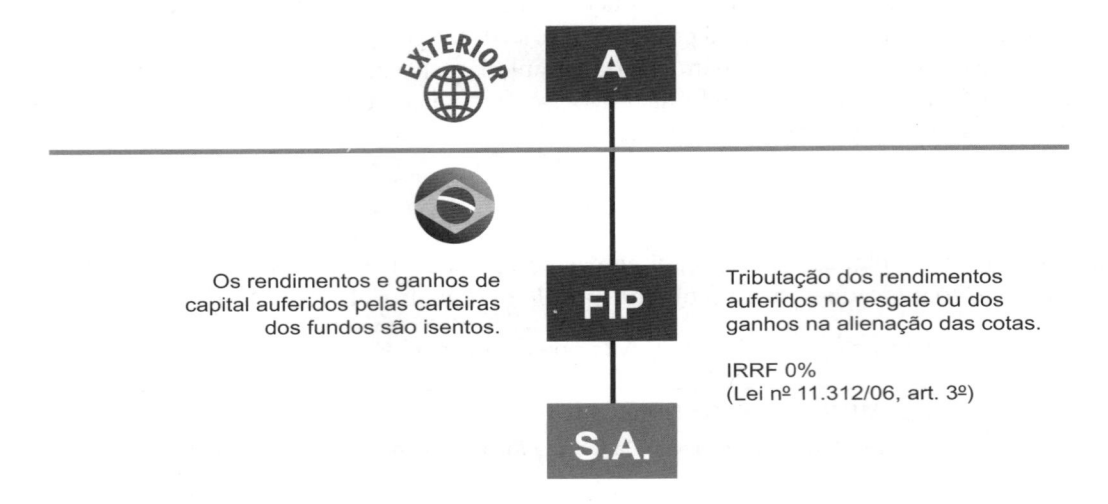

Figura 24.19 Tributação de rendimentos de fundos.

Nas operações financeiras envolvendo países com os quais o Brasil possui acordos de bitributação, é especialmente relevante considerar o art. 11, além de outros dispositivos, como o art. 23 (Figura 24.20).

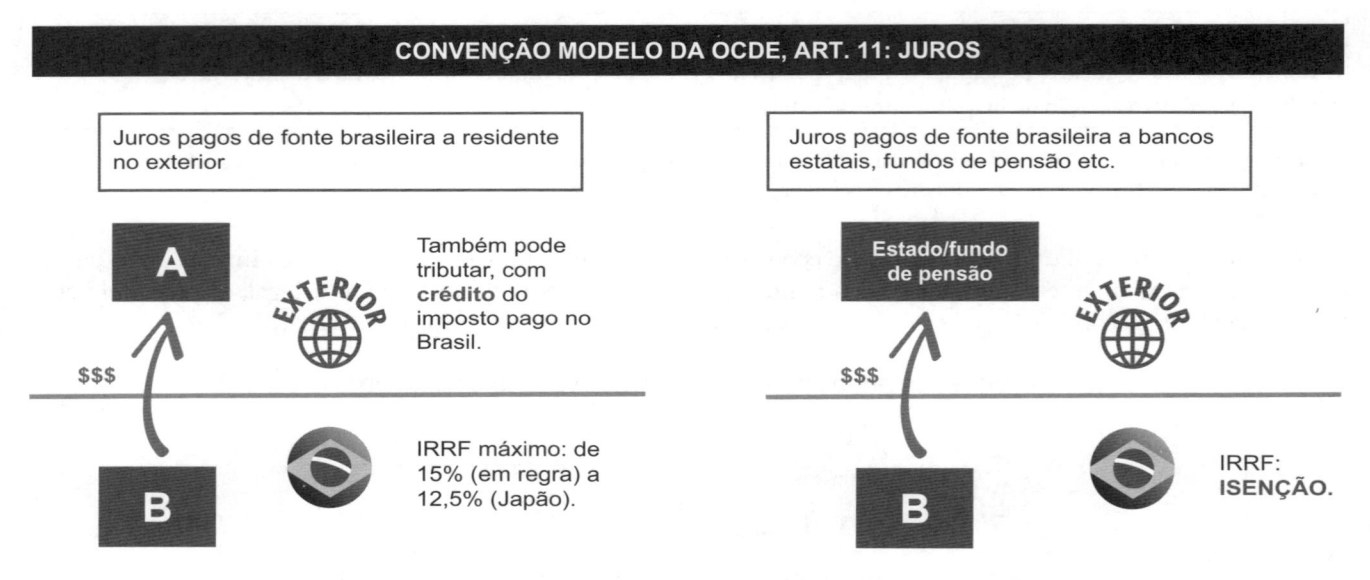

Figura 24.20 Artigo 11 da Convenção Modelo – Juros.

GANHOS DE CAPITAL

Desde 1º.1.2017, em geral, a tributação do ganho de capital obtido por pessoas físicas, correspondente à diferença positiva entre o custo de aquisição e o valor da alienação de bens e direitos, está sujeita às seguintes alíquotas progressivas:

- 15% sobre a parcela dos ganhos que não ultrapassar R$ 5 milhões.
- 17,5% sobre a parcela dos ganhos que exceder R$ 5 milhões e não ultrapassar R$ 10 milhões.
- 20% sobre a parcela dos ganhos que exceder R$ 10 milhões e não ultrapassar R$ 30 milhões.
- 22,5% sobre a parcela dos ganhos que ultrapassar R$ 30 milhões.

Essa tabela progressiva para tributação do ganho de capital das pessoas físicas é aplicável tanto para residentes como para não residentes fiscais brasileiros.

PRINCÍPIO DA NÃO DISCRIMINAÇÃO DE BENEFICIÁRIOS RESIDENTES E NÃO RESIDENTES DE GANHOS DE CAPITAL DE FONTE BRASILEIRA

Lei nº 9.249/95

Art. 18. O ganho de capital auferido por residente ou domiciliado no exterior será apurado e tributado de acordo com as regras aplicáveis aos residentes no País.

No caso de pessoas jurídicas residentes no Brasil que alienarem bens ou direitos localizados no exterior, o ganho de capital deve ser adicionado à base de cálculo do IRPJ e da CSLL.

A legislação tributária considera que, sempre que o bem ou direito objeto da operação estiver localizado no território brasileiro, a fonte dos rendimentos será brasileira.

Dessa forma, não importa o local da residência fiscal do alienante ou do adquirente: sempre que o bem ou direito estiver localizado no Brasil, o critério de conexão estará preenchido para fins de tributação da renda (Figura 24.21).

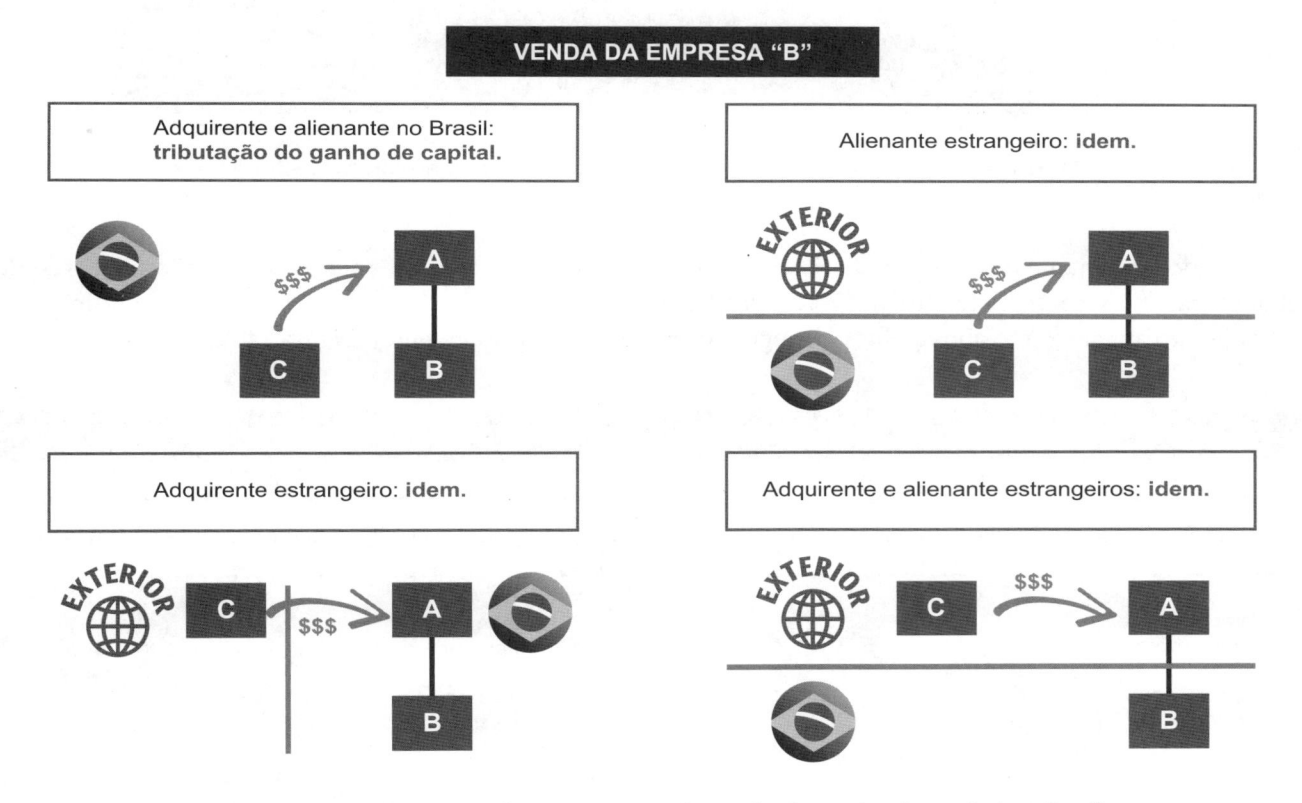

Figura 24.21 Elementos de conexão na tributação do ganho de capital no Brasil.

Nos casos em que o alienante e o adquirente são não residentes fiscais brasileiros, a questão da responsabilidade ganha enorme importância (Figura 24.22).

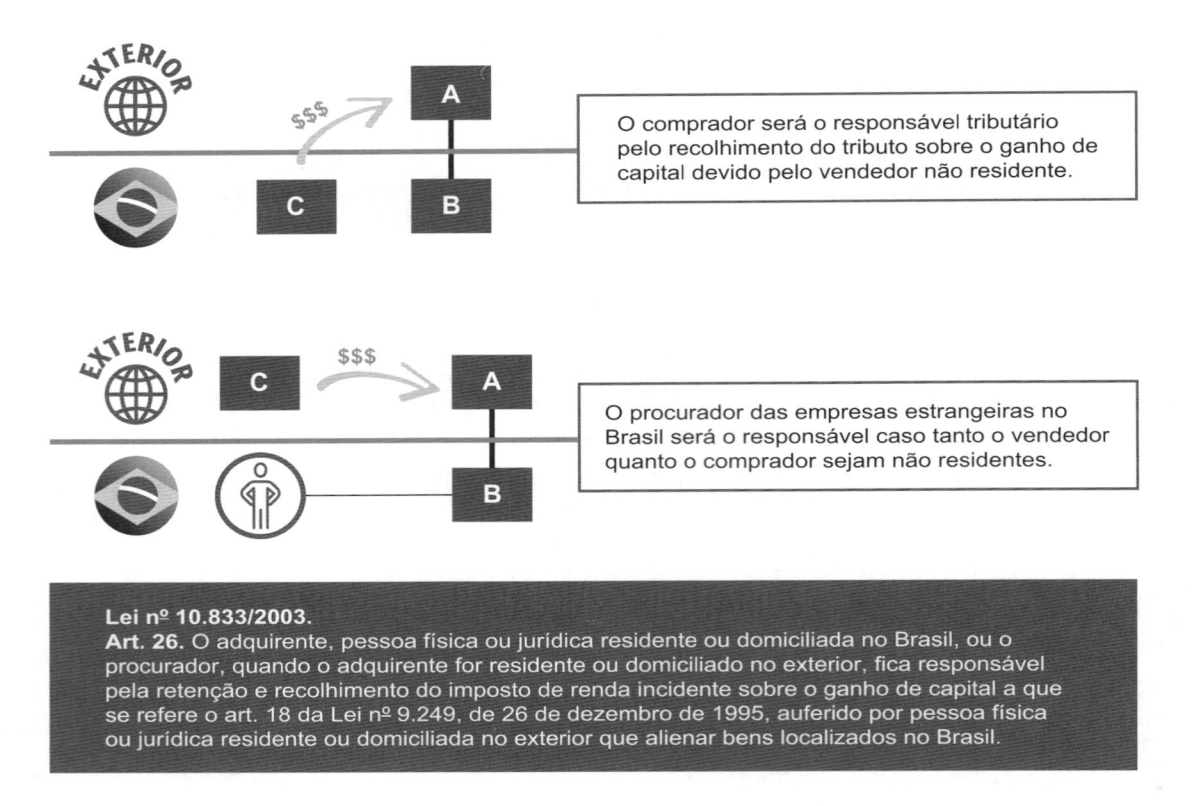

Figura 24.22 Responsabilidade na tributação de ganho de capital no Brasil.

Quando o alienante dos bens ou direitos for residente fiscal em país com o qual o Brasil possui acordo de bitributação, ou vice-versa (residente fiscal brasileiro alienar o bem ou direito no exterior), os rendimentos de ganho de capital estarão abrangidos pela regra do art. 13 (ou correspondente) (Figura 24.23).

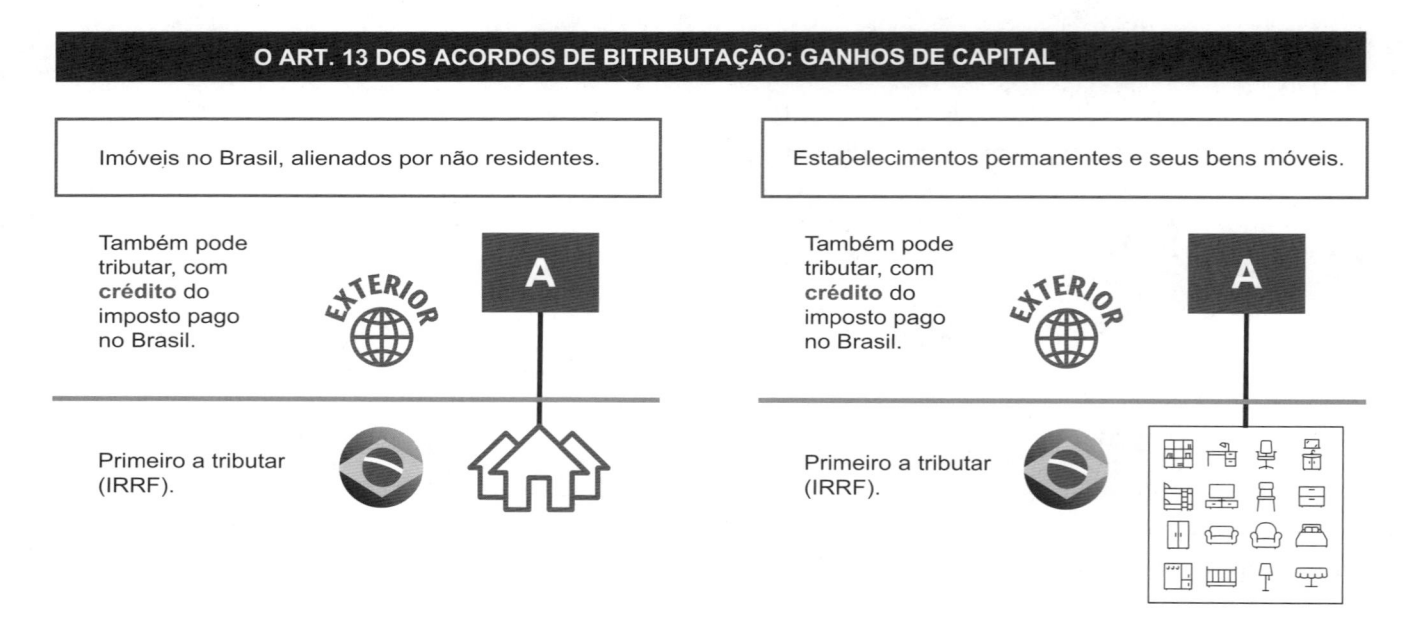

Figura 24.23 Artigo 13 nos Acordos de Bitributação – Ganho de capital.

Os acordos de bitributação também estabelecem regras com tratamento diferenciado para algumas categorias de bens ou direitos, como embarcações e aeronaves (Figura 24.24).

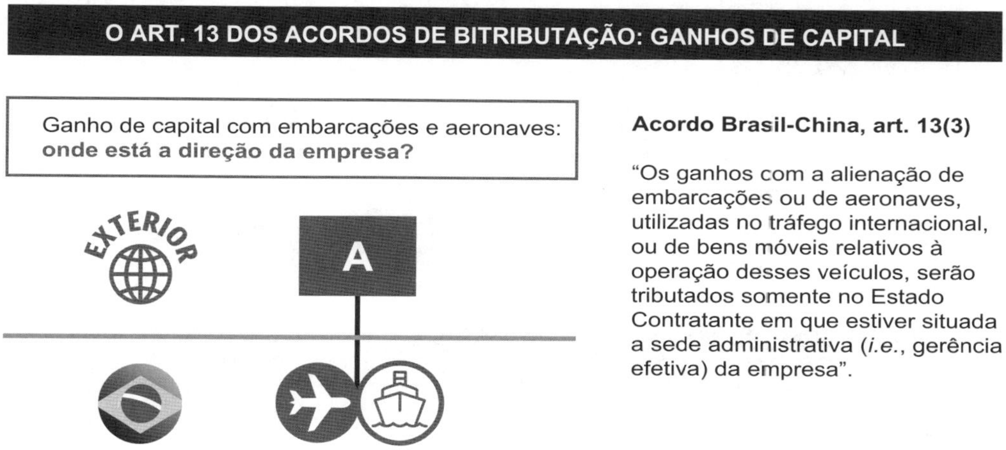

O ART. 13 DOS ACORDOS DE BITRIBUTAÇÃO: GANHOS DE CAPITAL

Ganho de capital com embarcações e aeronaves: onde está a direção da empresa?

Acordo Brasil-China, art. 13(3)

"Os ganhos com a alienação de embarcações ou de aeronaves, utilizadas no tráfego internacional, ou de bens móveis relativos à operação desses veículos, serão tributados somente no Estado Contratante em que estiver situada a sede administrativa (*i.e.*, gerência efetiva) da empresa".

Figura 24.24   Artigo 13 – Bens e direitos.

ARTISTAS E ESPORTISTAS

Artistas e esportistas costumam ter trânsito internacional relevante.

Quando uma pessoa física obtém rendimentos do exterior, inclusive pelo desempenho de atividades artísticas ou esportivas, ela está sujeita à apuração de carnê-leão, com a antecipação do IRPF calculado conforme a tabela progressiva (até 27,5%).

O desenvolvimento dessas atividades de maneira organizada em uma pessoa jurídica é assegurado pela Lei nº 11.196/05, inclusive para fins tributários. Nesse caso, as atividades artísticas e esportivas exportadas ao exterior serão tributadas conforme o regime fiscal adotado pela pessoa jurídica.

Por sua vez, quando se tratar de rendimento proveniente de fonte brasileira, pela remuneração de atividades artísticas ou esportivas, é preciso verificar a incidência de IRRF.

Enquanto serviços em geral, o IRRF sobre a remuneração de artistas e esportistas não residentes seria de 25%. Não se pode descartar, contudo, a controversa caracterização de tais atividades como serviços técnicos, o que atrairia a incidência de IRRF com a alíquota de 15%, mais CIDE de 10%.

Por sua vez, sujeitam-se à tributação de imposto sobre a renda na fonte, à alíquota de 15%, as importâncias pagas, creditadas, entregues, empregadas ou remetidas para o exterior, pela aquisição ou pela remuneração, a qualquer título, de qualquer forma de direito, inclusive na hipótese de transferência de atleta profissional (IN nº 1455, art. 18). Nos casos em que o beneficiário seja residente ou domiciliado em país ou dependência com tributação favorecida, a alíquota do IRRF é de 25% (IN nº 1455, art. 19).

Na hipótese de acordo de bitributação, é relevante observar as disposições do art. 17, além de outros dispositivos aplicados em conjunto, como o art. 23.

Tratado Brasil-Espanha

ARTIGO 17

Artistas e desportistas

1. Não obstante as outras disposições da presente Convenção, os rendimentos obtidos pelos profissionais de espetáculos, tais como artistas de teatro, de cinema, de rádio ou de televisão e músicos, bem como os dos desportistas, pelo exercício nessa qualidade de suas atividades pessoais, são tributáveis no Estado contratante em que essas atividades forem exercidas.

2. Quando os serviços mencionados no § 1º deste artigo forem fornecidos num Estado Contratante por uma empresa do outro Estado Contratante, os rendimentos recebidos pela empresa pelo fornecimento desses serviços podem ser tributados no primeiro Estado Contratante, não obstante as outras disposições da presente Convenção.

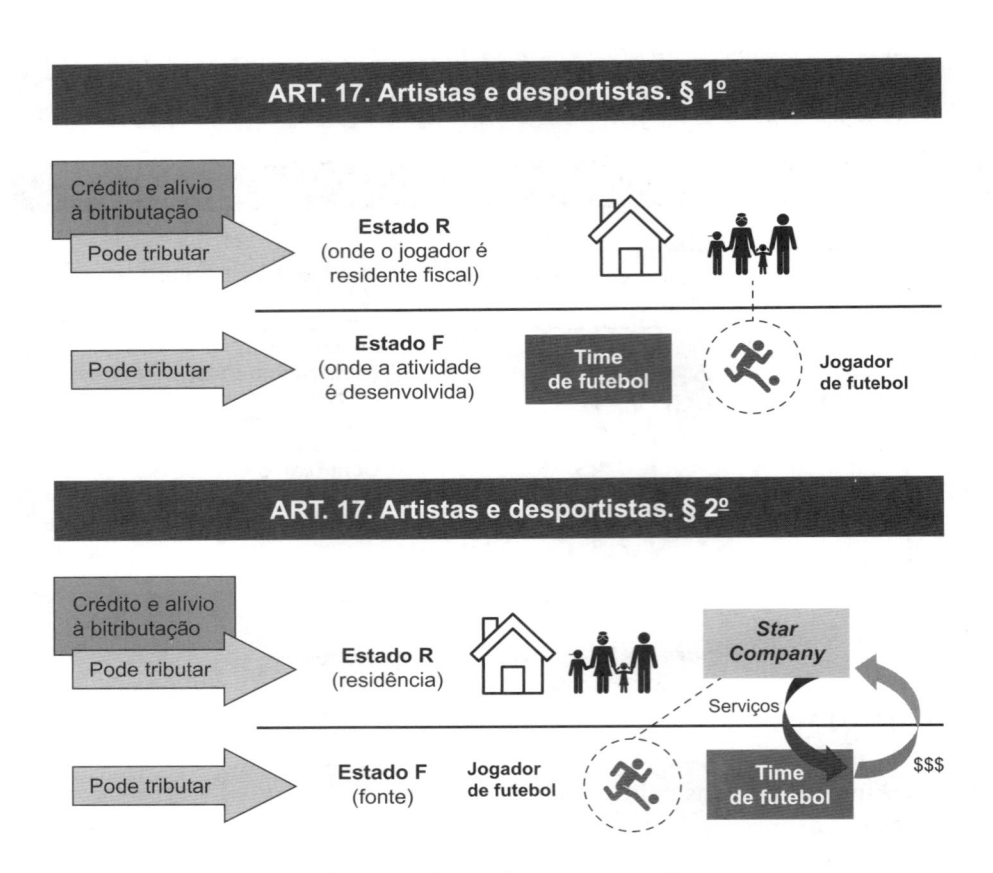

ART. 17. Artistas e desportistas. § 1º

Crédito e alívio à bitributação

Pode tributar → **Estado R** (onde o jogador é residente fiscal)

Pode tributar → **Estado F** (onde a atividade é desenvolvida) — **Time de futebol** — Jogador de futebol

ART. 17. Artistas e desportistas. § 2º

Crédito e alívio à bitributação

Pode tributar → **Estado R** (residência) — *Star Company* — Serviços

Pode tributar → **Estado F** (fonte) — Jogador de futebol — **Time de futebol** — $$$

Figura 24.25 Tributação de rendimentos de artistas e desportistas.

CASO REAL

"STJ libera Falcão do pagamento de IR sobre salário ganho no Japão em 1994 quando atuou como técnico de futebol. O comentarista esportivo Paulo Roberto Falcão, ex-jogador de futebol, ganhou de virada a disputa com a Receita Federal. O Fisco tentava cobrar IR sobre os rendimentos que Falcão recebeu em 1994, quando atuou como técnico de futebol no Japão. Por maioria de votos, a Segunda Turma do STJ deu provimento ao recurso do ex-técnico para suspender a cobrança do tributo. O recurso é contra decisão do TRF da 4ª região que, ao julgar apelação do ex-treinador, manteve a obrigatoriedade do pagamento do IR. Após dois votos favoráveis e um contrário à cobrança do imposto, a ministra Eliana Calmon pediu vista. Ela apresentou o voto na sessão da última terça-feira e acompanhou a divergência. O desempate coube ao juiz Carlos Mathias. Ele também acompanhou a divergência inaugurada pelo ministro Herman Benjamim, que ficou responsável pela redação do acórdão."

SAIBA MAIS!

STJ libera Falcão do pagamento de IR sobre salário ganho no Japão em 1994 quando atuou como técnico de futebol

Para ler o material completo, acesse o QR Code.

uqr.to/1ay8q

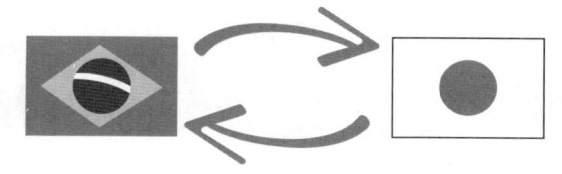

Falcão manteve a residência fiscal no Brasil. O fisco brasileiro exigiu IRPF, reconhecendo como crédito o imposto pago no Japão.

Falcão foi contratado para treinar a seleção japonesa de futebol.

Falcão se tornou residente no Japão. O salário de Falcão sofreu a retenção de 20% de imposto japonês.

Depois de oito meses no Japão, Falcão encerrou o contrato e retornou ao Brasil.

Figura 24.26   Caso Falcão.

PROCESSUAL CIVIL E TRIBUTÁRIO. OFENSA AO ART. 535 DO CPC. NÃO CONFIGURADA. IMPOSTO DE RENDA. ART. 8º DA LEI Nº 7.713/88.

RENDIMENTOS TRIBUTADOS NA FONTE SITUADA NO EXTERIOR. DUPLA TRIBUTAÇÃO. IMPOSSIBILIDADE. DECRETO Nº 61.899/1967. CONVENÇÃO INTERNACIONAL. TÉCNICO DE FUTEBOL. PARTICIPANTE DE DIVERSÃO PÚBLICA.

CARACTERIZAÇÃO.

1. A solução integral da controvérsia, com fundamento suficiente, não caracteriza ofensa ao art. 535 do CPC.

2. O art. 8º da Lei nº 7.713/88, ao trazer a expressão "fontes situadas no exterior" e, em seguida, acrescentar o vocábulo "País", quis referir-se a qualquer país, e não apenas ao Brasil.

3. Hipótese em que ocorreu a tributação dos rendimentos na fonte situada no exterior (Japão) e não há incidência do Imposto de Renda no Brasil, em obediência ao disposto no art. 8º da Lei nº 7.713/88.

4. O técnico de futebol está inserido entre os "participantes em diversões públicas", conforme estabelece o art. 15 do Decreto nº 61.899/67, que promulgou a Convenção Internacional firmada entre o Brasil e o Japão, para evitar a dupla tributação em matéria de impostos sobre rendimentos.

5. Recurso Especial de que parcialmente se conhece e a que, nessa parte, se dá provimento.

(STJ, REsp 882.785/RS, Rel. Min. Castro Meira, Rel. p/ Acórdão Ministro Herman Benjamin, Segunda Turma, julgado em 27.5.2008, *DJe* 13.2.2009)

No entanto, há tratados celebrados pelo Brasil, especialmente os mais antigos, que não possuem o § 2º na redação do dispositivo aplicável a artistas e esportistas. É o caso do acordo de bitributação celebrado entre Brasil e Japão.

Tratado Brasil-Japão

ARTIGO 15

Não obstante o disposto nos arts. 13 e 14, os rendimentos obtidos pelos participantes em diversões públicas, tais como artista de teatro, cinema, rádio ou televisão e músicos, bem como por atletas, provenientes das suas atividades profissionais exercidas nessa qualidade, serão tributáveis no Estado Contratante em que as referidas atividades forem exercidas.

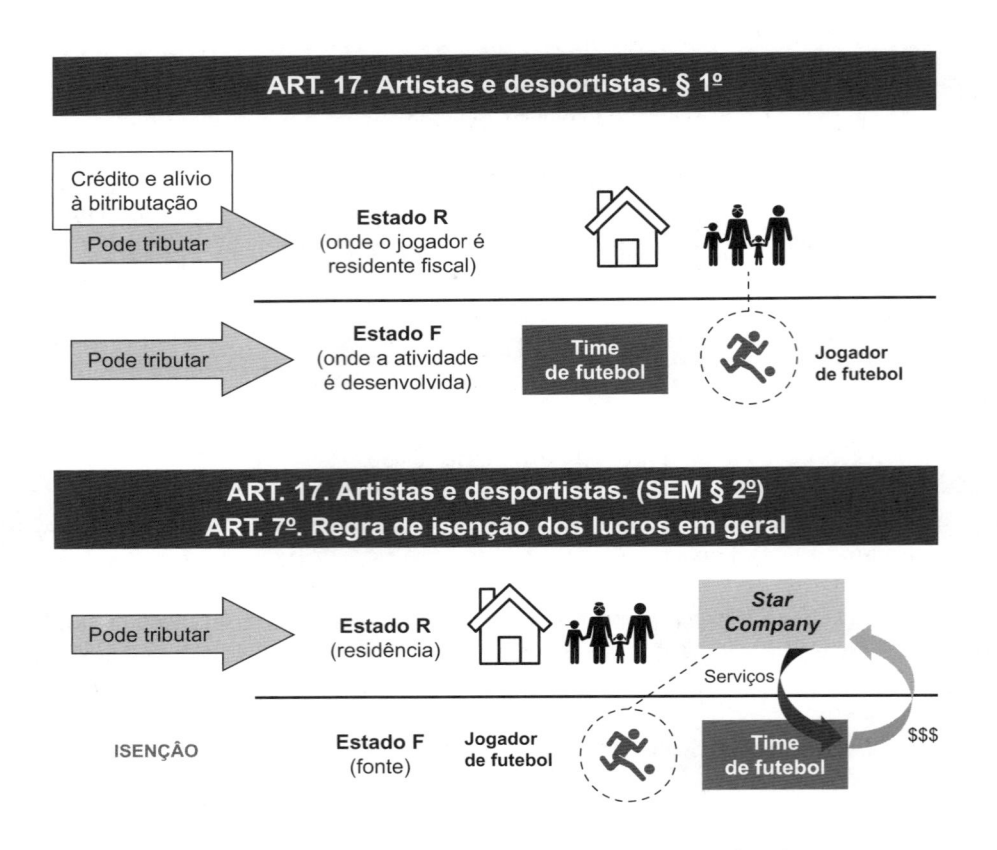

Figura 24.27 Tributação de rendimentos de artistas e desportistas – hipótese de isenção.

Considere o seguinte exemplo, para compreender os efeitos da ausência de cláusula equivalente ao § 2º apresentado:

Steve Star é um cantor brasileiro mundialmente famoso. The Song, uma casa de *shows* estabelecida em Tóquio (Japão), contratou Steve Star para um *show*. Pela *performance* de Steve, The Song pagou R$ 1,000.00 para Star X, uma empresa controlada por Steve (99,99%) e estabelecida no Brasil (Figura 24.28).

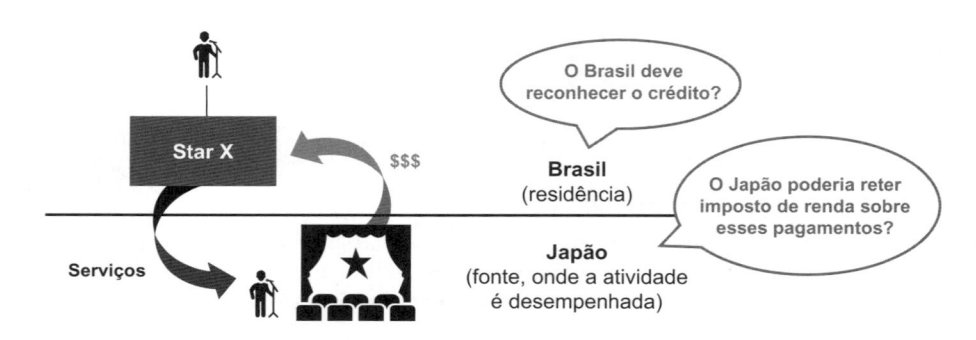

Figura 24.28 Tributação de rendimento de artista.

Nesse caso, podemos entender que o art. 17 deixaria de ser aplicável, dando espaço à aplicação do dispositivo referente ao "lucro das empresas" (art. 7º da Convenção Modelo da OCDE e da ONU). Ocorre que o art. 7º dos acordos de bitributação prevê a isenção pelo país da fonte, com a tributação exclusiva pelo país da residência (Figura 24.29).

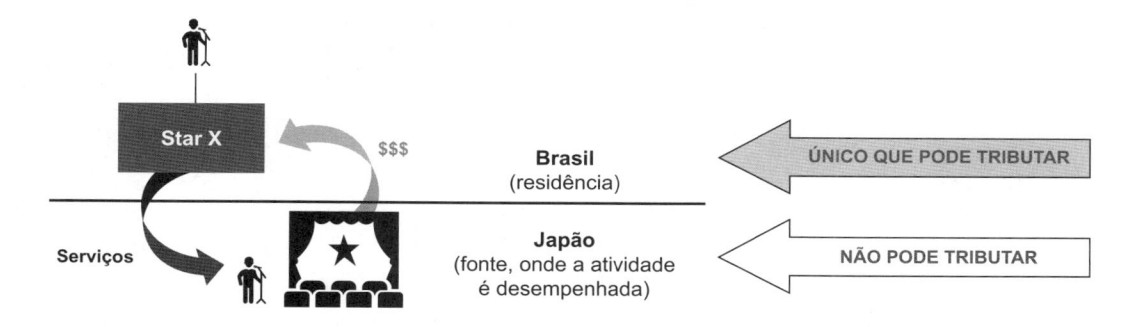

Figura 24.29 Tributação de rendimentos de artistas – regra de tributação.

A questão, contudo, é bastante controversa. O Quadro 24.10 apresenta possíveis argumentos que podem ser levantados para sustentar duas posições.

Quadro 24.10 Argumentos para sustentar duas posições

O Japão poderia reter imposto de renda sobre esses pagamentos? O Brasil deve reconhecer o crédito?	
• **Sim**. Há um princípio antiabuso implícito nos acordos de tributação	• **Não** há um princípio antiabuso implícito nos acordos de bitributação
• Regras antiabuso do direito interno dos países devem ser observadas para a aplicação dos acordos de bitributação	• Regras antiabuso do direito interno dos países **NÃO** devem ser observadas para a aplicação dos acordos de bitributação
• *Single tax principle*: todos os rendimentos devem ser tributados ao menos uma vez, nem menos e nem mais	• **É preciso que os estados contratantes em inserir uma regra antiabuso no texto do acordo de bitributação**
• Uma interpretação dinâmica dos acordos de bitributação deve ser adotada	• A interpretação dinâmica dos acordos de bitributação não pode inserir cláusulas não contratadas pelos Estados

 **OBJETIVO 5**

CONFLITOS NA APLICAÇÃO DE ACORDOS DE BITRIBUTAÇÃO

A IMPORTAÇÃO DE SERVIÇOS PROVENIENTES DE PAÍS COM ACORDO DE BITRIBUTAÇÃO

Os rendimentos decorrentes da prestação de serviços em geral estão sob o escopo do art. 7º dos acordos de bitributação (Figura 24.30).

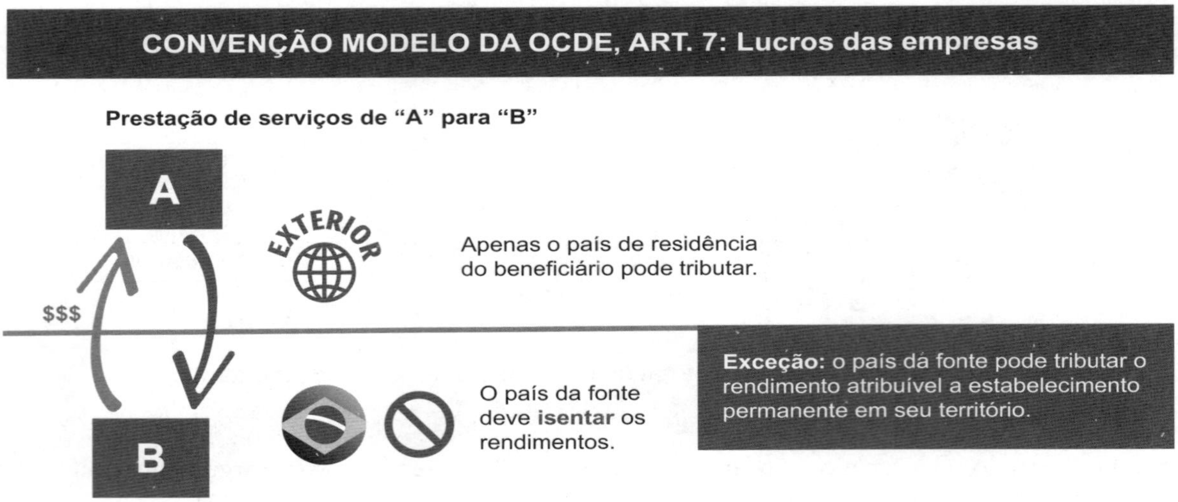

CONVENÇÃO MODELO DA OCDE, ART. 7: Lucros das empresas

Prestação de serviços de "A" para "B"

A

EXTERIOR

$$$

B

Apenas o país de residência do beneficiário pode tributar.

O país da fonte deve **isentar** os rendimentos.

Exceção: o país da fonte pode tributar o rendimento atribuível a estabelecimento permanente em seu território.

Figura 24.30   Artigo 7º da Convenção Modelo – Prestação de serviços.

COMPETÊNCIA DO ESTADO DE RESIDÊNCIA

ACORDO DE BITRIBUTAÇÃO BRASIL-SUÉCIA

ARTIGO 7 – Lucros das empresas

1. Os lucros das empresas de um estado contratante só são tributáveis neste estado, a não ser que a empresa exerça sua atividade no outro estado contratante por meio de um estabelecimento permanente aí situado. Se a empresa exercer sua atividade na forma indicada, seus lucros serão tributáveis no outro estado, mas unicamente na medida em que forem atribuíveis a esse estabelecimento permanente.

Durante muitos anos, a Receita Federal do Brasil defendeu o entendimento de que as atividades de assistência técnica e prestação de serviços se enquadrariam no art. 21 (e não no art. 7º) dos acordos de bitributação:

Ato Declaratório Normativo COORDENADOR-GERAL DO SISTEMA DE TRIBUTAÇÃO – COSIT nº 1 de 05.01.2000 (D.O.U.: 19.01.2000)

Dispõe sobre o tratamento tributário a ser dispensado às remessas decorrentes de contratos de prestação de assistência técnica e serviços sem transferência de tecnologia.

(...)

I – As remessas decorrentes de contratos de prestação de assistência técnica e de serviços técnicos sem transferência de tecnologia sujeitam-se à tributação de acordo com o art. 685, inciso II, alínea "a", do Decreto nº 3.000, de 1999.

II – Nas Convenções para Eliminar a Dupla Tributação da Renda das quais o Brasil é signatário, esses rendimentos classificam-se no artigo Rendimentos não Expressamente Mencionados, e, consequentemente, são tributados na forma do item I, o que se dará também na hipótese de a convenção não contemplar esse artigo.

III – Para fins do disposto no item I deste ato, consideram-se contratos de prestação de assistência técnica e de serviços técnicos sem transferência de tecnologia aqueles não sujeitos à averbação ou registro no Instituto Nacional da Propriedade Industrial – INPI e Banco Central do Brasil.

Nesse particular, os acordos de bitributação celebrados pelo Brasil, no artigo referente a "Rendimentos não Expressamente Mencionados", garantem uma parcela da tributação tanto ao Estado da Fonte e como da Residência.

Essa tese defendida pela RFB seria aplicável principalmente aos acordos de bitributação celebrados pelo Brasil com Áustria, Finlândia, França, Japão e Suécia, que não possuem protocolos com a equiparação de serviços técnicos a *royalties* e às regras do art. 12 do acordo.

Com base nesse entendimento, a Receita Federal passou a exigir das empresas o IRRF de 25%. Ao finalmente julgar a questão, o STJ, no Recurso Especial nº 1.161.467-RS, decidiu que o art. 7º dos acordos de bitributação seria aplicável, de forma que o Brasil, como país da fonte, não teria competência para a tributação das referidas operações.

Vale destacar os seguintes trechos do acórdão do Recurso Especial nº 1.161.467-RS, em que se fundamenta o cancelamento das exigências tributárias baseadas na tese da administração fiscal:

A tese é engenhosa, mas não convence.

[...] É regra de hermenêutica que devem ser rechaçadas as interpretações que levem ao absurdo, como é o caso da interpretação aqui defendida pela Fazenda Nacional. Com efeito, ao equiparar "lucro das empresas estrangeiras" com "lucro real das empresas estrangeiras", tornou absolutamente inaplicável a norma. [...]

Parece claro, portanto, que o art. VII das Convenções Brasil-Alemanha e Brasil-Canadá, ao referir-se ao "lucro das empresas estrangeiras", tratou do "lucro operacional", que decorre imediatamente da venda de produtos e prestação de serviços, e não do "lucro real", somente aferido ao término de um determinado período de apuração.

[...] Assim, o art. 98 do CTN deve ser interpretado à luz do princípio da especialidade, não havendo, propriamente, revogação ou derrogação da norma interna pelo regramento internacional, mas apenas suspensão de eficácia que atinge, tão só, as situações envolvendo os sujeitos e os elementos de estraneidade descritos na norma da convenção.

[...] Portanto, a prevalência dos tratados internacionais tributários decorre não do fato de serem normas internacionais, e muito menos de qualquer relação hierárquica, mas de serem especiais em relação às normas internas.

A decisão do STJ foi acatada pela administração fiscal, que alterou o teor de suas manifestações sobre a matéria, reconhecendo a aplicação do art. 7º dos acordos de bitributação às remunerações pagas de tomadores brasileiros a prestadores de serviços técnicos residentes em Áustria, Finlândia, França, Japão e Suécia sem estabelecimento permanente no Brasil. Vale recordar que, com a aplicação do art. 7º dos referidos acordos de bitributação, as remessas ao exterior não sofreriam tributação pelo IRRF, pois tais rendimentos apenas seriam tributáveis no país de residência do beneficiário.

Entre outras manifestações da administração fiscal que poderiam ser citadas, vale destacar o Parecer PGFN/CAT nº 2.363/13 e a Solução de Consulta Cosit nº 109, de 2.8.2016.

SOLUÇÃO DE CONSULTA COSIT Nº 109, DE 2.8.2016
ASSUNTO: IMPOSTO SOBRE A RENDA RETIDO NA FONTE – IRRF
EMENTA: A remessa de valores para pagamentos de serviços técnicos e de assistência técnica prestados por empresas situadas na Finlândia, independentemente de pertencerem ao mesmo grupo econômico da contratante no Brasil, não sofrem retenção do Imposto sobre a Renda na Fonte, segundo o Acordo para Evitar a Dupla Tributação firmado com o Brasil e os critérios estabelecidos pela RFB para classificação desses pagamentos.
(Parecer PGFN/CAT nº 2.363/13)

Durante algum tempo, acreditou-se que essa discussão envolvendo os acordos de bitributação celebrados pelo Brasil com Áustria, Finlândia, França, Japão e Suécia teria chegado ao fim.

No entanto, em julgamentos ocorridos a partir 2020, a 2ª Turma do STJ tem decidido expandir a discussão, com o retorno dos autos aos Tribunais Regionais Federais de origem para que respondam a questionamentos extras.

CASO REAL

"16. Sendo assim, considerando que a aplicação do art. 7º 'lucro das empresas', do modelo de tratado da OCDE, não pode ser automática, pois depende do exame do enquadramento nos arts. 12 e 14, da convenção, que tratam de 'royalties' e 'serviços profissionais independentes', e que esse exame não prescinde da fixação de pressupostos fáticos, os autos devem retornar à Corte de Origem para analisar:

(17.1.) A natureza do contrato que enseja a remessa (se há ou não pagamento de *royalties* embutidos, se há enquadramento no protocolo do tratado estendendo o conceito de '*royalties*', se a prestação de serviços se dá por profissionais independentes se há enquadramento no protocolo do tratado estendendo o conceito de 'profissões independentes'); e

(17.2.) A ausência de hibridismo em relação à classificação dos rendimentos que possa levar à dupla não tributação internacional (se o enquadramento do rendimento é idêntico no país da fonte e no da residência)."

Tratado Brasil-Espanha, REsp 1.759.081-SP (*DJe* 18.12.2020);
Tratado Brasil-Portugal, REsp 1.743.319-SP (*DJe* 15.3.2021);
Tratado Brasil-França, REsp 1.808.614-RJ (*DJe* 19.3.2021).

Essas recentes decisões proferidas pelo STJ parecem inaugurar uma tendência dos tribunais brasileiros a ecoar de maneira mais ágil discussões ocorridas em fóruns internacionais, especialmente no âmbito do Projeto BEPS da OCDE/G20, fazendo referências ao combate do "hibridismo" e a ideais da teoria do "*single tax principle*". No entanto, será que as normas jurídicas estão sendo aplicadas corretamente?

ACORDOS DE BITRIBUTAÇÃO E A TRIBUTAÇÃO DE CONTROLADAS NO EXTERIOR

Entre as muitas controvérsias em torno da legislação brasileira de tributação de controladas e coligadas no exterior, uma das mais importantes diz respeito aos casos em que a aludidas empresas estão estabelecidas em países com os quais o Brasil celebrou acordos de bitributação.

Vale observar que essa questão não foi analisada no julgamento do Supremo Tribunal Federal. Há, contudo, decisões relevantes do CARF e do STJ sobre a matéria.

 **QUESTÕES PARA REFLEXÃO**

1. Qual a natureza dos rendimentos tributados pela legislação CFC? "Lucros" ou "dividendos fictos"?

2. A legislação CFC brasileira deve ser aplicada mesmo diante de um tratado para evitar a bitributação?

3. Qual dispositivo do tratado deve ser aplicado nessa situação? Art. 7 (lucro das empresas) ou art. 10 (dividendos)?

4. Como a legislação CFC e os tratados devem ser aplicados em relação aos resultados de controladas indiretas?

De um lado, o CARF tem decidido que os acordos de bitributação não devem ser aplicados e, assim, a legislação CFC alcançará os resultados de controladas e coligadas localizadas em países com os quais o Brasil celebrou tratados internacional.

Assunto: Imposto sobre a Renda de Pessoa Jurídica – IRPJ

Ano-calendário: 2007

LUCROS OBTIDOS POR CONTROLADA NO EXTERIOR. DISPONIBILIZAÇÃO. Para fim de determinação da base de cálculo do imposto de renda da pessoa jurídica (IRPJ) e da CSLL, os lucros auferidos por controlada ou coligada no exterior são considerados disponibilizados para a controladora no Brasil na data do balanço no qual tiverem sido apurados. Lançamento procedente.

LUCROS OBTIDOS POR CONTROLADA NO EXTERIOR. CONVENÇÃO BRASIL-PAÍSES BAIXOS DESTINADA A EVITAR A DUPLA TRIBUTAÇÃO E PREVENIR A EVASÃO FISCAL EM MATÉRIA DE IMPOSTO SOBRE A RENDA. ART. 74 DA MP Nº 2.158 35/01. NÃO OFENSA. Não há incompatibilidade entre a Convenção Brasil-Holanda (Países Baixos) e a aplicação do art. 74 da Medida Provisória nº 2.158-35/01, não sendo caso de aplicação do art. 98 do CTN, por inexistência de conflito.

Recurso Especial do Contribuinte Negado. CARF, CSRF, Acórdão nº 9101-002.330.

Por outro lado, o STJ já decidiu em sentido diverso, afirmando ser necessário aplicar o art. 7º dos acordos de bitributação, o que impediria a tributação brasileira com base nas regras CFC. Tendo em vista a relevância do tema, vale transcrever boa parte da ementa do acórdão do Resp nº 1325709/RJ:

3. A interpretação das normas de Direito Tributário não se orienta e nem se condiciona pela expressão econômica dos fatos, por mais avultada que seja, do valor atribuído à demanda, ou por outro elemento extrajurídico; a especificidade exegética do Direito Tributário não deriva apenas das peculiaridades evidentes da matéria jurídica por ele regulada, mas sobretudo da singularidade dos seus princípios, sem cuja perfeita absorção e efetivação, o afazer judicial se confundiria com as atividades administrativas fiscais.

4. O poder estatal de arrecadar tributos tem por fonte exclusiva o sistema tributário, que abarca não apenas a norma regulatória editada pelo órgão competente, mas também todos os demais elementos normativos do ordenamento, inclusive os ideológicos, os sociais, os históricos e os operacionais; ainda que uma norma seja editada, a sua efetividade dependerá de harmonizar-se com as demais concepções do sistema: a compatibilidade com a hierarquia internormativa, os princípios jurídicos gerais e constitucionais, as ilustrações doutrinárias e as lições da jurisprudência dos Tribunais, dentre outras.

5. A jurisprudência desta Corte Superior orienta que as disposições dos Tratados Internacionais Tributários prevalecem sobre as normas de Direito Interno, em razão da sua especificidade.

Inteligência do art. 98 do CTN. Precedente: (RESP 1.161.467-RS, Rel. Min. CASTRO MEIRA, *DJe* 01.06.2012).

6. O art. VII do Modelo de Acordo Tributário sobre a Renda e o Capital da OCDE utilizado pela maioria dos Países ocidentais, inclusive pelo Brasil, conforme Tratados Internacionais Tributários celebrados com a Bélgica (Decreto 72.542/73), a Dinamarca (Decreto 75.106/74) e o Principado de Luxemburgo (Decreto 85.051/80), disciplina que os lucros de uma empresa de um Estado contratante só são tributáveis nesse mesmo Estado, a não ser que a empresa exerça sua atividade no outro Estado Contratante, por meio de um estabelecimento permanente ali situado (dependência, sucursal ou filial); ademais, impõe a Convenção de Viena que uma parte não pode invocar as disposições de seu direito interno para justificar o inadimplemento de um tratado (art. 27), em reverência ao princípio basilar da boa-fé.

7. No caso de empresa controlada, dotada de personalidade jurídica própria e distinta da controladora, nos termos dos Tratados Internacionais, os lucros por ela auferidos são lucros próprios e assim tributados somente no País do seu domicílio; a sistemática adotada pela legislação fiscal nacional de adicioná-los ao lucro da empresa controladora brasileira termina por ferir os Pactos Internacionais Tributários e infringir o princípio da boa-fé na relações exteriores, a que o Direito Internacional não confere abono.

8. Tendo em vista que o STF considerou constitucional o *caput* do art. 74 da MP 2.158-35/2001, adere-se a esse entendimento, para considerar que os lucros auferidos pela controlada sediada nas Bermudas, País com o qual o Brasil não possui acordo internacional nos moldes da OCDE, devem ser considerados disponibilizados para a controladora na data do balanço no qual tiverem sido apurados.

9. O art. 7º, § 1º, da IN/SRF 213/02 extrapolou os limites impostos pela própria Lei Federal (art. 25 da Lei 9.249/95 e 74 da MP 2.158-35/01), a qual objetivou regular; com efeito, analisando-se a legislação complementar ao art. 74 da MP 2.158-35/01, constata-se que o regime fiscal vigorante é o do art. 23 do DL 1.598/77, que em nada foi alterado quanto à não inclusão, na determinação do lucro real, dos métodos resultantes de avaliação dos investimentos no Exterior, pelo método da equivalência patrimonial, isto é, das contrapartidas de ajuste do valor do investimento em sociedades estrangeiras controladas.

10. Ante o exposto, conheço do recurso e dou-lhe parcial provimento, concedendo em parte a ordem de segurança postulada, para afirmar que os lucros auferidos nos Países em que instaladas as empresas controladas sediadas na Bélgica, Dinamarca e Luxemburgo, sejam tributados apenas nos seus territórios, em respeito ao art. 98 do CTN e aos Tratados Internacionais em causa; os lucros apurados por Brasamerican Limited, domiciliada nas Bermudas, estão sujeitos ao art. 74, caput da MP 2.158-35/2001, deles não fazendo parte o resultado da contrapartida do ajuste do valor do investimento pelo método da equivalência patrimonial.

(STJ, REsp 1325709/RJ, Rel. Ministro Napoleão Nunes Maia Filho, Primeira Turma, julgado em 24.4.2014, *DJe* 20.5.2014)

Outra discussão relevante diz respeito à tributação de controladas indiretas no exterior. O Acórdão nº 9101-002.589, julgado pela 1ª Turma da Câmara Superior de Recursos Fiscais (CSRF/CARF), é um bom exemplo a respeito dessa temática.

SAIBA MAIS!

STJ afasta bitributação sobre lucro de coligadas da Vale (CONJUR)

Para ler o material completo, acesse o QR Code.

uqr.to/1ay8r

QUESTÕES PARA DISCUSSÃO:

1) O legislador brasileiro prescreveu norma que determina à administração fiscal tributar, ao final do exercício fiscal, os lucros auferidos por controladas indiretas, independentemente de qualquer disponibilização, bem como a forma como isso deveria ser conduzido?

2) O acordo Brasil-Espanha impediria a tributação brasileira dos lucros obtidos pela Jalua, inclusive aqueles que seriam mensuráveis pelo MEP, pertinentes às suas controladas (controladas indiretas da Eagle), ou seja, as empresas Monthiers (Uruguai) e CCBA (Argentina)?

3) É possível consolidar, na Jalua (Espanha), os lucros e os prejuízos de Monthiers (Uruguai) e CCBA (Argentina)?

Figura 24.31 Controvérsias do planejamento tributário internacional.

O Acórdão nº 9101-002.589 indica a seguinte descrição de auto de infração para a tributação de controladas indiretas no exterior:

> AUTO DE INFRAÇÃO:
>
> 1) ADIÇÕES NÃO COMPUTADAS NA APURAÇÃO DO LUCRO REAL – LUCROS AUFERIDOS NO EXTERIOR (fls. 404 e 418/425):
>
> a) VALOR DA INFRAÇÃO R$ 205.380,13 (esse valor corresponde ao lucro antes do imposto da controlada Brahmaco em 2002, situada em Gibraltar, cujo capital social pertence 100% à controladora Eagle. Esse lucro considerou-se disponibilizado fictamente em 31/12/2002, para a controladora Eagle aqui no Brasil. Ainda, esse lucro da Brahmaco em 2002 foi assim obtido: Lucro Operacional de R$ 1.209.730,91– R$ 1.004.350,78 de variação cambial do PL = Lucro do período de R$ 205.380,13, *vide* fls. 334/336);
>
> b) VALOR DA INFRAÇÃO R$ 1.537.353.459,71 (esse valor corresponde ao lucro antes do imposto da controlada Jalua em 2002, situada nas Ilhas Canárias – Espanha, cujo capital social pertence 100% à Eagle. Esse lucro considerou-se disponibilizado fictamente em 31/12/2002, para a controladora Eagle aqui no Brasil. Ainda, esse lucro da Jalua antes do imposto está assim constituído: lucro operacional da Jalua RS 80.562.176,03 + resultado líquido não operacional positivo com equivalência patrimonial R$ 1.456.791.283,68, *vide* fls. 280, 290, 396, 397 e 399. Esse ganho líquido com equivalência patrimonial da Jalua provém de suas empresas controladas e está assim constituído: Resultado do Exercício da Monthiers no valor de R$ 1.516.707.473,62 adicionado ao resultado negativo da CCBA de R$ 59.916.189,94 = R$ 1.456.791.283,68).

O caso foi julgado de tal forma que as regras CFC brasileiras fossem aplicadas às controladas indiretas da pessoa jurídica brasileira, independentemente da existência de acordo de bitributação. É o que se observa da ementa desse acórdão:

> Assunto: Imposto sobre a Renda de Pessoa Jurídica – IRPJ
>
> Ano-calendário: 2002
>
> CONTROLE DIRETO E INDIRETO. LEGISLAÇÃO SOCIETÁRIA.
>
> A legislação societária permite a construção de estruturas conforme a necessidade do grupo econômico e tutela pela transparência das informações da rede de empresas mediante métodos de avaliação de investimentos (MEP) e consolida institutos para o exercício do poder e controle de cada ente empresarial. Nesse contexto, o controle pode ser exercido de maneira direta ou indireta, pois o que importa é o poder dos investidores para deliberar sobre o destino dos negócios do grupo.
>
> LUCROS NO EXTERIOR. CONTROLADAS DIRETAS OU INDIRETAS. APURAÇÃO INDIVIDUALIZADA. PROPORÇÃO DA PARTICIPAÇÃO ACIONÁRIA.
>
> Os lucros auferidos por controladas e coligadas, diretas ou indiretas, no exterior, serão considerados de forma individualizada, para cada uma das empresas, na proporção de sua participação acionária, para apuração do lucro real, na data do balanço no qual tiverem sido apurados. Para evitar a bitributação, ao se apurar os resultados de controladas ou coligadas de maneira individualizada, deve se afastar os resultados auferidos de investimentos dessas controladas e coligadas por meio de equivalência patrimonial.
>
> APURAÇÃO DOS LUCROS E OUTROS RESULTADOS NO EXTERIOR.
>
> O art. 1º da IN SRF nº 213, de 2002, com base na legislação tributária (art. 25 da Lei nº 9.249, de 1995, e 16 da Lei nº 9.430, de 1996), e na legislação empresarial dispondo sobre o conceito de controladas (arts. 116 e 243 da Lei nº 6.404, de 1976 e art. 1098 do Código Civil), estabelece procedimentos para apurar os lucros de controladas e coligadas e resultados de outras participações societárias. O rito previsto nos §§ 1º, 2º, 3º, 4º e 5º da instrução normativa operacionaliza a apuração dos lucros (1) das controladas no exterior (diretas ou indiretas), que serão adicionados ao lucro líquido da controladora no Brasil, (2) das coligadas, que serão adicionados ao lucro da investidora, e (3) das filiais e sucursais que serão adicionados ao lucro líquido da matriz no Brasil, que será, para os três casos, considerado de forma individualizada, por filial, sucursal, controlada ou coligada, vedada a consolidação dos valores. O § 6º dispõe sobre tributação residual, que diz respeito a resultados não abrangidos pelos parágrafos anteriores, auferidos por outros investimentos.
>
> ART. 74 DA MP Nº 2.158-35, DE 2001. TRATADO PARA EVITAR DUPLA TRIBUTAÇÃO DE RENDA. MATERIALIDADES DISTINTAS.
>
> Não se comunicam as materialidades previstas no art. 74 da MP nº 2.158-35, de 2001, e as dispostas na Convenção Brasil-Espanha para evitar bitributação de renda. Os lucros tributados pela legislação brasileira são aqueles auferidos pelo investidor brasileiro na proporção de sua participação no investimento localizado no exterior, ao final de cada ano calendário. São diferentes os lucros dos residentes na Espanha e os lucros auferidos pelos investidores no Brasil.

OPERACIONALIZAÇÃO DA NEUTRALIDADE DO SISTEMA E SUPERAÇÃO DO DIFERIMENTO DA TRIBUTAÇÃO.

A neutralidade do sistema de tributação quando investidor e investida estão localizadas no Brasil opera-se mediante a exclusão dos resultado positivo da investida apurado via Método de Equivalência Patrimonial no lucro real da investidora, porque os lucros da investida já foram tributados no Brasil pela mesma alíquota que seriam se o fossem pela investidora. Estando investidor no Brasil e investida no exterior, se a alíquota no exterior é menor do que a brasileira, quebra-se a neutralidade do sistema, e viabiliza-se diferimento por tempo indeterminado da tributação, caso a investidora, que detém poder de decisão sobre a investida, decida não distribuir os lucros. Por isso, o art. 74 da MP nº 2.158-35, de 2001, ao determinar que os lucros sejam auferidos pelo investidor brasileiro, na medida de sua participação, ao final de cada ano-calendário, dispondo sobre aspecto temporal, evitou o diferimento, e, ao mesmo tempo, o art. 26 da Lei nº 9.249, de 1995, autorizou a compensação dos impostos pagos no exterior, viabilizando a neutralidade do sistema.

ART. 74 DA MP Nº 2.158-35, DE 2001. TRATADO DE BITRIBUTAÇÃO. NÃO REPERCUSSÃO NAS PARTICIPAÇÕES SOCIETÁRIAS DO PAÍS CONTRATANTE.

Ao se interpretar quem seriam os sujeitos de um tratado de bitributação, o país da fonte é o país em que deve se encontrar a empresa onde efetivamente são desempenhadas as atividades produtivas. Tais atividades podem ser produzidas pela própria empresa, ou mediante investimentos, desde que naquele país contratante. Pode ser até mesmo uma *holding*, desde que concentre investimentos que desempenhem atividades produtivas localizados no mesmo país, e não um mero "*hub*", um centralizador de investimentos localizados em países não signatários de acordos com o Brasil. O tratado de bitributação deve ser aplicado em situações em que, efetivamente, as empresas se localizam nos países contratantes. Alargar o conceito da empresa situada no país da fonte para qualquer empresa que concentre auferimento de renda de outras empresas, independente das circunstâncias ou da localização dos investimentos, subverte a finalidade e o objetivo dos tratados internacionais. Não há que se conceber que dois países se reúnam para dar amparo a sistemas paralelos de tributação. (CARF/CSRF, Acórdão nº 9101-002.589.)

Recentemente, no entanto, a 1ª Turma CSRF/CARF analisou um novo caso e decidiu a matéria de maneira oposta, afastando a aplicação das regras brasileiras de tributação de controladas no exterior quando há acordo de bitributação entre os países.

ASSUNTO: IMPOSTO SOBRE A RENDA DE PESSOA JURÍDICA (IRPJ)

Ano-calendário: 2004, 2005

LUCROS AUFERIDOS NO EXTERIOR POR INTERMÉDIO DE SOCIEDADE CONTROLADA FORA DE PARAÍSO FISCAL OU PAÍS COM TRIBUTAÇÃO FAVORECIDA. ADIÇÃO DOS RESULTADOS POSITIVOS NA APURAÇÃO DA INVESTIDORA BRASILEIRA. JULGAMENTO STF. AUSÊNCIA DE DECLARAÇÃO EFICAZ.

No julgamento da ADI nº 2.588/DF pelo E. Supremo Tribunal Federal, que tratou da inconstitucionalidade na aplicação do art. 74 da MP nº 2.158/01 aos lucros auferidos por empresa controlada no exterior, situada fora de paraísos fiscais ou de países com tributação favorecida, não houve a deliberação e concordância necessárias sobre essa hipótese específica, dentro da matéria apreciada, para promover o controle de constitucionalidade concentrado pretendido pela Ação proposta, capaz de produzir efeitos *erga omnes*.

LUCROS AUFERIDOS NO EXTERIOR POR INTERMÉDIO DE SOCIEDADE CONTROLADA LOCALIZADA NA ARGENTINA. EXISTÊNCIA DE CONVENÇÃO DESTINADA A EVITAR A DUPLA TRIBUTAÇÃO. ONERAÇÃO DOS LUCROS PRÓPRIOS DA ENTIDADE ESTRANGEIRA. APLICAÇÃO DO ART. 7º. BLOQUEIO DAS NORMAS DOMÉSTICAS.

O art. 74 da MP nº 2.158/01 tem efeito de verdadeira norma CFC (*Controlled Foreign Corporation rule*) por considerar totalmente transparentes as empresas controladas e coligadas no exterior, mas não possui a justificativa e a finalidade típicas, antiabusivas, o que permitiria a sua aplicação em harmonia com as disposições das normas internacionais, firmadas entre os Estados com o intuito de se evitar a dupla tributação.

A hipótese de tributação delineada pelo art. 25 da Lei nº 9.249/95, em comunhão com a disposição do posterior art. 74 da MP nº 2.158/01, na medida que alcança os lucros auferidos pela entidade domiciliada no exterior, atrai e confirma a incidência do art. 7º da Convenção firmada entre Brasil e Argentina, sendo uma norma de bloqueio que impede a incidência regular da legislação doméstica que promove tal oneração fiscal, prevalecendo, assim, o disposto no pacto internacional, como o previsto no comando do art. 98 do Código Tributário Nacional, reiteradamente confirmado pelo E. Superior Tribunal de Justiça.

ASSUNTO: CONTRIBUIÇÃO SOCIAL SOBRE O LUCRO LÍQUIDO (CSLL)

Ano-calendário: 2004, 2005

TRATADO BRASIL-ARGENTINA PARA EVITAR A DUPLA TRIBUTAÇÃO. APLICAÇÃO À CSLL. DISPOSIÇÃO NORMATIVA EXPRESSA. SÚMULA CARF Nº 140.

A norma interpretativa contida no art. 11 da Lei nº 13.202/15 (modalidade que guarda eficácia retroativa) expressamente estende à referida Contribuição Social as disposições dos Acordos e Convenções internacionais para se evitar a dupla tributação.

O tema ainda é controverso e demanda atenção quanto ao desenvolvimento da jurisprudência administrativa e judicial ao seu respeito.

Há, certamente, uma série de outros conflitos na aplicação dos acordos de bitributação. Este tópico teve o propósito de apresentar apenas alguns deles, mas convidamos você a prosseguir com o estudo dessa matéria e descobrir tantas outras questões fascinantes a respeito do tema.

RESUMO

OBJETIVO 1   Com o objetivo de introduzir conceitos fundamentais de Direito Tributação Internacional, analisamos a legislação brasileira e apresentamos uma visão panorâmica sobre as regras para que estrangeiros adquiriram a condição de "residente fiscal no Brasil" e, também, para que brasileiros abondem a residência fiscal no Brasil. Os conceitos de "fonte do rendimento" e "responsabilidade tributária" também foram explicados, abrindo caminho para a análise de casos práticos.

OBJETIVO 2   Com conceitos fundamentais já compartilhados, com a noção de Brasil tributa os rendimentos a ele conectados em razão da sua fonte ou da residência do beneficiário, passamos à análise das regras brasileiras que regulam o regime fiscal de tributação de não residentes, aplicáveis sempre que tais pessoas obtêm rendimentos provenientes de fontes brasileiras, com especial destaque às diferentes alíquotas de IRRF previstas para variados tipos de transação e às cláusulas de "*gross-up*". Da mesma forma, apresentamos uma visão panorâmica sobre o regime fiscal para a tributação de residentes brasileiros, aplicável quando tais pessoas obtêm rendimentos vindos de fontes estrangeiras. Como tais regras decorrem da adoção da política fiscal brasileira de tributação da renda em bases universais (e não apenas territoriais), abordamos também a tributação de controladas e coligadas no exterior por meio das chamadas "Regras CFC", que no Brasil possuem características distintas da maior parte dos países.

OBJETIVO 3   Após apresentar a forma como o Brasil tributa os rendimentos a ele conectados em razão da sua fonte ou da residência do beneficiário, passamos à análise das ferramentas existentes para se evitar a dupla tributação da renda, ou seja, situações em que dois (ou mesmo mais) países tributem um mesmo rendimento. Assim, analisamos tanto regras brasileiras (nacionais, produzidas unilateralmente pelo Poder Legislativo e Executivo) e acordos internacionais (celebrados entre dois países) que têm o propósito de mitigar a dupla tributação da renda, entre outros objetivos.

OBJETIVO 4   Após apresentar um panorama sobre a estrutura dos tratados de bitributação, passamos a analisar com mais detalhes alguns dos rendimentos alcançados por tais acordos celebrados pelo Brasil com outros países. Em especial, foram tratados de *royalties*, lucros das empresas, juros, ganhos de capital e rendimentos de artistas e esportistas, com a indicações de possíveis tratamentos tributários aplicáveis a cada um deles.

OBJETIVO 5   Por fim, após compreender que diferentes rendimentos previstos em um acordo internacional de bitributação podem estar sujeitos a tratamentos tributários distintos, passamos a identificar possíveis conflitos e litígios que surgem em sua efetiva aplicação. Com base em casos práticos, discutimos qual a correta qualificação do rendimento em questão, para enquadrá-los em uma das diversas categorias e regras existentes no texto do tratado internacional. Em especial, foram abordados casos de importação de serviços e ainda, de tributação de lucros de controladas e coligadas no exterior.

▶ VÍDEOS ADICIONAIS SOBRE O CAPÍTULO

Acesse os QR Codes para assistir ao material adicional do capítulo:

Vídeo 1
uqr.to/1aybw

Vídeo 2
uqr.to/1aybx

Vídeo 3
uqr.to/1ayby

APLICANDO CONHECIMENTOS – TESTES

TESTES DE MÚLTIPLA ESCOLHA

1. Assinale a alternativa **correta** no que se refere à matéria de Direito Tributário Internacional.

   a) O Brasil adota o método da territorialidade, tributando apenas os rendimentos produzidos em território nacional.

   b) A residência fiscal não é um elemento de conexão geralmente aceito.

   c) Atualmente, o Brasil adota o método da universalidade, tributando tanto rendimentos obtidos por não residentes provenientes de fontes brasileiras, como rendimentos obtidos por beneficiários residentes fiscais brasileiros provenientes de fontes estrangeiras.

   d) Países que adotam o método da universalidade não tributam os seus residentes.

   e) Atualmente, o Brasil não adota o método da universalidade.

2. Sobre a residência fiscal no Brasil, analise as afirmativas e selecione a alternativa **correta**.

   I. Ao sair do país de maneira definitiva, brasileiros têm a obrigação de apresentar declaração de saída definitiva do País.

   II. A pessoa física que se ausentar do país por mais de 183 dias do Brasil será considerada não residente.

   III. O estrangeiro que trabalha com vínculo empregatício no Brasil, caso tenha visto temporário, não será considerado residente fiscal.

   a) Todas as alternativas estão corretas.

   b) Apenas as alternativas I e II estão corretas.

   c) Apenas as alternativas I e III estão corretas.

   d) Apenas a alternativa I está correta.

   e) Todas as alternativas estão incorretas.

3. Sobre as formas com que um estrangeiro pode adquirir residência fiscal brasileira, assinale a alternativa **incorreta**.

   a) O estrangeiro adquire residência fiscal brasileira ao obter visto permanente.

   b) O estrangeiro que trabalha com vínculo empregatício adquire residência fiscal no Brasil.

   c) Adquire residência fiscal o estrangeiro que permanece em território nacional por menos do que 183 dias, dentro de um período de 12 meses.

   d) O estrangeiro com visto temporário adquire a residência fiscal brasileira se iniciar atividades no Brasil com vínculo empregatício.

   e) O estrangeiro que permanece em território nacional por mais de 183 dias, consecutivos ou não, dentro do período de 12 meses, será considerado residente fiscal.

4. Se uma empresa brasileira contrata serviços prestador por uma empresa estrangeira sem residência fiscal no Brasil e, ao realizar o pagamento, deixa de descontar o IRRF devido, é **correto** afirmar que:

   I. A fonte pagadora fica obrigada ao recolhimento do imposto sobre a renda, ainda que não o tenha retido.

   II. A empresa estrangeira é a única que poderá ser cobrada pelo fisco brasileiro.

   III. Em geral, quando a fonte pagadora assumir o ônus do imposto sobre a renda devido pelo beneficiário, a importância paga, creditada, empregada, remetida ou entregue será considerada líquida e caberá o reajustamento do rendimento bruto, sobre o qual recairá o imposto.

   a) Todas as alternativas estão corretas.

   b) Apenas as alternativas I e II estão corretas.

   c) Apenas as alternativas I e III estão corretas.

   d) Apenas a alternativas I está correta.

   e) Todas as alternativas estão incorretas.

5. Sobre a tributação de residentes brasileiros por rendimentos obtidos no exterior, analise as afirmativas e selecione a alternativa **correta**.

   I. Como regra geral, as pessoas físicas com residência fiscal no Brasil, ao auferir rendimentos recebidos de fontes do exterior, são isentos no Brasil do imposto de renda.

   II. Como regra, o ganho de capital auferido por residente fiscal no Brasil adota alíquotas diferentes com relação à venda de bens situados no Brasil ou no exterior.

   III. A tributação pelo ganho de capital, na alienação de bem situados no exterior, ocorre apenas quando os valores forem transferidos ao Brasil, em virtude do princípio da realização da renda.

a) Todas as proposições estão corretas.

b) Todas as proposições estão incorretas.

c) Apenas a proposição I está correta.

d) Apenas a proposição III está correta.

e) Apenas as proposições I e III estão corretas.

6. Assinale a alternativa que **não** indica um tributo abrangido pelos acordos para evitar a bitributação celebrados pelo Brasil:

a) IRPJ.

b) RPF.

c) CSLL.

d) Imposto de Importação.

e) IRRF.

7. De acordo com o dispositivo de bitributação celebrados pelo Brasil que trata dos "lucros das empresas" (geralmente, art. 7º), é **correto** afirmar que:

a) O Brasil deve isentar os lucros de uma empresa com residência no Brasil que obtiver rendimentos de fontes localizadas no país estrangeiro com o qual o acordo de dupla tributação foi assinado.

b) O dispositivo estabelece a regra de que tais lucros serão sempre tributados em ambos os países, mas o país da residência do beneficiário dos rendimentos deve reconhecer como crédito o tributo pago ao país da fonte dos rendimentos.

c) Os lucros de uma empresa com residência no Brasil somente podem ser tributados no Brasil. O país estrangeiro em que está a fonte dos rendimentos deve isentar os rendimentos, a não ser que a empresa exerça ou tenha exercido sua atividade nessa país estrangeiro por meio de um estabelecimento permanente aí situado.

d) O dispositivo estabelece a regra de que tais lucros serão sempre tributados em ambos os países, mas o país da fonte dos rendimentos deve reconhecer como crédito o tributo pago ao país da residência do beneficiário dos rendimentos.

e) Todas as respostas anteriores estão erradas.

8. Assinale a alternativa que melhor representa a forma como os acordos de bitributação celebrados pelo Brasil regulam a tributação dos "Juros" (geralmente, art. 11) nas operações entre os dois países em questão:

a) O Brasil deve isentar os lucros de uma empresa com residência no Brasil que obtiver rendimentos de fontes localizadas no país estrangeiro com o qual o acordo de dupla tributação foi assinado.

b) O dispositivo estabelece a regra de que tais rendimentos serão tributados em ambos os países, mas o país da residência do beneficiário dos rendimentos deve reconhecer

como crédito o tributo pago ao país da fonte dos rendimentos (que deve respeitar o limite previsto no acordo).

c) Os lucros de uma empresa com residência no Brasil somente podem ser tributados no Brasil. O país estrangeiro em que está a fonte dos rendimentos deve isentar os rendimentos, a não ser que a empresa exerça ou tenha exercido sua atividade nessa país estrangeiro por meio de um estabelecimento permanente aí situado.

d) O dispositivo estabelece a regra de que tais rendimentos serão sempre tributados em ambos os países, mas o país da fonte dos rendimentos deve reconhecer como crédito o tributo pago ao país da residência do beneficiário dos rendimentos.

e) Todas as respostas anteriores estão erradas.

9. Com relação aos "*royalties*", é **correto** afirmar que os acordos de bitributação celebrados pelo Brasil:

a) Reproduzem o padrão da Convenção Modelo da OCDE, com a isenção de imposto de renda concedida pelo país da fonte de tais rendimentos.

b) Reproduzem o padrão da Convenção Modelo da OCDE, com a isenção de imposto de renda concedida pelo país da residência de tais rendimentos.

c) Divergem do padrão da Convenção Modelo da OCDE, estabelecendo a regra de que tais rendimentos serão tributados em ambos os países, mas o país da residência do beneficiário dos rendimentos deve reconhecer como crédito o tributo pago ao país da fonte dos rendimentos (que deve respeitar o limite previsto no acordo).

d) Divergem do padrão da Convenção Modelo da OCDE, estabelecendo a regra de que tais rendimentos serão sempre tributados em ambos os países, mas o país da fonte dos rendimentos deve reconhecer como crédito o tributo pago ao país da residência do beneficiário dos rendimentos.

e) Não possuem cláusulas sobre essa matéria, pois o Brasil não admite negociar o seu direito de tributar integralmente tais rendimentos.

10. Com relação à atual tributação brasileira de dividendos pelo imposto de renda, é **correto** afirmar que:

a) Em geral, os dividendos distribuídos por empresas brasileiras a acionistas residentes no exterior são isentos no Brasil.

b) Em geral, os dividendos distribuídos por empresas brasileiras a acionistas residentes no exterior são tributados.

c) Em geral, os dividendos recebidos por empresas brasileiras e pagos por empresas residentes no exterior são isentos.

d) Apenas os dividendos distribuídos por empresas brasileiras tributadas pelo regime do Lucro Presumido e pagos a acionistas residentes no Brasil são isentos.

e) Todas as alternativas anteriores estão incorretas.

RESPOSTAS

1-C; 2-E; 3-C; 4-C; 5-B; 6-D; 7-C; 8-B; 9-C; 10-A.

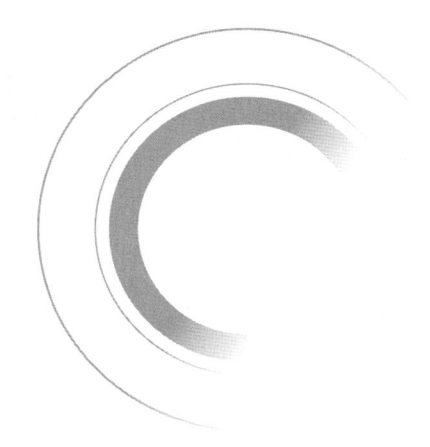

ÍNDICE ALFABÉTICO

G

H

I